Gerhard Willms

Das
Grundlagen
Buch

DATA BECKER

Copyright	© 1997 by DATA BECKER GmbH & Co. KG
	Merowingerstr. 30
	40223 Düsseldorf
	1. Auflage 1997 pd
Lektorat	Oliver Marohn
Schlußredaktion	Sibylle Feldmann
Umschlaggestaltung	Grafikteam DATA BECKER
Textverarbeitung und Gestaltung	Uwe Brinkmann/Cornelia Dörr

ISBN 3-8158-1381-6

Wichtiger Hinweis

Für Paul, Waltraut und Karl

Vorwort zur ersten Auflage

Gewöhnlich halten sich die Leser nicht lange mit dem Vorwort zu einem Buch auf. Sie betrachten es eher als einen mehr oder weniger überflüssigen Formalismus, mit dem sie vor der eigentlichen Sache belästigt werden.

Eine solche Einstellung ist verständlich. Schließlich haben die Leser ihre Erfahrungen mit Vorworten und wissen, daß hier für sie in der Regel nur wenig Erhebliches zu erwarten ist, etwa eine gewichtige Anleitung, wie man das Buch zu lesen habe, die Gründe, aus denen es einem Autor unmöglich war, von der Niederschrift seines Buchs abzusehen, Dankesbezeugungen des Autors in unterschiedlicher Zahl und Vehemenz an jene, die ihm hilfreich zur Seite standen, und gelegentlich auch unbekümmerte Plaudereien über Dinge, zu deren Verständnis Kenntnisse Voraussetzung sind, wie sie sich der Leser aus dem ihm vorliegenden Werk vermutlich erst anzueignen gedachte.

Die einführende Literatur in die Programmiersprache C macht diesbezüglich keine Ausnahme. Neben den oben beschriebenen Einlassungen allgemeiner Art gelangt dort des öfteren bereits im Vorwort allerlei Spezifisches über Typenkonzepte, Präprozessoren, Funktionen und dergleichen mehr zum Vortrag, ohne daß sich einem Neuling in C daraus erhellen würde, wovon die Rede ist. Harmlosere Varianten begnügen sich mit der üblichen a-priori-Laudatio auf die Sprache C und ein paar entwicklungsgeschichtlichen Details.

Wir ersparen uns das hier und beginnen gleich mit C.

Ratingen, im August 1997   *Gerhard Wilms*

Inhaltsverzeichnis

1. Programmaufbau

Ein Programm ist eine Folge von Anweisungen an den Computer. Um diese Anweisungen für den Rechner verständlich zu formulieren, benötigt man eine spezielle Sprache. Die Sprache des Rechners ist die Maschinensprache. Sie verwendet nur zwei Symbole, 0 und 1, ist also binär. Würden wir jedoch unsere Programme in der Maschinensprache abfassen, zeigten sich sofort einige Nachteile: der Programmtext bestünde aus langen, unübersichtlichen Reihen von 0- und 1-Symbolen, und insbesondere eine Fehlersuche wäre nahezu ausgeschlossen. Daher verwendet man im allgemeinen eine Programmiersprache, mit der sich ein gut lesbarer und leicht korrigierbarer Programmtext erzeugen läßt, den man dann mit Hilfe eines Compilers in die Maschinensprache übersetzt. C ist eine solche Sprache.

1.1 Erste Grundlagen

Wie sieht ein C-Programm aus? Zum Beispiel so:

```
main()
{
    printf("Dies ist ein C-Programm.");
}
```

Wir schreiben dieses Programm mit einem Textverarbeitungsprogramm oder Editor und speichern es als Datei unter dem Namen *eins.c* ab. Beim Speichern des Programmtextes hat man folgendes zu beachten: Viele Textverarbeitungssysteme speichern Dateien in einem formatierten Modus, d. h., sie fügen der Datei Steuerzeichen hinzu, die für die Formatierung eines Textes von Belang sind. Diese Steuerzeichen sind auf dem Bildschirm meist nicht zu sehen. Trotzdem würde sie der C-Compiler als Teil des Programmtextes interpretieren, was natürlich Fehler hervorriefe. Daher ist es wichtig, die Dateien im unformatierten Modus (ASCII-Format) abzuspeichern.

Die Datei *eins.c* enthält nach der obigen Speicheroperation den Quellcode (source code) unseres Programms, also den in der Sprache C formulierten Programmtext. Bei der Namensgebung sind wir der Programmierkonvention gefolgt, die vorschlägt, C-Quellprogramme mit der Endung *c* zu versehen.

Der C-Zeichensatz

Unser Programm hat die Aufgabe, die Meldung

```
Dies ist ein C-Programm.
```

auf den Bildschirm auszugeben. Es besteht aus vier Zeilen. Der Text enthält Buchstaben, aber auch andere Zeichen, wie z. B. die geschweiften Klammern { und }. Tatsächlich ist es so, daß für die Erstellung von C-Programmen eine bestimmte Auswahl von Zeichen aus dem Zeichensatz des Rechners benutzt werden darf. Sie sind in der folgenden Übersicht zusammengestellt.

Großbuchstaben:
A B C D E F G H I J K L M N O P Q R S T U V W X Y Z

Kleinbuchstaben
a b c d e f g h i j k l m n o p q r s t u v w x y z

Dezimalziffern
0 1 2 3 4 5 6 7 8 9

Unterstreichungszeichen:

_

Nicht-sichtbare Zeichen
Leerzeichen, Tabulatorzeichen, Wagenrücklaufzeichen, Zeilenvorschubzeichen, Seitenvorschubzeichen

Satz- und Sonderzeichen
,	Komma	!	Ausrufungszeichen
.	Punkt	|	Vertikaler Balken
;	Semikolon	/	Schägstrich (slash)
:	Doppelpunkt	\\	Backslash
?	Fragezeichen	~	Tilde
'	Apostroph	+	Pluszeichen
"	Anführungszeichen	#	Nummernzeichen
(	Linke Klammer	%	Prozentzeichen
)	Rechte Klammer	&	Ampersand
[	Linke eckige Klammer	^	Caret
]	Rechte eckige Klammer	*	Stern
{	Linke geschweifte Klammer	-	Minuszeichen
}	Rechte geschweifte Klammer	=	Gleichheitszeichen
<	Kleiner-Zeichen	>	Größer-Zeichen

Abb. 1: Der C-Zeichensatz

Funktionen

Aus den Zeichen des C-Zeichensatzes können Kombinationen ("Wörter") gebildet werden, aus denen sich unsere C-Programme zusammensetzen. Man
kann sich das am Programm eins.c klar machen. Die erste Programmzeile
enthält drei Zeichenkombinationen, nämlich das Wort *main* sowie eine öffnende und eine schließende runde Klammer (zwei "Wörter" aus je einem Zeichen) in der Anordnung

```
main()
```

main ist der Name einer besonderen Funktion in C. Eine C-Funktion wieder-
um ist ein Programmteil, mit dem sich eine bestimmte Aufgabe erfüllen läßt.
Ein solcher Programmteil besteht normalerweise aus einer oder mehreren
Anweisungen, die zur Erledigung der Aufgabe ausgeführt werden müssen.
C-Programme können prinzipiell beliebig viele dieser Funktionen enthalten,
von denen jede mittels der in ihr enthaltenen Anweisungen eine spezielle
Aufgabe erfüllt. Wir können damit unsere zu Beginn des Kapitels eingenom-
mene Sichtweise, daß ein Programm - und damit auch ein C-Programm - allgemein eine Folge von Anweisungen an den Computer ist, präzisieren und
ein C-Programm im wesentlichen als eine Folge von Funktionen auffassen,
die ihrerseits jeweils eine Anzahl von Anweisungen enthalten. (Diese Folge
von Funktionen kann allerdings durch spezielle Anweisungen ergänzt werden, die zwischen den einzelnen Funktionen bzw. außerhalb davon stehen
können. Die als Funktionsfolge beschriebene Programmstruktur ändert sich
jedoch dadurch grundsätzlich nicht. Siehe dazu weiter unten in diesem Kapitel und vgl. auch die Kapitel 7 "Speicherklassen" und 8 "Präprozessor".) Die
nachstehende Abbildung veranschaulicht ein C-Programm als eine solche Abfolge von Funktionen:

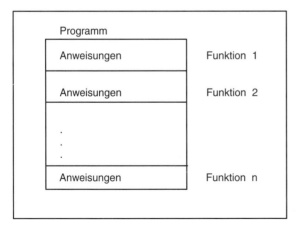

Abb. 2: Ein C-Programm, aufgefaßt als Folge von Funktionen

Jedes C-Programm muß eine Funktion mit dem Namen *main* enthalten. Insofern gibt es in jedem C-Programm mindestens eine Funktion (nämlich *main*). *main* ist die eines jeden C-Programms. Mit ihr beginnt die Programmausführung.

Unser Beispielprogramm eins.c besteht nur aus der Funktion *main*. Diese enthält die Anweisungen - hier ist es nur eine -, die das Programm ausführen soll. Diese Anweisung befindet sich zwischen den beiden geschweiften Klammern in den Zeilen 2 und 4.

Zunächst aber folgen dem Namen *main* unmittelbar zwei runde Klammern, die sogenannten *Funktionsklammern*. Zwischen ihnen können Angaben über Datenobjekte (Parameter) gemacht werden, mit denen die Funktion arbeiten soll. Die Funktionsklammern müssen dem Funktionsnamen stets beigefügt werden, selbst wenn - wie in unserem Beispiel - nichts zwischen ihnen angegeben ist, sie also leer sind. Die Programmzeile

```
main()
```

teilt dem Compiler demnach mit, daß an dieser Stelle die Funktion *main* beginnt und daß *main* in diesem Fall keine Parameter hat. Es macht im übrigen einen Unterschied, ob man den Namen der Funktion *main* groß oder klein schreibt, da der C-Compiler zwischen Groß- und Kleinschreibung unterscheidet. Würde man statt

```
main()
```

etwa

```
MAIN()
```

oder

```
Main()
```

schreiben, erhielte man beim Übersetzen des Programms eine Fehlermeldung des Compilers.

Blöcke in einem C-Programm

Zeile 2 von eins.c enthält lediglich eine öffnende geschweifte Klammer. Sie ist das Zeichen dafür, daß hier der Anweisungsteil der Funktion *main* beginnt. Die korrespondierende Klammer, die den Anweisungsteil schließt, findet sich in Zeile 4. Den Bereich zwischen den beiden geschweiften Klammern nennt man auch Block und dementsprechend die geschweiften Klammern auch Blockklammern. Unser Beispielprogramm enthält genau einen Block. Grundsätzlich kann ein C-Programm beliebig viele Blöcke enthalten, die ihrerseits irgendwelche Anweisungen enthalten. Diese Blöcke können auch ineinander-liegen.

Der Sinn des Blockkonzepts von C liegt in den vielfältigen Strukturierungs-möglichkeiten, die sich für C-Programme daraus ergeben. Dies wird sich um so deutlicher zeigen, je komplexer unsere Programme werden. Insbesondere werden durch das Blockkonzept der Gültigkeitsbereich und die Lebensdauer der Namen von Datenobjekten (z. B. Variablen) geregelt. Mit Gültigkeitsbe-reich ist der Programmbereich gemeint, für den ein Datenobjekt definiert ist, also z. B. ein Block, mehrere Blöcke oder das gesamte Programm. Die Lebens-dauer eines Namens gibt an, wie lange das mit dem Namen bezeichnete Da-tenobjekt erhalten bleibt, also etwa während der gesamten Programmdauer oder nur während eines Teils davon. (Das Kapitel 7 "Speicherklassen" behan-delt diese Thematik ausführlich.)

Anweisungen

Der Anweisungsteil von *main* in unserem Programm ist nicht sehr groß. Er besteht aus nur einer Anweisung in der dritten Programmzeile:

```
printf("Dies ist ein C-Programm.")
```

Sie genügt aber, um die gestellte Aufgabe zu erfüllen, die darin bestand, ei-nen bestimmten Satz auf den Bildschirm auszugeben.

Die Sprache C verwendet für Ein- und Ausgabeoperationen spezielle Funk-tionen. *printf* ist eine solche Funktion. Sie ist in der Lage, Daten auszugeben. (Das Kapitel 2 "Eingabe und Ausgabe" befaßt sich eingehend mit der Funkti-on *printf*.) In unserem Fall bestehen die Ausgabedaten aus dem Satz

```
Dies ist ein C-Programm.
```

Er steht als Parameter zwischen den Funktionsklammern. Indem man den Namen einer Funktion in einer Anweisung nennt, aktiviert man diese Funkti-on: Man ruft sie auf. Die Funktion führt ihre Aufgabe aus, danach fährt das Programm mit der nächsten Anweisung fort. In unserem Beispiel endet das Programm, da es keine weiteren Anweisungen gibt.

Der Umstand, daß die Anweisungen der Hauptfunktion *main* in unserem Pro-gramm stehen, und die Tatsache, daß *printf* ebenfalls eine Funktion ist, die in unserem Programm benutzt wird, könnte zu der Frage führen, wo sich die Anweisungen befinden, aus denen *printf* besteht. Ein Unterschied zwischen *main* und *printf* ist, daß wir *main* in jedem Programm selbst schreiben müssen, *printf* dagegen eine vorgefertigte Funktion ist, die man mit dem Compiler zu-sammen geliefert bekommt. Sie befindet sich in einer speziellen Datei, einer sogenannten Bibliothek. Wenn wir solche Bibliotheksfunktionen verwenden, werden deren Anweisungen bzw. Programmcode aus der Bibliothek beim Kompilieren automatisch in unser Programm übernommen, und wir müssen die Anweisungen nicht selbst in den Quelltext hineinschreiben.

Die *printf*-Anweisung endet mit einem Semikolon. Dies ist auch die allgemeine Regel für Anweisungen in C (mit Ausnahme sog. Präprozessoranweisungen. Siehe dazu weiter unten in diesem Kapitel und vgl. auch das Kapitel 8 "Der C-Präprozessor".):

```
C-Anweisungen enden mit einem Semikolon.
```

Damit ist die Analyse unseres Programms eins.c beendet. Wenn es ablaufen soll, muß es für den Rechner in die Maschinensprache umgewandelt werden. Diese Aufgabe übernimmt der Compiler, ein Übersetzungsprogramm, das aus unserem Quelltext eine Maschinenspracheversion des Programms herstellt: die Datei *eins.c* wird kompiliert. Der Begriff "Compiler" wird übrigens gelegentlich mehrdeutig verwendet: Er bezeichnet dann nicht nur das eigentliche Übersetzungsprogramm, das den Quellcode in die Maschinensprache umwandelt, sondern auch das gesamte System aus Compiler, Linker, Editor und allen weiteren Zubehörprogrammen.

Kompilieren und Linken

Die Maschinenspracheversion eines Programms heißt auch Objektcode des Programms und wird separat in einer sog. Objektdatei mit der Extension *.obj* gespeichert. In unserem Fall entsteht also die Datei *eins.obj*. Dabei bleibt die Quelltextdatei selbstverständlich erhalten, denn möglicherweise möchte man sein Programm abändern oder es enthält Fehler, die im Quellcode korrigiert werden müssen.

Manche Compiler erzeugen vor dem Objektcode als Zwischenstufe einen (lesbaren) Assemblertext des Programms, der dann in einem weiteren Schritt in den Objektcode umgewandelt wird. Mit Assembler bezeichnet man eine Programmiersprache, welche die Befehle der Maschinensprache in ihrem Aufbau unverändert läßt, sie jedoch nicht binär, sondern durch mnemotechnische Symbole ausdrückt. So lautet beispielsweise der Maschinenbefehl

```
00011010  0001  0010
```

für die Operation "Addiere die Zahlen 1 und 2" im Assemblercode

```
ADD  1,2
```

wobei ADD eine symbolische Abkürzung für die Operation "Addieren" darstellt.

Unser Programm ist nun in die Maschinensprache übersetzt, trotzdem aber noch nicht ablauffähig. Das liegt daran, daß es noch nicht ganz vollständig ist. Wir erwähnten bereits, daß die Funktion *printf* eine Bibliotheksfunktion ist und ihr Code aus dieser Bibliothek geholt - d. h. kopiert - und in unser Programm eingefügt werden muß. Das ist die Aufgabe des Linkers.

Der Linker oder Binder ist ein Hilfsprogramm, das nach der Kompilierung des Quelltextes die Maschinencodes aller im Programm verwendeten, aber dort nicht codierten Funktionen in das Programm "einbindet". Der Linker erzeugt dabei aus der Objektdatei mit der Endung *.obj* eine ausführbare Datei mit der Endung *.exe*. Auch die Objektdatei bleibt erhalten, so daß nach erfolgreich abgeschlossener Übersetzung drei Dateien zu unserem Programm existieren:

```
eins.c
eins.obj
eins.exe
```

Die Datei *eins.exe* enthält das ablauffähige Programm, das nun in den Arbeitsspeicher des Rechners geladen und ausgeführt werden kann. Die folgende Abbildung veranschaulicht die einzelnen Programmphasen:

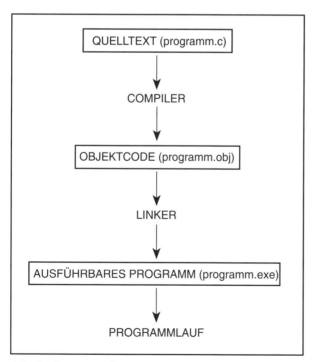

Abb. 3: Programmphasen

Menügesteuerte Programmiersysteme erlauben es, den Quelltext mit einem integrierten Editor abzufassen und danach über eine Tastenkombination das Programm zu kompilieren, zu linken und auszuführen. (Daneben ist es bei diesen Systemen auch möglich, die Kompilierbefehle "per Hand" einzugeben.) Andere Systeme verlangen eine Eingabe der Kompilier- und Linkbefehle von der Betriebssystemebene aus. Auf UNIX-Systemen lautet der Aufruf des Compilers, mit dem eine Datei *program.c* kompiliert und gelinkt wird, gewöhnlich

```
cc  program.c
```

Compiler, die für PC entwickelt wurden, haben ähnliche Kommandos. Der Microsoft-C-Compiler beispielsweise wird mit

```
cl  program.c
```

gestartet.

1.2 Include-Dateien

Wenn wir das Programm eins.c in seiner jetzigen Form übersetzen lassen, kann es sein, daß der Compiler eine Warnmeldung ausgibt, die sich auf die Funktion *printf* bezieht. Der Compiler versucht nämlich zu überprüfen, ob der Aufruf der Funktion *printf* syntaktisch und inhaltlich korrekt erfolgt, z. B. ob die Funktion mit zulässigen Parametern versehen ist. Wenn der Compiler bei der Übersetzung zum Aufruf von *printf* gelangt, besitzt er in der aktuellen Programmversion von eins.c aber keine Informationen über die Funktion und kann dementsprechend auch nicht entscheiden, ob die Funktion vom Programmierer korrekt eingesetzt wurde. Wir erhalten eine entsprechende Meldung, wenn eine genügend hohe eingestellt ist.

C-Compiler besitzen gewöhnlich mehrere Warnstufen. Eine niedrige Warnstufe unterdrückt Meldungen in solchen Fällen, die vom Compiler als nicht besonders schwerwiegend eingestuft werden. Ist dagegen eine hohe Warnstufe eingestellt, werden auch Meldungen über nur potentielle Fehlerquellen ausgegeben.

Eine Warnung bedeutet nicht, daß das Programm tatsächlich fehlerhaft ist. Auf niedriger Warnstufe wird unser Programm eins.c anstandslos übersetzt und läuft fehlerfrei ab. Was der Compiler bei einer höheren Warnstufe mitteilt, ist, daß er mögliche Fehlerquellen aus Informationsmangel nicht überprüfen und daher einen fehlerfreien Programmlauf nicht garantieren kann.

Die Informationen, die der Compiler über zum System gehörende Funktionen wie *printf* benötigt, befinden sich in sogenannten Include-Dateien. Der Begriff "Include-Datei" leitet sich von dem englischen Wort *include* = einschließen ab. Wie im folgenden erläutert, werden diese Dateien mit einem entsprechend lautenden Befehl in den Programmtext "mit eingeschlossen", also dem Quelltext hinzugefügt. Sie werden auch als Definitions-, Vorspann- oder Header-Dateien (Headerfiles) bezeichnet, wobei letzterer Begriff der Grund für die Dateiendung *h* ist.

Die Include-Dateien befinden sich normalerweise in einem Verzeichnis mit dem Namen *INCLUDE* und besitzen die Namensendung *.h*. Sie enthalten u. a. die Deklarationen der systemeigenen Funktionen. Funktionsdeklarationen sind Bekanntmachungen, die dem Compiler Informationen über Funktionen liefern, etwa über die Art und Anzahl der Funktionsparameter (vgl. das Kapitel 10 "Funktionen"). Der Inhalt der einzelnen Header-Dateien ist thematisch bedingt. So enthält beispielsweise die Datei *math.h* die Deklarationen von mathematischen Funktionen, die Datei *graph.h* wird benötigt, wenn das Programm mit Grafikfunktionen arbeitet. Die am häufigsten verwendete Header-Datei ist *stdio.h*, in der die Deklarationen der Standardein- und -ausgabefunktionen enthalten sind, so auch die Deklaration der Funktion *printf*.

Die #include-Anweisung

Wenn man also die Datei *stdio.h* - und damit auch die Deklaration von *printf* - in sein Programm mit aufnimmt, erhält der Compiler zur Übersetzungszeit die nötigen Informationen und kann die Korrektheit des Funktionsaufrufs überprüfen. Dieses Einschließen einer Datei geschieht mittels der Präprozessor-Anweisung *#include*. (Der C-Präprozessor ist ein Programm, das den Quelltext eines Programms vor der Kompilierung in bestimmter Weise bearbeitet, beispielsweise indem es den Inhalt einer Header-Datei in den Quelltext einbindet. Zu ausführlichen Informationen über den Präprozessor vgl. das Kapitel 8 "Der C-Präprozessor".)

Die Anweisung

```
#include <stdio.h>
```

bewirkt, daß die Datei *stdio.h* an der Stelle, an der die *#include*-Anweisung steht, in den Quelltext des Programms eingefügt wird. Die allgemeine Syntax einer *#include*-Anweisung ist

```
#include <dateiname>
```

wobei zwischen den spitzen Klammern der Name der Datei angegeben wird, die man in den Programmtext einzufügen wünscht. Im Anhang befindet sich eine Übersicht über die verschiedenen Include-Dateien mit den entsprechenden Anwendungsgebieten.

#include-Anweisungen dürfen an beliebiger Stelle im Programm stehen, werden gewöhnlich aber ganz an den Anfang gesetzt, damit der Compiler, noch bevor das "eigentliche" Programm beginnt, alle notwendigen Informationen erhält. Im Gegensatz zu normalen C-Anweisungen werden Präprozessor-Anweisungen nicht mit einem Semikolon abgeschlossen. Wir können nun das Programm eins.c entsprechend ergänzen:

```
#include <stdio.h>

main()
 {
  printf("Dies ist ein C-Programm.");
 }
```

Durch die hinzugekommene Anweisung *#include <stdio.h>* wird das Programm eins.c mit allen nötigen Funktionsdeklarationen für die Standardein- und -ausgabe versorgt. Durch Kompilieren auf hoher Warnstufe mit und ohne *#include*-Anweisung überzeugt man sich leicht davon, daß der Warnhinweis des Compilers bezüglich der Funktion *printf* entfällt, wenn die *#include*-Anweisung im Programm enthalten ist. Da die Ein- und Ausgabefunktionen praktisch ständig gebraucht werden, enthält damit auch fast jedes C-Programm die Anweisung *#include <stdio.h>*. Neben der *include*-Anweisung gibt es eine Reihe weiterer Präprozessor-Anweisungen, die wir zum jetzigen Zeitpunkt noch nicht benötigen. Präprozessor-Anweisungen werden ausführlich in Kapitel 8 "Der C-Präprozessor" besprochen.

1.3 Kommentare

Das Programm eins.c ist einfach und sehr klein. Selbst für jemand mit nur geringen C-Kenntnissen ist es leicht, den Quelltext auf Anhieb zu verstehen. Was ist jedoch, wenn die Programme länger und komplizierter werden? In solchen Fällen wäre es hilfreich, wenn das Programm an "kritischen" Stellen Erläuterungen enthalten würde, die das Verständnis erleichtern. Tatsächlich gibt es in C die Möglichkeit, Erklärungen in den Programmtext einzufügen. Das entsprechende Hilfsmittel ist der Kommentar.

Ein Kommentar ist eine Folge von Zeichen, die zwischen den Begrenzungssymbolen

```
/*   und   */
```

eingeschlossen ist, zum Beispiel:

```
/*  Kommentare dokumentieren Programme.  */
```

Die eingeschlossenen Zeichen werden bei der Übersetzung des Programms vom Compiler ignoriert. Es können beliebige Zeichen zwischen den Begrenzungssymbolen stehen, mit Ausnahme des Kommentar-Endezeichens */. Daraus folgt, daß Kommentare nicht ineinander verschachtelt werden dürfen. Syntaktisch falsch wäre also der folgende Kommentar:

```
/*  Dieser Kommentar ist /* syntaktisch */ falsch.  */
```

Kommentare sind nicht auf eine Zeile begrenzt:

```
/*  Dieser Kommentar
    erstreckt sich
    über mehrere
    Zeilen.      */
```

Kommentare können an beliebigen Stellen im Programm stehen, präziser formuliert, können sie überall dort stehen, wo Zwischenraumzeichen (Leerzeichen, Tabulatorzeichen, Zeilentrenner) stehen können. Wir demonstrieren dies an unserem Programm eins.c, das wir mit drei Kommentaren versehen, um es noch verständlicher zu machen. Wir geben dieser Version außerdem einen anderen Namen, der bereits andeutet, worum es in diesem Programm geht.

▶ **komment.c:**

```
1 /*  komment - demonstriert den Einsatz von Kommentaren  */
2 #include <stdio.h>                                 /*  wegen printf  */
3 main()
4 {
5       /*  Die folgende Anweisung gibt einen Satz auf den Bildschirm aus.  */
6 printf("Dies ist ein C-Programm.");
7 }
```

Das Programm komment.c besitzt einen einleitenden Kommentar, der dem Leser mitteilt, was das Programm tut. Der zweite Kommentar begründet die *#include*-Anweisung. Der dritte Kommentar erläutert die einzige Anweisung der Hauptfunktion *main* näher. Alle Kommentare stehen syntaktisch richtig, also zwischen zwei C-Wörtern bzw. vor dem ersten C-Wort. Der dritte Kommentar beispielsweise steht zwischen dem C-Wort { und dem C-Wort *printf*. Ein Kommentar darf aber nicht innerhalb eines C-Worts stehen, ebensowenig wie sich dort ein Zwischenraumzeichen befinden darf. Das Programm falscomm.c zeigt einen solchen falsch plazierten Kommentar, der das C-Wort *main* auseinanderreißt. Beim Übersetzen des Programms erhält man deshalb eine Fehlermeldung des Compilers.

falscomm.c:

```
1  /* falscomm - demonstriert fehlerhaften Kommentar. */
2  #include <stdio.h>   /* wegen printf */
3
4  ma /* falsch plazierter Kommentar, weil innerhalb des Worts main. */ in()
5  {
6  /* Die folgende Anweisung gibt einen Satz auf den Bildschirm aus. */
7
8  printf("Dies ist ein C-Programm.");
9  }
```

Unsere Programme taten bisher nichts anderes, als Meldungen auszugeben. Die Daten, die von ihnen verarbeitet werden sollten, waren der Satz "Dies ist ein C-Programm.", eine sogenannte Zeichenkette (vgl. dazu den Abschnitt über "Konstanten" in Kapitel 1.5). Wir können dem Rechner über ein C-Programm jedoch auch andere Arten von Daten zur Bearbeitung übergeben, beispielsweise einzelne Zeichen oder Zahlenwerte, mit denen irgendwelche Berechnungen angestellt werden. In der Programmiersprache C ist für die verschiedenen Datenarten ein Typenkonzept enthalten. Dies bedeutet, daß jeder Wert (auch Textzeichen), der von den Programmen verarbeitet wird, einen bestimmten Datentyp erhält. Diese Datentypen kann man in zwei Gruppen unterteilen: elementare (skalare) und zusammengesetzte Datentypen (Aggregattypen). Ferner gibt es die Möglichkeit, eigene Datentypen zu erzeugen. Wir befassen uns zunächst mit den elementaren Datentypen.

1.4 Elementare Datentypen

Jedes Datenobjekt in C ist von einem bestimmten Typ. Alle Werte (Konstanten und Variablen), die man in einem Programm benutzt, werden durch dieses Typenschema klassifiziert. Wenn man also etwa eine Variable mit dem Namen x verwendet, hat diese Variable nicht nur einen Namen, sondern auch einen der im folgenden beschriebenen Datentypen. Dieser Datentyp entscheidet darüber, wieviel Platz (in Bytes) das Datenobjekt im Speicher belegen darf und in welchem Format es gespeichert wird.

Die elementaren Datentypen lassen sich in zwei Gruppen einteilen. Zur Darstellung ganzer Zahlen ohne Nachkommastellen verwendet man Integraltypen (von integer = ganze Zahl), für reelle Zahlen mit Nachkommastellen sind Gleitkommatypen vorhanden. Daneben gibt es einen weiteren Datentyp, der zu den einfachen, nicht zusammengesetzten zählt, die sog. Zeiger (engl.: pointer). Zeiger können die Adresse eines Datenobjekts speichern, man sagt auch, sie "zeigen" dadurch auf ein bestimmtes Datenobjekt. Sie werden in Kapitel 9 "Zeiger" besprochen.

1.4.1 Integraltypen

In C gibt es die Integraltypen

- *char*
- *int*
- *short*
- *long*

Je nachdem, ob man das entsprechende Datenobjekt mit oder ohne Vorzeichen speichern will, können diese Typbezeichnungen durch den Zusatz *signed* (mit Vorzeichen) oder *unsigned* (ohne Vorzeichen) ergänzt werden. Wird kein Zusatz angegeben, nimmt der Compiler an, daß das betreffende Objekt ein Vorzeichen haben soll. Damit sind die folgenden Typbezeichnungen äquivalent:

char	und	signed char
int	und	signed int
short	und	signed short
long	und	signed long

Soll umgekehrt ein ganzzahliges Datenobjekt kein Vorzeichen haben, wählt man als Datentyp entsprechend *unsigned char*, *unsigned int*, *unsigned short* oder *unsigned long*.

Ferner ist auch *signed* gleichbedeutend mit *signed int* und *unsigned* mit *unsigned int*. Die nachstehende Übersicht stellt die Typangaben für Integraltypen und ihre Kurzbezeichnungen zusammen.

Typangabe	Kurzform
signed char	char
signed int	signed, int
signed short int	short, signed short
signed long int	long, signed long
unsigned char	-
unsigned int	unsigned
unsigned short int	unsigned short
unsigned long int	unsigned long

Typangaben und ihre Kurzbezeichnungen für ganzzahlige Datenobjekte

Der Datentyp char

Der Datentyp *char* (von character = Zeichen) wird verwendet, um ein Zeichen, genauer: den ganzzahligen Wert eines Elements des darstellbaren Zeichensatzes zu speichern. Dieser ganzzahlige Wert ist der ASCII-Code (**A**merican **S**tandard **C**ode for **I**nformation **I**nterchange) des angegebenen Zeichens. Der Speicherplatz für ein einzelnes Zeichen beträgt 1 Byte.

Im folgenden dazu ein Ausschnitt der ASCII-Tabelle (eine vollständige Tabelle findet man in Anhang D):

Dezimal	Hexadezimal	Zeichen
0	00	NULL
....		
65	41	A
66	42	B
67	43	C
...		
255	FF	BLANK 'FF'

Die linke Spalte der Tabelle enthält den ASCII-Code des entsprechenden Zeichens in dezimaler, die mittlere Spalte in hexadezimaler Notation. Soll nun beispielsweise das Zeichen "A" als *char* gespeichert werden, so speichert der Rechner nicht etwa das Symbol "A", sondern die Zahl 65 - den ASCII-Code des Zeichens - in einem Byte, natürlich binär.

Das Speicherbild dieses Bytes mit der Codierung für das Zeichen "A" sähe demzufolge so aus:

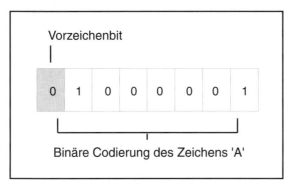

Abb. 4: Das Zeichen A, gespeichert in einem Byte als char-Datentyp (mit Vorzeichen)

Die binäre Zahlenkombination 01000001 entspricht dem dezimalen Zahlenwert 65, dieser wiederum dem Zeichen "A". Das Bit ganz links ist das Vorzeichenbit, mit dem angezeigt wird, ob das Datenobjekt positiv oder negativ ist.

Die Tatsache, daß das Zeichen "A" als Datentyp mit Vorzeichen gespeichert ist, besagt nicht etwa, daß dieses Zeichen "A" irgendwie positiv oder negativ wäre. Es besagt lediglich, daß unser Datenobjekt - der Buchstabe "A" - rechnerintern durch eine Zahl dargestellt wird, die ein Vorzeichen besitzt. Ist das Vorzeichenbit gesetzt, d. h. gleich 1, so ist die Zahl negativ. Ist es nicht gesetzt, d. h. gleich 0, so ist sie positiv.

Diese Regelung rührt daher, daß Computer zur Darstellung von Zahlen mit Vorzeichen im allgemeinen das sogenannte Zwei-Komplement verwenden.

Eins-Komplement und Zwei-Komplement

Wenn man bei einer binären Zahl Stelle für Stelle 1 durch 0 und 0 durch 1 ersetzt, erhält man das Eins-Komplement dieser Zahl. Hätten wir z. B. die binäre Zahl

```
1010
```

so wäre ihr Eins-Komplement die Zahl

```
0101
```

Das Zwei-Komplement einer binären Zahl ergibt sich, wenn man 1 zum Eins-Komplement hinzuaddiert. In unserem Beispiel bekommen wir das Zwei-Komplement der Zahl 1010 also dadurch, daß wir zunächst ihr Eins-Komplement 0101 bilden und dann 1 addieren:

```
  0101
+    1
  ────
  0110 <= Zwei-Komplement von 1010
```

Für die binäre Darstellung von positiven und negativen Zahlen im Rechner gibt es eine Konvention, deren Grundlage das Zwei-Komplement ist. Wir veranschaulichen dies an einem Beispiel für 8-Bit-Integerzahlen:

binär	vorzeichenlos	2-Komplement	1-Komplement
00000000	0	0	0
00000001	1	1	1
00000010	2	2	2
00000011	3	3	3
00000100	4	4	4
...	...	...	...
...	...	...	...
...	...	...	...
...	...	...	...
...	...	...	...
01111011	123	123	123
01111100	124	124	124
01111101	125	125	125
01111110	126	126	126
01111111	127	127	127
10000000	128	-128	-127
10000001	129	-127	-126
10000010	130	-126	-125
10000011	131	-125	-124
10000100	132	-124	-123
...	...	...	...
...	...	...	...
...	...	...	...
...	...	...	...
...	...	...	...
11111011	251	-5	-4
11111100	252	-4	-3
11111101	253	-3	-2
11111110	254	-2	-1
11111111	255	-1	-0

Abb. 5: Komplement-Darstellung von 8-Bit-Integerzahlen

Der Datentyp unsigned char

Mit den Symbolen 0 und 1 und einer Zahlenlänge von acht Stellen lassen sich $2^8 = 256$ verschiedene binäre Zahlenkombinationen bilden, d. h., es lassen sich die Zahlen 0 bis 255 binär darstellen. Diese Zahlenkombinationen befinden sich in der linken Spalte der Tabelle.

Würden wir nur Zahlen von 1 Byte Länge ohne Vorzeichen, d. h. positive Zahlen, verarbeiten, beispielsweise die dezimalen Codierungen der 256 Zeichen des (erweiterten) ASCII-Zeichensatzes, bei dem jedem der Zeichen eine der Zahlen 0 bis 255 zugeordnet ist, so könnten wir für diese Zeichen den Datentyp *unsigned char* wählen.

Die erste und die zweite Spalte von links zeigen den Zusammenhang zwischen binärer Kombination und vorzeichenloser Zahl. Speicherte man z. B. das Zeichen "Ç" als *unsigned char*, bekäme das entspechende Byte folgenden Inhalt:

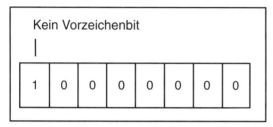

Abb. 6: Das Zeichen "Ç", gespeichert als unsigned char (ohne Vorzeichen)

Der Rechner interpretiert diese binäre Ziffernkombination wegen des Datentyps *unsigned char* als Zahl 128, was der ASCII-Codierung für das Zeichen "Ç" entspricht. Anders dagegen verhielte sich die Sache, wenn es sich bei dem Datenobjekt mit der binären Codierung 10000000 um eine Zahl mit Vorzeichen handelte.

Darstellung positiver und negativer ganzer Zahlen

Um positive und negative ganze Zahlen darzustellen, teilt man die Menge der zur Verfügung stehenden binären Kombinationen in zwei Hälften und benutzt die eine Hälfte zur Darstellung positiver, die andere Hälfte zur Darstellung negativer Zahlen. In unserer Tabelle (vgl. die obige Tabelle zur Komplement-Darstellung von 8-Bit-Integerzahlen, 1. und 3. Spalte von links) entsprechen die ersten 128 der insgesamt 256 Kombinationen (00000000 bis 01111111) den Zahlen von 0 bis 127. Die Kombinationen 10000000 bis 11111111 stellen die Zahlen -128 bis -1 dar. Man sieht, daß man sehr leicht am ersten (linken) Bit der binären Darstellung ablesen kann, ob man eine positive oder eine negative Zahl vor sich hat: es ist 0 bei positiven und 1 bei negativen Zahlen. Man erkennt außerdem, daß man aus der binären Darstellung einer Zahl z die binäre Darstellung der Zahl -z erhält, wenn man das Zwei-Komplement von z bildet. Die Zahl 3 etwa besitzt in der Zwei-Komplement-Darstellung die Form

```
00000011
```

Um die Zahl -3 darzustellen, bildet man das Zwei-Komplement von 3:

```
00000011    (3)
    =>      11111100    (Eins-Komplement von 3)
    =>      11111101    (Zwei-Komplement von 3 = -3)
```

Arbeitet der Rechner mit der Zwei-Komplement-Darstellung - beispielsweise, wenn ein Datenobjekt als *char* gespeichert wird -, so bedeutet die binäre Ziffernfolge jetzt

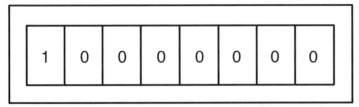

nicht mehr die Zahl 128, was der Codierung des ASCII-Zeichens "Ç" als *unsigned char* entspräche, sondern die Zahl -128, die nicht zur Codierung eines Zeichens verwendet wird.

Zur Übung wandeln wir die Binärzahlen

```
10101110
11111111
10001010
```

in Dezimalzahlen um. Dabei sollen die Binärzahlen jeweils als

a)   vorzeichenlos,
b)   Zwei-Komplement-Darstellung,
c)   Eins-Komplement-Darstellung

interpretiert werden.

Der Datentyp *char* ist für Datenobjekte geeignet, die eine Länge von 1 Byte haben. Für größere ganzzahlige Objekte gibt es die Datentypen *short*, *int* und *long* bzw. *unsigned short*, *unsigned int* und *unsigned long*.

Die Datentypen short, int und long

Der Datentyp *short* kann Objekte von 2 Byte Länge speichern, der Datentyp *long* solche von 4 Byte. Aus 2 Byte (= 16 Bit) lassen sich

$$2^{16} = 65536$$

verschiedene binäre Ziffernkombinationen und damit Zahlen bilden. Dies bedeutet, daß der Datentyp *short* (mit Vorzeichen) die Zahlen zwischen -32768 und 32767 abbilden kann, als *unsigned short* (ohne Vorzeichen) die Zahlen zwischen 0 und 65535. Analog kann der Datentyp *long* (32 Bit) wegen

$$2^{32} = 4\ 294\ 967\ 296$$

den Wertebereich von -2 147 843 648 bis 2 147 843 647 abdecken bzw. als *unsigned long* die Zahlen von 0 bis 4 294 967 295 darstellen.

Die Zahl 1000 (dezimal) würde im Speicher als *short*-Objekt (2 Byte) so aussehen:

00000011	11101000

und als *long*-Objekt (4 Byte) so:

00000000	00000000	00000011	11101000

Der Datentyp *int* ist im Gegensatz zu den Typen *short* und *long* nicht auf einen bestimmten Speicherbedarf festgelegt. Seine Länge ist abhängig vom verwendeten Computersystem und kann 2 oder 4 Byte betragen, so daß er entweder dem Typ *short* oder dem Typ *long* entspricht. Wir nehmen für unsere weiteren Überlegungen die häufig verwendete Länge 2 Byte an.

1.4.2 Gleitkommatypen

Zahlen mit Nachkommastellen bzw. reelle Zahlen werden in C anders gespeichert als ganze Zahlen. Es sind sogenannte Gleitkommawerte. Gleitkommazahlen sind Zahlen, bei denen die Position des Kommas als Trennzeichen zwischen Vor- und Nachkommastellen nicht fixiert ist (im Gegensatz zu Festkommazahlen). Die Größenordnung einer solchen Zahl wird durch einen entsprechenden Exponenten angegeben. Zum Beispiel kann die Zahl 13,5 auch als

$$1,35 \quad * \quad 10^1$$

oder

$$0,135 \quad * \quad 10^2$$

oder

$$135,0 \quad * \quad 10^{-1}$$

geschrieben werden, wobei sich das Komma, je nach Größe des Exponenten, nach links oder rechts verschiebt. Gleitkommazahlen bestehen speicherintern aus einer binären Ziffernfolge, der Mantisse, die den Wert der Zahl angibt, einem Exponenten und einem Vorzeichen. C verfügt mit den Typen *float* (4 Byte) und *double* (8 Byte) über zwei Datentypen für Gleitkommawerte. Neuere ANSI-Compiler kennen außerdem den Datentyp *long double* (10 Byte).

Der Datentyp float

Eine Zahl vom Typ *float* wird im Speicher gewöhnlich mit einer 23 Bit langen Mantisse, einem 8 Bit langen Exponenten und einem Vorzeichen (1 Bit) dargestellt. Die Zahl 13,5 etwa würde als *float*-Objekt in folgendem Format gespeichert:

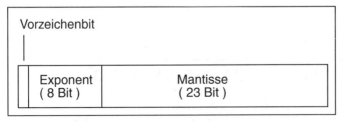

Abb. 7: Eine Gleitkommazahl vom Typ float im Speicher

Dabei enthielte die Mantisse das binäre Äquivalent für die Ziffernfolge 135. Dies rührt daher, daß die Zahl 13,5 in die Darstellung

$$0.135 \quad * \quad 10^2$$

umgewandelt wird bzw. in die binäre Darstellung

$$0.11011 \quad * \quad 2^4$$

da der Computer intern das Dual-System verwendet. Die Ziffernfolge 11011 wird als Mantisse gespeichert. Mit Hilfe des Exponenten 4 zur Basis 2 kann dann die tatsächliche Größe der Zahl bestimmt werden. Wie bei den ganzzahligen Datentypen ist die Zahl positiv, wenn das Vorzeichenbit 0 ist, anderfalls ist sie negativ.

Der Datentyp double

Der 8 Byte lange Datentyp *double* hat ein ähnliches Format wie der Typ *float*, seine Mantisse hat jedoch 52 Bit Länge, und für den Exponenten sind 11 Bit reserviert:

Vorzeichenbit

Exponent
(11 Bit)

Mantisse
(52 Bit)

Abb. 8: Eine Gleitkommazahl vom Typ double im Speicher

Analog besitzt der Typ *long double* eine Mantisse von 64 Bit und einen Exponenten von 15 Bit Länge.

Gleitkommazahlen sind Nährungswerte

Gleitkommazahlen sind Näherungswerte, d. h., sie sind nur in dem Maße genau, wie es die Anzahl ihrer Nachkommastellen zuläßt. Diese Genauigkeit ist maschinenabhängig. In jedem Fall aber garantiert der Datentyp *float* eine Genauigkeit auf mindestens 6 Dezimalstellen, der Typ *double* auf mindestens 15 Dezimalstellen und der Typ *long double* eine Genauigkeit auf mindestens 17 Dezimalstellen. Zahlen, die die zur Verfügung stehende Stellenzahl überschreiten, werden gerundet, was beispielsweise bei der Addition von Zahlen mit vielen Nachkommastellen zu Rundungsfehlern führen kann. Die folgende Abbildung zeigt abschließend den Speicherbedarf und die Wertebereiche der elementaren Datentypen.

Typ	Speicherbedarf	Wertebereich
	Integraltypen	
char	1 Byte	-128 bis 127
unsigned char	1 Byte	0 bis 255
int	implementations-bedingt (2 oder 4 Byte)	
unsigned (int)	implementations-bedingt (2 oder 4 Byte)	
short	2 Byte	-32768 bis 32767
unsigned short	2 Byte	0 bis 65535
long	4 Byte	-2 147 483 648 bis 2 147 483 647
unsigned long	4 byte	0 bis 4 294 967 295
	Gleitkommatypen	
float	4 Byte	$3{,}4*10^{-38}$ bis $3{,}4*10^{38}$
double	8 Byte	$1{,}7*10^{-308}$ bis $1{,}7*10^{308}$
long double	10 Byte	$1{,}2*10^{-4932}$ bis $1{,}2*10^{4932}$

Abb. 9: Speicherbedarf und Wertebereich von elementaren Datentypen

1.5 Konstanten

Die einfachsten Datenobjekte, die durch das soeben besprochene Typenkonzept klassifiziert werden, sind Konstanten. Eine solche Konstante wird folgendermaßen definiert:

> Eine Konstante ist ein Datenobjekt mit unveränderlichem Wert. Dieses Objekt kann eine Zahl, ein Zeichen oder eine Zeichenkette sein.

C unterscheidet zwischen ganzzahligen Konstanten (Integerkonstanten), Gleitkommakonstanten, Zeichenkonstanten und Zeichenkettenkonstanten.

1.5.1 Ganzzahlige Konstanten

Ganzzahlige Konstanten bestehen aus einer oder mehreren Ziffern und können dem Rechner als dezimale, oktale oder hexadezimale Zahlen angeboten werden. Negative Zahlen werden mit einem Minuszeichen eingeleitet. Entscheidet man sich für die dezimale Form, so darf die erste Ziffer der Zahl keine Null sein. Oktalzahlen müssen demgegenüber eine vorangestellte Null aufweisen, hexadezimale Konstanten müssen mit *0x* oder *0X* beginnen.

Konstanten		
dezimal	oktal	hexadezimal
12	014	0xC, 0xc, 0XC
144	0220	0x90
1729	03301	0x6C1, 0x6c1

Abb. 10: Ganzzahlige Konstanten

Die Tabelle zeigt die Zahlen 12, 144 und 1729 in dezimaler, oktaler und hexadezimaler Darstellung. Ganzzahlige Konstanten sind vom Typ *int* oder - falls der Wert der Konstanten für den Datentyp *int* zu groß ist - vom Typ *long*. Will man, daß eine beliebige ganzzahlige Konstante den Typ *long* explizit erhält, fügt man an das Ende der Konstanten den Buchstaben "L" oder "l" an:

Konstanten		
dezimal	oktal	hexadezimal
12L	014L	0xCL
144l	0220l	0x90l

Abb. 11: Ganzzahlige Konstanten vom Typ long

1.5.2 Gleitkommakonstanten

Gleitkommakonstanten sind Dezimalzahlen und stellen reelle Zahlen mit Vorzeichen dar. Gleitkommakonstanten können unterschiedliche syntaktische Formate haben:

	Formate	Beispiele
Syntax 1	Ziffern.[Exponent]	150., 1500.e-1, 15.E1, -16.
Syntax 2	.Ziffern[Exponent]	.179, -.0567, .0089e2
Syntax 3	ZiffernExponent	21E-4, 418e2, -4005E3
Syntax 4	Ziffern.Ziffern.[Exponent]	3.141, 314.1E-2, 0.3141e1

Abb. 12: Gleitkommakonstanten

Die Angaben in den eckigen Klammern sind optional, d. h., sie müssen nicht unbedingt gemacht werden. Man sieht, daß man Gleitkommakonstanten entweder als normale Dezimalbrüche mit einem Dezimalpunkt als Trennzeichen zwischen Vor- und Nachkommastellen schreiben kann oder im Exponentialformat mit Mantisse und Exponent. Der Exponent besteht aus dem Buchstaben "E" oder "e" und einem ganzzahligen Wert, der auch negativ sein kann. Eine Konstante wie

```
15.E1
```

ist dabei als

$$15.0 \quad * \quad 10^1$$

zu interpretieren. Analog ist

```
314.1E-2
```

gleichbedeutend mit

$$314.1 \quad * \quad 10^{-2}$$

oder

$$314.1 \quad * \quad 1/100$$

Aus Syntax 1 und 2 geht hervor, daß nicht unbedingt ein Nachkomma- bzw. Vorkommateil vorhanden sein muß. Der Dezimalpunkt darf nur weggelassen werden, wenn ein Exponent vorhanden ist (Syntax 3). Gleitkommakonstanten können wie ganzzahlige Konstanten mit einem Suffix versehen werden, das ihren Datentyp bestimmt. Fügt man an eine Gleitkommakonstante ein "f" oder "F" an, ist die Konstante vom Typ *float*. Fügt man "l" oder "L" an, wird die Konstante als *long double*-Wert behandelt. Besitzt die Konstante kein Suffix, so ist sie vom Typ *double*.

1.5.3 Zeichenkonstanten

Eine Zeichenkonstante ist ein Zeichen des darstellbaren Zeichensatzes, das in einzelne Hochkommata eingeschlossen ist. Die Zeichenkonstanten

```
'a' 'A' '?' '1'
```

etwa stellen die Symbole dar, die auf dem Bildschirm als *a*, *A*, *?*, *1* erscheinen. Dabei ist das Zeichen *'1'* nicht mit der Zahl 1 zu verwechseln. Zeichenkonstanten sind von Typ *char* (1 Byte) und werden intern unter dem Wert ihrer ASCII-Codierung gespeichert. So wie das Zeichen *'A'* im Rechner als Zahl 65 - dem ASCII-Code des Zeichens *'A'* - abgelegt ist, liegt das Zeichen *'1'* unter seinem ASCII-Code 49 als Zahl im Speicher:

$$\boxed{00110001} \quad = \text{'1'}$$

Die Zahl 1 dagegen ist keine Zeichen-, sondern eine ganzzahlige Konstante vom Typ *int* und sieht im Speicher so aus:

$$\boxed{00000000 \mid 00000001} \quad = 1$$

Eine Ausnahme von der normalen Notation einer Zeichenkonstanten bilden die Symbole ', " und \ für das einfache Hochkomma, die Anführungszeichen und der umgekehrte Schrägstrich (backslash). Will man sie als Zeichenkonstante verwenden, muß ihnen ein umgekehrter Schrägstrich vorangestellt werden, wodurch eine sog. Escape-Sequenz entsteht (siehe dazu weiter unten):

'\''	ergibt	' (Hochkomma)
'\"'	ergibt	" (Anführungszeichen)
'\\'	ergibt	\ (backslash)

Escape-Sequenzen

Wir können aber nicht nur sichtbare Zeichen als Zeichenkonstanten darstellen. Es gibt eine Reihe grafisch nicht darstellbarer Zeichen, die mit Hilfe von Escape-Sequenzen erzeugt werden müssen. Escape-Sequenzen sind Zeichenfolgen, die mit einem umgekehrten Schrägstrich beginnen, auf den ein oder mehrere Zeichen folgen. Der Name Escape-Sequenz rührt daher, daß viele dieser Sequenzen mit der Codierung für das Steuerzeichen *ESC* (ASCII-Code: 27 dezimal bzw. 33 oktal) beginnen. Im Anhang G findet man eine Übersicht über die Escape-Sequenzen. Obwohl Escape-Sequenzen aus mehreren Symbolen zusammengesetzt sind, gelten sie als ein Zeichen und können demzufolge auch Zeichenkonstanten sein. Die nachstehende Abbildung zeigt eine Liste der üblicherweise verwendeten Escape-Sequenzen:

Escape-Sequenz	Bedeutung
'\n'	führt Zeilenvorschub durch (new line)
'\t'	setzt Horizontaltabulator
'\v'	setzt Vertikaltabulator
'\b'	geht ein Zeichen zurück (backspace)
'\r'	führt Wagenrücklauf durch (carriage return)
'\f'	führt Seitenvorschub durch (form feed)
'\a'	löst Klingelzeichen aus (Alarm)
'\''	Hochkomma
'\"'	Anführungszeichen
'\\'	Umgekehrter Schrägstrich (backslash)
'\ddd'	ASCII-Zeichen in Oktalnotation
'\xddd'	ASCII-Zeichen in Hexadezimalnotation

Escape-Sequenzen

Die Escape-Sequenzen dieser Liste können als einzelne Zeichenkonstanten in unseren Programmen auftreten, sie werden jedoch häufig innerhalb von Zeichenketten benutzt. Wir werden daher ihre Verwendung in folgendem Kapitel 1.5.4 "Zeichenkettenkonstanten" näher erläutern. Daneben gibt es Escape-Sequenzen, die in Verbindung mit einem Bildschirm- und Tastaturtreiber wirksam werden. Ein solches Treiberprogramm, das Bildschirm und Tastatur steuert, ist die Datei *Ansi.sys* für das Betriebssystem DOS. ANSI-Escape-Sequenzen beginnen mit der Zeichenkombination \033, welche das *Esc*-Zeichen des ASCII-Zeichensatzes (oktale Codierung: 33) verschlüsselt. Beispielsweise löscht die Escape-Sequenz \033[2J in Verbindung mit der schon bekannten Funktion *printf* den Bildschirm:

```
printf("\033[2J");   /* löscht den Bildschirm. */
```

1.5.4 Zeichenkettenkonstanten

Eine Zeichenkettenkonstante oder Stringkonstante (von *string* = Zeichenkette) ist eine Folge von Zeichen des Zeichensatzes - inklusive aller Escape-Sequenzen -, die in Anführungszeichen eingefaßt ist. Die einzelnen Hochkommata, die ein Zeichen einschließen, wenn es als Zeichenkonstante gebraucht wird, entfallen innerhalb einer Zeichenkette. Der Satz

```
"Dies ist ein C-Programm."
```

den unser Anfangsprogramm eins.c ausgibt, ist eine Zeichenkettenkonstante aus Buchstaben, Satz- und Leerzeichen. Sind nichtsichtbare Zeichen enthalten, stellt man sie durch entsprechende Escape-Sequenzen dar, wobei auch in einer Zeichenkette eine Escape-Sequenz als einzelnes Zeichen gilt.

Zeilenvorschub (line feed)

Die Escape-Sequenz \n etwa bewirkt einen Zeilenvorschub, eine nachfolgende Ausgabe wird also am Anfang der nächsten Zeile fortgesetzt. Wir können die Sequenz in unserem Anfangsprogramm eins.c in der *printf*-Anweisung benutzen, um den Ausgabetext - die Zeichenkette "Dies ist ein C-Programm." - auf mehrere Zeilen zu verteilen.

Die *printf*-Funktion verarbeitet nämlich nicht nur die sichtbaren Zeichen, sondern auch die nichtsichtbaren Zeichen, wie z. B. Escape-Sequenzen, die ebenfalls Objekte sind, die im formalen Sinn ausgegeben werden können. Diese "Ausgabe" bildet allerdings gewöhnlich keine Zeichen auf dem Bildschirm oder anderen Ausgabegeräten ab, sondern besteht in der Ausführung einer bestimmten Operation, wie z. B. eines Zeilenvorschubs. Wir nennen diese Programmversion *newline.c*:

▶ **newline.c:**

```
1  #include <stdio.h>                            /*  wegen printf  */
2
3  main()
4  {
5  printf("Dies\nist\nein\nC-Programm.");
6  }
```

Damit wird aus der früheren Ausgabe:

```
Dies ist ein C-Programm.
```

die Ausgabe:

```
Dies
ist
ein
C-Programm.
```

Tabulatoren

Die Escape-Sequenz \t setzt waagerechte Tabulatoren. Wir tauschen in unserem Programm newline.c die Zeilenvorschubzeichen durch Tabulatorzeichen aus und nennen es tab.c:

▶ tab.c:

```
1  #include <stdio.h>                                    /*  wegen printf  */
2
3  main()
4  {
5  printf("Dies\tist\tein\tC-Programm.");
6  }
```

Jetzt wird die Zeichenkette in der Form:

```
Dies     ist     ein     C-Programm.
```

mit Tabulatorsprüngen zwischen den einzelnen Wörtern ausgegeben.

Vertikaltabulatoren sind ungebräuchlich geworden und werden von den meisten modernen Ausgabegeräten nicht mehr als Tabulatoren interpretiert. Für die Escape-Sequenz \v wird statt eines vertikalen Tabulators gewöhnlich das ASCII-Zeichen mit dem dezimalen Code 11 (das Steuerzeichen 'K') ausgegeben.

Cursor zurücksetzen

Die Sequenz \b setzt den Cursor bei der Ausgabe um ein Zeichen zurück, löscht jedoch nicht das davor stehende Zeichen.

▶ backspac.c:

```
1  #include <stdio.h>   /*  wegen printf  */
2
3  main()
4  {
5  printf("Dies ist ein B-Programm.\b\b\b\b\b\b\b\b\b\bC");
6
7  }
```

Das Programm backspac.c schreibt auf etwas umständliche Art den Satz

```
Dies ist ein C-Programm.
```

auf den Bildschirm. Dies kommt folgendermaßen zustande: Wenn die Funktion *printf* auf die Escape-Sequenz \b in der auszugebenden Zeichenkette trifft, setzt sie den Cursor um eine Position zurück und fährt dann mit der Ausgabe der übrigen Zeichen fort. Insgesamt gibt es elf solcher \b-Sequenzen hintereinander, der Cursor wird folglich elf Positionen zurückgesetzt, nämlich auf den bereits ausgegebenen Buchstaben *B* des Worts "B-Programm". Dieses *B* wird nun mit dem Buchstaben *C* überschrieben, dem letzten Buchstaben der auszugebenden Zeichenkette, was zu dem oben gezeigten Resultat führt.

Wagenrücklauf (carriage return)

Im Gegensatz zu der Escape-Sequenz \n, die einen Zeilenvorschub durchführt und den Cursor an den Anfang der nächsten Zeile setzt, positioniert die Sequenz \r den Cursor an den Anfang der Zeile, in der sich der Cursor gerade befindet. Dort wird die Ausgabe fortgesetzt, also in der gleichen Zeile. Wir demonstrieren dies an dem Programm carriage.c:

▶ *carriage.c:*

```
1  #include <stdio.h>                                   /*  wegen printf  */
2
3  main()
4  {
5  printf("Dies ist ein C-Programm.\rDies ist ein C-Programm.");
6  }
```

Dieses Programm produziert die Ausgabe

```
Dies ist ein C-Programm.
```

Tatsächlich aber schreibt es den Text "Dies ist ein C-Programm." zweimal auf den Bildschirm. Da nach der ersten Ausgabe des Satzes wegen der Escape-Sequenz \r die zweite Ausgabe wieder exakt dort beginnt, wo auch die erste begann - nämlich am Anfang der Zeile -, wird die erste Ausgabe komplett von der zweiten überschrieben. Da diese Operationen vom Rechner sehr schnell nacheinander ausgeführt werden, erscheint es so, als würde der Satz nur einmal auf den Bildschirm geschrieben.

Seitenvorschub (form feed)

Mit der Escape-Sequenz \f erreicht man, daß die Ausgabe eines Programms auf den Drucker seitenweise geschieht.

▶ **seiten.c:**

```
1  #include <stdio.h>                              /*  wegen printf  */
2
3  main()
4  {
5  printf("Dies\fist\fein\fC-Programm.");
6  }
```

Wenn man den Satz "Dies ist ein C-Programm." nicht auf den Bildschirm, sondern auf den Drucker ausgibt, bewirkt die Escape-Sequenz \f, daß nach jedem Wort eine neue Seite bedruckt wird, man erhält also vier Seiten mit je einem Wort (wie man Daten auf den Drucker bzw. in Dateien ausgibt, wird in Kapitel 11 "Dateiverwaltung" behandelt).

Signalton erzeugen

Die Escape-Sequenz \a löst ein akustisches Signal aus. In dem Programm sound.c produzieren die in die Zeichenkette eingefügten Escape-Sequenzen vor und nach der Ausgabe des Satzes "Dies ist ein C-Programm." einen Signalton:

▶ **sound.c:**

```
1  #include <stdio.h>                              /*  wegen printf  */
2
3  main()
4  {
5  printf("\aDies ist ein C-Programm.\a");
6  }
```

Will man, daß der Satz "Dies ist ein C-Programm." in Anführungszeichen ausgegeben wird, muß man diese Zeichen, da sie in C als Begrenzungszeichen von Zeichenketten eine Sonderbedeutung haben, durch eine entsprechende Escape-Sequenz darstellen. Die Anführungszeichen müssen mit einem umgekehrten Schrägstrich quasi "maskiert" werden, um ihnen ihre ursprüngliche Bedeutung zurückzugeben und sie abzubilden. Die Anweisung

```
printf("\"Dies ist ein C-Programm.\"");
```

erzeugt die Ausgabe:

```
"Dies ist ein C-Programm."
```

Möchten wir, daß

```
\ "Dies ist ein C-Programm." \
```

auf dem Bildschirm erscheint, ergänzen wir die obige Anweisung wie folgt:

```
printf("\\ \"Dies ist ein C-Programm.\" \\");
```

Oktale und hexadezimale Zeichendarstellung

Mit der Escape-Sequenz \ddd, wobei ddd für eine ein- zwei- oder dreistellige Oktalzahl steht, kann ein beliebiges Zeichen des ASCII-Zeichensatzes dargestellt werden. Die Oktalzahl entspricht dem oktalen ASCII-Code des Zeichens. Analog bedeutet \xddd ein Zeichen in hexadezimalem ASCII-Code. Das folgende Programm hexokt.c stellt die beiden Wörter "ist" und "ein" unseres Beispielsatzes als Escape-Sequenzen mit oktaler bzw. hexadezimaler Codierung dar.

▶ *hexokt.c:*

```
1  #include <stdio.h>                          /*  wegen printf  */
2
3  main()
4  {
5  printf("Dies \104\163\164 \x65\x69\x6E C-Programm.");
6  }
```

Zeichenkonstante oder Zeichenkettenkonstante

Zeichenkettenkonstanten können beliebig lang sein. Die kürzeste Zeichenkette ist die leere Zeichenkette "", die kein Zeichen zwischen den Begrenzungszeichen " und " enthält. Denkbar wäre auch die Zeichenkette "C", die den Buchstaben C enthielte. Bedenken wir, daß es auch eine Zeichenkonstante 'C' gibt, können wir uns fragen, was der Unterschied zwischen beiden Darstellungen

```
'C'   und   "C"
```

des Zeichens C ist. Wenn man Zeichenkonstante und Zeichenkettenkonstante mit einer geeigneten Anweisung ausgibt, erscheint beide Male der Buchstabe C auf dem Bildschirm. Der Unterschied wird deutlich, wenn wir uns die Datenobjekte 'C' und "C" im Speicher ansehen:

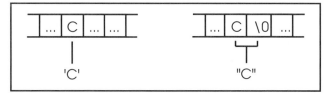

Abb. 13: Das Zeichen C als Zeichen- und als Zeichenkettenkonstante im Speicher

Die Abbildung zeigt einen Ausschnitt des Speichers. Die Kästchen stellen Speicherstellen von jeweils einem Byte Länge dar. Datenobjekte befinden sich natürlich in binärer Codierung im Speicher, wir symbolisieren sie aber hier durch ihre "natürliche" Gestalt. Wie man sieht, belegt eine Zeichenkonstante 1 Byte Platz im Speicher. Zeichenketten dagegen belegen für jedes ihrer Zeichen ein Byte und darüber hinaus ein weiteres Byte für ein zusätzliches Zeichen, das Nullzeichen \0, mit dem das Ende einer jeden Zeichenkette im Speicher markiert wird (vgl. Kapitel 5 "Zusammengesetzte Datentypen", 5.1 und 5.2). Die Zeichenkettenkonstante "C" belegt also zwei Byte Speicherplatz, die Zeichenkonstante 'C' nur eins.

Das Nullzeichen mit dem ASCII-Code 0 ist ein Steuerzeichen und nicht etwa identisch mit dem "normalen", sichtbaren Zeichen '0', das die ASCII-Codierung 48 besitzt. Bei der Speicherung von Zeichenkettenkonstanten wird das Nullzeichen automatisch vom Rechner an das Ende der Zeichenkette angehängt.

Wir beschließen damit unsere Betrachtungen zu den Konstanten in C und wenden uns einer anderen großen Gruppe von Datenobjekten zu, den Variablen.

1.6 Variablen

Variablen unterscheiden sich als Datenobjekte von Konstanten vor allem dadurch, daß man ihnen Werte zuweisen kann, die sich während des Programmlaufs ändern lassen. Im Gegensatz zu den Konstanten, die wir bisher kennengelernt haben, haben sie außerdem einen Namen, unter dem sie angesprochen werden können. Sie besitzen ferner einen Datentyp, eine Adresse im Speicher und belegen zur Laufzeit des Programms Speicherplatz. Wir können unter einer Variablen also folgendes verstehen:

```
Eine Variable ist ein Datenobjekt mit veränderlichem Wert, das Namen und Da-
tentyp besitzt und ab einer bestimmten Adresse im Speicher Platz belegt.
```

Enthielte eines unserer Programme beispielsweise Variablen mit den Namen *c*, *i* und *f*, wobei *c* vom Typ *char* (1 Byte), *i* vom Typ *int* (2 Byte) und *f* vom Typ *float* (4 Byte) sein sollen, kann man sich diese Objekte im Speicher etwa so vorstellen:

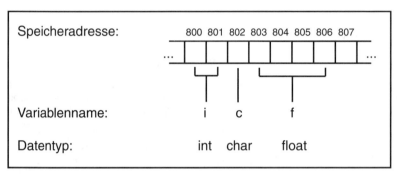

Abb. 14: Variablen unterschiedlichen Typs im Speicher

Man kann sich den Speicher eines Rechners in Zellen von je einem Byte Länge aufgeteilt denken, so wie es die obige Abbildung andeutet. Die Speicherzellen werden mit Null beginnend durchnumeriert. Diese Nummern sind die Adressen der Speicherzellen. Die Adresse, ab der ein Datenobjekt im Speicher Platz belegt, ist die Adresse, genauer: die Anfangsadresse des Datenobjekts. Unser Diagramm zeigt einen Ausschnitt des Speichers, der die Adressen *800* bis *807* enthält. Die Variable *i* belegt aufgrund ihres Datentyps *int* zwei Bytes Platz, in unserem Beispiel die Bytes an den Adressen *800* und *801*. *800* ist damit die Adresse von *i*. Die Variable *c* belegt ein Byte im Speicher, nämlich das Byte mit der Adresse *802*. Ihre Adresse ist demgemäß 802. Die Variable *f* belegt die Bytes *803* bis *806* und hat somit die Adresse *803*. (Viele Rechner richten Datenobjekte im Speicher auf geradzahlige Adressen aus, was bedeutet, daß ein Objekt stets an einer geraden Adresse beginnt. In unserem Fall hätte die Variable *f* dann nicht die Adresse *803*, sondern *804*.)

Die Adressen der Variablen in unserem Beispiel sind willkürlich gewählt. Tatsächlich bestimmt der Compiler, an welcher Stelle eine Variable gespeichert wird, nicht der Programmierer.

Definition von Variablen

Bevor eine Variable im Programm verwendet werden kann, muß sie definiert werden. Eine solche Definition legt Namen und Datentyp der Variablen fest und reserviert ihrem Typ entsprechend für sie Speicherplatz. Mit der Syntax

```
datentyp varname1 [, varname2, ...];
```

definiert man eine oder mehrere Variablen eines bestimmten Datentyps, mit

```
int i;
```

also eine Variable mit dem Datentyp *int* und dem Namen *i*. Der für die Variable *i* reservierte Speicherplatz ist 2 Byte. In ähnlicher Weise definiert die Anweisung

```
float a, b, c;
```

drei Variablen vom Typ *float* mit den Namen *a*, *b* und *c*. Der reservierte Speicherplatz ist hier 3 x 4 = 12 Byte.

Bei der Vergabe von Namen an Variablen (oder an andere Programmelemente, wie zum Beispiel Funktionen oder eigene Datentypen) sind bestimmte Regeln zu beachten.

Ein Name ist eine Folge von einem oder mehreren Zeichen, die Buchstaben, Ziffern oder das Unterstreichungszeichen (_) sein können, mit der Einschränkung, daß der Name nicht mit einer Ziffer beginnen darf. Namen können aus beliebig vielen Zeichen bestehen, der Compiler beachtet jedoch gewöhnlich nur die ersten 32, oft auch nur die ersten 8 Zeichen. Um Verwechslungen zu vermeiden, sollten sich die Namen daher bereits innerhalb der ersten 8 Zeichen unterscheiden. Die nachstehende Übersicht zeigt einige Beispiele für korrekte, falsche und eventuell verwechselbare Namen.

korrekt	z, z_1, zahl, ZAHL, Zahl1, zahl_A, XYZ99a
falsch	1z, zahl-A, Z?_9, 999
problematisch	primzahl_1, primzahl_2

Abb. 15: Korrekte, falsche und problematische Variablennamen

Die Rubrik "korrekt" der obigen Tabelle enthält gültige Variablennamen. Wie bereits in Kapitel 1.1 "Erste Grundlagen" erwähnt, unterscheiden C-Compiler zwischen Groß- und Kleinschreibung. Daher sind die Namen *zahl* und *ZAHL* eindeutig und voneinander verschieden. Ungültig sind Namen wie *1z* oder *999*, da sie mit einer Ziffer beginnen, die Bezeichnungen *zahl-A* und *Z?_9* enthalten die für Namen unzulässigen Zeichen - und *?*. Wenn man Variablen mit den Namen *primzahl_1* und *primzahl_2* verwendet, muß man damit rechnen, daß der Compiler diese Bezeichnungen nicht unterscheiden kann, da sie erst beim zehnten Zeichen differieren, für den Compiler jedoch möglicherweise nur die ersten acht Zeichen signifikant sind.

Schlüsselwörter

Die Vergabe von Namen unterliegt einer weiteren Einschränkung durch die Gruppe der sogenannten Schlüsselwörter (keywords). Schlüsselwörter sind vordefinierte Namen mit besonderer Bedeutung. Sie sind für das System reserviert und dürfen nicht zur Bezeichnung eigener Variablen benutzt werden. Die Sprache C enthält folgende Standard-Schlüsselwörter:

auto	double	int	struct
break	else	long	switch
case	enum	register	typedef
char	extern	return	union
const	float	short	unsigned
continue	for	signed	void
default	goto	sizeof	volatile
do	if	static	while

Abb. 16: Liste der C-Schlüsselwörter

Die Bezeichnungen der systemeigenen Datentypen: *char, double, float, int, long* und *short* sind uns schon bekannt. Die Bedeutung der übrigen Schlüsselwörter werden wir im Verlauf der einzelnen Kapitel kennenlernen.

Neben den Standard-Schlüsselwörtern gibt es implementationsabhängig noch weitere Schlüsselwörter. Hier einige Beispiele: Die Bezeichnungen *fortran* und *pascal* kennzeichnen Unterprogramme der Programmiersprachen Fortran und Pascal, die in einem C-Programm verwendet werden sollen.

Die Bezeichnungen *near* und *far* dienen dazu, Daten innerhalb (*near*) und außerhalb (*far*) eines Bereichs von 64 Kilobyte anzusprechen (vgl. dazu das Kapitel 9 "Zeiger"). Das Schlüsselwort *huge* wird eventuell im Zusammenhang mit der Benutzung extrem großer Datenbereiche notwendig.

Ein erstes Beispielprogramm mit Variablen

In unseren bisherigen Programmen gab es noch keine Variablen, was daran lag, daß wir keine veränderlichen Datenobjekte zu verarbeiten hatten. Das folgende Programm variable.c definiert einige Variablen und führt einfache Operationen mit ihnen durch.

▶ *variable.c:*

```
 1  /*   Das Programm variable demonstriert Definition und Gebrauch von Variablen.
 2  Das Programm erzeugt keine Ausgabe, daher entfällt das Einschließen der
 3      I/O-Header-Datei stdio.h durch die Präprozessor-Anweisung: #include
 4      <stdio.h>  */
 5  main()
 6  {
 7  char c;                      /*   Definition der char-Variablen c           */
 8  int i, j;                    /*   Definition der int-Variablen i und j      */
 9  float f;                     /*   Definition der float-Variablen f          */
10  c = 'Z';                     /*   Die Variable c erhält als Wert den ASCII-
11                               Code des Zeichens 'Z', also den Wert 90       */
12  i = 1;                         /*  Die Variable i erhält den Wert 1         */
13  j = 2;                         /*  Die Variable j erhält den Wert 2         */
14  f = 3.14;                      /*  Die Variable f erhält den Wert 3.14      */
15  c = 'A';       /*  Die Variable c erhält als neuen Wert den ASCII-Code des
16                     Zeichens 'A', also den Wert 65. Der alte Wert der
17                     Variablen c, nämlich 90, wird überschrieben und geht
18                     verloren.                                               */
19  i = j;         /*  Die Variable i erhält als neuen Wert den aktuellen Wert
20                     der Variablen j, also 2. Der alte Wert 1 der Variablen i
21                     wird überschrieben und geht verloren.                   */
22  f = -3.14;     /*  Die Variable f erhält als neuen Wert -3.14. Der alte Wert
23                     3.14 wird überschrieben und geht verloren.              */
24  }
```

Wir analysieren das Programm. Zunächst werden die Variablen *c*, *i*, *j* und *f* definiert. Diese Definitionen erfolgen innerhalb von *main* nach der öffnenden Blockklammer, jedoch noch vor der ersten Anweisung von *main*. Grundsätzlich können innerhalb eines jeden Blocks Variablen definiert werden, unter der Bedingung, daß diese Definitionen vor der ersten Anweisung des Blocks stehen. Es ist jedoch auch möglich, Variablen außerhalb jeder Funktion - also auch außerhalb jeden Blocks - zu definieren, beispielsweise vor der Funktion *main*:

```
    .
    .
    .
    char c;
    int i, j;
    float f;

    main
    {
      .
      .
      .
    }
```

Definitionen von Variablen, wie sie die obige Abbildung zeigt, sind globale Variablendefinitionen. Globale Variablen sind im Gegensatz zu Variablen, die innerhalb einer Funktion definiert wurden, im gesamten Programm verwendbar. Die Definition einer Variablen innerhalb eines Blocks bewirkt, daß diese Variable nur innerhalb dieses Blocks verwendet werden kann, man sagt auch: die Variable ist nur innerhalb des Blocks bekannt oder sichtbar. Variablen dieser Art heißen lokale Variablen. Die Variablen des Programms variable.c sind lokale Variablen und gelten also nur zwischen der öffnenden und der schließenden Blockklammer von *main*, kurz: innerhalb von *main*.

Zuweisungen

Die erste Anweisung des Programms variable.c

```
c = 'Z';
```

ist eine Zuweisung. Wir interpretieren sie so: Der Variablen *c* - links vom Gleichheitszeichen - wird der Wert rechts vom Gleichheitszeichen zugewiesen, d. h., die *char*-Variable *c* nimmt den Wert 90 (dezimal) an, was der ASCII-Codierung des Zeichens 'Z' entspricht. Wir können - etwas unpräziser, aber üblicher - auch sagen: die Zeichenkonstante 'Z' wird der Variablen *c* zugewiesen. Das Zeichen 'Z' ist damit in der 1 Byte langen *char*-Variablen *c* gespeichert. Als aktueller Inhalt der Variablen würde mit einem geeigneten Befehl jetzt das Zeichen 'Z' ausgegeben.

Die Zuweisung einer Variablen geschieht mittels eines Operators, der durch das Zeichen "=" symbolisiert wird (vgl. das Kapitel 3 "Ausdrücke und Operatoren"). Dieses Gleichheitszeichen ist von seiner Bedeutung her nicht identisch mit dem Gleichheitszeichen, wie es in der Mathematik verwendet wird.

Es drückt nicht etwa die Gleichheit zweier Objekte aus, besagt also nicht

```
c ist gleich 'Z'
```

sondern veranlaßt als Zuweisungsoperator, daß der Wert zu seiner Rechten in die Variable zu seiner Linken übertragen wird. Wir können also die Zuweisung

```
c = 'Z';
```

umgangssprachlich mit "c erhält als Inhalt das Zeichen 'Z'" beschreiben. Diesen zugewiesenen Wert behält die Variable *c*, bis ihr Wert erneut geändert wird. Vor dieser Zuweisung war der Wert der Variablen *c undefiniert*, d. h., allein durch die Definition

```
char c;
```

hat die Variable *c* noch keinen bestimmten Wert. Vielmehr ist ihr Wert zu diesem Zeitpunkt jener Wert, der sich zufällig an der Adresse im Speicher befindet, die der Compiler als Platz für die Variable *c* reserviert hat. Dieser zufällige Speicherinhalt wird auch als "garbage" (= Abfall) bezeichnet und kann beispielsweise von einem früher ausgeführten Programm stammen.

Initialisierung

Will man, daß eine Variable bereits bei ihrer Definition einen bestimmten Wert erhält, muß man sie initialisieren. Unter der Initialisierung einer Variablen versteht man die Zuweisung eines Anfangswerts an diese Variable. So könnte man der Variablen *c* schon bei ihrer Definition das Zeichen 'Z' zuweisen:

```
char c = 'Z';
```

Analog ließen sich auch die anderen Variablen aus unserem Programm initialisieren:

```
int i = 1, j = 2;
float f = 3.14;
```

und hätten damit nun definierte Werte.

Attribute für Variablen (type qualifiers)

Mit dem Schlüsselwort *const* und *volatile* können einer Variablen bei ihrer Definition zusätzliche Eigenschaften verliehen werden. Der Zusatz *const* bewirkt dabei, daß die betreffende Variable in ihrem Wert unveränderlich gemacht wird. Die Definition

```
const char c = 'Z';
```

beispielsweise erzeugt eine Variable *c*, die im Programm nicht mehr modifiziert werden kann und daher stets den Wert 'Z' beibehält.

Im Gegensatz dazu erreicht man mit dem Schlüsselwort *volatile*, daß eine Variable nicht nur durch das Programm, in dem sie sich befindet, verändert werden kann, sondern auch durch Zugriffe von Instanzen, die außerhalb dieses Programms liegen. Eine solche Instanz kann z. B. ein gleichzeitig ablaufendes anderes Programm sein oder auch eine Hardware-Komponente des Systems, die einen sogenannten *Interrupt* auslöst, eine (kurzzeitige) Unterbrechung des aktuellen Programms, um auf das Ereignis zu reagieren, das die Unterbrechung hervorgerufen hat. Definiert man in diesem Sinne eine Variable

```
volatile char c;
```

so signalisiert diese Vereinbarung dem Compiler, daß sowohl programminterne wie auch programmexterne (modifizierende) Zugriffe auf *c* stattfinden dürfen. Gibt man bei der Definition einer Variablen beide Attribute an, wie beispielsweise in der Vereinbarung

```
const volatile char c = 'Z';
```

so kann die Variable *c* wegen *volatile* zwar von außerhalb des Programms verändert werden, aufgrund von *const* jedoch nicht durch das Programm selbst.

Typengleichheit

In unserer Programmversion bekommen die Variablen ihre Werte erst durch spezielle Zuweisungen nach ihrer Definition. Die *int*-Variablen *i* und *j* erhalten die Werte 1 und 2, die *float*-Variable *f* den Wert 3.14. Zu beachten ist, daß bei allen Zuweisungen der Datentyp des zugewiesenen Werts dem Datentyp der aufnehmenden Variablen entspricht. So haben wir eine Zeichenkonstante vom Typ *char* an eine *char*-Variable zugewiesen, zwei Integerwerte an Integervariablen und einen Gleitkommawert an eine *float*-Variable. Stimmen die Datentypen der linken und rechten Seite der Zuweisung nicht überein, resultieren daraus möglicherweise Fehler. (Diese Problematik wird in Kapitel 3 "Ausdrücke und Operatoren" und dort im Abschnitt 3.2.1.3 "Typumwandlungen" behandelt.)

Variablenverarbeitung ohne Ein- und Ausgabeoperationen

Mit der Anweisung

```
c = 'A';
```

ändert man den Wert der Variablen *c*. Sie enthält jetzt nicht mehr das Zeichen 'Z', sondern das Zeichen 'A' bzw. dessen ASCII-Code 65. Der alte Inhalt 'Z' wurde durch die obige Zuweisung überschrieben und ist verloren. Die Zuweisung

```
i = j;
```

zeigt, daß auch der Inhalt einer Variablen einer anderen Variablen zugewiesen werden kann, in diesem Fall der Wert der Variablen *j* (= 2) an die Variable *i*. Der neue Wert von *i* ist demnach 2. Auch hier wurde der alte Inhalt 1 durch den neuen Wert 2 überschrieben. Analog wird in der letzten Anweisung des Programms der Wert der Gleitkommavariablen *f* von 3.14 in -3.14 geändert.

Das Programm variable.c verarbeitet zwar Daten, aber ein gewisses Manko besteht unter Umständen darin, daß man die Resultate dieser Verarbeitung nicht zu Gesicht bekommt. Benötigt werden daher Anweisungen, mit denen die Ergebnisse bestimmter Operationen ausgegeben werden können, etwa auf den Bildschirm. Der Bildschirm ist das sogenannte Standardausgabegerät. Eine Ausgabe ist aber auch auf andere Geräte, z. B. den Drucker, oder in eine Datei möglich.

Ebenso kann es vorkommen, daß die Werte, die das Programm verarbeiten soll, erst zur Laufzeit des Programms vom Benutzer eingegeben werden müssen. Zu diesem Zweck sind Befehle notwendig, mit denen die Eingaben des Benutzers entgegengenommen werden. Bevor wir uns aber mit der Ein- und Ausgabe von Daten befassen (siehe Kapitel 2), stellen wir abschließend einige Überlegungen zur äußeren Gestaltung von Quelltexten an.

1.7 Programm-Layout

In Kapitel 1.1 "Erste Grundlagen" zerlegten wir einen einfachen Programmtext in seine Grundbestandteile. Wir nannten diese Grundbestandteile "C-Wörter". Wesentliche Eigenschaft dieser C-Wörter war, daß sie - wenn aus mehreren Zeichen bestehend - nicht weiter zerteilt werden durften, wie etwa der Funktionsname *main*. Zu diesen Grundsymbolen - auch Token genannt - gehören Namen, Schlüsselwörter und Konstanten, aber auch Operatoren wie "=" oder "+" und Interpunktionszeichen wie das Komma oder Klammern. Die Forderung der Unzerteilbarkeit verlangt bei Namen, Schlüsselwörtern oder Konstanten, daß sie keine Zwischenraumzeichen (Leerzeichen, Tabulatoren, Zeilentrenner) enthalten.

Hätte man daher eine Variablendefinition wie

```
float summe = 1000.00;
```

dürfte man diese nicht etwa als

```
flo at  s u m m e  = 1 000.00;
```

schreiben, da in die Grundsymbole *float*, *summe* und *1000.00* Zwischenraumzeichen eingefügt wurden. Zwischen den Grundsymbolen sind Zwischenraumzeichen prinzipiell nicht nötig, so daß beispielsweise die beiden Anweisungen

```
summe = 1000.00;
differenz = 0.00;
```

auch so geschrieben werden könnten:

```
summe=1000.00;differenz=0.00;
```

Der Nachteil einer solchen Schreibweise ist augenfällig: die Lesbarkeit des Quelltextes - insbesondere bei umfangreichen Programmen - ist stark beeinträchtigt. Darüber hinaus können sich durch Fehlinterpretationen des Compilers in manchen Fällen doch Fehler ergeben. Das folgende Programm definiert eine Variable vom Typ *float* mit Namen *summe* und initialisiert sie mit dem Wert *1000.00*. Danach wird der Wert der Variablen *summe* durch eine Zuweisung in *0.00* geändert.

```
main()
{
  float summe = 1000.00;
  summe = 0.00;
}
```

Würde man dieses Programm ohne Zwischenraumzeichen zwischen den Grundsymbolen schreiben, sähe es etwa so aus:

```
main(){floatsumme=1000.00;summe=0.00;}
```

Das Programm ist syntaktisch eigentlich korrekt, dennoch bemängelt der Compiler bei der Übersetzung, daß sowohl die "Variable" *floatsumme* als auch die Variable *summe* nicht definiert seien, was daher rührt, daß der Compiler aufgrund des fehlenden Zwischenraums zwischen der Typbezeichnung *float* und dem Variablennamen *summe* annimmt, daß "floatsumme" der Name einer Variablen sei, die den Wert *1000.00* zugewiesen bekommt.

Er vermißt daher die Definition dieser Variablen und als weitere Konsequenz der Interpretation von "float summe" als "floatsumme" auch die Definition der Variablen *summe*. Dies zeigt er als Fehler an.

Es ist also wünschenswert, Quelltexte durch Zwischenräume übersichtlich und eindeutig zu gestalten. Andererseits sollte man aber auch nicht in das gegenteilige Extrem verfallen, denn da der Compiler die Unterschiedlichkeit von Zwischenraumzeichen nicht beachtet und alle Zwischenräume unabhängig von ihrer Größe gleich behandelt, könnte beispielsweise unser Programm eins.c statt

```
main()
{
    printf("Dies ist ein C-Programm.");
}
```

auch so aussehen:

```
main                            /* Funktionsname, nicht aufteilbar  */
(
)
{
printf                          /* Funktionsname, nicht aufteilbar  */
(
"Dies ist ein C-Programm."   /* Zeichenkettenkonstante, nicht aufteilbar */
)
;
}
```

Auch der zweite Quelltext ist syntaktisch vollkommen korrekt, jedoch wegen der großen Zwischenräume (für jedes Gundsymbol wurde eine neue Zeile gewählt) ebenfalls nicht besonders übersichtlich. Man wähle bei der Gestaltung von Quellcodes also eine Form, die der Verständlichkeit des Programmtextes Rechnung trägt.

1.8 Fragen zur Wiederholung

Die Antworten auf die Wiederholungsfragen dieses Kapitels finden Sie im Anhang ab Seite 785.

1 Darf ein C-Programm aus beliebigen Zeichen bestehen?

2 Was ist ein Grundsymbol ("C-Wort")?

3 Erläutern Sie den Begriff "Funktion" am Beispiel der Funktion *main*. Was unterscheidet die Funktion *main* von der Funktion *printf*?

4 Was versteht man unter den Begriffen *Quelldatei*, *Objektdatei* und ausführbare Datei?

5 Warum ist in den meisten C-Programmen die Anweisung

```
#include <stdio.h>
```

enthalten?

6 Steht der Kommentar in folgendem Programm syntaktisch richtig?

```
#include <stdio.h>

main()
  {
  printf/* Ausgabefunktion */("Wo darf ein Kommentar stehen?");
  }
```

7 Die Sprache C verwendet ein Datentypenkonzept. Wir erläutern den Unterschied zwischen *ganzzahligen* und *Gleitkommatypen*.

Das Zeichen *'c'* soll als Datenobjekt mit und ohne Vorzeichen gespeichert werden. Welcher Datentyp ist zu wählen? Wie sehen die entsprechenden binären Codierungen aus?

Was versteht man unter dem *Zwei-Komplement* einer binären Zahl?

Die Zahl *8* und das Zeichen *'8'* sollen gespeichert werden. Wie sehen die Speicherinhalte aus?

Deuten Sie die binäre Zahl *10000100* als vorzeichenlose dezimale Zahl und als dezimale Zahl *mit Vorzeichen im Zwei-Komplement*. Welches Zeichen des ASCII-Codes entspricht der binären Zahl bei vorzeichenloser Deutung?

8 Sind Gleitkommazahlen grundsätzlich exakte Zahlenwerte?

9 Was ist eine *Konstante*?

10 Um welche Art von Datenobjekten handelt es sich bei

'5' und 5

'E' und *"E"*?

11 Wozu werden Escape-Sequenzen verwendet?

12 Was ist eine Variable?

Was ist ein Schlüsselwort?

Was sind lokale und globale Variablen?

Was versteht man unter der Initialisierung von Variablen?

Welchen Wert haben die Variablen *i* und *j* nach der folgenden Initialisierung?

```
int i, j = 10;
```

2. Eingabe und Ausgabe

Um einem Programm Daten als Eingabe zu übermitteln oder um Daten von einem Programm ausgeben zu lassen, sind entsprechende Befehle nötig. Die Sprache C enthält solche Befehle nicht direkt als Bestandteile des Sprachumfangs. Es gibt aber zu jedem Compilersystem Bibliotheken, in denen Ein- und Ausgabebefehle als Funktionen gespeichert sind. Diese Bibliotheken sind spezielle Dateien, gewöhnlich mit der Namensendung *.lib*, die den Objektcode der entsprechenden Funktionen enthalten. Bei der Kompilierung bindet der Linker diese Funktionscodes aus der Bibliothek in das Programm ein. Programme, die Ein- und Ausgabefunktionen aus Bibliotheken verwenden, sollten die Präprozessor-Anweisung

```
#include <stdio.h>
```

enthalten (vgl. Kapitel 1.2 "Include-Dateien"). Eine dieser Funktionen haben wir bereits benutzt, nämlich die Ausgabefunktion *printf*. Darüber hinaus gibt es noch eine Reihe weiterer Ein- und Ausgabefunktionen, die Daten entweder formatiert oder unformatiert ein- und ausgeben können.

2.1 Formatierte Ausgabe

Zur formatierten Ausgabe von Daten auf den Bildschirm wird die Funktion *printf* verwendet. *Formatiert* bedeutet in diesem Zusammenhang, daß man beeinflussen kann, in welcher Form, in welchem Format die Daten ausgegeben werden. Bisher hatten wir die Funktion *printf* lediglich dazu benutzt, Zeichenkettenkonstanten auszugeben, etwa den Text "Dies ist ein C-Programm.". Es lassen sich jedoch auch numerische Werte ausgeben, beispielsweise die Werte der Variablen aus dem Programm variable.c. Die Funktion *printf* besitzt folgende Syntax:

```
printf("formatstring", [ argument_1, argument_2, ..., argument_n ]);
```

Wie wir schon wissen, ist die Bezeichnung *string* ein Synonym für die Bezeichnung Zeichenkette. Der Formatstring (auch: control string oder Kontrollkette) ist demnach eine Zeichenkette, die angibt, in welcher Form die Ausgabe erscheinen soll. Der Formatstring steht in doppelten Anführungszeichen und wird von links nach rechts ausgewertet. Er kann Formatangaben wie auch gewöhnliche Zeichen enthalten.

Formatangaben steuern die Formatierung und Ausgabe der Argumente, die in variabler Anzahl vorhanden sein können. Die eckigen Klammern deuten an, daß es nicht unbedingt Argumente geben muß: Der Funktionsaufruf

```
printf("Dies ist ein C-Programm.");
```

aus unserem Programm eins.c enthält weder Formatangaben im Formatstring noch irgendwelche Argumente (siehe dazu weiter unten).

Formatangaben für ganze Dezimalzahlen

Formatangaben beginnen mit dem Zeichen %, auf das ein Kennbuchstabe für den Datentyp des zugehörigen Arguments folgt. Soll beispielsweise die dezimale, ganze Zahl 5 ausgegeben werden, könnte man dies mit folgendem Programm tun:

 intout.c:

```
1  /*  intout gibt eine ganze dezimale Zahl aus.  */
2  #include <stdio.h>
3  main()
4  {
5    printf("%d", 5);
6  }
```

Die Formatangabe %d mit dem Kennbuchstaben d für dezimale ganze Zahlen hat zur Folge, daß in den Formatstring bei der Ausgabe an die Stelle der Formatangabe eine dezimale ganze Zahl eingesetzt wird, in diesem Fall das erste Argument rechts des Formatstrings. Dies ist hier der Wert 5. Formatangaben sind also Platzhalter für die Argumente der Funktion *printf*.

Dieselbe Ausgabe würden wir erhalten, wenn wir nicht die ganzzahlige Konstante 5 als Argument verwenden, sondern eine Variable, die einen ganzzahligen Wert aufnehmen kann:

intout2.c:

```
1  /*  intout2 gibt eine int-Variable aus.  */
2  #include <stdio.h>
3  main()
4  {
5    int i = 5;               /*  Definition der int-Variablen i und gleichzeitige
6                                 Initialisierung der Variablen mit dem Wert 5  */
7    printf("%d", i);                     /*  Ausgabe der int-Variablen i  */
8  }
```

Der Unterschied zum vorhergehenden Programm ist nicht besonders groß. Wir haben mit einer zusätzlichen Anweisung die Integervariable *i* vereinbart und sie statt der Integerkonstanten 5 als Argument für die Funktion *printf* benutzt. Da *i* durch die Initialisierung den Wert 5 erhalten hat, wird dieser Wert ausgegeben. Es kommt also nicht unbedingt auf die Form des Datenobjekts an, das man ausgeben will, sondern auf seinen Wert und darauf, daß dieser Wert vom Datentyp her der Formatangabe entspricht.

Wenn man will, kann man den ganzzahligen Wert 5 auch noch auf eine dritte Weise ausgeben:

▶ *intout3.c:*

```
1  /*  intout3 gibt Wert eines ganzzahligen Ausdrucks aus.  */
2  #include <stdio.h>
3  main()
4  {
5     printf("%d", 2 + 3);
6  }
```

In dieser Variante von intout.c wird das Argument mit dem Wert 5 nicht durch eine Konstante oder eine Variable dargestellt, sondern durch eine Summe, einen sogenannten Ausdruck (expression). Dieser Ausdruck besteht aus zwei ganzen Zahlen (Operanden) und dem Additionsoperator "+". Tatsächlich wird in der *printf*-Anweisung zuerst die Summe von 2 + 3 berechnet, also 5 - wiederum ein ganzzahliger Wert -, und dann in die Formatangabe übertragen.

In den drei letzten Programmen bestand der Formatstring lediglich aus der Formatangabe *"%d"*. Es können aber ebensogut auch "normale" Zeichen in den Formatstring mit eingefügt werden, die so, wie sie dort stehen, ausgegeben werden. Das folgende Programm intout4.c erweitert den Formatstring von intout3.c mit einem erläuternden Text:

▶ *intout4.c:*

```
1  /*  intout4 gibt ganze dezimale Zahl mit erläuterndem Text aus.  */
2  #include <stdio.h>
3  main()
4  {
5     printf("Die Summe von 2 + 3 ist %d", 2 + 3);
6  }
```

Bis auf die Formatangabe *%d* werden alle übrigen Zeichen des Formatstrings unverändert ausgegeben, und auf dem Bildschirm erscheint:

```
Die Summe von 2 + 3 ist 5
```

Wir beachten, daß innerhalb des Formatstrings das Zeichen "+" nicht als Rechenzeichen gebraucht wird, sondern als normale Zeichenkonstante. Ebenso stellen die Symbole 2 und 3 im Formatstring keine ganzzahligen Konstanten dar, sind also keine Zahlen, mit denen gerechnet werden könnte, sondern Zeichen (Zeichenkonstanten), mit denen normale Rechenoperationen nicht möglich sind. (Auch mit Zeichenkonstanten sind aber in gewissem Umfang rechnerische Operationen durchführbar. Vgl. dazu das Kapitel 3.2.1 "Arithmetische Operatoren".)

Im Gegensatz dazu ist das Argument der Funktion *printf* rechts neben dem Formatstring, der Ausdruck 2 + 3, ein Datenobjekt vom Typ *integer*, also ein ganzzahliger, numerischer Wert, in dem das Zeichen "+" als Rechenzeichen (Additionsoperator) verwendet wird. Die beiden Objekte 2 und 3 sind jetzt Integerkonstanten, mit denen wie gewohnt Berechnungen angestellt werden können.

Variable Parameteranzahl

Die allgemeine Syntax (siehe oben) von *printf* zeigt, daß die Funktion eine variable Anzahl von Argumenten verarbeiten kann. Wir demonstrieren dies an dem Programm intout5.c, das mehrere Integerwerte in einer Anweisung ausgibt:

 intout5.c:

```
1  /*  intout5 gibt dezimale Werte aus  */
2  #include <stdio.h>
3  main()
4  {
5    int i = 5;
6    printf("%d plus %d ergibt: %d.", 1000, i, i+1000);
7  }
```

Der Formatstring enthält drei Formatangaben für ganze dezimale Zahlen, unterbrochen durch normalen Text. Jeder dieser Formatangaben wird von links beginnend der Reihe nach genau eines der drei Argumente zugeordnet, also der ersten Formatangabe %d das erste Argument *1000*, der zweiten Formatangabe %d das Argument *i* (mit dem Wert 5), der dritten Formatangabe %d der ganzzahlige Ausdruck *i + 1000* (mit dem Wert 1005). Es ist in der Tat grundsätzlich so, daß für jedes Argument eine und nur eine Formatangabe vorhanden sein muß, d. h., die Anzahl der Argumente der Funktion *printf* muß der Anzahl der Formatangaben entsprechen. Die nachstehende Abbildung verdeutlicht dies:

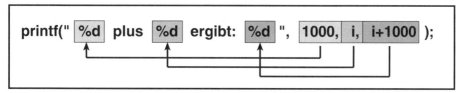

Abb. 17: Zuordnung der Argumente der Funktion printf zu den Formatangaben

Bei der Ausführung der obigen Anweisung werden die Argumente in die zugehörigen Formatangaben eingesetzt, und das Programm gibt folgendes aus:

```
1000 plus 5 ergibt 1005.
```

Je nach C-Version ist neben *%d* auch *%i* als Formatangabe für ganze dezimale Zahlen erlaubt (gebräuchlicher ist *%d*). Insofern sind die beiden Anweisungen

```
printf("%d + %d = %d", 1, 1, 2);
printf("%i + %i = %i", 1, 1, 2);
```

äquivalent und geben beide den Text

```
1 + 1 = 2
```

aus. Es sei nochmals daran erinnert, daß die Symbole "+" und "=" innerhalb des Formatstrings keine Rechenzeichen (Operatoren) darstellen, sondern gewöhnliche Zeichen sind.

Formatangaben für Zahlen mit und ohne Vorzeichen

Mit der Formatangabe *%d* lassen sich selbstverständlich auch negative ganze Dezimalzahlen ausgeben:

▶ *intout6.c:*

```
1  /*  intout6 gibt eine negative dezimale Zahl aus.  */
2  #include <stdio.h>
3  main()
4  {
5    printf("%d ist eine negative Zahl.", -4);
6  }
```

Das Programm gibt den dezimalen Wert *-4* aus. Hätten wir dagegen nur positive bzw. Zahlen ohne Vorzeichen auszugeben, können wir die Formatangabe *%u* (für ganze Dezimalzahlen ohne Vorzeichen) verwenden:

intout7.c:

```
1  /* intout7 gibt vorzeichenlose ganze Dezimalzahlen aus.  */
2  #include <stdio.h>
3  main()
4  {
5    printf("%u und %u sind vorzeichenlose Zahlen.", 4, 65532);
6  }
```

Wir erhalten als Ausgabe:

```
4 und 65532 sind vorzeichenlose Zahlen.
```

Um den Unterschied zwischen den Formatangaben *%d* und *%u* zu demonstrieren, erweitern wir das Programm intout7.c und nennen es intout8.c:

 intout8.c:

```
1  /* intout8 demonstriert Unterschied zwischen %d und %u.  */
2  #include <stdio.h>
3  main()
4  {
5    printf("4 und 65532 als Zahlen ohne Vorzeichen: %u %u\n\n", 4, 65532);
6    printf("4 und 65532 als Zahlen mit Vorzeichen: %d %d", 4, 65532);
7  }
```

Die Ausgabe erfolgt wegen der Zeilenvorschubzeichen \n\n am Ende der ersten Anweisung in zwei Zeilen mit einer Leerzeile dazwischen:

```
4 und 65532 als Zahlen ohne Vorzeichen: 4 65532

4 und 65532 als Zahlen mit Vorzeichen:  4 -4
```

Was ist passiert? Die erste Zeile der Ausgabe ist klar: *4* und *65532* sind ganzzahlige Konstanten des Typs *int* und sollen als Zahlen ohne Vorzeichen interpretiert werden. Zur Erinnerung: Der Datentyp *int* (2 Byte) ohne Vorzeichen (*unsigned int*) kann ganzzahlige Werte zwischen *0* und *65535* aufnehmen. Die Werte *4* und *65532* fallen in diesen Bereich und werden daher problemlos ausgegeben. Die zweite Zeile gibt für die Zahlen *4* und *65532* die Werte *4* und *-4* aus, obwohl wir in der *printf*-Anweisung die Ausgabe der Argumente *4* und *65532* verlangt haben, allerdings im Unterschied zur vorherigen Anweisung mit der Formatangabe *%d* für Zahlen mit Vorzeichen. Die Begründung: Der Datentyp *int* mit Vorzeichen (*int* bzw. *signed int*) kann positive und negative Werte abbilden, in den Bereichen *0* bis *32767* und *-1* bis *-32768*. Dies bereitet für die Zahl *4* keine Probleme, da sie in den genannten positiven Bereich fällt. Die Zahl *65532* allerdings *überschreitet* diesen positiven Bereich, und der Compiler interpretiert die zu der Zahl *65532* gehörige binäre Darstellung im Speicher *(1111 1111 1111 1100)* aufgrund des durch *%d* verlangten Vorzeichens und der damit verbundenen Rechenweise im Zwei-Komplement nicht als Darstellung einer positiven Zahl, sondern als binäre Darstellung der Zahl -4. Einzig und allein die Formatangaben steuern also, wie ein Datenobjekt ausgegeben wird (siehe dazu auch weiter unten).

Formatangaben für oktale und hexadezimale Zahlen

Für die Verarbeitung oktaler bzw. hexadezimaler Ausgaben gibt es die Formatangaben %o (oktal) und %x bzw. %X (hexadezimal). Das Programm intout9.c gibt den dezimalen Wert 90 in dezimaler, oktaler und hexadezimaler Schreibweise aus:

 intout9.c:

```
1  /*  intout9 gibt oktale und hexadezimale Zahlen aus.  */
2  #include <stdio.h>
3  main()
4  {
5  printf("%d dezimal ist oktal %o und hexadezimal %x bzw. %X.", 90, 90, 90, 90);
6  }
```

Das Programm produziert die Ausgabe

```
90 dezimal ist oktal 132 und hexadezimal 5a bzw. 5A.
```

Der Unterschied zwischen den beiden Formatangaben %x und %X liegt lediglich in der Schreibweise der Buchstaben A-F, die im hexadezimalen System als Ziffernsymbole für die dezimalen Werte 10 bis 15 verwendet werden. %x bewirkt die Ausgabe der Ziffernsymbole A-F als Kleinbuchstaben, bei %X werden Großbuchstaben ausgegeben. Im Gegensatz zur Ausgabe dezimaler Zahlen erfolgt die Ausgabe oktaler und hexadezimaler ganzer Zahlen stets als Werte ohne Vorzeichen (unsigned). Das Programm intout10.c veranschaulicht dies:

 intout10.c:

```
1  /*  intout10 demonstriert, daß oktale und hexadezimale Ausgaben als
2  vorzeichenlose Werte erfolgen.  */
3  #include <stdio.h>
4  main()
5  {
6  printf("%d wird bei oktaler Ausgabe zu %o und hexadezimal zu %x", -4, -4, -4);
7  }
```

Wir erhalten als Ausgabe:

```
-4 wird bei oktaler Ausgabe zu 177774 und hexadezimal zu fffc.
```

Wie kommt dies zustande? Der Wert -4 ist eine ganzzahlige Konstante vom Typ *int*. Ihre binäre Darstellung im Speicher ist *1111 1111 1111 1100*. Interpretiert der Compiler diese binäre Kombination als ganze Zahl mit Vorzeichen (signed), verwendet er zu ihrer Darstellung das Zwei-Komplement, was zur Deutung als -4 führt. Da aber oktale und hexadezimale Ausgaben immer als vorzeichenlose Werte (unsigned) erfolgen, wird die binäre Zahl *1111 1111 1111 1100* als Zahl ohne Vorzeichen gedeutet (dezimal 65532), was oktal zur Interpretation als *177774* und hexadezimal zur Interpretation als *fffc* führt.

Will man oktale und hexadezimale Zahlen auch bei der Ausgabe besonders kennzeichnen, kann dies mittels des Zeichens "#" geschehen. In einer Formatangabe bewirkt es in Verbindung mit den Kennbuchstaben *o* und *x* (bzw. *X*), daß oktalen Werten eine *0* und hexadezimalen Werten die Zeichenkombination *0x* bzw. *0X* vorangestellt wird. Angewandt auf das Programm intout9.c produziert die Anweisung

```
printf("% dezimal ist oktal %#o und hexadezimal %#x bzw. %#X.", 90, 90, 90,
90);
```

die Ausgabe

```
90 dezimal ist oktal 0132 und 0x5a bzw. 0X5A.
```

Formatangaben für Zeichen

Bekanntlich können die (dezimalen) Zahlen *0-255* auch als die Codierungen der Zeichen des ASCII-Zeichensatzes interpretiert werden. Um ein solches Zeichen mit *printf* als Zeichen (nicht als Zahlenwert) auszugeben, verwendet man die Formatangabe %c. Das folgende Programm gibt die Zeichen *'a'* und *'A'* aus.

▶ *intout11.c:*
```
1 /*  intout11 gibt Zeichen aus.  */
2 #include <stdio.h>
3 main()
4 {
5   printf("%c und %c sind Zeichen.", 'a', 'A');
6 }
```

Als Ausgabe erhalten wir:

```
a und A sind Zeichen.
```

Ähnlich wie in dem Programm intout2.c könnte man als Argumente statt der Zeichenkonstanten auch eine Variable vom Typ *char* verwenden. Die Ausgabe des nächsten Programms ist identisch mit der von intout11.c.

 intout12.c:

```
1  /*  intout12 gibt Zeichen aus.  */
2  #include <stdio.h>
3  main()
4  {
5    char k = 'a', g = 'A';              /*  Definition und Initialisierung der
6                                            char-Variablen g und k.  */
7    printf("%c und %c sind Zeichen.", k, g);
8  }
```

Will man statt des Zeichens selbst dessen ASCII-Code (eine ganze Zahl) sehen, wählt man die Formatangabe *%d*.

 intout13.c:

```
1  /*  intout13 gibt Zeichen als Zeichen und mit ihrem ASCII-Code aus.  */
2  #include <stdio.h>
3  main()
4  {
5    printf("%c und %c haben die ASCII-Codes %d und %d.", 'a', 'A', 'a', 'A');
6  }
```

Das Programm produziert die Ausgabe:

```
a und A haben die ASCII-Codes 97 und 65.
```

Man sieht auch hier wieder, daß allein die Formatangabe die Ausgabeform des Datenobjekts steuert. Die Formatangabe *%c* gibt die Zeichenkonstanten *'a'* und *'A'* als a und A aus, die Formatangabe *%d* als 97 und 65. Da die Symbole *'a'* und *'A'* für den Compiler gleichbedeutend sind mit ihren ASCII-Codes *97* und *65*, würde auch die Anweisung

```
printf("%c und %c haben die ASCII-Codes %d und %d.", 97, 65, 97, 65)
```

die Ausgabe

```
a und A haben die ASCII-Codes 97 und 65.
```

erzeugen. In diesem Fall würden die ganzzahligen Konstanten *97* und *65* durch *%c* als zu den ASCII-Codes *97* und *65* gehörende Zeichen und durch *%d* als Zahlen gedeutet und ausgegeben.

Formatangaben für Gleitkommawerte

Wenn die Funktion *printf* Argumente verarbeitet, muß nicht nur deren Anzahl mit der Anzahl der Formatangaben übereinstimmen. Man muß auch dafür sorgen, daß Argument und Formatangabe vom Datentyp her zueinander passen. Für die Ausgabe von Gleitkommawerten etwa ist eine Formatangabe für ganze Zahlen wie z. B. *%d* ungeeignet. Das folgende Programm zeigt, was geschieht, wenn Argument und Formatangabe nicht zueinander passen.

 nomatch.c:

```
1  /*  nomatch demonstriert Fehler, der aus falscher Formatangabe resultiert. */
2  #include <stdio.h>
3  main()
4  {
5    printf("%d ist eine Gleitkommazahl.", 3.14);
6  }
```

Das Programm liefert das unsinnige Ergebnis

```
-31457 ist eine Gleitkommazahl.
```

Dieses Resultat kommt zustande, weil versucht wurde, ein Datenobjekt im Gleitkommaformat (Typ *double*) von 8 Byte Länge - nämlich die Gleitkommakonstante *3.14* - als ganzzahliges Objekt von 2 Byte Länge darzustellen.

Für die Ausgabe von Gleitkommawerten stehen die Formatangaben *%f*, *%e* (*%E*) und *%g* (*%G*) zur Verfügung. Diese Formatangaben sind sowohl für den Datentyp *float* als auch für den Datentyp *double* geeignet. Für den Datentyp *long double* benutzt man *%Lf*. Die gebräuchlichste Formatangabe ist *%f*. Das Programm floout.c verwendet sie, um die Gleitkommakonstante *3.14* nunmehr korrekt auszugeben.

 floout.c:

```
1  /*  floout gibt Gleitkommawert aus.  */
2  #include <stdio.h>
3  main()
4     {
5    printf("%f ist eine Gleitkommazahl.", 3.14);
6  }
```

Das Programm liefert jetzt die Ausgabe

```
3.140000 ist eine Gleitkommazahl.
```

Das Ergebnis wird mit sechs Nachkommastellen ausgegeben. Dies ist der Standard (default). Wir werden im Verlauf dieses Kapitels u. a. auch Möglichkeiten zur Manipulation der Stellenzahl kennenlernen. Der Wert wird als Festkommazahl ausgegeben, d. h. in gewohnter Schreibweise mit einem Punkt als Dezimaltrennzeichen.

E-Format und G-Format

Die Formatangaben %e bzw. %E bewirken, daß eine Gleitkommazahl in Exponentialschreibweise ausgegeben wird. Der Unterschied zwischen den beiden Formatangaben besteht in der Schreibweise des Buchstabens e bei der Darstellung des Exponenten: %e gibt das Exponentensymbol e als Kleinbuchstaben aus, %E als Großbuchstaben.

▶ **eformat.c:**

```
1  /* eformat gibt Gleitkommawerte in Exponentialschreibweise aus.  */
2  #include <stdio.h>
3  main()
4  {
5    printf("%e %E %e %E", 314.0, 0.00314, 0.0314E4, 314.0e-5);
6  }
```

eformat.c gibt die folgenden Werte aus:

```
3.001400e+002  3.140000E-003  3.140000e+002  3.140000E-003
```

Die Werte werden im Standardformat mit einer Vorkommastelle und sechs Nachkommastellen ausgegeben. Es zeigt sich erneut, daß die äußere Form der Argumente nicht entscheidend für die Ausgabe ist und diese nur von der Formatangabe abhängt. So ist es beispielsweise unerheblich, ob die Argumente in normaler Dezimalnotation oder in Exponentialschreibweise angegeben sind. Auch ist es nicht von Belang, daß der Exponent im dritten Argument mit dem Großbuchstaben E dargestellt ist; ausgegeben wird der in der Formatangabe %e geforderte Kleinbuchstabe e.

Die Formatangaben %g und %G sind wenig gebräuchlich. Sie stellen einen Gleitkommawert in normaler Dezimalpunktschreibweise (wie mit %f formatiert) oder in Exponentialform (wie mit %e formatiert) dar, je nachdem, wie groß die Genauigkeit des Werts ist. Die Exponentialdarstellung wird gewählt, wenn der Exponent des Werts kleiner als -4 - gemessen am e-Standardausgabeformat mit einer Vorkommastelle - oder größer als die Genauigkeit des Werts ist. Die Genauigkeit eines Gleitkommawerts ist im Format %g die Anzahl der signifikanten Ziffern, die maximal ausgegeben werden sollen. (Bei den Formaten %f und %e bezeichnet die Genauigkeit die Anzahl der Nachkommastellen, die auszugeben sind.) Die Angaben %g und %G unterscheiden sich dadurch, daß bei %g im Exponentialformat ein kleines e, bei %G ein großes E ausgegeben wird. Das Programm gformat.c zeigt einige Werte im g-Format an.

gformat.c:

```
1  /* gformat gibt Gleitkommawerte aus.  */
2  #include <stdio.h>
3  main()
4  {
5    printf("%g  %G  %g  %G", 314.0, 0.0000314, 3.14E6, 314.0e-5);
6  }
```

Das Programm zeigt folgende Werte an:

```
314   3.14E-005  3.14e+006  0.00314
```

Der erste Wert *314* ergibt sich, weil das zugehörige Argument *314.0* im Standardexponentialformat den Exponenten 2 hätte (3.14e2), der weder zu klein noch zu groß ist. Daher ist das Ergebnis so, als stünde im Formatstring statt *%g* die Angabe *%f*. Allerdings schneidet das *g*-Format nachfolgende Nullen ab und gibt den Dezimalpunkt nur dann aus, wenn ihm eine oder mehrere von Null verschiedene Ziffern folgen. Daher wird *314.0* als *314* ausgegeben. Der zweite Wert erscheint im Exponentialformat, da der Exponent des zugehörigen Arguments im Standardexponentialformat *-5* wäre (3.14e-5), also kleiner als *-4*. Das dritte Argument enthält einen Exponenten, der größer ist als die Standardgenauigkeit, und wird daher ebenfalls im Exponentialformat ausgegeben. Das letzte Argument *314.0e-5* besäße im Standardexponentialformat den Exponenten *-3* (3.14e-3). Dieser ist nicht klein genug, und so wird der Wert im normalen Gleitkommaformat mit Dezimalpunkt ausgegeben.

Ausgabeformate für Strings

Neben den bisher vorgestellten sind für uns noch die Formatangaben *%s*, *%p* und *%n* von Interesse. Die Formatangabe *%s* dient zur Ausgabe von Zeichenketten, insbesondere auch zur Ausgabe von Zeichenkettenvariablen (Stringvariablen), die wir wegen ihrer Eigenschaft als zusammengesetzte Datentypen erst im Kapitel "Zusammengesetzte Datentypen: Arrays und Strukturen" vorstellen werden. Wir können allerdings jetzt schon Zeichenkettenkonstanten mit Hilfe von *%s* ausgeben:

 strout.c:

```
1  /* strout gibt eine Stringkonstante aus.  */
2  #include <stdio.h>
3  main()
4  {
5    printf("%s", "Dies ist eine Zeichenkette.");
6  }
```

Die Zeichenkette "Dies ist eine Zeichenkette." (in Anführungszeichen) ist hier das Argument von *printf*, das bei der Ausgabe in die Formatangabe *%s* übertragen wird. Angezeigt wird der Text

```
Dies ist eine Zeichenkette.
```

Wir wissen natürlich schon, daß wir dasselbe Ergebnis auch mit der Anweisung

```
printf("Dies ist eine Zeichenkette.");
```

hätten erreichen können, also nicht durch die Ausgabe eines Arguments, sondern durch die Ausgabe eines Formatstrings ohne Formatangaben. Auch hätte die Funktion *printf* im obigen Beispiel keine Argumente. Man nutzt in diesem Fall den Umstand aus, daß der Formatstring gewöhnliche Zeichen unverändert ausgibt, und schreibt den Text, der ausgegeben werden soll, als Formatstring ohne Formatangaben zwischen die Funktionsklammern von *printf*.

Zeichenketten können der Funktion *printf* auch über mehrere Zeilen verteilt übergeben werden, in der Ausgabe jedoch in einer Zeile erscheinen:

▶ *strout2.c:*

```
 1  /*  strout2 gibt Zeichenketten aus.  */
 2  #include <stdio.h>
 3  main()
 4  {
 5    printf("Diese");
 6    printf(" Zeichenkette");
 7    printf(" steht");
 8    printf(" in");
 9    printf(" einer");
10    printf(" Zeile.");
11  }
```

Die zugehörige Ausgabe:

```
Diese Zeichenkette steht in einer Zeile.
```

Eine weitere Möglichkeit, Zeichenketten über mehrere Zeilen verteilt an die Funktion *printf* zu übergeben, besteht darin, die entsprechenden Teilketten jeweils in Anführungszeichen einzuschließen. Die Anweisung

```
printf("Diese Zeichenkette"
        " steht"
        " in einer Zeile.");
```

produziert ebenfalls die Ausgabe

```
Diese Zeichenkette steht in einer Zeile.
```

Eine dritte Möglichkeit zur Aufteilung von Zeichenketten ist, an das Ende eines vorangehenden Teils das Symbol "\" zu setzen:

```
printf("Diese Zeichenkette steht\
in einer Zeile.");
```

Die Anweisung führt zur gleichen Ausgabe wie oben. Im letzten Fall ist darauf zu achten, den zweiten Teil der Zeichenkette nicht einzurücken, da die damit eingefügten Leerzeichen sonst mit ausgegeben würden.

Die Formatangaben %p und %n sind für den Datentyp Zeiger (Pointer) vorgesehen, der ebenfalls erst später behandelt wird. Vom Typ Zeiger sind Datenobjekte, die die Adressen von anderen Datenobjekten aufnehmen können. Mit %p lassen sich Adressen ausgeben (da Adressen ganzzahlige Objekte sind, auch mit %d bzw. %x), %n wird zur Speicherung der Anzahl der von *printf* bis zum Auftreten der Formatangabe %n bereits ausgegebenen Zeichen benutzt.

Die folgende Tabelle gibt eine Übersicht über die bisher behandelten Formatangaben für *printf*.

Formatangabe	Datenobjekt
%d	Ganze Dezimalzahl
%i	Ganze Dezimalzahl
%u	Ganze Dezimalzahl ohne Vorzeichen
%o	Ganze oktale Zahl
%x,%X	Ganze hexadezimale Zahl
%c	ASCII-Zeichen
%f	Gleitkommazahl
%e, %E	Gleitkommazahl in Exponentialschreibweise
%g, %G	Gleitkommazahl in den Formaten %f oder %e
%s	Zeichenkette
%p	Zeiger
%n	Zeiger (Anzahl der schon ausgegebenen Zeichen)

Formatangaben für printf

Prozentzeichen ausgeben

Ein %-Zeichen im Formatstring bewirkt eine Prüfung des darauf folgenden Zeichens. Handelt es sich bei diesem Zeichen um keines der definierten Formatierungszeichen (wie etwa die Kennbuchstaben aus der obigen Tabelle), wird das %-Zeichen ignoriert und das nachfolgende Zeichen ausgegeben. Daraus folgt, daß das %-Zeichen selbst mit der Zeichenkombination

%%

ausgegeben werden kann. Die Anweisung

```
printf("50%% von 100 sind 50.");
```

gibt demnach den Text aus:

```
50% von 100 sind 50.
```

Weitere Formatangaben

Zwischen dem %-Zeichen und dem Kennbuchstaben für den Datentyp können noch weitere Formatierungszeichen stehen.

Das Zeichen *h* wird bei ganzzahligen Typen vor die Kennbuchstaben *d, i, o, x, X* bzw. *u* gesetzt, um ein Argument vom Typ *short* bzw. *unsigned short* darzustellen.

Das Zeichen *l* wird bei ganzzahligen Typen analog dazu für die Darstellung von Argumenten des Typs *long* bzw. *unsigned long* verwendet. Bei Gleitkommazahlen signalisiert das Zeichen *l* vor den Kennbuchstaben *f, e, E, g, G*, daß das Argument vom Typ *double* ist. (Selbstverständlich genügt für einen *double*-Wert auch die Formatangabe %*f*.) Für den Typ *long double* benutzt man %L*f*.

Das Programm prefix.c gibt einige Variablen der Typen *short, long* und *double* aus.

▶ *prefix.c:*

```
1  /*  prefix gibt short-, long- und double-Variablen aus.  */
2  #include <stdio.h>
3  main()
4  {
5    short s = 123;
6    long l = 123456;
7    double d = 0.123456789;
8    printf("short:\t dez = %hd\t\t  unsigned = %hu\n\t"
9           " okt = %ho\t\t  hex = %hx\n\n",
10           s, s, s, s);
```

```
11    printf("long:\t  dez = %ld\t\t   unsigned = %lu\n\t"
12          "  okt = %lo\t\t   hex = %lx\n\n",
13               1, 1, 1, 1);
14    printf("double:\t  normal = %lf\t   exponential = %le",
15               d, d, d, d);
16  }
```

Wir erhalten folgende Ausgabe:

```
short:    dez = 123          nsigned = 123
          okt = 173          ex      =  7b
long:     dez = 123456       nsigned = 123456
          okt = 361100       ex      = 1e240
double:   normal = 0.123457  exponential = 1.234568e-001
```

Die *double*-Werte werden mit sechs Nachkommastellen ausgegeben, was dem Standard (default) entspricht. Dabei wird die letzte Nachkommastelle gerundet. Da unser *double*-Wert aber neun Nachkommastellen hat, werden die letzten drei bei einer Standardstellenzahl von sechs nicht berücksichtigt. Es gibt jedoch spezielle Formatierungszeichen für die Manipulation der Stellenzahl eines Werts - also seiner Genauigkeit -, der Breite, mit der er ausgegeben wird, sowie anderer Gestaltungsmerkmale (wie etwa der Bündigkeit der Ausgabe).

Minimale Feldbreite

Die Breite eines Werts bestimmt, wie viele Stellen er mindestens bei der Ausgabe einnehmen soll (Mindestbreite, minimale Feldbreite). Die Angabe der Mindestbreite erfolgt durch eine ganze Zahl, die zwischen dem %-Zeichen und dem Kennbuchstaben steht. Sind zur Darstellung eines Werts weniger Stellen erforderlich, als die Mindestbreite angibt, werden die restlichen Stellen vor dem Wert mit Leerzeichen aufgefüllt (führende Leerstellen). Werden mehr Stellen zur Darstellung benötigt, als die Mindestbreite angibt, wird der zusätzlich erforderliche Platz von *printf* belegt. Die Mindestbreite kann unabhängig vom Datentyp des auszugebenden Arguments verwendet werden. Bei Gleitkommazahlen zählt der Dezimalpunkt mit zur Feldbreite. Wir geben ein paar Werte unterschiedlichen Datentyps aus:

▶ *wide.c:*

```
1  /*  wide gibt Werte mit Angabe der Mindestbreite aus.  */
2  #include <stdio.h>
3  main()
4  {
5    printf("%d\n%1d\n%4d\n\n", 17, 17, 17);
6    printf("%f\n%4f\n%16f\n\n", 3.141593, 3.141593, 3.141593);
7    printf("%s\n%4s\n%12s\n\n", "string", "string", "string");
8  }
```

Das Programm erzeugt die Ausgabe

```
17
17
   17
3.141593
3.141593
        3.141593
string
string
        string
```

Die jeweils ersten Argumente der drei *printf*-Anweisungen werden im Standardformat ausgegeben, da keine Mindestbreite angegeben wurde. Bei den zweiten Argumenten ist die Mindestbreite geringer als die für den Wert benötigte Stellenzahl, und man sieht, daß der erforderliche zusätzliche Platz belegt wird. Für die dritten Argumente wird als Mindestbreite die doppelte Standardbreite vorgegeben, was die Einfügung von führenden Leerzeichen zur Folge hat, um die geforderte Stellenzahl zu erreichen. Wünscht man statt der Leerzeichen Nullen als Füllzeichen, setzt man eine Null vor die Angabe der Mindestbreite.

▶ *zero.c:*

```
1  /*  zero ersetzt führende Leerzeichen durch Nullen.  */
2  #include <stdio.h>
3  main()
4  {
5    printf("%04d  %016f  %012s", 17, 3.141593, "string");
6  }
```

Die Ausgabe:

```
0017  000000003.141593  000000string
```

Genauigkeitsangaben

Neben der Mindestbreite können Angaben zur Genauigkeit der auszugebenden Werte gemacht werden. Die Genauigkeitsangabe ist eine ganze Zahl, die auf die Mindestbreite folgt und von dieser durch einen Punkt getrennt wird. Die Genauigkeit bezeichnet je nach Datentyp unterschiedliche Dinge.

Bei Gleitkommazahlen gibt sie die Anzahl der Nachkommastellen an, bei ganzen Zahlen dagegen die Anzahl der mindestens auszugebenden Ziffern (nicht zu verwechseln mit der Mindestbreite, die die Anzahl der auszugebenden Stellen angibt). In bezug auf Zeichenketten legt die Genauigkeit fest, wie viele Zeichen des Strings maximal ausgegeben werden sollen.

Falls erforderlich werden Gleitkommawerte bei der Ausgabe gerundet und deren Nachkommastellen mit Nullen ergänzt. Ganzzahlige Werte werden nötigenfalls mit führenden Nullen versehen. Wir veranschaulichen die Verwendung von Genauigkeitsangaben mit einem Programm.

 accuracy.c:

```
1  /*  accuracy gibt Werte unterschiedlichen Typs mit Genauigkeitsangaben aus.  */
2  #include <stdio.h>
3  main()
4  {
5    printf("%5.3f\n%11.6f\n\n", 3.1415, 3.1415);
6    printf("%5.5d\n%8.5d\n\n", 314, 314);
7    printf("%6.6s\n%6.3s", "string", "string");
8  }
```

Es werden folgende Werte angezeigt:

```
3.142
  3.141500
00314
   00314
string
   str
```

Die Genauigkeitsangabe für den ersten Gleitkommawert verlangt drei Nachkommastellen, was dazu führt, daß die dritte der vier Stellen des Werts gerundet wird. Die durch die Breitenangabe geforderte Mindestbreite von fünf Stellen (inklusive Dezimalpunkt) wird erreicht, ohne daß Leerzeichen eingefügt werden müßten.

Der zweite Wert wird mit drei führenden Leerstellen und zwei nachgestellten Nullen dargestellt, um eine Mindestbreite von elf Stellen insgesamt und sechs Nachkommastellen zu gewährleisten.

Bei der Ausgabe der ganzzahligen Werte zeigt sich, daß die Mindestanzahl der auszugebenden Ziffern durch führende Nullen realisiert wird, wenn die Zahl selbst nicht genügend signifikante Ziffern besitzt. Außerdem werden auch hier beim zweiten Wert drei führende Leerzeichen hinzugefügt, um die geforderte Mindestbreite zu erreichen.

Die erste Zeichenkette wird komplett ausgegeben, da die Genauigkeitsangabe maximal sechs Zeichen zuläßt. Bei der zweiten Zeichenkette sind maximal drei Zeichen erlaubt, was dazu führt, daß nur die ersten drei Zeichen ausgegeben werden, allerdings mit drei führenden Leerzeichen, da die Breitenangabe mindestens sechs Ausgabestellen fordert.

Bezüglich der Genauigkeit bei Gleitkommazahlen ist folgendes beachtenswert: Ist die Genauigkeitsangabe explizit Null, wird kein Dezimalpunkt ausgegeben, d. h., Anweisungen wie

```
printf("%5.0f", 314.0);
printf("%5.f", 314.0);
printf("%5.0f", 314.);
printf("%5.f", 314.);
```

führen allesamt dazu, daß die Zahl *314.0* ohne Dezimaltrennzeichen als *314* ausgegeben wird. Den gleichen Effekt hätte die Formatangabe *%g* statt *%5.0f* bzw. *%5.f*.

Der Fortfall des Dezimalpunkts kann recht nützlich sein, wenn man mit sehr großen ganzen Zahlen operiert, die der Datentyp *long* bzw. *unsigned long* nicht mehr darstellen kann (Zahlen größer als 4 294 967 296). Man kann in diesem Fall die ganzzahligen Werte als Gleitkommazahlen (mit Dezimalpunkt und ohne Nachkommastellen) verarbeiten und den bei der Ausgabe unerwünschten Dezimalpunkt durch die explizite Genauigkeitsangabe *0* bzw. die Formatangabe *%g* unterdrücken.

Will man dagegen, daß der Dezimalpunkt in jedem Fall ausgegeben wird, fügt man das Zeichen "#" in die Formatangabe ein. Die Anweisung

```
printf("%#5.0f", 314.0);
```

sorgt dafür, daß die Zahl *314.0* zwar ohne Nachkommastellen, aber mit Dezimalpunkt als *314.* angezeigt wird.

Bündigkeit und Vorzeichenausgaben

Die Funktion *printf* gibt Werte als Standard rechtsbündig aus, was bedeutet, daß bei Bedarf links des Werts mit Leerzeichen oder Nullen aufgefüllt wird. Ein Minuszeichen in der Formatangabe bewirkt eine linksbündige Ausrichtung des Werts.

▶ *justify.c:*
```
1 /*  justify gibt Werte links- und rechtsbündig aus.  */
2 #include <stdio.h>
3 main()
4 {
5 printf("rechtsbündig:\t*%9.4f*\nlinksbündig:\t*%-9.4f*\n\n", 3.1415, 3.1415);
6 printf("rechtsbündig:\t*%6d*\nlinksbündig:\t*%-6d*\n\n", 314, 314);
7 printf("rechtsbündig:\t*%9s*\nlinksbündig:\t*%-9s*", "string", "string");
8 }
```

Das Programm gibt Werte links- und rechtsbündig aus. Das Symbol "*" zeigt dabei Anfang und Ende des Ausgabefelds an, gehört aber selbst nicht dazu:

```
rechtsbündig:    *   3.1415*
linksbündig:*3.1415    *

rechtsbündig:    *    314*
linksbündig:*314    *

rechtsbündig:    *    string*
linksbündig:*string    *
```

Ein Pluszeichen in der Formatangabe bewirkt die Ausgabe eines Vorzeichens bei negativen und positiven Werten.

 signout.c:

```
1  /*  signout gibt Zahlen mit Vorzeichen aus.  */
2  #include <stdio.h>
3  main()
4  {
5    printf("Die Zahl %+d ist positiv.\n", 100);
6    printf("Die Zahl %+d ist negativ.", -100);
7  }
```

Wir erhalten die Ausgabe:

```
Die Zahl +100 ist positiv.
Die Zahl -100 ist negativ.
```

2.2 Formatierte Eingabe

Die Funktion *scanf* erlaubt die formatierte Eingabe von Daten (vom Terminal aus) und wird häufig als das Gegenstück zu *printf* bezeichnet. Ihre Syntax ist auf den ersten Blick nahezu identisch mit der von *printf*:

```
scanf("formatstring", [argument_1, argument_2, ..., argument_n])
```

Der Formatstring kann auch hier sowohl gewöhnliche *Zeichen* als auch Formatangaben enthalten, wobei letztere wie bei *printf* mit dem Zeichen % beginnen. Ein wesentlicher Unterschied zwischen *scanf* und *printf* liegt in der Art der Argumente, die die Funktionen verarbeiten. Die Funktion *printf* gibt die Werte von Konstanten und Variablen aus. Tatsächlich aber operiert *printf* nicht mit dem Original eines Datenobjekts, sondern mit einer Kopie desselben. Wenn also *printf* den Wert einer Variablen *x* ausgibt, arbeitet die Funktion mit einem Duplikat des Speicherinhalts, der zu dieser Variablen gehört.

Angenommen, die Variable *x* mit dem Wert *10* soll ausgegeben werden. In diesem Fall speichert der Compiler eine Kopie dieses Variableninhalts *10* an einem freien Speicherplatz und teilt sodann der Funktion *printf* mit, wo sich die Speicherstelle mit der Kopie befindet. Auf diesem Weg erfährt die Funktion *printf* den Wert der Variablen *x* - nämlich *10* -, ohne jedoch Kenntnis von ihrer Adresse zu erlangen, also von jener Speicherstelle, an der die Variable im *Original* gespeichert ist. Dies ist aber auch gar nicht erforderlich, denn die Funktion *printf* verändert den Wert ihrer Argumente nicht und benötigt von daher auch nicht den Original-Speicherinhalt von *x*.

Anders die Funktion *scanf*. Die Funktion *scanf* liest Werte vom Standardeingabegerät (im Normalfall die Tastatur), interpretiert sie mit Hilfe des Formatstrings und speichert sie in den angegebenen Argumenten. Diese Speicheroperationen bedeuten aber eine Manipulation bzw. eine Änderung der bisherigen Werte der Argumente, was nur möglich ist, wenn die Funktion mit den Originalen der Datenobjekte arbeitet und nicht mit einer Kopie davon. Beispielsweise möchte der Benutzer, daß die Variable *x* den neuen Wert *20* bekommt. Dann muß die Variable *x* im Original geändert werden, die Änderung irgendeiner Kopie des Variablenwerts wäre sinnlos. Deshalb muß die Funktion *scanf* die Speicherstellen, d. h. die Adressen, kennen, an denen die Argumente (die "Originale") abgelegt sind.

Die Kenntnis dieser Adressen, und damit auch der Zugriff darauf, wird durch einen besonderen Operator, den Adreßoperator "&", gewährleistet. Der Operator "&" liefert die Speicheradresse seines Operanden, d. h., ein Ausdruck wie

```
&x
```

ergibt die Adresse des Datenobjekts mit dem Namen *x* (nicht seinen Wert), präziser: die Anfangsadresse des Objekts *x*, also die Adresse der Speicherstelle, ab der das Objekt Platz im Speicher belegt. Daraus folgt, daß der Adreßoperator nur auf Objekte angewendet werden kann, die auch eine Speicheradresse haben, also auf Variablen, beispielsweise aber nicht auf Konstanten, für die der Compiler keinen Speicherplatz reserviert. (Außerdem darf der Adreßoperator nicht auf Datenobjekte der Speicherklasse *register* angewendet werden, ebenfalls nicht auf die Komponenten von *Bitfeldern*. Speicherklassen werden ausführlich in Kapitel 7 behandelt, Bitfelder in Kapitel 5.) Das folgende Programmfragment definiert die *int*-Variable *x* und initialisiert sie mit dem Wert *10*.

```
#include <stdio.h>
main()
{
    int x = 10;
    .
    .
    .
```

Die Lage dieser Variablen x im Speicher kann man sich so vorstellen:

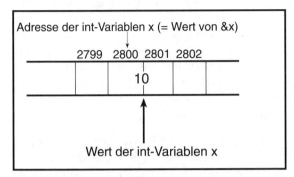

Abb. 18: Wert und Adresse einer int-Variablen im Speicher

Die Variable x hat den aktuellen Wert *10*, während der Ausdruck *&x* den Wert *2800* besitzt und die Adresse der Variablen x angibt.

Wir können diese Adresse auch ausgeben. Adressen sind ganzzahlige Objekte und werden gewöhnlich in hexadezimaler Notation angegeben. Wir benutzen daher zur Ausgabe die Formatangabe *%x*.

 address.c:

```
 1  /*  address gibt Werte und ihre Adressen aus.  */
 2  #include <stdio.h>
 3  main()
 4  {
 5    int x = 10;
 6    float f = 3.14;
 7    char c = 'A';
 8    printf("integer x = %d\tAdresse von x = %x (hex)\n\n", x, &x);
 9    printf("float f = %.2f\tAdresse von f = %x (hex)\n\n", f, &f);
10    printf("char c = %c\tAdresse von c = %x (hex)\n\n", c, &c);
11  }
```

An der Ausgabe

```
integer x = 10    Adresse von x = 110a (hex)
float f = 3.14    Adresse von f = 1106 (hex)
char c = A  Adresse von c = 1104 (hex)
```

fällt auf, daß die Adressen trotz der unterschiedlichen Datentypen der Objekte gleichartig sind. In der Tat haben Adressen unabhängig vom Typ des Datenobjekts das gleiche Format, d. h., es ist der Adresse eines Objekts nicht anzusehen, von welchem Datentyp das Objekt ist, das sich dahinter verbirgt. Die Adressen *110a*, *1106* und *1104* aus unserem Beispiel sind Adressen, die der Compiler den Variablen bei einem Testlauf des Programms address.c zugewiesen hat.

Sie können bei einem anderen Testlauf oder auf einem anderen System andere Werte haben, je nachdem, wo sich das auszuführende Programm im Arbeitsspeicher befindet.

Adressen sind je nach Rechner 2 oder 4 Byte groß, d. h., sie belegen bei einer Speicherung 2 oder 4 Byte Platz. Wir gehen für unsere weiteren Überlegungen von einer Größe von 2 Byte aus. Die Adressengröße *2 Byte* ist auf IBM-kompatiblen PCs üblich. Es sind sogenannte Offset-Adressen. Der Offset gibt die Entfernung eines Datenobjekts bzw. seiner Adresse relativ zum Anfang eines bestimmten Speicherbereichs an, in dem sich das Datenobjekt befindet. Bei C-Programmen auf DOS-Rechnern beispielsweise sind Variablen im Datensegment gespeichert, einem Bereich von 64 KByte Größe, in dem die Daten untergebracht sind, mit denen das Programm arbeitet. Dieses Segment kann man sich in Byte-große Speicherzellen aufgeteilt denken, die mit Null beginnend numeriert werden. Jede dieser Nummern stellt eine Adresse relativ zum Segmentanfang dar, d. h., die Offset-Adresse 2800 der Variablen *x* in unserem Beispiel ist die 2801te Adresse gerechnet vom Anfang des Datensegments. Selbstverständlich hat auch das Segment selbst eine Adresse im Speicher. Man kann daher die Adresse eines Datenobjekts in erweiterter Form ausdrücken, indem man sowohl Segmentadresse als auch den zugehörigen Offset angibt. Statt der einfachen Offset-Adresse

```
2800
```

würde dann etwa

```
0460:2800
```

ausgegeben, wobei *0460* die Segment-Adresse und *2800* der zugehörige Offset ist. In dieser Form beansprucht eine Adresse 4 statt 2 Bytes (vgl. dazu das Kapitel 9 "Zeiger").

Formatangaben für scanf

Der Adreßoperator "&" in Verbindung mit dem Namen der Variablen teilt der Funktion *scanf* also mit, wo der eingegebene Wert gespeichert werden soll. *scanf* erwartet als Argument somit nicht den Namen (und damit den Wert) einer Variablen, sondern deren Adresse.

Mit der Anweisung

```
scanf("%d", &x)
```

erreicht man daher, daß die Funktion *scanf* einen Wert, der vom Terminal eingegeben wird, entgegennimmt und in der Variablen *x* speichert. Die Formatangabe *%d* besagt, daß dieser Wert eine ganze Dezimalzahl sein muß, und selbstverständlich muß die Variable x erstens existieren, d. h. definiert worden sein, und zweitens den zur Formatangabe passenden Datentyp - in diesem Fall *int* - besitzen.

Neben dem Buchstaben *"d"* für ganze Dezimalzahlen existiert ähnlich wie für *printf* auch für *scanf* eine Liste von Kennbuchstaben, um der Funktion anzuzeigen, von welchem Datentyp das einzulesende Objekt ist. Darüber hinaus gibt es noch weitere Formatierungszeichen. Die mit dem %-Zeichen eingeleiteten Formatangaben haben zum Teil die gleiche Bedeutung wie bei *printf*.

Formatangabe	Eingabewert
%d	Ganze Dezimalzahl vom Typ *int*
%hd	Ganze Dezimalzahl vom Typ *short*
%ld	Ganze Dezimalzahl vom Typ *long*
%i	Ganze Zahl vom Typ *int* (Eingabe dezimal, oktal mit führender **0** oder hexadezimal mit führendem **0x**
%u	Ganze Dezimalzahl vom Typ *int* ohne Vorzeichen
%hu	Ganze Dezimalzahl vom Typ *short* ohne Vorzeichen
%lu	Ganze Dezimalzahl vom Typ *long* ohne Vorzeichen
%o	Ganze oktale Zahl vom Typ *int*
%ho	Ganze oktale Zahl vom Typ *short*
%lo	Ganze oktale Zahl vom Typ *long*
%x	Ganze hexadezimale Zahl vom Typ *int*
%hx	Ganze hexadezimale Zahl vom Typ *short*
%lx	Ganze hexadezimale Zahl vom Typ *long*
%c	ASCII-Zeichen (Typ *char*)
%f	Gleitkommazahl vom Typ *float*
%lf	Gleitkommazahl vom Typ *double*
%Lf	Gleitkommazahl vom Typ long double
%e, %E	Gleitkommazahl vom Typ *float* in Exponentialschreibweise
%le, %lE	Gleitkommazahl vom Typ *double* (exp.)
%g, %G	Gleitkommazahl vom Typ *float* (exponential oder dezimal)
%lg, %lG	Gleitkommazahl vom Typ *long double* (exp./dez.)
%s	Zeichenkette
%p	Zeiger
%n	Keine Benutzereingabe (zeigt Anzahl der bis dahin eingelesenen Zeichen an)

Formatangaben für scanf

Eine einfache Ein- und Ausgabeoperation

Wir wollen versuchen, ein Programm zu schreiben, das einen vom Benutzer eingegebenen Wert einliest und wieder ausgibt. Dieser Wert soll dezimal, ganzzahlig und positiv sein und nicht größer als 1000. Wir untergliedern diese Aufgabe in drei Teile:

1. Der Benutzer erhält die Information, daß er einen Wert eingeben soll, ferner von welcher Art dieser Wert sein soll.
2. Der eingegebene Wert wird entgegengenommen und in einer geeigneten Variablen gespeichert.
3. Der gespeicherte Wert wird ausgegeben.

Den ersten Teil der Aufgabe realisieren wir mit einigen *printf*-Anweisungen:

```
printf("Geben Sie eine ganze Dezimalzahl zwischen 1 und 1000 ein.\n");
printf("Bestätigen Sie Ihre Eingabe mit <Enter>.\n");
printf("Ihre Zahl: ");
```

Warum die Bestätigung der Eingabe mit Enter? Der Grund ist, daß die Funktion *scanf* die für sie bestimmten Eingaben nicht direkt vom Standardeingabegerät (gewöhnlich die Tastatur) entgegennimmt, sondern aus einem Eingabepuffer liest, einem Zwischenspeicher, in den alle vom Benutzer eingegebenen Werte gelangen. Diese Werte stehen der Funktion *scanf* erst dann für die weitere Verarbeitung zur Verfügung, wenn ein bestimmtes Zeichen das Ende der Eingabe signalisiert. Dieses Endezeichen wird durch das Drücken der Enter-Taste erzeugt: es ist das Zeilenvorschubzeichen, das zu den nichtsichtbaren Zeichen gehört und in Programmtexten durch die Escape-Sequenz '\n' dargestellt wird. Wir müssen den Benutzer des Programms daher in einer der *printf*-Anweisungen, die der *scanf*-Anweisung vorausgehen, instruieren, seine Eingabe mit Enter abzuschließen.

Eine Eingabe, wie die oben beschriebene, bezeichnet man als gepufferte Eingabe. Sie hat den Vorteil, daß der Benutzer seine Eingaben noch verändern (editieren) kann, solange er nicht die Enter-Taste drückt, beispielsweise, wenn er einen Eingabefehler korrigieren will. Die gepufferte Eingabe hat aber auch Nachteile. Manche Funktionen - wie z. B. *scanf* -, die Zeichen aus dem Eingabepuffer lesen und verarbeiten, belassen nicht verarbeitete Zeichen (insbesondere das abschließende Enter) im Puffer. Diese übriggebliebenen Zeichen stehen als nächste im Puffer zur Verarbeitung an und werden bei einem nun folgenden Aufruf einer Funktion, die auf den Eingabepuffer zugreift, unerwünschterweise statt des vom Benutzer eingegebenen Zeichens gelesen, was gewöhnlich zu einem Fehler führt. (Siehe auch dazu Kapitel 2.3 "Unformatierte Eingabe und Ausgabe".)

Für den zweiten Teil der Aufgabe, die Eingabe und Speicherung des Werts, verwenden wir die Funktion *scanf*. Da der Wert zwischen 1 und 1000 liegen soll, benutzen wir das Format *%d*, das für *int*-Werte zwischen -32768 und 32767 brauchbar ist. Zuvor müssen wir eine *int*-Variable definieren, die den eingegebenen Wert aufnimmt. Wir nennen diese Variable *intzahl*.

Die *scanf*-Anweisung hat dann folgendes Aussehen:

```
scanf("%d", &intzahl)
```

Den dritten Teil, die Ausgabe des eingelesenen Werts, erledigen wir wieder mit *printf*:

```
printf("Die eingegebene Zahl war: %d", intzahl);
```

Diese Ausgabe erfolgt in einer neuen Zeile, da die Eingabe aus der vorherigen Anweisung mit (Enter), also mit einem Zeilenvorschub, abgeschlossen wurde. Die drei Teilstücke lassen sich nun leicht zu einem Programm verbinden:

iscan.c:

```
 1  /*  iscan liest einen ganzzahligen Dezimalwert ein und gibt ihn wieder aus.  */
 2  #include <stdio.h>                        /*  wegen printf und scanf  */
 3  main()
 4  {
 5    int intzahl;      /*  int-Variable zur Aufnahme des eingelesenen Werts  */
 6    printf("Geben Sie eine ganze Dezimalzahl zwischen 1 und 1000 ein.\n");
 7    printf("Bestätigen Sie Ihre Eingabe mit <Enter>.\n");
 8    printf("Ihre Zahl: ");
 9    scanf("%d", &intzahl);                        /*  Einlesen des eingegebenen
10                                     Werts in die Variable intzahl    */
11    printf("Die eingegebene Zahl war: %d", intzahl);
12  }
```

Wir verfolgen den Ablauf des Programms schrittweise. Zunächst erscheint wegen der ersten *printf*-Anweisungen die Aufforderung:

```
Geben Sie eine ganze Dezimalzahl zwischen 1 und 1000 ein.
Bestätigen Sie Ihre Eingabe mit <Enter>.
Ihre Zahl:
```

auf dem Bildschirm. Als Folge der *scanf*-Anweisung blinkt nach dem Doppelpunkt in der dritten Ausgabezeile jetzt der Cursor, um anzuzeigen, daß an dieser Stelle die Eingabe des Benutzers erwartet wird. Wir geben beispielsweise die Zahl *729* ein.

Danach sieht der Bildschirm so aus:

```
Geben Sie eine ganze Dezimalzahl zwischen 1 und 1000 ein.
Bestätigen Sie Ihre Eingabe mit <Enter>.
Ihre Zahl: 729
```

Wird nun die ⟨Enter⟩-Taste gedrückt, ist die Eingabe für die Funktion *scanf* abgeschlossen, und die nächste Anweisung wird ausgeführt. Die ⟨Enter⟩-Taste bewirkt darüber hinaus einen Zeilenvorschub, so daß die folgende Ausgabe in einer neuen Zeile beginnt. Insgesamt haben wir nun:

```
Geben Sie eine ganze Dezimalzahl zwischen 1 und 1000 ein.
Bestätigen Sie Ihre Eingabe mit <Enter>.
Ihre Zahl: 729
Die eingegebene Zahl war: 729
```

Variable Parameterzahl

Wie *printf* kann auch *scanf* mehrere Werte in einer Anweisung bearbeiten. Beispielsweise liest die Anweisung

```
scanf("%d %d %d", &a, &b, &c)
```

jeweils einen Integerwert in die (*int*-)Variablen *a*, *b* und *c* ein. Die Leerzeichen zwischen den Formatangaben sind nicht unbedingt notwendig, da *scanf* Zwischenraumzeichen im Formatstring ignoriert. Insofern hätte die Anweisung

```
scanf("%d%d%d", &a, &b, &c)
```

den gleichen Effekt wie

```
scanf("%d %d %d", &a, &b, &c)
```

oder

```
scanf("%d %d    %d", &a, &b, &c)
```

Es sind jedoch einige andere Dinge zu beachten, wenn mehrere Werte mit einer Anweisung eingelesen werden. Ähnlich der Funktion *printf*, die jede Formatangabe mit einem Argument verknüpft, ordnet *scanf* jeder Formatangabe von links nach rechts jeweils einen der eingegebenen Werte zu und speichert ihn in dem zugehörigen Argument.

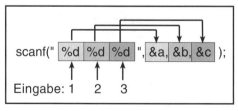

Abb. 19: Eingabe von mehreren Werten bei scanf

Analog zu *printf* müssen sich Formatangaben, eingelesene Werte und Argumente in Anzahl und Typ entsprechen. Sind beispielsweise mehr Eingabewerte vorhanden als Formatangaben und Argumente, werden die überzähligen Werte ignoriert. Argumente, für die es keine Formatangaben gibt, sind in ihrem Wert undefiniert. Paßt der Typ des Eingabewerts nicht zur Formatangabe, beendet die Funktion *scanf* ihre Arbeit, ohne eventuelle weitere Eingaben entgegenzunehmen.

Damit die einzelnen Eingabewerte als solche unterschieden werden können, müssen sie durch Zwischenraumzeichen (Zeilentrenner, Tabulator oder Leerzeichen) voneinander getrennt werden. Diese Trennzeichen werden von *scanf* übersprungen. Eine Eingabe für die Anweisung

```
scanf("%d %d %d", &a, &b, &c)
```

könnte daher wie folgt aussehen (zur Illustration machen wir die "unsichtbaren" Zeichen sichtbar):

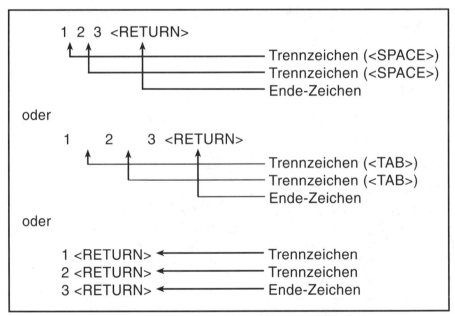

Wir beachten, daß erst das letzte [Enter] die Eingabe abschließt, wenn man Zeilenvorschübe als Trennzeichen benutzt.

Führende Zwischenraumzeichen werden von *scanf* bei der Eingabe ebenfalls ignoriert, d. h. Eingaben wie

[Tab] 1 [Tab] 2 [Tab] 3 [Enter]

führen zum gleichen Ergebnis wie

1 Tab 2 Tab 3 Enter

Was geschieht, wenn der Anwender als Eingabe nur die Enter-Taste drückt und keine Werte eingibt? In diesem Fall ignoriert die Funktion dieses Zeichen und wartet auf die Eingabe eines Werts, d. h., erst die Eingabe mindestens eines Nichtzwischenraumzeichens beendet die Funktion *scanf*.

Formatangaben für oktale und hexadezimale Zahlen

Die letzte *scanf*-Anweisung las drei Zahlen vom Typ *int* als Dezimalwerte ein. Für oktale und hexadezimale Eingaben gibt es die Formatangaben %o, %x und %i. Dabei werden bei %o und %x die Eingaben als oktale bzw. hexadezimale Werte gedeutet, %i verlangt bei oktalen Werten als Kennzeichen eine führende Null, bei hexadezimalen Werten als erste Zeichen 0x. Fehlen diese Vorsätze, gilt der eingegebene Wert bei %i als dezimal. Das Programm ohscan.c liest oktale und hexadezimale Werte in allen drei Formaten ein und gibt sie aus.

 ohscan.c:

```
 1  /* ohscan liest oktale und hexadezimale Werte ein und gibt sie aus.  */
 2  #include <stdio.h>                        /*  für printf, scanf  */
 3  main()
 4  {
 5     int okt1, okt2, hex1, hex2, dez;
 6     scanf("%o %i %x %i %i", &okt1, &okt2, &hex1, &hex2, &dez);
 7     printf("\nokt1:%o \t okt2:%o \t hex1:%x \t hex2:%i \t dez:%d\n\n",
 8               okt1, okt2, hex1, hex2, dez);
 9     printf("Alle Werte dezimal:\n\n");
10     printf("okt1:%d \t okt2:%d \t hex1:%d \t hex2:%d \t dez:%d\n\n",
11               okt1, okt2, hex1, hex2, dez);
12  }
```

Nach den Eingaben

```
12 012 12 0x12 12
```

demonstriert die Ausgabe

```
okt1:12      okt2:12      hex1:12      hex2:12      dez:12
Alle Werte dezimal:
okt1:10      okt2:10      hex1:18      hex2:18      dez:12
```

die Wirkung der Formatangaben. Die letzte *printf*-Anweisung gibt alle eingegebenen Werte zur Kontrolle dezimal aus.

Formatangaben für short- und long-Werte

Für den Datentyp *short* verwendet *scanf* - wie *printf* - die Formate %hd, %hi, %ho, %hx und %hu. Für das Einlesen von *long*-Werten akzeptieren einige Compiler die zusätzlichen Formatangaben

%D %I %O %X %U

die gleichwertig sind mit

%ld %li %lo %lx %lu

Die Formate %f, %e (%E) und %g (%G) sind - anders als bei *printf* - nur für den Datentyp *float* geeignet. Für den Typ double sind die Formate %lf, %le (%lE) und %lg (%lG) erforderlich. Wir verarbeiten zunächst einige *float*-Werte:

 fscan.c:

```
 1  /*  fscan liest Gleitkommawerte ein und gibt ihre Summe aus.  */
 2  #include <stdio.h>                    /*  für printf, scanf          */
 3  main()
 4  {
 5    float f, e, g;
 6    printf("Dieses Programm wird drei von Ihnen eingegebene\n"
 7           "Gleitkommawerte einlesen und ihre Summe ausgeben.\n"
 8           "Bestätigen Sie jede Eingabe mit <Enter>.\n\n\n");
 9    printf("Geben Sie jetzt die erste Zahl ein.\n"
10           "Wählen Sie die Dezimalschreibweise (x.x):\n");
11    scanf("%f", &f);                /*  Einlesen der ersten Zahl im f-Format  */
12    printf("\nGeben Sie die zweite Zahl in Exponentialschreibweise ein"
13           "(x.xEx):\n");
14    scanf("%e", &e);                /*  Einlesen der zweiten Zahl im e-Format  */
15    printf("\nGeben Sie die dritte Zahl in Dezimal- oder Exponentialschreibweise"
16           "ein:\n");
17    scanf("%g", &g);                /*  Einlesen der dritten Zahl im g-Format  */
18    printf("Die Summe der Zahlen ist: %f", f+e+g);
19  }
```

Der Programmablauf könnte so aussehen:

```
Dieses Programm wird drei von Ihnen eingegebene
Gleitkommawerte einlesen und ihre Summe ausgeben.
Bestätigen Sie jede Eingabe mit <Enter>.

Geben Sie jetzt die erste Zahl ein.
Wählen Sie die Dezimalschreibweise (x.x):
3.1415
Geben Sie die zweite Zahl in Exponentialschreibweise ein (x.xEx):
0.027E2
```

```
Geben Sie die dritte Zahl in Dezimal- oder Exponentialschreibweise ein:
5.0
Die Summe der Zahlen ist: 10.841500
```

Wünschen wir Zahlen von extremer Größe oder doppelter Genauigkeit einzulesen, können wir dies erreichen, indem wir Variablen des Typs *double* (bzw. *long double*) definieren und statt des Formats %f das Format %lf (oder %le bzw. %lg) wählen bzw. für den Typ *long double* das Format %Lf:

▶ *dscan:*

```
1  /*  dscan liest eine double-Zahl ein.  */
2  #include <stdio.h>                            /*  für printf, scanf  */
3  main()
4  {
5    double d;
6    printf("Geben Sie eine Gleitkommazahl mit 8 Nachkommastellen ein:\n");
7    scanf("%lf", &d);
8    printf("Ihre Zahl war: %.8f", d);
9  }
```

Ein möglicher Programmverlauf wäre:

```
Geben Sie eine Gleitkommazahl mit 8 Nachkommastellen ein:
9.87654321
Ihre Zahl war: 9.87654321
```

Neben numerischen Werten können mit *scanf* auch nichtnumerische bzw. alphanumerische Objekte wie Zeichen oder Zeichenketten eingelesen werden. Wie bereits im vorigen Abschnitt bei *printf* angedeutet, werden wir uns mit der Ein- und Ausgabe von Zeichenketten aufgrund ihrer Eigenschaft als zusammengesetzte Datentypen erst in Kapitel 5 "Zusammengesetzte Datentypen", 5.1 und 5.2 näher befassen, insbesondere, da das Einlesen einer Zeichenkette (mit der Formatangabe %s) die Definition einer Zeichenkettenvariablen voraussetzt.

Formatangaben für Zeichen

Die Formatangabe %c erlaubt das Einlesen eines Einzelzeichens (ASCIIZeichens) als alphanumerischen Wert. Wir schreiben dazu das Programm cscan.c.

▶ *cscan.c:*

```
1  /*  cscan liest ASCII-Zeichen ein.  */
2  #include <stdio.h>                            /*  für printf, scanf  */
3  main()
4  {
5    char z1, z2, z3;      /*  Definition dreier char-Variablen zur Aufnahme der
6                                                            Einzelzeichen  */
```

```
 7    printf("Das Zehnersystem enthält die Ziffern: 0 - 9.\n");
 8    printf("Ergänzen Sie sinngemäß den nächsten Satz mit drei passenden
 9  Zeichen.\n");
10    printf("(Trennzeichen bei der Eingabe nicht vergessen.)\n");
11    printf("Das Alphabet enthält die Buchstaben: ");
12    scanf("%c %c %c", &z1, &z2, &z3);
13    printf("\nIhr Satz lautet:\n");
14    printf("Das Alphabet enthält die Buchstaben: %c %c %c", z1, z2, z3);
15  }
```

Man erhält vermutlich folgenden Programmablauf:

```
Das Zehnersystem enthält die Ziffern: 0 - 9.
Ergänzen Sie sinngemäß den nächsten Satz mit drei passenden Zeichen.
(Trennzeichen bei der Eingabe nicht vergessen.)
Das Alphabet enthält die Buchstaben: A - Z
Ihr Satz lautet:
Das Alphabet enthält die Buchstaben: A - Z
```

Für das Einlesen von Einzelzeichen wird gewöhnlich nicht die Funktion *scanf* (mit dem Format *%c*) verwendet, sondern das Makro *getchar* bzw. die Funktionen *getche* oder *getch*, die wir in Kapitel 2.3.1 "Zeichenweise Eingabe" behandeln. Ein Makro ist im übrigen ein Name, der für eine Anzahl Anweisungen oder Ausdrücke steht. Ähnlich wie eine Funktion kann ein Makro unter seinem Namen aufgerufen und ausgeführt werden. (Vgl. dazu den folgenden Abschnitt bzw. das Kapitel 8 "Der C-Präprozessor".)

scanf mit der Formatangabe *%c* soll die Möglichkeit bieten, Zeichen zusammen mit anderen Datentypen in einer Anweisung einzulesen. Beispielsweise könnten mit

```
scanf("%d %c %d", &a, &zeichen, &b)
```

zwei ganze Zahlen und ein Zeichen eingegeben werden, das angibt, wie diese Zahlen verknüpft werden sollen. Gibt der Anwender etwa

```
1 + 1
```

ein, wäre es denkbar, daß das Programm daraufhin die Summe der numerischen Eingabewerte berechnet.

Die Formatangaben %n und %p

Auf die Formatangabe *%n* hatten wir bei *printf* nur kurz hingewiesen. Mit ihr läßt sich die Anzahl der Zeichen ermitteln, die bis zum Auftauchen von *%n* im Formatstring bereits ausgegeben (*printf*) oder eingelesen (*scanf*) wurden. Diese Anzahl wird in einer Variablen gespeichert, deren Adresse bei beiden Funktionen als Argument angegeben wird. Wenn das Argument bzw. der Parameter einer Funktion die Adresse eines Datenobjekts ist, sagt man auch, das Argument (der Parameter) sei vom Typ her ein Zeiger. Ein Zeiger ist ein Datenobjekt, das die Adresse eines anderen Datenobjekts aufnehmen kann, und könnte statt der explizit mit dem Adreßoperator angegebenen Adresse eines Objekts - wie z. B. *&variable* - auch als Argument verwendet werden, nachdem ihm die Adresse des entsprechenden Datenobjekts zugewiesen wurde. (Vgl. dazu die Kapitel 9 "Zeiger" und 10 "Funktionen".) Das folgende Programm zeigt eine Anwendung der Formatangabe %n:

▶ *prinscan.c:*

```
 1  /*  prinscan demonstriert den Gebrauch der Formatangabe %n bei printf
 2  und scanf. */
 3  #include <stdio.h>            /*          für printf, scanf          */
 4  main()
 5  {
 6    long number;                        /*        nimmt eine ganze Zahl auf.
 7                                        Typ long, falls der Benutzer
 8                                        eine größere Zahl eingibt.    */
 9    int printcount;          /*  Anzahl der bereits ausgegebenen Zeichen  */
10    int scancount;           /*  Anzahl der bereits eingelesenen Zeichen  */
11    printf("Zeichen zählen mit %%n:\n");
12    printf("123456%n789\n", &printcount);
13    printf("Bis zur Ziffer 6 wurden %d Zeichen ausgegeben.\n\n", printcount);
14    printf("Geben Sie jetzt eine ganze Zahl ein: ");
15    scanf("%ld%n", &number, &scancount);
16    printf("\n%ld hat %d Ziffern.", number, scancount);
17  }
```

Das Programm gibt mit der zweiten Anweisung die Ziffern *1* bis *9* aus. Die Formatangabe *%n* nach der sechsten Ziffer zählt die bis dahin ausgegebenen Zeichen und speichert die Anzahl in der *int*-Variablen *printcount*, deren Adresse als Argument von *printf* dient. Die nächste *printf*-Anweisung gibt den Wert dieser Variablen dann aus. Die *scanf*-Anweisung liest eine ganze Zahl ein und speichert außerdem durch *%n* die Anzahl der bis dahin gelesenen Zeichen. Die letzte Anweisung gibt die eingelesene Zahl und die Anzahl ihrer Ziffern (= Anzahl der gelesenen Zeichen) aus. Der Programmablauf kann sich wie folgt gestalten:

```
Zeichen zählen mit %n:
123456789
Bis zur Ziffer 6 wurden 6 Zeichen ausgegeben.

Geben Sie jetzt eine ganze Zahl ein: 1234567
1234567 hat 7 Ziffern.
```

Die Formatangabe *%p* wird selten verwendet, da es gewöhnlich wenig Gelegenheiten gibt, bei denen Adressen eingelesen werden müssen. Die Eingabe der Adresse müßte in diesem Fall in der Form

```
SSSS.FFFF
```

erfolgen, wobei *SSSS* die Segmentadresse und *FFFF* den Offset hexadezimal und in Großbuchstaben darstellen.

Maximale Feldbreite

Wie bei *printf* ist eine Breitenangabe in den Formatangaben möglich. Die Breitenangabe ist eine ganze Zahl und bestimmt, wie viele Zeichen der Eingabe maximal in das entsprechende Argument eingelesen werden. Dabei ist es nicht unbedingt nötig, die verschiedenen Eingaben durch Leerzeichen voneinander zu trennen. Das folgende Programm separiert aus der Eingabe gleichartige Zeichen und stellt sie jeweils in einer eigenen Zeile dar.

 scandigt.c:

```
 1  /*  scandigt liest eine Eingabe ohne Zwischenraumzeichen
 2      und ordnet gleichartige Zeichen durch eine Breitenangabe
 3      verschiedenen Variablen zu.  */
 4  #include <stdio.h>                              /*  für printf, scanf  */
 5  main()
 6  {
 7    long one, two, three, four, five;
 8    printf("Geben Sie eine ganze Zahl nach dem Muster\n");
 9    printf("          abbcccddddeeeee\n");
10    printf("ein, wobei die Buchstaben a, b, c, d, e jeweils\n");
11    printf("für gleichartige Ziffern stehen.\n");
12    scanf("%1ld %2ld %3ld %4ld %5ld", &one, &two, &three, &four, &five);
13    printf("%ld\n%ld\n%ld\n%ld\n%ld\n", one, two, three, four, five);
14  }
```

Wir demonstrieren einen möglichen Programmablauf:

```
Geben Sie eine ganze Zahl nach dem Muster
          abbcccddddeeeee
ein, wobei die Buchstaben a, b, c, d, e jeweils
für gleichartige Ziffern stehen.
122333444455555
1
22
333
4444
55555
```

Wie man sieht, hat die Funktion *scanf* die ohne Zwischenräume vorgenommene Eingabe gemäß den Breitenangaben auf die verschiedenen Variablen verteilt: die Variable *one* bekam das erste Eingabezeichen, die Variable *two* die nächsten beiden usw.

Eingabewerte überspringen

Das Symbol "*" in einer Formatangabe bewirkt, daß die entsprechende Eingabe zwar gelesen, aber nicht gespeichert wird. Das Programm scanskip.c demonstriert dies.

 scanskip.c:

```
 1  /* scanskip erhält drei Eingabewerte, speichert aber nur zwei davon.    */
 2  #include <stdio.h>                                   /* für printf, scanf */
 3  main()
 4  {
 5    int zahl1 = 5, zahl2 = 5, zahl3 = 5;
 6    printf("4 = %d\t4 = %d\t4 = %d\n\n", zahl1, zahl2, zahl3);
 7    printf("Geben Sie drei Werte ein,\n"
 8          "um die RECHTE Seite der obigen Gleichungen zu korrigieren:\n");
 9    scanf("%d %*d %d",                   /* "*" in der zweiten Formatangabe  */
10        &zahl1, &zahl3);                 /* überliest die zweite Eingabe     */
11                                         /* und fährt mit der Zuweisung      */
12                                         /* des dritten Eingabewerts an die  */
13                                         /* Variable zahl3 fort.             */
14    printf("\n4 = %d\t4 = %d\t4 = %d\n\n", zahl1, zahl2, zahl3);
15  }
```

Wir bekommen als Programmlauf vermutlich folgendes:

```
4 = 5       4 = 5       4 = 5
Geben Sie drei Werte ein, um die RECHTE Seite der obigen Gleichungen
zu korrigieren:
4 4 4
4 = 4       4 = 5       4 = 4
```

Als Resultat der Eingabeoperationen haben die Variablen *zahl1* und *zahl3* ihren Wert geändert. Die Variable *zahl2* dagegen hat ihren ursprünglichen Wert behalten, da sie in der *scanf*-Anweisung überhaupt nicht auftaucht und demnach auch nicht verändert wurde. Das Zeichen "*" in der zweiten Formatangabe sorgte dafür, daß die zweite Eingabe nicht berücksichtigt und der dritte Wert an die Variable *zahl3* weitergegeben wurde.

Neben Formatangaben und Zwischenraumzeichen enthielten die Formatstrings von *scanf* bisher keine weiteren Zeichen. Es ist aber durchaus möglich, auch andere Zeichen darin aufzunehmen, wenn man folgende Regel beachtet: Zeichen im Formatstring (mit Ausnahme des %-Zeichens), die nicht Formatangaben oder Zwischenraumzeichen sind, müssen an entsprechender Stelle auch in der Eingabe auftreten. Stimmt ein solches Eingabezeichen nicht mit dem Zeichen aus dem Formatstring überein, bricht die Funktion *scanf* ab.

Übereinstimmende Zeichen dagegen werden gelesen, aber nicht gespeichert. Diese Eigenschaft von *scanf* kann man nutzen, um den Anwender Daten, die gewöhnlich neben den eigentlichen Werten noch zusätzliche Zeichen enthalten, mit diesen Zusatzzeichen eingeben zu lassen, statt mit Erläuterungen dafür zu sorgen, daß nur die gewünschten Teile eingegeben werden.

Beispielsweise werden Uhrzeiten oder Datumsangaben oft mit Trennzeichen zwischen den einzelnen Komponenten versehen. Eine Uhrzeit kann im Format

```
HH:MM:SS
```

eingegeben werden, wobei *HH* die Stunden, *MM* die Minuten und *SS* die Sekunden angeben. Trennzeichen wäre in diesem Fall ein Doppelpunkt. Die Teile einer Datumsangabe im europäischen Format könnten durch ".", "/" oder "-" voneinander getrennt sein:

```
12.12.1874
12/12/1874
12-12-1874
```

Das folgende Programm timedate.c liest Uhrzeit und Datum ein. Es gibt dem Anwender dabei eines der üblicherweise verwendeten Formate vor.

▶ *timedate.c:*

```
1  /* timedate liest Datum und Uhrzeit in einem Format
2     mit zusätzlichen Zeichen ein und gibt die Werte
3     anschließend aus  */
4
5
6  #include <stdio.h>                          /* für printf, scanf */
7
8  main()
9  {
10   int hour, min, sek;                       /* Uhrzeitvariablen */
11   int day, mon, year;                       /* Datumsvariablen */
12
13   printf("Geben Sie die Uhrzeit in der Form HH:MM:SS ein:\n");
14   scanf("%d:%d:%d", &hour, &min, &sek);
15   printf("\nJetzt das Datum im Format TT/MM/JJJJ:\n");
16   scanf("%d/%d/%d", &day, &mon, &year);
17
18   printf("\n\nUhrzeit:\t%d:%d:%d\n", hour, min, sek);
19   printf("Datum:\t\t%d/%d/%d\n", day, mon, year);
20  }
```

Ein möglicher Programmverlauf:

```
Geben Sie die Uhrzeit in der Form HH:MM:SS ein:
13:10:20
```

```
Jetzt das Datum im Format TT/MM/JJJJ:
20/12/1874

Uhrzeit:    13:10:20
Datum:      20/12/1874
```

Wie bei *printf* nimmt das %-Zeichen auch bei *scanf* eine Sonderstellung ein. Damit es als Teil der Eingabe akzeptiert wird, muß es an der entsprechenden Stelle im Formatstring doppelt - also mit %% - angegeben werden. Das %-Zeichen wird dann gelesen, aber nicht gespeichert.

Die Anweisung

```
scanf("%d%%", &prozent);
```

erlaubt eine Eingabe wie

```
100%
```

bei der nur die Zahl *100* in der Variablen *prozent* gespeichert wird, nicht aber das mit eingegebene %-Zeichen.

2.3 Unformatierte Eingabe und Ausgabe

Die Funktionen *printf* und *scanf* wandeln die Werte, die sie verarbeiten, mit Hilfe spezieller Angaben in ein bestimmtes Format um, bevor sie gespeichert oder ausgegeben werden. So signalisiert z. B. die Formatangabe *%d*, daß der Ein- oder Ausgabewert als ganze Dezimalzahl zu interpretieren ist.

Es gibt daneben eine Reihe von Funktionen (und Makros), mit denen Daten ein- und ausgegeben werden können, ohne daß sie zuvor in ein bestimmtes Format gebracht werden. Diese Art der Ein- und Ausgabe heißt unformatiert.

Die unformatierte Ein- und Ausgabe verarbeitet Einzelzeichen und Zeichenketten. Wir stellen auch hier die Ein- und Ausgabe von Zeichenketten wegen ihres besonderen Datentyps bis zum Kapitel 5 "Zusammengesetzte Datentypen", 5.1 und 5.2 zurück.

2.3.1 Zeichenweise Eingabe

Für die Eingabe von Einzelzeichen (Datenyp *char*) vom Standardeingabegerät (Terminal) wird gewöhnlich das Makro *getchar* verwendet. Ein Makro ist ein Name, der eine oder mehrere Anweisungen oder auch Ausdrücke repräsentiert. (Wie man Makros schreibt, zeigt das Kapitel "Der C-Präprozessor".)

Erscheint dieser Name im Programmtext, so ersetzt ihn der Präprozessor vor dem Kompilieren durch die Quellcode-Anweisungen oder Ausdrücke, die sich dahinter verbergen.

Obwohl der Aufruf eines Makros wie ein Funktionsaufruf aussehen kann (siehe unten), handelt es sich lediglich um Textersatz in der eben beschriebenen Weise. Dieses Verfahren beansprucht weniger Zeit als ein echter Funktionsaufruf. Man kann also die Schnelligkeit von Programmen steigern, wenn man statt Funktionen Makros einsetzt.

Makros müssen wie Funktionen definiert werden. Die Definitionen der Makros, die als Standardein- und -ausgaberoutinen verwendet werden, befinden sich - wie die Deklarationen der Ein- und Ausgabe funktionen - in der Header-Datei *stdio.h*. Diese muß daher nicht nur bei E/A-Funktionen, sondern auch bei E/A-Makros mit der Anweisung

```
#include <stdio.h>
```

eingeschlossen werden.

Das Makro *getchar* liest ein einzelnes Zeichen vom Terminal ein und stellt es dem Programm zur Verfügung. Nach der Anweisung

```
getchar();        /* Aufruf des Makros getchar  */
```

wartet das Programm auf eine Eingabe des Anwenders. Die obige Anweisung liest zwar ein Zeichen, sorgt aber noch nicht dafür, daß es auch gespeichert wird. Die Eingabe nach der obigen Anweisung wäre also verloren. Will man das gelesene Zeichen auch speichern, muß man es einer Variablen geeigneten Typs (*char* oder *int*) zuweisen. Das folgende Programm liest mit Hilfe von *getchar* ein Zeichen ein und gibt es dann aus.

▶ **getachar.c:**

```
1  /* getachar liest ein Zeichen ein und gibt es aus  */
2
3
4  #include <stdio.h>                          /*  für printf, getchar  */
5
6  main()
```

```
 7  {
 8    char zeichen;                           /*  Definition einer char-Variablen
 9                               zur Aufnahme des gelesenen Zeichens  */
10
11
12    printf("Geben Sie ein Zeichen ein.\n");
13    printf("Bestätigen Sie die Eingabe mit <Enter>: ");
14
15    zeichen = getchar();          /*  Einlesen eines Zeichens mit getchar und
16                          Zuweisung des Zeichens an die Variable zeichen */
17
18    printf("\nDas eingegebene Zeichen war %c.", zeichen);
19  }
```

Das Programm nimmt etwa folgenden Verlauf:

```
Geben Sie ein Zeichen ein.
Bestätigen Sie die Eingabe mit <Enter>: a
Das eingegebene Zeichen war a.
```

2.3.2 Zeichenweise Ausgabe

Im Programm getachar.c wurde ein Zeichen zwar unformatiert eingegeben, die Ausgabe erfolgte jedoch wie gewohnt formatiert mit *printf*. Es gibt natürlich eine *getchar* entsprechende Ausgaberoutine.

Das Makro *putchar* gibt einzelne Zeichen unformatiert auf das Standardausgabegerät (normalerweise der Bildschirm) aus. Das auszugebende Datenobjekt wird dabei als Parameter zwischen die "Funktions"-Klammern des Makros geschrieben. Die Anweisung

```
putchar('a');        /*  Aufruf des Makros putchar  mit Parameter 'a'.  */
```

bewirkt die Ausgabe des Buchstabens *a* auf den Bildschirm. Man kann statt der Zeichenkonstante selbst auch den ASCII-Code des Zeichens zwischen die Klammern von *putchar* schreiben:

```
putchar(97);         /*  Aufruf des Makros putchar  mit Parameter 97.  */
```

Auch in diesem Fall gibt *putchar* den Buchstaben *a* aus. Ferner verarbeitet *putchar* Escape-Sequenzen (die ja bekanntlich als Einzelzeichen gelten, siehe dazu das Kapitel 1.5.3 "Zeichenkonstanten") oder auch den Inhalt einer *char*-Variablen. Wir demonstrieren die verschiedenen Ausgabemöglichkeiten, indem wir unser Programm getachar.c ein wenig abändern. Wir nennen diese Variante getput.c.

getput.c:

```
1  /*  getput liest ein Zeichen mit getchar ein und gibt dieses Zeichen
2      und andere mit putchar wieder aus.  */
3
4  #include <stdio.h>                              /*  für getchar, putchar    */
5
6  main()
7  {
8    char zeichen;                          /*  Definition einer char-Variablen
9                                     zur Aufnahme des gelesenen Zeichens */
10
11   printf("Geben Sie den Buchstaben a ein.\n");
12   printf("Bestätigen Sie die Eingabe mit <Enter>: ");
13
14   zeichen = getchar();                   /*  Einlesen des Zeichens a mit getchar
15                             und Zuweisung des Zeichens an die Variable zeichen. */
16   putchar(zeichen);       /*  Ausgabe des eingelesenen Buchstabens a.      */
17
18   putchar('\n');                          /*  Ausgabe eines Zeilenvorschubes
19                                    über die Escape-Sequenz '\n'.    */
20   putchar(97);       /*  Ausgabe des Buchstabens a über seinen ASCII-Code.  */
21   putchar('\n');                                /*  Zeilenvorschub  */
22   putchar('a');       /*  Ausgabe des Buchstabens a als Zeichenkonstante.*/
23   }
```

Der Programmverlauf:

```
Geben Sie den Buchstaben a ein.
Bestätigen Sie die Eingabe mit <Enter>: a
a
a
a
```

zeigt, wie der Buchstabe *a* von *putchar* über drei verschiedene Parameterausdrücke ausgegeben werden kann.

2.3.3 Fehlerbeseitigung

Wir betrachten das folgende Programm:

 geterror.c:

```
1  /*  geterror demonstriert Programmfehler mit getchar.  */
2
3  #include <stdio.h>                              /*  für printf, getchar    */
4
5  main()
6  {
7    char c;                                /*  Definition einer char-Variablen
8                                     zur Aufnahme des gelesenen Zeichens. */
```

```
 9
10    printf("Geben Sie ein Zeichen ein.\n");
11    printf("Bestätigen Sie die Eingabe mit <Enter>: ");
12
13    c = getchar();                          /* Einlesen eines Zeichens mit getchar
14                            und Zuweisung des Zeichens an die Variable c  */
15    printf("\nDas eingegebene Zeichen war %c.\n\n", c);
16    printf("Geben Sie noch ein Zeichen ein: ");
17    c = getchar();
18    printf("\nDas Zeichen war %c.", c);
19  }
```

Beim Programmablauf erleben wir folgendes:

```
Geben Sie ein Zeichen ein.
Bestätigen Sie die Eingabe mit <Enter>: a

Das eingegebene Zeichen war a.

Geben Sie noch ein Zeichen ein:
Das Zeichen war

.
```

Nach der zweiten Eingabeaufforderung kommt der Anwender gar nicht mehr dazu, ein Zeichen einzugeben, da das Programm nicht anhält und auf eine Eingabe wartet. Statt dessen wird die letzte *printf*-Anweisung ausgeführt, die zwar kein sichtbares Zeichen, dafür aber den Punkt, der an das Satzende gehört, in einer neuen Zeile ausgibt. Was ist die Ursache dieses merkwürdigen Programmablaufs?

Eingabepufferung

Der Grund dafür liegt darin, daß *getchar* wie *scanf* (siehe dort) mit gepufferter Eingabe arbeitet. Dies bedeutet, daß eingegebene Zeichen zunächst in einen Eingabepuffer (Puffer = Speicher) gelangen und im Falle von *scanf* und *getchar* diesen Funktionen (bzw. Makros) erst nach dem Drücken der Enter-Taste zur Weiterverarbeitung zur Verfügung gestellt werden. Die Funktion *scanf* und das Makro *getchar* haben die Eigenschaft, das zur Bestätigung der Eingabe notwendige Enter (= '\n') im Eingabepuffer zu belassen, was zur Folge hat, daß die nächste Eingabefunktion, die ein Zeichen aus dem Puffer liest, dieses Enter aus dem vorhergehenden Funktionsaufruf entgegennimmt und statt der Eingabe des Anwenders verarbeitet.

In unserem Beispiel wurde mit dem ersten Aufruf von *getchar* das Zeichen *a* eingegeben und diese Eingabe mit Enter bestätigt. Damit wurde nicht nur der Buchstabe *a*, sondern auch das Zeichen '\n' in den Eingabepuffer geschrieben. Beim zweiten Aufruf von *getchar* liest das Makro nun das Zeichen '\n' statt einer Eingabe des Benutzers. Dieses Zeichen wird der Variablen *c* zugewiesen, und *getchar* endet, da '\n' auch das Eingabeende-Zeichen ist. Der Inhalt der Variablen *c* ist daher nach dem zweiten Aufruf von *getchar* das Zeichen '\n'. Der Benutzer kam - da *getchar* das ⌜Enter⌝ aus dem Puffer verarbeitete und dann endete - zu keiner zweiten Eingabe. Die letzte *printf*- Anweisung gibt einen Text und den aktuellen Inhalt der Variablen *c* aus: das Zeichen '\n', das einen Zeilenvorschub bewirkt. Dadurch erscheint der Punkt, das letzte Ausgabezeichen, in einer neuen Zeile.

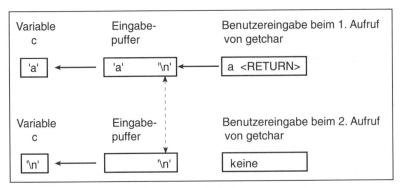

Abb. 20: Programmfehler durch Rückstände im Eingabepuffer

Wir können das soeben beschriebene Problem auf mehrere Arten lösen. Grundsätzlich muß das überzählige ⌜Enter⌝ aus dem Eingabepuffer entfernt werden, oder man sorgt dafür, daß kein ⌜Enter⌝ im Eingabepuffer erscheint.

Die einfachste Art, das überzählige ⌜Enter⌝ aus dem Puffer zu entfernen, besteht darin, hinter jeder *getchar*-Anweisung (außer der letzten) eine zusätzliche *getchar*-Anweisung einzufügen. Diese Methode nutzt die Tatsache, daß verarbeitete Zeichen nicht im Eingabepuffer verbleiben (sondern "ausgelesen" werden). Die erste *getchar*-Anweisung verarbeitet dabei das "eigentliche" Zeichen, die zusätzlich eingefügte das ⌜Enter⌝, das danach aus dem Puffer eliminiert ist. Die darauf folgende *getchar*-Anweisung liest wieder ein "reguläres" Zeichen etc. Für unser Programm geterror.c hieße das, nach der ersten *getchar*-Anweisung eine weitere zu ergänzen. Wir nennen das veränderte Programm getokay.c.

▶ *getokay.c:*

```
 1  /* getokay liest Zeichen mit getchar ein und vermeidet Fehler
 2     durch Pufferrückstände mittels einer doppelten getchar-Anweisung.    */
 3
 4  #include <stdio.h>                    /* für printf, getchar   */
 5
 6  main()
 7  {
 8    char c;                    /* Definition einer char-Variablen zur
 9                                  Aufnahme des gelesenen Zeichens. */
10
```

```
11    printf("Geben Sie ein Zeichen ein.\n");
12    printf("Bestätigen Sie die Eingabe mit <Enter>: ");
13
14    c = getchar();              /* Einlesen eines Zeichens mit getchar und
15                                   Zuweisung des Zeichens an die Variable c. */
16
17    printf("\nDas eingegebene Zeichen war %c.\n\n", c);
18    printf("Geben Sie noch ein Zeichen ein: ");
19
20    getchar();                         /* Verarbeitet das <Enter> aus der
21                                   vorhergehenden getchar-Anweisung und
22                                   entfernt dieses so aus dem Eingabepuffer.
23                                   Da dieses Zeichen nicht benötigt wird,
24                                   muß es keiner Variablen zugewiesen werden
25                                   und geht einfach verloren.              */
26
27    c = getchar();           /* Jetzt erst wird das nächste "reguläre"
28                                   Zeichen gelesen und der Variablen c zugewiesen. */
29
30    printf("\nDas Zeichen war %c.", c);
31  }
```

Wir erhalten nunmehr wie gewünscht:

```
Geben Sie ein Zeichen ein.
Bestätigen Sie die Eingabe mit <Enter>: a

Das eingegebene Zeichen war a.

Geben Sie noch ein Zeichen ein: b

Das Zeichen war b.
```

Eine ausgefeiltere Variante der Pufferleerung mittels einer Wiederholungsanweisung oder Schleife, die außerdem nicht nur ein, sondern mehrere unbearbeitete Zeichen aus dem Puffer entfernt, werden wir im übernächsten Kapitel 4 "Kontrollstrukturen" vorstellen.

Zeichen direkt von der Tastatur einlesen

Eine Alternative zur Entfernung des Enter aus dem Eingabepuffer wäre es, eine Funktion (oder ein Makro) zu verwenden, die kein Enter als Endezeichen benutzt. Tatsächlich gibt es die Funktionen *getch* bzw. *getche*, die ebenfalls einzelne Zeichen einlesen. Im Gegensatz zu *getchar* lesen diese Funktionen aber nicht aus dem Eingabepuffer, sondern direkt von der Tastatur und benötigen auch keine Bestätigung der Eingabe durch Enter. Die Funktion *getche* liest ein einzelnes Zeichen und zeigt das gelesene Zeichen zusätzlich auf dem Bildschirm an (Echo). Die Funktion *getch* liest ein Zeichen, ohne es anzuzeigen. Die Deklarationen der beiden Funktionen befinden sich in der Header-Datei *conio.h*, die man mit

```
#include <conio.h>
```

in das Programm mit aufnimmt. Eine weitere korrekte Version von geterror.c kann daher so aussehen:

▶ *getcheok.c:*

```
 1  /*  getcheok liest mit zwei Funktionsaufrufen von getche zwei
 2      Zeichen ein und vermeidet so Probleme mit Zeichen-Rückständen
 3      im Eingabepuffer.  */
 4
 5  #include <stdio.h>                              /*  für printf    */
 6  #include <conio.h>                              /*  für getche    */
 7
 8  main()
 9  {
10
11    char c;                            /*  Definition einer char-Variablen
12                              zur Aufnahme des gelesenen Zeichens.    */
13
14    printf("Geben Sie ein Zeichen ein: ");
15    c = getche();            /*  Einlesen eines Zeichens mit getche und
16                              Zuweisung des Zeichens an die Variable c.
17                              Eine Bestätigung der Eingabe mit <Enter>
18                              ist nicht erforderlich                  */
19
20    printf("\nDas eingegebene Zeichen war %c.\n\n", c);
21    printf("Geben Sie noch ein Zeichen ein: ");
22    c = getche();            /*  Einlesen des zweiten Zeichens         */
23    printf("\nDas Zeichen war %c.", c);
24  }
```

Der Programmverlauf:

```
    Geben Sie ein Zeichen ein: a
    Das eingegebene Zeichen war a.

    Geben Sie noch ein Zeichen ein: b
    Das Zeichen war b.
```

2.4 Fragen zur Wiederholung

Die Antworten auf die Wiederholungsfragen dieses Kapitels finden Sie im Anhang ab Seite 790.

1 Was versteht man unter *formatierter* bzw. *unformatierter* Ein- und Ausgabe? Was ist ein Formatstring?

2 Die Umwandlung einer n-Bit langen Binärzahl, die die Zwei-Komplement-Darstellung einer ganzen Zahl mit Vorzeichen ist, in eine ganze Dezimalzahl kann folgendermaßen geschehen:

a) Man betrachtet die Binärzahl so, als wäre sie vorzeichenlos (also nicht die Darstellung einer Zahl im Zwei-Komplement).

b) Man ermittelt den dezimalen Wert dieser als vorzeichenlos gedeuteten Binärzahl.

c) Ist das erste linke Bit der Binärzahl nicht gesetzt - also gleich *0* -, entspricht die erhaltene Dezimalzahl der gesuchten Zahl. Ist das erste linke Bit der Binärzahl gesetzt - also gleich *1* - ziehe man 2^n von der erhaltenen Dezimalzahl ab.

Beispiel:

Die 8-Bit lange Binärzahl (n = 8)

```
10101010
```

würde vorzeichenlos die dezimale Zahl

```
170
```

darstellen ($1*2^7 + 1*2^5 + 1*2^3 + 1*2^1 = 170$). Da das erste linke Bit der Binärzahl gleich *1* ist, muß man 2^8 (= 256) von dieser Zahl abziehen, um das dezimale Äquivalent der Zwei-Komplement-Binärzahl zu erhalten:

```
170 - 256 = -86
```

Die binäre Zahl

```
10101010
```

stellt als Zwei-Komplement-Zahl gedeutet - also als Zahl mit Vorzeichen - die dezimale Zahl *-86* dar.

Will man dagegen wissen, welche Binärzahl einer gegebenen dezimalen Zahl mit Vorzeichen (also in Zwei-Komplement-Darstellung) entspricht, kehrt man das Verfahren um.

Beispiel:

Welche 8-Bit-Binärzahl (n = 8) entspricht den dezimalen, vorzeichenbehafteten Zahlen *-10* und *10*?

Die dezimale Zahl *-10* ist negativ, folglich ist das erste linke Bit der Binärzahl gesetzt, d. h. gleich *1*. Also muß man 2^8 = 256 zu der Zahl *-10* addieren und erhält

```
-10 + 256 = 246
```

Die Zahl *246* ist binär wegen

```
1*2^7 + 1*2^6 + 1*2^5 + 1*2^4 + 0*2^3 + 1*2^2 + 1*2^1 + 0*2^0
```

gleich

```
11110110
```

d. h., die binäre Zahl *11110110* entspricht in Zwei-Komplement-Darstellung der Zahl *-10*.

Die Zahl *10* ist positiv, folglich ist das erste linke Bit der entsprechenden Binärzahl nicht gesetzt, also gleich *0*. Daher kann die Zahl *10* direkt umgewandelt werden:

```
0*2^7 + 0*2^6 + 0*2^5 + 0*2^4 + 1*2^3 + 0*2^2 + 1*2^1 + 0*2^0
```

```
= 00001010
```

Hat man drittens eine im Sinne des Rechners vorzeichenlose dezimale Zahl und möchte wissen, was die entsprechende dezimale Zahl in Zwei-Komplement-Darstellung ist (also mit Vorzeichen), bildet man zunächst das binäre Äquivalent der Zahl: Ist das erste Bit links gleich *1*, zieht man wiederum 2^n davon ab und erhält das dezimale Äquivalent der vorzeichenlosen Zahl als Zwei-Komplement-Wert.

Beispiel:

(8-Bit-Binärzahl, n= 8)

Die vorzeichenlose ganze Zahl *128* ist binär gleich

```
1000 0000
```

Da das erste Bit links gleich *1* ist, zieht man 2^8 (=256) von 128 ab:

```
128 - 256 = -128
```

Erhält man *-128*, den entsprechenden Zwei-Komplement-Wert der vorzeichenlosen Zahl *128*.

Berücksichtigen Sie die bisherigen Erläuterungen bei der Beantwortung der folgenden Frage:

Welche Ausgabe erzeugen die nachstehenden Anweisungen?

a)   `printf("%d %d", -5, 32768);`

b)   `printf("%u %u", -5, 32768);`

3 Was bewirkt eine Formatangabe bei *printf*?

Worauf ist bezüglich der Formatangaben und Argumente bei *printf* zu achten?

④ Erläutern Sie die Begriffe Mindestbreite und Genauigkeit im Zusammen-hang mit *printf*.

⑤ Die Funktionen *printf* und *scanf* operieren beide mit Formatstrings und Argumenten. Was ist bezüglich der Argumente beider Funktionen zu sa-gen?

⑥ Was versteht man unter der Adresse eines Datenobjekts?

Welche Auswirkungen hat der Datentyp eines Objekts auf das Format seiner Speicheradresse?

⑦ Warum benötigt die Funktion *scanf* die Adressen ihrer Datenobjekte?

⑧ Die Funktion *scanf* kann mehrere Werte in einer Anweisung einlesen. Was ist dabei zu beachten?

⑨ Ein Programm enthält die Anweisungen

```
scanf("%d %f %d", &i1, &f, &i2);
printf("%d  %f  %d", i1, f, i2);
```

Die Eingabe des Benutzers lautet

```
3.14   64    65
```

Die Ausgabe ist

```
3  0.140000  64
```

Wie kommt diese Ausgabe zustande?

⑩ Erläutern Sie das Prinzip der gepufferten Eingabe am Beispiel des Ma-kros *getchar*.

Welche Probleme können auftreten?

2.5 Aufgaben

Die Lösungen der Aufgaben dieses Kapitels finden Sie im Anhang ab Seite 828.

① Schreiben Sie ein Programm, das den Text

```
Dies ist ein Übungsprogramm.
```

ausgibt, drei Leerzeilen einfügt und die Meldung

```
***  PROGRAMMENDE  ***
```

anzeigt.

Eine Variante des Programms soll vor Beginn der Ausgabe den Bildschirm löschen.

Hinweis: Die Escape-Sequenz

```
\033[2J
```

kann zum Bilschirmlöschen verwendet werden. Erinnern wir uns daran, daß eine Escape-Sequenz als Einzelzeichen gilt und wie ein solches ausgegeben werden kann.

Bei DOS-Rechnern sollte man sich vergewissern, daß der Bildschirm- und Tastaturtreiber *Ansi.sys* vorhanden ist (vgl. dazu das Kapitel 1.5.3 "Zeichenkonstanten").

2 Lassen Sie von einem Programm folgendes Muster ausgeben:

3 Eine Tabelle der dezimalen Werte 200 bis 204 mit ihren oktalen und hexadezimalen Entsprechungen soll ausgegeben werden.

4 Ein Programm enthalte die Variablendefinitionen

```
int i   = 98;
double d = 765.4321;
```

a) Geben Sie die *int*-Variable *i* mit einer Anweisung auf folgende Arten aus:

```
00098
b
    98
```

Das Programm soll zählen, wie viele Zeichen diese Ausgabe umfaßt, und die Anzahl ausgeben.

b) Unter ausschließlicher Verwendung der *double*-Variablen *d* soll folgende Ausgabe entstehen:

```
765.432100
765.4321
765.43
765.
```

```
765
7.65E+002
7.654321e+002
```

c) Ferner soll die Zeichenkette

```
C_IS_FUN
```

in folgender Weise ausgegeben werden:

```
C
  C_IS
    C_IS_FUN
      C_IS
        C
```

Dabei ist für jede Zeile der Ausgabe der *gesamte* String "C_IS_FUN" als Argument zu verwenden.

5 Schreiben Sie ein Programm, das den Benutzer die Summe dreier ganzer Zahlen in der Form

```
1.Zahl + 2.Zahl + 3.Zahl
```

einlesen läßt. Das Programm soll anschließend die ausgerechnete Summe ausgeben. Ferner soll dem Benutzer mitgeteilt werden, wie viele *Zeichen* er insgesamt eingegeben hat.

6 Die Vorwahl von Telefonnummern kann man durch einen Schrägstrich von der eigentlichen Nummer abtrennen. Schreiben Sie ein Programm, bei dem der Anwender eine 6stellige Telefonnummer und eine 4stellige Vorwahl, die mit 0 beginnt, in der Form

```
Vorwahl/Nummer
```

eingeben kann. Vorwahl (mit erster Ziffer 0) und Nummer sollen anschließend in der Form

```
(Vorwahl) Nummer
```

wieder ausgegeben werden.

7 Die Quersumme (die Summe der Ziffern einer ganzen Zahl) einer 4stelligen Zahl, die der Benutzer eingibt, soll berechnet und ausgegeben werden. Wie können wir dies mit unseren bisherigen Kenntnissen in elementarer Weise in einem Programm realisieren?

3. Ausdrücke und Operatoren

Ausdrücke und Operatoren bieten als Sprachmittel von C die Möglichkeit, Sachverhalte unterschiedlichster Komplexität darzustellen. Während jedoch Operatoren als unmittelbare Bestandteile der Sprache C schon vorliegen, sind Ausdrücke Sprachkonstrukte, die mit Hilfe der Sprachelemente von C erst erzeugt werden müssen. Ausdrücke und Operatoren sind eng miteinander verbunden: Operatoren benötigen logischerweise Operanden und bilden zusammen mit diesen Ausdrücke. Umgekehrt enthält - wie man weiter unten noch sehen wird - zwar nicht jeder Ausdruck auch einen Operator, andererseits benötigt man aber bereits für Ausdrücke von vergleichsweise niedriger Komplexitätsstufe einen oder mehrere Operatoren. Die folgenden Ausführungen präzisieren, was man sich unter einem Ausdruck vorzustellen hat, und stellen außerdem sämtliche Operatoren von C vor.

3.1 Ausdrücke

Bei den Ein- und Ausgabeoperationen des letzten Kapitels haben wir neben einzelnen Variablen und Konstanten gelegentlich auch schon komplexere Datenobjekte verarbeitet, so z. B. die Zeichenkombinationen

```
2 + 3
```

in der Anweisung

```
printf("%d", 2 + 3);
```

oder

```
&x
```

in der Anweisung

```
scanf("%d", &x);
```

Gebilde wie *2 + 3* oder *&x* heißen Ausdrücke (expressions). Grundsätzlich gilt in C jede Darstellung eines Werts als Ausdruck, von daher sind bereits Bezeichnungen wie

```
13   x   'a'
```

für eine ganzzahlige Konstante, eine Variable und eine Zeichenkonstante Ausdrücke. Meist aber weisen Ausdrücke außer Zahlenwerten oder Namen noch andere Zeichen auf, sogenannte Operatoren. Der Ausdruck

```
2 + 3
```

beispielsweise enthält die beiden ganzzahligen Konstanten 2 und 3 und den Operator "+", mit dem die beiden Werte - die Operanden - addiert werden. Der Wert des Ausdrucks ist 5. Operatoren geben an, welche Operationen mit den Operanden auszuführen sind. Operanden können dabei sowohl konstante als auch variable Werte sein. Hätten wir z. B. die Integervariablen x und y, so ließen sich auch diese mit dem Additionsoperator "+" addieren, ebenso wie eine Kombination aus Variablen und Konstanten:

```
x + y
x + 2
x + 2 + y
x + y + 2 + 1
etc.
```

Wenn man für die Variablen x und y jeweils den Wert *1* annimmt, ergäben sich für die obigen Ausdrücke der Reihe nach die Werte *2, 3, 4* und *5*. Die Beispiele zeigen ferner, daß Ausdrücke selbstverständlich auch mehr als zwei Operanden und mehrere Operatoren enthalten können. Nicht nur die aus der Mathematik vertrauten, leicht nachvollziehbaren, arithmetischen Ausdrücke besitzen einen Wert. Tatsächlich ist es so, daß in der Programmiersprache C jeder Ausdruck einen Wert besitzt.

Ist beispielsweise x eine Variable, hat der Ausdruck

```
&x
```

der den schon bekannten Adreßoperator "&" verwendet, als Wert die Adresse der Variablen x, z. B. *2800*, falls der Compiler diese Adresse für die Variable x vorgesehen hat. Ein anderer Operator, den wir bereits benutzt haben, ist der Zuweisungsoperator "=". Der Ausdruck

```
x = 2
```

besitzt den Wert 2, also gerade jenen Wert, der der Variablen x zugewiesen wird. Allgemein ist der Wert eines Zuweisungsausdrucks gleich dem Wert seiner linken Seite (hier: der Variablen x), nachdem die Zuweisungsoperation durchgeführt worden ist. Der Wert des Ausdrucks $x = 2$ ist also gleich dem Wert von x nach erfolgter Zuweisung. Man muß hier drei Objekte auseinanderhalten:

- die Konstante 2 (Wert: 2)
- die Variable x (Wert: 2 nach Zuweisung)
- den Ausdruck $x=2$ (Wert: 2, gleich dem Wert der linken Seite des Ausdrucks)

Konstante, Variable und Ausdruck aus unserem letzten Beispiel sind drei unterschiedliche Datenobjekte, die den gleichen Wert darstellen. Das läßt sich mit einem Programm überprüfen. Wir nutzen dabei folgenden wichtigen Umstand aus: Aufgrund seiner Eigenschaft, einen Wert zu besitzen, kann in C ein Ausdruck überall dort stehen, wo ein Wert zugelassen ist. Eine Anwendung dieser Regel zeigte bereits die Anweisung

```
printf("%d", 2 + 3);
```

bei der ein arithmetischer Ausdruck (statt einer Variablen oder Konstanten) als Argument von *printf* diente. Das Programm showexpr.c wendet die Regel auf den Zuweisungsausdruck $x=2$ an:

▶ *showexpr.c:*

```
 1  /*  showexpr demonstriert die Verwendbarkeit eines
 2        Zuweisungsausdrucks als Argument von printf.  */
 3
 4
 5
 6  #include <stdio.h>                               /*  für printf  */
 7
 8  main()
 9  {
10     int x = 0;
11     printf("%d ", x = 2);          /*  Zuweisung x = 2 als Argument  */
12     printf("%d ", x);              /*  Variable x als Argument       */
13     printf("%d", 2);               /*  Konstante 2 als Argument      */
14
15  }
```

Die Ausgabe

```
2 2 2
```

zeigt, daß der Ausdruck $x = 2$ den Wert 2 hat und von der Funktion *printf* als Argument für die Formatangabe %d akzeptiert wird. Es gibt noch weitere Arten von Ausdrücken. Wir werden sie in diesem Kapitel und in den folgenden untersuchen.

Ausdrücke haben einen Datentyp

Ausdrücke haben in C nicht nur einen Wert, sondern - wie alle Werte - auch einen Datentyp. Der Typ eines Ausdrucks hängt vom Typ seiner Operanden ab. In dem Ausdruck

    2 + 3

sind die beiden Operanden 2 und 3 Konstanten vom Typ *int*. Daher ist auch der gesamte Ausdruck vom Typ *int*:

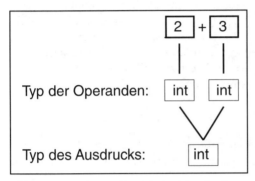

Abb. 21: Typ eines arithmetischen Ausdrucks

Allgemein gilt: Sind die Operanden eines Ausdrucks vom selben Typ, so ist auch der Ausdruck von diesem Typ. Damit erhebt sich natürlich die Frage, was geschieht, wenn ein Ausdruck Operanden unterschiedlichen Typs enthält. Wir werden dieser Frage in Kapitel 3.2.1.3 "Typumwandlungen" nachgehen. Zunächst fassen wir unsere bisherigen Informationen über Ausdrücke kurz zusammen:

- Ein Ausdruck ist ein Konstrukt aus Operanden und Operatoren, das einen Wert und einen Typ hat.

  Bereits ein einzelner Operand bildet einen Ausdruck.

- Jeder Ausdruck in C besitzt einen Wert.
  Daher kann ein Ausdruck überall dort stehen, wo ein Wert stehen kann.
- Der Typ eines Ausdrucks hängt vom Typ seiner Operanden ab.

3.2 Operatoren

Die Programmiersprache C hat über vierzig Operatoren. Ein Kriterium, nach dem sie klassifiziert werden können, ist die Anzahl der Operanden, die ein Operator bearbeitet:

- Unäre Operatoren (unary operators) haben nur einen Operanden.

  Beispiel: &x

  Der Adreßoperator "&" liefert die Adresse eines Datenobjekts.

- Binäre Operatoren (binary operators) besitzen zwei Operanden. Die Bezeichnung "binär" soll hier auf die Anzahl der verarbeiteten Operanden hinweisen, nämlich zwei. Sie besagt nicht, daß der Operator binäre Datenobjekte manipuliert.

  Beispiel: a + b

  Der Additionsoperator addiert zwei Werte.

- Ternäre Operatoren (ternary operators) verarbeiten drei Operanden.

  Beispiel: siehe "Bedingungsoperator" (Kap. 3.2.6.1)

  Der einzige ternäre Operator in C ist der Bedingungsoperator.

Man kann die Operatoren jedoch auch nach der Art der Operationen, die sie durchführen, bzw. nach der Art ihrer Operanden einteilen:

```
- Arithmetische Operatoren
- Vergleichsoperatoren
- Logische Operatoren
- Bitoperatoren
- Zuweisungsoperatoren
- Übrige
        - Bedingungsoperator
        - Sequenzoperator
        - Größenoperator
        - Adreßoperator
        - Cast-Operator
        - Klammeroperatoren
        - Operator zur Komponentenauswahl (Strukturselektor)
        - Verweisoperator (Indirektionsoperator)
```

Abb. 22: Operatoren

Wir beginnen mit den arithmetischen Operatoren.

3.2.1 Arithmetische Operatoren

Die Operatoren dieser Gruppe führen arithmetische Operationen mit ihren Operanden durch. Neben den Operatoren für die Grundrechenarten gibt es auch jeweils einen Operator zur Negation von Werten und zur Berechnung des ganzzahligen Rests einer Division. Die folgende Übersicht zeigt die arithmetischen Operatoren gruppiert nach der Anzahl ihrer Operanden.

ARITHMETISCHE OPERATOREN	BINÄR		
	Operator	Bedeutung	Beispiel
	+	Addition	x + y
	-	Subtraktion	x - y
	*	Multiplikation	x * y
	/	Division	x / y
	%	Divisionsrest ermitteln	x % y
	UNÄR		
	-	Negation	-x

Abb. 23: Arithmetische Operatoren

3.2.1.1 Operatoren der Grundrechenarten

Die binären Operatoren "+" (Addition), "-" (Subtraktion), "*" (Multiplikation) und "/" (Division) sind in ihrer Funktion so, wie man es von der Mathematik her kennt. Das folgende Programm berechnet Summe, Differenz, Produkt und Quotient zweier ganzer Zahlen und gibt sie aus:

arops1.c:

```
1  /* arops1 berechnet arithmetische Ausdrücke aus Konstanten und gibt sie aus.  */
2
3  #include <stdio.h>                                    /*  für printf  */
4  main()
5  {
6    printf("Summe = %d\tDifferenz = %d\tProdukt = %d\tQuotient = %d",
7           4+2, 4-2, 4*2, 4/2);
8  }

   Summe = 6    Differenz = 2    Produkt = 8    Quotient = 2
```

Selbstverständlich kann man diese Werte auch durch Ausdrücke mit Variablen ausgeben lassen:

▶ *arops2.c:*

```
1    /*  arops2 berechnet arithmetische Ausdrücke aus Konstanten und Variablen
2         und gibt sie aus.  */
3
4
5   #include <stdio.h>                                        /*  für printf  */
6
7   main()
8   {
9     int x = 4, y = 2;      /*  Definition und Initialisierung der Operanden  */
10
11
12                                              /*  Variablen als Operanden:  */
13
14    printf("Summe = %d\tDifferenz = %d\tProdukt = %d\tQuotient = %d\n\n",
15             x+y, x-y, x*y, x/y);
16                                    /*  Variablen und Konstanten als Operanden:  */
17    printf("Summe = %d\tDifferenz = %d\tProdukt = %d\tQuotient = %d",
18             x+2, 4-y, x*2, 4/y);
19  }
```

```
Summe = 6    Differenz = 2    Produkt = 8    Quotient = 2
Summe = 6    Differenz = 2    Produkt = 8    Quotient = 2
```

Integer-Arithmetik

Bei den Ausdrücken, die in den letzten Programmen ausgegeben wurden, war der erste Operand *größer* als der zweite. Wir vertauschen nun die Werte der beiden Operanden 2 und 4 in unserem Programm arops1.c.

▶ *arops3.c:*

```
1   /*  arops3 berechnet die Ausdrücke aus arops1 mit vertauschten Operanden
2         und gibt sie aus.  */
3
4   #include <stdio.h>                                        /*  für printf  */
5
6   main()
7   {
8     printf("Summe = %d\tDifferenz = %d\tProdukt = %d\tQuotient = %d",
9             2+4, 2-4, 2*4, 2/4);
10  }
```

```
Summe = 6    Differenz = -2    Produkt = 8    Quotient = 0
```

Wie kommt diese Ausgabe zustande? Die Differenz entspricht dem erwarteten Ergebnis -2, der Quotient jedoch wird mit 0 ausgegeben, was nicht dem

Wert *2/4 (= 0.5)* entspricht. Allerdings ist der Ausdruck nach der Vertauschung der Operanden mathematisch gesehen auch nicht mehr ganzzahlig,
die Formatangabe *%d* signalisiert jedoch, daß die Funktion *printf* einen ganzzahligen Wert erwartet.

Betrachten wir die Operanden des Operators "/" in dem Ausdruck *2/4*. Es
sind zwei ganzzahlige Konstanten vom Typ *int*. Nach der Regel, die wir im
Kapitel "Ausdrücke" formuliert hatten, ist der Datentyp eines Ausdrucks
gleich dem seiner Operanden, wenn diese alle vom selben Typ sind. Einerseits ist der Ausdruck *2/4* damit vom Typ *int*, andererseits ist sein Wert rein
rechnerisch gleich *0.5*, ein Dezimalbruch mit Nachkommastellen, den der
Compiler nur im Gleitkommaformat darstellen kann.

Der Compiler löst dieses Problem folgendermaßen: er berechnet den ganzzahligen Teil des Ergebnisses der Division *2/4* und ignoriert den entstehenden
Rest:

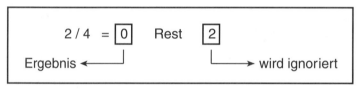

Abb. 24: Ganzzahlige Division mit Rest

Analog dazu würden Divisionen wie *7/3* oder *-18/4* wegen

```
7 : 3 =  2 Rest  1
```

und

```
-18: 4 = -4 Rest -2
```

die Resultate 2 bzw. -4 liefern. Diese Rechenweise, bei der nur ganze Zahlen
als Objekte berücksichtigt werden, nennt man Integer-Arithmetik. Programmfehler entstehen häufig dann, wenn der Programmierer nicht beachtet, daß
Rechenoperationen - insbesondere die Division ganzer Zahlen - in Integer-
Arithmetik durchgeführt werden.

Gleitkomma-Arithmetik

Die Probleme mit dem Divisionsoperator treten natürlich nicht auf, wenn
man statt Integerzahlen Gleitkommawerte verwendet. Man könnte unser
letztes Beispiel in Gleitkomma-Arithmetik so programmieren:

▶ **arops4.c:**

```
 1  /*  arops4 berechnet die Ausdrücke aus arops1 mit vertauschten
 2      Gleitkomma-Operanden und gibt sie aus.  */
 3
 4
 5
 6  #include <stdio.h>                                      /*  für printf  */
 7
 8  main()
 9  {
10    printf("Summe = %.2f\tDifferenz = %.2f\tProdukt = %.2f\tQuotient = %.2f",
11              2.+4., 2.-4., 2.*4., 2./4.);
12  }
```

Diesmal erhält man als Ausgabe:

```
Summe = 6.00    Differenz = -2.00    Produkt = 8.00     Quotient = 0.50
```

oder

```
Summe = 6     Differenz = -2     Produkt = 8     Quotient = 0.5
```

wenn man statt des Formats *%f* das Format *%g* benutzt.

Numerische Operationen mit Zeichenkonstanten

Es erscheint selbstverständlich, arithmetische Operatoren nur auf numerische Objekte anzuwenden. Die Operanden aus unseren Beispielen waren ganze Zahlen oder Gleitkommawerte. Zu der Gruppe der ganzzahligen Werte zählen aber in gewisser Weise auch die Zeichenkonstanten, Objekte des Datentyps *char*, die intern unter ihrem ASCII-Code (bzw. unter dem Code der Zeichensatztabelle, die der jeweilige Rechner verwendet) - also einer ganzen Zahl - gespeichert werden. Beispielsweise wird das Zeichen 'A' mit dem Wert 65 (dezimal) im Speicher gehalten.

Man kann sich diesen Umstand zunutze machen, um eine besondere Art von "Rechenoperationen" mit Zeichenkonstanten durchzuführen. In dem Ausdruck

```
'A' + 1
```

wird zu der Zeichenkonstanten 'A' (Typ *char*) der numerische Wert *1* (Typ *int*) addiert. Diese Operation ist möglich, weil der Compiler bei der Verarbeitung des Ausdrucks für das Zeichen 'A' seinen ASCII-Code, den numerischen Wert 65, einsetzt. Damit wird der Ausdruck

```
'A' + 1
```

umgewandelt zu

```
65 + 1
```

was den Wert *66* ergibt. Der Wert *66* wiederum kann als ASCII-Code des Zeichens 'B' gedeutet werden. Daher gibt die Anweisung

```
printf("%c", 'A'+1);
```

das Zeichen 'B' aus. Analog würden auch Ausdrücke wie

```
'$' + 30    =>     36 + 30    =>    66
'c' - '!'   =>     99 - 33    =>    66
'╞' / 3     =>    198 / 3     =>    66
```

etc. den Buchstaben 'B' darstellen, da hinter den Rechenoperationen mit den Zeichen die entsprechenden Operationen mit den ASCII-Codes der Zeichen stecken, die jeweils den Wert *66* ergeben. (Übrigens kann bei Rechnern, die den ASCII-Code verwenden, jedes Zeichen des Codes durch die Tastenkombination

```
Alt  + <dezimaler ASCII-Code des Zeichens>
```

erzeugt werden. So erzeugt z. B. Alt + 198 das Zeichen 'ă', wobei die Zahl 198 nicht über die Tasten des Schreibmaschinenblocks einzugeben ist, sondern über den numerischen Tastenblock, das sog. numeric keypad.

Die Anweisung

```
printf("%c %c %c %c", 'A'+1, '$' + 30, 'c' - '!', '╞' / 3);
```

würde demzufolge die Ausgabe

```
B B B B
```

produzieren.

Kann man mit solchen Rechenoperationen irgend etwas anfangen? Stellen wir uns vor, wir hätten die Aufgabe, ein Programm zu schreiben, das einen Kleinbuchstaben, den der Anwender eingibt, in den entsprechenden Großbuchstaben umwandelt und ausgibt. Das Programm hätte zwei Teilaufgaben zu erfüllen:

1. Buchstaben einlesen
2. Buchstaben umwandeln und ausgeben

Die erste Teilaufgabe enthält keine besonderen Schwierigkeiten, da wir in den vorangegangenen Kapiteln schon des öfteren Benutzereingaben entgegengenommen haben. Wir müssen diesmal ein Zeichen einlesen und können daher das Makro *getchar* verwenden. Die entsprechenden Anweisungen im Programm lauten:

```
printf("Geben Sie einen Kleinbuchstaben ein: ");
c = getchar();
```

wobei man natürlich zuvor eine *char*-Variable namens *c* definiert hat.

Bei der zweiten Teilaufgabe könnte vielleicht ein Blick auf die ASCII-Tabelle weiterhelfen:

DEZ	HEX	ZEICHEN
.	.	.
.	.	.
.	.	.
65	41	A
66	42	B
67	43	C
.	.	.
.	.	.
.	.	.
88	58	X
89	59	Y
90	5A	Z
.	.	.
.	.	.
.	.	.
97	61	a
98	62	b
99	63	c
.	.	.
.	.	.
.	.	.
120	78	x
121	79	y
122	80	z
.	.	.
.	.	.
.	.	.

Abb. 25: Ausschnitt aus der ASCII-Tabelle

Die Großbuchstaben von A bis Z belegen in der Tabelle die Plätze (Codes) 65 bis 90, die Kleinbuchstaben a bis z beginnen bei 97 und enden bei 122. Es fällt auf, daß die Buchstaben so in der Tabelle angeordnet sind, daß der Abstand zwischen einem Großbuchstaben und dem dazugehörigen Kleinbuchstaben *stets* 32 beträgt, z. B.

```
'a' - 'A' = 32
'b' - 'B' = 32
'c' - 'C' = 32
etc.
```

Wenn man also einen Kleinbuchstaben hat, erhält man den zugehörigen Großbuchstaben, indem man 32 vom Wert des Kleinbuchstabens subtrahiert. Ausgehend z. B. vom Kleinbuchstaben m, erhält man mit

```
'm' - 32
```

den Großbuchstaben M.

Für den Fall, daß das Programm auf Systemen laufen soll, die andere Code-Tabellen benutzen, was zu anderen Abständen zwischen Groß- und Klein-buchstaben führen kann (z. B. EBCDIC: 64), erhält man dennoch den ge-wünschten Großbuchstaben, wenn man vom Kleinbuchstaben die Differenz eines beliebigen Paars von gleichem Groß- und Kleinbuchstaben subtrahiert, da ein Ausdruck wie

```
'a' - 'A'
```

oder

```
'x' - 'X'
```

den Abstand zwischen Groß- und Kleinbuchstaben in allgemeiner Form an-gibt. Für unser Beispiel mit dem Kleinbuchstaben m erhielten wir den zuge-hörigen Großbuchstaben M dann mit

```
'm' - ('a' - 'A')
```

was gleichbedeutend ist mit

```
'm' - 'a' + 'A'
```

Damit sind wir nun in der Lage, das Umwandlungsprogramm zu formulie-ren. Es heißt upperlet.c.

▶ *upperlet.c:*

```
1  /*  upperlet liest einen eingegebenen Kleinbuchstaben ein
2      und wandelt ihn in den entsprechenden Großbuchstaben um.  */
3
4
5  #include <stdio.h>                          /*  für printf, getchar  */
6
7  main()
8  {
```

```
 9   char c;                              /* für das eingegebene Zeichen  */
10
11
12   printf("\033[2J");                              /* Bildschirm löschen  */
13
14   printf("Dieses Programm wandelt einen Kleinbuchstaben "
15        "in einen Großbuchstaben um.\n");
16   printf("Geben Sie einen Kleinbuchstaben ein: ");
17   c = getchar();          /* Kleinbuchstaben in die Variable c einlesen  */
18   printf("\n\nKleinbuchstabe: %c\tGroßbuchstabe: %c", c, c-'a'+'A');
19 }
```

Die *printf*-Anweisung zur Ausgabe des umgewandelten Buchstabens hätte als Argument statt

```
c - 'a' + 'A'
```

auch

```
c - 32
```

enthalten können, falls der Rechner nach dem ASCII-Code verschlüsselt:

```
printf("\n\nKleinbuchstabe: %c\tGroßbuchstabe: %c", c, c - 32);
```

Großbuchstaben in Kleinbuchstaben umwandeln

Ähnlich wie die Umwandlung von Klein- in Großbuchstaben verläuft auch die Umwandlung von Groß- in Kleinbuchstaben. Ausgehend von einem gegebenen Großbuchstaben subtrahieren wir jetzt nicht mehr den Wert 32 bzw. die Differenz *'a'- 'A'*, sondern addieren diesen Betrag zum Wert des Großbuchstabens, um den entsprechenden Kleinbuchstaben zu erzeugen. Nach dem Muster von upperlet.c lautet das Programm lowerlet.c:

▶ *lowerlet.c:*

```
 1 /*  lowerlet liest einen eingegebenen Großbuchstaben ein
 2     und wandelt ihn in den entsprechenden Kleinbuchstaben um.  */
 3
 4
 5 #include <stdio.h>                         /* für printf, getchar  */
 6
 7 main()
 8 {
 9   char c;                              /* für das eingegebene Zeichen  */
10
11
12   printf("\033[2J");                              /* Bildschirm löschen  */
```

```
13
14    printf("Dieses Programm wandelt einen Großbuchstaben "
15          "in einen Kleinbuchstaben um.\n");
16    printf("Geben Sie einen Großbuchstaben ein: ");
17    c = getchar();            /* Großbuchstaben in die Variable c einlesen. */
18    printf("\n\nGroßbuchstabe: %c\tKleinbuchstabe: %c", c, c+'a'-'A');
19 }
```

Für den Anfang können wir mit unseren Umwandlungsprogrammen zufrieden sein. Bei näherem Hinsehen bemerken wir allerdings, daß sie einige Schwächen aufweisen. Was geschieht z. B., wenn der Anwender Umlaute eingibt? Auf die Eingabe des Kleinbuchstabens ä etwa gibt das Programm upperlet.c statt des Großbuchstabens Ä das Zeichen ñ aus.

Dies liegt daran, daß die Umlaute ä, ö, ü und Ä, Ö, Ü nicht in demselben konstanten Abstand zueinander angeordnet sind wie die anderen Buchstaben (vgl. dazu die ASCII-Tabelle). Beispielsweise haben die Zeichen ä (ASCII-Code: 132) und Ä (ASCII-Code: 142) einen Abstand von 10, die Zeichen ü (ASCII-Code: 129) und Ü (ASCII-Code: 154) dagegen einen Abstand von 25.

Ähnliches wie bei den Umlauten passiert, wenn der Benutzer andere Zeichen als Buchstaben (z. B. Ziffern) eingibt. Es könnte außerdem stören, daß das Programm nur jeweils einen Buchstaben umwandelt und dann endet, wenn vielleicht mehrere Buchstaben umgewandelt werden sollen. Zur Lösung derartiger Probleme - etwa die Überprüfung von Benutzereingaben oder die Verwendbarkeit des Programms für mehrere gleichartige Operationen - benötigt man allerdings spezielle Anweisungen, sogenannte Kontrollstrukturen, die wir in Kapitel 4 behandeln. Wir werden dort auf diese Probleme zurückkommen.

3.2.1.2 Mehrgliedrige Ausdrücke

Ausdrücke sind in ihrer Länge nicht begrenzt. Man kann beliebig viele Operatoren und Operanden aneinanderfügen. Wir betrachten dazu den Ausdruck

```
1 + 2 + 3 + 4
```

Er enthält vier Operanden des Typs *int* und drei Additionsoperatoren. Wenn man diesen Ausdruck von einem Programm berechnen und ausgeben läßt - etwa mit der Anweisung

```
printf("%d", 1+2+3+4);
```

erhält man das Ergebnis, das man auch der Anschauung nach erwartet, nämlich 10.

Wir ersetzen jetzt den zweiten Additionsoperator des Ausdrucks durch den Multiplikationsoperator "*":

```
1 + 2 * 3 + 4
```

Die entsprechende Ausgabeanweisung

```
printf("%d", 1+2*3+4);
```

liefert nun den Wert *11*. Das Programm hat also nicht der Reihe nach zunächst den Teilausdruck *1 + 2* (= 3) berechnet, danach dieses Zwischenergebnis mit 3 multipliziert, was 9 ergibt, und schließlich als letzten Schritt 4 addiert: Dies hätte zu dem (falschen) Ergebnis 13 geführt.

Das Programm hat vielmehr die mathematische Regel "Punktrechnung geht vor Strichrechnung" beachtet und auf diese Weise das korrekte Ergebnis 11 ermittelt. Anders formuliert: Der Compiler hat bezüglich der Operatoren "+" und "*" Prioritäten gesetzt. Der Multiplikationsoperator "*" hat eine höhere Priorität als der Additionsoperator "+" und wird daher vor diesem ausgewertet, was bedeutet, daß der Teilausdruck

```
2 * 3
```

zuerst berechnet wird und erst danach die Additionen durchgeführt werden. Die nachstehende Abbildung verdeutlicht dies:

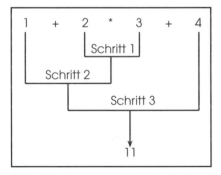

Abb. 26: Auswertung eines Ausdrucks mit Operatoren verschiedener Priorität

Schritt 1 berechnet das Teilergebnis 6, *Schritt 2* addiert dieses Teilergebnis und den Wert *1*, *Schritt 3* schließlich addiert 4 zu dem Teilergebnis 7, was zum Endergebnis 11 führt.

Prioritäten

Tatsächlich ist jeder Operator in C in eine 15stufige Prioritätenskala einge-ordnet, wobei 15 die höchste und 1 die niedrigste Priorität darstellen. Wir werden die Prioritätentabelle schrittweise zusammenstellen und vervollstän-digen. Innerhalb der binären arithmetischen Operatoren haben die Operato-ren "/" und "*" eine höhere Priorität als "+" und "-":

Binäre Operatoren			
Bezeichnung	Operatorsymbol	Priorität	Bewertungsreihenfolge
Arithmetische Operatoren	* / + -	13 12	von links nach rechts von links nach rechts

Abb. 27: Prioritätentabelle der C-Operatoren (1)

Höhere Priorität bedeutet vorrangige Ausführung des Operators. Die Spalte *Bewertungsreihenfolge* in der obigen Abbildung zeigt an, von welcher Seite her Operatoren ausgewertet werden, wenn sie gleiche Prioritäten haben wie etwa in dem Ausdruck

```
1 + 2 - 3 + 4
```

der von links nach rechts ausgewertet wird und den Wert *4* hat:

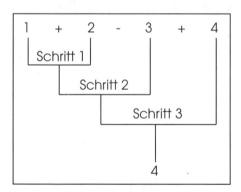

Abb. 28: Auswertung eines Ausdrucks mit Operatoren gleicher Priorität

Für die binären arithmetischen Operatoren gilt, daß sie bei gleicher Priorität von links nach rechts ausgewertet werden.

Klammerung von Ausdrücken

Man kann auf die Reihenfolge der Auswertung explizit Einfluß nehmen, indem man Ausdrücke wie gewünscht klammert, etwa weil die Teiloperationen in einer bestimmten Abfolge ausgeführt werden sollen. Will man mit dem Ausdruck

```
1 + 2 * 3 + 4
```

nicht die Multiplikation *2 * 3* zuerst ausführen, sondern die Teilsummen *1 + 2* und *3 + 4* miteinander multiplizieren, kann man dies durch eine entsprechende Klammerung erreichen:

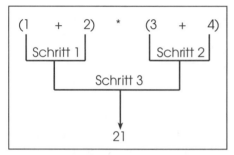

Abb. 29: Klammerung eines Ausdrucks

Der Ausdruck nimmt dadurch den Wert *21* an. Die arithmetischen Operatoren "+" und "*" (sowie die Bitoperatoren "&", "|" und "^") sind kommutativ und assoziativ. Mathematisch gesehen bedeutet kommutativ, daß das Ergebnis eines Ausdrucks wie *a + b* oder *a * b* sich nicht ändert, wenn man die Operanden vertauscht. Es gilt also

```
a + b  =  b + a
```

und

```
a * b  =  b * a
```

Analog dazu bedeutet assoziativ, daß sich der Wert eines Ausdrucks ebenfalls nicht ändert, wenn man seine Operanden anders gruppiert. Es ist also

```
(a + b) + c  =  a + (b + c)
```

und

```
(a * b) * c  =  a * (b * c)
```

Aus diesem Grund bleibt es manchen C-Compilern überlassen, die Operanden von kommutativen oder assoziativen Operatoren in beliebiger Reihenfolge auszuwerten. Dies führt bei Operanden, die ihren Wert während der Bearbeitung nicht verändern, zu keinen Problemen, da Ausdrücke wie

```
2 + 3    und    x * y
```

den gleichen Wert haben wie

```
3 + 2    und    y * x
```

Sind die Operanden jedoch Ausdrücke, die den Wert einer Variablen *während der Bearbeitung des Ausdrucks verändern* - z. B. durch die Zuweisung eines Werts -, können sehr wohl Komplikationen auftreten. Nach der Variablendefinition

```
int x = 5, y;
```

und der Zuweisung

```
y = (x = 2) + (x = x - 1);
```

ist keineswegs klar, welchen Wert die Variablen x und y haben. Bewertet der Compiler zuerst den Ausdruck $x = 2$, so hat x den Wert 2 und demzufolge y den Wert: $2 + 1$, was 3 ergibt. Bewertet der Compiler aber zuerst den Teilausdruck $x = x - 1$, so hat x den Wert 4 und y den Wert $2 + 4$, d. h. 6. (Siehe dazu das Kapitel 3.2.5.3 "Inkrement und Dekrement", in dem auch das Problem solcher "Nebeneffekte" behandelt wird.)

Klammern sind auch dann empfehlenswert, wenn sie die Übersichtlichkeit von Ausdrücken erhöhen. Das folgende Beispiel zeigt einen Ausdruck, der die Summe dreier Produkte berechnen soll. Es ist nicht unbedingt erforderlich, Klammern zu setzen, jedoch wirkt die geklammerte Fassung

```
(1 * 2) + (3 * 4) + (5 * 6)
```

übersichtlicher als die ungeklammerte:

```
1 * 2 + 3 * 4 + 5 * 6
```

Für beide Ausdrücke errechnet der Compiler den Wert *44*.

Auch die runden Klammern sind Operatoren. Damit der Programmierer den Vorrang in Ausdrücken - wie etwa in der obigen Abbildung gezeigt - nach seinen Vorstellungen regeln kann, müssen die runden Klammern die höchste Prioritätsstufe besitzen. Sie haben demzufolge die Priorität 15. Wir ergänzen unsere Prioritätentabelle entsprechend:

Bezeichnung	Operatorsymbol	Priorität	Bewertungsreihenfolge
Klammern	( )	15	von links nach rechts
Binäre Operatoren			
Arithmetische Operatoren	* /	13	von links nach rechts
	+ -	12	von links nach rechts

Abb. 30: Prioritätentabelle der C-Operatoren (2)

3.2.1.3 Typumwandlungen

Bisher haben wir Ausdrücke betrachtet, deren Operatoren alle vom gleichen Typ waren. Was geschieht, wenn Ausdrücke Operanden enthalten, die von unterschiedlichem Datentyp sind, oder wenn der Wert eines Ausdrucks - der bekanntlich von einem bestimmten Typ ist - an eine Variable anderen Datentyps zugewiesen wird?

Die Programmiersprache C hält für solche Fälle eine Reihe von Konvertierungsregeln bereit, nach denen Typumwandlungen (Typkonvertierungen, Typangleichungen) vorgenommen werden. Diese Umwandlungen sind u. a. nötig, weil Operationen intern nur mit Operanden gleichen Typs durchführbar sind, oder weil Werte den prozessorintern verwendeten Datengrößen angepaßt werden müssen. Wir unterscheiden dabei zwischen impliziten und expliziten Typumwandlungen.

Implizite Typumwandlung

Implizite Typumwandlungen werden vom Compiler bei Bedarf automatisch durchgeführt, ohne daß der Programmierer explizit eingreifen muß. Dies kann geschehen, wenn

a)   Ausdrücke ausgewertet oder
b)   Zuweisungen ausgeführt werden.

Auch bei Funktionsaufrufen können implizite Konvertierungen (der aktuellen Funktionsparameter) auftreten (vgl. dazu das Kapitel 10 "Funktionen").

Typumwandlung bei der Auswertung von Ausdrücken

Typumwandlungen bei der Auswertung von Ausdrücken sehen für jeden binären Operator des Ausdrucks folgende Regeln vor:

1. Operanden vom Typ *char* oder *short* werden in den Typ *int* konvertiert. Analog dazu werden Operanden von Typ *unsigned char* oder *unsigned short* in den Typ *unsigned int* umgewandelt.

2. Operanden vom Typ *float* wurden auf älteren Systemen automatisch in den Typ *double* umgewandelt. Der Grund dafür war, daß Gleitkommaoperationen in C grundsätzlich mit doppelter Genauigkeit ausgeführt wurden. Dies ist nach der neuesten ANSI-Norm, die Gleitkommarechnung auch mit einfacher Genauigkeit zuläßt, nicht mehr so. Der Typ *float* wird auf neueren Systemen also nicht mehr automatisch nach *double* konvertiert.

3. Ist einer der Operanden vom Typ *long double*, wird auch der andere in den Typ *long double* umgewandelt. Das Resultat der Operation ist ebenfalls vom Typ *long double*.

4. Ist keiner der Operanden vom Typ *long double*, so gilt: Ist einer der Operanden vom Typ *double*, wird auch der andere in den Typ *double* umgewandelt. Das Resultat der Operation ist ebenfalls vom Typ *double*.

5. Ist keiner der Operanden vom Typ *long double* oder *double*, so gilt: Ist einer der Operanden vom Typ *float*, wird auch der andere in den Typ *float* umgewandelt. Das Resultat der Operation ist ebenfalls vom Typ *float*.

6. Ist keiner der beiden Operanden vom Typ *long double*, *double* oder *float*, so gilt: Ist einer der Operanden vom Typ *unsigned long*, wird der andere in den Typ *unsigned long* konvertiert. Das Ergebnis der Operation hat den Typ *unsigned long*.

7. Sind beide Operanden weder von einem Gleitkommadatentyp noch vom Typ *unsigned long*, so gilt: Ist einer der Operanden vom Typ *long*, so wird der andere in den Typ *long* umgewandelt, und auch das Ergebnis der Operation ist vom Typ *long*.

8. Besitzt keiner der beiden Operanden einen der Gleitkommadatentypen noch einen der Typen *unsigned long* oder *long*, so gilt: Ist einer der beiden Operanden von Typ *unsigned int*, wird der andere in den Typ *unsigned int* umgewandelt. Das Resultat der Operation ist ebenfalls vom Typ *unsigned int*.

9. In allen anderen Fällen sind beide Operanden vom Typ *int*, und auch das Ergebnis der Operation ist vom Typ *int*.

Die Regeln für die implizite Typumwandlung werden in der Reihenfolge, wie sie durch die Prioritäten der Operatoren gegeben ist, auf die einzelnen Operatoren angewendet. Haben wir beispielsweise die Variablen

```
char charvalue;
long longvalue;
double doublevalue;
```

so finden in dem Ausdruck

```
charvalue * longvalue - doublevalue;
```

die folgenden Konvertierungen statt:

1. Die *char*-Variable *charvalue* wird in den Typ *int* umgewandelt (Regel 1).
2. Die Multiplikation wird ausgeführt. Die Variable *charvalue* wird dazu in den Typ *long* konvertiert. Das Ergebnis der Multiplikationsoperation ist vom Typ *long* (Regel 5).
3. Die Subtraktion wird ausgeführt. Der Teilausdruck *charvalue * longvalue* wird dazu in den Typ *double* umgewandelt. Das Ergebnis der Subtraktion ist vom Typ *double* (Regel 4).

Typumwandlung bei Zuweisungen

Innerhalb von Zuweisungen wird der Typ des Werts auf der rechten Seite dem Typ der linken Seite angeglichen, wenn die Werte beider Seiten nicht vom gleichen Datentyp sind. Haben wir z. B. zwei Variablen

```
int ival = 3;
double dval = 3.14;
```

und weisen nun der Variablen *dval* den Wert der Variablen *ival* zu:

```
dval = ival;
```

so wird der *int*-Wert, der in die *double*-Variable *dval* übertragen wird, in den Datentyp *double* konvertiert. Welche Konsequenzen hat die Umwandlung eines Integerwerts ohne Nachkommastellen in einen Gleitkommatyp mit Nachkommastellen? Wenn wir nach der Zuweisung die Variable *dval* mit

```
printf("%f", dval);
```

ausgeben lassen, wird der Wert

```
3.000000
```

angezeigt. Der alte Wert der Variablen *dval* (nämlich *3.14*) wurde mit dem neuen Wert *3.000000* überschrieben. Die Integerzahl 3 wird nun zwar im Gleitkommaformat mit Nachkommastellen dargestellt, an ihrem Wert hat sich jedoch nichts geändert. Weist man umgekehrt der *int*-Variablen *ival* den Wert der *double*-Variablen *dval* zu, hat diese schwerwiegendere Folgen. Als Ergebnis der Zuweisung

```
ival = dval;
```

wird durch

```
printf("%d", ival);
```

der Wert

3

ausgegeben, d. h., durch die Typumwandlung von *double* in *int* sind die Nachkommastellen verlorengegangen. Darüber hinaus können in solchen Fällen weitere Datenverluste auftreten, wenn der in eine ganze Zahl umgewandelte Gleitkommawert zu groß ist, um in den ganzzahligen Datentyp zu passen, dem er zugewiesen wird. Die folgende Übersicht stellt zusammen, worauf bei impliziter (und auch expliziter) Typumwandlung zu achten ist.

Umwandlung	Begleiterscheinung
double -> float	event. Genauigkeitsverlust (Rundungsfehler)
float -> double	keine Wertänderung
float -> long float -> int float -> short float -> char	zunächst Umwandlung in long, danach - falls erforderlich - in den entsprechenden "kleineren" ganzzahligen Datentyp. Nachkommastellen gehen verloren. Ergebnis undefiniert, wenn der umgewandelte Gleitkommawert zu groß für den Datentyp long ist
long -> float int -> float short -> float char -> float	bei int, short, char zunächst Umwandlung in long, eventuell Genauigkeitsverlust falls der long-Wert zu groß für die Mantisse des float-Wertes ist
long -> int long -> short long -> char int -> short int -> char short -> char	linke überzählige Bits, die nicht vom neuen Datentyp aufgenommen werden können, werden abgeschnitten
int -> long short -> long char -> long short -> int char -> int char -> short	keine Wertänderung
Bei Umwandlungen von Datentypen mit Vorzeichen (signed) in solche ohne Vorzeichen (unsigned) bzw. umgekehrt, verliert bzw. erhält das äußerste linke Bit die Funktion des Vorzeichenbits.	

Abb. 31: Hinweise zur Typumwandlung

Explizite Typumwandlung

Neben der impliziten Typumwandlung durch den Compiler gibt es die explizite Typumwandlung, die der Programmierer selbst mit Hilfe des unären *Cast*-Operators durchführen kann. Der *Cast*-Operator besteht aus zwei runden Klammern, zwischen denen der Name des Datentyps steht, in den konvertiert werden soll. Eine explizite Typumwandlung hat die folgende Syntax:

```
(Datentyp) Ausdruck
```

wobei *Ausdruck* der Operand ist, dessen Wert in den durch *Datentyp* bezeichneten Typ konvertiert wird. So wandelt beispielsweise der Ausdruck

```
(int) 1.234
```

die Gleitkommakonstante *1.234* (Typ: *double*) in einen ganzzahligen Wert vom Typ *int* um. Wie bei der impliziten Typkonvertierung, so gilt natürlich auch hier, daß bei der Umwandlung eines Gleitkommawerts in eine ganze Zahl die Nachkommastellen verlorengehen. Der Wert des Ausdrucks

```
(int) 1.234
```

ist also *1*, was man leicht mit der Ausgabeanweisung

```
printf("%d", (int)1.234);
```

nachprüft. Hat man umgekehrt die Variablen

```
int intval1 = 3, intval2 = 2;
double doubval;
```

so könnte man mit der Anweisung

```
doubval = (double) (intval1 * intval2);
```

das Produkt der beiden Integerzahlen in den Typ *double* konvertieren und das Ergebnis der *double*-Variablen *doubval* zuweisen. Die Konvertierung des Produkts ist hier nicht unbedingt nötig, denn der Compiler wandelt bei Zuweisungen implizit den Datentyp des Werts auf der rechten Seite in den der linken um, d. h., auch ohne explizite Typumwandlung wäre das Resultat der konvertierten Multiplikation 6.000000.

Priorität des Cast-Operators

Wir müssen aber etwas anderes beachten. Der *Cast*-Operator nimmt in der Prioritätenskala der Operatoren die Stufe 14 ein und hat damit eine höhere Priorität als der Multiplikationsoperator "*", der die Prioritätsstufe 13 besitzt.

Läßt man die Klammern um das Produkt (*intval1* * *intval2*) weg, so daß die Zuweisungsanweisung

```
doubval = (double) intval1 * intval2;
```

lautet, so wirkt der unäre *Cast*-Operator nur noch auf den Operanden *intval1*. Dies kommt deshalb zustande, weil durch die höhere Priorität des *Cast*-Operators dieser zuerst ausgewertet wird und damit der Operand *intval1* stärker an den *Cast*-Operator gebunden ist als an den Multiplikationsoperator "*". Daher wird nur der Operand *intval1* durch den *Cast*-Operator in den Typ *double* konvertiert, allerdings sorgt danach die implizite Typkonvertierung (Regel 4) dafür, daß bei der anschließenden Multiplikation auch der Operand *intval2* in den Typ *double* umgewandelt wird. Die Anwendung des *Cast*-Operators führt daher in diesen beiden Fällen (mit oder ohne Klammern) zum gleichen Ergebnis, nämlich 6.000000.

Die Sache verhält sich jedoch anders, wenn wir die Integer-Multiplikation durch eine Integerdivision ersetzen. Legt man Wert auf ein korrektes Ergebnis, so ist in dem Ausdruck

```
doubval = intval1 / intval2;
```

eine Konvertierung der Operanden auf der rechten Seite der Zuweisung nötig, da in unserem Beispiel die Division

```
3 / 2
```

in Integer-Arithmetik ausgeführt würde. Diese ergäbe statt des richtigen Werts *1.5* den Wert *1*, weil die Nachkommastellen abgeschnitten würden. Daher könnten wir analog dem Multiplikationsbeispiel folgendes versuchen:

```
doubval = (double) (intval1 / intval2);
```

Wäre dies klug? Nicht besonders, da der *Cast*-Operator in diesem Fall auf die gesamte Klammer angewendet und die Division innerhalb der Klammer weiterhin in Integer-Arithmetik ausgeführt würde.

Das Ergebnis dieser Division wäre wieder der (inkorrekte) Wert *1*, der dann durch den *Cast*-Operator lediglich in den *double*-Wert

```
1.000000
```

umgewandelt würde. Wir erreichen unser Ziel jedoch, wenn wir auf die Klammerung der Operanden des Divisionsoperators verzichten:

```
doubval = (double) intval1 / intval2;
```

Nun wird wie im Multiplikationsbeispiel der *Cast*-Operator nur auf den Operanden *intval1* angewendet, was dazu führt, daß dieser in den Typ *double* umgewandelt wird. Da nun einer der beiden Operanden des Divisionsoperators vom Typ *double* ist, wird auch der andere (*intval2*) in den Typ *double* konvertiert (Regel 4). Danach findet die Division in Gleitkomma-Arithmetik statt und liefert das korrekte Ergebnis 1.5 bzw. 1.50000 im Standardausgabeformat. Wir nehmen abschließend den *Cast*-Operator in unsere Prioritätentabelle auf:

Bezeichnung	Operatorsymbol	Priorität	Bewertungsreihenfolge
Klammern	( )	15	von links nach rechts
Unäre Operation			
Cast-Operator	(Datentyp)	14	von rechts nach links
Binäre Operatoren			
Arithmetische Operatoren	* / + -	13 12	von links nach rechts von links nach rechts

Abb. 32: Prioritätentabelle der C-Operatoren (3)

3.2.1.4 Ganzzahlige Divisionsreste

Der Rest- oder Modulo-Operator "%" - nicht zu verwechseln mit dem Formatsymbol % - ermittelt den ganzzahligen Rest einer Division zweier Integerzahlen. Er ist damit nicht geeignet für Gleitkommawerte.

Der Wert des Ausdrucks

```
7 % 3
```

beispielsweise (gesprochen: "7 modulo 3" oder "Rest der Division von 7 durch 3") ist 1, da 7 bei der Division durch 3 den Rest 1 läßt:

```
7 : 3  =  2 Rest 1
```

Allgemein läßt sich der ganzzahlige Rest einer Integerdivision nach folgender Formel berechnen:

```
x % y  =  x - ((x / y) * y)
```

Wenn wir unsere Beispielwerte 7 und 3 einsetzen, ergibt sich

```
7 % 3  =  7 - ((7 / 3) * 3)
```

wobei der Ausdruck auf der rechten Seite des Gleichheitszeichens wie folgt ausgewertet wird:

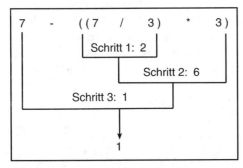

Abb. 33: Berechnung des Rests einer ganzzahligen Division

Schritt 1 führt eine Integerdivision durch, die das Resultat 2 hat (und nicht etwa 2.333...). *Schritt2* multipliziert das Teilergebnis 2 mit 3, was 6 ergibt. *Schritt3* subtrahiert das Zwischenergebnis 6 von der Zahl 7, und wir erhalten das Endergebnis 1, was in der Tat dem Divisionsrest entspricht, den wir mit der herkömmlichen mathematischen Berechnung

```
7 : 3  =  2 Rest 1
```

auch erhalten. Der Ausdruck

```
x - ((x / y) * y)
```

bzw.

```
7 - ((7 / 3) * 3)
```

müßte nicht geklammert werden, die Prioritäten der beteiligten arithmetischen Operatoren garantieren das korrekte Ergebnis auch ohne Klammern:

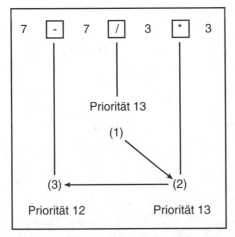

Abb. 34: Prioritäten bei der Berechnung des Divisionsrests

Die Operatoren "/" und "*" besitzen höhere Priorität als der Operator "-". Sie werden daher zuerst ausgewertet. Innerhalb von gleichrangigen binären arithmetischen Operatoren wird von links nach rechts ausgewertet, d. h., der Operator "/" wird vor dem Operator "*" bearbeitet (Ergebnis: 2). Die anschließende Multiplikation ergibt 6. Die letzte Teiloperation ist die Subtraktion mit dem Endergebnis 1. Das folgende Programm verwendet den Modulo-Operator, um den Divisionsrest zweier ganzer Zahlen auszugeben.

▶ *divmod.c:*

```
 1  /*  divmod liest zwei ganzzahlige Werte ein, dividiert sie und gibt das
 2   Ergebnis und den Divisionsrest aus.  */
 3
 4  #include <stdio.h>                              /*  für printf, scanf  */
 5
 6  main()
 7  {
 8    long x, y;                                /*  für evtl. große Zahlen  */
 9
10
11    printf("\033[2J");                        /*  Bildschirm löschen  */
12
13    printf("Dieses Programm dividiert ganzzahlige Werte.\n");
14    printf("Geben Sie zwei ganze Zahlen ein.\n");
15                             /*  Division durch Null nicht erlaubt, daher:  */
16    printf("Der zweite Wert darf nicht Null sein: ");
17
18    scanf("%ld %ld", &x, &y);                       /*  Werte einlesen  */
19
20    printf("\n\n%ld geteilt durch %ld ist %ld Rest %ld", x, y, x/y, x%y);
21  }
```

Man muß beachten, daß wir mit den bis hierhin vorgestellten Möglichkeiten noch nicht verhindern können, daß trotz des Hinweises als zweiter Wert *0* eingegeben wird und in die Berechnung eingeht, was zu einem nicht vorhersehbaren Ergebnis bzw. zu einem Laufzeitfehler führt. Wir benötigen dazu Kontrollstrukturen, die wir im nächsten Kapitel 4 behandeln. Der Modulo-Operator hat die Priorität 13 und ist daher gleichrangig mit den Operatoren "*" und "/". Wir aktualisieren unsere Prioritätentabelle entsprechend:

Bezeichnung	Operatorsymbol	Priorität	Bewertungsreihenfolge
Klammern	( )	15	von links nach rechts
Unäre Operation			
Cast-Operator	(Datentyp)	14	von rechts nach links
Binäre Operatoren			
Arithmetische Operatoren	* / % + -	13 12	von links nach rechts von links nach rechts

Abb. 35: Prioritätentabelle der C-Operatoren (4)

3.2.1.5 Negative Zahlen

Der Operator "-" kann - wie einige andere Operatoren auch - zweifach verwendet werden. Er dient einerseits als Subtraktionsoperator, um die Differenz zweier Werte zu bilden, wie z. B. in den Ausdrücken

```
x - y
17.83 - 3.5
255  - ('a' - 'A')
```

und gehört in dieser Funktion zu den binären Operatoren. Andererseits wird er als unärer Operator dazu verwendet, negative Zahlenwerte wie z. B.

```
-x
-17.83
- ('A' + 1)
```

darzustellen, und ist in solchen Fällen kein Rechenzeichen, sondern ein Vorzeichen. Im Gegensatz dazu wird der Operator "+" gewöhnlich nur als binärer Operator gebraucht. Er ist als unärer Operator meist nur syntaktisch und nicht semantisch, implementiert, d. h., er hat keinerlei Bedeutung. Eine Anweisung wie

```
x  = 5;
```

die einer *int*-Variablen *x* den positiven Wert 5 zuweist, führt zum gleichen Ergebnis wie die Anweisung

```
x  = +5;
```

die der Compiler ebenso akzeptiert. Der Negationsoperator "-" hat unter den arithmetischen Operatoren die höchste Priorität, nämlich 14:

Bezeichnung	Operatorsymbol	Priorität	Bewertungsreihenfolge
Klammern	( )	15	von links nach rechts
Unäre Operation			
Cast-Operator	(Datentyp)	14	von rechts nach links
Negations-Operator	-	14	von rechts nach links
Binäre Operatoren			
Arithmetische Operatoren	* / %	13	von links nach rechts
	+ -	12	von links nach rechts

Abb. 36: Prioritätentabelle der C-Operatoren (5)

3.2.2 Vergleichsoperatoren (Relationale Operatoren)

Die Vergleichsoperatoren in C gehören zu den binären Operatoren und vergleichen die Werte ihrer Operanden miteinander. Dabei wird überprüft, welche Beziehung zwischen den beiden Operanden besteht.

Operator	Beziehung (Relation)	Beispiel
==	Operand 1 gleich Operand 2?	x == y
!=	Operand 1 ungleich Operand 2?	x != y
<=	Operand 1 kleiner / gleich Operand 2?	x <= y
>=	Operand 1 größer / gleich Operand 2?	x >= y
<	Operand 1 kleiner Operand 2?	x < y
>	Operand 1 größer Operand 2?	x > y

Vergleichsoperatoren

Die Operanden eines Vergleichs müssen nicht vom gleichen Typ sein. Zugelassen sind neben ganzzahligen und Gleitkommatypen auch Werte vom Typ Zeiger, d. h. Adressen.

Das Ergebnis eines Vergleichs wie

```
x == y      /* Ist x gleich y? */
```

ist vom logischen Verständnis her eine Aussage der Art "wahr" oder "falsch", je nachdem, ob es zutrifft, daß x gleich y ist oder nicht. Einen speziellen Datentyp zur Darstellung der Wahrheitswerte "wahr" (TRUE) oder "falsch" (FALSE) gibt es in C nicht. Die logischen Werte TRUE und FALSE werden vielmehr als numerische Größen abgebildet, im allgemeinen als ganze Zahl vom Typ *int*. Dabei entspricht der Wert 0 dem logischen Ergebnis FALSE (falsch) und jeder von 0 verschiedene Wert dem logischen Ergebnis TRUE (wahr).

Andere Programmiersprachen (z. B. Pascal oder Fortran) verfügen über einen solchen Datentyp, gewöhnlich mit *boolean* bezeichnet (in Fortran: *logical*), der eigens zur Aufnahme der "logischen" Werte TRUE und FALSE gedacht ist. Die Bezeichnung *boolean* leitet sich vom Namen des englischen Mathematikers und Logikers *George Boole* (1815 -1864) ab, der die nach ihm benannte *Boolesche Algebra* (-> Aussagenlogik) entwickelte.

Logische und numerische Werte von Ausdrücken

Für C kann man als Grundregel für die logische Bewertung von Ausdrücken festhalten:

- Ein Ausdruck ist logisch falsch (FALSE), wenn sein numerischer Wert *0* ist.
- Ein Ausdruck ist logisch richtig (TRUE), wenn sein numerischer Wert von *0* verschieden ist.

Jeder Ausdruck in C ist also auf seinen logischen und seinen numerischen Wert hin überprüfbar. Der Ausdruck

```
1 + 2
```

etwa hat den numerischen Wert *3*, und - da dieser Wert von *0* verschieden ist - den logischen Wert TRUE. Da selbst ein einzelner Operand schon einen Ausdruck darstellt, hat z. B. die Konstante

```
2
```

als Ausdruck den numerischen Wert 2, der logische Wert ist TRUE. Hingegen haben die Ausdrücke

```
0      x = 0      5 - 5      y * 0
```

alle den numerischen Wert *0* und sind damit logisch falsch, d. h., sie besitzen den logischen Wert FALSE.

Die Notwendigkeit, Ausdrücke - insbesondere natürlich auch Vergleichsausdrücke - nach ihrem logischen Wert zu beurteilen, ergibt sich, wenn mit ihrer Hilfe Bedingungen formuliert werden, von deren Zutreffen bzw. Wahrheitswert (TRUE oder FALSE) es abhängt, ob bestimmte Anweisungen in einem Programm ausgeführt werden oder nicht. Wir werden dies im nächsten Kapitel im Zusammenhang mit den Kontrollstrukturen in C näher untersuchen.

Die Bewertung von Vergleichsausdrücken

Die Vergleichsoperatoren überprüfen, ob eine bestimmte Beziehung zwischen ihren Operanden besteht oder nicht und liefern als Ergebnis dieser Überprüfung einen der beiden Werte *0* oder *1* als Wert für den Ausdruck, je nachdem, ob die überprüfte Beziehung wahr oder falsch ist. Ist in unserem Eingangsbeispiel

```
x == y
```

x tatsächlich gleich *y*, so ist der Ausdruck *x* == *y* TRUE, und der Vergleich-soperator liefert in diesem Fall den Wert *1* als Wert für den Ausdruck.

Wäre in dem obigen Beispiel *x* nicht gleich *y* - etwa weil *x* den Wert *4* und *y* den Wert *783* hat -, so ist der Ausdruck *x* == *y* FALSE, und der Vergleichsope-rator liefert den Wert *0* als Wert für den Ausdruck.

Wir bekommen als Wert eines Vergleichsausdrucks also

0   wenn die überprüfte Beziehung nicht besteht, der Vergleichsausdruck al-so das logische Ergebnis FALSE hat.
1   wenn die überprüfte Beziehung besteht, der Vergleichsausdruck also das logische Ergebnis TRUE hat.

So hat der Ausdruck

```
5 == 10
```

den Wert *0*, ist also FALSE, da 5 nicht gleich 10 ist, die Gleichheitsbeziehung also nicht besteht. Haben wir eine Variable

```
int x;
```

und die Zuweisung

```
x = (5 == 10);
```

so erhält die Variable *x* den Wert *0* zugewiesen, da der Wert des Ausdrucks auf der rechten Seite der Zuweisung FALSE, also gleich *0*, ist. (Man achte im übrigen darauf, den Vergleichsoperator "==" nicht mit dem Zuweisungsope-rator "=" zu verwechseln.) Ersetzen wir in dem Ausdruck

```
5 == 10
```

den Gleichheitsoperator "==" durch den Ungleichheitsoperator "!=", ändert sich der Wert des Ausdrucks. Die Anweisung

```
x = (5 != 10);
```

weist der Variablen *x* jetzt den Wert *1* zu, da 5 in der Tat ungleich 10 ist, die Ungleichheits-Beziehung zwischen den beiden Operanden *5* und *10* also be-steht, d. h. TRUE (wahr) ist, und der Ausdruck auf der rechten Seite damit den Wert *1* erhält.

Das folgende Programm compvals.c gibt zur Demonstration aus, welche Ver-gleichsbeziehungen zwischen zwei Zahlen bestehen, die der Anwender ein-gibt. Wir beachten, daß die Vergleichsausdrücke selbst als Argumente der

Funktion *printf* verwendet werden können, da sie wie alle Ausdrücke in C Werte darstellen. Die Resultate der Vergleichsoperationen hätten zur Ausgabe selbstverständlich auch besonderen Ergebnisvariablen zugewiesen werden können. Bei der Information (1 = JA 0 = NEIN) für den Anwender entspricht JA natürlich dem Wahrheitswert TRUE und NEIN dem Wahrheitswert FALSE.

▶ *compvals.c:*

```
 1  /*  compvals gibt die Werte von Vergleichsausdrücken aus.  */
 2
 3
 4  #include <stdio.h>                                  /*  für printf, scanf  */
 5
 6  main()
 7  {
 8    long x, y;                                    /*  für evtl. große Zahlen  */
 9
10    printf("\033[2J");                            /*  Bildschirm löschen  */
11
12                                                   /*  Zahlen einlesen:  */
13
14    printf("Dieses Programm vergleicht die Werte zweier Zahlen.\n");
15    printf("Geben Sie zwei ganze Zahlen ein:\n");
16    printf("x = ");
17    scanf("%ld", &x);
18    printf("\ny = ");
19    scanf("%ld", &y);
20
21                                                   /*  Ergebnisse ausgeben:  */
22
23    printf("\n\nVergleichsergebnis für x = %ld und y = %ld "
24    "(1 = JA  0 = NEIN):\n\n", x, y);
25    printf("x gleich y?\t\t\t%d\n", x==y);
26    printf("x ungleich y?\t\t\t%d\n", x!=y);
27    printf("x größer als y?\t\t\t%d\n", x>y);
28    printf("x größer oder gleich y?\t\t%d\n", x>=y);
29    printf("x kleiner als y?\t\t\t%d\n", x<y);
30    printf("x kleiner oder gleich y?\t%d", x<=y);
31  }
```

Gibt der Anwender für *x* und *y* etwa die Werte *93* und *700000* ein, erzeugt das Programm daraufhin die Ausgabe:

```
Vergleichsergebnisse für x = 93 und y = 700000 (1 = JA  0 = NEIN):

x gleich y?                       0
x ungleich y?                     1
x größer als y?                   0
x größer oder gleich y?           0
x kleiner als y?                  1
x kleiner oder gleich y?          1
```

Die Vergleichsoperatoren rangieren in der Prioritätenskala auf unterschiedlichen Stufen: Die Operatoren

```
>   >=   <   <=
```

besitzen die Priorität 10, die Operatoren

```
==   !=
```

die Priorität 9.

Bezeichnung	Operatorsymbol	Priorität	Bewertungsreihenfolge
Klammern	( )	15	von links nach rechts
Unäre Operation			
Cast-Operator	(Datentyp)	14	von rechts nach links
Negations-Operator	-	14	von rechts nach links
Binäre Operatoren			
Arithmetische Operatoren	* / % + -	13 12	von links nach rechts von links nach rechts
Vergleichs-Operatoren	> >= < <= == !=	10 9	von links nach rechts von links nach rechts

Abb. 37: Prioritätentabelle der C-Operatoren (6)

3.2.3 Logische Operatoren

Die logischen Operatoren in C führen die aus der Aussagenlogik bekannten Operationen UND (AND), ODER (OR) und NICHT (NOT) durch. Mit ihnen ist es möglich, Ausdrücke logisch zu verknüpfen. Es gibt drei logische Operatoren. Zwei davon sind binär, einer ist unär.

Operator		Beziehung (Relation)	Beispiel
Binär	&&	UND - Verknüpfung	x && y
	||	ODER - Verknüpfung	x || y
Unär	!	logisches NICHT (Negation)	!x

Abb. 38: Logische Operatoren

Wie bei den Vergleichsoperatoren liefert auch die Auswertung von Ausdrük-ken mit logischen Operatoren ein Ergebnis vom Typ "wahr" (TRUE) oder "falsch" (FALSE), das als numerische Größe vom Typ *int* ausgedrückt wird (vgl. das vorige Unterkapitel). Dieses Ergebnis kann die Werte 0 oder 1 an-nehmen, je nachdem, ob der Ausdruck FALSE oder TRUE ist:

0   Der bewertete Ausdruck ist logisch falsch (FALSE).
1   Der bewertete Ausdruck ist logisch richtig (TRUE).

Logisches UND

Die logische UND-Verknüpfung zweier Ausdrücke hat das Ergebnis 1 (TRUE) genau dann, wenn beide Ausdrücke TRUE sind, d. h., wenn beide Ausdrücke den Wert 1 haben. In allen anderen Fällen ist das Ergebnis der Verknüpfung FALSE, also gleich 0. Der Ausdruck

```
(5 < 7) && (3 > 2)
```

hat den Wert 1 (TRUE), da beide Teilausdrücke - (5 < 7) und (3 > 2) - TRUE sind und daher jeweils den Wert 1 haben, denn es trifft sowohl zu, daß 5 klei-ner als 7 ist, als auch, daß 3 größer als 2 ist. Daher ist auch der Gesamtaus-druck TRUE.

Das nachstehende Diagramm verdeutlicht dies.

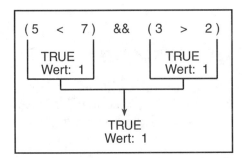

Abb. 39: UND-Verknüpfung mit dem Wahrheitswert TRUE

Der Ausdruck

```
(5 < 7)  && (3 > 2)
```

muß nicht geklammert werden, denn der Operator "&&" hat nur die Priorität 5, während die Operatoren ">" und "<" die Priorität 10 besitzen. Daher wer-den in dem Ausdruck

```
5 < 7  && 3 > 2
```

von links nach rechts - zunächst die Operatoren ">" und "<" bzw. die Teilausdrücke $5 < 7$ und $3 > 2$ bewertet und erst danach der Operator "&&". Vertauscht man in dem obigen Beispiel die Operatoren "<" und ">", so hat der entstehende Ausdruck

```
5 > 7  &&  3 < 2
```

nunmehr das logische Ergebnis FALSE, d. h. den Wert *0*, da beide Teilausdrücke FALSE sind: 5 ist nicht größer als 7 und 3 nicht kleiner als 2. Ebenso würde es bereits genügen, wenn nur einer der beiden Teilausdrücke FALSE wäre, um den Gesamtausdruck FALSE werden zu lassen:

```
5 > 7  &&  3 > 2
```

Da der linke Teilausdruck $5 > 7$ FALSE ist, ist auch der Gesamtausdruck FALSE und hat daher den Wert 0.

Wir stellen die Wahrheitswerte für den UND-Operator "&&" in einer Tabelle zusammen:

Ausdruck 1	Ausdruck 2	Ausdruck 1 && Ausdruck 2
TRUE	TRUE	TRUE Wert: 1
TRUE	FALSE	FALSE Wert: 0
FALSE	TRUE	FALSE Wert: 0
FALSE	FALSE	FALSE Wert: 0

Abb. 40: Wahrheitswert und numerischer Wert von &&-Verknüpfungen

Auswertungsreihenfolge

Ausdrücke mit dem "&&"-Operator werden von links nach rechts ausgewertet. Dabei wird die Auswertung nur so lange fortgesetzt, wie der Wahrheitswert für den Ausdruck noch nicht feststeht. Dies bedeutet, daß nicht immer beide Teilausdrücke ausgewertet werden. Ist beispielsweise der linke Teilausdruck einer UND-Verknüpfung FALSE, bricht der Compiler die Bewertung des Gesamtausdrucks ab, da der logische Wert desselben feststeht, nämlich FALSE. Dies ist leicht anhand der Tabelle aus der obigen Abbildung nachzuvollziehen. Ist nämlich der linke Operand (Ausdruck 1) einer UND-Verknüpfung FALSE, so steht zu diesem Zeitpunkt bereits fest, daß der gesamte Ausdruck FALSE ist, unabhängig vom logischen Wert des rechten Operanden (Ausdruck 2).

Dieser Umstand kann von Bedeutung sein, insbesondere wenn der nicht mehr ausgewertete rechte Teilausdruck Variablen enthält, die in ihrem Wert verändert werden. (Diese Veränderungen sind sogenannte Nebeneffekte.) Diese Wertänderungen werden in einem solchen Fall nicht mehr ausgeführt. Betrachten wir dazu das folgende Programm:

▶ *logops.c:*

```
 1  /*  logops demonstriert die Auswirkungen der Auswertungsregeln bei
 2   UND-Verknüpfungen mit dem Operator &&.  */
 3  #include <stdio.h>                                    /*  für printf  */
 4
 5  main()
 6  {
 7    int x = 4, y;
 8
 9    printf("\033[2J");                          /*  Bildschirm löschen  */
10
11  y  =  (x > 5)  &&  (x = x + 1);  /* x hat den Wert 4, daher ist x > 5 FALSE,
12                       ebenso (x > 5) && (x = x + 1), x wird nicht um 1
13                                erhöht und y erhält den Wert 0.  */
14  printf("1. Auswertung:\tx = %d    y = %d\n\n", x, y);
15
16  x = 6;                            /*  Erhöhung des Werts von x, so daß die
17                               Beziehung x > 5 erfüllt ist (TRUE). */
18
19  y  =  (x > 5)  &&  (x = x + 1);  /*  x > 5 ist jetzt TRUE, ebenso (x > 5) &&
20                           (x = x + 1), (x=x+1) wird ausgewertet,
21                           x wird um 1 erhöht, y erhält den Wert 1.  */
22  printf("2. Auswertung:\tx = %d    y = %d", x, y);
23  }
```

```
    1. Auswertung:     x = 4     y = 0
    2. Auswertung:     x = 7     y = 1
```

Im ersten Fall hatte x den Wert *4*, so daß der zuerst bewertete linke Teilausdruck $x > 5$ des Ausdrucks

```
    (x > 5)  &&  (x = x + 1)
```

FALSE ist. Damit steht fest, daß auch der gesamte Ausdruck *(x > 5) && (x = x + 1)* FALSE ist und somit den Wert *0* hat. Die Bewertung des Gesamtausdrucks wird daher abgebrochen, ohne daß der zweite Teilausdruck ausgewertet wird. Die Folge davon ist, daß die Anweisung (x = x + 1) nicht mehr ausgeführt wird, der Wert der Variablen x daher nicht mehr um 1 erhöht wird. x behält also den alten Wert 4, und y erhält den Wert 0 zugewiesen.

Im zweiten Fall hat durch die zwischenzeitliche Erhöhung des Werts von x auf 6 der linke Teilausdruck $x > 5$ den logischen Wert TRUE angenommen, so daß auch der zweite Teil des Ausdrucks $(x > 5 \; \&\& \; (x = x + 1)$ bewertet wird: der Wert von x wird um 1 erhöht und x erhält den Wert 7. Damit ist auch der Teilausdruck $(x = x + 1)$ ungleich 0 (nämlich: 7), also TRUE. Insgesamt ist dadurch der Ausdruck

```
(x > 5)  &&  (x = x + 1)
```

TRUE und hat somit den Wert 1. Dieser Wert wird der Variablen y zugewiesen.

Logisches ODER

Die ODER-Verknüpfung zweier Ausdrücke durch den Operator "| |" ist dann und nur dann logisch falsch (FALSE), wenn beide Ausdrücke falsch sind. Der Wert des verknüpften Ausdrucks ist in diesem Fall 0. In allen anderen Fällen ist das Verknüpfungsergebnis TRUE, d. h., es hat den Wert 1. Der Ausdruck

```
5 < 7  ||  3 > 2
```

ist ebenso TRUE, hat also den Wert 1, wie die Ausdrücke

```
5 > 7  ||  3 > 2
```

und

```
5 < 7  ||  3 < 2
```

denn in allen drei Fällen ist mindestens einer der beiden Teilausdrücke TRUE, was ausreicht, um dem Gesamtausdruck denselben logischen Wert zu geben. Dagegen wäre der Ausdruck

```
5 > 7  ||  3 < 2
```

FALSE, hätte also den Wert 0, da beide Teilausdrücke FALSE sind. Der obige Ausdruck muß nicht geklammert werden, da der "| |"-Operator lediglich die Priorität 4 besitzt und die Operatoren ">" und "<" daher wegen ihrer höheren Priorität zuerst bearbeitet werden. Wir halten auch die Wahrheitswerte der ODER-Verknüpfung in einer Tabelle fest:

Ausdruck 1	Ausdruck 2	Ausdruck 1 || Ausdruck 2
TRUE	TRUE	TRUE Wert: 1
TRUE	FALSE	TRUE Wert: 1
FALSE	TRUE	TRUE Wert: 1
FALSE	FALSE	FALSE Wert: 0

Abb. 41: Wahrheitswert und numerischer Wert von \|\|-Verknüpfungen

Auswertungsreihenfolge

Wie bei dem UND-Operator "&&" werden bei dem ODER-Operator nicht immer beide Teilausdrücke ausgewertet. Ist nämlich der linke Teilausdruck einer ODER-Verknüpfung TRUE, so steht das Auswertungsergebnis TRUE auch für den gesamten Ausdruck bereits fest, unabhängig vom Wahrheitswert des rechten Teilausdrucks (vgl. die Tabelle in der obigen Abbildung). Der Compiler bricht deshalb auch hier die Auswertung des Gesamtausdrucks ab, sobald dessen Wahrheitswert klar ist. Konsequenzen können sich daraus wiederum für Ausdrücke mit Nebeneffekten ergeben.

Nach der Definition

```
int x = 6;
```

wird die Bewertung des Ausdrucks

```
(x > 5)  ||  (x = x + 1)
```

nach der Auswertung des linken Teilausdrucks

```
x > 5
```

abgebrochen, da dieser TRUE ist und somit auch der logische Wert für den gesamten Ausdruck feststeht, nämlich TRUE. Der Wert des Gesamtausdrucks ist damit *1*. Der rechte Teilausdruck wird nicht mehr ausgewertet, was zu Folge hat, daß der darin enthaltene Nebeneffekt - die Erhöhung des Werts der Variablen x - nicht mehr ausgeführt wird. x behält also den alten Wert *6*.

Aus den bisherigen Überlegungen läßt sich ableiten, daß es wenig empfehlenswert ist, bei den logischen Operatoren wertverändernde Operationen (Nebeneffekte) zu programmieren, deren Ausführung vom Wahrheitsgehalt des ersten Operanden (Teilausdruck) abhängt.

Logisches NICHT

Der unäre Negationsoperator führt als Operation die logische Verneinung seines Operanden durch. Er liefert als Ergebnis des Ausdrucks den Wert *0* (FALSE), wenn sein Operand ungleich 0, also TRUE, ist. Er liefert den Wert *1* (TRUE), wenn sein Operand gleich 0, also FALSE, ist. Der Ausdruck

```
!(2 > 0)
```

hat den Wert *0*, ist also FALSE, da der Operand des Operators - der Ausdruck *2 > 0* - TRUE ist: in der Tat ist 2 größer als 0. Der Wert des Ausdrucks *2 > 0* ist daher *1*, also ungleich 0. Die logische Negation ergibt dann den Wert *0* (FALSE):

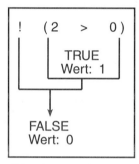

Abb. 42: Negationsoperator mit einem Operanden vom logischen Wert TRUE

Umgekehrt liefert die Auswertung des Ausdrucks

```
!(2 < 0)
```

den Wert *1*, was bedeutet, daß der Ausdruck *!(2 < 0)* TRUE ist, denn *2 < 0* ist FALSE und hat damit den Wert *0*.

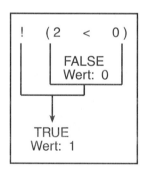

Abb. 43: Negationsoperator mit einem Operanden vom logischen Wert FALSE

Der Negationsoperator hat die Priorität 14, daher sind die Klammern um die obigen Beispielausdrücke notwendig, wenn der Negationsoperator auf den gesamten Ausdruck wirken soll. Ließe man die Klammern weg, wäre der Ausdruck

```
!2 < 0
```

nunmehr FALSE, denn der Negationsoperator wird aufgrund seiner höheren Priorität (14) vor dem Vergleichsoperator "<" (10) bewertet und wirkt jetzt nur noch auf den Operanden 2. Der Ausdruck

```
!2
```

ist FALSE und hat deshalb den Wert 0, da der Operand des Negationsoperators, die Konstante 2, von 0 verschieden, also TRUE, ist. Damit ist die anschließende Vergleichsoperation ebenfalls FALSE, da 0 nicht kleiner als 0 ist:

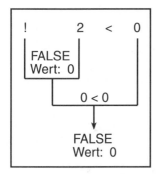

Abb. 44: Wirkung des Negationsoperators auf einen ungeklammerten Ausdruck

Eine nützliche Äquivalenzbeziehung

Die folgende Beziehung ist sehr nützlich und wird häufig im Zusammenhang mit den Kontrollstrukturen in C verwendet (siehe Kapitel 4 "Kontrollstrukturen"). Haben wir irgendeine Variable x, so ist der Ausdruck

```
!x
```

äquivalent zu dem Ausdruck

```
x == 0
```

Ist nämlich x tatsächlich gleich 0, so ist der Ausdruck

```
x == 0
```

TRUE, d. h. hat den Wert 1. Ebenso ist aber auch der Ausdruck

```
!x
```

TRUE und hat daher den Wert *1*, wenn x gleich 0 ist. Dann nämlich gibt der Negationsoperator den Wert *1* als Wert für den Ausdruck *!x* zurück. Definieren wir eine Variable

```
int x = 0;
```

so gibt die Anweisung

```
printf("%d %d", !x, x == 0);
```

beide Male den Wert *1* aus.

Ändern wir den Wert von x in einen Wert ungleich 0, z. B. mit der Anweisung

```
x = 5
```

so ist der Ausdruck

```
!x
```

FALSE, d. h. hat den Wert *0*, denn da x ungleich 0 ist, liefert der Negationsoperator *0* als Wert des Ausdrucks *!x* zurück. Ebenso ist aber auch der Ausdruck

```
x == 0
```

FALSE, wenn x ungleich 0 ist. Er hat dann den Wert *0*. Die Anweisung

```
printf("%d %d", !x, x == 0);
```

gäbe jetzt

```
0 0
```

als Ergebnis aus. Beide Formulierungen

```
!x    und    x == 0
```

liefern also unabhängig davon, ob x gleich oder ungleich 0 ist, stets denselben logischen Wert. Sie sind logisch und numerisch gleichwertig. Man kann sie daher synonym verwenden, wobei der erste Ausdruck kürzer, der zweite aber - zumindest für den Anfänger - vielleicht eingängiger ist.

Eine Äquivalenzbeziehung analog jener zwischen den Ausdrücken

```
!x    und    x == 0
```

gilt auch für die beiden Ausdrücke

```
x        und      x != 0
```

Beide Ausdrücke sind *logisch* gleichwertig (aber nicht unbedingt numerisch).

Ist x etwa gleich 0, so ist der Ausdruck

```
x != 0
```

FALSE, d. h. hat den Wert 0. Ebenso ist in diesem Fall auch der Ausdruck

```
x
```

FALSE, da jeder Ausdruck mit dem Wert 0 als logisch falsch gilt.

Ist x ungleich 0 - etwa gleich 5 -, so ist der Ausdruck

```
x != 0
```

TRUE und hat daher den Wert 1. Der Ausdruck

```
x
```

ist ebenfalls TRUE, da er einen von Null verschiedenen Wert besitzt. Sein numerischer Wert ist aber selbstverständlich gleich 5 - nämlich gleich dem Wert der Variablen x. Die Zuweisung des Werts 1 an einen Ausdruck für TRUE und 0 für FALSE wird durch den jeweils beteiligten Logik- oder Vergleichsoperator vorgenommen.

In dem Ausdruck

```
x
```

kommt kein Operator vor, daher ist der Ausdruck zwar TRUE, weil er ungleich 0 ist, der Wert TRUE wird aber in diesem Fall nicht durch den numerischen Wert 1 ausgedrückt. Beide Ausdrücke aber haben unabhängig vom Wert der Variablen x stets dieselben logischen Werte (die Wahrheitswerte TRUE oder FALSE).

Prioritäten

Zum Abschluß der logischen Operatoren aktualisieren wir unsere Prioritätentabelle:

Bezeichnung	Operatorsymbol	Priorität	Bewertungsreihenfolge
Klammern	( )	15	von links nach rechts
Unäre Operation			
Cast-Operator	(Datentyp)	14	von rechts nach links
Negations-Operatoren arithmetisch logisch	- !	14 14	von rechts nach links von rechts nach links
Binäre Operatoren			
Arithmetische Operatoren	* / % + -	13 12	von links nach rechts von links nach rechts
Vergleichs-Operatoren	> >= < <= == !=	10 9	von links nach rechts von links nach rechts
Logische Operatoren	&& ||	5 4	von links nach rechts von links nach rechts

Abb. 45: Prioritätentabelle der C-Operatoren (7)

3.2.4 Bitoperatoren

Verknüpfungsoperationen, wie sie die logischen Operatoren mit Ausdrücken vornehmen, sind auch mit den Bits zweier Datenobjekte möglich. Dabei wird die entsprechende Operation parallel (also gleichzeitig) auf jedes einzelne Bit der Datenobjekte angewendet. Neben den bitlogischen Operationen UND, ODER und NICHT können außerdem noch Schiebeoperationen durchgeführt werden. Alle bitweisen Operationen benötigen ganzzahlige Operanden.

Operator		Operation	Beispiel
Bitlogische Operatoren			
Binär	&	Bitweise UND - Verknüpfung	x & y
	|	Bitweise ODER - Verknüpfung (inklusives ODER)	x | y
	|	Bitweise ODER - Verknüpfung (exklusives ODER)	x ^ y
Unär	~	Bitweise Negation (NICHT) (1-Komplement von x)	~ x
Schiebeoperatoren			
Binär	>>	Verschiebung um y Stellen nach rechts	x >> y
	<<	Verschiebung um y Stellen nach links	x << y

Abb. 46: Bitoperatoren

3.2.4.1 Bitlogische Operatoren

Die bitlogischen Operatoren führen die logischen Operationen UND, ODER, exklusives ODER und NICHT mit jedem einzelnen Bit ihrer ganzzahligen Operanden aus. Dabei gelten die folgenden Verknüpfungsregeln:

bit1	bit2	~bit1	bit1 & bit2	bit1 | bit2	bit1 ^ bit2
0	0	1	0	0	0
0	1	1	0	1	1
1	0	0	0	1	1
1	1	0	1	1	0

Abb. 47: Regeln für die bitweise logische Verknüpfung

Die Zahl 1 in der Tabelle bedeutet, daß das entsprechende Bit den Wert *1* hat, also gesetzt ist. Die Zahl 0 zeigt an, daß das Bit den Wert *0* hat, also nicht gesetzt ist.

Bitweises UND

Man erkennt, daß die UND-Verknüpfung zweier Bits nur dann ein gesetztes Bit, also eine 1 ergibt, wenn beide Ausgangsbits den Wert 1 haben, d. h. gesetzt sind. In allen anderen Fällen ergibt die UND-Verknüpfung den Wert *0* für das Ergebnisbit. Das Bit ist damit nicht gesetzt. Es ist leicht zu sehen, daß die bei den Bitoperatoren verwendeten Werte *1* und *0* den logischen Werten TRUE und FALSE entsprechen, die uns von den Vergleichs- und Logikoperatoren her bekannt sind.

Beispielsweise sind mit den *char*-Variablen

```
char x = 10, y = 50;
```

in *x* und *y* durch die Initialisierung die Bitmuster

```
00001010            /* Dezimal: 10  */
00110010            /* Dezimal: 50  */
```

gespeichert. Die bitweise UND-Verknüpfung von *x* und *y*

```
x & y
```

sieht auf Bitebene so aus:

```
    00001010
  & 00110010
  _____

    00000010
```

Das Resultat der &-Verknüpfung ist die Bitkombination

```
  00000010
```

die dem dezimalen Wert 2 entspricht, den wir mit

```
printf("%d", x & y);
```

auch ausgeben können. (Später werden wir Methoden kennenlernen, mit denen man binäre Werte auch in binärer Form ausgeben kann.) Beachten wir, daß die obige Operation mit dem "&"-Operator nicht etwa eine binäre Addition darstellt (die im übrigen selbstverständlich das numerische Ergebnis 60 hätte), sondern die logische UND-Verknüpfung zweier Werte.

Bitweises ODER

Die bitweise ODER-Verknüpfung existiert in zwei Varianten. Das nichtausschließende (inklusive) ODER ergibt für das Ergebnisbit nur dann eine 0, wenn beide Ausgangsbits nicht gesetzt sind, d. h. den Wert 0 haben. In allen anderen Fällen ist das Ergebnis der Verknüpfung ein gesetztes Bit, d. h. ein Bit mit dem Wert 1. Dies ist die ODER-Verknüpfung, wie wir sie für die logischen Werte TRUE und FALSE von den logischen Operatoren her kennen. Dort war eine ODER-Verknüpfung nur dann FALSE (und hatte damit den Wert 0), wenn beide Teilausdrücke (Operanden) FALSE waren. Der Begriff *nichtausschließendes* ODER besagt, daß die ODER-Verknüpfung auch dann ein wahres Ergebnis (TRUE) bzw. ein Bit mit dem Wert 1 liefert, wenn beide Ausgangsoperanden TRUE bzw. bei den Bitoperatoren gleich 1 sind.

Wir veranschaulichen dies an einem umgangssprachlichen Beispiel. Von den beiden Aussagen

```
Es regnet vormittags.
```

und

```
Es regnet nachmittags.
```

kann die erste zutreffen (ohne daß die zweite zutrifft), die zweite (ohne daß die erste zutrifft) oder beide gleichzeitig, denn es ist durchaus möglich, daß es sowohl vormittags als auch nachmittags regnet:

```
Es regnet vormittags ODER es regnet nachmittags.
```

Die beiden Einzelaussagen schließen sich nicht gegenseitig aus, d. h., sie können beide zusammen wahr (TRUE) sein.

Anders beim ausschließenden (exklusiven) ODER. Die Aussagen

```
Es regnet.
```

und

```
Es regnet nicht.
```

widersprechen sich, wenn sie beide zur gleichen Zeit wahr sein sollen. In der verknüpften Aussage

```
Es regnet ODER Es regnet nicht.
```

ist entweder die erste Aussage wahr oder die zweite, aber nicht beide gleichzeitig: die beiden Teilaussagen schließen einander aus.

Analog liefert die bitweise exklusive ODER-Verknüpfung nur dann ein Ergebnisbit mit dem Wert 1, wenn eines und nur eines der beiden Ausgangsbits den Wert 1 hat. Sind beide Ausgangsbits gesetzt (gleich 1) oder beide nicht gesetzt (gleich 0), hat das Ergebnisbit den Wert 0.

Für unsere Beispielvariablen

```
int x = 10, y = 50;
```

hat die bitweise inklusive ODER-Verknüpfung

```
x | y
```

das Ergebnis

```
  00001010
& 00110010
_____

  00111010
```

was dem dezimalen Wert *58* entspricht. Die bitweise exklusive ODER-Verknüpfung

```
x ^ y
```

liefert nach

```
    00001010
&  00110010
_____

    00111000
```

dagegen als Resultat den dezimalen Wert *56*.

Bitweises NICHT

Die bitlogische Negation NICHT durch den unären Operator "~" schließlich erzeugt das 1-Komplement einer ganzen Zahl. Jedes Bit mit dem Wert *1* wird umgewandelt in ein Bit mit dem Wert *0* und umgekehrt. Die Beispielvariable *x* mit dem dezimalen Wert *10* enthält das Bitmuster

```
00001010
```

Die logische Negation

```
~x
```

erzeugt die Bitkombination

```
11110101
```

was den dezimalen Wert *245* darstellt.

Bits setzen und löschen

Mit den bitlogischen Operatoren "&" und "|" lassen sich gezielt einzelne Bits eines Datenobjekts löschen bzw. setzen. Ein Bit löschen heißt, ihm den Wert *0* zu geben. Ein Bit setzen bedeutet, es mit dem Wert *1* zu versehen. Wo läßt sich so etwas verwenden?

Häufig werden Informationen in einfacher JA/NEIN-Form benötigt: man will z. B. nicht wissen, wieviel Speicherplatz, sondern ob überhaupt Speicherplatz vorhanden ist. In solchen Fällen ist (zunächst) nicht von Interesse, in welchem Umfang irgend etwas zutrifft, sondern ob es zutrifft oder nicht. Beispielsweise geben die Attribute einer Datei an, wie die Datei verwaltet werden soll bzw. ob bestimmte Operationen mit ihr zulässig sind. So bedeutet etwa das Attribut READ ONLY, daß die Datei nicht verändert, insbesondere nicht gelöscht, werden darf. Gewöhnlich hat man in diesem Zusammenhang mehrere solcher JA/NEIN-Informationen zu berücksichtigen. Um welche es dabei im einzelnen geht, kann man statt mit der Frage

- *Welche Attribute hat die Datei?*

beispielsweise auch mit den Fragen:

- *Hat die Datei das Attribut R (für READ ONLY)?*

- *Hat die Datei das Attribut H (für HIDDEN = versteckt)?*

- *Hat die Datei das Attribut A (für ARCHIV)?*

etc.

herausfinden. Jede dieser Fragen läßt sich mit JA oder NEIN beantworten, d. h., die Information, die sich aus der Antwort ergibt, ließe sich bereits durch ein einzelnes Bit darstellen, da dieses ja genau zwei Zustände, nämlich 0 und 1 annehmen kann. So könnte man etwa 0 mit NEIN und 1 mit JA gleichsetzen. Man erinnere sich z. B. an das Vorzeichenbit der ganzzahligen Datentypen *char*, *short*, *int* und *long*, an dem man ablesen kann, ob eine Zahl positiv oder negativ ist. Ist dieses Bit gesetzt, also gleich 1, ist die Zahl negativ. Ist es nicht gesetzt, also gleich 0, ist sie nicht negativ (d. h. positiv). Bits, die auf diese Weise Informationen anzeigen, heißen auch Flags. (Der Begriff "flag" wird häufig nicht nur für einzelne Bits, sondern auch für komplette Variablen verwendet, wenn diese eine solche "Anzeigefunktion" erfüllen.) Flags sind natürlich dann sehr ökonomisch, wenn mehrere solcher JA/NEIN-Informationen vorhanden sind, die in den Bits einer *char*- oder *int*-Variablen untergebracht werden können. (Wollte man lediglich eine JA/NEIN-Information speichern, könnte man ebensogut die gesamte Variable als Flag benutzen.) Kehren wir zu unserem Beispiel mit den Dateiattributen zurück. Wir könnten nun eine geeignete Variable definieren, deren Bits anzeigen, welche Attribute eine Datei hat. Wir wollen dabei der Einfachheit halber nur die Attribute *R*, *H* und *A* betrachten, d. h., uns interessieren die drei Bits, mit denen angezeigt wird, welche dieser Attribute vorhanden sind. Für die restlichen Bits nehmen wir den Wert *0* an. Wir definieren eine *unsigned char*-Variable, deren acht Bits für unsere Zwecke ausreichen:

```
unsigned char flags;
```

Wir legen fest, daß das dritte, vierte und fünfte Bit von rechts angeben, ob die Attribute *R*, *H* und *A* gesetzt sind, nämlich dann, wenn die entsprechenden Bits den Wert *1* haben. Die Variable *flags* möge sich bereits in dem folgenden Zustand befinden:

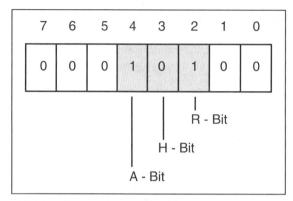

Abb. 48: Flag-Bits für Dateiattribute (1)

Die Abbildung zeigt, daß die Bits für die Attribute *R* (READ ONLY) und *A* (ARCHIV) schon gesetzt sind. Will nun ein Anwender wissen, welche Attribute eine bestimmte Datei hat, könnte ein Programm die Variable *flags* überprüfen und dem Anwender mitteilen, daß die entsprechende Datei schreibgeschützt ist und bei Archivierungsoperationen mitkopiert wird.

Wollen wir zusätzlich in der Variablen *flags* vermerken, daß die Datei auch das Attribut *H* (HIDDEN) hat, muß dazu das vierte Bit von rechts in den Zustand *1* überführt, also gesetzt, werden. Alle anderen Bits sollen dabei ihren alten Zustand behalten. Für das Setzen von Bits verwenden wir die bitweise ODER-Verknüpfung durch den Operator "|".

Bits setzen

Die (inklusive) ODER-Verknüpfung zweier Bits ergibt ein Bit mit dem Wert *1*, wenn mindestens eines der beiden Ausgangsbits gleich 1 ist. Wollen wir also sichergehen, daß in unserem Beispiel das vierte Bit von rechts den Wert *1* annimmt, so müssen wir dieses Bit mit einem Bit vom Wert *1* verknüpfen. Unabhängig vom Wert des ersten Bits ist das Ergebnisbit dann eine 1.

Im Gegensatz dazu sollen alle anderen Bits ihren alten Wert behalten. Wir erreichen dies, indem wir jedes dieser anderen Bits mit einem Bit vom Wert *0* verknüpfen, denn unabhängig vom Wert dieser Bits bleibt in diesem Fall ihr Wert erhalten. Für unsere Variable *flags* mit dem Bitmuster

```
00010100
```

heißt dies, daß wir sie mit dem Bitmuster

```
00001000
```

verknüpfen müssen, das im übrigen der dezimalen Zahl 8 entspricht:

```
00010100                                    /*  Bitmuster der Variablen flags */
00001000                                         /*  Dezimal: 8  */
_____

00011100                       /*  Ergebnis: vierts Bit von rechts gesetzt  */
```

In der Tat ist jetzt das vierte Bit von rechts gesetzt, hat also den Wert *1*. Alle anderen Bits haben dagegen ihren ursprünglichen Wert behalten. Bitmuster, mit denen Werte verknüpft werden, um sie in einer bestimmten Weise zu verändern, heißen Bitmasken. Bei der bitweisen ODER-Verknüpfung sorgt eine 1 in der Bitmaske also dafür, daß das betreffende Bit in dem zu verändernden Wert gesetzt wird, eine 0 in der Bitmaske behält den ursprünglichen Wert des Bits an dieser Stelle bei.

Wir können die Verknüpfungsoperation

```
00010100
00001000
_____

00011100
```

mit der wir das vierte Bit von rechts gesetzt haben, natürlich nicht in dieser Form in einem Programm verwenden. Die entsprechende C-Anweisung für die obige Operation lautet:

```
flags = flags | 8             /*  In der Variablen flags das vierte Bit von

                                       rechts setzen.  */
```

Diese Anweisung verknüpft die Bits der Variablen *flags* mit den Bits der Konstanten 8 durch den ODER-Operator "|" und setzt dabei das vierte Bit von rechts. Das Verknüpfungsergebnis wird der Variablen *flags* zugewiesen, d. h., der alte Inhalt der Variablen wird überschrieben. Es sei ausdrücklich darauf hingewiesen, daß der Ausdruck

```
flags | 8
```

zwar den (binären) Wert

```
00011100
```

hat, die Variable *flags* aber durch die Verknüpfung allein noch nicht verändert wird. Erst die Zuweisung des Verknüpfungsergebnisses an die Variable *flags* ändert ihren alten Wert. Die Variable *flags* sieht auf Bitebene daher nun folgendermaßen aus:

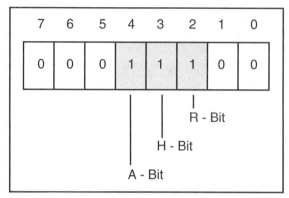

Abb. 49: Flag-Bits für Dateiattribute (2)

Alle drei Attribut-Bits sind jetzt gesetzt und enthalten als Information, daß die betreffende Datei schreibgeschützt, versteckt und zu archivieren ist.

Bits löschen

Die zum Setzen eines Bits inverse Operation ist das Löschen eines Bits. Dazu verwendet man die bitweise UND-Verknüpfung mit dem "&"-Operator. Da die bitweise UND-Verknüpfung zweier Bits nur dann ein Bit mit dem Wert *1* ergibt, wenn beide Ausgangsbits den Wert *1* haben, löscht jede 0 in der Bitmaske das an dieser Stelle befindliche Bit des anderen Werts. Eine 1 in der Bitmaske behält dagegen das ursprüngliche Bit bei.

Wollen wir also beispielsweise in der Variablen *flags* das fünfte Bit von rechts (das A-Bit) löschen, um anzuzeigen, daß eine bestimmte Datei bei Archivoperationen nicht mitkopiert werden soll, müssen wir dieses fünfte Bit von rechts durch den "&"-Operator mit einem Bit vom Wert *0* verknüpfen. Da auch hier alle anderen Bits ihren alten Wert behalten sollen, ist es erforderlich, sie mit gesetzten Bits zu verknüpfen. Die Bitmaske zum Löschen des fünften Bits von rechts für die Variable *flags* muß demnach so aussehen:

```
11101111                              /* Dezimal: 239  */
```

Nach der Verknüpfung

```
  00011100                 /* Bitmuster der Variablen flags */
& 11101111                        /* Bitmaske: Dezimal 239  */
_____

  00001100       /* Ergebnis: Fünftes Bit von rechts gelöscht. */
```

die wir zusammen mit der Zuweisung des Verknüpfungsergebnisses an die Variable *flags* mit der Anweisung

```
flags = flags & 239;                    /* In der Variablen flags das
                                           fünfte Bit von rechts löschen. */
```

im Programm realisieren, hat die Variable *flags* den neuen Inhalt:

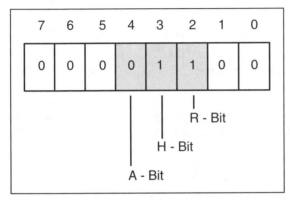

Abb. 50: Flag-Bits für Dateiattribute (3)

Da das fünfte Bit von rechts nun gesetzt ist, speichert die Variable *flags* in ihren Attribut-Bits die Information, daß die betreffende Datei versteckt und schreibgeschützt ist, jedoch nicht mehr archiviert werden darf.

3.2.4.2 Schiebeoperatoren

Die Schiebeoperatoren ">>" und "<<" verknüpfen zwei ganzzahlige Werte und verschieben alle Bits ihres linken Operanden um so viele Stellen nach links ("<<") oder rechts (">>"), wie ihr rechter Operand angibt. Das Ergebnis der Operation ist vom Typ des linken Operanden, also ebenfalls ganzzahlig. Für den rechten Operanden ist folgende Besonderheit zu beachten: Ist er negativ, ergibt die Schiebeoperation ein undefiniertes Ergebnis.

Verschiebung nach links

Der Operator "<<" verschiebt sämtliche Bits seines linken Operanden um die Anzahl von Stellen nach links, die durch den Wert seines rechten Operanden angegeben wird. Die durch die Verschiebung rechts frei werdenden Bitpositionen werden mit Nullen aufgefüllt.

Die dezimale Konstante *15* etwa ist ein Datenobjekt vom Typ *int*. Ihre beiden Bytes kann man durch Bezeichnungen wie *Höherwertiges Byte* (High-order Byte) und *Niederwertiges Byte* (Low-order Byte) voneinander unterscheiden, wobei das in der grafischen Darstellung linke Byte das höherwertige ist. Wir vermeiden diese umständliche Formulierung und nennen das höherwertige Byte abkürzend *High Byte*, das niederwertige *Low Byte*. Die Konstante *15* hat folgende binäre Darstellung:

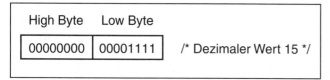

High Byte	Low Byte	
00000000	00001111	/* Dezimaler Wert 15 */

Abb. 51: Binäre Darstellung der dezimalen Konstanten 15

Der Ausdruck

```
15  <<  4
```

verschiebt jedes Bit der Konstanten *15* um vier Stellen nach links und füllt die rechts frei werdenden Positionen mit Nullen auf. Der Wert des Ausdrucks sieht in binärer Darstellungsweise folgendermaßen aus:

High Byte	Low Byte	
00000000	11110000	/* Dezimaler Wert 240 */

Abb. 52: Binäre Darstellung des Ausdrucks 15 << 4

Dies entspricht dem dezimalen Wert *240*, d. h., durch die Anweisung

```
printf("%d", 15 << 4);
```

würde der Wert

```
240
```

ausgegeben. Definieren wir eine Variable

```
unsigned int x = 15;
```

so hat der Ausdruck

```
x << 4
```

ebenfalls des Wert *240*, die Variable *x* nach wie vor den Wert *15*. Mit der Anweisung

```
x  =  x << 4;          /* Verschieben um vier Stellen links Zuweisung des
                          Verknüpfungsergebnisses an die Variable x.        */
```

erreichen wir, daß das Resultat der Schiebeoperation in der Variablen *x* gespeichert wird, die danach den Wert *240* besitzt.

Mathematisch gesehen entspricht im Zweiersystem (Binärsystem, Dualsy-
stem) die Verschiebung der Bits um eine Stelle nach links einer Multiplikation
des betreffenden Werts mit 2, die Verschiebung um vier Stellen also der Multiplikation mit

```
2 * 2 * 2 * 2
```

oder

$$2^4$$

In der Tat ist

$$15 * 2^4 = 15 * 16 = 240$$

Als allgemeine Regel läßt sich festhalten, daß im Zweiersystem eine Verschiebung um *n* Stellen nach links gleichbedeutend mit einer Multiplikation des
Werts mit 2^n ist.

Verschiebung nach rechts

Analog zum Operator "<<" verschiebt der Operator ">>" alle Bits seines linken Operanden um so viele Stellen nach rechts, wie der rechte Operand angibt. Bei der Verschiebung nach rechts wird links mit Nullen aufgefüllt, wenn
der linke Operand ein vorzeichenloser Wert (also vom Typ *unsigned*) ist. Ist
der linke Operand ein Wert mit Vorzeichen, werden die links frei werdenden
Positionen mit Kopien des Vorzeichenbits besetzt. Wir wenden die Schiebeoperation nach rechts auf die Variable *x* aus unserem letzten Beispiel an.
Dort hatte die Variable zuletzt den Wert *240*, d. h., ihre binäre Darstellung
war:

High Byte	Low Byte	
00000000	11110000	/* Dezimaler Wert 240 */

Mit der Anweisung

```
x = x >> 4;    /* Verschiebung um vier Stellen nach rechts. Speicherung des
                  Verknüpfungsergebnisses in der Variablen x.  */
```

verschieben wir jedes Bit der Variablen *x* um vier Stellen nach rechts und weisen das Ergebnis dieser Operation *x* selbst zu. Die Variable hat dann folgenden binären Inhalt:

Als Resultat der Verschiebung nach rechts hat die Variable *x* nun wieder ihren ursprünglichen Wert *15*. Die Schiebeoperation entsprach also einer Division des linken Operanden durch den Wert 2^4:

```
240 : 2⁴ = 240 : 16 = 15
```

Allgemein sind im Zweiersystem Verschiebungen um *n* Stellen nach rechts gleichbedeutend mit einer Division des linken Operanden durch den Wert 2^n.

Ein Anwendungsbeispiel für Schiebeoperatoren und bitlogische Operatoren

Obwohl nicht zum ANSI-Standard gehörend, ist auf den meisten Compiler-systemen eine Funktion vorhanden, mit der sich prüfen läßt, welche Taste zur Eingabe gedrückt wurde. Eine dieser Funktionen (und stellvertretend für andere) ist die Funktion *_bios_keybrd* (Microsoft C). Diese Funktion liest ein Zeichen von der Tastatur und liefert als Ergebnis einen Wert vom Typ *unsigned int* (2 Byte) an das Programm zurück, der dann weiterverwendet - insbesondere auch ausgegeben - werden kann. Dieser Wert zeigt an, welche Taste gedrückt und welches Zeichen eingegeben wurde.

Das linke Byte (High Byte) des Werts gibt den Scancode der Taste an. Der Scancode einer Taste ist eine Kennzahl, über die jede Taste der Tastatur identifiziert werden kann. Beispielsweise hat die [Enter]-Taste den Scancode 28 (dezimal). (Eine Übersicht über die Scancodes finden Sie im Anhang E des Buchs.) Das rechte Byte (Low Byte) des Werts enthält den ASCII-Code des Zeichens.

Hat der Anwender beispielsweise ein großes "X" eingegeben, liefert die Funktion _bios_keybrd den folgenden Wert an das Programm:

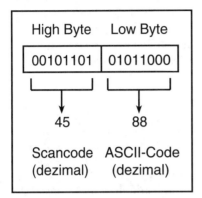

Abb. 53: Rückgabewert der Funktion _bios_keybrd für das Eingabezeichen "X"

Der dezimale Wert 45 ist der Scancode für die Taste mit dem Symbol x, der dezimale Wert 88 stellt den ASCII-Code des Zeichens 'X' dar.

Wurde eine der Funktions- oder Cursortasten gedrückt, enthält das Low Byte den Wert 0. So zeigt der Rückgabewert in der folgenden Abbildung an, daß der Anwender die Taste [F1] (Scancode: 59 dezimal) gedrückt hat:

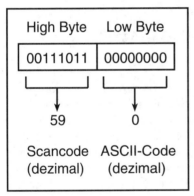

Abb. 54: Rückgabewert der Funktion _bios_keybrd, wenn die Taste [F1] gedrückt wurde

Die Funktion _bios_keybrd liefert beide Informationen (Scancode und ASCII-Code) in einem Wert zurück. (Eine andere Möglichkeit, den Scancode von Funktions- und Cursortasten zu ermitteln, bieten die Funktionen *getch* bzw. *getche*. Siehe dazu auch das Kapitel 10.4 "Parameterübergabe".) Manchmal ist es jedoch erforderlich, Scancode und ASCII-Code getrennt weiterzuverarbeiten. Man muß beide Werte also voneinander isolieren. Dies kann mit Hilfe von Bitoperatoren geschehen. Das folgende Programm whichkey.c fordert den Benutzer auf, eine Taste zu drücken, und gibt dann den Scancode der Taste und den ASCII-Code des Zeichens (falls vorhanden) aus.

► **whichkey.c:**

```
 1  /* whichkey zeigt mit scancode und ASCII-Wert an, welche Taste gedrückt
 2     wurde. */
 3  #include <stdio.h>                              /* für printf   */
 4  #include <bios.h>                               /* für _bios_keybrd */
 5
 6  main()
 7  {
 8     unsigned int eingabe;       /* für das Ergebnis von _bios_keybrd */
 9     int zeichen, scancode;         /* für ASCII-Code und Scancode   */
10
11     printf("\033[2J");                      /* Bildschirm löschen  */
12
13     printf("Drücken Sie eine Taste:");
14     eingabe = _bios_keybrd(_KEYBRD_READ);   /* Eingabe entgegennehmen */
15     zeichen = eingabe & 255;                /* Low Byte isolieren  */
16     scancode = eingabe >> 8;                /* High Byte isolieren */
17
18     printf("\nScancode: %d  Zeichen: %c", scancode, zeichen);
19  }
```

Analyse

Wie geht das Programm vor? Nachdem der Anwender aufgefordert worden ist, eine Taste zu drücken, nimmt die Funktion *_bios_keybrd* mit der Anweisung

```
eingabe = _bios_keybrd(_KEYBRD_READ);
```

die Eingabe des Benutzers entgegen. Der Parameter _KEYBRD_READ bewirkt, daß die Funktion das eingegebene Zeichen liest bzw. ermittelt, welche Taste gedrückt wurde. Das Ergebnis dieser Überprüfung wird als Scancode (High Byte) und (falls vorhanden) als ASCII-Code (Low Byte) in den beiden Bytes der Variablen *eingabe* gespeichert. Danach isoliert

```
zeichen = eingabe & 255;
```

das Low Byte der Variablen *eingabe* und speichert es in der Variablen *zeichen*. Hat der Anwender etwa tatsächlich das Zeichen "X" eingegeben, indem er die ⌊Umschalt⌋- und die ⌊X⌋-Taste gedrückt hat, so bewirkt die Verknüpfung mit dem Wert 255 durch den "&"-Operator auf Bitebene folgendes:

```
    00101101 01011000               /* Wert der Variablen eingabe */
  & 00000000 11111111         /* Bitmaske setzt das High Byte auf Null. */
  ─────────────────────
    00000000 01011000               /* Ergebnis: High Byte gelöscht. */
```

Die bitweise UND-Verknüpfung setzt alle Bits des High Bytes auf Null, da durch die Nullen in der Bitmaske die entsprechenden Bits in der Variablen *eingabe* gelöscht werden. Das Low Byte der Variablen bleibt dagegen durch die Verknüpfung mit den gesetzten Bits der Bitmaske erhalten. Damit erhält die Variable *zeichen* den Wert

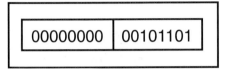

zugewiesen, was dem dezimalen Wert *88* entspricht, dem ASCII-Code des Zeichens "X".

Die Anweisung

```
scancode = eingabe >> 8;
```

bewirkt, daß in dem Bitmuster der Variablen *eingabe*

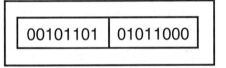

sämtliche Bits des High Bytes (das den Scancode enthält) um acht Positionen nach rechts geschoben werden und das Ergebnis der Schiebeoperation der Variablen *scancode* zugewiesen wird. Als Folge davon enthält die Variable *scancode* nun den Wert

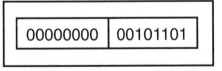

da die links freigewordenen Bitpositionen bei der Verschiebung mit Nullen aufgefüllt worden sind. Auf diese Weise ist das High Byte - und damit der Scancode für die ⓧ -Taste - in der Variablen *scancode* isoliert worden. Beide Werte können separat ausgegeben werden.

3.2.4.3 Prioritäten

Die Bitoperatoren haben unterschiedliche Prioritäten. Der unäre bitlogische Negationsoperator "~" hat die Priorität 14, die beiden Schiebeoperatoren ">>"

und "<<" besitzen die Priorität 11, die bitlogischen Verknüpfungen "&", "^" und "|" in dieser Reihenfolge die Prioritäten 8, 7 und 6. Nach den Definitionen

```
unsigned int x = 0, y = 0;
```

würden in dem Ausdruck

```
~x >> 8 & 15 ^ 15 | y
```

die Operatoren aufgrund ihrer Prioritäten in der Reihenfolge ihres Auftretens von links nach rechts ausgewertet. Der Wert des Ausdrucks ist 0:

```
0000 0000 0000 0000                                      /*    x        */
1111 1111 1111 1111                                      /*    ~x       */
0000 0000 1111 1111                               /*   ~x >> 8          */
0000 0000 0000 1111                          /*   ~x >> 8 & 15          */
0000 0000 0000 0000                     /*   ~x >> 8 & 15 ^ 15          */
0000 0000 0000 0000               /*   ~x >> 8 & 15 ^ 15 | y           */
```

Wir ergänzen abschließend unsere Prioritätentabelle:

Bezeichnung	Operatorsymbol	Priorität	Bewertungsreihenfolge
Klammern	( )	15	von links nach rechts
Unäre Operation			
Cast-Operator	(Datentyp)	14	von rechts nach links
Negations-Operatoren arithmetisch logisch bitlogisch	- ! ~	14 14 14	von rechts nach links von rechts nach links von rechts nach links
Binäre Operatoren			
Arithmetische Operatoren	* / % + -	13 12	von links nach rechts von links nach rechts
Schiebe-Operatoren	<< >>	11	von links nach rechts
Vergleichs-Operatoren	> >= < <= == !=	10 9	von links nach rechts von links nach rechts
Bit-Operatoren	& ^ |	8 7 6	von links nach rechts von links nach rechts von links nach rechts
Logische Operatoren	&& ||	5 4	von links nach rechts von links nach rechts

Abb. 55: Prioritätentabelle der C-Operatoren (8)

3.2.5 Zuweisungsoperatoren

Zuweisungsoperatoren weisen ihrem linken Operanden den Wert ihres rechten Operanden zu. Der linke Operand muß ein sogenannter Lwert (Lvalue) sein: ein Ausdruck, der eine Adresse im Speicher des Rechners bezeichnet, z. B. der Name einer Variablen. Eine Konstante kann daher kein Lwert sein und nicht auf der linken Seite einer Zuweisung stehen. Der Operand auf der rechten Seite kann irgendein Ausdruck sein. Obwohl an Zuweisungsoperationen stets zwei Operanden beteiligt sind - nämlich der, der zugewiesen, und der, an den zugewiesen wird -, besitzt die Programmiersprache C sowohl unäre als auch binäre Zuweisungsoperatoren. Wir werden jedoch sehen, daß Operationen mit unären Zuweisungsoperatoren nur verkürzte binäre Operationen darstellen. Zuweisungen werden von rechts nach links ausgewertet. Der Datentyp des Werts auf der rechten Seite wird in den Typ des Werts auf der linken Seite umgewandelt, wenn die Datentypen beider Seiten nicht übereinstimmen (vgl. dazu "Typumwandlungen" in Kapitel 3.2.1.3). C verfügt über folgende Zuweisungsoperatoren:

Operator	Operation	Beispiel
UNÄR (Inkrement und Dekrement)		
++	Erhöhung um 1	x++ (postfix) ++x (präfix)
--	Verringerung um 1	x-- (postfix) --x (präfix)
BINÄR		
=	Einfache Zuweisung	x = y
+=	Zuweisung mit Addition	x += y
-=	Zuweisung mit Subtraktion	x -= y
*=	Zuweisung mit Multiplikation	x *= y
/=	Zuweisung mit Division	x /= y
%=	Zuweisung mit Restoperation	x %= y
>>=	Zuweisung mit Verschiebung nach rechts	x >>= y
<<=	Zuweisung mit Verschiebung nach links	x <<= y
&=	Zuweisung mit bitweiser UND-Verknüpfung	x &= y
|=	Zuweisung mit bitweiser inklusiver ODER-Verknüpfung	x |= y
^=	Zuweisung mit bitweiser exklusiver ODER-Verknüpfung	x ^= y

Abb. 56: Zuweisungsoperatoren

3.2.5.1 Einfache Zuweisungen

Einfache Zuweisungen werden mit dem Operator "=" ausgeführt, den wir bereits kennengelernt haben. Nach der Definition

```
int x;
```

bewirkt die Zuweisung

```
x = 1;
```

daß die Variable x auf der linken Seite der Zuweisung den Wert *1* erhält. Die obige Zuweisungsoperation kann in zwei Schritte gegliedert werden:

1. Zunächst wird die rechte Seite der Zuweisung ausgewertet. Dies ergibt den Wert *1*.
2. Der Wert der rechten Seite wird der Variablen auf der linken Seite zugewiesen.

Selbstverständlich kann auch auf der rechten Seite der Zuweisung eine Variable stehen. Bei den Variablen

```
int x = 0, y = 1;
```

hat x nach der Zuweisung

```
x = y;
```

den Wert von y, nämlich *1*. Die Variable y bleibt in ihrem Wert unverändert. Dasselbe würde man mit

```
x = x + 1;
```

erreichen, wenn x anfangs den Wert *0* hat.

Jeder Ausdruck in C hat einen Wert, und demzufolge besitzt auch ein Zuweisungsausdruck einen Wert. Aus Kapitel 3.1 "Ausdrücke" wissen wir bereits, daß der Wert einer Zuweisung der Wert ihrer linken Seite ist, nachdem die Zuweisungsoperation durchgeführt wurde. Hat beispielsweise die *int*-Variable x den Wert *1*, so hat der Ausdruck

```
x = x + 1;
```

den Wert 2, nämlich den Wert der linken Seite, d. h. den Wert der Variablen *x*, nachdem die Zuweisung ausgeführt wurde. Diesen Wert können wir selbstverständlich wieder einer Variablen zuweisen, so daß auf diese Weise Mehrfachzuweisungen entstehen. Nach den Definitionen

```
int x, y;
```

wird durch die Anweisung

```
x = y = 1;
```

beiden Variablen der Wert *1* zugewiesen; zunächst wird die Zuweisung

```
y = 1;
```

ausgeführt, wodurch *y* den Wert *1* erhält. Dann wird der Wert der Zuweisung *y = 1*, nämlich *1*, an die Variable *x* weitergegeben, welche danach ebenfalls den Wert *1* hat. Die obige Mehrfachzuweisung ist damit äquivalent zu den Anweisungen

```
x = 1;
y = 1;
```

oder

```
x = 1;
y = x;
```

Da Zuweisungen von rechts nach links bearbeitet werden, ist eine Klammerung nicht notwendig. Bei den Variablen

```
int a, b, c, d;
```

sind die Anweisungen

```
a = b = c = d = 0;
```

und

```
a = (b = (c = (d = 0)));
```

gleichwertig. In beiden Fällen erhalten die vier Variablen den Wert *0*.

3.2.5.2 Zusammengesetzte Zuweisungen

Zusammengesetzte Zuweisungen verbinden eine Zuweisungsoperation mit einer arithmetischen, bitlogischen oder Schiebeoperation. Für zwei Operanden x und y sind in der folgenden Übersicht die Ausdrücke in der linken Spalte gleichbedeutend mit den Ausdrücken in der rechten Spalte.

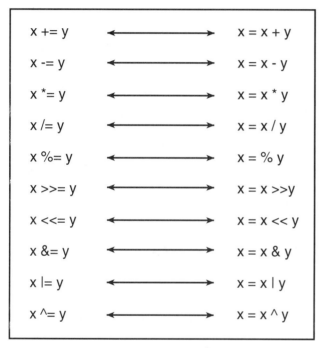

Abb. 57: *Zusammengesetzte Zuweisungen*

Jede zusammengesetzte Zuweisung verknüpft ihre beiden Operanden mit einem arithmetischen oder bitweisen Operator und weist das Ergebnis dieser Verknüpfung dem linken Operanden zu. Für die Variablen

```
int x = 10, y = 3;
```

ergibt die Anweisung

```
x += y;
```

den Wert *13* für die Variable x, was man leicht nachvollzieht, wenn man die äquivalente Anweisung

```
x = x + y;
```

betrachtet. Analog ergibt die Zuweisung mit Restoperation

```
x %= y;
```

für *x* den Wert *1*, wie man an der gleichwertigen Formulierung

```
x = x % y;
```

sofort sieht. Anweisungen wie

```
x = x & 255;   /*   x mit der Bitmaske 255 verknüpfen.    */
```

und

```
x = x >> 8;    /*   alle Bits von x acht Stellen nach rechts schieben. */
```

verkürzen sich zu

```
x &= 255;
```

bzw.

```
x >>= 8;
```

3.2.5.3 Inkrement und Dekrement

Wie die weitere Praxis zeigen wird, tritt häufig der Fall ein, daß eine Variable gerade um den Wert *1* erhöht oder verringert werden soll. Ist beispielsweise *x* eine Variable, so kann dies mit den Anweisungen

```
x = x + 1;
```

bzw.

```
x = x -1;
```

geschehen, die man - wie wir im vorigen Abschnitt gezeigt haben - in verkürzter Schreibweise auch so formulieren kann:

```
x += 1;
x -= 1;
```

Es geht allerdings noch kürzer.

Die unären Inkrement- und Dekrement-Operatoren "++" und "--" erhöhen (inkrementieren) bzw. verringern (dekrementieren) den Wert einer Variablen um den Betrag 1. Sie beinhalten daher eine Zuweisungsoperation, obwohl der Operator "=" nicht verwendet wird. Die Inkrement- und Dekrement-Operatoren sind nicht auf konstante Datenobjekte anwendbar. Sie können ihrem Operanden vorangestellt (präfix) oder nachgestellt werden (postfix). Hat unsere Beispielvariable x etwa den Wert 1, so erhöhen die Anweisungen

```
x++;
```

bzw.

```
++x;
```

den Wert der Variablen x um 1. Der neue Wert von x ist demzufolge 2. Die obigen Anweisungen bewirken also dasselbe wie die Anweisung

```
x  =  x +1;
```

Analog würden die Anweisungen

```
x--;
```

bzw.

```
--x;
```

den ursprünglichen Wert 1 der Variablen um 1 auf 0 vermindern, also dasselbe Ergebnis herbeiführen wie

```
x  =  x - 1;
```

Dabei ist es bei den eben angeführten Beispielen nicht von Belang, ob der Operator vor- oder nachgestellt wird. Grundsätzlich macht es jedoch einen Unterschied, wo der Operator plaziert wird. Dies wird deutlich, wenn Inkrement- und Dekrement-Operatoren in komplexeren Anweisungen benutzt werden.

Präfix und Postfix

Definiert man mit

```
int x = 1, y;
```

zwei *int*-Variablen x und y, so bewirkt die Anweisung

```
y  =  x++;
```

zwei Dinge:

1. Zunächst wird der Variablen y der Wert der Variablen x zugewiesen, bevor diese inkrementiert wird. y erhält also den Wert 1.
2. Nun erst wird der Wert der Variablen x um 1 erhöht. Ihr neuer Wert ist 2.

Nachdem die Anweisung

```
y = x++;
```

ausgeführt ist, hat x also den Wert 2 und y den Wert 1. Die obige Anweisung ist damit äquivalent zu den beiden Anweisungen

```
y = x;
x++;
```

Analog würde mit

```
y = x--;
```

der Variablen y der Wert 1 zugewiesen und danach der Wert von x um 1 auf 0 verringert. Wir können daher als allgemeine Regel formulieren:

Ein nachgestellter Inkrement- oder Dekrement-Operator bewirkt, daß sein Operand zunächst verwendet und erst dann inkrementiert oder dekrementiert wird.

Umgekehrt gilt:

Ein vorangestellter Inkrement- oder Dekrement-Operator bewirkt, daß sein Operand vor seiner Verwendung inkrementiert oder dekrementiert wird.

Auf unser Beispiel angewandt (mit x gleich 1) bedeutet dies, daß die Anweisung

```
y = ++x;
```

zunächst den Wert von x um 1 auf 2 erhöht. Danach wird dieser neue Wert der Variablen y zugewiesen. y erhält also nicht den ursprünglichen Wert von x, sondern den um 1 erhöhten, und hat nunmehr den Wert 2, ebenso wie x. Die Dekrementierung

```
y = --x;
```

würde - ausgehend von x gleich 1 - dazu führen, daß zuerst der Wert von x um 1 auf 0 verringert und dann der Variablen y zugewiesen wird. Als Ergebnis hätten x und y den Wert 0.

Inkrementierung und Dekrementierung von Gleitkommavariablen

Inkrement- und Dekrement-Operatoren können auch auf Gleitkommavariablen angewendet werden. Nach der Definition

```
float f = 3.14;
```

erhöht die Anweisung

```
f++;
```

den Wert der Variablen *f* um 1 auf den Wert *4.14*. Die Gelegenheiten, bei denen eine Gleitkommavariable speziell um den Wert *1* inkrementiert oder dekrementiert werden müßte, sind jedoch wesentlich seltener als jene, bei denen dies für Variablen ganzzahligen Datentyps der Fall ist. Beispielsweise werden Zähloperationen, wie sie in Wiederholungsanweisungen (Schleifen) stattfinden, gewöhnlich mit Integervariablen durchgeführt (siehe dazu das Kapitel 4 "Kontrollstrukturen"). Wir halten die Ergebnisse unserer Beispieloperationen in einer Übersicht fest:

Variablenwert vor der Anweisung		Anweisung	Variablenwert nach der Anweisung	
x:1	y:0	y = x++;	x:2	y:1
x:1	y:0	y = x--;	x:0	y:1
x:1	y:0	y = ++x;	x:2	y:2
x:1	y:0	y = --x;	x:0	y:0

Abb. 58: Resultate von Inkrement- und Dekrement-Operationen

Nebeneffekte (side effects)

Die Inkrement- und Dekrement-Operatoren sind Operatoren mit sogenannten Nebeneffekten (Seiteneffekten). Ein Nebeneffekt besteht in der Veränderung des Werts eines Operanden während der Bearbeitung eines Ausdrucks. So sind z. B. alle Zuweisungen Operationen mit Nebeneffekten, da sie den Wert auf der linken Seite verändern. Nach den Definitionen

```
int x = 2, y = 2, z = 3;
```

ändert die Anweisung

```
z = x + y;
```

den Wert der Variablen z von 3 in 4. Der Wert der Variablen x und y bleibt demgegenüber unverändert. Ein derartige Anweisung ist unproblematisch, vergleicht man sie mit der Anweisung

```
y = (x = 2) + (x = x-1);
```

wobei wir für x und y die Definition

```
int x = 5, y;
```

annehmen. Aufgrund der Kommutativität des Operators "+", die es dem Compiler gewöhnlich erlaubt, die zugehörigen Operanden in beliebiger Reihenfolge auszuwerten, erhält die Variable y in dem obigen Beispiel entweder den Wert 3 oder den Wert 6 zugewiesen. Beide Operanden des "+"-Operators auf der rechten Seite der Zuweisung sind selbst wieder (geklammerte) Zuweisungen, welche die Variable x in ihrem Wert verändern. Bewertet der Compiler zuerst den Ausdruck

```
(x = 2)
```

so erhält x den Wert 2, ebenso der Operand *(x = 2)*, da der Wert einer Zuweisung stets der Wert ihrer linken Seite ist, nachdem der Wert der rechten Seite dorthin übertragen wurde. Der andere Operand des "+"-Operators

```
(x = x-1)
```

ändert dann den aktuellen Wert 2 der Variablen x erneut, diesmal durch Subtraktion von 1 in den Wert 1. Damit hat auch der gesamte Ausdruck *(x = x-1)* den Wert 1. Die Addition der beiden Operanden ergibt den Wert 3, welcher der Variablen y zugewiesen wird.

Im anderen Fall bewertet der Compiler zuerst den zweiten Operanden, den Ausdruck

```
(x = x-1)
```

Dies weist der Variablen x den neuen Wert 4 zu und auch der Wert des Ausdrucks *(x = x-1)* beträgt damit 4. Die Bewertung des anderen Operanden

```
(x = 2)
```

ergibt danach abermals einen neuen Wert für die Variable x und den gesamten Operanden, nämlich 2. Die Addition beider Operanden *(4 + 2)* hätte somit das Ergebnis 6, das in die Variable y übertragen wird.

Nebeneffekte bei Inkrement- und Dekrement-Operationen

Da die Inkrement- und Dekrement-Operationen der Operatoren "++" und "--" ebenfalls Zuweisungen durchführen, haben auch sie Nebeneffekte. Das folgende Beispiel verwendet einen Inkrement-Ausdruck als Funktionsparameter. Dazu muß man wissen, daß in der Programmiersprache C die Parameter einer Funktion vom Compiler in beliebiger Reihenfolge ausgewertet werden können. Dies bereitet keinerlei Probleme, wenn die Operanden normale Konstanten oder Variablen sind. Beispielsweise spielt es bei den Variablen

```
int x = 1, y = 1;
```

in der Anweisung

```
printf("%d %d", x, y);
```

keine große Rolle, ob zuerst x und dann y ausgewertet wird oder umgekehrt. In jedem Falle werden die Werte

```
1 1
```

ausgegeben. Verwendet man dagegen Ausdrücke als Funktionsparameter, die Inkrement- oder Dekrement-Operatoren enthalten (oder auch Zuweisungen), kann es zu Ergebnissen kommen, die nicht vorhersagbar sind. Die Anweisung

```
printf("%d %d", ++x, y = x);
```

kann unterschiedliche Ausgaben erzeugen, je nachdem, ob zuerst der Parameter $y = x$ oder zuerst der Parameter $++x$ ausgewertet wird. Haben beide Variablen anfangs den Wert 1, gibt die *printf*-Anweisung die Werte

```
2 1
```

aus, wenn zunächst das Argument

```
y = x
```

bewertet wird. Die Variable y und damit der Ausdruck $y = x$ erhalten den Wert von x, nämlich 1. Dieser Wert ist für die Ausgabe bestimmt, danach wird das Argument

```
++x
```

bewertet. Der Wert von x wird - vor der Verwendung von x - inkrementiert, d. h. von 1 auf 2 erhöht. Danach werden die Werte ausgegeben.

Wertet der Compiler aber zuerst den Ausdruck

```
++x
```

aus, so wird x inkrementiert und hat nun den neuen Wert 2. Bei der Auswertung des zweiten Arguments erhält y und damit der Ausdruck $y = 2$ nunmehr den Wert 2. Wir erhalten die Ausgabe

```
2 2
```

Die obigen Ausführungen legen nahe, im Sinne der Portabilität von Programmen keine Anweisungen zu programmieren, deren Ergebnisse davon abhängen, in welcher Reihenfolge Operanden mit Nebeneffekten ausgewertet werden.

3.2.5.4 Prioritäten

Die Zuweisungsoperatoren haben unterschiedliche Prioritäten. Die unären Inkrement- und Dekrement-Operatoren haben die Priorität 14, die binären Zuweisungsoperatoren allesamt die Priorität 2. Diese niedrige Priorität ermöglicht es, den Wert von Ausdrücken, die andere als die Zuweisungsoperatoren beinhalten, ohne Klammerung einer Variablen zuzuweisen. Mit den Variablen

```
int x = 1, y = 10;
```

wird in der Anweisung

```
y = x * 3 +y;
```

der Wert des Ausdrucks

```
x * 3 + y /*   Wert: 1 * 3 +10 = 13    */
```

der Variablen y zugewiesen, womit y ebenfalls den Wert *13* hat. Hätte jedoch der Zuweisungsoperator eine höhere Priorität als die Operatoren "*" und "+", so müßte der Ausdruck

```
x * 3 + y
```

geklammert werden, um dieses Ergebnis zu erreichen. Andernfalls nämlich würde zuerst die Zuweisung

```
y = x
```

ausgeführt, was für y den neuen Wert *1* ergäbe.

Mit den Zuweisungsoperatoren hat unsere Prioritätentabelle nun folgendes Aussehen:

Bezeichnung	Operatorsymbol	Priorität	Bewertungsreihenfolge
Klammern	( )	15	von links nach rechts
Unäre Operation			
Cast-Operator	(Datentyp)	14	von rechts nach links
Negations-Operatoren arithmetisch logisch bitlogisch	- ! ^	14 14 14	von rechts nach links von rechts nach links von rechts nach links
Inkrement Dekrement	++ --	14 14	von rechts nach links von rechts nach links
Binäre Operatoren			
Arithmetische Operatoren	* / % + -	13 12	von links nach rechts von links nach rechts
Schiebe-Operatoren	<< >>	11	von links nach rechts
Vergleichs-Operatoren	> >= < <= == !=	10 9	von links nach rechts von links nach rechts
Bit Operatoren	& ^ |	8 7 6	von links nach rechts von links nach rechts von links nach rechts
Logische Operatoren	&& ||	5 4	von links nach rechts von links nach rechts
Zuweisungs-Operatoren	= += -= *= /= %= >>= <<= &= ^= |=	2	von rechts nach links

Abb. 59: Prioritätentabelle der C-Operatoren (9)

3.2.6 Übrige Operatoren

Die folgenden Abschnitte behandeln die übrigen Operatoren von C. Unter diesen befindet sich als einziger ternärer Operator der Bedingungsoperator "?:".

3.2.6.1 Bedingungsoperator

Der Bedingungsoperator "?:" ist der einzige ternäre Operator in C. Seine drei Operanden sind Ausdrücke. Ein Ausdruck mit dem Bedingungsoperator hat die folgende Syntax:

```
Ausdruck1 ? Ausdruck2 : Ausdruck3
```

Ausdruck1 stellt die Bedingung des gesamten Ausdrucks dar. Sie wird auf ihren Wahrheitswert hin überprüft, also darauf, ob sie TRUE oder FALSE ist. Wie Sie schon wissen, bedeutet der logische Wert TRUE, daß der Ausdruck einen numerischen Wert ungleich 0 hat. Umgekehrt ist der logische Wert FALSE gleichbedeutend mit dem numerischen Wert *0*.

Ist *Ausdruck1* TRUE, ist die Bedingung also erfüllt, so wird *Ausdruck2* ausgewertet, und der Gesamtausdruck erhält den Wert von *Ausdruck2*.

Ist *Ausdruck1* FALSE, ist die Bedingung also nicht erfüllt, wird *Ausdruck3* ausgewertet, und der Wert des Gesamtausdrucks ist gleich dem Wert von *Ausdruck3*.

Mit den Variablen

```
int x = 10, y = 5;
```

ist der Wert des Ausdrucks

```
x != y ? x : y
```

gleich *10*, da *x* tatsächlich ungleich *y*, mithin die Bedingung

```
x != y
```

also TRUE ist. Der gesamte Ausdruck erhält also den Wert von *x*, nämlich *10*. Umgekehrt wäre in dem Ausdruck

```
x == y ? x : y
```

die Bedingung FALSE, da *x* nicht gleich *y* ist. Der Gesamtausdruck bekommt daher den Wert von *y*, also *5*. Der Bedingungsoperator hat die Priorität 3. Insofern muß in unserem Beispiel die Bedingung

```
x == y
```

nicht geklammert werden, da der "=="-Operator eine höhere Priorität besitzt und folglich der Teilausdruck *x* == *y* zuerst ausgewertet wird. Ersetzt man jedoch die Bedingung

```
x == y    /*  Vergleichsoperator */
```

durch

```
x = y     /*  Zuweisungsoperator */
```

so wird in dem Ausdruck

```
x = y ? x : y
```

ohne Klammerung zunächst der Teilausdruck

```
y ? x : y
```

ausgewertet, da der Bedingungsoperator eine höhere Priorität (3) besitzt als der Zuweisungsoperator (2). Das Ergebnis dieses Teilausdrucks würde dann der Variablen *x* zugewiesen. *x* erhielte in diesem Fall den Wert *10*, weil der Ausdruck *y* ungleich 0, also TRUE ist. Soll aber der Ausdruck

```
x = y
```

die Bedingung darstellen, müssen wir ihn klammern:

```
(x = y) ? x : y
```

Dies ergibt für *x* den Wert *5*, da aufgrund der Klammerung zunächst *y:* an *x* zugewiesen und erst dann der Bedingungsoperator ausgewertet wird. Der Gesamtausdruck hätte den Wert *10*, denn der Zuweisungsausdruck hat den Wert von *x* nach der Zuweisung, ist also ungleich 0 (TRUE).

Mit einer Anweisung wie

```
printf("%d", x != y ? x:y);
```

kann der Wert eines Bedingungsausdrucks (hier: *10*) direkt ausgegeben werden, wobei darauf zu achten ist, daß das Formatelement dem Datentyp des Werts entspricht, den der Ausdruck annimmt. Nähme man statt der *int*-Variablen *x* und *y* zwei *float*-Variablen

```
float p = 10.5, q = 5.5;
```

müßte man das Formatelement *%f* verwenden:

```
printf("%f", p != q ? p:q);
```

Ähnliches gilt, wenn man den Wert eines Bedingungsausdrucks einer Variablen zuweisen will. Der Datentyp der Variablen *absvalue* in der Anweisung

```
absvalue = x < 0 ? -x : x;
```

mit der der Absolutwert einer Zahl ermittelt wird, sollte dem Datentyp von *x* entsprechen. (Sind die Datentypen von *Ausdruck2* und *Ausdruck3* unterschiedlich, werden die üblichen impliziten Konvertierungen durchgeführt. Vgl. dazu das Kapitel 3.2.1.3 "Typumwandlungen".)

3.2.6.2 Sequenzoperator

Der Sequenzoperator oder *Kommaoperator* "," ermöglicht es, zwei Ausdrücke syntaktisch als einen aufzufassen. Die beiden Anweisungen

```
++x;
++y;
```

ließen sich auch in einer Anweisung schreiben:

```
++x, ++y;
```

Die beiden Operanden des Sequenzoperators werden von links nach rechts ausgewertet. Wert und Typ des Gesamtausdrucks sind dabei gleich dem Wert und Typ des zweiten Operanden. Sind in unserem Beispiel *x* und *y* *int*-Variablen mit Werten *1* für *x* und *2* für *y*, so hat der Ausdruck

```
++x, ++y
```

den Wert von ++*y*, also *3*. Der Sequenzoperator erlaubt es, dort, wo nur ein Ausdruck zugelassen ist, zwei (oder mehr) Ausdrücke anzugeben. Eine gängige Anwendung, die von dieser Möglichkeit Gebrauch macht, werden wir in Kapitel 4 "Kontrollstrukturen" kennenlernen. Der Sequenzoperator hat die niedrigste Priorität von allen Operatoren, nämlich 1.

Im Zusammenhang mit dem Sequenzoperator sollten wir uns daran erinnern, daß wir das Komma bereits in einer anderen Funktion kennen, die nichts mit dem Sequenzoperator zu tun hat. In Variablendefinitionen wie

```
int x = 1, y = 2, z = 3;
```

oder Funktionsaufrufen wie

```
printf("%d %d %d", x, y, z);
```

hat das Komma lediglich die Funktion eines Trennzeichens, das die Elemente einer Liste (von Namen, Parametern etc.) voneinander separiert. Insbesondere im letzten Beispiel legt das Trennzeichen Komma nicht etwa eine Auswertungsreihenfolge fest. Wie wir bereits in Kapitel 3.2.5.3 im Abschnitt "Nebeneffekte" gezeigt haben, ist es dem Compiler völlig freigestellt, in welcher Reihenfolge er die Parameter - beispielsweise die Argumente der Funktion *printf* - in einem Funktionsaufruf auswertet. Die Klammerung der Argumente in dem Funktionsaufruf

```
printf("%d %d", (x, y), z);
```

bewirkt jedoch, daß der Compiler das Komma zwischen den Argumenten x und y als Sequenzoperator deutet. Die Funktion *printf* hat in diesem Fall nur zwei Argumente, nämlich (x, y) und z. In dem Klammerausdruck (x, y) wird zuerst x und dann y ausgewertet. Das Argument

```
(x, y)
```

hat den Wert von y, also 2.

3.2.6.3 Größenoperator

Der unäre Größenoperator *sizeof* ermittelt den Speicherbedarf in Byte, den eine Variable oder ein Datentyp benötigt. Der *sizeof*-Operator verwendet folgende Syntax:

```
sizeof (Ausdruck)
```

bzw.

```
sizeof (Datentyp)
```

Die Klammern können entfallen, wenn der Operand ein Ausdruck ist, jedoch ist es Konvention, sie auch dann zu setzen. Nach den Definitionen

```
short s;
long l;
double d;
```

haben die Ausdrücke

```
sizeof(s)
sizeof(l)
sizeof(d)
```

die Werte *2*, *4* und *8*, da die Variablen ebendiese Anzahl Bytes an Speicherplatz belegen. Der *sizeof*-Operator verarbeitet auch die Namen von Datentypen. So haben die Ausdrücke

```
sizeof(short)
sizeof(long)
sizeof(double)
```

ebenfalls die Werte *2*, *4* und *8*, da dies der Speicherbedarf der einzelnen Datentypen ist. Der Ausdruck

```
sizeof(int)
```

dagegen kann den Wert *2* oder *4* besitzen, je nachdem, welche Größe der Datentyp *int* auf dem jeweiligen Computersystem hat.

Der *sizeof*-Operator hat die Priorität 14.

3.2.6.4 Adreßoperator

Der unäre Adreßoperator "&" - nicht zu verwechseln mit dem binären bitweisen UND-Operator - ist schon vom Kapitel 2. "Eingabe und Ausgabe" her bekannt. Er liefert die Adresse seines Operanden, der ein *Lwert* sein muß (vgl. das Kapitel 3.2.5 "Zuweisungsoperatoren"), also etwa ein Variablenname. Ist x eine Variable, so gibt der Ausdruck

```
&x
```

die Adresse der Variablen x an. Der Adreßoperator hat die Priorität 14. Bezüglich weiterer Einzelheiten vergleiche man das Kapitel 2 "Eingabe und Ausgabe", Kapitel 2.2 "Formatierte Eingabe" sowie das Kapitel 9 "Zeiger".

3.2.6.5 Cast-Operator

Der unäre *Cast*-Operator (Datentyp) wurde ebenfalls schon behandelt. Er hat die Priorität 14. Mit ihm ist es möglich, den Datentyp eines Objekts explizit in einen anderen zu konvertieren. Den Datentyp einer *int*-Variablen x etwa, wandelt der Ausdruck

```
(double) x
```

von *int* in *double* um. Näheres zum *Cast*-Operator erfährt man in Kapitel 3.2.1.3 "Typumwandlungen".

3.2.6.6 Klammeroperatoren

Runde Klammern haben die höchste Prioritätsstufe (15), denn eine ihrer wesentlichen Funktionen besteht darin, zu ermöglichen, Ausdrücke mit anderen Operatoren in beliebiger Weise zu gruppieren, d. h. Einfluß auf die Auswertungsreihenfolge in einem Ausdruck zu nehmen. Beispielsweise ergibt die Auswertung des Ausdrucks

```
5 * 7 + 3
```

einen anderen Wert - nämlich 38 - als die Auswertung des Ausdrucks

```
5 * (7 + 3)
```

die das Resultat 50 hat.

Die runden Klammern werden auch als Funktionsklammern verwendet, d. h., sie schließen die Parameter einer C-Funktion ein und werden bei Aufruf, Deklaration und Definition einer Funktion hinter dem Funktionsnamen angegeben, selbst wenn die Funktion keine Parameter besitzt. Die eckigen Klammern "[" und "]" werden bei dem zusammengesetzten Datentyp *Array* verwendet. Sie werden daher erst in Kapitel 5 "Zusammengesetzte Datentypen", 5.1 "Arrays" und 5.2 "Strukturen" behandelt. Auch die eckigen Klammern haben die Priorität 15.

3.2.6.7 Operatoren zur Komponentenauswahl und Verweisoperator (Indirektionsoperator)

Die Operatoren "." und "->" werden zur Komponentenauswahl bei dem zusammengesetzten Datentyp *struct* (Struktur) verwendet. Sie werden in Kapitel 5 "Zusammengesetzte Datentypen", 5.1 "Arrays" und 5.2 "Strukturen" bzw. in Kapitel 9 "Zeiger" erläutert. Die Operatoren "." und "->" haben die Priorität 15. Der unäre *Verweisoperator* "*" - nicht zu verwechseln mit dem Multiplikationsoperator - wird im Kapitel "Zeiger" besprochen. Er hat die Priorität 14.

3.2.7 Prioritäten

Wir sind nun in der Lage, eine vollständige Liste der C-Operatoren und ihrer Prioritäten anzugeben:

Bezeichnung	Operatorsymbol	Priorität	Bewertungsreihenfolge
Klammern	( ) [ ]	15	von links nach rechts
Operatoren zur Komponenten-Auswahl	. ->	15	von links nach rechts
Unäre Operation			
Cast-Operator	(Datentyp)	14	von rechts nach links
Größenoperator	sizeof	14	von rechts nach links
Adreßoperator	&	14	von rechts nach links
Verweis-Operator	*	14	von rechts nach links
Negations-Operatoren arithmetisch logisch bitlogisch	- ! ~	14 14 14	von rechts nach links von rechts nach links von rechts nach links
Inkrement Dekrement	++ --	14 14	von rechts nach links von rechts nach links
Binäre und ternäre Operatoren			
Arithmetische Operatoren	* / % + -	13 12	von links nach rechts von links nach rechts
Schiebe-Operatoren	<< >>	11	von links nach rechts
Vergleichs-Operatoren	> >= < <= == !=	10 9	von links nach rechts von links nach rechts
Bit Operatoren	& ^ |	8 7 6	von links nach rechts von links nach rechts von links nach rechts
Logische Operatoren	&& ||	5 4	von links nach rechts von links nach rechts
Bedingungs-Operator (ternär)	?:	3	von rechts nach links
Zuweisungs-Operatoren	= += -= *= /= %= >>= <<= &= ^= |=	2	von rechts nach links
Sequenz-Operator	,	1	von rechts nach links

Abb. 60: Prioritätentabelle der C-Operatoren (10)

3.3 Fragen zur Wiederholung

Die Antworten auf die Wiederholungsfragen dieses Kapitels finden Sie im Anhang ab Seite 793.

1 Erläutern Sie den Begriff *Integerarithmetik*.

2 Welchen Wert haben die folgenden Ausdrücke?

a) 3 + 3 * 4 / 2

b) 3 + 3 / 2 * 4

c) 3 + 3 % 2 * 4

d) 3 + 3 * 4 % 2

e) (3 + 3) % 2 * 4

f) (3 + 3) % (2 * 4)

3 Warum erzeugt die Anweisung

```
printf("%d", (10 +1) / (4 % 2));
```

eine Fehlermeldung des Compilers?

4 Was gibt die folgende Anweisung aus?

```
printf("%c%c%c%c%c", 'Z'-25, '¹'%84, 'É'/3, 2*'$'+1, '5'+20);
```

Begründen Sie, warum sich Zeichenkonstanten als Operanden für arithmetische Operatoren verwenden lassen.

5 Was versteht man unter *impliziter* und *expliziter* Typumwandlung?

6 Gegeben seien die Variablen

```
char c   = 1;
int i    = 2;
long l   = 3;
float f  = 3.0;
double d = 3.0;
```

Welchen Wert und welchen Typ haben die Ausdrücke auf der rechten und linken Seite der folgenden Zuweisungen? Die Anfangswerte aus den obigen Definitionen sollen dabei für jede der Teilaufgaben gelten.

a)   c   =   i + c;

b)   d   =   i + l;

c)   f   =   i + d;

d)   i   =   i / d;

e)   l   =   i / l;

f)   d   =   i / l;

g)   d   =   (double) i / l;

h)   d   =   (double) (i / l);

7 Erläutern Sie die Begriffe TRUE und FALSE.

8 Gegeben seien die Variablen

```
int x = 1, y = 0;
float z = 2.0;
```

Welche der folgenden Ausdrücke sind TRUE, welche FALSE?

Welchen Wert haben sie?

a)   5   b)   -5   c)   0

d)   x   e)   y   f)   x > y

g)   y - x   h)   y == z   i)   x * (z >= y)

j)   5 != 5   k)   x - (y == 0)   l)   x - (x = 0)

9 Gegeben seien die Variablen

```
int x = 1, y = 0;
```

Sind die folgenden Ausdrücke TRUE oder FALSE?

Welchen Wert hat *x* jeweils nach Auswertung der Ausdrücke g) bis j)?

a)   x && y   b)   x || y

c)   !(x && y)   d)   !x && y

e)   x > y && y == 0   f)   x < y || !y

g)   x == 0 && ++x   h)   ++x && x == 0

i)   x == 1 || ++x   j)   ++x || x == 1

10 Gegeben seien zwei Variablen

```
int x = 255, y = 231;
```

In der Variablen x sollen das erste und das achte Bit von rechts gelöscht werden.

In der Variablen y sollen das vierte und fünfte Bit von rechts gesetzt, das dritte und sechste Bit gelöscht werden.

Wie lauten die entsprechenden Anweisungen?

11 Wir nehmen für das Beispiel im Kapitel 3.2.5.4 "Prioritäten" für die Variable x statt des Datentyps *unsigned int* den Typ *int* an. Welchen Wert hat der Ausdruck

```
~x >> 8
```

in beiden Fällen?

12 Was versteht man unter einem Nebeneffekt?

Inwiefern sind Nebeneffekte problematisch?

13 Je nachdem, ob eine *float*-Variable x kleiner ist als die Differenz y-z zweier weiterer *float*-Variablen y und z, soll entweder der Wert von x ausgegeben werden oder das Zehnfache der Differenz von y und z.

Formulieren Sie die entsprechende Anweisung mit Hilfe des Zuweisungsoperators.

14 Gegeben seien die Variablen

```
short s;
long l;
double d;
```

Welchen Wert gibt die folgende Anweisung aus?

```
printf("%d", sizeof(x+l+d));
```

3.4 Aufgaben

Die Lösungen der Aufgaben dieses Kapitels finden Sie im Anhang ab Seite 833.

1 Schreiben Sie ein Programm, das die kleinere von zwei eingegebenen Zahlen ermittelt und ausgibt.

2 Gelegentlich stehen Daten als *alphanumerische* Werte zur Verfügung, mit denen man nicht die gewünschten numerischen Operationen durchführen kann. Man muß sie dazu in numerische Werte umwandeln.

Ein Programm soll für zwei Ziffern, die als Zeichen (also alphanumerisch) eingegeben werden, die Summe der entsprechenden Zahlen berechnen und ausgeben. Gibt der Benutzer also beispielsweise die Zeichen

```
3 4
```

ein, soll das Programm die Eingaben in die numerischen Werte 3 und 4 umwandeln und die Summe 7 ausgeben.

3 Zu einer vierstelligen ganzen Zahl x soll die Zahl *xreverse* addiert werden, die sich ergibt, wenn man die Ziffern von x in umgekehrter Reihenfolge notiert. Beispielsweise ergäbe die Zahl

```
1234
```

umgekehrt den Wert

```
4321
```

und die Summe beider Zahlen wäre *5555*.

4 Ein Programm soll die Zeit ermitteln, die ein Flugzeug braucht, um eine bestimmte Strecke zurückzulegen. Dazu werden Flugstrecke (in km), Fluggeschwindigkeit (in km/h) und Windgeschwindigkeit (in km/h) als ganzzahlige Werte eingegeben. Die Flugzeit soll in Stunden und Minuten im Format

```
HH:MM
```

ausgegeben werden. Bei der Windgeschwindigkeit bedeutet ein positiver Wert Gegenwind, ein negativer Wert Rückenwind.

5 Man lasse eine fünfstellige ganze Zahl eingeben und finde

a)   die größte Ziffer heraus,

b)   die größte gerade Ziffer heraus.

6 Eine der Standardprogrammieraufgaben besteht darin, eine Tabelle mit Celsius- und Fahrenheit-Temperaturen zu erzeugen. Angenommen, die Tabelle soll für Celsius-Werte zwischen 0 und 100 Grad in 5-Grad-Schritten die entsprechenden Fahrenheit-Werte liefern. Überlegen wir uns, welche Art von Anweisung (die wir noch nicht kennen) sinnvoll wäre, um dieses Problem mit wenig Aufwand zu lösen. Skizzieren Sie die Lösung in Umgangssprache oder Pseudocode.

4. Kontrollstrukturen

Die Aufgabe 6 aus dem letzten Kapitel deutete bereits an, daß es nützlich sein könnte, über eine Anweisung zu verfügen, mit der sich Verarbeitungsschritte wiederholen lassen. Oft ergibt sich auch die Notwendigkeit, die Ausführung bestimmter Anweisungen von einer Bedingung abhängig zu machen.

Für diese Zwecke stellt die Programmiersprache C sogenannte Kontrollstrukturen bereit. Kontrollstrukturen sind Anweisungen, mit denen der Programmablauf gesteuert ("kontrolliert") werden kann. Wir unterscheiden drei Gruppen von Kontrollstrukturen:

- Auswahlanweisungen (Selektionsanweisungen)
- Wiederholungsanweisungen (Iterationsanweisungen)
- Kontrolltransfer-Anweisungen

4.1 Auswahlanweisungen (Selektionen)

Auswahlanweisungen sorgen dafür, daß Anweisungen nicht in jedem Fall ausgeführt werden, sondern nur in einer vom Programmierer bestimmten Auswahl von Fällen. Wir betrachten in diesem Zusammenhang die Anweisungen *if* (bedingte Anweisung), *if else* (bedingte Anweisung mit Alternative) und *switch* (Mehrfachauswahl).

4.1.1 Bedingte Anweisung (if)

Die Bedingte Anweisung oder *if*-Anweisung ermöglicht es, Anweisungen nur in dem (einen) Fall ausführen zu lassen, in dem eine bestimmte Bedingung erfüllt ist. Die *if*-Anweisung hat folgende Syntax:

```
if (Ausdruck)
    Anweisung;
```

Der geklammerte Anweisungsteil *Ausdruck* stellt die Bedingung (condition) der *if*-Anweisung dar, von der es abhängt, ob die nachfolgende Anweisung ausgeführt wird oder nicht. Hat *Ausdruck* einen Wert ungleich 0, so gilt die

Bedingung der *if*-Anweisung als TRUE (wahr), und die zugehörige Anweisung wird ausgeführt. Hat *Ausdruck* dagegen den Wert *0*, gilt die Bedingung als FALSE (falsch), und die Anweisung wird nicht ausgeführt.

Hat man die beiden Variablen

```
int x = 5, y = 3;
```

so bewirkt die *if*-Anweisung in dem Programmfragment

```
  .
  .

  .
if   (x > y)
     printf("x ist größer als y.");
printf("\nDies ist die auf die if-Anweisung folgende Anweisung.")
  .

  .

  .
```

daß die Meldung "x ist größer als y" nur dann ausgegeben wird, wenn die Variable x einen größeren Wert als die Variable y hat, was in unserem Beispiel der Fall ist. Die Bedingung der *if*-Anweisung, der Vergleichsausdruck

```
x > y
```

ist damit TRUE, also ungleich 0. Der oben skizzierte Programmteil produziert daher die Ausgabe:

```
x ist größer als y.
Dies ist die auf die if-Anweisung folgende Anweisung.
```

Nehmen wir für x und y die Definitionen

```
int x = 3, y = 5;
```

an, ist die Bedingung der *if*-Anweisung nicht erfüllt, also FALSE, da x nun kleiner als y ist und der Ausdruck

```
x > y
```

den Wert *0* liefert. Daher wird die Meldung "x ist größer als y." nicht ausgegeben, und das Programm fährt mit der nächsten Anweisung nach der *if*-Anweisung fort. Man erhält nunmehr als Ausgabe lediglich

```
Dies ist die auf die if-Anweisung folgende Anweisung.
```

Das Einrücken der abhängigen Anweisung erfolgt nur aus Gründen der Übersichtlichkeit und hat keinen Einfluß auf die Ausführung der if-Anweisung. Syntaktisch ebenso korrekt (aber unübersichtlicher) sind die Formulierungen

```
if (x > y) printf("x ist größer als y.");
```

oder

```
if (x > y)
printf("x ist größer als y.");
```

Beispielsweise ist in der letzten *if*-Konstruktion nicht auf den ersten Blick ersichtlich, daß die *printf*-Anweisung von der Bedingung der *if*-Anweisung abhängt.

Komplexere Bedingungen

Die Bedingung der *if*-Anweisung kann auch aus mehreren Teilbedingungen bestehen. Wollen wir etwa die Ausgabe der Meldung "x ist größer als y" zusätzlich noch davon abhängig machen, ob x größer als Null ist, erreichen wir dies mit:

```
if  (x > y  &&  x > 0)
   printf("x ist größer als y.");
```

Der Satz "x ist größer als y." wird nur ausgegeben, wenn x größer als y und größer als Null ist, also etwa für unsere Anfangsdefinitionen

```
int x = 5, y = 3;
```

Würden den Variablen x und y mit

```
x = -2;
y = -3;
```

vor der Ausführung der *if*-Anweisung zwischenzeitlich die Werte -2 und -3 zugewiesen, so wäre x zwar größer als y, aber nicht größer als Null. Die Bedingung

```
(x > y  &&  x > 0)
```

wäre nicht TRUE, d. h., ihre Auswertung ergäbe den Wert 0 (für FALSE), und demzufolge würde die obige Meldung nicht ausgegeben.

Konstante Ausdrücke als Bedingung

Die Bedingung einer *if*-Anweisung muß keineswegs logische oder vergleichende Operationen enthalten (wie in unseren bisherigen Beispielen). Da jeder Ausdruck, dessen Wert von 0 verschieden ist, als TRUE und jeder Ausdruck mit dem Wert *0* als FALSE gilt, sind auch Ausdrücke wie

```
(3+4)   (5)  (0) etc.
```

als Bedingung einer *if*-Anweisung denkbar. Im Falle von

```
if (5)
    printf("Die Bedingung ist TRUE.");
```

wird der Satz "Die Bedingung ist TRUE." ausgegeben, denn der Ausdruck (5) ist ungleich 0 und daher TRUE.

Dagegen hat bei

```
if (0)
    printf("Dieser Satz wird nicht ausgegeben.");
```

die Bedingung der *if*-Anweisung den Wert 0 und ist daher FALSE, was zur Folge hat, daß die *printf*-Anweisung nicht ausgeführt wird.

Bei der Formulierung von Bedingungen können wir auch jene abkürzende Schreibweise für Vergleichsausdrücke verwenden, die wir im Zusammenhang mit dem logischen Negationsoperator "!" diskutiert haben (vgl. das Kapitel 3 "Ausdrücke und Operatoren" und darin 3.2.3 "Logische Operatoren"). Ist *x* eine Variable, so haben bekanntlich die Ausdrücke

```
x    und   x != 0
```

stets die gleichen Wahrheitswerte, sind also logisch äquivalent, da beide Ausdrücke TRUE sind, wenn *x* ungleich 0 ist, und FALSE, wenn *x* gleich 0 ist. Ähnliches gilt für die Ausdrücke

```
!x    und    x == 0
```

Ist *x* gleich 0, sind beide Ausdrücke TRUE, denn die Operatoren "!" und "==" liefern in diesem Fall den Wert *1* für den jeweiligen Ausdruck. Analog haben beide Ausdrücke den Wert *0*, sind also FALSE, wenn *x* ungleich 0 ist. Die obigen Äquivalenzbeziehungen gestatten es, die Bedingungen in *if*-Anweisungen kürzer zu formulieren. Statt

```
if(x == 0)
```

schreibt man knapper

```
if(!x)
```

statt

```
if(x != 0)
```

verwendet man

```
if(x)
```

In dem folgenden Beispielprogramm ist es vom Wert einer bestimmten Variablen abhängig, ob das Programm abbricht oder seine Aufgabe - eine einfache Berechnung - durchführt. Für einen eventuellen Programmabbruch wird die C-Funktion *exit* verwendet.

▶ *recip1.c:*

```
1  /*   recip1 berechnet den Kehrwert einer Zahl.
2       Das Programm wird mit der Funktion exit
3       abgebrochen, wenn der Wert 0 eingegeben wird.   */
4
5  #include <stdio.h>                          /*   für printf, scanf */
6  #include <stdlib.h>                          /*   für exit */
7
8  main()
9  {
10    float x;
11
12    printf("\033[2J");
13    printf("Kehrwertberechnung für alle Zahlen außer 0.\n");
14    printf("Ihre Zahl: ");
15    scanf("%f", &x);
16
17    if (!x)                                   /*   falls x gleich 0 ist:   */
18      exit(1);    /*   Programmabbruch zur Verhinderung einer Division durch 0. */
19
20    printf("\nDer Kehrwert der eingegebenen Zahl ist %f", 1/x);
21  }
```

Analyse

Das Programm recip1.c berechnet den Kehrwert einer Zahl und demonstriert dabei eine etwas grobe Fehlerbehandlung. Da eine Division durch Null mathematisch nicht zulässig ist, bricht das Programm ab, wenn der Anwender trotz des Hinweises den Wert *0* eingibt. In diesem Fall ist die Bedingung der *if*-Anweisung nämlich TRUE, da der Ausdruck

```
!x
```

TRUE ist, wenn *x* gleich 0 (also FALSE) ist. Statt der "normalen" Formulierung

```
if (x == 0)
```

verwendet das Programm die kürzere, gleichwertige Schreibweise

```
if (!x)
```

Für den Programmabbruch ist die Funktion *exit* zuständig. Sie beendet ein Programm (z. B. wenn ein Fehler aufgetreten ist) und teilt durch einen Parameterwert dem Betriebssystem mit, unter welchen Umständen das Programm beendet wurde. Der Parameterwert *0* in der Anweisung

```
exit(0); /*   fehlerfreier Programmlauf   */
```

zeigt dabei an, daß das Programm fehlerfrei ablief. Der Wert 1 oder ein Wert größer als 1 zeigt an, daß ein bestimmter Fehler aufgetreten ist. Ein solcher Statuswert kann vom Betriebssystem aus abgefragt werden (z. B. in einer Batch-Datei). Unter DOS beispielsweise steht dafür der Befehl

```
IF ERRORLEVEL
```

zur Verfügung. Wir beachten, daß für die Funktion *exit* die *Include-Datei* *stdlib.h* mit einzuschließen ist. Die Division durch 0 ließe sich auch ohne die Funktion *exit* vermeiden:

▶ *recip2.c:*

```
 1  /*   recip2 berechnet den Kehrwert einer Zahl. Die Division
 2       durch 0 wird durch eine entsprechende if-Konstruktion vermieden.   */
 3
 4  #include <stdio.h>                               /*   für printf, scanf */
 5
 6  main()
 7  {
 8    float x;
 9
10    printf("\033[2J");
11    printf("Kehrwertberechnung für alle Zahlen außer 0.\n");
12    printf("Ihre Zahl: ");
13    scanf("%f", &x);
14    if (x)                                    /*   falls x ungleich 0 ist */
15     printf("\nDer Kehrwert der eingegebenen Zahl ist %f", 1/x);
16  }
```

Im Unterschied zu recip1.c wird in der *if*-Anweisung jetzt nicht geprüft, ob die eingegebene Zahl gleich 0, sondern ob sie ungleich 0 ist. Nur in diesem Fall wird die Berechnung durchgeführt. Ein Programmabbruch ist nun nicht mehr nötig. Ist die eingegebene Zahl gleich 0, ist die Bedingung der *if*-Anweisung FALSE, und die Anweisung

```
printf("\nDer Kehrwert der eingegebenen Zahl ist %f", 1/x);
```

wird nicht ausgeführt. Da das Programm keine weiteren Anweisungen enthält, endet es nach der *if*-Anweisung.

Zusammengesetzte Anweisungen (compound statements)

Was ist, wenn die Ausführung nicht nur einer, sondern mehrerer Anweisungen von einer Bedingung abhängig sein sollen? Stellen wir uns vor, in unserem Programm recip1.c soll im Falle eines Programmabbruchs zusätzlich noch eine erläuternde Meldung ausgegeben werden. Der Versuch

```
if (!x)
 printf("Unzulässige Division durch Null. Programmabbruch.");
 exit(1);
```

hätte nicht das gewünschte Resultat. In der obigen Konstruktion ist nur die Anweisung

```
printf("Unzulässige Division durch Null. Programmabbruch.");
```

von der Bedingung der *if*-Anweisung abhängig. Dies ist auch die allgemeine Regel, nur die Ausführung der unmittelbar auf die Bedingung folgenden Anweisung hängt von der Bedingung ab. Die Anweisung

```
exit(1);
```

wäre daher eine von der Bedingung der *if*-Anweisung unabhängige Anweisung, die in jedem Fall ausgeführt würde. Dies bedeutet aber, daß das Programm auch dann abgebrochen würde, wenn der Anwender eine korrekte Zahl ungleich 0 eingibt. Wir lösen das Problem, indem wir die betreffenden Anweisungen in geschweifte Klammern (Blockklammern) setzen:

```
if (!x)
 {
 printf("Unzulässige Division durch Null. Programmabbruch.");
 exit(1);
 }
```

Die Anweisungen

```
 {
 printf("Unzulässige Division durch Null. Programmabbruch.");
 exit(1);
 }
```

bilden einen Block. Mehrere Anweisungen, die in Blockklammern eingeschlossen sind, nennt man auch eine *zusammengesetzte Anweisung* (compound
statement). Eine zusammengesetzte Anweisung gilt syntaktisch als eine einzige Anweisung. Dieser Umstand ermöglicht es, nicht nur eine einzelne Anweisung, sondern prinzipiell beliebig viele Anweisungen in Abhängigkeit
von einer Bedingung ausführen zu lassen. Voraussetzung ist lediglich, daß
man sie in Blockklammern einschließt, womit der Forderung nach nur einer
abhängigen Anweisung formal Genüge getan ist. (Selbstverständlich kann
man, wenn man will, auch eine einzelne Anweisung in Blockklammern einschließen.)

Damit können wir für die *if*-Anweisung der eingangs präsentierten Syntax

```
if (Ausdruck)
    Anweisung;
```

eine zweite, äquivalente zur Seite stellen:

```
if (Ausdruck)
  {
   Anweisung 1;
   Anweisung 2;
   .
   .
   .
   Anweisung n;
  }
```

Angewandt auf das Kehrwertproblem erhalten wir nun eine korrekte Programmversion, in der das Programm tatsächlich nur dann abgebrochen wird,
wenn die Variable *x* den Wert 0 hat.

▶ recip3.c:

```
 1  /*   recip3 berechnet den Kehrwert einer Zahl.
 2       Das Programm wird mit der Funktion exit
 3       abgebrochen, wenn der Wert 0 eingegeben wird.   */
 4
 5  #include <stdio.h>                              /*   für printf, scanf  */
 6  #include <stdlib.h>                             /*   für exit  */
 7
 8  main()
 9  {
10   float x;
11
12   printf("\033[2J");
13   printf("Kehrwertberechnung für alle Zahlen außer 0.\n");
14   printf("Ihre Zahl: ");
15   scanf("%f", &x);
16   if (!x)                                        /*   falls x gleich 0 ist:  */
17    {                                             /*   Blockanfang  */
```

```
18    printf("Unzulässige Division durch Null. Programmabbruch.");
19    exit(1);    /*  Programmabbruch zur Verhinderung einer Division durch 0. */
20    }                                              /*  Blockende */
21    printf("\nDer Kehrwert der eingegebenen Zahl ist %f", 1/x);
22  }
```

Grafische Darstellung der if-Anweisung

Die *if*-Anweisung läßt sich auch grafisch veranschaulichen. Eine geläufige Darstellungsform sind die sogenannten *Nassi-Shneiderman-Diagramme* (benannt nach I. Nassi und B. Shneiderman):

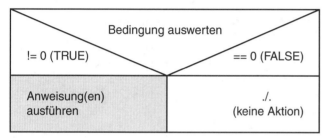

Abb. 61: Nassi-Shneiderman-Diagramm zur if-Anweisung

In der linken Hälfte des Diagramms - im sog. JA-Zweig (JA als Antwort auf die Frage: "Ist die Bedingung erfüllt?") - ist vermerkt, was getan werden soll, wenn die Bedingung der *if*-Anweisung TRUE (also ungleich 0) ist. Die rechte Hälfte - der NEIN-Zweig - zeigt, daß bei der *if*-Anweisung nichts geschieht, wenn die Auswertung der Bedingung das Resultat FALSE (also 0) ergeben hat. In der Umgangssprache könnte man die *if*-Anweisung daher folgendermaßen beschreiben:

- Falls die Bedingung erfüllt ist, führe die folgende Anweisung aus.

- Andernfalls tue nichts.

Im folgenden Unterkapitel werden wir sehen, daß es auch möglich ist, "etwas zu tun", d. h. Anweisungen auszuführen, wenn die Bedingung der *if*-Anweisung FALSE ist.

4.1.2 Bedingte Anweisung mit Alternative (if else)

Es können Fälle eintreten, in denen nicht nur, wenn die Bedingung der *if*-Anweisung TRUE ist, Anweisungen ausgeführt werden sollen, sondern ebenfalls, wenn sie FALSE ist. So möchte man vielleicht für zwei Variablen x und y

die Meldung "x ist größer als y" ausgeben, wenn *x* größer als *y* ist, andernfalls aber die Meldung "x ist nicht größer als y". Wir könnten das natürlich mit zwei *if*-Anweisungen realisieren:

```
if (x > y)
    printf("x ist größer als y.");
if !(x > y)
    printf("x ist nicht größer als y.");
```

Das gleiche Resultat erzielen wir mit einer einzigen Anweisung, wenn wir statt der beiden *if*-Anweisungen die *if else*-Anweisung verwenden. Die *if else*-Anweisung arbeitet nach dem folgenden Prinzip:

- Falls die Bedingung erfüllt ist, führe die unmittelbar folgende(n) Anweisung(en) aus.

- Andernfalls führe die Anweisung(en) nach dem Schlüsselwort else aus.

Die *if else*-Anweisung hat die Syntax:

```
if (Ausdruck)
    Anweisung;
else
    Anweisung;
```

bzw.

```
if (Ausdruck)
    {
    Anweisung(en);
    }
else
    {
    Anweisung(en);

    }
```

Angewandt auf das obige Beispiel ergibt sich:

```
if (x > y)
    printf("x ist größer als y.");
else
    printf("x ist nicht größer als y.");
```

Im Gegensatz zur *if*-Anweisung wird nunmehr in dem Fall, daß die Bedingung FALSE ist, eine alternative Anweisung ausgeführt. Das zugehörige Nassi-Shneiderman-Diagramm verdeutlicht, daß die *if else*-Anweisung allgemein eine Auswahl zwischen zwei konkreten Alternativen realisiert. Das Diagramm enthält jetzt sowohl in seiner linken Hälfte (dem *JA*- oder *if*-Zweig) als auch in seiner rechten (dem *NEIN*- oder *else*-Zweig) Anweisungen:

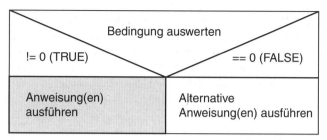

Abb. 62: Nassi-Shneiderman-Diagramm zur if else-Anweisung

if else-Anweisung und Bedingungsoperator

Die *if else*-Anweisung läßt sich in manchen Fällen durch den Bedingungsoperator ersetzen, wodurch man sich etwas Schreibarbeit erspart. Beispielsweise ist für die Variablen *x*, *y* und *minimum* die Anweisung

```
if (x > y)
    minimum = y;
else
    minimum = x;
```

äquivalent zu

```
minimum = x > y ? y : x;
```

Mit beiden Codierungen wird das Minimum zweier Zahlen ermittelt.

4.1.3 Geschachtelte bedingte Anweisungen

Gelegentlich enthalten Anweisungen weitere Anweisungen derselben Art. In diesem Fall spricht man von geschachtelten Anweisungen. Sind *a*, *b*, *c* und *d* vier Variablen, so enthält die Anweisung

```
d = (c = (a = b));
```

drei geschachtelte Zuweisungsoperationen: Der Wert, der an die Variable *d* zugewiesen wird, ist selbst wieder ein Ausdruck, der eine Zuweisung (an die Variable *c*) enthält, und auch dieser an *c* zugewiesene Wert hat wiederum die Form einer Zuweisung (an die Variable *a*).

Ähnliche Konstruktionen sind auch bei bedingten Anweisungen möglich, da eine *if* bzw. *if else*-Anweisung selbst wieder eine *if*- oder *if else*-Anweisung als abhängige Anweisung enthalten kann.

Das folgende Beispielprogramm soll nach der Eingabe einer Monatszahl zwischen 1 (Januar) und 12 (Dezember) ausgeben, ob es sich dabei um den Monat Februar (1. Jahreshälfte) handelt oder um einen Monat aus der zweiten Jahreshälfte. Dazu wird eine geschachtelte *if*-Anweisung verwendet. Wie man sehen wird, enthält das Programm einen instruktiven logischen Fehler.

▶ *badmonth.c:*

```
 1  /*   badmonth zeigt einen logischen Fehler
 2        bei der Anwendung von geschachtelten if-Anweisungen.*/
 3
 4  #include <stdio.h>                              /*   für printf, scanf  */
 5
 6  main()
 7  {
 8    int mon;
 9
10    printf("\033[2J");
11    printf("Geben Sie eine Monatszahl (1 - 12) ein: ");
12    scanf("%d", &mon);
13
14    if (mon <= 6)                      /*   falls Monat aus 1.Jahreshälfte.  */
15      if(mon == 2)                     /*   falls 1. Jahreshälfte und Februar.  */
16        printf("\n1. Jahreshälfte: Februar");
17    else
18        printf("\n2. Jahreshälfte");   /*   falls Monat aus 2. Jahreshälfte. */
19    }
```

Das Programm enthält eine *if else*-Anweisung, in deren *if*-Zweig eine weitere *if*-Anweisung auftaucht. Beabsichtigt ist, in einer ersten Überprüfung festzustellen, ob einer der Monate 1 bis 6 eingegeben wurde. Danach soll innerhalb dieser Gruppe von Monaten mittels der zweiten *if*-Anweisung herausgefunden werden, ob es sich um den Monat Februar handelt. Dies ist der Fall, wenn die eingegebene Zahl 2 ist. Ist die Monatszahl größer als 6, soll über den *else*-Zweig die Meldung "2. Jahreshälfte" ausgegeben werden.

Nach der Aufforderung

```
Geben Sie eine Monatszahl (1 - 12) ein:
```

geben wir den Wert 3 (für März) ein:

```
Geben Sie eine Monatszahl (1 - 12) ein:
3
```

Wir erhalten darauf als Ausgabe:

```
2. Jahreshälfte
```

was offensichtlich falsch ist.

Der Grund dafür ist folgender:

In einer *if else*-Anweisung verbindet der Compiler einen *else*-Zweig stets mit dem ersten vorausgehenden *if*-Zweig, der keinen *else*-Zweig besitzt.

Für unser Beispielprogramm bedeutet dies, daß der Compiler in der Anweisung

```
if (mon <= 6)                    /*  falls Monat aus 1. Jahreshälfte. */
    if (mon == 2)                /*  falls 1. Jahreshälfte und Februar.  */
        printf("\n1. Jahreshälfte: Februar")
else
        printf("\n2. Jahreshälfte");  /*  falls Monat aus 2. Jahreshälfte. */
```

den *else*-Zweig - unabhängig von unseren Einrückungen, die optisch andeuten, daß der *else*-Zweig dem obersten *if* zugeordnet werden soll - dem direkt vorausgehenden

```
if (mon == 2)
```

zuordnet. Dies hat zur Folge, daß die Meldung "2. Jahreshälfte" fälschlicherweise immer dann ausgegeben wird, wenn die Monatszahl in die erste Jahreshälfte fällt und nicht gleich 2 ist. Würden wir eine Zahl größer als 6 eingeben, erfolgte überhaupt keine Ausgabe, da dieser Fall in der obigen *if else*-Anweisung aufgrund der fehlerhaften Konstruktion gar nicht berücksichtigt wird.

Man vermeidet den soeben besprochenen Programmfehler, wenn man folgendes beachtet:

Will man einen *else*-Zweig einem anderen als dem ersten vorausgehenden *if*-Zweig zuordnen, der keinen *else*-Zweig besitzt, so erreicht man dies, indem man die entsprechenden geschweiften Klammern setzt, also einen oder mehrere Blöcke erzeugt.

In unserem Fall heißt dies, daß wir die zweitoberste *if*-Anweisung in Blockklammern einschließen müssen:

```
if (mon <= 6)                    /*  falls Monat aus 1. Jahreshälfte  */
    {                            /*  Blockanfang inneres if  */
    if(mon == 2)                 /*  falls 1. Jahreshälfte und Februar*/
        printf("\n1. Jahreshälfte: Februar")
    }                            /*  Blockende inneres if    */
else                             /*  gehört jetzt zum obersten if*/
    printf("\n2. Jahreshälfte");  /*  falls Monat aus 2. Jahreshälfte  */
```

Nunmehr ist die zweite *if*-Anweisung von oben in einen eigenen Block eingeschlossen und daher als Partner für den *else*-Zweig außerhalb dieses Blocks nicht mehr verfügbar. Aus diesem Grund interpretiert der Compiler jetzt die *if else*-Anweisung in der gewünschten Weise: Wird etwa die Monatszahl 3 eingegeben, so ist die Bedingung für den obersten *if*-Zweig erfüllt. Dies bedeutet, daß nun die nachfolgende zweite *if*-Anweisung ausgeführt wird, da aber die Monatszahl nicht gleich 2 ist, erfolgt keine Ausgabe der Meldung "1. Jahreshälfte: Februar". Der *else*-Zweig wird entsprechend der Logik der *if else*-Anweisung in diesem Fall überhaupt nicht betreten, also erfolgt insgesamt keinerlei Ausgabe. Geben wir allerdings die Zahl 2 ein, erhalten wir die Meldung

```
1. Jahreshälfte: Februar
```

und bei einer größeren Zahl als 6 ebenso korrekt die Anzeige

```
2. Jahreshälfte
```

Wir modifizieren das Programm badmonth.c entsprechend und nennen es okmonth.c.

▶ *okmonth.c:*

```
 1  /*   okmonth demonstriert die Anwendung
 2       von geschachtelten if-Anweisungen.     */
 3
 4  #include <stdio.h>                              /*   für printf, scanf  */
 5
 6  main()
 7  {
 8    int mon;
 9    printf("\033[2J");
10    printf("Geben Sie eine Monatszahl (1 - 12) ein: ");
11    scanf("%d", &mon);
12    if (mon <= 6)                      /*   falls Monat aus 1. Jahreshälfte. */
13      {   /*   Blockanfang 2. if: kein else-Zweig    */
14      if(mon == 2)                     /*   falls 1. Jahreshälfte und Februar.   */
15        printf("\n1. Jahreshälfte: Februar");
16      }                                          /*   Blockende zweites if   */
17    else                                         /*   gehört zum obersten if  */
18      printf("\n2. Jahreshälfte");    /*   falls Monat aus 2. Jahreshälfte. */
19  }
```

Bedingte Anweisung im else-Zweig

Selbstverständlich können auch im *else*-Zweig einer *if else*-Anweisung weitere bedingte Anweisungen auftreten. Eines unserer früheren Beispielprogramme gab die Summe zweier Zahlen aus. Mit Hilfe der *if else*-Anweisung können wir nun den Anwender wählen lassen, ob von einem Programm Summe, Differenz, Produkt oder Quotient berechnet werden soll.

▶ calcul.c:

```
 1  /*   calcul berechnet wahlweise Summe, Differenz, Produkt oder Quotient
 2       zweier Zahlen. Das Programm verhindert mit einer entsprechenden Anwei-
 3       sung einen Fehler, der aus einer Division durch 0 entstehen würde.*/
 4
 5  #include <stdio.h>                                    /*   für printf, scanf */
 6  #include <stdlib.h>                                        /*   für exit */
 7  #include <conio.h>                                         /*   für getche    */
 8
 9  main()
10  {
11    float x, y;                                        /*   Eingabewerte */
12    char selection;                          /*   Wahl der Rechenoperation      */
13
14    printf("\033[2J");
15    printf("Das Programm ermittelt nach Wahl Summe, Differenz, Produkt\n");
16    printf("oder Quotient zweier Zahlen. Ihre beiden Zahlen:\n");
17    scanf("%f %f", &x, &y);
18    printf("\nWelche Rechenoperation soll durchgeführt werden?\n\n");
19    printf("\t\ta\tfür\tAddition\n");
20    printf("\t\ts\tfür\tSubtraktion\n");
21    printf("\t\tm\tfür\tMultiplikation\n");
22    printf("\t\td\tfür\tDivision\n\n");
23    printf("Ihre Wahl: ");
24    selection = getche();               /*   getche statt getchar oder scanf, um
25                                          das <Enter> aus der scanf-Anweisung zu
26                                          übergehen, das sich noch im Eingabepuffer befindet. */
27
28                              /*   Eingabe überprüfen und Ergebnis ausgeben: */
29    if (selection == 'a' || selection == 'A')               /*   Addition? */
30      printf("\n\nDie Summe der Zahlen ist: %f", x+y);
31    else if (selection == 's' || selection == 'S')          /*   Subtraktion? */
32          printf("\n\nDie Differenz der Zahlen ist: %f", x-y);
33    else if (selection == 'm' || selection == 'M')    /*   Multiplikation?  */
34          printf("\n\nDas Produkt der Zahlen ist: %f", x*y);
35    else if (selection == 'd' || selection == 'D')          /*   Division? */
36          if (y == 0)                              /*   2 Zahl gleich 0?    */
37             {
38              printf("\n\nDivision durch Null. Programmabbruch.");
39              exit(1);                             /*   Programmabbruch     */
40             }
41          else                                     /*   2.Zahl ungleich 0   */
42              printf("\n\nDer Quotient der Zahlen ist: %f", x/y);
43    else                                           /*   Falsche Eingabe     */
44              printf("\n\nFalsche Eingabe");
45  }
```

Das Programm calcul.c präsentiert, nachdem zwei Zahlen eingegeben wurden, ein kleines Menü, aus dem der Anwender die gewünschte Rechenoperation wählen kann (als Datentyp für die Zahlen wurde *float* gewählt, um beliebige Zahlen verarbeiten zu können.). Die Wahl des Anwenders wird in der *char*-Variablen *selection* gespeichert. Dazu verwendet das Programm statt *getchar* oder *scanf* die Funktion *getche*, die direkt von der Tastatur liest. Auf diese Weise vermeidet man eine zusätzliche Anweisung, um das [Enter] aus dem Eingabepuffer zu entfernen, das die Funktion *scanf* nach ihrem Aufruf dort hinterläßt. Diese zusätzliche Anweisung wäre bei *scanf* (mit der Formatangabe %c) und *getchar* - an Stelle von *getche* - notwendig, da sonst dieses [Enter] statt der Benutzereingabe in die Variable *selection* eingelesen würde. Wir erinnern uns daran, daß dieses Problem immer dann auftaucht, wenn nach einer Eingabe, die mit [Enter] abgeschlossen wurde, eine weitere Eingabeoperation mit einer Funktion erfolgt, die aus dem Eingabepuffer liest. Soll dann nämlich wiederum ein Zeichen - also ein Objekt vom Typ *char* - verarbeitet werden, wird fälschlicherweise das [Enter] aus dem Puffer und nicht die Eingabe des Anwenders eingelesen (vgl. dazu das Kapitel 2.3.3 "Fehlerbeseitigung").

Die Auswertung der Variablen *selection* besorgt die nachfolgende geschachtelte *if else*-Anweisung. Das erste *if* prüft, ob als Rechenoperation die Addition gewählt wurde. Dabei wird mit der logischen ODER-Verknüpfung in der Bedingung

```
if (selection == 'a' || selection == 'A')
```

statt lediglich

```
if (selection == 'a')
```

die Möglichkeit berücksichtigt, daß der Anwender statt eines Kleinbuchstabens irrtümlicherweise einen Großbuchstaben eingibt. Für den Fall, daß nicht die Addition gewählt wurde, prüft der folgende *else*-Zweig mit einem zweiten *if*, ob von den drei übrigen Operationen die Subtraktion ausgesucht wurde, und falls nicht, so verfügt dieses zweite *if* über ein zweites *else*, das mit einem dritten *if* prüft, ob bei den beiden restlichen Möglichkeiten die Wahl auf die Multiplikation fiel. Auch hier gibt es ein weiteres (drittes) *else*, das die letzte Möglichkeit, die Division, berücksichtigt.

Dieses dritte *else* enthält zwei weitere *if*-Anweisungen, von denen die erste nicht notwendig wäre, wenn wir nicht zusätzlich zu den vier "offiziellen" Wahlmöglichkeiten des Anwenders noch berücksichtigen würden, daß dieser ein *anderes* Zeichen als "a", "A", "s", "S", "m", "M", "d" und "D" eingeben könnte. Für diese mögliche fehlerhafte Eingabe ist das letzte *else* gedacht. Würden wir auf diese Fehlerbehandlung (und damit auf das letzte *else*) verzichten, hätte für das dritte *else* die Konstruktion

```
else if (y == 0)                              /*   Zahl gleich 0?*/
    {
    printf("\n\nDivision durch Null. Programmabbruch.");
    exit(1);                                  /*   Programmabbruch   */
    }
```

```
    else                                    /*  2. Zahl ungleich 0 */
        printf("\n\nDer Quotient der Zahlen ist: %f", x/y);
```

genügt. Es ist in diesem Fall nicht mehr unbedingt nötig, die Alternative "Division" mit

```
else if (selection == 'd' || selection == 'D')
```

explizit zu überprüfen, da nur noch sie als letzte Möglichkeit in Frage kommt. Der Nachteil ist, daß nun auch andere Eingaben als "d" oder "D" die Divisionsoperation auslösen, etwa wenn sich der Anwender nicht an die vorgeschriebenen Eingaben hält und beispielsweise das Zeichen "p" wählt. Der Anweisungsteil

```
if (y == 0)                               /*  Zahl gleich 0?*/
    {
    printf("\n\nDivision durch Null. Programmabbruch.");
    exit(1);                              /*  Programmabbruch  */
    }
else                                      /*  2. Zahl ungleich 0 */
    printf("\n\nDer Quotient der Zahlen ist: %f", x/y);
```

stellt fest, ob die zweite eingegebene Zahl 0 war, und bricht das Programm ab, wenn dies zutrifft. Andernfalls wird das Ergebnis der Division ausgegeben.

Layout-Möglichkeiten

Das Layout der *if else*-Anweisung ist so gewählt, daß auf den ersten Blick ersichtlich ist, daß es (inklusive einer falschen Eingabe) fünf Wahlmöglichkeiten gibt. Ebenso korrekt, aber vielleicht nicht ganz so übersichtlich, wäre die folgende Codierung:

```
if (selection == 'a' || selection == 'A')
    printf("\n\nDie Summe der Zahlen ist: %f", x+y);
else
    if (selection == 's' || selection == 'S')
        printf("\n\nDie Differenz der Zahlen ist: %f", x-y);
    else
        if (selection == 'm' || selection == 'M')
            printf("\n\nDas Produkt der Zahlen ist: %f", x*y);
        else
        if (selection == 'd' || selection == 'D')
            if (y == 0)
                {
                printf("\n\nDivision durch Null. Programmabbruch.");
                exit(1);
                }
            else
                printf("\n\nDer Quotient der Zahlen ist: %f", x/y);
```

```
else
    printf("\n\nFalsche Eingabe");
```

bei der die jeweils syntaktisch zusammengehörenden *if*- und *else*-Zweige so eingerückt sind, daß sie untereinanderstehen. Eine zusätzliche Klammerung wäre möglich, ist aber nicht nötig, da - wie man leicht sieht - jedes *else* auch so dem richtigen *if* zugeordnet wird.

4.1.4 Fehlerbeseitigung

Ein plausibler Fehler ist, eine Bedingung wie

```
if (selection == 'a' || selection == 'A')
```

mit der dazu nicht äquivalenten Bedingung

```
if (selection == 'a' || 'A')
```

zu verwechseln. Im ersten Fall ist die Bedingung dann TRUE, wenn die Variable *selection* das Zeichen "a" oder das Zeichen "A", d. h. die dezimalen Werte 97 (ASCII-Code von "a") oder 65 (ASCII-Code von "A"), enthält.

Im zweiten Fall ist die Bedingung immer TRUE, denn in dem Ausdruck

```
(selection == 'a' || 'A')
```

wird aufgrund der höheren Priorität des "=="-Operators (9) gegenüber dem "||"-Operator (4) zuerst der Teilausdruck

```
selection == 'a'
```

ausgewertet und danach der zweite Teilausdruck

```
'A'
```

der den rechten Operanden der ODER-Verknüpfung bildet. Der Ausdruck

```
'A'
```

ist aber eine (Zeichen-)*Konstante* mit dem dezimalen Wert 65, d. h., sein Wert ist stets ungleich 0 und damit auch stets TRUE. Dadurch ist aber auch die ODER-Verknüpfung

```
selection == 'a' || 'A'
```

mit den beiden Operanden

```
selection == 'a'   und  'A'
```

in jedem Fall TRUE, da hierzu ausreicht, wenn einer der Operanden TRUE ist:

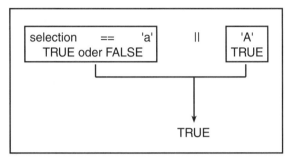

Abb. 63: Eine ODER-Verknüpfung, die stets TRUE ist

Der Umstand, daß die Bedingung

```
if (selection == 'a' || 'A')
```

immer erfüllt ist, hätte zur Folge, daß die davon abhängige Anweisung

```
printf("\n\nDie Summe der Zahlen ist: %f", x+y);
```

in jedem Fall ausgeführt würde, unabhängig davon, welches Zeichen der Anwender eingibt. Da außerdem immer nur eine der Alternativen einer *if else*-Anweisung ausgeführt werden kann, hätte dies ferner die unangenehme Konsequenz, daß niemals eine der Operationen "Subtraktion", "Multiplikation" oder "Division" durchgeführt werden könnte, da auf eine beliebige Eingabe hin - also auch bei "s", "m" oder "d" - stets nur die Addition ausgeführt würde.

4.1.5 Mehrfachauswahl (switch)

Eine einzelne *if else*-Anweisung realisiert zwei Wahlmöglichkeiten. Die Codierung des Programms calcul.c hat jedoch gezeigt, daß durch die Schachtelung einer *if else*-Anweisung die Anzahl der Auswahlmöglichkeiten praktisch beliebig erhöht werden kann. So berücksichtigte die *if else*-Konstruktion in calcul.c insgesamt fünf mögliche Fälle einer Benutzereingabe.

Der Nachteil einer mehrfach geschachtelten *if else*-Anweisung liegt darin, daß mit steigender Schachtelungstiefe (d. h., je mehr Alternativen es gibt) die Übersichtlichkeit abnimmt und sich außerdem der Platzmangel für ein entsprechendes Einrücken der verschiedenen Alternativen bemerkbar macht. In der Tat gibt es für den Fall, daß unter mehreren Alternativen ausgewählt werden soll, eine spezielle Anweisung mit dem Namen *switch*. Die *switch*-Anweisung hat die folgende Syntax:

```
switch(Ausdruck)
  {
  case Konstante_1 : [Anweisung(en);]
  case Konstante_2 : [Anweisung(en);]
 .
 .
 .
  case Konstante_n : [Anweisung(en);]
  [default         : [Anweisung(en);]]
  }
```

Nach dem Schlüsselwort *switch* wird ein Ausdruck benötigt, der von einem ganzzahligen Datentyp sein muß, beispielsweise der Name einer Variablen entsprechenden Typs, ein arithmetischer Ausdruck o. ä. Der darauf folgende Block enthält eine beliebige Anzahl sogenannter *case*-Marken bzw. *case*-Zweige. Jede dieser Marken besteht aus dem Schlüsselwort *case*, einer Konstanten, die sich von allen anderen *case*-Konstanten in der *switch*-Anweisung unterscheiden muß, und einem Doppelpunkt. Nach dem Doppelpunkt hinter jeder *case*-Konstanten können Anweisungen angegeben werden, die ausgeführt werden, wenn der Wert des Ausdrucks hinter dem Schlüsselwort *switch* mit dem Wert der betreffenden Konstanten hinter dem Schlüsselwort *case* übereinstimmt. Die eckigen Klammern gehören nicht zur *switch*-Anweisung, sondern deuten lediglich an, daß die Angabe von Anweisungen nach einer *case*-Konstanten optional ist, also nicht unbedingt erfolgen muß (siehe weiter unten).

Nach dem Schlüsselwort *default* (engl. für: Vorgabe, Standard) kann man Anweisungen angeben, die ausgeführt werden, wenn keine der *case*-Konstanten in ihrem Wert mit dem Ausdruck hinter *switch* übereinstimmt. Der *default*-Zweig ist optional. Fehlt er, und gibt es keine Übereinstimmung zwischen dem Ausdruck hinter *switch* und einer der *case*-Konstanten, wird durch die *switch*-Anweisung überhaupt keine Anweisung ausgeführt. Gewöhnlich wird die *default*-Marke als letzte aufgeführt, sie kann aber an beliebiger Stelle innerhalb der *switch*-Anweisung stehen.

Eine Besonderheit bei der Ausführung von switch

Für den Fall, daß der Wert des Ausdrucks hinter *switch* mit einer der *case*-Konstanten übereinstimmt, hat man folgendes zu beachten: Das Programm führt nicht nur die Anweisung(en) hinter dieser speziellen *case*-Konstanten aus, sondern auch alle darauf folgenden Anweisungen bis zum Ende der *switch*-Anweisung. (Es sei denn, die *switch*-Anweisung wird bereits vorher durch einen entsprechenden Befehl verlassen, siehe weiter unten.) Betrachten wir dazu das folgende Beispielprogramm. Es hat die einfache Aufgabe, eine vom Benutzer eingegebene Zahl zwischen 1 und 5 wieder auszugeben. Statt einer geschachtelten *if else*-Anweisung (die auch möglich wäre), verwenden wir diesmal die *switch*-Anweisung.

▶ **swtchnr1.c:**

```
 1  /*   swtchnr1 demonstriert den Einsatz der switch-Anweisung.  */
 2
 3  #include <stdio.h>                            /*   für printf, scanf  */
 4
 5  main()
 6  {
 7    int number;
 8
 9    printf("Geben Sie eine ganze Zahl zwischen 1 und 5 ein: ");
10    scanf("%d", &number);
11    switch (number)                  /*   Welche Zahl wurde eingegeben?   */
12    {
13      case 1:   printf("\nIhre Zahl war 1.");
14      case 2:   printf("\nIhre Zahl war 2.");
15      case 3:   printf("\nIhre Zahl war 3.");
16      case 4:   printf("\nIhre Zahl war 4.");
17      case 5:   printf("\nIhre Zahl war 5.");
18      default:  printf("\nFalsche Zahl.");  /* Zahl nicht zwischen 1 und 5  */
19    }
20  }
```

Die *switch*-Anweisung bewertet die Variable *number* und setzt je nach deren Inhalt die Programmausführung mit dem entsprechenden *case*-Zweig bzw. dem *default*-Zweig fort. Gibt man nach der Eingabeaufforderung beispielsweise die Zahl 2 ein, so erhält man allerdings nicht die gewünschte Ausgabe

```
Ihre Zahl war 2.
```

sondern vielmehr

```
Ihre Zahl war 2.
Ihre Zahl war 3.
Ihre Zahl war 4.
Ihre Zahl war 5.
Falsche Zahl.
```

Der Grund für diese Ausgabe ist, daß die *switch*-Anweisung das Programm zwar mit dem richtigen *case*-Zweig fortsetzt, von diesem Punkt an aber - wie weiter oben beschrieben - alle folgenden Anweisungen innerhalb der *switch*-Anweisung ebenfalls ausführt. Da man aber gewöhnlich nicht an der Ausführung auch dieser Folge-Anweisungen interessiert ist, muß man mit einer speziellen Anweisung dafür sorgen, daß nur die gewünschten Anweisungen ausgeführt werden. Diese spezielle Anweisung ist die *break*-Anweisung (vgl. dazu auch das Kapitel 4.3 "Kontrolltransfer-Anweisungen").

Abbruch der switch-Anweisung

Eine *break*-Anweisung innerhalb der *switch*-Anweisung beendet die *switch*-Anweisung (vorzeitig) und bewirkt einen Sprung hinter die *switch*-Anweisung. Dies bedeutet, daß alle der *break*-Anweisung eventuell noch folgenden Anweisungen (innerhalb von *switch*) nicht mehr ausgeführt werden. Das Programm setzt mit der nächsten Anweisung nach der *switch*-Anweisung fort (falls vorhanden). Die *break*-Anweisung hat die einfache Syntax:

```
break;
```

Auf das Beispielprogramm swtchnr1.c angewandt heißt dies, daß wir jeden *case*-Zweig mit einer *break*-Anweisung versehen müssen, wenn wir wollen, daß stets nur der jeweils ausgewählte *case*-Zweig ausgeführt wird (und nicht auch alle darauf folgenden Zweige).

 swtchnr2.c:

```
1   /*    swtchnr2 demonstriert den Einsatz der switch-Anweisung mit
2         break-Anweisung.    */
3   #include <stdio.h>                                /*    für printf, scanf  */
4
5   main()
6   {
7     int number;
8
9     printf("Geben Sie eine ganze Zahl zwischen 1 und 5 ein: ");
10    scanf("%d", &number);
11    switch (number)                  /*    Welche Zahl wurde eingegeben?    */
12    {
13    case 1: printf("\nIhre Zahl war 1.");
14            break;              /* alle folgenden Anweisungen überspringen;   */
15    case 2: printf("\nIhre Zahl war 2.");
16            break;                              /*    siehe oben    */
17    case 3: printf("\nIhre Zahl war 3.");
18            break;                              /*    siehe oben    */
19    case 4: printf("\nIhre Zahl war 4.");
20            break;                              /*    siehe oben    */
21    case 5: printf("\nIhre Zahl war 5.");
22            break;                              /*    siehe oben    */
23    default: printf("\nFalsche Zahl.");   /*  Zahl nicht zwischen 1 und 5  */
24            break;                              /*    siehe oben    */
25    }
26  }
```

Wenn wir jetzt als Eingabe den Wert 2 wählen, erhalten wir in der Tat die beabsichtigte Ausgabe:

```
Ihre Zahl war 2.
```

Die *break*-Anweisung im zweiten *case*-Zweig hat bewirkt, daß nur die Anweisung dieses *case*-Zweigs ausgeführt wurde. Alle darauf folgenden Anweisungen wurden übersprungen. Die *break*-Anweisung im *default*-Zweig wäre nicht unbedingt nötig gewesen, da die *switch*-Anweisung nach einer Ausführung des letzten *case*- oder *default*-Zweigs in jedem Fall beendet ist. (Man bedenke jedoch, daß der *default*-Zweig an jeder beliebigen Stelle - also z. B. auch an erster - stehen kann.)

Zeichenkonstanten als case-Konstanten

Als *case*-Konstanten können nicht nur ganzzahlige numerische Werte dienen. Ebenso gut sind Zeichenkonstanten möglich, deren interne Repräsentation ja gleichfalls ganze Zahlen sind. Eine Variante unseres Programms calcul.c aus dem vorhergehenden Abschnitt, die für die Auswahloperation anstelle einer geschachtelten *if else*-Anweisung eine *switch*-Anweisung verwendet, sähe so aus:

▶ **switchcal.c:**

```
 1  /*   swtchcal.c demonstriert eine fünffache Auswahl
 2       mit Hilfe der switch-Anweisung.  */
 3
 4  #include <stdio.h>                         /*   für printf, scanf  */
 5  #include <stdlib.h>                         /*     für exit  */
 6  #include <conio.h>                          /*    für getche    */
 7
 8  main()
 9  {
10    float x, y;                              /*   Eingabewerte   */
11    char selection;                          /*   Wahl der Rechenoperation   */
12    printf("\033[2J");
13    printf("Das Programm ermittelt nach Wahl Summe, Differenz, Produkt\n");
14    printf("oder Quotient zweier Zahlen. Ihre beiden Zahlen:\n");
15    scanf("%f %f", &x, &y);
16    printf("\nWelche Rechenoperation soll durchgeführt werden?\n\n");
17    printf("\t\ta\tfür\tAddition\n");
18    printf("\t\ts\tfür\tSubtraktion\n");
19    printf("\t\tm\tfür\tMultiplikation\n");
20    printf("\t\td\tfür\tDivision\n\n");
21    printf("Ihre Wahl: ");
22    selection = getche();    /*   getche statt getchar oder scanf, um das
23                       [Enter] aus der scanf-Anweisung zu übergehen,
24                          das sich noch im Eingabepuffer befindet.   */
25
26                             /*   Eingabe überprüfen und Ergebnis ausgeben:  */
27    switch (selection)            /*   Welche Rechenoperation wurde gewählt? */
28    {
29    case 'a':
30    case 'A': printf("\n\nDie Summe der Zahlen ist: %f", x+y);
31            break;
32
33    case 's':
```

```
34    case 'S': printf("\n\nDie Differenz der Zahlen ist: %f", x-y);
35          break;
36    case 'm':
37    case 'M': printf("\n\nDas Produkt der Zahlen ist: %f", x*y);
38          break;
39    case 'd':
40    case 'D': if (y == 0)
41              {
42                  printf("\n\nDivision durch Null. Programmabbruch.");
43                  exit(1);
44              }
45              else
46                  printf("\n\nDer Quotient der Zahlen ist: %f", x/y);
47          break;
48    default: printf("\n\nFalsche Eingabe.");
49    }
50 }
```

Eine Anweisung für mehrere case-Marken

Die Konstanten der einzelnen *case*-Zweige sind in diesem Beispiel Zeichen-konstanten. Die obige *switch*-Anweisung zeigt außerdem, daß nicht hinter jeder *case*-Marke eine Anweisung stehen muß. Vielmehr kann eine Anweisung oder Anweisungsgruppe auch für mehrere *case*-Marken zugleich gelten: In diesem Fall schreibt man die Anweisungen hinter die letzte der *case*-Marken, für die die Anweisungen ausgeführt werden sollen. Der Anweisungsteil

```
case 'a':
case 'A': printf("\n\nDie Summe der Zahlen ist: %f", x+y);
          break;
```

führt sowohl für den Kleinbuchstaben "a" als auch für den Großbuchstaben "A" die Operation "Addition" durch und gibt das Ergebnis aus, ohne daß die betreffenden Anweisungen hinter beiden *case*-Marken explizit angegeben werden müßten. Beim *default*-Zweig verzichten wir diesmal auf eine *break*-Anweisung, da er die letzte Marke in der *switch*-Anweisung bildet und diese danach ohnehin beendet ist.

Grafische Darstellung der switch-Anweisung

Wie die *if*- und die *if else*-Anweisung kann man auch die *switch*-Anweisung grafisch darstellen. Damit sie zu einer echten Mehrfachauswahl wird, bei der jeweils nur die zu einem *case*-Zweig gehörenden Anweisungen ausgeführt werden, muß die *break*-Anweisung enthalten sein. (Statt der Bezeichnung "Mehrfachauswahl" werden übrigens auch die gleichbedeutenden Bezeichnungen "case-Konstrukt" und "Fallunterscheidung" verwendet.)

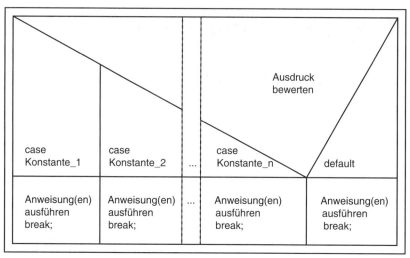

Abb. 64: Nassi-Shneiderman-Diagramm zur switch-Anweisung

4.2 Wiederholungs- anweisungen (Iterationen)

Wiederholungsanweisungen oder Schleifen ermöglichen es, bestimmte Programmschritte mehrfach ausführen zu lassen, ohne daß die entsprechenden Anweisungen jedesmal neu codiert werden müßten. Die Programmiersprache C verfügt mit den Wiederholungsanweisungen

- while
- for
- do while

über drei Schleifentypen. Allen gemeinsam ist, daß die Ausführung der Anweisungen, die wiederholt werden sollen, ähnlich wie bei den Auswahlanweisungen von einer Bedingung bzw. deren Wahrheitswert (TRUE oder FALSE) abhängig ist. Unterschiedlich ist der Zeitpunkt, zu dem diese Bedingung auf ihren Wahrheitswert überprüft wird: *while-* und *for*-Schleife kontrollieren sie, bevor irgendeine Anweisung ausgeführt wird, also am Anfang der Schleife, die *do while*-Schleife dagegen führt alle von der Bedingung abhängigen Anweisungen zunächst einmal aus und prüft dann erst, am Ende der Schleife, ob die Bedingung eine Wiederholung der von ihr abhängigen Anweisungen gestattet. Dies bedeutet, daß die Anweisungen der *do while*-Schleife im Gegensatz zu *while* und *for* in jedem Fall mindestens einmal ausgeführt werden, unabhängig davon, ob die Bedingung erfüllt ist oder nicht.

4.2.1 while-Anweisung

Die *while*-Anweisung oder *while*-Schleife ermöglicht die wiederholte Ausführung von Anweisungen, solange eine bestimmte Bedingung erfüllt (TRUE) ist. Mit der Syntax

```
while (Ausdruck)
  Anweisung;
```

bzw.

```
while (Ausdruck)
  {
   Anweisung(en);
  }
```

erinnert die *while*-Schleife in ihrem formalen Aufbau an die *if*-Anweisung. Dem Schlüsselwort *while* folgt ein geklammerter Ausdruck, der die Bedingung der Schleife darstellt, auch Schleifenkriterium genannt. Im Anschluß daran werden die Anweisungen angegeben, die in Abhängigkeit von dieser Bedingung auszuführen sind. Handelt es sich dabei um eine einzelne Anweisung, können die Blockklammern entfallen, andernfalls schließt man die betreffenden Anweisungen darin ein und erfüllt damit formal jene syntaktische Forderung, die - wie bei den Auswahlanweisungen - an dieser Stelle nur eine Anweisung erlaubt. Der Anweisungsteil

```
while (Ausdruck)
```

wird als Schleifenkopf bezeichnet, die nachfolgende Anweisung bzw. der nachfolgende Anweisungsblock als Schleifenrumpf:

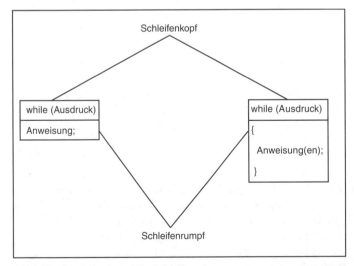

Abb. 65: Struktur der while-Schleife

Die *while*-Schleife wertet vor jeder Ausführung der Anweisungen im Schleifenrumpf die Bedingung im Schleifenkopf aus. Ergibt diese Bewertung einen Wert ungleich 0, so ist die Bedingung TRUE, und die Anweisungen im Schleifenrumpf werden ausgeführt. Anschließend wird die Bedingung erneut überprüft, und die Anweisungen werden wiederum ausgeführt, wenn die Bedingung noch erfüllt sein sollte. Der Ablauf der beiden Schritte

1. Schleifenbedingung auswerten,
2. wenn Bedingung TRUE, Anweisungen im Schleifenrumpf ausführen,

wiederholt sich so lange, wie der Ausdruck im Schleifenkopf einen von 0 verschiedenen Wert besitzt, d. h. TRUE ist. Ergibt eine der Auswertungen der Bedingung den Wert *0*, so ist damit die Bedingung nicht mehr erfüllt, also FALSE, und die *while*-Schleife endet, ohne die Anweisungen in ihrem Rumpf ein weiteres Mal auszuführen. Ergibt bereits die erste Auswertung der Bedingung den Wert *0*, ist die Bedingung also von vornherein FALSE, werden die Anweisungen im Schleifenrumpf kein einziges Mal ausgeführt.

Hat man zum Beispiel eine Variable

```
int z = 3;
```

so gibt die Anweisung

```
while (z > 0)
  {
  printf("%d ", z);
  z--;
  }
```

die Zahlen

```
3 2 1
```

aus. Diese Ausgabe kommt folgendermaßen zustande: Zunächst wird die Schleifenbedingung überprüft, und da *z* durch die anfängliche Initialisierung den Wert 3 besitzt, ist der Ausdruck

```
z > 0
```

TRUE, denn *z* ist in der Tat größer als 0 und die Bedingung damit erfüllt. Die Folge ist, daß der Anweisungsblock

```
{
printf("%d ", z);
z--;
}
```

ausgeführt wird, was die Ausgabe des Werts 3 bewirkt und danach die Variable z dekrementiert. Diese hat nun den Wert 2. Die erneute Überprüfung der Bedingung

```
z > 0
```

hat auch für den neuen Wert von z das Resultat TRUE, da 2 größer als 0 ist. Die Anweisungen im Schleifenrumpf werden also wiederum ausgeführt: Ausgegeben wird diesmal der Wert 2, die Variable z wird abermals dekrementiert und hat nun den Wert 1. Auch dieser Wert ist größer als 0, und die Schleifenbedingung mithin immer noch TRUE. Dies führt zur Ausgabe des Werts 1, worauf z ein letztes Mal dekrementiert wird, denn nunmehr ist der Wert von z gleich 0, was bedeutet, daß die Bedingung

```
z > 0
```

nicht mehr erfüllt und somit FALSE ist. Der obige Ausdruck hat daher den Wert 0, und die Anweisungen im Schleifenrumpf werden nicht mehr ausgeführt: Die Schleife ist beendet, und das Programm fährt, falls weitere Anweisungen vorhanden sind, mit der nächsten Anweisung nach der Schleife fort.

Eine Variable wie z, von deren Wert es abhängt, ob die Anweisungen des Schleifenrumpfs ausgeführt werden oder nicht, die also eine Iterationsanweisung in ihrem Ablauf kontrolliert, heißt auch Laufvariable oder Kontrollvariable der Schleife.

Klammerung des Schleifenrumpfs

In der obigen *while*-Anweisung sollten zwei Anweisungen in Abhängigkeit von der Schleifenbedingung ausgeführt werden. Da eine *while*-Anweisung formal nur eine abhängige Anweisung erlaubt, mußten die beiden Anweisungen

```
printf("%d ", z);
z--;
```

als Block geklammert werden, um damit diesem syntaktischen Erfordernis Rechnung zu tragen. Was geschehen kann, wenn man im Falle mehrerer abhängiger Anweisungen die Klammerung wegläßt, zeigt sich bei der Ausgabe des folgenden Testprogramms.

▶ *whiblock.c:*

```
1  /*  whiblock demonstriert die Wirkung von Blockklammern
2      auf die Ausführung von Anweisungen im Schleifenrumpf.    */
3
4  #include <stdio.h>                                /*  für printf    */
5
```

```
 6  main()
 7  {
 8    int a = -4;
 9    while (a != 0)
10    {                                        /*  Anweisungen   */
11      a++; /*  als */
12      printf("%d\t", a);                              /*   Block    */
13    }                                         /*  geklammert.  */
14
15    printf("\n\n");
16    a = -4;                                 /*  a neu initialisieren   */
17
18    while (a != 0)
19      a++;                                  /*  Anweisungen nicht  */
20    printf("%d\t", a);               /*   als Block geklammert.  */
21  }
```

whiblock.c gibt folgendes aus:

```
-3  -2  -1  0

 0
```

Die erste Ausgabe ist leicht nachzuvollziehen. Die *while*-Schleife führt den Anweisungsblock so lange aus, wie die Variable *a* einen von 0 verschiedenen Wert besitzt. Daher wird *a* bei jedem Schleifendurchgang zunächst inkrementiert und dann ausgegeben. Die Variable *a* nimmt dabei nacheinander die Werte -3, -2, -1 und 0 an. Wir beachten, daß im Gegensatz zum vorhergehenden Beispiel die Veränderung der Variablen hier vor der Ausgabe der Variablen stattfindet. Nach dem vierten Durchgang hat *a* den Wert 0, und da nun die Schleifenbedingung nicht mehr erfüllt ist, wird kein weiterer Durchgang mehr ausgeführt.

Das Programm setzt nun *a* auf den Wert -4 zurück, um die gleichen Ausgangsbedingungen für die folgende *while*-Schleife herzustellen, bei der die Anweisungen des Schleifenrumpfs nicht geklammert sind. Die fehlende Klammerung hat zur Folge, daß nur die Anweisung

```
a++ ;
```

von der Schleifenbedingung abhängig ist, nicht aber die nachfolgende *printf*-Anweisung. Die *while*-Schleife führt daher bei jedem der vier Durchläufe nur die Anweisung

```
a++ ;
```

aus und erhöht so den Wert von *a* von -3 auf 0. Die folgende *printf*-Anweisung ist von keiner Bedingung abhängig und wird daher nur *einmal* ausgeführt. Das Resultat ist die Ausgabe des aktuellen Werts von *a*, nämlich 0.

Code-Reduzierung (1)

Wenn man die Schleifenkonstruktion

```
while (a != 0)
{
 a++;
 printf("%d\t", a);
 }
```

etwas genauer betrachtet, bemerkt man schnell, daß es möglich ist, die obige *while*-Anweisung knapper und eleganter zu formulieren, ohne sie in ihrer Funktion und Übersichtlichkeit zu beeinträchtigen.

Zunächst fällt auf, daß zwei Anweisungen verwendet werden, um die Variable *a* zu inkrementieren und auszugeben. Das gleiche erreicht man mit nur einer Anweisung, wenn man die Möglichkeiten der Prä- und Postfixnotation der Inkrement- und Dekrement-Operatoren ausnutzt. Statt die Variable *a* in einer separaten Anweisung zu inkrementieren, tun wir dies innerhalb der Ausgabeanweisung:

```
while (a != 0)
 printf("%d\t", ++a);
```

Durch die Präfixnotation des Operators "++" wird auch in diesem Fall der Wert von *a* vor der Ausgabe jedesmal um 1 erhöht. Da die *while*-Schleife in dieser Form nur noch eine abhängige Anweisung besitzt, können wir außerdem auf die Blockklammerung verzichten. Dies ist aber noch nicht alles.

Bereits bei der *if*-Anweisung haben wir in Bedingungen, die den Wert einer Variablen mit 0 verglichen, statt der Formulierungen

```
if (Variable == 0)
```

und

```
if (Variable != 0)
```

die äquivalenten, aber kürzeren Schreibweisen

```
if (!Variable)
```

und

```
if (Variable)
```

benutzt, da die Ausdrücke

```
Variable == 0    und    !Variable
```

bzw.

```
Variable != 0    und    Variable
```

unabhängig vom Wert der betreffenden Variablen stets dieselben Wahrheits-werte besitzen, also stets beide TRUE oder beide FALSE sind. Das gleiche ist auch bei allen Iterationsanweisungen möglich. Auf die obige *while*-Schleife angewandt kann man daher den Schleifenkopf

```
while (a != 0)
```

ersetzen durch

```
while (a)
```

Insgesamt erhalten wir damit

```
while (a)
 printf("%d\t", ++a);
```

als gleichwertige, aber kompaktere Alternative zu

```
while (a != 0)
 {
  a++;
  printf("%d\t", a);
 }
```

Fehlerbeseitigung

Im Zusammenhang mit Schleifenbedingungen gilt es, einen naheliegenden Fehler zu vermeiden. Wir betrachten dazu das folgende Programm:

▶ noinit.c:

```
 1  /*   noinit demonstriert Programmfehler, die aus der fehlenden
 2       Initialisierung von Variablen entstehen.   */
 3
 4  #include <stdio.h>                              /*   für printf, scanf  */
 5
 6  main()
 7  {
 8    long n;
 9    int cnt;                  /*   zählt die eingegebenen geraden Zahlen.   */
10
11    printf("\033[2J");
```

```
12    printf("Das Programm schluckt gerade ganze Zahlen,\n");
13    printf("bis Sie eine ungerade Zahl eingeben.\n");
14    printf("Sie erfahren dann, wie viele gerade Zahlen Sie eingegeben haben.");
15
16    while (!(n % 2))          /*  solange eine gerade Zahl eingegeben wurde. */
17     {
18      printf("\n\nEine gerade Zahl bitte: ");
19      scanf("%ld", &n);
20      cnt++;
21     }
22
23     printf("\n\nSie gaben %d gerade Zahlen ein:", cnt-1);
24    }
```

Das Programm nimmt ganze Zahlen entgegen, solange sie gerade sind. Nach der Eingabe der ersten ungeraden Zahl endet das Programm mit einer Meldung über die Anzahl der eingegebenen Zahlen. Die Eingabeoperation wird über eine *while*-Schleife gesteuert. Die Bedingung

```
!(n % 2)
```

die übrigens gleichbedeutend mit

```
(n % 2 == 0)
```

ist, kontrolliert mittels des Modulo-Operators, ob die eingegebene Zahl ohne Rest durch 2 teilbar ist, und bewirkt so, daß die Anweisungen der Schleife nur dann ausgeführt werden, wenn eine gerade Zahl eingegeben wurde. Die Schleife endet, wenn eine ungerade Zahl eingegeben wurde. Nach der *while*-Anweisung wird die Anzahl der eingegebenen geraden Zahlen ausgegeben.

Wir beachten, daß die Variable *cnt*, die als Zähler für die eingegebenen geraden Zahlen fungieren soll, vor der Ausgabe in ihrem Wert um 1 vermindert werden muß. Dies rührt daher, daß die Eingabe der Zahl innerhalb des Schleifenrumpfs vorgenommen wird und erst vor dem nächsten Durchgang kontrolliert wird, ob die eingegebene Zahl gerade war. Gibt der Anwender etwa vier gerade Zahlen (vier Durchgänge) und dann eine ungerade, so wird auch für die im fünften Durchgang eingegebene ungerade Zahl der Zähler *cnt* noch einmal um 1 erhöht, die ungerade Zahl also mitgezählt. Erst danach wird die Bedingung erneut überprüft und die Schleife abgebrochen.

Wenn man das Programm noinit.c in dieser Form ablaufen läßt, muß man mit zwei Fehlern rechnen.

Zum einen benutzt die *while*-Schleife in ihrer Bedingung als Kontrollvariable die *long*-Variable *n*, die die Eingabe des Anwenders aufnehmen soll. Der Anwender kann - in diesem Programm - seine Eingabe aber erst vornehmen, wenn die Anweisungen der Schleife ausgeführt werden. Diese wiederum werden ausgeführt, wenn die Bedingung der Schleife TRUE ist, d .h., wenn *n* gerade ist. Die Variable *n* hat zu diesem Zeitpunkt aber noch keinen definierten Wert, da sie nicht initialisiert wurde und auch noch keine Eingabe erfolgen konnte, die in *n* hätte gespeichert werden können. Der Wert von *n* ist daher rein *zufällig*, nämlich der aktuelle Inhalt jener vier Bytes Speicherplatz, die der Compiler bei der Definition der Variablen für diese reserviert hat. Dies kann eine gerade Zahl, aber auch eine ungerade Zahl sein. Ist letzteres der Fall, wird die Schleife nicht ausgeführt, und der Anwender kommt nicht dazu, auch nur einen einzigen Wert einzugeben.

Das Problem wird gelöst, indem man die Variable *n* vor ihrer Verwendung in der Schleifenbedingung initialisiert, also mit einem Anfangswert versieht. Dieser Anfangswert sollte gerade sein (z. B. der Wert 2), damit die Schleife ausgeführt wird und der Anwender weitere Werte für *n* eingeben kann. Die Initialisierung kann mit

```
long n = 2;
```

bei der Definition der Variablen erfolgen oder zu einem späteren Zeitpunkt in einer separaten Anweisung, in jedem Fall aber vor der *while*-Anweisung.

Auch der andere Programmfehler ergibt sich aus einer fehlenden Initialisierung: Wie die *long*-Variable *n* hat auch die *int*-Variable *cnt* dadurch keinen definierten Anfangswert. Daher erhält man als Anzahl der eingegebenen geraden Zahlen irgendeinen unvorhersehbaren Wert, der nur dann korrekt wäre, wenn der undefinierte Anfangswert von *cnt* zufällig 0 gewesen ist. Man muß also auch die Variable *cnt* vor ihrer Verwendung als Zähler initialisieren, und zwar mit dem Wert 0. Die Anweisung

```
cnt++;
```

eröffnet die Zähloperation dann nach der ersten eingegebenen Zahl mit dem Wert 1. Eine korrekte Version unseres Zahlenschluckerprogramms sieht damit folgendermaßen aus:

▶ **numeater.c:**

```
 1  /*   numeater liest mittels einer while-Schleife so lange gerade Zahlen ein,
 2       bis eine ungerade eingegeben wird. Ausgegeben wird die Anzahl der
 3       eingegebenen geraden Zahlen.     */
 4  #include <stdio.h>                              /*   für printf, scanf  */
 5
 6  main()
 7  {
 8    long n = 2; /*  Mit gerader Zahl initialisieren, damit Schleifenbedingung
 9                                                    TRUE.     */
10    int cnt = 0;    /*  zählt die eingegebenen geraden Zahlen Initialisierung
11                                                    mit 0.    */
12
```

```
13    printf("\033[2J");
14    printf("Das Programm schluckt gerade ganze Zahlen,\n");
15    printf("bis Sie eine ungerade Zahl eingeben.\n");
16    printf("Sie erfahren dann, wie viele gerade Zahlen Sie eingegeben haben.");
17    while (!(n % 2))              /*  solange eine gerade Zahl eingegeben wurde. */
18    {
19      printf("\n\nEine gerade Zahl bitte: ");
20      scanf("%ld", &n);
21      cnt++;                      /* Anzahl der eingegebenen Werte zählen.   */
22    }
23    printf("\n\nSie gaben %d gerade Zahlen ein.", cnt-1);
24  }
```

Erweiterung des Schleifenablaufmodells: (Re-) Initialisierungsvarianten

Die Gliederung des Ablaufs einer Iterationsanweisung vom Typ der *while*-Schleife in die Phasen

- Auswertung der Schleifenbedingung,
- Ausführung der Anweisung(en) im Schleifenrumpf

muß nach den obigen Überlegungen präzisiert bzw. erweitert werden. Für eine korrekte Durchführung der *while*-Anweisung sind gewöhnlich eines der folgenden Elemente oder alle beide mit einzubeziehen:

- Initialisierung der Variablen, die in der Schleifenbedingung als Kontroll-variablen verwendet werden, sowie der Variablen, deren Wert in der Schleife abgefragt wird.
  Diese Initialisierungen sind in der Regel unbedingt erforderlich.
- Re-Initialisierung (d. h. Modifikation) der Kontrollvariablen vor dem nächsten Schleifendurchgang.

Die Re-Initialisierung einer Kontrollvariablen muß nicht unbedingt in jedem Schleifendurchgang wiederholt werden. Es genügt in manchen Fällen, daß die Variable nur ein einziges Mal verändert wird, nämlich, um die Schleife zu beenden.

Wir betrachten zunächst den Fall, daß die Re-Initialisierung bei jedem Schleifendurchlauf stattfindet, am Beispiel der *while*-Anweisung aus dem letzten Programm numeater.c:

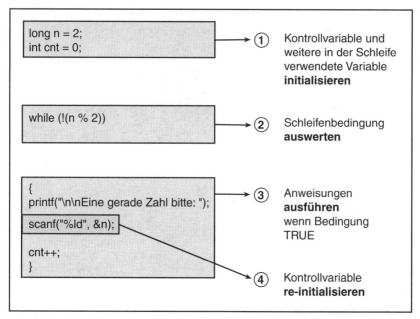

Abb. 66: while-Anweisung mit Initialisierung und Re-Initialisierung

Der Sinn der obigen *while*-Anweisung ist es, so lange gerade Zahlen einzulesen und diese zu zählen, bis durch die Eingabe einer ungeraden Zahl das Ende der Operation angezeigt wird. Die Variable *n* steuert dabei die Anzahl der Schleifendurchläufe und erhält mit jedem Durchgang erneut einen Wert zugewiesen. Anders die Kontrollvariable in dem folgenden Programm:

▶ *threeout.c:*

```
 1  *     threeout gibt die dritten Potenzen positiver ganzer Zahlen aus.
 2        Das Programm verwendet dazu eine while-Schleife, deren Kontrollvariable
 3        nicht bei jedem Schleifendurchgang verändert wird, sondern nur
 4        bei Programmende und mehrfachen falschen Eingaben.  */
 5
 6  #include <stdio.h>                             /*   für printf, scanf  */
 7
 8  main()
 9  {
10    int ok = 1;                                 /*   Kontrollvariable    */
11    int n;                                      /*   eingelesene Zahl    */
12    int error = 0;                              /*   Fehlerzähler        */
13
14    printf("\033[2J");
15    printf("Dritte Potenzen ganzer Zahlen zwischen 0 und 1000 berechnen.\n");
16    printf("Eingabeende mit -1.\n");
17    while (ok == 1)
18      {
19      printf("\nIhre Zahl: ");
20      scanf("%d", &n);
21      if (n == -1)                              /*   falls Eingabeende   */
```

```
22          ok = 0;                                   /*   Schleife beenden    */
23      else if (n > 1000 || n < -1)          /* Zahl zu groß oder zu klein    */
24          {
25          error++;                              /*   Falsche Eingaben zählen */
26          printf("\nFalsche Eingabe.");
27          if (error > 2)            /*   Dritte falsche Eingabe hintereinander */
28              {
29              printf("Drei Falscheingaben nacheinander sind zuviel.
30                      Programmende.");
31              ok = 0;                           /*   Schleife beenden    */
32              }
33          }                                         /*   Ende else if    */
34      else
35          {
36          if(error > 0)      /*   weniger als drei Fehlern hintereinander.  */
37              error = 0;                            /* von vorne zählen    */
38          printf("\nDritte Potenz von %d: %ld",n, (long) n*n*n);
39                              /*   Ausdruck wegen Größe konvertieren.   */
40          }                                         /*   Ende else */
41      }                                             /*   Ende while   */
42  }                                                 /*   Ende main */
```

In diesem Programm steuert die Variable *ok* die *while*-Schleife. Sie wird aber keineswegs bei jedem Schleifendurchgang modifiziert, sondern nur in dem Fall, daß der Anwender das Programm beenden will oder dreimal hintereinander eine falsche Eingabe getätigt hat. Die Re-Initialisierung nach jedem Schleifendurchgang fehlt also. Wir veranschaulichen dies noch mit der folgenden Abbildung:

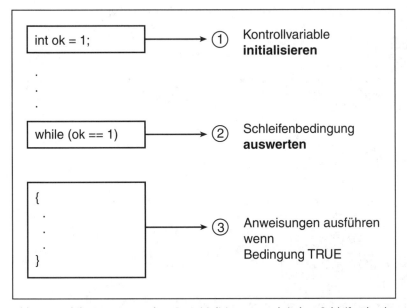

Abb. 67: while-Anweisung ohne Re-Initialisierung nach jedem Schleifendurchgang

Code-Reduzierung (2)

Die Initialisierung der Kontrollvariablen der letzten *while*-Schleifen fand außerhalb der eigentlichen Schleifenkonstruktion statt, und für die Re-Initialisierung wurde eine eigene Anweisung im Schleifenrumpf benötigt. Vermutlich überrascht es mittlerweile nicht mehr besonders, daß der Code für ein solches Programmelement häufig noch kompakter gestaltet werden kann. Dazu ein weiteres Beispiel:

Das folgende Programm liest mit Hilfe der Makros *getchar* und *putchar* beliebig viele Einzelzeichen vom Terminal ein und gibt sie wieder aus. Das Ende der Eingabe wird dem Programm durch ein besonderes Zeichen signalisiert. Da die Eingabe vielleicht mehrere Zeilen umfassen soll, benutzen wir als Endezeichen nicht das *new line*-Zeichen '\n' (Enter), welches die Eingabe nur einer Zeile erlauben würde, sondern ein anderes Zeichen, mit dem allgemein das Ende einer Datei gekennzeichnet wird. Dieses Zeichen kann im Programm unter dem Namen EOF (**E**nd **O**f **F**ile = Dateiende) verwendet werden. (Nicht nur Daten, die auf externen Speichern wie Festplatten, Bändern oder Disketten abgelegt sind, gelten als Dateien, sondern beispielsweise auch "Datenströme", die von der Tastatur eingegeben werden.) Tatsächlich werden Ein- und Ausgabegeräte vom Compiler als Dateien behandelt, aus denen Eingabedaten gelesen und in die Ausgabedaten geschrieben werden können. (Vgl. dazu das Kapitel 11 "Dateiverwaltung".)

Der Name EOF ist eine sogenannte Symbolische Konstante (ein Name, der für eine Konstante steht, sie also "symbolisiert", vgl. dazu das Kapitel 8 "Der C-Präprozessor"), die gewöhnlich in der *Include*-Datei *stdio.h* mit dem Wert *-1* definiert ist. Von der Tastatur aus wird dieses Zeichen jedoch nicht etwa durch die Zeichenfolge EOF oder den Wert *-1* eingegeben, sondern über eine Tastenkombination, die von System zu System unterschiedlich sein kann: unter dem Betriebssystem UNIX ist dies beispielsweise die Tastenkombination Strg+D, auf DOS-Rechnern gewöhnlich Strg+Z.

▶ *ioloop1.c:*

```
 1  /*  ioloop1 liest mit Hilfe einer Schleifenkonstruktion beliebig viele
 2      Zeichen ein und gibt sie wieder aus. Das Eingabeende wird durch eine
 3      Tastenkombination herbeigeführt, die das Zeichen EOF erzeugt. ioloop1
 4      kann als Version für DOS-Rechner betrachtet werden und gibt dem Anwender
 5      daher den Hinweis auf <Strg>+<Z> für die Beendigung der Eingabe. Für
 6      andere Systeme ist die Benutzerführung entsprechend zu ändern.    */
 7  #include <stdio.h>                    /*  für getchar, putchar und EOF */
 8
 9  main()
10  {
11    int input;
12    printf("Geben Sie Zeichen ein. Eingabeende mit <Strg>+<Z>.\n");
13
14    input = getchar();        /*  1. Zeichen einlesen: Die Variable input ist
```

```
15                                               initialisiert.*/
16    while (input != EOF)                /*   Zeichen auf EOF prüfen  */
17    {
18    putchar(input);                         /*   Zeichen ausgeben    */
19    input = getchar();           /*   Nächstes Zeichen einlesen: input wird
20                                              reinitialisiert.    */
21    }
22    }
```

Die Initialisierung der Schleifenkontrollvariablen *input* findet in dieser Programmversion vor der Ausführung der *while*-Anweisung statt, indem mit

```
input = getchar();
```

das erste Zeichen in die Variable eingelesen wird. Die Schleifenbedingung vergleicht darauf diesen aktuellen Wert der Variablen *input* mit dem Wert EOF (= -1) und liest so lange Zeichen ein, wie der Wert des eingelesenen Zeichens ungleich EOF ist. Die Re-Initialisierung der Variablen erfolgt mit der gleichen Anweisung wie oben am Ende des Schleifenrumpfs.

Wenn man nun bedenkt, daß in der Programmiersprache C ein Ausdruck - der ja einen Wert repräsentiert - überall dort stehen kann, wo ein Wert stehen kann, ferner, daß der Zuweisungsausdruck

```
input = getchar()
```

gerade den Wert besitzt, der an seinen linken Operanden zugewiesen wird, d. h. sein Wert gleich dem Wert der Variablen *input* nach der Zuweisungsoperation ist, so ergibt sich recht logisch, daß aufgrund dieser Wertgleichheit von Zuweisungsausdruck und Kontrollvariablen der Zuweisungs- (und Initialisierungs-)ausdruck auch innerhalb der Bedingung an der Stelle der Variablen *input* stehen kann:

```
while ((input = getchar()) != EOF)
```

Diese Formulierung leistet dasselbe wie

```
input = getchar();
while (input != EOF)
```

denn in beiden Fällen wird zunächst durch den Aufruf des Makros *getchar* ein Eingabezeichen gelesen, der Variablen *input* zugewiesen und der Wert der Variablen sodann mit dem Wert EOF verglichen. Wir beachten, daß der Zuweisungsausdruck

```
input = getchar()
```

innerhalb der Schleifenbedingung geklammert werden muß, da der Operator "!=" eine höhere Priorität (9) besitzt als der Operator "=" (2). Wenn wir statt

```
while ((input = getchar()) != EOF)
```

die Codierung

```
while (input = getchar() != EOF)
```

wählen, hätte dies zur Folge, daß die Vergleichsoperation

```
getchar() != EOF
```

vor der Zuweisungsoperation "=" ausgeführt würde. Die Variable *input* erhielte dadurch einen der beiden Werte *0* oder *1* - und nicht wie beabsichtigt den Wert des Eingabezeichens - je nachdem, ob der zuerst ausgewertete Ausdruck

```
getchar() != EOF
```

FALSE (= 0) oder TRUE (= 1) ist. Dies wiederum hängt davon ab, ob das von *getchar* gelesene Zeichen ein reguläres Zeichen oder das Eingabeende-Zeichen EOF war. Im übrigen ist durch die Bedingung in der Form

```
while ((input = getchar()) != EOF)
```

auch die Re-Initialisierungs-Anweisung

```
input = getchar();
```

am Ende des Schleifenrumpfs überflüssig geworden, welche die Kontrollvariable mit dem nächsten Zeichen versorgte: Da die Bedingung der *while*-Anweisung nach jedem Schleifendurchgang erneut ausgewertet wird, wird auch jedesmal das Makro *getchar* erneut aufgerufen und liest das nächste Zeichen in die Variable *input* ein. Somit ergibt sich die folgende kompaktere Version des Programms ioloop1.c:

 ioloop2.c:

```
 1  /*  ioloop2 liest mit Hilfe einer Schleifenkonstruktion beliebig viele
 2  Zeichen ein und gibt sie wieder aus. Das Eingabeende wird durch eine
 3  Tastenkombination herbeigeführt, die das Zeichen EOF erzeugt. ioloop2 kann
 4  als Version für DOS-Rechner betrachtet werden und gibt dem Anwender daher den
 5  Hinweis auf <Strg>+<Z> für die Beendigung der Eingabe. Für andere Systeme
 6  ist die Benutzerführung entsprechend zu ändern. */
 7
 8  #include <stdio.h>                    /*  für getchar, putchar und EOF */
 9
10  main()
```

```
11   {
12     int input;
13     printf("Geben Sie Zeichen ein. Eingabeende mit <Strg>+<Z>.\n");
14
15     while ((input = getchar()) != EOF)      /*   Zeichen einlesen und auf EOF
16                                    prüfen; Schleifenkopf enthält: Initialisierung
17                                    Auswertung der Bedingung Re-Initialisierung    */
18                putchar(input);                              /*  Zeichen ausgeben   */
19   }
```

Anmerkung

Das obige Programm bedarf noch einiger ergänzender Anmerkungen. Zum einen fragt man sich vielleicht, warum die Variable *input* nicht den Datentyp *char*, sondern *int* hat. Dies hängt mit dem Wert *-1* zusammen, der für das Zeichen EOF in die Variable *input* eingegeben können werden muß. Es ist in der Programmiersprache C nicht festgelegt, ob der Datentyp *char* ein Vorzeichen haben muß oder nicht. In diesem Buch gehen wir von der auf vielen Systemen üblichen Implementierung aus, bei der der Datentyp *char* ein Vorzeichen hat, also positive und negative Werte darstellen kann. Wir könnten daher die Variable *input* auch als *char* definieren, da sie von ihrer Größe her ohne weiteres den *int*-Wert *-1* aufnehmen kann. Voraussetzung für eine korrekte Speicherung des Werts der *int*-Konstanten *-1* (2 Byte) in einer *char*-Variablen (1 Byte) ist, daß das Vorzeichen(-bit) der *int*-Konstanten in die *char*-Variable mit übernommen wird. In der folgenden Abbildung stellen der binäre *int*-Wert 1111111111111111 und der binäre *char*-Wert 11111111 im Zwei-Komplement für ihren Datentyp jeweils den Wert *-1* dar:

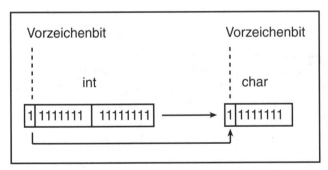

Abb. 68: Speicherung des int-Werts -1 in einer (signed) char-Variablen

Auf anderen Systemen, bei denen der Datentyp *char* kein Vorzeichen besitzt, also stets positiv ist, würde die Definition der Variablen *input* als *char* zu einem Fehler führen, da EOF den Wert *-1* hat, also negativ ist, und daher von einer (stets positiven) Variablen vorzeichenlosen Typs nicht korrekt abgebildet werden kann. Beispielsweise wäre in diesem Fall eine Schleifenbedingung wie

```
while (unsigned_variable != EOF)
```

immer TRUE, da *unsigned_variable* niemals den Wert *-1* annehmen kann. Die Schleife könnte daher nicht beendet werden. Um die Portabilität eines Programms auf andere Systeme zu erhalten, empfiehlt es sich also, Kontrollvariablen in Verbindung mit *getchar* und EOF als *int* und nicht als *char* zu definieren. (Abgesehen davon liefert das Makro *getchar* an das Programm als Ergebnis des Aufrufs einen Wert vom Typ *int* zurück. Es liegt nahe, daß die Variable, die diesen Wert aufnimmt, vom gleichen Typ sein sollte. Zum Thema "Rückgabewerte" bzw. "Ergebniswerte" vgl. Kapitel 10 "Funktionen".)

Wenn man die Programme ioloop1.c oder ioloop2.c ablaufen läßt, stellt man fest, daß man eine Ausgabe der eingegebenen Zeichen erst erhält, wenn man die [Enter]-Taste drückt. Gibt man z. B. die Zeichen

```
abc
```

ein und beendet die Ausgabe mit [Strg]+[Z] (bzw. der für das jeweilige System geltenden Tastenkombination), so gibt das Programm nicht etwa jedes der eingegebenen Zeichen sofort wieder aus, sondern eine Ausgabe aller bis dahin eingegebenen Zeichen (außer dem Endezeichen) erfolgt erst nach Schiedsen der [Enter]-Taste. Auf die obige Eingabe sieht der Bildschirm also nicht so aus:

```
aabbcc^Z
```

sondern so:

```
abc^Z
abc
```

Der Grund für dieses Programmverhalten ist die bereits früher erwähnte Eingabepufferung bei bestimmten Eingaberoutinen (z. B. bei dem Makro *getchar*). Diese Pufferung erfolgt zeilenweise, d. h., alle eingegebenen Zeichen bleiben zunächst in einem speziellen Speicher - dem Eingabepuffer - und können erst dann von der Eingaberoutine weiterverarbeitet werden, wenn der Anwender seine Eingabe mit dem Zeilentrennzeichen '\n' abgeschlossen und damit eine Zeile von Zeichen freigegeben hat. Die Zeichen können dann an das Programm weitergegeben werden, das sie nacheinander in die Variable *input* einliest und mit *putchar* ausgibt. Die Eingabepufferung hat den Vorteil, daß die Eingabe noch editiert - d. h. verändert - werden kann, solange sie nicht mit [Enter] abgeschlossen ist. Die Eingabepufferung läßt sich auf manchen Systemen ausschalten.

4.2.2 for-Anweisung

Wie die *while*-Anweisung ist die *for*-Anweisung eine Schleife, die eine Bedingung überprüft, bevor die davon anhängigen Anweisungen ausgeführt werden. Die Anweisungen werden ausgeführt bzw. wiederholt, solange die Bedingung erfüllt (TRUE) ist. Die *for*-Anweisung hat die Syntax:

```
for (I_Ausdruck; B_Ausdruck; R_Ausdruck)
    Anweisung;
```

bzw.

```
for (I_Ausdruck; B_Ausdruck; R_Ausdruck)
    {
    Anweisung(en);
    }
```

Analog zur *while*-Schleife stellt dabei der Anweisungsteil

```
for (I_Ausdruck; B_Ausdruck; R_Ausdruck)
```

den Schleifenkopf dar, dem der Schleifenrumpf mit den auszuführenden Anweisungen folgt. Der Schleifenkopf enthält der Reihe nach durch Semikolon getrennt einen Initialisierungsausdruck für Kontroll- und eventuelle weitere Variablen, die für die Verwendung in der Schleife initialisiert werden müssen (*I_Ausdruck*), die Bedingung der Schleife (*B_Ausdruck*) und einen Ausdruck, mit dem die verwendeten Kontrollvariablen re-initialisiert werden (*R_Ausdruck*).

Die *for*-Anweisung ist damit eine syntaktische Alternative zur *while*-Anweisung, bei der alle Schleifenkontrollelemente (Initialisierung, Bedingung, Re-Initialisierung) übersichtlich und kompakt im Schleifenkopf versammelt sind. Inhaltlich sind *for*- und *while*-Schleife zueinander äquivalent, worauf wir weiter unten näher eingehen werden.

Ablauf der for-Anweisung

Der erste Schritt im Ablauf der *for*-Anweisung ist die Initialisierung von Kontroll- und anderen Schleifenvariablen. Danach wird die Schleifenbedingung auf ihren Wahrheitswert geprüft. Ergibt diese Überprüfung einen Wert ungleich 0, ist die Bedingung also TRUE, werden die Anweisungen im Schleifenrumpf ausgeführt. Daran anschließend werden die vorhandenen Kontrollvariablen re-initialisiert, d. h. in ihrem Wert verändert. Die Schleifenbedingung wird nun erneut überprüft und, im Falle, daß sie TRUE ist, die Ausführung des Anweisungsteils wiederholt. Ergibt eine der Überprüfungen der Bedingung den Wert 0, ist die Bedingung also FALSE, endet die Schleife, ohne daß die Anweisungen des Schleifenrumpfs ein weiteres Mal ausgeführt würden. Die Initialisierung der Schleifenvariablen wird im Gegensatz zur Auswertung der Bedingung und der Re-Initialisierung der Schleifenvariablen nur einmal, zu Beginn der Schleife, durchgeführt.

Nach der Variablendefinition

```
int i;
```

gibt die folgende *for*-Schleife die Zahlen von 1 bis 10 aus, bevor die Bedingung FALSE wird und die Schleife abbricht.

```
for (i = 1; i < 11; i++)
    printf("%d ", i);
```

Die Kontrollvariable *i* wird zu Beginn der Schleife mit dem Wert *1* initialisiert. Die Bedingung *i < 11* ist damit TRUE, und *i* wird ausgegeben. Durch die Re-Initialisierung *i++* erhält *i* danach den Wert 2. Die Bedingung wird erneut überprüft: Da 2 kleiner als 11 ist, ist die Bedingung auch jetzt TRUE, und die Ausgabeanweisung wird daher wiederum ausgeführt. Die Variable *i* wird re-initialisiert etc. Erreicht *i* nach der zehnten Re-Initialisierung den Wert *11*, hat die anschließende Auswertung der Bedingung das Ergebnis FALSE, und die Schleife endet.

Die obige Schleife verarbeitet in ihrem Initialisierungs- bzw. Re-Initialsierungsteil jeweils eine Variable. Es können in diesen beiden Anweisungsteilen mit Hilfe des Sequenzoperators prinzipiell aber beliebig viele Variablen initialisiert bzw. re-initialisiert werden. Wir betrachten dazu das folgende Programm, das die Summe der ersten *n* ungeraden Zahlen für *n* zwischen 1 und 15000 berechnet. Das Programm verwendet nicht die übliche Formel:

```
Sungerade = Anzahl der Summanden / 2 * (1 + Letzter Summand)
```

sondern benutzt die etwas handwerklichere Methode, bei der eine Zahl nach der anderen addiert wird.

▶ *odd1.c:*

```
 1  /*   odd1 berechnet die Summe der ersten n ungeraden Zahlen für n zwischen 1
 2       und 15000. Der Anwender gibt dabei nicht die Anzahl (n) der zu addierenden
 3       ungeraden Zahlen vor, sondern einen oberen Wert (max), bis zu dem addiert
 4       werden soll. Die entsprechende Summe und die Anzahl (n) der Summanden
 5       werden ausgegeben. Die Summenvariable s_odd wurde wegen eventueller
 6       größerer Zahlen als long vereinbart. Die int-Variable k wird bei
 7       der Summenbildung implizit in long konvertiert. */
 8
 9  #include <stdio.h>                              /*   für printf, scanf  */
10
11  main()
```

```
12   {
13     long s_odd;                           /*  Summe der ungeraden Zahlen   */
14     int k;                                /*  Schleifen-Kontrollvariable   */
15     int max;                                            /*  Oberwert  */
16     int n;                                 /*  Anzahl der Summanden    */
17
18     printf("\033[2J");
19     printf("Dieses Programm berechnet die Summe der ungeraden Zahlen\n");
20     printf("von 1 bis zu einem von Ihnen gewählten Oberwert (1 - 30000).\n");
21     printf("Oberwert: ");
22     scanf("%d", &max);
23     s_odd = 0;                       /*  Initialisierung der Summenvariablen   */
24     n = 0;                           /*  Initialisierung des Summandenzählers  */
25     for (k = 1; k <= max; k += 2)    /*  solange k kleiner/gleich Oberwert*/
26        {
27          s_odd = s_odd + k;                               /*  Summieren */
28          n++;                                /*  Summanden zählen    */
29        }
30
31     printf("\n\nEs wurden die %d ungeraden Zahlen von 1 bis %d addiert.", n, max);
32     printf("\n\nDie Summe dieser Zahlen ist: %ld", s_odd);
33   }
```

Code-Reduzierung (1)

Statt die Variablen *s_odd* und *n* außerhalb der *for*-Anweisung zu initialisieren, kann dies auch im Schleifenkopf geschehen:

```
for (k = 1, s_odd = 0, n = 0; k <= max; k += 2)
  {
  s_odd = s_odd + k;
  n++;
  }
```

Der Sequenzoperator "," bewirkt, daß die Ausdrücke

```
k = 1, s_odd = 0, n = 0
```

syntaktisch als ein Ausdruck gelten und daher als Initialisierungsausdruck akzeptiert werden. So ist es möglich, alle drei Variablen im ersten Teil des Schleifenkopfes zu initialisieren. Auch die Inkrementierung der Variablen *n*, die bei jedem Schleifendurchgang um 1 erhöht, also quasi re-initialisiert wird, könnte in den Schleifenkopf mit aufgenommen werden:

```
for (k = 1, s_odd = 0, n = 0; k <= max; k += 2, n++)
    s_odd = s_odd + k;
```

Der Anweisungsteil der *for*-Schleife reduziert sich dadurch auf eine einzige Anweisung, und die Blockklammern können entfallen. Wir haben damit für unser Additionsprogramm eine Version odd2.c:

▶ odd2.c:

```
 1  /*   odd2 berechnet die Summe der ersten n ungeraden Zahlen für n zwischen 1
 2       und 15000. Der Anwender gibt dabei nicht die Anzahl (n) der zu addierenden
 3       ungeraden Zahlen vor, sondern einen oberen Wert (max), bis zu dem addiert
 4       werden soll. Die entsprechende Summe und die Anzahl (n) der Summanden
 5       werden ausgegeben. Die Summenvariable s_odd wurde wegen eventueller
 6       größerer Zahlen als long vereinbart. Die int-Variable k wird bei
 7       der Summenbildung implizit in long konvertiert. */
 8
 9  #include <stdio.h>                              /*   für printf, scanf  */
10
11  main()
12  {
13    long s_odd;                         /*   Summe der ungeraden Zahlen  */
14    int k;                              /*   Schleifen-Kontrollvariable  */
15    int max;                                        /*   Oberwert  */
16    int n;                              /*   Anzahl der Summanden  */
17
18    printf("\033[2J");
19    printf("Dieses Programm berechnet die Summe der ungeraden Zahlen\n");
20    printf("von 1 bis zu einem von Ihnen gewählten Oberwert (1 - 30000).\n");
21    printf("Oberwert: ");
22    scanf("%d", &max);
23    for (k = 1, s_odd = 0, n = 0; k <= max; k += 2, n++)
24        s_odd = s_odd + k;
25    printf("\n\nEs wurden die %d ungeraden Zahlen von 1 bis %d addiert.", n, max);
26    printf("\n\nDie Summe dieser Zahlen ist: %ld", s_odd);
27  }
```

Code-Reduzierung (2)

Auch odd2.c läßt sich weiter abspecken. Bei näherem Hinsehen stellt man nämlich fest, daß man die Kontrollvariable *k*, die man zur Schleifensteuerung mit dem vom Anwender eingegebenen Wert *max* vergleicht, gar nicht benötigt. Statt dessen können wir den Wert *max* direkt dazu benutzen, die Anweisungen der Schleife so oft wie nötig ausführen zu lassen. Wir lassen die Additionen in diesem Fall nicht wie zuvor bei dem Wert *1* beginnen:

```
1 + 3 + 5 + ... + max-2 + max
```

sondern führen sie in umgekehrter Reihenfolge durch:

```
max + max-2 + ... + 5 + 3 + 1
```

Bei jedem Schleifendurchgang reduziert man die Variable *max* um den Wert *2* und dies so lange, bis *max* einen Wert kleiner als 1 annimmt. Auch auf diese Weise addiert man alle ungeraden Zahlen zwischen *max* und 1 (einschließlich), hat aber eine Variable weniger benötigt. Ein kleines Manko ist, daß wir durch die Veränderung des Werts von *max* den Anfangswert dieser Variablen nicht mehr für die Ausgabe zur Verfügung haben. Wir müßten ihn zu diesem Zweck in einer zusätzlichen Variablen speichern. Da er aber in unserem Programm nicht unbedingt von Belang ist, verzichten wir in der Programmversion odd3.c darauf, ihn in der Ausgabe zu verwenden.

 odd3.c:

```
 1  /*   odd3 berechnet die Summe der ersten n ungeraden Zahlen für n zwischen 1
 2       und 15000. Der Anwender gibt dabei nicht die Anzahl (n) der zu addierenden
 3       ungeraden Zahlen vor, sondern einen oberen Wert (max), bis zu dem addiert
 4       werden soll. Die entsprechende Summe und die Anzahl (n) der Summanden
 5       werden ausgegeben. Die Summenvariable s_odd wurde wegen eventueller
 6       größerer Zahlen als long vereinbart.  */
 7
 8  #include <stdio.h>                              /*   für printf, scanf  */
 9
10  main()
11  {
12    long s_odd;                               /*   Summe der ungeraden Zahlen   */
13    int max;                                  /*       Oberwert  */
14    int n;                                    /*   Anzahl der Summanden    */
15
16    printf("\033[2J");
17    printf("Dieses Programm berechnet die Summe der ungeraden Zahlen\n");
18    printf("von 1 bis zu einem von Ihnen gewählten Oberwert (1 - 30000).\n");
19    printf("Oberwert: ");
20    scanf("%d", &max);
21    for (s_odd = 0, n = 0; max >= 1; max -= 2, n++)
22        s_odd = s_odd + max;
23
24    printf("\n\nEs wurden die %d ersten ungeraden Zahlen addiert.", n);
25    printf("\n\nDie Summe dieser Zahlen ist: %ld", s_odd);
26  }
```

Besonderheiten der for-Schleife

Die letzten beiden Beispielprogramme demonstrierten die Möglichkeit, mehrere Ausdrücke in den Initialisierungs- und Re-Initialisierungsteil aufzunehmen. Eine andere Besonderheit der *for*-Schleife ist es, daß Initialisierungs- und Re-Initialisierungsausdruck wie auch Schleifenbedingung vollständig fehlen können, ohne daß der Compiler dies aus syntaktischen Gründen beanstanden würde. Unbedingt erforderlich im Schleifenkopf sind lediglich die beiden Semikolons, die die drei Anweisungsteile voneinander trennen.

Ist insbesondere die Schleifenbedingung (*B_Ausdruck*) nicht vorhanden, werden die Anweisungen des Schleifenrumpfs dennoch ausgeführt, da eine Bedingung, die fehlt, als TRUE gewertet wird. Eine fehlende Bedingung in der *for*-Schleife bewirkt damit das gleiche wie eine Bedingung, die stets erfüllt ist: Die Schleife wird endlos ausgeführt. (Vgl. dazu auch das Kapitel 4.2.6 "Besondere Schleifen".)

Die Schleife

```
for (;;)
    printf("Dies ist eine Endlosschleife.\n");
```

enthält weder Initialisierungen noch Bedingung noch Re-Initialisierungen. Der Umstand, daß keine Bedingung angegeben wurde, hat dieselben Auswirkungen wie das Vorhandensein einer Bedingung im Schleifenkopf, die ständig TRUE ist. Die Anweisung im Schleifenrumpf wird theoretisch unendlich oft ausgeführt. Dasselbe geschähe auch bei der folgenden Schleife:

```
for (;5;)
    printf("Dies ist eine Endlosschleife.\n");
```

Hier fehlt die Bedingung nicht, sondern sie besteht aus einer Konstanten, deren Wert immer ungleich 0, also TRUE ist. Wir beachten, daß wie bei der *while*-Schleife eine fehlende Initialisierung und Re-Initialisierung zwar syntaktisch vom Compiler geduldet wird, die logischen Fehler, die sich daraus ergeben - etwa durch die Verwendung einer nichtinitialisierten Variablen im Schleifenrumpf - jedoch in die Verantwortlichkeit des Programmierers fallen.

4.2.3 Äquivalenz von for- und while-Schleife

for- und *while*-Schleife folgen der gleichen Ablauflogik und verfügen über die gleichen Kontrollelemente zur Steuerung der Schleife. Tatsächlich sind *while*- und *for*-Schleife zueinander äquivalent, was bedeutet, daß jede *for*-Schleife durch eine *while*-Schleife ersetzt werden kann und umgekehrt.

Beispielsweise kann man die durch folgende *for*-Schleife erzeugte Tabelle

```
for (k = 0; k <= 200; k += 10)
    printf("\n%d\t %.1f", k, 1.6 * k);
```

die für Werte zwischen 0 und 200 eine Umrechnungstabelle in 10er-Schritten für Kilometer in Meilen ausgibt, auch mit einer *while*-Schleife erhalten:

```
k = 0;
while ( k <= 200)
    {
        printf("\n%d\t %.1f", k, 1.6 * k);
        k += 10;
    }
```

Die nachstehende Abbildung veranschaulicht dies:

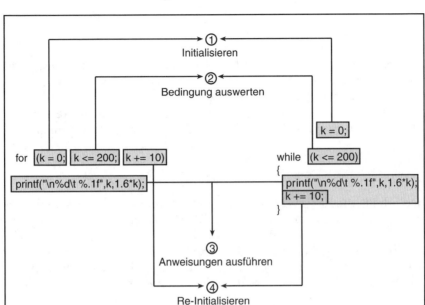

Abb. 69: Äquivalenz von for- und while-Schleife

Welche der beiden Schleifenkonstruktionen man wählt, entscheidet man am besten im jeweiligen konkreten Fall. Vermutlich wird man beim obigen Beispiel wegen der knapperen Formulierung die *for*-Schleife bevorzugen, während man aus dem gleichen Grund bei

```
while ((input = getchar()) != EOF)
       printf("%c", input);
```

auf die *while*-Anweisung zurückgreift.

Grafische Darstellung von for- und while-Schleifen

Im Nassi-Shneiderman-Diagramm haben Schleifentypen wie *for* und *while* die Darstellung:

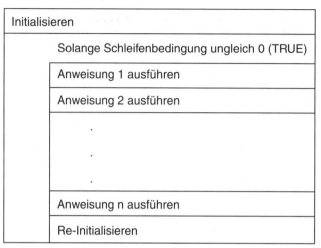

Abb. 70: Nassi-Shneiderman-Diagramm zu for- und while-Schleife

Dabei symbolisiert eine waagerechte Linie zwischen zwei begrenzenden senkrechten Linien jeweils das Ende einer Anweisung: Auf die Initialisierungsanweisung folgt die eigentliche Schleife, in der die von der Schleifenbedingung abhängigen Anweisungen enthalten sind. Zu diesen gehört auch die Re-Initialisierungsanweisung. Die Überprüfung der Schleifenbedingung findet am Anfang der Schleife, vor der Ausführung der Anweisungen, statt.

Da die Syntax der *while*-Anweisung im Gegensatz zur *for*-Anweisung formal weder Initialisierungs- noch Re-Initialisierungsteil aufweist - der Programmierer aber natürlich dafür zu sorgen hat, daß diese Teile, wenn erforderlich, mit in die Anweisung aufgenommen werden -, findet man für die *while*-Schleife auch die folgende Darstellung:

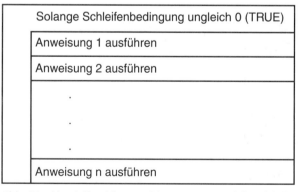

Abb. 71: Nassi-Shneiderman-Diagramm zur while-Schleife ohne Initialisierung und Re-Initialisierung

Der "Schleifencharakter" einer Wiederholungsanweisung kommt optisch aber vielleicht besser in einem Flußdiagramm zum Ausdruck:

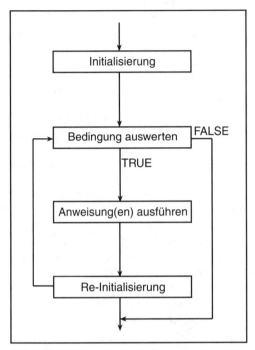

Abb. 72: Flußdiagramm zur for- und while-Schleife

Wir fügen noch das entsprechende Flußdiagramm für eine *while*-Schleife ohne Initialisierungs- und Re-Initialisierungsteil an:

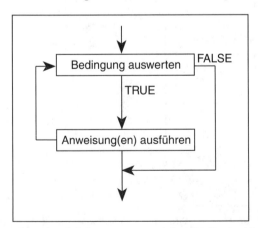

Abb. 73: Flußdiagramm zur while-Schleife ohne Initialisierung und Re-Initialisierung

4.2.4 do while-Anweisung

Im Gegensatz zu *for*- und *while*-Schleife prüft die *do while*-Schleife ihre Bedingung jeweils nach der Ausführung der Anweisung(en) im Schleifenrumpf. Dies drückt sich auch in der Syntax der *do while*-Schleife aus, die, je nachdem, ob der Schleifenrumpf eine oder mehrere Anweisungen enthält, entweder ohne Blockklammern:

```
do
 Anweisung;
while (Ausdruck);
```

oder mit Blockklammern angegeben wird:

```
do
 {
  Anweisung(en);
 } while (Ausdruck);
```

Dem Schlüsselwort *do* folgen eine oder mehrere Anweisungen, die ausgeführt werden, bevor die geklammerte Schleifenbedingung *Ausdruck* nach dem Schlüsselwort *while* ausgewertet wird. (Man beachte das Semikolon am Ende der Schleife.) Ist die Bedingung TRUE, also ungleich 0, werden die Anweisungen erneut ausgeführt. Ergibt eine der Überprüfungen für die Bedingung den Wert 0 (FALSE), endet die *do while*-Schleife, ohne daß die Anweisungen ein weiteres Mal ausgeführt würden. Das folgende Flußdiagramm veranschaulicht, daß sich im Vergleich zu *for*- und *while*-Schleife die Reihenfolge der Ablaufschritte "Anweisung(en) ausführen" und "Bedingung auswerten" umgekehrt hat:

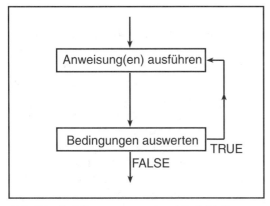

Abb. 74: Flußdiagramm zur do while-Schleife

Das zugehörige Nassi-Shneiderman-Diagramm drückt augenfällig denselben Sachverhalt aus: Die Schleifenbedingung wird nunmehr am Ende der Schleife, nach der Ausführung der Anweisungen, ausgewertet:

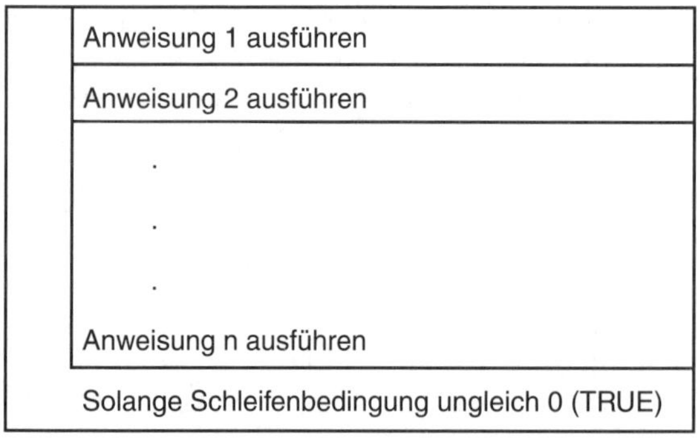

| Anweisung 1 ausführen |
| Anweisung 2 ausführen |
| . |
| . |
| . |
| Anweisung n ausführen |
| Solange Schleifenbedingung ungleich 0 (TRUE) |

Abb. 75: Nassi-Shneiderman-Diagramm zur do while-Schleife

do while-Schleifen werden mindestens einmal ausgeführt

Der Umstand, daß die Schleifenbedingung erst nach der Ausführung der Anweisungen im Schleifenrumpf überprüft wird, hat eine wichtige Konsequenz: Im Gegensatz zu *for-* und *while*-Schleife werden dadurch die Anweisungen der *do while*-Schleife mindestens einmal ausgeführt, unabhängig davon, ob die Schleifenbedingung TRUE (ungleich 0) ist oder nicht. Aus diesem Grund kann auch die Initialisierung entfallen. (Wir vermeiden außerdem die Bezeichnung "Re-Initialisierung" für die (wiederholte) Modifikation der Kontrollvariablen, da dies ohne eine vorhergehende Initialisierung wenig sinnvoll ist.)

Wo läßt sich eine Schleifenkonstruktion verwenden, die ihre Bedingung erst überprüft, wenn ihre Anweisungen schon ausgeführt sind? Generell natürlich dann, wenn die Aufgabenstellung erfordert, daß die Schleife mindestens einmal durchlaufen werden muß. Eine gängige Anwendung ist die Ausgabe von Bildschirmmenüs. Dabei wird eine Reihe von Menüpunkten eingeblendet, aus denen der Anwender mit einer geeigneten Eingabe auswählen kann. Nach der Auswahl eines Punkts und der Ausführung der damit verbundenen Programmaktionen sorgt eine Schleifenkonstruktion dafür, daß dieses Menü erneut auf dem Bildschirm erscheint, damit der Anwender eine weitere Eingabe vornehmen kann. Die Eingabe des Anwenders steuert ebendiese Schleife, mit der das Menü ausgegeben wird, d. h., von ihr hängt es ab, wie oft die Schleife durchlaufen wird. Damit der Anwender überhaupt weiß, welche Eingabemöglichkeiten er hat, muß ihm das Menü aber bereits vor seiner ersten Eingabe präsentiert werden, was bedeutet, daß die Anweisungen der Schleife, die das Menü auf den Bildschirm bringt, unabhängig von der Schleifenbedingung zumindest einmal ausgeführt werden müssen. Dies kann mit einer *do while*-Schleife realisiert werden. Das folgende Beispielprogramm simuliert ein einfaches Menü zur Verwaltung von Datensätzen.

 menusim.c:

```
1   /*   menusim simuliert mit Hilfe der do while-Anweisung
2   ein Menü zur Datensatzverwaltung , bei dem der Anwender unter
3   verschiedenen Aktionen auswählen kann.      */
4
5   #include <stdio.h>                              /*   für printf   */
6   #include <conio.h>                              /*   für getche   */
7
8   main()
9   {
10    int sel;              /*   Schleifenkontrollvariable, nicht initialisiert.*/
11
12    do                           /*   die folgenden Anweisungen ausführen.   */
13    {
14      printf("\033[2J");
15      printf("Stammdatenverwaltung SIM 1\n\n");
16      printf("\t1 = Anlegen\n");
17      printf("\t2 = Ändern\n");
18      printf("\t3 = Löschen\n");
19      printf("\t4 = Drucken\n");
20      printf("\t0 = Ende\n\n");
21      printf("\tIhre Wahl: ");
22      sel = getche();                              /*   Wahl einlesen */
23      switch (sel)                          /*   Was wurde gewählt? */
24          {
25          case '1': printf("\033[2J");
26                    printf("\n\nHier ist die Anlegen-Simulation.\n");
27                    printf("Zurück zum Menü mit beliebiger Taste.");
28                    getche();
29                    break;
30
31          case '2': printf("\033[2J");
32                    printf("\n\nHier ist die Ändern-Simulation.\n");
33                    printf("Zurück zum Menü mit beliebiger Taste.");
34                    getche();
35                    break;
36
37          case '3': printf("\033[2J");
38                    printf("\n\nHier ist die Löschen-Simulation.\n");
39                    printf("Zurück zum Menü mit beliebiger Taste.");
40                    getche();
41                    break;
42
43          case '4': printf("\033[2J");
44                    printf("\n\nHier ist die Drucken-Simulation.\n");
45                    printf("Zurück zum Menü mit beliebiger Taste.");
46                    getche();
47                    break;
48
```

4

```
49              case '0': printf("\033[2J");              *    Programm beenden    */
50                       printf("\n\n\t\t***\tEnde der Simulation\t***");
51                       break;
52           default: printf("\033[2J");              /*    Falsche Eingabe    */
53                    printf("\n\nFalsche Eingabe\n");
54                    printf("Zurück zum Menü mit beliebiger Taste.");
55                    getche();
56                    break;
57        }                                                /*    Ende switch    */
58   } while (sel != '0');                         /*    solange Eingabe nicht 0 */
59   }                                                     /*    Ende main */
```

Analyse

Das Programm menusim.c besteht im wesentlichen aus einer *do while*-Schleife. Alle Aktionen, die das Programm durchführt, werden durch die Anweisungen im Rumpf dieser Schleife realisiert.

Die *do while*-Anweisung kümmert sich zunächst nicht darum, ob die Schleifenbedingung erfüllt (TRUE) ist oder nicht, sondern führt ihrer Logik gemäß die Anweisungen im Schleifenrumpf erst einmal aus. Das Auswahlmenü wird eingeblendet, und der Anwender trifft seine Wahl.

Hat er sich beispielsweise für den Menüpunkt 1 ("Anlegen") entschieden, wertet die nachfolgende *switch*-Anweisung diese Eingabe aus und beginnt danach mit der Ausführung der Anweisungen hinter der entsprechenden *case*-Konstanten. Nach der Ausgabe einer Kennmeldung (in einem realen Verwaltungsprogramm würden hier die Aktionen zum Anlegen eines Datensatzes durchgeführt) kann der Anwender durch einen beliebigen Tastendruck zum Menü zurückkehren. Die Funktion *getche* nimmt diese Eingabe entgegen. Da wir das eingegebene Zeichen nicht benötigen, speichern wir es auch nicht in einer Variablen. Die Anweisung

```
getche();
```

hat außerdem den Sinn, das Programm anzuhalten und die Meldung

```
Hier ist die Anlegen-Simulation.
Zurück zum Menü mit beliebiger Taste.
```

so lange auf dem Bildschirm zu behalten, bis der Anwender sie zur Kenntnis genommen und sich entschlossen hat, zum Menü zurückzukehren. Würde die *getche*-Anweisung fehlen, gäbe es keinen Programmhalt, und die obige Meldung würde zwar ausgegeben, wäre aber sofort danach wieder verschwunden, da das Programm weiterläuft und unmittelbar darauf (ohne Pause) wieder zum Menü zurückkehrt. Da der Bildschirm dabei gelöscht und neu aufgebaut wird, wäre die Meldung nur für Sekundenbruchteile sichtbar.

Die abschließende *break*-Anweisung beendet die *switch*-Anweisung, und das Ende der *do while*-Schleife ist erreicht: Nun erst wird die Bedingung geprüft: Da das Zeichen '1' zur Auswahl des ersten Menüpunkts eingegeben wurde, ist die Schleifenbedingung erfüllt (TRUE), denn die Variable *sel* hat einen Wert ungleich 0. Die Anweisungen der Schleife werden erneut ausgeführt, und es erscheint wieder das Menü auf dem Bildschirm. Der *default*-Zweig der *switch*-Anweisung tritt in Kraft, wenn zur Auswahl ein Zeichen eingegeben wurde, das nicht im Menü enthalten ist. Gibt der Anwender "0" ein, endet die *do while*-Schleife (und damit auch das Programm).

while oder do while?

Selbstverständlich können mit der *do while*-Anweisung auch gewöhnliche Iterationen durchgeführt werden, wie etwa im folgenden Fall:

```
do
 printf("%d ", x--);
while (x > 0);
```

Diese Schleife gibt den Wert von *x* aus, solange er größer als 0 ist. Wir beachten, daß der Wert von *x* völlig zufällig ist, da der Variablen nirgendwo ein Wert zugewiesen wird. Aber selbst wenn *x* kleiner oder gleich 0 wäre, würde die Schleife einmal ausgeführt, da die Bedingung

```
x > 0
```

erst am Ende des ersten Schleifendurchgangs das erste Mal geprüft wird. Will man mit der obigen Schleife jedoch die Werte

```
10 9 8 7 6 5 4 3 2 1
```

ausgeben lassen, muß die Variable *x* außerhalb der Schleife initialisiert werden:

```
int x = 10;
.
.
.
do
 printf("%d ", x--);
while (x > 0);
```

Man kann sich natürlich fragen, ob in Fällen, in denen initialisiert werden muß, dasselbe nicht mit einer einfachen *for*- oder *while*-Schleife erreicht werden kann. Tatsächlich ist diese obendrein kürzer:

```
int x = 10;
```

```
      .
      .
    while (x > 0)
     printf("%d ", x--);
```

Für den Fall, daß die Aufgabenstellung - wie im folgenden Beispiel - zuläßt, daß die Schleife eventuell gar nicht ausgeführt werden soll, wird man natürlich nicht die Codierung

```
    int i;
      .
      .
      .
    printf("Wie oft soll die Schleife laufen?");
    scanf("%d", &i);
    do
     printf("Dies ist der %d. Durchgang\n", i--);
    while (i > 0);
```

wählen, bei der die Schleife auch dann (einmal) ausgeführt wird, wenn für *i* der Wert *0* eingegeben wurde, sondern eine der beiden anderen Schleifen, etwa:

```
    int i;
      .
      .
      .
    printf("Wie oft soll die Schleife laufen?");
    scanf("%d", &i);
    while (i > 0)
     printf("Dies ist der %d. Durchgang\n", i--);
```

4.2.5 Geschachtelte Schleifen

Eine Programmieraufgabe, mit Hilfe derer sich das Prinzip der Schleifenschachtelung in einfacher Weise darstellen läßt, besteht in der Ausgabe eines rechteckigen Musters aus irgendwelchen Zeichen:

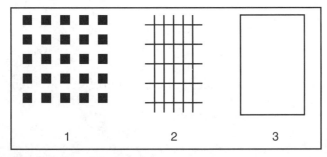

Abb. 76: Ausgabemuster

Man kann die obigen Muster als Figuren auffassen, die aus Zeilen und Spalten bestehen. So enthält das Muster 1 fünf Zeilen und fünf Spalten, die aus dem Zeichen "■" (dezimaler ASCII-Code: 254) gebildet werden. In ähnlicher Weise entsteht das Muster 2 aus Wiederholungen des Zeichens "┼" (dezimaler ASCII-Code: 197). Das dritte Muster unterscheidet sich insofern von den beiden vorhergehenden, als es aus verschiedenen Zeichen zusammengesetzt ist: ein Rahmen aus den waagerechten und senkrechten Strichen "−" und "|" (dezimale ASCII-Codes: 196, 179) sowie den dazu passenden Eckstücken: "┐", "└", "┘", "┌" (dezimale ASCII-Codes: 191, 192, 217, 218). Man kann es sich aber ebenfalls aus Zeilen und Spalten bestehend vorstellen. (Beispielsweise besteht die erste Zeile aus den Zeichen "┌" (linke obere Ecke), "− " und "┐ " (rechte obere Ecke).)

Muster 1

Wenn wir nun etwa das Muster 1 ausgeben wollen, müssen wir aufgrund unserer Zeilen- und Spalten-Interpretation dazu fünfmal eine Zeile ausgeben, wobei jede Zeile ihrerseits aus fünf Exemplaren des Zeichens "■" besteht (den Spalten). Wir haben es hier also mit der Wiederholung einer (komplexen) Aktion zu tun - der Ausgabe einer Zeile -, die selbst wieder in Wiederholungen einer (elementaren) Aktion - der Ausgabe eines einzelnen Zeichens - untergliedert werden kann. Eine solche wiederholte Aktion, in der eine weitere wiederholte Aktion enthalten ist, ist ein Beispiel für eine Schachtelung. Schachtelungen haben wir bereits früher im Zusammenhang mit Mehrfachzuweisungen kennengelernt, bei der mehrere Zuweisungsoperationen ineinander enthalten (verschachtelt) waren. In ähnlicher Weise können auch Wiederholungsanweisungen - also Schleifen - geschachtelt werden: Eine Schleife enthält eine weitere Schleife, die wiederum eine Schleife enthält etc.

Wir nutzen diese Möglichkeit für unsere Aufgabenstellung, bei der Zeilen zu wiederholen und für jede Zeile eine bestimmte Anzahl von Zeichen (Spalten) auszugeben sind. Für den Fall, daß die direkte Umsetzung der Lösung in die Programmiersprache Schwierigkeiten bereitet, kann man eine Annäherung an diese Programmcode-Lösung mit einer Formulierung im Pseudocode (einer Mischung aus Umgangssprache und Programmiersprache) erreichen:

```
Für jede Zeile
    Für jede Spalte
        Gib das Zeichen "■" aus.
```

Danach fällt es nicht mehr besonders schwer, die entsprechende Schleifenkonstruktion anzugeben. Wir wählen eine *for*-Schleife (ebenso wäre eine *while*-Schleife möglich):

```
for (zeile = 1; zeile < 6; zeile++)              /*  für jede Zeile*/
    {
    for (spalte = 1; spalte < 6; spalte++)       /*  für jede Spalte   */
```

```
            printf("■");                      /*   Zeichen ausgeben   */
         printf("\n");              /*  nach fünf Zeichen neue Zeile beginnen */
         }
```

Die Variablen *zeile* und *spalte* haben dabei die nachstehenden Definitionen:

```
int zeile;              /*   Kontrollvariable für die äußere for-Schleife   */
int spalte;             /*   Kontrollvariable für die innere for-Schleife   */
```

Der Ablauf der geschachtelten *for*-Anweisung gestaltet sich folgendermaßen:

1. Die Variable *zeile* in der äußeren *for*-Schleife wird mit dem Wert 1 (für die 1. Zeile) initialisiert.

2. Da die Bedingung *zeile* < 6 erfüllt ist, werden die Anweisungen im Rumpf der äußeren *for*-Schleife ausgeführt.

3. Die erste dieser Anweisungen ist die innere *for*-Schleife: Die Variable *spalte* wird mit 1 initialisiert (1. Zeichen der 1. Zeile). Die Bedingung *spalte* < 6 ist damit TRUE, das Zeichen "■" wird ausgegeben. *spalte* wird inkrementiert, die Bedingung erneut geprüft, das Zeichen "■" zum zweitenmal ausgegeben. *spalte* wird inkrementiert etc. Insgesamt wird auf diese Weise fünfmal das Zeichen "■" ausgegeben. Dann hat *spalte* den Wert 6 angenommen, die Bedingung *spalte* < 6 ist nicht mehr TRUE, und die innere *for*-Schleife endet.

4. Ein Zeilenvorschub wird ausgeführt. Danach ist der erste Durchgang der äußeren *for*-Schleife beendet.

5. Die Variable *zeile* wird inkrementiert. Die Bedingung *zeile* < 6 ist nach wie vor TRUE, und der Rumpf der äußeren Schleife wird erneut ausgeführt (siehe Punkt 3), d. h., die zweite Zeile wird ausgegeben. Nach insgesamt fünf Durchgängen der äußeren *for*-Schleife hat die Variable *zeile* durch die anschließende Inkrementierung den Wert 6, die Bedingung ist nicht mehr TRUE, und die äußere *for*-Schleife (und damit die gesamte geschachtelte *for*-Anweisung) endet.

Muster 2 und Muster 3

Das Muster 2 erhalten wir mit der gleichen Anweisung, indem wir lediglich das Zeichen "■" gegen das Zeichen "┿" austauschen. Das dritte Muster ist nicht ganz so einfach, da es aus verschiedenen Zeichen besteht:

*   Oberste Zeile: " ┌", "─", "┐ "
*   Mittelzeilen: "│", " ", "│"
*   Unterste Zeile: " └", "─", "┘ "

Wir formulieren zunächst im Pseudocode:

```
Oberste Zeile:Gib die linke Ecke aus.
    Für jede der drei folgenden Spalten
        Gib das Zeichen "–" aus.
    Gib die rechte Ecke aus.

Mittelzeilen: Für jede Zeile
        Gib das Zeichen "|" aus
        Für jede der drei folgenden Spalten
            Gib ein Leerzeichen aus.
    Gib das Zeichen "|" aus.

Unterste Zeile:    Gib die linke Ecke aus.
    Für jede der drei folgenden Spalten
        Gib das Zeichen "–" aus.
    Gib die rechte Ecke aus.
```

Daraus leitet sich der folgende Programmcode ab:

```
/*   oberste Zeile:*/
printf("\n⌐");                                /*   obere linke Ecke    */

for (spalte = 1; spalte < 4; spalte++)        /*   mittlere Spalten    */
    printf("–");
printf("¬");                                  /*   obere rechte Ecke   */

/*   Mittelzeilen: */
for (zeile = 1; zeile < 4; zeile++)
 {
  printf("\n|");                              /*   linke Begrenzung    */
  for (spalte = 1; spalte < 4; spalte++)
      printf(" ");                            /*   Zwischenraum    */
  printf("|");                                /*   rechte Begrenzung   */
 }                                            /*   unterste Zeile:     */
printf("\nL");                                /*   untere linke Ecke   */
for (spalte = 1; spalte < 4; spalte++)        /*   mittlere Spalten    */
    printf("–");
printf("L");                                  /*   untere rechte Ecke */
```

Die Größe der Muster 1 bis 3 kann man sehr leicht variabel gestalten, indem man Höhe und Breite der Figur vom Anwender eingeben läßt. Das folgende Programm zeigt dies für den Rahmen. Damit verschiedene Rahmengrößen nacheinander gezeichnet werden können, wird die Schleife, die den Rahmen zeichnet, in eine Schleife eingebettet, mit der der Anwender bestimmen kann, ob er einen weiteren Rahmen zeichnen will oder nicht.

Für diese zusätzliche Schleife wählen wir eine *do while*-Anweisung und haben damit den Fall einer Schachtelung von Schleifen unterschiedlichen Typs.

frame.c:

```
1   /*   frame zeichnet mittels einer geschachtelten Schleifenkonstruktion
2        Rahmen unterschiedlicher Größe auf den Bildschirm.  */
3
4   #include <stdio.h>                                    /*   für printf, scanf  */
5   #include <conio.h>                                    /*   für getche        */
6
7   main()
8   {
9   char response;              /*   Antwort des Anwenders, Kontrollvariable der
10                                        do while-Schleife  */
11    int high;                                    /*   Höhe des Rahmens   */
12    int wide;                                    /*   Breite des Rahmens */
13    int row;          /*   Zeilen: Kontrollvariable der äußeren for-Schleife  */
14    int col;          /*   Spalten (Zeichen): Kontrollvariable der inneren
15                                        for-Schleife  */
16  do
17   {
18    printf("\033[2J");
19    printf("Das Programm erzeugt einen Rahmen variabler Größe.\n\n");
20
21                                        /*   Maße des Rahmens einlesen:  */
22
23    printf("Rahmenhöhe: ");
24    scanf("%d", &high);
25    printf("\nRahmenbreite: ");
26    scanf("%d", &wide);
27
28                                            /*   Rahmen ausgeben:  */
29    printf("\033[2J");                  /*   Bildschirm für Rahmen löschen.  */
30      /*   oberste Zeile:
31      Beide seitliche Begrenzungen sind in der eingegebenen Rahmenbreite
32      schon enthalten. Um sie nicht doppelt zu zählen, muß daher in der
33      for-Schleife die Variable wide um 2 vermindert werden.   */
34
35    printf("\n┌");                              /*   obere linke Ecke   */
36    for (col = 1; col < wide-2; col++)          /*   mittlere Spalten   */
37       printf("─");
38    printf("┐");                                /*   obere rechte Ecke  */
39
40  /*   Mittelzeilen:
41      Die oberste und unterste Zeile sind in der Rahmenhöhe bereits enthalten.
42      Um sie nicht doppelt zählen, muß daher in der for-Schleife die Variable
43      high um 2 vermindert werden. */
44
45    for (row = 1; row < high-2; row++)
46       {
47       printf("\n│");                           /*   linke Begrenzung   */
48       for (col = 1; col < wide-2; col++)
49            printf(" ");                        /*   Zwischenraum       */
50       printf("│");                             /*   rechte Begrenzung  */
51       }                                        /*   unterste Zeile:    */
52
53    printf("\n└");                              /*   untere linke Ecke  */
```

```
54    for (col = 1; col < wide-2; col++)                /*   mittlere Spalten    */
55        printf("─");
56    printf("┘");                                       /*   untere rechte Ecke */
57
58                        /*   Benutzerabfrage für eventuellen weiteren Rahmen:    */
59
60    printf("\n\nEinen weiteren Rahmen erzeugen? (j/n)");
61    response = getche();                               /*   Antwort einlesen    */
62    } while (response == 'j');                         /*   neuer Rahmen falls 'j' */
63
64  }                                                    /*   Ende main */
```

Einfache oder geschachtelte Schleife

Man könnte die Muster 1 bis 3 statt als Figuren mit Zeilen und Spalten natürlich auch als Folgen einzelner Zeichen auffassen, die lediglich in einer besonderen Weise angeordnet sind. Muster 1 beispielsweise besteht in dieser Sichtweise einfach aus 25 Wiederholungen des Zeichens "▹". Nach jeweils fünf Zeichen erfolgt ein Zeilenvorschub. Tatsächlich läßt sich das Muster 1 bei dieser linearen Deutung mit einer einfachen *for*-Schleife ausgeben:

```
int i;                            /*   Schleifenkontrollvariable    */
.
.
.
for (i = 1; i < 26; i++)
    {
    printf("■ ");
    if (i % 5 == 0)                          /*   nach 5 Zeichen*/
        printf("\n");               /*   eine neue Zeile beginnen    */
    }
```

Die Bedingung der *if*-Anweisung in der *for*-Schleife sorgt dafür, daß nach jeweils fünf Zeichen ein Zeilenvorschub durchgeführt wird und auf diese Weise die gewünschten fünf Zeilen entstehen. Geprüft wird dabei, welchen Rest die Variable *i* bei der Teilung durch 5 läßt. Ist dieser Rest 0 - was für *i* gleich 5, 10, 15 etc. der Fall ist -, wird die Ausgabe in einer neuen Zeile fortgesetzt.

Im Vergleich dazu erscheint die geschachtelte Schleifenversion zur Erzeugung des Musters 1 zwar eleganter und vor allem logischer, aber der Aufwand für die Codierung ist in beiden Fällen ungefähr gleich. Wir betrachten besonders unter diesem letzten Aspekt ein weiteres Beispiel.

Die monatlichen Umsätze dreier Unternehmen A, B und C für das erste Quartal eines Jahrs sollen eingelesen, summiert und ausgegeben werden. Die Aktion

```
Einlesen, Summieren und Ausgeben der Monatsumsätze
```

muß für jedes Unternehmen ausgeführt werden, insgesamt also dreimal. Enthalten in dieser Aktion ist aber eine weitere zu wiederholende Aktion, nämlich die Addition der einzelnen Monatsbeträge. Im Pseudocode kann dieser Sachverhalt so ausgedrückt werden:

```
Für jedes Unternehmen
      Für jeden Monat
            Lies den Umsatz ein.
            Addiere ihn zu den anderen Monatsumsätzen.
      Gib den Gesamtumsatz des Unternehmens für das Quartal aus.
```

Mit einer einfachen Schleife wäre die Lösung dieses Problems umständlich: Für jedes Unternehmen müßte eine eigene Schleife codiert werden, die die Monatsumsätze einliest und addiert. Eine Lösung mit Hilfe der Schleifenschachtelung ist in diesem Fall nicht nur von der logischen Struktur der Aufgabe her naheliegender, sondern auch wesentlich kürzer, da die betreffende Schleife nur einmal codiert werden muß.

Ausgehend von der Formulierung im Pseudocode erstellen wir die folgende Schleifenkonstruktion, wobei wir diesmal eine *while*-Schleife benutzen (ebensogut wäre eine *for*-Schleife möglich):

```
int u;                                       /*    Unternehmen    */
int m;                                       /*      Monat        */
float mu;                                    /*    Monatsumsätze  */
float s;                                  /*   Summe der Monatsumsätze */

.
.
.

u = 'A';          /*   Initialisieren von u: A (Wert: 65 dezimal) für das
                                              1. Unternehmen*/
while (u < 'D')                        /*   für jedes der Unternehmen A, B, C*/
    {
      s = 0.0;      /*  Anfangssumme für jedes Unternehmen auf 0 setzen.    */
      m = 1;                /*   Kontrollvariable der inneren while-Schleife
                                              initialisieren.    */
      printf("Unternehmen %c\n\n", u);
      while (m < 4)                          /*   Für jeden der drei Monate    */
          {
            printf("\nUmsatz Monat %d: ", m);
            scanf("%f", &mu);                    /*   Umsatz einlesen    */
            s = s + mu;                          /*   Umsatz aufaddieren */
            m++;                                 /*   Nächster Monat*/
          }                                      /*   Ende inneres while */

      printf("\nGesamtumsatz Unternehmen %c: %.2f\n\n\n\n", u, s);
      u++;                                  /*   Nächstes Unternehmen    */
    }                                       /*   Endes äußeres while     */
```

Analyse

Nach der Initialisierung der Kontrollvariablen *u* (äußere *while*-Schleife) mit dem Wert 'A' - hinter dem sich nichts anderes als der dezimale ASCII-Code 65 verbirgt - ist die Bedingung der *while*-Schleife TRUE, und die Anweisungen des Schleifenrumpfs werden ausgeführt. (Wir wählen als Werte für die Variable *u* die aufeinanderfolgenden Werte der Zeichenkonstanten 'A', 'B' und 'C', weil wir damit sowohl die Unternehmen abzählen als auch mit ihrem "Namen" ausgeben können.) Mit

```
s = 0.0;
```

wird die Anfangssumme der Monatsumsätze bei jedem Schleifendurchgang der äußeren Schleife (d. h. für jedes Unternehmen) auf den Wert 0.0 gesetzt. Nach der Ausgabe einer Überschrift (Name des Unternehmens) wird mit der inneren *while*-Schleife der Umsatz der drei Quartalsmonate für das jeweilige Unternehmen eingelesen und addiert. Die innere Schleife endet, und die Summe der Monatsumsätze für das Unternehmen wird ausgegeben. Die Variable *u* erhält durch die Inkrementierung den neuen Wert 'B' (das nächste Unternehmen). Die äußere *while*-Schleife wiederholt ihre Anweisungen, bis die Variable *u* nach dem dritten Durchgang den Wert 'D' (= dezimal 68) angenommen hat.

Eine dreifache Schleifenschachtelung

Sollen nicht nur die Umsätze eines Quartals, sondern aller vier Quartale eines Jahrs verarbeitet werden, müssen wir eine weitere Schachtelungsebene hinzufügen, so daß die Schleifenkonstruktion nicht nur zweifach, sondern dreifach geschachtelt ist:

```
Für jedes Quartal
        Für jedes Unternehmen
                Für jeden Monat
                        Lies den Umsatz ein.
                        Addiere ihn zu den anderen Monatsumsätzen.
                Gib den Gesamtumsatz des Unternehmens für das Quartal aus.
```

Dazu das folgende Programm:

▶ **sales.c:**

```
1  /*  sales liest Monatsumsätze für drei Unternehmen geordnet nach Quartalen
2      ein, addiert sie und gibt sie aus. Das Programm verwendet dazu eine
3      dreifach geschachtelte while-Schleife.    */
4
5  #include <stdio.h>                            /*  für printf, scanf */
6  #include <conio.h>                            /*  für getche    */
7
8  main()
```

```
 9  {
10
11  int u, m, q;                              /*   Schleifenkontrollvariablen   */
12  float mu;                                            /*   Monatsumsätze */
13  float s;                                       /*   Summe der Monatsumsätze */
14
15  q = 1;              /*   Kontrollvariable der äußeren Schleife initialisieren:
16                                                           1. Quartal     */
17  while (q < 5)                    /*   äußere Schleife: Für jedes Quartal    */
18
19    {
20      printf("\033[2J");            /*   neuer Bildschirm für jedes Quartal    */
21      printf("%d. Quartal", q);
22      u = 'A';   /*  Kontrollvariable der mittleren Schleife initialisieren: 'A'
23                              (= 65 dezimal) für das 1. Unternehmen.     */
24
25      while (u < 'D') /*   mittlere Schleife: für jedes der Unternehmen A, B, C*/
26        {
27          s = 0.0;       /*  Anfangssumme für jedes Unternehmen auf 0 setzen.   */
28          m = 1;      /* Kontrollvariable der inneren while-Schleife initialisieren.*/
29          printf("\n\nUnternehmen %c\n\n", u);
30          while (m < 4)            /*   Innere Schleife: Für jeden der drei Monate */
31            {
32              printf("\nUmsatz Monat %d: ", m);
33              scanf("%f", &mu);                       /*   Umsatz einlesen    */
34              s = s + mu;                             /*   Umsatz aufaddieren */
35              m++;                                    /*   Nächster Monat*/
36            }                                         /*   Ende inneres while */
37          printf("\nGesamtumsatz Unternehmen %c: %.2f\n\n\n\n", u, s);
38          u++;                                        /*   Nächstes Unternehmen   */
39        }                                             /*   Ende mittleres while   */
40      if (q < 4 )                     /*   damit folgende Meldung nach
41                     dem letzten Quartal n i c h t mehr ausgegeben wird. */
42        {
43          printf("Zum nächsten Quartal mit beliebiger Taste");
44          getche();
45        }
46      q++;                                        /*   Nächstes Quartal   */
47    } /* Ende äußeres while */
48  }                                             /*   Ende main */
```

Es fällt vielleicht auf, daß im obigen Programm die einzelnen Umsätze zwar eingegeben, summiert und ausgegeben, aber nicht dauerhaft gespeichert werden. So überschreibt jede neue Eingabe in die Variable *mu* die vorherige. Das gleiche gilt für die Summenvariable *s*, die für jedes Unternehmen den Anfangswert 0 erhält. Damit stehen die zuvor eingegebenen Werte nicht mehr für eine eventuelle Weiterverwendung im Programm zur Verfügung. Wie man dieses Problem löst, zeigt das Kapitel 5 "Zusammengesetzte Datentypen: Arrays und Strukturen".

4.2.6 Besondere Schleifen

Es gibt eine Reihe von Schleifenkonstruktionen, die gewissermaßen die Sonderfälle der normalen Anwendungen darstellen. Wir betrachten in diesem Zusammenhang zwei Gruppen von Schleifen:

- Endlosschleifen
- Schleifen mit Leeranweisung

4.2.6.1 Endlosschleifen

Endlosschleifen treten häufig als logische Fehler in Programmen auf. Nach der Definition

```
int i = 1;
```

wird die Schleife

```
while (i < 4)
    printf("%d ", i);
    i++;
```

nicht - wie man vielleicht vermutet - dreimal ausgeführt, sondern unendlich oft. Statt der Zahlen

```
1 2 3
```

wird ständig und ohne Ende der Wert

```
1
```

ausgegeben. Der Grund dafür ist die fehlende Blockklammerung um den Schleifenrumpf: Nur die Anweisung

```
printf("%d ", i);
```

ist in der obigen Schleifenversion von der Schleifenbedingung abhängig, nicht aber die Inkrementierung der Kontrollvariablen i. Da i den Wert 1 hat, ist die Schleifenbedingung TRUE, und für i wird der Wert 1 ausgegeben. Danach wird nicht etwa die Variable i inkrementiert, sondern erneut die Bedingung geprüft: i ist gleich 1, die Bedingung daher TRUE, i wird mit dem Wert 1 ausgegeben, ad infinitum. (Der Abbruch einer solchen unbeabsichtigten Endlosschleife kann in vielen Fällen über ein Betriebssystem-Kommando erreicht werden, mit dem das laufende Programm unterbrochen wird. Für das Betriebssystem DOS und bestimmte UNIX-Versionen beispielsweise kann dieser

Befehl mit der Tastenkombination [Strg]+[C] ausgelöst werden. Die Tastenkombinationen variieren von System zu System.)

Vermeiden kann man die obige Endlosschleife mit der entsprechenden Blockklammerung:

```
while (i < 4)
  {
   printf("%d ", i);
   i++;
  }
```

wonach die beabsichtigte Ausgabe

```
1 2 3
```

zustande kommt.

Eine Endlosschleife entsteht dann, wenn die Schleifenbedingung stets erfüllt ist, wie etwa im Falle von

```
while (1)
     printf("Endlos");
```

oder

```
for (;;)
    printf("Endlos");
```

In der ersten Schleife besteht die Bedingung nur aus der Konstanten *1*, deren Wert natürlich immer ungleich 0, also TRUE, ist. Bei der zweiten Schleife erinnere man sich daran, daß eine fehlende Bedingung im Kopf einer *for*-Schleife wie eine Bedingung behandelt wird, die stets TRUE ist.

Man kann sich diesen Sachverhalt in Fällen zunutze machen, in denen eine Endlosschleife beabsichtigt ist. Beispielsweise gibt das folgende Programm forever1.c mit Hilfe einer Endlosschleife den Satz

```
C is FUN
```

aus, ersetzt dann zeichenweise von rechts nach links jeden Buchstaben durch das Zeichen "■", so daß die Ausgabe

```
■■■■■■■■
```

entsteht, schreibt anschließend wieder den Satz

```
C is FUN
```

auf den Bildschirm, ersetzt ihn erneut etc. Derartige Konstruktionen lassen sich z. B. für Demonstrationsprogramme einsetzen, die für eine nicht festgelegte Dauer eine bestimmte Ausgabe wiederholen sollen.

▶ forever1.c:

```
 1  /*   forever1 demonstriert eine Endlosschleife. Ausgegeben wird in ständiger
 2       Wiederholung ein Schriftzug, der zeichenweise von rechts nach links
 3       durch ein anderes Zeichen ersetzt wird.    */
 4
 5
 6  #include <stdio.h>                                      /* für printf */
 7
 8  main()
 9  {
10    int i;                                    /*   Schleifenkontrollvariable    */
11
12    printf("\033[2J\n\n\n\n\n");
13    for(;;)                                            /*   Endlosschleife*/
14      {
15      for (i = 1; i < 31; i++)                         /*   Text einrücken*/
16      printf(" ");
17      printf("C is FUN ");                    /*  Man beachte das Leerzeichen am
18                                                     Ende von C is FUN. */
19      for (i = 1; i < 9; i++)        /*   für jedes Zeichen von C is FUN.   */
20        {
21          printf("\b\b");                       /*   zwei Schritte zurück    */
22          printf("■");                          /*   Ersatzzeichen ausgeben  */
23        }
24      printf("\r");                    /*   Für die nächste Wiederholung
25                                              Cursor an den Anfang
26                              d e r s e l b e n Zeile setzen.   */
27      }                                    /*   Ende Endlos-for    */
28  }                                           /*    Ende main */
```

Analyse

Bevor im obigen Programm der Text

```
C is FUN
```

ausgegeben wird, rückt die erste Anweisung der Endlos-*for*-Schleife ihn ein Stück ein. Der Text hat an seinem Ende ein zusätzliches Leerzeichen. Dies hat folgenden Grund: Der Cursor muß für jede Aktion, bei der ein Zeichen des Textes ersetzt wird, jeweils um zwei Positionen zurückgesetzt werden. Würde er lediglich um eine Position zurückgesetzt, und das entsprechende Zeichen dann ersetzt, stünde der Cursor danach wieder auf seinem alten Platz, da er bei jeder Ausgabe eines Zeichens um eine Position nach rechts rückt. Er würde sich damit bei jeder Ersetzungsaktion nur einen Schritt zurück, und einen Schritt nach vorn bewegen, was ihn nicht von der Stelle bringt.

Bewegt sich der Cursor jedoch um zwei Positionen zurück und nur eine vorwärts, so bewegt er sich insgesamt bei jedem der acht Durchgänge der zweiten inneren *for*-Schleife um eine Position nach links und schreibt dabei das Zeichen "■" an die Stelle des Buchstabens. Das Leerzeichen am Ende der Zeichenkette sorgt dafür, daß der Cursor nach den ersten beiden Rückschritten auf dem richtigen - nämlich dem letzten - Buchstaben N landet. Der Buchstabe N wird ersetzt, danach steht der Cursor eine Position rechts davon. Er wird um zwei Positionen zurückgesetzt, steht nun auf dem Buchstaben U etc.

Nachdem auf diese Weise der Schriftzug von rechts nach links überschrieben wurde, wird der Cursor mittels der Escape-Sequenz '\r' (carriage return = Wagenrücklauf) für den nächsten Durchgang der Endlosschleife an den Anfang derselben Zeile zurückgesetzt: Der Text wird erneut eingerückt, und alles beginnt von vorn.

Allerdings hat unsere obige Programmversion ein Manko: Sie ist zwar korrekt, aber der Rechner führt die einzelnen Aktionen so schnell aus, daß man sie mit dem Auge nicht verfolgen kann und nur ein flimmerndes Doppelbild auf dem Bildschirm sieht, bei dem die beiden Zeichenfolgen

```
C is FUN
```

und

■■■■■■

übereinanderzuliegen scheinen. Wir müssen also dafür sorgen, daß die Programmschritte, die den Demonstrationseffekt ausmachen, für das Auge nachvollziehbar ablaufen. Dies wäre beispielsweise dann der Fall, wenn die einzelnen Ersetzungsaktionen durch Pausen voneinander getrennt wären. Wie man solche Pausen erzeugt und in das Programm einbaut, besprechen wir im folgenden Abschnitt.

4.2.6.2 Schleifen mit Leeranweisung

Gelegentlich stellt man fest, daß man bei einer Schleifenkonstruktion auf den Schleifenrumpf verzichten könnte, weil alle Aktionen, an denen man interessiert ist, bereits im Schleifenkopf stattfinden. Nach der Definition

```
int i = 0
```

können wir mit der Schleife

```
for (i = 0; getchar() != EOF; i++)
            ;
```

zählen, wie viele Zeichen eingegeben wurden. Die Variable i wird so lange inkrementiert, bis - etwa über die Tastenkombination [Strg]+[Z] - das Zeichen EOF eingegeben wurde.

Der aktuelle Wert von i liefert dann die Anzahl der eingegebenen Zeichen. Da die Zählaktion bereits im Re-Initialisierungsteil des Schleifenkopfes stattfindet, ist eigentlich keine weitere Anweisung im Schleifenrumpf nötig. Weil aber eine Schleife aus syntaktischen Gründen eine Anweisung in ihrem Rumpf enthalten muß, ist es erforderlich, zumindest ein Semikolon als sogenannte *Leeranweisung* im Schleifenrumpf anzugeben.

Die Leeranweisung bewirkt nichts, erfüllt jedoch die syntaktische Forderung nach einer Anweisung an dieser Stelle.

Statt der Codierung

```
for (i = 0; getchar() != EOF; i++)
            ;
```

findet man auch die Codierung

```
for (i = 0; getchar() != EOF; i++);
```

bei der das Semikolon direkt hinter dem Schleifenkopf steht. Dies ist natürlich syntaktisch möglich, da der Compiler alle Zwischenraumzeichen unabhängig von ihrer Größe gleich behandelt, und es daher keine Rolle spielt, in welchem Abstand das Semikolon zum Schleifenkopf steht. Aus Gründen der Übersichtlichkeit ist es jedoch empfehlenswert, die Leeranweisung in eine gesonderte Zeile zu setzen.

Pausen erzeugen

Was hat eine solche Schleifenkonstruktion mit dem Ausgabeproblem im Programm forever1.c zu tun? Die Idee ist, daß der Rechner auch für die Ausführung einer Schleife, die "nichts" tut - nichts, außer eine Variable hochzuzählen - Zeit benötigt.

Wenn man eine derartige Schleife im Programm forever1.c zwischen zwei Zeichenersetzungen einfügt, werden diese Programmelemente zeitlich voneinander abgesetzt, d. h., es entsteht eine Pause zwischen ihnen, der Ablauf der Programmschritte erscheint verlangsamt. Bei einer solchen Zählaktion interessiert also nicht das Ergebnis, sondern lediglich ihre Dauer.

Wieviel Zeit die Ausführung der Schleife in Anspruch nimmt, kann über die Anzahl der Schleifendurchgänge und über den Datentyp der Zählvariablen (Integer oder Gleitkomma) gesteuert werden. Zähloperationen mit Variablen vom Gleitkommatyp dauern wesentlich länger als die entsprechenden Operationen mit Variablen ganzzahligen Typs. Für unsere Programmversion forever2.c verwenden wir eine Zählvariable vom Typ *float*.

 forever2.c:

```
 1   /*   forever2 demonstriert eine Endlosschleife. Ausgegeben wird in ständiger
 2        Wiederholung ein Schriftzug, der zeichenweise von rechts nach links
 3        durch ein anderes Zeichen ersetzt wird.
 4        Der Ablauf wird aus Präsentationsgründen durch eine Zählschleife (mit
 5        Leeranweisung) verzögert.   */
 6
 7   #include <stdio.h>                                    /*   für printf    */
 8
 9   main()
10   {
11     int i;                                   /*   Schleifenkontrollvariable   */
12     float f;                                 /*   Kontrollvariable für die
13                                                    Pausenschleife       */
14     printf("\033[2J\n\n\n\n\n");
15     for(;;)                                  /*   Endlosschleife*/
16     {
17       for (i = 1; i < 31; i++)               /*   Text einrücken*/
18             printf(" ");
19       printf("C is FUN ");                   /*   Man beachte das Leerzeichen am
20                                                    Ende von C is FUN. */
21       for (f = 1.0; f < 2500.0; f++)         /*   Pause durch Zählschleife    */
22           ;                                  /*   mit Leeranweisung   */
23       for (i = 1; i < 9; i++)                /*   für jedes Zeichen von C is FUN   */
24       {
25           printf("\b\b");                    /*   zwei Schritte zurück   */
26           printf("■");                       /*   Ersatzzeichen ausgeben   */
27           for (f = 1.0; f < 2500.0; f++)     /*   Pause durch Zählschleife   */
28               ;                              /*   mit Leeranweisung   */
29       }
30       printf("\r");                          /*   Für die nächste Wiederholung
31                                                    Cursor an den Anfang
32                                                    d e r s e l b e n Zeile setzen.   */
33     }                                        /*   Ende Endlos-for   */
34
35   }                                          /*   Ende main */
```

Die beiden zusätzlichen Zählschleifen bewirken, daß nach der Ausgabe des Textes dessen zeichenweise Überschreibung sozusagen "im Schrittempo" stattfindet, was den gewünschten Demonstrationseffekt erzeugt. Die nachfolgende Abbildung zeigt die schrittweise Veränderung der Bildschirmausgabe:

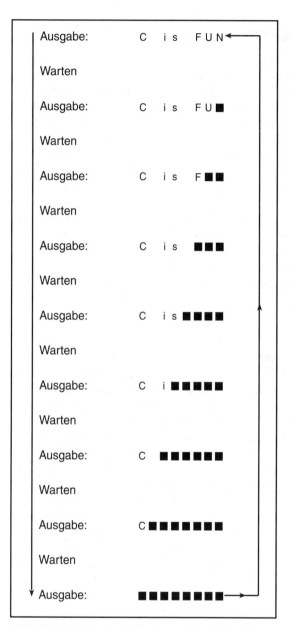

Abb. 77: Schrittweise Veränderung einer Bildschirmausgabe in einer Endlosschleife mit integrierter Verzögerungsschleife

Wie schnell die Zählschleife im obigen Programm ausgeführt wird, hängt von der verwendeten Maschine ab, außerdem natürlich davon, wie hoch man den Oberwert für die Variable *f* ansetzt: Erhöht man ihn, wird der Ablauf der Ausgabe langsamer, verringert man ihn, beschleunigt sich die Abfolge der einzelnen Schritte.

Eingabepuffer leeren

Für uns ist noch eine weitere Anwendung von Schleifen mit Leeranweisung von Interesse. Sie betrifft die Leerung des Eingabepuffers, wenn Eingaberoutinen wie etwa das Makro *getchar* oder die Funktion *scanf* benutzt werden. Die dabei auftretenden Probleme haben wir schon in Kapitel 2 "Eingabe und Ausgabe", genauer 2.3.3 "Fehlerbeseitigung", besprochen. Sie bestanden darin, daß die erwähnten Routinen das Eingabe-Bestätigungszeichen '\n' (eingegeben durch die ⌈Enter⌉-Taste) nicht aus dem Eingabepuffer entfernen und dadurch beim nächsten Aufruf einer Routine, die Zeichen aus dem Eingabepuffer liest, dieses Zeichen anstelle des regulären Eingabezeichens verarbeitet wird. Zwei Lösungsmöglichkeiten für dieses Problem haben wir bereits vorgestellt: zum einen einen zusätzlichen Aufruf von *getchar* (um damit das '\n'-Zeichen aus dem Puffer zu entfernen), zum anderen die Verwendung der Funktionen *getche* bzw. *getch*, die direkt von der Tastatur lesen und nicht aus dem Eingabepuffer (und außerdem keine Bestätigung der Eingabe durch ⌈Enter⌉ erfordern). Eine dritte Möglichkeit stellt die folgende *while*-Schleife dar:

```
while (getchar() != '\n')
    ; /*    Leeranweisung */
```

Diese Schleife nimmt mit Hilfe von *getchar* bei jedem Durchgang ein Zeichen aus dem Eingabepuffer entgegen und entfernt es auf diese Weise daraus. Die Schleife arbeitet folgendermaßen: Ist das gelesene Zeichen ungleich dem Eingabeende-Zeichen '\n', so ist die Bedingung der Schleife TRUE, und die Leeranweisung im Schleifenrumpf wird ausgeführt, d. h., es wird nichts getan, und das nächste Zeichen aus dem Puffer geholt. Ist das gelesene Zeichen gleich dem Zeichen '\n', so ist die Bedingung FALSE, und die Schleife endet. Das Resultat dieser Schleifenoperation ist, daß alle eventuell als Rückstände im Puffer verbliebene Zeichen - insbesondere auch das '\n'-Zeichen - verarbeitet und aus dem Puffer entfernt sind. Wir beachten, daß die von *getchar* gelesenen Zeichen keiner Variablen zugewiesen werden: Sie werden nicht benötigt, sind sozusagen "Abfall" (garbage), und gehen verloren. Das folgende kleine Beispielprogramm liest mit *getchar* nacheinander zwei Zeichen ein, führt dazwischen jedoch keine Pufferleerung durch. Das Ergebnis ist ein fehlerhafter Programmlauf.

▶ **buferror.c:**

```
1  /*  buferror demonstriert Programmfehler durch Pufferrückstände. */
2
3  #include <stdio.h>                        /*  für getchar, printf    */
4
5  main()
6  {
7    char c;
8
9    printf("Geben Sie ein Zeichen ein: ");
```

```
10    c = getchar();                          /*   Enter-Zeichen bleibt im Puffer.  */
11    printf("Das Zeichen war %c.", c);
12    printf("\nGeben Sie noch ein Zeichen ein: ");
13    c = getchar();                          /*   liest das <Enter> der ersten
14                                Eingabe statt der regulären 2. Benutzereingabe.*/
15    printf("Das Zeichen war %c.", c);
16    }
```

Man erhält folgenden Programmverlauf:

```
Geben Sie ein Zeichen ein: x

Das Zeichen war x.
Geben Sie noch ein Zeichen ein: Das Zeichen war

.
```

Nach der zweiten Eingabeaufforderung kommt der Anwender nicht mehr dazu, ein Zeichen einzugeben, da das Programm nicht anhält und auf eine Eingabe wartet, sondern statt dessen die nachfolgende *printf*-Anweisung ausführt und den Punkt, der an das Satzende gehört, in einer neuen Zeile ausgibt. Dies kommt so zustande: Bei der ersten Eingabe gelangte nicht nur das Zeichen 'x' in den Eingabepuffer, sondern auch das Zeichen '\n', mit dem die Eingabe abgeschlossen wurde. Beim zweiten Aufruf liest *getchar* statt einer Anwendereingabe nun das Zeichen '\n' aus dem Eingabepuffer. Dieses Zeichen wird der Variablen *c* zugewiesen, und *getchar* endet, da '\n' auch das Eingabeende-Zeichen ist. Der Anwender kommt zu keiner zweiten Eingabe. Die abschließende *printf*-Anweisung gibt eine Meldung und den aktuellen Inhalt der Variablen *c* aus: das Zeichen '\n', das einen Zeilenvorschub bewirkt. Dadurch erscheint der Punkt, das letzte Ausgabezeichen, in einer neuen Zeile.

Wir beheben den Fehler, indem wir mit der Anweisung

```
while (getchar() != '\n')
    ;
```

eine Pufferleerung nach der ersten Eingabe durchführen:

▶ *bufokay:*

```
1   /*   bufokay behebt Programmfehler durch Pufferrückstände.    */
2
3   #include <stdio.h>                          /*   für getchar, printf    */
4
5   main()
6   {
7     char c;
8     printf("Geben Sie ein Zeichen ein: ");
9     c = getchar();                          /*   Enter-Zeichen bleibt im Puffer    */
10    printf("Das Zeichen war %c.", c);
11    while (getchar() != '\n')                /*   Eingabepuffer leeren    */
```

```
12                   ;                              /*  und <Enter> entfernen   */
13   printf("\nGeben Sie noch ein Zeichen ein: ");
14   c = getchar();              /*   liest nach der Pufferleerung korrekt die
15                                              2. Benutzereingabe ein. */
16   printf("Das Zeichen war %c.", c);
17   }
```

Das Programm verläuft nunmehr wie gewünscht:

```
Geben Sie ein Zeichen ein: x

Das Zeichen war x.
Geben Sie noch ein Zeichen ein: y

Das Zeichen war y.
```

4.3 Kontrolltransfer-Anweisungen

Kontrolltransfer-Anweisungen übertragen die Programmkontrolle von einer Anweisung an eine andere, wobei dies nicht unbedingt die nächstfolgende sein muß. Wir betrachten an dieser Stelle die Anweisungen

```
break
continue
goto
```

(Daneben gibt es noch die *return*-Anweisung, die wir aber wegen des logischen Zusammenhangs erst im Kapitel "Funktionen" behandeln.)

4.3.1 break-Anweisung

Die *break*-Anweisung hat die einfache Syntax

```
break;
```

und kann nur innerhalb einer *for-*, *while-*, *do while-* oder *switch*-Anweisung verwendet werden. Sie bewirkt die vorzeitige Beendigung dieser Anweisungen. Für die *switch*-Anweisung haben wir dies bereits untersucht. Haben wir beispielsweise eine Variable

```
int x;
```

werden mit der Anweisung

```
switch (x)
   {
   case 1: printf("x hat den Wert 1");
           break;

   case 2: printf("x hat den Wert 2");
           break;

   case 3: printf("x hat den Wert 3");
           break;

   default: printf("x hat keinen der Werte 1 - 3");
   }
```

nur jeweils die Anweisungen des *case*-Zweigs ausgeführt, dessen Konstante mit dem Wert von x übereinstimmt. Danach ist die *switch*-Anweisung wegen der enthaltenen *break*-Anweisung beendet, und das Programm fährt mit der nächsten Anweisung nach der *switch*-Anweisung fort (sofern vorhanden). Wir beachten, daß nach dem letzten Alternativzweig - hier: dem *default*-Zweig - keine *break*-Anweisung nötig ist, da die *switch*-Anweisung danach in jedem Fall endet. Würden im obigen Beispiel die *break*-Anweisungen fehlen, würden nicht nur die Anweisungen des Zweigs ausgeführt, bei dem die *case*-Konstante mit dem Wert von x übereinstimmt, sondern auch alle darauf folgenden Anweisungen in der *switch*-Anweisung.

Innerhalb einer Schleife bewirkt die *break*-Anweisung den sofortigen Abbruch der Schleife. Auch hier wird die Kontrolle an die nächste Anweisung übertragen, d. h., das Programm mit dieser nächsten Anweisung fortgesetzt (falls vorhanden). Als Beispiel betrachten wir eine Version des Kehrwertberechnungs-Programms recip3.c, das wir zur Erläuterung der *if*-Anweisung erstellt haben.

▶ *recip4.c:*

```
 1  /*    recip4 berechnet mit einer while-Schleife den Kehrwert beliebiger
 2        Zahlen. Die Schleife wird mit der break-Anweisung abgebrochen, wenn der
 3        Wert 0 eingegeben wird. */
 4
 5  #include <stdio.h>                              /*   für printf, scanf  */
 6  #include <conio.h>                              /*   für getche         */
 7
 8  main()
 9  {
10    float x;                                      /*     Eingabewert      */
11    char reply = 'j';      /*   Schleifenkontrollvariable mit Initialisierung  */
12
13    while (reply == 'j')
14         {
15            printf("\033[2J");
```

```
16        printf("Kehrwertberechnung für alle Zahlen außer 0.\n");
17        printf("Ihre Zahl: ");
18        scanf("%f", &x);
19        if (!x)                              /*  falls x gleich 0 ist   */
20          {
21           printf("Unzulässige Division durch Null.");
22           break;                  /*  Schleifenabbruch zur Verhinderung
23                                          einer Division durch 0  */
24          }
25        printf("\nDer Kehrwert der eingegebenen Zahl ist %f", 1/x);
26        printf("\nNoch einen Kehrwert berechnen? (j/n)");
27        reply = getche();       /*  Kontrollvariable re-initialisieren   */
28       }                                    /*  Ende while   */
29
30   if (x)                                   /*  falls x ungleich 0 */
31      printf("\n\nDas Programm wurde fehlerfrei beendet.");
32   else
33      printf("\n\nDas Programm endete durch einen Eingabefehler.");
34   }                                        /*  Ende main */
```

Das obige Programm enthält eine *while*-Schleife, mit der beliebig oft eine Zahl eingegeben werden kann, für die der Kehrwert berechnet wird. Wird die Zahl 0 eingegeben - was zu einer unzulässigen Division durch 0 führen würde -, wird die Schleife durch eine *break*-Anweisung abgebrochen, ohne daß die noch folgenden Anweisungen im Schleifenrumpf ausgeführt würden. Das Programm fährt in diesem Fall mit der ersten Anweisung nach der *while*-Schleife fort und gibt eine Abschlußmeldung aus (wäre die letzte *if*-Anweisung nicht im Programm enthalten, endete das Programm direkt nach der *while*-Schleife).

break oder nicht break?

Es zeugt wohl eher von einem etwas unbeholfenen und gekünstelten Programmierstil, wenn man die *break*-Anweisung stets dann eilfertig einsetzt, wenn sie syntaktisch möglich ist, statt sich zu fragen, ob das betreffende Programmelement nicht auch ohne diese Anweisung codiert werden kann. Anstelle der folgenden - immerhin korrekten - Schleifenkonstruktion

```
while (c = getchar())
  {
  if (c == EOF)
        break;
  printf("%c", c);
  }
```

wird man vermutlich eher

```
while ((c = getchar()) != EOF)
      printf("%c", c);
```

wählen, was eleganter und obendrein kürzer ist.

Steht die *break*-Anweisung in einer geschachtelten Schleifenkonstruktion, wird nur die unmittelbar umgebende Schleife beendet. In dem folgenden Programm ipower.c, das mit einer "*brute force*"-Methode die Potenz einer ganzen Zahl mit einem positiven, ganzzahligen Exponenten berechnet, wird durch die *break*-Anweisung nur die innere der beiden *while*-Schleifen verlassen, wenn die eingegebene Basis 0 oder 1 ist. Danach werden die restlichen Anweisungen der äußeren *while*-Schleife ausgeführt, mit denen das Ergebnis der Berechnung ausgegeben wird und der Anwender die Möglichkeit bekommt, neue Werte einzugeben. Die *break*-Anweisung verhindert, daß für eine Basis (*a*) von 0 oder 1 und einem Exponenten (*n*) größer als 0 die Anweisungen der inneren Schleife unnötig ausgeführt werden, da in diesen Fällen das Ergebnis von vornherein feststeht: 0 für *a* gleich 0 und 1 für *a* gleich 1. Mit der *if*-Anweisung nach der inneren *while*-Schleife wird dem Umstand Rechnung getragen, daß das Ergebnis der Potenzierung einer beliebigen Zahl den Wert 1 hat, wenn der Exponent gleich 0 ist.

Selbstverständlich kann man statt der obigen Iteration auch eine Formel bzw. eine mathematische Funktion benutzen: Mit

```
pow(a,n);
```

kann man den Wert von a^n berechnen, wobei *pow* die entsprechende C-Funktion ist, *a* die Basis und *n* den Exponenten darstellen. Die Variablen *a* und *n* sind für die Funktion *pow* mit dem Datentyp *double* zu definieren. Ferner ist wegen *pow* die *Include*-Datei *Math.h* mit einzuschließen. (Zur ausführlichen Behandlung von C-Funktionen vgl. das Kapitel 10 "Funktionen".)

▶ **ipower.c:**

```
 1   /*    ipower berechnet iterativ die Potenz einer ganzen Zahl mit
 2         positivem, ganzzahligen Exponenten.    */
 3
 4
 5         #include <stdio.h>                          /*   für printf, scanf  */
 6         #include <conio.h>                          /*   für getche         */
 7
 8         main()
 9         {
10             int a;                                     /*   Basis      */
11             int n;                                     /*   Exponent   */
12             long p = 1;             /*   Ergebnisvariable: Basis hoch Exponent,
13                                             initialisiert */
14             char reply = 'j';       /*   Kontrollvariable äußere Schleife,
15                                             initialisiert */
16             int i = 1;              /*   Kontrollvariable innere Schleife,
17                                             initialisiert */
18
19
20             while (reply == 'j')                       /*   äußere Schleife    */
21                 {
```

```
22              printf("\033[2J");
23              printf("Ganzzahlige Basis eingeben: ");
24              scanf("%d", &a);
25              printf("\nGanzzahligen, positiven Exponenten eingeben: ");
26              scanf("%d", &n);
27
28          while (i <= n)              /*  innere Schleife; so viele Durchgänge   */
29              {                          /*     wie der Exponent angibt.      */
30              if (a == 0 || a == 1)             /*   wenn Basis 0 oder 1     */
31                  break;                        /*   nicht unnötig iterieren */
32
33                  p = p * a;                    /*   andernfalls potenzieren */
34                  i++;                   /*  Kontrollvariable reinitialisieren*/
35                  }                             /*   Ende inneres while */
36
37          if (n == 0)                           /*   falls Exponent 0    */
38              printf("\n\n%d hoch %d ist 1.", a, n);
39          else
40              printf("\n\n%d hoch %d ist %ld", a, n, a ? p : 0);
41
42          printf("\n\nEine weitere Berechnung? (j/n)");
43          reply = getche();
44          }                                     /*   Ende äußeres while */
45  }                                             /*    Ende main */
```

Man beachte den Bedingungsoperator in der Anweisung

```
printf("\n\n%d hoch %d ist %ld", a, n, a ? p : 0);
```

Er sorgt dafür, daß für eine Basis *a* ungleich 0 die Ergebnisvariable *p*, für eine Basis *a* gleich 0 der Wert *0* ausgegeben wird, den *p* aufgrund der Programmstruktur nicht annehmen kann.

Ähnlich wie in diesem Beispiel mit zwei geschachtelten Schleifen würde auch im Falle einer Schleife, die eine *switch*-Anweisung enthält, durch eine *break*-Anweisung in der letzteren nur die "innere" der beiden Anweisungen, d. h. allein die *switch*-Anweisung, beendet.

4.3.2 continue-Anweisung

Während die *break*-Anweisung eine einfache Schleife (oder *switch*-Anweisung) insgesamt beendet, ermöglicht es die *continue*-Anweisung, einen einzelnen Schleifendurchgang abzubrechen. Die Ausführungskontrolle wird dabei auf den nächsten Schleifendurchgang übertragen, d. h., die *continue*-Anweisung bewirkt einen "Sprung" an den Anfang des nächsten Schleifendurchgangs, mit dem die Schleife dann fortgesetzt wird. Für die *while*- und *do while*-Schleife heißt dies, daß die nächste Aktion nach der *continue*-Anweisung die erneute Überprüfung der Schleifenbedingung ist, die *for*-Schleife führt zunächst die Re-Initialisierungsanweisung durch, bevor die Bedingung für den nächsten Schleifendurchgang kontrolliert wird.

Die *continue*-Anweisung ist nur innerhalb einer *for-*, *while-* oder *do while*-Anweisung - also innerhalb von Schleifen - verwendbar. Sie hat die Syntax:

```
continue;
```

Das folgende Beispielprogramm recip5.c ist eine Variante des Kehrwertprogramms recip4.c. Während jedoch in recip4.c durch die *break*-Anweisung bei einer Falscheingabe die gesamte Schleife abgebrochen und anschließend das Programm beendet wird, bewirkt die *continue*-Anweisung an der gleichen Stelle in recip5.c nur den Abbruch des aktuellen Schleifendurchgangs, und der Anwender bekommt die Gelegenheit, mit dem nächsten Schleifendurchgang einen neuen Wert einzugeben.

▶ recip5.c:

```
 1  /*   recip5 berechnet mit einer while-Schleife den Kehrwert beliebiger
 2       Zahlen. Der aktuelle Schleifendurchgang wird mit einer continue-
 3       Anweisung abgebrochen, wenn der Wert 0 eingegeben wird. Anschließend
 4       kann ein neuer Wert eingegeben werden.    */
 5  #include <stdio.h>                                 /*   für printf, scanf  */
 6  #include <conio.h>                                 /*    für getche        */
 7
 8  main()
 9  {
10    float x;                                         /*   Eingabewert        */
11    char reply = 'j';    /*   Schleifenkontrollvariable mit Initialisierung   */
12
13    while (reply == 'j')
14              {
15                    printf("\033[2J");
16                    printf("Kehrwertberechnung für alle Zahlen außer 0.\n");
17                    printf("Ihre Zahl: ");
18                    scanf("%f", &x);
19                    if (!x)                    /*   falls x gleich 0 ist.   */
20                        continue;              /*   Abbruch des aktuellen
21                                                   Schleifendurchgangs zur
22                                          Verhinderung einer Division durch 0   */
23                    printf("\nDer Kehrwert der eingegebenen Zahl ist %f", 1/x);
24                    printf("\nNoch einen Kehrwert berechnen? (j/n)");
25                    reply = getche();                  /*   Kontrollvariable
26                                                  re-initialisieren.     */
27              }                                       /*   Ende while   */
28  }                                                   /*   Ende main */
```

Analog zur *break*-Anweisung wirkt sich eine *continue*-Anweisung bei geschachtelten Schleifen lediglich auf die unmittelbar umgebende Schleife aus, d. h., nur der aktuelle Durchgang der Schleife, in der sich die *continue-*

Anweisung befindet, wird abgebrochen. Die *continue*-Anweisung kann wie die *break*-Anweisung in vielen Fällen vermieden werden. Nach der Definition

```
int x = 1;
```

können mit der Schleife

```
while (x < 20)
    {
     printf("%d ", x);
     x += 2;
    }
```

die ungeraden Zahlen zwischen 1 und 20 ausgegeben werden, ohne wie in der folgenden Schleifenkonstruktion - die dasselbe bewirkt - die *continue*-Anweisung zu bemühen:

```
int x = 0;
     .
     .
     .
while (x++ < 20)
    {
        if (x % 2 == 0)
            continue;
        printf("%d ", x);
    }
```

Erwähnenswert bei der obigen Schleife ist übrigens, daß die Inkrementierung der Variablen *x* vor der Überprüfung ihrer Geradzahligkeit bzw. Ungerad-zahligkeit erfolgen muß (entweder wie hier im Schleifenkopf oder innerhalb der Schleife vor der *if*-Anweisung). Wäre dies nicht der Fall, befände sich die Inkrementierungsanweisung etwa in oder hinter der *printf*-Anweisung. So würde durch die *continue*-Anweisung nach dem ersten geraden Wert von *x* dieser nicht mehr verändert, da der jeweilige Schleifendurchgang stets vorher abgebrochen würde.

4.3.3 goto-Anweisung

Die *goto*-Anweisung bewirkt einen Sprung an einen durch eine Marke (label) gekennzeichneten Programmpunkt. Das Programm wird mit der dort befind-lichen Anweisung fortgesetzt. Die *goto*-Anweisung hat die Syntax:

```
goto label;
```

wobei *label* irgendeinen zulässigen Namen darstellt. Die mit *label* markierte Anweisung muß die folgende syntaktische Form haben:

```
label:    Anweisung;
```

Im Gegensatz zu ihrer Verwendung in der *goto*-Anweisung wird der Sprung-marke *label* hier ein Doppelpunkt angefügt. Der Sprungbefehl *goto* und die mit *label* versehene Anweisung müssen sich innerhalb derselben Funktion be-finden. Ein Sprung über Funktionsgrenzen hinweg ist also nicht erlaubt.

Die *goto*-Anweisung hat keinen besonders guten Ruf, da sie - insbesondere bei exzessiver Anwendung - leicht zu unübersichtlichen Programmstrukturen führt. In der Tat könnte man generell auf sie verzichten, da sich alle Pro-grammelemente auch ohne *goto* codieren lassen. Nach der Definition

```
int x = 1, s = 0;
```

berechnet die "Schleife"

```
loop: s = s + x;
      x++;
      if (x <= 100)
          goto loop;
```

die Summe der ersten einhundert natürlichen Zahlen, was freilich eleganter mit

```
for (x = 1; x <= 100; x++)
    s = s + x;
```

geschehen kann. In diesem einfachen Beispiel erscheint die Programmstruk-tur trotz *goto* noch recht übersichtlich. Dies kann sich jedoch schnell ändern, wenn im Programm mehrfach (vorwärts wie rückwärts) gesprungen wird. Ein sequentielles Verfolgen des Programmverlaufs (im Sinne der strukturier-ten Programmierung) wird damit zunehmend erschwert. Das gängige An-wendungsbeispiel, mit dem der *goto*-Anweisung trotzdem ein gewisser Sinn zugestanden wird, ist der Abbruch einer mehrfach geschachtelten Schleife, bei der nicht nur eine, sondern alle beteiligten Schleifen auf einmal beendet werden sollen. Dies wäre z. B. mit der *break*-Anweisung, die jeweils nur eine Schleife verlassen kann, nicht möglich:

```
int x, y, z;
int error = 0;                        /*   0 für "kein Fehler"   */
.
.
while (x < 100)
  while (y < x)
    while (z < y)
    {
        .
        .
      if (error == 1)                 /*    falls Fehler,    */
        goto errorhandler;  /*   alle drei Schleifen verlassen.  */
        .
        .
```

```
        }
        .
        .
errorhandler:  printf("Fehler in der Schleife.");
                /* Fortsetzung des Programms n a c h der Schleife am
                                label "errorhandler".    */
```

4.4 Fragen zur Wiederholung

Die Antworten auf die Wiederholungsfragen dieses Kapitels finden Sie im Anhang ab Seite 799.

1 Es seien *x* und *y* zwei *int*-Variablen. Erläutern Sie die beiden Formulierungen

```
if (x + y)
```

und

```
if (!(x + y))
```

Was ist der Unterschied zwischen

```
if (!(x + y))
```

und

```
if (!x + y)
```

2 Warum müssen bei bedingten Anweisungen und Schleifen geschweifte Klammern um die abhängigen Anweisungen gesetzt werden, wenn mehr als eine abhängige Anweisung vorhanden ist?

3 Führen die beiden folgenden Programmteile zum gleichen Ergebnis?

a)
```
if (x > 0)

   printf("x ist größer als 0.");

printf("x ist nicht größer als 0.");
```

b)
```
if (x > 0)

   printf("x ist größer als 0.");

else

   printf("x ist nicht größer als 0.");
```

4 Mit der *if*-Konstruktion

```
if (x % 2 == 0)
    if(x > 10)
        printf("%d", x);
else
        printf("Ungerade Zahl");
```

sollen gerade Zahlen größer als 10 ausgegeben, bei ungeraden Zahlen soll die Meldung "Ungerade Zahl" angezeigt werden (*x* sei dabei eine entsprechende ganzzahlige Variable). Ist die Konstruktion korrekt?

5 Welchen Sinn hat die *break*-Anweisung in einer *switch*-Anweisung?

Denken Sie sich eine *switch*-Anweisung aus, bei der bewußt auf eine *break*-Anweisung verzichtet wird.

6 In welche beiden Gruppen kann man Schleifen bezüglich ihres Ablaufs einteilen?

7 Was ist eine (Schleifen-)Kontrollvariable? Worauf ist bei Kontrollvariablen zu achten?

8 Wozu lassen sich geschachtelte Schleifen verwenden?

9 Wann entsteht eine Endlosschleife?

10 Was ist eine Leeranweisung?

4.5 Aufgaben

Die Lösungen der Aufgaben dieses Kapitels finden Sie im Anhang ab Seite 840.

1 Ein Datum soll in der Form

```
TT.MM.JJJJ
```

eingelesen und auf seine Korrektheit überprüft werden. Beispielsweise ist ein Datum wie 35.01.1997 nicht gültig. Wird ein fehlerhaftes Datum eingegeben, soll eine entsprechende Meldung erfolgen, anderfalls das Datum bestätigt werden. (Hinweis: Ein Jahr ist ein Schaltjahr, wenn die Jahreszahl zwar durch 4, aber nicht durch 100 teilbar ist, oder wenn die Jahreszahl durch 400 teilbar ist.)

2 Ein Programm soll die Häufigkeiten der Vokale *A*, *a*, *E*, *e*, *I*, *i*, *O*, *o*, *U*, *u* in einer Eingabe zählen und die Anzahl grafisch durch waagerechte Balken in der Form

```
etc.
```

anzeigen, wobei *h1*, *h2*, *h3* etc. die Häufigkeiten in numerischer Form angeben. Die Häufigkeiten für denselben Klein- und Großbuchstaben sollen dabei zusammengezählt und als ein Wert ausgegeben werden.

3 Aufgabe 5 aus dem Kapitel 3 "Ausdrücke und Operatoren" ermittelte die größte (gerade) Ziffer einer fünfstelligen Zahl mit Hilfe eines (geschachtelten) Bedingungsoperators. Für Operationen dieser Art sind Schleifen sehr nützlich. Bestimmen Sie

a) die größte

b) die kleinste

c) die größte gerade

d) die kleinste ungerade

e) den Mittelwert

von n eingegebenen positiven ganzen Zahlen.

4 Die Fakultät einer ganzen positiven Zahl n (bezeichnet mit *n!*, gesprochen: n-Fakultät) ist definiert als

```
n! = 1 * 2 * 3 * ... * n
```

Sie wird u. a. benötigt, um die Anzahl aller Anordnungen (Permutationen) von n verschiedenen Elementen (Zahlen, Zeichen oder andere Dinge) anzugeben. Ein Beispiel dafür ist die folgende Aufgabe: Bei einem Lotteriespiel sind aus den Zahlen 1 bis 49 sechs Zahlen auszuwählen. Stimmen diese Zahlen mit sechs von der Lotteriegesellschaft nach einem Zufallsprinzip ermittelten Zahlen überein, hat man den Hauptgeldpreis gewonnen. Stimmen fünf, vier oder drei der eigenen Zahlen mit den Vergleichszahlen der Gesellschaft überein, gewinnt man ebenfalls, jedoch entsprechend weniger. Ein Programm soll die Chancen berechnen, sechs, fünf, vier oder drei richtige Zahlen auszuwählen.

5 In Kapitel 3 "Ausdrücke und Operatoren" haben wir die Programme upperlet.c und lowerlet.c vorgestellt, die einen Klein- in einen Großbuchstaben bzw. einen Groß- in einen Kleinbuchstaben umwandeln. Erweitert Sie die Programme dergestalt, daß alle Buchstaben einer beliebig langen Eingabe umgewandelt werden. Berücksichtigen Sie dabei die Eingabe von Umlauten.

6 Die Funktion *printf* besitzt kein Formatelement zur Ausgabe einer Zahl in binärer Form. Schreiben Sie ein Programm, das eine ganze Zahl binär ausgibt (Hinweis: Bitoperatoren).

Ein ähnliches Problem besteht darin, die Anzahl bzw. die Positionen der gesetzten Bits in einer ganzzahligen Variablen festzustellen.

7 Bei einem Schachturnier mit zehn Teilnehmern soll jeder Spieler gegen jeden anderen antreten. Welche Spielpaarungen kommen zustande und wie viele Begegnungen werden ausgetragen? Bezeichnen Sie die Teilnehmer mit A - J und geben Sie eine Spielpaarung in der Form

```
BuchstabeTeilnehmer1:BuchstabeTeilnehmer2
```

aus.

8 Ein Unternehmen U teilt seine Produkte in die Gruppen A, B und C ein und weist jedem Produkt eine Kennung zu, die aus dem Gruppenbuchstaben und einer Zahl besteht. Beispielsweise hat ein Produkt der Gruppe A die Kennung

```
A12
```

wenn es als zwölftes in die Gruppe A aufgenommen wurde. Ein Programm soll auf die Eingabe des Gruppenbuchstabens hin die nächste gültige Produktkennung anzeigen und auf Wunsch des Anwenders für ein neues Produkt vergeben. Wäre z. B. die bisherige höchste Gruppennummer in der Gruppe B die Nummer 20, mithin die Kennung für das zuletzt aufgenommene Produkt B20, so wäre die nächste zu vergebende Kennung B21. Geben Sie ein paar Werte ein und lassen Sie die Produktkennungen nach Gruppen getrennt in vier Spalten ausgeben.

9 Ein Programm soll einen eingegebenen Text so ausgeben, daß jede Zeile mindestens 20 Zeichen hat, die Zeile aber spätestens nach dem nächsten darauffolgenden Wortende umbrochen wird. Die Zeilen sollen bei der Ausgabe numeriert werden.

10 Lassen Sie von einem Programm die Primzahlen bis zu einer vom Anwender zu bestimmenden Obergrenze (zwischen 2 und 1000) ausgeben.

5. Zusammengesetzte Datentypen

Im letzten Kapitel deutete sich bei einigen Gelegenheiten bereits an (vgl. dazu etwa die Aufgaben 4.2 oder 4.8), daß es von Nutzen wäre, wenn man Werte, die logisch zusammengehören, gemeinsam in einer Variablen speichern könnte statt einzeln in verschiedenen Variablen. Will man beispielsweise die Tagestemperaturen eines Jahrs speichern, hätte eine tabellenartige Datenstruktur, die diese Werte aufnimmt, einige Vorteile gegenüber der Alternative, 365 verschiedene Variablen anzulegen (für jeden Tag eine): So reduziert sich etwa der Codierungsaufwand für den Programmierer, ebenso sinkt der Aufwand des Rechners bei der Verwaltung der Daten (eine Variable statt 365), und, wie wir noch zeigen werden, statt umständliche Ein- und Ausgabeoperationen mit Einzelvariablen auszuführen, ist es in einem solchen Fall mit Hilfe von Iterationsanweisungen möglich, alle Werte schnell und unkompliziert ein- und auszugeben. Variablen, die nicht nur einen, sondern mehrere Werte gleichzeitig speichern können, sind Variablen mit zusammengesetztem Datentyp. Zusammengesetzt deshalb, weil man sich eine derartige Variable aus einer Reihe von Einzelvariablen zusammengesetzt denken kann. Die Sprache C verfügt über zwei dieser Datentypen: Arrays und Strukturen. Der Unterschied zwischen beiden besteht in der Art der Datenelemente, die jeweils aufgenommen werden können: Arrays enthalten nur Datenelemente gleichen Typs, Strukturen dagegen können aus Elementen unterschiedlichen Datentyps zusammengesetzt sein.

5.1 Arrays

Ein Array ist eine Variable, die aus einer Anzahl von Datenelementen gleichen Typs besteht, die unmittelbar aufeinanderfolgend im Speicher liegen. Jedes einzelne dieser Datenelemente stellt selbst wieder eine Variable dar. Der Typ der Arrayelemente kann jeder der in C existierenden Datentypen sein:

- Elementare Datentypen: *char, short, int, long, float, double*
- Zeiger (ein Datentyp, der zur Speicherung der Adressen von Datenobjekten verwendet wird. Dieser Datentyp wird ausführlich im Kapitel 9 "Zeiger" behandelt.)
- Arrays
- Strukturen

Das Array ist eindimensional, wenn die Elemente des Arrays nicht selbst wieder Arrays sind. Ein Arrayelement kann aber selbst auch wieder ein Array sein, also ein Objekt von zusammengesetztem Datentyp, wodurch geschachtelte oder mehrdimensionale Arrays entstehen. Synonym zur Bezeichnung "Array" werden auch die Begriffe "Vektor" (für eindimensionale Arrays), "Tabelle" oder "Datenfeld" verwendet.

5.1.1 Eindimensionale Arrays

Für die Arbeit mit Arrays sind grundsätzlich zwei Dinge Voraussetzung. Man muß einerseits wissen, wie man das gewünschte Array zu erzeugen - sprich: zu definieren - hat, und ferner, welche Operationen die Programmiersprache C mit dem zusammengesetzten Datentyp Array erlaubt sind und welche nicht. Die folgenden Ausführungen behandeln beide Aspekte im Zusammenhang mit eindimensionalen Arrays.

5.1.1.1 Definition

Ein eindimensionales Array besteht aus Elementen, die nicht selbst wieder Arrays sind. Man könnte es als Tabelle mit beliebig vielen Spalten aber nur einer Zeile betrachten. Ein Array mit Elementen vom Typ *int* beispielsweise kann man sich etwa folgendermaßen vorstellen:

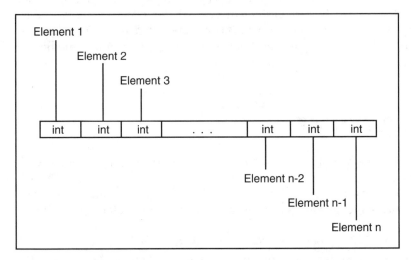

Abb. 78: Array aus Elementen des Datentyps int

In dem obigen Array können *n* Datenobjekte vom Typ *int* gespeichert werden. Welchen Typ die Elemente eines Arrays haben sollen, und wie viele

Elemente ein Array besitzt sowie den Namen, unter dem auf das Array im Programm zugegriffen werden kann, legt man in seiner Definition fest. Die Definition eines eindimensionalen Arrays (präziser: einer Arrayvariablen) hat die folgende Syntax:

```
datentyp arrayname [ elementezahl ];
```

Die Angabe *datentyp* bestimmt den Typ der Elemente, aus dem das Array bestehen soll. Dies kann (außer dem zusammengesetzten Datentyp Array selbst) jeder beliebige Datentyp sein. Den Namen des Arrays vergibt man entsprechend den Regeln für Variablennamen (vgl. dazu das Kapitel "Programmaufbau", "Variablen"). Die Angabe *elementezahl* ist ein ganzzahliger, konstanter Wert, der die Anzahl der Arrayelemente festlegt. Die eckigen Klammern um diesen Wert zeigen hier nicht an, daß die Angabe von *elementezahl* optional ist, sondern gehören mit zur Definitionssyntax. Der Umstand, daß die Elementezahl des Arrays bei der Definition festgelegt wird, hat zur Folge, daß diese Anzahl nicht nachträglich im Programm verändert werden kann. Wir haben es hier mit einem statischen Datenobjekt zu tun, dessen Größe nicht variabel ist. Wir werden jedoch im Zusammenhang mit der dynamischen Speicherverwaltung Möglichkeiten kennenlernen, die Arraygröße variabel zu halten. Vgl. dazu das Kapitel 9.6 "Dynamische Speicherung von Arrays".

Mit

```
int i [4];
```

etwa definieren wir ein Array mit dem Namen *i*, das vier Datenobjekte vom Typ *int* aufnehmen kann. Dabei ist die folgende Unterscheidung zwischen dem Datentyp der *Arrayelemente* und dem Datentyp der *Arrayvariablen i* von Bedeutung: Die Arrayelemente besitzen den Datentyp *int*, die Arrayvariable *i* dagegen den Datentyp *int [4]*, d. h., *i* ist in unserem Beispiel vom Typ "vierelementiges *int*-Array". Anders als beispielsweise bei den elementaren Datentypen ist zur Bezeichnung des zusammengesetzten Datentyps Array kein besonderes Schlüsselwort vorhanden, das in der Definition des Arrays auftauchen müßte. Den Datentyp einer Arrayvariablen; erhält man, wenn man in der Arraydefinition

```
datentyp arrayname [ elementezahl ];
```

die Angaben vor und nach dem Arraynamen zusammenfügt.

Arraygröße ermitteln

Wieviel Platz belegt das Array *i* im Speicher? Gehen wir von einer Größe von 2 Bytes für den Datentyp *int* aus, ergibt sich ein Speicherbedarf von 4 * 2 = 8 Bytes:

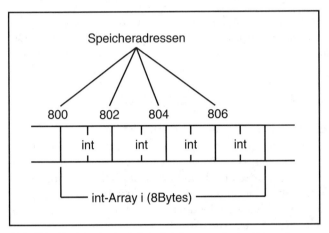

Abb. 79: Speicherbedarf eines int-Arrays mit vier Elementen

Die Speicheradressen im obigen Beispiel sind willkürlich gewählt. An welcher Adresse das Array tatsächlich gespeichert wird, wird vom Compiler und nicht vom Programmierer festgelegt (man kann sich diese Adresse allerdings anzeigen lassen, siehe dazu weiter unten). Auf die Definition

```
int i [4];
```

hin reserviert der Compiler an einer passenden Stelle im Speicher acht Bytes Platz für die Arrayvariable *i*. Definiert man analog mit

```
long l [4];
```

ein vierelementiges Array mit Elementen vom Typ *long* (4 Bytes), so ist der dafür benötigte Speicherplatz

```
4 * 4 = 16 Bytes
```

Allgemein ergibt sich der Speicherbedarf eines Arrays in Bytes, wenn man die Größe des Datentyps der Arrayelemente mit der Anzahl der Arrayelemente multipliziert. Man kann sich dies vom Compiler mit dem *sizeof*-Operator bestätigen lassen. Haben wir z. B. die Variablendefinitionen

```
double d [10];      /*   Array mit 10 Elementen vom Typ double */
float f [10];       /*   Array mit 10 Elementen vom Typ float  */
long l [10];        /*   Array mit 10 Elementen vom Typ long    */
int i [10];         /*   Array mit 10 Elementen vom Typ int     */
short s [10];       /*   Array mit 10 Elementen vom Typ short   */
char c [10];        /*   Array mit 10 Elementen vom Typ char    */
```

so erwarten wir für die einzelnen Arrays der Reihe nach

```
8 * 10 = 80    (double)
4 * 10 = 40    (float)
4 * 10 = 40    (long)
2 * 10 = 20    (int)
2 * 10 = 20    (short)
1 * 10 = 10    (char)
```

Bytes an Speicherbedarf. Das Programm showsize.c ermittelt den belegten Speicherplatz mit dem *sizeof*-Operator.

▶ **showsize.c:**

```
 1  /*   showsize ermittelt die Größe (d. h. den Speicherbedarf)
 2       verschiedener Arrays.   */
 3
 4
 5  #include <stdio.h>                              /*   für printf    */
 6
 7  main()
 8  {
 9       double d [10];
10       float f [10];
11       long l [10];
12       int i [10];
13       short s [10];
14       char c [10];
15
16
17       printf("%d %d %d %d %d %d\n",
18           sizeof(d), sizeof(f), sizeof(l), sizeof(i), sizeof(s), sizeof(c));
19       printf("%d %d %d %d %d %d",
20               sizeof(double[10]), sizeof(float[10]), sizeof(long[10]),
21                   sizeof(int[10]), sizeof(short[10]), sizeof(char[10]));
22  }
```

showsize.c nutzt die Tatsache, daß der *sizeof*-Operator als Operanden sowohl die Namen von Datenobjekten als auch Datentypbezeichnungen akzeptiert und gibt die Arraygrößen bzw. den benötigten Speicherplatz auf zwei Arten aus: einmal über den Namen der jeweiligen Variablen, das andere Mal über ihren Datentyp. Wir erhalten als Ausgabe (vorausgesetzt, daß der Datentyp *int* eine Größe von 2 Bytes hat):

```
.a.80 40 40 20 20 10;
.a.80 40 40 20 20 10;
```

5.1.1.2 Operationen

Wie kann man die einzelnen Elemente eines Arrays als Variablen nutzen? Wie liest man Werte darin ein und gibt sie wieder aus? Wie rechnet man mit ihnen? Anders ausgedrückt: Wie gestaltet sich der Zugriff auf ein beliebiges Arrayelement?

Indizierung

Der Zugriff auf eine Variable erfolgt über ihren Namen. Ein Array ist zusammengesetzt aus mehreren Einzelvariablen gleichen Typs (den Arrayelementen), die namentlich voneinander unterschieden werden müssen, wenn die Möglichkeit bestehen soll, beliebige davon für irgendwelche Operationen auszuwählen.

Ein einfaches Mittel dazu ist, die Elemente eines Arrays zu numerieren, d .h., man kennzeichnet jedes Arrayelement mit einer speziellen Zahl, einem sogenannten Index, der von allen anderen Indizes verschieden ist. In Verbindung mit dem Namen der Arrayvariablen ergibt dieser Index eine Bezeichnung, durch die jedes Arrayelement eindeutig bestimmt ist.

Dabei müssen die Werte, die der Index annehmen kann, positive ganze Zahlen sein (inklusive 0) und die Indizierung stets bei 0 (nicht bei 1) beginnen, was bedeutet, daß das erste Element eines Arrays den Index 0 hat, das zweite den Index 1, das dritte den Index 2 etc. Der Name, mit dem auf diese Weise irgendein Arrayelement bezeichnet werden kann, muß der folgenden Syntax entsprechen:

```
arrayname [index]
```

wobei *arrayname* den Namen des Arrays und *index* einen ganzzahligen Ausdruck größer oder gleich 0 darstellen. Die eckigen Klammern gehören auch hier mit zur Syntax und schließen den Index ein. Ein Array *i*, das mit

```
int i [4];
```

definiert wurde, enthält also die vier Elemente

```
i[0]  i[1]  i[2]  i[3]
```

wobei jedes dieser Elemente eine Variable vom Typ *int* ist und das *n*-te Element aufgrund des Indizierungsbeginns bei 0 jeweils den Index *n-1* besitzt:

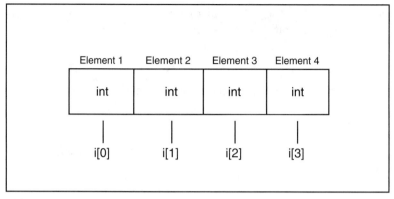

Abb. 80: int-Array mit indizierten Elementen

In welcher Form der Indexwert in einer Elementbezeichnung ausgedrückt wird, spielt keine Rolle, solange er nur eine ganze Zahl größer oder gleich 0 darstellt. So bezeichnen

```
i[2]
i[1+1]
i[3-1]
```

allesamt das dritte Element des Arrays *i*. Ebenso kann der Name einer ganzzahligen Variablen für den Index verwendet werden. Nach der Definition

```
int k = 2;
```

sind die Elementnamen

```
i[k-1]   i[k]   i[k+1]
```

der Reihe nach äquivalent zu

```
i[1]   i[2]   i[3]
```

und bezeichnen jeweils das zweite, dritte und vierte Element des Arrays *i*.

Zugriff auf den Inhalt von Arrayelementen

Wir haben bisher untersucht, welchen Typ von Datenobjekt ein Array enthalten und unter welchem Namen ein solches Datenobjekt angesprochen werden kann. Was uns jetzt interessiert, ist der konkrete Inhalt dieser Datenobjekte und ihre Manipulation.

Arrayelemente sind Variablen. Mit ihnen können die gleichen Operationen durchgeführt werden, wie mit einer herkömmlichen Variablen des betreffenden Datentyps auch. Wollen Sie z. B. dem dritten Element des Arrays *i* den Wert 7 zuweisen, kann dies mit der Anweisung

```
i[2] = 7;
```

geschehen. Analog erhielte danach das erste Element mit

```
i[0] = i[2] - 4;
```

den Wert 3. Als Resultat dieser beiden Operationen hat das Array *i* im Speicher nunmehr folgendes Aussehen:

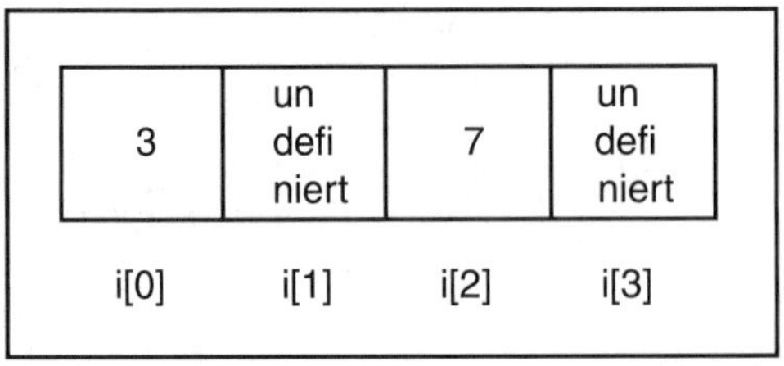

3	un defi niert	7	un defi niert
i[0]	i[1]	i[2]	i[3]

Abb. 81: int- Array nach Zuweisung von Werten an das erste und dritte Element

Beachten Sie, daß die Elemente 2 und 4 des Arrays keinen definierten Wert besitzen, da ihnen noch keine konkreten Werte zugewiesen worden sind. (Dies gilt für die Variablen, die wir bisher verwendet haben. In Kapitel 7 "Speicherklassen"werden wir Variablen kennenlernen, die bei ihrer Definition automatisch vom Compiler initialisiert werden.) Da der Wert dieser beiden Arrayelemente vollkommen unbestimmt ist - nämlich gerade das, was sich zum Zeitpunkt der Definition des Arrays zufällig im dritten und vierten bzw. im siebten und achten jener acht Bytes befindet, die der Compiler als Speicherplatz für das Array reserviert hat -, kann man beispielsweise nicht vorhersagen, welcher Wert mit der Anweisung

```
printf("%d", i[1]);
```

für das zweite Element *i[1]* ausgegeben wird. Aus demselben Grund muß man in dem folgenden Programm (einer Variante von shovowel.c, Kapitel 4 "Kontrollstrukturen", Aufgabe 2), mit dem die Häufigkeiten von Vokalen in einer Eingabe gezählt werden sollen, mit fehlerhaften Ergebnissen rechnen:

▶ **vowerror.c:**

```
1   /*  vowerror demonstriert Ausgabefehler aufgrund undefinierter Arraywerte.
2       Das Eingabeende-Zeichen EOF wird durch eine Tastenkombination erzeugt.
3       vowerror verweist den Benutzer dazu auf die Tastenkombination
4       <Strg>+<Z>, die für das Betriebssystem DOS gilt. Für andere
5       Betriebssysteme ändere man den Hinweis auf <Strg>+<Z> in der
6       Benutzerführung entsprechend ab. */
7
```

```
 8  #include <stdio.h>                        /*   für printf, getchar, EOF    */
 9
10  main()
11  {
12
13      int c;
14      int v [5];                  /*   für die Häufigkeiten der Vokale a bis u    */
15
16      printf("Das Programm zählt  die Vokale in Ihrer Eingabe.\n");
17      printf("Geben Sie Text ein. Ende mit <Strg>+<Z>:\n");
18
19      while ((c = getchar()) != EOF)
20          switch (c)
21              {
22                      case 'A':
23                      case 'a': v[0]++;
24                              break;
25                      case 'E':
26                      case 'e': v[1]++;
27                              break;
28                      case 'I':
29                      case 'i': v[2]++;
30                              break;
31                      case 'O':
32                      case 'o': v[3]++;
33                              break;
34                      case 'U':
35                      case 'u': v[4]++;
36              }
37
38      printf("\nHäufigkeiten der Vokale:\n\n");
39      printf("a\te\ti\to\tu\n\n");
40      printf("%d\t%d\t%d\t%d\t%d", v[0], v[1], v[2], v[3], v[4]);
41
42  }                                              /*   Ende main */
```

Der Wert der Elemente des Arrays v ist zu dem Zeitpunkt, da er zum ersten Mal im Programm verwendet wird (in der *switch*-Anweisung), noch undefiniert, da zuvor keinerlei Wertzuweisung an die Arrayelemente durchgeführt wurde. Ihre Anfangswerte sind daher rein zufällige Werte, und zwar jene, die sich bei der Definition des Arrays an den (zehn) Speicherstellen befunden haben, die als Speicherplatz für das Array reserviert wurden. Für eine korrekte Zähloperation wäre es jedoch notwendig, daß die Arrayelemente den Anfangswert 0 besitzen, wofür im obigen Fall wegen der Zufälligkeit der Werte nur eine äußerst geringe Wahrscheinlichkeit besteht. Wir dürfen also mit einiger Sicherheit annehmen, daß das Resultat der Zähloperation bzw. die ausgegebenen Häufigkeiten fehlerhaft sind, wovon man sich leicht durch einen Programmlauf überzeugt. Man löst das Problem, indem man den Arrayelementen vor der ersten Operation, in der ihre Werte eine Rolle spielen, Anfangswerte zuweist, d. h., man initialisiert das Array. Man kann dies auf zwei Arten tun.

Initialisierung

Eine der beiden Möglichkeiten, ein Array zu initialisieren, besteht darin, nach der Definition des Arrays mittels geeigneter Zuweisungsoperationen die betreffenden Arrayelemente mit dem gewünschten Anfangswert zu versorgen. Ein elementares Verfahren hierzu wäre die folgende Mehrfachzuweisung:

```
v[0] = v[1] = v[2] = v[3] = v[4] = 0;
```

wonach jedes Arrayelement den Wert 0 besitzt:

Abb. 82: Initialisiertes int-Array

Diese Art der Zuweisung wird jedoch um so umständlicher und aufwendiger, je mehr Arrayelemente einen Wert erhalten sollen (was wäre bei z. B. 1.000 Elementen?), und stellt außerdem im Vergleich zur Verwendung einzelner Variablen keine wesentliche Veränderung dar. Bedenkt man aber, daß sich bei einem Array von Element zu Element nicht der gesamte Name des Arrayelements ändert, sondern nur der Index, so erkennt man leicht den Vorteil, den Arrayelemente bei Zuweisungen oder Ein- und Ausgabeoperationen gegenüber Einzelvariablen besitzen: Mit Hilfe einer Schleife und einer geeigneten ganzzahligen Kontrollvariablen läßt man nämlich den Index nacheinander alle gewünschten Werte annehmen und kann so rasch und unkompliziert auf jedes Arrayelement zugreifen. Nach der Definition

```
int k; /* Kontrollvariable   */
```

bewirkt die Schleife

```
for (k = 0; k < 5; k++)
    v[k] = 0;
```

daß nacheinander den Elementen *v[0]*, *v[1]*, *v[2]*, *v[3]* und *v[4]* der Wert *0* zugewiesen wird. Wir können also eine korrekte Version des Programms vowerror.c herstellen, indem wir eine zusätzliche Variable *k* definieren und eine Initialisierungsschleife für das Array einfügen. Wir nennen diese neue Programmversion vowels1.c.

▶ **vowels1.c:**

```
1   /*   vowels1 gibt die Häufigkeiten von Vokalen in einer Eingabe aus.
2        Die Häufigkeiten werden in einem Array gespeichert, das mit einer
3        Schleife initialisiert wird. Das Eingabeende-Zeichen EOF wird durch eine
4        Tastenkombination erzeugt. vowels1 verweist den Benutzer dazu auf die
5        Tastenkombination <Strg>+<Z>, die für das Betriebssystem DOS gilt.
6        Für andere Betriebssysteme ändere man den Hinweis auf <Strg>+<Z>
7        in der Benutzerführung entsprechend ab.   */
8
9   #include <stdio.h>                    /*   für printf, getchar, EOF   */
10
11  main()
12  {
13      int c;
14      int v [5];              /*   für die Häufigkeiten der Vokale a bis u   */
15      int k;                              /*   Kontrollvariable   */
16
17      for (k = 0; k < 5; k++)    /*   Arrayelemente mit 0 initialisieren.   */
18          v[k] = 0;
19
20      printf("Das Programm zählt die Vokale in Ihrer Eingabe.\n");
21      printf("Geben Sie Text ein. Ende mit <Strg>+<Z>:\n");
22
23      while ((c = getchar()) != EOF)
24          switch (c)
25              {
26                  case 'A':
27                  case 'a': v[0]++;
28                              break;
29                  case 'E':
30                  case 'e': v[1]++;
31                              break;
32                  case 'I':
33                  case 'i': v[2]++;
34                              break;
35                  case 'O':
36                  case 'o': v[3]++;
37                              break;
38                  case 'U':
39                  case 'u': v[4]++;
40              }
41      printf("\nHäufigkeiten der Vokale:\n\n");
42      printf("a\te\ti\to\tu\n\n");
43      printf("%d\t%d\t%d\t%d\t%d", v[0], v[1], v[2], v[3], v[4]);
44  }                                        /*   Ende main */
```

Initialisierung bei der Definition

Das andere Initialisierungsverfahren für Arrays entspricht jenem, das wir schon von den Variablen der elementaren Datentypen her kennen. Dabei werden den Arrayelementen bereits bei der Definition des Arrays Anfangswerte zugewiesen. Die einzelnen Initialisierungswerte trennt man durch Komma voneinander und schließt sie in geschweifte Klammern ein, so daß sich die folgende Syntax ergibt:

```
datentyp arrayname [ elementezahl ] = {k1, k2, k3, ... , kn-1, kn};
```

Die Initialisierungswerte *k1* bis *kn* müssen Konstanten sein, andernfalls meldet der Compiler einen Initialisierungsfehler. Dies geschieht auch, wenn die Anzahl der Initialisierungswerte die Anzahl der Arrayelemente überschreitet, d. h. größer als der Wert *elementezahl* ist. Ist die Anzahl der Initialisierungswerte kleiner als die Anzahl der Arrayelemente, werden die übrigen Arrayelemente mit dem Wert 0 initialisiert. Dabei muß mindestens ein Initialisierungswert vorhanden sein. Eine Besonderheit ist, daß man auf die Angabe *elementezahl* bei der Initialisierung verzichten kann. In diesem Fall werden für das Array so viele Elemente erzeugt, wie es Initialisierungswerte gibt.

Die Initialisierungswerte werden den Arrayelementen der Reihe nach von links nach rechts zugewiesen, so daß das erste Arrayelement den ersten Initialisierungswert erhält, das zweite den zweiten etc. Hat man beispielsweise ein zehnelementiges Array *figures* mit Elementen vom Typ *short*, das man mit den Zahlen von 0 bis 9 initialisieren möchte, sieht das Array nach der Definition

```
short figures [10] = {0, 1, 2, 3, 4, 5, 6, 7, 8, 9};
```

im Speicher so aus:

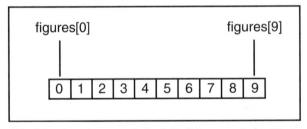

Abb. 83: short-Array nach der Initialisierung mit den Werten 0 bis 9

Das gleiche Resultat erzielt man mit der Initialisierung

```
short figures [] = {0, 1, 2, 3, 4, 5, 6, 7, 8, 9};
```

in der man die Anzahl der Arrayelemente nicht angibt. Für das Array werden entsprechend der Anzahl der Initialisierungswerte zehn Elemente angelegt und initialisiert. Allerdings hat man einen Nachteil in Kauf zu nehmen: Man sieht nicht auf den ersten Blick, wie viele Elemente das Array besitzt. (Eine Anwendungsmöglichkeit zeigt "Strings (Zeichenketten)" in Kapitel 5.1.3.)

Verringert man bei der Initialisierung des Arrays *figures* die Anzahl der Initialisierungswerte, gibt man mit

```
short figures [10] = {0, 1, 2, 3, 4};
```

statt zehn Werten etwa nur fünf an, bekommt das Array den folgenden Inhalt:

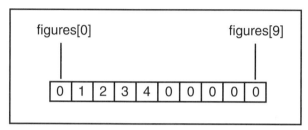

Abb. 84: short-Array mit zehn Elementen nach der Initialisierung mit den Werten 0 bis 4

Den letzten fünf Arrayelementen wurde aufgrund der "Unterinitialisierung" der Wert 0 zugewiesen. Die Vorbesetzung von Arrayelementen mit dem Wert 0, im Falle daß die Anzahl der Initialisierungswerte kleiner ist als die Anzahl der Arrayelemente, kann man sich zunutze machen, wenn alle Elemente eines Arrays mit 0 initialisiert werden sollen. Für das Array *v* aus dem Programm vowels1.c zum Beispiel benötigen wir den Anfangswert 0 für jedes Arrayelement. Neben der in vowels1.c gezeigten Methode könnten wir dies natürlich auch mit

```
int v [5] = {0, 0, 0, 0, 0};
```

erreichen. Es geht jedoch auch wesentlich knapper mit

```
int v [5] = {0};
```

Nachdem das erste Element des Arrays mit 0 initialisiert ist, erhalten auch alle übrigen Elemente aufgrund fehlender weiterer Initialisierungswerte den Wert 0. Wir benutzen dies für eine Variante unseres Zählprogramms:

 vowels2.c:

```
1  /*   vowels2 gibt die Häufigkeiten von Vokalen in einer Eingabe aus.
2       Die Häufigkeiten werden in einem Array gespeichert, das bei seiner
3       Definition initialisiert wird. Das Eingabeende-Zeichen EOF wird durch
4       eine Tastenkombination erzeugt. vowels1 verweist den Benutzer dazu auf
5       die Tastenkombination <Strg>+<Z>, die für das Betriebssystem DOS gilt.
6       Für andere Betriebssysteme ändere man den Hinweis auf <Strg>+<Z>
7       in der Benutzerführung entsprechend ab.   */
8
```

```
 9  #include <stdio.h>                      /*  Für printf, getchar, EOF    */
10
11  main()
12  {
13      int c;
14      int v [5] = {0};    /*  Für die Häufigkeiten der Vokale a bis u. A l l e
15                              Elemente des Arrays werden mit 0 initialisiert. */
16      int k;                                  /*  Kontrollvariable   */
17
18
19      printf("Das Programm zählt die Vokale in Ihrer Eingabe.\n");
20      printf("Geben Sie Text ein. Ende mit <Strg>+<Z>:\n");
21
22      while ((c = getchar()) != EOF)
23          switch (c)
24              {
25                  case 'A':
26                  case 'a': v[0]++;
27                                  break;
28                  case 'E':
29                  case 'e': v[1]++;
30                                  break;
31                  case 'I':
32                  case 'i': v[2]++;
33                                  break;
34                  case 'O':
35                  case 'o': v[3]++;
36                                  break;
37                  case 'U':
38                  case 'u': v[4]++;
39              }
40
41      printf("\nHäufigkeiten der Vokale:\n\n");
42      printf("a\te\ti\to\tu\n\n");
43      printf("%d\t%d\t%d\t%d\t%d", v[0], v[1], v[2], v[3], v[4]);
44  }                                           /*  Ende main */
```

Portabilitätsprobleme

Im Hinblick auf die Portabilität von Programmen, in denen Arrays bereits bei ihrer Definition initialisiert werden, ist noch folgendes zu beachten: Ältere Compilersysteme erlauben diese Art der Initialisierung eines Arrays nicht in jedem Fall, sondern nur dann, wenn das Array in einer bestimmten Weise (bzw. in einem bestimmten Bereich) im Speicher verwaltet wird. Dazu muß man wissen, daß in C variable Datenobjekte nicht nur nach ihrem Datentyp klassifiziert werden: Jede Variable wird außerdem einer bestimmten Speicherklasse zugeordnet, die festlegt, wo und wie diese Variable im Speicher gehalten wird. Von der Speicherklasse hängt ferner ab, ob eine Variable im gesamten Programm verfügbar ist oder nur in Teilen davon bzw. ob die Variable während der gesamten Dauer des Programms existiert oder nur während bestimmter Zeitabschnitte. (Speicherklassen werden ausführlich im gleichnamigen Kapitel 7 behandelt.)

Alle Variablen, die wir bisher verwendet haben, gehörten der Speicherklasse *auto*; (für: automatic) an. Variablen dieser Speicherklasse lassen sich in einem Quelltext annhand der folgenden Merkmale identifizieren: Sie werden stets innerhalb einer Funktion (z. B. *main*) definiert und enthalten in ihrer Definition gewöhnlich keine explizite Angabe der Speicherklasse, während diese bei Variablen anderer Speicherklassen, die innerhalb von Funktionen definiert werden, angegeben werden muß. (Wird bei der Definition einer Variablen innerhalb einer Funktion keine Speicherklasse angegeben, nimmt der Compiler die Speicherklasse *auto* an. Selbstverständlich darf man die Speicherklassenbezeichnung *auto* auch hinzufügen. Die Definitionen

```
int i;
```

und

```
auto int i;
```

sind daher äquivalent.) Ältere Compiler lassen die Initialisierung von Arrays der Speicherklasse *auto* bei der Definition nicht zu, wohl aber - mit einer weiteren Ausnahme - die Initialisierung von Arrays der übrigen Speicherklassen (siehe das Kapitel 7 "Speicherklassen").

Ein- und Ausgabeoperationen mit Arrayelementen

Die Programme vowels1.c und vowels2.c erfüllen zwar ihre Aufgabe, uns stört aber vielleicht die Art und Weise, wie die gespeicherten Häufigkeitswerte ausgegeben werden. Man kann sich leicht vorstellen, daß diese Form der Ausgabe für Arrays mit einer großen Anzahl von Elementen äußerst umständlich ist. Wir ersetzen deshalb - wie schon die Initialisierung des Arrays in vowels1.c - auch die Ausgabeanweisung

```
printf("%d\t%d\t\t%d\t%d\t%d", v[0], v[1], v[2], v[3], v[4]);
```

durch eine entsprechende Schleife:

```
for (k = 0; k < 5; k++)
    printf("%d\t", v[k]);
```

mit der wir - bei entsprechender Schleifenbedingung - gegebenenfalls auch größere Arrays ausgeben können. (Wenn hier die Rede davon ist, "Arrays auszugeben", so müssen wir uns darüber im klaren sein, daß damit die sukzessive Ausgabe der einzelnen Arrayelemente (etwa über eine Schleife) gemeint ist und keineswegs die Ausgabe des Datenobjekts Array "en bloc". Tatsächlich besitzt C nicht unmittelbar Befehle, die auf ein Array als Ganzes zugreifen. So enthält der Sprachumfang beispielsweise weder einen Ausgabebefehl, der auf dem kompletten Array operiert, noch einen Operator, mit dem eine Arrayvariable als Ganzes einer anderen Arrayvariablen zugewiesen werden kann. Allerdings sind einige solcher Befehle als Funktionen (oder Makros) in den Systembibliotheken vorhanden. Vgl. dazu auch das Kapitel 5.1.3 "Strings (Zeichenketten)".)

▶ **vowels3.c:**

```
 1  /*   vowels3 ermittelt die Häufigkeiten von Vokalen in einer Eingabe und gibt
 2       sie aus. Die Häufigkeiten werden in einem Array gespeichert, das mit
 3       einer Schleife initialisiert wird. Die Ausgabe der Häufigkeitswerte
 4       erfolgt ebenfalls über eine Schleife. Das Eingabeende-Zeichen EOF wird
 5       durch eine Tastenkombination erzeugt. vowels3 verweist den Benutzer dazu
 6       auf die Tastenkombination <Strg>+<Z>, die für das Betriebssystem DOS
 7       gilt. Für andere Betriebssysteme ändere man den Hinweis auf <Strg>+<Z>
 8       in der Benutzerführung entsprechend ab.   */
 9
10  #include <stdio.h>                       /*   für printf, getchar, EOF    */
11
12  main()
13  {
14    int c;
15    int v [5];                 /*   für die Häufigkeiten der Vokale a bis u   */
16      int k;                                   /*   Kontrollvariable   */
17
18      for (k = 0; k < 5; k++)      /*   Arrayelemente mit 0 initialisieren.   */
19          v[k] = 0;
20
21      printf("Das Programm zählt die Vokale in Ihrer Eingabe.\n");
22      printf("Geben Sie Text ein. Ende mit <Strg>+<Z>:\n");
23      while ((c = getchar()) != EOF)
24          switch (c)
25              {
26                  case 'A':
27                  case 'a': v[0]++;
28                              break;
29                  case 'E':
30                  case 'e': v[1]++;
31                              break;
32                  case 'I':
33                  case 'i': v[2]++;
34                              break;
35                  case 'O':
36                  case 'o': v[3]++;
37                              break;
38                  case 'U':
39                  case 'u': v[4]++;
40              }
41      printf("\nHäufigkeiten der Vokale:\n\n");
42      printf("a\te\ti\to\tu\n\n");
43      for (k = 0; k < 5; k++)                   /*   Ausgabe der Arrayelemente   */
44      printf("%d\t", v[k]);                       /*   über eine Schleife */
45  }                                                /*   Ende main */
```

Eingabeschleifen

Schleifenkonstruktionen, wie wir sie für die Initialisierung und die Ausgabe von Arrayelementen verwendet haben, eignen sich natürlich auch für die Eingabe von Werten, die der Anwender in einem Array speichern will. Das folgende Beispielprogramm samples.c simuliert die Eingabe von statistischen Werten aus einer Verkehrszählung in ein Array. Es soll eingegeben werden, wie viele Fahrzeuge an jedem von insgesamt sieben Tagen irgendeinen ausgewählten Straßenabschnitt passiert haben.

▶ *samples.c:*

```
 1   /*   samples liest mit einer Schleife einige statistische Werte
 2        (Fahrzeughäufigkeiten pro Tag) in ein Array ein. Die Werte
 3        werden über die Tastatur eingegeben, summiert und zur Kontrolle
 4        (inklusive ihrer Gesamtsumme) wieder ausgegeben.     */
 5
 6        #include <stdio.h>                           /*  für printf, scanf  */
 7
 8        main()
 9        {
10            long vehicles [8];          /*  Anzahl der Fahrzeuge für jeden der
11                                           sieben Tage. 8 Elemente statt 7: Für
12                                           die Tage 1 bis 7 werden die Elemente
13                                           vehicles[1] bis vehicles[7]
14                                           benutzt. vehicles[0] bleibt frei.*/
15            long s = 0;             /*  Gesamtsumme der gezählten Fahrzeuge   */
16            short i;                             /*  Kontrollvariable     */
17            printf("\033[2J");
18            printf("Geben Sie die Fahrzeugzahlen für die Tage 1 - 7 ein:\n");
19
20            for (i = 1; i < 8; i++)                  /*  Eingabeschleife    */
21                {
22                    printf("%hd. Tag: ", i);
23                    scanf("%ld", &vehicles[i]);          /*  Adreßoperator  */
24                    s = s + vehicles[i];             /*  Gesamtsumme bilden */
25                }
26
27            printf("\n\nEs wurden folgende Werte eingegeben:\n\n");
28            for (i = 1; i < 8; i++)
29                printf("%hd. Tag\t", i);
30
31            printf("\n");
32
33            for (i = 1; i < 8; i++)                  /*  Ausgabeschleife    */
34                printf("%ld\t", vehicles[i]);
35
36            printf("\n\nInsgesamt gezählte Fahrzeuge: %ld", s);
37        }
```

Das Programm *samples* liest in jedes Element des Arrays *vehicles* die Anzahl der Fahrzeuge ein, die an einem Tag gezählt wurden. Das Array wurde mit acht Elementen angelegt (statt mit sieben, was natürlich auch ginge), damit sich die Nummer des Tags und der Index des zugehörigen Arrayelements entsprechen. Das Element *vehicles[0]* bleibt ungenutzt. Das Array wurde nicht initialisiert, da der Wert eines Arrayelements im Programm erst dann verwendet wird (für Summenbildung und Ausgabe), wenn er durch eine Benutzereingabe nicht länger undefiniert ist.

Fehlerbeseitigung

Die Indizierung der Arrayelemente in C bietet einige Gelegenheiten zu Fehlern. Gewöhnungsbedürftig, aber unproblematisch ist sicher der Umstand, daß Indizierungen stets mit dem Wert 0 zu beginnen haben. Darüber hinaus muß der Programmierer aber auch darauf achten, daß er "nach oben" hin keine falschen Indizes einsetzt. Der Wert für den größten zu vergebenden Index ist durch die Anzahl der Elemente eines Arrays bestimmt:

```
Maximaler Index = Anzahl der Arrayelemente - 1
```

C-Compiler überprüfen nicht, ob der gewählte Index gültig ist, also innerhalb der Grenzen 0 und *Maximaler Index* liegt (inklusive der Grenzen selbst). Verwendet man Indizes, die größer als das erlaubte Maximum sind, werden damit Speicherstellen angesprochen, die sich außerhalb des Arrays befinden, ohne daß der Compiler diesen Fehler in jedem Fall anzeigt. (Ähnliche Fehler ergeben sich, wenn man negative Indizes benutzt, was in einigen anderen Programmiersprachen, wie z. B. Pascal oder Fortran, zulässig ist). Wir wollen dazu ein wenig näher betrachten, wie der Compiler bei der Bearbeitung von Arrayvariablen vorgeht.

Haben wir z. B. eine Variable

```
short i;
```

und ein Array

```
short s [5];
```

dem wir mit

```
for (i = 0; i < 5; i++)
    s[i] = i + 100;
```

die Werte *100* bis *104* zuweisen, so greift die Anweisung

```
printf("%hd", s[2]);
```

auf das dritte Element des Arrays zu und gibt den Wert *102* aus:

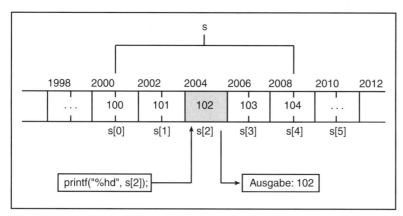

Abb. 85: Zugriff auf ein korrekt indiziertes Arrayelement

Woher "weiß" der Compiler, um welches der Arrayelemente es sich bei *s[2]* handelt bzw. wo es sich im Arbeitsspeicher befindet? Wie findet er irgendein beliebiges Arrayelement? Bei der Definition einer Variablen reserviert der Compiler entsprechend ihrem Datentyp Speicherplatz für die Variable. Beispielsweise wurden in der obigen Abbildung der Arrayvariablen *s* mit ihren fünf Elementen vom Typ *short* (2 Bytes) ab der Adresse 2000 zehn aufeinanderfolgende Bytes (2000 bis 2009) als Speicherplatz zugewiesen. Die Adresse 2000 ist die Anfangsadresse der Variablen *s*, also jene Adresse, ab der die Variable Platz im Speicher belegt. Die Adresse 2000 ist ein willkürlich gewählter Beispielwert. Welche Anfangsadresse vom Compiler tatsächlich für das Array in einem Programm vergeben wurde, kann man sich mit der Anweisung

```
printf("%d", &s[0]);
```

anzeigen lassen, mit der die Adresse des ersten Arrayelements ausgegeben wird, die ja identisch mit der Anfangsadresse des Arrays ist (vgl. dazu auch das Kapitel 9 "Zeiger"). Die Anfangsadresse und den Index benutzt der Compiler, um ein beliebiges Arrayelement zu lokalisieren. Der Index fungiert dabei als Maß für den Abstand (in Bytes), den ein Element vom Arrayanfang hat. Dieser Abstand wird auch als Offset bezeichnet.

So beginnt das erste Element *s[0]* an der Adresse 2000 (ist also identisch mit dem Arrayanfang) und hat dementsprechend den Offset 0. Es belegt wegen seines Datentyps *short* zwei Bytes Platz, also die Speicherstellen 2000 und 2001. Das zweite Element *s[1]* beginnt daher an der Adresse 2002, ist ebenfalls zwei Bytes groß und hat 2002 - 2000 = 2 Bytes Abstand zum Arrayanfang, also den Offset 2. Das dritte Element *s[2]* beginnt an der Adresse 2004 und hat damit 2004 - 2000 = 4 Bytes Abstand zum Arrayanfang, d. h. den Offset 4. Die beiden restlichen Elemente *s[3]* und *s[4]* beginnen an den Adressen 2006 bzw. 2008 und haben die Offsets 6 bzw. 8. Man erkennt leicht den Zusammenhang zwischen Offset, Index und der Größe des Datentyps der Arrayelemente:

Element	Index	Datentypgröße	Offset
1	0	2 Bytes	0 * 2 = **0**
2	1	2 Bytes	1 * 2 = **2**
3	2	2 Bytes	2 * 2 = **4**
4	3	2 Bytes	3 * 2 = **6**
5	4	2 Bytes	4 * 2 = **8**

Abb. 86: Offset-Berechnung aus Index und Datentypgröße

Eine allgemeine Formel zur Offset-Berechnung

Man kann diesen Zusammenhang verallgemeinern und eine Formel für den Offset in Arrays beliebigen Datentyps ableiten:

```
Offset  =  Index  *  Größe des Datentyps eines Arrayelements
```

Aus dem Offset ergibt sich für den Compiler die Position eines Arrayelements relativ zum Arrayanfang dann wie folgt:

```
Position                Anfangsadresse          Offset
des             =       des             +       des
Arrayelements           Arrays                  Arrayelements
```

Greift man mit

```
printf("%hd", s[2]);
```

also auf das dritte Arrayelement zu, errechnet der Compiler dessen Position mit:

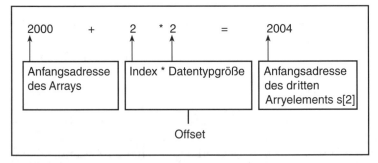

Abb. 87: Bestimmung der Position eines Arrayelements

wonach die gewünschte Operation (hier: die Ausgabe) mit dem Arrayelement durchgeführt werden kann. Würde man jedoch in der Anweisung

```
printf("%hd", s[5]);
```

mit *s[5]* einen Index wählen, der den zulässigen Höchstwert 4 für das Array *s* überschreitet, so berechnet der Compiler mit

```
2000 + (5 * 2) = 2010
```

eine Speicheradresse (2010), die zu keinem der Arrayelemente gehört, da diese nur die Bytes mit den Adressen 2000 bis 2009 belegen. Der Compiler greift also praktisch hinter das Array (ohne dies anzuzeigen, sofern dieser Speicherbereich nicht zugriffsgeschützt ist):

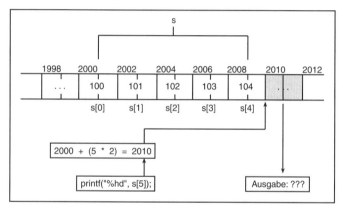

Abb. 88: Fehlerhafter Arrayzugriff aufgrund falscher Indizierung

Der Wert, der in diesem Fall ausgegeben wird, ist nicht vorhersagbar. Es ist der Wert, der sich ergibt, wenn der Compiler den Speicherinhalt unter den Adressen 2010 und 2011 als Objekt vom Datentyp *short* interpretiert.

Nebeneffekte

Ein anderer Fehler bei der Indizierung kann durch Nebeneffekte entstehen. Der Grund dafür ist, daß in C nicht mit letzter Exaktheit definiert ist, wann ein Nebeneffekt ausgeführt werden soll. So ist für die Variablen

```
int x [10] = {0};              /* Gesamtes Array mit 0 initialisieren. */
int n = 2;
```

bei der Zuweisung

```
x[n] = n--;
```

keineswegs klar, an welches Arrayelement der Wert von *n* (in unserem Beispiel also: 2) zugewiesen wird. Je nach Compiler wird nämlich der Index ausgewertet, bevor die Variable *n* dekrementiert wird, und das Arrayelement *x[2]* erhält den Wert 2. Es ist jedoch ebenso möglich, daß ein Compiler den Index erst auswertet, nachdem die Variable *n* zwischenzeitlich bereits dekrementiert wurde. In diesem Fall erhält das Arrayelement *x[1]* den Wert 2. Wir beachten, daß in beiden Fällen der Wert 2 (eine Kopie des Werts der Variablen *n*) zugewiesen wird und nicht etwa (im zweiten Fall) der Wert 1. Die Entscheidung, welcher Wert zuzuweisen ist - nämlich: 2, der Wert der Variablen *n* zum Zeitpunkt ihrer Bewertung auf der rechten Seite der Zuweisungsanweisung - findet in jedem Fall vor der Dekrementierung von *n* statt.

Daher erhalten wir nach der Anweisung

```
x[n] = n--;
```

mit

```
printf("x[1] = %d\tx[2] = %d", x[1], x[2]);
```

in Abhängigkeit vom verwendeten Compiler entweder die Ausgabe

```
x[1] = 2 x[2] = 0;            /*  n wurde v o r der Bewertung des Index
                                  dekrementiert: x[n] wird zu x[1]     */
```

oder

```
x[1] = 0 x[2] = 2;            /*  n wurde n a c h der Bewertung des Index
                                  dekrementiert: x[n] wird zu x[2]     */
```

Banalerweise tut man daher gut daran, auf Anweisungen zu verzichten, deren Resultate davon abhängen, zu welchem Zeitpunkt Nebeneffekte ausgeführt werden.

5.1.2 Mehrdimensionale Arrays

Bei der Bearbeitung von Programmieraufgaben mit Arrays stellt sich gelegentlich heraus, daß mit eindimensionalen Arrays keine besonders befriedigende Lösung des Problems zu erreichen ist. Betrachten wir ein Beispiel. Von einem Konzern *K*, der in drei Ländern jeweils ein Unternehmen mit je einer Filiale im Norden, Süden, Westen und Osten des Landes besitzt, sollen die Mitarbeiterzahlen jeder Filiale gespeichert werden. Diese Daten liegen in Form der folgenden Tabelle vor:

Filialen

Unternehmen

K	F0	F1	F2	F3
U0	700	500	200	500
U1	900	800	400	300
U2	600	700	900	800

Abb. 89: Tabelle mit Mitarbeiterzahlen

Die Tabelle ist zweidimensional (eine Matrix mit Zeilen und Spalten). Wir könnten aber trotzdem sämtliche Werte in einem eindimensionalen Array unterbringen, das wir zuvor mit

```
int k [12];
```

definiert haben:

700	500	200	500	900	800	400	300	600	700	900	800
k[0]	k[1]	k[2]	k[3]	k[4]	k[5]	k[6]	k[7]	k[8]	k[9]	k[10]	k[11]

Abb. 90: Eindimensionales Array mit Mitarbeiterzahlen

Der Nachteil dieses eindimensionalen Arrays ist, daß es die zweidimensionale Struktur der Mitarbeiterzahlentabelle nicht nachvollzieht. Man sieht dem obigen Array beispielsweise nicht sofort an, zu welchem Unternehmen (und Land) eine Mitarbeiterzahl gehört.

Es gibt in C aber Datenstrukturen, die dies berücksichtigen. Mit sogenannten mehrdimensionalen Arrays können mehrdimensionale Gebilde wie die obige Tabelle ihrer logischen Struktur entsprechend gespeichert werden. Dabei wird im Speicher von dem betreffenden mehrdimensionalen Objekt aber nicht etwa ein mehrdimensionales Abbild erzeugt. Vielmehr wird dort die mehrdimensionale Struktur des zu speichernden Objekts in eine äquivalente lineare (also eindimensionale) Struktur umgewandelt, auf die aber - im Unterschied zu eindimensionalen Arrays, die ebenfalls linear sind - vom Programm aus wie auf eine wirkliche zweidimensionale Struktur zugegriffen werden kann. Wir wollen dies an unserem Konzernbeispiel demonstrieren. Dazu müssen wir wissen, wie man ein mehrdimensionales Array definiert.

Definition

Die Definition mehrdimensionaler Arrays erfolgt analog der Definition eindimensionaler Arrays. Der Unterschied besteht darin, daß man nun statt einer mehrere Dimensionen anzugeben hat:

```
datentyp arrayname [e1] [e2] ... [en];
```

Die Anzahl der Arraydimensionen ist unbeschränkt. Wie viele Dimensionen ein spezielles Array hat, kann an der Zahl der in eckigen Klammern eingeschlossenen Werte *e1* bis *en* abgelesen werden. Diese Werte sind positiv und ganzzahlig und geben an, welche Anzahl von Elementen jede Arraydimension aufweist. Ihr Produkt

```
e1 * e2 * ... * en
```

liefert die Anzahl aller Arrayelemente. Die Definition

```
int k [3][4];
```

erzeugt folglich ein zweidimensionales Array mit dem Namen *k* und

```
3 * 4 = 12
```

Elementen vom Datentyp *int*, das wir uns als eine Anordnung von Zeilen und Spalten vorstellen können:

k[0] [0]	k[0] [1]	k[0] [2]	k[0] [3]
k[1] [0]	k[1] [1]	k[1] [2]	k[1] [3]
k[2] [0]	k[2] [1]	k[2] [2]	k[2] [3]

Abb. 91: Elemente eines zweidimensionalen Arrays in rechteckiger Anordnung

Die Abbildung zeigt, daß die einzelnen Elemente eines mehrdimensionalen Arrays gemäß der Syntax

```
arrayname [index1][index2] ... [indexN]
```

wie schon bei den eindimensionalen Arrays über den Arraynamen und eine Anzahl von Indizes identifiziert werden. Dabei ist für jede Dimension ein gültiger Indexwert anzugeben, der als "Koordinate" die Position des Elements innerhalb der jeweiligen Dimension bestimmt.

So bezeichnet etwa

```
k[0][0]
```

in der obigen Arraydarstellung das Element in der ersten Spalte der ersten Zeile, wobei der erste Index der Zeilenindex (1. Dimension) und der zweite Index der Spaltenindex (2. Dimension) ist. Da die Arraydefinition

```
int k [3][4];
```

drei Elemente in der 1. Dimension (Zeilen) und vier in der 2. Dimension (Spalten) vorschreibt, besitzt unsere Arraydarstellung also drei Zeilen, die über die Indexwerte [0] bis [2] angesprochen werden können, und vier Spalten, die über die Indexwerte [0] bis [3] erreichbar sind. Exakt die gleiche Struktur mit drei Zeilen und vier Spalten findet sich auch in unserer Mitarbeiterzahlentabelle. Wir können also jeder der zwölf Filialen eines der Elemente des zweidimensionalen Arrays k zuordnen und die zugehörige Mitarbeiterzahl darin speichern:

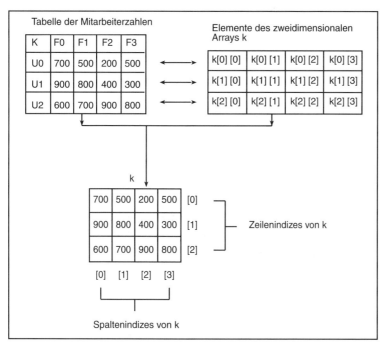

Abb. 92: Speicherung von Tabellenwerten in einem zweidimensionalen Array

Im Unterschied zur Speicherung in einem 12elementigen eindimensionalen Array sind jetzt die Werte der Filialen, die zu ein- und demselben Unternehmen gehören, in einer Zeile des zweidimensionalen Arrays k gruppiert und als solche auch direkt erkennbar. So sind alle Mitarbeiterzahlen des Unternehmens *U0* in Arrayelementen gespeichert, die den Zeilenindex *[0]* besitzen, die des Unternehmens *U1* in Elementen mit dem Zeilenindex *[1]* und die des Unternehmens *U2* in Elementen mit dem Zeilenindex *[2]*.

Ein- und Ausgabeoperationen

Auf welche Weise gelangen die Werte in das Array? Eine von mehreren Möglichkeiten ist, sie über die Tastatur einzugeben. Von den eindimensionalen Arrays her wissen wir bereits, daß man dazu am besten eine Schleife verwendet. Allerdings haben wir es hier mit einem zweidimensionalen Array mit Zeilen und Spalten zu tun. Daher brauchen wir auch eine entsprechende Schleifenkonstruktion, die diese Struktur berücksichtigt. Man kann sie etwa so beschreiben:

```
Für jede Zeile des Arrays
    Für jede Spalte des Arrays
        Lies einen Wert ein.
```

Man benötigt also eine geschachtelte Schleife, die zunächst die erste Zeile des Arrays füllt, dann die zweite und die dritte. Da das Array zwei Indizes besitzt, die variiert werden müssen, sind ferner auch zwei Kontrollvariablen notwendig. Nach den Definitionen

```
int k [3][4];                              /*  2-D-Array */
int i, j;                          /*  Kontrollvariablen */
```

kann die Eingabeschleife so aussehen:

```
for (i = 0; i < 3; i++)                    /*  Arrayzeilen   */
    for(j = 0; j < 4; j++)                 /*  Arrayspalten  */
        scanf("%d", &k[i][j]);
```

Mit dieser Schleife werden nacheinander die Arrayelemente *k[0][0]*, *k[0][1]*, *k[0][2]*, *k[1][0]* etc. mit Werten gefüllt. Eine analoge Schleifenkonstruktion können wir für die Ausgabe der Arrayelemente benutzen, wobei wir dafür sorgen, daß die Werte in drei Zeilen und vier Spalten angezeigt werden:

```
for (i = 0; i < 3; i++)                    /*  Arrayzeilen   */
    {
    for(j = 0; j < 4; j++)                 /*  Arrayspalten */
        printf("%d\t", k[i][j]);
    printf("\n");
    }
```

Die Ein- und Ausgabeteile fügen wir zu einem kleinen Programm zusammen, mit dem wir unter anderem auch unsere Beispielaufgabe (die Speicherung der Mitarbeiterzahlen eines Konzerns) lösen.

▶ **konzern.c:**

```
 1  /*    konzern liest Werte in ein zweidimensionales Array
 2        ein und gibt sie wieder aus.*/
 3
 4  #include <stdio.h>                            /*    für printf, scanf  */
 5
 6  main()
 7  {
 8      int k[3][4];                    /*  2-D-Array für Mitarbeiterzahlen  */
 9      int i, j;                              /*    Kontrollvariablen  */
10      long s = 0;                        /*    Gesamtzahl Mitarbeiter  */
11
12      printf("\033[2J");
13      printf("Mitarbeiterzahlen eines Konzerns eingeben."
14              " 3 Unternehmen zu je 4 Filialen.\n\n");
15
16                                            /*    Werte einlesen*/
17
18      for (i = 0; i < 3; i++)                /*    Arrayzeilen    */
19          for(j = 0; j < 4; j++)             /*    Arrayspalten   */
20              {
21                  printf("%d. Unternehmen %d. Filiale: ", i+1, j+1);
22                  scanf("%d", &k[i][j]);
23              }
24
25                              /*   Gesamtzahl der Mitarbeiter berechnen. */
26
27      for (i = 0; i < 3; i++)                   /*    Arrayzeilen    */
28          for(j = 0; j < 4; j++)               /*    Arrayspalten   */
29              s = s + k[i][j];
30
31      /*   Werte ausgeben*/
32
33      printf("\n\n\tF0\tF1\tF2\tF3\n");
34      for (i = 0; i < 3; i++)                   /*    Arrayzeilen    */
35          {
36              printf("U%d\t", i);
37              for(j = 0; j < 4; j++)           /*    Arrayspalten   */
38                  printf("%d\t", k[i][j]);
39              printf("\n");
40          }
41
42      printf("\n\nGesamtzahl der Mitarbeiter: %ld", s);
43  }
```

Speicherung

Anders als bei den eindimensionalen Arrays stimmt bei den mehrdimensionalen Arrays die bildliche Darstellung, mit der sie gewöhnlich veranschaulicht werden, nicht mit ihrem Erscheinungsbild im (Arbeits-)Speicher überein. So wird ein zweidimensionales Array - wie das Array *k* aus unserem letzten Beispiel - üblicherweise als rechteckige Matrix mit Zeilen und Spalten präsentiert. Im Speicher jedoch liegt ein solches Array keineswegs als "Rechteck" vor. Vielmehr sind dort die Elemente auch mehrdimensionaler Arrays in linearer Folge hintereinander angeordnet. Das zweidimensionale Array *k* aus unserem letzten Beispiel kann man sich im Speicher folgendermaßen vorstellen:

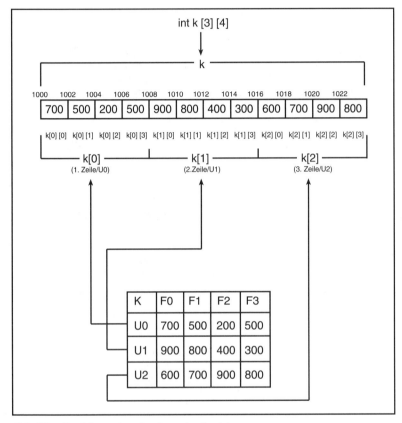

Abb. 93: Zweidimensionales Array im Speicher

Das Array *k* belegt aufgrund des Datentyps seiner Elemente (*int*), für den wir eine Größe von zwei Bytes annehmen, 12 * 2 = 24 Bytes Speicherplatz. Wie man unschwer erkennt, handelt es sich bei dem Array in der Tat nicht wirklich um ein mehrdimensionales Datenobjekt, denn das zweidimensionale Array mit seinen ins-gesamt zwölf Elementen ist von seiner Speicherstruktur her ebenso linear wie ein eindimensionales Array mit zwölf Elementen. Die Abbildung zeigt ferner, daß die "Dimensionalität" des Arrays in Wahrheit eine Schachtelung ist. Man könnte das zweidimensionale Array *k* nämlich auch als eindimensionales Array mit drei Elementen (den Arrayzeilen) auffassen, die selbst wieder Arrays aus vier Elementen (den Arrayspalten) sind. (Dies entspricht im übrigen auch der Struktur des Konzerns *K* aus unserem Beispiel, der aus drei Unternehmen besteht, die ihrerseits aus je vier Filialen bestehen.)

Tatsächlich können in diesem Sinne alle mehrdimensionalen Arrays in C als Ineinanderschachtelungen von Arrays betrachtet werden, wobei die Anzahl der Dimensionen mit jeder Schachtelungsebene von oben nach unten abnimmt: Ein n-dimensionales Array besteht aus Elementen, die selbst $(n-1)$-dimensionale Arrays sind. Die Elemente dieser $(n-1)$-dimensionalen Arrays wiederum sind $(n-2)$-dimensionale Arrays, deren Elemente wiederum $(n-3)$-dimensionale Arrays sind usw. Die unterste (letzte) Ebene dieser Schachtelungen enthält schließlich Elemente, die keine Arrays mehr sind.

In der obigen Abbildung ist die Reihenfolge der Arrayelemente $k[i][j]$ (für i = 0, 1, 2; j = 0, 1, 2, 3) im Speicher durch die Reihenfolge bestimmt, in der die eindimensionalen Teilarrays $k[i]$ (die "Zeilen") im Speicher liegen. Diese repräsentieren die oberste Schachtelungsebene und werden in ihrer natürlichen Abfolge gespeichert: Den Arrayanfang bildet die erste Zeile ($k[0]$), daran schließt sich die zweite Zeile an ($k[1]$), an diese wiederum die dritte ($k[2]$). Mehrdimensionale Arrays werden also gewissermaßen zeilenweise abgespeichert, wobei der Begriff "Zeile" als eine veranschaulichende Bezeichnung für die oberste Schachtelungsebene zu verstehen ist. In dieser Anordnung der Arrayelemente variieren die Indizes unterschiedlich schnell: Ein Index ändert seinen Wert um so schneller, je weiter rechts er in der Folge der Indizes eines Elements steht. Bei unserem zweidimensionalen Beispielarray k variiert in der Speicherfolge der Elemente also der Spaltenindex schneller als der Zeilenindex:

```
k[0][0]
k[0][1]
k[0][2]
k[0][3]
k[1][0]
k[1][1]
k[1][2]
k[1][3]
k[2][0]
.
.
.
```

Speicherposition eines Arrayelements ermitteln

Die Anordnung der Elemente eines mehrdimensionalen Arrays im Speicher spielt auch für das Verfahren eine Rolle, mit dem der Compiler beim Zugriff auf ein Arrayelement dessen Position (Adresse) im Speicher lokalisiert. Für ein beliebiges Element $k[i][j]$ des zweidimensionalen int-Arrays k errechnet sich dessen Adresse wie folgt:

```
Adresse von k[i][j]    =    Anfangsadresse von k +
                                i * Größe von k[i] (in Bytes)
                                + j * Größe des Datentyps eines
                                Arrayelements (in Bytes)
                       =    Anfangsadresse von k +
                                i * Elementezahl 2. Dimension * Größe
                                des Datentyps eines
                                Arrayelements (in Bytes)
                                + j * Größe des Datentyps eines
                                Arrayelements (in Bytes)
```

Setzen wir die konkreten Werte für unser Beispielarray *k* ein - wobei wir für den Datentyp *int* eine Größe von 2 Bytes annehmen -, so erhalten wir:

```
Adresse von k[i][j]    =    &k[0][0] +    i * 4 * 2 + j * 2 = 1000 + i * 4 *
                            2 + j * 2
```

Für das Element *k[1][3]* beispielsweise ergibt die Adressenberechnung demnach:

```
& k[1][3]    =    1000    + 1 * 4 * 2 + 3 * 2
             =    1014
```

was man leicht anhand der obigen Speicherdarstellung des Arrays überprüft. Der Offset des Elements *k[1][3]*, d. h. sein Abstand (in Bytes) zum Arrayanfang ist dann entsprechend

```
1014 - 1000 = 14
```

Allgemein kann für ein Array *x* mit der Definition

```
datentyp x [e1][e2] ... [en];
```

das

```
e1 * e2 * ...* en
```

Elemente vom Typ datentyp und *n* Dimensionen besitzt, die Adresse eines beliebigen Elements mit den Indizes *i1* bis *in* wie folgt bestimmt werden:

```
& x[i1][i2] ... [in]    =    Anfangsadresse des Arrays x
                        +    i1 * Größe von x[i1]
                        +    i2 * Größe von x[i1][i2]
                        +    .
                             .
                             .
                        +    in-1 * Größe von x[i1][i2] ... [in-1]
                        +    in * Größe von x[i1][i2] ... [in-1][in]
                        =    &x[0][0] ... [0]
                        +    i1 * e2 * e3 * e4 * ...* en * Größe von datentyp
                        +    i2 * e3 * e4 * ...* en * Größe von datentyp
```

```
+    .
          .
          .
+    in-1 * en * Größe von datentyp
+    in * Größe von datentyp

=    &x[0][0] ... [0]
     +    Größe von datentyp * (i1 * e2 * e3 * e4 *...* en

     +    i2 * e3 * e4 * ...* en

+    .
     .
     .

+    in-1 * en

+    in)
```

Sehen wir uns dazu ein Beispiel mit einem dreidimensionalen Array an. Die Grundlage ist unser Konzern *K*. Wir verändern jedoch seine Struktur ein wenig und gestatten jedem Unternehmen nur noch drei Filialen, untergliedern diese aber weiter in jeweils drei Abteilungen, so daß der Konzern nunmehr den folgenden Aufbau hat:

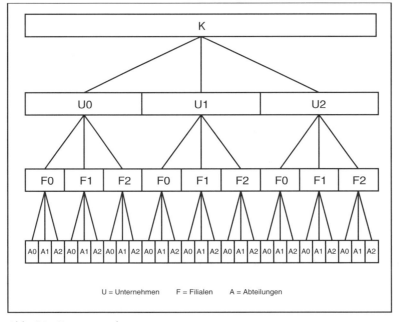

Abb. 94: Konzernstruktur

Die Mitarbeiterzahlen der einzelnen Abteilungen könnte man in dem dreidimensionalen Array

```
int k [3][3][3];
```

speichern, dessen Elemente wie folgt im Speicher liegen:

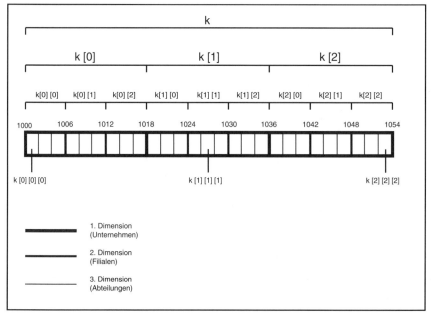

Abb. 95: Dreidimensionales Array im Speicher

Für das Element *k[1][1][1]* beispielsweise ergibt nun die Positionsbestimmung nach dem oben entwickelten Verfahren die folgende Adresse:

```
& k[1][1][1]  =   1000  +  2  *  (1 * 3 * 3  +  1 * 3  +  1)
              =   1026
```

Der zugehörige Offset beträgt 1026 - 1000 = 26 (Bytes).

5.1.2.1 Initialisierung

Mehrdimensionale Arrays können ebenso wie eindimensionale Arrays auf unterschiedliche Arten initialisiert werden. Die Zuweisung von Anfangswerten an die Arrayelemente kann mittels einzelner Anweisungen erfolgen, über eine geeignete Schleifenkonstruktion oder im Zuge der Definition eines Arrays. Soll etwa das zweidimensionale Array

```
int k[3][4];
```

mit den Werten aus der Mitarbeitertabelle

K	F0	F1	F2	F3
U0	700	500	200	500
U1	900	800	400	300
U2	600	700	900	800

initialisiert werden, so ist die Methode

```
k[0][0] = 700;
k[0][1] = 500;
k[0][2] = 200;
        .
        .
        .
k[2][3] = 800;
```

zwar anwendbar, jedoch offensichtlich ziemlich umständlich. Auch die Verwendung einer Schleife ist wegen der unregelmäßigen Verteilung der Tabellenwerte nicht angebracht.

Initialisierung bei der Definition

Bei der dritten Möglichkeit - der Initialisierung des Arrays bei seiner Definition - kann man vorgehen wie bei den eindimensionalen Arrays und die durch Komma voneinander getrennten Initialisierungswerte rechts des Zuweisungsoperators "=" in geschweifte Klammern setzen:

```
int k [3][4] = {700, 500, 200, 500, 900, 800, 400, 300, 600, 700, 900, 800};
```

Die Werte werden den Arrayelementen der Reihe nach zugewiesen: Das erste Arrayelement *k[0][0]* erhält den ersten Wert der Liste (700), das zweite Arrayelement *k[0][1]* erhält den zweiten Wert der Liste (500), das dritte Arrayelement *k[0][2]* den dritten Wert der Liste (200), das vierte Arrayelement *k[0][3]* den vierten Wert (500), das fünfte Arrayelement *k[1][0]* den fünften Wert (900) etc.

Diese Standard-Zuordnungsreihenfolge kann durch Klammerung manipuliert werden. So kann man die Werte, die zu einer bestimmten Arrayzeile gehören sollen, explizit festlegen, indem man sie in der Initialisierungsliste zusätzlich noch in geschweifte Klammern einschließt:

```
int k [3][4] = {
                {700, 500, 200, 500},
                {900, 800, 400, 300},
                {600, 700, 900, 800}
                };
```

In diesem Beispiel sind die Initialisierungswerte den Arrayzeilen entsprechend gruppiert worden, so daß sofort ersichtlich ist, welche Arrayzeile welche Werte erhält. Da die Anzahl der Initialisierungswerte mit der Anzahl der Arrayelemente übereinstimmt, hat diese Initialisierung des Arrays *k* aber dasselbe Resultat wie die Initialisierung ohne die zusätzlichen geschweiften Klammern. Sie ist lediglich übersichtlicher. Das folgende Beispiel zeigt jedoch einen Fall, bei dem es keineswegs gleichgültig ist, ob man zusätzliche Klammern setzt oder nicht. Das zweidimensionale Array *k* soll jetzt mit einer Werteliste initialisiert werden, die weniger Werte enthält, als das Array Elemente hat. Wir entfernen dazu die Werte 400 und 300 aus der Liste, so daß diese nur noch zehn (statt zwölf) Werte hat. Es macht nun in der Tat einen Unterschied, ob man das Array mit

```
int k [3][4] = {700, 500, 200, 500, 900, 800, 600, 700, 900, 800};
```

initialisiert oder mit

```
int k [3][4] = { {700, 500, 200, 500}, {900, 800}, {600, 700, 900, 800} };
```

Im ersten Fall hat das Array nämlich folgendes Aussehen:

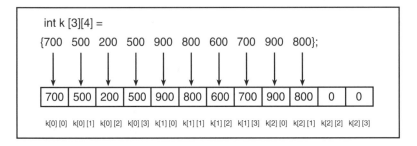

Abb. 96: Initialisierung eines zweidimensionalen Arrays ohne zeilenweise Gruppierung der Initialisierungswerte

Der Compiler initialisiert mit den Werten der Initialisierungsliste der Reihe nach so viele Arrayelemente, wie Werte vorhanden sind, also die ersten zehn Elemente *k[0][0]* bis *k[2][1]*. Dem elften und zwölften Element am Ende des Arrays, für die keine Initialisierungswerte mehr vorhanden sind, wird der Regel entsprechend der Standardwert 0 zugewiesen.

Im zweiten Fall bewirkt die Zeilenklammerung jedoch, daß nicht die beiden letzten Elemente des Arrays den Wert *0* bekommen, sondern die beiden letz-

ten Elemente der zweiten Arrayzeile, nämlich die Elemente *k[1][2]* und *k[1][3]*
(das siebte und achte Element des Arrays):

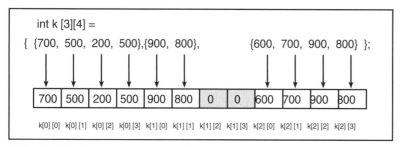

Abb. 97: Initialisierung eines zweidimesionalen Arrays mit zeilenweiser Gruppierung der Initialisierungswerte

Die Zeilenklammerung signalisiert dem Compiler, daß die zweite Arrayzeile
lediglich mit zwei Werten explizit initialisiert werden soll. Der Compiler ordnet daraufhin dem ersten und zweiten Element der zweiten Arrayzeile die
beiden Werte 900 und 800 zu und initialisiert die beiden restlichen Elemente
der zweiten Zeile mit dem Standardwert 0. Die übrigen vier Initialisierungswerte werden den Elementen der dritten Arrayzeile zugeordnet.

Dimensionierungsangaben bei der Initialisierung

Bei der Initialisierung mehrdimensionaler Arrays kann man auf die Angabe
der Elementezahl der ersten Dimension verzichten. (Auf die Elementezahlen
aller übrigen Dimensionen jedoch nicht, denn der Compiler benötigt diese
Werte, um aus dem mehrfachen Index eines Elements dessen Speicherposition zu ermitteln. Siehe dazu unter 5.1.2 den Abschnitt "Speicherung".) Wie
viele Arrayelemente dann im speziellen Fall angelegt werden, hängt von der
Liste der Initialisierungswerte ab.

Umfaßt die Liste so viele Werte, wie Arrayelemente vorhanden sind, ist es
vom Ergebnis her ohne Belang, ob man die Elementezahl der ersten Arraydimension angibt oder nicht. Die beiden Initialisierungen

```
int k [3][4] = {700, 500, 200, 500, 900, 800, 400, 300, 600, 700, 900, 800};
```

und

```
int k [][4] = {700, 500, 200, 500, 900, 800, 400, 300, 600, 700, 900, 800};
```

haben das gleiche Resultat, da der Compiler im zweiten Fall der Elementezahl
der zweiten Dimension und der Anzahl der Initialisierungswerte entnimmt,

daß das Array drei Zeilen mit vier Spalten hat. Haben wir etwa nur zehn (statt zwölf) Initialisierungswerte, legt der Compiler sowohl bei

```
int k [3][4] = {700, 500, 200, 500, 900, 800, 600, 700, 900, 800};
```

als auch bei

```
int k [][4] = {700, 500, 200, 500, 900, 800, 600, 700, 900, 800};
```

ein zweidimensionales Array mit drei Zeilen und vier Spalten an, da zehn Werte mindestens drei Zeilen à vier Spalten erfordern. Die beiden letzten Arrayelemente werden dabei mit dem Wert *0* initialisiert. Hat die Initialisierungsliste beispielsweise aber nur sieben Werte, so erzeugt

```
int k [3][4] = {700, 500, 200, 500, 700, 900, 800};
```

das Array

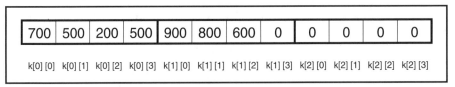

da die Angabe der Anzahl der Elemente der ersten Dimension explizit drei Arrayzeilen verlangt.

Mit

```
int k [][4] = {700, 500, 200, 500, 700, 900, 800};
```

dagegen wird lediglich ein Array mit zwei Zeilen und vier Spalten angelegt, da für sieben Werte nicht mehr Zeilen nötig sind:

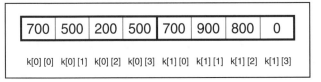

Läßt man die Elementezahl der ersten Dimension weg, werden also immer nur gerade so viele Elemente der ersten Dimension ("Zeilen") erzeugt, wie für die Speicherung der angegebenen Initialisierungswerte ausreichend ist. Beeinflussen können Sie dies allerdings durch die zusätzlichen Zeilenklammerungen. So würde im Falle von

```
int k [][4] = {
              {700, 500, 200, 500}, {700, 900}, {800}
              };
```

doch ein Array mit drei Zeilen und vier Spalten erzeugt, da die Zeilenklammerung drei Zeilen vorschreibt. Der letzte Wert in der Initialisierungsliste (800) wird allerdings jetzt im ersten Element der dritten Arrayzeile gespeichert:

700	500	200	500	700	900	0	0	800	0	0	0
k[0] [0]	k[0] [1]	k[0] [2]	k[0] [3]	k[1] [0]	k[1] [1]	k[1] [2]	k[1] [3]	k[2] [0]	k[2] [1]	k[2] [2]	k[2] [3]

5.1.3 Strings (Zeichenketten)

Zeichenketten oder Strings sind nach unserem bisherigen Verständnis Zeichenfolgen, die aus Zeichen des darstellbaren Zeichensatzes eines Rechners bestehen. Wir haben solche Strings bereits des öfteren als Parameter der Funktion *printf* verwendet. Beispielsweise verarbeitet in der Anweisung

```
printf("Zeichenkette");
```

die Funktion *printf* den String

```
"Zeichenkette"
```

und gibt ihn als

```
Zeichenkette
```

aus. Der obige String ist eine Zeichenkettenkonstante. Strings können aber sehr wohl auch Variablen sein, nämlich dann, wenn ihre Einzelzeichen manipulierbar bzw. veränderbar sind. Beide, Stringkonstanten und Stringvariablen, sind in C von ihrer Datenstruktur her eindimensionale Arrays mit Elementen vom Typ *char*. Die Definition

```
char s [13];
```

etwa erzeugt ein Array *s* mit dreizehn Elementen vom Typ *char*. Wir können bis zu dreizehn Zeichen darin speichern, beispielsweise die zwölf Einzelzeichen des Strings

```
"Zeichenkette"
```

Da jedes Arrayelement in seinem Wert verändert werden kann, sind auch die Zeichen des Strings und damit der String selbst variabel, d. h., wir haben es hier nicht mit einer Stringkonstanten, sondern mit einer Stringvariablen zu tun.

Es scheint, daß in dem obigen Array bei der Speicherung des Strings "Zeichenkette" ein Arrayelement - nämlich das dreizehnte - ungenutzt bleibt. Tatsächlich aber benötigt man für die Speicherung des Strings nicht nur zwölf, sondern dreizehn Arrayelemente, denn im Unterschied zu Datenobjekten anderen Typs müssen Strings im Speicher mit einem besonderen Zeichen abgeschlossen werden. Dieses Zeichen, mit dem das Ende eines Strings markiert wird, ist das Nullzeichen '\0', ein Steuerzeichen, das mit dem Codewert 0 für gewöhnlich das erste Zeichen in der Zeichensatztabelle des Rechners ist (nicht zu verwechseln mit dem sichtbaren Zeichen '0', das beispielsweise in der ASCII-Tabelle den Codewert 48 dezimal hat. Vgl. dazu die ASCII-Tabelle im Anhang D). Die Funktion des Nullzeichens ist simpel: man muß wissen, wo der String zu Ende ist. In unserem Beispiel hätte das Array s nach einer korrekten Speicherung des Strings "Zeichenkette" (inklusive des Nullzeichens) folgendes Aussehen:

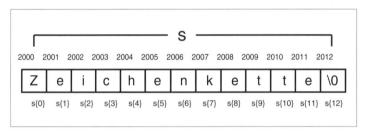

Abb. 98: Speicherung eines Strings als char-Array

Wegen des abschließenden Nullzeichens muß ein *char*-Array also stets um (mindestens) ein Element größer angelegt werden, als der zu speichernde String Zeichen hat. Je nachdem, mit welchem Verfahren der String abgespeichert wird, fällt es in den Aufgabenbereich des Programmierers, das Nullzeichen selbst explizit (z. B. mit einer eigenen Anweisung) an den String anzuhängen. Verwendet man zur Speicherung eine der stringspezifischen C-Funktionen, muß man sich darum in der Regel nicht kümmern.

Strings sind Arrays. Für Arrays sind im Sprachumfang von C selbst jedoch keine Operationen bzw. Befehle enthalten, mit denen sie ganzheitlich bearbeitet werden könnten. Insofern gilt für Strings das gleiche wie für die anderen Arraytypen auch: Man operiert elementweise mit ihnen. Es gibt jedoch eine Reihe von Bibliotheksfunktionen zur Stringverarbeitung, die Strings quasi "in einem Stück" akzeptieren. Die folgenden Kapitel behandeln grundlegende Operationen mit Strings und stellen dabei einige dieser Stringfunktionen vor.

5.1.3.1 Ein- und Ausgabeoperationen

Wie gelangt unser Beispielstring "Zeichenkette" in das Array *s*? Eine von mehreren Möglichkeiten ist, ihn als Benutzereingabe darin zu speichern. Das läßt sich auf unterschiedliche Art bewerkstelligen. Wir können jedes Zeichen des Strings mit einer eigenen Eingabeoperation in dem Array speichern, ähnlich wie wir nacheinander Zahlenwerte in ein Integerarray eingegeben haben. Dazu verwenden wir in der Regel eine Schleife. In analoger Weise geben wir den String dann auch wieder aus. Wir können statt dessen aber auch auf bestimmte Funktionen zurückgreifen, die es uns ermöglichen, die Strings praktisch "im Ganzen" ein- und auszugeben.

Zeichenweise Ein- und Ausgabe von Strings

Da ein String sich aus einer Folge von Einzelzeichen zusammensetzt, die im Speicher als *char*-Array verwaltet werden, besteht ein elementares Verfahren zur Eingabe einer Zeichenkette darin, mit Hilfe einer Schleife jedes Zeichen für sich in das entsprechende Arrayelement einzulesen. Wir demonstrieren dies an einem einfachen Beispiel. Das Programm name.c speichert den Namen des Benutzers in einem *char*-Array und gibt ihn anschließend zur Kontrolle wieder aus. Das Array wird so groß angelegt, daß auch längere Namen darin Platz finden.

▶ *name.c:*

```
 1   /* name liest einen String zeichenweise in ein Array ein und gibt ihn
 2      wieder aus.*/
 3       #include <stdio.h>                    /*   für printf, getchar, putchar */
 4
 5       main()
 6       {
 7           char name [40];
 8           int i = 0;
 9
10           printf("\033[2J");
11           printf("Ihr Name: ");
12
13           while ((name[i] = getchar()) != '\n')     /*   Namen zeichenweise
14                                                                einlesen. */
15               i++;
16
17           name[i] = '\0';              /*   Nullzeichen an den String anfügen.
18                                             Das mitgespeicherte '\n'-Zeichen
19                                             wird damit überschrieben.    */
20           printf("\nIhr Name ist ");
21           i = 0;                             /*   i neu initialisieren.   */
22           while (name[i] != '\0')                     /*   Namen ausgeben*/
```

```
23                    {
24                            putchar(name[i]);
25                            i++;
26                    }
27        }
```

Wir beachten, daß bei dieser Form der Stringeingabe das Nullzeichen mit einer eigenen Anweisung an das Ende des Strings angehängt werden muß. Das Nullzeichen ersetzt dabei gleichzeitig das '\n'-Zeichen, mit dem der Anwender seine Eingabe abgeschlossen hat. Dieses Zeichen wurde als letztes Zeichen mit eingelesen, so daß das Array *name* beispielsweise nach der Eingabe des Namens

```
. Felix Unger
```

zunächst so aussah:

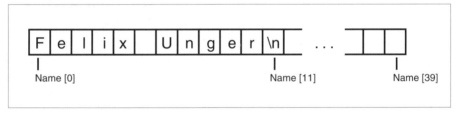

Da wir das *new line*-Zeichen nicht benötigen, ersetzen wir es mit

```
name[i] = '\0';
```

durch das Nullzeichen, das ohnehin hinzugefügt werden muß. Danach ergibt sich das folgende Bild:

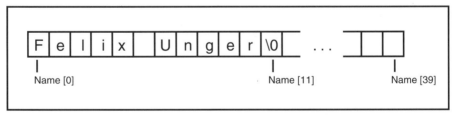

Die restlichen Elemente des Arrays *name* bleiben in diesem Beispiel ungenutzt und enthalten - da wir das Array nicht initialisiert haben - rein zufällige Werte, was uns hier nicht weiter stört, da das Ende des gespeicherten Strings anhand des Zeichens '\0' identifiziert werden kann. Die Ausgabeschleife am Ende des Programms gibt dementsprechend die Arrayelemente nacheinander aus, bis sie auf das Nullzeichen trifft.

5.1.3.2 Andere Verfahren zur Ein- und Ausgabe von Strings

Ein- und Ausgabe mit scanf und printf

Will man einen String nicht explizit Zeichen für Zeichen ein- oder ausgeben, kann man Funktionen einsetzen, denen man lediglich den Namen der betreffenden Arrayvariablen mitteilt, die den String aufnehmen soll bzw. enthält. Alles weitere übernimmt dann die jeweilige Funktion. So besitzen etwa die Funktionen *scanf* und *printf* ein Formatelement *%s*, mit dessen Hilfe sie Strings verarbeiten können. Mit

```
char a [41];
```

definieren wir ein *char*-Array *a*, das 40 Zeichen und das Nullzeichen aufnehmen kann.

Die Anweisung

```
scanf("%s", a);    /*  K e i n  Adreßoperator vor der Variablen a   */
```

ermöglicht es, einen String bis zu dieser Länge einzugeben und in dem Array *a* zu speichern. Es fällt auf, daß der bei *scanf* sonst übliche Adreßoperator vor der Arrayvariablen *a* fehlt. Der Grund dafür ist, daß der Name eines Arrays (gleich welchen Datentyps seine Elemente sind) für den Compiler gleichbedeutend ist mit der Anfangsadresse des Arrays im Speicher, d. h. mit der Adresse des ersten Arrayelements. Es ist also

a äquivalent zu *&a[0]*

Daher wäre ein Adreßoperator vor der Arrayvariablen *a* in der Anweisung

```
scanf("%s", a);
```

unnötig. (In solchen Fällen muß man mit einer Warnung des Compilers rechnen. Der überflüssige Adreßoperator wird jedoch gewöhnlich ignoriert und beeinflußt die Lauffähigkeit des Programms nicht.) Aufgrund der Äquivalenz von Arrayname und Adresse des ersten Arrayelements könnten wir einen String auch mit der Anweisung

```
scanf("%s", &a[0]);
```

in das Array *a* einlesen. In beiden Fällen speichert die Funktion *scanf* ab der angegebenen Adresse die Zeichen des Strings in aufeinanderfolgenden Elementen des Arrays. Gibt man etwa den String "Nullzeichen" ein, führen sowohl die Anweisung

```
scanf("%s", a);
```

als auch die Anweisung

```
scanf("%s", &a[0]);
```

zu dem folgenden Speicherbild:

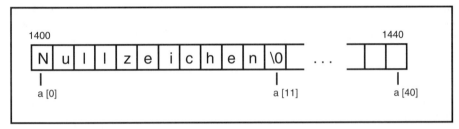

Wie man sieht, hat die Funktion *scanf* das Nullzeichen '\0' bereits an das Stringende angefügt, so daß man sich darum nicht mehr kümmern muß. Will man den eingelesenen String wieder ausgeben, kann man dies mit der Funktion *printf* und dem Formatelement %s tun. Mit der Anweisung

```
printf("%s", a);
```

wird der gespeicherte String auf dem Bildschirm angezeigt. Analog zur Eingabe mit *scanf* ist hier eine Ausgabe des Strings auch mit

```
printf("%s", &a[0]);
```

möglich, denn in beiden Fällen erhält die Funktion *printf* aufgrund des Formatelements %s die Anfangsadresse des *char*-Arrays, in dem sich der String befindet, und gibt diesen bis zum abschließenden Nullzeichen aus. Die Formatangabe %s kann sowohl bei *scanf* als auch bei *printf* durch eine ganze Zahl ergänzt werden, die angibt, wie viele Zeichen eines Strings maximal eingelesen bzw. ausgegeben werden sollen. So liest

```
scanf("%10s", a)
```

höchstens zehn Zeichen in das *char*-Array *a* ein (weitere Eingabezeichen gehen verloren), während analog

```
printf("%.10s", a);    /*   Punkt vor der Zahl 10    */
```

höchstens zehn Zeichen des in *a* gespeicherten Strings ausgibt.

Stringkonstanten sind char-Arrays

Bekanntlich lassen sich mit der Funktion *printf* auch Stringkonstanten (Zeichenkettenkonstanten) ausgeben. Zu Beginn des Kapitels 5.1.3 "Strings (Zeichenketten)" wurde behauptet, daß Stringkonstanten ebenfalls als *char*-Arrays verwaltet werden. Man kann sich daher bei der Betrachtung des folgenden Programms fragen, wo das *char*-Array zu lokalisieren ist, in dem der String "Zeichenkette" gespeichert ist:

```
#include <stdio.h> /*   für printf    */

main()
{
    printf("Zeichenkette");
}
```

Das obige Programm enthält keinerlei sichtbaren Hinweis auf ein Array, in dem der String "Zeichenkette" gespeichert werden könnte. Der Compiler legt jedoch stets ein entsprechend großes *char*-Array im Speicher an, wenn er - etwa in einem Funktionsaufruf - auf eine Stringkonstante trifft, und speichert diese (samt Nullzeichen) darin. Die Anfangsadresse dieses "namenlosen" Arrays wird anschließend der jeweiligen Funktion übermittelt, die den String bearbeiten soll, in unserem Fall der Funktion *printf*. Diese kann nun bei der angegebenen Adresse beginnend den String ausgeben. Die Ausgabe endet, wenn die Funktion das Nullzeichen, also das Ende des Strings erreicht:

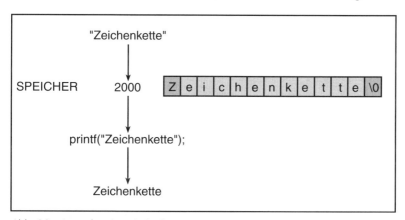

Abb. 99: Ausgabe einer Stringkonstanten

Nach der Speicherung der Konstanten als *char*-Array durch den Compiler erhält die Funktion *printf* die Anfangsadresse des Arrays und gibt es aus.

Die Anfangsadresse 2000 in der obigen Abbildung ist natürlich ein willkürlich gewählter Wert. An welcher Stelle im Speicher das Array tatsächlich angelegt wird, entscheidet allein der Compiler.

Besonderheiten der Stringformatierung mit scanf

Wenn wir mit den beiden Funktionen *scanf* und *printf* eine Variante unseres Programms name.c herstellen, bekommen wir möglicherweise unerwartete Ergebnisse, jedenfalls dann, wenn wir die folgende Programmversion verwenden.

 name2.c:

```
 1  /*   name2 liest mittels der Funktionen scanf und printf
 2       einen String in ein Array ein und gibt ihn wieder aus.   */
 3
 4  #include <stdio.h>                               /*   für printf, scanf  */
 5
 6  main()
 7  {
 8      char name [40];
 9
10      printf("\033[2J");
11      printf("Ihr Name: ");
12      scanf("%s", name);
13      printf("\nIhr Name ist %s.", name);
14  }
```

Wenn wir auf die Eingabeaufforderung hin wieder den Beispielnamen aus dem *name*-Programm

```
Felix Unger
```

eingeben, erhalten wir als Ausgabe diesmal nicht das erwartete

```
Ihr Name ist Felix Unger.
```

sondern lediglich

```
Ihr Name ist Felix.
```

Der Grund ist eine Eigenart der Funktion *scanf*, die mit der Formatangabe *%s* einen String nur bis zum ersten Zwischenraumzeichen in eine Arrayvariable einliest. Dies hat zur Folge, daß bei der Eingabe von Vor- und Zunamen, die normalerweise durch ein Leerzeichen getrennt sind, nur der zuerst genannte Namensteil (hier: der Vornamen) von *scanf* an die Variable *name* zugewiesen wird. Der Rest der Eingabe wird ignoriert, da keine weiteren Argumente bzw. Formatelemente vorhanden sind, denen die übrigen Eingabeteile zugeordnet werden könnten. Die Funktion *scanf* verfügt allerdings noch über zwei andere Formatangaben, von denen eine das Problem löst.

Man kann nach dem Prozentzeichen % statt des Kennbuchstabens *s* zwei eckige Klammern *[]* angeben, zwischen denen eine Liste mit Zeichen eingeschlossen wird. Die Funktion *scanf* liest dann so lange Zeichen in eine Arrayvariable ein, bis ein Zeichen eingegeben wird, das nicht in der Liste enthalten ist. Beim Array

```
char formula [81];
```

werden mit der Anweisung

```
scanf("%[0123456789+-*/=]", formula);
```

nur Zeichen in das Array *formula* eingelesen, die in der Liste der eingeklammerten Ziffern und Rechenzeichen vertreten sind. Beispielsweise wäre also folgende Eingabe denkbar:

```
1+1=2
```

Wird ein Zeichen eingegeben, das nicht in der Liste steht, wird die Eingabe in die betreffende Variable beendet, ohne dieses Zeichen zuzuweisen, und (falls vorhanden) die nächste Formatangabe bearbeitet. Im obigen Fall sind keine weiteren Formatelemente bzw. Funktionsargumente vorhanden, daher werden ab dem ersten "falschen" Zeichen alle weiteren Eingabezeichen ignoriert.

Das Gegenstück zur Angabe einer Liste mit erlaubten Zeichen bildet die Angabe einer Liste all jener Zeichen, die nicht als Eingabezeichen zugelassen sind. Diese Liste wird ebenfalls in eckige Klammern gesetzt, beginnt jedoch stets mit dem Zeichen ^.

Die Funktion *scanf* liest in diesem Fall so lange Zeichen in eine Arrayvariable ein, bis ein Zeichen eingegeben wird, das in der Negativ-Liste aufgeführt ist. Diesen Umstand kann man nutzen, um mit *scanf* auch Strings einzulesen, die Leerzeichen enthalten. Mit der Anweisung

```
scanf("%[^\n]", name);
```

werden alle Zeichen außer dem *new line*-Zeichen '\n' als Eingabe akzeptiert (also auch das Leerzeichen) und in dem *char*-Array *name* aus dem Programm name2.c gespeichert. Wenn der Anwender durch (Enter) das Zeichen '\n' eingibt, wird die Eingabeoperation beendet. Es ist nunmehr leicht, das Programm name2.c so zu verändern, daß auch mehrteilige Namen korrekt eingelesen werden.

▶ **name3.c:**

```
1  /*  name3 liest mittels der Funktionen scanf und printf
2      einen String in ein Array ein und gibt ihn wieder aus.  */
3
```

```
 4  #include <stdio.h>                           /*  für printf, scanf  */
 5
 6  main()
 7  {
 8      char name [40];
 9
10      printf("\033[2J");
11      printf("Ihr Name: ");
12      scanf("%[^\n]", name);              /*  Strings mit Leerzeichen möglich  */
13      printf("\nIhr Name ist %s.", name);
14  }
```

Ein- und Ausgabe mit gets und puts

Eine unkomplizierte Alternative zu *scanf* ist die Funktion *gets*, die einen String von der Standardeingabe (normalerweise also der Tastatur) in ein *char*-Array einliest. Ebenso wie *scanf* benötigt die Funktion *gets* als Argument die Adresse des *char*-Arrays, in dem der eingegebene String gespeichert werden soll. Die Funktion *gets* hat folgende einfache Syntax:

```
gets(arrayadresse);
```

wobei *arrayadresse* einen Ausdruck darstellt, der die Adresse des Arrays angibt, das den String aufnimmt. Die Adresse teilt man der Funktion gewöhnlich über den Namen dieses Arrays mit, den der Compiler dann als Anfangsadresse des Arrays entschlüsselt. (Wegen seiner Eigenschaft, die Anfangsadresse des Arrays zu beinhalten, sagt man auch, der Arrayname sei ein Zeiger auf das erste Element des Arrays. Ausführliche Informationen dazu findet man in Kapitel 9 "Zeiger".) Die Adreßangabe kann aber auch ein Ausdruck mit dem Operator "&" sein (z. B. *&arrayname[0]*, die Adresse des ersten Arrayelements) oder eine sogenannte Zeigervariable, also eine Variable, die die Adresse eines anderen Datenobjekts enthält. Mit der Anweisung

```
gets(name);
```

können wir beispielsweise einen String in das *char*-Array *name* aus dem letzten Demonstrationsprogramm einlesen, also einen Namen eingeben. Die Eingabe wird mit dem '\n'-Zeichen abgeschlossen. Die Funktion *gets* ersetzt aber dieses Zeichen vor der Speicherung des Strings durch das Zeichen '\0', fügt also das erforderliche Nullzeichen an den String an.

Die korrespondierende Ausgaberoutine zu *gets* ist die Funktion *puts*, die einen String auf die Standardausgabe (normalerweise den Bildschirm) ausgibt. Die Funktion *puts* hat die Syntax:

```
puts(arrayadresse);
```

wobei *arrayadresse* die Adresse des *char*-Arrays angibt, in dem der auszugebende String gespeichert ist. Diese Adresse kann wie bei *gets* durch den Arraynamen, einen Adreßausdruck mit dem Operator "&" oder eine Zeigervariable angegeben werden. Das Argument von *puts* kann aber auch eine
Stringkonstante sein, wie etwa in der Anweisung

```
puts("Zeichenkette");
```

die den String "Zeichenkette" ausgibt. Denn wie wir bereits bei der Funktion
printf gesehen haben, liefert auch eine Stringkonstante die Adresse eines Arrays an die bearbeitende Funktion: Der Compiler legt ein entsprechend großes *char*-Array im Speicher an, das die Stringkonstante aufnimmt. Die Adresse dieses Arrays wird in unserem Fall der Funktion *puts* übergeben, die damit
den Anfang des Strings lokalisieren und die Stringelemente sukzessive bis
zum abschließenden Nullzeichen ausgeben kann. Die Funktion *puts* ersetzt
dabei das Nullzeichen durch das *new line*-Zeichen '\n', so daß nach der Ausgabe des Strings ein Zeilenvorschub durchgeführt wird.

In der Anweisung

```
puts(name);
```

dagegen ist das Funktionsargument *name* der Name des *char*-Arrays, das wir
zuvor mit

```
char name [40];
```

definiert haben. Die Anweisung gibt den String aus, der jeweils gerade in
dem Array gespeichert ist. Mit den Funktionen *gets* und *puts* können wir eine
weitere Version des Namenprogramms erzeugen.

▶ **name4.c:**

```
 1  /*   name4 liest mittels der Funktionen gets und puts
 2       einen String in ein Array ein und gibt ihn wieder aus.   */
 3
 4  #include <stdio.h>                        /*   für printf, gets, puts */
 5
 6  main()
 7  {
 8      char name [40];
 9
10      puts("\033[2J");
11      printf("Ihr Name: ");
12      gets(name);                              /*   String einlesen     */
13      printf("\nIhr Name ist ");
14      puts(name);                   /*   Eingelesenen String ausgeben.   */
15  }
```

Zweidimensionale char-Arrays

Das obige Programm speichert nur einen einzigen Namen. Will man eine Namenliste erzeugen und speichern, benötigt man mehrere *char*-Arrays, eins für jeden Namen. Selbstverständlich definieren wir dazu keine einzelnen Arrays. Wir legen vielmehr ein zweidimensionales Array an, das pro Arrayzeile einen Namen speichern kann. Mit

```
char names [10][20];
```

beispielsweise definieren wir ein Array mit 10 Zeilen und 20 Spalten, in dem entsprechend 10 Namen zu je maximal 19 Zeichen (Nullzeichen!) Platz finden. Die Eingabe eines Namens in eine beliebige Zeile können wir mit der Funktion *gets* realisieren. So liest

```
gets(names[0]);
```

einen String in die erste Zeile des Arrays *names* ein. Der Ausdruck

```
names[0]
```

ist dabei der Name dieser ersten Zeile und damit der Name eines eindimensionalen Arrays, aus deren zehn das zweidimensionale Array *names* besteht. Die Funktion *gets* erhält mit diesem Namen also den erforderlichen Typ von Argument, nämlich die Adresse eines *char*-Arrays, in dem der eingegebene String gespeichert werden soll. Wir benötigen also nicht etwa den Adreßoperator, um mit *gets* auf dieses Teilarray des Arrays *names* zuzugreifen. Analog können wir mit

```
puts(names[0]);
```

die erste Arrayzeile, d. h. den ersten Namen, ausgeben. Zur Ein- und Ausgabe aller Namen verwenden wir natürlich eine Schleife. In dem folgenden Programm namelist.c können bis zu zehn Namen in einem Array gespeichert und ausgegeben werden. Will man die Eingabe vor dem zehnten Namen beenden, gibt man statt eines Namens das Zeichen '#' ein.

▶ **namelist.c:**

```
 1  /*  namelist liest bis zu zehn Namen ein und gibt sie wieder aus. */
 2
 3  include <stdio.h>                          /*  für printf, puts, gets  */
 4
 5  main()
 6  {
 7      char names [10][20];
 8      int i = 0;                             /*  Kontrollvariable   */
 9
10      printf("\033[2J");
```

```
11        printf("Das Programm liest bis zu zehn Namen in eine Liste ein\n"
12                "und gibt sie aus. Ende mit \"#\".\n");
13
14        do                              /*   Eingabeschleife   */
15            {
16                printf("\nName: ");
17                gets(names[i++]);        /*   i nach Gebrauch inkrementieren.   */
18            }
19        while (i < 10 && names[i-1][0] != '#');
20
21        printf("\033[2J");               /*   neuer Bildschirm für die Ausgabe */
22        printf("Die Liste umfaßt folgende Namen:\n\n");
23        i = 0;                           /*   i für die Ausgabe neu initialisieren. */
24        while(i < 10 && names[i][0] != '#')          /*   Ausgabeschleife   */
25            puts(names[i++]);
26  }
```

Das Programm liest mit einer *do while*-Schleife so lange Strings ein, bis entweder zehn Namen oder das Endezeichen '#' eingegeben wurden. Falls das '#'-Zeichen eingegeben wird, ist es danach im ersten Element

```
names[i][0]
```

der Arrayzeile gespeichert, die gerade zur aktuellen Eingabe anstand. Da die Variable *i* vor der Überprüfung der Schleifenbedingung inkrementiert wird, muß dort auf

```
names[i-1][0]
```

zugegriffen werden und nicht auf *names[i][0]*. Die Schleifenbedingung erlaubt einerseits eine vorzeitige Beendigung der Eingabe und verhindert andererseits, daß mehr als zehn Namen eingegeben werden. Die Bedingung der Ausgabeschleife berücksichtigt (mit *i < 10*) den Fall, daß nach der Eingabe von zehn Namen kein Endezeichen eingelesen wurde.

Das Programm namelist.c erfüllt seinen Zweck, läßt aber darüber hinaus auch zwei Defizite allgemeinerer Art erkennen. Zum einen muß die Anzahl der Elemente jeder Arraydimension und damit auch die Anzahl der Strings (= Anzahl der Elemente der 1. Arraydimension), die maximal gespeichert werden können, bereits vor dem Programmlauf festgelegt werden. Sie kann nachträglich im Programm nicht mehr verändert werden. Es ist daher nicht möglich, das Array zur Laufzeit in seiner Größe der Anzahl der tatsächlich eingegebenen Strings anzupassen, also etwa die Anzahl der Arrayzeilen entsprechend zu verringern, wenn beispielsweise nur fünf Strings eingegeben werden, oder zu erhöhen, wenn mehr als zehn Strings eingegeben werden sollen.

Man kann den benötigten Speicherplatz daher nur schätzen. Die Probleme, die sich daraus ergeben können, liegen auf der Hand: Wird das Array zu klein angelegt, können nicht alle Daten gespeichert werden. Ist das Array zu groß, wird Speicherplatz verschenkt. Wir werden deshalb im weiteren Verlauf des Buchs Möglichkeiten vorstellen, gerade nur so viele Arrays zur Speicherung von Strings anzulegen, wie tatsächlich Strings vorhanden sind.

Der andere Nachteil wird ersichtlich, wenn man sich veranschaulicht, wie das Array *names* nach der Speicherung der Strings aussieht. Wir wollen dazu annehmen, daß tatsächlich zehn Namen gespeichert wurden:

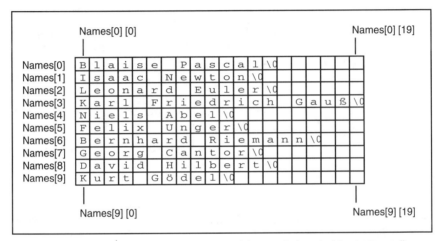

Abb. 100: Zweidimensionales Array mit gespeicherten Strings in Matrix-Darstellung

Strings haben - wie in unserem Beispiel - gewöhnlich unterschiedliche Länge. Die Arrayzeilen eines zweidimensionalen Arrays besitzen jedoch stets allesamt dieselbe Länge. Diese Länge ist bei der Arraydefinition durch die Angabe der Elementezahl für die zweite Arraydimension natürlich so zu bemessen, daß der größte zu erwartende String (inklusive Nullzeichen) darin Platz findet.

Im obigen Beispiel besitzen die eindimensionalen Teilarrays *names[0]* bis *names[9]* (die Arrayzeilen) jeweils 20 Elemente, was gerade ausreicht, um den längsten String zu speichern. Da die meisten Strings, die man speichert, die maximale Länge nicht erreichen werden, bleibt also stets eine mehr oder weniger große Anzahl von Arrayelementen ungenutzt (in unserem Beispiel ca. 1/3 aller Arrayelemente). Im Kapitel 9 "Zeiger" werden wir lernen, die Arraygröße variabel zu halten. Ein Array wird dabei nicht als statisches, in seiner Größe unveränderliches Objekt im Speicher gehalten, sondern dynamisch verwaltet, was bedeutet, daß stets nur so viele Arrayelemente angelegt werden, wie man auch wirklich benötigt.

5.1.3.3 Zuweisungsoperationen

Initialisierung

Stringvariablen können wie alle anderen Arrayvariablen auch bereits bei ihrer Definition initialisiert werden. So würde mit

```
char s [13] = {'Z', 'e', 'i', 'c', 'h', 'e', 'n', 'k', 'e', 't', 't', 'e',
               '\0'};
```

der String "Zeichenkette" in dem *char*-Array *s* gespeichert. Da die Elemente des Arrays vom Typ *char* sind, werden die Initialisierungswerte in einzelne Hochkommata eingeschlossen. Das abschließende Nullzeichen muß explizit mit angegeben werden. Verzichtbar wäre dagegen die Angabe der Elementezahl, so daß

```
char s [] = {'Z', 'e', 'i', 'c', 'h', 'e', 'n', 'k', 'e', 't', 't', 'e',
             '\0'};
```

zum gleichen Resultat wie die vorige Initialisierung führte, da bei eindimensionalen Arrays bekanntlich genau so viele Arrayelemente angelegt werden, wie Initialisierungswerte vorhanden sind. Sind mehr Arrayelemente vorhanden als Initialisierungswerte, werden die "überzähligen" Elemente mit dem Wert *0* initialisiert. Die Initialisierung eines *char*-Arrays mit Einzelzeichen, die jeweils noch in Hochkommata eingeschlossen werden müssen, ist recht mühsam. Aus diesem Grund gibt es alternativ dazu noch eine gleichwertige abkürzende Schreibweise, bei der Listenform, Hochkommata, Klammerung und sogar die explizite Angabe des Nullzeichens wegfallen. Der zu speichernde String wird dabei nicht zeichenweise, sondern als Zeichenkette in doppelten Anführungszeichen angegeben.

Die Initialisierung

```
char s [13] = "Zeichenkette";
```

ist äquivalent zu

```
char s [13] = {'Z', 'e', 'i', 'c', 'h', 'e', 'n', 'k', 'e', 't', 't', 'e',
               '\0'};
```

jedoch wesentlich handlicher. Ebenso kann (und wird) man natürlich statt

```
char s [] = {'Z', 'e', 'i', 'c', 'h', 'e', 'n', 'k', 'e', 't', 't', 'e',
             '\0'};
```

die Formulierung

```
char s [] = "Zeichenkette";
```

wählen. Sollen allerdings mehrdimensionale *char*-Arrays auf diese Weise initialisiert werden, muß man die geschweiften Klammern wieder setzen und die Initialisierungsstrings darin einschließen. Mit

```
char s2 [4][6] = {"Alpha", "Beta", "Gamma", "Delta"};
```

erhalten die Arrayzeilen *s2[0]* bis *s2[3]* der Reihe nach die angegebenen Strings zugewiesen:

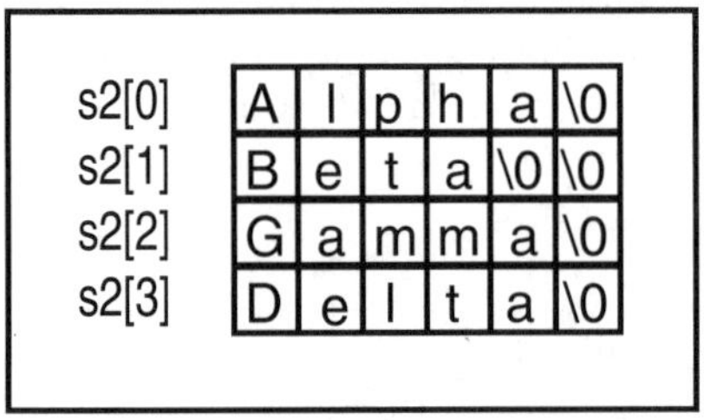

s2[0]	A	l	p	h	a	\0
s2[1]	B	e	t	a	\0	\0
s2[2]	G	a	m	m	a	\0
s2[3]	D	e	l	t	a	\0

Abb. 101: Zweidimensionales char-Array nach Initialisierung

Möchte man eine Zeile bei der Initialisierung überspringen, kann man dies am einfachsten, indem man ihr den *Leerstring* "" zuweist. Die Initialisierung

```
char s2 [4][6] = {"Alpha", "Beta", "", "Delta"};
```

läßt die dritte Arrayzeile "frei":

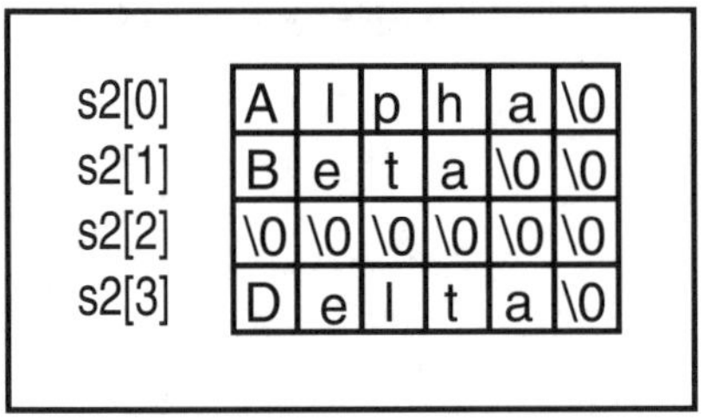

s2[0]	A	l	p	h	a	\0
s2[1]	B	e	t	a	\0	\0
s2[2]	\0	\0	\0	\0	\0	\0
s2[3]	D	e	l	t	a	\0

Abb. 102: "Unterinitialisierung" eines zweidimensionalen char-Arrays

Haben wir eine Kontrollvariable

```
int i;
```

erhalten wir mit

```
for (i = 0; i < 4; i++)
    puts(s2[i]);
```

die Ausgabe

```
Alpha
Beta

Delta
```

bei der als dritte Zeile lediglich die nicht sichtbaren Nullzeichen ausgegeben werden.

Andere Zuweisungsmöglichkeiten

Ein elementares Verfahren, einen String in einem *char*-Array zu speichern, besteht darin, jedes Zeichen des Strings - inklusive des abschließenden Nullzeichens - mit einer eigenen Anweisung einem Arrayelement zuzuweisen. Der String "Zeichenkette" kann also auch mit

```
s[0]    =    'Z';
s[1]    =    'e';
s[2]    =    'i';
s[3]    =    'c';
s[4]    =    'h';
s[5]    =    'e';
s[6]    =    'n';
s[7]    =    'k';
s[8]    =    'e';
s[9]    =    't';
s[10]   =    't';
s[11]   =    'e';
s[13]   =    '\0';
```

in dem *char*-Array s untergebracht werden. Dieses Verfahren ist ähnlich umständlich wie die Initialisierung des Arrays mit Einzelwerten. Wünschenswert ist eine Operation, die es gestattet, einen String als Ganzes einer Arrayvariablen vom Typ *char* zuzuweisen, so wie es beispielsweise im Zuge der Initialisierung eines Arrays bei der Definition möglich ist. Direkt als Sprachbestandteil ist ein solcher Befehl bzw. Operator in C nicht enthalten. Es gibt jedoch eine Bibliotheksfunktion *strcpy*, mit der man einen String in ein *char*-Array hineinkopieren kann, was der geforderten Operation entspricht. Die Funktion *strcpy* wird gemäß der folgenden syntaktischen Schablone verwendet:

```
strcpy(adresse_array1, adresse_array2);
```

Die beiden Funktionsparameter *adresse_array1* und *adresse_array2* stellen die Adressen zweier *char*-Arrays dar. Die Funktion *strcpy* kopiert den String aus dem Array, dessen Adresse als zweite angegeben wird, inklusive des abschließenden Nullzeichens in das Array, dessen Adresse als erstes Funktionsargument genannt wird. Das "Zielarray" sollte dabei mindestens so groß sein wie der einkopierte String. Die Arrayadressen können in einer der uns mittlerweile bekannten Formen (Arrayname, Stringkonstante, Adreßausdruck mit "&"-Operator, Zeigervariable) an die Funktion übergeben werden. Wenn wir also mit

```
char s [13];
```

ein Array *s* definieren, läßt sich mit

```
strcpy(s, "Zeichenkette");
```

der String "Zeichenkette" in dieses Array kopieren, was schlicht bedeutet, daß er darin gespeichert wird. Der alte Inhalt von *s* wird dabei überschrieben. Zur Verwendung von *strcpy* und einiger anderer Funktionen zur Stringmanipulation ist die Header-Datei *string.h*, welche die Deklarationen der betreffenden Funktionen enthält, mit der Präprozessor-Anweisung

```
#include <string.h>
```

in das jeweilige Programm mit einzuschließen. Die Anweisung

```
puts(s);
```

erzeugt danach die Ausgabe

```
Zeichenkette
```

Selbstverständlich kann der zweite Funktionsparameter statt einer Stringkonstanten ebenfalls ein Arrayname sein. Nach den Definitionen

```
char first [15] = "Long Integer";
char second [15] = "Short";
```

geben die beiden Arrays *first* und *second* im Speicher folgendes Bild ab:

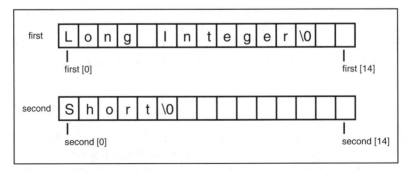

Abb. 103: Stringvariablen

Lassen wir uns den Inhalt der beiden Arrays mit

```
puts(first);
puts(second);
```

anzeigen, erhalten wir erwartungsgemäß die Ausgabe

```
Long Integer
Short
```

Die Anweisung

```
strcpy(first, second);
```

kopiert den String "Short" inklusive Nullzeichen, d. h. den Inhalt der ersten sechs Elemente des Arrays *second*, in das Array *first*. Danach sieht das Array *first* folgendermaßen aus:

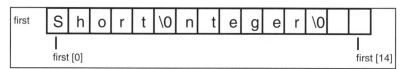

Abb. 104: char-Array, in das der String "Short" einkopiert wurde

Die Kopieroperation hat den Inhalt der ersten sechs Elemente von *first* mit den Zeichen 'S', 'h', 'o', 'r', 't', '\0' überschrieben. Der Ausgabebefehl

```
puts(first);
```

hat nunmehr zur Folge, daß lediglich der String

```
Short
```

angezeigt wird, da die Ausgabe beendet wird, wenn das erste Nullzeichen auftritt.

5.1.3.4 Weitere Stringoperationen

Strings verketten (string concatenation)

Zwei Strings können miteinander verkettet werden, indem der eine an das Ende des anderen angehängt wird. Diese Verknüpfungsoperation läßt sich mit der Funktion *strcat* durchführen. Ihre allgemeine Syntax ist:

```
strcat(adresse_array1, adresse_array2);
```

Die Funktion *strcat* fügt den String aus dem *char*-Array, dessen Adresse durch *adresse_array2* angegeben wird, an den String an, der in dem Array mit der Adresse *adresse_array1* gespeichert ist. Die beiden Funktionsparameter *adresse_array1* und *adresse_array2* können wie üblich Arraynamen oder Stringkonstanten sein oder andere Ausdrücke, die die Adresse eines *char*-Arrays darstellen. Bei der Verknüpfungsoperation wird das ursprüngliche Nullzeichen des ersten Strings überschrieben und dafür der neu entstandene, verlängerte String mit einem Nullzeichen abgeschlossen. Es versteht sich, daß das Array, das die beiden verketteten Strings aufnehmen soll, entsprechend groß anzulegen ist.

Betrachten wir dazu ein Beispiel. Gelegentlich benötigt man einen Dateinamen in der Form

```
filename.ext
```

hat aber die beiden Komponenten *filename* und *ext* separat in zwei Arrays, etwa

```
char filename [13];
char ext [5];
```

vorliegen:

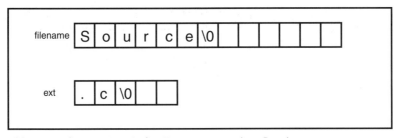

Abb. 105: char-Arrays mit den Komponenten eines Dateinamens

Die Anweisung

```
strcat(filename, ext);
```

in der beide Arrayadressen durch die Arraynamen repräsentiert sind, fügt den String ".c" an den String "source" an. Als Ergebnis dieser Operation hat das Array *filename* nun folgendes Aussehen:

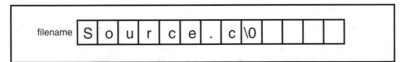

Abb. 106: char-Array nach der Verkettung der Strings "source" und ".c"

während das Array *ext* unverändert bleibt. Zum gleichen Resultat hätte die Anweisung

```
strcat(filename, ".c");
```

geführt, in der die zweite Adreßangabe statt eines Arraynamens durch eben jene Stringkonstante realisiert ist, die angehängt werden soll.

Strings vergleichen

Die Funktion *strcmp* vergleicht zwei Strings Zeichen für Zeichen miteinander, bis ein Unterschied festgestellt oder das Nullzeichen erreicht wird. Der Vergleich erfolgt lexikographisch (alphanumerisch), d. h., es wird geprüft, ob die beiden jeweils verglichenen Zeichen in der Sortierfolge der verwendeten Zeichensatztabelle die gleiche Position einnehmen oder nicht. Dabei gilt ein Zeichen als *größer* als ein anderes, wenn es in der Sortierfolge einen höheren Platz belegt, und als kleiner, wenn es einen niedrigeren Platz als das andere Zeichen einnimmt. Die beiden verglichenen Zeichen sind gleich, wenn ihre Position in der Sortierfolge identisch ist. So ist in der Sortierfolge des ASCII-Codes das Zeichen "Z" größer als das Zeichen "A" und kleiner als das Zeichen "a", denn "A" belegt in der von 0 bis 255 durchnumerierten Code-Tabelle die Position mit der Nummer 65 (dezimal), während "Z" den Codewert 90 (dezimal) besitzt, der wiederum niedriger ist als der von "a" (97 dezimal).

Numerische und alphanumerische Sortierung

Der Unterschied zwischen lexikographischer (alphanumerischer) und numerischer Sortierfolge wird deutlich, wenn die sortierten Objekte Zahlen bzw. Ziffernfolgen sind. Eine numerische Sortierung der Zahlenwerte

```
20   100   3
```

in aufsteigender Reihenfolge ergibt

```
3   20   100
```

denn die Zahl 100 ist ihrem Wert nach größer als die Zahl 20, die wiederum größer als 3 ist. Sollen jedoch die Zeichenketten

```
"20"   "100"   "3"
```

nach der ASCII-Tabelle lexikographisch aufsteigend sortiert werden, ergibt sich die Reihenfolge

```
"100"   "20"   "3"
```

denn der lexikographische Vergleich der Strings ergibt, daß "3" größer als "20" und "20" größer als "100" ist. Was hier verglichen wird, ist nicht etwa die Länge der Strings, also die Anzahl der Zeichen. Vielmehr werden die Codewerte verglichen, die Zeichen mit gleicher Position in den jeweiligen Strings haben:

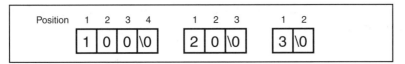

Abb. 107: Strings in lexikographisch aufsteigender Reihenfolge

So hat der Vergleich der Zeichen, die sich innerhalb der Strings an der ersten Position befinden, folgendes Ergebnis: Das Zeichen '3' hat den ASCII-Code 51 (dezimal) und ist damit größer als das Zeichen '2', das lediglich einen ASCII-Code von 50 (dezimal) aufweist. Mit der Feststellung dieses Unterschieds zwischen den beiden Zeichen ist bereits die Entscheidung darüber gefallen, welcher der beiden Strings als der größere bezeichnet wird, und die Vergleichsoperation wird abgebrochen. Die restlichen Zeichen der verglichenen Strings bleiben unberücksichtigt. Das Vergleichsergebnis steht also immer dann fest, wenn die erste Nichtübereinstimmung zwischen zwei Zeichen auf gleichen Positionen gefunden wurde. Im obigen Beispiel ist "3" lexikographisch größer als "20", weil das Zeichen auf der Position 1 des Strings "3" einen höheren ASCII-Code besitzt als das Zeichen auf Position 1 des Strings "20". Aus analogen Gründen ist "20" größer als "100".

Auch die Funktion *strcmp* benötigt als Parameter die Adressen der *char*-Arrays, in denen die zu bearbeitenden Strings gespeichert sind. Die Syntax der Funktion ähnelt daher der von *strcpy* und *strcat*

```
strcmp(adresse_array1, adresse_array2);
```

Nach den Definitionen

```
char s1 [13] = "Sortierfolge";
char s2 [13] = "SORTIERFOLGE";
```

werden mit jeder der Anweisungen

```
strcmp("Sortierfolge", "SORTIERFOLGE");
strcmp(s1, "SORTIERFOLGE");
strcmp("Sortierfolge", s2);
strcmp(s1, s2);
```

die beiden Strings "Sortierfolge" und "SORTIERFOLGE" verglichen. Als Resultat dieser Operation ergibt sich, daß der String "Sortierfolge" lexikographisch größer ist als der String "SORTIERFOLGE". Ausschlaggebend dafür sind die zweiten Zeichen der Strings (die ersten beiden sind identisch): das

Zeichen "o" besitzt einen höheren ASCII-Code (111 dezimal) als das Zeichen "O" (79 dezimal). Dieses Resultat teilt die Funktion *strcmp* dem Programm, in dem sie verwendet wird, durch einen ganzzahligen Wert vom Typ *int* mit, für den folgendes gilt:

- Ist der Wert kleiner als 0, so ist der String, dessen Adresse als erster Parameter im Funktionsaufruf genannt wird, lexikographisch kleiner als der andere String.

- Ist der Wert gleich 0, so sind beide Strings gleich.

- Ist der Wert größer als Null, so ist der String, dessen Adresse als erster Parameter im Funktionsaufruf genannt wird, lexikographisch größer als der andere String.

Der an das Programm zurückgelieferte Wert (ein sog. Rückgabewert oder return value, siehe das Kapitel 10 "Funktionen") kann in einer Variablen entsprechenden Typs gespeichert und dann weiter im Programm verwendet werden. Definieren wir beispielsweise eine Variable

```
int result;
```

hält die Anweisung

```
result = strcmp(s1, s2);
```

das Ergebnis des Vergleichs der beiden Strings in den Arrays *s1* und *s2* als numerischen Wert in der Variablen *result* fest, und wir können es mit

```
if (result > 0)
    printf("\nString 1 ist größer als String 2.");
else if (result < 0)
    printf("\nString 1 ist kleiner als String 2.");
else
    printf("\nString 1 ist gleich String 2.");
```

ausgeben. Es gibt aber - wie üblich in C - auch hier wieder die Möglichkeit, eine knappere Formulierung zu wählen. Statt den Ergebniswert der Funktion *strcmp* erst einer speziellen Variablen zuzuweisen, kann man ihn auch direkt verwenden und statt der obigen Codierung

```
if (strcmp(s1, s2) > 0)
    printf("\nString 1 ist größer als String 2.");
else if (strcmp(s1, s2) < 0)
    printf("\nString 1 ist kleiner als String 2.");
else
    printf("\nString 1 ist gleich String 2.");
```

schreiben, ohne die Variable *result* einzuführen. Der Ergebniswert "steckt" nämlich in dem Ausdruck

```
strcmp(s1, s2)
```

wie ja aus der Anweisung

```
result = strcmp(s1, s2);
```

ohne weiteres geschlossen werden kann: Der Ausdruck

```
strcmp(s1, s2)
```

hat - wie jeder Ausdruck in C - einen Wert. Da die *int*-Variable *result* nach der obigen Zuweisung den Ergebniswert der Funktion *strcmp* enthält, muß der Wert des Ausdrucks auf der rechten Seite eben jener Ergebniswert (bekanntlich vom Typ *int*) sein. (Eine genaue Darstellung dieses Sachverhalts - die uns hier noch nicht interessieren soll - wird in Kapitel 10 "Funktionen" gegeben.) Daher kann der Ausdruck

```
strcmp(s1, s2)
```

überall dort stehen, wo auch ein Ausdruck des Typs *int* stehen kann, z. B. in einem Vergleichsausdruck.

Das folgende Programm nutzt diese Möglichkeit, um für zwei eingelesene Strings auszugeben, welche lexikographischen Größenbeziehungen zwischen ihnen bestehen. Für die Funktion *strcmp* schließen wir die Header-Datei *string.h* mit der Präprozessoranweisung

```
#include <string.h>
```

in das Programm ein. *string.h* enthält die vom Compiler benötigten Deklarationen dieser und anderer Funktionen zur Stringmanipulation. (Funktionsdeklarationen werden ausführlich in Kapitel 10 "Funktionen" behandelt.)

▶ *strngrel.c:*

```
 1  /*   strngrel liest zwei Strings ein, vergleicht sie lexikographisch
 2       und gibt das Vergleichsergebnis aus.  */
 3
 4  #include <stdio.h>                        /*   für printf, gets  */
 5  #include <string.h>                       /*   für strcmp        */
 6  #include <conio.h>                        /*   für getche        */
 7
 8  main()
 9  {
10      char first [81];
11      char second [81];
```

```
12
13    do
14         {
15              printf("\033[2J");
16              printf("Das Programm vergleicht zwei Strings lexikographisch.");
17
18              printf("\n\n1. String: ");
19              gets(first);
20
21              printf("\n\n2. String: ");
22              gets(second);
23
24              if (strcmp(first, second) > 0)        /*  Ergebnis auswerten */
25                  printf("\nString 1 ist größer als String 2.");
26              else if (strcmp(first, second) < 0)
27                  printf("\nString 1 ist kleiner als String 2.");
28              else
29                  printf("\nString 1 ist gleich String 2.");
30
31              printf("\n\nWeiter mit <Enter>.Ende mit <Esc>.");
32              first[0] = getche();
33
34         } while (first[0] != 27);              /*  Ende do while mit <Esc> */
35  }
```

Stringlänge feststellen

Die Funktion *strlen* ermittelt die Länge eines Strings in Bytes (d. h. die Anzahl
der Zeichen), wobei das abschließende Nullzeichen nicht mitgezählt wird.
Die Funktion verarbeitet nur einen Parameter, nämlich die Anfangsadresse
des Arrays (Arrayname, Stringkonstante etc.), in dem der betreffende String
gespeichert ist:

```
strlen(arrayadresse);
```

Die Anzahl der gezählten Zeichen liefert die Funktion als ganzzahligen Wert
(vgl. die Ausführungen zu *strcmp* im vorigen Abschnitt) an das Programm
zurück. So hat die *int*-Variable *characters* nach der Anweisung

```
characters = strlen("How many?");
```

den Wert *9*. Den gleichen Wert erhält die Variable bei

```
characters = strlen(s);
```

wenn man zuvor mit beispielsweise

```
char s [] = "How many?";
```

den String "How many?" in der Arrayvariablen *s* gespeichert hat. Das folgende Programm password.c demonstriert eine Anwendungsmöglichkeit von
strlen bei der Eingabe eines Paßworts, das eine vorgegebene maximale Länge
nicht überschreiten soll. Wie schon bei *strcmp* im Programm strngrel.c wird
auch der ganzzahlige Rückgabewert der Funktion *strlen* nicht in einer besonderen Variablen zwischengespeichert, sondern mit

```
if (strlen(buffer) > 8)
```

direkt verwendet. Natürlich wäre nach der Vereinbarung einer geeigneten
Variablen, etwa

```
int l;
```

auch die Codierung

```
l = strlen(buffer);
if(l > 8);
.
.
.
```

möglich gewesen.

Das Paßwort wird mittels der Funktion *getch*, die ein eingegebenes Zeichen
nicht auf dem Bildschirm anzeigt, "unsichtbar" eingelesen. Für unser Beispielprogramm gibt es aber die Möglichkeit, sich das Paßwort auf Wunsch anzeigen zu lassen. Die Funktion *getch* (wie auch *getche*) liefert im Gegensatz zu
getchar für (Enter) nicht das Zeilenvorschubzeichen '\n', sondern das Zeichen
'\r' (*carriage return*, ASCII-Code 13), weshalb in der Paßwort-Eingabeschleife
dieses Zeichen als Endezeichen verwendet wird. Das Programm endet, wenn
ein korrektes Paßwort eingegeben wurde.

 password.c:

```
 1  /*    password liest ein Paßwort ein, ohne es auf dem Bildschirm anzuzeigen,
 2        und überprüft dabei mit der Funktion strlen, ob eine vorgegebene maximale
 3        Zeichenzahl überschritten wird.*/
 4
 5  #include <stdio.h>                                   /*    für printf    */
 6  #include <conio.h>                           /*   für getche, getch  */
 7  #include <string.h>                          /*   für strlen, strcpy */
 8
 9  main()
10  {
11      char buffer[81];                         /*   Eingabepuffer */
12      char pword[9]                                /*    Paßwort    */
13      char reply, new, i;                  /*   Kontrollvariablen  */
14
15      do
```

```
16              {
17                      printf("\033[2J\n\n\n");
18                      printf("Paßwort eingeben (max. 8 Zeichen): ");
19
20                      i = 0;
21                      while (buffer[i] = getch()) != '\r')   /*   Paßwort einlesen    */
22                              i++;
23                      buffer[i] = '\0';                      /*   Nullzeichen anfügen */
24
25                      if (strlen(buffer) > 8)              /*   falls Paßwort zu lang  */
26                          {
27                                  printf("\n\nPaßwort zu lang. Neueingabe mit
28                                       <Enter>. Ende mit <Esc>.");
29                                  new = getche();
30                          }
31                      else                                 /*   Korrektes Paßwort   */
32                          {
33                                  strcpy(pword, buffer);     /*   Paßwort speichern  */
34                                  printf("\n\nPaßwort gespeichert.
35                                  Sichtbar machen? (j/n)");
36                                  if ((reply = getche()) == 'j')
37                                    printf("\n\nIhr Paßwort ist\"%s\"", pword);
38                                  new = 27;          /*   Um do while zu beenden, muß
39                                                    new den Wert <Esc> (= 27)  bekommen. */
40                          }
41              } while (new != 27);                        /*    solange Neueingabe */
42  }
```

Stringfunktionen ermöglichen die Manipulation von Zeichenketten, ohne daß der Programmierer selbst explizit elementeweise mit dem zugehörigen *char*-Array operieren muß. Statt dessen werden diese elementaren Operationen von der jeweiligen Funktion durchgeführt. Wenn wir beispielsweise mit

```
strlen(s);
```

die Länge eines Strings *s* (präziser: die Länge eines Strings, der in dem *char*-Array *s* gespeichert ist) feststellen, können wir sicher sein, daß die Funktion *strlen* dazu Anweisungen wie

```
i = 0;
while (s[i] != '\0')
        i++;
```

oder ähnlich ausführt. Das Kapitel 10 "Funktionen" wird u. a. auch über Inhalt und Arbeitsweise von Stringfunktionen Aufschluß geben. Neben den hier präsentierten Funktionen existiert noch eine Reihe weiterer Routinen zur Stringmanipulation.

5.2 Strukturen

Arrays nehmen Datenelemente gleichen Typs auf. Es kann jedoch der Fall eintreten, daß Datenobjekte unterschiedlichen Typs zu einer Gruppe zusammengefaßt werden sollen. In der Kundendatei eines Unternehmens etwa werden gewöhnlich nicht nur der Name eines Kunden, sondern auch andere Daten wie Anschrift, Umsatz usw. gespeichert, also ein kompletter Datensatz, dessen Teilelemente nicht unbedingt den gleichen Datentyp besitzen müssen.

So ist die Postleitzahl in einer Anschrift ein ganzzahliger Wert, während Umsatzzahlen häufig mit zwei Nachkommastellen, also als Gleitkommawerte, gespeichert werden. Theoretisch könnte man für diese Daten einzelne Variablen wie z. B.

```
char name [20];
int postleitzahl;
char wohnort [20];
float umsatz;
```

anlegen. Da diese Daten aber eine logische Einheit bilden und sich allesamt auf ein und dieselbe Person beziehen, liegt es nahe, sie ähnlich wie Arraywerte auch formal unter einem einzigen Variablennamen zusammenzufassen.

Der entsprechende Datentyp für eine solche Variable aus Elementen, die nicht alle vom gleichen Datentyp sein müssen, ist in C durch die *Strukturen* realisiert. Variablen dieses Datentyps sind ebenso wie Arrayvariablen Datenobjekte, die aus einer Anzahl anderer Datenobjekte bestehen, die ihrerseits Variablen sind. Diese variablen Teilobjekte, aus denen sich eine Struktur zusammensetzt, bezeichnet man als ihre Komponenten. Welche Komponenten eine Struktur enthalten soll, legt man in ihrer Deklaration fest.

5.2.1 Deklaration von Strukturen

Bevor man eine Variable des Datentyps Struktur definieren kann, muß man für den Compiler in einer Strukturdeklaration den Typ von Struktur beschreiben, den man zu erzeugen wünscht. Man gibt dazu an, aus welchen Komponenten, d. h. aus welchen Einzelvariablen, die Struktur bestehen soll. Jede Komponente wird mit ihrem Datentyp und ihrem Namen aufgeführt. Ferner hat man die Möglichkeit, diesem speziellen Typ von Struktur einen Namen zu geben, der ihn von anderen Strukturtypen unterscheidet. Eine Strukturdeklaration hat die folgende Syntax:

```
struct name_des_strukturtyps
     {
     datentyp_komponente_1 name_komponente_1;
     datentyp_komponente_2 name_komponente_2;
     .
     .
     .
     datentyp_komponente_n name_komponente_n;
     };
```

Nach dem Schlüsselwort *struct* kann ein Name für den deklarierten Strukturtyp (nicht etwa für eine Variable) vereinbart werden. So würde mit der Anweisung, die in der folgenden Abbildung zu sehen ist, eine Struktur vom Typ *kunde* deklariert, deren vier Komponenten aus zwei *char*-, einer *int*- und einer *float*-Variablen bestehen.

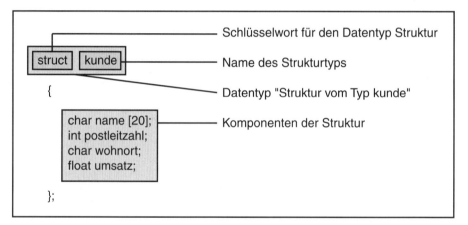

Die Namen der Komponenten einer Struktur müssen eindeutig sein, d. h., die Struktur darf keine zwei Komponenten mit gleichen Namen enthalten. Die folgende Strukturdeklaration ist daher nicht korrekt:

```
struct values
     {
         int x;          ←————  Fehler:
         int y;                 Komponentennamen
         char z;                müssen eindeutig sein.
         double x;  ←————
     };
```

Die Komponenten einer Struktur können jeden beliebigen Datentyp besitzen, mit einer Ausnahme: Der Datentyp einer Komponente darf nicht die Struktur sein, in der die Komponente enthalten ist. Die Strukturdeklaration

```
struct false
{
    char a;
    float b;
    struct false c; Fehler: Die Komponente c hat als Datentyp die Struktur,
        in der sie enthalten ist.
};
```

ist fehlerhaft, weil für die Komponente *c* der Datentyp *struct false* angegeben wurde, dieser Datentyp aber eben die Struktur selbst ist. Hingegen ist es zulässig, eine Struktur anderen Typs für die Komponenten zu verwenden. Nach der Deklaration

```
struct time
{
    int stunde;
    int minute;
};
```

kann die Deklaration einer weiteren Struktur

```
struct termin
{
    char name [20];
    char wochentag[11];
    struct time uhrzeit;
};
```

als Komponente sehr wohl die Variable *uhrzeit* mit dem Datentyp *struct time* enthalten (vgl. dazu das Kapitel 5.2.3 "Operationen mit Strukturvariablen"). Ergänzend zu den obigen Überlegungen sei hinzugefügt, daß eine Struktur sich zwar als Datentyp für ihre Komponenten nicht selbst enthalten darf, es jedoch möglich ist, als Komponente eine sogenannte Zeigervariable anzugeben, die die Adresse einer Struktur gleichen Typs enthält (vgl. dazu das Kapitel 9 "Zeiger").

Strukturdeklarationen wie die obigen beinhalten noch keinerlei Variablendefinition, insbesondere bewirken sie nicht etwa die Reservierung von Speicherplatz für irgendwelche Datenobjekte. Strukturdeklarationen stellen vielmehr Informationen über einen neuen Datentyp dar, die der Compiler benutzt, um eine Art Muster zu erzeugen, nach dem später Variablen dieses Datentyps definiert werden können.

5.2.2 Definition von Strukturvariablen

Nachdem man dem Compiler in einer Deklaration bekanntgegeben hat, welche Struktur man als Datentyp im Programm zu verwenden gedenkt, kann man Variablen dieses Datentyps definieren. Hat man etwa mit

```
struct buch
    {
      char autor [12];
      char titel [20];
      short jahr;
    };
```

eine Struktur vom Typ *buch* deklariert, in deren Komponenten Autorename sowie Titel und Erscheinungsjahr eines Buchs gespeichert werden können, so definiert nunmehr

```
struct buch b;
```

eine Variable *b* mit dem Datentyp *struct buch*. Die Deklaration einer Struktur und die Definition einer Variablen des betreffenden Datentyps lassen sich auch zu einer einzigen Anweisung zusammenfassen, bei der die Variablendefinition quasi an die Strukturdeklaration angehängt wird. Die Anweisung

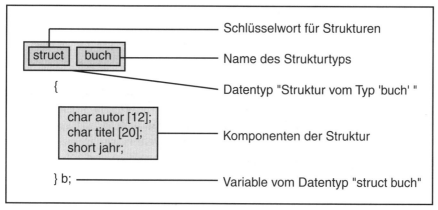

deklariert ebenfalls eine Struktur vom Typ *buch* und definiert dabei gleichzeitig eine Variable vom Typ *struct buch*. Selbstverständlich können auch mehrere Strukturvariablen auf einmal definiert werden. Sowohl mit

```
struct buch
    {
      char autor [12];
```

```
        char titel [20];
        short jahr;
        };
```

nebst

```
    struct buch b1, b2, b3, ... , bn;
```

als auch mit

```
    struct buch
        {
        char autor [12];
        char titel [20];
        short jahr;
        } b1, b2, b3, ... , bn;
```

werden *n* Strukturvariablen *b1* bis *bn* vom Datentyp *struct buch* definiert.

Strukturen ohne Typennamen

Wählt man für die Deklaration einer Struktur und die Definition einer Variablen die letztere Syntax, bei der die Variablendefinition zusammen mit der Strukturdeklaration erfolgt, kann man den Namen des Strukturtyps weglassen. Die Anweisung

```
    struct
        {
        char typ [10];
        int umdrehung;
        float leistung;
        } x;
```

deklariert eine Struktur ohne Typnamen und definiert eine Variable *x* dieses Datentyps. Der Nachteil ist offensichtlich. Ein Typname für die Struktur hätte auf den ersten Blick ersichtlich machen können, für welche Art von Objekt (z. B. Motoren) dieser Datentyp angelegt wurde. Dennoch mag man so vorgehen, wenn man in einem Programm lediglich einen Typ von Struktur verwendet.

Man produziert aber womöglich Unübersichtlichkeiten, wenn mehrere Strukturtypen vorhanden sind, für die dann ein simples und naheliegendes Unterscheidungsmerkmal, wie es der Name des Strukturtyps darstellt, fehlt.

5.2.3 Operationen mit Strukturvariablen

Zuweisungen

Wie man einer Strukturvariablen bzw. deren Komponenten Werte zuweist, soll am Beispiel der Struktur vom Typ *buch* aus dem vorigen Abschnitt untersucht werden. Nach

```
struct buch
    {
        char autor [12];
        char titel [20];
        short jahr;
    } b;
```

kann man sich die Strukturvariable *b* im Speicher folgendermaßen vorstellen:

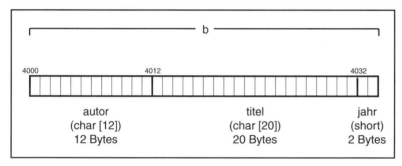

Abb. 108: Strukturvariable mit drei Komponenten

Da die Komponenten einer Struktur - wie in der obigen Abbildung - unterschiedliche Datentypen haben können und dementsprechend unterschiedlich viel Speicherplatz belegen, ist klar, daß der Zugriff auf eine Strukturkomponente nicht wie bei einem Arrayelement über einen Index gesteuert werden kann, der Datenelemente gleichen Typs, d. h. gleicher Länge, voraussetzt. Vielmehr ist dazu ein spezieller Operator, der sog. *Punktoperator* "." erforderlich (vgl. dazu auch das Kapitel 3.2 "Operatoren").

Der Punktoperator

Der Punktoperator wird dabei zwischen den Namen der Strukturvariablen und den Namen der betreffenden Komponente gesetzt, so daß sich ein Ausdruck der Form

```
name_der_strukturvariablen.name_der_komponente
```

ergibt. Die Komponenten der Strukturvariablen *b* sind also unter den Namen

```
b.autor    b.titel    b.jahr
```

ansprechbar. Beispielsweise würden die Anweisungen

```
b.jahr = 1997;
b.jahr = b.jahr + 1;
b.jahr--;
```

der Komponenten *jahr* der Strukturvariablen *b* zunächst den ganzzahligen Wert *1997* zuweisen und danach zweimal diesen Wert um jeweils 1 verändern, an welchen Operationen nichts Außergewöhnliches ist, da die Komponente *jahr* eine *short*-Variable wie jede andere ist, mit der demzufolge auch alle Operationen durchgeführt werden können, die mit *short*-Variablen durchführbar sind. Analog gelten für die beiden anderen Komponenten, die *char*-Arrays - also Stringvariablen - sind, natürlich die Regeln, die üblicherweise für Operationen mit *char*-Arrays gelten. Will man den Komponenten *autor* und *titel* Strings zuweisen, kann man dies etwa mit der Funktion *strcpy* tun. Die Anweisungen

```
strcpy(b.autor, "Glipsius");
strcpy(b.titel, "Seltene Metalle");
```

speichern die Strings "Glipsius" und "Seltene Metalle" in den Strukturkomponenten *autor* bzw. *titel*. Selbstverständlich ist es ebenso möglich, elementeweise mit Strukturkomponenten zu operieren, die Arrayvariablen sind. Mit

```
b.autor[0]    =    'G';
b.autor[1]    =    'l';
b.autor[2]    =    'i';
b.autor[3]    =    'p';
b.autor[4]    =    's';
b.autor[5]    =    'i';
b.autor[6]    =    'u';
b.autor[7]    =    's';
b.autor[8]    =    '\0';
```

gelangt der Name "Glipsius" ebenfalls in die Strukturkomponente *autor*.

Erweitern wir nun unsere Struktur vom Typ *buch* etwas, um zu sehen, wie sich der Zugriff auf eine Komponente gestaltet, wenn diese selbst wieder eine Struktur ist, d. h., wir erzeugen eine geschachtelte Struktur. (Bedenken wir dabei, daß eine Struktur sich nicht selbst als Datentyp für ihre Komponenten enthalten darf, wohl aber eine Struktur anderen Typs.) Die Veränderung, die wir vornehmen wollen, betrifft die Komponente *autor*, in der nicht nur wie bisher der Nachname, sondern künftig auch der Vorname des Autors gespeichert werden soll. Dazu deklarieren wir als neuen Datentyp für diese Komponente eine entsprechende Struktur, die ihrerseits als Komponenten Nachnamen und Vornamen des Autors enthält. Nachdem dieser neue Datentyp nun dem Compiler bekannt ist, kann er als Datentyp für die Komponente *autor* in der Struktur vom Typ *buch* verwendet werden. Wir ändern außerdem den Namen des modifizierten Strukturtyps von *buch* in *buch2*. Schließlich definieren wir eine Variable des Datentyps *struct buch2*. Das folgende Programmfragment veranschaulicht diesen Ablauf:

```
main()
{
     struct name          /*  Deklaration einer Struktur vom Typ name    */
          {
               char vorname [15];
               char nachname [15];
          };

     struct buch2          /*  Deklaration einer Struktur vom Typ buch2   */
          {
               struct name autor;   /*  Komponente vom Typ struct name  */
               char titel [20];
               short jahr;
          };

     struct buch2 b;                    /*   Definition einer Variablen vom
                                              Typ struct buch2    */


                .
                .
                .

}
```

Man kann nun auf die Komponenten *vorname*, und *nachname* der Strukturvariablen *autor*, die ihrerseits eine Komponente der Strukturvariablen *b* ist, zugreifen, indem man die Schachtelungsebenen quasi als "Pfad von oben nach unten" nachvollzieht und die Variablen der einzelnen Ebenen durch den Punktoperator voneinander trennt. Mit

```
strcpy(b.autor.vorname, "xxxxxx");
strcpy(b.autor.nachname, "yyyyyy");
```

etwa läßt sich der Namen eines Autors in der Komponente *autor* speichern, wobei für "xxxxxx" und "yyyyyy" die jeweiligen Vor- und Nachnamen einzusetzen sind. Die beiden separaten Deklarationen für die Strukturtypen *name* und *buch2* nebst den Definitionen der Strukturvariablen *autor* und *b* können in C-typischer Manier auch in einer einzigen Anweisung zusammengefaßt werden, wodurch die Schachtelung noch etwas deutlicher hervortritt:

```
struct buch2                         /*   Deklaration einer Struktur vom
                                           Typ buch2 */
     {
          struct name                /*   Deklaration einer Struktur vom
                                           Typ name  */
```

```
            {                          /*   innerhalb einer anderen
                                            Strukturdeklaration    */
        char vorname[15];
        char nachname[15];
    } autor;                       /*   Variable/Komponente vom Typ
                                            struct name    */
    char titel[20];
    short jahr;
} b;                               /*   Definition einer Variablen vom
                                            Typ struct buch2   */
```

Zuweisung zwischen Strukturkomponenten

Werte von Strukturkomponenten können anderen Strukturkomponenten derselben oder anderer Strukturvariablen (gleichen oder verschiedenen Typs) zugewiesen werden. Wie von den Zuweisungsoperationen mit anderen Variablen her gewohnt, hat man lediglich zu beachten, daß die beteiligten Datenobjekte typmäßig zueinander passen bzw. welche Typkonvertierungen möglicherweise zu berücksichtigen sind. Bei zwei Variablen *b1* und *b2* des Datentyps *struct buch2* sind die Zuweisungsoperationen

```
strcpy(b2.autor.vorname, b1.autor.vorname);
strcpy(b2.autor.nachname, b1.autor.nachname);
strcpy(b2.titel, b1.titel);
```

die den Inhalt der Array-Komponenten *autor* und *titel* der Strukturvariablen *b1* in die entsprechenden Komponenten der Variablen *b2* übertragen, ebenso problemlos wie die einfache Zuweisung

```
b2.jahr = b1.jahr;
```

die einen Integerwert (den Wert der Komponente *jahr*) in die Variable auf der linken Seite kopiert.

Zuweisung kompletter Strukturvariablen

Will man eine Strukturvariable komplett (also den Inhalt sämtlicher Komponenten) einer anderen Strukturvariablen gleichen Typs zuweisen, kann man sich einige Schreibarbeit ersparen, wenn man über einen Compiler verfügt, der sich an den neuesten Standards orientiert, die das *American National Standards Institute (ANSI)* für die Programmiersprache C vorgegeben hat. In diesem Fall ist es nämlich möglich, mit einer einzigen Anweisung die Inhalte aller Komponenten der einen Strukturvariablen in die entsprechenden Komponenten der anderen Strukturvariablen zu übertragen. Mit der lapidaren Zuweisung

```
b2 = b1;
```

werden die Werte der Komponenten *autor*, *titel*, und *jahr* der Variablen *b1* allesamt in die gleichnamigen Komponenten der Variablen *b2* kopiert.

Vergleichs-, Adreß-, Größen- und Konvertierungsoperationen

Strukturvariablen können nicht als Ganzes miteinander verglichen werden. Will man also etwa feststellen, ob zwei Variablen des Typs *buch2* die gleichen Werte besitzen, muß man die einzelnen Komponenten vergleichen. Eine Anweisung wie

```
if (b1 == b2) /*  Unzulässiger Vergleich */
    printf("Die Strukturvariablen sind gleich.");
```

ist also nicht zulässig.

Ebensowenig kann der *cast*-Operator (*datentyp*) auf eine komplette Strukturvariable angewendet werden (selbstverständlich aber auf einzelne Komponenten, sofern sie nicht selbst Strukturen sind). Dagegen kann man sich mit dem Operator "&" die Adresse einer Strukturvariablen anzeigen lassen. Mit

```
printf("%u", &b1);
```

bzw.

```
printf("%x", &b1);
```

etwa wird die Adresse der Variablen *b1* vom Typ *struct buch2* (d. h., die Adresse ihrer ersten Komponenten *b1.autor.nachname*) dezimal bzw. hexadezimal ausgegeben. (Sollten die Adressen Werte besitzen, die größer sind, als sie der *int*-Bereich darstellen kann, wählt man als Formatangabe *%lu* für *unsigned long* oder *%lx* für einen hexadezimalen *long*-Wert.)

Der *sizeof*-Operator ermittelt die Größe einer Strukturvariablen bzw. des jeweiligen Strukturtyps. Der Operand des *sizeof*-Operators kann dabei der Name der Strukturvariablen sein, wie etwa in der Anweisung

```
printf("%d", sizeof(b1));
```

wobei *b1* wiederum eine Variable des Typs *struct buch2* darstellt, oder der Name des Datentyps der Variablen wie in

```
printf("%d", sizeof(struct buch2));
```

In beiden Fällen würde dabei der Wert *52* angezeigt.

Initialisierung

Strukturvariablen können wie andere Variablen bereits bei der Definition initialisiert werden. (Hier gelten für ältere Compiler die gleichen Vorbehalte, die schon bei den Arrays erwähnt wurden, siehe Kapitel 5.1. Ob eine Initialisierung von Strukturvariablen bei der Definition auf solchen Systemen zulässig ist, hängt von der Speicherklasse der betreffenden Variablen ab. Siehe dazu auch das Kapitel 7 "Speicherklassen".) Bei der Initialisierung von Strukturen geht man ähnlich vor wie bei der Initialisierung von Arrays: Die Initialisierungswerte für die einzelnen Komponenten werden als Liste in geschweiften Klammern angegeben. Beispielsweise kann nach den Deklarationen

```
struct name
    {
        char vorname [15];
        char nachname [15];
    };
struct buch2
    {
        struct name autor;
        char titel [20];
        short jahr;
    };
```

eine Variable *b* wie folgt definiert und initialisiert werden:

```
struct buch2 b = {"Ludwig","Glipsius", "Seltene Metalle", 1993};
```

Die Initialisierungswerte werden dabei der Reihe nach den Komponenten *autor*, *titel*, und *jahr* zugewiesen, wobei die Strings "Ludwig" und "Glipsius" auf die Komponenten *vorname* und *nachname* der Strukturvariablen *autor* verteilt werden:

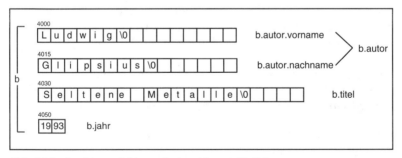

Abb. 109: Strukturvariable nach der obigen Initialisierung

Sind weniger Initialisierungswerte vorhanden als Strukturkomponenten, werden analog dem Verfahren bei Arrays die Komponenten, für die es keine Werte gibt, mit 0 initialisiert. Hat man also irgendeinen Strukturtyp *xyz*, kann man mit

```
struct xyz strukturvariable = {0};
```

sehr einfach dafür sorgen, daß sämtliche Komponenten einer Strukturvariablen den Wert *0* erhalten. Gibt man mehr Initialisierungswerte an, als Komponenten vorhanden sind, meldet der Compiler einen Fehler.

Ein- und Ausgabe

Bisher haben wir den Komponenten von Strukturvariablen Werte lediglich programmintern zugewiesen (und sie auch nicht ausgegeben). Natürlich können solche Werte auch interaktiv über eine Benutzereingabe in die Variablen gelangen. Wir illustrieren dies mit einem einfachen Programm, das einen Satz von Werten, den der Anwender eingibt, in eine Strukturvariable einliest und anschließend wieder ausgibt. Der Datensatz besteht dabei aus bibliographischen Angaben, die mit einem Strukturtyp ähnlich dem Strukturtyp *buch2* verarbeitet werden können.

▶ *readrec1.c:*

```
 1   /*   readrec1 liest einen Datensatz in eine Strukturvariable ein
 2        und gibt ihn wieder aus.    */
 3
 4        #include <stdio.h>               /*   für printf, scanf, gets, puts    */
 5
 6        main()
 7        {
 8            struct name
 9                {
10                    char vorname [15];
11                    char nachname [15];
12                };
13
14            struct buch3
15                {
16                    struct name autor;          /*   Name des Autors      */
17                    char titel [40];            /*   Titel des Buchs      */
18                    char ort [20];              /*   Erscheinungsort      */
19                    short jahr;                 /*   Erscheinungsjahr     */
20                } b;                            /*   Strukturvariable     */
21            printf("\033[2J");
22            printf("BUCHDATEN SPEICHERN:\n\n");
23            /*   Datensatz einlesen */
24            printf("Name des Autors: ");
25            gets(b.autor.nachname);
26            printf("\nVorname: ");
27            gets(b.autor.vorname);
28            printf("\nTitel des Buchs: ");
29            gets(b.titel);
30            printf("\nErscheinungsort: ");
31            gets(b.ort);
32            printf("\nErscheinungsjahr: ");
33            scanf("%hd", &b.jahr);
34            /*   Datensatz ausgeben */
35
```

5

```
36            printf("\n\nEs wurden folgende Daten gespeichert:\n\n");
37            printf("%s %s\n", b.autor.vorname, b.autor.nachname);
38            puts(b.titel);
39            printf("%s %hd", b.ort, b.jahr);
40       }
```

Die ersten vier Eingaben sind Zeichenketten und können mit der Funktion *gets* eingelesen werden, die dazu die Adressen der *char*-Arrays benötigt, in denen die Strings gespeichert werden sollen. Man übergibt der Funktion daher als Parameter den Namen des jeweiligen Arrays, der - wie wir aus dem Abschnitt "Arrays" bereits wissen - die Anfangsadresse des Arrays darstellt. Da die betreffenden Arrays Komponenten der Strukturvariablen *b* bzw. *b.autor* sind, müssen in unserem Beispiel als Arraynamen

```
b.autor.nachname
b.autor.vorname
b.titel
b.ort
```

angegeben werden. Anders verhält es sich bei der letzten Strukturkomponente *jahr*. Da diese Komponente eine Integer-Variable vom Typ *short* ist, stellt ihr Name für den Compiler nicht schon automatisch die Anfangsadresse der Variablen dar, und wir müssen daher die Funktion *scanf*, die diese Adresse benötigt, mit Hilfe des Adreßoperators "&" damit versorgen. Soll mehr als ein Datensatz gespeichert werden, benötigt man eine ganze Reihe von (gleichartigen) Strukturvariablen. Für eine größere Anzahl von Objekten gleichen Datentyps definiert man gewöhnlich ein Array mit Elementen dieses Typs. Das nächste Kapitel 5.2.4 zeigt, wie man Arrays verwendet, deren Elemente Strukturvariablen sind.

5.2.4 Strukturarrays

Hat man eine größere Anzahl von Datensätzen zu verwalten, kann man dazu ein Array anlegen, dessen Elemente Strukturvariablen sind. Nach den Deklarationen

```
struct name
        {
            char vorname [15];
            char nachname [15];
        };
struct buch3
        {
            struct name autor;
            char titel [40];
            char ort [20];
            short jahr;
        };
```

definiert

```
struct buch3 b[50];
```

keine einzelne Strukturvariable, sondern ein Array mit 50 Elementen, von denen jedes eine Strukturvariable des Typs *struct buch3* ist. Wie gewohnt werden dabei die Elemente mit dem Namen der Arrayvariablen und einem Index bezeichnet, in unserem Beispiel also mit *b[0]* bis *b[49]*:

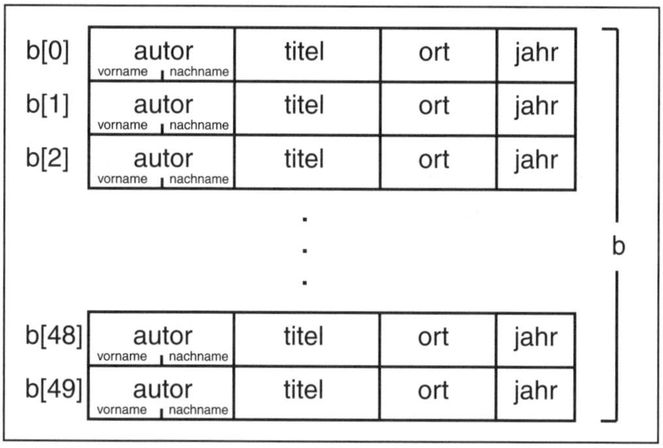

Abb. 110: Strukturarray mit 50 Elementen

Man sieht, daß das Strukturarray einem zweidimensionalen Array ähnelt, bei dem zwar die Arrayzeilen die gleiche Länge besitzen, nicht aber die Arrayspalten. Um auf eine bestimmte Komponente irgendeines Arrayelements zuzugreifen, muß man diese nach der folgenden syntaktischen Vorschrift bezeichnen:

```
arrayname[index].komponentenname
```

Will man etwa als Erscheinungsjahr des Buchs, dessen Daten im 37. Element des Strukturarrays *b* gespeichert sind, das Jahr 1993 festlegen, kann dies mit

```
b[36].jahr = 1993;
```

geschehen. Analog läßt sich für dasselbe Element der Nachname des Autors mit der Anweisung

```
gets(b[36].autor.nachname);
```

einlesen bzw. wie im folgenden Beispiel durch

```
strcpy(b[36].autor.nachname, "Miller");
```

zuweisen. Ist eine Komponente selbst ein Array, und benötigt man Informationen über einzelne dieser Arrayelemente, beispielsweise, ob der Nachname eines Autors mit einem bestimmten Buchstaben beginnt, kann man im Falle des Strukturarrays *b* mit

```
if (b[36].autor.nachname[0] == 'M')
```

überprüfen, ob der erste Buchstabe des Autornamens im 37. Element des Strukturarrays ein "M" ist. Die Anweisung

```
for (i = 0; i < 50; i++)
    if (b[i].autor.nachname[0] == 'M')
        puts(b[i].autor.nachname);
```

gibt darüber hinaus alle Autorennamen aus, die mit dem Buchstaben "M" beginnen. Das folgende Programm ermöglicht mit Hilfe eines Strukturarrays die Eingabe von bis zu 50 Datensätzen des Typs *buch3*. Es mag als Muster für ähnliche Programme dienen.

▶ *readrec2.c:*

```
 1  /*   readrec2 zeigt die Verwendung eines Strukturarrays
 2       bei der Ein- und Ausgabe von Datensätzen.  */
 3
 4  #include <stdio.h>                    /*   für printf, scanf, getchar() */
 5  #include <conio.h>                        /*   für getche, getch  */
 6  main()
 7  {
 8      struct name                        /*   Strukturdeklaration    */
 9          {
10              char vorname [15];
11              char nachname [15];
12          };
13      struct buch3                       /*   Strukturdeklaration    */
14          {
15              struct name autor;
16              char titel [40];
17              char ort [20];
18              short jahr;
19          };
20      struct buch3 b[50];                /*   Definition eines Arrays mit
21                                         Elementen vom Typ struct buch3  */
22      int i = 0;                         /*   Kontrollvariable Eingabeschleife */
23      int last;                          /*   Position des letzten Datensatzes */
24      char reply;          /*   entscheidet über die Ausgabe der Datensätze   */
25      int nextorstop;          /*   nächste Bildschirmseite bei der Ausgabe oder
26                                                                   Abbruch  */
27      do
28          {
29              printf("\033[2J");
30              printf("Sie können mit diesem Programm eine Literaturliste\n"
31                     "mit bis zu 50 Einträgen erstellen. Eingabeende mit \'0\'.");
```

```
32                         /*   Datensätze eingeben     */
33
34                         printf("\n\n\nDatensatz Nr. %d", i+1);
35                         printf("\n\nNachname des Autors: ");
36                         gets(b[i].autor.nachname);
37
38                         if (b[i].autor.nachname[0] != '0')        /*   keine weitere */
39                              {   /* Eingabe falls Ende */
40                                  printf("\nVorname: ");
41                                  gets(b[i].autor.vorname);
42                                  printf("\nTitel des Buchs: ");
43                                  gets(b[i].titel);
44                                  printf("\nErscheinungsort: ");
45                                  gets(b[i].ort);
46                                  printf("\nErscheinungsjahr: ");
47                                  scanf("%hd", &b[i].jahr);
48
49                                  while (getchar() != '\n')   /*   '\n'-Zeichen von   */
50                                           ;   /*   scanf aus dem Eingabepuffer
51                                               entfernen, das sonst von gets
52                                               beim nächsten Durchgang als
53                                               Nachname gelesen würde.     */
54                              }
55
56                     i++;
57
58              } while (i < 50  &&  b[i-1].autor.nachname[0] != '0');
59                         /*   solange keine 50 Datensätze oder Eingabe
60                         nicht '0'.     */
61
62
63      if (i == 50)                                              /*   Position   */
64          last = i-1;                                          /*   des letzten   */
65      else                                                      /*   Datensatzes   */
66          last = i-2;                                          /*   merken,   */
67
68      if (i > 1)                                                /*   falls überhaupt   */
69          {                                 /*   ein Datensatz eingegeben wurde.   */
70              if (i > 49)                           /*   falls Array voll   */
71              printf("\n\n50 Datensätze gespeichert. Kapazität erschöpft.");
72                         /*   Datensätze ausgeben     */
73
74              printf("\nDatensätze ausgeben? (j/n)");
75              reply = getche();
76              if (reply == 'j')
77                  {
78                      printf("\033[2J");
79                      for (i = 0; i <= last; i++)
80                          {
81                              printf("\n\n%s %s\n", b[i].autor.vorname,
82                                        b[i].autor.nachname);
83                              puts(b[i].titel);
84                              printf("%s %hd", b[i].ort, b[i].jahr);
85
86                              if (!((i+1) % 4)  && (i != last))) /* Stop
```

```
87                                                          nach jeweils */
88                                      {              /*  vier Datensätzen,  */
89                            /*  aber nicht nach den letzten vier.      */
90                                  printf("\n\nNächste Seite mit <Enter>.
91                                   Ausgabeende mit <Esc>.");
92                                  nextorstop = getch();
93                                  if (nextorstop == 27) /* falls <Esc> */
94                                      i = last + 1;  /* Ausgabeschleife
95                                                         beenden. */
96                                  else
97                                      printf("\033[2J");
98                              }              /*   Ende if(!((i+1) % 4))  */
99                          }                        /*   Ende for  */
100
101              }                            /*   Ende if (reply == 'j')  */
102
103        }                                  /*   Ende if(i > 1)*/
104
105  }                                        /*    Ende main */
```

Analyse

Das Programm readrec2.c liest mit einer *do while*-Schleife so lange Datensätze ein, bis der Anwender das Endezeichen '0' eingibt, oder die Kapazität des Strukturarrays *b* mit 50 Datensätzen ausgeschöpft ist. Um zu prüfen, ob das Endezeichen eingegeben wurde, wird das erste Element

nachname[0]

der Komponente *nachname* des Autorennamens des jeweiligen Datensatzes auf dieses Zeichen hin kontrolliert. Die *if*-Abfrage nach der Eingabe des Autorennnachnamens verhindert, daß die restlichen Eingabefelder noch durchlaufen werden müssen, wenn das Endezeichen eingegeben wurde. Da die Funktion *scanf* das *new line*-Zeichen, mit dem die Eingabe bestätigt wird, im Eingabepuffer beläßt, muß dieses mit

```
while (getchar() != '\n')
                  ;
```

daraus entfernt werden, damit nicht beim nächsten Schleifendurchgang die Funktion *gets* dieses *new line*-Zeichen statt einer Anwendereingabe als "Nachnamen" des Autors einliest.

Die Bedingung der *do while*-Schleife

```
(i < 50  &&  b[i-1].autor.nachname[0] != '0')
```

prüft nicht nur, ob das Endezeichen eingegeben wurde, sondern in ihrem ersten Teil auch, ob *i* kleiner als 50 ist, um im Anschluß an die Eingabe des 50. Datensatzes - nachdem *i* durch

```
i++;
```

auf den Wert *50* erhöht wurde - die Schleife abzubrechen und weitere Eingaben zu verhindern. Da *i* vor der Auswertung der Schleifenbedingung bereits inkrementiert wird, muß diese als unmittelbar zuvor eingegebenen Datensatz den (*i-1*)sten (und nicht den *i*-ten) überprüfen.

Die Variable *last* speichert den Index des zuletzt eingegebenen Datensatzes. Ihr Wert muß gleich *i-2* sein, wenn das Endezeichen eingegeben wurde, denn dieses Zeichen wurde zuletzt als "Datensatz" gespeichert, und die Variable *i* wurde außerdem noch inkrementiert. Der aktuelle Wert von *i* ist damit um 2 höher als der Index des letzten regulären Datensatzes. Wurde die Schleife beendet, weil die Kapazität des Arrays erschöpft war, so wurde kein Endezeichen eingegeben und gespeichert. Dementsprechend muß der Wert von *last* in diesem Fall gleich *i-1* sein.

Ausgabeoperationen sollen nur dann durchgeführt werden, wenn mindestens ein Datensatz eingegeben wurde, der Wert von *i* aufgrund der Inkrementierung innerhalb des Schleifenrumpfs also mindestens *2* ist. (Wird kein Datensatz eingegeben, hat *i* nach der Schleife den Wert *1*.) Dies wird mit der Bedingung

```
if (i > 1)
```

erreicht. Falls *i* einen Wert größer als 49 angenommen hat, ist das Strukturarray bereits mit 50 Datensätzen gefüllt, und der Anwender erhält die Mitteilung, daß kein weiterer Datensatz mehr eingegeben werden kann.

Die Anweisung

```
if (!((i+1) % 4)  && (i != last)))
    {
        printf("\n\nNächste Seite mit <Enter>. Ausgabeende mit <Esc>.");
        nextorstop = getch();
        if (nextorstop == 27)
            i = last + 1;
        else
            printf("\033[2J");
    }
```

bewirkt, daß jeweils nur vier Datensätze auf den Bildschirm ausgegeben werden, und der Anwender dann entscheiden kann, ob er die nächsten vier Datensätze sehen will oder die Ausgabe (und damit das Programm) mit ESC (= ASCII 27 dezimal) beendet.

Der erste Teil der Bedingung der *if*-Anweisung

```
!((i+1) % 4)
```

prüft dabei mit dem Modulo-Operator, ob *(i+1)* ohne Rest durch 4 teilbar ist: *i+1* (und nicht *i*), weil sonst für *i* gleich 0 bereits nach den ersten Datensatz die Ausgabe unterbrochen würde. Der obige Ausdruck ist im übrigen äquivalent zu

```
(((i+1) % 4) == 0)
```

Der zweite Teil der Bedingung

```
(i != last)
```

sorgt dafür, daß die Pausenmeldung, im Falle daß eine durch vier teilbare Zahl von Datensätzen ausgegeben wird, nach den letzten vier Datensätzen nicht mehr erscheint (nämlich dann, wenn *i* nach der Ausgabe des letzten Datensatzes den Wert von *last* angenommen hat).

Strings als Endekennzeichen

Im obigen Programm wird das Einlesen der Datensätze durch ein spezielles Zeichen ('0') beendet, das der Anwender statt eines Namens eingibt. Gelegentlich wird anstelle eines einzelnen Zeichens aber auch eine Zeichenkette verwendet. Wenn man - beispielsweise für eine Variante des Programms readrec2.c - ein solches Endesymbol aus mehreren Zeichen einsetzen will, muß man folgendes Detail beachten: Da diese besondere Zeichenkette in dieselbe Variable eingelesen wird, die auch den Nachnamen des Autors aufnimmt, sollte der Ende-String keine Zeichenfolge sein, die auch ein (plausibler) Eigenname sein könnte. So wäre es weniger geschickt, als Endesymbol den String "Ende" zu vereinbaren, da durchaus denkbar ist, daß ein Datensatz mit einem gleichlautenden Autorennamen aufgenommen werden soll. Dagegen dürften Zeichenketten wie "***", "0000" etc. wohl keine Probleme bereiten.

Die Verwendung eines Strings als Endesymbol würde noch eine weitere Änderung im Programm erfordern. Da nun nicht mehr zwei Einzelzeichen, sondern zwei Zeichenketten miteinander verglichen werden, muß die Vergleichsoperation in der Schleifenbedingung modifiziert werden. Statt des Operators "==" wäre nun etwa die Funktion *strcmp* zu benutzen. Dazu schließt man per *#include*-Anweisung die Header-Datei *string.h* in das Programm ein, in der sich die Deklaration der Funktion *strcmp* befindet:

```
#include <string.h>
```

Für eine eventuelle Programmversion readrec3.c könnte man daher die Schleife zur Eingabe der Datensätze wie folgt formulieren:

```
do
    {
        printf("\033[2J");
        printf("Sie können mit diesem Programm eine
                Literaturliste\n"
                "mit bis zu 50 Einträgen erstellen.
                Eingabeende mit \'***\'.");

        /*   Datensätze eingeben    */
        printf("\n\n\nDatensatz Nr. %d", i+1);
        printf("\n\nNachname des Autors: ");
        gets(b[i].autor.nachname);

        if (strcmp(b[i].autor.nachname, "***") != 0)
            {
                printf("\nVorname: ");
                gets(b[i].autor.vorname);
                printf("\nTitel des Buchs: ");
                gets(b[i].titel);
                printf("\nErscheinungsort: ");
                gets(b[i].ort);
                printf("\nErscheinungsjahr: ");
                scanf("%hd", &b[i].jahr);

                while (getchar() != '\n')
                    ;
            }

        i++;

    } while (i < 50 && strcmp(b[i-1].autor.nachname, "***") != 0);
```

In diesem Fall wird die Eingabe des Anwenders von der Funktion *strcmp* mit dem Muster "***" verglichen. Sind beide Zeichenketten nicht identisch - was zutrifft, wenn ein normaler Name eingegeben wird -, liefert die Funktion *strcmp* einen ganzzahligen Wert ungleich 0 an das Programm, der seinerseits mit dem Wert 0 verglichen wird und natürlich nicht mit diesem übereinstimmt. Sind darüber hinaus auch noch nicht alle 50 Datensätze eingegeben worden, ist die Schleifenbedingung insgesamt TRUE, und im nächsten Schleifendurchgang kann ein weiterer Datensatz eingegeben werden. Analog zur Schleifenbedingung wurde auch die *if*-Abfrage im Rumpf der *do while*-Schleife modifiziert und

```
if(b[i].autor.nachname[0] != '0')
```

durch

```
if (strcmp(b[i].autor.nachname, "***") != 0)
```

ersetzt.

5.2.5 Spezielle Strukturen

Neben den gewöhnlichen Strukturen enthält C noch zwei spezielle Struk-
turarten. *Unions* sind Strukturen, deren Komponenten einen Speicherbereich
gemeinsam nutzen. *Bitfelder* sind Strukturkomponenten, die nur aus einer
Anzahl von Bits bestehen und keine reguläre Variable darstellen.

5.2.5.1 Unions

Strukturen speichern für gewöhnlich mehrere Datenobjekte (unterschiedlichen Typs) so in ihren Komponenten, daß diese unmittelbar hintereinander
im Speicher liegen. Deklariert man beispielsweise eine Struktur

```
struct triplet
    {
        float first;
        short second;
        char third;
    };
```

so ergibt sich für eine Variable

```
struct triplet s;
```

folgendes Bild im Speicher:

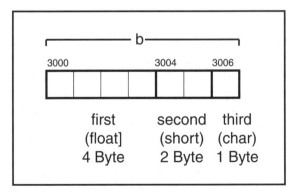

Abb. 111: Strukturvariable mit drei Komponenten

Eine *union* dagegen ist eine besondere Strukturvariante, mit der Datenobjekte
unterschiedlichen Typs an ein und derselben Speicherstelle gespeichert werden können. Dieser Speicherbereich ist dabei aber nur so groß, daß das vom
Speicherbedarf her größte Datenobjekt darin Platz findet. Die Idee ist, daß die
in einer *union* zusammengefaßten Datenobjekte - die Komponenten - den für
sie reservierten Speicherplatz gemeinschaftlich nutzen. Dies geschieht in der

folgenden Weise: Der zur Verfügung stehende Speicherplatz wird zu jedem Zeitpunkt immer nur von einer der Komponenten belegt, was bedeutet, daß, anders als bei einer normalen Struktur, niemals alle Komponenten gleichzeitig im Programm verfügbar sind. Ein korrekter Zugriff kann stets nur auf diejenige Komponente erfolgen, für die der gemeinsame Speicherbereich gerade verwendet wird.

Deklaration

Die Deklaration einer *union* entspricht der einer Struktur, nur daß statt des Schlüsselworts *struct* nun das Schlüsselwort *union* angegeben wird. Mit

```
union triplet
    {
        float first;
        short second;
        char third;
    };
```

deklariert man eine *union* vom Typ *triplet* mit den drei Komponenten *first*, *second* und *third*, die der Reihe nach die Datentypen *float*, *short* und *char* besitzen. Definieren wir nun mit

```
union triplet u;
```

eine Variable *u* vom Datentyp *union triplet;*, so belegt diese Variable leediglich vier Byte Speicher, also so viel, wie der Datentyp *float* ihrer größten Komponente *first* benötigt:

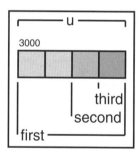

Abb. 112: Unionvariable mit drei Komponenten

Man prüft das leicht nach, indem man sich mit

```
printf("%d", sizeof(u));
```

oder

```
printf("%d", sizeof(union triplet));
```

die Größe der Unionvariablen *u* oder des Datentyps *union triplet* ausgeben läßt: In beiden Fällen wird der Wert *4* angezeigt. Läßt man sich analog mit

```
printf("%d", sizeof(s));
```

bzw.

```
printf("%d", sizeof(struct triplet));
```

die Größe der Strukturvariablen *s* bzw. des Datentyps *struct triplet* anzeigen, kann es sein, daß man nicht den Wert *7*, sondern *8* erhält. Dies rührt daher, daß der betreffende Compiler in diesem Fall ein zusätzliches Byte als Füllsel eingefügt hat, da die Komponenten zusammen eine ungerade Zahl von Bytes ergeben haben.

Man sagt auch, das Datenobjekt wurde auf Wortgrenze ausgerichtet. Die Länge eines (Rechner-)Worts (word) ist maschinenabhängig (gewöhnlich 2, 4 oder 8 Bytes). Geht man von einer Wortlänge von 2 Bytes aus, werden Strukturen wie die obige also mit einem Byte auf eine geradzahlige Anzahl von Bytes verlängert.

Speicherung der Komponenten

Im Gegensatz zu einer normalen Struktur werden alle Komponenten einer *union* unter derselben Adresse gespeichert, wovon man sich mit

```
printf("%u %u %u %u", &u, &u.first, &u.second, &u.third);
```

oder

```
printf("%x %x %x %x", &u, &u.first, &u.second, &u.third);
```

überzeugt.

Weist man nun mit

```
u.third = 'A';
```

der dritten Komponente *third* etwa das Zeichen 'A' zu, das als ganzzahliger Wert *65* (dezimaler ASCII-Code) im ersten Byte von *u* gespeichert wird, so fungiert die *union*-Variable *u* ab diesem Zeitpunkt als *char*-Variable, auf die unter dem Namen *u.third* zugegriffen werden kann:

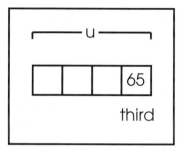

Wird jetzt die Anweisung

```
u.second = 1724;
```

ausgeführt, benutzt man über die zweite Komponente der Strukturvariablen *u* diese nun als Variable vom Typ *short*. Als Konsequenz der letzten Zuweisung wird in den beiden rechten Bytes von *u* der Wert *1724* gespeichert und damit gleichzeitig der aktuelle Inhalt der Komponente *third* - nämlich *65* - überschrieben, so daß dieser Wert verloren ist:

5

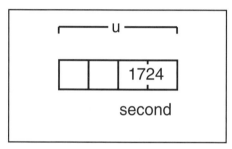

Eine Zuweisung an die *float*-Komponente würde wiederum den Inhalt von *second* überschreiben und alle vier Bytes von *u* mit einem Gleitkommawert belegen. Es empfiehlt sich also, darüber Bescheid zu wissen, welche Komponente mit welchem Datentyp gerade aktuell ist.

Das folgende Programm typechek.c verwendet eine Unionvariable, um einen Eingabewert je nach Typ entweder als ganzzahligen Wert oder als Gleitkommawert zu speichern.

Das Programm prüft zunächst, ob der eingegebene Wert eine ganze oder eine reelle Zahl ist. Dazu wird der Eingabewert als Zeichenkette eingelesen. Enthält die Eingabe einen Dezimalpunkt, wird der String mittels der Funktion *atof* in den entsprechenden *float*-Wert umgewandelt, andernfalls mit der Funktion *atol* in einen *long*-Wert. Je nachdem, welcher Datentyp für die Eingabe festgestellt wurde, wird für die Speicherung des Werts entweder die ganzzahlige oder die Gleitkommakomponente einer Unionvariablen benutzt.

Die Umwandlung der zunächst alphanumerisch gespeicherten Eingaben in numerische Werte wird von speziellen C-Funktionen durchgeführt. Die Funktion *atol* (bzw. *atoi*) wandelt eine Zeichenkette aus Ziffern in den entsprechenden ganzzahligen *long*-Wert (bzw. *int*-Wert) um. Die Anweisung

```
longvalue = atol(arrayadresse);
```

konvertiert einen String, der in dem *char*-Array mit der Adresse *arrayadresse* gespeichert ist, in den passenden numerischen Wert und speichert dieses Ergebnis in einer Variablen des Typs *long*, die natürlich vorher zu definieren ist. Wird beispielsweise in einem *char*-Array *numarray* der String "99999" gespeichert, würde

```
longvalue = atol(numarray); /*  Arrayname ist Anfangsadresse des Arrays   */
```

nach der Umwandlung des Strings den numerischen Wert *99999* in der *long*-Variablen *longvalue* speichern, der dann mit

```
printf("%ld", longvalue);
```

ausgegeben werden kann.

Analog wandelt die Funktion *atof* mit

```
doublevalue = atof(arrayname);
```

einen String in einen Gleitkommawert vom Typ *double* um. Enthielte das *char*-Array *numarray* z. B. den String "3.14", kann dieser mit

```
doublevalue = atof(numarray);
```

in einen Gleitkommawert umgewandelt und in der *double*-Variablen *double-value* gespeichert werden.

▶ *typechek.c:*

```
 1  /*  typechek nimmt Eingabewerte unterschiedlichen Typs (Integer, Gleitkomma)
 2      an und speichert sie mit Hilfe einer Unionvariablen entsprechend ihrem
 3      Datentyp. */
 4  #include <stdio.h>                              /*  für printf   */
 5  #include <string.h>                             /*  für strcmp   */
 6  #include <stdlib.h>                             /*  für atol, atof*/
 7  #include <conio.h>                              /*  für getch */
 8  main()
 9  {
10      char albuf[40];                    /*  alphanumerischer Puffer */
11      int i;                             /*  Kontrollvariable   */
12      int decpoint;                      /*  Dezimalpunkt-Flag  */
13          union values    /*  speichert Wert als Gleitkomma oder Integer.  */
14          {
15              long l;
16              double d;
```

```
17              } x;
18       do
19          {
20              printf("\033[2J");
21              printf("Ganze Zahl(max 9 Stellen) oder Reelle Zahl eingeben.\n"
22                      "Ende mit \'quit\': ");
23              gets(albuf);               /*  Zahl alphanumerisch einlesen.    */
24              i = 0;
25              decpoint = 0;              /*  Dezimalpunktflag initialisieren  */
26              if (strcmp(albuf, "quit") != 0)        /*  falls erste Eingabe
27                                                          nicht 'quit'.*/
28                 {
29                                          /*  Dezimalpunkt suchen:    */
30
31                      while (albuf[i] != '\0'  &&  decpoint != 1)
32                         {
33                              if (albuf[i] == '.')
34                                  decpoint = 1;
35                              i++;
36                         }
37
38                      if (decpoint) /*  falls Dezimalpunkt gefunden */
39                         {
40                              x.d = atof(albuf);       /*  String umwandeln
41                                      und als Gleitkommawert speichern.*/
42                              printf("\n\nReelle Zahl %f als
43                                      Gleitkommawert gespeichert.", x.d);
44                              printf("\n\nWeiter mit <Enter>.");
45                              getch();
46                         }
47                      else
48                         {
49                              x.l = atol(albuf);       /*  String in
50                                      Integer umwandeln
51                                      und speichern.    */
52                              printf("\n\nGanze Zahl %ld als Integerwert
53                                      gespeichert.",
54                                      x.l);
55                              printf("\n\nWeiter mit <Enter>.");
56                              getch();
57                         }
58                 }                                  /*  Ende if strcmp*/
59          } while (strcmp(albuf, "quit") != 0);
60  }
```

5.2.5.2 Bitfelder

Man hat häufig mit Informationen zu tun, für deren Speicherung eine normale Variable eigentlich "zu groß" ist (obwohl die Information natürlich darin gespeichert werden kann). So könnte beispielsweise in einem Programm, das mit Kalenderdaten operiert, am Wert einer *int*-Variablen abgelesen werden, ob ein Schaltjahr vorliegt oder nicht. Man vereinbart dazu, daß das betreffende Jahr ein Schaltjahr ist, wenn die Variable den Wert *1* hat, entsprechend kein Schaltjahr, wenn der Wert der Variablen *0* ist. (Statt als Unterscheidungsmerkmale die Werte *1* und *0* zu benutzen, kann man genausogut auf die in C übliche Unterscheidung zwischen 0 und ungleich 0 zurückgreifen.) Hat man etwa eine Variable

```
int schaltjahr;
```

kann man mit

```
if (schaltjahr == 1)
    printf("Schaltjahr");
else if (schaltjahr == 0)
    printf("Kein Schaltjahr");
```

herausfinden, welcher Tatbestand zutrifft. Um die Information

```
"Ein Schaltjahr liegt vor"
```

durch den Wert *1* auszudrücken bzw. die gegenteilige Information durch den Wert *0*, bedürfte es aber genau genommen keiner *int*-Variablen von 2 Byte (= 16 Bit) Größe. Eine JA/NEIN-Information (JA = 1, NEIN = 0) dieser Art könnte nämlich bereits in einem einzelnen Bit festgehalten werden, da ein Bit gerade zwei Zustände kennt:

1   Das Bit ist gesetzt (hat den Wert *1*).
0   Das Bit ist nicht gesetzt (hat den Wert *0*).

Ein solch sparsamer Umgang mit Speicherplatz ist uns schon vom Vorzeichenbit (vgl. dazu das Kapitel 1 "Programmaufbau") her bekannt, das durch seinen Wert signalisiert, ob eine Variable positiv oder negativ ist (1 für negativ, 0 für positiv). Für eine *int*-Variable *x* beispielsweise mit dem Wert -327 zeigt die binäre Darstellung im Vorzeichenbit (dem 16. von rechts) eine 1 an:

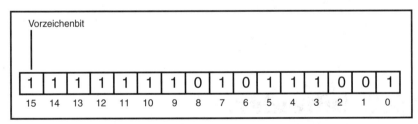

Abb. 113: Binäre Darstellung der Zahl -327 (dezimal)

Eine andere Möglichkeit, einzelne Bits bzw. Bitgruppen anstelle einer kompletten Variablen zur Speicherung von Werten zu benutzen, ist durch eine besondere Art von Struktur gegeben, deren Komponenten keine regulären Variablen sind, sondern jeweils nur aus einer Anzahl von Bits bestehen. Strukturkomponenten dieser Art werden als Bitfelder bezeichnet.

Deklaration und Definition

Bitfelder dienen zur Speicherung (kleiner) ganzzahliger Datenobjekte, stellen dabei aber selbst keine vollständigen Variablen dar, sondern belegen jeweils nur eine Anzahl von Bits in einem oder - bei Bedarf - auch mehreren Objekten von der Größe eines Maschinenworts, die der Compiler in diesem Fall als Strukturvariable anlegt. (Die Größe eines Maschinenworts ist nicht einheitlich festgelegt. Sie beträgt gewöhnlich 2, 4 oder 8 Bytes.) Die Deklaration einer Struktur, deren Komponenten Bitfelder sind, unterscheidet sich nur wenig von der einer gewöhnlichen Struktur:

```
struct    name_des_strukturtyps
     {
          datentyp name_bitfeld_1 : anzahl_bits;
          datentyp name_bitfeld_2 : anzahl_bits;
          .
          .
          .
          datentyp name_bitfeld_n : anzahl_bits;
     };
```

Als Datentyp sind für Bitfelder gewöhnlich nur *int* bzw. *unsigned int* zulässig. Die ganzzahlige Angabe *anzahl_bits* nach dem Namen eines Bitfelds (und von diesem durch einen Doppelpunkt getrennt) bestimmt, wie viele Bits einer Strukturvariablen aus Bitfeldern von der jeweiligen Komponente beansprucht werden. Beispielsweise erzeugt die Deklaration

```
struct sprachen
     {
          unsigned int englisch : 1;
          unsigned int französisch : 1;
          unsigned int spanisch : 1;
          unsigned int russisch : 1;
          unsigned int japanisch : 1;
     };
```

eine Struktur vom Typ *sprachen*, deren Komponenten *englisch, französisch, spanisch, russisch* und *japanisch* Bitfelder sind, von denen jedes eine Länge von einem Bit hat. Am Wert eines solchen Bits (0 oder 1) könnte man ablesen, ob jemand die betreffende Sprache spricht (1) oder nicht (0). Die Bitfelder wurden - wie gemeinhin üblich - mit dem Datentyp *unsigned int* vereinbart, womit sie als Objekte vorzeichenlosen Typs garantiert sind. Definieren wir nun mit

```
struct sprachen mitarbeiter;
```

eine Strukturvariable *mitarbeiter* vom Typ *struct sprachen*, so reserviert der Compiler dafür Speicherplatz von der Größe eines Rechnerworts. Die Bitfelder *englisch*, *französisch*, *spanisch*, *russisch* und *japanisch* belegen davon mit einem Bit pro Komponente zusammen fünf Byte. Nehmen wir als Wortgröße 2 Bytes an, können wir uns die Strukturvariable *mitarbeiter* folgendermaßen vorstellen:

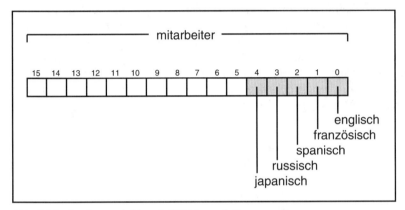

Abb. 114: Strukturvariable mit Bitfeldern als Komponenten

In der obigen Abbildung belegen die Bitfelder in der Strukturvariablen die ersten fünf Bits von rechts. Je nach Compiler können sie jedoch ebensogut in den ersten fünf Bits von links gespeichert werden, was eine gewisse Vorsicht angeraten sein läßt. In jedem Fall bleiben die restlichen elf Bits der Strukturvariablen ungenutzt.

Zugriff

Der Zugriff auf ein Bitfeld erfolgt - wie der Zugriff auf eine normale Strukturkomponente auch - über den Punktoperator. Mit

```
mitarbeiter.englisch = 0;
```

kann man die Information speichern, daß der betreffende Mitarbeiter nicht über englische Sprachkenntnisse verfügt. In gleicher Weise würde

```
if (mitarbeiter.spanisch == 1)
```

prüfen, ob er Spanisch spricht. Wir beachten, daß ein Bitfeld von der Größe eines Bits nur zwei Werte speichern kann, nämlich *0* und *1*. Analog kann ein Bitfeld von zwei Bits Länge die Werte *0* bis *3* speichern, ein Bitfeld von drei Bits Länge die Werte von *0* bis *7* etc. Allgemein ist ein Bitfeld von *n* Bit Länge in der Lage, Werte im Bereich von

```
0 bis 2^n-1
```

darzustellen. Der Wert von n darf dabei nicht größer sein als die Anzahl der Bits eines Worts. Ist die Wortlänge 2 Bytes, kann ein Bitfeld maximal 16 Bit lang sein, womit Werte von

```
0 bis 2^16-1
```

d. h. von 0 bis 65535, gespeichert werden können. Häufig haben Bitfelder nur eine Länge von einem Bit, weil die zu verwaltenden Informationen vom Typ JA/NEIN sind, also nur zwei Zustände bzw. Werte benötigt werden. Oft reicht deshalb ein Objekt von Wortlänge aus, um alle Bitfelder einer Struktur darin unterzubringen. Belegen die Bitfelder einer Struktur insgesamt mehr Bits als ein Computerwort besitzt, reserviert der Compiler so viele weitere Speichereinheiten von Wortlänge, wie zur Speicherung der Bitfelder nötig sind.

Bitfelder sollen Speicherplatz einsparen. Wollte beispielsweise ein Unternehmen mit 2.000 Mitarbeitern, das Arbeitsplätze im Ausland zu besetzen hat, in diesem Zusammenhang herausfinden, über welche Sprachkenntnisse seine Mitarbeiter verfügen, könnte man für jede in Frage kommende Sprache ein Array aus 2.000 *short*-Variablen anlegen:

```
short eng [2000];
short fra [2000];
short spa [2000];
short rus [2000];
short jap [2000];
```

Gibt man jedem Mitarbeiter eine Nummer zwischen 0 und 1999, kann für ihn festgehalten werden, welche Sprachen er spricht. Zum Beispiel würde mit

```
eng[400] = 1;
fra[400] = 0;
spa[400] = 0;
rus[400] = 0;
jap[400] = 1;
```

gespeichert, daß der Mitarbeiter mit der Nummer 400 Englisch und Japanisch spricht, aber nicht Französisch, Spanisch und Russisch. Allerdings benötigt man auf diese Weise 10 Bytes Speicherplatz pro Mitarbeiter, insgesamt also 20.000 Bytes. Mit einer Struktur aus Bitfeldern wie der folgenden ließe sich der Speicherbedarf erheblich senken.

Nach der Deklaration

```
struct sprachen
    {
        unsigned eng : 1;
        unsigned fra : 1;
        unsigned spa : 1;
```

```
            unsigned rus : 1;
            unsigned jap : 1;
      };
```

belegt die (Struktur-)Arrayvariable

```
struct sprachen mitarbeiter [2000];
```

die ein Array aus 2.000 Strukturvariablen des Typs *struct sprachen* ist, lediglich 2000 * 2 = 4.000 Bytes Speicher, da die Komponenten jeder Strukturvariablen in jeweils einer *unsigned int*-Variablen Platz finden. Für den Mitarbeiter 400 können die Sprachkenntnisdaten nun mit

```
mitarbeiter[400].eng = 1;
mitarbeiter[400].fra = 0;
mitarbeiter[400].spa = 0;
mitarbeiter[400].rus = 0;
mitarbeiter[400].jap = 1;
```

aufgenommen werden.

Bitfelder lassen sich in vieler Hinsicht wie normale Variablen verwenden, wenn man ihren meist eingeschränkten Wertebereich nicht außer acht läßt: Man kann ihnen Werte zuweisen, sie vergleichen, ausgeben oder arithmetische Operationen mit ihnen durchführen. Allerdings sind sie nicht für Adreßoperationen geeignet, was bedeutet, daß unter anderem der Adreßoperator nicht auf sie angewendet werden kann. Dies ist nicht weiter verwunderlich, da eine Adresse sich stets auf den Anfang eines Bytes und nicht auf ein einzelnes Bit bezieht. Bitfelder und *unions* finden keine allzu häufige Verwendung, was daran liegen mag, daß ihre spezifischen Vorteile geringer eingeschätzt werden als die Einschränkungen, die man dabei in Kauf zu nehmen hat.

5.3 Fragen zur Wiederholung

Die Antworten auf die Wiederholungsfragen dieses Kapitels finden Sie im Anhang ab Seite 804.

 Gegeben sei ein Array

```
float x [1000];
```

dessen Elemente alle den Wert *0* erhalten sollen. Wie läßt sich dies in möglichst knapper Form erreichen?

2 Das folgende Programm soll die Potenzen 2^0 bis 2^{10} berechnen und in einem Array speichern. Erfüllt das Programm diese Aufgabe?

```
main()
    {
        int p [11];
        int i, k;
        for(i = 0; i < 11; i++)
            {
                if (i == 0)
                    p[i] = 1;
                else
                    for (k = 1; k <= i; k++);
                        p[i] = p[i] * 2;
            }
    }
```

3 Worin besteht die "Mehrdimensionalität" eines Arrays in C?

4 Ein Array soll die Quadratmeterzahlen jedes Zimmers eines homogenen Häuserblocks mit 9 Häusern, 6 Etagen pro Haus, 3 Wohnungen pro Etage und 3 Zimmern pro Wohnung speichern.

Wie lautet die entsprechende Arraydefinition?

Wie viele Zimmer hat der Häuserblock?

Das zweite Zimmer der ersten Wohnung im obersten Stockwerk des siebten Hauses hat eine Fläche von 40 m^2. Wie sieht die Zuweisung dieses Werts an das entsprechende Arrayelement aus?

Die m^2-Zahlen für alle Wohnungen sollen eingegeben werden. Codieren Sie eine entsprechende Eingabeschleife.

5 In dem folgenden Array soll der String "ARRAY" gespeichert werden

```
char a [5];
```

Kann man mit dieser Definition zufrieden sein?

6 Gegeben sei das Array

```
char a [40];
```

Was ist der Unterschied zwischen den Anweisungen

```
scanf("%s", &a[0]);
```

und

```
scanf("%c", &a[0]);
```

Ließe sich die erste der Anweisungen knapper formulieren?

5

7 Was bewirken jeweils die Anweisungen

```
a)    char s [20] = {'\0'};
b)    char s [20] = {0};
c)    char s [20] = "";
```

8 Nach

```
char a [11] = {'\0'};
```

wird mit

```
scanf("%s", &a[3]);
```

der String "Mitte" eingelesen. Wie sieht das Array danach im Speicher aus?

9 Welche Bedeutung hat der Name eines Arrays für den Compiler, welche eine Zeichenkettenkonstante?

10 Warum sind zweidimensionale *char*-Arrays gewöhnlich relativ unökonomisch zur Speicherung von Strings?

11 Welche Datentypen können die Komponenten einer Struktur besitzen?

12 Ist nach der Deklaration

```
struct coordinate
        {
            int x;
            int y;
            int z;
        } c;
```

die folgende Zuweisung an die erste Koordinate korrekt?

```
coordinate.x = 10;
```

13 Was wird nach der Deklaration

```
struct landkreisstadt
        {
            char name [20];
            char straße [20];
            char geburtsdatum [11];
        };
```

mit der folgenden Anweisung definiert?

```
struct landkreisstadt einwohner [4] [10] [50];
```

14 Gegeben sei die folgende *union* nebst zwei Variablen *d1* und *d2*:

```
union date
     {
          char alpha [11];
          int day, mon, year;
     } d1, d2;
```

Mit

```
gets(d1.alpha);
gets(d2.alpha);
```

werden zwei Daten alphanumerisch in die Variablen *d1* und *d2* eingelesen. Die folgende Anweisung soll den Inhalt der Variablen *d2* an die Variable *d1* zuweisen, falls die beiden Variablen unterschiedliche Werte haben. Ist die Anweisung korrekt?

```
if (d1 != d2)
   d1 = d2;
```

5.4 Aufgaben

Die Lösungen der Aufgaben dieses Kapitels finden Sie im Anhang ab Seite 862.

1 Gelegentlich sollen Werte, die in einem Array gespeichert sind, in einer besonderen Weise geordnet werden. Überlegen Sie sich für ein Programm, das eine Reihe von Zahlenwerten einliest, ein einfaches Sortierverfahren, das die eingelesenen Werte nach Größe ordnet.

2 Schreiben Sie ein Programm, das auf die Eingabe eines Geburtstags das zugehörige Sternzeichen ausgibt.

3 Um Kennnummern auf ihre Gültigkeit zu kontrollieren, werden Personalnummern, Artikelnummern, Kontonummern etc. häufig mit einer speziellen *Prüfziffer* versehen, die nach einem bestimmten Verfahren aus der Folge ihrer übrigen Ziffern ermittelt wird. Die Prüfziffer wird gewöhnlich als letzte Ziffer an die Nummer angefügt. Ein simples Verfahren, eine Prüfziffer zu erzeugen, besteht darin, jede Ziffer der Nummer mit einem bestimmten Faktor zu multiplizieren (d. h. eine Gewichtung vorzunehmen), die Quersumme der entstehenden Produkte zu addieren, diese Summe durch 10 zu teilen und den Divisionsrest von 10 abzuziehen. Diese Differenz ergibt die Prüfziffer. Wir illustrieren dies am Beispiel einer 7stelligen Personalnummer:

```
Personalnummer (ohne Prüfziffer):    1    2    3    4    5    6
Gewichtungsfaktor:                   1    3    1    3    1    3
Produkte (Ziffer * Gewichtung):      1    6    3   12    5   18
Quersumme (Produkte):                1    6    3    3    5    9
Summe der Quersummen:               27
Quersumme / 10:                     27 : 10 = 2 Rest 7
Prüfziffer:                         10 - 7 = 3
Personalnummer (mit Prüfziffer):     1    2    3    4    5    6    3
```

Entwicklen Sie

a)   ein Programm, das eine Anzahl von Personalnummern, die vergeben werden sollen, mit einer Prüfnummer versieht:

b)   ein Programm, das eine eingegebene Personalnummer anhand der Prüfziffer auf ihre Gültigkeit überprüft.

4   Ein Programm soll einen Text auf das Vorhandensein eines bestimmten Zeichens überprüfen und auf Wunsch dieses Zeichen (falls vorhanden) durch ein anderes ersetzen.

5   Die Funktionen *atoi*, *atol* und *atof* wandeln zwar Zeichenketten aus Ziffern in numerische Werte um, jedoch nicht in jedem Fall, etwa dann nicht, wenn die Ziffern in andere Zeichen eingebettet sind, wie z. B. in dem String

```
"DM 345,-"
```

Schreiben Sie (als Vorübung für spätere Funktionen) ein Programm, das eine Ziffernkette, die sich innerhalb einer Zeichenkette befindet, in die entsprechende Zahl umwandelt. Dabei soll die Zeichenkette vorerst nur eine Ziffernfolge enthalten.

6   Lesen Sie die Botschaft

```
RATE
YOUR
MIND
PAL!
```

in ein zweidimensionales Array ein und lassen Sie dann den Arrayinhalt so ausgeben, daß die Strings von oben nach unten zu lesen sind:

```
R   Y   M   P
A   O   I   A
T   U   N   L
E   R   D   !
```

7 Eine einfache Textanalyse soll die Anzahl der Zeichen, Worte und Sätze eines Textes feststellen, der von der Tastatur eingegeben wird, außerdem die durchschnittliche Satzlänge in Zeichen und Worten. Verwenden Sie zur Speicherung der Angaben eine geeignete Struktur.

8 Ein Unternehmen, das Vertreter beschäftigt, will deren Umsätze aus dem letzten Jahr überprüfen. Dazu sollen *Namen, Vornamen, Geburtsdatum, Personalnummer, Dauer der Betriebszugehörigkeit* und der Umsatz im vergangenen Jahr gespeichert werden. Liegt der Jahresumsatz unter dem Vorgabewert von 100.000 DM, soll vermerkt werden, daß der betreffende Vertreter darüber eine Mitteilung erhält, wenn er länger als ein Jahr bei dem Unternehmen tätig ist. Erreicht der Umsatz den Vorgabewert oder überschreitet er ihn, soll der Vertreter für eine Gratifikation vorgemerkt werden. Außerdem möchte das Unternehmen nach Eingabe der Daten eine Liste der Vertreter mit Namen, Personalnummer und Umsatz, die nach Umsatzhöhe geordnet ist (vgl. dazu auch Aufgabe 1). Die Anzahl der Vertreter sei auf maximal 100 begrenzt.

9 Für eine Reihe von Gleitkommazahlen, die der Anwender eingibt, sollen Vorkommateil und Nachkommateil getrennt addiert werden. (Zur Zerlegung von Gleitkommazahlen gibt es eine C-Funktion *modf*. Man versuche jedoch, die Aufgabe ohne diese Funktion zu lösen.)

5

6. Eigene Datentypen

Mit Hilfe der beiden Schlüsselworte

```
typedef
enum
```

lassen sich zusätzlich zu den vordefinierten Datentypen in C auch eigene Datentypen bzw. Datentypnamen erzeugen. Das Schlüsselwort *typedef* ermöglicht dabei lediglich, neue Namen für bereits bestehende Datentypen zu vergeben. Mit *enum* dagegen kann man in der Tat einen neuen Datentyp vereinbaren.

6.1 Definition eigener Datentypnamen (typedef)

Der Hauptgrund, für einen bestehenden Datentyp einen neuen Namen einzuführen, ist gewöhnlich, daß man sich etwas Schreibarbeit ersparen will. Tauchen beispielsweise in einem Programm häufiger Variablendefinitionen auf, die längere Typbezeichnungen enthalten, wie etwa bei

```
struct maschinendaten x;
```

so kann man mittels *typedef* gemäß der Syntaxschablone

```
typedef  datentyp ersatzname_1  [,ersatzname_2, ... ,
ersatzname_n]
```

einen oder mehrere weitere Namen als Synonym(e) für den Datentyp *struct maschinendaten* vereinbaren. Dabei gibt *datentyp* den Datentyp an, für den ein neuer Name vergeben werden soll. Die Angaben *ersatzname_1* bis *ersatzname_n* legen die Namen fest, unter denen der Datentyp *datentyp* auch im Programm benutzt werden kann. (Die eckigen Klammern gehören nicht zur Syntax, sondern zeigen an, daß optional in einer Anweisung auch mehrere Namen als Synonyme vereinbart werden können.) Für unser obiges Beispiel legt die Anweisung

```
typedef struct maschinendaten mdaten;
```

die Bezeichnung *mdaten* als synonymen Namen für den Datentyp *struct maschinendaten* fest. Danach ist die Variablendefinition

```
mdaten x;
```

äquivalent zu

```
struct maschinendaten x;
```

die natürlich nach wie vor ebenfalls verwendet werden kann.

Datentypnamen, die mit *typedef* erzeugt werden, können in gleicher Weise benutzt werden wie die vom System vordefinierten Typnamen, was nicht besonders verwundert, da ja lediglich ein weiterer Name (eben ein Synonym) für dieselbe Sache vereinbart wurde. Eine Variable, die mit einem solchen Typnamen definiert wird, hat keine anderen Eigenschaften als eine Variable, die mit der vordefinierten Typbezeichnung definiert wurde. In der Tat bewirkt eine *typedef*-Anweisung nichts anderes als Textersatz, den der Compiler beim Kompilieren wieder rückgängig macht: der mit *typedef* vereinbarte Typname - in unserem Beispiel *mdaten* - wird wieder durch die herkömmliche Bezeichnung *struct maschinendaten* ersetzt.

Definitionsvarianten

Für Strukturen kann der gewünschte Datentypname auch gleich bei der Deklaration der Struktur vergeben werden. Die Deklaration

```
typedef struct maschinendaten
        {
              float leistung;
              float wirkungsgrad;
              int systeme;
        } mdaten;
```

definiert nicht etwa eine Variable namens *mdaten*, sondern einen Strukturtyp *mdaten*, der synonym zu dem Datentyp *struct maschinendaten* verwendet werden kann. Eine *typedef*-Anweisung kann bei Strukturen aber nicht nur Ersatznamen für bereits bestehende Datentypen erzeugen. Es ist auch möglich, eine alternative (dritte) Form der Strukturdeklaration damit zu schaffen. So würde etwa die Deklaration

```
typedef struct
        {
              float leistung;
              float wirkungsgrad;
              int systeme;
        } mdaten;
```

für einen namenlosen Strukturtyp die Datentyp-Bezeichnung *mdaten* vereinbaren. Inhaltlich ist diese Deklaration äquivalent zu der Deklaration

```
struct mdaten
        {
            float leistung;
            float wirkungsgrad;
            int systeme;
        };
```

die den gleichen Datentyp erzeugt, allerdings unter einem anderen Namen.
Im letzteren Fall nämlich müßte eine Variable *x* dieses Typs mit

```
struct mdaten x;
```

definiert werden, im ersten Fall genügte

```
mdaten x;
```

Der Nachteil solcher abkürzenden Bezeichnungen ist, daß man bei Variablendefinitionen nicht sofort erkennt, daß es sich um eine Strukturvariable
handelt.

Typnamen für einfache Datentypen

Natürlich können auch für kürzere Datentypnamen Ersatzbezeichnungen
eingeführt werden, etwa um auf irgendeinen Umstand besonders hinzuweisen. So kann mit

```
typedef int GNZ;
```

für den Datentyp *int* als weiterer Name die Bezeichnung *GNZ* vereinbart
werden, um deutlich zu machen, daß die definierte Variable ganzzahlig ist:

```
GNZ x;
```

(Der Ersatzbegriff wird dabei - wie im obigen Beispiel - häufig in Großbuchstaben geschrieben, um ihn von den systemeigenen Datentypen zu unterscheiden.) Analog würde

```
typedef int bool;
```

als Synonym für *int* den Namen *bool* definieren, um zu signalisieren, daß eine
Variable lediglich zwei Werte (z. B. *0* und *1*) annehmen soll. Die Definition

```
bool schalter;
```

wäre nun synonym zu

```
int schalter;
```

lieferte aber im Gegensatz dazu einen klaren Hinweis darauf, daß die Variable *schalter* vermutlich "zweiwertig" verwendet wird. Im übrigen hätte man die beiden Anweisungen

```
typedef int GNZ;
typedef int bool;
```

auch in eine einzige Anweisung zusammenfassen können:

```
typedef int GNZ, bool;
```

vereinbart für den Datentyp *int* die beiden Synonyme *GNZ* und *bool*.

Besonderheiten bei Typnamen für komplexere Datentypen

Eine kleine Besonderheit ist noch zu beachten, wenn man für Arraydatentypen und andere komplexere Datentypen zusätzliche Bezeichnungen einführen will. Verwendet man z. B. häufig *char*-Arrays mit 80 Elementen - was gerade die Anzahl der Zeichen einer normalen Bildschirmzeile ist - und möchte man daher in einer Definition wie

```
char z1 [80], z2 [80], z3 [80];
```

den Datentypnamen

```
char [80]
```

durch die kürzere Bezeichnung *ZEILE* ersetzen, so kann dies mit der folgenden *typedef*-Anweisung erreicht werden:

```
typedef char ZEILE [80];
```

Die zu *char [80]* synonyme Typbezeichnung *ZEILE* steht in diesem Fall nicht hinter dem systemeigenen Typnamen, sondern zwischen den beiden Teilen *char* und *[80]*, also dort, wo in Variablendefinitionen der Name einer Variablen steht. Nichtsdestoweniger ist *ZEILE* aber der Name eines *Datentyps*, nämlich die Ersatzbezeichnung für *char [80]*. Demgemäß können wir nun statt

```
char z1 [80], z2 [80], z3 [80];
```

kürzer schreiben

```
ZEILE z1, z2, z3;
```

was der Compiler beim Übersetzen in die darüberstehende Anweisung zu-
rückverwandelt. Als nützliche Regel - insbesondere bei der Vereinbarung von
Ersatzbezeichnungen für komplexere Datentypen - kann man sich merken,
daß der neu zu vereinbarende Typname in dem auf das Schlüsselwort *typedef*
folgenden Rest des Anweisungstextes immer dort zu stehen hat, wo ein Variablenname stehen müßte, wenn man den Anweisungsteil nach *typedef* nicht
als Teil der *typedef*-Anweisung, sondern als gewöhnliche Variablendefinition
betrachten würde.

6.2 Definition eigener Datentypen (enum)

Es kommt relativ häufig vor, daß eine Programmvariable nur eine bestimmte
Anzahl von Werten annehmen soll, wie etwa die Variable *schalter* aus dem
vorigen Kapitel, für die im Sinne der Booleschen Logik nur die beiden Werte
0 und *1* vorgesehen waren (obwohl der Datentyp *int* natürlich auch andere
Werte für sie zugelassen hätte). Ein anderes Beispiel wäre eine Variable

```
int quartal;
```

für die sinnvollerweise lediglich vier Werte - etwa 1 bis 4 - in Betracht kommen. Dabei wird sowohl in der Umgangssprache als auch im Programmcode
der jeweilige Jahresabschnitt direkt durch einen Zahlenwert gekennzeichnet.
Auf beiden Sprachebenen identifiziert z. B. das Symbol "1" bzw. der Wert *1*
(und nicht irgendein Name) ein bestimmtes Quartal, nämlich das erste: Man
spricht von "Quartal 1" oder prüft in einem Programm mit

```
if (quartal == 1)
    .
    .
    .
```

ob die Variable *quartal* gerade den Wert *1* besitzt. Die vier möglichen Fälle
von Quartal werden also durch Zahlenwerte - und nicht durch spezielle Bezeichnungen (wie z. B. "Winter", Frühling" etc.) - voneinander unterschieden.

Gelegentlich hat man in einem Programm aber auch Fälle oder Auswahl-
möglichkeiten zu unterscheiden, die nicht schon von vornherein in Form von
Zahlenwerten - und damit direkt für den Rechner verständlich - vorliegen.
Will man beispielsweise in irgendeinem Zusammenhang zwischen den Erd-

teilen Afrika, Amerika, Asien, Australien und Europa differenzieren, muß man zu diesem Zweck gewöhnlich jedem der Erdteile einen Zahlenwert zuordnen: So könnte der Wert *0* für Afrika stehen, der Wert *1* für Amerika, *2* für Asien, *3* für Australien und *4* für Europa. Mit Hilfe einer geeigneten Variablen, etwa

```
int continent;
```

lassen sich dann im Programm erdteilspezifische Anweisungen formulieren:

```
if (continent == 1)
    printf("Der amerikanische Kontinent umfaßt eine Fläche"
                    "von 42.3 Millionen qkm.");
```

Eine Alternative zu dieser Vorgehensweise besteht darin, sich keine Zahlenwerte für irgendwelche umgangssprachlichen Objekte wie Erdteile, Wochentage, Monatsnamen etc. zu merken, sondern für den jeweiligen Fall einen eigenen Datentyp mit einer speziellen Wertemenge aus Namen statt Zahlen zu erzeugen. Die Programmiersprache C enthält zu diesem Zweck den Datentyp *enum*. Der Name *enum* leitet sich vom englischen Wort *enumerate* ab, was soviel wie aufzählen bedeutet. Dementsprechend heißen Datentypen, die mit Hilfe des Datentyps *enum* erzeugt werden, auch *Aufzählungstypen*. Aufgezählt werden dabei in einer Liste die Werte, die eine Variable des speziellen *enum*-Typs annehmen kann. Um einen Aufzählungsdatentyp zu vereinbaren, ist eine Deklaration notwendig. Diese Deklaration besitzt eine gewisse Ähnlichkeit mit Strukturdeklarationen und sieht in ihrer allgemeinen Form wie folgt aus:

```
enum name_des_aufzählungstyps
{
    name_1,
    name_2,
    .
    .
    .
    name_n
};
```

Ähnlich wie bei einer Strukturdeklaration auf das Schlüsselwort *struct* der Name des Strukturtyps folgt, kann hinter dem Schlüsselwort *enum* ein Name für den jeweiligen Aufzählungstyp stehen. Die anschließende Liste nennt die Werte, die eine Variable des deklarierten Typs annehmen darf. Diese Werte werden nicht als Zahlen, sondern in Form von Namen (Bezeichnern) angegeben (hinter denen sich aber intern, wie wir noch sehen werden, natürlich doch Zahlenwerte verbergen). Nach dieser Syntaxschablone können wir nun für das Erdteil-Beispiel den folgenden (Aufzählungs-)Datentyp erzeugen:

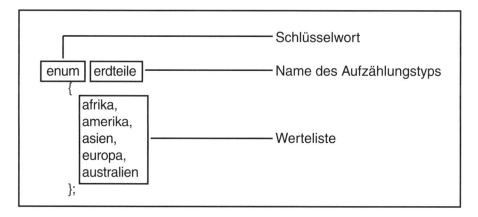

Danach definiert die Anweisung

```
enum erdteile continent;
```

eine Variable namens *continent* vom Datentyp *enum erdteile*.

Diese Variable kann als Wert nur einen jener Werte annehmen, die in der Liste enthalten sind, die bei der Deklaration angegeben wurde. Statt der Anweisung

```
if (continent == 1)
    printf("Der amerikanische Kontinent umfaßt eine Fläche"
                    "von 42.3 Millionen qkm.");
```

können wir jetzt informativer schreiben

```
if (continent == amerika)
    printf("Der amerikanische Kontinent umfaßt eine Fläche"
                    "von 42.3 Millionen qkm.");
```

und eine Zuweisung wie

```
continent = asien;
```

setzt die Variable *continent* auf den Wert *asien*.

Definitions- und Deklarationsvarianten

Wie bei den Strukturen läßt sich auch bei den Aufzählungstypen die Definition einer Variablen in die Deklaration des Datentyps integrieren. Die beiden Anweisungen

```
enum erdteile
{
```

```
     afrika,
     amerika,
     asien,
     europa,
     australien
};

enum erdteile continent;
```

können zu einer einzigen (äquivalenten) zusammengefaßt werden. Die Anweisung

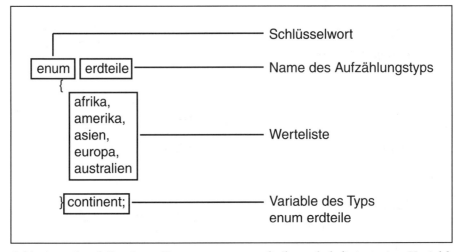

deklariert ebenfalls einen Datentyp *enum erdteile* und definiert eine Variable *continent*. In dieser letzteren Syntax kann der Name des Aufzählungstyps entfallen, und man könnte mit

```
enum
        {
        afrika,
        amerika,
        asien,
        australien,
        europa
        } continent;
```

einen namenlosen Aufzählungstyp deklarieren bzw. eine *enum*-Variable *continent* definieren. Aus Gründen, die schon im Zusammenhang mit Strukturdeklarationen angeführt wurden, sollte man jedoch auch bei den Aufzählungstypen nicht auf dieses einfache Unterscheidungs- und Informationsmerkmal verzichten.

Was sich hinter der Werteliste eines Aufzählungstyps verbirgt

Man fragt sich vielleicht, was der Compiler mit einem Wert wie *amerika* anfängt, der ja von seiner äußeren Form her weder eine Zahl noch ein Variablenname ist. Tatsächlich handelt es sich aber bei solchen Werten intern doch um numerische Objekte, präziser: um ganzzahlige Konstanten vom Typ *int*. Im Unterschied zu anderen numerischen Konstanten haben sie aber einen *Namen*, unter dem man auf sie zugreifen kann. Man kann sie daher auch als *symbolische Konstanten* bezeichnen.

Der Compiler ordnet standardmäßig jedem Wert der bei der Deklaration angegebenen Liste (also jeder der symbolischen Konstanten) einen bestimmten ganzzahligen Wert zu: Der erste Name in der Liste ist gleichbedeutend mit dem Wert *0*, der zweite Name erhält den Wert *1*, der dritte den Wert *2* etc. Stets wird dem folgenden Namen der um 1 erhöhte Wert seines Vorgängers zugewiesen. Für den Aufzählungstyp

```
enum erdteile
      {
      afrika,
      amerika,
      asien,
      australien,
      europa
      };
```

haben entsprechend die Namen *afrika, amerika, asien, australien* und *europa* der Reihe nach die numerischen Werte *0, 1, 2, 3* und *4*. In diese vom System durchgeführte Vorbesetzung mit Standardwerten kann man jedoch eingreifen, indem man beliebigen Namen aus der Liste bei der Deklaration explizit einen ganzzahligen Wert vom Typ *int* zuweist.

Die Deklaration

```
enum erdteile
      {
      afrika = 100,
      amerika,
      asien,
      australien,
      europa
      };
```

setzt den Wert der symbolischen Konstanten *afrika* auf *100*. Die folgende Konstante *amerika* erhält nun automatisch den Wert *101*, *asien 102*, *australien 103* und *europa 104*, also jeweils wieder den um 1 erhöhten Wert des Vorgängers. Allgemein findet die Vorgänger-Regel immer dann Anwendung, wenn einer

Konstanten nicht explizit ein Wert zugewiesen wird. Selbstverständlich können auch mehreren oder allen Namen der Liste Werte zugewiesen werden, wobei gleiche Werte für die einzelnen Namen zugelassen sind. In der Deklaration

```
enum erdteile
        {
        afrika,
        amerika = 50,
        asien = 50,
        australien = 5,
        europa
        };
```

erhält *afrika* standardmäßig den Wert *0, amerika* und *asien* jeweils den Wert *50, australien* den Wert *5* und *europa* nach der eben erläuterten Regel den um 1 erhöhten Wert des Vorgängers, also *6.*

Da die Werte, die eine Variable vom Typ *enum* annehmen kann, intern Konstanten vom Typ *int* sind, wird eine solche Variable vom Compiler wie eine *int*-Variable behandelt. Sie hat den gleichen Speicherbedarf und kann insbesondere auch genauso in Vergleichs- oder arithmetischen Operationen eingesetzt werden. Das folgende Beispiel verwendet eine *enum*-Variable als Kontrollvariable bzw. als Index. Die Deklaration

```
enum monatsliste
    {
        januar = 1, februar, maerz, april, mai, juni,
        juli, august, september, oktober, november, dezember
    } monat;
```

erzeugt einen Datentyp *enum monatsliste* und definiert eine Variable *monat* dieses Typs. Die Werteliste umfaßt die zwölf Monatsnamen, die intern die Werte 1 bis 12 besitzen, da der Standardanfangswert von *januar* von *0* auf *1* geändert wurde, damit die Zahlenwerte der Listenelemente der normalen Monatsnumerierung entsprechen. Bei den Variablen

```
float jahresumsatz;
float umsatz [13]; /*  1. Element bleibt frei  */
```

kann man mit

```
for (monat = januar, jahresumsatz = 0; monat <= dezember; monat++)
    {
        scanf("%f", &umsatz[monat]);
        jahresumsatz = jahresumsatz + umsatz[monat]);
    }
```

irgendwelche Monatsumsätze zu Jahresumsatz aufsummieren.

Die Namen in der Werteliste des Aufzählungstyps müssen eindeutig sein, d. h., sie dürfen nicht gleichzeitig für andere Datenobjekte, etwa Variablen oder Elemente aus der Werteliste eines anderen Aufzählunsgtyps verwendet werden. Auch können die Werte eines Aufzählungstyps nicht der Variablen eines anderen Aufzählungstyps zugewiesen werden. Eine Anweisung wie

```
monat = asien;
```

wäre nicht nur wenig sinnvoll, sondern auch unzulässig.

6

7. Speicherklassen

Wie ein C-Programm Variablen verwaltet, hängt nicht allein von ihrem Datentyp ab, sondern auch davon, an welcher Stelle im Programm sie definiert und welche Speicherklassen ihnen dabei zugeteilt werden. Die (storage class) einer Variablen bestimmt dabei, an welcher Stelle des Speicherbereichs, den ein C-Programm belegt, die Variable aufbewahrt wird.

Ferner haben sowohl der Definitionsort als auch die Speicherklasse einer Variablen Einfluß auf folgende Dinge:

- den *Programmbereich*, für den die Variable definiert, d. h. gültig ist (Gültigkeitsbereich der Variablen). Beispielsweise kann eine Variable im gesamten Programm oder auch nur in Teilen davon gültig, d. h. verwendbar sein. Statt für ein Datenobjekt (etwa eine Variable) festzustellen, es sei für einen bestimmten Programmbereich "gültig", sagt man auch, es sei in diesem Programmbereich "sichtbar" oder "bekannt". Im übrigen lassen sich die zum Gültigkeitsbereich von Variablen angestellten Überlegungen - und dies bedeutet: zum Gültigkeitsbereich des sie repräsentierenden Namens - auch auf andere Namen übertragen, die in einem C-Programm vergeben werden können, etwa auf die Namen von symbolischen Konstanten, Strukturtypen und Strukturkomponenten, Aufzählungstypen und Funktionen.

- den Anteil an der gesamten Programmdauer, für den die Variable überhaupt existiert (Lebensdauer der Variablen). Beispielsweise kann eine Variable für die Dauer des gesamten Programms existent sein, d. h. Speicherplatz belegen, oder auch nur für bestimmte Zeitspannen innerhalb der Gesamtdauer vorhanden sein und dann wieder aus dem Speicher gelöscht werden.

Variablen sind nicht die einzigen Datenobjekte, die eine Speicherklasse besitzen. Auch Funktionen werden auf diese Weise klassifiziert. Das aktuelle Kapitel befaßt sich mit den Speicherklassen von Variablen; (was den Hauptanteil des Themas "Speicherklassen" ausmacht).

Die Speicherklassen von Funktionen werden im Kapitel 10 "Funktionen" behandelt.

7.1 Lokale und globale Variablen

Je nachdem, wo eine Variable im Programm definiert wird, bezeichnet man sie entweder als lokal oder als global. Eine globale Variable wird außerhalb jeder Funktion definiert. Insofern waren alle Variablen, die wir bisher in unseren Programmen verwendet haben, keine globalen Variablen, da sie jeweils innerhalb der Funktion *main* vereinbart wurden.

Eine globale Variable ist ab dem Ort ihrer Definition in der gesamten Datei, in der sie definiert wird (also in jedem Block bzw. in jeder Funktion), bekannt und damit gültig und verwendbar. In Abhängigkeit von ihrer Speicherklasse erstreckt sich ihr Gültigkeitsbereich eventuell sogar auf weitere Dateien (Module), falls das Programm insgesamt aus mehr als einer Datei besteht (siehe dazu das folgende Kapitel 7.2).

Dagegen ist eine Variable lokal, wenn sie innerhalb einer Funktion bzw. innerhalb eines Blocks definiert wird. Eine solche Variablendefinition ist dabei am Anfang eines jeden Blocks zulässig, also nicht etwa nur im äußeren Block einer Funktion. Die Variablen, die bisher in unseren Programmen vorkamen, waren somit allesamt lokale Variablen, da sie stets in *main* definiert wurden. Lokale Variablen sind nur innerhalb der Funktion bzw. innerhalb des Blocks bekannt (d. h. dort gültig und verwendbar), die bzw. der ihre Definition enthält. Das folgende Programm demonstriert die Verwendung globaler und lokaler Variablen.

scope1.c:

```
/* scope1 demonstriert Definition und Verwendung globaler und lokaler Variablen */

#include <stdio.h>

int global = 1000;          /* globale Variable
                               Gültigkeitsbereich: gesamte Datei */

main( )
{                           /* Anfang äußerer Block main */

  int lokal1 = 2000;        /* lokale Variable
                               Gültigkeitsbereich: main */

  printf("Äußerer Block main: Wert von global ist %d\n", global);
  printf("Äußerer Block main: Wert von lokal1 ist %d\n\n", lokal1);

  {                         /* Anfang innerer Block main */

    int lokal2 = 3000;      /* lokale Variable
                               Gültigkeitsbereich: Block */

    printf("Innerer Block main: Wert von global ist %d\n", global);
    printf("Innerer Block main: Wert von lokal1 ist %d\n", lokal1);
    printf("Innerer Block main: Wert von lokal2 ist %d", lokal2);

  }                         /* Ende innerer Block main */

  func();                   /* Funktionsaufruf func */

}                           /* Ende äußerer Block main */

func()                      /* Programm enthält außer main
                               noch eine weitere Funktion: func */
{

  int lokal3 = 4000;        /* lokale Variable
                               Gültigkeitsbereich: func */

  printf("\n\nfunc: Wert von global ist %d", global);
  printf("\nfunc: Wert von lokal3 ist %d", lokal3);

}
```

Analyse

Das Programm scope1.c enthält zwei Neuerungen: Zum einen werden nicht nur mehr lokale Variablen verwendet, sondern auch eine globale Variable. Zum anderen besteht das Programm anders als die bisherigen nicht nur aus einer Funktion - nämlich *main* -, sondern es gibt noch eine weitere (selbstge-schriebene) Funktion mit Namen *func*, deren Code im Anschluß an den der Funktion *main* aufgeführt wird. Insofern greift das Programm scope1.c ein wenig dem Kapitel 10 "Funktionen" vor, in dem Programmstrukturen mit mehreren (benutzereigenen) Funktionen detailliert behandelt werden. Dieser Vorgriff ist jedoch zur Veranschaulichung der "Globalität" bzw. "Lokalität" von Variablen sehr nützlich und - wie man sehen wird - recht instruktiv. Im übrigen werden wir an dieser Stelle nur wenig über das hinausgehen, was be-reits in Kapitel 1 "Programmaufbau" über Funktionen gesagt wurde. Dort wurde ein C-Programm u. a. auch als eine Abfolge von Funktionen interpre-tiert, wobei mindestens eine Funktion - nämlich *main* - in jedem Fall vorhan-den sein muß. Alle weiteren Funktionen, die ein Programm sonst noch ent-hält, gleichen in ihrer Grundstruktur der Funktion *main*, was man für die Funktion *func* aus scope1.c leicht verifiziert: Auf den Funktionsnamen (*func*) folgen wie bei *main* die runden Funktionsklammern, danach die geschweiften Blockklammern, zwischen denen sich Definitionen, Deklarationen und An-weisungen befinden können. Zwischen den Blockklammern wird also ange-geben, was die Funktion "tut". Im Fall von *func* werden die Werte der Varia-blen *global* und *lokal3* ausgegeben. Wie wir ebenfalls aus dem Kapitel "Programmstruktur" schon wissen, führt eine Funktion die in ihr enthaltenen Anweisungen aus, wenn sie aufgerufen wird, d. h., wenn ihr Name irgendwo im Anweisungsteil des Programms genannt wird. Die Funktion *func* wird im Hauptprogramm (also in *main*) von scope1.c durch die Anweisung

```
func();
```

aufgerufen und führt danach die beiden in ihr enthaltenen Anweisungen aus. Im Anschluß daran endet das Programm scope1.c, da der Funktionsaufruf

```
func();
```

die letzte Anweisung im Programm ist.

Gültigkeitsbereich

Wenden wir uns nun der anderen Neuerung zu. Das Programm scope1.c ent-hält vier Variablen, von denen drei lokal und eine global sind. Die Variable *global* wird außerhalb jeder der in scope1.c enthaltenen Funktionen definiert und ist daher eine globale Variable. Ihr Gültigkeitsbereich erstreckt sich vom Ort ihrer Definition bis zum Ende der Datei. Sie ist deshalb sowohl in der Funktion *main* als auch in der Funktion *func* bekannt, was man der Ausgabe des Programms

```
Äußerer Block main: Wert von global ist 1000
Äußerer Block main: Wert von lokal1 ist 2000
Innerer Block main: Wert von global ist 1000
Innerer Block main: Wert von lokal1 ist 2000
```

```
Innerer Block main: Wert von lokal2 ist 3000
func: Wert von global ist 1000
func: Wert von lokal3 ist 4000
```

ohne weiteres entnehmen kann: Die Variable *global* wird in beiden Funktionen (*main* und *func*) anstandslos mit ihrem korrekten Wert ausgegeben, d. h., beide Funktionen können mit dem Namen *global* "etwas anfangen", er ist für sie eine definierte Größe. Eine globale Variable muß nicht unbedingt am Anfang der Datei definiert werden, obwohl dies der Normalfall ist. Ihre Definition kann ebensogut zwischen zwei Funktionen erfolgen, wie in dem folgenden Programmfragment scope2.c:

```
#include <stdio.h>

int global1;               /* globale Variable
                              Gültigkeitsbereich: gesamte Datei   */

main ()
{
    .
    .
    .
}

float global2;             /* globale Variable
                              Gültigkeitsbereich: von dieser Stelle
                              bis zum Ende der Datei */

func()
{
    .
    .
    .
}
```

Die beiden globalen Variablen haben unterschiedliche Gültigkeitsbereiche: *global1* gilt in der gesamten Datei *scope2.c*, da die Definition von *global1* am Dateianfang erfolgt. *global2* gilt ab der Definitionstelle (nach dem Ende von *main*) im gesamten Rest der Datei. Anders als die Variable *global* sind die Variablen *lokal1*, *lokal2* und *lokal3* dagegen nicht im gesamten Programm bekannt. Der Gültigkeitsbereich von *lokal1* erstreckt sich nur über die Funktion *main*. Damit ist *lokal1* natürlich auch in dem Block bekannt, der sich innerhalb von *main* befindet. *lokal2* wiederum wird zwar ebenfalls in *main*, aber auch innerhalb dieses Blocks definiert und ist daher auch nur in diesem Block gültig. *lokal3* schließlich ist lediglich innerhalb der Funktion *func* bekannt und nicht in *main*. Man kann die "Lokalität" der Variablen *lokal1*, *lokal2* und *lokal3* leicht nachprüfen, indem man das Programm scope1.c entsprechend abändert:

▶ **scope3.c:**

```
1   /*   scope3 demonstriert die fehlerhafte Verwendung lokaler Variablen. */
2
3   #include <stdio.h>
4
5   int global = 1000;   /* globale Variable Gültigkeitsbereich: gesamte Datei  */
6
7   main()
8     {                                    /*   Anfang äußerer Block main    */
9
10      int lokal1 = 2000;    /*   lokale Variable Gültigkeitsbereich: main  */
11
12      printf("Äußerer Block main: Wert von global ist %d\n", global);
13      printf("Äußerer Block main: Wert von lokal1 ist %d\n", lokal1);
14      printf("Äußerer Block main: Wert von lokal2 ist %d\n", lokal2);
15                                                           /*   Fehler   */
16      printf("Äußerer Block main: Wert von lokal3 ist %d\n\n", lokal3);
17                                                           /*   Fehler   */
18      {                                 /*   Anfang innerer Block main   */
19       int lokal2 = 3000;   /*   lokale Variable Gültigkeitsbereich: Block */
20       printf("Innerer Block main: Wert von global ist %d\n", global);
21       printf("Innerer Block main: Wert von lokal1 ist %d\n", lokal1);
22       printf("Innerer Block main: Wert von lokal2 ist %d\n", lokal2);
23       printf("Innerer Block main: Wert von lokal3 ist %d\n", lokal3);
24                                                           /*   Fehler   */
25      }                               /*   Ende innerer Block main */
26      func();                         /*   Funktionsaufruf func    */
27     }                                /*   Ende äußerer Block main */
28   func()                    /*   Programm enthält außer main noch eine
29                                              weitere Funktion: func */
30     {
31      int lokal3 = 4000;    /*   lokale Variable Gültigkeitsbereich: func  */
32      printf("\n\nfunc: Wert von global ist %d", global);
33      printf("\nfunc: Wert von lokal1 ist %d", lokal1); /* Fehler */
34      printf("\nfunc: Wert von lokal2 ist %d", lokal2); /* Fehler */
35      printf("\nfunc: Wert von lokal3 ist %d", lokal3);
36     }
```

Die mit "Fehler" markierten Passagen im obigen Programm enthalten Anweisungen, die lokale Variablen außerhalb ihres Gültigkeitsbereichs ausgeben sollen. So ist die Variable *lokal2* in *main* außerhalb des inneren Blocks nicht bekannt und *lokal3* nirgendwo in *main*. Analog sind *lokal1* und *lokal2* in *func* nicht bekannt. Variablennamen haben außerhalb ihres Gültigkeitsbereichs für den Compiler keine Bedeutung und können dort nicht verwendet werden. Entsprechend ist die Reaktion des Compilers, wenn man versucht, das Programm scope3.c übersetzen zu lassen. Die folgende Aufstellung zeigt, wie die Liste der Fehlermeldungen in einem solchen Fall aussehen kann:

```
c:\scope3.c:
Error c:\scope3.c 13: Undefined symbol 'lokal2' in function main
Error c:\scope3.c 14: Undefined symbol 'lokal3' in function main
```

```
Error c:\scope3.c 37: Undefined symbol 'lokal1' in function func
Error c:\scope3.c 38: Undefined symbol 'lokal2' in function func
```

Der Compiler stellt in den Zeilen 13 und 14 ihm unbekannte Namen für den Bereich der Funktion *main* fest (*lokal2* und *lokal3*), mit denen er naturgemäß nichts anfangen kann. (Das erneute Auftreten des in *main* unbekannten Namens *lokal3* im inneren Block von *main* wird nicht wiederholt mit einer eigenen Meldung dokumentiert, aber natürlich registriert, und ergäbe wiederum einen Fehler, wenn man im inneren Block nicht die entsprechende Korrektur vornähme.)

Für die Programmzeilen 37 und 38 werden die analogen Fehler für den Bereich der Funktion *func* gemeldet: *lokal1* und *lokal2* sind dort nicht bekannt, also auch nicht verwendbar.

Gleichnamige Variablen

Die Möglichkeit der Verwendung lokaler und globaler Variablen in C in Verbindung mit dem Blockkonzept gestattet es, Variablen für beliebig große Programmbereiche zu erzeugen.

Dabei ist es zulässig (aber nicht empfehlenswert), innerhalb desselben Programms Variablen mit gleichem Namen zu vereinbaren, wenn deren Gültigkeitsbereiche nicht identisch sind. (Sind die Gültigkeitsbereiche zweier Variablen gleich, akzeptiert der Compiler natürlich keine doppelten Namen.)

Überschneiden sich dabei die Gültigkeitsbereiche zweier solcher Variablen nicht, ist die Situation von vornherein klar: Jede Variable ist im Gültigkeitsbereich der anderen Variablen ohnehin nicht bekannt und kann dementsprechend dort auch nicht verwendet werden. Die beiden Variablen kommen sich quasi nicht "ins Gehege", und es ist für den Compiler vollkommen bedeutungslos, ob ihre Namen gleich sind oder nicht. Da ihre Gültigkeitsbereiche keinen gemeinsamen Teil besitzen, muß der Compiler erst gar nicht entscheiden, auf welche von zwei gleichnamigen Variablen in einer Anweisung zugegriffen werden soll. Das folgende Programm scope4.c zeigt eine solche Konstellation.

Beide Variablen *x* sind eigenständige Datenobjekte und operieren in unterschiedlichen Gültigkeitsbereichen (*main* und *func*), die sich nirgendwo überlappen. Die Variable *x* aus *main* kann daher nicht etwa mit der Variablen *x* aus *func* verwechselt werden und "konkurriert" auch nicht mit ihr: In jedem der Gültigkeitsbereiche ist stets eindeutig bestimmt, welche der beiden Programmvariablen mit Namen x gemeint ist. Dementsprechend erhält man als Ausgabe des Programms:

```
main: Wert von x ist 1000
func: Wert von x ist 2000
```

```
/* scope4 definiert zwei lokale Variablen gleichen Namens, deren
   Gültigkeitsbereiche sich nicht überschneiden, und gibt sie aus. */

#include <stdio.h>


main()

{
   int x = 1000;              /* lokale Variable
                                 Gültigkeitsbereich: main */        x aus
                                                                    main
   printf("main: Wert von x ist %d", x);

   func();                    /* Funktionsaufruf */

}

func()

{

   int x = 2000;              /* lokale Variable
                                 Gültigkeitsbereich:func */         x aus
                                                                    func
   printf("\nfunc Wert von x ist %d", x);

}
```

Betrachten wir nun den anderen Fall, in dem die Gültigkeitsbereiche von gleichnamigen Variablen zwar nicht identisch sind, sich diese Bereiche aber überschneiden, womit gemeint ist, daß der Gültigkeitsbereich der einen Variablen in dem der anderen enthalten ist. Welche Variable wird beispielsweise in dem folgenden Programm scope5.c durch die jeweiligen *printf*-Anweisungen ausgegeben?

▶ **scope5a.c:**

```
1  /*  scope5a definiert Variablen gleichen Namens mit sich überschneidenden
2  Gültigkeitsbereichen.   */
3
4  #include <stdio.h>
5  int x = 1000;                              /*  globale Variable   */
6
7  main()
8      {
9          int x = 2000;                      /*  lokale Variable    */
```

```
10              printf("Äußerer Block main: Wert von x ist %d", x);
11
12              {
13                  int x = 3000;                    /*  lokale Variable   */
14                  printf("\nInnerer Block main: Wert von x ist %d", x);
15              }
16
17              func();                              /*  Funktionsaufruf   */
18
19          }
20
21      func()
22          {
23              int x = 4000;                        /*  lokale Variable   */
24              printf("\nfunc: Wert von x ist %d", x);
25          }
```

Wird mit der ersten *printf*-Anweisung in *main* der Wert der globalen Variable
x - also *1000* - oder der Wert der ersten lokalen Variablen *x* - also *2000* - ausgegeben? Nach unseren bisherigen Feststellungen müßten beide Variablen im
Bereich *main* gültig sein. Eine ähnliche Situation findet sich im inneren Block
von *main*. Hier kämen theoretisch die Werte von gleich drei Variablen in Frage: der Wert des globalen *x* und die Werte der beiden lokalen *x* aus *main* bzw.
dem Block in *main*. Ebenso scheint auch für die *printf*-Anweisung in *func* nicht
nur ein Wert zur Auswahl zu stehen: Wird das globale *x* ausgegeben oder das
in *func* lokale *x*? Für Situationen wie die obige gibt es die folgende Regel: Existieren in einem Programm zwei Variablen mit gleichem Namen, bei denen
der Gültigkeitsbereich der einen innerhalb des Gültigkeitsbereichs der anderen liegt, so gilt innerhalb des Gültigkeitsbereichs, der in dem anderen enthalten ist, die Variable, die in dem enthaltenen Bereich definiert wurde. Man
sagt auch, die im enthaltenen Gültigkeitsbereich definierte Variable überdek-
ke die Variable, die im enthaltenden Gültigkeitsbereich definiert wurde.

Außerhalb des enthaltenen Bereichs gilt die Variable, die im Gültigkeitsbereich definiert wurde, der den anderen enthält. Für unser Beispiel scope5a.c
heißt dies, daß mit der ersten *printf*-Anweisung der Wert der lokalen Variablen *x* aus *main* mit dem Wert *2000* ausgegeben wird, da der Gültigkeitsbereich dieser Variablen in dem der globalen Variablen *x* enthalten ist. Die lokale Variable *x* aus *main* überdeckt also die globale Variable *x*. Analog wird
im inneren Block von *main* mit der zweiten *printf*-Anweisung die lokale Variable *x* mit dem Wert *3000* ausgegeben, da ihr Gültigkeitsbereich in dem der
lokalen Variablen *x* aus dem umgebenden Block von *main* enthalten ist. Die
Variable *x* des inneren Blocks überdeckt die Variable *x* des umgebenden
Blocks. Gemäß der oben formulierten Regel überdeckt schließlich auch die
Variable *x* aus *func* die globale Variable *x*, denn der Gültigkeitsbereich von *x*
aus *func* ist im Gültigkeitsbereich des globalen *x* enthalten.

Man erhält als Ausgabe des Programms scope5a.c also:

```
Äußerer Block main: Wert von x ist 2000
Innerer Block main: Wert von x ist 3000
func: Wert von x ist 4000
```

Zur Veranschaulichung der Gültigkeitsbereiche der Variablen aus scope5a.c dient die folgende Programmdarstellung, wobei zur Demonstration für den Bereich *main* noch eine weitere Ausgabeanweisung nach dem inneren Block eingefügt wird:

▶ **scope5b.c:**

```
/* scope5b definiert Variablen gleichen Namens mit
   sich überschneidenden Gültigkeitsbereichen und
   gibt ihre Werte aus */

#include <stdio.h>

int x = 1000;              /* globale Variable      */

main()
{

   int x = 2000;          /* lokale Variable */
   printf("main: Wert von x vor dem inneren Block ist %d", x);

   {

      int x = 3000;       /* lokale Variable */
      printf("\nInnerer Block main: Wert von x ist %d", x);

   }

   printf("\nmain: Wert von x nach dem inneren Block ist %d", x);

   func();                /* Funktionsaufruf */

}


func()
{

   int x =4000;           /* lokale Variable */
   printf("\nfunc: Wert von x ist %d",x);

}
```

Wenn man die Ausgabe der Programme scope5a.c bzw. scope5b.c betrachtet - wobei diese für scope5b.c im übrigen

```
main: Wert von x vor dem inneren Block ist 2000
Innerer Block main: Wert von x ist 3000
main: Wert von x nach dem inneren Block ist 2000
func: Wert von x ist 4000
```

ergibt - so fällt auf, daß der Wert der globalen Variablen *x* gar nicht erscheint. Aufgrund der Namensidentitäten ist nämlich die eigenartige Situation eingetreten, daß in den obigen Programmen nicht mehr auf "normale" Weise auf die globale Variable zugegriffen werden kann. In jedem Programmbereich wird die globale Variable *x* durch eine lokale Variable gleichen Namens überdeckt. Kann man die globale Variable *x* überhaupt noch irgendwie erreichen? Tatsächlich gäbe es einen (umständlichen) Weg, mittels einer Zeigervariablen indirekt (über die Adresse des globalen *x*) auf diese Variable zuzugreifen. Dies soll uns aber an dieser Stelle nicht weiter interessieren, und wir heben uns eine genauere Betrachtung des Problems für das Kapitel 9 "Zeiger" auf. Uns beschäftigen nunmehr die Speicherklassen, die für globale und lokale Variablen in Frage kommen.

7.2 Speicherklassen

Jede Variable in C besitzt eine (und nur eine) der folgenden Speicherklassen:

- extern
- static
- auto
- register

Während jedoch für lokale Variablen jede der obigen Speicherklassenbezeichnungen verwendbar ist, können für globale Variablen nur zwei der vier Speicherklassen - nämlich *extern* und *static* - vereinbart werden.

7.2.1 Speicherklassen lokaler Variablen

Speicherklasse auto

Speicherklassenbezeichnungen werden bei der Definition (bzw. Deklaration, siehe weiter unten) einer Variablen vor der Angabe des Datentyps plaziert, so daß man die Syntax für Variablendefinitionen wie folgt erweitern kann:

```
[speicherklasse]  datentyp variablenname;
```

Die eckigen Klammern um die Speicherklassenbezeichnung signalisieren, daß diese optional ist und nicht in jedem Fall angegeben werden muß. Tatsächlich enthielt bisher keine der Variablendefinitionen in unseren Programmen eine solche Angabe, was in der Mehrzahl der Fälle daran lag, daß es sich dabei um lokale Variablen der Speicherklasse *auto* handelte, bei deren Definition die explizite Nennung der Speicherklasse nicht zwingend ist. Die Speicherklasse *auto* (von: *automatic*) wird an eine Variable vergeben, wenn diese innerhalb einer Funktion definiert wird und die Angabe einer Speicherklasse entweder fehlt oder das Schlüsselwort *auto* angegeben wird. Die übliche Praxis dabei ist, das Schlüsselwort *auto* wegzulassen. Mit den folgenden Definitionen

```
main()
{
int a1;      /* Variable der Speicherklasse auto. Definition ohne
                Schlüsselwort */
auto int a2; /* Variable der Speicherklasse auto. Definition mit
                Schlüsselwort */
   .
   .
   .
}
```

werden in beiden Fällen lokale Variablen mit der Speicherklasse *auto* vereinbart.

Die Speicherklasse *auto* hat spezifische Auswirkungen auf den Gültigkeitsbereich und die Lebensdauer der betreffenden Variablen. So ist eine *auto*-Variable stets lokal und daher nur innerhalb des Blocks gültig (d. h. bekannt und verwendbar), in dem sie definiert wird. Auch ihre Lebensdauer, d. h. die Zeitspanne, für die sie im Programm existiert, ist begrenzt. Eine Variable existiert (physikalisch) in einem Programm von dem Zeitpunkt an, ab dem Speicherplatz für sie belegt wird, bis zu dem Zeitpunkt, an dem dieser Speicherplatz wieder freigegeben wird (die Variable also "gelöscht" wird). Nun ist es in der Tat nicht etwa so, daß eine Variable grundsätzlich während der gesamten Programmdauer existent ist. Eine lokale Variable der Speicherklasse *auto* beispielsweise wird erst dann im Speicher angelegt, wenn der Block, in dem sie definiert wurde, im Programm abgearbeitet wird. Sind alle Anweisungen des Blocks ausgeführt - ist die Bearbeitung des Blocks also beendet -, wird die Variable wieder aus dem Speicher gelöscht. Als Konsequenz davon geht für das Programm natürlich auch der Wert verloren, den sie besaß. Eine derartige Variable existiert somit nur für eine bestimmte Phase des Programms, nämlich für die Laufzeit des Blocks, der ihre Definition enthält.

Wird der Block im Programm erneut ausgeführt, wird auch die Variable im Speicher neu angelegt. Man kann nun wieder (unter demselben Namen) auf sie zugreifen, allerdings ist der Wert aus ihrer vorausgegangenen "Inkarnation" nicht mehr verfügbar. Dieser Vorgang des Neuanlegens bei jeder neuen Ausführung des Blocks und des Löschens einer *auto*-Variablen aus dem Speicher bei Blockende kann sich beliebig oft wiederholen. Das folgende Programm auto.c demonstriert dies an einer Variablen, die in einem Block definiert wird, der den Rumpf einer *for*-Schleife bildet. Dieser Block wird bei fünf Schleifendurchgängen entsprechend fünfmal ausgeführt.

▶ *auto.c:*

```
 1  /*    auto verwendet zwei Variablen der Speicherklasse auto, von denen eine im
 2        Anweisungsblock einer Schleife definiert wird, der insgesamt fünfmal
 3        ausgeführt wird.   */
 4
 5  #include <stdio.h>
 6
 7  main()
 8    {
 9      int i;              /*   Variable der Speicherklasse auto. Existiert nur
10                               für die Dauer und den Bereich von main.    */
11
12      for (i = 0; i < 5; i++)
13         {                                                /*   Blockanfang   */
14           int a = 0;        /*   Variable der Speicherklasse auto. Gilt nur
15                                  innerhalb des Blocks. Wird bei jedem
16                                  Schleifendurchgang neu erzeugt und
17                                               initialisiert.     */
18           printf("Wert der auto-Variablen a während der %d." " Ausführung des
19                       Blocks:\t%d\n", i+1, a);
20
21           a++;
22         }                                                /*   Blockende */
23    }
```

Das Programm produziert die Ausgabe:

```
Wert der auto-Variablen a während der 1. Ausführung des Blocks:0
Wert der auto-Variablen a während der 2. Ausführung des Blocks:0
Wert der auto-Variablen a während der 3. Ausführung des Blocks:0
Wert der auto-Variablen a während der 4. Ausführung des Blocks:0
Wert der auto-Variablen a während der 5. Ausführung des Blocks:0
```

was daher rührt, daß die Variable *a* jedesmal, wenn der Block im Schleifenrumpf ausgeführt wird, neu erzeugt, initialisiert und bei Beendigung des Blocks wieder gelöscht wird. So erhält die Variable *a* bei Blockbeginn durch die Initialisierung jedesmal den Wert *0* und wird mit diesem Wert ausgegeben. Die anschließende Inkrementierung auf den Wert *1* bleibt wirkungslos, da nach Beendigung des Blocks dieser Wert mit dem Erlöschen der Variablen verlorengeht.

Im Gegensatz zur Variablen *a* wird die Variable *i*, die ebenfalls die Speicherklasse *auto* besitzt, nur einmal erzeugt, nämlich zu Beginn der Hauptfunktion *main*, weil deren Block nur einmal während der Programmdauer durchlaufen wird.

Initialisierung

Man beachte, daß der Wert der Variablen *a* undefiniert wäre, würde sie nicht bei ihrer Definition (oder spätestens vor dem ersten lesenden Zugriff) initialisiert. Dies gilt für jede Variable der Speicherklasse *auto*. Die Initialisierungswerte können dabei *Konstanten* oder *Variablen-Ausdrücke* sein. Würde man beispielsweise im obigen Programm in *main* (außerhalb des inneren Blocks) eine zusätzliche Variable

```
int init = 0;
```

definieren, könnte die Variable *a* auch mit

```
int a = init;
```

initialisiert werden:

```
main()
    {
    int i;
    int init = 0;
    for (i = 0; i < 5; i++)
        {
            int a = init;      /*   Initialisierung einer auto-Variablen
                                            mit einer Variablen      */
        .
        .
        .
        }
    }
```

Die Initialisierung von Variablen der Speicherklasse *auto*, die einen zusammengesetzten Datentyp besitzen (Arrays, Strukturen), kann je nach Compiler Probleme bereiten. Wie in den vorausgegangenen Kapiteln (siehe etwa das Kapitel 5 "Zusammengesetzte Datentypen", 5.1 "Arrays" und 5.2 "Strukturen") bereits einige Male erwähnt, ist eine Initialisierung solcher Variablen bei ihrer Definition auf (älteren) Compilern, die sich nicht am gültigen ANSI-Standard orientieren, nicht zulässig.

Eine Initialisierung wie

```
main()
    {
    int x [4] = {1, 2, 3, 4};          /*   Array der Speicherklasse auto     */
    .
    .
    .
    }
```

die auf neueren Compilern gewöhnlich keinerlei Schwierigkeiten bereitet, würde auf einem System der oben beschriebenen (älteren) Art nicht akzeptiert. Will man in diesem Fall die Initialisierung dennoch in der gezeigten Weise durchführen, muß man auf diesen Compilern für die zusammengesetzte Variable nicht die Speicherklasse *auto*, sondern *static* oder *extern* wählen (siehe dazu weiter unten).

Speicherklasse static

Lokale Variablen der Speicherklasse *static* werden mit dem Schlüsselwort *static* definiert und gelten wie die Variablen der Speicherklasse *auto* nur innerhalb des Blocks, in dem sie vereinbart werden. Die folgende Anweisung definiert eine solche Variable für den Bereich der Funktion *main*:

```
main()
    {
    static int x;
    .
    .
    .
    }
```

Die Lebensdauer einer *static*-Variablen ist jedoch, anders als bei *auto*-Variablen, nicht auf die Zeitspanne beschränkt, in der der betreffende Block im Programm verarbeitet wird. Vielmehr existieren *static*-Variablen während der gesamten Programmlaufzeit und werden nicht nach Beendigung des Blocks aus dem Speicher gelöscht und bei einer eventuellen weiteren Ausführung des Blocks wieder neu angelegt. Sie sind, wie es der Name ihrer Speicherklasse andeutet, "statisch".

7

Initialisierung

Eine Variable der Speicherklasse *static* wird im Speicher nur ein einziges Mal erzeugt, auch wenn der Block, in dem sie definiert wird, mehrfach ausgeführt wird. Sie kann bei ihrer Definition mit einem konstanten Wert explizit durch den Programmierer initialisiert werden. Geschieht dies nicht, wird die Variable automatisch zu Programmbeginn mit dem Wert *0* initialisiert. Im Gegensatz zu Variablen der Speicherklasse *auto* ist der Anfangswert einer *static*-Variablen also niemals undefiniert. Die Initialisierung einer *static*-Variablen bei ihrer Definition wird ebenfalls nur einmal durchgeführt, selbst wenn der Block, der die Definition der Variablen enthält, wiederholt abgearbeitet wird (siehe dazu das Programm static.c weiter unten).

Statische Variablen behalten ihren Wert

Lokale *static*-Variablen werden nicht bei jeder neuen Ausführung des Blocks, der ihre Definition enthält, neu angelegt und initialisiert. Eine Folge davon ist, daß sie anders als Variablen der Speicherklasse *auto* ihren Wert zwischen zwei Ausführungen dieses Blocks behalten. Der Wert, den sie bei Beendigung einer Ausführung dieses Blocks besitzen, geht also nicht verloren, sondern wird bis zur nächsten Ausführung des Blocks gespeichert. (Der Wert einer lokalen *static*-Variablen könnte allerdings zwischenzeitlich von "außerhalb" des Blocks geändert werden, indem man über eine Zeigervariable - siehe das Kapitel 9 "Zeiger" - welche die Adresse der *static*-Variablen enthält, auf die *static*-Variable zugreift.) Das folgende Programm static.c zeigt die unterschiedlichen Resultate zweier von der Struktur her identischer Programmteile, die sich aus der Verwendung zweier lokaler Variablen ergeben, von denen eine die Speicherklasse *auto*, die andere die Speicherklasse *static* besitzt.

▶ *static.c:*

```
 1  /*   static zeigt die Verwendung einer static-Variablen. */
 2
 3  #include <stdio.h>
 4  main()
 5      {
 6          int i;
 7
 8          for (i = 0; i < 5; i++)
 9              {
10                  int a = 0;        /*   Lokale Variable der Speicherklasse
11                                         auto. Wird bei jeder Ausführung des
12                                         Blocks neu angelegt und neu
13                                         initialisiert.    */
14                  printf("Wert von a (auto) während der %d. Ausführung des"
15                          "Blocks:\t%d\n",
16                              i+1, a);
17                  a++;
18              }
19
20          printf("\n\n");
21
22          for (i = 0; i < 5; i++)
23              {
24                  static int a = 0; /*   Lokale Variable der Speicherklasse
25                                         static. Wird nur einmal erzeugt und
26                                         initialisiert. Behält ihren Wert von
27                                         Ausführung zu Ausführung des Blocks.  */
28
29                  printf("Wert von a (static) während der %d. Ausführung
30                          des Blocks:\t%d\n",
31                              i+1, a);
32                  a++;
33              }
34  }
```

Das Programm static.c produziert die Ausgabe:

```
Wert von a (auto) während der 1. Ausführung des Blocks:      0
Wert von a (auto) während der 2. Ausführung des Blocks:      0
Wert von a (auto) während der 3. Ausführung des Blocks:      0
Wert von a (auto) während der 4. Ausführung des Blocks:      0
Wert von a (auto) während der 5. Ausführung des Blocks:      0

Wert von a (static) während der 1. Ausführung des Blocks:    0
Wert von a (static) während der 2. Ausführung des Blocks:    1
Wert von a (static) während der 3. Ausführung des Blocks:    2
Wert von a (static) während der 4. Ausführung des Blocks:    3
Wert von a (static) während der 5. Ausführung des Blocks:    4
```

Der erste Teil der Ausgabe kommt auf die gleiche Weise zustande wie die Ausgabe des Programms auto.c: Da die *auto*-Variable *a* bei jeder neuen Ausführung des Schleifenblocks neu angelegt und mit 0 initialisiert wird, wird sie trotz der Inkrementierung am Blockende auch stets mit diesem Wert ausgegeben. Die *static*-Variable *a* dagegen behält ihren Wert von Ausführung zu Ausführung des Schleifenblocks: Sie wird im ersten Durchgang mit dem Wert 0 ausgegeben, inkrementiert und im nächsten Durchgang entsprechend mit dem Wert 1 angezeigt, wiederum inkrementiert usw. Es sei noch einmal ausdrücklich darauf hingewiesen, daß die Initialisierung der *static*-Variablen *a* mit dem Wert 0 nur bei der ersten Ausführung des Blocks durchgeführt wird. Bei allen folgenden Ausführungen des Blocks hat die Anweisung

```
static int a = 0;
```

keine Bedeutung mehr. Die explizite Initialisierung der *static*-Variablen *a* mit 0 wäre im übrigen nicht notwendig gewesen, da eine statische Variable ohnehin mit diesem Wert vorbesetzt würde, wenn die Initialisierung durch den Programmierer fehlt. Statt

```
static int a = 0;
```

hätte also auch

```
static int a; /*  a wird wegen der Speicherklasse static mit 0 initiali-
siert.   */
```

genügt. In unserem Programmbeispiel befand sich die *static*-Variable in Anweisungsblock einer Schleife, der wiederholt ausgeführt wurde. Ebensogut könnte sie aber auch in einer Funktion definiert werden, die mehrfach aufgerufen wird. Die *static*-Variable behielte dann ihren Wert von einem Funktionsaufruf zum nächsten. Betrachten wir dazu noch einmal die Funktion *func* aus den Programmen scope1.c bis scope5.c. Wir verändern sie geringfügig und rufen sie in dem folgenden einfachen Programm statt einmal nun zweimal auf.

▶ **offstat.c:**

```
1  #include <stdio.h>
2
3  main()
4  {
5      func();                                          /*  1. Funktionsaufruf */
6      func();                                          /*  2. Funktionsaufruf */
7  }
8
9  func()
10 {
11     int x = 1;
12
13     printf("%d. Aufruf von func: Wert von x ist %d\n", x, x);
14     x++;
15 }
```

Man erhält die Ausgabe:

```
1. Aufruf von func: Wert von x ist 1
1. Aufruf von func: Wert von x ist 1
```

Da die *auto*-Variable *x* sofort nach Ausführung aller Anweisungen im Funktionsblock von *func* wieder aus dem Speicher entfernt wird und beim zweiten Aufruf von *func* neu angelegt und neu initialisiert wird, sind die Ausgaben der beiden Funktionsaufrufe identisch. Die Variable *x* hat in beiden Fällen den Wert *1*, insbesondere ist es mit ihr nicht möglich, die Funktionsaufrufe zu zählen. Vereinbart man für die Variable *x* jedoch die Speicherklasse *static*, ändert sich das Bild. Das Programm

▶ **onstat.c:**

```
1  #include <stdio.h>
2
3  main()
4    {
5    func();                                            /*  1. Funktionsaufruf */
6    func();                                            /*  2. Funktionsaufruf */
7    }
8  func()
9   {
10   static int x = 1;
11   printf("%d. Aufruf von func: Wert von x ist %d\n", x, x);
12   x++;
13   }
```

erzeugt nun die Ausgabe:

```
1. Aufruf von func: Wert von x ist 1
2. Aufruf von func: Wert von x ist 2
```

Hier deutet sich in einfacher Form an, worin Anwendungsmöglichkeiten von lokalen *static*-Variablen bestehen, nämlich in der Speicherung von Werten innerhalb von Blocks oder Funktionen über deren Ausführungsdauer hinaus.

Speicherklasse register

Eine Variable der Speicherklasse *register* wird mit dem Schlüsselwort *register* definiert und unterliegt den gleichen Regelungen, was Gültigkeitsbereich und Lebensdauer angeht, wie eine entsprechende Variable der Speicherklasse *auto*. Im Unterschied zu dieser wird eine *register*-Variable aber vom Compiler nach Möglichkeit nicht im Arbeitsspeicher gespeichert, sondern in einem Speicherbereich innerhalb des Prozessors, einem sogenannten *Register*. Die Anzahl der in Frage kommenden Register ist begrenzt und kann je nach Maschine unterschiedlich sein. Ist zum Zeitpunkt der Variablendefinition kein Register verfügbar, erhält die Variable die Speicherklasse *auto* und wird im Arbeitsspeicher abgelegt. Die Speicherung in einem Prozessor-Register ist also nicht garantiert.

Abgesehen davon sind noch zwei weitere Beschränkungen zu beachten. Zum einen ist es abhängig von der jeweiligen Maschine, welche Datentypen überhaupt in einem Register gespeichert werden können. Wird in einer Variablendefinition die Speicherklasse *register* für einen Datentyp angegeben, der nicht in einem Register gehalten werden kann, wird die Speicherklassenbezeichnung *register* ignoriert, und das Datenobjekt erhält die Speicherklasse *auto*. Die andere Einschränkung betrifft den Adreßoperator "&", der auf Variablen, die mit der Speicherklasse *register* definiert wurden, nicht anwendbar ist. (Unabhängig davon, ob die Variable nun tatsächlich in einem Register des Prozessors oder aus Platzgründen doch als *auto*-Variable im Arbeitsspeicher gespeichert ist.)

Der Vorteil einer Variablen, die in einem Register gehalten wird, liegt vor allem in der Verkürzung der Zugriffszeit für diese Variable im Vergleich zu einer Variablen, die sich im Speicher befindet. Mit dem schnelleren Zugriff auf eine Variable geht natürlich auch eine Reduzierung der Laufzeit eines Programms einher. Dies kann sich besonders dann bemerkbar machen, wenn oft auf eine Variable zugegriffen wird, wie etwa in dem folgenden Beispiel, bei dem nach der Definition zweier *register*-Variablen *r1* und *r2* diese in einer geschachtelten Schleife jeweils einmal (*r1*) bzw. 2.000mal (*r2*) bis zum Wert *2000* hochgezählt werden:

```
register int r1, r2;
for (r1 = 1; r1 <= 2000; r1++)
    for(r2 = 1; r2 <= 2000; r2++)
    ;
```

Man kann diesen Effekt veranschaulichen, indem man in einem Programm vergleicht, wieviel Zeit die Ausführung einer solchen Schleife mit einer *register*-Variablen bzw. mit einer normalen *auto*-Variablen als Zähler erfordert. Die Zeitmessungen wird dabei mit Hilfe der C-Funktion *time* durchgeführt, für die mit

```
#include <time.h>
```

die Header-Datei *time.h* in das Programm miteingeschlossen werden müssen. Die Funktion *time* liefert die Zeit in Sekunden, die seit dem 1. Januar 1970, Null Uhr, Greenwich-Zeit vergangen ist. Dieser Wert wird in einer Variablen vom Typ *long* gespeichert, deren Adresse die Funktion *time* als Parameter benötigt. Wir vereinbaren mit

```
long start;
long end;
```

zwei dieser Variablen, von denen *start* die Zeit des Schleifenbeginns und *end* die des Schleifenendes festhält. Die Differenz beider Werte ergibt die für die Schleifenausführung verbrauchte Zeit in Sekunden. Die Anweisung

```
time(&start);
```

nimmt die Zeit für den Schleifenstart und speichert sie in *start*. Ist die Schleife beendet, stoppen wir mit

```
time(&end);
```

die Zeit erneut, wobei dieser zweite Wert in der Variablen *end* gespeichert wird. Anschließend können wir mit

```
printf("Die auto-Schleife benötigte %ld Sekunden.", end-start);
```

bzw.

```
printf("Die register-Schleife benötigte %ld Sekunden.", end-start);
```

die verbrauchte Zeit ausgeben.

 comptime.c:

```
1  /*  comptime vergleicht die Zeiten, die für die Ausführung zweier
2      Zählschleifen benötigt werden. Eine der Schleifen verwendet als Zähler
3      eine register-Variable, die andere eine normale auto-Variable. Die
4      Zeitmessung erfolgt mittels der C-Funktion time.    */
5
6  #include <stdio.h>                                      /*  printf   */
7  #include <time.h>                                       /*  time */
8
```

```
9      main()
10     {
11         long start;                         /*   Startzeit Schleife */
12         long end;                           /*   Endezeit Schleife  */
13         int a1, a2;                        /*   auto-Schleifenzähler   */
14         register int r1, r2;              /*  register-Schleifenzähler  */
15         printf("\033[2J");
16         printf("\n\nDas Programm vergleicht die Zeiten, die zur Ausführung"
17            "einer Zählschleife\n(4000000 Zähloperationen) mit einer register
18                 Variablen" " und einer auto-Variablen\nbenötigt werden.");
19         time(&start);              /*   Startzeit auto-Schleife nehmen   */
20         for (a1 = 1; a1 <= 2000; a1++)
21             for (a2 = 1; a2 <= 2000; a2++)
22                              ;
23         time(&end);               /*   Endezeit auto-Schleife nehmen   */
24         printf("\n\nDie auto-Schleife benötigte %ld Sekunden.", end-start);
25         time(&start);            /*   Startzeit register-Schleife nehmen   */
26         for (r1 = 1; r1 <= 2000; r1++)
27             for (r2 = 1; r2 <= 2000; r2++)
28                              ;
29         time(&end);              /*   Endezeit register-Schleife nehmen*/
30         printf("\n\nDie register-Schleife benötigte %ld Sekunden.",
31          end-start);
32     }
```

Als Ausgabe des Programms wird man in Abhängigkeit von der Verarbeitungsgeschwindigkeit des Prozessors unterschiedliche Ausführungszeiten für die Schleife mit *auto*-Variablen und unterschiedliche Ausführungszeiten für die Schleife mit *register*-Variablen erhalten. Interessanter sind aber die Relationen, in denen die beiden Zeiten zueinander stehen. Die folgende Ausgabe zeigt, um wieviel schneller die Verarbeitung mit einer *register*-Variablen sein kann:

```
Die auto-Schleife benötigte 7 Sekunden.
Die register-Schleife benötigte 4 Sekunden.
```

Speicherklasse extern

Verwendet man innerhalb einer Funktion bzw. innerhalb eines Blocks das Schlüsselwort *extern* bei der Vereinbarung einer Variablen, so zeigt dies dem Compiler an, daß es sich dabei nicht um die Definition einer lokalen Variablen handelt, sondern um die Deklaration einer Variablen, die an anderer Stelle im Programm global definiert ist. Diese Deklaration erzeugt kein neues Datenobjekt und belegt insbesondere keinen Speicherplatz für irgendein Datenobjekt. Sie stellt lediglich eine Bekanntmachung für den Compiler dar, in der er davon unterrichtet wird, daß man eine Variable zu benutzen gedenkt, die man an anderer Stelle im Programm global definiert hat.

Man spricht in solchen Fällen auch vom *Import* einer globalen Variablen. Unter welchen Umständen derartige Deklarationen zustande kommen, hat also mit der Definition bzw. der Speicherklasse globaler Variablen zu tun. Wir untersuchen daher die entsprechenden Zusammenhänge genauer im folgenden Kapitel "Speicherklassen globaler Variablen".

7.2.2 Speicherklassen globaler Variablen

Speicherklasse extern

Globale Variablen haben die Speicherklasse *extern*, wenn sie ohne jede Speicherklassenbezeichnung definiert werden. Daher besitzt die globale Variable *e* in dem Beispiel

```
int e;    /*  e hat die Speicherklasse extern. */
main()
    {
    .
    .
    .
    }
```

die Speicherklasse *extern*. Die Lebensdauer einer Variablen der Speicherklasse *extern* ist identisch mit der Laufzeit des Programms, d. h., eine *extern*-Variable existiert - wie eine Variable der Speicherklasse *static* - während der gesamten Programmdauer. Ihr Gültigkeitsbereich erstreckt sich (ab der Definitionsstelle) auf die gesamte Datei, in der sie definiert ist und - falls das Programm nicht nur aus einer Datei besteht - auf alle weiteren Dateien (Module), die zum Programm gehören. Allerdings muß in manchen Fällen, wie etwa dem letztgenannten, die *extern*-Variable noch einmal eigens deklariert werden, bevor sie in einem Programmteil benutzt werden kann.

Variablendeklaration

Bei der Deklaration einer Variablen der Speicherklasse *extern* wird im Unterschied zur Definition einer solchen Variablen das Schlüsselwort *extern* angegeben:

```
extern int e;                    /*  Deklaration einer externen Variablen  */
```

Dies deklariert eine externe Variable *e*, die an anderer Stelle im Programm global definiert wurde. (Eine Variablendeklaration liegt also stets dann vor, wenn die Speicherklassenbezeichnung *extern* genannt wird.) Die Deklaration einer *extern*-Variablen ist eine Art Bekanntmachung für den Compiler, in der er Informationen über Namen und Datentyp dieses Datenobjekts erhält. Diese Informationen bekommt er allerdings auch bei dessen Definition. Der wesentliche Unterschied dabei ist, daß bei einer Variablendefinition zusätzlich Speicherplatz für die betreffende Variable reserviert wird, bei einer Deklaration der Variablen jedoch nicht. Dies ist nicht verwunderlich, denn der Sinn einer Deklaration ist ja nicht die Vereinbarung eines neuen Datenobjekts, sondern den Compiler mit Informationen über ein Datenobjekt zu versorgen, das an einem anderem Ort im Programm definiert ist und das er zum aktuellen Zeitpunkt nur noch nicht kennt. Deklariert werden kann eine Variable je nach Bedarf mehrfach im Programm, wohingegen sie nur ein einziges Mal definiert werden darf.

Wann ist eine solche Deklaration erforderlich? Eine mit der Speicherklasse *extern* definierte Variable muß zusätzlich deklariert werden, wenn eine der beiden folgenden Situationen gegeben ist:

- Das Programm besteht aus nur einer Quelldatei. Die Variable soll im Programm bereits vor ihrer Definition verwendet werden.
- Das Programm besteht aus mehreren Quelldateien. Die Variable soll in einer anderen Datei verwendet werden als der, in der sie definiert ist.

Betrachten wir zunächst den ersten Fall, in dem das gesamte Programm in einer Quelldatei codiert ist. Das Programm extern1.c verwendet eine Variable der Speicherklasse *extern* vor deren Definition, die erst später in der Datei erfolgt. Daher ist eine Deklaration der Variablen vor dem ersten Zugriff darauf erforderlich.

▶ extern1.c:

```
 1  /*    extern1 greift auf eine Variable der Speicherklasse extern zu, bevor
 2        diese im Programm definiert wird. Dazu ist eine Deklaration der
 3        Variablen vor ihrer Verwendung nötig. */
 4
 5  #include <stdio.h>
 6
 7  main()
 8        {
 9        extern int e;       /*  Deklaration der externen Variablen e, die
10                                erst in Anschluß an main definiert wird. Die
11                                Variable ist ab dieser Deklaration in main
12                                                            verwendbar.    */
13        e = 1;
14        printf("main: Wert von e (extern): %d", e);
15        func();                             /*  Funktionsaufruf    */
16        }
17  int e;                      /*  Definition der globalen Variablen e mit
18                                  der Speicherklasse extern. Erfolgt
19                                  in diesem Beispiel erst, nachdem
20                                  die Variable bereits einmal
21                                                  verwendet wurde.    */
22  func()                      /*  Keine extern-Deklaration von e
23                                  für func erforderlich.    */
```

```
24        {                              /*   da sich func h i n t e r der
25                                              Definition von e befindet.   */
26              printf("\nfunc: Wert von e (extern): %d", e);
27        }
```

Das obige Programm extern1.c stellt nicht unbedingt den Normalfall bei der Verwendung von *extern*-Variablen dar. Für gewöhnlich wird man externe Variablen zu Beginn der Quelldatei (noch vor *main*) definieren und kann sich dann weitere Deklarationen sparen. Selbstverständlich bleibt es dem Programmierer auch in diesem Fall unbenommen, eine *extern*-Variable zusätzlich noch zu deklarieren, etwa, um darauf hinzuweisen, daß eine Funktion *extern*-Variablen benutzt. In dem folgenden Programmausschnitt ist die Deklaration der globalen Variable e nicht erforderlich, da die Variable am Anfang der Datei definiert wird und somit überall bekannt ist. Die Deklaration hat lediglich dokumentarischen Wert:

```
int e = 1;

main()
    {
    extern int e; /*   Diese Deklaration ist nicht notwendig. Sie zeigt
    lediglich, daß die Funktion main eine externe Variable verwendet. */
    printf("Wert von e ist %d", e);
    }
```

Der Gültigkeitsbereich der Variablen e aus dem obigen Beispiel ist aufgrund der *extern*-Deklaration innerhalb von *main* eben diese Funktion, ferner die Funktion *func*, für die keine Deklaration der Variablen e notwendig ist, da *func* sich im Programm hinter der Definition von e befindet. In der folgenden Programmversion extern2.c steht die Variablendeklaration ebenfalls in *main*, jedoch in einem Block, der in den äußeren Funktionsblock eingeschachtelt ist.

▶ *extern2.c:*

```
1  /*   extern2 greift auf eine Variable der Speicherklasse extern zu, bevor
2       diese im Programm definiert wird. Dazu ist eine Deklaration der
3       Variablen vor ihrer Verwendung nötig. */
4
5  #include <stdio.h>
6
7  main()
8      {
9          {
10             extern int e;      /*   Deklaration der externen Variablen e.
11                                        Die Variable ist danach in inneren
12                                        Block von main verwendbar.   */
13             e = 1;
14             printf("Innerer Block main: Wert von e (extern): %d", e);
15             func();                          /*   Funktionsaufruf      */
16         }
17     }
```

```
18    int e;                       /*    Definition der globalen Variablen e mit
19                                        der Speicherklasse extern. Erfolgt nach
20                                              der Verwendung in main. */
21    func()                       /*    Keine extern-Deklaration von e für func
22                                              erforderlich. */
23    {                            /*    da sich func h i n t e r der Definition
24                                                  von e befindet.     */
25        printf("\nfunc: Wert von e (extern): %d", e);
26    }
```

In diesem Fall gilt die Variable *e* nur im inneren Block von *main*. Bei dem Versuch, auf die Variable in *main* außerhalb des inneren Blocks zuzugreifen, würde der Compiler einen Fehler melden. Allgemein bestimmt in Fällen, in denen die Deklaration notwendig ist und innerhalb einer Funktion bzw. eines Blocks erfolgt, der Deklarationsort einer als *extern* definierten Variablen in gleicher Weise wie der Definitionsort einer lokalen Variablen den Gültigkeitsbereich der externen Variablen. Man spricht in diesem Zusammenhang auch von einem lokalen Import einer *extern*-Variablen, da die so deklarierte Variable nur innerhalb des betreffenden Blocks bzw. der betreffenden Funktion verwendet werden kann. (Manche Compilersysteme verfügen über herstellerspezifische Erweiterungen der ANSI-Norm, die man nach Wunsch aktivieren oder deaktivieren kann. Eine dieser Erweiterungen von C beinhaltet, daß eine lokal importierte *extern*-Variable nicht nur in der Funktion bzw. in dem Block bekannt ist, der ihre Deklaration enthält, sondern ab der Deklaration im gesamten Rest der Datei - unabhängig von Block- und Funktionsgrenzen. Richtet man den Programmcode auf solche speziellen Spracherweiterungen aus, schränkt man damit naturgemäß die Portabilität der Programme ein.)

Programme aus mehreren Quelldateien

Kommen wir nun zu der anderen der beiden anfangs beschriebenen Situationen, bei der das Programm nicht nur aus einer, sondern aus mehreren Quelldateien besteht und eine Variable der Speicherklasse *extern* in einer anderen Datei benutzt werden soll als der, in der sie definiert ist. Im bisherigen Verlauf des Buchs wurde bereits einige Male angedeutet, daß ein Programm nicht notwendigerweise nur aus einer einzigen Quelldatei bestehen muß. Letzteres ist bei größeren Programmen eher die Ausnahme. Einen Quellcode auf mehrere Dateien, die sog. *Module* des Programms, zu verteilen hat seine Vorteile:

- Das Programm ist übersichtlicher gegliedert und dadurch leichter verständlich.
- Die einzelnen (separaten) Module können auch von anderen Programmen verwendet werden.

- Bei Programmänderungen (Korrektur, Austausch und Einfügen von Programmteilen) müssen nur die entsprechenden Module modifiziert und neu übersetzt werden (und nicht das gesamte Programm).

Die Modularisierung eines Programms setzt voraus, daß es aus mehreren Funktionen besteht. Diese Funktionen lassen sich auf verschiedene Dateien verteilen. Man hat dabei lediglich zu beachten, daß eine Funktion vollständig in ein und demselben Modul enthalten sein muß. Das folgende Programmbeispiel (extern3.c) veranschaulicht zweierlei: erstens die Aufteilung eines Quellprogramms auf mehrere Module und zweitens - und damit sind wir wieder beim eigentlichen Thema - die Deklaration einer externen Variablen in einem Modul, das nicht deren Definition enthält.

Wir schreiben das Programm zunächst wie gewohnt in eine Datei:

 extern3.c:

```
#include<stdio.h>                                           /* für printf */

int e = 1;                                    /* Definition der externen
                                        /* Variable e. Gültigkeitsbereich:
                                                        gesamte Datei */

main()
{
   printf("main:\tWert von e ist %d", e);
   func1()                                              /* Aufruf func1 */
   func2()                                              /* Aufruf func2 */
}

func1()
{
   printf("\nfunc1:\tWert von e ist %d", e);
}

func2()
{
   printf("\nfunc2:\tWert von e ist %d", e);
}
```

Das Programm extern3.c enthält insgesamt drei Funktionen: *main* und zwei weitere einfache Funktionen *func1* und *func2*, die nach dem Muster der schon bekannten Funktion *func* aufgebaut sind. Die Aufgabe, die sie ausführen, ist leicht verständlich: Ruft man sie auf, geben sie den Wert der *extern*-Variablen *e* aus. Die globale Variable *e* wird zu Beginn der Datei *extern3.c* definiert. Sie ist daher in allen Funktionen des Programms bekannt. Eine zusätzliche Deklaration könnte (aus Dokumentationsgründen) innerhalb jeder Funktion eingefügt werden, ist aber nicht erforderlich.

Das Programm produziert die erwartete Ausgabe:

```
main:     Wert von e ist 1
func1:    Wert von e ist 1
func2:    Wert von e ist 1
```

Wir verteilen unser Programm extern3.c nun auf zwei Quelldateien, die wir *extern3.c* und *funcs.c* nennen. Dabei enthält *extern3.c* jetzt nur noch die Funktion *main*, also das Hauptprogramm, während die Datei *funcs.c* die beiden Funktionen *func1* und *func2* aufnimmt:

▶ *extern3.c:*

```c
#include<stdio.h>              /* für printf */

int e = 1;                     /* Definition der externen
                                  Variable e. Gültigkeitsbereich:
                                  Datei extern3.c und aufgrund der
                                  dortigen Deklaration auch das
                                  Programm-Modul funcs.c */

main()
{
   printf("main:\tWert von e ist %d", e);
   func1()                     /* Aufruf func1 */
   func2()                     /* Aufruf func2 */
}
```

▶ *funcs.c:*

```c
#include<stdio.h>              /* für printf */

extern int e;                  /* Globale Deklaration der
                                  Variablen e. Die Variable ist ab
                                  dieser Deklaration in funcs.c
                                  verwendbar */

func1()
{
   printf("\func1:\tWert von e ist %d", e);
}

func2()
{
   printf("\func2:\tWert von e ist %d", e);
}
```

Die *extern*-Deklaration der Variablen *e* in der Datei *funcs.c* ist erforderlich, denn die Variable *e* wird zwar am Anfang von *extern3.c* global definiert (was sie in dieser Datei überall verwendbar macht), sie wird jedoch auch im anderen Programm-Modul funcs.c verwendet. Da die Deklaration sich am Dateianfang außerhalb jeder Funktion befindet, ist die Deklaration global und die Variable *e* ab dieser Stelle im gesamten Rest der Datei *funcs.c* bekannt. Die beiden Funktionen *func1* und *func2* können daher problemlos darauf zugreifen: die Variable *e* wurde global importiert.

Der Gültigkeitsbereich der Variablen *e* erstreckt sich damit insgesamt auf beide Module, also auf das komplette Programm. Plazierte man die Deklaration der Variablen *e* im Modul funcs.c nicht außerhalb jeder Funktion am Dateianfang, sondern innerhalb einer Funktion, wie z. B. in der folgenden Modulvariante:

▶ **funcs.c**

```
 1  #include<stdio.h>              /* für printf */
 2
 3
 4  func1()
 5  {
 6                                 /* Die folgende Anweisung erzeugt
 7                                    einen Fehler. Die Variable e
 8                                    ist in func 1 nicht bekannt */
 9     printf("\nfunc1:\tWert von e ist %d", e);
10  }
11
12  func2()
13  {
14     extern int e;               /* Lokale Deklaration der Variablen    15    e.
15                                    Die Variable ist nur in func2
16                                    verwendbar. */
17     printf("\func2:\tWert von e ist %d", e);
18  }
```

so wäre die Variable nur innerhalb der Funktion bekannt und verwendbar, welche die Deklaration enthält, im obigen Beispiel also in der Funktion *func2*: Die Variable *e* wird lokal importiert. Ihr Gültigkeitsbereich wäre in diesem Fall das gesamte Modul extern3.c und die Funktion *func2* im Modul funcs.c. Versuchte man, das Programm mit dieser Modulversion von funcs.c zu übersetzen, meldete der Compiler einen Fehler, da die Variable *e* in der Funktion *func1* nicht bekannt wäre und diese somit eine Anweisung enthielte, die auf eine undefiniertes Objekt zugreift.

Statt auf zwei ließe sich das Programm extern3.c auch auf drei Module verteilen:

▶ **extern3.c:**

```
#include<stdio.h>              /* für printf */

int e = 1;                     /* Definition der externen
                                  Variable e. Gültigkeitsbereich:
```

```
                                   Datei extern3.c und aufgrund
                                   der dortigen Deklarationen die
                                   Module func1.c und func2.c */
main()
{
   printf("main:\tWert von e ist %d", e);
   func1();                        /* Aufruf func1 */
   func2();                        /* Aufruf func2 */
}
```

▶ *func1.c:*

```
#include<stdio.h>                  /* für printf */

extern int e;                      /* Deklaration der Variablen e.
                                      Die Variable ist ab dieser
                                      Deklaration in func1.c
                                      verwendbar */
func1()
{
   printf("\func1:\tWert von e ist %d", e);
}
```

▶ *func2.c:*

```
#include<stdio.h>                  /* für printf */

   extern int e;                   /* Lokale Deklaration der
                                      Variablen e. Die Variable ist
                                      ab dieser Deklaration nur
                                      in func2.c verwendbar. */
func2()
{
   printf("\func2:\tWert von e ist %d", e);
}
```

In der letzten Programmvariante muß jeder der beiden Module func1.c und func2.c eine entsprechende Deklaration der Variablen *e* enthalten. (Würde im übrigen in zwei Modulen eines Programms jeweils eine globale Variable gleichen Namens mit der Speicherklasse *extern* definiert, würde eine der beiden Definitionen als Deklaration interpretiert.) Alle drei Programmversionen (ob mit einem, zwei oder drei Modulen) bewirken das gleiche und produzieren insbesondere natürlich auch die gleiche Ausgabe. Von System zu System verschieden sind dagegen die Kompilierbefehle, mit denen ein C-Programm übersetzt wird. Wir gehen daher an dieser Stelle auch nicht näher darauf ein. Man findet die entsprechenden Informationen in der Dokumentation des jeweiligen Compilers. (Für den dem Buch beigefügten Compiler siehe den entsprechenden Anhang K.)

Initialisierung

Variablen der Speicherklasse *extern* können bei ihrer Definition mit konstanten Werten explizit initialisiert werden. Unterläßt man dies, werden sie zu Programmbeginn automatisch mit dem Wert 0 vorbesetzt. Unser Programm extern1.c gäbe für die *extern*-Variable *e* den Wert 0 aus, wenn man diese Variable weder initialisierte noch ihr einen Wert zuwiese.

 extern1a.c:

```
 1  /*   extern1a gibt eine nicht-initialisierte Variable der Speicherklasse
 2  extern aus. */
 3
 4  #include <stdio.h>
 5
 6  main()
 7      {
 8          extern int e;           /*   Deklaration der externen Variablen e  */
 9
10          printf("main: Wert von e (extern): %d", e);
11          func();                                    /*   Funktionsaufruf    */
12      }
13      int e;                      /*   Definition der externen Variablen e.
14                                       Automatische Initialisierung mit 0.   */
15      func()
16      {
17          printf("\nfunc: Wert von e (extern): %d", e);
18      }
```

Variablen werden stets nur bei ihrer Definition initialisiert. Ein naheliegender Fehler wäre der Versuch, eine *extern*-Variable auch bei ihrer Deklaration zu initialisieren. Die Anweisung

```
    extern int e = 1;  /*   Erzeugt einen FEHLER. Variablen können NICHT bei ihrer
                             Deklaration initialisiert werden.*/
```

ist nicht korrekt.

Nachsatz

Variablen der Speicherklasse *extern* haben ihre Vorzüge: Sie existieren kontinuierlich während der gesamten Programmlaufzeit und ihre Gültigkeit läßt sich auf das gesamte Programm ausdehnen. Jede Funktion kann direkt auf sie zugreifen und sie benutzen. Man benötigt keine zusätzlichen funktionsinternen (lokalen) Variablen, in die man die Werte, mit denen eine Funktion arbeiten soll, erst noch übertragen müßte (ausführliche Informationen dazu in Kapitel 10 "Funktionen").

Andererseits sind externe Variablen gerade wegen dieser Positiva nicht ganz unproblematisch. Da sie stets existent und allgemein verfügbar sind, wächst mit der Komplexität von Programmen auch die Gefahr, daß eine externe Variable unbeabsichtigt in ihrem Wert verändert wird, also Werte verlorengehen, die erhalten bleiben sollen.

Daher empfiehlt es sich keineswegs, alle möglichen Variablen als *extern* zu definieren. Man tut sicher besser daran, nach Möglichkeit lokale Variablen einzusetzen, die nicht von jeder Funktion ohne weiteres manipuliert werden können.

Speicherklasse static

Wird bei der Definition einer globalen Variablen die Speicherklasse *static* angegeben, so ist diese Variable nur innerhalb der Datei verwendbar, in der sie definiert wird (dort allerdings ab der Definitionsstelle überall).

In einem Programm mit mehreren Modulen verhindert man damit, daß die Variable in einem anderen Modul benutzt wird als demjenigen, das ihre Definition enthält. Eine globale *static*-Variable kann also nicht per Deklaration (und auch nicht auf sonst einem Wege) von einem anderen Modul des Programms importiert werden. In dem folgenden Programm, das aus den Quelldateien *modul1.c* und *modul2.c* besteht, kann die Variable s nur innerhalb der Datei *modul1.c* verwendet werden.

▶ **modul1.c:**

```
#include<stdio.h>          /* für printf */

static int s = 1;          /* Definition der globalen
                              static-Variablen s.
                              Gültigkeitsbereich: diese und
                              nur diese Datei. Kein Import
                              durch andere Module möglich */

main()
{
    ...
    printf("main:\tWert von s ist %d", s);
    ...
}

func1()
{
    ...
    printf("\nfunc1:\tWert von s ist %d",s );
    ...
}
```

7

> **modul2.c:**

```
#include<stdio.h>
func2()
{
    ...
    printf("\nfunc2:Variable s aus Modul 1 nicht verwendbar.",s );
    ...
}
func3()
{
    ...
    printf("\nfunc3:Variable s aus Modul 1 nicht verwendbar.",s );
    ...
}
```

Die Lebensdauer einer *static*-Variablen (lokal oder global) erstreckt sich über die gesamte Laufzeit des Programms. Wie lokale *static*-Variablen werden auch globale *static*-Variablen zu Programmbeginn mit dem Wert *0* initialisiert, wenn sie nicht explizit bei der Definition mit einem Anfangswert versehen werden.

7.2.3 Zusammenfassung

Wir fassen unsere Erkenntnisse über die Speicherklassen von Variablen in einer tabellarischen Übersicht zusammen:

	Speicherklasse	Gültigkeitsbereich	Lebensdauer
L O K A L	auto	Block	Laufzeit des Blocks
	register	Block	Laufzeit des Blocks
	static	Block	Laufzeit des Programms
G L O B A L	extern	Quelldatei mit Definition und je nach Deklaration alle Module des Programms	Laufzeit des Programms
	static	Quelldatei mit Definition	Laufzeit des Programms

Abb. 115: Speicherklassen (Übersicht)

Programmsegmente

Die Speicherklasse einer Variablen hat nicht nur Einfluß auf deren Gültigkeit und Lebensdauer, sie bestimmt auch, in welchem Teil des für ein C-Programm reservierten Speicherbereichs sie zur Laufzeit des Programms aufbewahrt und verwaltet wird. Tatsächlich läßt sich der Bereich, den ein C-Programm im Arbeitsspeicher des Rechners belegt, in mehrere Teilbereiche untergliedern, die man als *Programmsegmente* bezeichnet.

Die Variablen der Speicherklassen *extern* und *static* werden dabei im sogenannten *Datensegment* gespeichert, die Variablen der Speicherklasse *auto* befinden sich in einem anderen Teilbereich, der *Stack* oder *Stacksegment* genannt wird.

Die folgende Abbildung zeigt, wie man sich die Gliederung eines Programms in Segmente vorzustellen hat, wobei die Anordnung der einzelnen Segmente von System zu System unterschiedlich sein kann:

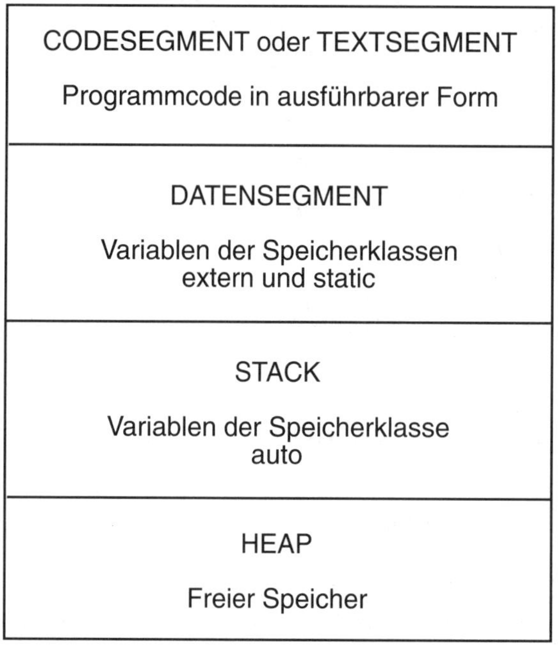

CODESEGMENT oder TEXTSEGMENT Programmcode in ausführbarer Form
DATENSEGMENT Variablen der Speicherklassen extern und static
STACK Variablen der Speicherklasse auto
HEAP Freier Speicher

Abb. 116: Segmente eines C-Programms

Wie man sieht, benötigt ein C-Programm nicht etwa nur Platz für sich selbst, also den Code des ausführbaren Programms, der im *Codesegment* (auch *Textsegment* genannt) untergebracht ist. *Stack(-Segment)* und *Heap(-Segment)* werden gelegentlich auch als *Dynamisches Segment* bezeichnet, da ihr Inhalt während der Laufzeit des Programms veränderlich ist (beispielsweise durch das Anlegen und Löschen von *auto*-Variablen, wenn ein Block mehrfach ausgeführt wird). Für Stack- und Heapsegment verwendet man gewöhnlich die Kurzbezeichnungen Stack und Heap.

Der Stack - zu deutsch: "Stapel" - heißt so, weil man Datenobjekte wie auf einen Stapel in diesem Speicherbereich ablegen und auch wieder daraus entfernen kann. Dabei gilt das *Last in, First out*-Prinzip (*LiFo*): Das zuletzt auf dem Stapel plazierte Objekt wird auch als erstes wieder davon heruntergenommen. Auf dem Stack werden nicht nur die automatischen Variablen gespeichert, sondern auch noch andere Datenobjekte, beispielsweise die Parameter von Funktionen oder sog. *Rücksprungadressen* von Funktionen. Nähere Informationen dazu und zur Funktionsweise des Stacks findet man in Kapitel 10 "Funktionen".

Der Heap ("Halde") ist ein freier Speicherbereich, der während der Laufzeit vom Programm belegt werden kann. Dies ermöglicht eine dynamische Verwaltung des Speichers, was bedeutet, daß Datenobjekte nicht in jedem Fall im voraus per Variablendefinition mit unveränderlicher (statischer) Größe vereinbart werden müssen, sondern zur Laufzeit des Programms angelegt und in ihrer Größe ständig den aktuellen Erfordernissen angepaßt werden können (vgl. dazu das Kapitel 9 "Zeiger").

7.3 Fragen zur Wiederholung

Die Antworten auf die Wiederholungsfragen dieses Kapitels finden Sie im Anhang ab Seite 808.

1 Was versteht man unter Lebensdauer und Gültigkeitsbereich eines Datenobjekts?

Hängt die Lebensdauer vom Gültigkeitsbereich ab?

2 Wann ist eine Variable lokal bzw. global?

Wie sind die Gültigkeitsbereiche lokaler und globaler Variablen geregelt?

3 Darf man in einem C-Programm mehrere Variablen unterschiedlichen Datentyps, aber gleichen Namens definieren?

4 Ist der folgende Programmausschnitt korrekt?

```
main()
{
    int a, b, c = 1;
    {
```

```
            printf("%d\n", c);
            float d = 3.14;
            printf("%f", d);
        }
    }
```

5 Was wird mit dem folgenden Programmausschnitt ausgegeben?

```
main()
{
    int x = 1;
    {
        int x = 2;
        {
            int x = 3;
            {
                int x = 4;
                {
                    printf("%d", x);
                }
            }
        }
    }
}
```

6 Wie groß ist der Wert der Variablen *summe* nach der folgenden Schleife?

```
for (i = 0; i < 10; i++)
    {
    static int x = 0;
    int summe = 0;
    summe += x;
    x++;
    }
```

7 Ein Programm enthalte in *main* die folgenden Variablendefinitionen. Welche davon sind korrekt?

```
int a = 5;
int b = a;
int c = a + b;
int d = c + 5 * 2;
int e[4] = {a, b, c, d};
static int f = 5;
static int g = f;
```

8 Kann das Schlüsselwort *extern* für lokale Variablen verwendet werden?

9 Was versteht man unter *lokalem und globalem Import* einer Variablen?

10 Was gibt das folgende Programm aus?

```c
int a;
main()
    {
    int b;
    static int c;
    printf("%d %d %d", a, b, c);
    }
```

8. Der C-Präprozessor

Wie wir bereits wissen, ist zur Kompilierung eines C-Programms nicht nur ein Arbeitsgang (engl.: pass) erforderlich.

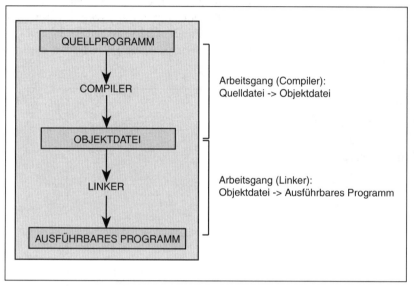

Abb. 117: Arbeitsgänge bei der Programmübersetzung

Die Abbildung aus dem ersten Kapitel veranschaulicht die beiden Hauptarbeitsgänge bei der Übersetzung eines Quellprogramms, die uns schon bekannt sind:

- die Umwandlung der Quelldatei in eine (noch nicht ausführbare) Objektdatei in Maschinensprache durch den Compiler. (Manche Compiler erzeugen als Zwischenstufe zunächst eine - noch lesbare - Programmversion in Assemblercode und daraus wiederum erst die Objektdatei in Maschinensprache. Es sei außerdem noch einmal darauf hingewiesen, daß im Sprachgebrauch nicht nur das eigentliche Übersetzungsprogramm - wie im obigen Beispiel -, sondern häufig auch das gesamte System aus Übersetzungsprogramm, Linker und allen weiteren Hilfsprogrammen als Compiler bezeichnet wird. Was jeweils gemeint ist, ergibt sich gewöhnlich aus dem Kontext.)

  program.c   ->   program.obj

- die anschließende Weiterverarbeitung der Objektdatei durch den *Linker* zur ausführbaren Datei:

  program.obj -> program.exe

Bevor jedoch der eigentliche Kompiliervorgang stattfindet, der den Quellcode in den Objektcode überführt, wird in einem weiteren (ersten) Arbeitsgang der Programmtext zunächst noch vorbearbeitet. Dazu startet der Compiler ein spezielles Programm, den *C-Präprozessor*, der den Quelltext nicht - wie der Compiler selbst - auf eine andere Sprachebene transferiert, sondern ihn ähnlich wie ein Textverarbeitungsprogramm verändert bzw. erweitert. Wir präzisieren daher unsere Eingangsgrafik, indem wir diesen Arbeitsschritt explizit darin aufnehmen:

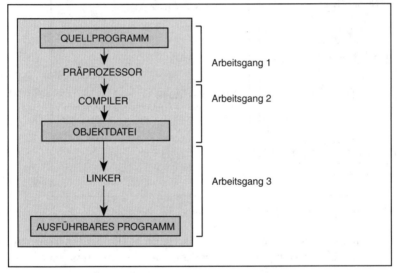

Abb. 118: Arbeitsgänge bei der Programmübersetzung

Der Präprozessor kann mit einem Quelltext die folgenden Operationen durchführen:

Textersatz

Der Präprozessor ersetzt sogenannte *symbolische Konstanten* und *Makros* durch die Quelltextpassagen, die sie repräsentieren.

Anweisungen: #define, #undef

Dateien einfügen

Der Präprozessor fügt den Inhalt von *Include*-Dateien in den Quelltext ein.

Anweisung: #include

Bedingte Kompilierung

Mit Hilfe des Präprozessors kann die Kompilierung von Programmteilen von Bedingungen abhängig gemacht werden.

Anweisungen: #if, #elif, #else, #endif, #ifdef, #ifndef

Fehlermeldungen ausgeben

Der Präprozessor kann in bestimmten Fällen seine Bearbeitung des Quelltextes abbrechen und eine Fehlermeldung ausgeben.

Anweisung: #error

Zeilennumerierung ändern

Mit einer entsprechenden Präprozessoranweisung läßt sich die interne Zeilennumerierung der Quelldatei modifizieren.

Anweisung: #line

Compiler-Instruktionen bearbeiten

Anweisungen an den Compiler, die gewöhnlich als Optionen des Kompilierbefehls in der Kommandozeile angegeben werden, können mit einer speziellen Präprozessoranweisung in den Quellcode aufgenommen werden.

Anweisung: #pragma

Der Quelltext nach der Bearbeitung durch den Präprozessor

Man kann sich eine vom Präprozessor bearbeitete Quelldatei ansehen, wenn man dem Kompilierbefehl eine entsprechende Option mitgibt (die man der jeweiligen Compilerdokumentation entnehmen kann). So bewirkt für den Microsoft-C-Compiler die Option /P (für UNIX-Systeme gewöhnlich: -P), daß mit dem folgenden Befehl lediglich der Präprozessor gestartet wird, das Programm program.c jedoch nicht übersetzt und gebunden wird:

```
cl /P program.c    /*   program.c wird nur vom Präprozessor bearbeitet und
                        nicht kompiliert. Der bearbeitete Quelltext wird in

                        der Datei program.i gespeichert. */
```

Die nach dem Präprozessorlauf entstandene Version des Quelltextes wird dabei in einer Datei mit dem Namen der Quelldatei und der Dateiendung .i gespeichert, im obigen Fall würde also eine Datei *program.i* erzeugt. Gibt man statt der Option /P (bzw. -P) die Option /E (bzw. -E) an, wird der vom Präprozessor bearbeitete Quellcode nicht in eine Datei, sondern auf den Bildschirm geschrieben.

Präprozessor-Anweisungen

Der Präprozessor erhält seine Instruktionen in Form von sogenannten *Direktiven*. Dies sind Anweisungen, die sich von normalen C-Anweisungen in zweifacher Hinsicht unterscheiden: Zum einen beginnen sie stets mit dem Zeichen "#", zum anderen enden sie nicht mit einem Semikolon. Mit dieser Regelung sind wir bereits durch die *#include*-Anweisung vertraut, die in praktisch allen bisherigen Programmen benötigt wurden. Beispielsweise sorgt die Präprozessor-Direktive

```
#include <stdio.h> /*   Präprozessor-Anweisung. Beginnt mit "#" und endet
                        nicht mit einem Semikolon.   */
```

dafür, daß der Inhalt der Datei *stdio.h* in das jeweilige Programm eingefügt wird (siehe dazu das Kapitel 8.2 "Include-Dateien"). Dabei dürfen sich zwischen dem Zeichen "#" und dem folgenden Schlüsselwort auch Zwischenraumzeichen (z. B. Leerzeichen) befinden. Man könnte die obige Anweisung also auch so formulieren:

```
# include <stdio.h>
```

Präprozessor-Anweisungen plaziert man gewöhnlich am Anfang einer Quelldatei vor allen Funktionen und externen Definitionen und Deklarationen, sie können aber prinzipiell an beliebiger Stelle in einem Programm stehen, außerhalb wie innerhalb von Funktionen. (Ältere Compilersysteme, die nicht nach der ANSI-Norm arbeiten, verlangen, daß eine Präprozessor-Anweisung in der ersten Spalte einer Quelltextzeile beginnt.) Sie gelten ab der Stelle ihres Auftretens unabhängig von Funktions- bzw. Blockgrenzen im gesamten Rest der Quelldatei. Hat man ein Programm mit mehreren Modulen, muß die betreffende Anweisung in einem anderen Modul wiederholt werden, wenn sie auch dort Gültigkeit besitzen soll. (Als Beispiel dazu vergleiche man die entsprechenden Versionen des Programms extern3.c im Kapitel 7 "Speicherklassen".)

8.1 Textersatz: Makros und symbolische Konstanten

Zu den Objekten, die in C mit einem Namen belegt werden können, gehören nicht nur Variablen, Funktionen oder Datentypen. Auch für beliebige Passagen von C-Quellcode lassen sich Namen vereinbaren, die dann anstelle der eigentlichen Quelltextpassagen im Programm verwendet werden können. Stößt anschließend der Präprozessor während seiner Bearbeitung des Quelltextes auf einen dieser Namen, ersetzt er ihn durch die Quelltextpassage, die durch den Namen repräsentiert wird. Man kann Namen definieren für Ausdrücke und Anweisungen, aber auch für einzelne Zahlen oder Zeichen. Man trifft dabei die folgende Unterscheidung: Repräsentiert der definierte Name einen Ausdruck oder eine oder mehrere Anweisungen, so stellt der Name ein sogenanntes *Makro* dar (siehe dazu Kapitel 8.1.2 "Makros"). Repräsentiert der definierte Name irgendeine Konstante (beispielsweise eine Zahl oder einen String) oder irgendein anderes Stück Quellcode, das kein Ausdruck und keine Anweisung ist, bezeichnet man diesen Namen als *symbolische Konstante*. Die Präprozessor-Anweisung, mit der diese Namen vereinbart werden, ist die *#define*-Anweisung;.

8.1.1 Symbolische Konstanten

Symbolische Konstanten sind uns bereits aus dem Kapitel 6 "Eigene Datentypen" bekannt: Dort bestand die Werteliste eines *enum*-Datentyps aus Namen, die ganzzahlige Werte darstellten und anstelle dieser Werte benutzt wurden, um Anweisungen auf Anhieb leichter verständlich zu machen. Aus ähnlichen Gründen vereinbart man auch mit der Präprozessor-Anweisung

```
#define
```

Namen für Zahlen oder andere Zeichenfolgen: Symbolische Konstanten sollen dem Quelltext größere Verständlichkeit verleihen. Die *#define*-Anweisung wird gemäß der folgenden Syntax verwendet:

```
#define  name  [ersatztext]
```

Dabei stellt *name* die symbolische Konstante dar, die man im Quelltext zu verwenden gedenkt, wohingegen es sich bei *ersatztext* um die Zeichenkette handelt, die von der symbolischen Konstanten repräsentiert wird. Der Präprozessor setzt diese Zeichenkette später (vor dem Kompilieren) anstelle der symbolischen Konstanten in den Programmtext ein. Die eckigen Optionsklammern zeigen im übrigen an, daß nicht unbedingt ein Äquivalent für die symbolische Konstante angegeben werden muß (siehe dazu weiter unten).

Die Anweisung

```
#define  MEHRWERTSTEUER  15
```

etwa definiert eine symbolische Konstante namens MEHRWERTSTEUER und teilt dem Präprozessor mit, daß er dafür im Quelltext an allen Stellen, an denen die symbolische Konstante verwendet wird, den Wert *15* einsetzen soll. Obwohl für symbolische Konstanten bezüglich der Namensgebung die gleichen Regelungen gelten wie für Variablen und daher sowohl Groß- als auch Kleinbuchstaben zulässig wären, verfahren wir nach der allgemeinen Programmierkonvention und benutzen für symbolische Konstanten ausschließlich Großbuchstaben, um sie von Variablen zu unterscheiden. Das folgende Programm calc.c zeigt eine erste Anwendung von symbolischen Konstanten: Die Konstante MEHRWERTSTEUER wird statt der entsprechenden Zahlenkonstanten für eine einfache Kalkulation benutzt.

▶ *calc.c:*

```
 1  /*   calc berechnet für einen eingegebenen Preis die Mehrwertsteuer sowie den
 2       Preis zuzüglich Mehrwertsteuer.  */
 3
 4  #include <stdio.h>
 5  #define  MEHRWERTSTEUER 15              /*   Definition der symbolischen
 6                                               Konstanten MEHRWERTSTEUER    */
 7
 8  main()
 9      {
10      float preis;
11      printf("\033[2J");
12      printf("\n\nPreis: ");
13      scanf("%f", &preis);
14      printf("\n\nMehrwertsteuer bei 15 %%: %.2f", (preis/100) *
15          MEHRWERTSTEUER);
16      printf("\nMehrwertsteuer bei  7 %%: %.2f", (preis/100) * 7);
17      printf("\nPreis + Mehrwertsteuer (15%%): %.2f", preis + (preis/100)
18       * MEHRWERTSTEUER);
19      printf("\nPreis + Mehrwertsteuer ( 7%%): %.2f", preis + (preis/100)
20       * 7);
21      }
```

Wenn wir das Programm calc.c mittels der entsprechenden Compileroption (siehe weiter oben) nicht übersetzen, sondern nur vom Präprozessor bearbeiten lassen, und uns anschließend die Datei *calc.i* bzw. die Bildschirmausgabe des Präprozessors ansehen, stellen wir fest, daß der Präprozessor in der Tat die Quelltextpassage

```
printf("\n\nMehrwertsteuer bei 15 %%: %.2f", (preis/100) * MEHRWERTSTEUER);

printf("\nMehrwertsteuer bei  7 %%: %.2f", (preis/100) * 7);
```

```
printf("\nPreis + Mehrwertsteuer (15%%): %.2f", preis + (preis/100)
        * MEHRWERTSTEUER);

printf("\nPreis + Mehrwertsteuer ( 7%%): %.2f", preis + (preis/100)
        * 7);
```

durch den Text

```
printf("\n\nMehrwertsteuer bei 15 %%: %.2f", (preis/100) * 15);
printf("\nMehrwertsteuer bei  7 %%: %.2f", (preis/100) * 7);
printf("\nPreis + Mehrwertsteuer (15%%): %.2f", preis + (preis/100) * 15);
printf("\nPreis + Mehrwertsteuer ( 7%%): %.2f", preis + (preis/100) * 7);
```

ersetzt hat, also überall die Konstante MEHRWERTSTEUER durch die Zahl
15. Das obige Programm ist aber auch noch bezüglich eines anderen Vorteils
von symbolischen Konstanten recht lehrreich. Was ist, wenn sich der Mehr-
wertsteuersatz, wie in der Vergangenheit geschehen, ändert? Hätten wir den
Quelltext statt mit der symbolischen Konstanten MEHRWERTSTEUER mit
den Zahlenwert 15 abgefaßt, müßte nun an allen Stellen die Zahl 15 abgeän-
dert werden. Mit der symbolischen Konstanten jedoch genügt eine einzige
Änderung, um das Programm zu aktualisieren. Man ersetzt lediglich in der
Präprozessor-Anweisung die Zahl 15:

```
#define  MEHRWERTSTEUER  20
```

Den Rest besorgt der Präprozessor, der nun überall statt der Zahl 15 die Zahl
20 für die Konstante MEHRWERTSTEUER einsetzt.

Symbolische Konstanten für unterschiedliche Textobjekte

Mit der #*define*-Anweisung lassen sich natürlich nicht nur symbolische Konstanten für ganze Zahlen vereinbaren, sondern für beliebige Zahlen bzw. beliebige Einzelzeichen oder Zeichenfolgen. Das folgende Programm circle.c
demonstriert dies, indem es eine Reihe symbolischer Konstanten definiert, die
Objekte unterschiedlicher Art im Quelltext repräsentieren. Für die reelle Zahl
3.141529 wird die symbolische Konstante PI definiert, für die Zeichenkonstante "y" die symbolische Konstante YES. Wir beachten, daß entsprechend
der Verwendung des Zeichens "y" im Programm die Konstante YES drei Zeichen repräsentiert, nämlich den Buchstaben "y" und zwei einzelne Hochkommata. Demgegenüber entsprechen die beiden symbolischen Konstanten
BEGIN und END (übrigens aus der Programmiersprache Pascal entlehnt) nur
jeweils einem Zeichen, nämlich BEGIN der öffnenden geschweiften Klammer
{ und END der schließenden geschweiften Klammer } (ohne Hochkommata).
Dies ist nicht weiter verwunderlich, denn schließlich werden BEGIN und
END als Äquivalent für die Blockklammern im Programm verwendet, die
natürlich nicht in Hochkommata stehen dürfen. Ähnliches gilt auch für die

symbolische Konstanten PRINT und SCAN, die jeweils für eine Zeichenfolge
- die Funktionsnamen *printf* und *scanf* - stehen. Diese Funktionsnamen sind
keine Stringkonstanten und dürfen daher also nicht etwa in Anführungszeichen gesetzt werden. Die beiden symbolischen Konstanten MESSAGE und
QUESTION dagegen repräsentieren zwei Stringkonstanten, die aufgrund
dessen auch in doppelten Anführungszeichen stehen. Beispielsweise wird
daher die Anweisung

```
PRINT(MESSAGE);
```

aus dem nachstehenden Programm wie gewünscht vom Präprozessor durch

```
printf("\n\nIhr Kreis hat keine Fläche.");
```

ersetzt.

circle.c:

```
1   /*   circle demonstriert die Verwendung symbolischer Konstanten für
2        Gleitkommazahlen, Einzelzeichen und Zeichenfolgen. Das Programm
3        berechnet die Kreisfläche.   */
4   #include <stdio.h>                                    /*   printf, scanf */
5   #include <conio.h>                                    /*   getche   */
6
7        /******** Symbolische Konstanten für: *********
8        *                                            *
9        * Gleitkommakonstante (PI), Zeichenkonstante *
10       * Einzelzeichen (BEGIN, END),                *
11       * Zeichenfolgen (PRINT, SCAN)                *
12       * Stringkonstanten (MESSAGE, QUESTION)       *
13       **********************************************/
14
15  #define PI 3.141529
16  #define YES 'y'
17  #define BEGIN {
18  #define END }
19  #define PRINT printf
20  #define SCAN scanf
21  #define MESSAGE "\n\nIhr Kreis hat keine Fläche."
22  #define QUESTION "\n\nNoch eine Kreisberechnung? (y/n)"
23  /*****************************************/
24
25  main()
26
27      BEGIN
28      float radius;
29          char reply = YES;
30          while (reply == YES)
31              BEGIN
32                  PRINT("\033[2J");
33                  PRINT("\n\nKreisfläche berechnen. Geben Sie den Radius
34                      ein: ");
35                  SCAN("%f", &radius);
```

```
36                    if (radius)                    /*   falls radius != 0  */
37                       PRINT("\n\nIhr Kreis hat eine Fläche von %f.",
38                             radius * radius * PI);
39                    else
40                       PRINT(MESSAGE);
41                    PRINT(QUESTION);
42                    reply = getche();
43             END
44     END
```

Eine naheliegende, aber etwas umständliche Alternative zur Ausgabe der Strings mit

```
PRINT(MESSAGE);
PRINT(QUESTION);
```

wäre durch die Anweisungen

```
PRINT("%s", MESSAGE);
PRINT("%s", QUESTION);
```

gegeben, bei denen die symbolische Konstanten nicht den Formatstring, sondern das Funktionsargument ersetzen.

Ersatztexte über mehrere Zeilen

Man könnte sich bei der Betrachtung des Ersatztextes für die Konstanten MESSAGE und QUESTION außerdem fragen, wie man zu verfahren hat, wenn der Ersatztext für eine symbolische Konstante so lang ist, daß er nicht in eine einzige Zeile paßt. Beispielsweise soll statt des Textes

```
Ihr Kreis hat keine Fläche.
```

die Meldung

```
Der für den Radius eingegebene Wert war gleich 0. Der Kreis hat keine Fläche.
```

ausgegeben werden, die man vermutlich nicht in einer Programmzeile unterbringt. In einem solchen Fall fügt man einen umgekehrten Schrägstrich (backslash) an das Ende der Zeile und führt den Ersatztext in der nächsten Zeile fort:

```
#define  MESSAGE  "Der für den Radius eingegebene Wert war 0. Der Kreis hat
\
keine Fläche."
```

Der Präprozessor substituiert eine symbolische Konstante nicht in jedem Fall durch den angegebenen Ersatztext. Erscheint die symbolische Konstante beispielsweise in einem String, so wird sie nicht ersetzt. Hat man sich etwa die folgende Konstante definiert:

```
#define PI 3.141592
```

so ergibt die Anweisung

```
printf("PI ist eine reelle Zahl.");
```

nicht etwa die Ausgabe

```
3.141529 ist eine reelle Zahl.
```

sondern

```
PI ist eine reelle Zahl.
```

Auch wenn die symbolische Konstante Teil eines anderen Namens ist, wird sie nicht ersetzt. Nach der Konstantendefinition

```
#define WERT 1
```

würde bei der Variablendefinition

```
int zahlWERT;
```

der Name der Variablen nicht als *zahl1* vereinbart, sondern als *zahlWERT*.

Symbolische Konstanten ohne Ersatztext

Ein Sonderfall des Textersatzes ergibt sich, wenn man bei der Definition der symbolischen Konstanten zwar die Konstante selbst, nicht aber einen Ersatztext angibt. Eine Anweisung wie

```
#define UNIX
```

ist syntaktisch korrekt und führt dazu, daß die Konstante UNIX an allen Stellen ihres Auftretens aus dem Quelltext entfernt wird. Dies erscheint logisch, denn schließlich enthält der Ersatztext für die Konstante ja kein einziges Zeichen, ist also "leer". Das Bemerkenswerte dabei ist, daß in einem solchen Fall die Konstante zwar aus der Quelldatei eliminiert wird, dennoch aber als definiert gilt (und den Wert 1 hat). Dies kann man für die bedingte Kompilierung von Quelltexten ausnutzen (siehe dazu Kapitel 8.3 "Bedingte Kompilierung"), indem man eine symbolische Konstante nicht als Repräsentant für eine bestimmte Quelltextpassage verwendet, sondern an ihr lediglich eine bestimmte Information abliest, so etwa, ob es sich bei dem Betriebssystem, mit dem der Rechner arbeitet, um ein UNIX-System handelt: Dies ist der Fall, wenn die Konstante (beispielsweise wie in der obigen Anweisung) definiert ist.

Dagegen ist eine symbolische Konstante nicht mehr definiert und infolgedessen dem Präprozessor auch nicht mehr bekannt, wenn man ihre Definition mit der #undef-Anweisung gelöscht hat. Die #undef-Anweisung hat die Syntax:

```
#undef  name
```

wobei *name* die symbolische Konstante darstellt. Die #undef-Anweisung hebt die zuvor mit *#define* erfolgte Definition einer symbolischen Konstanten wieder auf, was bedeutet, daß die Konstante von diesem Punkt an keine Bedeutung mehr im Programm hat. Die #undef-Anweisung ist relativ ungebräuchlich, da es kaum Situationen gibt, in denen man sie tatsächlich benötigt. Das folgende Programm demonstriert ihre Wirkungsweise.

▶ undeferr.c:

```
 1  /*   undeferr demonstriert einen Fehler durch die Verwendung einer
 2       symbolischen Konstanten, die bereits mit #undef gelöscht wurde.   */
 3
 4  #include <stdio.h>
 5  #define PRINT printf
 6
 7  main()
 8      {
 9          PRINT("\nDiese Anweisung benutzt die symbolische Konstante PRINT "
10                  "statt des Befehlsworts printf.\n\n");
11
12      #undef PRINT                            /*   löscht Definition von PRINT */
13
14          PRINT("Diese Anweisung erzeugt einen Fehler, da die symbolische "
15                  "Konstante PRINT nicht mehr gültig ist.");
16  }
```

Im obigen Programm bewirkt die *#undef*-Anweisung, daß die Konstante PRINT vom Präprozessor nicht mehr durch den Ersatztext *printf* substituiert wird. Sie ist daher im Programm nicht mehr bekannt und ruft in der zweiten PRINT-Anweisung eine Fehlermeldung des Linkers hervor, der eine Funktion PRINT in der Bibliothek natürlich nicht findet und sie dementsprechend auch nicht in das Programm einbinden kann. *#define*- und *#undef*-Anweisung werden auch zur Definition bzw. Löschung von Makros verwendet. Diese sind das Thema der folgenden Kapitel.

8.1.2 Makros

Ein Makro oder Makrobefehl (macro instruction) stellt allgemein die Zusammenfassung einer Folge von Einzelbefehlen - daher die Bezeichnung "Makro" - unter einem Namen dar, der abkürzend für diese Befehlsfolge im Programm verwendet werden kann. In diesem Sinne können auch in C Ausdrücke und Anweisungen als Makros vereinbart werden. Den Namen des Makros und die durch ihn repräsentierten Ausdrücke bzw. Anweisungen legt man wie bei den symbolischen Konstanten mit der #*define*-Anweisung fest. Allerdings handelt es sich bei einem Makro - im Gegensatz zu einer symbolischen Konstante - nicht immer nur um bloßen Textersatz. Ein Makro kann darüber hinaus Parameter besitzen, also variable Teile, die vom Präprozessor auf besondere Weise bearbeitet werden müssen. Für unsere weiteren Überlegungen teilen wir daher Makros in zwei Gruppen ein: jene, die Parameter enthalten, und solche ohne Parameter.

8.1.2.1 Makros ohne Parameter

Ein Makro, das keine Parameter besitzt, wird nach derselben syntaktischen Schablone

```
#define  name  ersatztext
```

definiert wie eine symbolische Konstante. Im Unterschied dazu stellt der Ersatztext nun aber einen Ausdruck oder eine oder mehrere Anweisungen dar. Mit

```
#define CLS printf("\033[2J");
```

etwa erzeugt man das Makro CLS, das nun anstelle der üblichen Anweisung zum Löschen des Bildschirms eingesetzt werden kann:

```
#define CLS printf("\033[2J");   /*  Makrodefinition   */

main()
   {
     CLS
     .
     .
     .
   }
```

Wir beachten, daß der Ersatztext für CLS in der obigen Version bereits mit einem Semikolon endet, es also nicht mehr nötig ist, das Makro bei der Verwendung mit einem zusätzlichen Semikolon abzuschließen. Die Anweisung

```
CLS;
```

ergäbe nach dem Lauf des Präprozessors

```
printf("\033[2J");;
```

ein überflüssiges Semikolon. Das überflüssige Semikolon erkennt der Compiler hier nicht als Syntaxfehler, da es als Leeranweisung - die bekanntlich nichts bewirkt - interpretiert wird. Daß daraus auch Fehler resultieren können, zeigt das folgende Kapitel 8.2.1.2 "Makros mit Parametern". Legt man im Programmtext Wert auf das abschließende Semikolon, definiert man das Makro wie folgt ohne Semikolon

```
#define CLS printf("\033[2J")
```

und kann jetzt im Programm - wie bei Anweisungen gewohnt -

```
CLS;
```

mit einem Semikolon am Ende schreiben.

Makros aus mehreren Anweisungen

Das Makro im obigen Beispiel besteht aus nur einer Anweisung. Ebensogut können jedoch auch mehrere Anweisungen als Ersatztext angegeben werden. Das folgende Makro ERRORHANDLER besteht aus drei Anweisungen und ist eine einfache Fehlerbehandlungsroutine:

```
#define ERRORHANDLER { printf("\n\nDivision durch 0 unzulässig. Weiter \
mit <Enter>."); getch(); continue; }
```

Wir setzen es in einer Variante des uns schon aus dem Kapitel 4 "Kontrollstrukturen" bekannten Programms recip5.c ein, das den Kehrwert einer Zahl berechnet. Man beachte die Blockklammern um die Anweisungen des Ersatztextes. Sie sind nötig, wenn das Makro Anweisungen enthält, die - wie im nachstehenden Programm - allesamt von einer Bedingung abhängig sind.

▶ recip6.c:

```
1   /*   recip6 berechnet mit einer while-Schleife den Kehrwert beliebiger
2        Zahlen. Der aktuelle Schleifendurchgang wird von einer Fehlerbehand-
3        lungsroutine, die als Makro konzipiert ist, abgebrochen, wenn der Wert 0
4        eingegeben wird. Anschließend kann ein neuer Wert eingegeben werden.   */
5
6   #include <stdio.h>                              /*   für printf, scanf  */
7   #include <conio.h>                              /*   für getche         */
8
9   /*** Makro zur Fehlerbehandlung   ****/
10
11  #define  ERRORHANDLER  { printf("\n\nDivision durch 0 unzulässig. Weiter \
12  mit <Enter>."); getch(); continue; }
```

```
13
14      /****************************************/
15
16  main()
17      {
18      float x;                                    /*   Eingabewert    */
19      char reply = 'j';                    /*   Schleifenkontrollvariable   */
20
21      while (reply == 'j')
22          {
23              printf("\033[2J");
24              printf("Kehrwertberechnung für alle Zahlen außer 0.\n");
25              printf("Ihre Zahl: ");
26              scanf("%f", &x);
27              if (!x)                         /*   falls x gleich 0 ist.  */
28                  ERRORHANDLER   /*   Makro: bricht zur Verhinderung einer
29                      Division durch 0 den aktuellen Schleifendurchgang ab.   */
30              printf("\nDer Kehrwert der eingegebenen Zahl ist %f", 1/x);
31              printf("\nNoch einen Kehrwert berechnen? (j/n)");
32              reply = getche();
33          }                                        /*   Ende while   */
34  }                                              /*   Ende main */
```

Geschachtelte Makros

Makros können andere Makros enthalten, lassen sich also schachteln. Beispielsweise könnte man das Makro ERRORHANDLER noch etwas erweitern und die Fehlermeldung mit einer Überschrift auf einem neuen Bildschirm bringen. Diese zusätzlichen Anweisungen nehmen wir nun nicht direkt in das Makro ERRORHANDLER auf (was natürlich auch ginge), sondern schreiben sie als eigenes Makro:

```
#define  INTRO  printf("\033[2J"); printf("\n\nFEHLER BEI \
MATHEMATISCHER OPERATION.")
```

Nachdem das Makro INTRO im Programm definiert ist, kann es in einem anderen Makro, in unserem Fall in ERRORHANDLER2 benutzt werden:

```
#define  INTRO  printf("\033[2J"); printf("\n\nFEHLER BEI \
MATHEMATISCHER OPERATION.")

#define  ERRORHANDLER2  { INTRO; printf("\n\nDivision durch 0 unzulässig. \
Weiter mit <Enter>."); getch(); continue; }

main()
    {
    .
    .
    .
    if (!x)
        ERRORHANDLER2
    .
```

```
           .
           .
       }
```

Ersatztexte sollten geklammert werden

Bei den Ersatztexten der bisherigen Makros handelte es sich um komplette C-Anweisungen. Makros können aber auch für Ausdrücke stehen. Bei den Vereinbarungen

```
#define PREIS 11400
#define NETTOPREIS (PREIS - 1400)
```

stellt NETTOPREIS ein Makro dar, das einen arithmetischen Ausdruck repräsentiert. Die Klammerung des Ausdrucks ist dabei durchaus nicht überflüssig, wie das folgende Beispiel zeigt.

Nach den Definitionen

```
#define RABATTSATZ 2     /*   Rabattsatz in Prozent   */
#define PREIS 11400
#define NETTOPREIS (PREIS - 1400)
       .
       .
       .
int rabatt_in_DM;
```

könnte man mit der folgenden Anweisung den Rabatt vom Nettopreis berechnen und der Variablen *rabatt_in_DM* zuweisen:

```
rabatt_in_DM = NETTOPREIS / 100 * RABATTSATZ;
```

Der Präprozessor ersetzt dabei die symbolische Konstante RABATTSATZ durch den Wert *2* und das Makro NETTOPREIS zunächst durch (PREIS - 1400) und dann (PREIS - 1400) durch (11400 - 1400). Danach hat die obige Anweisung folgendes Aussehen:

```
rabatt_in_DM = (11400 - 1400) / 100 * 2;
```

wobei die rechte Seite der Zuweisung den Prioritäten der Operatoren entsprechend den korrekten Wert *200* ergibt:

```
(11400 - 1400) / 100 * 2
=     10000 / 100 * 2
=     100 * 2
=     200
```

Hätte man bei der Makrodefinition auf die Klammern verzichtet, würde mit der Anweisung

```
rabatt_in_DM = 11400 - 1400 / 100 * 2;
```

der falsche Wert *11372* an die Variable *rabatt_in_DM* zugewiesen:

```
11400 - 1400 / 100 * 2
=    11400 - 14 * 2
=    11400 - 28
=    11372
```

Es empfiehlt sich also stets, Makros zu klammern. (Siehe dazu vor allem auch das nächste Kapitel "Makros mit Parametern".)

8.1.2.2 Makros mit Parametern

Ebenso wie Funktionen können auch Makros Parameter besitzen. In der Tat kann man allein an der äußeren Form den Aufruf einer Funktion nicht von dem eines Makros mit Parametern unterscheiden. So stellen zum Beispiel

```
putchar('A');
getchar();
```

keine Funktionsaufrufe dar, sondern - wie wir aus dem Kapitel 2 "Eingabe und Ausgabe" bereits wissen - Aufrufe der Makros, als welche die beiden obigen Routinen implementiert sind. Die Funktionsähnlichkeit von parametrisierten Makros liegt in der syntaktischen Vorschrift begründet, nach der solche Makros definiert werden:

```
#define  name(parameter1, parameter2, ..., parameterN)  ersatztext
```

Unmittelbar an den Namen des Makros anschließend, d. h. nicht durch Leerzeichen von diesem getrennt (sonst hielte der Präprozessor die Klammer samt Inhalt für einen Teil des Ersatztextes), kann in runden Klammern eine Liste von Parametern angegeben werden, die durch Komma voneinander zu trennen sind.

Diese sogenannten Formalparameter sind Variablen, die nicht eigens im Programm definiert werden müssen. Sie fungieren lediglich als Platzhalter für die Werte der Aktualparameter, also jener Parameter, die bei dem jeweiligen Aufruf des Makros tatsächlich angegeben werden.

Wie Formalparameter und Aktualparameter miteinander zusammenhängen, zeigt das folgende Beispiel, für das wir zunächst ein Makro namens SUB definieren, das mit Hilfe zweier Parameter die Differenz zweier Zahlen berechnet:

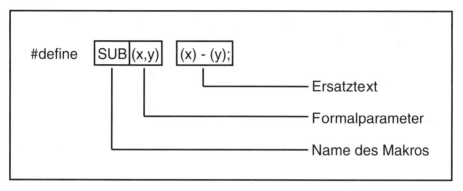

Die obige Anweisung stellt für den Präprozessor eine allgemeine Verarbeitungsvorschrift dar, nach der er die Differenz von zwei beliebigen Werten bilden kann, die man als Aktualparameter angibt. Will man etwa die Differenz der beiden Zahlen 3 und 2 berechnen lassen, so kann man dies mit dem Ausdruck

```
SUB (3,2)                                    Aktualparameter
```

tun, für den der Präprozessor

```
(3) - (2)
```

einsetzt. Insgesamt ersetzt der Präprozessor also nicht nur das Makro durch die Quelltextpassage, die als Ersatztext angegeben wurde, sondern fügt (unter Benutzung der Makrodefinition) außerdem auch die jeweiligen Aktualparameter (hier: 3 und 2) im Ersatztext an der Stelle der Formalparameter ein.

Die folgende Abbildung, in der das Makro SUB in einer *printf*-Anweisung verwendet wird, veranschaulicht diese Zusammenhänge:

8

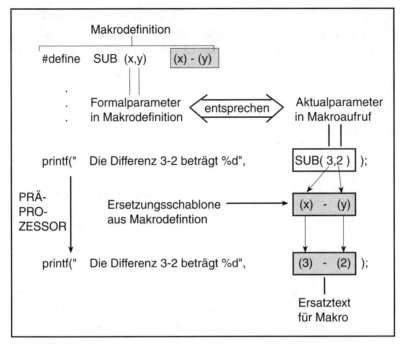

Abb. 119: Definition und Verwendung eines Makros mit Parametern

Statt Konstanten vom Typ *int* hätten wir dem Makro SUB natürlich auch Werte irgendeines anderen Datentyps als Parameter übergeben können, beispielsweise die beiden *float*-Variablen aus der nachstehenden Definition:

```
float a = 16.7, b = 5.3;
```

Der Makroaufruf

```
SUB(a, b)
```

in

```
printf("Die Differenz a-b beträgt %.1f", SUB(a,b));
```

würde dann durch

```
(16.7) - (5.3)
```

ersetzt und zu der Ausgabe

```
11.4
```

führen. Die Namen der Formalparameter können im übrigen gemäß den Regeln für C-Namen beliebig gewählt werden und müssen insbesondere nicht etwa mit den Namen der Aktualparameter übereinstimmen.

Fehlerbeseitigung

Am Beispiel des Makros SUB läßt sich nochmals ein Problem veranschaulichen, mit dem wir bereits im vorigen Abschnitt konfrontiert wurden. Gemeint sind Fehler, die sich aus der (nicht vorhandenen) Klammerung eines Makros ergeben können. In der obigen Form der Makrodefinition, in der beide Parameter im Ersatztext geklammert sind, wird der Aufruf

```
SUB(a+1, b+1)
```

in den Ausdruck

```
(a+1) - (b+1)
```

umgewandelt, der äquivalent zu

```
a + 1 - b - 1
```

und also

```
a - b
```

ist, was mit den im Beispiel verwendeten Werten für die Differenz von *a* und *b* das korrekte Ergebnis *11.4* ergibt. Ließe man mit

```
#define SUB(x, y)  x - y
```

die Klammerung der Formalparameter weg, ergäbe sich hingegen bei

```
SUB(a+1, b+1)
```

als Resultat der Ersetzung:

```
a + 1 - b + 1
```

was dem Ausdruck

```
a - b + 2
```

entspricht. Dieser Ausdruck liefert den falschen Wert *13.4* für die Differenz der beiden Zahlen *a+1* und *b+1*.

8

Daß manchmal auch die Klammerung der einzelnen Formalparameter im Ersatztext der Makrodefinition noch nicht ausreicht, zeigt das nächste Beispiel, in dem ein Makro MUL definiert wird, das zwei Zahlenwerte miteinander multipliziert:

```
#define  MUL(x, y)  (x) * (y)
```

Wir übergeben dem Makro nun als Parameter die Werte 3 und 2 und verwenden es dann als Bestandteil des Ausdrucks

```
6 / MUL(3, 2)
```

Die Ersetzung des Makros ergibt

```
6 / (3) * (2)
```

was den Prioritäten der enthaltenen Operatoren entsprechend mit

```
6 / 3 * 2 = 2 * 2 = 4
```

berechnet wird, d. h., zunächst wird 6 durch 3 dividiert und danach das Ergebnis mit 2 multipliziert. Andererseits läßt aber der Ausdruck

```
6 / MUL(3, 2)
```

unmißverständlich erkennen, daß der Wert 6 durch das Produkt von 3 und 2 dividiert werden soll, was bedeutet, daß als erstes multipliziert werden muß. Wir erreichen dies, indem wir bei der Definition des Makros nicht nur jeden Formalparameter im Ersatztext klammern, sondern den gesamten Ersatztext selbst auch:

```
#define  MUL(x, y)  ((x) * (y))
```

Nunmehr liefert der Ausdruck

```
6 / MUL(3, 2)
```

wegen

```
6 / ((3) * (2)) = 6 / 6 = 1
```

aufgrund der Klammerung den korrekten Wert 1.

Eine weitere Fehlerquelle, auf die man bei der Verwendung von Makros zu achten hat, sind Aktualparameter, die Nebeneffekte enthalten. Das Makro QUAD, das im folgenden definiert wird, soll das Quadrat einer Zahl berechnen:

```
#define  QUAD(x)  ((x) * (x))
```

Für eine Variable

```
int a = 1;
```

ergäbe der Ausdruck

```
QUAD(++a)
```

nicht etwa das Quadrat der Zahl 2, also 4, sondern wegen der Auflösung des Makros zu

```
((++a) * (++a))
```

bei der die Variable *a* zweimal inkrementiert wird, nach der Rechenoperation

```
2 * 3
```

den inkorrekten Wert 6.

Man hat vielleicht bemerkt, daß die Makros SUB, MUL und QUAD sämtlich ohne ein Semikolon am Ende des Ersatztextes definiert wurden. Tatsächlich könnte - anders als in Kapitel 8.1.2.1 "Makros ohne Parameter" am Beispiel des Makros CLS gezeigt - ein solches Semikolon bei Ersatztexten, die Ausdrücke sind, zu einem Syntaxfehler führen. Würde etwa das Makro QUAD mit

```
#define QUAD(x) ((x) * (x));
```

definiert, wären zwar "sparsame" Anweisungen wie

```
result = QUAD(2)   /*   ohne Semikolon*/
```

möglich. Andererseits aber würde beispielsweise die Anweisung

```
printf("Das Quadrat von 2 ist %d", QUAD(2));
```

nach der Bearbeitung durch den Präprozessor zu

```
printf("Das Quadrat von 2 ist %d", ((2) * (2)););
```

worin der Compiler das zusätzliche Semikolon als einen Syntaxfehler beanstandet.

Makroparameter in Strings: Der Operator zur Stringerzeugung

Es mag vorkommen, daß ein Makroparameter in einem String erscheint und dort ersetzt werden soll, wovon letzteres nicht auf allen Compilersystemen ohne weiteres möglich ist. Einige C-Compiler substituieren zwar Makroparameter innerhalb wie außerhalb von Zeichenketten in gleicher Weise, die ANSI-Norm für C fordert jedoch für die Ersetzung eines Makroparameters in einem String die Verwendung eines besonderen Operators. Dieser Operator wird durch das Nummernsymbol "#" dargestellt, das wir bereits in einer anderen Funktion als das Anfangszeichen einer jeden Präprozessor-Anweisung kennen. Man bezeichnet den Operator "#" häufig auch als "stringizing operator" oder "string creation operator".

Der Operator "#" kann ausschließlich im Ersatztext der Definition von Makros mit Parametern eingesetzt werden. Man plaziert ihn dort unmittelbar vor einem Formalparameter, was bewirkt, daß der entsprechende Aktualparameter beim Aufruf des Makros in Anführungszeichen eingeschlossen und als Stringkonstante behandelt wird. Wir betrachten dazu einen einfachen Anwendungsfall. Man hat mit

```
#define SHOW(p)  printf("p")
```

ein Makro SHOW definiert, das einen beliebigen Parameter in Anführungszeichen, also in einem String, ausgeben soll. Man erwartet nun vielleicht als Ergebnis der Anweisung

```
SHOW(testvalue);
```

die Ausgabe

```
testvalue
```

erhält jedoch mit einem ANSI-Präprozessor lediglich die Ausgabe

```
p
```

was daran liegt, daß die Anweisung

```
SHOW(testvalue);
```

vom Präprozessor nicht zu

```
printf("testvalue");
```

umgewandelt wird. Der Parameter wird nicht ersetzt, weil sich der Formalparameter im Ersatztext der Makrodefinition innerhalb eines Strings befindet.

Ändert man die Makrodefinition aber wie folgt

```
#define SHOW(p)  printf(#p)
```

so bewirkt der "#"-Operator vor dem Parameter im Ersatztext, daß der entsprechende Aktualparameter beim Aufruf des Makros in Anführungszeichen gesetzt wird. Aus der Anweisung

```
SHOW(testvalue);
```

wird nun

```
printf("testvalue");
```

was die gewünschte Ausgabe

```
testvalue
```

erzeugt. Wir beachten, daß der Ausdruck #p im Ersatztext der Makrodefinition nicht selbst noch in Anführungszeichen eingeschlossen ist. Wünscht man allerdings, daß der betreffende Aktualparameter bei der Ausgabe in Anführungszeichen erscheint, so gibt man diese beim Aufruf des Makros mit an. In der Anweisung

```
SHOW("testvalue");
```

maskiert der Präprozessor automatisch die zum Aktualparameter gehörenden Anführungszeichen bei der Umwandlung des Makros zu

```
printf("\"testvalue\"");
```

so daß nun der Text

```
"testvalue"
```

ausgegeben wird.

Wir betrachten noch ein etwas komplexeres Beispiel zur Stringerzeugung mit dem "#"-Operator. Die Aufgabe ist, ein Makro zu schreiben, das für eine beliebige *int*-Variable in einer Meldung sowohl deren Namen als auch deren Wert ausgibt. Bei einer Variablen

```
int intvalue = 100;
```

etwa soll die Meldung

```
intvalue hat den Wert 100
```

ausgegeben werden.

Wir definieren dazu das Makro SHOWINT wie folgt:

```
#define SHOWINT(i)  printf(#i " hat den Wert %d", i)
```

Da der "#"-Operator vor dem Formalparameter *i* im Ersatztext bewirkt, daß der entsprechende Aktualparameter in Anführungszeichen eingeschlossen wird, wird der Aufruf des Makros mit

```
SHOWINT(intvalue);
```

zunächst durch die Anweisung

```
printf("intvalue" " hat den Wert %d", intvalue);
```

ersetzt, bei der der aktuelle Parameter *intvalue* dort, wo in der Makrodefinition #*i* steht, durch die Stringkonstante "intvalue" substituiert wird. Außerhalb des Formatstrings wird der Aktualparameter wie gewohnt (ohne Anführungszeichen) in den Ersatztext eingefügt. Im nächsten Schritt werden nun die beiden Strings "intvalue" und " hat den Wert %d" zu einem einzigen String verkettet (string concatenation, vgl. dazu auch das Kapitel 2.2 "Formatierte Ausgabe"), was den endgültigen Ersatztext

```
printf("intvalue hat den Wert %d", intvalue);
```

ergibt, der die oben erwähnte Ausgabe

```
intvalue hat den Wert 100
```

erzeugt.

Der Operator zur Verkettung von Grundsymbolen

Es gibt noch einen weiteren Operator, der in Makros bzw. symbolischen Konstanten Verwendung findet. Er wird durch ein doppeltes Nummernzeichen "##" dargestellt und verbindet zwei sogenannte Grundsymbole (engl.: token) zu einem neuen Grundsymbol miteinander. (Grundsymbole wurden bereits im Kapitel 1.7 "Programm-Layout" beschrieben. Es handelt sich dabei um vom Compiler nicht weiter zerteilbare Stücke von Quelltext wie z. B. Namen, Schlüsselwörter, Operatoren, Klammern oder Kommata.) Der ##-Operator wird daher auch *token concatenation operator*, *token pasting operator* oder einfach *Verknüpfungsoperator* genannt. Der "##"-Operator ist nicht allzu gebräuchlich, weshalb wir ihm keine besonders intensiven Überlegungen widmen.

Ein einfaches Beispiel für die Funktionsweise des "##"-Operators ist das folgende Makro, das seine beiden Parameter miteinander verknüpft:

```
#define TOK(t1, t2)  t1##t2
```

Ein Makroaufruf wie

TOK(number, 6)

verbindet dann die Bestandteile *number* und *6* zu dem neuen Namen *number6*. Die Anweisung

```
int TOK(number, 6);
```

die vom Präprozessor durch

```
int number6;
```

ersetzt wird, definiert dann auf etwas abenteuerliche Weise eine *int*-Variable namens *number6*.

8.1.2.3 Makrodefinitionen löschen

Makrodefinitionen können wie die Definitionen symbolischer Konstanten mit der *#undef*-Anweisung wieder gelöscht werden. Dabei wird lediglich der Name des Makros (ohne Parameter) angegeben. Wurde mit

```
#define ADD(a, b)  (a) + (b)
```

beispielsweise das Makro ADD definiert, so hebt die Anweisung

```
#undef ADD
```

diese Definition von ADD wieder auf, was bedeutet, daß der Name ADD ab der *#undef*-Anweisung dem Präprozessor nicht mehr als Makro bekannt ist und dementsprechend auch nicht mehr ersetzt wird.

8.1.2.4 Nachbetrachtung

Die Überlegungen zur Klammerung von Makros sowie zu der problematischen Verwendung von Parametern mit Nebeneffekten zeigen, daß man bei der Abfassung von Makros und der Wahl der Parameter einigermaßen sorgfältig vorzugehen hat. Funktionen weisen in dieser Hinsicht weniger Fehlerquellen auf. Andererseits sind Makros nicht wie Funktionen an Parameter bestimmten Datentyps gebunden, also vielseitiger, und außerdem - sofern sie nicht selbst Funktionsaufrufe enthalten - schneller als Funktionen, da ihr Code (Ersatztext) direkt vom Präprozessor in den Quelltext eingefügt wird, und nicht der vergleichsweise aufwendigere Aufruf einer (Bibliotheks-)Funktion nötig ist. So sind beispielsweise die Routinen *getchar* und *putchar* als Makros implementiert, damit nicht für die Ein- und Ausgabe eines einzelnen Zeichens jedesmal ein Funktionsaufruf stattfinden muß. Wofür man sich zur Realisierung einer Programmoperation entscheiden soll - Makro oder Funktion -, kann man kaum als allgemeine Regel fixieren. Im Zweifelsfall wird man vermutlich der Sicherheit die höhere Priorität einräumen und eine Funktion wählen.

8.2 Include-Dateien

Der Umgang mit Include-Dateien ist für uns nichts Neues. Bereits das Kapitel 1 "Programmaufbau" brachte erste Informationen über Include-Dateien, die man gewöhnlich an der Endung .h als solche identifiziert, und praktisch jedes unserer Programme enthielt zumindest die Präprozessoranweisung

```
#include <stdio.h>
```

mit welcher der Inhalt der Datei *stdio.h* in die jeweilige Quelldatei eingefügt wurde. Unter "einfügen" versteht man in diesem Zusammenhang etwas präziser, daß der Text der betreffenden Include-Datei an jener Stelle in die Quelldatei hineinkopiert wird, an der die *#include*-Anweisung steht. Die Include-Datei *stdio.h*, die zusammen mit einer Reihe von anderen Include-Dateien mit dem Compilersystem ausgeliefert wird, enthält vor allem Deklarationen von Funktionen sowie Definitionen von symbolischen Konstanten und Makros, die für die Durchführung von Standardein- und -ausgabeoperationen von Bedeutung sind. Andere der vom System bereitgestellten Include-Dateien enthalten ähnliches für andere Programmierbereiche. So schließt man etwa die Datei *math.h* ein, wenn man spezielle mathematische Funktionen verwenden will, oder die Datei *string.h* für die Verarbeitung von Zeichenketten. (Eine Übersicht über die Standard-Include-Dateien mit ihren Anwendungsbereichen findet man im Anhang F des Buchs.) Die systemeigenen Include-Dateien stellen also thematisch geordnete Sammlungen von Definitionen und Deklarationen dar, die von beliebigen Programmen genutzt werden können.

Was diese Include-Dateien im einzelnen enthalten, kann man sich ansehen, indem man die Dateien beispielsweise in einen Editor lädt. Sie befinden sich gewöhnlich in einem Unterverzeichnis des Compilers, das den Namen IN-CLUDE trägt. Will man keine potentielle Fehlerquelle schaffen, ist es nicht besonders empfehlenswert, diese vorgefertigten Dateien zu verändern. Benötigt man speziell an die eigene Programmierumgebung angepaßte Include-Dateien, ist es sicherer, sich diese Dateien selbst zu schreiben. Die folgende Datei *special.h* ist eine solche selbstverfaßte Include-Datei:

▶▶ **special.h:**

```
#include<stdio.h>
#define OK     1
#define NOTOK  0
#define CLS    printf("\033[2J")
#define SPACE  printf("\n\n\n")
```

Die Datei *special.h* enthält neben den Definitionen einiger symbolischer Konstanten und Makros auch die *#include*-Anweisung

```
#include <stdio.h>
```

Wenn daher die Datei *special.h* mit einer *#include*-Anweisung in eine Quelldatei eingefügt wird, wird damit als Folge der ersten Anweisung in *special.h* automatisch auch schon die Datei *stdio.h* eingefügt, und eine gesonderte *#include*-Anweisung für *stdio.h* erübrigt sich. Man ersieht daraus, daß *#include*-Anweisungen auch geschachtelt werden können.

Separate Verzeichnisse für selbstgeschriebene Include-Dateien

Die nächste Frage ist, wo man selbstgeschriebene Include-Dateien speichert. Theoretisch wäre es denkbar, sie im selben Verzeichnis unterzubringen wie die Include-Dateien des Systems. Es empfiehlt sich jedoch zur Sicherheit (etwa, um unbeabsichtigte Modifikationen der Systemdateien zu verhindern), eigene und zum System gehörige Include-Dateien auseinanderzuhalten und sie in getrennten Verzeichnissen abzulegen. In welchem Verzeichnis dann der Präprozessor eine Include-Datei zu suchen hat, um sie in eine Quelldatei einzuschließen, teilt man diesem über die Syntax der *#include*-Anweisung mit, die an dieser Stelle präzisiert und ergänzt werden muß.

Die *#include*-Anweisung kann in zwei syntaktischen Grundformen angegeben werden:

Syntax 1:   #include <dateiname>

Syntax 2:   #include "dateiname"

Die Angabe *dateiname* bezeichnet dabei den Namen der betreffenden Include-Datei, dem außerdem noch ein Pfad hinzugefügt werden kann. Von der Wahl der Begrenzungszeichen (<> oder "") hängt es ab, in welcher Reihenfolge der Präprozessor bestimmte Verzeichnisse nach der Datei absucht. Wird der Name der Include-Datei in spitze Klammern gesetzt, wie z. B. in der Anweisung

```
#include <stdio.h>
```

sucht der Präprozessor die Datei *stdio.h* zunächst in dem Verzeichnis, in dem sich die systemeigenen Include-Dateien befinden. Dies ist normalerweise ein Verzeichnis mit dem Namen INCLUDE - ein sogenanntes Standardverzeichnis -, das gewöhnlich bei der Installation des Compilers angelegt wird. Befindet sich die angegebene Datei nicht in diesem Verzeichnis, sucht der Präprozessor sie im Verzeichnis, in dem die Quelldatei steht. Kann die Datei auch hier nicht gefunden werden, meldet der Compiler einen Fehler.

Man kann natürlich, wenn man unbedingt will, die systemeigenen Include-Dateien auch in irgendeinem anderen Verzeichnis speichern. Unabhängig davon, in welchem Verzeichnis sich die Include-Dateien dann letzten Endes befinden, muß dem Compiler bzw. dem Präprozessor aber in jedem Fall der Name des Verzeichnisses (mit Pfad) mitgeteilt werden. Dies geschieht mit Hilfe einer sogenannten Umgebungsvariablen namens INCLUDE, die Pfad und Verzeichnisnamen speichert. Die "Umgebung" (engl. environment) ist dabei ein Speicherbereich, in dem das Betriebssystem Daten von systemspezifischen Einstellungen niederlegt, beispielsweise Pfadangaben oder die Form des Betriebssystemprompts. In diesen Speicherbereich kann man aber auch selbst Daten hineinschreiben, etwa indem man mit dem entsprechenden Betriebssystemkommando (das häufig SET heißt) die oben erwähnte Variable INCLUDE erzeugt und ihr als Inhalt den Pfad zum betreffenden Verzeichnis zuweist. Die Variable wird dann in diesem Speicherbereich aufbewahrt und kann dort vom Präprozessor abgefragt werden. Daß die Pfade zu den Standardverzeichnissen INCLUDE (Include-Dateien) und LIB (Bibliotheksdateien) bzw. die Verzeichnisnamen selbst nicht richtig angegeben wurden, ist einer der gängigeren Fehler, der beim Kompilieren bemängelt wird. Man behebt ihn, indem man in den Umgebungsvariablen INCLUDE und LIB (siehe oben) die korrekten Pfade speichert. Bei menügesteuerten Compilern ist dies häufig über einen speziellen Menüpunkt möglich, ansonsten kann man dazu auch den entsprechenden Betriebssystembefehl benutzen.

Gibt man den Namen der Include-Datei in Anführungszeichen an, wie bei

```
#include "special.h"
```

sucht der Präprozessor die Datei zunächst in dem Verzeichnis, in dem sich die Quelldatei befindet und erst danach in einem Standardverzeichnis. Wird dem Dateinamen ein Pfad beigefügt, sucht der Präprozessor ausschließlich in dem explizit mit Pfad angegebenen Verzeichnis. Wenn man voraussetzt, daß systemeigene Include-Dateien im allgemeinen in spitzen Klammern erscheinen und selbstgeschriebene in Anführungszeichen, stellen die Begrenzungszeichen ein praktisches Unterscheidungsmerkmal dar, an dem man unmittelbar erkennt, zu welcher der beiden Gruppen die betreffende Datei gehört.

Include-Dateien besitzen gewöhnlich die Endung *.h* (abgeleitet von der englischen Bezeichnung *headerfile*, und von dieser Konvention sollte man auch nicht ohne Grund abweichen. Theoretisch aber können Include-Dateien jede beliebige Endung haben. So könnte man beispielsweise die Datei *special.h* auch *special.c* nennen, wonach der Präprozessor auch eine Anweisung wie

```
#include "special.c"
```

akzeptiert. Des weiteren müssen Include-Dateien natürlich nicht nur aus Präprozessoranweisungen bestehen. Sie können ebensogut anderen Quellcode enthalten, wie z. B. die Deklarationen von externen Variablen, (komplexen) Strukturen oder Funktionen. (Auch Definitionen von Funktionen kann man auf diese Weise in die Quelldatei einbeziehen, was zwar nicht besonders üblich, aber immerhin möglich ist.) Um einen praktischen Eindruck davon zu erhalten, betrachtet man am besten einige der vom System bereitgestellten Include-Dateien.

8.3 Bedingte Kompilierung

Wie die Ausführung von C-Anweisungen kann auch die Kompilierung von Programmteilen davon abhängig gemacht werden, ob eine bestimmte Bedingung erfüllt ist oder nicht. Zur Steuerung einer solchen bedingten Kompilierung gibt es die Präprozessoranweisungen

```
#if
#ifdef
#ifndef
#elif
#else
#endif
```

sowie als weiteren Präprozessor-Operator den *defined*-Operator.

Mit diesen Anweisungen lassen sich ähnliche (auch geschachtelte) Konstrukte bilden wie mit der "normalen" *if*- bzw. *else*-Anweisung. Wir betrachten im folgenden die syntaktischen Varianten, die dabei möglich sind. Die *#if*-Anweisung läßt sich zunächst nach der folgenden Syntax verwenden:

```
#if KONSTANTER_AUSDRUCK
      Programmstück
[     #elif KONSTANTER_AUSDRUCK
      Programmstück
      #elif KONSTANTER_AUSDRUCK

            .
            .
            .

      #else
      Programmstück ]
#endif
```

Das *Programmstück* kann dabei normale C-Anweisungen wie auch Präprozessoranweisungen enthalten. KONSTANTER_AUSDRUCK stellt einen ganzzahligen, konstanten Ausdruck dar, was bedeutet, daß er als Operanden nur Konstanten enthalten darf. Ausgenommen sind allerdings Konstanten aus der Werteliste von *enum*-Datentypen, *sizeof*-Ausdrücke, explizite Typkonvertierungen und natürlich Gleitkommakonstanten. Die eckigen Klammern deuten an, daß eine *#if*-Anweisung zur Formulierung von Alternativzweigen optional eine oder mehrere *#elif*-Anweisungen enthalten kann (die im übrigen *else if*-Zweigen in normalen C-Anweisungen entsprechen) und genau eine *#else*-Anweisung. Abgeschlossen wird eine *#if*-Anweisung (ebenso wie die *#ifdef*- und *#ifndef*-Anweisungen) stets mit einer *#endif*-Anweisung.

Ob ein bestimmtes Stück Programmtext vom Präprozessor bearbeitet und anschließend vom Compiler übersetzt wird, hängt davon ab, ob der konstante Ausdruck hinter *#if* oder *#elif* ungleich 0 (TRUE) oder gleich 0 (FALSE) ist.

Enthält die *#if*-Anweisung keinen *#elif*- und keinen *#else*-Zweig, wird der nachfolgende Programmteil genau dann vom Präprozessor bearbeitet, wenn der Wert des konstanten Ausdrucks ungleich 0, der Ausdruck also TRUE ist. Der Präprozessor führt in diesem Programmteil eventuell enthaltene Präprozessoranweisungen aus und gibt den Programmteil anschließend an den Compiler zur Übersetzung weiter. Ist der konstante Ausdruck gleich 0 (FALSE), wird der betreffende Programmteil nicht bearbeitet und nicht kompiliert, sondern aus dem Quelltext entfernt.

Enthält die *#if*-Anweisung alternative Zweige, wertet der Präprozessor der Reihe nach ihre konstanten Ausdrücke aus, bis er auf eine Bedingung trifft, die TRUE (ungleich 0) ist. Der betreffende abhängige Programmteil wird bearbeitet, d. h. alle Anweisungen bis zur nächsten *#elif*-, *#else*- oder *#endif*-Anweisung. Alle anderen Programmteile der *#if*-Anweisung werden aus dem Quelltext eliminiert und daher auch nicht übersetzt. Der Programmteil, der zu einer *#else*-Anweisung gehört, wird bearbeitet und kompiliert, wenn die Auswertung der konstanten Ausdrücke aller anderen Bedingungen den Wert 0 (also FALSE) ergeben hat.

Bevorzugte Anwendungsgebiete für eine bedingte Kompilierung sind Programmtests oder Fehlersuche. Das folgende Programm delay.c testet unterschiedliche lange Pausen zwischen der Ausgabe einzelner Zeichen (hier: die Buchstaben "A" bis "D"). Die Pausen werden durch Zählschleifen mit Variablen unterschiedlichen Typs erzeugt. Vom Wert einer symbolischen Konstanten namens KENNUNG hängt es ab, welcher der abhängigen Programmteile kompiliert wird. In der nachstehenden Programmfassung hat KENNUNG den Wert *INT30*, was dem numerischen Wert *30* entspricht. Also wird der Programmtext des *#if*-Zweigs kompiliert, die Programmtexte der *#elif*- und *#else*-Zweige jedoch nicht. Wäre die symbolische Konstante KENNUNG nicht definiert oder hätte sie einen anderen Wert als *20, 30, 40* oder *60*, würde nur der Programmtext des *#else*-Zweigs kompiliert.

▶ *delay.c:*

```
 1  /*  delay demonstriert die bedingte Kompilierung von Programmteilen an
 2      einigen Zählschleifen, die als Pausen zwischen der Ausgabe einzelner
 3      Zeichen verwendet werden. Je nach Wert der symbolischen Konstanten
 4      KENNUNG werden unterschiedliche Programmteile kompiliert.    */
 5
 6  #include <stdio.h>
 7  #define  INT30    30
 8  #define  INT60    60
 9  #define  FLO20    20
10  #define  FLO40    40
11  #define  KENNUNG  INT30
12
13  main()
14      {
15      char c;
16      int i;
17      unsigned int u;
18      float f;
19      for (c = 'A'; c < 'E'; c++)
20          {
21              printf("%c ", c);
22          #if KENNUNG == INT30
23              for (i = 1; i <= 30000; i++)    /*   wird nur kompiliert
24                                                             bei */
25  ;                                   /*   KENNUNG gleich 30.     */
26          #elif KENNUNG == INT60
26              for (u = 1; u <= 60000; u++)    /*   wird nur kompiliert
27                                                             bei */
28  ;                                   /*   KENNUNG gleich 60.     */
29          #elif KENNUNG == FLO20
30              for (f = 1.0; f <= 2000.0; f++) /*   wird nur kompiliert
31                                                             bei */
32  ;                                   /*   KENNUNG gleich 20. */
33          #elif KENNUNG == FLO40
34              for (f = 1.0; f <= 4000.0; f++) /*   wird nur kompiliert
35                                                             bei */
36  ;                                   /*   KENNUNG gleich 40.     */
37          #else
```

```
38                    for (u = 1; u <= 45000; u++)      /*   wird kompiliert wenn
39                                                                        KENNUNG   */
40  ;                                          /*   undefiniert oder != 20, 30, 40, 60   */
41            #endif
42        }
43   }
```

Der defined-Operator

Die *#if*-Anweisung kann auch zusammen mit dem *defined*-Operator verwendet werden, woraus sich eine weitere syntaktische Variante ergibt, die wie folgt formuliert wird:

```
#if defined (SYMBOLISCHE_KONSTANTE)
     Programmstück
#endif
```

Mit Anweisungen nach diesem Muster, in das auch noch *#elif*-Anweisungen bzw. eine *#else*-Anweisung eingefügt werden können, läßt sich ein Programmteil in Abhängigkeit davon kompilieren, ob eine bestimmte symbolische Konstante definiert ist oder nicht. Ist die betreffende Konstante definiert, wird der Ausdruck

```
defined (SYMBOLISCHE_KONSTANTE)
```

als TRUE (ungleich 0) betrachtet und der nachfolgende Programmteil vom Präprozessor bearbeitet und dann vom Compiler übersetzt. Ist die Konstante nicht definiert, gilt der obige Ausdruck als FALSE (gleich 0) und der nachfolgende Programmteil wird nicht vom Präprozessor bearbeitet und nicht kompiliert.

Äquivalent zu der Syntax

```
#if defined (SYMBOLISCHE_KONSTANTE)
     Programmstück
#endif
```

ist die Syntax

```
#ifdef SYMBOLISCHE_KONSTANTE
     Programmstück
#endif
```

welche anstelle der Kombination von *#if* und dem *defined*-Operator die *#ifdef*-Anweisung benutzt. Zur Anwendung der *#if defined*- bzw. der *#ifdef*-Anweisung betrachten wir das folgende Beispiel.

Hilfe beim Programmtest

Das Programm binomco1.c berechnet den sogenannten Binomialkoeffzienten,

$$\binom{n}{k}$$

gesprochen: "n über k", für ganzzahliges, positives n von 1 bis 50 und ganzzahliges k mit $0 < k < n$. Erfüllt k diese letzte Bedingung, so gilt für den Binomialkoeffizienten die folgende Beziehung:

$$\binom{n}{k} = \frac{n!}{k! * (n-k)!}$$

Der Binominalkoeffizient gibt an, wie viele unterschiedliche Kombinationen aus k Elementen aus einer Menge von n verschiedenen Elementen gebildet werden können, wobei die Anordnung der Elemente in der k-elementigen Kombination keine Rolle spielt.

Beispielsweise läßt sich mit dem Binomialkoeffizienten die Anzahl aller möglichen 6zahligen Lottotips aus 49 Zahlen angeben:

$$
\begin{aligned}
\binom{49}{6} &= \frac{49!}{6!*(49-6)!} = \frac{49!}{6! * 43!} \\
&= \frac{49*48*47*...*2*1}{1*2*...*6*1*2*...*42*43} \\
&= \frac{49*48*47*46*45*44}{2*3*4*5*6} \\
&= 13983816
\end{aligned}
$$

Da die Reihenfolge, in der die Zahlen gezogen werden, unerheblich ist, werden Ziehungsergebnisse wie

```
1   2   3   4   5   6
2   4   6   1   3   5
6   5   4   3   2   1
etc.
```

als nicht verschieden betrachtet. Kommen wir nun zum Programm binomco1.c:

 binomco1.c:

```
1  /*   binomco1 berechnet den Binomialkoeffzienten für positives, ganzzahliges
2       n und ganzzahliges k mit  0 < k < n.  */
3
4  #include <stdio.h>
```

```
 5
 6  main()
 7      {
 8          int i;                                    /*    Kontrollvariable    */
 9          int n, k;                    /*    Variablen des Binomialkoeffizienten    */
10          double nfac, kfac, nkfac;                      /*    Fakultätswerte*/
11          printf("\033[2J");
12          printf("Berechnung des Binomialkoeffizienten (n über k)\n\n");
13          do
14              {
15                  printf("\nn (1 - 50): ");
16                  scanf("%d", &n);
17              } while (n < 1 || n > 50);
18          do
19              {
20                  printf("\nk (0 < k < n): ");
21                  scanf("%d", &k);
22              } while (k < 1 || k >= n);
23          for (i = 1, nfac = 1.0; i <= n; i++)    /*    Fakultäten berechnen    */
24              {
25                  nfac = nfac * i;
26                  if (i == k)
27                      kfac = nfac;
28                  if (i == (n-k))
29                      nkfac = nfac;
30              }
31          printf("\n\nDer Binomialkoeffizient %d über %d hat den Wert %",
32                  n, k, nfac / (kfac * nkfac))
33      }
```

Wenn man Programme wie binomco1.c schreibt und testet, die eine etwas
komplexere Berechnung durchführen, will man häufig nicht nur das Endre-
sultat sehen, sondern auch Zwischenergebnisse, insbesondere dann, wenn
Fehler aufgetreten sind. Zu diesem Zweck kann man Hilfsanweisungen in
das Programm einfügen, etwa um besagte Zwischenergebnisse auszugeben.
Im obigen Programm binomco1.c könnte man sich beispielsweise die Fakul-
tätswerte *nfac*, *kfac* und *nkfac* anzeigen lassen, bevor aus ihnen der Binomial-
koeffizient gebildet wird. Natürlich sollen diese zusätzlichen Anweisungen
später beim regulären Programmbetrieb nicht mehr ausgeführt werden. Läßt
man sich etwa mit einer *printf*-Anweisung die Werte der Variablen *nfac*, *kfac*
und *nkfac* ausgeben, wie im folgenden gezeigt:

```
for (i = 1, nfac = 1.0; i <= n; i++)                 /*    Fakultäten berechnen    */
    {
        nfac = nfac * i;
        if (i == k)
            kfac = nfac;
        if (i == (n-k))
            nkfac = nfac;
    }
```

```
printf("\nWert von nfac: %.f",nfac);              /*   Zwischen- */
printf("\nWert von kfac: %.f",kfac);              /*   resultate */
printf("\nWert von nkfac: %.f",nkfac);            /*   ausgeben  */
    getch();                               /*  Pause zum Anschauen    */
```

so wird man diese Anweisungen dann, wenn man glaubt, daß das Programm fehlerfrei ist, wieder daraus entfernen. Treten danach aber doch noch Fehler auf, müßte man die Testanweisungen wieder einfügen.

Um diese Umständlichkeiten zu vermeiden, kann man mit Hilfe einer symbolischen Konstanten und der *#if defined*- oder *#ifdef*-Anweisung die zusätzlichen Testausgaben nach Bedarf "an- und ausschalten", ohne sie jedesmal explizit in das Programm einfügen bzw. daraus entfernen zu müssen. Wir demonstrieren dies an dem Programm binomco1.c.

Zunächst definiert man eine passende symbolische Konstante, die anzeigen soll, in welchem "Modus" (Testanweisungen ausführen/Testanweisungen nicht ausführen) das Programm arbeitet:

```
#define CHECKS_ON
```

Beachten Sie, daß für diese Konstante kein Ersatztext vereinbart wird, und erinnern Sie sich daran, daß auch in diesem Fall die Konstante als definiert gilt (und intern den Wert 1 hat, womit ein Ausdruck wie

```
#if defined (CHECKS_ON)
```

oder

```
#ifdef CHECKS_ON
```

als TRUE angesehen wird). Selbstverständlich hätte man für die Konstante CHECKS_ON auch einen Ersatztext angeben können. Da wir ihn jedoch nicht benötigen und nur daran interessiert sind, daß die Konstante als definiert gilt, verzichten wir darauf.

Als nächsten Schritt wird die Kompilierung der Testanweisungen davon abhängig gemacht, ob die symbolische Konstante CHECKS_ON definiert ist oder nicht. Dies erreicht man mit einer entsprechenden *#if defined*- Anweisung (oder *#ifdef*-Anweisung):

```
for (i = 1, nfac = 1.0; i <= n; i++)             /*   Fakultäten berechnen    */
    {
        nfac = nfac * i;
        if (i == k)
            kfac = nfac;
        if (i == (n-k))
            nkfac = nfac;
    }
```

```
#if defined (CHECKS_ON)                    /* falls CHECKS_ON definiert ist.*/
printf("\nWert von nfac: %.f",nfac);                    /*   Zwischen- */
printf("\nWert von kfac: %.f",kfac);                    /*   resultate */
printf("\nWert von nkfac: %.f",nkfac);                  /*   ausgeben  */
getch();                                    /*   Pause zum Anschauen     */
#endif
```

Nun werden die Testanweisungen nur dann kompiliert (und damit die Zwi-
schenresultate ausgegeben), wenn die symbolische Konstante CHECKS_ON
vorher im Programm definiert wird, wie etwa in der folgenden Programmversion binomco2.c.

binomco2.c:

```
1  /*   binomco2 berechnet den Binomialkoeffzienten für positives, ganzzahliges
2       n von 1 bis 50 und ganzzahliges k mit  0 < k < n. Mit Hilfe von
3       Präprozessor-Anweisungen können nach Bedarf Testanweisungen ausgeführt
4       werden   */
5  #include <stdio.h>                              /*   printf, scanf */
6  #include <conio.h>                              /*   getch    */
7  #define CHECKS_ON                        /*   Testanweisungen ausgeben    */
8
9  main()
10     {
11         int i;                              /*   Kontrollvariable    */
12         int n, k;                           /*   Binomialvariablen   */
13         double nfac, kfac, nkfac;               /*   Fakultätswerte*/
14
15
16         printf("\033[2J");
17         printf("Berechnung des Binomialkoeffizienten (n über k)\n\n");
18
19         do
20             {
21                 printf("\nn (1 - 50): ");
22                 scanf("%d", &n);
23             } while (n < 1 || n > 50);
24
25         do
26             {
27                 printf("\nk (0 < k < n): ");
28                 scanf("%d", &k);
29             } while (k < 1 || k >= n);
30
31         for (i = 1, nfac = 1.0; i <= n; i++)  /*   Fakultäten berechnen    */
32             {
33                 nfac = nfac * i;
34
35                 if (i == k)
36                     kfac = nfac;
37
38                 if (i == (n-k))
39                     nkfac = nfac;
40             }
```

```
41
42      #if defined (CHECKS_ON)            /*   falls CHECKS_ON definiert ist     */
43          printf("\nWert von nfac:\t%.f",nfac);                /*   Zwischen- */
44          printf("\nWert von kfac:\t%.f",kfac);                /*   resultate */
45          printf("\nWert von nkfac:\t%.f",nkfac);              /*   ausgeben   */
46          getch();                              /*   Pause zum Anschauen        */
47      #endif
48
49          printf("\n\nDer Binomialkoeffizient %d über %d hat den Wert %",
50                      n, k, nfac / (kfac * nkfac))
51      }
```

Negativ-Prüfungen

Statt mit

```
#if defined (SYMBOLISCHE_KONSTANTE)
```

zu prüfen, ob eine symbolische Konstante definiert ist, läßt sich mit

```
#if !defined (SYMBOLISCHE_KONSTANTE)
```

bzw. mit der dazu äquivalenten Formulierung

```
#ifndef SYMBOLISCHE_KONSTANTE
```

auch testen, ob die betreffende Konstante nicht definiert ist. Mit den Anweisungen

```
#if !defined (FALSE)
    #define FALSE  0
#endif
```

beispielsweise wird erreicht, daß eine symbolische Konstante FALSE mit dem Ersatzwert *0* definiert wird, falls diese Konstante noch nicht definiert ist. Ist die Konstante bereits definiert, wird die *#define*-Anweisung nicht ausgeführt. Auf diese Weise stellt man sicher, daß die Konstante in jedem Fall definiert ist und verwendet werden kann. Als äquivalente Formulierung zu den obigen Anweisungen wäre hier auch die folgende Konstruktion mit der *#ifndef*-Anweisung möglich:

```
#ifndef FALSE
    #define FALSE  0
#endif
```

Das Beispiel zeigt im übrigen, daß Programmteile, die von *#if*-, *#ifdef*- bzw. *#ifndef*-Anweisungen abhängen, nicht unbedingt normale C-Anweisungen enthalten müssen, die dann je nach Wahrheitsgehalt der Bedingung kompiliert werden oder auch nicht. Wie im obigen Beispiel enthalten die abhängigen Programmteile oft nur weitere Präprozessoranweisungen. Präprozessoranweisungen werden jedoch nicht vom Compiler, sondern vom Präprozessor bearbeitet (und danach aus der Quelldatei entfernt, wie man leicht mit der entsprechenden Compileroption zur Ausgabe des vom Präprozessor bearbeiteten Quellcodes feststellt). Insofern stellt sich - um genau zu sein - nicht die Frage, ob Präprozessoranweisungen kompiliert werden oder nicht, sondern ob der Präprozessor sie ausführt oder nicht. Die Bezeichnung "bedingte Kompilierung" ist in diesen Fällen etwas irreführend.

8.4 Weitere Präprozessoranweisungen

Dieser Abschnitt behandelt die restlichen der zu Anfang des Kapitels aufgeführten Präprozessoranweisungen. Sie betreffen die Ausgabe von Fehlermeldungen, die Manipulation des internen Zeilenzählers für die jeweilige Quelldatei sowie spezielle Anweisungen an den Compiler, sog. Pragmas.

8.4.1 Fehlermeldungen

Mit der Präprozessoranweisung *#error* lassen sich nach der Syntax

```
#error text
```

eigene Fehlermeldungen ausgeben (etwa als Hinweis für andere Programmierer). Die Anweisungen

```
#if TRUE == 0
    #error TRUE muß mit einem Wert ungleich 0 definiert werden
#endif
```

bewirken, daß beim Kompilieren die Meldung

```
TRUE muß mit einem Wert ungleich 0 definiert werden
```

ausgegeben wird, falls die symbolische Konstante TRUE mit dem Wert *0* definiert ist. Als weitere Folge der *#error*-Anweisung wird die Kompilation abgebrochen, und der Quelltext kann entsprechend geändert werden.

8.4.2 Zeilennumerierung

Die *#line*-Anweisung setzt den intern vom Compiler für die Quelldatei geführten Zeilenzähler auf einen vom Benutzer anzugebenden Wert. Zeilennummern werden beispielsweise bei Fehlermeldungen ausgegeben. Der in diesen Fehlermeldungen gewöhnlich auch erscheinende Name der Quelldatei, in welcher der Fehler vorkommt, kann mit der *#line*-Anweisung ebenfalls geändert werden. Die *#line*-Anweisung hat die Syntax

```
#line konstanter_wert ["dateiname"]
```

wobei *konstanter_wert* eine dezimale Integer-Konstante ist und optional ein Dateiname in Anführungszeichen angegeben werden kann. Die *#line*-Anweisung ist, gelinde gesagt, wenig gebräuchlich. Man kann sie beispielsweise verwenden, um sich die Fehleranzeige bei der Kompilierung eines Programms zu gestalten. Interessiert man sich etwa besonders für eventuelle Fehler in der Hauptfunktion *main*, kann man die Anweisung

```
#line 1 "main"
```

unmittelbar vor die Funktion *main* plazieren. Damit wird der Zeilenzähler zu Anfang von *main* auf den Wert 1 gesetzt und als "Dateiname" in eventuellen Fehlermeldungen statt des regulären Dateinamens der Name *main* verwendet. Auf diese Weise lassen sich Programmfehler in *main* kennzeichnen und die betreffenden Programmzeilen relativ zum Anfang von *main* numerieren, was man vielleicht als übersichtlicher erachtet als die normale Fehlerausgabe. Man erhält dann als Konsequenz der Anweisung

```
printf("Test);
```

in der ein doppeltes Anführungszeichen als Stringbegrenzung fehlt, etwa Fehlermeldungen wie

```
error: main(3): unterminated string or character constant in function main
```

woran man abliest, daß der Fehler in der dritten Zeile von *main* gefunden wurde.

8.4.3 Pragmas

Ein *Pragma* ist eine sogenannte Compiler-Direktive, soll heißen, eine spezielle Anweisung an den Compiler, eine bestimmte Aktion auszuführen. Pragmas kann man mit Compiler-Optionen vergleichen, die ebenfalls Instruktionen für den Compiler darstellen. (Wir haben zu Beginn des Kapitels die Compiler-

Optionen *-P* und *-E* (bzw. */P* und */E*) erwähnt, die den Compiler anweisen, den betreffenden Quelltext nicht zu übersetzen, sondern lediglich den Präprozessor zu starten und dessen Ausgabe - d. h. den von ihm bearbeiteten Quelltext - in eine Datei bzw. auf den Bildschirm zu schreiben.) Tatsächlich sind eine Reihe von Compiler-Instruktionen sowohl als Optionen wie auch als Pragmas vorhanden. Im Gegensatz zu Compiler-Optionen - die zusammen mit dem Kompilierbefehl angegeben werden - fügt man Pragmas mit der Präprozessoranweisung

```
#pragma  compiler_instruktion
```

in den Quelltext ein. Derartige Compiler-Instruktionen können sich auf die verschiedensten Bereiche beziehen, etwa auf Codegenerierung, Codeoptimierung, Speicherverwaltung, die Ausgabe von Meldungen etc. Welche Pragmas auf einem Compilersystem verfügbar sind, ist nicht einheitlich festgelegt und hängt von der jeweiligen Implementierung des Compilers ab. (Konsultieren Sie dazu das Handbuch des betreffenden Compilers.) Im folgenden nur ein einfaches Beispiel für den Microsoft-C-Compiler. Auf diesem existiert u. a. das Pragma *message*, mit dem Meldungen während des Kompiliervorgangs angezeigt werden können. Das Pragma arbeitet nach der Syntax:

```
#pragma message("zeichenkette")
```

Wir lassen damit bei der Kompilierung des folgenden Programms pragmess.c einige Meldungen ausgeben. Die Kompilierung wird dabei - im Gegensatz zu *#error* - nicht unterbrochen.

▶ *pragmess.c:*

```
 1  /*   pragmess demonstriert die Wirkungsweise eines Pragmas. Das Pragma
 2       message ist nicht auf jedem Compiler verfügbar.*/
 3  #pragma message("Kompilierung eines Pragma-Testprogramms")
 4  #pragma message("Diese Meldungen werden durch das Pragma message erzeugt")
 5
 6  #include <stdio.h>
 7
 8  main()
 9      {
10      printf("Pragma-Test");
11      }
12  #pragma message("Letzte Meldung und Ende des Kompiliervorgangs")
```

Ist das Pragma *message* auf dem Compilersystem vorhanden, werden während der Kompilation des obigen Programms die Meldungen

```
Kompilierung eines Pragma-Testprogramms
Diese Meldungen werden durch das Pragma message erzeugt
Letzte Meldung und Ende des Kompiliervorgangs
```

angezeigt.

8.5 Präprozessorkonstanten

Es gibt eine Reihe vordefinierter Konstanten, die von ANSI-Präprozessoren ersetzt werden. Sie sind in der folgenden Übersicht zusammen mit ihren Bedeutungen aufgeführt. Darüber hinaus existieren auf den meisten Compilern noch weitere compilerspezifische Konstanten.

__LINE__	Integerkonstante. Gibt die Nummer der Quelltextzeile an. die gerade bearbeitet wird.
__FILE__	Stringkonstante. Gibt den Namen der aktuellen Quelldatei an.
__DATE__	Stringkonstante. Gibt das Datum der letzten Kompilierung an (nicht das aktuelle Datum).
__TIME__	Stringkonstante. Gibt die Uhrzeit der letzten Kompilierung an (nicht die aktuelle Uhrzeit).
__STDC__	Integerkonstante mit dem Wert 1. Ist definiert, wenn der Compiler den ANSI-C-Standard einhält.

Abb. 120: Vordefinierte Präprozessorkonstanten

Die vordefinierten Konstanten beginnen und enden sämtlich mit zwei Unterstrichen (underscores) und dürfen nicht verändert werden. Wie man sie verwenden kann, zeigt das nachstehende Programm.

prepcons.c:

```
 1  /*    prepcons demonstriert die Verwendung vordefinierter Präprozessor-
 2        konstanten.    */
 3  #include <stdio.h>
 4
 5  main()
 6      {
 7      #if !defined (__STDC__)
 8              printf("Compiler nicht konform mit ANSI-Standard.\n");
 9      #endif
10              printf("Dies ist das Programm %s, Zeile %d\n", __FILE__,
11              __LINE__);
12              printf("Letzte Kompilierung von %s: %s um %s Uhr\n", __FILE__,
13              __DATE__,
14                      __TIME__);
15      }
```

8

8.6 Fragen zur Wiederholung

Die Antworten auf die Wiederholungsfragen dieses Kapitels finden Sie im Anhang ab Seite 810.

1 Was ist der C-Präprozessor?

Was sind seine Aufgaben?

2 Wie viele Fehler enthält die folgende Präprozessoranweisung?

```
#    include  "std.io"
```

3 Was ist eine symbolische Konstante, was ein Makro?

4 Nach der Deklaration bzw. Definition

```
enum direction { up, down, left, right } which_way;
```

könnte mit der Variablen *which_way* die folgende *if*-Konstruktion geschrieben werden:

```
if (which_way == up)
    printf("UP");
else if (which_way == down)
        printf("DOWN");
else if (which_way == left)
        printf("LEFT");
else if (which_way == right)
        printf("RIGHT");
else
    printf("NO DIRECTION");
```

Welche Anweisungen sind nötig, um eine analoge Konstruktion, die das gleiche leistet, mit Hilfe von Präprozessoranweisungen zu realisieren?

5 Ist eine Anweisung wie

```
#define XYZ
```

korrekt, obwohl kein Ersatztext für die symbolische Konstante XYZ angegeben wird? Wenn ja, ist eine solche Anweisung sinnvoll?

6 Die Programme upperlet.c und lowerlet.c (Kapitel 3 "Ausdrücke und Operatoren") bzw. upprlet2.c und lowrlet2.c (Kapitel 4 "Kontrollstrukturen", Aufgabe 5) wandeln Klein- in Großbuchstaben um (*upperlet,* *upprlet2*) bzw. Groß- in Kleinbuchstaben. Es gibt außerdem entsprechende Bibliotheks-Funktionen und Makros (*_toupper*, *_tolower*). Die Definitionen der Makros kann man sich in der Include-Datei *ctype.h* ansehen. Bevor man dies jedoch tut, versuche man, eigene Versionen dieser Makros zu schreiben.

7 Das folgende Makro ADDFIRSTN soll die Summe der ersten n natürlichen Zahlen berechnen, was gewöhnlich nach der Formel

```
n * (n+1) / 2
```

geschieht. Ist die Makroversion

```
#define   ADDFIRSTN(n)   n * (n + 1) / 2
```

zufriedenstellend? Kann man das Makro überhaupt so formulieren, daß es in jedem Fall fehlerfrei arbeitet?

8 Schreiben Sie eine Include-Datei, deren Inhalt es ermöglicht, den folgenden Programmtext in der angegebenen Form übersetzen zu lassen:

```
HAUPTPROGRAMM
      ANFANG
          MIT_K
          ZAEHLE_BIS_10
      ENDE
```

9 Wie sieht das folgende Programm bedcomp.c nach der Bearbeitung durch den Präprozessor aus?

```
main()
    {
#if WERT == 1
      printf("#if-Zweig");
#elif WERT == 2
      printf("1. #elif-Zweig");
#elif WERT == 3
      printf("2. #elif-Zweig");
#else
      printf("#else-Zweig");
#endif
    }
```

10 Gegeben sei das Programmfragment:

```
#ifndef DOS
    printf("Betriebssystem muß DOS sein");
#endif

main()
    {
    .
```

```
        .
        .
        }
```

Wann wird die Meldung

```
Betriebssystem muß DOS sein
```

ausgegeben?

9. Zeiger

In unseren bisherigen Progammen erfolgte der Zugriff auf eine Variable - genauer: auf ihren Inhalt bzw. Wert - über ihren Namen. Sollte etwa einer Variablen *a* der Wert einer anderen Variablen *b* zugewiesen werden, wurde dies durch die Zuweisung

```
a = b;
```

realisiert, bei der auf jeder Seite des Zuweisungsoperators "=" ein Variablenname steht. Anhand des Namens *b* wird die zu dieser Variablen gehörige Speicherstelle lokalisiert, deren Inhalt kopiert und in jene Speicherstelle übertragen, die unter dem Namen *a* bekannt ist. (Vereinfacht ausgedrückt, ist eine Variable also nichts anderes als ein Speicherbereich, der einen vom Programmierer festgelegten Namen trägt. Vgl. dazu auch das Kapitel 1.6 "Variablen".) Statt mit diesem Namen direkt auf die betreffende Variable zuzugreifen, kann man aber auch einen indirekten Weg des Zugriffs über die Adresse der Variablen wählen. Dazu benötigt man einen sogenannten Zeiger. Ein Zeiger (engl. pointer) ist ein konstantes oder variables Datenobjekt, das die Adresse einer Variablen speichert. Man sagt auch, der Zeiger verweise oder "zeige" (daher der Name) durch seinen Inhalt, der aus der Adresse einer Variablen besteht, auf die betreffende Variable. Zeiger werden gelegentlich selbst als *Referenzen* oder *Verweise* bezeichnet. Man findet auch die Formulierung, der Zeiger "referenziere" die Variable.

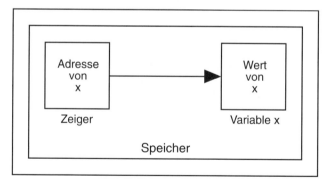

Abb. 121: Ein Zeiger, der die Adresse einer Variablen enthält und so auf diese Variable "zeigt"

Ein Zeiger, der in seinem Inhalt veränderbar ist, also die Adressen verschiedener Datenobjekte speichern kann, ist eine Zeigervariable. Diese Zeigervariablen (auch Adreßvariablen genannt) sind von einem besonderen Datentyp, der lediglich für die Aufnahme von Adressen geeignet ist. Es gibt aber auch

konstante Zeiger (sogenannte Adreßkonstanten). Zum Beispiel stellen Array-
namen Zeigerkonstanten dar, die stets gleichbedeutend mit der (Anfangs-)
Adresse der betreffenden Arrays sind. (Siehe dazu auch die Kapitel 5.1.3
"Strings" und 9.4 "Zeiger und Arrays".)

Variablen und Adressen

Der Umgang mit Variablenadressen ist uns allerdings auch ohne Zeiger bereits einigermaßen vertraut. (Vgl. dazu das Kapitel 2.2 "Formatierte Eingabe".)
Ist beispielsweise die Variablendefinition

```
int x;
```

gegeben, so läßt sich mit Hilfe des schon bekannten "&"-Operators der Ausdruck

```
&x
```

bilden, der die Adresse der Variablen x liefert. Die Funktion *scanf* etwa benötigt Ausdrücke dieser Form, um Werte in die betreffenden Variablen einlesen
zu können. So speichert die Funktion *scanf* mit der Anweisung

```
scanf("%d", &x);
```

einen Eingabewert des Typs *int* in der Variablen x. Der Programmierer hat
dabei keinen Einfluß darauf, unter welcher Speicheradresse der eingelesene
Wert abgelegt wird, denn die Auswahl des Speicherplatzes für eine Variable
obliegt dem Compiler. Es ist aber möglich, sich die ausgewählte Adresse anzeigen zu lassen. Variablenadressen sind ganzzahlige Datenobjekte, die gewöhnlich eine Größe von 2 oder 4 Byte haben und häufig in hexadezimaler
Form notiert werden. Sie können für die Ausgabe von Adressen daher die
Funktion *printf* mit den Formatspezifikationen *%x* oder *%X* benutzen bzw.
mit dem speziellen Formatelement *%p* für Zeiger (d. h. Adressen), bei dem
die Adressen ebenfalls hexadezimal ausgegeben werden. Natürlich kann man
sich Adressen mit *%d* auch dezimal anzeigen lassen. (Wenn nicht anders
vermerkt, gehen wir für unsere weiteren Überlegungen von einer Adressengröße von 2 Byte aus.) Die Anweisung

```
printf("Wert von x = %d\tAdresse von x = %X", x, &x);
```

gibt sowohl den Wert der Variablen x als auch deren Adresse aus. Hat x bei
der obigen *scanf*-Anweisung etwa den Wert *99* bekommen, erhält man eine
Ausgabe wie die folgende:

```
Wert von x = 99        Adresse von x = 2D18
```

Der für die Adresse von x angezeigte Wert *2D18* ist die Adresse der Speicherstelle, die der Compiler bei einem speziellen Programmlauf auf einem spezi-

ellen System für die Variable *x* ausgewählt hat. Auf einem anderen System oder bei einem anderen Programmlauf erhält man mit großer Wahrscheinlichkeit eine andere Adresse für die Variable *x* angezeigt, je nachdem, wo sich das Programm dann im Arbeitsspeicher befindet.

Einheitliche Adreßformate

Die Adressen von Variablen besitzen auf dem jeweiligen System gewöhnlich einheitliches Format und einheitliche Größe, unabhängig davon, welchen Datentyp das zugehörige Objekt hat. Hat man beispielsweise die Variablen

```
char c = 'a';                    /*  1 Byte  */
short s = 456;                   /*  2 Byte  */
long l = 123456;                 /*  4 Byte  */
double d = 3.1415;               /*  8 Byte  */
```

so erzeugen die Anweisungen

```
printf("Wert von c = %c\tAdresse von c = %X", c, &c);
printf("Wert von s = %hd\tAdresse von s = %X", s, &s);
printf("Wert von l = %ld\tAdresse von l = %X", l, &l);
printf("Wert von d = %f\tAdresse von d = %X", d, &d);
```

unter Berücksichtigung dessen, was zuvor über die auf verschiedenen Systemen vermutlich unterschiedlich ausfallenden Werte der vom Compiler festgelegten Adressen gesagt wurde, eine Ausgabe ähnlich der folgenden:

```
Wert von c = a          Adresse von c = 3076
Wert von s = 456        Adresse von s = 3074
Wert von l = 123456     Adresse von l = 3070
Wert von d = 3.141500   Adresse von d = 3068
```

worin alle ausgegebenen Adressen von der Form und Struktur her gleich sind. Das ist allerdings nicht weiter verwunderlich, wenn man bedenkt, daß eine Adresse ja lediglich eine "Datentyp-unspezifische" Bezeichnung für eine bestimmte Speicherstelle darstellt, nämlich für jene, ab der das betreffende Datenobjekt Platz im Speicher belegt, also die Adresse seines ersten Bytes, die man auch als Anfangsadresse der Variablen bezeichnet.

Wenn man daher von der Adresse einer Variablen spricht, ist damit stets ihre Anfangsadresse gemeint. Die folgende Abbildung veranschaulicht die Zusammenhänge für die Variablen aus dem letzten Beispiel. Wir beachten, daß die Adressen in der obigen Ausgabe hexadezimal angezeigt wurden. Für das Diagramm werden sie zum besseren Verständnis in die entsprechenden dezimalen Werte umgewandelt.

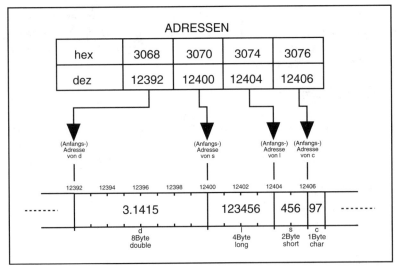

Abb. 122: Variablen unterschiedlichen Typs mit ihren Speicheradressen, mit der Adresse eines Datenobjekts ist dabei stets seine Anfangsadresse gemeint

Wie man nun mit Zeigern über die Adresse auf den Wert von Variablen zugreift, werden wir in den nächsten Kapiteln untersuchen. Vielleicht fragt man sich, warum man überhaupt mit Zeigern bzw. indirekten Zugriffen operieren soll, wo doch offenbar der direkte Zugriff auf ein Datenobjekt weit weniger umständlich erscheint.

Die Antwort ist, daß es zum einen viele (komplexere) Programmieraufgaben gibt, die sich mit Hilfe von Zeigern schneller und eleganter lösen lassen als ohne Zeiger. Davon sind vor allem Programme betroffen, in denen Funktionen kommunizieren und Daten miteinander austauschen sollen. Diesen Aspekt von Zeigern werden wir in Kapitel 10 "Funktionen" näher betrachten. Zum anderen gibt es Programmierbereiche, in denen eine Verwendung von Zeigern schlichtweg unumgänglich ist.

Dies gilt beispielsweise für die sogenannte *dynamische Speicherverwaltung*, die wir in Kapitel 9.6 "Dynamische Speicherung von Arrays" behandeln. Ein Programm, das mit einem dynamisch verwalteten Speicher operiert, benutzt zur Speicherung von Daten Speicherbereiche, die keinen Namen besitzen.

Der einzige Weg, an die gespeicherten Daten zu gelangen, führt in diesem Fall über die Adressen dieser Speicherbereiche, und zur Speicherung dieser Adressen wiederum benötigt man Zeiger.

9.1 Definition von Zeigervariablen

Abgesehen von zwei Ausnahmen - Bitfelder und *register*-Variablen, die beide keine Adressen im Speicher besitzen - können Zeiger auf Datenobjekte beliebigen Typs verweisen. Bei der Definition einer Zeigervariablen muß allerdings vermerkt werden, welchen Typ das Datenobjekt besitzt, dessen Adresse die betreffende Zeigervariable speichern soll. Es gibt also durchaus Zeigervariablen unterschiedlichen Typs: Für jeden Datentyp existiert ein spezieller Typ von Zeigervariable, der nur Adressen von Objekten des betreffenden Datentyps aufnehmen kann. (Daneben ist es außerdem möglich, Zeiger unspezifischen Typs zu definieren, die zunächst auf keinen bestimmten Datentyp verweisen. Siehe dazu Kapitel 9.3 "Zeigerarithmetik".) Obwohl Zeigervariablen von ihrem eigenen Datentyp her also unterschiedlich sein können, sind sie von ihrer Größe her gleich (gewöhnlich 2 oder 4 Byte, je nach Maschine), unabhängig davon, auf welchen Typ von Datenobjekt sie verweisen. Dies liegt in dem schon erwähnten Umstand begründet, daß die Adressen von Objekten auch unterschiedlichen Datentyps in Form und Größe einheitlich sind. Eine Zeigervariable wird gemäß der folgenden Syntax definiert:

```
typ_des_datenobjekts    *name_der_zeigervariablen;
```

Eine solche Definition entspricht in ihrem Aufbau den Variablendefinitionen, wie wir sie bereits kennen. Sie enthält den *Namen* der zu definierenden Variablen, in der obigen Syntax also die Angabe

```
name_der_zeigervariablen,
```

und den *Datentyp*, den diese Zeigervariable besitzt, der durch die Angabe

```
typ_des_datenobjekts *
```

repräsentiert wird. Diese Datentypangabe enthält als neues Element den "*"-Operator, den wir bereits als Multiplikationsoperator kennen. In der Definition einer Zeigervariablen jedoch hat dieser Operator eine Bedeutung, die sich umgangssprachlich mit "ist ein Zeiger auf" beschreiben läßt. Eine Definition wie

```
int *zi;
```

kann dann entsprechend als

```
"Die definierte Variable zi ist ein Zeiger auf ein Objekt des Datentyps int."
```

interpretiert werden, oder, was das gleiche ist, als

```
"Die definierte Variable zi hat den Datentyp int *."
```

9

Eine weitere, äquivalente Umschreibung dazu ist

```
"Die definierte Variable zi kann die Adresse eines Datenobjekts vom Typ int
speichern."
```

Den obigen Erläuterungen entsprechend lassen sich beispielsweise die Variablen

```
char *zc;
short *zs;
long *zl;
float *zf;
double *zd;
```

wie folgt charakterisieren:

Variable	Bedeutung
zc	ist ein Zeiger auf *char*.
zc	kann die Adresse eines Objekts vom Typ *char* speichern.
zc	hat den Datentyp *char* *.
zs	ist ein Zeiger auf *short*.
zs	kann die Adresse eines Objekts vom Typ *short* speichern.
zs	hat den Datentyp *short* *.
zl	ist ein Zeiger auf *long*.
zl	kann die Adresse eines Objekts vom Typ *long* speichern.
zl	hat den Datentyp *long* *.
zf	ist ein Zeiger auf *float*.
zf	kann die Adresse eines Objekts vom Typ *float* speichern.
zf	hat den Datentyp *float* *.
zd	ist ein Zeiger auf *double*.
zd	kann die Adresse eines Objekts vom Typ *double* speichern.
zd	hat den Datentyp *double* *.

Alle drei zu einer Variablen gehörenden Aussagen sind zueinander äquivalent, beinhalten also das gleiche. Man lasse sich bei Zeigerdefinitionen im übrigen nicht durch die gewöhnlich verwendete Schreibweise irritieren, die den "*"-Operator direkt vor den Namen der Zeigervariablen setzt, obwohl der Operator eigentlich eine logische Einheit mit der Datentypbezeichnung der Objekte bildet, auf die der Zeiger verweisen kann:

```
            Name der Zeigervariable
              int *izeiger;
         Datentyp der Zeigervariablen
```

Wertzuweisungen

Wie bei anderen Variablen (der Speicherklasse *auto*) auch, ist der Wert einer Zeigervariablen nach der Definition undefiniert, solange ihr nicht explizit ein Wert zugewiesen wird. Dies kann beispielsweise über eine Initialisierung bei der Definition der Zeigervariablen geschehen. Die betreffende Zeigervariable erhält dabei als Anfangswert die Adresse einer anderen Variablen. Mit den folgenden Definitionen werden zunächst vier Variablen der Typen *short* und *float* vereinbart, danach vier Zeigervariablen, zwei vom Typ "Zeiger auf *short*" und zwei vom Typ "Zeiger auf *float*". Die Zeigervariablen werden jeweils mit der Adresse einer der Variablen des entsprechenden Typs initialisiert:

```
short alpha_s, beta_s;
float alpha_f, beta_f;

short *sz1 = &alpha_s;  /*  sz1 ist ein Zeiger auf short und wird mit der
                            Adresse der short-Variablen alpha_s
                            initialisiert.*/

short *sz2 = &beta_s;   /*  sz2 ist ein Zeiger auf short und wird mit der
                            Adresse der short-Variablen beta_s
                            initialisiert.*/

float *fz1 = &alpha_f;  /*  fz1 ist ein Zeiger auf float und wird mit der
                            Adresse der float-Variablen alpha_f
                            initialisiert.*/

float *fz2 = &beta_f;   /*  fz2 ist ein Zeiger auf float und wird mit der
                            Adresse der float-Variablen beta_f
                            initialisiert.*/
```

In den obigen Definitionen werden den Zeigervariablen als Initialisierungswerte Adressen in Form von Ausdrücken zugewiesen, die aus dem betreffenden Variablennamen und dem Adreßoperator "&" bestehen. Auf beiden Seiten dieser Zuweisungen stehen dabei typgleiche Datenobjekte - links eine Zeigervariable, rechts ein Ausdruck mit dem Adreßoperator -, die dieselbe Art von Wert darstellen: die Adresse eines bestimmten Datenobjekts. Zeigervariablen und Adreßausdrücke mit dem "&"-Operator sind also "ihrem Wesen nach" gleich: Sie verweisen beide auf Datenobjekte. Aus diesem Grund werden häufig nicht nur Zeigervariablen, sondern auch Adreßausdrücke mit dem "&"-Operator als Zeiger bezeichnet. Da der Ausdruck

```
&alpha_s
```

beispielsweise die Adresse der Variablen *alpha_s* ergibt, stellt er nach der obigen Interpretation also ebenso einen Zeiger auf die Variable *alpha_s* dar wie die Zeigervariable *sz1*.

Eine andere Form, in der die Adresse eines Datenobjekts in eine Zeigervariable transferiert werden kann, ist der Name eines anderen Zeigers gleichen Typs (siehe dazu weiter unten in diesem Kapitel). Problematisch ist es dagegen, einem Zeiger explizite Zahlenwerte - z. B. 24680, 3DD8 o. ä. - als Adressen zuzuweisen, wenn man nicht weiß, was unter diesen Adressen gespeichert ist. Dies kann sich, wie man leicht nachvollzieht, insbesondere dann nachteilig auswirken, wenn die betreffenden Speicherstellen über solche Zeiger verändert werden (siehe das folgende Kapitel 9.2) und man so unter Umständen wichtige Daten löscht. Die Beziehungen der oben definierten Variablen untereinander und ihre Lage im Speicher lassen sich durch die folgende Abbildung veranschaulichen. Wir beachten, daß durch die angegebenen Definitionen nur die Zeigervariablen definierte Werte erhalten, die Werte der anderen Variablen dagegen unbestimmt bleiben, was aber nicht weiter stören soll, da wir im Augenblick lediglich an ihren Adressen und nicht an ihren Inhalten interessiert sind.

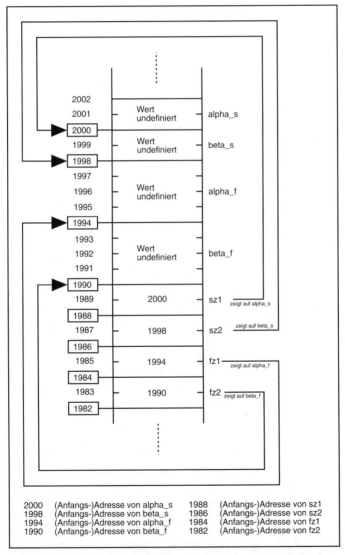

Abb. 123: Variablen und Zeigervariablen im Speicher (Adressen in dezimaler Notation)

Die Adressen in der Abbildung sind Beispielwerte. Welche Adressen der Compiler auf einem bestimmten System für die verwendeten Variablen tatsächlich ausgewählt hat, kann man sich mit

```
printf("%X %X %X %X %X %X %X %X",&alpha_s, &beta_s, &alpha_f, &beta_f, &sz1,
                                &sz2, &fz1, &fz2);
```

hexadezimal oder, wenn man will, mit

```
printf("%d %d %d %d %d %d %d %d",&alpha_s, &beta_s, &alpha_f, &beta_f, &sz1,
                                &sz2, &fz1, &fz2);
```

auch dezimal anzeigen lassen. *&sz1*, *&sz2*, *&fz1* und *&fz2* sind dabei die Speicheradressen der Zeigervariablen selbst, nicht etwa deren Inhalte. Vergleicht man jedoch mit Hilfe der Anweisungen

```
printf("%X %X %X %X",         &alpha_s, &beta_s, &alpha_f,
                              &beta_f);
printf("%X %X %X %X",         sz1, sz2, fz1, fz2);
```

die Ausgaben für die Werte von *&alpha_s*, *&beta_s*, *&alpha_f* und *&beta_f* mit den Inhalten der Zeigervariablen *sz1*, *sz2*, *fz1* und *fz2*, so stellt man fest, daß die beiden Ausgaben identisch sind, die Werte von *&alpha_s* und *sz1*, *&beta_s* und *sz2*, *&alpha_f* und *fz1* sowie *&beta_f* und *fz2* also übereinstimmen, eben weil zum aktuellen Zeitpunkt *sz1*, *sz2*, *fz1* und *fz2* die Adressen von *alpha_s*, *beta_s*, *alpha_f* und *beta_f* enthalten.

Selbstverständlich können (passende) Werte auch über normale Zuweisungen in die Zeigervariablen gelangen. So führen die Anweisungen

```
sz1 = &beta_s;
sz2 = &alpha_s;
```

dazu, daß nun *sz1* statt *sz2* auf *beta_s* zeigt und *sz2* entsprechend auf *alpha_s*, und die Zuweisung

```
fz1 = fz2;
```

bei der der Inhalt der Zeigervariablen *fz2* der Zeigervariablen *fz1* zugewiesen wird, bewirkt, daß nun nicht nur *fz2*, sondern auch *fz1* die Adresse von *beta_f* enthält und damit ebenfalls auf diese Variable zeigt. Allerdings wurde bei dieser letzten Zuweisungsoperation der alte Inhalt (die Adresse von *alpha_f*) überschrieben, so daß jetzt kein Zeiger mehr auf die Variable *alpha_f* verweist. Die Situation im Speicher ist nach den obigen Zuweisungen nunmehr die folgende:

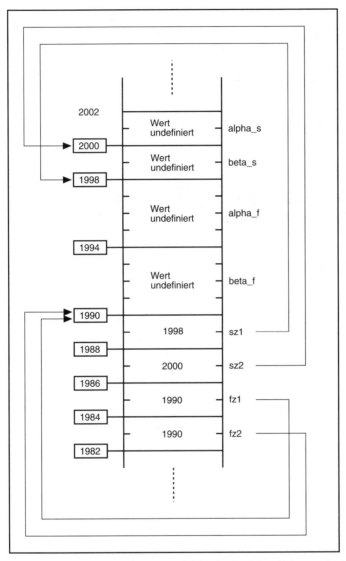

Abb. 124: Variablen und Zeigervariablen im Speicher (Adressen in dezimaler Notation)

9.2 Indirekter Zugriff auf Variablen

Um über eine Zeigervariable auf ein anderes Datenobjekt zugreifen zu können, benötigt man wieder den *-Operator, diesmal jedoch in seiner (dritten) Bedeutung als sogenannter Inhaltsoperator. Andere Bezeichnungen für den

Operator sind Verweisoperator oder Indirektionsoperator. Die Verwendung des "*"-Operators als Inhaltsoperator ist dabei strikt von seiner Verwendung in den von Zeigervariablen zu unterscheiden. Kann man den "*"-Operator in einer Zeigerdefinition umgangssprachlich mit der Formulierung "ist ein Zeiger auf" beschreiben, so läßt sich im Gegensatz dazu seine Bedeutung im Anweisungsteil eines Programms mit "Inhalt von" charakterisieren. Steht der Operator dort vor dem Namen einer Zeigervariablen, so greift man damit (indirekt) auf das Objekt zu, dessen Adresse in der Zeigervariablen gespeichert ist. Wir betrachten dazu das folgende Beispiel, in dem wir von den Variablendefinitionen

```
int first, second;
int *zi;                    /*   Zeiger auf int.
                                 Der "*"-Operator ist hier  n i c h t
                                                    Inhaltsoperator. */
```

ausgehen, die im übrigen kürzer auch so formuliert werden können:

```
int first, second, *zi;              /*   zi hat den Datentyp int *.   */
```

Nach den Zuweisungen

```
first = 1234;

zi = &first;                 /*   zi speichert die Adresse von first.   */
```

kann man sich die Variablen im Speicher wie folgt vorstellen:

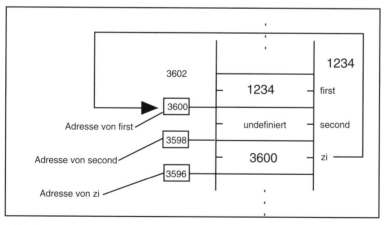

Abb. 125: Der Zeiger zi verweist auf die Variable first (Adressen in dezimaler Notation)

Soll nun die Variable *second* den Wert von *first* erhalten, könnte man dies wie gewohnt mit der Zuweisung

```
second = first;
```

erledigen. Statt dessen kann man aber auch mit dem Ausdruck

```
*zi
```

indirekt auf den Inhalt von *first* zugreifen und diesen mit der Anweisung

```
second = *zi;
```

in die Variable *second* übertragen. Der "*"-Operator wird in diesem Fall - da in einer C-Anweisung und nicht in einer Zeigerdefinition verwendet - als Inhaltsoperator eingesetzt, und der Ausdruck

```
*zi
```

läßt sich gemäß der Bedeutung von * ("Inhalt von") mit

```
"Wert (bzw. Inhalt) des Datenobjekts, auf das die Zeigervariable zi verweist"
```

bzw.

```
"Wert (bzw. Inhalt) des Datenobjekts, dessen Adresse in der Zeigervariablen
zi gespeichert ist"
```

umschreiben. Da zi zum aktuellen Zeitpunkt die Adresse der *int*-Variablen *first* enthält, zeigt zi also auf die Variable *first*. Der Ausdruck

```
*zi
```

ist daher gleichbedeutend mit dem Inhalt (Wert) der Variablen, auf die zi zeigt, nämlich *first*. Die Variable *first* wiederum hat den Wert *1234*. Somit erhält *second* durch die Zuweisung

```
second = *zi;
```

also den Wert *1234*, woraus hervorgeht, daß die Operationen

```
zi = &first;
second = *zi;
```

und

```
second = first;
```

zueinander äquivalent sind. Im Speicher ergibt sich nach der Zuweisung

```
second = *zi;
```

folgendes Bild:

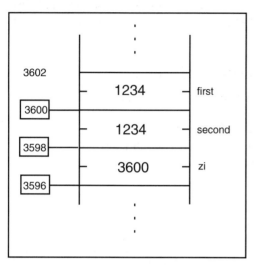

Abb. 126: Speicher nach der Zuweisung des Werts der Variablen first an die Variable second über den Zeiger zi(Adressen in dezimaler Notation)

Daß die Variable *second* nunmehr den Wert von *first* hat, ferner, daß im aktuellen Beispiel die beiden Ausdrücke

```
first
```

und

```
*zi
```

den gleichen Wert besitzen, stellt man leicht durch die Anweisung

```
printf("%d %d %d", second, first, *zi);
```

fest.

Es empfiehlt sich außerdem sehr, die beiden Ausdrücke

```
zi
```

und

```
*zi
```

gut auseinanderzuhalten. Während *zi* den Wert (Inhalt) der Zeigervariablen *zi* darstellt (also eine Adresse), stellt *zi* den Wert (Inhalt) des Objekts dar, dessen Adresse in *zi* gespeichert ist. Bezogen auf das obige Beispiel gibt man durch die Anweisung

```
printf("%d %X", *zi, zi);
```

mit *zi* also den Wert der Variablen *first*, nämlich: *1234*, aus, mit *zi* dagegen die Adresse der Variablen *first*.

Hätte man im Beispiel nicht nur einen, sondern zwei Zeiger definiert, so daß die folgenden Variablen verfügbar wären:

```
int first, second;
int *z1, *z2;                          /*        Zwei Zeiger auf int     */
```

so hätte man nach den Zuweisungen

```
first = 1234;
z1 = &first;                  /*   z1 speichert die Adresse von first.   */
z2 = &second;                 /*   z2 speichert die Adresse von second.  */
```

das Vorhaben, der Variablen *second* den Wert der Variablen *first* per Zeiger zuzuweisen, statt mit

```
second = *z1;
```

auch mit

```
*z2 = *z1;
```

durchführen können, wobei auf beide Variablen indirekt zugegriffen wird: Der Wert des Objekts, auf das *z1* zeigt (*first*), wird in die Speicherstelle übertragen, auf die *z2* zeigt (*second*). *first* und *second* haben damit nun beide den Wert *1234*.

Ausdrücke wie *z1* oder *z2* (gelegentlich auch als *dereferenzierte Zeiger* bezeichnet) stellen im Anweisungsteil eines Programms Objekte vom gleichen Typ dar wie das Objekt, auf das der Zeiger verweist. Beispielsweise ist *z1* ein Objekt vom Typ *int* (da *z1* auf ein *int*-Objekt zeigt), mit dem sich alle jene Operationen durchführen lassen, die auch mit einer gewöhnlichen *int*-Variablen möglich sind. (Diese letzte Aussage läßt sich verallgemeinern: Sie gilt für Zeiger beliebigen Typs.) Setzt man voraus, daß *z1* auf die *int*-Variable *first* und *z2* auf die *int*-Variable *second* aus dem letzten Beispiel verweisen, so können *z1* und *z2* die Variablen *first* und *second* nicht nur in Zuweisungen ersetzen, sondern auch bei allen übrigen Gelegenheiten, etwa bei arithmetischen Operationen.

Die Anweisungen

```
first = first - 1232;      /*   setzt first auf den Wert 2: 1234 - 1232   */
second = first * second;   /*   setzt second auf den Wert 2468: 2 * 1234  */
```

lassen sich gleichwertig also auch so formulieren:

```
*z1 = *z1 - 1232;
*z2 = *z1 * *z2;
```

wobei man der Übersichtlichkeit halber die rechte Seite der zweiten Zuweisung auch klammern kann:

```
*z2 = (*z1) * (*z2);
```

Typkonvertierung

Gelegentlich ist es erforderlich, den Typ einer Variablen während der Ausführung einer Anweisung explizit zu konvertieren, wenn die beteiligten Variablen unterschiedliche Datentypen besitzen (vgl. das Kapitel 3 "Ausdrücke und Operatoren"). Setzt man zum Beispiel die Definitionen

```
int a = 3, b = 2, *za = &a, *zb = &b; /*   "*" ist nicht Inhaltsoperator   */
double quotient, *zq = &quotient;     /*   "*" ist nicht Inhaltsoperator   */
```

voraus, mit denen drei Variablen *a*, *b*, *quotient* und drei Zeiger *za*, *zb*, *zq* vereinbart werden, so muß man in der Zuweisung

```
*zq = (double) *za / *zb;                    /*   "*" i s t  Inhaltsoperator   */
```

die im übrigen mit

```
quotient = (double) a / b;
```

äquivalent ist, den ganzzahligen Wert *za (oder auch *zb) - und damit den Wert des gesamten Ausdrucks *za / *zb - in einen Gleitkommawert konvertieren, falls man möchte, daß die Nachkommastellen aus der Division nicht verlorengehen. (Der Ausdruck *za / *zb hätte bei Integer-Arithmetik den Wert 1 statt des gewünschten 1.5. Man erinnere sich bei dieser Gelegenheit außerdem daran, daß man mit dem Ausdruck *(double) (*za / *zb)* nicht den beabsichtigten Effekt erzielen würde, da der *cast*-Operator in diesem Fall nur das bereits in Integer-Arithmetik ermittelte Divisionsergebnis 1 konvertieren würde.)

Weist man einem Zeiger eine Adresse explizit als Zahlenwert zu, wie etwa in der Anweisung

```
za = 24680;
```

9

so stuft der Compiler dies zwar nicht als Fehler ein, man erhält aber als Warnung - sofern man mit der entsprechenden Compilereinstellung vereinbart hat, daß Warnungen ausgegeben werden sollen - den Hinweis, daß sich auf beiden Seiten der Zuweisung Objekte unterschiedlicher Verweisebenen befinden. Dies trifft in der Tat zu, denn links steht ein Zeiger auf *int*, also ein Objekt vom Datentyp *int**, rechts dagegen eine ganzzahlige Konstante vom Typ *int*, die kein Zeiger ist. Korrekterweise sollte man daher in solchen Fällen die Konstante in den entsprechenden Zeigertyp konvertieren:

```
za = (int *) 24680;
```

wonach auf beiden Seiten Objekte des Typs *int** stehen und die Warnmeldung unterbleibt.

Problematisch bzw. unzulässig wäre der Versuch, eine Zuweisung zwischen Zeigern vorzunehmen, die auf Objekte unterschiedlichen Datentyps verweisen, also nicht vom gleichen Typ sind. Eine Anweisung wie

```
zq = za;
```

die einem *double*-Zeiger (*zq*) den Inhalt eines *int*-Zeigers (*za*) zuweist - also die Adresse eines *int*-Objekts - wird nämlich vom Compiler zwar mit einer entsprechenden Warnung bedacht, ansonsten jedoch akzeptiert, d. h. nicht als Fehler eingestuft, und bleibt eventuell also auch unbemerkt. Da solche Zuweisungen gewöhnlich keine sinnvollen Ergebnisse zeitigen, hat man daraus resultiernde Fehler somit selbst zu verantworten. In dem obigen Beispiel verweist der *double*-Zeiger nach der Zuweisung auf ein Objekt, das vom Typ *int* ist, bei einem Zugriff über den Zeiger mit *zq* aber als *double*-Objekt interpretiert wird. Dies führt aufgrund der unterschiedlichen Größen der beiden Datentypen - ein *int*-Objekt von 2 oder 4 Byte Größe wird als *double*-Objekt von 8 Byte Größe behandelt - sowie ihrer unterschiedlichen Speicherungsweise (Integer- bzw. Gleitkommaformat) zu unsinnigen Ergebnissen. Natürlich hätte es in solchen Fällen wenig Sinn, wenn man analog zu dem oben beschriebenen Vorgehen bei gewöhnlichen Variablen mit

```
zq = (double) za;
```

den *int*-Zeiger *za* in einen *double*-Zeiger konvertiert, da das Objekt, auf das *za* zeigt - nämlich die Variable *a* -, von dieser Zeigerkonvertierung gänzlich unberührt bleibt und nach wie vor ein *int*-Objekt ist. Besser wäre es anscheinend, wenn in der obigen Anweisung der Zeiger auf der linken Seite der Zuweisung konvertiert werden könnte:

```
(int *) zq = za;   /*   FEHLER. Ausdrücke mit dem cast-Operator sind k e i n e
                        L-Werte und dürfen daher nicht auf der linken Seite
                        einer Zuweisung stehen. */
```

Dies ist jedoch unzulässig, da ein Ausdruck mit einem *cast*-Operator keinen L-Wert darstellt und daher nicht auf der linken Seite einer Zuweisung stehen darf. (Einige Compiler besitzen Spracherweiterungen, die eine Typumwandlung auf der linken Seite einer Zuweisung für Zeiger unter bestimmten Bedingungen gestatten.) Konvertierungen von Zeigern in andere Zeigertypen können jedoch auch sinnvoll sein. Wir werden im Zusammenhang mit der dynamischen Speicherverwaltung darauf eingehen.

9.3 Zeigerarithmetik

Die vorangegangenen Abschnitte zeigen, daß man grundsätzlich zwei Arten von Operationen mit Zeigern unterscheiden kann. Zum einen jene, in denen mittels Inhaltsoperator und Zeiger (indirekt) auf andere Datenobjekte zugegriffen wird, um diese in irgendeiner Weise zu manipulieren. Zum anderen kann man aber auch - allerdings nur mit einer begrenzten Auswahl der Operationen, die auf gewöhnliche Variablen angewendet werden können - auf die Zeigervariablen selbst zugreifen, etwa indem man ihnen (wie im Abschnitt "Wertzuweisungen" in Kapitel 9.1 erläutert) die Adressen anderer Datenobjekte zuweist. Zur Manipulation von Zeigervariablen gibt es außer Zuweisungsoperationen noch eine Reihe weiterer Verarbeitungsmöglichkeiten, die man gewöhnlich unter der Bezeichnung *Zeigerarithmetik* zusammenfaßt. Zeigerarithmetik ist hauptsächlich bei der Bearbeitung von Arrays sinnvoll, wie die weiteren Abschnitte des Kapitels 9 "Zeiger" bzw. das Kapitel 10 "Funktionen" zeigen werden. Im folgenden werden zunächst die grundlegenden Operationen vorgestellt.

9.3.1 Addition

Der Wert einer Zeigervariablen kann um einen ganzzahligen Wert erhöht werden. Ist beispielsweise s ein Array des Typs *short* und zs ein Zeiger auf den Datentyp *short* mit den folgenden Definitionen

```
short s [6];
short *zs;
```

so bewirkt die Zuweisung

```
zs = &s[0];
```

daß zs nunmehr auf das erste Element des Arrays s zeigt, nämlich auf die *short*-Variable s[0]:

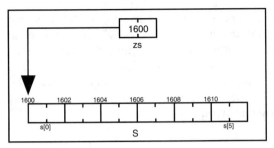

Abb. 127: Der Zeiger zs verweist auf das erste Element des Arrays s

Die Anweisung

```
zs = zs + 1;
```

bewirkt nun nicht etwa, daß die Adresse in *zs* um den Wert *1* von 1600 auf 1601 erhöht wird. Vielmehr wird zur Ausgangsadresse 1600 das Produkt

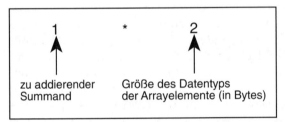

aus dem als Summanden angegebenen ganzzahligen Wert und der Größe des Datentyps (in Bytes), den die Arrayelemente besitzen, hinzuaddiert, im obigen Fall also 2. Man sagt auch, der zu addierende Summand werde vor der Ausführung der Additionsoperation entsprechend der Größe des Datentyps der Arrayelemente *skaliert*. Der Summand gibt - anders als bei seinem Gebrauch in gewöhnlichen Additionsoperationen - also an, um wie viele Einheiten von der Größe (in Bytes) des jeweili-gen Datentyps der Arrayelemente der betreffende Zeiger "vorwärtsbewegt" werden soll. Daher enthält *zs* nun nicht mehr die Adresse 1600, sondern 1602 und zeigt also jetzt auf das zweite Element *s[1]* des Arrays:

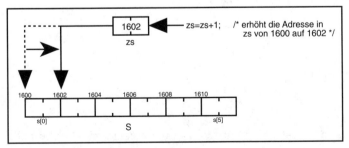

Abb. 128: Der Wert des Zeigers zs - die Adresse 1600 - wurde durch zs = zs + 1 um den Betrag 2 auf 1602 erhöht

Analog würde - unter der Voraussetzung, daß *zs* anfangs die Adresse 1600 enthält - die Anweisung

```
zs = zs + 2;
```

die Adresse in *zs*, d. h. den Wert von *zs* um

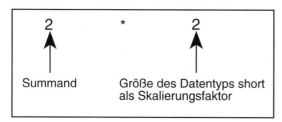

also den Wert 4, auf 1604 erhöhen, so daß *zs* dann auf das dritte Element *s[2]* des Arrays *s* zeigte.

Berücksichtigt man, daß zeigerarithmetische Operationen - wie man nach den letzten Beispielen vielleicht schon nachvollzieht - gewöhnlich nur dann sinnvoll sind, wenn sie sich auf ein- und dasselbe Array beziehen, so läßt sich allgemein die folgende Regel formulieren:

Zeigt ein Zeiger *z* auf das *n*-te Element eines Arrays, so bewirkt die Anweisung

```
z = z + k;
```

wobei *k* eine positive ganze Zahl darstellt, daß *z* nach dieser Zuweisung auf das *(n+k)*te Element zeigt. (Man beachtet dabei natürlich, daß die Adressen der Objekte, auf die man zugreift, innerhalb der Arraygrenzen liegen.)

Daß die Gültigkeit dieser Regel in der Tat unabhängig vom Typ der Arrayelemente ist, kann man leicht überprüfen. Sind etwa die Definitionen

```
char c[6] = "12345";
char *zc = &c[0];
short s[6] = {1, 2, 3, 4, 5};
short *zs = &s[0];
float f[6] = {1.0, 2.0, 3.0, 4.0, 5.0};
float *zf = &f[0];
```

gegeben, so verweisen die Zeiger *zc*, *zs* und *zf* jeweils auf das erste Element des betreffenden Arrays:

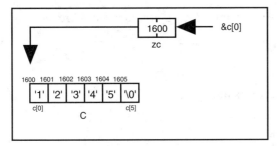

Abb. 129: Drei Zeiger auf die ersten Elemente von Arrays unterschiedlichen Typs

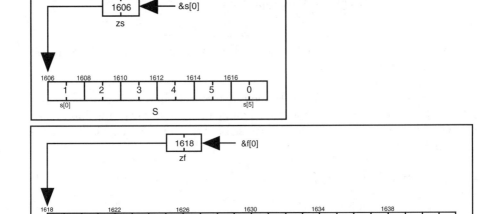

Mit den Anweisungen

```
zc = zc + 4;
zs = zs + 4;
zf = zf + 4;
```

werden die Werte von zc, zs und zf wie folgt erhöht:

- Zu der in zc gespeicherten Adresse 1600 wird 4 * 1, also 4, hinzuaddiert. Der Summand 4 wird dabei wegen des Datentyps *char* mit 1 skaliert. zc enthält nun die Adresse 1604 und zeigt damit auf das (1+4)te, also das 5. Element des Arrays c.

- Zu der in zs gespeicherten Adresse 1606 wird 4 * 2, also 8, hinzuaddiert. Der Summand 4 wird dabei wegen des Datentyps *short* mit 2 skaliert. zs enthält nun die Adresse 1614 und zeigt damit analog zc auf das (1+4)te, also das 5. Element des Arrays s.

- Zu der in zf gespeicherten Adresse 1618 wird 4 * 4, also 16, hinzuaddiert. Der Summand 4 wird dabei wegen des Datentyps *float* mit 4 skaliert. zf enthält nun die Adresse 1634 und zeigt damit analog zc und zs auf das (1+4)te, also das 5. Element des Arrays f.

Die Konstellationen im Speicher haben sich danach verändert und sehen nun so aus:

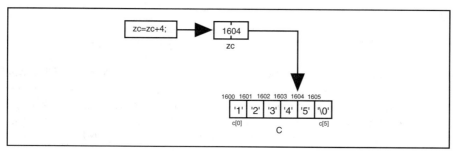

Abb. 130: Die drei Zeiger zc, zs und zf verweisen nach der Addition von 4 auf das jeweils 5. Element des betreffenden Arrays

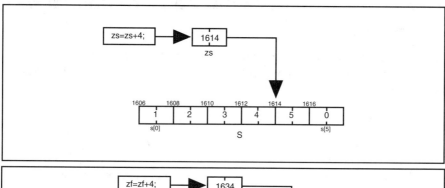

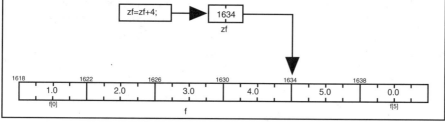

Geben die Anweisungen

```
printf("Der char-Zeiger verweist auf das %c. Element des char-Arrays.", *zc);
printf("\nDer short-Zeiger verweist auf das %hd. Element des short-Arrays.",
*zs);
printf("\nDer float-Zeiger verweist auf das %.f. Element des float-Arrays.",
*zf);
```

vor der Additionsoperation den Text

```
Der char-Zeiger verweist auf das 1. Element des char-Arrays.
Der short-Zeiger verweist auf das 1. Element des short-Arrays.
Der float-Zeiger verweist auf das 1. Element des float-Arrays.
```

aus, so erzeugen die gleichen Anweisungen nach der Addition des Werts 4 zu den Zeigern *zc*, *zs* und *zf* nunmehr die Ausgabe

```
Der char-Zeiger verweist auf das 5. Element des char-Arrays.
Der short-Zeiger verweist auf das 5. Element des short-Arrays.
Der float-Zeiger verweist auf das 5. Element des float-Arrays.
```

woran man erkennt, daß der betreffende Zeiger in jedem der drei Fälle der Skalierungsvorschrift entsprechend um vier Einheiten von der Größe des jeweiligen Datentyps weitergerückt ist. Man beachte außerdem, daß der Zugriff auf das betreffende Arrayelement in den *printf*-Anweisungen diesmal nicht in der Indexschreibweise erfolgt, sondern über einen Zeiger mit Inhaltsoperator. Es ist aber natürlich *zc* gleichwertig zu *c[0]* bzw. *c[4]* etc.

Additionsausdrücke mit Zeigern besitzen einen Typ

Additionsausdrücke mit Zeigern können, wie andere arithmetische Ausdrükke auch, überall dort stehen, wo ein Wert solchen Typs zulässig ist, beispielsweise als Parameter in einer Ausgabeanweisung:

```
printf("Erste Adresse c: %X\t\tLetzte Adresse c: %X", zc, zc + 5);
printf("Erste Adresse s: %X\t\tLetzte Adresse s: %X", zs, zs + 5);
printf("Erste Adresse f: %X\t\tLetzte Adresse f: %X", zf, zf + 5);
```

Vorausgesetzt, daß die Zeiger *zc*, *zs* und *zf* zu Beginn die Anfangsadressen der Arrays *c*, *s* und *f* enthalten, geben die Anweisungen die Adressen der ersten und letzten Elemente der drei Arrays aus und demonstrieren noch einmal den Effekt der Skalierung, der sich in den unterschiedlichen großen Differenzen zwischen erster und sechster Adresse bei gleicher Elementezahl ausdrückt.

Konstanten und Variablen sind als Summanden gleichwertig

Der ganzzahlige Wert, der zu einem Zeiger addiert werden kann, muß keine Konstante sein. Auf beispielsweise die Variablen

```
int i[10], *zi= &i, x = 6;
```

bezogen, bewirkt die Anweisung

```
zi = zi + 6;
```

das gleiche wie

```
zi = zi + x;
```

In beiden Fällen verweist der Zeiger *zi* hinterher auf das siebte Element des Arrays *i*.

Inkrementierung von Zeigern

Will man den Wert eines Zeigers gerade um eine Einheit von der Größe des betreffenden Datentyps erhöhen, also 1 zu dem Zeiger addieren, etwa damit er auf das nächste Element eines Arrays zeigt, so läßt sich statt der expliziten Addition des Werts 1 auch der Inkrement-Operator "++" verwenden. Nach den Variablendefinitionen

```
int i[10], *zi = &i[0];
```

zeigt *zi* zunächst auf den Arrayanfang, also auf das erste Element von *i*. Die Anweisung

```
zi = zi + 1;
```

nach der *zi* nicht mehr auf *i[0]*, sondern auf das zweite Arrayelement *i[1]* zeigt, ist gleichwertig mit den Anweisungen

```
zi++;
```

bzw.

```
++zi;
```

die den Zeiger *zi* ebenfalls um gerade ein Arrayelement weiterrücken, d. h. seinen Wert um den Betrag erhöhen, den ein Objekt vom Typ *int* in Bytes groß ist. Mit der folgenden Schleifenkonstruktion lassen sich bis zu zehn Integerwerte in ein Array einlesen, wobei der Einfachheit halber der Wert *0* als Eingabeende-Zeichen dienen soll. Der Zugriff auf die Arrayelemente erfolgt nicht über einen Indexausdruck, sondern über einen Zeiger, der vor dem Einlesen des nächsten Werts inkrementiert und damit auf die Anfangsadresse dieses Elements gesetzt wird. Der Ausdruck *zx* ersetzt dabei einen Ausdruck der Form *&x[i]* und **zx* entsprechend einen Ausdruck der Form *x[i]*. Für die Funktion *scanf* ist es unerheblich, ob sie als Parameter einen Adreßausdruck mit dem "&"-Operator erhält oder den Namen einer entsprechenden Zeigervariablen.

```
int x[10], *zx = &x[0], count = 0;
         .
         .
         .
```

```
    scanf("%d", zx);                    /*   1. Wert in 1. Arrayelement einlesen.  */

    while (*zx != 0    &&   ++count < 10)
        scanf("%d", ++zx);      /*   Zeiger inkrementieren, so daß er die Adresse
                                        des nächsten Arrayelements angibt.    */
```

Die Schleifenbedingung

```
    *zx != 0 &&   ++count < 10
```

prüft in ihrem ersten Teil, ob der zuletzt eingegebene Wert 0 war. Ist dies der Fall, oder hat *count* den Wert 10 erreicht, was bedeutet, daß bereits zehn Werte gespeichert wurden und die Kapazität des Arrays *x* erschöpft ist, wird die Schleife beendet. Man beachte, daß nach der Eingabe von 0 der erste Teil der "&&"-Verknüpfung und damit die gesamte Verknüpfung FALSE ist, mithin ihr zweiter Teil nicht mehr bearbeitet und die Variable *count* nicht noch einmal (fälschlicherweise) inkrementiert wird. Dies ist beispielsweise von Bedeutung, wenn man die eingelesenen Werte mit Hilfe dieser Variablen wieder ausgeben will. Man benutzt dazu wie bei der Eingabe den Zeiger *zx*, den man zunächst mit

```
    zx = &x[0];
```

wieder auf das erste Element des Arrays *x* verweisen läßt. Danach gibt die Schleife

```
    while (count-- > 0)
        printf("%d ", *zx++);
```

die im Array gespeicherten Werte aus. Der Zähler *count*, der die Anzahl der eingelesenen Werte angibt, steuert die Schleife und wird dabei auf 0 heruntergezählt. Der Ausdruck

```
    *zx++                                       /*   inkrementiert zx   */
```

enthält eine kleine Feinheit, die Beachtung verdient. Inkrementiert wird mit dem "++"-Operator in diesem Fall nicht etwa die Variable, auf die *zx* verweist (also das jeweilige Arrayelement), sondern die Zeigervariable *zx* selbst. Als Operand des Operators "++" gilt in dem Ausdruck *zx++ ohne zusätzliche Klammerung nämlich nur das Grundsymbol, das sich unmittelbar links davon befindet, d. h. der Name der Variablen *zx*, nicht aber der Ausdruck *zx (mit dem weiteren Operator "*"). Mit der *printf*-Anweisung in der obigen Ausgabeschleife wird also - wie gewünscht - zunächst der Wert des jeweiligen Arrayelements ausgegeben und danach der Zeiger inkrementiert.

Will man dagegen tatsächlich die Variable inkrementieren, auf die der Zeiger *zx* verweist, schließt man den Ausdruck, auf den der "++"-Operator wirken soll, in Klammern ein.

Mit

```
(*zx)++;                                    /* inkrementiert *zx   */
```

wird der Wert des Datenobjekts, auf das *zx* gerade zeigt, um den Betrag 1 erhöht.

Die Vorschrift, daß zu einem Zeiger nur ganzzahlige Werte addiert werden dürfen, schließt naturgemäß einen Gleitkommawert als Summanden in einer Addition mit einem Zeiger aus. Darüber hinaus ist aber auch die Verwendung ganzzahliger Werte insofern eingeschränkt, als daß zu einem Zeiger auch kein anderer Zeiger hinzuaddiert werden darf. Sind *a* und *b* zwei Zeiger gleichen Typs, so ruft eine Anweisung wie

```
a = a + b;
```

eine entsprechende Fehlermeldung des Compilers hervor.

9.3.2 Subtraktion

Anders als bei der Addition darf man von einem Zeiger nicht nur ganzzahlige Werte subtrahieren, sondern auch einen anderen Zeiger desselben Typs.

Die Subtraktion eines ganzzahligen Werts von einem Zeiger verläuft dabei analog zur Addition. Der Wert der Zeigervariablen, d. h. die darin gespeicherte Adresse, wird um den Wert des entsprechend skalierten Subtrahenden verringert. Dabei achtet man natürlich auch hier darauf, daß die sich ergebenden Adressen sinnvoll sind, also beispielsweise innerhalb der Grenzen des Arrays liegen, auf das man die zeigerarithmetische Operation anwendet. Sind etwa die Definitionen

```
int x[10];
int *zx = &x[4];
```

gegeben, so zeigt *zx* auf das fünfte Element *x[4]* des Arrays. Die Anweisung

```
zx = zx - 2;
```

"verschiebt" den Zeiger *zx* um zwei Arrayelemente - also um den Betrag 2 * *sizeof(int)* - zurück, so daß er nun auf das dritte Arrayelement *x[2]* verweist:

9

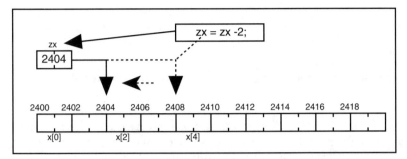

Abb. 131: Die Subtraktion des Werts 2 setzt den Zeiger zx um zwei Arrayelemente zurück (Größe von int: 2 Byte)

Dekrementierung von Zeigern

Das Gegenstück zum "++"-Operator bei der Addition ist bei Subtraktion der Dekrement-Operator "--", der den Wert eines Zeigers um die Größe des Datentyps (in Bytes) reduziert, auf den der Zeiger verweist. Setzt man voraus, daß in das Array x mit

```
scanf("%d", zx);
while (*zx != 0    &&   ++count < 10)
    scanf("%d", ++zx);
```

Werte gepeichert wurden, ferner, daß auch eine Variable

```
int count = 0;
```

als Zähler definiert ist, so verweist der Zeiger zx danach auf den letzten eingelesenen Wert. Statt nun den Zeiger auf den Arrayanfang zurückzusetzen und die Werte in ihrer normalen Reihenfolge auszugeben, kann man mit dem Dekrement-Operator die Werte auch in umgekehrter Reihenfolge anzeigen lassen. Wir berücksichtigen dabei den folgenden Umstand: Wurde die Schleife nicht mit dem Endezeichen 0 beendet, so enthält das Array zehn reguläre Werte, und der Zeiger zx zeigt auf das letzte davon. Wurde die Schleife jedoch durch die Eingabe von 0 terminiert, so ist als letzter eingelesener Wert eben diese 0 gespeichert, an der wir nicht interessiert sind. Da zx in diesem Fall auf das Endezeichen zeigt, setzen wir den Zeiger zx um ein Element zurück. Die Ausgabeanweisung sieht dann folgendermaßen aus:

```
if (count < 10)                        /*   falls Ende mit 0    */
    zx--;                      /*  Endezeichen nicht mitausgeben.  */
while (count-- > 0)
    printf("%d ", *zx--);      /*   Arrayelement ausgeben und Zeiger
                                          dekrementieren.    */
```

Die *if*-Anweisung prüft den Wert der Variablen *count*. Ist er kleiner als 10, wurde die Schleife mit der Eingabe von 0 beendet, und der Zeiger zx wird um ein Arrayelement zurückgesetzt. Die *while*-Schleife gibt dann über *zx den Wert des letzten - bzw. im Falle des Eingabeendes mit 0 - vorletzten Arrayelements aus und reduziert dann die Adresse in der Zeigervariablen *zx* um die Größe des Datentyps *int*, so daß *zx* nun auf das Arrayelement davor zeigt. Diese beiden Schritte wiederholen sich, bis der Zähler *count* den Wert 0 angenommen hat und alle eingelesenen Elemente ausgegeben worden sind.

Zeiger minus Zeiger

Analog zur Addition dürfen entsprechend bei der zeigerarithmetischen Subtraktion ebenfalls keine Gleitkommawerte als Subtrahend verwendet werden. Gestattet ist dagegen die Subtraktion eines Zeigers von einem anderen Zeiger des gleichen Typs. Das Resultat einer solchen Operation ist die Anzahl der Datenobjekte, die sich zwischen den beiden Datenobjekten befinden, auf welche die Zeiger verweisen (exklusive desjenigen dieser beiden Datenobjekte, das die höhere Adresse besitzt). Sind beispielsweise die Variablen

```
long y [6];
long *za = &y[0], *zb = &y[5];
```

gegeben, so zeigt *za* auf das erste Element des Arrays *y* und *zb* auf das letzte:

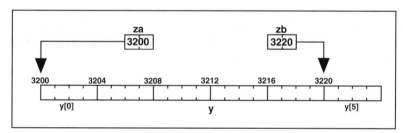

Abb. 132: Zwei Zeiger, die auf unterschiedliche Elemente desselben Arrays verweisen

Gilt für die beiden Zeiger *za* und *zb* - wie im obigen Beispiel - die Beziehung

```
za < zb
```

so ergibt die Differenz

```
zb - za
```

in diesem Fall den Wert 5, also die Anzahl der Elemente des *long*-Arrays, die zwischen dem ersten (*y[0]*) und dem letzten (*y[5]*) Element liegen, wobei das letzte Element selbst nicht mitgezählt wird. Die interne Berechnung, die zu diesem Wert führt, ist einfach: Zunächst wird die Differenz der beiden Adressen gebildet, die sich in den Zeigern befinden. Dies ergibt für unser Beispiel

```
3220 - 3200 = 20
```

Danach teilt man diese Adressendifferenz durch die Größe des Datentyps (in Bytes), auf den die Zeiger verweisen, im obigen Fall also 4 wegen des Datentyps *long*:

```
20 : 4 = 5
```

was zu dem zuvor genannten Ergebnis führt. Will man nur die Anzahl der dazwischenliegenden Datenobjekte ohne die beiden "Randobjekte" selbst (also ohne *y[0]* und *y[5]*) ermitteln, erreicht man dies mit dem Ausdruck

```
zb - za - 1
```

Sollen die beiden Randelemente *y[0]* und *y[5]* mitgezählt werden, erhält man die entsprechende Anzahl mit

```
zb - za +1
```

was in unserem Beispiel gerade alle Elemente des Arrays sind. Hat man also je einen Zeiger *za* und *zb* auf das erste und letzte Element eines Arrays, so gibt die Anweisung

```
printf("Das Array hat %d Elemente", zb-za+1);
```

die Länge des Arrays, d. h. die Elementezahl aus. Will man bei *char*-Arrays das abschließende Nullzeichen nicht mitzählen, erhält man die Arraylänge entsprechend durch den Ausdruck *zb - za*.

9.3.3 Vergleiche

Zeiger gleichen Typs können miteinander verglichen werden. So ergäbe der Vergleich

```
if (za == zb)
    printf("Die beiden Zeiger verweisen auf das gleiche Objekt.");
else
    printf("Die beiden Zeiger verweisen auf unterschiedliche Objekte.");
```

der beiden Zeiger *za* und *zb* aus dem letzten Beispiel des vorigen Kapitels das logische Resultat FALSE (d. h. den Wert *0*), denn *za* enthält eine andere Adresse als *zb*. Demzufolge wird der *else*-Zweig der *if*-Anweisung ausgeführt. Ähnliche Ergebnisse erhielte man bei

```
if (za > zb)
    printf("Der Zeiger za enthält eine höhere Adresse als der Zeiger zb.");
else if (za < zb)
    printf("Der Zeiger za enthält eine niedrigere Adresse als der
    Zeiger zb.");
```

```
else
    printf("Die Zeiger enthalten die gleichen Adressen.");
```

Hier würde ausgehend von den Zeigerwerten aus dem letzten Beispiel der erste *else*-Zweig ausgeführt.

Unspezifische Zeiger und Zeigervergleiche mit dem Wert Null

Als Ausnahme von der Regel, daß nur Zeiger untereinander vergleichbar sind, kann jeder Zeiger - gleich welchen Typs - mit dem Wert 0 verglichen werden. Ist z ein Zeiger, wäre beispielsweise eine Anweisung wie

```
if (z == 0)
    printf("Error");
```

denkbar. Allerdings wird bei solchen Vergleichen gewöhnlich die numerische Konstante 0 nicht direkt verwendet, sondern die symbolische Konstante NULL, um anzudeuten, daß Zeigerwerte (also Adressen) verglichen werden:

```
if (z == NULL)
    printf("Error");
```

Die Konstante NULL ist in der Include-Datei *Stdio.h* definiert. Gewöhnlich findet man dort Definitionen wie

```
#define NULL 0
```

bzw.

```
#define NULL 0L
```

je nachdem, ob Adressen als *int*- oder als *long*-Werte behandelt werden. Alternativ dazu wird NULL auf neueren Compilern auch als Zeiger auf den Datentyp *void* definiert:

```
#define NULL ((void *) 0)      /*   Die Konstante 0 wird explizit in den
                                     Datentyp void * konvertiert (Zeiger auf
                                                            void).     */
```

was nichts daran ändert, daß die symbolische Konstante NULL für den Wert 0 steht. Der Ersatzwert 0 hat in diesem Fall aber nicht wie gewohnt den Datentyp *int*, sondern *void* *, was bedeutet, daß 0 in diesem Fall vom Datentyp her als Zeigerwert, d. h. als Adresse interpretiert wird. Der Datentyp *void** ist ein Datentyp für Zeiger, bei denen zunächst nicht festgelegt werden soll, auf welchen Typ von Datenobjekt sie verweisen (vgl. dazu auch das Kapitel 9.6 "Dynamische Speicherung von Arrays" und das Kapitel 10 "Funktionen"). Ein

Zeiger auf *void* kann die Adresse eines Datenobjekts beliebigen Typs speichern, muß jedoch, bevor er selbst manipuliert oder für einen Zugriff auf ein Datenobjekt verwendet wird, jedesmal explizit in den entsprechenden Zeigertyp für dieses Datenobjekt konvertiert werden. Sind beispielsweise die Definitionen

```
float f[10];
void *uz;            /*   Unspezifischer Zeiger. Es ist noch nicht festgelegt,
                         auf welchen Typ von Objekt dieser Zeiger verweist.  */
```

gegeben, so kann der unspezifische Zeiger *uz* nach

```
uz = &f[0];
```

zwar die Adresse des ersten Elements des Arrays *f* speichern, ein Zugriff auf *f[0]*, etwa mit

```
*uz = 3.14;                                          /*   FALSCH   */
```

wäre aber inkorrekt, eben weil *uz* kein Zeiger auf *float* ist. Die Zuweisung wird korrekt, wenn man die Variable *uz* in einen *float*-Zeiger konvertiert:

```
* (float *) uz = 3.14;      /*   KORREKT. Der unspezifische Zeiger uz wird
                                 mit dem cast-Operator in einen float-Zeiger
                                                           umgewandelt.  */
```

Nullzeiger

Der Wert *0* ist aus verschiedenen Gründen für einen Zeiger sinnvoll. Beispielsweise kann eine Zeigervariable damit initialisiert werden:

```
int *z = NULL;
```

und so einen definierten Anfangswert erhalten. Ein Zeiger mit dem Wert *0* wird auch als Nullzeiger bezeichnet. Da sein Wert als Adresse interpretiert wird, verweist er also auf die Adresse 0, unter der in C aber regulär niemals Daten gespeichert werden, d. h., ein Nullzeiger verweist in der Regel nicht auf Datenobjekte. Diesen Umstand kann man sich zunutze machen und den Wert *0* (als Inhalt eines Zeigers) als Indikator verwenden, etwa zur Markierung von Anfang und Ende einer Liste von logisch zusammengehörenden Datenobjekten, die aber nicht zusammenhängend als Array gespeichert sind, sondern sich an irgendwelchen nicht notwendigerweise aufeinanderfolgenden Stellen im Speicher befinden und durch Zeiger miteinander verkettet sind (siehe dazu Kapitel 9.7 "Zeiger und Strukturen"). Ferner kann mit dem Zeigerwert *0* signalisiert werden, daß während der Ausführung einer Funktion ein Fehler aufgetreten ist und die Funktion ihre eigentliche Aufgabe nicht durchführen konnte (vgl. dazu Kapitel 9.6 "Dynamische Speicherung von Arrays"" und das Kapitel 10 "Funktionen").

Die nachfolgende abschließende Übersicht faßt zusammen, welche Operationen für (nicht dereferenzierte) Zeigervariablen zulässig sind und welche nicht.

Operation	Zulässig?
Addition	ja
Inkrementierung	ja
Subtraktion	ja
Dekrementierung	ja
Multiplikation	nein
Division	nein
Vergleiche	ja
Logische Operationen	nein
Schiebeoperationen	nein
Typumwandlungen	ja
Zuweisungen	ja

9.4 Zeiger und Arrays

Aus dem vorangegangenen Kapitel wissen wir, daß der Zugriff auf ein beliebiges Element eines Arrays nicht nur über den Arraynamen mit dem entsprechenden Index erfolgen kann, sondern auch über einen Zeiger, der mit einer speziellen Zeigerarithmetik entsprechend manipuliert wird. Die Gleichwertigkeit zwischen Index- und Zeigerausdrücken äußert sich dabei in einer Reihe syntaktischer Varianten, die sehr instruktiv sind.

Gegeben seien dazu die Variablen

```
int x[10];
int *zx;
int n;
```

Die Variable x ist ein Array aus *int*-Elementen, zx ein Zeiger auf *int*. Die Variable n kann als Index dienen. Bekanntlich erhält man mit

```
&x[0]
```

die Adresse des ersten Elements von x, also die Anfangsadresse des Arrays. Diese kann man einer geeigneten Zeigervariablen zuweisen, etwa durch

```
zx = &x[0];
```

Danach läßt sich wahlweise über einen Index oder über den Zeiger *zx* auf die einzelnen Arrayelemente zugreifen, um ihnen beispielsweise Werte zuzuweisen. Die Schleife

```
for (n = 0; n < 10; n++)
    *zx++ = n;
```

füllt das Array *x* ebenso wie die Schleife

```
for (n = 0; n < 10; n++)
    x[n] = n;
```

mit den Werten *0* bis *9*. Die Anfangsadresse eines Arrays erhält man in C aber nicht nur, wenn man dem Namen des ersten Arrayelements den Adreßoperator "&" voranstellt: Auch der Arrayname selbst ist stets gleichbedeutend mit der Adresse des ersten Arrayelements.

Für unser Beispiel bedeutet dies, daß die Ausdrücke

```
&x[0]
```

und

```
x
```

äquivalent sind, d. h., wir können die Anweisung

```
zx = &x[0];                    /*   zx erhält die Anfangsadresse des Arrays x. */
```

durch

```
zx = x;                        /*   zx erhält die Anfangsadresse des Arrays x. */
```

ersetzen.

Zeigervariable und Zeigerkonstanten

Sowohl *zx* als auch *x* sind Zeiger. Dennoch besteht ein wesentlicher Unterschied zwischen ihnen. *zx* ist eine Zeigervariable, die die Adressen verschiedener *int*-Objekte speichern kann, also ein in seinem Wert veränderbares Datenobjekt. Ein Arrayname wie *x* dagegen ist eine sogenannte Adreßkonstante, die nicht verändert werden kann: ein konstanter Zeiger, der stets auf das erste Element des betreffenden Arrays verweist. Man kann diesen Sachverhalt auch so ausdrücken: Eine Zeigervariable wie *zx* ist ein L-Wert (vgl. das Kapitel 3 "Ausdrücke und Operatoren"), der auf der linken Seite einer Zuweisung stehen und dem die Adresse eines anderen Objekts zugewiesen werden kann, etwa mit den Anweisungen

```
zx = x;
zx = zx + 2;
zx++;
```

Ein Arrayname ist kein L-Wert (sondern eine Konstante) und darf daher auch nicht auf der linken Seite einer Zuweisung stehen. Anweisungen wie

```
x = zx;            /*  FALSCH. Arrayname ist kein L-Wert.  */
x = x + 2;         /*  FALSCH. Arrayname ist kein L-Wert.  */
x++;               /*  FALSCH. Arrayname ist kein L-Wert.  */
```

sind fehlerhaft, da man einer Konstanten keinen Wert zuweisen kann. Zulässig sind dagegen zeigerarithmetische Operationen mit dem Arraynamen.

Zeigerarithmetische Operationen mit Arraynamen

Da der Arrayname x die Adresse des ersten Arrayelements $x[0]$ darstellt, sind Ausdrücke wie

```
x          /*  Adresse des 1. Arrayelements */
x + 1      /*  Adresse des 2. Arrayelements */
x + 2      /*  Adresse des 3. Arrayelements */
.
.
.
```

gleichwertig zu

```
&x[0]
&x[1]
&x[2]
.
.
.
```

Allgemein ist der Ausdruck

```
x + n      /*  Adresse des Arrayelements mit dem Index n. */
```

wobei n die Werte $0, 1, 2, \ldots k$ annehmen kann, äquivalent zu

```
&x[n]
```

Aus der Gleichheit der Adressen

```
x + n
```

und

```
&x[n]
```

folgt natürlich sofort, daß auch die *Datenobjekte* unter diesen Adressen gleich sein müssen. Also ist

```
x[n]                      /*   greift auf das Arrayelement mit dem Index n zu. */
```

stets äquivalent zu:

```
*(x + n)                  /*   greift auf das Arrayelement mit dem Index n zu. */
```

Dies leitet man sich auch in einfacher Weise formal her: Wenn die Adressen-Ausdrücke

```
x + n     und    &x[n]
```

zueinander äquivalent sind, müssen es auch die beiden Ausdrücke

```
*(x + n)  und    *(&x[n])
```

sein, welche die Inhalte unter den Adressen $x + n$ und $\&x[n]$ angeben. Da der Ausdruck $*(\&x[n])$ also nichts anderes ist als der Wert, der an der Adresse von $x[n]$ gespeichert ist, also gleich $x[n]$ selbst ist, folgt daraus, daß auch die Ausdrücke

```
*(x + n)  und    x[n]
```

äquivalent sind. Daher läßt sich nun die Schleife

```
for (n = 0; n < 10; n++)
    x[n] = n;
```

zur Füllung des Arrays x mit den Werten *0* bis *9* auch noch folgendermaßen schreiben:

```
for (n = 0; n < 10; n++)
    *(x + n) = n;
```

In der Tat wird ein Indexausdruck wie

```
x[n]
```

vom Compiler intern stets zu

```
*(x + n)
```

umgewandelt. Diese Äquivalenz von indizierten und zeigerarithmetischen Ausdrücken besteht nicht nur für den Fall, daß der Zeiger ein Arrayname ist. Sie gilt auch für Zeigervariablen.

Indizierte Zeiger

Setzt man die Zuweisung

```
zx = x;
```

voraus, bei der die Zeigervariable *zx* die Adresse des ersten Elements des Arrays *x* erhält, so gibt

```
*(zx + n)
```

den Inhalt (Wert) des Arrayelements mit dem Index *n* an, d. h., der obige Ausdruck ist gleichbedeutend mit *x[n]*.

Der Compiler akzeptiert aber bemerkenswerterweise auch die Formulierung

```
zx[n]     /*  Zeiger mit Index. Sofern zx die Anfangsadresse von x enthält,
                 greift zx[n] auf das Element mit dem Index n zu.    */
```

einen Zeiger mit Index, als Äquivalent für den dereferenzierten Zeiger

```
*(zx + n)
```

Dies bedeutet aber, daß es in C grundsätzlich möglich ist, eine Zeigervariable zu indizieren und damit wie mit einem Arraynamen auf den Inhalt - nicht die Adresse - eines Datenobjekts zuzugreifen. So kann man nicht nur

```
zx = x;
for (n = 0; n < 10; n++)
    *(zx + n) = n;
```

als weitere äquivalente Schleifenversion zu

```
for (n = 0; n < 10; n++)
    x[n] = n;
```

angeben, sondern auch

```
zx = x;
for (n = 0; n < 10; n++)

    zx[n] = n;
```

Ferner ist unter der Voraussetzung, daß *zx* die Adresse des ersten Elements des Arrays *x* enthält,

```
zx[n]
```

gleichbedeutend mit

```
x[n]
```

Enthält *zx* die Adresse eines beliebigen Arrayelements von *x*, etwa des Elements mit dem Index *k*, so bezeichnet nach

```
zx = &x[k];
```

der Ausdruck

```
zx[n]
```

das *n*-te Element nach diesem Element mit dem Index *k*, also das Arrayelement *x[k+n]*. Nach der Zuweisung

```
zx = &x[4];                                    /*   k gleich 4    */
```

beispielsweise speichert die Zeigervariable *zx* die Adresse des fünften Arrayelements. Mit

```
zx[0]     /*  Index n : 0   */
zx[1]     /*  Index n : 1   */
zx[2]     /*  Index n : 2   */
              .
              .
              .
```

greift man dann auf die Arrayelemente

```
x[4] /*   Index k+n: 4 + 0   */
x[5] /*   Index k+n: 4 + 1   */
x[6] /*   Index k+n: 4 + 2   */
              .
              .
              .
```

zu, wie man sich durch die Ausgabe der Anweisungen

```
zx = &x[4];
for (n = 0; n < 6; n++)
    printf("zx[%d] = %d\tx[%d] = %d\n", n, zx[n], 4+n, x[4+n]);
```

bestätigen lassen kann. Die folgende Abbildung veranschaulicht die Beziehungen, die in diesem Fall zwischen der Arrayvariablen *x* und der Zeigervariablen *zx* bestehen:

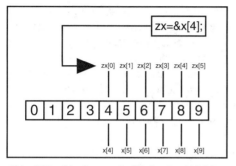

Abb. 133: Nach zx = &x[k] (in der Abbildung: k gleich 4) bezeichnet der indizierte Zeiger zx[n] dasselbe Arrayelement wie x[k+n]

Zeiger mit negativen Indizes

Eine Besonderheit der Zeigerindizierung ist, daß im Gegensatz zur Indizierung von Arrayvariablen auch negative Indizes erlaubt sind. So würde man nach

```
zx = &x[4];
```

mit *zx[0]*, wie soeben erläutert, auf das Arrayelement *x[4]* zugreifen und mit

```
zx[-1]                               /*  => x[3]  */
zx[-2]                               /*  => x[2]  */
zx[-3]                               /*  => x[1]  */
zx[-4]                               /*  => x[0]  */
```

auf die vier Arrayelemente *x[3]*, *x[2]*, *x[1]* und *x[0]* davor (wobei man natürlich - wie stets - darauf achtet, sich mit den Indizes innerhalb der Arraygrenzen zu bewegen und so den Zugriff auf nicht-existente Arrayelemente vermeidet). Die Anweisungen

```
for (n = 4; n >= 0; n--)
    printf("x[%d] = %d\t", n, x[n]);
```

und

```
zx = &x[4];
for (n = 0; n > -5; n--)
    printf("zx[%d] = %d\t", n, zx[n]);
```

zeigen mit ihrer Ausgabe

```
x[4] = 4  x[3] = 3    x[2] = 2   x[1] = 1  x[0] = 0
```

bzw.

```
zx[0] = 4 zx[-1] = 3   zx[-2] = 2    zx[-3] = 1    zx[-4] = 0
```

beide Male die Werte der Arrayelemente *x[4]* bis *x[0]* an. Gelegentlich hat man Programmieraufgaben zu lösen, in denen es sinnvoll sein kann, Arrayelemente mit negativem Index zu verwenden, beispielsweise, wenn man die Häufigkeiten positiver und negativer Werte in Arrayelementen mit den entsprechenden Indizes speichern möchte. So will man etwa in dem Element *f[-1]* eines Arrays *f* die Häufigkeit des Werts -1 speichern, in *f[1]* die des Werts *1* etc. Da C zur Arrayindizierung keine negativen Werte zuläßt, kann man in diesem Fall auf einen Zeiger zurückgreifen, um den gewünschten Effekt zu erzielen. Nach den Definitionen

```
int frequencies [101];
int *f = &frequencies[50];
```

etwa enthält der Zeiger *f* die Adresse des 51sten Arrayelements, d. h., mit *f[0]* greift man gerade auf das mittlere Element des Arrays *frequencies* zu. In diesem kann man nun die Häufigkeit des Werts *0* speichern, in *f[1]* die Häufigkeit des Werts *1*, in *f[-1]* entsprechend die des Werts *-1* usw. Die Anweisungen

```
f[-7] = 17;
f[0] = 3;
f[5] = 11;
```

besagen also, daß der Wert -7 siebzehnmal, der Wert *0* dreimal und der Wert *5* elfmal aufgetreten ist. Wir beenden damit unsere Untersuchungen zur Syntax von Zeiger- und Indexausdrücken. Zur besseren Übersicht halten wir wesentliche syntaktische Äquivalenzen in einer Tabelle fest:

x: Arrray vom Typ datentyp		zx: Zeiger auf datentyp	
&x[0]	⟺	x	
&x[n]	⟺	x+n	
&x[n]	⟺	zx+n	falls zx=x;
&x[n]	⟺	&zx[n]	falls zx=x;
&zx[n]	⟺	zx+n	falls zx=x;
x+n	⟺	zx+n	falls zx=x;
x[n]	⟺	*(x+n)	
x[n]	⟺	*(zx+n)	falls zx=x;
x[n]	⟺	zx[n]	falls zx=x;
*(x+n)	⟺	*(zx+n)	falls zx=x;
*(x+n)	⟺	zx[n]	falls zx=x;
zx[n]	⟺	*(zx+n)	

Abb. 134: Äquivalenzen von Zeigerausdrücken

Ein Demonstrationsprogramm zur Verwendung von Zeigerausdrücken

Der folgende Quelltext demonstriert in einem kompletten Programm einige der Variationsmöglichkeiten bei Zeigerausdrücken. Der Zugriff auf die verwendeten Arrays erfolgt ausschließlich über Zeiger. Das Programm sep.c unterteilt eine eingegebene positive ganze Dezimalzahl von rechts her in Gruppen zu je drei Ziffern, was bei der Darstellung längerer Zahlen recht sinnvoll ist. Das Trennzeichen zwischen den Zifferngruppen kann dabei vom Anwender bestimmt werden. Das Programm enthält eine einfache Eingabekontrolle in Form zweier *do while*-Schleifen, die dafür sorgen, daß nur zulässige Trennsymbole und Zahlen eingegeben werden. Zur Prüfung, ob die eingegebene Zahl nur dezimale Ziffern enthält, verwenden wir hier die Bibliotheksfunktion (bzw. das Makro) *isdigit*. Die Formulierung

```
if (isdigit(c))    /*  falls c eine Ziffer ist */
```

ist äquivalent zu

```
if (c >= '0' && c <= '9')
```

(Es gibt noch eine Reihe anderer Funktionen bzw. Makros, die prüfen, zu welcher Klasse von Zeichen ein bestimmtes Zeichen gehört. So kontrolliert beispielsweise die Routine *isalnum*, ob ein Buchstabe oder eine Ziffer vorliegt. Ein Programm, das diese Routinen benutzt, muß die Include-Datei *ctype.h* mit einschließen.)

▶ sep.c:

```
 1  /*  sep teilt eine positive ganze Dezimalzahl von rechts her in Gruppen zu
 2  drei Ziffern auf. Das Trennzeichen zwischen den Gruppen kann vom Anwender
 3  bestimmt werden. Für den Zugriff auf die im Programm verwendeten Arrays
 4  werden Zeiger eingesetzt.   */
 5
 6  /***  Präprozessoranweisungen ***/
 7
 8  #define BOOL int
 9  #include <stdio.h>                        /*  printf, putchar, puts, gets */
10  #include <conio.h>                               /*   getche   */
11  #include <ctype.h>                               /*   isdigit  */
12  #include <stdlib.h>                              /*   atoi */
13  #include <string.h>                          /*  strcpy, strlen*/
14
15  /*****************************/
16
17  main()
18      {
19      /***  Variablen  ***/
20      char buffer [128];                   /*  Zahl alphanumerisch    */
21      char clearbuf [128];   /*  Zahl alphanumerisch ohne führende Nullen  */
```

```
22        char output [172];              /*   Zahl in 3er-Gruppen mit Trennsymbolen */
23        char *zb = buffer,                         /*   Zeiger auf die Arrays      */
24        *zc = clearbuf,                      /*   buffer, clearbuf, output,       */
25        *zo = output;               /*   initialisiert mit deren Anfangsadressen   */
26        int symbol;                                      /*   Trennzeichen         */
27        int count;                                       /*   Ziffernzähler        */
28        BOOL ok;                      /*   flag für korrekte Eingabe, 0 oder 1     */
29        int i, k;                                  /*   Kontrollvariablen          */
30  /************************************/
31
32        printf("\033[2J");
33        printf("Das Programm unterteilt eine ganze positive Dezimalzahl "
34              "von rechts her\nin Gruppen zu je drei Ziffern."
35              "Das Trennsymbol ist ein Zeichen\nnach Wahl (außer einer Ziffer.");
36  /*** Trennzeichen einlesen ***/
37        do                              /*   Eingabekontrolle für Trennzeichen*/
38            {
39                printf("\n\n Trennzeichen: ");
40                symbol = getche();
41                if (symbol < 32)
42                    printf("\n Steuerzeichen als Trennzeichen nicht zulässig.");
43                if (isdigit(symbol))
44                        printf("\n Ziffer als Trennzeichen nicht zulässig");
45            } while (symbol < 32  ||  isdigit(symbol));
46  /*** Zahl einlesen ***/
47        do                                      /*   Eingabekontrolle für Zahl    */
48            {
49                ok = 1;
50                printf("\n\nIhre Zahl (max. 50 Stellen): ");
51                gets(buffer); /*   Arrayname als Zeiger. gets erhält
52                            durch Arraynamen Adresse des 1. Arrayelements. */
53                count = 0;
54                while (*(buffer + count) && ok)        /*   buffer[count] != 0
55                                                        und ok != 0   */
56                    {
57                        if (!isdigit(*(buffer + count)))      /*   falls keine
58                                                            Ziffer    */
59                            {
60                                printf("\nKeine positive ganze Zahl.");
61                                ok = 0;
62                            }
63                        count++;
64                    }
65            } while (!ok);
66
67  /*** Führende Nullen entfernen ***/
68        if (count > 1 && atoi(buffer))      /*   falls mehr als eine Ziffer und
69                                                            nicht    */
70            {                              /*   nur Nullen eingegeben:
71                                             führende Nullen entfernen.   */
72                while (*zb == '0')         /*   führende Nullen überlesen   */
73                    zb++;
74                while (*zc++ = *zb++)      /*   Zahl ohne führende Nullen   */
75                    ;                      /*   in clearbuf speichern.     */
76
```

```
77                 strcpy(buffer, clearbuf);   /*   Zahl ohne führende Nullen
78                                                   in buffer übertragen.   */
79           }
80
81   /*** Zahl mit Trennzeichen versehen und ausgeben.  ***/
82       if ((count = strlen(buffer)) > 3)     /*   Keine Trennsymbole bei weniger
83                                                   als 4 Ziffern.*/
84          {
85             for (i = count-1, k = 0, zb = buffer; i >= 0; i--, k++)
86                {
87                   zo[k] = zb[i];      /*   Zugriff auf buffer und output
88                                            über indizierte Zeiger. Zahl
89                                            wird wegen der Trennzeichen-
90                                            setzung rückwärts in output
91                                            eingelesen.   */
92                   if (((count - i) % 3) == 0  && i != 0)   /*   alle 3
93                                                                 Zeichen   */
94                      zo[++k] = symbol;      /*   ein Trennzeichen   */
95                }
96             zo[k] = '\0';       /*   output mit Nullzeichen abschließen   */
97             for (i = k-1; i >= 0; i--)  /*   und vom Ende her ausgeben.   */
98                putchar(*(output + i));
99          }
100      else
101          puts(buffer); /*   Keine Aufbereitung bei weniger als 4 Stellen.   */
102  }                                                      /*   Ende main */
```

Analyse

Selbstverständlich hätte sep.c auch ohne die verwendeten Zeigerausdrücke formuliert werden können. So ist

```
*(buffer + count)
```

äquivalent zu

```
buffer[count]
```

Ebenso kann man statt

```
while (*zb == '0')
    zb++;
```

und

```
while (*zc++ = *zb++)
    ;
```

auch

```
i = k = 0;
while (buffer[i] == '0')
        i++;
```

und

```
while (clearbuf[k++] = buffer[i++])
        ;
```

schreiben, wobei die letzte Schleife wiederum äquivalent zu der etwas längeren Formulierung

```
while ((clearbuf[k++] = buffer[i++]) != '\0')
        ;
```

ist. (Übrigens besteht die Funktion *strcpy* im wesentlichen aus einer Schleife wie jener, die den Inhalt von *buffer* nach *clearbuf* kopiert, siehe das Kapitel 10 "Funktionen".) Schließlich lassen sich die indizierten Zeiger

```
zo[k]      und    zb[i]
```

wenn sie die Anfangsadressen der Arrays *buffer* und *output* speichern, einfach durch

```
output[k] und    buffer[i]
```

ersetzen.

Die Funktion *atoi* ist schon aus dem Kapitel 5 "Zusammengesetzte Datentypen" bekannt. Sie wandelt eine alphanumerische Ziffernkette in ihr numerisches Äquivalent um, was im aktuellen Fall dazu benutzt wird, um festzustellen, ob die eingegebene Zahl nur aus Nullen besteht. Dies wäre der Fall, wenn der Ausdruck

```
atoi(buffer)
```

den Wert *0* lieferte. Die Bedingung der *if*-Anweisung hätte somit auch

```
if (count > 1  &&  atoi(buffer) != 0)
```

lauten können.

Nach der Entfernung eventueller führender Nullen wird mit

```
if ((count = strlen(buffer)) > 3)
```

die nunmehr aktuelle Ziffernzahl festgestellt und sodann die eingegebene Zahl umgekehrt in den Ausgabepuffer *output* übertragen, wenn die Zahl mehr als drei Ziffern aufweist. Indem man die Ziffern in umgekehrter Reihenfolge speichert, kann man leicht die nötigen Trennzeichen einfügen, die vom rechten Ende der Zahl her nach jeweils drei Ziffern gesetzt werden müssen. Beginnt man danach die Ausgabe der Elemente von *output* vom Arrayende her, wird die Zahl in der normalen Ziffernfolge mit Trennzeichen angezeigt.

9.5 Stringkonstanten und Zeiger

Die Adresse eines Datenobjekts wird einer Zeigervariablen gewöhnlich als Ausdruck mit dem &-Operator oder als Inhalt einer anderen Zeigervariablen zugewiesen. Darüber hinaus ist eine weitere, spezielle Form von Adreßausdruck erforderlich, wenn es sich bei dem betreffenden Datenobjekt, dessen Adresse an eine Zeigervariable übergeben werden soll, um eine Stringkonstante (Zeichenkettenkonstante) handelt.

Daß Stringkonstanten in ihrer Eigenschaft als *char*-Arrays eine Adresse im Speicher besitzen, ist uns bereits von einigen stringverarbeitenden Funktionen her bekannt, wie etwa *printf*, *puts* oder *strlen*. Eine Anweisung wie

```
strlen("Ripley");
```

hat zur Folge, daß der Compiler für die Zeichenkettenkonstante "Ripley" im Speicher ein ("namenloses") Array anlegt, die Stringkonstante nebst Nullzeichen darin speichert und der Funktion *strlen* einen Zeiger auf die Anfangsadresse dieses Arrays übergibt. Danach kann *strlen* über diesen Zeiger auf das Array zugreifen und die Länge der Stringkonstanten feststellen, d. h. die Anzahl der Zeichen ohne das abschließende Nullzeichen. Das Array selbst wird stets mit nur so vielen Elementen angelegt, wie zur Speicherung des Strings inklusive des Nullzeichens benötigt werden. Da Operationen mit Stringkonstanten also stets über einen Zeiger abgewickelt werden - beispielsweise also der Funktion *strlen* nicht die Konstante selbst, sondern ein Zeiger auf ihr erstes Element übergeben wird - sind auch Zuweisungen wie die folgende möglich:

```
char *zstring = "Ripley";   /*  Der Zeiger zstring erhält die A d r e s s e
                                 der Stringkonstanten "Ripley".   */
```

Definiert wird dabei eine Zeigervariable *zstring* vom Typ *char**, der als Initialisierungswert nicht etwa die Zeichenkette "Ripley" zugewiesen wird, sondern deren Adresse. Wie am Beispiel der Funktion *strlen* erläutert, wird die Stringkonstante inklusive Nullzeichen als *char*-Array im Speicher abgelegt und die Anfangsadresse dieses Arrays der weiterverarbeitenden Instanz übergeben, im aktuellen Fall also in der Zeigervariablen *zstring* gespeichert. Eine solche Zuweisung ist nicht nur als Initialisierung bei der Definition der Zeigervariablen möglich, sondern auch jederzeit im Anweisungsteil des Programms. Die Anweisung

```
zstring = "Under Ground";
```

weist *zstring* als neuen Inhalt die Adresse der Stringkonstanten "Under Ground" zu. Zur Ausgabe der Stringkonstanten - etwa mit *printf* - kann man nun der Ausgabefunktion die Adresse der Konstanten mit

```
printf("Under Ground");
```

bzw.

```
printf("%s", "Under Ground");
```

direkt übergeben oder durch den Zeiger *zstring*:

```
printf("%s", zstring);
```

In allen drei Anweisungen greift die Funktion *printf* über einen Zeiger auf die Zeichenkette "Under Ground" zu und gibt sie aus. Das folgende Programm chekhex.c prüft, ob eine eingegebene ganze Zahl einen oder mehrere der Buchstaben 'A' bis 'F' bzw. 'a' bis 'f' enthält. Ist dies der Fall, wird die Zahl als hexadezimal gedeutet. (Das Programm erkennt also nicht grundsätzlich alle hexadezimalen Zahlen, sondern nur jene, die die genannten Buchstaben enthalten. Ein universelles Erkennungsmerkmal wäre ein miteinzugebendes Präfix wie '0x', das bekanntlich im Programmcode zur Kennzeichnung von hexadezimalen Zahlen verwendet wird.) Alle Meldungen, die das Programm anzeigt, sind Stringkonstanten, auf die über Zeigervariablen zugegriffen wird.

▶ *chekhex.c:*

```
1  /*  chekhex prüft, ob eine eingegebene Zahl die Buchstaben A, B, C, D, E, F
2  bzw.  a, b, c, d, e, f  enthält, was als Kennzeichen für eine hexadezimale
3  Zahl aufgefaßt wird. Meldungen des Programms werden als Stringkonstanten über
4  Zeiger ausgegeben.*/
5  #include <stdio.h>                              /*  printf, gets  */
6  #include <ctype.h>                              /*  isdigit  */
7
8  main()
9      {
10      char buffer [128];
```

```
11      char    *m1 = "\n\nKeine positive ganze Zahl.", *m2 = "\n\nHexadezimale
12              Zahl.",
13              *m3 = "\n\nGanze dezimale Zahl.";
14      int i, stop, hex;
15
16      printf("\033[2J");
17      printf("Ganze Zahl: ");
18      gets(buffer);
19      i = 0;
20      stop = 0;
21      hex = 0;
22      while (buffer[i]  &&  !stop)
23          {
24              if (!isdigit(buffer[i]) && (buffer[i] < 'A' || buffer[i] > 'F')
25                              && (buffer[i] < 'a' || buffer[i] > 'f'))
26                  {
27                      printf("%s", m1);
28                      stop = 1;
29                  }
30              else if   ((buffer[i] >= 'A' && buffer[i] <= 'F')  ||
31                      (buffer[i] >= 'a'
32                              && buffer[i] <= 'f') && hex == 0)
33                      hex = 1;
34          i++;
35          }
36
37      if (hex && !stop)
38          printf("%s", m2);
39      if (!hex && !stop)
40          printf("%s", m3);
41      }
```

Zeigervariable oder Arrayvariable

Man hätte die Stringkonstanten im obigen Programm statt über Zeiger natürlich auch in eigens angelegten *char*-Arrays speichern können. Tatsächlich benötigt etwa das explizit definierte Array

```
char a2 [] = "\n\nHexadezimale Zahl";
```

nicht mehr Speicherplatz als jenes, das vom Compiler nach

```
char *m2 = "\n\nHexadezimale Zahl";
```

erzeugt wird. In beiden Fällen würden Arrays mit 20 Elementen für Stringkonstante und Nullzeichen angelegt:

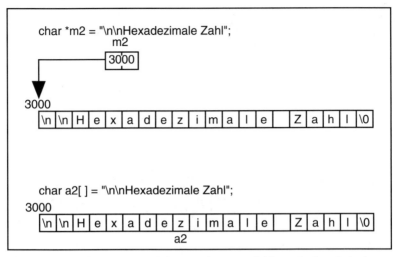

Abb. 135: Initialisierung von Zeiger- und Arrayvariablen mit einer Stringkonstanten

Auch die Ausgabe des gespeicherten Strings mit

```
printf("%s", m2);
```

bzw.

```
printf("%s", a2);
```

gestaltet sich syntaktisch gleich, was nicht verwunderlich ist, da *m2* und *a2* beides Zeiger sind. Allerdings ist *m2* eine Zeigervariable - ein L-Wert - während der Arrayname *a2* ein konstanter Zeiger auf den Arrayanfang ist, also kein L-Wert (vgl. Kapitel 9.4 "Zeiger und Arrays"). Daher ist eine Anweisung wie

```
m2 = "Hexadezimale Zahl";
```

die die Adresse der Stringkonstanten "Hexadezimale Zahl" in *m2* speichert, möglich, nicht aber die Anweisung

```
a2 = "Hexadezimale Zahl";                    /*   FALSCH. a2 ist kein L-Wert. */
```

denn *a2* darf als Zeigerkonstante nicht auf der linken Seite einer Zuweisung erscheinen.

9.6 Dynamische Speicherung von Arrays

Wir betrachten das folgende Programm numstor1.c, das eine Anzahl von
Werten in ein Array einliest und anschließend die Elemente eines beliebigen
zusammenhängenden Bereichs des Arrays summiert.

 numstor1.c:

```
 1  /*   numstor1 speichert bis zu 50 Zahlen in einem Array. Die Elemente eines
 2  beliebigen zusammenhängenden Arraybereichs können summiert und ausgegeben
 3  werden. Die eingegebenen Zahlen werden auf ihre Plausibilität hin
 4  überprüft.   */
 5  /****  Präprozessoranweisungen  ******/
 6  #define YES   'j'
 7  #include <stdio.h>                                  /*   printf, gets  */
 8  #include <ctype.h>                                  /*   isdigit   */
 9  #include <stdlib.h>                                 /*     atof */
10  #include <conio.h>                                  /*   getche, getch */
11  #include <string.h>                                 /*    strcmp    */
12
13  /********************************/
14  main()
15      {
16  /***   Variablen  *****************/
17
18      char buffer[81];               /*  alphanumerischer Eingabepuffer   */
19      double num[50];                /*   speichert konvertierte Zahlen   */
20      char rep1, rep2;                       /*   Kontrollvariablen   */
21      int i;                                 /*   Kontrollvariable    */
22      int n;                                 /*       Zähler     */
23      int ok;                            /*  Flag für Eingabefehler  */
24      int dpoint;                        /*  Flag für Dezimalpunkt   */
25      int start;                         /*  Anfang Arrayteilbereich */
26      int end;                           /*  Ende Arrayteilbereich   */
27      double *s;          /*  Zeiger auf den Anfang des Teilbereichs    */
28      double *e;          /*  Zeiger auf das Ende des Teilbereichs    */
29      double sum;                    /*  Summe der ausgewählten Zahlen    */
30
31  /********************************/
32      printf("\033[2J");
33      printf("Das Programm addiert bis zu 50 Zahlen und gibt davon\n");
34      printf("die Summe einer beliebig ausgewählten Gruppe unmittelbar\n");
35      printf("nacheinander eingegebener Werte aus (n-te bis (n+k)-te
36      Zahl).\n");
37  /***   Werte einlesen  ***********/
38      n = 0;
39      do
40          {
41                  do                                  /*   Eingabekontrolle  */
42                      {
```

```
43                              ok = 1;
44                              printf("\n\n%d. Zahl (Ende mit \"q\"): ", n+1);
45                              gets(buffer);          /*   Zahl alphanumerisch
46                                                                 einlesen. */
47                          if (strcmp(".", buffer) == 0)
48                                    /*   nur Dez.-Punkt eingegeben.   */
49                              {
50                                  printf("\nKeine gültige Zahl.");
51                                  ok = 0;
52                              }
53                          else          /*   auf korrekte Zahl prüfen.   */
54                              {
55                                  i = 0;
56                                  dpoint = 0;
57                                  while (buffer[i] != '\0' && ok)
58                                  {
59                                      if (buffer[i] == '.' && dpoint == 0)
60                          dpoint = 1;   /*   nur ein Dezimalpunkt zulässig.   */
61
62                                          else if (!isdigit(buffer[i])
63                                              && strcmp("q", buffer))
64                                      /*   falls keine Ziffer und
65                                          nicht nur das Endezeichen   */
66                                          {
67                                              printf("\nKeine
68                                              gültige Zahl.");
69                                              ok = 0;
70                                          }
71                                      i++;
72                                  }
73                              }                              /*   Ende else */
74                          } while (!ok);          /*   Ende inneres do while   */
75                      if (buffer[0] != 'q')          /*   falls nicht Ende   */
76                          {
77                              num[n] = atof(buffer); /*   Zahl konvertieren
78                                                             und speichern.*/
79                              n++;
80                          }
81              } while (buffer[0] != 'q' && n < 50);
82  /*** Ausgabe *********************/
83          if (n > 0)                  /*   mindestens 1 Wert eingegeben.   */
84              {
85              if (n > 49)             /*   Abbruch ohne Endezeichen   */
86                  printf((\n\nSpeicherkapazität erschöpft. Keine weitere
87                  Eingabe möglich.");
88              printf("\n\nEs wurden %d Zahlen eingegeben.\n", n);
89              printf("Array ausgeben? (j/n)");
90          if ((rep1 = getche()) == YES)
91              {
92                  printf("\n");
93                  for (i = 0; i < n; i++)
94                      {
95                          printf("\n%d. Wert:\t%f", i+1, num[i]);
96                          if (i != n-1 && ((i+1)%18) == 0)
97                              {
```

```
98                                      printf("\n\nNächste Seite mit
99                                      <Enter>");
100                                     getch();
101                                     printf("\033[2J");
102                             }
103                     }
104             }
105     printf("\n\n");
106             printf("Array summieren? (j/n)");
107         if ((rep2 = getche()) == YES)
108         {
109             printf("\n\nVon Zahl Nr.: ");
110             scanf("%d", &start);
111             while (start < 0 || start > n)    /*  falscher
112                                                  Bereichsanfang*/
113                 {
114                     printf("\nKein gültiger
115                     Bereichsanfang.");
116                     printf("\nVon Zahl Nr.: ");
117                     scanf("%d", &start);
118                 }
119             printf("\n\nBis Zahl Nr.: ");
120             scanf("%d", &end);
121             while (end < start || end > n)    /*  falsches
122                                                  Bereichsende  */
123                 {
124                     printf("\nKein gültiges Bereichsende.");
125                     printf("\nBis Zahl Nr.: ");
126                     scanf("%d", &end);
127                 }
128
129             s = &num[start-1];                /*   Zeiger auf
130                                                  Bereichsanfang*/
131             e = &num[end-1];                  /*   und -ende
132                                                  initialisieren.   */
133             sum = 0.0;
134             while (s <= e)               /*  solange Startadresse
135                                              <= Endadresse */
136                 sum += *s++;             /*  summieren mit
137                                              dereferenz. Zeiger.  */
138             printf("\n\nDie Summe der Werte %d bis %d
139             beträgt: %f",
140                             start, end, sum);
141         }                                    /*  Ende if rep2  */
142     }                                        /*  Ende if n > 0 */
143 }                                            /*  Ende main */
```

Analyse

Man könnte mit dem Programm numstor1.c ganz zufrieden sein. Es arbeitet korrekt und führt obendrein noch Plausibilitätskontrollen für die eingegebenen Werte durch. numstor1.c besitzt jedoch ein gewisses Manko, das wir in Programmen, in denen Arrays verwendet wurden, bisher vernachlässigt haben. Dieses Manko besteht in der Festlegung der Arraygröße. Arrays wie *num* sind sozusagen statisch. Ist ein solches Array einmal mit einer bestimmten Anzahl von Elementen definiert, kann diese Anzahl nicht nachträglich vom Programm selbst irgendwie verändert werden. Stellt sich beispielsweise im Falle von numstor1.c heraus, daß mehr als 50 Werte gespeichert werden sollen, kann das Programm daraufhin die Größe des Arrays *num* nicht etwa entsprechend anpassen. Das Problem besteht allgemein also darin, daß man nicht in jedem Fall im voraus weiß, wie viele Arrayelemente tatsächlich benötigt werden, und man zu Schätzungen gezwungen ist. Dabei kann es passieren, daß man das betreffende Array zu groß anlegt und Speicherplatz verschenkt, da weniger Werte eingegeben werden, als Arrayelemente vorhanden sind. Ist die Zahl der Arrayelemente dagegen klein, können vielleicht nicht alle Daten gespeichert werden. Das Programm numstor1.c ist ungeeignet, wenn man mehr als 50 Werte einlesen will. Selbst wenn man von einer Obergrenze von 50 Eingabewerten ausgeht, kann die Zahl der tatsächlich eingegebenen Werte immer noch zwischen 0 und 50 liegen, und der Anteil an ungenutztem Speicherplatz wäre mehr oder weniger hoch. Es mag sein, daß dies bei Arrays mit vergleichsweise geringer Elementezahl nicht sonderlich ins Gewicht fällt. Stellt man die gleichen Überlegungen jedoch für ein Array an, daß nicht 50, sondern 10.000 Elemente enthält, gelangt man vielleicht zu einer anderen Einschätzung.

Dynamische Arrays

Wünschenswert wäre daher grundsätzlich die Möglichkeit, Arrays mit gerade so vielen Elementen zu verwenden, wie für die tatsächlich eingegebene Anzahl von Werten erforderlich ist. Da diese Anzahl aber erst zur Laufzeit des Programms bekannt wird, sind statische Arrays mit festgelegter Elementzahl natürlich keine Lösung für dieses Problem. Vielmehr benötigt man dazu in ihrer Größe veränderliche Arrays, die erst zur Laufzeit des Programms erzeugt und in ihrem Umfang den jeweils aktuellen Erfordernissen angepaßt werden. Man spricht in diesem Zusammenhang auch von einer dynamischen Verwaltung des Speichers. Realisiert wird sie mit Hilfe einiger Bibliotheksfunktionen, die wir im folgenden kennenlernen werden.

Wir greifen dazu das Eingangsbeispiel numstor1.c wieder auf, um es so zu verändern, daß nunmehr eine praktisch beliebige (soll heißen: nur durch die Kapazität des Arbeitsspeichers begrenzte) Anzahl von Werten eingelesen werden kann und dabei insgesamt von diesen Werten nur so viel Speicherplatz belegt wird, wie für ihre Speicherung tatsächlich auch benötigt wird, d. h., daß das dynamische Array zu jedem Zeitpunkt vollständig mit Werten gefüllt ist. Wir skizzieren nun zunächst das allgemeine Verfahren, nach dem wir dabei vorgehen: Zur Aufnahme der Eingabewerte wird kein statisches Array angelegt. Statt dessen wird, bevor der erste Wert gespeichert werden soll, gerade so viel Speicherplatz bereitgestellt - man sagt auch: allokiert - daß dieser eine Wert darin untergebracht werden kann. Das Array besitzt zu diesem Zeitpunkt also nur ein Element und besteht aus einem Speicherbereich von der Größe des Eingabewerts. Wird ein solcher Wert tatsächlich eingegeben und gespeichert, wird der bereits bestehende Speicherbereich um gerade so viele Bytes vergrößert, daß ein weiterer Wert darin Platz findet. Das Array enthält nun zwei Elemente und belegt Speicher für zwei Elemente. Ist auch der zweite Wert eingegeben und gespeichert, wird Platz für einen dritten allokiert etc. Sind *n* Werte gespeichert worden, so ist das Resultat ein zusammenhängender Speicherblock von der n-fachen Größe des Datentyps der Eingabewerte, in dem diese - wie in einem statischen Array auch - unmittelbar aufeinanderfolgend abgelegt sind. In der Tat ist ein statisches Array ebenfalls nur ein zusammenhängender Block von Speicherzellen. Insofern unterscheiden sich statische und dynamische Arrays also nicht. Allerdings ist ein statisches Array von vornherein in seiner Größe festgelegt und besitzt außerdem einen Namen, mit Hilfe dessen auf die einzelnen Arrayelemente zugegriffen werden kann. Ein dynamisches Array dagegen ist in seiner Größe variabel und besitzt keinen Namen, über den man Zugang zu den Arrayelementen hätte. Vielmehr benötigt man nun einen Zeiger, der auf Datenobjekte vom Typ der gespeicherten Werte verweist.

Bibliotheksfunktionen zu dynamischen Speicherverwaltung

Nachdem wir nun grundsätzlich wissen, wie man ein dynamisches Array erzeugt und auf seinen Inhalt zugreift, soll als konkrete praktische Anwendung unserer Überlegungen nun die oben erwähnte "dynamische" Version des Programms numstor1.c, die wir numstor2.c nennen, realisiert werden. Da wir auf ein statisches Array zur Speicherung der Eingabewerte verzichten wollen, brauchen wir vor allem eine Methode, mit welcher der erforderliche Speicherplatz zur Laufzeit des Programms belegt werden kann. Wir greifen dazu auf einige Funktionen der C-Standardbibliothek zurück, für die man mit

```
#include <stdlib.h>        /*  für Funktionen zur Speicherverwaltung */
```

die Include-Datei *stdlib.h* in das betreffende Programm mit einschließen muß. (Gewöhnlich sind die Deklarationen der Funktionen zur Speicherverwaltung auch noch in einer anderen Include-Datei enthalten, die je nach dem verwendeten System *malloc.h, alloc.h* o. ä. heißt.)

Speicher reservieren mit malloc

Die Funktion *malloc* belegt Speicher aus dem Heap, einem freien Speicherbereich, der dem betreffenden Programm für derlei Zwecke zur Verfügung steht (vgl. das Kapitel "Speicherklassen"). Dazu übergibt man der Funktion als Parameter die Größe des Speicherbereichs in Bytes, den man belegen möchte, also eine ganze Zahl. Die Funktion *malloc* reserviert daraufhin - wenn

möglich - einen zusammenhängenden Speicherblock von der angegebenen
Größe und liefert dessen Adresse (also einen Zeiger auf den Anfang des Speicherblocks) an das Programm zurück. Einen solchen Wert, den eine Funktion
als Ergebnis ihrer Arbeit an die Instanz zurückgibt, welche die Funktion aufgerufen hat (gewöhnlich eine andere Funktion), bezeichnet man als Ergebniswert oder Rückgabewert (return value) der Funktion. (Rückgabewerte von
Funktionen werden ausführlich in Kapitel 10 "Funktionen" behandelt.) Die
Adresse, die *malloc* als Ergebniswert liefert, kann man in einem passenden
Zeiger speichern und sodann über diesen Zeiger auf den allokierten Bereich
zugreifen. Dementsprechend sieht die allgemeine Syntax für einen Aufruf der
Funktion *malloc* folgendermaßen aus:

```
zeiger = malloc(groesse_in_bytes);
```

wobei *zeiger* die Zeigervariable ist, welche die von *malloc* als Resultat gelieferte Adresse aufnimmt. Von welchem Typ diese Zeigervariable sein muß,
hängt davon ab, wie der reservierte Speicherbereich genutzt werden soll. Beabsichtigt man beispielsweise, *double*-Werte darin zu speichern, benötigt man
folglich einen Zeiger, der auf *double*-Werte verweist. Man definiert also etwa
den Zeiger

```
double *darray;
```

Danach bewirkt die Anweisung

```
darray = malloc(400);   /*  Speicherblock von 400 Byte Größe allokieren und
                            dessen Adresse in einem double-Zeiger speichern. */
```

daß die Funktion *malloc* 400 Byte Speicher en bloc reserviert (sofern vorhanden) und die Anfangsadresse dieses Blocks in der Zeigervariablen *darray* gespeichert wird.

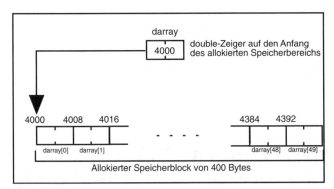

Abb. 136: Der mit malloc allokierte Speicherblock wird als double-Array verwendet

Der Speicherblock, dessen Inhalt zu diesem Zeitpunkt noch undefiniert ist, könnte nun mit Hilfe des Zeigers *darray* als Array mit 50 Elementen des Typs *double* behandelt werden, wobei man den Zeiger wie üblich wahlweise mit dem *-Operator dereferenziert oder mit einem Index ähnlich wie einen Arraynamen verwendet. Da der Zeiger *darray* auf *double*-Objekte verweist, bilden wegen des Skalierungsfaktors 8 jeweils 8 Bytes ein Arrayelement. Mit *darray[0]* greift man im obigen Beispiel auf das Element unter der Adresse 4000 zu, mit *darray[1]* auf jenes unter der Adresse 4008 etc. So weist man etwa mit

```
darray[0] = 3.14;
```

oder

```
*darray = 3.14;
```

den ersten 8 Bytes des Speicherblocks - dem ersten Element des dynamisch angelegten Arrays - den Wert *3.14* zu. Daß man auf die Elemente eines solchen Arrays nicht anders zugreift als auf die Elemente eines herkömmlichen statischen Arrays, mögen ferner die Anweisungen

```
int i;
for (i = 0; i < 50; i++)  /* dynamisch angelegtes Array mit Werten füllen. */
    darray[i] = (double) (10 * (i+1));
```

und

```
for (i = 0; i < 50; i++)         /*  dynamisch angelegtes Array ausgeben.  */
    printf("%.2f\n", *(darray+i));
```

demonstrieren, von denen die erste das Array mit den Werten *10.0, 20.0, 30.0, ..., 500.0* füllt und die zweite diese Werte wieder ausgibt.

Fehlerwerte und Fehlerbehandlung

Gelingt es der Funktion *malloc* nicht, den gewünschten Speicherblock zu reservieren - etwa weil nicht genügend Speicher vorhanden ist - zeigt sie dies an, indem sie einen Nullzeiger, also die Adresse 0 (die man bekanntlich mit NULL bezeichnet), als Resultat ihres Aufrufs an das Programm zurückliefert. Da diese Möglichkeit immer bedacht werden muß, sollte jeder Aufruf von *malloc* eine entsprechende Vorkehrung für diesen Fall enthalten.

Nehmen wir an, ein Speicherblock von 400 Byte soll, wie oben beschrieben, als *double*-Array mit den Werten *10.0* bis *500.0* gefüllt werden. Die Formulierung

```
int i;
double *darray;
darray = malloc(400);

for (i = 0; i < 50; i++)
    darray[i] = (double) (10 * (i+1));
```

berücksichtigt nicht, daß in *darray* der Wert NULL erscheint, wenn die Funktion *malloc* den geforderten Speicherblock nicht allokieren kann. Würden nun - obwohl kein 400-Byte-Block verfügbar ist - durch die nachfolgende *for*-Anweisung in den 400 Bytes ab der Adresse 0 neue Daten gespeichert, so würde der alte Inhalt dieses Speicherbereichs überschrieben, und es gehen möglicherweise wichtige Daten verloren. In der Praxis sieht es meist so aus, daß eine interne Zeigerprüfung durch den Compiler verhindert, daß über einen Nullzeiger auf Daten zugegriffen wird. Die Folge wäre ein Abbruch des Programms. Allerdings läßt sich diese Zeigerprüfung (durch eine entsprechende Compiler-Option oder ein Pragma) deaktivieren, wonach im obigen Beispiel die *for*-Anweisung auch mit einem Nullzeiger ausgeführt würde und man die Verantwortung für eventuelle Datenverluste selbst zu tragen hat.

Man vermeidet die beschriebenen Probleme mit dem Nullzeiger, indem man mit einer *if*-Anweisung überprüft, ob bei der Allokation ein Nullzeiger aufgetreten ist oder nicht:

```
int i;
double *darray;
darray = malloc(400);

if (darray == NULL)
    printf("Speicherbereich kann nicht allokiert werden.");
else
    for (i = 0; i < 50; i++)
        darray[i] = (double) (10 * (i+1));
```

Das Ganze läßt sich in C-typischer Weise dann auch noch kompakter schreiben, indem man die Allokationsanweisung in den Kopf der *if*-Anweisung integriert:

```
int i;
double *darray;

if ((darray = malloc(400)) == NULL)
    printf("Speicherbereich kann nicht allokiert werden.");
else
    for (i = 0; i < 50; i++)
        darray[i] = (double) (10 * (i+1));
```

Speicherblöcke sind für beliebige Datentypen nutzbar

Will man in dem allokierten Speicherbereich keine *double*-Werte, sondern Objekte eines anderen Datentyps speichern - beispielsweise *int*-Werte - so definiert man entsprechend keinen Zeiger auf *double*, sondern einen Zeiger, der auf *int*-Werte verweist. Nach

```
int *iarray;
```

würde die Anweisung

```
iarray = malloc(400);
```

400 Byte Speicher reservieren, auf die man in der gleichen Weise wie zuvor mit dem *double*-Zeiger *darray* nun mit dem *int*-Zeiger *iarray* zugreifen kann. Gehen wir von einer Größe von 2 Byte für den Datentyp *int* aus, so kann der Speicherblock 200 Elemente dieses Typs aufnehmen:

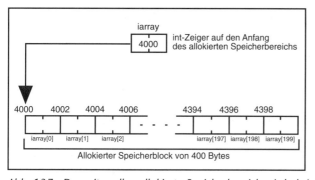

Abb. 137: Der mit malloc allokierte Speicherbereich wird als int-Array verwendet

Der Datentyp *int* stellt uns in diesem Zusammenhang vor ein kleines Problem, wenn das zugehörige Programm portabel sein soll, da er je nach Maschine eine unterschiedliche Größe besitzen kann. Sind *int*-Werte auf einem System 2 Bytes groß, können 200 Werte in dem allokierten Bereich gespeichert werden, sind sie 4 Bytes groß, nur 100. Soll der Speicherblock etwa mit der *for*-Schleife aus dem vorangegangenen Beispiel initialisiert werden, muß die Anzahl der Elemente bekannt sein, die der Block als *int*-Array hat. Umgekehrt kann man sich fragen, wie groß man einen Speicherblock für beispielsweise 100 *int*-Werte anzulegen hat, damit unabhängig von der Größe des Datentyps auf dem jeweiligen Rechner genügend Platz bereitgestellt wird. Man löst das Problem, indem man die Anzahl der benötigten Bytes nicht direkt angibt, sondern mit dem *sizeof*-Operator ermittelt. Für 100 *int*-Werte braucht man dann

```
100 * sizeof(int)
```

Bytes, so daß die Anweisung

```
iarray = malloc(100 * sizeof(int));
```

unter der Voraussetzung, daß die Allokation gelingt, jeweils 200, 400 oder die der jeweiligen *int*-Größe entsprechende Anzahl von Bytes reserviert, also gerade den Platz, den 100 *int*-Werte in jedem der Fälle benötigen. Damit können wir analog zum *double*-Beispiel die komplette Allokationsoperation mit Fehlerbehandlung und Zuweisung von Werten an die Arrayelemente bei der Interpretation des Speicherblocks als *int*-Array folgendermaßen schreiben:

```
int i;
int *iarray;

if ((iarray = malloc(100 * sizeof(int))) == NULL)
    printf("Speicherbereich kann nicht allokiert werden.");
else
    for (i = 0; i < 100; i++)
        iarray[i] = 10 * (i+1);
```

Konvertierung von void-Zeigern

In den Allokationsbeispielen fällt auf, daß der von *malloc* als Ergebnis gelieferte Zeiger (d. h. die Anfangsadresse des allokierten Speicherbereichs) offenbar problemlos an Zeiger beliebigen Typs zugewiesen werden kann. In der Tat ist der Wert, den *malloc* an das Programm zurückgibt, ein unspezifischer Zeiger vom Typ *void**, den wir bereits in Kapitel 9.3 "Zeigerarithmetik" kennengelernt haben. In einem solchen Zeiger lassen sich bekanntlich die Adressen von Datenobjekten jedweden Typs speichern, er darf aber - im Gegensatz zu den übrigen Zeigertypen - auch selbst ohne explizite Konvertierung einem Zeiger beliebigen Typs zugewiesen werden. Untersucht man Anweisungen wie

```
double *darray;
darray = malloc(100 * sizeof(double));
```

oder

```
int *iarray;
iarray = malloc(100 * sizeof(int));
```

etwas näher, so erkennt man schnell, daß es in diesen Fällen tatsächlich nicht unbedingt notwendig ist, den von *malloc* zurückgegebenen Zeiger in den Typ des Zeigers umzuwandeln, über den man auf den allokierten Block zugreifen möchte. Da nämlich die Adressenformate der beteiligten Datentypen (in den obigen Beispielen: *int*, *double*, *void*) gewöhnlich gleich sind, läßt sich für den Compiler an der Adresse eines Datenobjekts als solcher nicht ablesen, welchen Datentyp das Objekt besitzt. Die Adresse eines Objekts vom Typ *int* gleicht in Größe und Struktur der Adresse eines Objekts vom Typ *double* oder *void*. Wie das betreffende Objekt typmäßig interpretiert werden soll, erfährt der Compiler im Fall, daß Zeiger für den Zugriff verwendet werden, durch den Datentyp des Zeigers, der die Adresse des Objekts enthält. Befindet sich die Adresse eines Datenobjekts etwa in einem Zeiger auf den Datentyp *int*, wird das Objekt unter dieser Adresse als Objekt vom Typ *int* gedeutet, ist dieselbe Adresse in einem Zeiger auf den Typ *double* gespeichert, wird das Objekt als Objekt vom Typ *double* behandelt.

Wenn man daher die Adresse eines soeben mit *malloc* reservierten Speicherblocks in Form eines Zeigers auf *void* - ohne diesen vorher entsprechend zu konvertieren - beispielsweise einem Zeiger auf *int*, *double* oder sonst einen Datentyp zuweist, wird die zugewiesene Adresse (die eigentlich zu einem Objekt vom Typ *void* gehört) wie oben beschrieben einfach als Adresse eines Objekts von jenem Datentyp gedeutet, auf den dieser spezifische Zeiger verweist. Wird also etwa dem *double*-Zeiger *darray* mit

```
darray = malloc(100 * sizeof(double));
```

die Adresse eines allokierten Speicherblocks als Zeiger auf *void* zugewiesen, so wird die danach in *darray* enthaltene Adresse als Adresse eines Objekts vom Typ *double* interpretiert, nicht anders, als wenn der von *malloc* gelieferte Zeiger auf den Datentyp *void* vor der Zuweisung an *darray* in einen Zeiger auf den Datentyp *double* konvertiert worden wäre. Infolgedessen zeigt *darray* danach auf den Anfang ("das erste Arrayelement") eines dynamisch allokierten Speicherblocks, den man nun über diesen Zeiger als Array mit Elementen vom Typ *double* benutzen kann.

Obwohl der ANSI-Standard die Konvertierung eines Zeigers vom Typ *void** vor seiner Zuweisung an einen Zeiger anderen Typs nicht fordert, ist es ratsamer, einen unspezifischen Zeiger in solchen Fällen trotzdem zu konvertieren. Einesteils deshalb, weil danach nicht nur intern, sondern auch auf formaler Ebene für Korrektheit gesorgt ist, da nunmehr in Zuweisungen wie

```
darray = (double *) malloc(100 * sizeof(double));
```

oder

```
iarray = (int *) malloc(100 * sizeof(int));
```

aufgrund der expliziten Konvertierung des von *malloc* stammenden Zeigers vom Typ *void** in den Typ des Zeigers auf der linken Seite (*double* bzw. *int*) in jedem Fall auf beiden Seiten Zeiger des gleichen Typs vorhanden sind. Andernteils berücksichtigt man mit einer solchen Konvertierung auch den immerhin denkbaren Fall, daß das betreffende Programm auf ein System portiert wird, bei dem die Adressen der verwendeten Datentypen nicht alle das gleiche Format haben, so daß beispielsweise die Adresse eines Objekts vom

Typ *void* mit vielleicht 3 Bytes eine andere Größe besitzt als die Adresse eines *double*-Objekts, die vielleicht 4 Bytes groß ist. In solchen Fällen wäre aufgrund der unterschiedlichen Adressenformate eine Zuweisung des einen Zeigers an den anderen ohne die entsprechende Konvertierung nicht unproblematisch.

Speicher reservieren und initialisieren: calloc

Eine weitere Routine zur Speicherallokation, die ähnlich arbeitet wie *malloc*, ist die Funktion *calloc*. Auch *calloc* reserviert einen Speicherblock von einer angegebenen Größe und liefert bei Gelingen der Operation dessen Anfangsadresse als Zeiger vom Typ *void** - und andernfalls NULL - an das Programm zurück. Im Unterschied zu *malloc* besitzt aber *calloc* nicht nur einen, sondern zwei Parameter, mit denen man angibt, für wie viele Datenobjekte einer bestimmten Größe man Speicherplatz reservieren lassen möchte. In der allgemeinen Syntax eines Funktionsaufrufs von *calloc* von der Form

```
zeiger = calloc(anzahl, groesse);
```

bezeichnen die ganzzahligen Werte *anzahl* die Anzahl der gewünschten Datenobjekte und *groesse* die Größe eines dieser Objekte in Bytes. *zeiger* ist wie bei *malloc* eine Zeigervariable, in der man die von *malloc* gelieferte Adresse des allokierten Blocks speichern kann. Die im Zusammenhang mit *malloc* angestellten Überlegungen zur Konvertierung des zurückgegebenen Zeigers gelten auch für die Funktion *calloc*. Benötigt man wie in den vorigen Beispielen etwa einen Speicherblock, der 50 *double*-Werte aufnehmen kann, so läßt sich dieser nach der Definition eines passenden Zeigers, etwa

```
double *darray;
```

mit

```
darray = (double *) calloc(50, sizeof(double));
```

reservieren, was einen Block mit 50 * 8 = 400 Bytes bereitstellt. Für den Fall, daß die Allokation mißlingt und der Nullzeiger zurückgeliefert wird, integrieren wir auch bei *calloc* noch eine entsprechende Fehlerbehandlung - die natürlich auch anders gestaltet werden kann, als unten gezeigt - in die Allokationsanweisung:

```
if((darray = (double *) calloc(50, sizeof(double))) == NULL)
    printf("Speicherblock konnte nicht allokiert werden.");
else
    {   /*  alternative Anweisungen */  }
```

Die beiden Funktionen *malloc* oder *calloc* unterscheiden sich außer in der Parameterzahl noch in einem weiteren Punkt. Während nämlich nach einer Allokation mit *malloc* alle Bytes des reservierten Blocks zunächst rein zufällige, also undefinierte Werte besitzen, initialisiert *calloc* jedes Byte des allokierten Blocks mit Wert *0*. Dies kann recht nützlich sein. Allerdings wird nicht immer eine Initialisierung des Speicherblocks benötigt, so daß sie in solchen Fällen lediglich ein Zeitverlust wäre.

Größe eines Speicherblocks verändern: realloc

Mit den Funktionen *malloc* bzw. *calloc* verfügen wir nun über einen Mechanismus, der es uns ermöglicht, Speicherplatz in der gewünschten Größe erst zur Laufzeit anzufordern. Allerdings sind wir im Fall unseres Programms numstor2.c nicht schon von vornherein an einem Speicherblock für mehrere Werte interessiert. Die Allokation eines Speicherbereichs von beispielsweise 400 Bytes gleich zu Beginn wäre wenig sinnvoll, da der weiter oben skizzierte Plan zur Generierung eines dynamischen Arrays in numstor2.c vorsieht, daß das benötigte Array mit einer Anfangsgröße von nur einem Element erzeugt und danach bei Bedarf schrittweise vergrößert wird. Obwohl gerade dieses allmähliche Wachstum eines anfangs nur einelementigen Arrays auf instruktive Weise beschreibt, worin die Dynamik von Arrays besteht, sei ausdrücklich erwähnt, daß natürlich auch die in den obigen Beispielen verwendeten Arrays mit mehr als einem Anfangselement ihrem Wesen nach dynamisch sind, denn der Speicherblock, aus dem sie jeweils bestehen, kann (mit Hilfe einer geeigneten Funktion, s. u.) ohne weiteres in seiner Größe verändert werden. Für unsere aktuellen Zwecke jedoch kommt es darauf an, daß zunächst nur für einen Wert entsprechend seiner Größe Speicherplatz belegt wird. Wird dann tatsächlich ein Wert eingegeben, so wird er in dem allokierten Bereich gespeichert und danach dieser Bereich um gerade so viele Bytes vergrößert, daß ein weiterer Wert darin aufgenommen werden kann. Ist dann wiederum ein Eingabewert vorhanden, wird dieser unmittelbar anschließend an den vorherigen gespeichert und der Speicherbereich erneut um die entsprechende Bytezahl für den nächsten Eingabewert vergrößert. Diese Abfolge von Schritten wiederholt sich, bis alle Werte eingegeben und gespeichert worden sind. Die Allokation des Speicherplatzes für das erste Element des dynamischen Arrays bereitet keinerlei Schwierigkeit. Da wir die Eingabewerte als Gleitkommazahlen mit doppelter Genauigkeit speichern wollen, definieren wir mit

```
double *darray;
```

einen entsprechenden Zeiger für den Zugriff. Danach reserviert die Anweisung

```
if ((darray = (double *) malloc(sizeof(double))) == NULL)
    printf("\n\nFEHLER:Speicherblock konnte nicht allokiert werden.");
        .
        .
        .
```

Speicherplatz für genau einen Wert vom Typ *double* bzw. gibt eine Fehlermeldung aus, wenn dies mißlingt. War die Allokation jedoch erfolgreich, kann nun der erste Eingabewert über den Zeiger *darray* in dem zu diesem Zeitpunkt nur einelementigen dynamischen Array gespeichert werden. Wie verfährt man aber mit dem nächsten Eingabewert? Wenn man wiederum die Funktion *malloc* aufriefe, könnte man zwar Platz für einen weiteren *double*-Wert beschaffen, allerdings würde dies nicht den bereits bestehenden Speicherblock in der gewünschten Weise verlängern. So würde etwa die erneute Anweisung

```
if ((darray = (double *) malloc(sizeof(double))) == NULL)
    printf("\n\nFEHLER:Speicherblock konnte nicht allokiert werden.");
        .
        .
        .
```

irgendwo im Speicher 8 Bytes allokieren, die Adresse dieses neuen Blocks in *darray* speichern und damit die Adresse des zuvor angelegten Blocks überschreiben, womit diese verloren wäre. Ein Zugriff auf den dort gespeicherten Wert wäre dann nicht mehr möglich, vielmehr hätte man auf diese Weise immer nur Zugang zu dem zuletzt angelegten Element. (Ein Verfahren, das logisch zusammengehörige Werte in nicht aufeinanderfolgenden Speicherstellen verwaltet, wird in Kapitel 9.7 "Zeiger und Strukturen" vorgestellt.) Man benötigt jedoch nicht mehrere verstreut liegende Speicherplätze, sondern einen einzigen, sukzessive vergrößerbaren Speicherblock, für den es einen Zeiger gibt, der stets die Anfangsadresse des Blocks enthält, so daß darüber ein Zugriff auf alle Arrayelemente möglich ist. Dazu verhilft uns eine weitere Routine aus der C-Standardbibliothek. Die Funktion *realloc* verändert die Größe eines schon bestehenden Speicherblocks. Ein Aufruf der Funktion hat die allgemeine Form

```
zeiger = realloc(zeiger, neue_groesse);
```

worin *zeiger* eine Zeigervariable mit der Anfangsadresse des betreffenden Speicherblocks ist und der Parameter *neue_groesse* ein ganzzahliger Wert, der angibt, welche Größe (in Bytes) der Speicherblock annehmen soll. Kann der Block nicht in der gewünschten Weise verändert werden, liefert auch *realloc* den Nullzeiger zurück. Haben wir also wie oben mit

```
if ((darray = (double *) malloc(sizeof(double))) == NULL)
    printf("\n\nFEHLER:Speicherblock konnte nicht allokiert werden.");
    .
    .
    .
```

Platz für den ersten *double*-Wert des dynamischen Arrays allokiert, so vergrößert nun die Anweisung

```
darray = (double *) realloc(darray, 2 * sizeof(double));
```

den Speicherblock von 8 auf 16 Bytes, so daß nun zwei Werte vom Typ *double* darin gespeichert werden können:

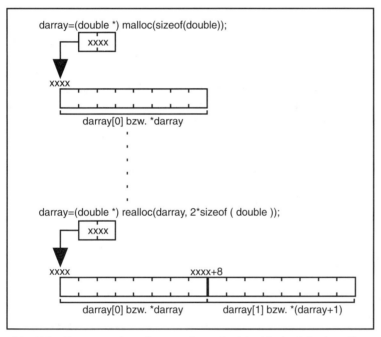

Abb. 138: Ein zuvor mit malloc angelegter Speicherblock wird mit realloc auf das Doppelte vergrößert

Da auch *realloc* bei einem Fehler NULL zurückliefert, ergänzen wir analog zu *malloc* bzw. *calloc* auch die obige Re-Allokationsanweisung mit einer entsprechenden Fehlerbehandlung:

```
if ((darray = (double *) realloc(darray, 2 * sizeof(double))) == NULL)
    printf("\n\nrealloc: Größe des Speicherblocks konnte nicht verändert
    werden.");
    .
    .
    .
```

Zwei Besonderheiten der Funktion realloc

Die Funktion *realloc* weist zwei Besonderheiten auf. Die erste betrifft die Adresse des zu verändernden Speicherblocks, den man der Funktion als ersten Parameter übergibt. Teilt man *realloc* als Blockadresse nämlich NULL mit, so verhält sich die Funktion wie *malloc* und allokiert einen neuen Block von der angegebenen Größe. Die Anweisungen

```
darray = (double *) malloc(sizeof(double));
```

und

```
darray = NULL;
darray = (double *) realloc(darray, sizeof(double));
```

bewirken also das gleiche. Diese Eigenschaft von *realloc* ist gelegentlich recht nützlich (siehe dazu auch Kapitel 9.7 "Zeiger und Strukturen").

Die zweite Besonderheit hat mit der Position des allokierten Blocks im Speicher zu tun. Kann nämlich der in seiner Größe veränderte Speicherblock nicht mehr unter der bisherigen Adresse gespeichert werden - etwa weil an dieser Stelle des Speichers kein genügend großer zusammenhängender Bereich frei ist - so verschiebt *realloc* den Block an eine geeignete Position im Speicher. Dies hat zur Folge, daß sich die Anfangsadresse des Blocks ändert, ein Umstand, der keine Rolle spielt, wenn es für den Programmablauf unerheblich ist, wo sich der Block im Speicher befindet, auf den man aber Rücksicht zu nehmen hat, wenn der Block nicht verschoben werden darf. Man sorgt dann z. B. dafür, daß die Blockadresse in allen jenen Zeigern aktualisiert wird, die von einer Verschiebung des Blocks betroffen sind. In der obigen Abbildung kann die Anfangsadresse *xxxx* des Speicherblocks also vor und nach einem Aufruf von *realloc* unterschiedlich sein.

Allokierten Speicher freigeben mit free

Die logische Ergänzung der bisher vorgestellten Routinen zur dynamischen Speicherverwaltung bildet die Funktion *free*, mit der man Speicherplatz, der mit den Funktionen *malloc*, *calloc* und *realloc* reserviert wurde (und nur mit diesen Funktionen), wieder freigeben kann, wenn er nicht mehr benötigt wird. Die Syntax eines Funktionsaufrufs von *free* ist einfach:

```
free(zeiger);
```

Man übergibt der Funktion als Parameter den Zeiger, der die Adresse des mit *malloc*, *calloc* oder *realloc* reservierten Speicherblocks enthält. So würde für das obige Beispiel

```
free(darray);
```

den Speicherblock, auf den der Zeiger *darray* zeigt, wieder freigeben und dem Programm für andere Zwecke zur Verfügung stellen. Wir sind nunmehr in der Lage, den Quellcode für das Programm numstor2.c zu formulieren.

 numstor2.c:

```
 1  /*  numstor2 speichert beliebig viele Zahlen in einem dynamischen Array.
 2      Die Elemente eines beliebigen zusammenhängenden Arraybereichs können
 3      summiert und ausgegeben werden. Die eingegebenen Zahlen werden auf ihre
 4      Plausibilität hin überprüft. */
 5
 6  /***  Präprozessoranweisungen  ***/
 7
 8  #define YES   'j'
 9  #include <stdio.h>                              /*  printf, gets  */
10  #include <ctype.h>                              /*  isdigit  */
11  #include <stdlib.h>                             /*   atof */
12  #include <conio.h>                              /*  getche, getch  */
13  #include <string.h>                             /*  strcmp   */
14  /*********************************/
15
16  main()
17     {
18     /***  Variablen  **************/
19     char buffer[81];                /*  alphanumerischer Eingabepuffer   */
20     double *darray;    /*  Zeiger auf den Anfang des dynamischen Arrays  */
21     double *backup;    /*  falls darray von realloc den Nullzeiger erhält.*/
22     char rep1, rep2;                          /*  Kontrollvariablen   */
23     int i;                                    /*  Kontrollvariable   */
24     int n;                                    /*  Zähler   */
25     int ok;                            /*  Flag für Eingabefehler  */
26     int dpoint;                        /*  Flag für Dezimalpunkt   */
27     int start;                         /*  Anfang Arrayteilbereich */
28     int end;                           /*  Ende Arrayteilbereich   */
29     double *s;              /*  Zeiger auf den Anfang des Teilbereichs   */
30     double *e;              /*  Zeiger auf das Ende des Teilbereichs  */
31     double sum;                        /*  Summe der ausgewählten Zahlen  */
32
33  /*********************************/
34  /*****  Speicher für erstes Arrayelement allokieren.  ***/
35
36  if ((darray = (double *) malloc(sizeof(double))) == NULL)
37      printf("\n\nmalloc: Speicherblock konnte nicht allokiert werden.");
38
39  /***  falls Allokation erfolgreich  ***/
40
41     else
42        {
43            printf("\033[2J");
44            printf("Das Programm addiert beliebig viele Zahlen und gibt
45            davon\n");
46            printf("die Summe einer beliebig ausgewählten Gruppe
47            unmittelbar\n");
48            printf("nacheinander eingegebener Werte aus (n-te bis (n+k)-te
```

```
49                       Zahl).\n");
50  /***   Werte einlesen   ****************/
51
52              n = 0;                  /*   Elementezähler initialisieren    */
53              do                      /*   Beginn der Eingabeschleife    */
54                 {
55                 do                           /*   Eingabekontrolle    */
56                    {
57                    ok = 1;
58                    printf("\n\n%d. Zahl (Ende mit \"q\"): ",
59                    n+1);
60                    gets(buffer);       /*   Zahl alphanumerisch
61                                                 einlesen. */
62                    if (strcmp(".", buffer) == 0)     /*   n u r
63                                    Dez.-Punkt eingegeben. */
64                       {
65                       printf("\nKeine gültige Zahl.");
66                       ok = 0;
67                       }
68                    else     /*   auf korrekte Zahl prüfen    */
69                       {
70                       i = 0;
71                       dpoint = 0;
72                       while (buffer[i] != '\0'  &&  ok)
73                          {
74                          if (buffer[i] == '.'  &&
75                          dpoint == 0)
76                             dpoint = 1;
77               /*   nur e i n Dezimalpunkt zulässig. */
78                          else if
79                          (!isdigit(buffer[i])  &&
80                          strcmp("q", buffer))
81                   /*   falls keine Ziffer und nicht
82                          nur das Endezeichen.    */
83                             {
84                             printf("\nKeine
85                             gültige Zahl.");
86                             ok = 0;
87                             }
88                          i++;
89                          }
90                       }                         /*   Ende else */
91                 } while (!ok);      /*   Ende Eingabekontrolle    */
92
93                 if (buffer[0] != 'q')        /*   falls nicht Ende    */
94                    {
95                    darray[n++] = atof(buffer);
96                          /*   Zahl konvertieren und in
97                                  dynamischem Array speichern. */
98                    backup = darray;   /*   Blockadresse für die
99                                            Ausgabe merken,
100                                           falls darray von
101                                           realloc den
102                                           Nullzeiger erhält. */
103                    if   ((darray = (double *) realloc(darray,
```

```
104                              (n+1) *
105                                    sizeof(double))) == NULL)
106                                       /*   Block vergrößern    */
107                          {
108                                 printf("\n\nrealloc: Speicherblock
109                                 konnte" " nicht
110                                       vergrößert werden.");
111                                 break;   /*   verläßt die äußere
112                                          do while-Schleife. */
113                          }
114                    }                            /*  Ende if buffer*/
115          } while (buffer[0] != 'q');   /*  Ende der Eingabe-
116                                              schleife  */
117
118  /*** Ausgabe ********************/
119          if (n > 0)              /*   mindestens 1 Wert eingegeben.    */
120          {
121                 if (darray == NULL)           /* Block war nicht weiter
122                                       vergrößerbar. */
123                       darray = backup;   /*   zur Ausgabe bis dahin
124                                          gespei. Werte.*/
125          printf("\n\nAnzahl der eingegebenen Werte: %d\n", n);
126          printf("Array ausgeben? (j/n)");
127          if ((rep1 = getche()) == YES)
128                                 {
129                                    printf("\n");
130                                    for (i = 0; i < n; i++)
131                                    {
132                                       printf("\n%d.
133                                       Wert:\t%f", i+1,
134                                       darray[i]);
135                                       if (i != n-1  &&
136                                       ((i+1)%18) == 0)
137                                       {
138                                    /*   18 Werte pro Seite */
139                                    printf("\n\nNächste Seite mit
140                                    <Enter>");
141                                       getch();
142                                       printf("\033[2J");
143                                       }
144                                    }   /*  Ende
145                                         for  */
146                          }   /*  Ende if rep1  */
147          printf("\n\n");
148          printf("Array summieren? (j/n)");
149          if ((rep2 = getche()) == YES)
150          {
151                 printf("\n\nVon Zahl Nr.: ");
152                 scanf("%d", &start);
153                 while (start < 0 || start > n)   /*  falscher
154                                       Bereichsanfang*/
155                 {
156                       printf("\nKein gültiger
157                       Bereichsanfang.");
158                       printf("\nVon Zahl Nr.: ");
```

9

```
159                              scanf("%d", &start);
160                          }
161                      printf("\n\nBis Zahl Nr.: ");
162                      scanf("%d", &end);
163                      while (end < start || end > n)   /*   falsches
164                                                       Bereichsende  */
165                          {
166                              printf("\nKein gültiges Bereichsende.");
167                              printf("\nBis Zahl Nr.: ");
168                              scanf("%d", &end);
169                          }
170                      s = &darray[start-1];            /*   Zeiger auf
171                                                       Bereichsanfang*/
172                      e = &darray[end-1];             /*   und -ende
173                                                       initialisieren*/
174                      sum = 0.0;
175                      while (s <= e)      /*   solange Startadresse <=
176                                                       Endadresse    */
177                          sum += *s++;   /*   summieren mit dereferenz.
178                                                       Zeiger    */
179                      printf("\n\nDie Summe der Werte %d bis %d
180                      beträgt: %f",
181                              start, end, sum);
182                      }                               /*   Ende if rep2  */
183                  }                               /*   Ende if n > 0 */
184              }                               /*   Ende oberstes else */
185      if (darray != NULL)               /*   falls Speicher allokiert wurde   */
186          free(darray);                               /*   freigeben */
187  }                                               /*   Ende main */
```

Analyse

Das Programm versucht zunächst, Speicherplatz für den ersten Eingabewert zu allokieren. Gelingt dies nicht, endet das Programm. Ansonsten wird der erste Eingabewert alphanumerisch eingelesen, auf seine Plausibilität hin überprüft, in eine Zahl konvertiert und gespeichert. Das gleiche geschieht mit allen folgenden Eingabewerten nach einem erfolgreichen Aufruf von *realloc*. In der Zeigervariablen *backup* wird die Anfangsadresse des dynamischen Arrays zusätzlich gespeichert, falls in der darauffolgenden *realloc*-Anweisung der Block nicht wie gewünscht vergrößert werden konnte, und daher der Nullzeiger an *darray* zugewiesen wird, der die Blockadresse überschreibt. In diesem Fall kann mit Hilfe des Zeigers *backup* dennoch auf die bis dahin eingegebenen Werte zugegriffen werden. Auf welche neue Größe der Speicherblock jeweils gebracht wird, steuert der Elementezähler *n*, indem durch die Größenangabe

```
(n+1) * sizeof(double)
```

von *realloc* immer gerade Platz für ein Arrayelement mehr allokiert wird, als der Wert von *n* angibt. Nach den Summierungs- und Ausgabeoperationen, die über verschiedene Zeiger durchgeführt werden, gibt - im Fall, daß überhaupt Speicherplatz allokiert wurde - die Anweisung

```
if(darray != NULL)
    free(darray);
```

diese Speicherbereiche wieder frei.

Die obige Speichermethode kann selbstverständlich nicht nur für Werte vom Typ *double* verwendet werden, sondern auch für Objekte anderen Typs. So würde es nur weniger Änderungen im Programm bedürfen, um statt *double*-Werten beispielsweise Zahlen vom Typ *int* zu speichern. Darüber hinaus werden wir im folgenden untersuchen, wie man auch Objekte komplexeren Datentyps, wie etwa Strukturen und Strings, dynamisch verwalten kann.

9.7 Zeiger und Strukturen

Auch die Strukturen zählen zu den Datenobjekten in C, auf die man mit einem Zeiger verweisen kann. Zeiger auf Strukturvariablen werden dabei nicht anders definiert als Zeiger auf andere variable Datenobjekte auch. Deklariert man etwa mit

```
struct article
    {
        char name[20];
        long num;
    };
```

eine Datenstruktur zur Speicherung von Bezeichnung und Bestand irgendwelcher Verkaufsartikel, so würde

```
struct article *zx;
```

einen Zeiger *zx* vereinbaren, der auf Objekte vom Typ *struct article* verweist. Nach der Definition

```
struct article x;
```

kann man mit

```
zx = &x;
```

die Adresse der Strukturvariablen *x* in der Zeigervariablen *zx* speichern. (Man beachte im übrigen, daß der Name einer Strukturvariablen im Gegensatz zum Namen einer Arrayvariablen kein Zeiger auf den Anfang der Variablen ist und daher in der obigen Zuweisung der Adreßoperator vor den Namen der Strukturvariablen gesetzt werden muß.) Da der Zeiger *zx* nun die Adresse der Variablen *x* enthält, sind die beiden Ausdrücke

```
x
```

und

```
*zx
```

äquivalent, und man könnte sich beispielsweise die Größe der Variablen *x* statt mit

```
printf("%u", sizeof(x))
```

auch mit

```
printf("%u", sizeof(*zx));
```

anzeigen lassen. Existieren zusätzlich noch die Variablen

```
struct article y = { "Schrauben", 200000 };
struct article *zy = &y;
```

so ließe sich der Inhalt der Strukturvariablen *y* nicht nur mit

```
x = y;
```

an die Strukturvariable *x* zuweisen, sondern auch mit

```
*zx = *zy;
```

was man leicht mit

```
printf("x.name = %s\ty.name = %s\n", x.name, y.name);
printf("x.num = %ld\ty.num = %ld\n", x.num, y.num);
```

nachprüft.

Enthält die Zeigervariable *zx* die Adresse der Strukturvariablen *x*, so folgt ferner aus der Äquivalenz der beiden Ausdrücke

```
x    und    *zx
```

für den Zugriff auf die Komponenten der Strukturvariablen *x*, daß auch die Ausdrücke

```
x.name    und    (*zx).name
```

bzw.

```
x.num    und    (*zx).num
```

gleichwertig sind.

Zugriff auf Strukturkomponenten über Zeiger: Punktoperator und Pfeiloperator

Ist allgemein *zeiger* eine Zeigervariable, die die Adresse einer Strukturvariablen enthält, so stellt

```
(*zeiger).strukturkomponente
```

die Syntax für den Zugriff auf eine Strukturkomponente über einen Zeiger dar. Die Klammern um den Ausdruck

```
*zeiger
```

sind notwendig, was an der höheren Priorität des "."-Operators (15) gegenüber des "*"-Verweisoperators (14) liegt. So würde wegen dieser höheren Priorität des "."-Operators der Ausdruck

```
*zx.name
```

wegen der fehlenden Klammerung als

```
*(zx.name)
```

aufgefaßt. Dies ist aber fehlerhaft, da der linke Operand des "."-Operators kein nicht-dereferenzierter Zeiger sein darf. Zu der etwas umständlichen (und fehleranfälligen) Schreibweise

```
(*zeiger).strukturkomponente
```

gibt es eine äquivalente, aber einfachere Alternative, die auf die Klammerung verzichtet und statt des "."-Operators den Operator "->" benutzt, der aus einem Minuszeichen und einer rechten spitzen Klammer besteht und ebenfalls die Priorität 15 besitzt:

```
zeiger->strukturkomponente
```

Demzufolge sind für unsere *article*-Struktur die Ausdrücke

```
(*zx).name    und (*zx).num
```

gleichwertig zu

```
zx->name und zx->num
```

Enthält der Zeiger *zx* die Adresse der Strukturvariablen *x*, können die Strukturkomponenten *name* und *num* daher also auch noch auf die beiden folgenden Weisen ausgegeben werden:

```
printf("%s %ld\n", (*zx).name, (*zx).num);
printf("%s %ld", zx->name, zx->num);
```

Für die Eingabe von Werten in die beiden Strukturkomponenten sind analog die Anweisungen

```
scanf("%s %ld", (*zx).name, &(*zx).num);
```

bzw.

```
scanf("%s %ld", zx->name, &zx->num);
```

möglich, wobei man darauf achtet, den Adreßoperator vor die Ausdrücke

```
(*zx).num
```

und

```
zx->num
```

zu setzen. Im Unterschied zu

```
(*zx).name
```

oder

```
zx->name
```

bezeichnen

```
(*zx).num
```

und

```
zx->num
```

nämlich keine Adresse, sondern einen *long*-Wert, dessen Adresse man der Funktion *scanf* mit

```
&(*zx).num
```

bzw.

```
&zx->num
```

übermittelt.

9.7.1 Dynamische Strukturarrays

Wie man Daten in statischen Strukturarrays speichert, zeigt das Kapitel 5 "Zusammengesetzte Datentypen", 5.1 "Arrays" und 5.2 "Strukturen". Operationen mit statischen Arrays aus Strukturen - wie etwa die Ein- und Ausgabe von Werten - lassen sich leicht auch mit Zeigern durchführen. Geht man beispielsweise von der *article*-Struktur und den Variablendefinitionen

```
struct article list[100];           /*  Strukturarray mit 100 Elementen  */
struct article *zlist;              /*  Zeiger auf article-Struktur  */
int i;                              /*  Zähler  */
```

aus, so läßt sich das Array *list* nicht nur durch

```
for (i = 0; i < 100; i++)
   {
    printf("\nArtikelbezeichnung: ");
    gets(list[i].name);
    printf("Bestand: ");
    scanf("%ld", &list[i].num);
    while (getchar() != '\n')         /*  Enter-Zeichen von scanf aus  */
       ;                             /*  Eingabepuffer entfernen, das sonst  */
   } /* von gets im nächsten Schleifendurchgang als Eingabezeichen gelesen
                                                              würde  */
```

mit Werten füllen, sondern nach

```
zlist = list;      /*  Adresse von list in zlist speichern.  */
```

auch mit

```
for (i = 0; i < 100; i++)
    {
        printf("\nArtikelbezeichnung: ");
        gets(zlist->name);                /*  oder: (*zlist).name    */
        printf("Bestand: ");
        scanf("%ld", &zlist->num);        /*  oder: &(*zlist).num    */
        while (getchar() != '\n')         /*  Puffer leeren, s. o.    */
            ;
        zlist++;            /*  Zeiger auf die nächste Struktur richten.  */
    }
```

oder mit

```
for (i = 0; i < 100; i++)
    {
        printf("\nArtikelbezeichnung: ");
        gets(zlist[i].name);            /*  indizierter Strukturzeiger   */
        printf("Bestand: ");
        scanf("%ld", &zlist[i].num);    /*  indizierter Strukturzeiger   */
        while (getchar() != '\n')       /*  Eingabepuffer leeren, s. o.  */
            ;
    }
```

Für die Ausgabe der Arraywerte wählt man dann statt

```
for (i = 0; i < 100; i++)
    {
        puts(list[i].name);
        printf("%ld\n", list[i].num);
    }
```

entsprechend

```
for (i = 0; i < 100; i++)
    {
        puts(zlist->name);
        printf("%ld\n", zlist->num);
        zlist++;
    }
```

oder auch eine Ausgabe über einen indizierten Zeiger.

Statische Strukturarrays besitzen, was ihre Größe angeht, den gleichen Mangel an Flexibilität wie andere statische Arrays auch: Die Anzahl ihrer Elemente ist bei Programmbeginn unabänderlich festgelegt. Mit Hilfe von Zeigern jedoch lassen sich auch Strukturarrays dynamisch verwalten. Das folgende Programm articles.c liest eine beliebige Anzahl von Datensätzen vom Typ *struct article* in ein Array aus Strukturen ein, das mit *realloc* dynamisch erzeugt wird. Für die Allokation des ersten Arrayelements wird hier nicht die Funktion *malloc*, sondern ebenfalls die Funktion *realloc* verwendet, die sich - wie weiter oben beschrieben - wie *malloc* verhält, wenn man ihr als Blockadresse den Nullzeiger übergibt. Nach Beendigung der Eingabe wird auf Wunsch eine Liste der eingelesenen Datensätze seitenweise ausgegeben. Jede Bildschirmseite besitzt dabei Kopfzeilen mit Seitenzahl und Spaltenbezeichnungen. Die Kopfzeilen werden von einem Makro names HEADER erzeugt, das die jeweilige Seitenzahl als Parameter besitzt. Die Zugriffe auf die Elemente des dynamischen Arrays erfolgen über einen entsprechenden Strukturzeiger.

▶ *articles.c:*

```
 1  /*   articles speichert beliebig viele Datensätze (bestehend aus Artikel-
 2       bezeichnung und Artikelbestand) in einem dynamischen Strukturarray und
 3       gibt auf Wunsch eine Liste der gespeicherten Werte aus. */
 4
 5  #include <stdio.h>                              /*   scanf, printf, gets   */
 6  #include <stdlib.h>                               /*   realloc, free */
 7  #include <conio.h>                                /*   getche, getch */
 8  #include <string.h>                               /*   strcmp, strcpy*/
 9
10  /*********** Makro für Kopfzeile bei der Ausgabe *****************/
11
12  #define HEADER(s)          printf("Seite %d\n\n",s);\
13                     printf("Nr.\t\tArtikelbezeichnung\t\tBestand\n");\
14                       for(j = 0; j < 55; j++) printf("_")
15
16
17  main()
18  {
19      struct article                           /*   Datensatzstruktur  */
20          {
21              char name[21];                      /*   Artikelbezeichnung */
22              long num;                           /*   Bestand   */
23          };
24      struct article *zlist = NULL;   /*   Zeiger auf struct article.
25                                           Mit NULL initialsiert für den
26                                           ersten Aufruf von realloc   */
27      struct article *backup;     /*   sichert die Adresse des
28                                       Speicherblocks falls realloc NULL
29                                       an zlist liefert.   */
30      char buffer[81];        /*   zur Kontrolle der Artikelbezeichnung  */
31      int i;                              /*   Datensatzzähler    */
32      int j, k, rep;                      /*   Kontrollvariablen  */
33      int s = 1;                          /*   Seitenzähler   */
34      printf("\033[2J");
35      printf("ARTIKELLISTE ERSTELLEN\n\n\n");
36      i = 0;
37      do      {
38                  backup = zlist;     /*   Blockadresse sichern, falls
39                                       zlist von realloc NULL erhält.   */
40
41  /*********************** Speicher allokieren ********************/
42
43                  if ((zlist = (struct article *) realloc(zlist, (i+1) *
44                      sizeof(struct
45                              article)))
46                      == NULL)
47                      {
48                          printf("\n\nNicht genügend Speicherplatz
49                          verfügbar.");
50                          i++; /*  für die Ausgabe: i sonst wegen des
51                                      vorzeitigen Schleifenabbruchs um 1
52                                      zu niedrig.   */
53                          break;
```

```
54                              }
55
56      /****************** Datensätze eingeben ************************/
57              printf("\n%d. Datensatz\n\n", i+1);
58              printf("Artikelbezeichnung (max. 20 Zeichen, Ende mit \"0\"): ");
59              gets(buffer);
60              while (strlen(buffer) > 20)          /*   Artikelbezeichnung
61                                                            kontrollieren */
62                  {
63                      printf("\nBezeichnung zu lang.");
64                      printf("\nArtikelbezeichnung (max. 20 Zeichen, Ende
65                      mit \"0\"): ");
66                      gets(buffer);
67                  }
68              strcpy(zlist[i].name, buffer);   /*   Korrekte Bezeichnung
69                                                       in die Liste eintragen. */
70
71              if (strcmp(zlist[i].name, "0"))  /*  falls Artikelbezeichnung
72                                                               != "0"    */
73                  {
74                      printf("Artikelbestand: ");
75                      scanf("%ld", &zlist[i].num);
76                      while (getchar() != '\n')        /*   Eingabepuffer
77                                                               säubern   */
78                                  ;
79                  }
80          } while (strcmp(zlist[i++].name, "0"));
81
82      /************* Datensätze ausgeben ***************************/
83          if (i > 1)              /*   Mindestens einen Datensatz eingegeben.
84                                       Wert von i nach der Schleife um 1
85                                       höher als Anzahl der Datensätze. */
86              {
87                  printf("\n\nAnzahl der eingegebenen Datensätze: %d", i-1);
88                  printf("\nListe der Datensätze ausgeben? (j/n)");
89                  if ((rep = getche()) == 'j')
90                      {
91                          printf("\033[2J");
92                          HEADER(s);          /*   Kopfzeile Bildschirmseite
93                                                           ausgeben. */
94                          if (zlist == NULL) /*  falls Fehler bei
95                                                           Allokation    */
96                              zlist = backup;   /*   Zeigerkopie zur
97                                                       Ausgabe benutzen.  */
98
99                          for (k = 0; k < i-1; k++)
100                             {
101                                 printf("\n\n%d\t\t%-20s\t\t%ld",
102                                 k+1, zlist[k].name,
103                                     zlist[k].num);
104                                 if ((k+1)%10) == 0 && k != i-2)
105                                     {
106                                         printf("\nNächste Seite mit
107                                         ,<Enter>.");
108                                         getch();
```

```
109                                          printf("\033[2J");
110                                          s++;     /*  Seitenzähler
111                                                        erhöhen. */
112                                  HEADER(s):
113                              }
114                   }                              /*  Ende for */
115           }                                     /*  Ende if rep  */
116           free(zlist):         /*  Allokierten Speicher freigeben. */
117     }                                          /*  Ende if i > 1 */
118  }                                             /*  Ende main */
```

9.7.2 Selbstbezügliche Strukturen - einfach und doppelt verkettete Listen

Ein Prinzip, nach dem logisch zusammengehörige Werte gespeichert werden können, besteht darin, sie in einem Array, also an unmittelbar aufeinanderfolgenden Stellen im Speicher, abzulegen, so daß sie als zusammenhängender Speicherblock auch physikalisch eine Einheit bilden. Im letzten Programmbeispiel articles.c etwa waren es Datensätze, die auf diese Weise in einem dynamischen Array aus Strukturen im Speicher verwaltet wurden. Dabei entsprach die physikalische Anordnung der Datensätze im Speicher der Abfolge, in der sie eingegeben wurden, also ihrer logischen Anordnung: Die Speicherstelle jedes folgenden Datensatzes grenzte an die Speicherstelle des jeweils unmittelbar vorausgehenden:

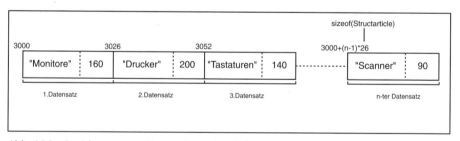

Abb. 139: Speicherung von Datensätzen (Artikelbezeichnung/Stückzahl) in aufeinanderfolgenden Speicherstellen (Strukturarray)

Eine andere Form der Speicherung, bei der Werte, die eine logische Einheit bilden, nicht auch physikalisch im Speicher aufeinanderfolgen, sind sogenannte verkettete Listen (linked lists). Eine verkettete Liste besteht aus einer Reihe von Datenobjekten, die zwar logisch zusammengehören, deren Speicherstellen gewöhnlich jedoch nicht unmittelbar hintereinanderliegen, sondern über den Speicher verstreut sind. Tatsächlich ist es bei diesem Speicherverfahren ganz unerheblich, wo und in welcher Anordnung sich die betreffenden Objekte im Speicher befinden, da sie über ein spezielles Bindeglied miteinander verknüpft ("verkettet") sind, über das man auf jedes von ihnen in der Reihenfolge ihrer logischen Anordnung zugreifen kann. Dieses Bindeglied ist ein Zeiger, der in jedem der Datenobjekte enthalten ist und jeweils auf das unmittelbar folgende (oder unmittelbar vorhergehende) Objekt in der Anordnung verweist, d. h. dessen Adresse enthält.

Gibt es nur einen derartigen Zeiger in jedem der Objekte, so verweist er üblicherweise auf das in der logischen Anordnung nächstfolgende Objekt. Man spricht in diesem Fall von einer *einfach verketteten Liste*. Die folgende Abbildung zeigt das Schema für eine solche Liste:

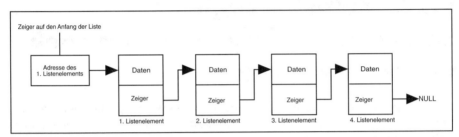

Abb. 140: Schema einer einfach verketteten Liste mit vier Elementen

Ein (separater) Zeiger verweist auf den Anfang der Liste, d. h. auf ihr erstes Element. Jedes Listenelement (mit Ausnahme des letzten) besitzt einen Zeiger, der auf das unmittelbar folgende Element verweist. Kennt man also die Adresse des ersten Listenelements, kann man über diese Adresse (in einem Zeiger) auf das erste Element zugreifen und damit natürlich auch auf den darin enthaltenen Zeiger, der die Adresse des zweiten Listenelements enthält. Der Zeiger im ersten Listenelement ermöglicht daher den Zugriff auf das zweite Listenelement, inklusive des darin enthaltenen Zeigers auf das dritte Listenelement. Über den Zeiger im zweiten Listenelement, der die Adresse des dritten Listenelements speichert, ist man dann in der Lage, auf das dritte Listenelement und den darin befindlichen Zeiger mit der Adresse des vierten Listenelements zuzugreifen etc.

Auf diese Weise kann man sich schrittweise vom Anfang der Liste zu einem beliebigen Element vorwärtsbewegen. Der Zeiger des letzten Elements schließlich zeigt auf die Adresse NULL und markiert so das Ende der Liste.

Enthalten die Listenelemente nicht nur einen Zeiger auf das in der logischen Abfolge unmittelbar folgende Element, sondern zusätzlich auch einen Zeiger auf das unmittelbar vorhergehende, bezeichnet man die Liste als *doppelt verkettet*:

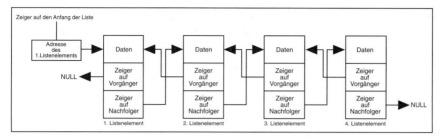

Abb. 141: Schema einer doppelt verketteten Liste mit vier Elementen

Im Unterschied zu einer einfach verketteten Liste kann man sich in einer doppelt verketteten Liste über den Nachfolger-Zeiger nicht nur vorwärts, sondern über den Vorgänger-Zeiger auch rückwärts in der Liste bewegen. Dies vereinfacht spezifische Operationen mit der Liste wie das Einfügen neuer oder das Entfernen alter Listenelemente, da man (anders als bei einer einfach verketteten Liste) die Liste nicht von Anfang an durchlaufen muß, wenn man beispielsweise an einer Position zwischen erstem und letztem Listenelement ein neues Element einfügen oder ein altes löschen will. Erstes und letztes Element einer doppelt verketteten Liste (d. h. Anfang und Ende der Liste) lassen sich jeweils an dem enthaltenen Nullzeiger erkennen. So verweist der Vorgänger-Zeiger des ersten Listenelements, dem kein anderes Element mehr vorausgeht, auf die Adresse NULL ebenso wie der Nachfolger-Zeiger des letzten Listenelements, dem kein anderes mehr folgt. Neben einem Zeiger auf den Anfang einer verketteten Liste verwendet man je nach den Operationen, die mit der Liste durchgeführt werden sollen, auch noch weitere (Hilfs-) Zeiger, die auf bestimmte Punkte der Liste verweisen, so beispielsweise einen Zeiger auf das Element am Ende der Liste oder auf jenes Element, das zuletzt bearbeitet wurde (siehe dazu weiter unten).

Strukturen als Listenelemente

Es leuchtet ohne weiteres ein, daß die Elemente einer verketteten Liste, die sowohl irgendwelche Nutzdaten enthalten als auch einen (oder mehrere) Zeiger auf andere Elemente der Liste mit sich führen sollen, nur durch Objekte von zusammengesetztem Datentyp repräsentiert werden können. In C werden daher die Elemente von verketteten Listen durch Strukturen passenden Typs realisiert. Wir illustrieren dies am Beispiel der Artikelliste aus dem Programm articles.c, deren Datensätze wir nun nicht mehr in einem dynamischen Strukturarray speichern wollen, sondern in Form einer verketteten Liste, bei der jeder Datensatz ein Listenelement darstellt. Dazu muß allerdings die Datensatzstruktur

```
struct article
    {
        char name[21];
        long num;
    };
```

verändert werden, die mit den Komponenten *name* und *num* zwar die gewünschten Daten speichern kann, nicht aber den erforderlichen Zeiger auf den folgenden bzw. vorausgehenden Datensatz enthält. Da wir zunächst nur an einer einfach verketteten Liste interessiert sind, genügt es, einen Zeiger als weitere Komponente in die Struktur mit aufzunehmen. Dieser Zeiger soll auf das jeweils nächste Element in der Liste verweisen, und somit hat ein beliebiges Element der Artikelliste nun den folgenden Aufbau:

Abb. 142: Schematischer Aufbau eines Elements der Artikelliste

Von welchem Typ muß der Zeiger sein? Da alle Listenelemente Strukturvariablen desselben Typs sind, muß der Zeiger demzufolge auf Objekte verweisen, deren Datentyp eben dieser Strukturtyp ist. Indem wir einen entsprechenden Zeiger als zusätzliche Komponente in die bisher verwendete *article*-Struktur einfügen, modifizieren wir sie so, daß sie als Datentyp für den in der obigen Abbildung gezeigten Typ von Listenelement in Frage kommt:

```
struct article2
    {
        char name[21];
        long num;
        struct article2 *next; /*   Zeiger auf das nächste Listenelement
                                            vom Typ struct article2 */
    };
```

Das Bemerkenswerte an dieser Strukturdeklaration ist der Zeiger *next*, der auf eine Struktur verweist, die vom selben Typ ist, wie die, in der der Zeiger soeben definiert wurde (und die dementsprechend selbst auch wieder einen derartigen Zeiger enthält). Eine solche Struktur, die mit einem als Komponente enthaltenen Zeiger auf sich selbst (als Datentyp) verweist, wird als selbstbezügliche Struktur bezeichnet. (Es sei betont, daß die obige Struktur nicht etwa sich selbst als Datentyp für eine Komponente enthält - was unzulässig wäre -, sondern einen Zeiger auf sich selbst.) Diese Selbstbezüglichkeit der verwendeten Datenstruktur ist die Eigenschaft, die zur Konstruktion einer verketteten Liste benötigt wird: Jedes Listenelement von der oben deklarierten Form ist eine Strukturvariable des Typs *article2*, die mit dem in ihr enthaltenen Zeiger *next* auf eine andere Strukturvariable des gleichen Typs (d. h. ein anderes Listenelement) verweisen und so die Verbindung zum nächsten Listenelement herstellen kann.

Indem man also in der Komponente *next* jedes Listenelements die Adresse des in der logischen Anordnung jeweils folgenden Listenelements vermerkt, erzeugt man in der Tat eine Kette von Datensätzen, die über ihre Zeigerkomponente miteinander verbunden sind. Das Ende der Kette bildet ein Datensatz, der keinen Nachfolger mehr hat und deshalb mit seinem Zeiger auf die Adresse NULL verweist. Die folgende Abbildung zeigt eine solche einfach verkettete Liste aus vier Artikel-Datensätzen vom Typ *struct article2*, bei der die logische Anordnung der Listenelemente durch die Reihenfolge gegeben ist, in der die Datensätze eingegeben werden:

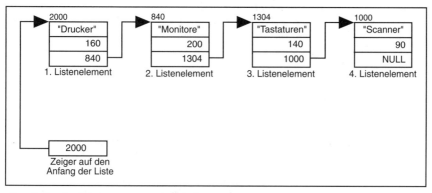

Abb. 143: Speicherung von vier Artikel-Datensätzen als einfach verkettete Liste

Programmbeispiel für eine einfach verkettete Liste

Nach diesen Überlegungen sind wir nun in der Lage, eine Variante des Programms articles.c zu schreiben, die ebenso eine beliebige Anzahl von Artikel-Datensätzen speichern und ausgeben kann, jedoch statt eines dynamischen Strukturarrays eine einfach verkettete Liste benutzt. Auch die verkettete Liste wird dynamisch erzeugt, indem zunächst nur für das erste Listenelement Speicherplatz allokiert wird und bei Bedarf dann - ähnlich dem bereits für dynamische Arrays beschriebenen Verfahren - für das zweite, dritte und alle weiteren Listenelemente.

> **artlist1.c:**

```
1    /*   artlist1 speichert eine beliebige Anzahl von Datensätzen als einfach
2         verkettete Liste und gibt diese auf Wunsch aus.*/
3
4    #include <stdio.h>                              /*   scanf, printf, gets    */
5    #include <stdlib.h>                             /*   malloc, free, exit */
6    #include <conio.h>                              /*    getche, getch */
7    #include <string.h>                             /*   strcmp, strcpy*/
8
9    /*********** Makro für Kopfzeile bei der Ausgabe ******************/
10       #define HEADER(s)            printf("Seite %d\n\n",s);\
11                         printf("Nr.\t\tArtikelbezeichnung\t\tBestand\n");\
12                                  for(j = 0; j < 55; j++) printf("_")
13
14       main()
15       {
16           typedef struct article2
17               {
18                   char name[21];                  /*   Artikelbezeichnung */
19                   long num;                       /*    Bestand    */
20                   struct article2 *next;          /*   Zeiger auf nächstes
21                                                       Listenelement */
22               } listelement;        /*   neuer Typname für struct article2*/
23
24           listelement *basis;       /*   Zeiger auf den Anfang der Liste   */
25           listelement *zak;              /*   Zeiger auf aktuelles Element */
26           listelement *bkup;                       /*   für Zeigerkopien   */
27           char buffer [81];                /*   zur Eingabekontrolle    */
28           int i;                             /*   Datensatzzähler      */
29           int s = 1;                              /*   Seitenzähler      */
30           int j, k;                           /*   Kontrollvariablen    */
31           int rep;                            /*   Kontrollvariable     */
32
33
34           if ((basis = (listelement *) malloc(sizeof(listelement))) == NULL)
35               {
36                   printf("\n\nKein Speicherplatz verfügbar.");
37                   exit(1);                 /*   Programmabbruch, wenn keine */
38               }                              /*   Allokation möglich */
39
40           i = 0;
41           zak = bkup = basis;
42           printf("\033[2J");
43           printf("ARTIKELLISTE ERSTELLEN\n\n\n");
44
45       /****************** Datensätze eingeben *******************/
46
47           do
48               {
49                   printf("\n%d. Datensatz\n\n", i+1);
50                   printf("Artikelbezeichnung (max. 20 Zeichen, Ende mit
51                   \"0\"): ");
52                   gets(buffer);
53                   while (strlen(buffer) > 20)     /*   Artikelbezeichnung
```

```
 54                                                          kontrollieren */
 55                         {
 56                             printf("\nBezeichnung zu lang.");
 57                             printf("\nArtikelbezeichnung (max. 20 Zeichen,
 58                             Ende mit \"0\"): ");
 59                             gets(buffer);
 60                         }
 61
 62              strcpy(zak->name, buffer);       /*  Korrekte Bezeichnung
 63                                          in die Liste eintragen      */
 64
 65              if (strcmp(zak->name, "0")) /*  falls Artikelbezeichnung
 66                                                       != "0"     */
 67                 {
 68                     printf("Artikelbestand: ");
 69                     scanf("%ld", &zak->num);
 70                     while (getchar() != '\n')         /*  Eingabepuffer
 71                                                             säubern  */
 72                                 ;
 73
 74     /********  Platz für nächstes Listenelement allokieren.  *******/
 75
 76                 if ((zak->next = (listelement *) malloc(sizeof
 77                     (listelement))) == NULL)
 78                         {
 79                             printf("\n\nKein weiterer Speicherplatz
 80                             verfügbar.");
 81                             i++;           /*  Datensatzzähler
 82                                                     aktualisieren */
 83                             break;         /*  Schleife verlassen */
 84                         }
 85                 bkup = zak;               /*  Wegen der nächsten
 86                                              Anweisung Adresse
 87                                              des aktuellen
 88                                              Datensatzes sichern
 89                                              für die   dritt-
 90                                              nächste Anweisung
 91                                              und die Überprüfung
 92                                              der Schleifen-
 93                                              bedingung      */
 94                 zak = zak->next;          /*  Adresse des nächsten
 95                                              zu bearbeitenden
 96                                              Listenelements im
 97                                              Zeiger auf das
 98                                              aktuelle Listen-
 99                                              element speichern. */
100                 i++;
101                 }
102
103         else                             /*  falls Eingabeende  */
104             {
105                 bkup->next = NULL;        /*  NULL im Zeiger des
106                                              letzten Datensatzes
107                                                 speichern     */
108                 bkup = zak;              /*  damit in der
```

```
109                                              Schleifenbedingung
110                                              der unmittelbar
111                                              zuvor eingegebene
112                                              Name überprüft wird.   */
113                    }
114
115            } while (strcmp(bkup->name, "0"));
116
117     /************ Datensätze ausgeben  ****************************/
118
119         if (i > 0)              /*   Mindestens 1 Datensatz eingegeben.   */
120            {
121                printf("\n\nAnzahl der eingegebenen Datensätze: %d", i);
122                printf("\nListe der Datensätze ausgeben? (j/n)");
123                if ((rep = getche()) == 'j')
124                    {
125                        printf("\033[2J");
126                        HEADER(s);           /*   Kopfzeile Bildschirmseite
127                                                          ausgeben */
128
129                        for (zak = basis, k = 1; zak != NULL; zak =
130                        zak->next, k++)
131                            {
132                                printf("\n\n%d\t\t%-20s\t\t%ld", k,
133                                zak->name, zak->num);
134                                if ((k%9) == 0 && k != i)
135                                    {
136                                        printf("\n\nNächste Seite mit
137                                        <Enter>.");
138                                        getch();
139                                        printf("\033[2J");
140                                        s++;    /*   Seitenzähler
141                                                          erhöhen   */
142                                        HEADER(s);
143                                    }
144                            }                    /*   Ende for  */
145                    }                        /*   Ende if rep   */
146
147     /****************** Speicher freigeben  *********************/
148
149            for (zak = basis; zak != NULL; zak = bkup)
150                {
151                    bkup = zak->next; /*   nächste Adresse  v o r
152                                          der  Freigabe des
153                                          aktuellen Listen-
154                                          elements sichern, das
155                                          diese Adresse enthält.
156                                          Ohne diese Sicherung wäre
157                                          diese Adresse
158                                          verloren und der
159                                          Zugriff auf die
160                                          Liste nicht mehr
161                                                          möglich. */
162                    free(zak);
163                }
```

```
164                    }                          /*   Ende if i > 0 */
165     }                                         /*   Ende main */
```

Analyse

Das Programm versucht zunächst, Platz für die Speicherung des ersten Listenelements zu allokieren. Mißlingt dies, beendet die Funktion *exit* das Programm und liefert den Wert *1* an das Betriebssystem zurück, der anzeigt, daß ein Fehler aufgetreten ist. Im anderen Fall erhält der Zeiger *basis* die Adresse dieses ersten Elements, die mit

```
zak = bkup = basis;
```

auch den Zeigern *zak* und *bkup* als Anfangswert zugewiesen wird.

Wird beim Einlesen des ersten Datensatzes nicht das Endezeichen eingegeben, allokiert das Programm Platz für das nächste Listenelement und weist die Adresse dieses Speicherbereichs der Komponenten *next* des aktuellen Listenelements zu. Kann die Allokation nicht erfolgreich durchgeführt werden, beendet die *break*-Anweisung die Eingabeschleife, und die bis dahin eingegebenen Datensätze können ausgegeben werden. Die Anweisung

```
bkup = zak;
```

sichert die Adresse des aktuellen Datensatzes bzw. Listenelements aus zwei Gründen: Einerseits wird auf diese Weise dafür gesorgt, daß in der Schleifenbedingung sowohl bei Eingabe einer Artikelbezeichnung als auch des Endezeichens wie gewünscht die Komponente *name* des unmittelbar zuvor eingegebenen Datensatzes überprüft wird. Dies wäre zwar im Falle des Endezeichens auch über den Zeiger *zak* möglich, nicht jedoch bei einer Artikelbezeichnung, da die Variable *zak* vorher durch

```
zak = zak->next;
```

bereits die Adresse des nächsten Datensatzes erhält. Andererseits soll bei Eingabeende in der Komponente *next* des letzten Datensatzes die Adresse NULL gespeichert werden. Diese Komponente ist jedoch wegen

```
zak = zak->next;
```

nicht mehr über die Zeigervariable *zak* erreichbar, da nach der obigen Anweisung wie beschrieben schon die Adresse des hypothetisch folgenden (real jedoch nicht mehr benötigten) Listenelements in *zak* enthalten ist. Die Ausgabe der Datensätze erfolgt in einer *for*-Schleife, bei der der Zeiger *zak* als Kontrollvariable dient und mit

```
zak = basis;
```

als Initialisierungswert die Adresse des ersten Listenelements erhält. Nachdem der zugehörige Datensatz ausgegeben wurde, wird die Adresse des nächsten Listenelements in *zak* gespeichert und auch dieser Datensatz ausgegeben. Dies wiederholt sich, bis der Zeiger *zak* den Wert NULL annimmt, was der Fall ist, wenn das letzte *zak*-Listenelement ausgegeben wurde. Die Variable *k* ermöglicht als Zähler die seitenweise Ausgabe der Datensätze.

Den Schluß des Programms bildet eine Schleife, die nacheinander die von der Liste belegten Speicherplätze wieder freigibt. Dazu wird zuerst die Adresse des nächsten Listenelements in dem Zeiger *bkup* gesichert. Dies ist notwendig, da sonst, etwa mit

```
for (zak = basis; zak != NULL; zak = zak->next)          /*   FALSCH   */
    free(zak);
```

nach einer Freigabe des ersten Listenelements auch die Information über die Adresse des nächsten Listenelements (und alle weiteren Elementadressen) verloren wären, weil in diesem Fall die Komponente *zak->next* und damit die Adresse des zweiten Listenelements nicht mehr zugänglich wäre.

Sortierte Listen

Das Programm artlist1.c speichert Datensätze in der Reihenfolge, in der sie eingegeben werden. Vielleicht wünscht man jedoch eine Liste von Datensätzen, die nach einem bestimmten Merkmal sortiert ist, im Falle der Artikel-Datensätze etwa alphabetisch nach der Artikelbezeichnung. Statt nun aber die Liste der Datensätze nachträglich zu sortieren, kann man die Datensätze auch gleich bei der Eingabe in der gewünschten Sortierfolge speichern. Wird etwa als erstes der Datensatz mit der Artikelbezeichnung "M" eingegeben, so bietet die Liste zu diesem Zeitpunkt folgendes Bild:

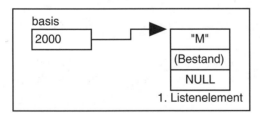

Folgt nun als nächstes beispielsweise ein Datensatz mit einer Artikelbezeichnung, die alphabetisch hinter "M" liegt - etwa "S" - wird dieser Datensatz nach jenem mit "M" in die Liste einsortiert:

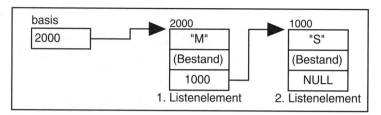

1. Listenelement   2. Listenelement

Analog wäre ein Datensatz mit alphabetisch "kleinerer" Artikelbezeichnung (etwa "F") vor dem Datensatz mit "M" plaziert worden. Für jeden weiteren Datensatz kommen nun drei Positionen in der Liste in Frage: Listenanfang, Listenende oder eine Position dazwischen. Ist die Artikelbezeichnung des dritten Datensatzes etwa "P", so wird dieser zwischen "M" und "S" eingefügt:

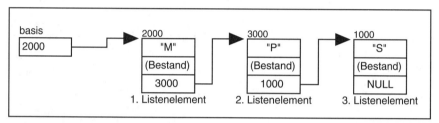

1. Listenelement   2. Listenelement   3. Listenelement

Wie man den obigen Abbildungen entnimmt, erfordert das Einfügen eines neuen Listenelements Korrekturen an den Adressen in den Zeigern der von der Operation betroffenen Listenelemente. Beispielsweise wurde im letzten Diagramm der Zeiger des ersten Datensatzes so verändert, daß er auf den als neues zweites Element eingefügten Datensatz und nicht mehr auf den ursprünglich zweiten (und jetzigen dritten) Datensatz zeigt. Der Quelltext des folgenden Programms artlist2.c führt eine Reihe solcher spezifischen Zeigeroperationen vor.

Ein Programmbeispiel für eine sortierte einfach verkettete Liste

Das Programm erzeugt eine nach der Artikelbezeichnung aufsteigend sortierte, einfach verkettete Liste einer beliebigen Anzahl von Artikel-Datensätzen und gibt sie aus.

artlist2.c:

```
1  /*   artlist2 speichert eine beliebige Anzahl von Datensätzen alphabetisch
2       aufsteigend, sortiert als einfach verkettete Liste, und gibt diese auf
3       Wunsch aus.   */
4  #include <stdio.h>                        /*   scanf, printf, gets    */
5  #include <stdlib.h>                       /*    malloc, free, exit */
6  #include <conio.h>                        /*    getche, getch */
7  #include <string.h>                       /*    strcmp, strcpy*/
8
9  /**********   Makro für Kopfzeile bei der Ausgabe   ****************/
```

```
10
11      #define HEADER(s)                      printf("Seite %d\n\n",s);\
12                          printf("Nr.\t\tArtikelbezeichnung\t\tBestand\n");\
13                                      for(j = 0; j < 55; j++) printf("_")
14
15
16      main()
17      {
18          typedef struct article2
19              {
20                      char name[21];                  /*  Artikelbezeichnung */
21                      long num;                           /*  Bestand   */
22                      struct article2 *next;          /*  Zeiger auf nächstes
23                                                          Listenelement */
24              } listelement;         /*  neuer Typname für struct article2*/
25
26          listelement *basis;        /*  Zeiger auf den Anfang der Liste  */
27          listelement * new;             /*  Zeiger auf neues Element      */
28          listelement *a;                /*  Zeiger auf aktuelles Element*/
29          listelement *bkup;                 /*  für Zeigerkopien      */
30          char buffer [81];                  /*  zur Eingabekontrolle    */
31          int i;                             /*  Datensatzzähler      */
32          int s = 1;                             /*  Seitenzähler      */
33          int j, k;                          /*  Kontrollvariablen    */
34          int rep;                           /*  Kontrollvariable     */
35
36
37  /************* Platz für erstes Listenelement allokieren.  ***********/
38
39          if ((basis = (listelement *) malloc(sizeof(listelement))) == NULL)
40              {
41                  printf("\n\nKein Speicherplatz verfügbar.");
42                  exit(1);              /*  Programmabbruch, wenn keine */
43              }                         /*  Allokation möglich.     */
44          i = 0;                    /*  Datensatzzähler initialisieren */
45          new = bkup = basis;           /*  Zeiger initialisieren   */
46          basis->next = NULL;
47
48          printf("\033[2J");
49          printf("ARTIKELLISTE ERSTELLEN\n\n\n");
50
51
52      /***************** Datensätze eingeben *******************/
53
54          do
55              {
56                  printf("\n%d. Datensatz\n\n", i+1);
57                  printf("Artikelbezeichnung (max. 20 Zeichen, Ende mit
58                  \"0\"): ");
59                  gets(buffer);
60                  while (strlen(buffer) > 20)      /*  Artikelbezeichnung
61                                                          kontrollieren */
62                      {
63                          printf("\nBezeichnung zu lang.");
64                          printf("\nArtikelbezeichnung (max. 20 Zeichen,
```

```
65                               Ende mit \"0\"): ");
66                               gets(buffer);
67                       }
68
69              strcpy(new->name, buffer);  /*   Korrekte Bezeichnung
70                                              in die Liste eintragen */
71
72              if (strcmp(new->name, "0")) /*   falls Artikelbezeichnung
73                                                          != "0"   */
74                  {
75                      printf("Artikelbestand: ");
76                      scanf("%ld", &new->num);
77                      while (getchar() != '\n')   /*  Eingabepuffer
78                                                      . säubern  */
79                          ;
80
81  /************ Neues Element einsortieren.  ***********************/
82
83                      if (strcmp(new->name, basis->name) < 0)
84                          {          /*  neues Element < erstes
85                                              Element    */
86                              new->next = basis; /*   altes 1.El.
87                                              wird neues 2.El.   */
88                              basis = new;  /*   neue Anfangs-
89                                                  adresse   */
90                          }
91
92                      else    /*   neues Element größer oder   */
93                          {  /*   gleich erstes Element       */
94                          if (new != basis) /*   wenn die
95                                              Liste mehr als*/
96                              {  /*  ein Element hat.   */
97                          /*   Erstes Listenelement, das
98                              größer als das neue ist,
99                              bzw. Ende der Liste suchen.  */
100
101                                  for  (a = basis; a->next
102                                  != NULL
103                                  && strcmp(a->next->name,
104                                  new->name)
105                                      < 0; a = a->next)
106                                      ;  /*   neues Ele-
107                                          ment einfügen:*/
108                              new->next = a->next;
109                              a->next = new;
110                                  }
111                          }
112
113              /* Platz für nächstes Listenelement allokieren.  */
114
115                      bkup = new;  /*  Adresse des aktuellen
116                                      Datensatzes für die
117                                      Überprüfung der
118                                      Schleifenbedingung
119                                          sichern. */
```

```
120
121                                    if ((new = (listelement *) malloc(sizeof
122                                    (listelement))) == NULL)
123                                        {
124                                            printf("\n\nKein weiterer
125                                            Speicherplatz verfügbar.");
126                                            i++;          /*  Datensatzzähler
127                                                              aktualisieren */
128                                            break;    /*  Schleife verlassen */
129                                        }
130
131                                    i++;
132                                }                     /*  Ende if(strcmp
133                                                          new->name,"0"))    */
134
135                        else                         /*  falls Eingabeende  */
136                            bkup = new;              /*  den unmittelbar
137                                                         zuvor eingegebenen
138                                                         Namen in der
139                                                         Schleifenbedingung
140                                                         überprüfen.     */
141
142            } while (strcmp(bkup->name, "0"));
143
144
145    /************ Datensätze ausgeben  ****************************/
146
147        if (i > 0)                              /*  Mindestens 1 Datensatz
148                                                        eingegeben.    */
149            {
150                printf("\n\nAnzahl der eingegebenen Datensätze: %d", i);
151                printf("\nListe der Datensätze ausgeben? (j/n)");
152                if ((rep = getche()) == 'j')
153                    {
154                        printf("\033[2J");
155                        HEADER(s);          /*  Kopfzeile Bildschirmseite
156                                                        ausgeben */
157
158                        for (a = basis, k = 1; a != NULL; a = a->next,
159                        k++)
160                            {
161                                printf("\n\n%d\t\t%-20s\t\t%ld", k,
162                                a->name, a->num);
163                                if ((k%9) == 0 && k != i)
164                                    {
165                                        printf("\n\nNächste Seite mit
166                                        <Enter>.");
167                                        getch();
168                                        printf("\033[2J");
169                                        s++;    /*  Seitenzähler
170                                                        erhöhen    */
171                                        HEADER(s);
172                                    }
173                            }                           /*  Ende for */
174                    }                                   /*  Ende if rep   */
```

```
175
176          /*******************  Speicher freigeben  ************************/
177
178                    for (a = basis; a != NULL; a = bkup)
179                      {
180                         bkup = a->next;    /*   nächste Adresse v o r
181                                                 der Freigabe des
182                                                 aktuellen Listenelements
183                                                 sichern, das diese
184                                                 Adresse enthält. Ohne
185                                                 diese Sicherung wäre
186                                                 diese Adresse verloren
187                                                 und der Zugriff auf die
188                                                 Liste nicht mehr
189                                                        möglich.  */
190                         free(a);
191                      }
192              }                                   /*   Ende if i > 0 */
193       }                                          /*   Ende main */
```

Analyse

artlist2.c arbeitet - abgesehen von den Sortieroperationen - wie artlist1.c. Zusätzlich gibt es mit *new* noch einen weiteren Zeiger. Die Variable *new* zeigt stets auf das Listenelement mit dem neu eingegebenen Datensatz. Der Zeiger *basis* verweist wie gewohnt auf das erste Elememt der Liste, und der Zeiger *a* hat die Funktion einer Kontrollvariablen bei den Such-, Ausgabe- und Freigabeschleifen. Mit

```
if (strcmp(new->name, basis->name) < 0)
```

wird geprüft, ob das neue Listenelement (bzw. dessen Komponente *name*) alphabetisch kleiner als das aktuelle erste Listenelement ist. Ist dies der Fall, werden mit den Anweisungen

```
new->next = basis;
basis = new;
```

die Zeiger *new->next* und *basis* so geändert, daß *basis* nun auf das neue erste Element zeigt und das alte erste Element nunmehr das neue zweite wird. Ist das neue Listenelement alphabetisch größer als das erste (oder mit diesem gleich), wird durch die Schleife

```
for  (a = basis; a->next != NULL &&
             strcmp(a->next->name, new->name) < 0; a = a->next)
      ;
```

9

die Position bestimmt, an der das neue Element einzusortieren ist. Die Schleifenbedingung ist so konstruiert, daß sie zwei Dinge überprüft. Mit ihrem ersten Teil

```
a->next != NULL
```

stellt sie fest, ob das Ende der Liste (d. h. das letzte Listenelement) erreicht ist: Ist dies der Fall, enthält der Zeiger des untersuchten Elements die Adresse NULL, die Schleife bricht ab, und das neue Element wird hinter dem bisherigen letzten angefügt.

Der zweite Teil der Schleifenbedingung vergleicht mit

```
strcmp(a->next->name, new->name) < 0
```

das neue Element mit dem auf das jeweilige aktuelle Element folgenden, auf dessen Komponente *name* man mit

```
a->next->name
```

(einer Art "Zeigerkette") Zugriff hat. Der Vergleich mit dem Folgeelement (und nicht mit dem aktuellen Element selbst) ist nötig, um festzustellen, vor welchem Listenelement das neue Element einsortiert werden muß. Dies wäre nicht möglich, wenn man *new->name* mit *a->name* vergliche, da in diesem Fall die für die Zeigeränderungen erforderliche Adresse des Vorgängers in der Liste nicht mehr zur Verfügung stünde. So aber wird das neue Listenelement vor dem ersten Listenelement eingefügt, das alphabetisch größer (oder gleich) dem neuen ist. Dies geschieht, indem die Zeiger *new->next* und *a->next* entsprechend aktualisiert werden. Der Rest von artlist2.c ist im wesentlichen identisch mit artlist1.c.

Doppelt verkettete Listen

Bestimmte Operationen mit verketteten Listen, wie das Durchsuchen der Liste oder das Einfügen eines Listenelements, lassen sich vereinfachen, wenn man die Listenelemente nicht nur einfach, sondern *doppelt* miteinander vekettet. Wie bereits zu Anfang dieses Abschnitts beschrieben, besitzt dabei jedes Listenelement neben einem Zeiger auf das nachfolgende Element auch noch einen Zeiger auf das vorausgehende. Diese beiden Zeiger ermöglichen es, sich in der Liste in beiden Richtungen zu bewegen: vorwärts über den Nachfolger-Zeiger und rückwärts über den Vorgänger-Zeiger. Für den Artikel-Datensatz aus unseren Beispielen sähe der Aufbau eines Listenelements dann folgendermaßen aus:

Abb. 144: Aufbau eines Artikel-Datensatzes für die doppelt verkettete Liste

Die dazu passende Struktur für den Datensatz kann entsprechend mit

```
struct article3
    {
        char name[21];
        long num;
        struct article3 *pre;   /*   Zeiger auf das vohergehende
                                                        Listenelement */
        struct article3 *next;  /*   Zeiger auf das nächste Listenelement  /*
    };
```

angegeben werden.

Die folgende Abbildung zeigt eine sortierte, vierelementige, doppelt verkettete Liste aus Artikel-Datensätzen mit je einem Hilfszeiger auf das erste und das letzte Listenelement. Der Vorgänger-Zeiger des ersten und der Nachfolger-Zeiger des letzten Elements markieren durch die Adresse NULL ebenfalls Anfang und Ende der Liste.

9

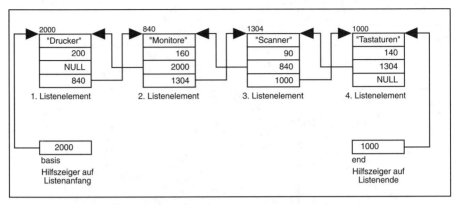

Abb. 145: Sortierte, doppelt verkettete Liste aus Artikel-Datensätzen mit vier Elementen

Ein Programmbeispiel für eine sortierte, doppelt verkettete Liste

Wir entwickeln dazu das Programm artlist3.c als dritte Variante zur Speicherung von Artikel-Datensätzen. artlist3.c verwendet neben Hilfszeigern auf den Anfang und das Ende Liste noch einen weiteren Zeiger, der stets auf das zuletzt eingefügte Element verweist. Im Unterschied zu artlist2.c wird die Positionsbestimmung - d. h. die Suche nach dem richtigen Platz in der Liste - für das neu einzufügende Element nun nicht mehr in jedem Fall vom Anfang der Liste her durchgeführt, sondern von dem zuletzt einsortierten Element aus. Dies hat den Vorteil, daß der zu durchsuchende Teil bereits vorher in zwei Bereiche ("links" vom zuletzt eingefügten Element und "rechts" davon) aufgeteilt wird: Ist das neue Listenelement alphabetisch kleiner als das zuletzt einsortierte Element, wird der linke Bereich nach der geeigneten Position durchsucht, andernfalls der rechte. Auf diese Weise verringert sich der durchschnittlich zu überprüfende Listenbereich.

▶ artlist3.c:

```
 1   /*   artlist3 speichert eine beliebige Anzahl von Datensätzen alphabetisch
 2   aufsteigend sortiert als doppelt verkettete Liste und gibt diese auf Wunsch
 3   aus. */
 4        #include <stdio.h>                          /*   scanf, printf, gets    */
 5        #include <stdlib.h>                          /*   malloc, free, exit */
 6        #include <conio.h>                            /*   getche, getch */
 7        #include <string.h>                          /*   strcmp, strcpy*/
 8
 9        /*********** Makro für Kopfzeile bei der Ausgabe   *****************/
10
11        #define HEADER(s)              printf("Seite %d\n\n",s);\
12                            printf("Nr.\t\tArtikelbezeichnung\t\tBestand\n");\
13                                  for(j = 0; j < 55; j++) printf("_")
14
15        main()
```

```
16          {
17
18              typedef struct article3
19                  {
20                      char name[21];                    /*   Artikelbezeichnung */
21                      long num;                              /*    Bestand    */
22                      struct article3 *pre;        /*   Zeiger auf vorheriges
23                                                           Listenelement */
24                      struct article3 *next;           /*   Zeiger auf nächstes
25                                                           Listenelement */
26                  } listelement;                    /*   neuer Typname für struct
27                                                           article3 */
28
29              listelement *basis;                   /*   Zeiger auf den Anfang der
30                                                           Liste    */
31              listelement * end;                    /*   Zeiger auf das Ende der
32                                                           Liste    */
33              listelement * new;                /*  Zeiger auf neues Element   */
34              listelement *lastin;                  /*   Zeiger auf zuletzt
35                                                       einsortiertes Element   */
36              listelement *a;                       /*   Kontrollvariable   */
37              char buffer [81];                 /*  zur Eingabekontrolle   */
38              int i;                                /*   Datensatzzähler   */
39              int s = 1;                                /*   Seitenzähler   */
40              int j, k, rep;                        /*   Kontrollvariablen   */
41
42
43      /*********** Platz für erstes Listenelement allokieren.  ************/
44
45          if ((basis = (listelement *) malloc(sizeof(listelement))) == NULL)
46              {
47                  printf("\n\nKein Speicherplatz verfügbar.");
48                  exit(1);                /*   Programmabbruch, wenn keine */
49              }                            /*   Allokation möglich.    */
50
51          i = 0;                                    /*   Datensatzzähler
52                                                       initialisieren*/
53          end = new = lastin = basis;          /*   Vor dem Einlesen des
54                                                       ersten    */
55          basis->pre = basis->next = NULL;          /*   Elements: Zeiger
56                                                       initialisieren*/
57          printf("\033[2J");
58          printf("ARTIKELLISTE ERSTELLEN\n\n\n");
59
60      /***************** Datensätze eingeben *******************/
61
62          do
63              {
64                  printf("\n%d. Datensatz\n\n", i+1);
65                  printf("Artikelbezeichnung (max. 20 Zeichen, Ende mit
66                  \"0\"): ");
67                  gets(buffer);
68                  while (strlen(buffer) > 20)     /*   Artikelbezeichnung */
69                      {                            /*   kontrollieren */
70                          printf("\nBezeichnung zu lang.");
```

```
71                        printf("\nArtikelbezeichnung (max. 20 Zeichen,
72                        Ende mit \"0\"): ");
73                        gets(buffer);
74                    }
75
76            strcpy(new->name, buffer);       /*   Korrekte Bezeichnung
77                                             in die Liste eintragen  */
78
79            if (strcmp(new->name, "0"))      /*  falls Artikel-*/
80                {                            /*  bezeichnung != "0" */
81                    printf("Artikelbestand: ");
82                    scanf("%ld", &new->num);
83                    while (getchar() != '\n') /* Eingabepuffer
84                                             säubern    */
85                        ;
86
87    /************ Neues Element einsortieren  **********************/
88
89                    if (strcmp(new->name, basis->name) <= 0)
90                        {       /*   neues Element kleiner
91                                         oder gleich erstes */
92                        if (new != basis)  /*   nur wenn
93                                           mindestens     */
94                            {            /*   1 Element
95                                         vorhanden.     */
96
97                            new->pre = NULL;
98                                         /*   neues     */
99                            new->next = basis;
100                                        /*   erstes    */
101                            basis->pre = new;
102                                        /*   Element   */
103                            basis = new;
104                                        /*   einsortieren  */
105
106                            }
107                        }
108
109                    else if (strcmp(new->name, end->name) >= 0)
110                        {            /*   neues Element größer
111                                       oder gleich letztes     */
112                        if (new != basis)  /*   nur wenn
113                                           mindestens     */
114                            {      /*   1 Element
115                                       vorhanden.     */
116                            new->pre = end;
117                                        /*   neues     */
118                            new->next = NULL;
119                                        /*   letztes   */
120                            end->next = new;
121                                        /*   Element   */
122                            end = new;
123                                        /*   einsortieren  */
124
125                            }
```

```
126                                          }
127
128                          else if (strcmp(new->name, lastin->name)
129                          >= 0)
130                              {                    /*   neues Element
131                                                        größer/gleich
132                                                        zuletzt
133                                                        eingefügtes */
134                          if (new != basis) /*   nur wenn
135                                                        mindestens    */
136                                  {           /*   1 Element
137                                                        vorhanden.    */
138
139                                          /*   Position für neues
140                                               Element bestimmen  */
141
142                                          for  (a = lastin; strcmp
143                                          (a->next->name,
144                                          new->name) < 0;a =
145                                          a->next)
146
147                                                                :
148
149                                          new->pre = a;
150                                                          /*   neues    */
151                                          new->next = a->next;
152                                                          /*   Element  */
153                                          a->next->pre = new;
154                                                              /*  ein- */
155                                          a->next = new;
156                                                          /*   sortieren.  */
157                                      }
158                              }
159
160                          else                 /*   neues Element
161                                                          kleiner   */
162                              {                /*   als zuletzt
163                                                        eingefügtes.  */
164
165      /******** Position für neues Element bestimmen. ********/
166
167                                          for  (a = lastin; strcmp(new->name,
168                                          a->pre->name) < 0;
169                                              a = a->pre)
170                                                                :
171
172                                          new->pre = a->pre;
173                                                          /*   neues    */
174                                          new->next = a;
175                                                          /*   Element  */
176                                          a->pre->next = new;
177                                                              /*  ein- */
178                                          a->pre = new;
179                                                          /*   sortieren.  */
180                                      }
```

```
181
182                            lastin = new;         /*   Zeiger auf letztes
183                                                  Element aktualisieren. */
184
185      /******** Platz für nächstes Listenelement allokieren.  *******/
186
187                     if ((new = (listelement *) malloc(sizeof
188                     (listelement))) == NULL)
189                        {
190                            printf("\n\nKein weiterer
191                            Speicherplatz verfügbar."
192                                " Weiter mit <Enter>.");
193                            getch();
194                            i++;                 /*   Datensatzzähler
195                                                      aktualisieren.*/
196                            break;   /*   Schleife verlassen.    */
197                        }
198
199                    i++;
200                 }                               /*   Ende oberstes
201                                                      if(strcmp)... */
202
203          else                         /*   falls Eingabeende */
204                            lastin = new; /*  den unmittelbar zuvor
205                                          eingegebenen Namen in der
206                                          Schleifenbedingung
207                                              überprüfen.    */
208      } while (strcmp(lastin->name, "0"));
209
210      /************ Datensätze ausgeben  ***************************/
211
212      if (i > 0)                              /*   Mindestens 1 Datensatz
213                                                   eingegeben.    */
214          {
215              printf("\033[2J");
216              printf("\n\nAnzahl der eingegebenen Datensätze: %d", i);
217              printf("\n\nDATENSÄTZE AUSGEBEN:\n\n");
218              printf("Aufsteigend sortiert\t\t(a)\n");
219              printf("Absteigend sortiert\t\t(d)\n");
220              printf("\nEnde mit beliebiger anderer Taste\n\n");
221              printf("Ihre Wahl: ");
222              rep = getche();
223
224              switch (rep)
225                  {
226                      case 'a': printf("\033[2J");
227                                HEADER(s);          /* Kopfzeile */
228
229                                for (a = basis, k = 1; a !=
230                                NULL; a = a->next, k++)
231                                    {
232                                        printf("\n\n%d\t\t%-
233                                        20s\t\t%ld", k,
234                                        a->name, a->num);
235                                        if ((k%9) == 0 &&
```

```
236                                            k != i)
237                                            {
238                          printf("\n\nNächste Seite mit <Enter>.");
239                                                    getch();
240                                            printf("\033[2J");
241                                                    s++;
242                          /*   Seitenzähler erhöhen.   */
243                                            HEADER(s);
244                                            }
245                                    }
246                          break;
247
248          case 'd': printf("\033[2J");
249                    HEADER(s);          /*   Kopfzeile */
250
251                          for (a = end, k = 1; a !=
252                          NULL; a = a->pre, k++)
253                                    {
254                                    printf("\n\n%d\t\t%-
255                                    20s\t\t%ld", k,
256                                    a->name, a->num);
257                                    if ((k%9) == 0 &&
258                                    k != i)
259                                            {
260                          printf("\n\nNächste Seite mit <Enter>.");
261                                                    getch();
262                                            printf("\033[2J");
263                                                    s++;
264                          /*   Seitenzähler erhöhen.   */
265                                            HEADER(s);
266                                            }
267                                    }
268                          break;
269
270          default:       ;
271                    }
272
273  /******************* Speicher freigeben *********************/
274
275          for (a = basis; a != NULL; a = new)
276                    {
277                    new = a->next;   /* nächste Adresse  v o r  der
278                                    Freigabe des aktuellen
279                                    Listenelements sichern, das
280                                    diese Adresse enthält.
281                                    Ohne diese Sicherung wäre
282                                    diese Adresse verloren und
283                          der Zugriff auf die Liste nicht
284                                    mehr möglich. */
285                    free(a);
286                    }
287          }                                /*   Ende if i > 0 */
288  }                                        /*   Ende main */
```

Analyse

Vor dem Einlesen des ersten Datensatzes werden die beteiligten Zeiger mit

```
end = new = lastin = basis;
basis->pre = basis->next = NULL;
```

entsprechend initialisiert. Solange es nur ein Listenelement gibt, ist es naturgemäß gleichzeitig auch das erste, letzte, neue und zuletzt eingefügte. Vorgänger und Nachfolger sind zu diesem Zeitpunkt noch nicht vorhanden, also enthalten die Zeiger *pre* und *next* die Adresse NULL.

Das Einsortieren neuer Elemente ist in vier Teiloperationen untergliedert, wobei das Anfügen eines neuen Anfangs- bzw. Schlußelements aus Gründen der Einfachheit und Übersichtlichkeit gesondert codiert wurde. Es wäre selbstverständlich möglich gewesen, diese Spezialfälle zusammen mit den anderen möglichen Fällen in einer *if else*-Konstruktion mit nur zwei Zweigen abzuhandeln. Der *if*-Zweig würde dann alle neuen Elemente (also auch das erste) bearbeiten, die alphabetisch größer sind als das zuletzt eingefügte (oder gleich diesem), der *else*-Zweig entsprechend jene, die kleiner sind (also auch das letzte). Allerdings müßten auch dann erstes und letztes Listenelement als Sonderfälle berücksichtigt werden. Die Einfügeoperationen selbst bestehen grundsätzlich darin, Vorgänger- und Nachfolger-Zeiger im neuen Listenelement mit den passenden Adressen zu versehen, sowie dem Nachfolger-Zeiger im Vorgänger-Element bzw. dem Vorgänger-Zeiger im Nachfolger-Element die Adresse des neuen Elements zuzuweisen. Man hat nur darauf zu achten, daß dies in der richtigen Reihenfolge geschieht und man keine Adressen überschreibt, die noch benötigt werden.

Die Bedingung der *do while*-Schleife prüft an der Komponente *name* des Listenelements, auf das *lastin* zeigt, ob zuletzt eine reguläre Artikelbezeichnung oder das Endezeichen eingegeben wurde. Ist letzteres der Fall, wird ein kleines Menü präsentiert, das die Wahlmöglichkeiten beinhaltet, sich die Datensätze alphabetisch aufsteigend oder absteigend sortiert anzeigen zu lassen bzw. das Programm zu beenden. Eine Schleife zur Freigabe des allokierten Speicherplatzes bildet den Abschluß des Programms. Dabei wird der Zeiger *new* - wie der Zeiger *bkup* in artlist2.c - als Puffer verwendet, um die Adresse des Speicherbereichs zu sichern, der als nächster freigegeben werden soll (sie wäre sonst mit der Freigabe des aktuellen Listenelements, in dem sie enthalten ist, verloren).

Neben dem schlichten Erzeugen und Ausgeben einer verketteten Liste fallen gemeinhin noch andere Operationen an. Beispielsweise könnte es sein, daß die Liste nach einem bestimmten Datensatz durchsucht und dieser geändert oder gelöscht werden soll. Derartige Operationen codiert man aber gewöhnlich nicht mehr explizit im Hauptprogramm, sondern - im Sinne einer strukturierten, modularen Programmierung - als selbständige Funktionen neben *main*, insbesondere dann, wenn die Programme an Umfang und Komplexität zunehmen. Auch soll die Liste der Datensätze vielleicht nicht nur im Arbeitspeicher des Rechners gehalten, sondern dauerhaft als Datei gespeichert werden. Diesbezüglich sei auf die beiden folgenden Kapitel 10 "Funktionen" und 11 "Dateiverwaltung" verwiesen.

Ferner kann man sich fragen, ob zur Speicherung von Daten eine verkettete Liste oder ein Array brauchbarer ist. Sowohl Array als auch Liste lassen sich dynamisch verwalten und können so in ihrer Größe den jeweiligen Erfordernissen angepaßt werden. Der Vorteil einer verketteten Liste gegenüber einem Array ist der geringere Arbeitsaufwand bei ihrer Unterhaltung. Es ist vergleichsweise unkomplizierter, Datenobjekte einer verketteten Liste hinzuzufügen bzw. daraus zu entfernen, als die gleichen Operationen bei einem Array durchzuführen. Andererseits hat man im Unterschied zu einem Array bei einer verketteten Liste nicht die Möglichkeit eines Direktzugriffs auf ein beliebiges Element, sondern muß die Liste von einem bestimmten Punkt aus durchlaufen, bis man zu dem gewünschten Datenobjekt gelangt. Insofern kostet die Verarbeitung einer Liste also mehr Zeit als die eines Arrays vergleichbarer Größe. Ist obendrein die Anzahl der zu verwaltenden Datenojekte bekannt, wird man sogar zu einem statischen Array greifen, um die zeitaufwendigen Allokationsoperationen zu vermeiden.

9.8 Zeigerarrays

Bei der Speicherung von Strings in zweidimensionalen (statischen) *char*-Arrays hat man häufig zwei Nachteile in Kauf zu nehmen. Der erste Nachteil besteht darin, daß ein mehr oder weniger großer Teil des Arrays leer bleibt, wenn die gespeicherten Zeichenketten keine einheitliche Länge aufweisen, denn die Spaltenzahl des Arrays muß immer mindestens so groß sein wie die Zeichenzahl der längsten Zeichenkette (inklusive des Nullzeichens). Der andere Nachteil tritt zutage, wenn Zeichenketten gespeichert werden sollen, deren (unterschiedliche) Längen nicht schon im voraus bekannt sind, beispielsweise weil sie erst zur Laufzeit des Programms eingegeben werden. Verwendet man statische zweidimensionale Arrays, so ist man in diesem Fall, was die Arraydimensionen angeht, auf Schätzungen angewiesen. Fallen diese Schätzungen zu niedrig aus, ist zu wenig Speicherplatz vorhanden. Sind sie zu hoch, bleibt ein Teil des Arrays ungenutzt. Beide Nachteile lassen sich aber mit Hilfe von Zeigern beheben.

Betrachten wir zunächst den Fall, daß Strings mit unterschiedlicher Länge bereits vorliegen. Zur Veranschaulichung entwickeln wir dazu ein Programm show2pow.c, das für eine als Zahl eingegebene Zweierpotenz zwischen 2^0 und 2^{10} das Ergebnis in Worten ausgibt, also etwa für 2^4 das Zahlwort "Sechzehn". Eine entsprechende Liste der in Frage kommenden Zahlwörter, auf die das Programm für die Ausgabe zurückgreifen kann, ließe sich in einem zweidimensionalen *char*-Array speichern:

```
char numerals [11][27]  = {
                                "Eins", "Zwei", "Vier", "Acht",
        "Sechzehn",

                                "Zweiunddreißig", "Vierundsechzig",
                                "Einhundertachtundzwanzig",
                                "Zweihundertsechsundfünfzig",
                                "Fünfhundertzwölf",
                                "Eintausendvierundzwanzig" };
```

Das Array *numerals* würde 297 (= 11 * 27) Bytes an Speicherplatz benötigen, und man erkennt an der folgenden Abbildung unschwer, daß aufgrund der stark differierenden Stringlängen knapp die Hälfte davon (nämlich 144) frei bliebe.

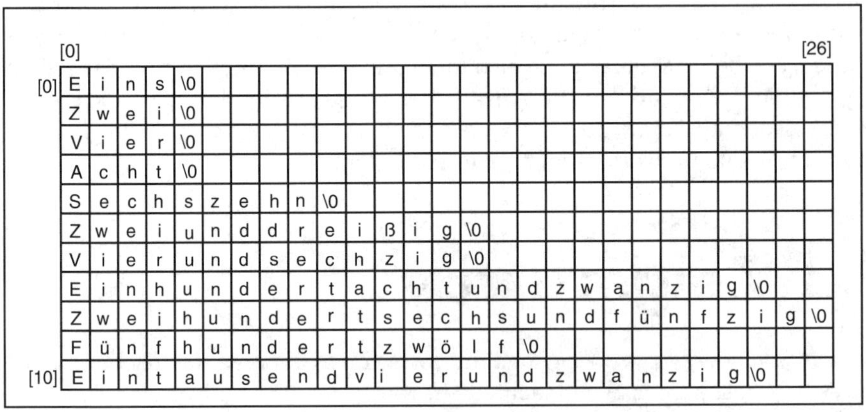

Abb. 146: *Speicherung von Strings in einem zweidimensionalen char-Array*

Effizienter wäre es, wenn jeder String nur so viele Bytes an Speicherplatz belegte, wie er Zeichen besitzt (inklusive des Nullzeichens). Eine Möglichkeit, Strings in ihrer tatsächlichen Länge zu speichern, kennen wir bereits: Ist nämlich *c* ein Zeiger auf *char* mit der Definition

```
char *c;
```

so kann man beispielsweise mit

```
c = "Eins";
```

die Zeichenkette "Eins" mit einem Speicherbedarf von 5 Byte (was ihrer Länge plus Nullzeichen entspricht) an einer vom Compiler ausgewählten Adresse im Speicher ablegen und diese Adresse dann in der Zeigervariablen *c* speichern.

Danach würde etwa die Anweisung

```
printf("%s", c);
```

auf den String "Eins" zugreifen und ihn ausgeben. Eine andere Möglichkeit ist, mit einer der schon bekannten Speicherverwaltungsfunktionen selbst einen Speicherblock passender Größe zu allokieren und die Zeichenkette darin zu speichern. Zugriff auf die Zeichenkette hat man über die Anfangsadresse des allokierten Blocks, die man zuvor einem Zeiger zugewiesen hat. So würden die Anweisungen

```
c = (char *) malloc(strlen("Eins") + 1);  /*  5 Bytes Speicher allokieren */
strcpy(c, "Eins");                         /*    String an der in c
                                   befindlichen Adresse speichern   */
```

zunächst 5 Bytes Speicher reservieren und die Adresse dieses Speicherblocks dem Zeiger *c* zuweisen. Anschließend kann mit Hilfe von *c* die Zeichenkette "Eins" in ihrer tatsächlichen Länge in diesem Block gespeichert werden. Alle weiteren Zugriffe auf die Zeichenkette erfolgen dann über ihre Adresse in dem Zeiger *c*. Dieses zweite Verfahren bietet sich an, wenn Strings verarbeitet werden sollen, deren Länge erst zur Laufzeit (nach ihrer Eingabe) bekannt wird. Dies ist für unser geplantes Programm show2pow.c nicht der Fall, also verzichten wir darauf und wählen die erste Speichermethode. Allerdings benötigen wir nicht nur Platz für eine Zeichenkette, sondern für elf Zeichenketten, und somit benötigen wir auch elf Zeiger, die die Adressen der Zeichenketten speichern können. Es liegt daher nahe, ein ganzes Array aus Zeigern zu definieren, die auf den Datentyp *char* verweisen. Ein solches Array, dessen Elemente Zeigervariablen sind, wird kurz auch als *Zeigerarray* bezeichnet.

Statische Zeigerarrays (1)

Statische Zeigerarrays werden definiert wie andere statische Arrays auch: Bei ihrer Vereinbarung gibt man den Datentyp der Arrayelemente, den Arraynamen und die Anzahl der Arrayelemente an. Mit

```
int *zarray [100];
```

beispielsweise würde ein Array mit Namen *zarray* aus 100 Zeigervariablen definiert, von denen jede auf ein Datenobjekt vom Typ *int* verweisen kann. Hat man etwa eine Variable

```
int x = 10;
```

so würde

```
zarray[0] = &x;
```

die Adresse von *x* im ersten Element des Zeigerarrays *zarray* speichern, und man könnte den Wert von *x* statt mit

```
printf("%d", x);
```

auch mit

```
printf("%d", *zarray[0]);
```

ausgeben. Beachten Sie, daß die Klammern "[" und "]" eine höhere Priorität (15) haben als der Inhaltsoperator "*" (14) und daher tatsächlich der Wert des Objekts ausgegeben wird, auf das der Zeiger *zarray[0]* verweist.

Mit

```
printf("%x", zarray[0]);
```

dagegen wird die Adresse von *x* in hexadezimaler Notation angezeigt, die sich im ersten Element des Zeigerarrays befindet, was man leicht mit

```
printf("%x", &x);
```

überprüft. Die Anweisung

```
printf("%x", &zarray[0]);
```

schließlich gibt die Adresse des ersten Elements von *zarray* aus, also die Adresse der ersten Zeigervariablen selbst.

Für unser Zahlwort-Programm definieren wir mit

```
char *numerals [11];   /*  Array aus 11 Zeigern auf char    */
```

ein Array *numerals* aus elf Zeigern auf den Datentyp *char*, in denen die Adressen der elf verwendeten Zahlwörter gespeichert werden sollen. Dies könnte mit

```
numerals[0] = "Eins";
numerals[1] = "Zwei";
  .
  .
  .
numerals[10] = "Eintausendvierundzwanzig";
```

geschehen. Einfacher ist es jedoch, das Zeigerarray gleich bei seiner Definition mit

```
char *numerals[11] =    {
                            "Eins", "Zwei", "Vier", "Acht", "Sechzehn",
                            "Zweiunddreißig", "Vierundsechzig",
                            "Einhundertachtundzwanzig",
                            "Zweihundertsechsundfünfzig",
                            "Fünfhundertzwölf",
                            "Eintausendvierundzwanzig"  };
```

oder auch

```
char *numerals[]        =    {
                            "Eins", "Zwei", "Vier", "Acht", "Sechzehn",
                            "Zweiunddreißig", "Vierundsechzig",
                            "Einhundertachtundzwanzig",
                            "Zweihundertsechsundfünfzig",
                            "Fünfhundertzwölf",
                            "Eintausendvierundzwanzig"  };
```

entsprechend zu initialisieren, wobei in beiden Fällen den elf Arrayelementen *numerals[0]* bis *numerals[10]* nacheinander die Adressen der Stringkonstanten "Eins", "Zwei", "Vier" etc. zugewiesen werden. Danach hat man sich die gespeicherten Strings und Stringadressen folgendermaßen vorzustellen:

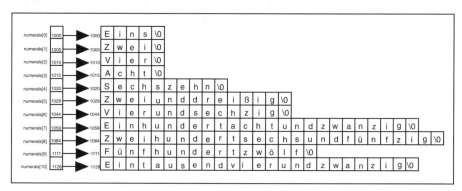

Abb. 147: Speicherung von Zeichenketten in ihrer tatsächlichen Länge mit Hilfe eines Zeigerarrays

Jede Zeichenkette belegt nunmehr nur noch so viele Bytes an Speicher, wie sie Zeichen besitzt, und selbst wenn man den Speicherbedarf des Zeigerarrays *numerals* hinzurechnet, wird deutlich weniger Speicher belegt als mit dem entsprechenden zweidimensionalen *char*-Array.

Der Zugriff auf die gespeicherten Strings ist einfach. Soll beispielsweise die Zeichenkette "Acht" ausgegeben werden, erreicht man dies mit

```
printf("%s", numerals[3]);
```

da *numerals[3]* die Adresse des *char*-Arrays enthält, in dem die Zeichenkette "Acht" gespeichert ist. Dasselbe Ergebnis erhielte man mit

```
puts(numerals[3]);
```

Beachten Sie, daß sowohl *printf* mit der Formatspezifikation "%s" als auch *puts* als Argument die Adresse einer Zeichenkette erwarten (d. h. einen Zeiger auf *char*). Es ist also nicht etwa - wie beim Zugriff auf einen numerischen Wert - der Inhaltsoperator "*" vor dem Variablennamen *numerals[3]* nötig.

Will man sämtliche gespeicherten Strings ausgeben, vereinbart man wie üblich eine Kontrollvariable, etwa

```
int i;
```

und läßt danach die Schleife

```
for (i = 0; i < 11; i++)
    puts(numerals[i]);
```

ausführen. Man kann aber über einen Zeiger wie *numerals[i]* nicht nur auf eine Zeichenkette als Ganzes zugreifen. Darüber hinaus läßt sich - wie bei einem zweidimensionalen *char*-Array - auch jedes einzelne Zeichen eines Strings manipulieren, indem man den jeweiligen Zeiger mit einem weiteren zweiten Index versieht. So bezeichnet beispielsweise

```
numerals [3][0]
```

das erste Zeichen des Strings "Acht", also "A", und es könnte mit

```
printf("%c", numerals[3][0]);
```

ausgegeben werden. Analog kann man mit *numerals[3][1]* ('c'), *numerals[3][2]* ('h') und *numerals[3][3]* ('t') einzeln auf die übrigen Zeichen der Zeichenkette zugreifen. Es wäre daher möglich, die Zeichenkette "Acht" statt mit

```
printf("%s", numerals[3]);
```

auch mit

```
int i;
for (i = 0; i < 4; i++)
    printf("%c", numerals[3][i]);
```

auszugeben. Grundsätzlich gibt also der erste Index eines solchen doppelt indizierten Zeigers an, welche der Zeichenketten ausgewählt wird, und ähnelt damit dem Zeilenindex in einem zweidimensionalen *char*-Array. Der zweite

Index hingegen bezieht sich auf ein bestimmtes Zeichen innerhalb dieser Zeichenkette und kann insofern mit dem Spaltenindex eines zweidimensionalen Arrays verglichen werden.

Nun ist es möglich, das anfangs skizzierte Programm show2pow.c zu formulieren. Für die Speicherung der Zahlwörter verwenden wir dabei das Zeigerarray *numerals*. (Man codiere zur Übung auch eine Programmversion, die statt dessen ein zweidimensionales *char*-Array verwendet.)

▶ **show2pow.c:**

```
1    /*  show2pow gibt für den Wert einer als Zahl eingegebenen Zweierpotenz
2        von 2 hoch 0 bis 2 hoch 10 das entsprechende Zahlwort aus. Die Zahl-
3        wörter werden mit Hilfe eines Zeigerarrays in ihrer tatsächlichen
4        Länge gespeichert. */
5    #include <stdio.h>                                /*  printf, scanf */
6    #include <conio.h>                                /*    getche    */
7    #include <string.h>                               /*    strcpy    */
8
9    main()
10   {
11       char *numerals[11] =   { "Eins", "Zwei", "Vier", "Acht", "Sechzehn",
12                                 "Zweiunddreißig", "Vierundsechzig",
13                                 "Einhundertachtundzwanzig",
14                                 "Zweihundertsechsundfünfzig",
15                                 "Fünfhundertzwölf",
16                                 "Eintausendvierundzwanzig"  };
17
18       char buffer[81];                              /*  Eingabepuffer */
19       short exp;                                    /*   Exponent  */
20       int ok, rep;                                  /*  Kontrollvariablen */
21
22
23       printf("\033[2J");
24       printf("Das Programm gibt das Zahlwort für eine eingegebene
25       Zweierpotenz\n"
26                   "von 2 hoch 0 bis 2 hoch 10 aus.\n");
27       printf("Wir geben eine Zweierpotenz in der Form\n\n\t\t2^n\n\nein, "
28                   "wobei n die Werte 0 bis 10 annehmen darf.");
29
30       do {
31               do {
32                       ok = 1;
33                       printf("\n\nZweierpotenz: ");
34                       scanf("%2s %hd", buffer, &exp);
35                                       /*  Eingabe splitten  */
36                       while (getchar() != '\n');
37                                       /*  Eingabepuffer säubern */
38                       if (strcmp(buffer, "2^"))
39                                       /*  falls Eingabefehler  */
40                       {
41                               printf("\n\nFEHLER. Eingabeformat:
42                               2^n.");
```

```
43                                      ok = 0;
44                                }
45
46                            if (ok && (exp < 0 || exp > 10))
47                                    /*  Exponent zu groß/zu klein   */
48                                {
49                                    printf("\n\nUnzulässiger
50                                    Exponent.");
51                                    ok = 0;
52                                }
53                        } while (!ok);
54
55                  printf("\n\n%s", numerals[exp]); /*  Zahlwort ausgeben */
56                  printf("\n\nNoch eine Zweierpotenz ausgeben? (j/n)");
57                  rep = getche();
58              } while (rep == 'j');
59      }
```

Statische Zeigerarrays (2)

Das obige Programm verwendet eine Reihe von Stringkonstanten, mit deren Adressen das Zeigerarray *numerals* initialisiert wird. Auf diese Weise übernimmt der Compiler die Speicherung der Zeichenketten in ihrer tatsächlichen Länge und beschafft auch den dazu erforderlichen Speicherplatz. Wie verfährt man jedoch, wenn die Länge der zu speichernden Strings erst nach ihrer Eingabe zur Laufzeit des Programms bekannt wird? Nehmen wir an, eine Organisation O richtet des öfteren eine Tagung T aus, an der zehn Personen aus verschiedenen Ländern teilnehmen. Eine Liste mit den Namen, Vornamen und Herkunftsländern dieser Personen soll erstellt werden, die nach dem Familiennamen sortiert ist. Für die Zeilen dieser Liste ist das Format

```
Name, Vorname     (Land)
```

vorgesehen, wobei Name, Vorname und Land nicht in getrennten Variablen zu verwalten sind, sondern in einer einzigen Zeichenkette untergebracht werden können. Werden diese Strings beispielsweise vom Terminal eingegeben, und sollen für jede dieser Zeichenketten nur so viele Bytes an Speicher belegt werden, wie die betreffende Zeichenkette Zeichen hat, so fällt es in diesem Fall in den Aufgabenbereich des Programmierers, die Länge des jeweiligen Strings festzustellen und den erforderlichen Platz für dessen Speicherung zu allokieren. Dies impliziert natürlich, daß die Zeichenketten dynamisch im Speicher zu verwalten sind. Wie ist dabei vorzugehen? Bei der Speicherung eines Objekts, dessen Größe aufgrund seiner Definition mit einem bestimmten Datentyp bekannt ist, kann entsprechend "im voraus" Speicher reserviert und das Objekt nach seiner Eingabe in diesem Bereich gespeichert werden. So kann beispielsweise für eine Variable vom Typ *double* oder eine Struktur vom Typ *article3* mit

```
zeiger = (double *) malloc(sizeof(double));
```

bzw.

```
zeiger = (struct article3 *) malloc(sizeof(struct article3));
```

schon vor der Eingabe des betreffenden Werts der benötigte Speicherbereich allokiert werden. Bei einer Zeichenfolge, die vom Terminal eingegeben wird und die (nach Vorgabe) nicht in einer bereits definierten Variablen abgelegt werden soll, ist die Größe, d. h. die Anzahl ihrer Zeichen, aber nicht bekannt und muß daher erst ermittelt werden, bevor ein passender Speicherbereich allokiert und die Zeichenkette darin gespeichert werden kann. Alles weitere verläuft wie gehabt: Die Adressen der Speicherbereiche, die die Zeichenketten enthalten, werden in Zeigervariablen deponiert, über die man dann auf die Strings zugreifen kann. Für das Programm partlst.c, das die sortierte Teilnehmerliste erzeugen soll, haben wir zehn Strings zu verwalten. Daher definieren wir mit

```
char *list [10];
```

ein Zeigerarray mit zehn Zeigern auf *char*, die die Adressen der Zeichenketten aufnehmen. Die Strings können in beliebiger Reihenfolge eingegeben werden. Anschließend sortiert man nicht die Zeichenketten, sondern lediglich das Zeigerarray, so daß danach der erste Zeiger auf die alphabetisch erste Zeichenkette, der zweite Zeiger auf die alphabetisch zweite, der dritte auf die alphabetisch dritte etc. verweist. Als Sortierverfahren verwenden wir in diesem Fall einen Bubble Sort (vgl. Kapitel 5.4, Aufgabe 1), bei dem zunächst der Zeiger, der auf den alphabetisch größten String verweist, an das Ende des Zeigerarrays gebracht wird, danach der Zeiger, der auf den zweitgrößten String verweist, an die vorletzte Position im Array etc.

▶ **partlst.c:**

```
1   /*  partlst speichert zehn eingegebene Strings dynamisch in ihrer
2       tatsächlichen Länge und verwaltet ihre Adressen in einem sortierten
3       Zeigerarray, dessen Elemente entsprechend der Position der Strings in
4       der alphabetischen Sortierfolge geordnet sind. */
5
6   #include <stdio.h>                            /*   printf, gets  */
7   #include <string.h>                      /*   strlen, strcpy, strcmp */
8   #include <stdlib.h>                       /*   malloc, free, exit */
9   #include <conio.h>                             /*   getche   */
10
11  main()
12  {
13      char *list[10];       /*   Zeigerarray mit zehn Zeigern auf char */
14      char *temp;           /*   Puffer für Sortieroperationen    */
15      char buffer[128];         /*   Puffer für die Eingabe   */
16      int i = 0;                    /*   Stringzähler   */
17      int m, n, rep;            /*   Kontrollvariablen  */
18
19      printf("\033[2J");
```

```
20              printf("SORTIERTE TEILNEHMERLISTE ERSTELLEN\n");
21              printf("\nMaximal 10 Teilnehmer. Eingabeformat:");
22              printf("\n\n\tName, Vorname (Land)\n\n");
23
24              do              /*********** Strings eingeben *********/
25                 {
26                    printf("\n\nTeilnehmer %d (Ende mit \"0\"): ", i+1);
27                    gets(buffer);
28                    if (strcmp(buffer, "0"))
29                       {
30                          if ((list[i] = (char *) malloc(strlen(buffer) +
31                          1)) == NULL)
32                             {              /*   +1 wegen Nullzeichen    */
33                                printf("\n\nKein Speicher.");
34                                if (i > 0)   /*   Mindestens 1 String
35                                                          eingegeben.   */
36                                   {
37                                      printf("\n\nBisherige Teilneh-
38                                      merliste ausgeben? (j/n)");
39                                      rep = getche();
40                                      if (rep == 'j')
41                                         break;   /*   Schleife
42                                                          beenden   */
43                                   }
44                                exit(1);             /*   sonst Programm
45                                                          beenden. */
46                             }
47
48                          strcpy(list[i], buffer);/* String an der Adresse
49                          list[i] speichern. */
50                          i++;
51                       }                            /*   Ende if strcmp
52                                                          (buffer, "0") */
53                 } while (i < 10 && strcmp(buffer, "0"));
54
55       /*********** Zeigerarray sortieren (Bubble Sort) *************/
56           for (m = i-1; m > 0; m--)          /*   i Zeiger: i-1
57                                                   Sortierdurchgänge.
58                                                   Jeder Durchgang bringt
59                                                   einen Zeiger an die
60                                                   richtige Position. */
61
62           for (n = 0; n < m; n++)          /*   m Vergleiche pro
63                                                   Sortierdurchgang   */
64              if (strcmp(list[n], list[n+1]) > 0)
65                 {                          /*   falls i-ter String >
66                                                   (i+1)-ter String   */
67                    temp = list[n];          /*   Zeiger   */
68                    list[n] = list[n+1];    /*   miteinander   */
69                    list[n+1] = temp;       /*   vertauschen   */
70                 }
71
```

```
72         /******************  Liste ausgeben  ****************************/
73
74         if (i > 0)                              /*   falls Listeneinträge
75                                                        vorhanden */
76           {
77                 printf("\033[2J");
78                 printf("\n\nTEILNEHMERLISTE:\n\n");
79                 for (m = 0; m < i; m++)
80                     printf("%s\n\n", list[m]);
81           }
82
83         /******************  Allokierten Speicher freigeben  ***************/
84         for (m = 0; m < i; m++)
85             free(list[m]);
86      }
```

Analyse

partlst.c liest den jeweils eingegebenen String zunächst in einen Puffer (das *char*-Array *buffer*) ein, damit dessen Zeichenzahl bestimmt werden kann. Für den Puffer wurde hier eine Größe von 128 Byte gewählt, die für die zu erwartenden Zeichenketten ausreichen dürfte. Dieser Puffer ist, wenn man so will, ein "Schwachpunkt" des Programms, da er statisch ist und daher vermutlich nicht auf das Byte genau der Größe des eingegebenen Strings entspricht, aber schließlich muß die Eingabe für die folgende Überprüfung erst einmal irgendwo zwischengespeichert werden. Die Anweisung

```
list[i] = (char *) malloc(strlen(buffer) + 1);
```

belegt so viele Bytes an Speicher, wie der Ausdruck

```
strlen(buffer) + 1
```

angibt, was der Länge des zuvor eingegebenen Strings inklusive des abschließenden Nullzeichens entspricht. War die Allokation erfolgreich, kopiert

```
strcpy(list[i], buffer);
```

den eingegebenen String an die von *malloc* gelieferte und *in list[i]* abgelegte Adresse im Speicher. Sind alle Zeichenketten gespeichert, wird das Zeigerarray *list* mit einem Bubble Sort - einem elementaren Sortierverfahren - so geordnet, daß der erste Zeiger auf den alphabetisch ersten String und jeder folgende Zeiger auf den jeweils alphabetisch nächstgrößeren String verweist.

Beachten Sie, daß bei dem gewählten Speicherverfahren zwar die Zeiger unmittelbar aufeinanderfolgend gespeichert sind (nämlich in den Elementen eines Arrays), nicht aber notwendigerweise auch die eingegebenen Strings. Diese werden nicht automatisch in einem einzigen Block gespeichert, der - wie

9

etwa von *realloc* bekannt - ständig um die Anzahl Bytes vergrößert wird, die der als nächstes folgende String benötigt. Vielmehr wird vom Compiler bei jedem Aufruf von *malloc* ein passender Speicherplatz gewählt, ohne daß dieser unbedingt direkt an den vorhergehenden angrenzen muß.

Die Strings sind also mehr oder weniger über den Speicher verstreut.

Die Ausgabe der Strings erfolgt über die im Zeigerarray enthaltenen Adressen. Anschließend werden die allokierten Speicherbereiche auf dem gleichen Wege wieder freigegeben.

Das Programm partlst.c verbindet statische mit dynamischen Elementen. So werden die Zeichenketten zwar dynamisch gespeichert, der Zugriff darauf erfolgt aber über Zeiger, die in einem statischen Array aufbewahrt werden.

Dies erscheint für das Programm partlst.c auch logisch, denn die Zahl der zu verarbeitenden Zeichenketten und der benötigten Zeiger ist bekannt. Es ist jedoch leicht denkbar, daß nicht nur die Länge der Zeichenketten, sondern auch ihre Anzahl und damit die Anzahl der erforderlichen Zeiger nicht von vornherein festliegt, was bedeutet, daß ein statisches Zeigerarray mit einer fixen Zahl von Elementen unzureichend wäre.

Logischerweise müßte in einem solchen Fall also auch das Zeigerarray dynamisiert werden. Wie man dies bewerkstelligt, zeigt das folgende Kapitel.

9.9 Zeiger auf Zeiger

Die Aufgabenstellung für das Programm partlst.c verlangte die Speicherung von zehn Zeichenketten in ihren tatsächlichen Längen, wozu die dynamische Allokation von zehn Speicherbereichen von der Größe der Zeichenketten und ein statisches Zeigerarray mit zehn Elementen zur Aufnahme der Anfangsadressen der Zeichenketten erforderlich waren.

Erweitert man die Aufgabenstellung dahingehend, daß nicht zehn, sondern eine beliebige Anzahl von Zeichenketten mit Teilnehmerdaten in ihren tatsächlichen Längen aufgenommen werden sollen, so ist klar, daß auch das Zeigerarray dynamisch verwaltet, d. h. in der Anzahl seiner Elemente variabel gemacht werden muß, damit stets eine der Anzahl der eingegebenen Zeichenketten entsprechende Anzahl von Zeigern zur Speicherung der Stringadressen zur Verfügung steht.

Für ein dynamisches Zeigerarray benötigt man jedoch - wie für jedes andere dynamische Array auch - einen Zeiger, über den man auf die einzelnen Arrayelemente zugreifen kann. Da das Zeigerarray Zeiger enthält, die auf den

Anfang von Zeichenketten, also von *char*-Arrays, verweisen, ist für den Zugriff auf das Zeigerarray selbst (und damit indirekt auch auf die gespeicherten Zeichenketten) daher ein Zeiger erforderlich, der auf Zeiger verweist, die ihrerseits auf Objekte vom Typ *char* verweisen. Für die Definition von Zeigern, die auf Zeiger auf Objekte irgendeines Datentyps verweisen, sind einige syntaktische Details zu beachten.

Fester Bestandteil der Definition von Zeigervariablen ist der *-Operator, der in diesem Kontext bekanntlich die Bedeutung "ist Zeiger auf" besitzt. Ist etwa eine Variable

```
int a = 1;                        /*   Datentyp der Variablen a: int    */
```

gegeben, so wird mit Hilfe des "*"-Operators durch

```
int *za = &a;                     /*   Datentyp der Variablen za: int * */
```

ein Zeiger *za* definiert, der auf *int*-Objekte verweist und nach der obigen Initialisierung die Adresse eines solchen *int*-Objekts, nämlich die der Variablen *a*, enthält. Die folgende Abbildung veranschaulicht dies:

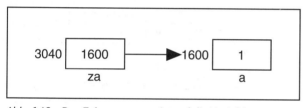

Abb. 148: Der Zeiger za verweist auf die Variable a

Unter Verwendung des oben erwähnten sprachlichen Äquivalents für den "*"-Operator läßt sich das C-Sprachkonstrukt

```
int *za
```

dabei - von rechts nach links interpretiert- sinngemäß als

```
"za ist ein Zeiger auf int-Objekte."
```

in die Umgangssprache übertragen. Für die Definition eines weiteren Zeigers *zza*, der seinerseits nun die Adresse des Zeigers *za* speichert und damit auf diesen verweist, benötigt man jedoch nicht nur einen, sondern zwei "*"-Operatoren. Dies leuchtet ein, denn schließlich muß *zza* in diesem Fall der Beschreibung

"zza ist ein Zeiger auf einen Zeiger auf int-Objekte."

⌞ erster "*" ⌟ ⌞ zweiter "*" ⌟

genügen, und daher lautet die entsprechende Definition für *zza* also

```
int **zza;                     /*  Datentyp der Variablen zza: int **    */
```

in der man leicht - wiederum von rechts nach links interpretiert - die darüber stehende umgangssprachliche Beschreibung von *zza* wiedererkennt.

Allgemein definiert man nach dem Muster

```
datentyp **name_des_zeigers;
```

eine Zeigervariable vom Typ *datentyp* **, die auf Objekte vom Typ "Zeiger auf *datentyp*" verweisen, d. h. deren Adressen speichern kann. Die Anweisung

```
zza = &za;
```

weist dem Zeiger *zza* die Adresse des Zeigers *za* zu, wonach *zza* auf *za* zeigt, und da *za* seinerseits auf *a* zeigt, ergibt sich ausgehend von *zza* eine Verweiskette, an deren anderen Ende die Variable *a* steht:

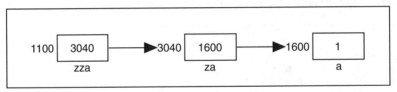

Abb. 149: Der Zeigerzeiger zza verweist über den Zeiger za auf die Variable a

Zugriffe auf die Variable *a* sind damit nicht mehr nur über den Zeiger *za* möglich, sondern auch über *zza*, wobei man analog zur Definition auch zur Referenzierung von *zza* zwei "*"-Operatoren zu verwenden hat. Statt den Wert der Variablen *a* mit

```
printf("%d", *za);             /*  Wert von a ausgeben    */
```

auszugeben, kann dies nun auch mit

```
printf("%d", **zza);           /*  Wert von a ausgeben    */
```

geschehen, wobei der Ausdruck

```
**zza
```

den Wert des Objekts bezeichnet, auf das der Zeiger *za* zeigt, auf den seinerseits wiederum der Zeiger *zza* zeigt.

Mit

```
printf("%x", *zza);                    /*  Adresse von a ausgeben  */
```

hingegen würde man die Adresse der Variablen *a* (hexadezimal) ausgeben, nämlich den Inhalt (Wert) des Objekts, auf das *zza* verweist, und dies ist der Zeiger *za*, der die Adresse von *a* enthält. Die obige Anweisung ist also gleichbedeutend mit

```
printf("%x", za);                      /*  Adresse von a ausgeben  */
```

oder

```
printf("%x", &a);                      /*  Adresse von a ausgeben  */
```

Die Adresse des Zeigers *za* wird mit

```
printf("%x", zza);                     /*  Adresse von za ausgeben */
```

angezeigt, ebenso mit

```
printf("%x", &za);                     /*  Adresse von za ausgeben */
```

und die Anweisung

```
printf("%x", &zza);                    /*  Adresse von zza ausgeben  */
```

schließlich liefert die Adresse des Zeigers *zza* selbst. Wir fassen die Ausdrücke für Werte und Adressen einer solchen Dreierkonstellation aus Variable, Zeiger und Zeiger auf Zeiger in einer Übersicht zusammen:

9

	a : Variable za : Zeiger auf a zza : Zeiger auf za		
WERT VON	a	za	zza
wird ausgedrückt durch:	a	&a	
	*za	za	&za
	**zza	*zza	zza
ADRESSE VON	a	za	zza
wird ausgedrückt durch:	&a	&za	&zza
	za	zza	
	*zza		

Abb. 150: Wert- und Adreßausdrücke für eine Variable, einen Zeiger auf die Variable und einen Zeiger auf den Variablenzeiger

Dynamische Zeigerarrays

Mit dem Datentyp "Zeiger auf Zeiger" ist nun auch die zuvor noch fehlende letzte Voraussetzung für die anfangs dieses Abschnitts skizzierte, leistungsfähigere Version des Programms partlst.c gegeben, die wir im übrigen mit partlst2.c bezeichnen. Wie man sich erinnern wird, benötigen wir in partlst2.c einen solchen Zeiger auf Zeiger, um ein Zeigerarray dynamisch zu verwalten, dessen Zeiger ihrerseits auf den Anfang von Zeichenketten, also *char*-Arrays, verweisen.

Da das dynamische Zeigerarray Zeiger auf den Datentyp *char* enthält, muß der Zeiger, der auf die Zeiger des Zeigerarrays verweist, entsprechend den weiter oben angestellten Überlegungen ein Zeiger auf Zeiger auf *char* sein.

Man kann sich dies im Speicher etwa so vorstellen:

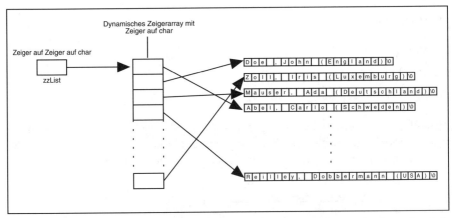

Abb. 151: Dynamische Speicherung von Zeichenketten, deren Adressen in einem ebenfalls dynamischen (sortierten) Zeigerarray mit Hilfe des Zeigers zzlist, einem Zeiger auf Zeiger auf char, verwaltet werden

Aus der Abbildung ist ersichtlich, daß das Zeigerarray im Gegensatz zu den gespeicherten Zeichenketten einen zusammenhängenden Speicherblock belegt, in dem die einzelnen Zeiger als Arrayelemente unmittelbar aufeinanderfolgen. Dies ist notwendig, um mit Hilfe einer einzigen Zeigervariablen, die mit

```
        char **zzlist;                    /*   Zeiger auf Zeiger auf char   */
```

als Zeiger auf Zeiger auf *char* definiert werden muß, durch geeignete Inkrementierung (bzw. Dekrementierung) oder Indizierung auf sämtliche Elemente des dynamischen Zeigerarrays zugreifen zu können. Zur Veranschaulichung stelle man sich vor, daß der Zeiger *zzlist* dabei wie an einer Skala an den Elementen des Zeigerarrays entlangbewegt wird. Enthält der Zeiger *zzlist* beispielsweise anfangs die Adresse des ersten Elements des Zeigerarrays, so gibt die Anweisung

```
printf("%s", *zzlist);
```

wegen der Sortierung des Zeigerarrays den String "Abel, Carlo (Schweden)" aus, denn *zzlist greift in diesem Fall auf den ersten Zeiger zu, der die Anfangsadresse des alphabetisch kleinsten Strings enthält.

Nach der Inkrementierung

```
zzlist++;
```

zeigt *zzlist* nunmehr auf das zweite Element des Zeigerarrays, wonach

```
printf("%s", *zzlist);
```

jetzt den String "Doe, John (England)" ausgibt. Analog kann nach

```
zzlist--;
```

wieder auf den ersten String zugegriffen werden. Wie jeder Zeiger, der auf ein Array verweist, kann auch *zzlist* indiziert werden. Dies ermöglicht einen bequemen Zugriff auf die einzelnen Elemente des Zeigerarrays ohne explizite Inkrement- oder Dekrement-Operationen. Enthält *zzlist* die Anfangsadresse des Zeigerarrays, greift

```
printf("%s", zzlist[0]);
```

auf das erste Element des Arrays zu (also auf den ersten Zeiger) und gibt die Zeichenkette "Abel, Carlo (Schweden)" aus, da der erste Zeiger die Adresse dieser Zeichenkette speichert. Analog bezeichnen *zzlist[1]*, *zzlist[2]* und *zzlist[3]* das zweite, dritte und vierte und allgemein *zzlist[i]* das (i+1)-ste Element des Zeigerarrays. Sind nach einer Eingabeoperation beispielsweise 50 Zeichenketten gespeichert worden, und enthält das dynamische Zeigerarray dementsprechend deren Adressen in 50 Zeigern, so können mit

```
int i;
for (i = 0; i < 50; i++)
    printf("%s\n", zzlist[i]);
```

auf einfache Weise alle gespeicherten Strings ausgegeben werden.

Wie gehen wir in partlst2.c bei der Allokation des Speicherplatzes für die Zeichenketten und das Zeigerarray vor? Da die Zeichenketten nicht in einem Block unmittelbar hintereinander gespeichert werden müssen, sondern prin-

zipiell an einer beliebigen Speicherstelle abgelegt werden können, verwenden
wir wie in partlst.c zu ihrer Speicherung die Funktion *malloc*. Für das Zeigerarray, das aus einem einzigen Block bestehen soll, der sukzessive vergrößert werden kann, wählen wir entsprechend die Funktion *realloc*. In beiden
Fällen wird zunächst jeweils immer nur Platz für ein Datenobjekt allokiert,
die betreffende Zeichenkette bzw. der zugehörige Zeiger darin gespeichert
und bei Bedarf je ein Speicherbereich für die nächste Zeichenkette und den
nächsten Zeiger reserviert. partlst2.c endet, wenn das Endezeichen eingegeben wird oder ein Fehler bei der Speicherallokation auftritt.

▶ ***partlst2.c:***

```
 1  /*   partlst2 speichert eine beliebige Anzahl von Strings dynamisch in
 2       ihren tatsächlichen Längen und verwaltet ihre Adressen in einem
 3       sortierten dynamischen Zeigerarray, dessen Elemente entsprechend
 4       der Position der Strings in der alphabetischen Sortierfolge geordnet
 5       sind.    */
 6  #include <stdio.h>                                    /*  printf, gets  */
 7  #include <string.h>                         /*  strlen, strcpy, strcmp  */
 8  #include <stdlib.h>                       /*  malloc, realloc,free, exit */
 9  #include <conio.h>                                   /*  getche, getch  */
10
11  #define HEADER(s)  printf("TEILNEHMERLISTE\t\t\t\t\tSeite %d\n", s);\
12                     for (j = 0; j < 60; j++) printf("_"); printf("\n\n")
13
14       main()
15        {
16
17            char **zzlist = NULL;       /*  Zeiger auf Zeiger auf char.
18                                            Initialisierung mit NULL, damit
19                                            realloc bei der ersten Allokation
20                                            wie malloc arbeitet.    */
21
22            char **zzbkup;                   /*  sichert Inhalt von zzlist  */
23            char *temp;                  /*  Puffer für Sortieroperationen  */
24            char buffer[128];                    /*  Puffer für die Eingabe */
25            int s = 1;                                 /*   Seitenzähler    */
26            int i = 0;                                 /*   Stringzähler    */
27            int j,m, n, rep;                      /*   Kontrollvariablen    */
28
29            printf("\033[2J");
30            printf("SORTIERTE TEILNEHMERLISTE ERSTELLEN\n");
31            printf("\nEingabeformat:\tName, Vorname (Land)\n\n");
32
33            do           /*********** Strings eingeben *********/
34                {
35                    printf("\n\nTeilnehmer %d (Ende mit \"0\"): ", i+1);
36                    gets(buffer);
37                    if (strcmp(buffer, "0"))
38                        {
39  /**** Speicher für dynamisches Zeigerarray und Strings allokieren. ****/
40
41                          zzbkup = zzlist;  /*  Blockadresse für Ausgabe
```

```
42                                               sichern, falls zzlist
43                                                   NULL erhält    */
44
45                    if ((zzlist = (char **) realloc(zzlist, (i+1) *
46                    sizeof(char*))) == NULL ||
47                        zzlist[i] = (char *) malloc(strlen(buffer) +
48                        1)) == NULL)
49                        {
50                            printf("\n\nSpeicherfehler. Letzte
51                            Eingabe wurde nicht"
52                                "gespeichert.");
53                            if (i > 0)    /*   Mindestens 1 String
54                                            eingegeben.    */
55                                {
56                                    printf("\n\nBisherige Teilneh-
57                                    merliste ausgeben? (j/n)");
58                                    rep = getche();
59                                    if (rep == 'j')
60                                        {
61                                            if (zzlist == NULL)
62                                                zzlist = zzbkup;
63                                            break;
64                                    /*   Schleife beenden.    */
65                                        }
66                                }
67                            exit(1);    /*   sonst Programm
68                                                beenden. */
69                        }
70                    strcpy(zzlist[i], buffer);    /*   String speichern   */
71                        i++;
72                    }                    /*   Ende if strcmp
73                                                (buffer, "0") */
74            } while (strcmp(buffer, "0"));
75
76      /************** Zeigerarray sortieren (Bubble Sort) **************/
77
78          for (m = i-1; m > 0; m--)                /*   i Zeiger: i-1
79                                                        Sortierdurchgänge.
80                                                        Jeder Durchgang
81                                                        bringt einen Zeiger
82                                                        an die richtige
83                                                            Position. */
84
85          for (n = 0; n < m; n++)                  /*   m Vergleiche pro
86                                                        Sortierdurchgang    */
87              if (strcmp(zzlist[n], zzlist[n+1]) > 0)
88                  {                                /*   falls i-ter String >
89                                                        (i+1)-ter String    */
90                      temp = zzlist[n];           /*   Zeiger        */
91                      zzlist[n] = zzlist[n+1];/*   miteinander    */
92                      zzlist[n+1] = temp;        /*   vertauschen    */
93                  }
94
```

```
95         /******************  Liste ausgeben  ****************************/
96
97         if (i > 0)                                  /*   falls Listeneinträge
98                                                          vorhanden.      */
99             {
100               printf("\033[2J");
101               HEADER(s);
102               for (m = 0; m < i; m++)
103                   {
104                       printf("%s\n\n", zzlist[m]);
105                       if ((m+1) % 9 == 0  &&  m != i-1)
106                           {
107                               printf("\n\nNächste Seite mit
108                               <Enter>.");
109                               getch();
110                               printf("\033[2J");
111                               s++;               /*   Seitenzähler
112                                                       erhöhen. */
113                               HEADER(s);
114                           }
115                   }
116             }
117         /******************  Allokierten Speicher freigeben  ***************/
118
119         for (m = 0; m < i; m++)          /*   Platz von Strings freigeben. */
120             free(zzlist[m]);
121
122         free(zzlist);                    /*   Zeigerarrayblock freigeben. */
123     }
```

Schlußbemerkung

Es gibt einen Zeigertypus - nämlich *Zeiger auf Funktionen* - der in diesem Kapitel nicht behandelt wurde, da bestimmte Informationen über Funktionen, die zum besseren Verständnis dieser Zeiger notwendig sind, erst in Kapitel 10 "Funktionen" zur Verfügung stehen. Wir werden die Funktionszeiger daher in diesem Kapitel untersuchen.

9.10 Fragen zur Wiederholung

Die Antworten auf die Wiederholungsfragen dieses Kapitels finden wir im Anhang ab Seite 814.

1 Es seien *a* eine Variable und *z* eine Zeigervariable. Was bedeutet die Formulierung "z zeigt auf a"?

2 Welche Bedeutung hat der "*"-Operator im Zusammenhang mit Zeigern? Erläutern Sie die Begriffe "Dereferenzierung" bzw. "dereferenzierter Zeiger".

3 Es seien *z1* und *z2* zwei Zeigervariablen gleichen Typs. Wie sind die beiden Anweisungen

```
z1 = z2;
*z1 = *z2;
```

zu interpretieren? Was ist, wenn die beiden Zeiger unterschiedliche Datentypen besitzen? Beispielsweise soll *z1* auf *int*-Objekte und *z2* auf *double*-Objekte zeigen.

4 Gegeben seien die Variablen

```
long l[10] = {1,2,3,4,5,6,7,8,9,10};
long *zl = l;
```

Was bewirkt die Anweisung

```
zl += 6;
```

Was versteht man in diesem Zusammenhang unter "Skalierung"? Ist die Anweisung

```
printf("%ld", *l);
```

korrekt?

5 Es sei *z* ein Zeiger. Welche Objekte werden durch die folgenden Anweisungen inkrementiert?

```
z++;
*z++;
++*z;
(*z)++;
```

6 Gegeben seien die Variablen

```
short z[10] = {0};
short *y = z;
short *x = z + 3;
```

Welchen Wert haben die Ausdrücke

```
x - y
x + y
```

9

7 Ist die Bedingung in der folgenden *if else*-Konstruktion korrekt formuliert?

```
if ("abc" == "abc")
    printf("if-Zweig");
else
    printf("else-Zweig");
```

Was wird ausgegeben?

8 Es sei *d* ein Zeiger auf *double*. Geben Sie eine alternative Formulierung für

```
if ((d = (double *) malloc(sizeof(double))) == NULL)
```

an.

9 Gegeben seien die Variablen

```
struct firms
       {
       char *name;
       long emps;
       } fms[100] = {{"ABC", 50000}, {"XYZ", 100000}};

struct firms *f = fms;
```

Die ersten beiden Elemente des Strukturarrays *fms* sind mit den Werten

```
"ABC", 50000   (1. Strukturvariable)
"XYZ", 100000  (2. Strukturvariable)
```

initialisiert. Mit

```
f->name
```

und

```
f->emps
```

kann man auf die Komponenten von *fms[0]* zugreifen. Welche Objekte werden mit den folgenden Anweisungen inkrementiert (immer vorausgesetzt, daß *f* die Adresse der ersten Strukturvariablen enthält)?

```
f->emps++;
++f->emps;
f++->emps;
(++f)->emps;
*f->name++;
(*f->name)++;
*f++->name;
```

Sind die Ausdrücke

```
*f->emps
```

und

```
f->name++
```

sinnvoll?

10 Gegeben sei der Zeiger

```
char **zz;
```

der auf einen Zeiger auf *char* verweist, der seinerseits auf die Zeichen-kette "Gut" verweist. Was geben die Anweisungen

```
printf("%c", **zz);
printf("%c", ++**zz);
printf("%c", ++*zz[0]);
printf("%c", zz[0][1]);
```

aus?

9.11 Aufgaben

Die Lösungen der Aufgaben dieses Kapitels finden wir im Anhang ab Seite 887.

1 Ein Programm soll - wie die C-Funktion *strcat* - zwei Strings miteinander verknüpfen, also den zweiten String an das Ende des ersten anhängen. Verwenden Sie für die Stringmanipulationen Zeiger.

2 Als Vorübung für das Durchsuchen größerer Textstücke soll eine Einga-bezeile nach einem bestimmten Textmuster durchsucht werden, anders ausgedrückt: Es soll festgestellt werden, ob ein String *s2* in einem String *s1* enthalten ist. Geben Sie an, wie oft das Muster enthalten ist, ferner die Position seines ersten Auftretens.

3 Verwalten Sie Zeichenketten in einem statischen Array. Die Zeichenket-ten sollen unmittelbar hintereinander darin gespeichert werden. Ist kein Platz mehr vorhanden, soll eine entsprechende Meldung ausgegeben werden. Der Anwender hat dann die Möglichkeit, einen (oder mehrere) bereits eingegebene Strings zu löschen, um Platz zu schaffen. Die ent-standenen "Lücken" sollen geschlossen werden, indem die nachfolgen-den Strings in Richtung Arrayanfang verschoben werden, so daß stets nur ein einziger Textblock vorhanden ist, dem ein freier Speicherbereich folgt.

9

4 Verallgemeinern Sie das Programm show2pow.c derart, daß für eine Zahl zwischen 0 und 999 das entsprechende Zahlwort angezeigt wird.

5 Erzeugen Sie eine Version von partlst2.c, welche die Strings (in ihrer tatsächlichen Länge) in einer doppelten verketteten Liste verwaltet.

6 Für eine Eingabe aus Morsezeichen soll der Klartext ausgegeben werden.

10. Funktionen

C enthält nur wenige Befehle unmittelbar als Sprachelemente. Die Namen dieser Befehle sind in der Liste der reservierten Wörter aus dem Kapitel 1 "Programmaufbau" enthalten:

break	case	continue	default	do	else
for	goto	if	return	switch	while

Abb. 152: C-Befehle

Für viele Standardoperationen, beispielsweise die Ein- oder Ausgabe von Daten, hat man jedoch keine direkten Befehle zur Verfügung, sondern muß eine entsprechende Funktion bzw. ein Makro benutzen.

Im Kapitel "Programmaufbau" wurde eine C-Funktion allgemein als Programmteil beschrieben, der aus einer oder mehreren Anweisungen besteht und irgendeine spezielle Aufgabe erfüllen soll. Beispielsweise kann eine Funktion Speicherplatz allokieren oder das Volumen eines Würfels berechnen. Dabei unterscheidet man zwischen vorgefertigten Bibliotheks-funktionen (wie z. B. *printf* oder *scanf*), die zusammen mit dem Compiler ausgeliefert und erst beim Linken in das jeweilige Programm "miteingebunden" werden, und Funktionen, die der Programmierer selbst als Bestandteil des Quelltextes codiert.

Ein C-Programm besteht gewöhnlich aus mehreren dieser selbstgeschriebenen Funktionen, mindestens aber aus einer solchen Funktion, die *main* heißen muß. *main* ist die Hauptfunktion eines jeden C-Programms, und mit ihr beginnt stets die Programmausführung.

Vereinfacht ausgedrückt, kann ein C-Programm als Zusammenstellung einer Anzahl von Funktionen (sowie eventueller globaler Variablen) betrachtet werden, wobei die Funktionen - inklusive *main* - in beliebiger Reihenfolge angeordnet sein können. Daraus ergibt sich, daß alle unsere bisherigen Programme eigentlich nur Spezialfälle waren, insofern, als sie lediglich aus einer selbstgeschriebenen Funktion, nämlich *main* bestanden. Tatsächlich haben wir in unseren Programmen, abgesehen von *main*, nur Funktionen aus der dem Compiler beigefügten Standardbibliothek verwendet, deren Code nicht vom Programmierer, sondern vom Linker in das Programm eingefügt wird.

10

Der Gebrauch dieser vorgefertigten Funktionen stellte sich allerdings auch ohne genaue Kenntnis ihres Aufbaus als recht unkompliziert heraus. Wir haben darüber hinaus auch schon eine durchaus praktikable Vorstellung von Begriffen wie "Funktionsaufruf" oder "Funktionsparameter" und ebenso wissen wir bereits, daß Funktionen das Ergebnis ihrer Arbeit als weiterverwendbaren Wert an das Programm (präziser: an die Funktion, von der sie aufgerufen wurden, s. u.) zurückliefern können.

In diesem Kapitel nun werden wir genauer untersuchen, wie C-Funktionen aufgebaut sind und wie sie arbeiten. Wir lernen, eigene Funktionen zu schreiben und in die jeweilige Programmstruktur zu integrieren. Dazu erläutern wir zunächst, wie man eine C-Funktion erzeugt.

10.1 Definition von Funktionen

Um eine C-Funktion herzustellen, muß man die Anweisungen, die sie ausführen soll, nach bestimmten syntaktischen Regeln codieren. Diesen Quellcode bzw. seine Formulierung bezeichnet man als *Definition* der Funktion. Eine Funktionsdefinition macht Angaben über folgende Dinge:

- die Speicherklasse der Funktion
- den Ergebniswert der Funktion und
  welchen Datentyp dieser Wert besitzt
- den Namen der Funktion
- die Parameter (Argumente), die der Funktion
  zur Verarbeitung übergeben werden
- lokale und externe Variablen, die die Funktion benutzt
- andere Funktionen, die von der Funktion aufgerufen werden
- die Anweisungen, die die Funktion ausführen soll

Zweifache Syntax für Funktionsdefinitionen

Für eine Funktionsdefinition stehen zwei syntaktische Formen zur Verfügung, eine neuere, die dem letzten ANSI-Standard entspricht, und deren Vorläufer, die zur Zeit ebenfalls noch gültig ist. Wir werden hier beide vorstellen, in unseren Programmen allerdings der neueren Syntax den Vorzug geben.

Funktionsdefinition (Neuere Syntax):

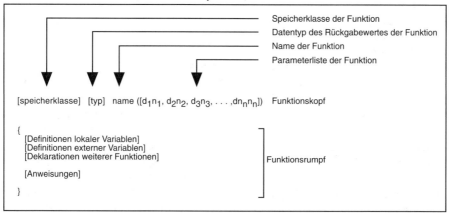

Man kann die obige Syntax in zwei Bereiche unterteilen. Die erste Zeile der Definition, der sog. Funktionskopf, enthält die Speicherklasse der Funktion, den Datentyp ihres Rückgabewerts und den Funktionsnamen nebst einer Liste von Parametern, die mit Datentyp (*d1 ... dn*) und Namen (*n1 ... nn*) angegeben werden. Der Funktionsrumpf ist ein Block mit Variablendefinitionen und -deklarationen, den Anweisungen, die die Funktion ausführen soll, und eventuellen Deklarationen anderer Funktionen, die von der gerade definierten Funktion benutzt werden sollen. (Funktionsdeklarationen, ein Analogon zu Variablendeklarationen, werden ausführlich in Kapitel 10.4 behandelt.) Die Verteilung der eckigen Klammern zeigt, daß bis auf den Funktionsnamen alle Angaben optional sind. Tatsächlich wäre es möglich, nach der obigen Schablone die folgende "Minimal"-Funktion zu definieren:

```
donothing()
    {}
```

Der Kopf dieser Funktion enthält weder eine Speicherklassenbezeichnung noch den Typ des Funktionsrückgabewerts noch irgendwelche Parameter. Angegeben sind lediglich der Funktionsname und die runden Funktionsklammern. Der Funktionsrumpf ist leer, insbesondere enthält er keinerlei Anweisungen. Die Funktion *donothing* ist syntaktisch korrekt definiert, aber sie "tut nichts". Funktionen dieser Art sind recht brauchbar als Platzhalter beim Testen von Programmen, um provisorisch Stellen zu besetzen, an denen später die "richtigen" Funktionen stehen. Betrachten wir nun als etwas weniger exzentrisches Beispiel die Definition einer Funktion, die das Volumen eines Würfels berechnet:

```
double kubus(double x)
    {
        return (x * x * x);
    }
```

10

Offenbar ist der Name dieser Funktion *kubus*. Wenn wir die Kopfzeile ihrer Definition

```
double kubus(double x)
```

anhand unserer Syntaxschablone interpretieren, fällt auf, daß die erste Angabe, nämlich die der Speicherklasse, fehlt. Tatsächlich ist es so, daß in C Funktionen entweder die Speicherklasse *extern* oder (extern) *static* besitzen, wobei das Schlüsselwort *extern* bei der Definition nicht angegeben wird. Ist als Speicherklasse *static* angegeben, kann die Funktion in anderen Modulen als dem, in dem sie definiert wurde, nicht verwendet werden. Da in unserem Fall nichts angegeben ist, hat die Funktion *kubus* die Speicherklasse *extern*. Aus der Speicherklasse *extern* ergibt sich übrigens, daß Funktionen - wie Variablen derselben Speicherklasse - *globale* Datenobjekte sind (vgl. das Kapitel 7 "Speicherklassen"). Globale Objekte aber dürfen nicht innerhalb von Funktionen definiert werden, anders ausgedrückt:

Eine Funktionsdefinition darf keine andere Funktionsdefinition enthalten.

Daher würde die folgende Definition von *kubus* vom Compiler beanstandet, weil versucht wird, die Funktion innerhalb von *main* zu definieren:

```
main()
    {
        ...
        double kubus(double x)                      /*   FALSCH.   */
            {               /*   Eine Funktion ist ein globales Objekt */
            return(x * x * x);      /*   und darf daher nicht
                                              innerhalb einer    */
            }               /*   anderer Funktion definiert werden.   */
        ...
    }
```

Abgesehen von der Forderung nach globaler Definition, kann eine Funktion an beliebiger Stelle im Programm definiert werden, die Definition muß lediglich vollständig innerhalb eines Moduls erfolgen. So könnte die Definition von *kubus* beispielsweise vor der Hauptfunktion *main* plaziert werden:

```
double kubus(double x)
    {
        return (x * x * x);
    }

main()
    {
        . . .
    }
```

Dies bedeutet nicht etwa, daß die Funktion *kubus* vor *main* ausgeführt würde. Die Programmausführung beginnt in allen C-Programmen mit der Funktion *main*. Es bedeutet aber, daß die Funktion *kubus* vor *main* übersetzt wird, und dieser Umstand ist keineswegs unerheblich. Wie wir im Verlauf dieses Kapitels noch sehen werden, macht es einen Unterschied, ob eine Funktion vor oder nach einer anderen definiert wird.

Rückgabewerte (return values)

Das Schlüsselwort *double* vor dem Funktionsnamen in der Kopfzeile der Definition

```
double kubus(double x)
```

zeigt an, daß die Funktion *kubus*, nachdem sie ihre Aufgabe durchgeführt hat, einen Wert vom Typ *double* zurückliefert, den sog. Rückgabewert der Funktion. Wohin zurückliefert? Die Antwort liegt nahe: an jene Instanz, die die Funktion *kubus* aktiviert hat, d. h. an jene Funktion, die *kubus* aufgerufen hat. (Wie ein solcher Funktionsaufruf im einzelnen abläuft, beschreibt Kapitel 10.3 "Funktionsaufrufe".) Würde *kubus* beispielsweise in *main* aufgerufen, so erhielte *main* nun den Resultatwert von *kubus* zur weiteren Verarbeitung. In unserem Beispiel hat die Funktion *kubus* einen Rückgabewert vom Typ *double*. In C sind als Datentyp für die Ergebniswerte nur die *einfachen* Typen (*char*, *short*, *int*, *long*, *float*, *double*, *long double*) zugelassen, sowie *Zeiger* auf beliebige (also auch zusammengesetzte) Datentypen. Für Funktionen, die keinen Rückgabewert haben, gibt es außerdem die Typbezeichnung *void*. Lautete die Kopfzeile der Funktionsdefinition von *kubus* etwa

```
void kubus(double x)
```

so signalisierte das Schlüsselwort *void* in diesem Kontext, daß die Funktion keinen Wert an die aufrufende Funktion zurückgäbe. Fehlt bei einer Funktionsdefinition die Angabe des Typs, so nimmt der Compiler nicht etwa an, daß die Funktion keinen Rückgabewert hat, sondern daß der Typ des Rückgabewerts *int* ist. Würde man die Definition der Funktion *kubus* etwa so beginnen:

```
kubus(double x)
    . . .
```

hieße dies für den Compiler, daß *kubus* einen Rückgabewert vom Typ *int* besitzt. Die Bezeichnung "Typ des Rückgabewerts" wird synonym mit der Formulierung "Typ der Funktion" verwendet, d. h., eine Aussage wie

```
"Die Funktion kubus ist vom Typ double."
```

ist gleichbedeutend mit

```
"Die Funktion kubus liefert einen Wert vom Typ double zurück."
```

oder

```
"Der Rückgabewert der Funktion kubus ist vom Typ double.".
```

Funktionsrückgabewerte werden mit der *return*-Anweisung, die wir weiter unten in diesem Kapitel erläutern, an die aufrufende Funktion zurückgeliefert.

Parameter

Auf den Typ des Rückgabewerts im Kopf der Funktionsdefinition folgt der Funktionsname. Er wird ergänzt durch ein Paar runder Funktionsklammern, die eventuelle Parameter der Funktion einschließen. Diese Funktionsklammern sind wie der Funktionsname nicht optional, d. h., sie müssen stets mit angegeben werden. Die Funktion *kubus* hat genau einen Parameter, eine Variable vom Typ *double* mit dem Namen *x*, der zusammen mit seinem Datentyp aufgeführt wird.

Die Parameter in der Funktionsdefinition werden auch als Formalparameter bezeichnet. Sie sind von den Parametern zu unterscheiden, die der Funktion bei ihrem Aufruf übergeben werden. Diese werden Aktualparameter oder Argumente der Funktion genannt. Wird die Funktion *kubus* beispielsweise in *main* mit

```
kubus(2.0);
```

aufgerufen, so ist die Konstante 2.0 der aktuelle Parameter, den die Funktion verarbeiten soll. Der Wert dieses aktuellen Parameters wird in den Formalparameter *x* der Funktion *kubus* übertragen und kann nun von der Funktion manipuliert, d. h. zur dritten Potenz erhoben werden:

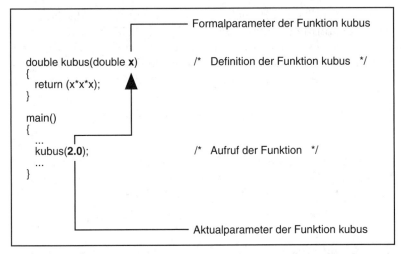

Abb. 153: Beim Aufruf der Funktion kubus wird der Aktualparameter 2.0 in den Formalparameter x übertragen

Ein Formalparameter ist also eine lokale Variable, die nur innerhalb der Funktion bekannt ist, für die dieser Parameter definiert wurde. Formal- und Aktualparameter müssen in Anzahl und Datentyp übereinstimmen, ihre Namen können jedoch unterschiedlich sein. Übergibt man der Funktion *kubus* als Aktualparameter statt der Konstanten 2.0 etwa eine Gleitkommavariable (bzw. deren Wert), die (in *main*) mit

```
double e = 2.0;
```

definiert wurde, so führt der Funktionsaufruf

```
kubus(e);
```

zum gleichen Ergebnis wie vorher

```
kubus(2.0);
```

Der Wert der Variablen *e* wird in den Formalparameter *x* hineinkopiert und kann nun von *kubus* verarbeitet werden.

Im Fall von *kubus* ist das, was die Funktion tut, sehr einfach und besteht nur aus einer einzigen Anweisung: *kubus* berechnet die dritte Potenz des eingegebenen Werts und liefert das Ergebnis an die aufrufende Funktion zurück. Dies geschieht durch eine *return*-Anweisung:

```
return (x * x * x);    /*   liefert den Resultatwert von
                     kubus an die aufrufende Funktion */
```

Die return-Anweisung beendet eine Funktion

Die *return*-Anweisung beendet die Ausführung der Anweisungen einer Funktion und gibt die Programmkontrolle nebst einem eventuellen Wert an die aufrufende Instanz zurück, die danach mit der Ausführung ihrer eigenen Anweisungen fortfährt. (Auch *main* kann übrigens mit der *return*-Anweisung einen Wert - an das Betriebssystem - zurückliefern.) Die *return*-Anweisung ist tatsächlich eine Anweisung und keine Funktion, trotz der runden Klammern, die lediglich eine Programmierkonvention darstellen. Man könnte die Klammern auch weglassen, d. h., die Syntax

```
return ausdruck;
```

ist ebenso möglich wie

```
return (ausdruck);
```

10

Stimmt der Datentyp von *ausdruck* nicht mit dem vereinbarten Funktionstyp überein, d. h. mit dem Datentyp, der in der Funktionsdefinition für den Rückgabewert angegeben wurde, so konvertiert ihn der Compiler entsprechend. Die Angabe von *ausdruck* ist optional. Fehlt sie, ist der Rückgabewert der Funktion nicht definiert (ebenso, wenn die *return*-Anweisung ganz fehlt, siehe Kapitel 10.3 "Funktionsaufrufe"). In unserem Beispiel wird der Wert

```
x * x * x
```

durch die *return*-Anweisung an die Funktion *main* zurückgegeben. Wohin genau in *main*? Plausiblerweise natürlich an jene Stelle, an der die Funktion *kubus* ihre Arbeit aufnahm und an der mit der Ausführung der Anweisungen von *main* fortgefahren werden soll, wenn die Funktion ihre Aufgabe erfüllt hat. Diese Stelle ist jene, an der die Funktion aufgerufen wurde. Bedenken wir, daß in C jeder Ausdruck bewertet wird. Auch ein Funktionsaufruf wie

```
kubus(2.0)
```

ist ein Ausdruck. (Ergänzt man ein Semikolon am Ende, hat man eine Anweisung, die einen Funktionsaufruf enthält.) Solange die Funktion noch keinen Wert zurückgeliefert hat, ist der Wert dieses Ausdrucks undefiniert. Ist die *return*-Anweisung jedoch ausgeführt, erhält eben dieser Ausdruck

```
kubus(2.0)
```

den Wert des Rückgabewerts, nämlich $x * x * x$ bzw. 2.0 * 2.0 * 2.0, was bekanntlich 8.0 ergibt und der dritten Potenz von 2.0 entspricht:

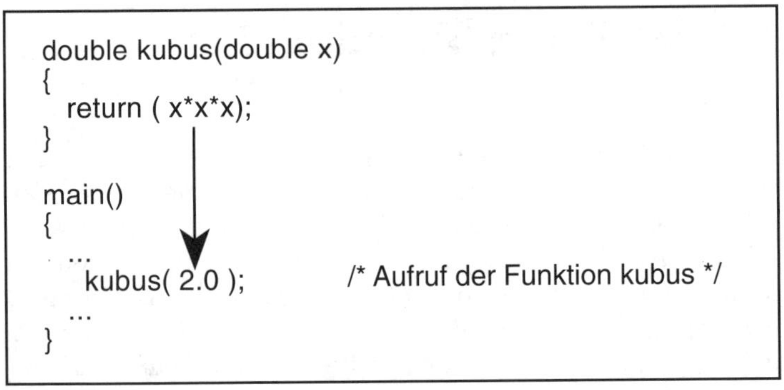

```
double kubus(double x)
{
   return ( x*x*x);
}

main()
{
   ...
   kubus( 2.0 );          /* Aufruf der Funktion kubus */
   ...
}
```

Abb. 154: Der Rückgabewert der Funktion kubus wird an die Stelle ihres Aufrufs übertragen

Man kann den Rückgabewert nun in *main* weiterverwenden, ihn beispielsweise in einer Variablen speichern und ausgeben, wie dies in dem folgenden Programm cube.c gezeigt wird.

▶ **cube.c:**

```
 1  /*    cube berechnet das Volumen eines Würfels. */
 2
 3  #include <stdio.h>
 4
 5  double kubus(double x)                      /* Definition der Funktion kubus */
 6  {
 7      return(x * x * x);
 8  }
 9
10  main()
11  {
12      double e;                               /* Kantenlänge des Würfels  */
13      double volume;                          /* Volumen des Würfels  */
14
15      printf("Länge der Würfelkante: ");
16      scanf("%lf", &e);
17
18      volume = kubus(e);      /*   Aufruf der Funktion kubus und Zuweisung
19                                   des Rückgabewerts an die Variable volume. */
20
21      printf("\nDas Volumen des Würfels ist: %f", volume);
22  }
```

Das Programm fragt nach der Länge der Würfelkante, errechnet dann mit Hilfe der Funktion *kubus* das Volumen des Würfels und gibt das Ergebnis aus. Die Zuweisung des Rückgabewerts an die Variable *volume* hätte im übrigen nicht unbedingt sein müssen. Daß, der Ausdruck

```
kubus(e)
```

selbst den Wert des Rückgabewerts annimmt, wäre statt

```
volume = kubus(e)
printf("\nDas Volumen des Würfels ist: %f", volume);
```

die folgende Codierung ohne die Variable *volume* etwas kompakter:

```
printf("\nDas Volumen des Würfels ist: %f", kubus(e));
```

Hier wird die Funktion *kubus* als Parameter der Funktion *printf* aufgerufen. Nach Ausführung der Funktion *kubus* erhält der Ausdruck *kubus(e)* den Wert des Rückgabewerts und wird ausgegeben.

Wollte man das Würfelprogramm etwas universeller gestalten, so daß nicht nur die Volumina von Würfeln, sondern von beliebigen Quadern berechnet werden können, so käme man - bei gleicher Programmstruktur nicht aus, da Länge, Breite und Höhe des Quaders von verschiedenem Wert sein können. Wir ändern deshalb unser Programm cube.c entsprechend ab.

10

▶ **cube2.c:**

```
 1  /*    cube2 berechnet das Volumen eines Quaders  */
 2
 3  #include <stdio.h>
 4
 5  double quader(double x, double y, double z) /* Funktionsdefinition quader */
 6  {
 7      return(x * y * z);
 8  }
 9
10
11  main()
12  {
13      double l, b, h;
14
15
16      printf("Länge, Breite, Höhe des Quaders: ");
17      scanf("%lf %lf %lf", &l, &b, &h);
18
19  /*  Aufruf der Funktion quader und Ausgabe des
20      Rückgabewerts durch die Funktion printf:   */
21
22      printf("\nDas Volumen des Quaders ist: %f", quader(l, b, h));
23  }
```

Der Unterschied zu cube.c ist nicht groß. Er besteht lediglich darin, daß die Parameterliste statt eines jetzt drei Parameter umfaßt, außerdem statt eines nun drei Werte eingelesen werden müssen. Die Werte der Aktualparameter l, b und h, mit denen die Funktion *quader* aufgerufen wird, werden der Reihe nach in die Formalparameter x y; und z übertragen, so daß x den Wert von l erhält, y den Wert von b und z den Wert von h:

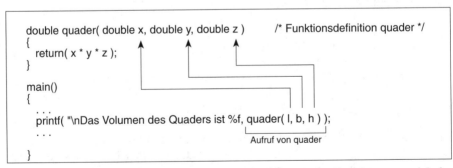

Abb. 155: *Beim Aufruf der Funktion quader werden die Werte der Aktualparameter l, b, h der Reihe nach in die Formalparameter x, y, z übertragen*

Als allgemeine Regel für die Zuordnung der Aktualparameter zu den Formalparametern können wir festhalten, daß stets der erste aktuelle Parameter mit dem ersten formalen Parameter korrespondiert, der zweite aktuelle Parameter mit dem zweiten formalen Parameter und der n-te Aktualparameter schließlich mit dem n-ten Formalparameter. Man sieht leicht ein, daß man mit Fehlern zu rechnen hat, wenn die Anzahl der aktuellen Parameter von der Anzahl der formalen Parameter abweicht.

Es ist selbstverständlich auch möglich, eine Version der Funktion *kubus* zu konstruieren, die überhaupt keinen Parameter zur Durchführung ihrer Aufgabe benötigt. Um anzuzeigen, daß eine Funktion keine Parameter besitzt, wird in der Funktionsdefinition; (aber nicht im Funktionsaufruf) das Schlüsselwort *void*, das wir bereits aus einem anderen Kontext kennen, anstelle von Parametern zwischen die Funktionsklammern gesetzt, so wie dies in der Definition der Funktion *kubus2* im folgenden Programm der Fall ist. (Damit kennen wir nun drei Anwendungen von *void*: als Datentyp (siehe das Kapitel 9 "Zeiger"), als Hinweis darauf, daß eine Funktion keinen Rückgabewert besitzt, sowie als Indikator für eine leere Parameterliste.)

▶ **cube3.c:**

```
 1  /*cube3 berechnet das Volumen eines Würfels mit einer Funktion ohne Parameter */
 2
 3
 4  #include <stdio.h>
 5
 6
 7  double kubus2(void)          /*   Definition der Funktion kubus2.
 8                                    Das Schlüsselwort void zeigt an, daß
 9                                    die Funktion keine Parameter besitzt  */
10  {
11      double e;                /*   lokale Variable der Funktion kubus2   */
12      printf("Länge der Würfelkante: ");
13      scanf("%lf", &e);
14      return (e * e * e);
15  }
16
17  main()
18  {
19
20                        /*   Aufruf der Funktion kubus2 und Ausgabe des
21                             Rückgabewerts durch die Funktion printf:   */
22
23      printf("\nDas Volumen des Würfels ist: %f", kubus2());
24  }
```

In dieser Version der Funktion *kubus* gibt es keine Funktionsparameter. Wir beachten, daß der Aufruf einer Funktion ohne Parameter mit leeren Funktionsklammern erfolgt. Die Funktion hat außerdem eine Aufgabe übernommen, die zuvor von *main* durchgeführt wurde, nämlich das Einlesen der Länge der Würfelkante in eine Variable. Diese Variable *e* ist kein Funktionsparameter, sondern eine "normale" lokale Variable der Funktion *kubus2*, die innerhalb der Blockklammern definiert wird. Ansonsten gibt die Funktion auch in dieser Variante das Ergebnis ihrer Berechnungen an das Hauptprogramm zurück, wo es ausgegeben wird.

Die folgende Übersicht ist ganz instruktiv, insofern als sie den Codes der Funktionen *kubus*, *kubus2* und *quader* ihre umgangssprachliche Interpretationen gegenüberstellt:

Funktionscode	Beschreibung

```double kubus(double x)```
 	
``` {```
 	
``` return (x*x*x);```
 	
``` }```
	kubus ist eine Funktion vom Typ *double* mit einem Parameter vom Typ *double*. Sie berechnet die 3. Potenz einer Zahl (z. B. das Volumen eines Würfels).

```Double kubus2(void)```
``` {```
``` double e;```
``` Printf("länge der Würfelkante:");```
``` scanf("%lf", &e);```
 	
``` return (e*e*e);```
``` }```
	kubus2 ist eine Funktion vom Typ *double* ohne Parameter. Sie berechnet die 3. Potenz einer Zahl.

```double quader (double x, double y, double z)```
``` {```
``` return (x*y*z);```
``` }```
	quader ist eine Funktion vom Typ *double* mit drei Parametern vom Typ *double*. Sie berechnet das Produkt dreier Zahlen (z. B. das Volumen eines Quaders).

Programmcode und umgangssprachliche Beschreibung von Funktionen

Funktionsdefinition nach der älteren Syntax

Neben der neueren Form der Funktionsdefinition existiert noch eine zweite, ältere Form, die gegenwärtig ebenfalls noch gültig ist:

Funktionsdefinition (Ältere Syntax):

```
[speicherklasse] [typ] name ([n1, n2, ... , nn])
[Definition der Formalparameter n1 ... nn]
    {
        [Definitionen lokaler Variablen]
        [Deklarationen externer Variablen]
        [Deklarationen weiterer Funktionen]

        [Anweisungen]
    }
```

Der Unterschied zur ersten Syntax besteht darin, daß in der Parameterliste der Kopfzeile nur die Namen der Parameter angegeben werden, nicht aber ihre Datentypen. Dementsprechend stellen *n1* bis *nn* also die Liste der Parameternamen dar. Die Definition der Formalparameter erfolgt separat in der nächsten Zeile. Besitzt die Funktion keine Parameter, kann das Schlüsselwort *void* auch weggelassen werden. Die Funktionsklammern können also leer bleiben (sollten es aber nicht). Die folgende Übersicht zeigt einen Vergleich zwischen älterer und neuerer Funktionsdefinition anhand unserer drei Beispielfunktionen:

Alte Form der Funktionsdefinition	Neue Form der Funktionsdefinition
```double kubus(x)``` `double x;` `{` `  return (x*x*x);` `}`	```double kubus(double x)``` `{` `  return (x*x*x);` `}`
```double kubus2()``` `{` `  double e;` `  printf("länge der Würfelkante:");` `  scanf("%lf", &e);` `  return (e*e*e);` `}`	```double kubus2(void)``` `{` `  double e;` `  printf("länge der Würfelkante:");` `  scanf("%lf", &e);` `  return (e*e*e);` `}`
```double quader (x,y,z)``` `double x,y,z;` `{` `  return (x*y*z);` `}`	```double quader (double x,``` `              double y,` `              double z)` `{` `  return (x*y*z);` `}`

Alte und neue Form der Funktionsdefinition

Eine einfache Übung

Wir versuchen nun zur Übung, eine Funktionsdefinition aus einer entsprechenden Aufgabenstellung heraus zu entwickeln und in einen entsprechenden Programmkontext zu stellen. Wir stellen uns dazu vor, daß für ein Programm eine Funktion benötigt wird, welche die größere von zwei ganzen Zahlen ermittelt. Eine solche Funktion kann beispielsweise für Sortierprogramme von Nutzen sein, da vor eventuellen Vertauschungsoperationen zunächst festgestellt werden muß, welches von zwei Objekten das größere ist.

Um den größeren von zwei Werten herauszufinden, müssen diese Werte miteinander verglichen werden. Man könnte sie der Funktion, die dies tun soll, als Parameter übergeben. Nennen wir sie *a* und *b*. Dann sind folgende Fälle zu unterscheiden:

```
a > b
a < b
a = b
```

Bedenken wir ferner, daß die Funktion einen Wert zurückliefern soll, aus dem hervorgeht, welche die größere der beiden Zahlen ist, so könnten wir für den Funktionsrumpf provisorisch folgenden Code formulieren:

```
. . .      /*  Funktionskopf */
{
    if (a > b)                              /* a größer b */
        return (a);
    else if (a < b)                         /* a kleiner b*/
        return (b);
    else                            /* Zahlen sind gleich   */
        return (0);
}
```

In der obigen Form liefert die Funktion den größeren der beiden ganzzahligen Werte zurück oder *0*, falls die Werte gleich sind. Wir können daher für die Parameter den gleichen Datentyp wählen wie für den Rückgabewert (was natürlich im allgemeinen nicht so sein muß, denn was eine Funktion an Werten erhält, ist eine Sache, was sie zurückgibt, eine andere). Da in der Aufgabenstellung über die Größe der ganzen Zahlen keine Angaben gemacht werden, wählen wir sowohl für die Formalparameter als auch für den Rückgabewert den Typ *long*, um auch größere Zahlen bearbeiten zu können. Damit sind wir nun in der Lage, die Definition unserer Funktion mit dem fehlenden Funktionskopf zu vervollständigen, allerdings benötigen wir noch einen Namen für die Funktion. Da wir *long*-Werte vergleichen wollen, nennen wir sie *lcomp*:

```
/*  lcomp bestimmt die größere von zwei ganzen Zahlen.  */

long lcomp(long a, long b)
{
    if (a > b)                              /*   a größer b     */
        return (a);
    else if (a < b)                         /*   a kleiner b    */
        return (b);
    else                            /*   Zahlen sind gleich */
        return (0);
}
```

Das folgende einfache Programm erhält als Eingabe zwei Zahlen und verwendet die Funktion *lcomp* dazu, die größere von beiden zu bestimmen. Das Programm führt keine Plausibilitätskontrolle der eingegebenen Werte durch.

▶ **showmax1.c:**

```
 1  /*   showmax1 ermittelt die größere von zwei eingegebenen Zahlen. */
 2
 3  #include <stdio.h>                                    /*   printf, scanf */
 4
 5  long lcomp(long a, long b)                  /*   Funktionsdefinition lcomp   */
 6  {
 7      if (a > b)                                     /*  a größer b    */
 8          return (a);
 9      else if (a < b)                                /*  a kleiner b   */
10          return (b);
11      else                                    /*   Zahlen sind gleich */
12          return (0);
13  }
14
15  main()
16  {
17      long x, y;
18
19      printf("\033[2J");
20      printf("Das Programm bestimmt die größere von zwei ganzen Zahlen\n"
21             "aus dem Bereich -2 000 000 000 bis +2 000 000 000.");
22
23      printf("\n\n1. Ganze Zahl: ");
24      scanf("%ld", &x);
25
26      printf("\n\n2. Ganze Zahl: ");
27      scanf("%ld", &y);
28
29  /**************** Größere der beiden Zahlen ausgeben: ****************/
30
31      if (lcomp(x, y) == x)        /* falls Rückgabewert von lcomp gleich x  */
32          printf("\n\nDie größere Zahl ist %ld.", x);
33      else if (lcomp(x,y) == y)    * falls Rückgabewert von lcomp gleich y.  */
34          printf("\n\nDie größere Zahl ist %ld.", y);
35      else
36          printf("\n\nDie beiden Zahlen sind gleich.");
37
38  }
```

Verbesserungen

Die Funktion *lcomp* erfüllt ihre Aufgabe, aber uns fällt vielleicht auf, daß sowohl in der Funktion *lcomp* als auch in *main* mit einer *if else*-Konstruktion geprüft wird, welches der drei möglichen Zahlenverhältnisse vorliegt (a>b, b<a, a=b). Ist es in *lcomp* unbedingt nötig, jeden der drei Fälle mit einer eigenen Anweisung zu berücksichtigen? Könnte man das Größenverhältnis der beiden Zahlen nicht auch einfacher bestimmen? Wie wäre es z. B. mit der Differenz *(a - b)* der beiden Zahlen? Ist *a* größer als *b*, ist die Differenz *(a-b)* positiv, d. h. größer Null. Ist *a* kleiner als *b*, ist sie negativ, d. h. kleiner Null. Ist *a* gleich *b*, ist sie gleich Null. Wir können also aus der Differenz der beiden

Zahlen ableiten, welcher der drei Fälle gegeben ist. Wenn daher die Funktion *lcomp* diese Differenz zurücklieferte, könnte die aufrufende Funktion *main* daraus entnehmen, welche der beiden Zahlen die größere ist bzw. ob sie gleich sind. Wenn wir diese Idee bei der Definition von *lcomp* umsetzen, erhalten wir:

```
long lcomp(long a, long b)
    {
        return (a - b);
    }
```

Danach müssen wir nur noch die entsprechende Passage im Hauptprogramm *main* so verändern, daß der neue Rückgabewert verarbeitet werden kann:

```
if (lcomp(x, y) > 0)                    /*  Rückgabewert von lcomp größer 0? */
    printf("\n\nDie größere Zahl ist %ld.", x);
else if (lcomp(x, y) < 0)               /*  Rückgabewert von lcomp kleiner 0?*/
    printf("\n\nDie größere Zahl ist %ld.", y);
else
    printf("\n\nDie beiden Zahlen sind gleich.");
```

Können wir damit zufrieden sein? Bei genauerem Hinsehen stellen wir fest, daß die Funktion *lcomp* zweimal aufgerufen wird, das erste Mal im *if*-Zweig der bedingten Anweisung und ein zweites Mal im ersten *else*-Zweig, obwohl natürlich ein Funktionsaufruf ausreichen würde, um festzustellen, welche von beiden Zahlen die größere ist. Dieser doppelte Funktionsaufruf rührt daher, daß in der obigen Codierung der Rückgabewert der Funktion direkt verwendet und nicht in einer Variablen gespeichert wird. Er ist daher nur einmal verfügbar. Führen wir in *main* jedoch eine zusätzliche Variable

```
long result;
```

ein, die den Ergebniswert von *lcomp* aufnimmt, benötigen wir nur einen Funktionsaufruf von *lcomp*:

```
if ((result = lcomp(x, y)) > 0)        /*  Rückgabewert von lcomp größer 0? */
    printf("\n\nDie größere Zahl ist %ld.", y);
else if (result < 0)                   /*  Rückgabewert von lcomp kleiner 0?*/
    printf("\n\nDie größere Zahl ist %ld.", y);
else
    printf("\n\nDie beiden Zahlen sind gleich.");
```

Das folgende Programm showmax2.c ist die entsprechend modifizierte Version unseres Programms showmax1.c:

▶ **showmax2.c:**

```
1   /*   showmax2 ermittelt die größere von zwei eingegebenen Zahlen.  */
2
3   #include <stdio.h>                                        /*   printf, scanf */
4
5   long lcomp(long a, long b)              /*   Funktionsdefinition lcomp    */
6   {
7        return (a - b);
8   }
9
10      main()
11      {
12          long x, y, result;
13
14
15          printf("\033[2J");
16          printf("Das Programm bestimmt die größere von zwei ganzen Zahlen\n"
17                       "aus dem Bereich -2 000 000 000 bis +2 000 000 000.");
18
19          printf("\n\n1. Ganze Zahl: ");
20          scanf("%ld", &x);
21          printf("\n\n2. Ganze Zahl: ");
22          scanf("%ld", &y);
23
24          /*********** Größere der beiden Zahlen ausgeben:  ************/
25
26          if ((result = lcomp(x, y)) > 0)/*Rückgabewert von lcomp größer 0? */
27               printf("\n\nDie größere Zahl ist %ld.", x);
28          else if (result < 0)        /*   Rückgabewert von lcomp kleiner 0?*/
29               printf("\n\nDie größere Zahl ist %ld.", y);
30          else
31               printf("\n\nDie beiden Zahlen sind gleich.");
32      }
```

10.2 Deklaration von Funktionen

Die Definition einer Funktion muß zwar global, d. h. außerhalb jeder anderen Funktion, erfolgen, kann aber ansonsten an beliebiger Stelle im Programm vorgenommen werden. Bisher standen die Definitionen unserer selbstverfaßten Funktionen vor der Hauptfunktion *main*, allgemeiner formuliert, befanden sie sich im Programm vor jener Funktion, in der wir sie verwendet haben. Damit waren die Funktionen dem Compiler bereits bekannt, bevor sie aufgerufen wurden. Dieser Umstand ist von Bedeutung. Riefe man eine dieser Funktionen nämlich auf, bevor der Compiler irgendwelche Informationen über sie hat, könnten sich Komplikationen ergeben. So wäre in einem solchen Fall der Rückgabewert der Funktion nicht definiert, und der Compiler würde

als Typ des Rückgabewerts *int* annehmen, was im Widerspruch zu einer späteren Funktionsdefinition stehen könnte. Der Compiler wäre außerdem nicht
in der Lage zu überprüfen, ob die Parameter in der Funktionsdefinition (die
Formalparameter) mit den Parametern im Funktionsaufruf (den Aktualparametern) übereinstimmen. Typfehler würden nicht bemerkt, und der Compiler
könnte keine entsprechende Fehlermeldung ausgeben. Würden man beispielsweise das Programm cube.c in der Version (cube4.c)

```
#include <stdio.h>

main()
{
    double e;
    double volume;

    printf("Länge der Würfelkante: ");
    scanf("%lf", &e);

    volume = kubus(e);      /*  Aufruf der Funktion kubus und Zuweisung
                                des Rückgabewerts an die Variable volume. */
    printf("\nDas Volumen des Würfels ist: %f", volume);
}                                      /*  Ende der Hauptfunktion main */

double kubus(double x)                 /*  Definition der Funktion kubus    */
{
    return(x * x * x);
}
```

übersetzen lassen, in der die Funktion *kubus* erst nach *main* definiert wird, so
tritt die eben beschriebene Situation ein: Die Funktion *kubus* wird (in *main*)
aufgerufen, bevor sie definiert ist. Wenn man das Programm in dieser Form
übersetzt, zeigt der Compiler einen Re-Definitionsfehler an, was besagt, daß
der Compiler zum Zeitpunkt des Aufrufs von *kubus* nur unzureichende Informationen über die Funktion besaß, insbesondere den Typ des Rückgabewerts nicht kannte und deshalb als Standard für diesen Wert den Typ *int* an-
nahm. Zu einem späteren Zeitpunkt im Programm erfolgt jedoch die Definition der Funktion mit dem Typ *double*, und diese Unstimmigkeit veranlaßt den
Compiler, die Übersetzung des Programms abzubrechen und eine entsprechende Fehlermeldung auszugeben. Um dem Compiler in Fällen wie dem soeben vorgeführten die nötigen Informationen über eine Funktion vor ihrem
Aufruf zur Verfügung zu stellen, muß man sie ihm mit einem besonderen
Sprachkonstrukt, einer sog. Funktionsdeklaration, bekannt machen.

Eine Funktionsdeklaration ist immer dann erforderlich, wenn Funktionen vor
ihrer Definition (oder in anderen Modulen, als dem, in dem die Definition
enthalten ist) verwendet werden sollen. Eine Funktionsdeklaration macht wie
eine Funktionsdefinition Angaben über Namen, Typ des Rückgabewerts,
Speicherklasse und eventuelle Parameter der Funktion. Im Gegensatz zu einer Funktionsdefinition stellt eine Funktionsdeklaration aber lediglich eine

Information für den Compiler über ein bereits bestehendes Objekt dar, ohne daß dabei ein neues Objekt erzeugt würde. Wie bei einer Variablen kann auch eine Funktion zwar mehrfach deklariert, aber nur einmal definiert werden.

Dreifache Syntax für Funktionsdeklarationen: Prototypen und herkömmliche Form

Für die Deklaration einer Funktion bestehen ebenfalls mehrere syntaktische Formen nebeneinander. Zum aktuellen ANSI-Standard gehört der sogenannte Funktionsprototyp in zwei Varianten. Daneben existiert noch eine - weniger empfehlenswerte - ältere Form der Deklaration. Die Funktionsdeklaration in Form des Funktionsprototyps hat die folgende Syntax:

```
[speicherklasse] [typ] name ([d_1 n_1, d_2 n_2, ... , d_n n_n]); /* (Vollständiger)
                                                     Funktionsprototyp */
```

Auch hier bedeuten *d1* bis *dn* die Datentypen und *n1* bis *nn* die Namen eventueller Parameter. Besitzt die Funktion keine Parameter, zeigt man dies wie bei der Funktionsdefinition durch das Schlüsselwort *void* zwischen den Funktionsklammern an. Die Ähnlichkeit der Deklaration mit dem Kopf der Funktionsdefinition ist offenkundig. Der Unterschied besteht lediglich in dem Semikolon am Ende der Deklaration. Eine Variante des Funktionsprototyps verzichtet auf die Parameternamen und gibt nur ihre Datentypen an, was als Information für den Compiler aber ausreicht, da die Namen der Parameter in der Prototyp-Deklaration lediglich dokumentarische Bedeutung haben:

```
[speicherklasse] [typ] name ([d1, d2, ... , dn]);    /*  Prototyp-Variante */
```

Um also beispielsweise die Funktion *kubus* vor ihrem Aufruf in cube4.c zu deklarieren, kämen daher sowohl

```
double kubus(double x);
```

als auch

```
double kubus(double);
```

in Frage. Man wählt grundsätzlich den vollständigen Funktionsprototyp und erhält für cube4.c dementsprechend die folgende, nunmehr fehlerfreie Codierung:

10

▶ **cube4.c:**

```
 1   /* cube4 berechnet das Volumen eines Würfels.  */
 2
 3   #include <stdio.h>
 4
 5   main()
 6   {
 7   double kubus(double x);          /*   Deklaration der Funktion kubus
                                          (Funktionsprototyp).
 8                                          Notwendig, weil kubus vor ihrer
                                          Definition aufgerufen wird.    */
 9   double e, volume;
10
11
12       printf("Länge der Würfelkante: ");
13       scanf("%lf", &e);
14       volume = kubus(e); /*   Aufruf der Funktion kubus und Zuweisung
15                               des Rückgabewerts an die Variable volume. */
16       printf("\nDas Volumen des Würfels ist: %f", volume);
17   }                               /*   Ende der Hauptfunktion main */
18
19   double kubus(double x)          /*   Definition der Funktion kubus    */
20   {
21       return(x * x * x);
22   }
```

Ältere Form der Funktionsdeklaration

Im Gegensatz zu den Funktionsprototypen enthält die ältere Form der Funktionsdeklaration keine Angaben zu den (eventuell vorhandenen) Parametern einer Funktion:

```
[speicherklasse] [typ] name();  /*  Ältere Form der Funktionsdeklaration  */
```

Die fehlenden Angaben zu den Funktionsparametern können sich nachteilig auswirken, denn der Compiler überprüft, im Fall daß ein Funktionsaufruf vor der Definition der Funktion erfolgt, mit Hilfe der Parameterliste aus der Deklaration - die natürlich ein Abbild der Parameterliste der Funktionsdefinition sein muß -, ob Datentyp und Anzahl der Parameter im Funktionsaufruf dem entsprechen, was in der Funktionsdefinition vereinbart wurde. Bleiben die Funktionsklammern in der Deklaration leer (oder fehlt die Funktionsdeklaration ganz), findet keinerlei Überprüfung der Parameter statt, was dazu führt, daß Typfehler vom Compiler nicht erkannt und gemeldet werden können. Trifft der Compiler bei leerer Parameterliste oder fehlender Deklaration auf den Aufruf einer Funktion vor deren Definition, erstellt er einen Funktionsprototypen aus den Informationen, die er dem Funktionsaufruf entnehmen kann. Man bezeichnet in einem solchen Fall den Funktionsaufruf auch als implizite Funktionsdeklaration. Enthält der Funktionsaufruf dann andere Parametertypen als die Funktionsdefinition, können daraus Fehler im Programm resultieren. Betrachten wir dazu ein einfaches Beispiel:

▶ **typerr.c:**

```
1   /*typerr demonstriert Typfehler bei Funktionsparametern. */
2
3   #include <stdio.h>
4
5   main()
6   {
7       void func(int i);  /* Deklaration der Funktion func(Funktionsprototyp) */
8       double d = 3.14;
9
10      func(d); /* Aufruf der Funktion func mit einem Parameter"falschen" Typs*/
11      }
12
13      void func(int i)                    /*   Definition der Funktion func */
14      {
15          printf("%d", i);
16      }
```

Im obigen Programm wird die Funktion *func* vor ihrem Aufruf mit einem Funktionsprototypen deklariert, aus dem für den Compiler hervorgeht, daß *func* einen Parameter vom Typ *int* besitzt. Der nachfolgende Aufruf der Funktion wird daher vom Compiler auf korrekte Syntax überprüft und veranlaßt ihn wegen des Aktualparameters vom Typ *double* zu einem Hinweis auf die unterschiedlichen Datentypen von aktuellem und formalem Parameter bzw. zu einer Konvertierung des Aktualparameters in den Typ des Formalparameters. Ignoriert man die Warnung und führt das Programm ohne Änderung aus, erhält man als Ausgabe den Wert *3*, da bei der Konvertierung des *double*-Werts in den Typ *int* die Nachkommastellen des Werts *3.14* verlorengehen.

Hätte man anstelle des Funktionsprototyps mit

```
void func();
```

die ältere Form der Deklaration mit leerer Parameterliste gewählt, würde der Compiler keinen Syntaxcheck durchführen und dementsprechend auch nicht vor den unterschiedlichen Datentypen von Aktual- und Formalparameter warnen. Wegen der fehlenden (impliziten) Konvertierung würde der Gleitkommawert als ganzzahliger Wert interpretiert, der bei der Ausführung des Programms als (unsinniges) Resultat angezeigt wird. Hat eine Funktion tatsächlich keine Parameter, so sollte dies dem Compiler - wie in der Funktionsdefinition - auch in der Funktionsdeklaration mit dem Schlüsselwort *void* zwischen den Funktionsklammern angezeigt werden. Mit

```
void func(void);
```

10

würde eine Funktion *func* deklariert, von der der Compiler aufgrund der Angabe *void* anstelle einer Parameterliste nun annimmt, daß sie keine Parameter besitzt. Die Konsequenz der obigen Deklaration wäre - anders als bei einer Deklaration mit leerer Parameterliste -, daß der Compiler diesen Sachverhalt bei einem Aufruf der Funktion überprüft, den Syntaxcheck demnach durchführt. Im Zusammenhang mit der älteren Form der Funktionsdeklaration sei auf die beiden nachstehenden Deklarationen hingewiesen, die man gut auseinanderhalten sollte:

```
func();
void func(void);
```

Die obere der Deklarationen ist für Funktionen vom Typ *int* möglich (aber nicht empfehlenswert), bei denen man den Datentyp des Rückgabewerts nicht unbedingt mit angeben muß, da der Compiler in diesem Fall als Standard den Typ *int* annimmt. (Man könnte allerdings im obigen Fall die Deklaration ebensogut ganz weglassen - was gelegentlich auch getan wird -, da für den Compiler eine solche Deklaration praktisch nicht mehr an Information enthält als eine nicht vorhandene.) Während die untere Deklaration definitiv anzeigt, daß die betreffende Funktion weder Rückgabewert noch Parameter besitzt, hat die obere Funktion trotz der leeren Funktionsklammern möglicherweise Parameter, was zu den schon beschriebenen Problemen führen kann. Weist eine solche Funktion einen Rückgabewert von einem anderen Typ als *int* auf und wird die Funktion vor ihrer Deklaration oder Definition aufgerufen, erkennt der Compiler (wie bereits weiter oben erwähnt) aufgrund der unterschiedlichen Datentypen für den Rückgabewert in Funktionsaufruf und Funktionsdefinition einen (Re-Definitions-)Fehler, wenn er auf die spätere Funktionsdefinition trifft.

Lokale Funktionsdeklaration

Wie bei der Definition spielt es auch bei der Deklaration einer Funktion eine Rolle, an welcher Stelle sie sich im Programm befindet. Natürlich soll sie vor dem ersten Aufruf der Funktion stehen. In unseren Beispielen stand sie außerdem innerhalb von *main*, also innerhalb einer anderen Funktion. Dies bedeutet - ähnlich wie bei Variablendefinitionen - daß die so deklarierte Funktion nur innerhalb von *main* bekannt ist (bzw. innerhalb der Funktion, in der sie deklariert wird). Damit könnten beispielsweise andere Funktionen im selben Modul diese Funktion nicht ohne weiteres verwenden. Der Vergleich zweier Programmkonstrukte verdeutlicht diese Situation:

```
main()                                        .
{                                             }
    Deklaration func1;
    Deklaration func2;                     func1
    .                                      {
    Aufruf func1;                              .
```

```
        .                                          }
    Aufruf func2;
        .                                      func1
        .                                      {
    }                                              Deklaration func2;

    func2()                                            .
    {                                              Aufruf func2;
        .                                              .
        .                                              .
        .                                          }
    }
        main()                                 func2
        {                                      {
            Deklaration func1;                     .
                .                                  .
            Aufruf func1;                          .
                .                              }
```

Links eine problematische, rechts eine korrekte Deklaration von func2

Das linke Programm deklariert die Funktion *func2* innerhalb von *main*. Der Aufruf von *func2* erfolgt in *func1*. Da die Deklaration in *main* stattfand, ist *func2* (gemäß dem ANSI-Standard) in *func1* unbekannt, d. h., der Compiler erzeugt beim Aufruf von *func2* aus den Informationen, die er dem Aufruf entnehmen kann, *intern* einen Funktionsprototypen für die Funktion *func2*. Die Annahmen, die der Compiler dabei über den Typ der Funktion und ihre Parameter macht, müssen nicht unbedingt mit den entsprechenden Angaben aus der späteren Funktionsdefinition übereinstimmen, was zu Übersetzungs- oder Laufzeitfehlern führen kann. (Es gibt allerdings Compiler, die ANSI-Norm dahingehend erweitern, daß Funktionen vom Zeitpunkt ihrer Deklaration an im gesamten Rest der Quelldatei sichtbar (d. h. bekannt) sind, unabhängig davon, ob die Deklaration funktionsintern oder global erfolgte. In unserem Beispiel hieße dies, daß die Funktion *func2* in *func1* bekannt ist, obwohl sie innerhalb einer anderen Funktion, nämlich *main*, deklariert wurde. Derartige Erweiterungen der ANSI-Norm können die Portabilität von Programmen einschränken. Auf Systemen mit Compilern, die streng nach dieser Norm arbeiten, kann es zu Problemen kommen.)

Das rechte Programm deklariert die Funktion *func2* innerhalb von *func1* und ruft sie dann dort auf. Dies bereitet jetzt keinerlei Schwierigkeiten, da *func2* durch die Deklaration in *func1* bekannt ist. Dagegen würde ein Aufruf von *func2* in *main* im rechten Programm - wegen der fehlenden Deklaration - zu ähnlichen Problemen führen, wie sie gerade für das linke Programm beschrieben wurden. Wir betrachten ein konkretes Programmbeispiel. Dazu teilen wir unsere Würfel-Funktion *kubus2* in zwei Teile und machen daraus zwei selbständige Funktionen, die wir *first* und *second* nennen:

```
/* cube5err demonstriert falsch          /* cube5ok - demonstriert richtig
   plazierte Funktionsdeklaration.  */      plazierte Funktionsdeklaration.  */

#include <stdio.h>                        #include <stdio.h>

main()                                    main()
  {                                         {
  double first(void);                       double first(void);
  double second(double x);
                                            printf("\nVolumen = %f", first());
  printf("\nVolumen = %f", first());      }
  }
double first(void)                        double first(void)
   {                                          {
   double e;                                  double e;
                                              double second(double x);
   printf("Länge der Würfelkante: ");        printf("Länge der Würfelkante: ");
   scanf("%lf", &e);                          scanf("%lf", &e);
   return (second(e));                        return (second(e));
   }                                          }

double second(double x)                   double second(double x)
{                                         {
  return (x * x * x);                       return (x * x * x);
}                                         }
```

Die beiden Quelltexte entsprechen den Programmkonstrukten auf der vorhergehenden Seite. Die Funktion *first* liest die Länge der Würfelkante ein und
ruft dann innerhalb der *return*-Anweisung zur Berechnung des Volumens die
Funktion *second* auf. Die Funktion *second* führt diese Berechnung durch und
liefert das Ergebnis an die Funktion *first* zurück, welche es ihrerseits mit der
return-Anweisung an *main* weitergibt.

In cube5err.c sorgt die ausschließlich in *main* vorhandene Deklaration von *second* dafür, daß *second* in *first* unbekannt ist. Dies ruft auf einem streng nach
der ANSI-Norm arbeitenden Compiler eine entsprechende Fehlermeldung
hervor.

Das Programm cube5ok.c vermeidet diesen Fehler durch die Deklaration von
second in der Funktion *first*.

Globale Funktionsdeklaration

Die Deklaration einer Funktion innerhalb der Funktion, in der sie verwendet
werden soll, ist eine Möglichkeit, die Funktion im gewünschten Programmbereich bekanntzumachen. Eine andere besteht darin, Funktionen global zu deklarieren, d. h. außerhalb jeder Funktion. Damit sind die Funktionen ab der
Deklaration in der gesamten übrigen Datei bekannt. Stehen die Deklarationen
am Anfang der Quelldatei, noch vor *main*, können die Funktionen von allen
Funktionen des Moduls ohne weiteres benutzt werden:

cube6.c:

```
1  /* cube6 demonstriert globale Funktionsdeklaration.  */
2
3  #include <stdio.h>
4
5  double first(void);                          /*   Globale Deklaration    */
6  double second(double x);              /*   der Funktionen first und second. */
7
8      main()
9      {
10          printf("\nVolumen = %f", first()); /* Aufruf der Funktion first    */
11      }
12
13      double first(void)               /*   Definition der Funktion first    */
14      {
15          double e;
16
17          printf("Länge der Würfelkante: ");
18          scanf("%lf", &e);
19          return (second(e));               /*   Aufruf der Funktion second  */
20      }
21
22
23      double second(double x)          /*   Definition der Funktion second   */
24      {
25          return (x * x * x);
26      }
```

Funktionsdeklarationen in Programmen mit mehreren Modulen

Die globale Deklaration der beiden Funktionen *first* und *second* am Anfang der Datei sorgt dafür, daß sie überall im Modul bekannt sind und problemlos aufgerufen werden können. Was aber geschieht, wenn das Programm mehr als ein Modul hat? Man könnte z. B. unser letztes Demonstrationsprogramm cube6.c, das aus nur einer Quelldatei besteht, auf mehrere Module verteilen, indem man die Funktionen *main*, *first* und *second* jeweils in eine eigene Datei schreibt. Das Programm soll dabei nach dem Kompilieren und Linken den Namen des ersten Moduls *cube7* bekommen. Wir versuchen es zunächst mit der folgenden Programmversion (von der sich allerdings herausstellen wird, daß sie nicht korrekt ist):

cube7 (fehlerhafte Version):

cube7.c:

```
1  #include<stdio.h>
2
3  main()
```

10

```
4 {
5    printf("\nVolumen = %f", first() );
6 }
```

▶ **f_modul.c:**

```
1 #include<stdio.h>
2
3 double first(void)
4 {
5    double e;
6
7    printf("Länge der Würfelkante: ");
8    scanf("%lf", &e);
9    return (second(e));
10 }
```

▶ **s_modul.c:**

```
1 double second(double x)
2 {
3    return(x*x*x);
4 }
```

Das Programm cube7, bestehend aus drei Modulen, ist ohne die nötigen Funktionsdeklarationen fehlerhaft.

Würde man unser Programm in dieser Form kompilieren und linken, hätte man mit Fehlermeldungen zu rechnen. Der Grund dafür wäre, daß die Funktion *first* in cube7.c aufgerufen wird, dort aber weder definiert noch deklariert ist. *first* ist in cube7.c unbekannt. Ähnliches gilt für die Funktion *second*, die in f_modul.c benutzt werden soll. Die allgemeine Regel ist, daß eine Funktion in einem Modul deklariert werden muß, wenn ihre Definition sich nicht im selben, sondern in einem anderen Modul des Programms befindet. Eine solche Funktion, die in einem anderen Modul verwendet wird als dem, in dem sie definiert ist, heißt auch externe Funktion. Wir müssen unser Programm also ergänzen:

cube7 (korrekte Version):

▶ **cube7.c:**

```
1 #include<stdio.h>
2 double first (void);
3 main()
4 {
5    printf("\nVolumen = %f", first() );
6 }
```

▶ **f_modul.c:**

```
 1  #include<stdio.h>
 2  double second (double x);
 3  double first(void)
 4  {
 5     double e;
 6
 7     printf("Länge der Würfelkante: ");
 8     scanf("%lf", &e);
 9     return (second(e));
10  }
```

▶ **s_modul.c:**

```
1  double second(double x)
2  {
3     return(x*x*x);
4  }
```

Das Programm cube7 mit den erforderlichen Deklarationen.

Die Deklaration der Funktionen *first* und *second* erfolgt hier global am jeweiligen Dateianfang, so daß die deklarierte Funktion im betreffenden Modul überall bekannt ist. Soll eine externe Funktion nur in bestimmten Teilen eines Moduls bekannt sein, so erreicht man dies durch eine entsprechend weit hinten im Modul plazierte globale Deklaration bzw. durch eine lokale Deklaration innerhalb einer Funktion. In der folgenden Version des Würfelprogramms, die nur aus den beiden Modulen cube8.c und func23.c besteht, sind die Deklarationen so gewählt, daß die externe Funktion *second* im gesamten ersten Modul und die externe Funktion *third* nur in der Funktion *first* bekannt ist. Die nichtexterne Funktion *first* ist nur in *main* bekannt.

cube8.c

```
#include<stdio.h>

double second(double x);

main()
{
   double first(void));
   printf("\nVolumen = %f", first());
}

double first(void)
{
   double e;
   void third(void);

   third(void);
   printf("Länge der Würfelkante:");
   scanf("%lf", &e);
   return (second(e));
}
```

func23.c

```
#include<stdio.h>

double second(double x)
{
   return(x*x*x);
}

void third(void)
{
   printf("\033[2J");
}
```

10

cube8 besteht aus den Modulen cube8.c und func23; die Funktionen sind so deklariert, daß second im gesamten ersten Modul, first nur in main und third nur in first bekannt ist.

Bei der Deklaration von Funktionen aus anderen Modulen des Programms ist es vielfach üblich, mit dem (optionalen) Schlüsselwort *extern* zu dokumentieren, daß die verwendete Funktion nicht in derselben Quelldatei definiert ist, sondern daß man sie gewissermaßen *importiert* hat. Beispielsweise kann man eine Funktion aus einem anderen Modul mit

```
double second(double x);
```

oder auch mit

```
extern double second(double x);
```

deklarieren, letzteres, um anzuzeigen, daß es sich um eine "fremde" Funktion handelt.

Funktionsdeklarationen in Include-Dateien

Die Deklaration einer selbstgeschriebenen Funktion muß nicht unbedingt explizit vom Programmierer in den Quelltext hineingeschrieben werden. Sie kann sich - wie die Deklarationen der Bibliotheksfunktionen - ebensogut in einer Include-Datei befinden und dann zusammen mit dieser durch eine entsprechende Präprozessoranweisung in das jeweilige Programm eingefügt werden. Die Version *cube9* des Würfelvolumenprogramms besteht aus zwei Modulen und verwendet neben der systemeigenen Include-Datei *stdio.h* auch eine selbstgeschriebene Include-Datei *defndkl.h*, welche die Deklarationen der Funktionen *second* und *third* sowie die Definition der Funktion *first* enthält:

▶ *cube9.c:*

```
1  #include<stdio.h>
2  #include"defndkl.h"
3
4  main()
5  {
6      printf("\nVolumen = %f", first());
7  }
```

▶ *defndekl.c:*

```
1  double second(double x);
2  void third(void);
3
4  double first(void)
5  {
```

```
 6     double e;
 7
 8     third();
 9     printf("Länge der Würfelkante:");
10     scanf("%lf", &e);
11     return (second(e));
12  }
```

▶ **func23.c:**

```
 1  #include<stdio.h>
 2
 3  double second(double x)
 4  {
 5     return(x*x*x);
 6  }
 7
 8  void third(void)
 9  {
10     printf("\033[2J");
11  }
```

Das Programm cube9 besteht aus zwei Modulen und verwendet die selbstgeschriebene Include-Datei defndekl.h

Include-Anweisungen und andere Präprozessor-Direktiven müssen bei
Mehrmodulprogrammen explizit in jedem Modul angegeben werden, in dem
Anweisungen stehen, die diese Präprozessor-Direktiven voraussetzen. Sie
werden also nicht aus einem Modul des Programms in andere "übernommen". Daher enthält der Modul func23.c (wegen *printf*) die Anweisung

```
#include <stdio.h>
```

Für die selbstverfaßte Include-Datei *defndekl.h* wurde in cube9.c die Syntax

```
#include "defndekl.h"
```

(mit Anführungszeichen statt spitzer Klammern) gewählt, welche davon ausgeht, daß sich diese Datei nicht im Standardverzeichnis für compilereigene
Include-Dateien befindet, sondern in dem Verzeichnis, in dem das Quellprogramm steht.

Natürlich kann man sich auch ein besonderes Verzeichnis für die eigenen Include-Dateien anlegen. So würde auf einem Rechner mit dem Betriebssystem
DOS nach der Anweisung

```
#include "c:\incfiles\defndekl.h"
```

10

in dem Verzeichnis *incfiles* nach der Datei *defndekl.h* gesucht. Wir beachten, daß *defndekl.h* nicht nur Funktionsdeklarationen, sondern auch die Definition einer Funktion enthält. Dies ist nicht besonders üblich, da man Funktionscodes gewöhnlich in (eigenen) Programm-Modulen oder in Bibliotheken unterbringt. Die Definitionen der dem Compiler beigegebenen Funktionen beispielsweise befinden sich (als Objektcode) in solchen Bibliotheken, die man als Dateien gewöhnlich an der Endung *.lib* (für library) erkennt. Nach dem Kompilieren ersetzt der Linker die Funktionsaufrufe in einem Programm durch den entsprechenden Funktionscode aus der Bibliothek. (Es ist auch möglich, eigene Bibliotheken zu erstellen bzw. eigene Bibliotheken mit Systembibliotheken zu kombinieren. Meist existieren dafür spezielle Dienstprogramme, die dem Compiler beigefügt sind.)

Nachdem eine Funktion in einem Programm deklariert bzw. definiert ist, wird sie üblicherweise auch aufgerufen. Bekanntlich aktiviert ein solcher Aufruf eine Funktion für ihre spezifische Aufgabe, d. h., die Funktion beginnt mit der Ausführung der in ihr enthaltenen Anweisungen. Im nächsten Kapitel werden wir genauer untersuchen, was beim Aufruf einer Funktion geschieht und wie dies den Ablauf eines Programms beeinflußt.

10.3 Funktionsaufrufe

Taucht in einem Programm im Anweisungsteil von *main* oder irgendeiner anderen Funktion ein Name auf, dem runde Klammern folgen, zwischen denen eine Liste von Ausdrücken (z. B. Werte oder Variablennamen) stehen kann, so handelt es sich dabei um den Aufruf einer Funktion. Trifft man in einer Anweisung also beispielsweise auf den Ausdruck

```
add(2, 2)
```

so geht man zu Recht davon aus, daß damit eine Funktion namens *add* aufgerufen wird, die vermutlich zwei Werte addiert, in diesem Fall die Konstanten 2 und 2. Da ein Funktionsaufruf ein Ausdruck ist, der nach seiner Bewertung einen Wert vom Typ des Rückgabewerts der Funktion darstellt, kann er überall dort stehen, wo in C ein Wert dieses Typs zugelassen ist. Hat etwa die zuvor erwähnte Funktion *add* die Definition

```
long add(int a, int b)
    {
        return ((long) a + b);
    }
```

so wären Funktionsaufrufe von *add* in unterschiedlichen syntaktischen Kontexten denkbar. Das folgende Programm zeigt einige Beispiele:

```
main()
{
     long add(int a, int b);              /*   Deklaration von add    */
     long result;

          . . .

     add(2, 2);                                  /*   Aufrufe  */
     result = add(2, 2);                         /*    von    */
     printf("%ld", add(2, 2));                   /*    add    */

          . . .

}

long add(int a, int b)                    /*        Definition von add */
{
     return ((long) a + b);
}
```

Die Anweisung

```
add(2, 2);
```

beinhaltet lediglich den Funktionsaufruf *add(2,2)* und berechnet die Summe der beiden Konstanten 2 und 2. Das Ergebnis wird an *main* zurückgegeben, so daß der Ausdruck *add(2,2)* danach den Wert *4* besitzt. Dieser Wert wird allerdings nicht weiterverwendet und ist damit verloren. Die Anweisung

```
result = add(2, 2);
```

enthält den gleichen Aufruf der Funktion *add*, weist aber den Rückgabewert *4* der Variablen *result* zu und sichert ihn so für eine Weiterverarbeitung. Schließlich wird in

```
printf("%ld", add(2, 2));
```

der Ausduck *add(2, 2)* als Parameter der Funktion *printf* verwendet, die damit nach Beendigung der Ausführung von *add* den Rückgabewert dieser Funktion ausgibt. Gibt eine Funktion keinen Wert zurück, wie etwa aufgrund der Definition

```
void showsum(int a, int b)
{
     printf("%ld", (long) a + b);
}
```

die Funktion *showsum*, die die Summe zweier als Parameter übergebener Werte nur anzeigt, so haben Anweisungen wie beispielsweise

```
result = showsum(2, 2);
```

10

natürlich wenig Sinn. Was dabei als Wert in der Variablen *result* (für die wir den Datentyp *long* annehmen) gespeichert wird, ist undefiniert. Unabhängig davon, in welchem syntaktischen Kontext ein Funktionsaufruf steht, vollzieht sich dabei der folgende Ablauf:

1. Die Liste der aktuellen Parameter wird ausgewertet. Sind überhaupt Parameter vorhanden, werden ihre *Werte* den Formalparametern der aufgerufenen Funktion zugewiesen. Solange das Ende der Parameterliste nicht erreicht ist, wird dabei der Wert des ersten aktuellen Parameters in den ersten formalen Parameter kopiert, der Wert des zweiten Aktualparameters in den zweiten Formalparameter usw., allgemein gelangt also stets der Wert des n-ten Aktualparameters in den n-ten Formalparameter.

2. Die aufgerufene Funktion erhält die Programmkontrolle und beginnt mit der Ausführung ihrer Anweisungen.

3. Wird eine *return*-Anweisung in der aufgerufenen Funktion ausgeführt, so endet damit die Ausführung der Funktion. Die aufgerufene Funktion gibt mit der *return*-Anweisung die Programmkontrolle und gegebenenfalls einen Wert an die aufrufende Funktion zurück. Diese führt danach die Anweisung zu Ende, die den Funktionsaufruf enthält, bzw. setzt das Programm mit der nächstfolgenden Anweisung fort. Eine Funktion kann mehrere *return*-Anweisungen enthalten (beispielsweise in einer *if else*-Anweisung). Die Funktion endet in jedem Fall, wenn eine der *return*-Anweisungen ausgeführt wird, eventuelle weitere *return*-Anweisungen bleiben unberücksichtigt.

Enthält die aufgerufene Funktion keine *return*-Anweisung, endet die Funktion mit der Ausführung ihrer letzten Anweisung. Auch in diesem Fall geht die Programmkontrolle an die aufrufende Funktion zurück, allerdings ohne daß ein definierter Rückgabewert vorhanden wäre.

Funktionsaufrufe und Stack

In C werden Funktionsaufrufe (sowie die Parameter und *auto*-Variablen von Funktionen) in einem Speicherbereich verwaltet, der als *Stacksegment* oder *Stack* bezeichnet wird (vgl. das Kapitel 7.2.3 "Zusammenfassung"). Die Bezeichnung "Stack" bedeutet soviel wie "Stapel" und weist auf die Art und Weise hin, in der Daten in diesem Bereich abgelegt und auch wieder daraus entfernt werden. Ein Stack ist allgemein als Datenstruktur mit einem oberen (top) und einem unteren Ende (bottom) zu verstehen, in der sich eine Folge von Datenelementen speichern läßt, für die zwei Zugriffsoperationen definiert sind. Mit der Operation *push* wird dem Stack ein Element an seiner Spitze (top), d. h. als neues letztes Element in der Folge der Datenelemente, hinzugefügt, und der Stapel wächst. Mit der Operation *pop* wird das jeweils letzte Element des Stacks entfernt.

Ein Stack arbeitet also nach dem LIFO-Prinzip (**L**ast **I**n **F**irst **O**ut), bei dem stets das zuletzt angefügte Element als erstes wieder entfernt wird:

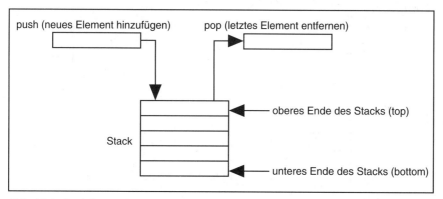

Abb. 156: Funktionsweise eines Stacks (LIFO-Speicher)

Nehmen wir an, wir hätten zwei Funktionen *push* und *pop* und einen Speicherbereich (etwa ein Array), der als Stack für *n short*-Werte verwendet werden soll. Die maximale Größe dieses Stacks betrüge damit *2n* Bytes. Die Operation

```
push(1);
```

würde dann den ganzzahligen Wert *1* wie folgt auf dem Stack ablegen:

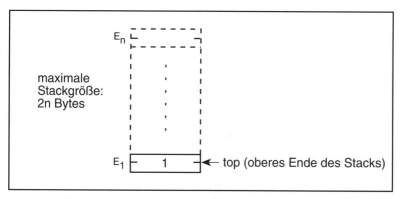

Abb. 157: Ein Stack für maximal n short-Werte; nach der Operation push(1) befindet sich der Wert 1 auf dem Stack

10

In der obigen Abbildung deuten die gestrichelten Linien an, wie hoch (in Bytes) der Stack maximal werden kann, die aktuelle Größe des Stapels wird durch die durchgezogenen Linien gekennzeichnet. Die Anweisungen

```
push(2);
push(3);
```

bewirken, daß zwei weitere Werte auf den Stack gebracht werden: Zunächst wird der Wert 2 an der Spitze des Stapels angefügt, dann der Wert 3, so daß der Stack danach folgendes Aussehen hat:

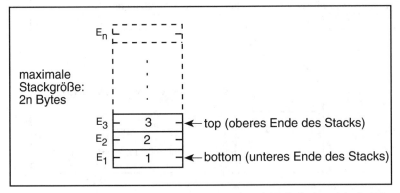

Abb. 158: Nach den Operationen push(2) und push(3) befinden sich die Werte 1, 2, 3 auf dem Stack

Wird nun die Anweisung

```
pop();
```

ausgeführt, so wird das oberste (letzte) Datenelement (E3), der Wert 3, vom Stapel genommen:

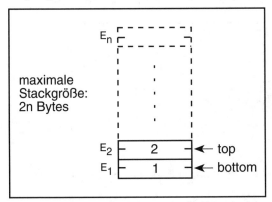

Abb. 159: Das bisherige letzte Datenelement, der Wert 3, wurde durch die Operation pop() vom Stack entfernt

Die weiteren Entfernungsoperationen

```
pop();
pop();
```

nehmen die Werte 2 und 1 vom Stack, so daß sich anschließend kein Datenelement mehr darauf befindet, d. h., der Stapel ist vollständig abgebaut.

Beim Aufruf einer C-Funktion erhält diese auf dem programmeigenen Stack einen Bereich zugewiesen, den *stack frame* oder Stapelrahmen der Funktion, in dem ihre Parameter und *auto*-Variablen sowie eine sog. Rückkehradresse gespeichert werden. Diese Adresse gibt an, an welcher Stelle der aufrufenden Funktion mit dem Programm fortgesetzt werden soll, wenn die Ausführung der aufgerufenen Funktion beendet ist. Ist letzteres der Fall, wird der für die aufgerufene Funktion reservierte Stackbereich freigegeben und kann für weitere Funktionsaufrufe verwendet werden. Wir betrachten dazu ein einfaches Beispielprogramm.

▶ *add34.c:*

```
 1  /* add34 addiert die Konstanten 3 und 4.   */
 2
 3  #include <stdio.h>
 4
 5  void add(short a, short b);                  /*   Deklaration add      */
 6  void showsum(long sum);               /*   Deklaration showsum   */
 7
 8  main()
 9  {
10      short x = 3, y = 4;
11
12      add(x,y);                              /*   Aufruf add      */
13  }
14  void add(short a, short b)             /*   Definition add      */
15  {
16      showsum(a+b);                     /*   Aufruf showsum   */
17  }
18
19  void showsum(long sum)               /*   Definition showsum   */
20  {
21      printf("%ld", sum);                   /*   Aufruf printf */
22  }
```

Das Programm add34.c addiert auf etwas umständliche Weise die beiden Werte 3 und 4 und gibt ihre Summe aus. Tatsächlich sind aus Demonstrationsgründen an diesen simplen Operationen neben *main* immerhin noch drei weitere Funktionen beteiligt. Die folgenden Abbildungen veranschaulichen, wie die zwischen diesen Funktionen ausgetauschten Werte (Parameter) auf dem Stack verwaltet werden. Neben diesen Werten enthält der Stack *frame* einer C_Funktion aber auch noch andere Datenobjekte, so etwa verschiedene Zeiger und Registerinhalte, die wir für unsere Überlegungen jedoch nicht unbedingt benötigen und daher vernachlässigen. Insofern sind die nachstehenden Darstellungen des Stacks bzw. der Stack *frames* der einzelnen Funktionen vereinfachte Konstruktionen, was dem Verhältnis des Sachverhaltes, um den es hier geht, aber eher förderlich ist.

Die Funktion *main* besitzt in diesem speziellen Fall die lokalen Variablen x und y, daher werden diese beiden Variablen und die Adresse für die Rück-

kehr zum Betriebssystem beim Start der Hauptfunktion mit den entsprechenden *push*-Operationen auf dem Stack des Programms gespeichert (für unser
Beispiel nehmen wir für die Rückkehradresse eine Größe von 2 Bytes an):

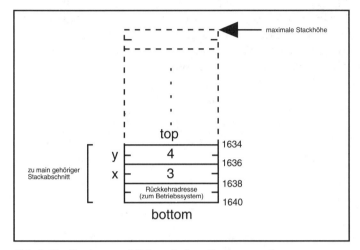

Abb. 160: Stack von add34 nach dem Start von main

Für die Funktion *add* wird nach ihrem Aufruf ebenfalls eine Rückkehradresse
(diesmal für die Rückkehr zu *main*) gespeichert. Die beiden Funktionsparameter *a* und *b* werden als lokale Variablen in dem für *add* vorgesehenen
Stackbereich angelegt und erhalten die Werte der aktuellen Parameter, also 3
bzw. 4 (man muß beachten, daß der Stack in Richtung der niedrigeren Adressen belegt wird):

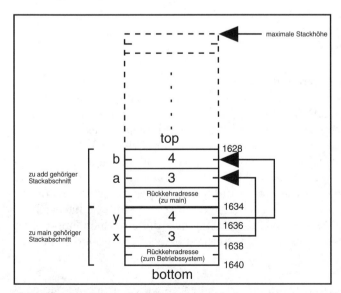

Abb. 161: Stack von add34 nach dem Aufruf von add

In ähnlicher Weise werden auch für die Funktionen *showsum* und *printf* Bereiche auf dem Stack belegt, so daß man sich diesen nach dem Aufruf von *printf* schließlich folgendermaßen vorzustellen hat:

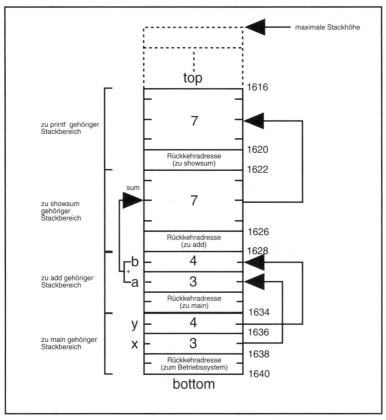

maximale Stackhöhe

top 1616

zu printf gehöriger Stackbereich

7

1620
Rückkehradresse
(zu showsum)
1622

sum

zu showsum gehöriger Stackbereich

7

1626
Rückkehradresse
(zu add)
1628

b
+
a

4

3

zu add gehöriger Stackbereich

Rückkehradresse
(zu main)
1634

y

4

1636

x

3

1638

zu main gehöriger Stackbereich

Rückkehradresse
(zum Betriebssystem)
1640

bottom

Abb. 162: Stack von add34 nach dem Aufruf von printf

Nachdem die Ausführung der Funktion *printf* beendet ist, kehrt die Programmkontrolle zur Funktion *showsum* zurück, und der von *printf* genutzte Stackabschnitt wird wieder freigegeben. Die Funktion *showsum* enthält neben der *printf*-Anweisung keine weiteren Anweisungen, ihre Ausführung ist daher abgeschlossen, und die Programmkontrolle geht an die Funktion *add* zurück. Der Stackbereich von *showsum* wird freigegeben. Der gleiche Vorgang wiederholt sich für die Funktion *add*, und die Programmkontrolle gelangt auf diese Weise wieder zu *main*. Auf dem Stack des Programms befindet sich jetzt nur noch der von *main* belegte Bereich, was der Situation nach dem Start von *main* zu Programmbeginn entspricht:

Da in *main* keine weiteren Anweisungen mehr vorhanden sind, endet das Programm, und die Kontrolle über den Rechner wird wieder an das Betriebssystem übertragen.

10

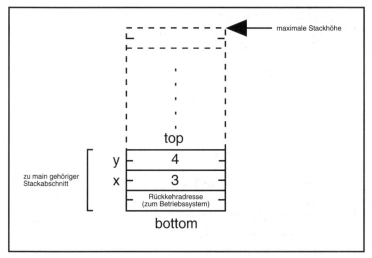

Abb. 163: Stack von add34 nach der Ausführung der Funktionen add, showsum und printf

Fehlerbeseitigung

Bei der Verarbeitung arithmetischer Ausdrücke der Form

```
a + b    a - b    a * b    a / b
```

in denen *a* und *b* irgendwelche numerische Werte repräsentieren mögen, ist es dem Compiler gewöhnlich freigestellt, welchen der beiden Operanden er zuerst auswertet. Für die Bildung von Summe, Differenz, Produkt oder Quotient zweier normaler numerischer Variablen ist es unerheblich, in welcher Reihenfolge die Operanden bewertet werden (sofern ein Operand nicht während der Bearbeitung des Ausdrucks verändert wird, siehe das Kapitel 3.2.1.2 "Operatoren", Unterkapitel "Mehrgliedrige Ausdrücke"). Sind die Operanden jedoch Funktionsrückgabewerte, spielt die Reihenfolge der Auswertung unter Umständen doch eine Rolle. Gegeben sei beispielsweise die folgende Funktion, die von Aufruf zu Aufruf abwechselnd den Wert einer lokalen Variablen *x* oder den Wert einer lokalen Variablen *y* zurückgibt:

```
int getvalue(void)
{
     static int i;      /*   zählt, wie oft getvalue aufgerufen wird     */
     int x = 2, y = 1;


     if (++i % 2)
          return(x);     /*   bei ungerader Zahl der Funktionsaufrufe     */
     else
          return(y);         /*   bei gerader Zahl der Funktionsaufrufe */
}
```

Würde man nun die Anweisung

```
sum = getvalue() + getvalue();
```

ausführen lassen, wobei sum eine Variable des Typs *int* darstellen soll, so ist das Ergebnis der Addition wegen der Kommutativität des "+"-Operators in jedem Fall 3, unabhängig davon, ob zuerst der linke oder zuerst der rechte Funktionsaufruf ausgeführt wurde. Anders verhält es sich bei der folgenden Subtraktion (*diff* sei eine Variable des Typs *int*):

```
diff = getvalue() - getvalue();
```

Wird in der obigen Anweisung zuerst der linke Funktionsaufruf ausgeführt, so erhält der linke Operand den Wert 2 und nach der Ausführung des rechten Funktionsaufrufs der rechte Operand den Wert 1, was für die Differenz den Wert 1 ergibt. Wird jedoch zuerst der rechte Funktionsaufruf ausgewertet, liefert *getvalue* für den rechten Operanden den Wert 2 und für den linken den Wert 1, wonach die Differenz den Wert -1 hat. Analoge Effekte können bei Multiplikation (kommutativ) und Division (nicht kommutativ) auftreten.

Bei nichtkommutativen Operatoren ist es also möglich, daß der Wert eines Ausdrucks, der mehrere Funktionsaufrufe enthält, nicht eindeutig ist. Das Problem läßt sich lösen, indem man die Funktionsaufrufe separat durchführt. Ist bei der obigen Subtraktion intendiert, daß die Differenz $x - y$ gebildet wird (d. h. 2 - 1), so definiert man eine geeignete Variable als Zwischenspeicher, etwa

```
int xval;
```

und ruft nun zunächst mit

```
xval = getvalue();
```

die Funktion das erste Mal auf und speichert das Resultat in der Variablen *xval*. Anschließend bildet man mit

```
diff = xval - getvalue();
```

die gewünschte Differenz, die man dann der Variablen *diff* zuweisen kann.

10.4 Parameterübergabe

Mit der *return*-Anweisung einerseits und der Parameterliste andererseits stehen einer Funktion zwei Instrumente für die Kommunikation bzw. den Datenaustausch mit anderen Funktionen zur Verfügung. Die *return*-Anweisung haben wir bereits in den vorausgehenden Kapiteln behandelt. Sie liefert den eventuellen Resultatwert einer Funktion an den Aufrufer zurück. In diesem Kapitel beschäftigen wir uns eingehender mit den Parametern einer Funktion. Uns interessiert dabei, welcher Art diese Parameter sein können und auf welche Weise aktuelle Parameter an eine Funktion übergeben, in ihren Formalparametern abgebildet und als solche von der Funktion weiterverarbeitet werden können.

Die aktuellen Parameter einer Funktion sind Ausdrücke (z. B. Variablennamen, Konstanten, arithmetische Ausdrücke, Adreßausdrücke etc.), die in Anzahl und Datentyp, nicht aber - im Falle daß es sich um benannte Objekte handelt - in ihren Namen, mit den in der Funktionsdefinition vereinbarten formalen Parametern übereinstimmen müssen. In C haben wir zwei Arten der Übergabe solcher Aktualparameter an eine Funktion zu unterscheiden: Erhält die Funktion als Parameter den Wert eines Datenobjekts - präziser: eine Kopie desselben - so bezeichnet man diese Form der Parameterübergabe als *call by value* (Wertübergabe). Wird der Funktion dagegen nicht der Wert eines Datenobjekts übergeben, sondern seine Adresse, so wird dies als *call by reference* (Adreßübergabe) bezeichnet. Welches der beiden Übergabeverfahren jeweils in Frage kommt, untersuchen wir im folgenden.

10.4.1 Wertübergabe von Parametern (call by value)

Die Übergabe als *Wert* ist in C der Standardmodus, in dem einer Funktion aktuelle Parameter übermittelt werden. Taucht beispielsweise der Name einer Variablen (mit Ausnahme eines Arraynamens, siehe Unterkapitel 10.4.2 und 10.4.3) als aktueller Parameter einer Funktion auf, so wird der aufgerufenen Funktion damit stets der Wert dieser Variablen übergeben und nicht ihre Adresse. Die aufgerufene Funktion erhält in diesem Fall eine *Kopie* des Werts des als Aktualparameter übergebenen Datenobjekts, die dem zugehörigen Formalparameter zugewiesen wird. Die Funktion operiert also mit einem *Duplikat* - und nicht mit dem Original - des übergebenen Variablenwerts (ein Umstand mit Konsequenzen, deren Erläuterung wir aber noch einen Augenblick zurückstellen). Das folgende Programm show35.c zeigt ein einfaches Beispiel für eine Parameterübergabe *by value*. Die Funktion *main* des Programms übergibt zwei *int*-Variablen als aktuelle Parameter an eine Funktion *show*, deren Aufgabe es ist, die Variablenwerte anzuzeigen. Dazu werden die Werte der Aktualparameter in die Formalparameter von *show* kopiert und dann ausgegeben.

▶ **show35.c:**

```
 1  /* show35 demonstriert eine Parameterübergabe by value. */
 2
 3  #include <stdio.h>
 4
 5  main()
 6  {
 7      void show(int x, int y);              /*   Deklaration show    */
 8      int a = 3, b = 5;             /*   lokale Variablen von main  */
 9
10      show(a, b);                   /*   Aufruf show: call by value */
11  }
12
13  void show(int x, int y)                   /*   Definition show     */
14  {
15      printf("1. Wert: %d\t2. Wert: %d", x, y);
16  }
```

Das Programm produziert mit

```
1. Wert: 3        2. Wert: 5
```

die erwartete Ausgabe. Daß die Funktion *show* in der Tat nur mit den Kopien der aktuellen Parameter gearbeitet hat und nicht mit den Originalwerten, läßt sich daran allerdings nicht erkennen. Es ist aber leicht, ein entsprechend modifizierts Programm zu erzeugen, das mit seiner Ausgabe zwischen Originalwerten und Kopien unterscheidet. Dazu verhilft uns der folgende, bereits vorhin zur Erläuterung angekündigte Sachverhalt, der sich generell aus einer Parameterübergabe *by value* ergibt:

Da die aufgerufene Funktion nur mit einem Duplikat des Parameterwerts aus der aufrufenden Funktion operiert und dieses Duplikat als Formalparameter nur eine lokale Variable der aufgerufenen Funktion darstellt, kann die aufgerufene Funktion zwar den Wert des lokalen Duplikats ändern, nicht aber den Wert der Variablen aus der aufrufenden Funktion, von dem das Duplikat hergestellt wurde. Die aufgerufene Funktion, die lediglich die Kopie eines Variablenwerts erhalten hat, "kennt" die Variable, von der die Kopie stammt, bzw. die Adresse dieser Variablen im Speicher nicht und kann daher auch den Wert des Originals nicht verändern.

Unter Berücksichtigung dieser Gegebenheit kann man eine Variante des Programms show35.c schreiben, in der die Kopien der beiden übergebenen Variablenwerte in der Funktion *show* vor ihrer Ausgabe modifiziert werden.

Zur Kontrolle werden die Werte der Variablen in *main* vor und nach dem Aufruf von *show* ebenfalls ausgegeben.

10

Wir erwarten aufgrund der obigen Überlegungen für die Ausgabe, daß sich die Werte der Variablen aus *show* von denen aus *main* unterscheiden und damit anzeigen, daß in der aufgerufenen Funktion tatsächlich nur Kopien der Originalvariablenwerte verarbeitet wurden.

 show46.c:

```
 1  /* show46 demonstriert, daß bei einer Parameterübergabe by value nur Kopien
 2     und nicht die Originalwerte von Datenobjekten übergeben werden. */
 3
 4  #include <stdio.h>
 5
 6  main()
 7  {
 8      void show(int x, int y);              /*   Deklaration show   */
 9      int a = 3, b = 5;            /*  lokale Variablen von main   */
10
11      printf("Variablenwerte in Funktion main: %d\t%d\n", a, b);
12
13      show(a, b);                  /*   Aufruf show: call by value  */
14
15  printf("Variablenwerte in Funktion main: %d\t%d", a, b);
16  }
17
18  void show(int x, int y)                  /*   Definition show   */
19  {
20      x++;
21      y++;
22      printf("Variablenwerte in Funktion show: %d\t%d\n", x, y);
23  }
```

An der Ausgabe

```
    Variablenwerte in Funktion main: 3    5
    Variablenwerte in Funktion show: 4    6
    Variablenwerte in Funktion main: 3    5
```

erkennt man, daß die in der Funktion *show* vorgenommene Inkrementierung der den Formalparametern zugewiesenen Werte keinen Einfluß auf die Werte der als aktuelle Parameter übergebenen Variablen *x* und *y* hat: Nach dem Aufruf von *show* besitzen *x* und *y* wie zuvor die Werte 3 bzw. 5. Dies wiederum bedeutet aber nichts anderes, als daß die Funktion *show* nicht die Werte der Variablen *x* und *y* im Original manipuliert hat, sondern nur (lokale) Kopien davon:

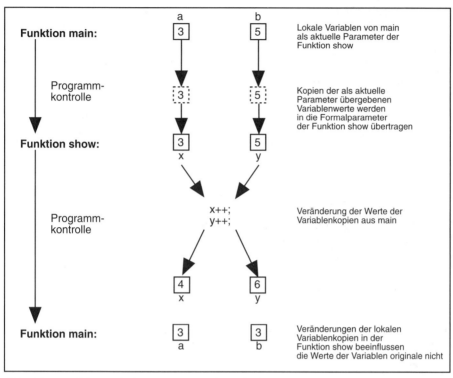

Abb. 164: Funktionsaufruf mit Parameterübergabe by value. Die Kopien der als aktuelle Parameter übergebenen Variablenwerte werden in der aufgerufenen Funktion verändert, ohne daß dies Auswirkungen auf die Werte der Variablenoriginale in der aufrufenden Funktion hat

Nehmen wir nun an, ein Programm soll die Werte zweier Variablen nicht nur anzeigen, sondern - mit Hilfe einer geeigneten Funktion - auch vertauschen (eine Operation, die vor allem bei Sortiervorgängen häufig erforderlich ist). Für zwei Variablen *a* und *b* hieße das beispielsweise, daß *a* den Wert von *b* erhält und *b* den Wert von *a*. Mit dem folgenden Programm swaperr.c, das die Werte zweier *int*-Variablen vertauschen soll, würde man dieses Ziel allerdings nicht erreichen.

▶▶ **swaperr.c:**

```
 1  /* Swaperr demonstriert einen untauglichen Versuch, mit Hilfe einer speziel
 2     len Funktion, die Werte zweier Variablen zu vertauschen.   */
 3
 4  #include <stdio.h>
 5
 6  main()
 7  {
 8      void swap(int x, int y);    /*  Deklaration der Tauschfunktion swap   */
 9      int a = 3, b = 5;
10
```

```
11       printf("Wert von a: %d\tWert von b: %d", a, b);
12       swap(a, b);                              /*  swap: call by value    */
13       printf("\nWert von a: %d\tWert von b: %d", a, b);
14     }
15
16   void swap(int x, int y)   /*  soll die Werte zweier Variablen aus der    */
17     {                                 /*  aufrufenden Funktion vertauschen.*/
18
19       int buffer;
20
21       buffer = x;                              /*                          */
22       x = y;                                   /*  Tauschoperation    */
23       y = buffer;                              /*                          */
24     }
```

Die Funktion *swap* führt die uns schon bekannte dreiteilige Zuweisungsoperation durch, mit der die Werte zweier Datenobjekte vertauscht werden können. Das Programm produziert allerdings die Ausgabe

```
Wert von a: 3      Wert von b: 5
Wert von a: 3      Wert von b: 5
```

aus der man ersieht, daß die beabsichtigte Vertauschung offensichtlich nicht stattgefunden hat. Dies ist nicht besonders überraschend, denn da die Funktion *swap* aufgrund der Parameterübergabe *by value* nur Kopien der originalen Variablenwerte erhält, kann sie auch lediglich die Werte dieser lokalen Kopien vertauschen, nicht jedoch die Werte der Variablen in *main*, von der die Duplikate stammen. Soll die Funktion *swap* nicht die Kopien der Variablenwerte, sondern die Originalwerte selbst vertauschen, so muß sie Zugriff auf die Speicherstellen der Variablen *a* und *b* haben, anders ausgedrückt, die Funktion *swap* muß die *Adressen* der Datenobjekte kennen, deren Werte sie vertauschen soll.

10.4.2 Adreßübergabe von Parametern (call by reference)

Immer dann, wenn eine Funktion den Wert eines als Parameter übergebenen Datenobjekts ändern können soll, übergibt man der Funktion nicht den Wert des betreffenden Datenobjekts, sondern seine *Adresse*. Diese Form der Parameterübergabe bezeichnet man als *call by reference* (reference = Adresse). Als Konsequenz davon operiert die aufgerufene Funktion jetzt nicht mehr mit einer (Wert-)Kopie des übergebenen Objekts, sondern - da ihr seine Adresse bekannt ist - mit dem Objekt selbst. Die aufgerufene Funktion speichert die übergebene Adresse in einem dafür geeigneten Formalparameter, einem Zeiger, und obwohl dieser Formalparameter nur eine lokale Variable der aufgerufenen Funktion ist, hat die Funktion darüber nun Zugriff auf das Datenobjekt aus der aufrufenden Funktion, dessen Adresse als aktueller Parameter übergeben wurde. Die Parameterübergabe *by reference* ermöglicht es einer Funktion also, die Werte von Variablen anderer Funktionen zu verändern.

Auf unser Vertauschungsprogramm angewandt bedeutet dies, daß wir die Funktion *swap* so zu modifizieren haben, daß sie bei ihrem Aufruf nicht mehr die Werte der Variablen *a* und *b* übernimmt, sondern deren Adressen. Die Aktualparameter von *swap* müssen also Adreßausdrücke sein, wie beispielsweise ein Variablenname mit vorangestelltem Adreßoperator oder auch der Name einer Zeigervariablen. So wäre etwa der Funktionsaufruf

```
swap(&a, &b)   /*  Adreßübergabe: call by reference */
```

denkbar, bei dem die Adressen von *a* und *b* mit dem "&"-Operator gebildet werden. Ebenso wäre es nach

```
int *za = &a;
int *zb = &b;
```

möglich, die Funktion *swap* mit

```
swap(za, zb);  /*  Adreßübergabe: call by reference */
```

aufzurufen, wobei die Adressen von *a* und *b* diesmal in zwei Zeigervariablen an *swap* übergeben werden. Erhält eine Funktion Adressen als aktuelle Parameter, so setzt dies voraus, daß die formalen Parameter der Funktion als Zeiger vereinbart worden sind. Für die Funktion *swap*, die zwei *int*-Werte vertauschen soll, sind daher als Formalparameter zwei Zeiger auf *int* nötig, in welche die Adressen der Variablen *a* und *b* übertragen werden können. Die Vertauschung der Werte von *a* und *b* wird von *swap* dann mit Hilfe dieser Zeiger durchgeführt. Nach diesen Maßgaben kann man nun die Funktion wie folgt definieren:

```
void swap(int *x, int *y)   /*  vertauscht die Originalwerte
                                zweier Datenobjekte.    */
  {
    int buffer;

    buffer = *x;            /*  Vertauschen der Original-Variablenwerte  */
    *x = *y;
    /*  mit Hilfe */
    *y = buffer;                /*  dereferenzierter Zeiger.    */
  }
```

Der Unterschied zur vorhergehenden Version von *swap* ist klar: Mit Hilfe der dereferenzierten Zeiger **x* und **y* greift die Funktion nun nicht mehr auf lokale Kopien der Variablenwerte aus der aufrufenden Funktion zu, sondern auf die Inhalte der Speicherstellen, an denen die Variablen (auf dem Stack) abgelegt sind. Daher werden in der Tat die Originalwerte von *a* und *b* vertauscht:

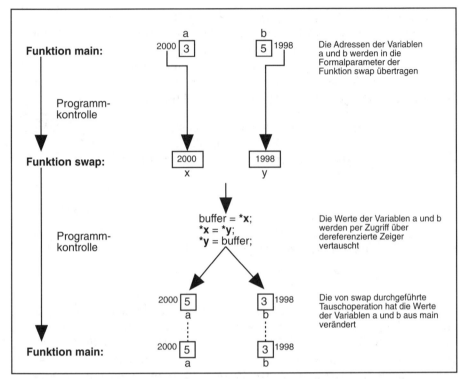

Abb. 165: Funktionsaufruf mit Parameterübergabe by reference; da die aufgerufene Funktion die Adressen der Datenobjekte erhält, kann sie die Werte der Objekte verändern

Für unser Vertauschungsprogramm können wir jetzt die folgende (korrekte) Version erstellen:

▶ swapok.c:

```
 1  /* swapok vertauscht die Werte zweier Variablen mittels einer entsprechenden
 2     Funktion. Die Parameterübergabe erfolgt per Adresse (by reference). */
 3
 4  #include <stdio.h>
 5
 6  main()
 7  {
 8     void swap(int *x, int *y); /*    Deklaration der Tauschfunktion swap.
 9                      Formalparameter sind als Zeiger auf int vereinbart. */
10     int a = 3, b = 5;
11
12     printf("Wert von a: %d\tWert von b: %d", a, b);
13
14     swap(&a, &b);                          /*  swap: call by reference */
```

```
15
16        printf("\nWert von a: %d\tWert von b: %d", a, b);
17    }
18
19   void swap(int *x, int *y)  /*   Vertauscht die Werte zweier Variablen.    */
20   {
21      int buffer;
22
23      buffer = *x;                  /*   Zugriff auf die Werte der zu.    */
24      *x = *y;                        /*   manipulierenden Variablen    */
25      *y = buffer;                    /*   über dereferenzierte Zeiger  */
26   }
```

Als Ausgabe des Programms erhalten wir nunmehr wie gewünscht

```
Wert von a: 3      Wert von b: 5
Wert von a: 5      Wert von b: 3
```

Call by reference oder globale Variablen?

Man kann die Vertauschung zweier Variablenwerte nicht nur durch eine Parameterübergabe *by reference* erreichen. Hätte man beispielsweise die beiden Variablen *a* und *b* nicht lokal in *main* definiert, sondern global am Anfang des Programms, wären sie in der gesamten Quelldatei bekannt und könnten von jeder Funktion ohne weiteres benutzt werden. Daher wäre theoretisch auch die folgende Programmvariante denkbar, bei der die Funktion *swap* keine Parameter benötigt:

▶ **swapglob.c:**

```
1   /* swapglob vertauscht die Werte zweier globaler Variablen. */
2
3   #include <stdio.h>
4
5     int a = 3, b = 5;                               /*   globale Variablen   */
6
7   main()
8   {
9      void swap(void);             /*   Deklaration der Tauschfunktion swap.   */
10
11      printf("Wert von a: %d\tWert von b: %d", a, b);
12
13      swap();                   /*   Aufruf swap: Funktion hat keine Parameter. */
14
15      printf("\nWert von a: %d\tWert von b: %d", a, b);
16   }
17
18   void swap(void)        /*   Vertauscht die Werte zweier globaler Variablen. */
19   {
20      int buffer;
21
22      buffer = a;                                       /*   Werte der */
```

```
23       a = b;                                    /*  globalen Variablen */
24       b = buffer;                               /*  vertauschen.  */
25    }
```

Die Ausgabe von *swapglob* ist die gleiche wie die von *swapok*. Die Idee, Variablen global zu definieren, damit sie von mehreren Funktionen benutzt werden können, erscheint einerseits logisch, da man weniger Aufwand mit Parameterlisten zu treiben hat. Andererseits wächst natürlich die Gefahr der unbeabsichtigten Veränderung einer globalen Variablen mit der Anzahl der Funktionen, die darauf Zugriff haben. Sämtliche Variablen der Einfachheit halber global zu definieren, ist daher eher ungünstig. Ein Nachteil dieser letzten Version der Funktion *swap* ist außerdem, daß sie im Vergleich zu der vorhergehenden, die beliebige *int*-Werte vertauscht, nur sehr eingeschränkt verwendbar ist, nämlich für Variablen, deren Namen *a* und *b* sind.

10.4.3 Arrays als Parameter

Häufig ist es erforderlich, nicht nur die Werte eines Paars von Datenobjekten zu vertauschen, sondern die Werte einer ganzen Reihe solcher Paare, z. B. dann, wenn ein Array sortiert werden soll. Hat man etwa in *main* ein Array

```
short n[10] = {3, 9, 7, 2, 1, 8, 5, 4, 6, 0};
```

definiert, so könnten mit der folgenden Version der Funktion *swap* die Werte zweier beliebiger Arrayelemente miteinander vertauscht werden:

```
void swapshort(short *x, short *y)
    {
        short buffer;

        buffer = *x;
        *x = *y;
        *y = buffer;
    }
```

Beispielsweise würden mit dem Funktionsaufruf

```
swapshort(&n[0], &n[9]);
```

die Werte des ersten und des letzten Elements von *n* ausgetauscht, und mit

```
int i, k;
    . . .
    for (i = 9; i != 0; i--)     /*  Array sortieren    */
        for (k = 0; k < i; k++)
            if( n[k] > n[k+1])
                swapshort(&n[k], &n[k+1]);
```

kann das *short*-Array *n* nach dem Bubble-Sort-Verfahren aufsteigend sortiert werden. (Zu diesem Sortierverfahren vgl. die Lösung der Aufgabe 1 aus dem Kapitel 5 "Zusammengesetzte Datentypen", 5.1 "Arrays" und 5.2 "Strukturen". Sie finden die Lösungen im Anhang C.)

Eine Sortierfunktion

Im Hinblick auf ähnliche Sortieroperationen in anderen Programmen leuchtet ein, daß es recht nützlich wäre, wenn man einen Programmteil in Form einer speziellen Funktion zur Verfügung hätte, mit dem sich beliebige *short*-Arrays sortieren lassen, so daß der stets gleichbleibende Sortieralgorithmus nicht jedesmal aufs neue codiert werden muß. Logischerweise müßte einer solchen Funktion bei ihrem Aufruf irgendwie das Array, das sortiert werden soll, als aktueller Parameter übergeben werden.

Tatsächlich werden in C Arrays stets per Adresse (by reference) an eine Funktion übergeben. Die aufgerufene Funktion erhält dabei in der Regel die Anfangsadresse des Arrays (d. h. die Adresse des ersten Arrayelements), speichert diese in dem zugehörigen Formalparameter - der natürlich ein passender Zeiger ist - und kann dann über diesen Zeiger auf sämtliche Elemente des Arrays zugreifen. (Will man nur einen bestimmten Teil des Arrays bearbeiten, übergibt man entsprechend die Adresse des Arrayelements, bei dem die Bearbeitung beginnen soll, s. u.)

Wenn die oben erwähnte Sortierfunktion nach dem Bubble-Sort-Verfahren arbeiten soll, benötigt sie als Parameter aber nicht nur die Anfangsadresse des betreffenden *short*-Arrays. Damit die Funktion das Ende der Bearbeitung erkennt, muß ihr ferner mitgeteilt werden, wie viele Elemente das Array besitzt bzw. wie viele Elemente des Arrays sortiert werden sollen (letzteres etwa dann, wenn das Array nicht vollständig mit Werten gefüllt ist). Wir konstruieren die Funktion daher so, daß sie als zweiten Parameter noch die Anzahl der zu sortierenden Elemente übernehmen kann. Als Namen der Funktion wählen wir *bsort*. Für die erforderlichen Tauschoperationen ruft *bsort* ihrerseits die schon bekannte Funktion *swapshort* auf:

```
void bsort(short *arr, int elements)                    /*    Version 1 */
  {
    void swapshort(short *x, short *y);        /*   Deklaration swapshort   */
    int i, k;                                  /*   lokale Variablen von bsort   */

    for (i = elements-1; i != 0; i--)
      for (k = 0; k < i; k++)
        if(*(arr+k) > *(arr+k+1))/*   k-tes Element > (k+1)-tes Element?   */
          swapshort(arr+k, arr+k+1); /*   Parameter: Adresse des k-ten und
                                          Adresse des (k+1)-ten Arrayelements.   */
  }
```

Ist der Formalparameter ein Array oder ein Zeiger?

Die Funktion *bsort* ist so entworfen, daß sie kein Resultat an die aufrufende Funktion zurückliefert, daher ist die Typbezeichnung für den Rückgabewert *void*. Der Formalparameter *arr* ist mit

```
short *arr
```

als Zeiger auf *short* vereinbart worden, da er die Adresse eines Objekts vom Typ *short* aufnehmen soll, nämlich die des ersten Elements eines Arrays mit *short*-Werten. Alternativ dazu hätte man den Formalparameter auch mit

```
short arr[]
```

vereinbaren können, womit angezeigt wird, daß die übergebene Adresse die eines Arrays ist. Die beiden Schreibweisen

```
datentyp *name
```

und

```
datentyp name[]
```

sind äquivalent, allerdings nur bei der Definition der Formalparameter einer Funktion.

Aus dieser Äquivalenz folgt, daß ein Formalparameter wie *arr*, ob er nun mit

```
short arr[]
```

oder mit

```
short *arr
```

vereinbart wurde, in jedem Fall eine (lokale) Zeigervariable der betreffenden Funktion ist, welche die als aktuellen Parameter übergebene Adresse eines Arrays speichern kann. Trotz der an eine herkömmliche Arraydefinition erinnernden Syntax wird also mit

```
short arr[]
```

eine Zeigervariable namens *arr* als Formalparameter definiert und nicht etwa eine Arrayvariable dieses Namens. Dieser etwas gewöhnungsbedürftige Sachverhalt ist für einen in der obigen Form als "Array" vereinbarten Formalparameter von besonderer Bedeutung: Zum einen kann die Angabe einer Elementezahl zwischen den eckigen Klammern entfallen, denn schließlich nimmt der Formalparameter nur die Adresse eines Arrays auf und nicht das Array selbst. Zum anderen kann mit einem in dieser Weise vereinbarten Formalparameter - da er eine Zeigervariable ist - in bestimmter Hinsicht anders verfahren werden als mit einer Arrayvariablen. Der Name einer Arrayvariablen stellt bekanntlich eine Zeigerkonstante dar, die stets gleichbedeutend mit der Anfangsadresse des Arrays ist. Definiert man beispielsweise mit

```
short arr[] = {3, 9, 7, 2, 1, 8, 5, 4, 6, 0};
```

eine gewöhnliche Arrayvariable *arr*, so sind Operationen wie

```
arr++;
arr--;
```

oder

```
arr = arr + 2;
```

unzulässig, da der Arrayname *arr* in seiner Eigenschaft als Adreßkonstante kein L-Wert ist und daher nicht auf der linken Seite einer Zuweisung erscheinen bzw. nicht inkrementiert oder dekrementiert werden darf (vgl. dazu auch das Kapitel 9 "Zeiger"). Wird jedoch in einer Funktionsdefinition mit

```
short arr[]
```

ein Formalparameter vereinbart, so ist *arr* gemäß den weiter oben angestellten Überlegungen in diesem Fall keine Zeigerkonstante, sondern der Name einer (lokalen) Zeigervariablen (d. h. ein L-Wert) und kann sehr wohl auf der linken Seite einer Zuweisung stehen oder inkrementiert bzw. dekrementiert werden, wie die folgende Version der Funktion *bsort* demonstriert:

```
void bsort(short arr[], int elements)                      /*   Version 2 */
    {
        void swapshort(short *x, short *y);
        int i, k;
        short *bkp;

        bkp = arr;                            /*   Anfangsadresse sichern. */
        for (i = elements-1; i != 0; i--)
            {
            arr = bkp; /* arr ist ein L-Wert und steht auf der linken Seite.  */
            for (k = 0; k < i; k++)
                {
                if(*arr > *(arr+1))      /* k-tes Element > (k+1)-tes Element? */
                    swapshort(arr, arr+1);  /* Parameter: Adresse des k-ten und
                                            Adresse des (k+1)-ten Arrayelements.  */
                arr++;                            /* arr wird inkrementiert.  */
                }
            }
    }
```

Obwohl der Formalparameter *arr* in Arraysyntax vereinbart wird, greift die Funktion *bsort* darauf wie auf eine Zeigervariable zu (was *arr* de facto ja auch ist) und verwendet den Namen *arr* in einer für Arraynamen unzulässigen Weise als L-Wert und zur Inkrementierung. Die Anweisung

```
arr = bkp;
```

beispielsweise enthält den Namen *arr* auf der linken Seite einer Zuweisung, was fehlerhaft wäre, wenn *arr* tatsächlich ein "echter" Arrayname (und damit eine Zeigerkonstante) wäre. *arr* muß also in der Tat eine Variable sein. Die obige Anweisung ist in dieser Version der Funktion *bsort* übrigens erforderlich, weil die Variable *arr* am Ende der inneren *for*-Schleife inkrementiert, d. h. verändert wird und die für den jeweils nächsten Sortierdurchgang benötigte Anfangsadresse des Arrays daher sonst verloren wäre. Der Zugriff auf die Elemente des per Adresse übergebenen Arrays erfolgt in der obigen Funktionsvariante mit Hilfe des Inhaltsoperators "*". Statt dessen ist natürlich auch der scheinbar "besser" zur Definition des Formalparameters passende Zugriff per Index möglich:

```
void bsort(short arr[], int elements)                    /*   Version 3 */
   {
      void swapshort(short *x, short *y);
      int i, k;
      for (i = elements-1; i != 0; i--)
        for (k = 0; k < i; k++)
          if(arr[k] > arr[k+1])    /*   k-tes Element > (k+1)-tes Element?    */
            swapshort(&arr[k], &arr[k+1]);
   }
```

In den beiden letzten Funktionsversionen könnte man den Formalparameter *short arr[]* einfach durch *short *arr* ersetzen, ohne daß noch irgendwelche weiteren Änderungen am Funktionscode notwendig wären. Ebenso problemlos kann in der Funktionsversion 1 von *bsort* für *short *arr* auch *short arr[]* verwendet werden. Dies mag die Äquivalenz der beiden Ausdrücke noch einmal zusätzlich unterstreichen.

Die Arrayadresse als Aktualparameter

Man hat verschiedene Möglichkeiten, einer Funktion die Anfangsadresse eines Arrays als aktuellen Parameter zu übergeben. So erhält man im Falle des *short*-Arrays *n* die Adresse des ersten Arrayelements sowohl mit dem Ausdruck

```
&n[0]
```

als auch durch die Angabe des Arraynamens

```
n
```

der bekanntlich einen konstanten Zeiger auf das Anfangselement des Arrays darstellt. Ferner kann auch eine Zeigervariable entsprechenden Inhalts wie z. B.

```
short *zn = n;/*   zn wird mit der Anfangsadresse von n initialisiert. */
```

verwendet werden, um die Anfangsadresse des Arrays zu übergeben. Demzufolge ließe sich das Array *n* mit jeder der drei Anweisungen

```
bsort(&n[0], 10);
bsort(n, 10);
bsort(zn, 10);
```

sortieren. Die folgende Abbildung veranschaulicht die Übergabe des Arrays *n* an *bsort* nach dem Funktionsaufruf *bsort(n, 10)*:

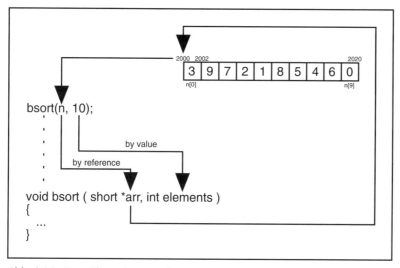

Abb. 166: Arrayübergabe per Adresse an eine Funktion (call by reference)

Ein Array mit Zufallszahlen sortieren

Das folgende Programm sortrnd1.c sortiert ein *short*-Array, das zuvor mit Werten der Zufallszahlenfunktion *rand* gefüllt wurde. Die Funktion *rand* (random = zufällig) gehört zur Standardbibliothek und liefert Zahlen im Bereich von 0 bis 32767. Sie hat keine Parameter. Nach

```
int r_number;
```

kann mit der Anweisung

```
r_number = rand();
```

durch einen Aufruf von *rand* eine Zufallszahl erzeugt und in *r_number* gespeichert werden. Für die Funktion *rand* hat man die Include-Datei *stdlib.h* in das Programm mit einzuschließen.

 sortrnd1.c:

```
 1  /* sortrnd1 speichert Zufallszahlen in einem short-Array,
 2     sortiert das Array aufsteigend und gibt es aus.  */
 3
 4  #include <stdio.h> /*   printf    */
 5   #include <stdlib.h>  /*    rand */
 6
 7  main()
 8   {
 9      void bsort(short *arr, int elements);
10      short n[10];
11      int i;
12
13      printf("\033[2J");
14      printf("Das Programm hat die folgenden Zufallszahlen ausgewählt:\n\n");
15      for (i = 0; i < 10; i++)                      /*   Zufallszahlen einlesen. */
16        {
17            n[i] = rand();
18            printf("%hd   ", n[i]);
19        }
20
21      bsort(n, 10);                 /*   Array sortieren: call by reference    */
22      printf("\n\nDie Zahlen in sortierter Reihenfolge:\n\n");
23
24      for (i = 0; i < 10; i++)                       /*   Array ausgeben.   */
25            printf("%hd   ", n[i]);
26   }
27
28   /*******  Sortierfunktion  *******/
29
30   void bsort(short *arr, int elements)
31   {
32      void swapshort(short *x, short *y);
33      int i, k;
34
35
36      for (i = elements-1; i != 0; i--)
37          for (k = 0; k < i; k++)
38              if(arr[k] > arr[k+1])
39                  swapshort(&arr[k], &arr[k+1]);
40   }
41
42   /*******  Tauschfunktion  *******/
43
44   void swapshort(short *x, short *y)
45   {
46      short buffer;
47
48      buffer = *x;
```

```
49        *x = *y;
50        *y = buffer;
51    }
```

Teilarrays übergeben

Gelegentlich wünscht man vielleicht nicht, das gesamte Array zu bearbeiten, sondern nur einen Teil davon. Beispielsweise könnte es sein, daß das Array *n* aus unseren letzten Beispielen bereits zur Hälfte sortiert vorliegt, etwa so wie nach der folgenden Initialisierung:

```
short n[] = {0, 1, 2, 3, 4, 9, 7, 5, 6, 8};
```

In diesem Fall würde es genügen, nur den hinteren Teil des Arrays ab dem sechsten Element *n[5]* zu sortieren. Entsprechend übergibt man deshalb der Funktion *bsort* nicht die Anfangsadresse des Arrays *n*, sondern die Adresse desjenigen Elements, mit dem der zu sortierende Teil beginnt (sowie als zweiten Parameter die Anzahl der Elemente, die sortiert werden sollen):

```
bsort(&n[5], 5);    /*  sortiert die zweite Hälfte des Arrays n.  */
```

Die nachstehende Abbildung verdeutlicht, daß nach dem obigen Funktionsaufruf der Formalparameter *arr* der Funktion *bsort* nunmehr die Adresse des sechsten Arrayelements speichert, was zur Folge hat, daß die Funktion in der Tat nur die Arrayelemente *n[5]* bis *n[9]* bearbeitet:

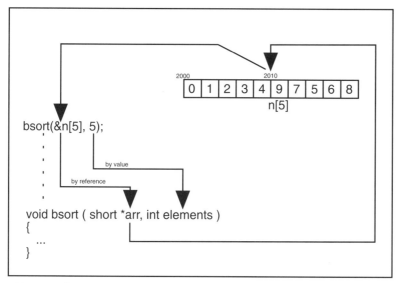

Abb. 167: Übergabe eines Teilarrays an eine Funktion (call by reference)

Übrigens hätte man als Adresse des sechsten Arrayelements von *n* statt

```
&n[5]
```

natürlich auch

```
n + 5    /*  Zeigerarithmetik: Adresse des 6. Elements des Arrays n.  */
```

an die Funktion *bsort* übergeben können:

```
bsort(n+5, 5);
```

Wie man am Beispiel der Funktion *bsort* sieht, ist es ferner ohne Bedeutung für die Vereinbarung des entsprechenden Formalparameters, ob die Anfangsadresse des Arrays oder lediglich die Adresse eines Teilarrays von *n* übergeben wird: Der Parameter muß nur so definiert sein, daß er die Adresse eines Objekts vom Typ der Arrayelemente speichern kann. Die Funktion *bsort* ist - abgesehen davon, daß es effizientere Sortieralgorithmen gibt - recht brauchbar, denn mit ihr lassen sich nicht nur Teilarrays sortieren, die von einem bestimmten Arrayelement an bis zum Ende des Arrays reichen, sondern allgemein zusammenhängende Bereiche zwischen zwei beliebigen Arrayelementen (inklusive derselben). Beispielsweise können mit

```
bsort(&n[3], 6);
```

die Elemente *n[3]* bis *n[8]* des Arrays *n* sortiert werden.

Man könnte allerdings die Funktion noch etwas bedienungsfreundlicher gestalten, indem man ihr nicht die Adresse des Anfangselements und die Anzahl der Sortierelemente übergibt, sondern die Adressen des ersten und letzten Elements des Arraybereichs, der sortiert werden soll. Auf diese Weise ist der Sortierbereich auf den ersten Blick erkennbar. Der Funktionsaufruf

```
bsort(&n[3], &n[8]);
```

etwa würde dann die Elemente von den Arrays *n* an den Positionen 4 bis 9 sortieren. Für einen Aufruf mit der obigen Syntax muß die Funktion *bsort* nur geringfügig verändert werden:

```
void bsort(short *start, short *end)  /*  Version 4 */
    {
        void swapshort(short *x, short *y);
        int i, k;

        for (i = end-start; i != 0; i--)
            for (k = 0; k < i; k++)
                if(start[k] > start[k+1])
                    swapshort(&start[k], &start[k+1]);
    }
```

bsort hat nun als Parameter zwei Zeiger auf *short*, die Anfang und Ende des Sortierbereichs markieren. Die Zeigerdifferenz

```
end - start
```

ergibt die um 1 verminderte Anzahl der zum Sortierbereich gehörenden Elemente (es wird ein Sortierdurchgang weniger benötigt, als Elemente sortiert werden sollen). Das folgende Programm sortrnd2.c speichert 80 Zufallszahlen in einem *short*-Array und sortiert dann mittels der Funktion *bsort* einen zufällig ausgewählten Bereich des Arrays. Für das Einlesen der Werte und ihre Anzeige werden spezielle Funktionen verwendet. Die Funktion *fill* füllt das Array mit Zufallszahlen. Die Funktionen *shownorm* und *showinv* geben die Werte in normaler bzw. inverser Bildschirmdarstellung aus. Die Auswahl der Zufallszahlen wird variiert, indem mit Hilfe der Bibliotheksfunktion *srand* vor jeder Auswahl von Zufallszahlen ein neuer Startwert für die Funktion *rand* erzeugt wird. Dieser Startwert bestimmt, welche Folge von Zufallszahlen *rand* erzeugt, insbesondere ergibt der gleiche Startwert stets die gleiche Folge von Zufallszahlen. Dies ist z. B. immer dann der Fall, wenn *rand* nicht explizit mit *srand* initialisiert wird und die Zahlenfolge aus einem Standard-Anfangswert entwickelt wird. *srand* wird mit einem Parameter vom Typ *unsigned int* aufgerufen. Die Anweisung

```
srand(23);
```

initialisiert die Funktion *rand* mit dem Wert 23, wonach *rand* eine andere Folge von Zufallszahlen erzeugt als beispielsweise nach

```
srand(6);
```

Die Anweisung

```
srand(1);
```

bewirkt, daß *rand* die gleiche Zahlenfolge erzeugt, die auch ohne einen vorherigen Aufruf von *srand* generiert würde.

▶ ***sortrnd2.c:***

```
 1  /* sortrnd2 speichert Zufallszahlen in einem Array und sortiert
 2     einen zufällig ausgewählten Bereich des Arrays.  */
 3
 4  #include <stdio.h>                              /*   printf    */
 5  #include <stdlib.h>                           /*  rand, srand  */
 6  #include <conio.h>                              /*   getch     */
 7
 8  #define ESC 27
 9
10  main()
11  {
```

10

```
12      void bsort(short *start, short *end);
13      void fill(short *a, unsigned n);
14      void shownorm(short *a, unsigned n);
15      void showinv(short *a, unsigned n, unsigned first, unsigned last);
16
17      short nums[80];                          /*  Array für Zufallszahlen */
18      unsigned x, y;                           /*  Zufallskoordinaten */
19      unsigned seed = 0;/* Initialisierungswert für rand als Parameter von srand */
20      int rep;                                 /*  Kontrollvariable   */
21
22      do
23        {
24          printf("\033[2J");
25          printf("Das Programm hat folgende Zufallszahlen erzeugt:\n\n");
26
27          srand(++seed);     /*  Zufallszahlenfunktion rand initialisieren */
28          if (seed > 65534)             /*  seed zurücksetzen, um den Bereich */
29              seed = 0;     /*  von unsigned int nicht zu überschreiten.  */
30
31              fill(nums, 80);                  /*  Array mit Werten füllen.  */
32              shownorm(nums, 80);     /*  Arrayinhalt unsortiert ausgeben. */
33
34              do                 /*  zufälligen Arraybereich auswählen.  */
35                {
36                  x = rand() % 80;/* Zufallszahl zwischen 0 und 79 erzeugen.
37                                  Ergibt den Index für den Anfang
38                                  des zu sortierenden Arraybereichs.  */
39                  y = rand() % 80; /*Dito für das Ende des Sortierbereichs. */
40
41                } while(x >= y); /* 1. Index muß größer als 2. Index sein */
42
43              printf("\n\nSortierter Bereich beginnt bei Zahl Nr. %u"
44                      " und endet bei Zahl Nr. %u:\n\n", x+1, y+1);
45              bsort(&nums[x], &nums[y]);       /*  Arraybereich sortieren. */
46              showinv(nums, 80, x, y);   /*  Array sortiert ausgeben.    */
47              printf("\n\nWeiter mit <Enter>. Ende mit <Esc>:");
48              rep = getch();
49
50            } while(rep != ESC);
51    }
52
53  /**** Funktionen  ****************/
54  /******* Sortierfunktion  ********/
55
56  void bsort(short *start, short *end)
57  {
58      void swapshort(short *x, short *y);
59      int i, k;
60
61      for (i = end-start; i != 0; i--)
62          for (k = 0; k < i; k++)
63              if(start[k] > start[k+1])
64                  swapshort(&start[k], &start[k+1]);
65
66  }
```

```
67
68  /*******  Einlesefunktion  ********/
69
70  void fill(short *a, unsigned n)
71  {
72      unsigned i;
73
74      for (i = 0; i < n; i++)
75          a[i] = rand();
76
77  }
78
79  /***  Ausgabefunktion (normale Ausgabe) **/
80
81  void shownorm(short *a, unsigned n)
82  {
83      unsigned i;
84
85      for (i = 0; i < n; i++)
86        {
87          printf("%5hd  ", a[i]);
88          if ((i+1)%10 == 0 && i != n-1)                    /*  10 Spalten    */
89              printf("\n");
90            }
91
92        }
93
94  /*** Ausgabefunktion (inverse Ausgabe) ***/
95
96  void showinv(short *a, unsigned n, unsigned first, unsigned last)
97  {
98      unsigned i;
99
100     for (i = 0; i < n; i++)
101       {
102         if (i >= first && i <= last)        /*   sortierter Arraybereich */
103             printf("\033[7m%5hd  ", a[i]);  /*  in inverser Darstellung */
104         else                                /*  unsortierter Arraybereich   */
105             printf("\033[0m%5hd  ", a[i]);  /*  in normaler Darstellung */
106
107         if (last == 79)                     /*   auf normale Darstellung */
108             printf("\033[0m");       /*  zurücksetzen, falls inverser
109                                 Bereich bis zum letzten Arraywert reicht.  */
110
111         if ((i+1)%10 == 0 && i != n-1)                    /*  10 Spalten    */
112             printf("\n");
113         }
114  }
115
116  /*******  Tauschfunktion  ********/
117
118  void swapshort(short *x, short *y)
119  {
120      short buffer;
121
```

10

```
122     buffer = *x;
123     *x = *y;
124     *y = buffer;
125 }
```

Analyse

Die Funktion *showinv*, die bei der Anzeige des Arrayinhalts den sortierten Teil hell unterlegt, hat im Gegensatz zur Funktion für die nomale Ausgabe vier Parameter, von denen die beiden letzten die Indizes von Anfangs- bzw. Schlußelement des Sortierbereichs repäsentieren. Die Funktion verwendet zur Hervorhebung des sortierten Bereichs die ANSI-Escape-Sequenz

```
\033[7m
```

um die Farben des Bildschirmhinter- und -vordergrunds zu vertauschen. Diese Einstellung bleibt so lange bestehen, bis sie explizit geändert wird. Die Anweisung

```
if (last == 79)
    printf("\033[0m");
```

setzt die Bildschirmanzeige auf Normaldarstellung zurück, wenn sich der sortierte Bereich bis zum letzten Arraywert erstreckt. In diesem Fall würden sonst alle weiteren Anzeigen mit vertauschten Farben erfolgen. (Eine Liste der Escape-Sequenzen zur Bildschirmsteuerung findet man im Anhang des Buchs.)

Die Funktion *srand* wird auf einfache Weise mit einem sich von Aufruf zu Aufruf verändernden Initialisierungswert für die Funktion *rand* versorgt: Die Variable *seed* wird bei jedem Schleifendurchgang inkrementiert, um verschiedene Folgen von Zufallszahlen zu erzeugen. Eine andere Möglichkeit, variable Anfangswerte für unterschiedliche Zahlenfolgen zu erhalten, besteht darin, der Funktion *srand* als aktuellen Parameter den Rückgabewert der Bibliotheksfunktion *time* zu übergeben, der die seit 1970 verstrichene Zeit in Sekunden angibt. Die Funktion *time* besitzt als Parameter einen Zeiger auf eine Variable vom Typ *time_t* (in der Include-Datei als *long* definiert), in der der Wert für die abgelaufene Zeit gespeichert wird. Beispielsweise würde der Funktionsaufruf

```
time(&seconds);
```

die vergangene Zeit sowohl als Rückgabewert liefern als auch in der (*long-*) Variablen *seconds* speichern. Da für die Initialisierung von *rand* der Rückgabewert direkt verwendet werden kann, benötigt man den zusätzlich in einer Variablen gespeicherten Wert nicht unbedingt und kann der Funktion *time* als Parameter den Nullzeiger übergeben, mit dem Resultat, daß die Speicherung der Sekundenzahl unterbleibt. Da *time* einen *long*-Wert zurückgibt, muß dieser Wert ferner für *srand* in den Typ *unsigned int* konvertiert werden, was man - wie unten - explizit mit dem *cast*-Operator tun kann oder - unter der Voraussetzung, daß mit

```
#include <time.h>
```

die Deklaration von *time* mit in das Programm eingeschlossen wurde - implizit dem Compiler überlassen kann. In unserem Beispielprogramm *sortrnd2* würde daher auch

```
srand((unsigned) time(NULL));
```

bei jedem Schleifendurchgang eine andere ganze Zahl als Startwert für *rand* liefern.

Übergabe von mehrdimensionalen Arrays

Die Übergabe mehrdimensionaler Arrays an eine Funktion erfolgt prinzipiell nicht anders als die Übergabe eines eindimensionalen Arrays. Die aufgerufene Funktion erhält auch hier nicht das gesamte Array, sondern nur seine Anfangsadresse bzw. die Adresse eines bestimmten Teils des Arrays. Man hat allerdings bei der Vereinbarung des entsprechenden Formalparameters außer für die erste Arraydimension die Größen aller weiteren Dimensionen explizit anzugeben. Die Größenangabe zur ersten Arraydimension kann entfallen, da sie zur Berechnung der Speicherposition eines Arrayelements nicht benötigt wird. Will man beispielsweise für die Ausgabe des zweidimensionalen Arrays

```
char q[4][4] = {{1,2,3,4}, {5,6,7,8}, {9,10,11,12}, {13,14,15,16}};
```

eine spezielle Funktion entwickeln, so kann der Formalparameter, der die Adresse des Arrays *q* aufnehmen soll, zwar ohne einen Wert für die erste, nicht jedoch ohne eine explizite Angabe der zweiten Array-Dimension (der Spaltenzahl des Arrays) definiert werden (man beachte übrigens, daß der Datentyp *char* hier nicht zur Speicherung von Strings, sondern von kleinen ganzen Zahlen verwendet wird):

```
void showmatrix(char m[][4])    /*  gibt ein zweidimensionales  */
     {                          /*  Array als 4*4-Matrix aus.   */
     int i, k;

     for (i = 0; i < 4; i++)
          {
          for(k = 0; k < 4; k++)
              printf("%2d  ", m[i][k]);

          printf("\n\n");
          }
     }
```

Der Formalparameter m ist trotz seines "arrayartigen" Aussehens kein Array, sondern de facto eine lokale Zeigervariable der Funktion *showmatrix*, welche die Adresse eines *char*-Arrays mit vierspaltigen Zeilen speichern kann. Die Variable m ist also ein Zeiger auf Objekte vom Typ

```
char [4]
```

d. h. auf vierelementige *char*-Arrays, wie sie die Elemente von q auf der obersten (eindimensionalen) Ebene darstellen:

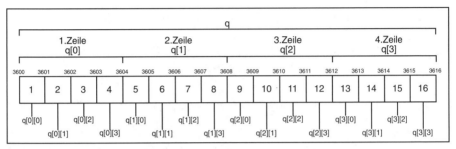

Abb. 168: Ein zweidimensionales Array im Speicher

Daß m in der Tat vom Typ "Zeiger auf *char [4]*" ist, verifiziert man leicht, indem man etwa der Funktion

```
void showfirst(char m[][4])      /*  zeigt Arrayadresse und 1. Element an. */
      {
          printf("Adresse: %d\tInhalt: %d\n", m, m[0][0]);

          m++;      /*  inkrementiert die in m enthaltene Adresse um vier
                        Byte, da m ein Zeiger auf vierelementige char-Arrays ist */
          printf("Adresse: %d\tInhalt: %d", m, m[0][0]);
      }
```

mit

```
showfirst(q);
```

die Adresse des Arrays q übergibt. Man erhält als Ausgabe zwei Adressenwerte, die sich um den Betrag 4 unterscheiden, sowie die Werte der *char*-Objekte unter diesen Adressen, im Falle der für unser Beispiel gewählten Anfangsadresse von q also

```
Adresse: 3600  Inhalt: 1
Adresse: 3604  Inhalt: 5
```

Der Umstand, daß der zweite Adreßwert um 4 größer ist als der erste, zeigt an, daß die Inkrementierung um 1 den Zeiger m um 4 Byte auf den Anfang des nächsten Datenobjekts "weiterbewegt" hat, mithin m also auf 4 Byte große *char*-Objekte verweist. Dies können nur vierelementige *char*-Arrays sein. Zusätzlich läßt sich an den Werten *1* (1. Spalte, 1. Zeile von *q*) und *5* (1. Spalte, 2. Zeile von *q*) ablesen, daß *m* bei der Inkrementierung vom Anfang der ersten Arrayzeile *q[0]* auf den Anfang der zweiten Arrayzeile *q[1]* versetzt wurde. *m* verweist also tatsächlich auf die Zeilen des Arrays *q* und ist daher ein Zeiger auf Objekte vom Typ *char [4]*. Erhält die Funktion *showmatrix* mit

```
showmatrix(q);/*   gibt das Array q aus    */
```

die Anfangsadresse des Arrays *q* als aktuellen Parameter, so wird damit also im Formalparameter *m* die Adresse der ersten Arrayzeile von *q* gespeichert, d. h. die Adresse des Teilarrays *q[0]*.

Formulierungsvarianten für den Formalparameter

Aufgrund seines Datentyps könnte *m* statt mit

```
char m[][4]    /*   Formalparameter in Arraysyntax    */
```

auch mit

```
char (*m) [4] /*   Formalparameter in Zeigersyntax  */
```

vereinbart werden, was seine "wahre Natur" als Zeiger auf vierelementige *char*-Arrays offensichtlicher machte. (Übrigens hätte man auch einen gewöhnlichen Zeiger auf das zweidimensionale Array *q* in dieser Weise zu definieren.) Die Klammerung des Parameternamens *m* ist wegen der höheren Priorität des Klammeroperators "[]" gegenüber dem "*"-Operator erforderlich, damit *m* als Zeiger auf *char*-Arrays mit vier Elementen interpretiert werden kann. Ohne die Klammerung würde in der Vereinbarung

```
char *m [4]
```

die Variable *m* als *Array* aus vier Zeigern auf Datenobjekte vom Typ *char* gedeutet.

10

Schließlich hätte man den Formalparameter *m* (natürlich) auch noch mit

```
char m[4][4]
```

vereinbaren können, allerdings lokalisiert die Funktion *showmatrix* bzw. der Compiler über den Zeiger *m* jedes beliebige Arrayelement von *q* im Speicher auch ohne einen expliziten Wert für die erste Arraydimension allein mit Hilfe der Spaltenzahl. Dies geschieht nach der folgenden Formel (die sich in analoger Weise auch für andere zweidimensionale Arrays verwenden läßt):

```
Adresse von q[i][k]  =  Anfangsadresse des Arrays q          ⎤  Offset
                      + i * Spaltenzahl der Arrayzeile       ⎥  zum
                      + k * Spaltengröße in Bytes            ⎦  Arrayanfang
                        └──────────────┬──────────────┘
                             Offset zum Zeilenanfang
```

Soll beispielsweise das Element

```
q[2][3]
```

ausgegeben werden, so wird die Speicherposition dieses Elements (d. h. seine Adresse) nach dem eben beschriebenen Verfahren mit

```
3600  +  2 * 4  +  3 * 1
```

als

```
3611
```

ermittelt, was man ohne weiteres anhand des weiter oben gezeigten Speicherbilds verifiziert. Eine Information darüber, wie viele Zeilen das Array besitzt, ist dazu nicht erforderlich.

Teilarrays übergeben

Wie bei den eindimensionalen Arrays läßt sich nicht nur das gesamte mehrdimensionale Array zur Bearbeitung an eine Funktion übergeben, sondern auch beliebige Teile davon, etwa bestimmte Zeilen. Das folgende Programm chrows.c demonstriert den Zugriff auf einzelne Zeilen eines zweidimensionalen Arrays, deren Anzeigeweise auf dem Bildschirm der Anwender durch eine entsprechende Eingabe beeinflussen kann. Gezeigt werden die (ganzzahligen) Werte eines Arrays mit fünf Zeilen und vier Spalten in Matrixform. Die aktuelle Arrayzeile wird durch einen (beweglichen) hellen Balken hervorgehoben und zeigt statt der Zahlenwerte die entsprechenden ASCII-Zeichen. Mit der ⬇-Taste kann jede der fünf Arrayzeilen mit dem Leuchtbalken markiert werden, so wie man es vielleicht schon von den Auswahlmenüs irgendwelcher Programme her kennt.

Das Programm zeigt zu Beginn die Ausgabe

```
C  O  L  D
67 79 82 68
87 79 82 68
87 65 82 68
87 65 82 77
```

woraus sich durch Bewegen des Leuchtbalkens um eine Zeile nach unten zunächst

```
67 79 76 68
C  O  R  D
87 79 82 68
87 65 82 68
87 65 82 77
```

erzeugen läßt. Insgesamt können auf diese Weise nacheinander die Wörter

```
COLD
CORD
WORD
WARD
WARM
```

angezeigt werden, wobei eine Arrayzeile wieder Zahlenwerte anzeigt, wenn
sie nicht mehr markiert ist. Das Verschieben des Balkens wird durch die
Funktion *change_row* bewirkt, die als aktuellen Parameter die Adresse eines
zweidimensionalen *char*-Arrays erwartet. Zur Darstellung einer einzelnen Arrayzeile als Zahlen oder Zeichen benutzt *change_row* ihrerseits die Funktionen
shownums und *showchars*, die als Parameter die Adresse eines eindimensionalen Arrays verarbeiten, wie es durch die Zeile eines zweidimensionalen Arrays gegeben ist.

Zur Erzeugung eines beweglichen Markierungsbalkens verwendet man einige ANSI-Escape-Sequenzen, die uns zum Teil schon bekannt sind. Für die inverse bzw. normale Bildschirmdarstellung sind dies die Steuersequenzen

```
\033[7m   /*   inverse Zeichendarstellung   */
```

bzw.

```
\033[0m   /*   normale Zeichendarstellung   */
```

Um den Balken zu bewegen bzw. die Arrayzeilen an einer bestimmten Position auf den Bildschirm ausgeben zu können, erzeugt man mit

```
#define POS(x, y)  printf("\033[%d;%dH", x, y)
```

das Makro POS, das mit Hilfe der Escape-Sequenz

```
\033[zeile;spalteH
```

den Cursor in die Zeile mit der Nummer *zeile* und die Spalte mit der Nummer
spalte stellt. Die Angaben *zeile* und *spalte* sind Parameter. Mit

```
printf("\033[5;10H");
```

10

bzw. mit

```
POS(5,10);
```

etwa würde der Cursor in Zeile 5, Spalte 10 des Bildschirms positioniert. Die Escape-Sequenz \033[zeile;spalteH akzeptiert als Parameter für Zeilen- und Spaltenangabe - wie im Makrotext von POS - auch Formatelemente der *printf*-Funktion wie %d, wenn die zugehörigen Aktualparameter von *printf* (in POS: *x* und *y*) mitangegeben werden.

Um herauszufinden, ob eine cursorbewegende Taste (Pfeiltasten, Bild↑, Bild↓, Pos1, Ende) oder eine Funktionstaste gedrückt wurde, kann man die Funktion *getch* (bzw. *getche*) verwenden. *getch* liefert normalerweise den ASCII-Code des gelesenen Zeichens als Rückgabewert. Da für Funktions- und Cursortasten keine Werte in der Code-Tabelle vorhanden sind, gibt die Funktion *getch* in diesen Fällen den Wert 0 als "Zeichen-Code" zurück. Dies würde genügen, um normale Tasten von Funktions- und Cursortasten zu unterscheiden, nicht jedoch, um eine spezielle Taste der letzteren Gruppe zu identifizieren. Jede Taste besitzt aber auch einen sog. *Scancode* (vgl. das Kapitel 3.2.4 "Bitoperatoren"), eine ganze Zahl in dezimaler oder hexadezimaler Form, anhand der man eine Taste eindeutig erkennen kann. Für Funktions- und Cursortasten läßt sich dieser Scancode ermitteln, indem man die Funktion *getch* zweimal unmittelbar hintereinander aufruft. Der erste dieser Aufrufe liefert dabei den Wert 0, der zweite den Scancode der betreffenden Taste. Die Anweisungen

```
int input;
if (input =getch())                            /*   falls input ungleich 0  */
    printf("%c", input);                       /*    Zeichen ausgeben        */
else                    /*   input gleich 0: Funktions- oder Cursortaste    */
    printf("Funktions-oder Cursortaste. Scancode: %d", getch());
```

geben das eingegebene Zeichen aus oder - wenn eine Cursor- oder Funktionstaste gedrückt wurde - nach dem zweiten Aufruf von *getch* den Scancode der Taste. Mit einer ähnlichen Konstruktion wird in chrows.c ermittelt, ob die ↓-Taste (Scancode: dezimal 80) gedrückt wurde. Eine Übersicht über die Scancodes aller Tasten findet man im Anhang E des Buchs.

▶ ***chrows.c:***

```
1  /* chrows demonstriert einen zeilenweisen Zugriff auf ein zweidimensionales Array.
2  Einzelne Arrayzeilen können vom Anwender zeitweilig verändert werden.   */
3
4  #include <stdio.h>                                         /*   printf   */
5  #include <conio.h>                                         /*   getch    */
6
7    /*** Konstanten  *****************/
8
9  #define START 0
10 #define TOP   5
11 #define BOTTOM13
```

```
12  #define ESC    27
13  #define ARROW 80                                  /*   Scancode Pfeiltaste     */
14
15    /***  Makros  *********************/
16
17  #define CLEAR()    printf("\033[2J")              /*   Bildschirm löschen */
18  #define REVERSE()  printf("\033[7m")       /*   Bildschirmfarben vertauschen*/
19  #define NORMAL()   printf("\033[0m")  /*  Normale Bildschirmdarstellung    */
20  #define SKIP()printf("\n\n")                          /*   Leerzeile erzeugen */
21  #define POS(x,y)   printf("\033[%d;%dH", x, y) /*  Cursor positionieren    */
22
23    /*** Globale Variablen und Funktionsdeklarationen ***/
24
25  int row = START;                                  /*    globale Variable     */
26
27  void change_row(char m[][4]);              /*   verschiebt Zeilenmarkierung */
28
29  void showall(char m[][4]);                    /*   zeigt gesamtes Array an */
30  void shownums(char *r);                  /*  zeigt Arrayzeile als Zahlen an    */
31  void showchars(char *r);                 /*  zeigt Arrayzeile als Zeichen an   */
32
33    /*********************************/
34
35  main()
36    {
37      char matrix [5][4] = { {67, 79, 76, 68},
38                             {67, 79, 82, 68},
39                             {87, 79, 82, 68},
40                             {87, 65, 82, 68},
41                             {87, 65, 82, 77} };
42      int ok, input;
43
44      CLEAR();
45      showall(matrix);                                  /*   Array anzeigen*/
46
47      do
48        {
49          ok = 0;
50          change_row(matrix);  /* aktuelle Arrayzeile wechseln und ausgeben */
51
52          do
53            {
54              POS(17,10);
55              printf("\031-Taste wechselt die Zeile. Ende mit <Esc>: ");
56              input = getch();
57              if (input == 0)         /*  Funktionstaste oder Pfeiltaste    */
58                {
59                  input = getch();                        /*   Scancode holen*/
60                  if (input == ARROW)       /*  Pfeiltaste nach unten    */
61                    ok = 1;
62                }
63              else if (input == ESC)              /*  Programm beenden    */
64                ok = 1;
65            } while (!ok);
66        } while (input != ESC);
```

10

```
 67  }
 68
 69  /***   Funktionen   *********************/
 70
 71  void change_row(char m[][4])          /*   wechselt markierte Arrayzeile    */
 72  {                                              /*   und gibt sie aus.   */
 73
 74      static int i;
 75
 76      if (row == START)                                    /*    Programmbeginn*/
 77         {
 78           POS(TOP, 10);
 79           showchars(m[0]);              /*   Übergabe der ersten Arrayzeile   */
 80           row = 5;                      /*   1. Arrayzeile in Zeile 5    */
 81         }
 82      else if (row == BOTTOM)            /*   letzte Arrayzeile erreicht   */
 83         {
 84           POS(row, 10);
 85           shownums(m[4]);              /*   letzte Zeile normal zeigen   */
 86           row = 5;
 87           POS(row, 10);
 88           showchars(m[0]);                    /*   1. Zeile invers   */
 89           i = 0;                 /*   weiter mit 1. Zeile im else-Zweig.   */
 90         }
 91      else                           /*   übrige Arrayzeilen bearbeiten   */
 92         {
 93           POS(row, 10);
 94           shownums(m[i++]);
 95           POS(row+2, 10);
 96           showchars(m[i]);
 97           row = row + 2;
 98         }
 99  }
100
101  void showall(char m[][4])                           /*   zeigt Array an*/
102  {                                  /*   Parameter: Zeiger auf char[4]    */
103          int i, k;
104
105          for (i = 0; i < 5; i++)
106             {
107                  for (k = 0; k < 4; k++)
108                       printf("%d  ", a[i][k]);
109             SKIP();
110             }
111  }
112
113  void showchars(char *r)                     /*   zeigt Arrayzeile an    */
114  {                                  /*   Parameter: Zeiger auf char   */
115      int i;
116
117      REVERSE();
118      for (i = 0; i < 4; i++)
119          printf(" %c ", r[i]);
120      NORMAL();
121  }
```

```
122
123  void shownums(char *r)                     /*   zeigt Arrayzeile an    */
124  {                                          /*   Parameter: Zeiger auf char  */
125      int i;
126
127      for (i = 0; i < 4; i++)
128          printf("%d  ", r[i]);
129  }
```

10.4.4 Strukturen als Parameter

Ebenso wie Arrays kann man für eine Funktion auch Strukturen als Parameter vereinbaren. Dabei hat man allerdings anders als bei Arrays jedoch wieder die Wahl, eine Strukturvariable als Wert (by value) oder per Adresse (by reference) zu übergeben. Haben wir beispielsweise die Strukturdeklaration

```
struct buch4
    {
        char name[21];
        char vorname[21];
        char titel[51];
        char verlag[21];
        char ort[21];
        short jahr;
        float preis;
    };
```

und wollen eine Strukturvariable

```
struct buch4 book =     { "Jefrimov", "Oskar", "Der Wald im Feld", "Doppler",
                          "München", 1990, 69.00    };
```

von einer speziellen Funktion ausgeben lassen, so könnten wir die Strukturvariable *book*, da keine Veränderungen an ihr vorgenommen werden sollen, als Wert an die betreffende Funktion übergeben:

```
void writestruc(struct buch4 b)   /*   Version ohne Zeigerparameter */
    {
        printf("\n\n%s %s", b.vorname, b.name);
        printf("\n%s", b.titel);
        printf("\n%s", b.verlag);
        printf("\n%s %hd", b.ort, b.jahr);
        printf("\n%.2f", b.preis);
    }
```

Mit dem Aufruf

```
writestruc(book);
```

erhält die Funktion *writestruc* den Wert der Variablen *book*, wonach eine Kopie jeder Komponente von *book* an die entsprechende Komponente des Formparameters *b* zugewiesen wird. Da eine solche Operation insbesondere bei größeren Strukturen recht zeitaufwendig ist, liegt es nahe, nicht die komplette Struktur, sondern nur ihre Adresse, d. h. einen Zeiger auf ihren Anfang, an die betreffende Funktion zu übergeben. Wir könnten die Funktion *writestruc* daher auch folgendermaßen codieren:

```
void writestruc(struct buch4 *b) /*   Version mit Zeigerparameter */
    {
        printf("\n\n%s %s", b->vorname, b->name);
        printf("\n%s", b->titel);
        printf("\n%s", b->verlag);
        printf("\n%s %hd", b->ort, b->jahr);
        printf("\n%.2f", b->preis);
    }
```

Der Aufruf von *writestruc* kann nun entsprechend mit

```
writestruc(&book);
```

ausgeführt werden. Das folgende Programm bibgraph.c demonstriert die Verwendung von Strukturvariablen bzw. deren Adressen als Funktionsparameter. bibgraph.c erzeugt eine Literaturliste beliebiger Länge, die als dynamisches Strukturarray verwaltet wird. Die Ein- und Ausgabe der Datensätze wird mit Hilfe der Funktionen *readstruc* und *writestruc* durchgeführt. Als Neuerung liest das Programm die Eingaben diesmal nicht sukzessive untereinander ein, sondern nimmt sie in einer speziellen Eingabemaske entgegen, die von der Funktion *menu* erzeugt wird:

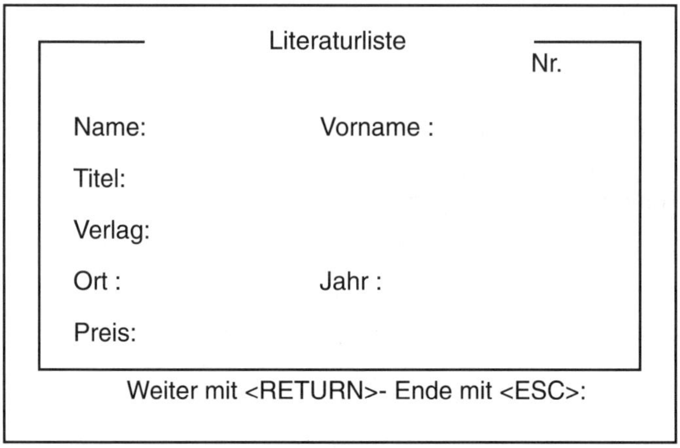

Abb. 169: Eingabemaske des Programms bibgraph.c

Der Rahmen des Menüs wird duch die Funktion *box* gezeichnet, die Rahmen beliebiger Größe an beliebigen Positionen auf dem Bildschirm herstellt. Die Eingabefelder der Maske werden von der Funktion *readstruc* mit dem Positionierungsmakro POS angesteuert. *readstruc* erhält als aktuellen Parameter einen Zeiger auf eine Struktur vom Typ *struct buch4*. Das eigentliche Einlesen der Daten erfolgt innerhalb von *readstruc* mit der Funktion *check_input*, welche die Eingabe zeichenweise entgegennimmt, auf zulässige Länge prüft, gegebenenfalls konvertiert und speichert. *check_input* erweitert die Möglichkeiten der Funktion *getch* in diesem Zusammenhang insofern, als die Eingabe mit der [Rück]-Taste editiert werden kann und Funktions- und Cursortasten ignoriert werden. *check_input* liefert als Rückgabewert einen Zeiger auf das *char*-Array mit der alphanumerisch eingelesenen Eingabe.

Die Funktion *cleanup* löscht vor der Eingabe des nächsten Datensatzes die alte Eingabe vom Bildschirm. *cleanup* verwendet dazu ein Array aus Strukturen, in dem die Koordinaten der anzusteuernden Bildschirmpositionen sowie die Anzahl der zu löschenden Zeichen gespeichert sind. Gibt der Anwender das Endezeichen (ESC) ein oder tritt ein Fehler bei der Speicherallokation auf, können die bis dahin eingelesenen Datensätze mit der Funktion *writestruc* ausgegeben werden. Auch *writestruc* besitzt als Parameter einen Zeiger auf Strukturen vom Typ *struct buch4*. Beachten Sie, daß die Deklaration dieses Strukturtyps global erfolgt, damit er den Funktionen *main*, *readstruc* und *writestruc* bekannt ist (was z. B. nicht der Fall wäre, wenn der Strukturtyp *struct buch4* etwa in *main* deklariert würde, wonach er nur in *main* bekannt wäre). Die Funktion *handle_error* schließlich führt eine einfache Fehlerbehandlung durch, wenn ein Allokationsfehler auftritt.

Das Programm bibgraph.c realisiert lediglich simple Ein- und Ausgabeoperationen mit Datensätzen, insbesondere ist eine Änderung bereits gespeicherter Daten in dieser elementaren Version noch nicht möglich.

▶ *bibgraph.c:*

```
 1  /* bibgraph erzeugt eine Literaturliste beliebiger Länge. Datensätze werden als
 2  Strukturen gespeichert, deren Verarbeitung spezielle Funktionen durchführen. */
 3
 4  #include <stdio.h>                                      /*    printf   */
 5  #include <conio.h>                                      /*    getch    */
 6  #include <stdlib.h>                      /*   realloc, free,atoi, atof  */
 7  #include <string.h>                                     /*    strcpy   */
 8
 9     /*** KONSTANTEN ************/
10
11  #define BACKSPACE  8
12  #define BLANK 32
13  #define ESC    27
14  #define T_LEFT218                        /*    Rahmen oben links     */
15  #define T_RIGHT   191                    /*    Rahmen oben rechts    */
16  #define B_LEFT192                        /*    Rahmen unten links    */
17  #define B_RIGHT   217                    /*    Rahmen unten rechts   */
18  #define HZTL   196                       /*    Horizontalstrich      */
19  #define VRTL   179                       /*    Vertikalstrich        */
20
21     /*** MAKROS  ****************/
22
```

10

```
23  #define F_YELL()   printf("\033[33m")             /*   Vordergrund gelb      */
24  #define F_NORM()   printf("\033[37m")             /*   Vordergrund normal    */
25  #define REVERSE()  printf("\033[7m")              /*   Farben vertauschen    */
26  #define NORMAL()   printf("\033[0m")              /*   Farben normal         */
27  #define POS(x,y)   printf("\033[%d;%dH", x, y)    /*   Cursor positionieren  */
28  #define CLEAR()    printf("\033[2J")              /*   Bildschirm löschen    */
29  #define HEADER()   printf(" LITERATURLISTE ")
30  #define MESSAGE()  printf("Weiter mit <Enter>. Ende mit <Esc>: ")
31
32    /*** FUNKTIONS- UND STRUKTURDEKLARATIONEN ***/
33
34  void box(int row, int col, int high, int wide);       /*   Rahmen zeichnen      */
35  void menu(void);                                 /*   Eingabemenü zeigen   */
36  void handle_error(void);                         /*   Fehlerbehandlung     */
37  void readstruc(struct buch4 *b);                 /*   Struktur einlesen    */
38  void writestruc(struct buch4 *b);                /*   Struktur ausgeben    */
39  void cleanup(void);                              /*   alte Eingaben löschen */
40  char *check_input(int len);                      /*   Eingabekontrolle     */
41
42  struct buch4                                     /*   Deklaration der      */
43          {                                        /*   Datensatzstruktur    */
44              char name[21];                       /*   Global deklariert,   */
45              char vorname[21];                    /*   damit der            */
46              char titel[51];                      /*   Datentyp allen       */
47              char verlag[21];                     /*   betroffenen          */
48              char ort[21];                        /*   Funktionen           */
49              short jahr;                          /*   bekannt              */
50              float preis;                         /*   ist                  */
51          };
52
53  /*** HAUPTPROGRAMM ************/
54
55  main()
56  {
57      struct buch4 *blist = NULL;                   /*   NULL wegen realloc.  */
58      struct buch4 *bkp; /*  Blockadresse sichern, falls blist NULL erhält */
59      int i, k, rep;                               /*   Kontrollvariablen    */
60
61      menu();                                      /*   Eingabemaske einblenden */
62
63  /*** Datensätze einlesen ********/
64
65      i = 0;
66      do
67          {
68            bkp = blist;                           /*   Blockadresse sichern  */
69
70            if ((blist = (struct buch4 *) realloc(blist, (i+1) * sizeof(struct
71                                      buch4)))
72                == NULL)
73              {
74                handle_error();        /*  Fehlerbehandlung bei Nullzeiger  */
75                break;
76              }
77
```

```
78              cleanup();                      /*    alte Eingaben löschen      */
79              POS(3,69);
80              printf("%d",i+1);               /*    Datensatznummer ausgeben   */
81              readstruc(&blist[i]);           /*    Datensatz einlesen         */
82              i++;
83              POS(21,57);
84              rep = getch();
85
86          } while (rep != ESC);
87
88  /***   Datensätze ausgeben  ************/
89
90      if(i > 0)                       /*    mindestens 1 Datensatz eingegeben.   */
91        {
92          box(23,5,3,70);
93          POS(24, 8);
94          printf("Datensätze ausgeben? (J/N) ");
95          rep = getch();
96          if (rep == 'j' || rep == 'J')
97            {
98              CLEAR();
99              if(blist == NULL)
100                blist = bkp;
101
102             for (k = 0; k < i; k++)
103               {
104                 printf("\n");
105                 writestruc(&blist[k]);
106                 if (((k+1)%3 == 0) && k != i-1)      /*    Neue Seite      */
107               {
108                 POS(24,50);
109                 printf("Weiter mit <Enter>: ");
110                 getch();
111                 CLEAR();
112               }
113             }                                          /*    Ende for   */
114        }                                      /*    Ende if (rep...)   */
115     free(blist);                     /*    Allokierten Speicher freigeben.   */
116     }                                          /*    Ende if (i > 0)    */
117  }                                                  /*    Ende main  */
118
119  /***   FUNKTIONEN   ******************/
120
121  void menu(void)                              /*    erzeugt Eingabemaske   */
122  {
123      CLEAR();
124      box(2, 5, 19, 70);                                 /*    Rahmen     */
125      POS(2,30);
126      HEADER();                                          /*    Überschrift   */
127      POS(21,20);
128      MESSAGE();                                         /*    Benutzerhinweis   */
129      POS(3,65);
130      printf("Nr.");
131      POS(6,8);
132      printf("NAME:");
```

10

```
133        POS(6, 40);
134        printf("VORNAME:");
135        POS(9,8);
136        printf("TITEL:");
137        POS(12,8);
138        printf("VERLAG:");
139        POS(15, 8);
140        printf("ORT:");
141        POS(15, 40);
142        printf("JAHR:");
143        POS(18, 8);
144        printf("PREIS:");
145    }
146    /***************************/
147
148    void box(int row, int col, int high, int wide)      /*   zeichnet Rahmen      */
149    {
150        int i, k;
151
152        F_YELL();                                        /*   Farbe gelb für Rahmen  */
153        POS(row, col);                                   /*     Oberteil Rahmen      */
154        printf("%c", T_LEFT);
155        for (i = 1; i < wide-2; i++)
156            printf("%c", HZTL);
157        printf("%c", T_RIGHT);
158
159        for (i = 1; i <= high-2; i++)                    /*     Mittelteil Rahmen    */
160           {
161            POS(row+i, col);
162            printf("%c", VRTL);
163            for (k = 1; k < wide-2; k++)
164                printf("%c", BLANK);
165            printf("%c", VRTL);
166           }
167
168        POS(row+high-1, col);                            /*     Unterteil Rahmen     */
169        printf("%c", B_LEFT);
170        for (i = 1; i < wide-2; i++)
171            printf("%c", HZTL);
172        printf("%c", B_RIGHT);
173        F_NORM();                                        /*   Normale Vordergrundfarbe  */
174    }
175
176    /***************************/
177
178    void handle_error(void)                              /*   Fehlerbehandlungsroutine  */
179    {
180        box(12, 18, 5, 44);
181        POS(13, 19);
182        REVERSE();                                       /*   Farben vertauschen */
183        printf("                                  ");
184        POS(14, 19);
185        printf(" Nicht genügend Speicherplatz verfügbar. ");
186        POS(15, 19);
187        printf("                                  ");
```

```
188      NORMAL();                                   /*   Farben wieder normal     */
189  }
190
191  /***************************/
192
193  void readstruc(struct buch4 *b)                 /*    Datensatz einlesen */
194  {
195      char *input;
196
197      POS(6,8);
198      REVERSE();                      /*   Aktuelles Eingabefeld hervorheben.   */
199      printf("NAME:");
200      NORMAL();                                   /*   Eingabe in normalen Farben   */
201      POS(6,15);
202      input = check_input(20);        /*   Eingabekontrolle: max. 20 Zeichen*/
203      strcpy(b->name, input);                     /*    Daten speichern     */
204      POS(6,8);
205      printf("NAME:");                            /*   Eingabefeld wieder normal   */
206
207      /***  wie oben für die übrigen Eingabefelder  ***/
208
209      /* Vorname */
210
211      POS(6,40); REVERSE(); printf("VORNAME:");
212      NORMAL(); POS(6,49); input = check_input(20);
213        strcpy(b->vorname, input); POS(6,40); printf("VORNAME:");
214
215      /* Buchtitel */
216
217      POS(9,8); REVERSE(); printf("TITEL:");
218      NORMAL(); POS(9,15); input = check_input(50);
219      strcpy(b->titel, input); POS(9,8); printf("TITEL:");
220
221      /* Verlagsname */
222
223      POS(12,8); REVERSE(); printf("VERLAG:");
224      NORMAL(); POS(12,16); input = check_input(20);
225      strcpy(b->verlag, input); POS(12,8); printf("VERLAG:");
226
227      /* Erscheinungsort */
228
229      POS(15,8); REVERSE();printf("ORT:");
230      NORMAL(); POS(15,13); input = check_input(20);
231      strcpy(b->ort, input); POS(15,8); printf("ORT:");
232
233
234      /* Erscheinungsjahr */
235
236      POS(15,40); REVERSE(); printf("JAHR:");
237      NORMAL(); POS(15,46); input = check_input(4);
238      b->jahr = atoi(input);                      /*   konvertieren und speichern   */
239      POS(15,40); printf("JAHR:");
240
241      /* Preis */
242
```

```
243        POS(18,8); REVERSE(); printf("PREIS:");
244        NORMAL(); POS(18,15); input = check_input(10);
245        b->preis = atof(input);              /*   konvertieren und speichern   */
246        POS(18,8); printf("PREIS:");
247   }
248   /****************************/
249
250        void writestruc(struct buch4 *b)          /*   Datensätze ausgeben    */
251        {
252             printf("\n\n%s %s", b->vorname, b->name);
253             printf("\n%s", b->titel);
254             printf("\n%s", b->verlag);
255             printf("\n%s %hd", b->ort, b->jahr);
256             printf("\n%.2f", b->preis);
257
258        }
259
260   /****************************/
261
262     void cleanup(void)                /*   löscht alte Bildschirmausgaben   */
263        {
264        int i,k;
265
266        struct coo                         /*   speichert Löschpositionen    */
267          {
268           int row;                                          /*   Zeile    */
269           int col;                                          /*   Spalte    */
270           int blanks; /* Anzahl der Zeichen, die überschrieben werden sollen. */
271          } c[7] = { {6,15,25}, {6,49,20}, {9,15,50}, {12,16,50}, {15,13,25},
272                {15,46,20}, {18,15,50}};
273
274           for (i = 0; i < 7; i++)
275             {
276                POS(c[i].row, c[i].col);
277                for (k = 0; k < c[i].blanks; k++)
278                    printf("%c", BLANK);
279             }
280   }
281
282   /****************************/
283
284   char *check_input(int len)        /*   liest Eingabefelder kontrolliert ein   */
285   {
286        int i = 0;
287        int c;
288        int func_or_cursorkey = 0;  /*   Flag für Funktions- oder Cursortaste   */
289        static char buffer[81];     /*   static, weil die Adresse dieses Puffers
290                                         als return-Wert zurückgegeben wird.
291                                         Eine auto-Variable wäre ungeeignet,
292                                         da sie nach Beendigung der
293                                         Funktion nicht mehr existiert.        */
294
295        while ((i < len) && ((c = getch()) != '\r'))
296          {
297             if (func_or_cursorkey) /*   falls vorherige Eingabe Funktions-   */
```

```
298              {                                        /*   oder Cursortaste    */
299                func_or_cursorkey = 0;
300                continue;      /*   Eingabe (= Scancode der Taste) ignorieren */
301              }
302          if (c == 0)                            /*   Funktions- oder Cursortaste */
303              {
304                func_or_cursorkey = 1;                      /*   Flag setzen    */
305              }
306          else if (c == BACKSPACE)                          /*   <Rück>-Taste   */
307              {
308                if(i > 0)                /*   mindestens 1 Zeichen eingegeben. */
309                  {                      /*   Cursor darf außerdem nicht hinter */
310                                         die 1. Eingabeposition zurück.    */
311                    printf("\b \b");     /*   Zeichen links vom Cursor mit Blank
312                                         überschreiben und dann Cursor 1
313                                         Zeichen zurücksetzen               */
314                    i--;                 /*   damit das gelöschte Zeichen auch
315                                         im Puffer überschrieben wird.      */
316                  }
317              }
318          else                                      /*   zulässiges Zeichen */
319              {
320                buffer[i++] = c;                  /*   Zeichen speichern    */
321                putchar(c);                       /*   Zeichen ausgeben     */
322              }
323            }
324          buffer[i] = '\0';                    /*   Eingabe abschließen      */
325
326          return (buffer);          /*   Adresse Eingabepuffer zurückgeben*/
327    }
```

10.4.5 Funktionen als Parameter/Zeiger auf Funktionen

Obwohl C-Funktionen keine variablen Datenobjekte sind, besitzen sie wie Variablen eine Adresse im Speicher. Diese Adresse bezeichnet die Speicherstelle, an der die Funktion mit ihren Anweisungen untergebracht ist. Mit einer solchen Funktionsadresse lassen sich ähnliche Operationen durchführen wie mit den Adressen variabler Datenobjekte, beispielsweise können sie in einem Zeiger geeigneten Typs gespeichert oder als Parameter an eine andere Funktion übergeben werden. Insbesondere aber kann eine Funktion über einen Funktionszeiger auch aufgerufen werden (s. u.).

10

Definition von Funktionszeigern

Die Adresse einer Funktion wird durch ihren Namen verkörpert, ähnlich wie ein Arrayname die Adresse eines Arrays darstellt. In analoger Weise ist ein Funktionsname wie beispielsweise *printf* daher ein (konstanter) Zeiger auf die betreffende Funktion. Will man die Adresse einer Funktion in einer Zeigervariablen speichern, so hat man diese gemäß der folgenden Syntax zu definieren:

```
datentyp (*zeigername) ([d₁n₁, d₂n₂, ..., dₙnₙ]);
```

Die Angabe *datentyp* bezeichnet dabei den Datentyp des Rückgabewerts der Funktion, auf die der Zeiger verweist. Die Parameterliste gibt entsprechend die Datentypen und Namen eventueller Funktionsparameter an, wobei die eckigen Optionalitätsklammern andeuten, daß diese Angaben nicht unbedingt gemacht werden müssen. So würde mit

```
int (*fz)();
```

ein Zeiger *fz* definiert, der auf eine Funktion verweist, die einen *int*-Wert zurückgibt. Die leere Parameterliste besagt nicht etwa, daß die Funktion, auf die der Zeiger *fz* verweist, in keinem Fall Parameter hat. Hier verhält es sich ähnlich wie bei der (noch zulässigen) älteren Form der Deklaration von Funktionen: Werden keine Angaben über Parameter gemacht, kann der Compiler bei einem Aufruf der Funktion über einen Zeiger (s. u.) auch nicht prüfen, ob Anzahl und Typ der aktuellen Parameter den Angaben in der Funktionsdefinition entsprechen. Andererseits hat im Gegensatz zu einer Funktionsdeklaration alten Stils die Definition eines mit leerer Parameterliste vereinbarten Funktionszeigers auch einen Vorteil: Ein solcher Funktionszeiger kann zur Speicherung der Adressen von Funktionen mit unterschiedlichen Parameterkonstellationen verwendet werden, was, wie wir noch sehen werden, von erheblicher praktischer Bedeutung ist. Die Klammern um den Ausdruck

```
*fz
```

sind übrigens notwendig, anderfalls würde mit

```
int *fz();
```

aufgrund der höheren Priorität der Klammern "()" gegenüber dem "*"-Operator keine Zeigervariable *fz* definiert, sondern eine Funktion *fz* deklariert, deren Rückgabewert ein Zeiger auf *int* ist.

Sind *func1* und *func2* zwei Funktionen, so ist es in den Anweisungen

```
fz = func1;
```

bzw.

```
fz = func2;
```

die dem Zeiger *fz* über die Funktionsnamen die Adressen der Funktionen *func1* bzw. *func2* zuweisen, wegen der leeren Parameterliste bei der Definition von *fz* lediglich erforderlich, daß *func1* und *func2* Funktionen sind, die einen *int*-Wert zurückgeben, damit die obigen Zuweisungen typmäßig korrekt sind. Tatsächlich könnten sowohl *func1* als auch *func2* irgendwelche Parameter besitzen und beispielsweise folgendermaßen aussehen:

```
int func1(void)                          /*  Keine Parameter    */
    {
        /*  Anweisungen   */
        return (0);
    }

    int func2(int a, int b, int c)            /*  Drei Parameter*/
    {
                                         /*  Anweisungen   */
        return (c);
    }
```

Spezifiziert man bei der Definition des Zeigers *fz* mit

```
int (*fz)(int a, int b, int c);
```

bzw.

```
int (*fz)(int, int, int);
```

die Parameter der Funktion, auf die *fz* verweisen soll, so erhält der Compiler präzisere Informationen über das Verweisobjekt, allerdings ist *fz* nun nicht mehr vom Typ "Zeiger auf eine Funktion vom Typ *int*", sondern vom Typ "Zeiger auf eine Funktion vom Typ *int* mit drei *int*-Parametern" und daher nicht mehr für Adressen von *int*-Funktionen mit anderen Parametertypen und anderen Parameteranzahlen geeignet.

Funktionsaufruf über Zeiger

Ist die Adresse einer Funktion in einem entsprechenden Zeiger gespeichert, kann die Funktion über diesen Zeiger aufgerufen werden. Beispielsweise wäre nach

```
int (*fz)() = printf;        /*  Funktionszeiger definieren und mit
                                 der Adresse von printf initialisieren */
```

10

was einen Zeiger auf eine *int*-Funktion definiert und mit der Adresse der Bibliotheksfunktion *printf* initialisiert, der Funktionsaufruf

```
printf("Funktionszeigertest");
```

auch mit

```
(*fz)("Funktionszeigertest");
```

möglich. Dabei ergibt der Ausdruck

```
(*fz)
```

- ebenso wie der Funktionsname *printf* - die *Adresse* der Funktion *printf*, was bewirkt, daß die Funktion aufgerufen wird. Man sieht also, daß eine Funktion letztendlich dadurch aufgerufen wird, daß man dem Compiler ihre Adresse mitteilt, entweder, indem man ihren Namen nennt oder einen dereferenzierten Funktionszeiger angibt. (Im übrigen ist auch beim Aufruf einer Funktion über einen Zeiger aus den gleichen Gründen wie bei dessen Definition die Klammerung des Ausdrucks *zeigername* nötig). Besitzt eine Funktion Parameter - wie im obigen Beispiel die Funktion *printf* den Formatstring "Funktionszeigertest" -, so werden diese wie bei einem gewöhnlichen Funktionsaufruf (über den Namen der Funktion) zwischen den Funktionsklammern angegeben. Das folgende Programm trigon.c zeigt eine Anwendung von Funktionszeigern und berechnet wahlweise Sinus, Cosinus, Tangens oder Cotangenswert für einen eingegebenen ganzzahligen Winkel zwischen 0° und 360°. Die zur Berechnung benötigten mathematischen Funktionen werden dabei nicht wie bisher üblich mit ihrem Namen, sondern über einen Zeiger aufgerufen. Die Funktionsadressen sind dazu in einem *Array* aus Funktionszeigern gespeichert, das wie folgt definiert ist:

```
void (*t[5])() =  {sinus, cosinus, tangens, cotangens, exit};
```

Vereinbart wird damit ein fünfelementiges Array *t* aus Zeigern auf Funktionen vom Typ *void*. Initialisiert wird *t* mit den Adressen der Funktionen *sinus*, *cosinus*, *tangens* und *cotangens* sowie der Adresse der Bibliotheksfunktion *exit*. Die obigen Winkelberechnungsfunktionen verwenden die Bibliotheksfunktionen *sin*, *cos* und *tan*, akzeptieren aber im Gegensatz zu diesen Werte für Winkel im Gradmaß. (Die Funktionen *sin*, *cos* und *tan* erwarten den Winkel im Bogenmaß.)

Anwendungsbeispiel (1)

Das folgende Programm trigon.c präsentiert ein Eingabemenü (mit der Funktion *trigmenu*), aus dem der Anwender mit einem beweglichen Markierungsbalken die gewünschte Operation anwählen kann:

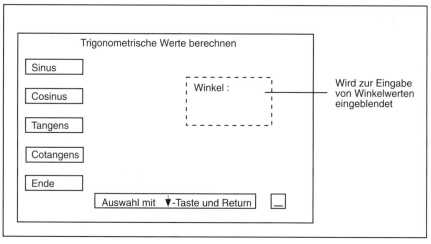

Abb. 170: Eingabemenü des Programms trigon.c

Die Auswahl eines bestimmten Menüpunkts wird intern durch die Funktion *select_option* realisiert, die ähnlich strukturiert ist wie die Funktion *change_row* aus dem Programm chrows.c. Das Menü wird mit einer Endlosschleife so lange angeboten, bis der Anwender den Menüpunkt *Ende* wählt, und danach die Funktion *exit* (aufgerufen über den Funktionszeiger *(*t[4])*), die Schleife und das Programm beendet. Der Umstand, daß *select_option* jeweils die Nummer des aktuell markierten Menupunkts (0 bis 4) zurückliefert, ermöglicht - mit Hilfe des Funktionszeigerarrays *t* - in einfacher Weise mit dem Ausdruck

```
(*t[n])(angle)
```

die gewünschte Funktion aufzurufen, wobei eine Rolle spielt, daß *n* sowohl die Nummer des gewählten Menüpunkts als auch den Index des zugehörigen Funktionszeigers im Array *t* bezeichnet. Man erspart sich mit der Anweisung

```
if (n != 4)
    {
        getangle();
        (*t[n])(angle);
    }
else
    (*t[n])(0);
```

die im *if*-Zweig eine der Winkelberechnungsfunktionen aufruft und im *else*-Zweig zur Beendigung des Programms die Funktion *exit*, also eine etwas aufwendigere *switch*- oder *if else*-Konstruktion mit gewöhnlichen Funktionsnamen. Die Funktion *getangle* erzeugt zum Einlesen eines Winkelwerts eine zusätzliche Box auf dem Bildschirm, die nach Ende der aktuellen Berechnung durch das Makro ERASE wieder entfernt wird.

trigon.c:

```
1   /* trigon berechnet trigonometrische Werte mit Hilfe spezieller Funktionen,
2      die nicht mit ihrem Namen, sondern über einen Zeiger aufgerufen werden. Die
3      Funktionsadressen werden in einem Array aus Funktionszeigern gespeichert.*/
4
5   #include <stdio.h>                              /*   printf         */
6   #include <math.h>                               /*   sin, cos, tan  */
7   #include <stdlib.h>                             /*   exit           */
8   #include <conio.h>                              /*   getch          */
9   #include <ctype.h>                              /*   isdigit        */
10
11  /*** KONSTANTEN  ******************/
12
13  #define BLANK  32
14  #define Enter  13
15  #define ESC    27
16  #define BACKSPACE  8
17  #define T_LEFT 218                      /*   Rahmen linke obere Ecke    */
18  #define T_RIGHT    191                  /*   Rahmen rechte obere Ecke   */
19  #define B_LEFT 192                      /*   Rahmen linke untere Ecke   */
20  #define B_RIGHT    217                  /*   Rahmen rechte untere Ecke  */
21  #define HZTL   196                      /*   Horizontalstrich           */
22  #define VRTL   179                      /*   Vertikalstrich             */
23  #define TOP    6                        /*   oberste Menüzeile          */
24  #define BOTTOM 18                       /*   unterste Menüzeile         */
25  #define START  0
26  #define ARROW  80                     /*   Scancode Pfeiltaste nach unten   */
27  #define PI     3.1416
28
29  /*** MAKROS  *****************************/
30
31  #define F_CYAN()    printf("\033[36m")     /*   Vordergrund zyan        */
32  #define F_NORM()    printf("\033[37m")     /*   Vordergrund normal      */
33  #define REVERSE()   printf("\033[7m")      /*   Farben vertauschen      */
34  #define NORMAL()    printf("\033[0m")      /*   Farben normal           */
35  #define POS(x,y)    printf("\033[%d;%dH", x, y)  *   Cursor positionieren   */
36  #define CLEAR()     printf("\033[2J")      /*   Bildschirm löschen      */
37  #define ERASE(lines)    for(i = 1; i <= lines;i++\
38                          {    POS(i+8,35);\
39                          for(k = 0; k < 40; k++)\
40                              printf("%c", BLANK); }        /*  Zeilen löschen*/
41
42  /*** FUNKTIONSDEKLARATIONEN  ************/
43
44  void box(int row, int col, int high, int wide);      /*   Rahmen zeichnen    */
45  void trigmenu(char *opt[]);                      /*   Eingabemenü zeigen     */
46  void getangle(void);                             /*   Winkel einlesen        */
47  void sinus(double ang);                          /*   Sinus berechnen        */
48  void cosinus(double ang);                        /*   Cosinus berechnen      */
49  void tangens(double ang);                        /*   Tangens berechnen      */
50  void cotangens(double ang);                      /*   Cotangens berechnen    */
51  int select_option(char *opt[]);                  /*   Menüpunkt wählen       */
52
53  /*** GLOBALE VARIABLEN  ******************/
```

```
54
55   /* Array aus Funktionszeigern */
56   void (*t[5])() = {sinus, cosinus, tangens, cotangens, exit};
57
58       int row = START;
59       double angle;                               /*   Winkel in Grad     */
60       int i,k;                              /*   Kontrollvariablen für ERASE */
61
62       main()
63       {
64   /* Menüzeilen */
65
66       char *options[] = {"Sinus", "Cosinus", "Tangens", "Cotangens", "Ende"};
67
68       int input;
69       int ok;
70       int n;                               /*   Nummer der aktuellen Menüzeile   */
71
72          trigmenu(options);                        /*   Menü einblenden    */
73          for(;;)                                   /*     Endlosschleife    */
74            {
75               ok = 0;
76               n = select_option(options);    /*   Menüpunkt auswählen    */
77               do
78                 {
79                    POS(21, 66);
80                    input = getch();
81
82                    if (input == 0)          /*   Cursor- oder Funktionstaste */
83                      {
84                         input = getch();             /*    Scancode holen     */
85                         if (input == ARROW)     /*   Pfeil nach unten    */
86                         ok = 1;
87                      }
88                    else if (input == <Enter>)
89                      {
90                         if(n != 4)                 /*   nicht Menüpunkt "Ende" */
91                           {
92                              getangle();                /*   Winkel einlesen    */
93                              (*t[n])(angle);/* Funktion über Zeiger aufrufen*/
94                           }
95                         else
96                           (*t[n])(0);       /*   exit über Zeiger aufrufen   */
97                      }
98            } while (!ok);
99          }     /* Ende for(;;) */
100      }    /* Ende main */
101
102      /*** FUNKTIONEN  *****************/
103
104  void trigmenu(char *opt[])                        /*   Menü einblenden    */
105    {
106      int i;
107
108      CLEAR();
```

```
109        box(2,8,3,61);
110        POS(3,21);
111        printf("TRIGONOMETRISCHE WERTE BERECHNEN");
112        for (i = 0; i < 5; i++)
113          {
114            box(3*i+5,8,3,15);
115            POS(3*i+6, 10);
116            printf("%s", opt[i]);
117          }
118
119            box(20,22,3,42);
120            POS(21,27);
121            printf("Auswahl mit \031-Taste und <Enter> =>");
122            box(20,64,3,5);
123          }
124
125   /***********************/
126
127   void box(int row, int col, int high, int wide)      /*   Rahmen zeichnen    */
128     {
129        int i, k;
130
131        F_CYAN(); /* Rahmen in zyan */
132        POS(row, col);/* Oberteil */
133        printf("%c", T_LEFT);
134        for (i = 1; i <= wide-2; i++)
135            printf("%c", HZTL);
136        printf("%c", T_RIGHT);
137
138        for (i = 1; i <= high-2; i++)                   /*   Mittelteil    */
139          {
140            POS(row+i, col);
141            printf("%c", VRTL);
142            for (k = 1; k <= wide-2; k++)
143                printf("%c", BLANK);
144            printf("%c", VRTL);
145          }
146
147        POS(row+high-1, col);                           /*   Unterteil */
148        printf("%c", B_LEFT);
149        for (i = 1; i <= wide-2; i++)
150            printf("%c", HZTL);
151        printf("%c", B_RIGHT);
152        F_NORM();                           /*   Normale Vordergrundfarbe    */
153     }
154
155   int select_option(char *opt[])           /*   Menüpunkt auswählen    */
156     {
157        static int i;
158
159        if (row == START)                               /*   Programmanfang    */
160          {
161            POS(TOP, 10);
162            REVERSE();
163            printf("%s",opt[0]);
```

```
164               NORMAL();
165               row = 6;
166               return(0);      /*  Nummer d. aktuellen Menüzeile zurückliefern    */
167           }
168       else if (row == BOTTOM)                  /*  Position letzte Menüzeile    */
169           {
170               POS(row, 10);
171               printf("%s", opt[4]);
172               row = 6;
173               POS(row, 10);
174               REVERSE();
175               printf("%s",opt[0]);
176               NORMAL();
177               i= 0;
178               return(i);                          /*  siehe oben    */
179           }
180       else                                      /*  übrige Zeilen */
181           {
182               POS(row, 10);
183               printf("%s",opt[i]);
184               POS(row+3, 10);
185               REVERSE();
186               printf("%s",opt[++i]);
187               NORMAL();
188               row = row + 3;
189               return(i);                          /*  siehe oben    */
190           }
191   }
192
193   /*****************/
194
195       void getangle(void)                      /*  Winkel einlesen    */
196       {
197           int c, i;
198           int func_or_cursor_key = 0;
199           char buffer[4];
200
201           box(8,35,9,34);
202           do
203           {
204               i = 0;
205               POS(10,54);
206               printf("            ");
207               POS(10,37);
208               printf("Winkel (0-360 ): ");
209
210               while ((i < 3) &&  ((c = getch()) != '\r'))
211               {
212                   if (func_or_cursor_key)
213                   {
214                       func_or_cursor_key = 0;
215                       continue;
216                   }
217
218                   if(c == 0)
```

```
219                      {
220                          func_or_cursor_key = 1;
221                      }
222                   else if (c == BACKSPACE)
223                      {
224                       if(i > 0)
225                        {
226                          printf("\b \b");
227                          i--;
228                        }
229                      }
230                   else if (isdigit(c))
231                      {
232                          buffer[i++] = c;
233                          putchar(c);
234                           }
235                   }
236              buffer[i] = '\0';
237          angle = atof(buffer);
238      } while (angle > 360.0);
239    }
240
241  /******************/
242
243  void sinus(double ang)                        /*   Sinus berechnen   */
244  {
245      double rad;                                    /*   Bogenmaß */
246
247      rad = PI / 180 * ang;                /*   Gradmaß in Bogenmaß   */
248      POS(12,37);
249      printf("sinus %.1f  = %.4f", ang, sin(rad));
250      POS(14,37);
251      printf("Weiter mit ,<Enter>");
252      getch();
253      ERASE(9);                                 /*   Ausgabe löschen   */
254    }
255
256  /******************/
257
258  void cosinus(double ang)                      /*   Cosinus berechnen */
259  {
260      double rad;
261
262      rad = PI / 180 * ang;
263      POS(12,37);
264      printf("cosinus %.1f  = %.4f", ang, cos(rad));
265      POS(14,37);
266      printf("Weiter mit <Enter>");
267      getch();
268      ERASE(9);
269  }
270
271  /******************/
272
273  void tangens(double ang)                      /*   Tangens berechnen */
```

```
274  {
275      double rad;
276
277      if (ang == 90.0)                    /*   Tangenswert für 90 : "unendlich" */
278        {
279          POS(12, 37);
280          printf("tangens %.1f  = ý", ang);
281        }
282      else
283        {
284          rad = PI / 180 * ang;
285          POS(12,37);
286          printf("tangens %.1f  = %.4f", ang, tan(rad));
287          POS(14,37);
288          printf("Weiter mit <Enter>");
289          getch();
290      ERASE(9);
291        }
292  }
293
294  void cotangens(double ang)                /*   Cotangens berechnen    */
295  {
296      double rad;
297
298      if (ang == 0.0)                     /*   Cotangens 0 : "unendlich"   */
299        {
300          POS(12, 37);
301          printf("cotangens %.1f  = ý", ang);
302        }
303      else
304        {
305          rad = PI / 180 * ang;
306          POS(12,37);
307          printf("cotangens %.1f  = %.4f", ang, 1/tan(rad));
308          POS(14,37);
309          printf("Weiter mit <Enter>");
310          getch();
311          ERASE(9);
312        }
313  }
```

Anwendungsbeispiel (2)

Eine andere Anwendungsmöglichkeit von Funktionszeigern ergibt sich dann,
wenn gleiche Operationen mit unterschiedlichen Operanden durchgeführt
werden sollen. Ein einfaches Beispiel wäre eine Funktion, die Arrays beliebigen Datentyps ausgibt und dabei ihrerseits für die Bearbeitung jedes Ar-
raytyps selbst wieder eine spezielle Funktion benutzt, eine sog. *Subroutine*
(Unterfunktion). Auf diese Weise hat man eine einzige allgemein verwendba-
re Ausgabefunktion zur Verfügung, der man in jedem konkreten Anwendungsfall mitteilt, welche Subroutine - die natürlich vorhanden sein muß - sie
zur Ausgabe des Arrays des betreffenden Typs aufrufen soll. Diese Informa-

tion kann einer solchen allgemein verwendbaren Funktion auf einfache Weise über einen aktuellen Parameter mitgeteilt werden, der die Adresse (etwa in Form des Funktionsnamens) der in Frage kommenden Subroutine enthält. Der entsprechende Formalparameter der "übergeordneten" Ausgabefunktion ist daher ein Zeiger auf Funktionen, über den dann innerhalb der Funktion die für den jeweiligen Datentyp passende Unterfunktion aufgerufen wird. Mit der folgenden Funktion

```
void display_array(void *arr, long start, long end, void (*d)(void*, long, long))
    {
        (*d)(arr,start, end);
    }
```

lassen sich beispielsweise beliebige zusammenhängende Bereiche von Arrays der elementaren Datentypen ausgeben, sofern die entsprechenden Subroutinen vorhanden sind. Der Parameter *arr* kann dabei wegen seines Datentyps *void** die Adresse eines Arrays beliebigen Typs speichern, die beiden *long*-Parameter nehmen die Indizes von Anfang und Ende des auszugebenden Arraybereichs auf. Der Parameter

```
void (*d)(void*, long, long)
```

ist ein Zeiger mit Namen *d* auf eine Funktion vom Typ *void* mit drei Parametern vom Typ *void** bzw. *long*. Dieser Parameter speichert die Adresse der "eigentlichen" Ausgabefunktion, die in unserem Beispiel eine beliebige Funktion vom Typ *void* mit den angegebenen drei Parametertypen sein kann.

Die Anweisung

```
(*d)(arr,start, end);
```

im Rumpf der Funktion *display_array* ruft dann jene Funktion auf, deren Adresse an *d* zugewiesen wurde. Hat man etwa die Funktionen *printchar*, *printshort*, *printlong*, *printfloat* und *printdouble* als spezielle Ausgaberoutinen für beliebig große Arrays der Datentypen *char*, *short*, *long*, *float* und *double* sowie die Arrays

```
char c[1000];
short s[100];
long l[100];
float f[100];
double d[100];
```

so könnten mit

```
display_array(c, 0, 999, printchar);
display_array(s, 0, 99, printshort);
display_array(l, 0, 99, printlong);
display_array(f, 0, 99, printfloat);
display_array(d, 0, 99, printdouble);
```

alle Arrays mit ein und derselben Funktion *display_array* ausgegeben werden. Das folgende Programm seearray.c demonstriert neben einer Anwendung von *display_array* auch noch die Verwendung der Funktion *fill_array*, die einen beliebigen der genannten Arraytypen mit Testwerten des Zufallszahlengenerators *rand* füllt. Wie *display_array* greift auch *fill_array* über einen Funktionszeiger auf spezielle Subroutinen zu. Ausgegeben werden in einer Schleife zufällig ausgewählte Bereiche eines Arrays, das ebenfalls nach dem Zufallsprinzip aus fünf Arrays unterschiedlichen Typs ermittelt wird. Zusätzlich wird die grafische Darstellung der Bildschirmanzeige mit Hilfe von *rand* und einer ANSI-Escapesequenz bei jeder Ausgabe verändert, indem aktuelle Vorder- und Hintergrundfarbe des Bildschirms bei jedem Schleifendurchgang auf neue Werte gesetzt werden.

Die Funktion *wait* erzeugt über die Bibliotheksfunktion *time* eine Pause von beliebig vielen Sekunden. Im Programm bewirkt also die Anweisung

```
wait(3);
```

eine Pause von drei Sekunden bis zur nächsten Anzeige. Das Programm endet, wenn der Anwender eine beliebige Taste drückt. Dies wird von der Bibliotheksfunktion *kbhit* überprüft. *kbhit* liefert den Wert 0 zurück, solange keine Taste gedrückt wird, im anderen Fall einen von 0 verschiedenen Wert. Die Funktion *kbhit* gehört zwar nicht zum ANSI-Standard, ist aber recht nützlich und auf vielen Systemen vorhanden, ebenso wie die Include-Datei *conio.h*, die man für *kbhit* einzuschließen hat.

▶ seearray.c:

```
 1  /*   seearray verwendet Funktionszeiger als Parameter.   */
 2
 3  #include <stdio.h>                              /*   printf            */
 4  #include <stdlib.h>                             /*   srand, rand       */
 5  #include <conio.h>                              /*   getch, kbhit      */
 6  #include <time.h>                               /*   time              */
 7
 8  unsigned init;                       /*  Initialisierungsvariable      */
 9
10      main()
11      {
12  /***   FUNKTIONSDEKLARATIONEN   *************/
13
14  /*   Spezielle Eingabefunktion für Arrays   */
15
16      void fillchar(char *a, long len);
17      void fillshort(short *a, long len);
18      void fillong(long *a, long len);
19      void fillfloat(long *a, long len);
20      void filldouble(double *a, long len);
21
22  /*   Spezielle Ausgabefunktionen für Arrays     */
```

```
23
24      void printchar(char *a, long s, long e);
25      void printshort(short *a, long s, long e);
26      void printlong(long *a, long s, long e);
27      void printfloat(float *a, long s, long e);
28      void printdouble(double *a, long s, long e);
29
30 /*   Allgemeine Ein- und Ausgabefunktionen für Arrays      */
31
32      void fill_array(void *arr, long len, void (*fill)(void*, long));
33      void display_array(void *arr, long start, long end, void (*d)(void*,
34        long, long));
35
36      void wait(long sec);                              /*   Pausen funktion    */
37
38 /****************************************/
39
40      char c[1000];
41      short s[100];
42      long l[100];
43      float f[100];
44      double d[100];
45      int number, i;
46      long index[2];          /*   speichert Zufallswerte für Anfangs- und
47                                   End-Index des auszugebenden Arraybereichs. */
48
49      while (!kbhit())
50        {
51          srand(++init);      /*   Zufallszahlenfunktion rand initialisieren */
52          if(init = 65535)
53              init = 1;
54          number = rand() % 5 + 1;    /*   Zufallszahlen im Bereich 1 - 5:
54                                           1 für char, 2 für short etc.    */
55          do                  /*   Zufallsindizes für Arraybereich ermitteln */
56            {
57              for (i = 0; i < 2; i++)
58                  index[i] = (number != 1) ? rand()%100 : rand()%1000;
59            } while (index[0] >= index[1]);
60
61          wait(3);                    /*   3 Sekunden bis zur nächsten Ausgabe   */
62          printf("\033[2J\n");
63 /*   Bildschirmfarben nach Zufallsprinzip einstellen:
64      \033[3xm: Vordergrund, \033[4xm: Hintergrund    */
65          printf("\033[%d;%dm",31+number, 42+number);
66
67          switch(number)                              /*   Ausgabearray auswählen */
68            {
69              case 1:  printf("C H A R:\n\n");
70                  fill_array(c, 1000, fillchar);
71                  display_array(c, index[0], index[1], printchar);
72                  break;
73
74              case 2:  printf("S H O R T:\n\n");
75                  fill_array(s, 100, fillshort);
76                  display_array(s, index[0], index[1], printshort);
```

```
 77                         break;
 78
 79               case 3:   printf("L O N G:\n\n");
 80                         fill_array(l, 100, fillong);
 81                         display_array(l,index[0], index[1] ,printlong);
 82                         break;
 83
 84               case 4;   printf("F L O A T:\n\n");
 85                         fill_array(f, 100, fillfloat);
 86                         display_array(d, index[0], index[1], printfloat);
 87                         break;
 88
 89               case 5:   printf("D O U B L E:\n\n");
 90                         fill_array(d, 100, filldouble);
 91                         display_array(d, index[0], index[1], printdouble);
 92             }
 93         }
 94     printf("\033[0m");                       /*   Normale Bildschirmfarben    */
 95
 96   }
 97
 98  /*** FUNKTIONEN ******************/
 99
100  /* Werte in Arrays verschiedenen Typs einlesen */
101
102      void fill_array(void *arr, long len, void (*fill)(void*, long))
103      {
104          (*fill)(arr, len);
105      }
106
107  /*******************/
108
109   void fillchar(char *a, long len)    /* char-Array mit Zufallswerten füllen */
110   {
111      long i;
112
113      srand(++init);
114      for (i = 0; i < len;i++)
115        {
116          a[i] = (rand() % 96) + 32;
117        }
118  }
119
120  /*******************/
121
122  void fillshort(short *a, long len) /* short-Array mit Zufallswerten füllen  */
123
124  {
125      long i;
126
127      srand(++init);
128      for (i = 0; i < len;i++)
129          a[i] = rand();
130  }
131
```

10

```
132  /********************/
133
134  void fillong(long *a, long len)   /*   long-Array mit Zufallswerten füllen    */
135
136  {
137      long i;
138
139      srand(++init);
140      for (i = 0; i < len;i++)
141          a[i] = (long) rand() * rand();
142  }
143
144  /********************/
145
146  void fillfloat(float *a, long len) /* float-Array mit Zufallswerten füllen    */
147
148  {
149      long i;
150
151      srand(++init);
152      for (i = 0; i < len;i++)
153      a[i] = (float) rand() / 32767;
154  }
155
156  /********************/
157
158  void filldouble(double *a, long len) /*double-Array mit Zufallswerten füllen */
159
160  {
161      long i;
162
163      srand(++init);
164
165      for (i = 0; i < len;i++)
166          a[i] = (double) rand() / 32767;
167  }
168
169  /********************/
170                                          /*   verschiedene Arraytypen ausgeben */
171
172  void display_array(void *arr, long start, long end, void (*f)(void*, long, long))
173  {
174      (*f)(arr,start, end);
175  }
176
177  /********************/
178
179  void printchar(char *a, long s, long e)         /*   char-Array ausgeben     */
180  {
181      long i;
182
183      for (i = s;  i <= e; i++)
184          printf("%c", a[i]);
185  }
186
```

```
187  /*******************/
188
189  void printshort(short *a, long s, long e)      /*   short-Array ausgeben   */
190
191  {
192      long i;
193
194      for (i = s;  i <= e; i++)
195        {
196          printf("%5hd  ", a[i]);
197          if (((i+1)%10) == 0)
198              printf("\n");
199        }
200  }
201
202  /*******************/
203
204  void printlong(long *a, long s, long e)        /*   long-Array ausgeben    */
205
206  {
207      long i;
208
209      for (i = s;  i <= e; i++)
210        {
211          printf("%10ld  ", a[i]);
212          if (((i+1)%6) == 0)
213              printf("\n");
214        }
215  }
216
217  /*******************/
218
219  void printfloat(float *a, long s, long e)      /*   float-Array ausgeben   */
220
221  {
222      long i;
223
224      for (i = s;  i <= e; i++)
225        {
226          printf("%f  ", a[i]);
227          if (((i+1)%6) == 0)
228              printf("\n");
229        }
230  }
231
232  /*******************/
233
234  void printdouble(double *a, long s, long e)    /*   double-Array ausgeben  */
235
236  {
237      long i;
238
239      for (i = s;  i <= e; i++)
240      printf("%.12f  ", a[i]);
241  }
```

10

```
242
243  /********************/
244
245  void wait(long sec)                              /*   Wartefunktion */
246  {
247      long start, current;
248
249      time(&start);
250      do
251          {
252              time(&current);
253          } while ((current - start) < sec);
254  }
```

10.4.6 Fehlerbeseitigung

In C ist für die aktuellen Parameter einer Funktion nicht festgelegt, in welcher Reihenfolge sie auszuwerten sind. Das Komma ist in einer Parameterliste nicht der Sequenzoperator, der bewirkt, daß die von ihm separierten Ausdrücke nacheinander von links nach rechts ausgewertet werden, sondern lediglich ein Trennzeichen (vgl. dazu auch das Kapitel 3.2.7 "Prioritäten"). Dies bedeutet, daß in einer Anweisung wie

```
printf("%d %d %d", a, b, c);
```

der Compiler die Parameter *a*, *b* und *c* in beliebiger Reihenfolge auswerten kann. Dies ist belanglos, wenn es sich bei den Parametern *a*, *b* und *c* beispielsweise um gewöhnliche *int*-Variablen handelt. Anders verhält es sich jedoch, wenn die aktuellen Parameter einer Funktion *Nebeneffekte* enthalten, d. h. während der Auswertung verändert werden. Wird etwa für eine Variable

```
int x = 5;
```

in der Anweisung

```
printf("%d %d", ++x, x-1);
```

zuerst der Parameter ++*x* bewertet, so lautet die Ausgabe

```
6   5
```

Wird jedoch als erstes der Ausdruck *x-1* bewertet, erhält man

```
6   4
```

Eine ähnliche, etwas undurchsichtigere Situation kann sich ergeben, wenn Funktionsaufrufe bzw. Funktionsrückgabewerte als Parameter verwendet werden. Hat man etwa die Variable

```
main()
{
    char s[16] = "Noch mehr Licht";
        . . .
}
```

und außerdem die Funktion *ups*

```
char *ups(char *w)              /*   wandelt Kleinbuchstaben in einem */
    {                           /*   String in Großbuchstaben um.      */
        char *start = w;

        while (*w != '\0')
            *w++ = toupper(*w);  /*  Funktion toupper: Klein- zu
                                        Großbuchstaben                 */
        return (start);
    }
```

die mit Hilfe der Bibliotheksfunktion *toupper* (#include <ctype.h>) die Kleinbuchstaben in einem String in Großbuchstaben umwandelt, so bewirkt die Anweisung

```
printf("%s\n%s", s, ups(s));
```

(in *main*) je nach Auswertungsreihenfolge der Parameter *s* und *ups(s)* nicht unbedingt die (vielleicht erwartete) Ausgabe

```
Noch mehr Licht
NOCH MEHR LICHT
```

sondern möglicherweise die Ausgabe

```
NOCH MEHR LICHT
NOCH MEHR LICHT
```

10.5 Funktionen mit variabler Parameterzahl

Die bisher von uns entwickelten Funktionen besaßen allesamt eine feste Anzahl von Parametern. Es gibt aber auch Operationen, bei denen nicht schon von vornherein festgelegt werden kann, wie viele Parameter verarbeitet werden sollen. Beispiele dafür sind die sattsam bekannten Bibliotheksfunktionen

printf und *scanf*, denen eine variable Anzahl von aktuellen Parametern übergeben werden kann.

Der Begriff "Funktion mit variabler Parameterzahl" bedarf einer Präzisierung:
Er besagt, daß für eine solche Funktion eine beliebige Anzahl von Parametern
(mindestens aber einer) fest vereinbart wird, die Funktion bei ihrem Aufruf
aber zusätzlich eine variable Anzahl von Aktualparametern akzeptiert, für
die jedoch explizit keine entsprechenden Formalparameter in der Funktionsdefinition vereinbart werden. Die Kopfzeile der Definition einer Funktion mit
variabler Parameterliste hat die folgende allgemeine Form:

```
datentyp  funktionsname(liste_der_festen_parameter, ...)
```

wobei *liste_der_festen_parameter* eine (in der bekannten Weise) durch Komma
getrennte Auflistung der fest vereinbarten formalen Parameter der Funktion
ist. Anders als in anderen Definitionsschablonen sind die drei Punkte ... hier
bei der Funktionsdefinition (bzw. Deklaration) mit anzugeben. Sie stehen für
die optionalen Parameter, die der betreffenden Funktion bei ihrem Aufruf
übergeben werden können. So würde etwa

```
int f(char a, int b, ...);
```

eine Funktion *f* vom Typ *int* deklarieren, die zwei ständige Parameter *a* und *b*
besitzt und eine variable Anzahl optionaler Parameter.

Auswertung der variablen Parameter

Wie eine Funktion ihre variable Parameterliste bearbeitet, zeigen wir am Beispiel der Funktion *bprint*, die eine beliebige Anzahl ganzzahliger Werte von
zwei oder vier Byte Größe binär ausgibt. Die Funktion *bprint* ähnelt in ihrer
Struktur der Funktion *printf* und verwendet als (einzigen) festen Parameter
einen Formatstring, der die Formatelemente %L für Werte von vier Byte Größe und %S für Werte von zwei Byte Größe sowie gewöhnliche Zeichen enthalten darf. *bprint* liefert keinen Resultatwert zurück. Mit diesen Informationen kann man die Funktion *bprint* bereits deklarieren:

```
void bprint(char *fstring, ...);
```

Der *char*-Zeiger *fstring* nimmt die Adresse des Formatstrings auf, die Auslas-
sungspunkte zeigen an, daß *bprint* optionale Parameter besitzt. Für die Auswertung der optionalen Aktualparameter werden die Makros *va_start*, *va_arg*
und *va_end* aus der Include-Datei *stdarg.h* benötigt, ebenso eine Zeigervariable
vom Typ *va_list*, der gleichfalls (als *void** oder *char**) in *stdarg.h* vereinbart ist.
Diese Zeigervariable - ein sog. "argument pointer" oder Argumentzeiger
(Argument = Aktualparameter) - hat man explizit in der betreffenden Funktion zu definieren. Man verwendet sie, um der Reihe nach auf die optionalen

Aktualparameter zu verweisen. Initialisiert wird sie vor Beginn der Parameterauswertung durch einen Aufruf des Makros *va_start*, wonach sie auf den ersten der optionalen Aktualparameter zeigt. Das Makro *va_start* besitzt selbst zwei Parameter: den Zeiger auf die optionalen Funktionsparameter sowie den Namen des letzten nichtoptionalen Parameters.

Hat man für die Funktion *bprint* den Argumentzeiger mit

```
va_list pz;
```
vereinbart, so bewirkt der Makroaufruf

```
va_start(pz, fstring);  /*   Argumentzeiger mit Adresse des ersten
                             optionalen Funktionsparameters initialisieren. */
```

daß danach *pz* auf den ersten der optionalen Parameter verweist. Die Werte der optionalen Parameter können nun mit Hilfe des Makros *va_arg* gelesen werden.

Dabei liefert ein Aufruf von *va_arg* den Wert jenes optionalen Parameters, auf den der Argumentzeiger gerade zeigt, und setzt dann den Zeiger auf den nächsten optionalen Parameter. Auch das Makro *va_arg* hat selbst zwei Parameter: den Argumentzeiger, sowie den Datentyp des Parameters, auf den er zeigt. Ist der erste optionale Aktualparameter von *bprint* beispielsweise ein *long*-Wert, so liefert der erste Aufruf von *va_arg* mit

```
va_arg(pz, long);  /*  Parameter vom Typ long auswerten.*/
```

den Wert dieses Parameters und verändert den Zeiger *pz* danach so, daß er auf den nächsten Parameter verweist. Der von *va_arg* gelieferte Wert kann wie ein Funktionsrückgabewert weiterverwendet und etwa einer Variablen passenden Typs zugewiesen werden:

```
void bprint(char *fstring, ...)
{
    va_list pz;
    long l;

    . . .

    va_start(pz, fstring);          /*   pz initialisieren.           */
    l = va_arg(pz, long);           /*   Parameterwert holen und
                                         einer Variablen zuweisen.    */

    . . .

}
```

10

Zu beachten ist, daß für optionale Parameter vom Datentyp *char* bei *va_arg* wegen der internen Erweiterung (Konvertierung) von *char* zu *int* der Datentyp *int* angegeben werden muß, aus analogen Gründen für den Parametertyp *float* der Typ *double*.

Nach Auswertung der Parameterliste erhält der Argumentzeiger durch einen Aufruf des Makros *va_end* die Adresse NULL. *va_end* besitzt als Parameter den betreffenden Argumentzeiger, in unserem Beispiel würde also

```
va_end(pz);    /*  Argumentzeiger auf NULL setzen   */
```

dem Zeiger *pz* den Nullzeiger zuweisen.

Man hat der betreffenden Funktion natürlich irgendwie mitzuteilen, wie viele optionale Parameter zu bearbeiten sind. Daher muß man diesbezüglich eine entsprechende Endebedingung festlegen. Für die Funktion *bprint* ist dies - wie für *printf* auch - das Erreichen des abschließenden Nullzeichens des Formatstrings mit dem Zeiger *fstring*.

Dieser Zeiger verweist zu Beginn auf die Anfangsadresse des Formatstrings und wird beim zeichenweisen Lesen und Auswerten desselben ständig inkrementiert. Zeigt er schließlich auf das Nullzeichen des Formatstrings, ist die Parameterauswertung beendet.

Eine andere Möglichkeit, eine Funktion über die Anzahl der auszuwertenden optionalen Parameter zu informieren, besteht darin, diese Zahl in einem der festen Parameter zu speichern. Die Funktion "zählt dann mit" und beendet die Auswertung, wenn so viele Parameter wie angegeben bearbeitet worden sind. Nach den obigen Überlegungen sind wir nun in der Lage, die Funktion *bprint* zu codieren:

```
void bprint(char *fstring, ...)       /*  gibt ganzzahlige Werte binär aus.*/
{
    va_list pz;                                /*  Argumentzeiger*/
    short s;
    long l;
    int pos;

    va_start(pz, fstring);     /*  Argumentzeiger mit Adresse des 1.
                                     optionalen Parameters initialisieren. */
    while (*fstring)           /*  solange nicht das Nullzeichen      */
      {
        if (*fstring != '%')            /*  falls kein Formatelement    */
            putchar(*fstring);                /*  Zeichen ausgeben.  */
        else                                      /*  sonst:    */
          {
            switch(*++fstring) /*  nächstes Zeichen des Formatstrings     */
            {
            case 'S': s = va_arg(pz, short); /*  va_arg liefert
```

```
                                      short-Wert           */
                    for (pos = 15; pos >= 0; pos--)
                                                    /*  binär ausgeben.    */
                      {
                        printf("%d", (s >> pos) & 1);
                        if (pos % 8 == 0)  /*  Leerzeichen nach 8 Bit    */
                            printf(" ");
                      }
                    break;

          case 'L': l = va_arg(pz, long);   /*  va_arg liefert long-Wert  */
                    for (pos = 31; pos >= 0; pos--)  /*  binär ausgeben.  */
                      {
                        printf("%d", (l >> pos) & 1);
                        if (pos % 8 == 0)  /*  Leerzeichen nach  8 Bit   */
                            printf(" ");
                      }
                    break;

          default: putchar (*fstring);       /*   kein Formatsymbol nach
                                                 %: Zeichen ausgeben    */
                }                            /*    Ende switch           */
            }                                /*    Ende else             */
        fstring++;                    /*  auf nächstes Zeichen im Formatstring */
      }                                      /*      Ende while          */
    va_end(pz);                    /*  Auswertungsende: NULL nach pz    */
  }                                          /*    Ende bprint           */
```

Wir überprüfen *bprint* in einem einfachen Testprogramm, in dem wir die Funktion mit unterschiedlichen Parameterkonstellationen aufrufen.

▶ bprtest.c:

```
1  /*   bprtest testet die Funktion bprint, die ganze Zahlen binär ausgibt und
2  dabei eine variable Anzahl von Parametern akzeptiert.    */
3
4  #include <stdio.h>                              /*   printf, putchar    */
5  #include <stdarg.h>                    /*  va_list, va_start, va_arg, va_end*/
6
7  main()
8  {
9      void bprint(char *fstring, ...);                 /*   Deklaration bprint */
10     short a = 3, b = 14534;
11     long x = 7333333, y = -50000;
12
13                                          /*   nur fester Parameter    */
14     bprint("Das Programm gibt einige Testwerte binär aus:\n\n");
15     bprint("3\t\t=\t%S\n\n", a);                /*  1 optionaler Parameter */
16                                          /*  2 optionale Parameter    */
17     bprint("14534\t\t=\t%S\n-50000\t\t=\t%L\n\n", b, y);
18                                          /*  3 optionale Parameter    */
19     bprint("7333333 - 50000\t=\t%L\n14\t\t=\t%S\n-123\t\t=\t%S\n\n",
20                       x+y, 14, -123);
21     bprint("%d%S\t%x%L", a, x);
```

```
22 }
23
24
25                              /*                                      */
26                              /*  An dieser Stelle ergänze man die weiter  */
27                              /*  oben befindliche Definition von bprint.  */
28                              /*                                      */
```

An der Ausgabe

```
3                    =    00000000 00000011
14534                =    00111000 11000110
-50000               =    11111111 11111111 00111100 10110000
7333333 - 50000      =    00000000 01101111 00100010 10000101
14                   =    00000000 00001110
-123                 =    11111111 10000101
d00000000 00000011 x00000000 01101111 11100101 11010101
```

erkennt man, daß *bprint* in der Tat unterschiedliche Parameterzahlen verarbeiten kann und im übrigen - wie *printf* auch - dazu benutzt werden kann, lediglich Text auszugeben. Die letzte Ausgabezeile zeigt, wie nicht definierte Formatsymbole behandelt werden. In den Aufgaben zu diesem Hauptkapitel findet man eine weitere Anwendung zu Funktionen mit variabler Parameterzahl.

10.6 Rekursive Funktionen

C-Funktionen können nicht nur andere C-Funktionen aufrufen, sondern auch sich selbst. In diesem Fall spricht man von einem *rekursiven* Funktionsaufruf bzw. von rekursiven Funktionen. Wir betrachten dazu als einfaches Beispiel die folgende Funktion:

```
void shostr(char *s)    /*  gibt eine Zeichenkette rekursiv aus. */
      {
          if (*s != '\0')
             {
                  putchar(*s);
                  shostr(s+1);
             }
      }
```

Die Funktion *shostr* gibt eine Zeichenkette aus, indem sie zunächst das erste Zeichen anzeigt - falls dieses nicht das Nullzeichen ist - und sich dann selbst aufruft, um das nächste Zeichen des Strings auszugeben.

Dabei wird als Parameter mit *s+1* die Adresse dieses nächsten Zeichens an *shostr* übergeben. Handelt es sich bei dem Zeichen ebenfalls nicht um das Nullzeichen, wird es ausgegeben und *shostr* erneut mit der Adresse des darauf folgenden Zeichens aufgerufen. Dies wiederholt sich so lange, bis schließlich das Nullzeichen des Strings erreicht ist. Wird die Funktion dann mit der Adresse des abschließenden Nullzeichens aufgerufen, ist die Bedingung

```
*s != '\0'
```

nicht mehr erfüllt, und die Folge der rekursiven Aufrufe von *shostr* endet. Die folgende Abbildung veranschaulicht den Ablauf eines solchen rekursiven Prozesses auf den verschiedenen Ebenen der Funktionsaufrufe am Beispiel der Anweisung

```
shostr("EIS");
```

mit der die Zeichenkette "EIS" ausgegeben wird: Die Abbildung deutet an, daß die Aufrufe der Funktion *shostr* praktisch "gestapelt" werden, was ja in der Tat auch der Fall ist, denn im Speicher werden die Funktionsaufrufe auf einem Stack verwaltet (vgl. Kapitel 10.3 "Funktionsaufrufe").

Ist das Ende der rekursiven Aufrufe erreicht, werden sie in der umgekehrten Reihenfolge, in der sie auf den Stapel gebracht wurden, wieder davon heruntergenommen (last in, first out). Man erkennt ferner, daß bei der Ausführung der Anweisungen in einem rekursiven Prozeß eine Art "Hin- und Rückweg" beschritten werden und es stets eine Bedingung geben muß, bei deren Nichterfülltsein die Folge der rekursiven Aufrufe (der "Hinweg") beendet werden kann.

Auf dem "Hinweg" werden auf jeder Ebene die Anweisungen bzw. Operationen der jeweilig aufrufenden Funktion bis zu ihrem Selbstaufruf (inklusive desselben) ausgeführt. Ist die Bedingung für die Fortführung der rekursiven Aufrufe nicht mehr erfüllt, bricht die Rekursion ab, und die Ausführungskontrolle kehrt Ebene für Ebene wieder zum Ausgangspunkt (dem ersten Funktionsaufruf) zurück.

Dabei werden auf jeder Ebene jene Anweisungen bzw. Operationen in der aufrufenden Funktion ausgeführt, die sich vom Ablauf her hinter dem rekursiven Funktionsaufruf befinden. In unserer Beispielfunktion *shostr* gibt es allerdings keine solchen Anweisungen, und so endet die Ausführung der Funktion auf jeder Ebene nach Beendigung des rekursiven Aufrufs.

10

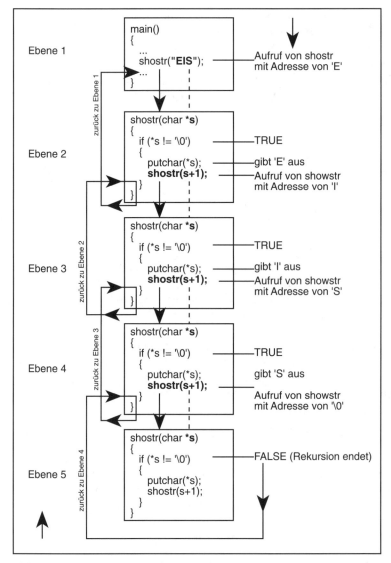

Abb. 171: Ausgabe einer Zeichenkette durch rekursive Aufrufe einer Funktion

Um zu verdeutlichen, daß nach dem rekursiven Funktionsaufruf zunächst noch die restlichen Anweisungen der Funktion ausgeführt werden, bevor die Programmkontrolle zur nächstübergeordneten Ebene zurückkehrt, erzeugen wir die Funktion *revstr*, welche die Zeichen eines Strings in umgekehrter Reihenfolge ausgibt. *revstr* ist eine Variante von *shostr*, bei der lediglich die Reihenfolge von rekursivem Aufruf und Ausgabeanweisung vertauscht ist:

```
void revstr(char *s)     /*   gibt die Zeichen eines Strings rekursiv   */
{                        /*   in umgekehrter Reihenfolge aus.           */
    if (*s != '\0')      /*   Abbruch der Rekursion wenn FALSE          */
```

```
            {
                    revstr(s+1);
                    putchar(*s);
            }
    }
```

Wir veranschaulichen auch hier den rekursiven Prozeß, der nach

```
    revstr("EIS");
```

entsteht, mit einer Abbildung:

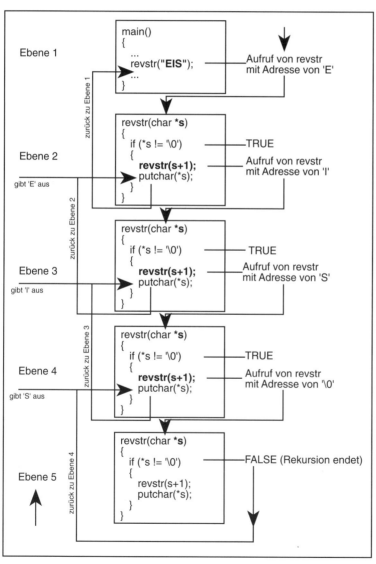

Abb. 172: Rekursive Ausgabe der Zeichen eines Strings in umgekehrter Reihenfolge

Die Anordnung der beiden Anweisungen

```
revstr(s+1);
```

und

```
putchar(*c);
```

in *revstr* bewirkt, daß zunächst auf jeder Ebene der Funktionsausführung lediglich der rekursive Aufruf von *revstr* erfolgt. Erst wenn die Rekursion endet, wird die Anweisung nach dem rekursiven Aufruf ausgeführt, als erstes in der Funktionsausführung, die dem 3. Aufruf von *revstr* folgt (4. Ebene). Da der Parameter s auf dieser Ebene die Adresse des Zeichens 'S' enthält, wird dieses ausgegeben. Danach kehrt die Kontrolle auf die nächsthöhere Ebene zurück und führt auch dort die Anweisung nach dem Funktionsaufruf aus: Das Zeichen 'I', das auf dieser Ebene in s gespeichert ist, wird ausgegeben. Nach der Rückkehr zur zweiten Ebene wird aus analogen Gründen der Buchstabe 'E' angezeigt, womit die Ausgabe

```
SIE
```

komplett ist. Die Programmkontrolle ist wieder bei der Funktion *main*, die mit ihrer nächsten Anweisung fortsetzt. Im übrigen findet eine Rekursion nicht nur statt, wenn sich eine Funktion *direkt* selbst wieder aufruft. Sie ist gegeben, wenn sich zwischen zwei Aufrufen einer Funktion eine Kette von Aufrufen anderer Funktionen befindet:

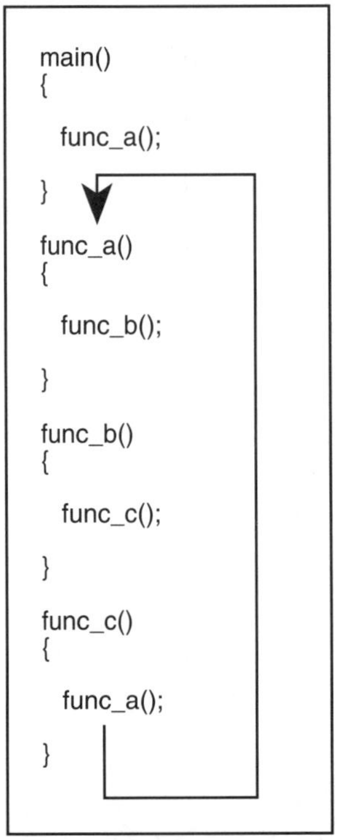

```
main()
{
    func_a();
}
func_a()
{
    func_b();
}
func_b()
{
    func_c();
}
func_c()
{
    func_a();
}
```

Abb. 173: Indirekter rekursiver Funktionsaufruf

In der obigen Abbildung ruft zunächst *main* die Funktion *func_a* auf, diese wiederum *func_b*, *func_b* ihrerseits *func_c* und die Funktion *func_c* schließlich wieder die Funktion *func_a*, womit der rekursive Kreis geschlossen ist, und die Kette der Aufrufe ad infinitum von vorn beginnt, sofern nicht für ein entsprechendes Abbruchkriterium in *func_a* oder einer der anderen Funktionen gesorgt wurde.

Ein rekursives Sortierverfahren

Rekursive Funktionen ermöglichen häufig unaufwendige und elegante Lösungen von Programmieraufgaben. Beispielsweise ist der Sortieralgorithmus, auf dem das sog. *Quicksort*-Verfahren beruht, seiner Struktur nach rekursiv, und daher ist die Bibliotheksfunktion *qsort*, die Arrays nach diesem Verfahren sortiert, gewöhnlich rekursiv definiert.

Der Quicksort-Algorithmus, eine der effizientesten Sortiermethoden, arbeitet auf die folgende Weise: Zu Beginn werden die Werte des zu sortierenden Arrays in zwei Teilmengen aufgeteilt, indem man ein Element (meist das mittlere) herausgreift und dessen Wert als Trennwert benutzt zwischen den Arraywerten, die größer sind als der Trennwert oder gleich diesem, und den Werten, die kleiner sind als der Trennwert.

Die Teilmenge mit den kleineren Werten bringt man in den linken Teil des Arrays, die mit den größeren in den Teil rechts vom Trennwert. Danach wendet man auf diese beiden Teilarrays ebenfalls das Quicksort-Verfahren an - die Rekursion beginnt - und auf die dabei neu entstehenden Teilarrays ebenfalls wieder, bis schließlich Teilarrays entstehen, die nur noch ein Element besitzen. Diese müssen naturgemäß nicht weiter sortiert werden, so daß der rekursive Prozeß beendet werden kann.

Die folgende Abbildung verdeutlicht an einem einfachen Beispiel den schrittweisen Ablauf eines solchen Sortiervorgangs:

In jedem Sortierdurchgang werden von links bis zum jeweiligen Trennwert der Reihe nach die Werte, die größer als der Trennwert sind, mit dem jeweils ersten Wert von rechts vertauscht, der kleiner als der Trennwert ist.

Auf diese Weise entstehen links Teilarrays mit Werten kleiner als der Trennwert und rechts Teilarrays mit Werten größer als der Trennwert. Die Teilarrays werden nach dem gleichen Verfahren bearbeitet wie zuvor das Ausgangsarray. Der Trennwert selbst ist nach dieser Operation bereits richtig positioniert und wird in die weiteren Sortieroperationen nicht mehr mit einbezogen.

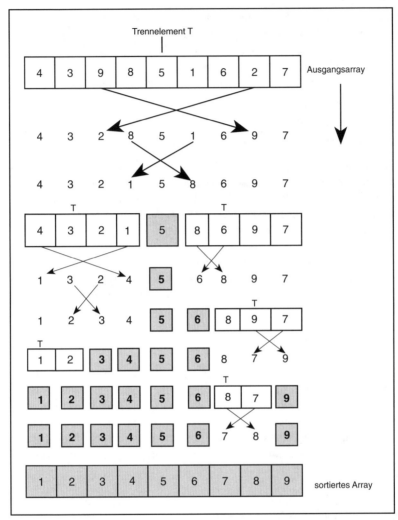

Abb. 174: Sortierung eines Arrays nach dem Quicksort-Verfahren

Die Bibliotheksfunktion *qsort* sortiert Arrays beliebigen Typs nach dem beschriebenen Verfahren. Man kann sich die Operationsweise einer Quicksort-Funktion an einer einfacheren Variante von *qsort* klarmachen, die Arrays mit *int*-Werten (in aufsteigender Reihenfolge) sortiert:

```
void qintsort(int arr[], int lidx, int ridx)   /*   sortiert int-Arrays   */
{                                               /*   mit Quicksort         */
    int k, buffer;
    int e;                          /*   Ende des Arraybereichs, dessen
                                    Zahlen kleiner als der Trennwert sind.   */
    int mid;                                    /*   Index mittleres Element */

        if (lidx >= ridx)           /*   Array hat weniger als zwei Elemente.   */
        return;
```

```
      mid = (lidx + ridx) /2;      /*   mittleres Element ist Trennwert.      */

      buffer = arr[lidx];          /*   Trennwert an den Anfang des           */
      arr[lidx] = arr[mid];        /*   Sortierbereichs setzen, damit Bereich */
      arr[mid] = buffer;        /* kontinuierlich durchlaufen werden kann.    */

      e = lidx;

      for (k = lidx+1; k <= ridx; k++)                     /*   alle Elemente,*/
         if (arr[k] < arr[lidx]) /*   die kleiner sind als der Trennwert,   */
            {                     /*   in den linken Teil des (Teil-)Arrays  */
            e++;                                     /*   hinter   */
            buffer = arr[e];                         /*   das erste */
            arr[e] = arr[k];                         /*   Element   */
            arr[k] = buffer;                         /*   bringen.  */
            }

      buffer = arr[lidx];                  /*   Trennwert an das Ende des   */
      arr[lidx] = arr[e];        /*   Bereichs mit den Werten, die kleiner */
      arr[e] = buffer;           /*   als der Trennwert sind, bringen.     */

      qintsort(arr, lidx, e-1);            /*   linkes Teilarray sortieren. */
      qintsort(arr, e+1, ridx);           /*   rechtes Teilarray sortieren.*/
   }
```

Analyse

Die Funktion *qintsort* übernimmt in dieser Version drei Parameter: die Anfangsadresse des Arrays, den Index des Elements, mit dem der Sortierbereich beginnt, und den Index des Elements, mit dem er endet. Die Variable *e* enthält den Index des jeweils letzten Elements aus der Menge der "kleinen" Werte, die mit der Schleife

```
   for (k = lidx+1; k <= ridx; k++)
      if (arr[k] < arr[lidx])
         {
            e++;
            buffer = arr[e];
            arr[e] = arr[k];
            arr[k] = buffer;
         }
```

durch die entsprechenden Vertauschungsoperationen schrittweise auf der linken Seite des jeweiligen (Teil-)Arrays erzeugt wird. Damit in dieser Schleife das Array von Anfang bis Ende kontinuierlich durchlaufen werden kann, wurde der Trennwert, der sich in der Mitte des Arrays befindet und sonst sozusagen "im Wege" wäre, mit

```
   buffer = arr[lidx];
   arr[lidx] = arr[mid];
   arr[mid] = buffer;
```

vorübergehend in das Anfangselement des Arrays kopiert und der ursprüngliche Wert des ersten Arrayelements an die Position des Trennwerts. Dies
wird nach dem Sortierdurchlauf durch das jeweilige (Teil-)Array mit

```
buffer  = arr[lidx];
arr[lidx] = arr[e];
arr[e]  = buffer;
```

wieder rückgängig gemacht. Danach enthält das Array - wie weiter oben erläutert - in seinem linken Teil alle Werte, die kleiner als der Trennwert sind,
und in seinem rechten, alle die größer als dieser oder gleich diesem sind. Mit
den beiden letzten Anweisungen ruft die Funktion sich dann selbst auf, um
das linke und das rechte Teilarray zu sortieren. Der Trennwert steht - wie
man sich leicht klarmacht - bereits an seiner endgültigen Position in der Sortierfolge und braucht bei den weiteren Sortieroperationen nicht mehr berücksichtigt zu werden.

Definiert man nun beispielsweise in *main* ein Array

```
int i[9] = {4, 3, 9, 8, 5, 1, 6, 2, 7};
```

so wird dieses mit der Anweisung

```
qintsort(i, 0, 8);
```

die die Funktion *qintsort* mit der Arrayadresse und den Indizes des ersten
und letzten Arrayelements als Parameter aufruft, aufsteigend sortiert. Ändert
man die Bedingung der Vergleichsanweisung in der *for*-Schleife in

```
if (arr[k] >= arr[lidx])      /*  >= statt <    */
```

wird das betreffende Array *absteigend* sortiert, da nun die Werte, die größer
als der Trennwert sind, im linken Teil gesammelt und sortiert werden und
entsprechend die kleineren im rechten. Aus der Funktion *qintsort* lassen sich
leicht Sortierfunktionen auch für Arrays aus anderen Datentypen erzeugen
bzw. eine Sortierfunktion, die wie *qsort* Arrays beliebigen Typs sortiert, letzteres, wenn man als Datentyp für den ersten Parameter (die Arrayadresse) *void
* * verwendet. Ein weiteres Beispiel dafür, wie mit Hilfe rekursiver Funktionen
komplex erscheinende Operationen vergleichsweise simpel programmiert
werden können ("Turm von Hanoi"), findet man bei den Aufgaben zu diesem
Kapitel.

10.7 Befehlszeilen-parameter

Ausführbare Programme werden gestartet, indem man ihren Namen auf der Befehlszeile hinter dem Prompt angibt und die [Enter]-Taste drückt. Hat man etwa das Programm

▶▶ **video.c:**

```
 1   /* video setzt die Bildschirmanzeige auf normale oder inverse Darstellung.  */
 2
 3   #include <stdio.h>                                          /*   printf, gets  */
 4   #include <string.h>                                         /*   strcmp        */
 5
 6   main()
 7   {
 8       char mode[80];
 9
10       do
11         {
12             printf("\n\nBildschirmanzeige wählen (\"normal\" / \"invers\"): ");
13             gets(mode);
14         } while (strcmp(mode, "normal")  &&  strcmp(mode, "invers"));
15
16       if (!strcmp(mode,"normal"))
17         {
18             printf("\033[0m");
19             printf("\033[2J");
20         }
21       else
22         {
23             printf("\033[7m");
24             printf("\033[2J");
25         }
26   }
```

codiert, das die Bildschirmfarben normal oder invers darstellt, und es anschließend übersetzt, so kann es ausgeführt werden, wenn am jeweiligen Prompt

```
video
```

eingegeben und die Eingabe mit [Enter] bestätigt wird. Nach Programmstart wird der Anwender aufgefordert, sich für eine Bildschirmeinstellung zu entscheiden, d. h., die Bestimmung des Anzeigemodus findet während der Programmausführung statt. Es ist aber ebenso möglich, Werte, mit denen das Programm arbeiten soll, als Parameter in der Befehlszeile beim Aufruf des

Programms mitanzugeben. Beispielsweise kann das Programm video.c auch so formuliert werden, daß die Auswahl der Darstellungsart mit

```
video normal
```

bzw. mit

```
video invers
```

bereits beim Programmaufruf über einen entsprechenden Befehlszeilenparameter oder Kommandoparameter erfolgt, den man dem Namen des Programms beifügt.

Damit solche Parameter "in das Programm gelangen", müssen sie der Funktion *main* übergeben werden, die zu diesem Zweck mit zwei formalen Parametern zu definieren ist. Der erste dieser beiden Parameter - gewöhnlich mit *argc* (argument count) bezeichnet - ist vom Typ *int* und speichert die Anzahl der in der Kommandozeile angegebenen Parameter (inklusive des Programmnamens, der ebenfalls als Parameter zählt). Der zweite Parameter - gewöhnlich mit *argv* (argument vector) bezeichnet - ist ein Zeiger auf ein Array aus Zeigern auf Objekte vom Typ *char* oder, was typmäßig dasselbe ist, ein Zeiger auf Zeiger auf *char*. Er ist daher entweder als

```
char *argv[]
```

oder auch als

```
char **argv
```

definiert und speichert die Adresse eines Zeigerarrays, in dem die Adressen der als Zeichenketten gespeicherten Befehlszeilenparameter abgelegt sind. Wie groß dieses Zeigerarray ist, hängt von der Anzahl der übergebenen Kommandoparameter ab. Stets aber verweist das erste Element dieses Arrays, der Zeiger *argv[0]*, auf den Namen des Programms, *argv[1]* auf den ersten eigentlichen Parameter, *argv[2]* auf den darauf folgenden etc. Das Zeigerarray, auf das *argv* verweist, enthält als letztes Element (*argv[argc]*) immer den Nullzeiger. Wir betrachten dazu als Beispiel nun die entsprechende Befehlszeilenparameter-Version von video.c:

▶ **video.c:**

```
1 /*  video setzt die Bildschirmanzeige auf normale oder inverse
2     Darstellung. Das Programm entnimmt die gewünschte Einstellung
3     einem Parameter aus der Befehlszeile. */
4
5 #include <stdio.h>                        /*  printf, gets  */
6 #include <string.h>                       /*   strcmp   */
7 #include <stdlib.h>                       /*   exit     */
```

```
 8
 9      main(int argc, char *argv[])
10      {
11          if (argc != 2)
12              {
13                  printf("\n\nSyntax: video modus");
14                  exit(1);
15              }
16
17          if (!strcmp(argv[1], "normal"))
18              {
19                  printf("\033[0m");
20                  printf("\033[2J");
21              }
22          else if (!strcmp(argv[1], "invers"))
23              {
24                  printf("\033[7m");
25                  printf("\033[2J");
26              }
27          else
28              printf("\n\nFalscher Parameter: \"normal\" oder \"invers\"");
29      }
```

Würde das Programm etwa mit

```
video invers
```

aufgerufen, so ergäbe die Auswertung der Befehlszeile für *argc* den Wert 2, und der Parameter *argv* erhielte die Anfangsadresse des Zeigerarrays mit den Adressen der als Strings gespeicherten Kommandoparameter:

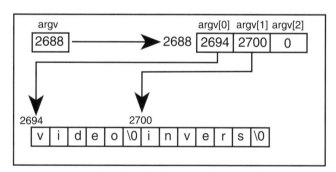

Abb. 175: argv verweist auf ein Zeigerarray mit den Adressen der als Strings gespeicherten Kommandoparameter

Die Bezeichnungen *argc* und *argv* für die Formalparameter von *main* sind nicht obligatorisch, sondern stellen lediglich eine (sinnvolle) Programmier-konvention dar. Man könnte die Parameter also statt *argc* und *argv* auch *x* und *y* nennen, was allerdings weniger aussagekräftig wäre.

Zeiger auf die Programmierumgebung

Bei manchen Betriebssystemen (z. B. UNIX oder DOS) ist noch ein weiterer Parameter für *main* möglich, üblicherweise mit *envp* (environment pointer) bezeichnet. *envp* ist von seinem Datentyp her ein Zeiger auf ein Array aus Zeigern, die auf die Einträge (z. B. Pfadangaben, Definition des Prompts etc.) der jeweiligen Programmierumgebung verweisen. Das letzte Element dieses Zeigerarrays ist auch hier stets der Nullzeiger. Man kann sich die Programmierumgebung bei den oben erwähnten Systemen beispielsweise mit

```
main(int argc, char *argv[], char *envp[]) /* oder: char **argv, char **envp */
    {
        int i;

        for (i = 0; envp[i] != NULL; i++)
            printf("%s\n", envp[i]);
    }
```

oder auch mit

```
main(int argc, char **argv, char **envp) /* oder: char *argv[], char *envp[] */
    {
        while (*envp)
            printf("%s\n", *envp++);
    }
```

die jeweilige Programmierumgebung auf dem Bildschirm anzeigen lassen.

Wenn main keine Parameter hat

In den Fällen, in denen die Funktion *main* keine Parameter hat, verzichtet man in der Kopfzeile ihrer Definition gewöhnlich auf die Angabe *void* zwischen den Funktionsklammern und schreibt

```
main()
```

statt

```
main(void)
```

Ebenso wird üblicherweise keine Angabe zum Typ des Rückgabewerts von *main* gemacht, obwohl *main* natürlich - wie andere Funktionen auch - einen Rückgabewert (an das Betriebssystem) liefern kann. Hat *main* keinen Resultatwert, kann man dies selbstverständlich mit

```
void main()
```

anzeigen, wobei *main* in diesem Fall auch keine Parameter hat. Läßt man die Angabe *void* weg, nimmt der Compiler wie üblich *int* als Datentyp für den Rückgabewert an, und man erhält je nach Warnstufe die Meldung, daß *main* keinen Wert zurückliefert. Dies ändert sich, wenn man eine *return*-Anweisung in *main* einfügt. Ist für *main* - wie meistens - durch Weglassen einer Typangabe der Typ *int* vereinbart, kann man beispielsweise mit

```
return(0);
```

den Wert *0* an das Betriebssystem zurückgeben, um anzuzeigen, daß das Programm fehlerfrei ablief, oder den Wert *1* oder irgendeinen anderen ganzzahligen Wert, wenn ein Fehler auftrat.

Mehrere Parameter in der Kommandozeile

Werden in der Kommandozeile mehrere Parameter angegeben, sind diese durch Leerzeichen voneinander zu trennen. In diesem Fall kann man sich fragen, was zu tun ist, wenn einer der Parameter selbst ein Leerzeichen enthält. Damit ein solcher Parameter als ein und nicht als zwei Parameter gedeutet wird, setzt man ihn in doppelte Anführungszeichen. Ist beispielsweise *showinfo* irgendein Programm, das mehrere Befehlzeilenparameter zuläßt, so würde bei dem Programmaufruf

```
showinfo "Vier Jahreszeiten" München
```

aufgrund der Anführungszeichen "Vier Jahreszeiten" als ein Parameter interpretiert.

Befehlszeilenparameter konvertieren

Gelegentlich kommt es vor, daß in der Befehlszeile Parameter angegeben werden, die im Programm als numerische Werte behandelt werden sollen. Da die Kommandoparameter als Zeichenketten gespeichert werden, ist es also notwendig, sie programmintern zu konvertieren. Das folgende Programm triangle.c berechnet die Fläche eines beliebigen Dreiecks aus den Längen der drei Seiten, die als Befehlszeilenparameter anzugeben sind. Um die gesuchte Fläche ermitteln zu können, konvertiert das Programm die eingegebenen Parameter in *double*-Werte.

▶ **triangle.c:**

```
1  /*  triangle berechnet die Fläche eines Dreiecks aus den drei Seitenlängen,
2      die als Kommandoparameter übergeben werden.    */
3
4  #include <stdio.h>                              /*   printf        */
5  #include <math.h>                               /*   atof, sqrt    */
6  #include <stdlib.h>                             /*   exit          */
```

10

```
7
8    main(int argc, char *argv[])
9    {
10      double a, b, c, s;
11
12
13      if (argc != 4)
14        {
15          printf("\n\nFalsche Parameterzahl.");
16          exit(1);
17        }
18
19      a = atof(argv[1]);
20      b = atof(argv[2]);
21      c = atof(argv[3]);
22
23      if (a+b <= c  ||  a+c <= b  ||  b+c <= a)
24        {
25          printf("\n\nUngültige Seitenlängen. Dreieck existiert nicht.");
26          exit(2);
27        }
28      else
29        {
30          s = (a + b + c) / 2;
31          printf("\n\nDas Dreieck hat die Fläche: %f", sqrt(s *
32          (s-a) * (s-b) * (s-c)));
33        }
34  }
```

Die benötigten Parameter für das Programm gibt man wie weiter oben beschrieben durch Leerzeichen getrennt ein. So würden etwa nach dem Programmaufruf

```
triangle 3 4 5
```

die Werte *3*, *4* und *5* als Strings in *argv[1]*, *argv[2]* und *argv[3]* gespeichert und nach ihrer Konvertierung in Gleitkommawerte in der Heronschen Formel zur Flächenberechnung verwendet. Als Ausgabe für das obige Eingabebeispiel erhält man

```
Das Dreieck hat die Fläche: 6.000000
```

10.8 Fragen zur Wiederholung

Die Antworten auf die Wiederholungsfragen dieses Kapitels finden Sie im Anhang ab Seite 818.

1 Betrachten Sie die beiden Anweisungen

```
printf("Funktion");
return(1);
```

Sind *printf* und *return* C-Konstrukte derselben Art?

2 Welche Konsequenz ergibt sich aus dem Umstand, daß C-Funktionen globale Objekte sind?

3 Erläutern Sie den Unterschied zwischen Definition und Deklaration einer Funktion.

Was ist ein Funktionsprototyp?

4 Gegeben sei die Funktionsdeklaration

```
double d();
```

Kann man der Deklaration entnehmen, wie viele Parameter die Funktion besitzt?

5 Was versteht man unter einem *Stack* im Zusammenhang mit einem C-Programm?

6 Erläutern Sie die Begriffe *call by value* und *call by reference*.

7 Gegeben sei die Funktion

```
long ladd(long a[], int ndx)
        {
            long sum = 0;

            while (ndx >= 0)
                sum += a[ndx--];
            return (sum);
        }
```

die die Werte eines *long*-Arrays addiert. Ist der Formalparameter *a* ein Array?

8 Eine Funktion *f* soll als Parameter die Adresse eines dreidimensionalen *int*-Arrays

```
int x[2] [3] [4];
```

übernehmen. Wie ist der entsprechende Formalparameter zu vereinbaren?

Wie müßte ein gewöhnlicher Zeiger auf *x* definiert werden?

9 Was wird mit der Vereinbarung

10

```
double * (*alpha[10])(double*, int);
```

definiert?

Was bewirkt die Anweisung

```
(*alpha[0])(&x, 10);
```

wenn für *x* die Definition

```
double x = 3.14;
```

gilt?

10 Deklarieren Sie eine Funktion *lookfor*, die überprüft, ob in einem Text bestimmte Zeichen vorkommen. Die Anzahl der Musterzeichen soll dabei nicht festgelegt sein. Die Funktion soll keinen Wert zurückliefern.

11 Ein Programm verwendet eine rekursive Funktion, die sich viele Male selbst aufruft. Womit muß unter solchen Umständen gerechnet werden?

12 Was macht das folgende Programm?

```
#include <stdio.h>

main(int argc, char **argv)
{
    int i;

    for (i = argc-1; i > 0; i--)
        puts(argv[i]);
}
```

10.9 Aufgaben

Die Lösungen der Aufgaben dieses Kapitels finden Sie im Anhang ab Seite 908.

1 Entwickeln Sie einen Satz eigener Funktionen für die folgenden gängigen Operationen mit Strings:

- String einlesen (*getstr*)
- String ausgeben (*putstr*)
- String kopieren (*strcopy*)
- Stringlänge bestimmen (*strln*)
- Strings verketten (*strct*)
- Strings vergleichen (*strcomp*)

2 Schreiben Sie mit Hilfe der Bibliotheksfunktion *rand* eine Funktion, die Zufallszahlen im Bereich zwischen einer Zahl p und einer Zahl q (mit q > p) erzeugt (inklusive p und q). Erzeugen Sie nun mit Hilfe dieser Funktion 10.000 Zufallszahlen in dem Bereich zwischen 90 und 99 und ermitteln Sie dann die Häufigkeit der einzelnen Zufallszahlen.

3 Entwerfen Sie die in Wiederholungsfrage 10 skizzierte Funktion *lookfor*.

4 Berechnen Sie die Summe der ersten n Quadratzahlen mit einer Funktion sowohl iterativ als auch rekursiv.

5 Ein interessantes Problem, das sich gut mit rekursiven Verfahren lösen läßt, ist das Spiel "Der Turm von Hanoi":

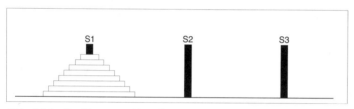

Abb. 176: Der Turm von Hanoi

Auf einem von drei senkrechten Stäben sind acht Holzscheiben unterschiedlicher Größe (mit entsprechender Bohrung in der Mitte) gestapelt. Die Aufgabe besteht darin, den Stapel von S1 nach S3 zu bringen, wobei immer nur eine einzelne Scheibe auf einen anderen Stab gelegt werden darf und niemals eine größere Scheibe auf eine kleinere. Der Stab S2 darf als Zwischenlager benutzt werden. Entwerfen Sie ein Programm, das eine beliebige Anzahl von Scheiben nach den beschriebenen Regeln umsetzt. Die Umsetz-Operationen sollen von einer speziellen Funktion durchgeführt werden.

6 Schreiben Sie eine Funktion, die eine *laufende* Zeitanzeige (Stunden, Minuten und Sekunden in Ziffern) an einer beliebigen Position auf dem Bildschirm einblendet. Testen Sie die Funktion in einem einfachen Programm, dem die Position der Einblendung (Zeilen- und Spaltennummer) als Kommandoparameter übergeben wird.

7 Ein Programm soll eine positive ganze dezimale Zahl nach Wahl in eine binäre, oktale oder hexadezimale Zahl umwandeln. Dezimale Zahl und gewünschtes Zahlsystem (bin, okt, hex) sollen als Parameter in der Befehlzeile übergeben werden.

10

11. Dateiverwaltung

Bei der Verarbeitung von Daten ist es häufig erforderlich, diese nicht nur für die Laufzeit des betreffenden Programms im Arbeitsspeicher zur Verfügung zu haben, sondern sie darüber hinaus auch dauerhaft zu speichern. Ein einfaches Beispiel sind die Stammdaten der Kunden eines Unternehmens. Derartige Daten (Kundennummer, Name des Kunden, Adresse, Umsätze etc.) werden gewöhnlich über einen längeren Zeitraum benötigt, müssen jederzeit abrufbar sein und bei Bedarf insbesondere auch aktualisiert werden können. Zu diesem Zweck schreibt man sie in eine Datei, die auf einem externen Speichermedium (Magnetplatte, Band etc.) abgelegt wird und auf die das Programm, das die Daten bearbeitet, Zugriff hat.

Eine Datei ist letztendlich nichts anderes als eine mehr oder weniger große Menge von Daten, die in einem Bereich des Speichers (dauerhaft) aufbewahrt wird. Bezogen auf C kann man sich eine Datei auch als ein permanentes, großes Array vorstellen, in das ein Programm Daten schreiben und aus dem ein Programm Daten lesen kann. Der Vergleich mit einem Array impliziert, daß eine solche Datei Datenelemente gleicher Art enthält, also diesbezüglich homogen ist.

Tatsächlich ist in C - im Gegensatz zu anderen Programmiersprachen - eine Datei, was ihren Inhalt angeht, nicht von vornherein irgendwie strukturiert, sondern enthält die gespeicherten Daten lediglich als eine kontinuierliche Folge von Zeichen bzw. Bytes, weshalb eine Datei gelegentlich auch als *Datenstrom* (byte stream) bezeichnet wird. Jedes einzelne dieser Zeichen bzw. das Byte, das dieses Zeichen speichert, kann über eine Positionsnummer in der Datei lokalisiert werden. So besitzt das erste Zeichen einer Datei die Position 0, das zweite die Position 1 etc. bis hin zum n-ten Zeichen, das die Position n-1 hat.

Obwohl eine Datei grundsätzlich also als eine unstrukturierte Abfolge von Bytes betrachtet wird, bleibt es dem Programmierer unbenommen, für die Aufbewahrung seiner Daten eine Dateistruktur nach seinen eigenen Vorstellungen zu entwickeln. Dafür stehen ihm eine Reihe entsprechender Funktionen zur Verfügung, die es erlauben, Datenobjekte der unterschiedlichsten Größen und Typen zu verarbeiten.

Man kann in C grundsätzlich auf zwei Ebenen mit Dateien operieren, auf einer "unteren" (*low level*) und einer "oberen" (*high level*). Die untere Ebene ist die der sog. *elementaren* Dateizugriffe, bei denen Funktionen verwendet werden, die direkt auf die entsprechenden Routinen des Betriebssystems (system calls) für Dateioperationen zurückgreifen. Die Low-Level-Funktionen sind damit aber auch direkt abhängig von der Beschaffenheit des jeweiligen Betriebssystems und gehören insofern nicht zum ANSI-Standard, was bei der Portierung von Programmen von Bedeutung ist.

Die Dateizugriffe der oberen Ebene gestalten sich weniger elementar und daher komfortabler und werden mit komplexeren Funktionen aus der Standardbibliothek durchgeführt, die unabhängig vom Betriebssystem sind und ihrerseits mit Hilfe von Low-Level-Funktionen konzipiert wurden. Welche Unterschiede im einzelnen zwischen Low- und High-Level-Zugriff bestehen, untersuchen wir im folgenden.

11.1 Nichtelementare Dateioperationen

Wenn aus einem Programm Daten in eine Datei gelangen sollen oder aus einer Datei Daten in ein Programm, so führt bei einem High-Level-Zugriff auf die Datei der Weg dieser Daten zu ihrem Zielort stets über einen Puffer. Dieser Dateipuffer ist ein Bereich im Arbeitsspeicher, in dem eine bestimmte (größere) Menge von Daten, die aus einer Datei gelesen oder in eine Datei geschrieben werden sollen, vor ihrem Transfer zum Zielort zwischengespeichert werden kann.

Dies ist von Vorteil, denn auf diese Weise ist es nicht erforderlich, stets jedes einzelne Datenobjekt, das gelesen oder geschrieben wird, mit einer eigenen Ein- bzw. Ausgabeoperation zu verarbeiten. Vielmehr kann auch ein größerer Datenblock beim Schreiben mit jeweils nur einer Operation vom Programm in den Puffer und von dort in die Datei befördert werden bzw. beim Lesen auf dem umgekehrten Weg aus der Datei in das Programm. Mit der Verwaltung dieses Puffers ist der Programmierer nicht belastet: Sie wird praktischerweise vom System übernommen.

FILE-Strukturen

Wo sich der Puffer für die Ein- und Ausgabeoperationen mit einer bestimmten Datei im Speicher befindet (also seine Adresse), kann einer Strukturvariablen vom Datentyp FILE entnommen werden, die mit Werten versehen wird, wenn ein Programm eine Datei für die Bearbeitung öffnet (zum "Öffnen von Dateien" Kapitel 11.1.1).

Der Datentyp FILE ist als Struktur in der Datei *stdio.h* definiert - die dementsprechend bei High-Level-Dateioperationen immer mit einzuschließen ist - und enthält in seinen Komponenten neben der Pufferadresse noch weitere Informationen zu der betreffenden Datei, so etwa einen Zeiger auf das nächste Zeichen im Puffer, die Anzahl der Zeichen, die sich noch im Puffer befinden, Statusangaben zur Datei (Zugriffsrechte, Art der Dateioperation etc.) sowie einen sog. *Deskriptor*, der eine ganze Zahl ist und eine Art Identifikationsnummer für die jeweilige Datei darstellt. (Deskriptoren sind im Zusammenhang mit Low-Level-Dateioperationen von Bedeutung, siehe Kapitel 11.2 "Elementare Dateioperationen".)

Die Vereinbarung der FILE-Struktur in *stdio.h* kann, was Anzahl, Typ und Namen ihrer Komponenten angeht, von System zu System variieren, enthält aber in jedem Fall die oben erwähnten Informationen und sieht daher gewöhnlich etwa folgendermaßen aus:

```
typedef struct
    {
        char *buffer;       /* Zeiger für die Adresse des Dateipuffers    */
        char *ptr;          /* Zeiger auf das nächste Zeichen im Puffer   */
        int cnt;            /* Anzahl der Zeichen im Puffer               */
        int flags;          /* Bits mit Angaben zum Dateistatus           */
        int fd;             /* Deskriptor (Kennzahl der Datei)            */
    } FILE;
```

In der Datei *stdio.h* ist ein Array aus solchen FILE-Strukturen deklariert. Jedes Element dieses Arrays ist also eine Strukturvariable und kann Angaben in der oben beschriebenen Form zu einer bestimmten Datei speichern. Für den konkreten Zugriff auf eine Datei ist im jeweiligen Programm ein Zeiger auf eine Strukturvariable vom Typ FILE zu verwenden, den man selbst zu definieren hat:

```
FILE *fz; /*   Zeiger auf FILE-Strukturvariable */
```

Die obige Definition vereinbart eine Zeigervariable *fz* vom Typ "Zeiger auf FILE", kurz: einen FILE-Zeiger, der die Adresse einer FILE-Strukturvariablen speichern kann. Wird eine Datei zur Bearbeitung geöffnet, sucht die dafür zuständige Funktion (s. u.) eine freie FILE-Struktur in dem oben erwähnten Array und speichert die Angaben zu der betreffenden Datei darin. Die Adresse dieser Strukturvariablen wird einer entsprechenden Zeigervariablen wie beispielsweise *fz* zugewiesen. Alle weiteren Zugriffe auf die betreffende Datei erfolgen dann über diesen Zeiger. Die folgende Abbildung veranschaulicht die Verbindungswege zwischen einem Programm und einer Datei, auf die das Programm zugreift:

11

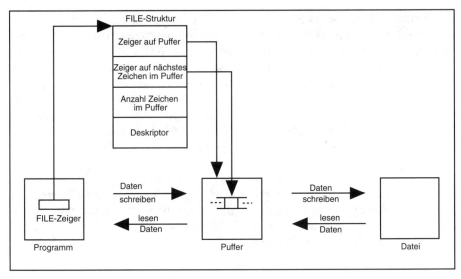

Abb. 177: High-Level-Zugriff auf eine Datei

11.1.1 Öffnen von Dateien

Bevor ein Programm eine Datei bearbeiten kann, muß es diese zunächst öffnen. Das Öffnen einer Datei besteht für das betreffende Programm im wesentlichen darin, sich mit Hilfe des Betriebssystems Zugang zu der gewünschten Datei zu verschaffen und, falls dies gelingt, die weiter oben beschriebenen Informationen über die Datei in einer FILE-Struktur zu speichern sowie für die weiteren Operationen mit der Datei die Adresse dieser Strukturvariablen einem FILE-Zeiger zuzuweisen. Alle diese Aufgaben werden bei der High-Level-Dateiverarbeitung von der Bibliotheksfunktion *fopen* durchgeführt.

Wie aus dem Prototypen der Funktion

```
FILE *fopen(char *dateiname, char *zugriffsmodus);
```

hervorgeht, liefert *fopen* in der Tat den bereits erwähnten Zeiger auf den Datentyp FILE zurück, der im konkreten Fall also auf jene Strukturvariable verweist, in der die Funktion die Informationen zu der geöffneten Datei speichert. Der Parameter *dateiname* ist ein Zeiger auf eine Zeichenkette mit dem Namen der betreffenden Datei (inklusive Pfad), und der Parameter *zugriffsmodus* ein Zeiger auf eine Zeichenkette, welche die Art der Operation(en) angibt, die das Programm nach dem Öffnen mit der Datei ausführen soll. In welcher Weise man im einzelnen auf eine Datei zugreifen kann, zeigt die folgende Übersicht:

Zugriffsmodus	Ziel
"r"	Bestehende Datei zum Lesen (read) öffnen .*fopen* liefert den Null-zeiger zurück, wenn die Datei nicht existiert (oder nicht gefunden wird).
"w"	Datei zum Schreiben (write) öffnen. Die Datei wird erzeugt, wenn sie noch nicht existiert. Wenn die angegebene Datei bereits existiert, wird Ihr Inhalt überschrieben und geht verloren.
"a"	Datei zum Anfügen (append), d. h. zum Schreiben am Dateiende öffnen. Eine Datei kann damit erweitert werden. Die Datei wird erzeugt, wenn sie nicht existiert.
"r+"	Bestehende Datei zum Lesen und Schreiben öffnen, *fopen* liefert den Nullzeiger zurück, wenn die Datei nicht existiert.
"w+"	Datei zum Schreiben und Lesen öffnen. Die Datei wird erzeugt, wenn sie noch nicht existiert. Wenn die angegebene Datei bereits existiert, wird ihr Inhalt überschrieben und geht verloren.
"a+"	Datei zum Lesen und Anfügen öffnen. Die Datei wird erzeugt, wenn sie nicht existiert.

Wird als Zugriffsart "r+", "w+" oder "a+" angegeben, kann die Datei gelesen oder auch beschrieben werden. Allerdings sind beim Wechsel zwischen Lese- und Schreibzugriffen Positionierungsoperationen erforderlich, wie sie weiter unten in Kapitel 11.1.4 "Direktzugriff" beschrieben werden. Kann eine Datei nicht geöffnet werden, gibt *fopen* einen Nullzeiger an das Programm zurück.

Will man beispielsweise eine Datei *xyz.dat* öffnen - etwa zum Lesen - so ist dabei zunächst die Definition eines FILE-Zeigers erforderlich:

```
FILE *fz; /*  FILE-Zeiger definieren */
```

und ferner die eigentliche Öffnungsoperation

```
fz = fopen("xyz.dat", "r"); /*  Datei öffnen */
```

bei deren Gelingen dem Dateizeiger *fz* die Adresse der FILE-Struktur mit den Dateiinformationen zugewiesen wird. Die pfadlose Namensangabe "xyz.dat" bewirkt, daß die Datei nur im aktuellen Verzeichnis gesucht wird. (Man erin-nere sich im übrigen daran, daß bei der Übergabe einer Stringkonstanten an eine Funktion die Adresse dieser Zeichenkette übergeben wird, also in der Tat ein Zeiger auf ihren Anfang.) Kann die Datei im angegebenen Verzeichnis nicht gefunden werden, nimmt *fopen* bei der Zugriffsart "r" an, daß die Datei nicht existiert, und gibt den Wert NULL zurück. Mit

```
fz = fopen("xyz.dat", "r");
if (fz == NULL)
    printf("FEHLER: Datei xyz.dat konnte nicht geöffnet werden.");
        . . .
```

bzw. kompakter mit

```
if ((fz = fopen("xyz.dat", "r")) == NULL)
    printf("FEHLER: Datei xyz.dat konnte nicht geöffnet werden.");
    . . .
```

berücksichtigt man dagegen auch den Fall, daß die Dateiöffnung mißlingt. Der folgende Quelltext demonstriert eine Dateiöffnungsoperation in einem simplen Programmkontext.

 openxyz.c:

```
 1  /*  openxyz versucht, die Datei xyz.dat zum Anfügen von Daten zu öffnen.   */
 2  #include <stdio.h>                         /*   für FILE, fopen, printf */
 3  main()
 4  {
 5    FILE *fz;   /*   Dateizeiger definieren */
 6    if ((fz = fopen("xyz.dat", "a")) == NULL) /* Versuch, Datei zu öffnen,   */
 7       printf("FEHLER: Datei \"xyz.dat\" konnte nicht geöffnet werden.");
 8    else
 9       printf("Datei \"xyz.dat\" wurde zum Erweitern geöffnet.");
10  }
```

Wir beachten, daß in dem obigen Programm *fopen* nicht den Nullzeiger zurückgibt, wenn die Datei nicht vorhanden ist. Vielmehr wird sie in diesem Fall aufgrund des angegebenen Zugriffsmodus "a" im aktuellen Verzeichnis neu erzeugt. *fopen* würde hier NULL liefern, wenn die Datei aus einem anderen Grund nicht geöffnet werden konnte.

Zusätzlich zu den bereits angeführten Kennungen für den Zugriffsmodus kann bei *fopen* noch eine weitere Spezifikation für die Art des Dateizugriffs angegeben werden, mit der man festlegt, daß die betreffende Datei als binäre Datei behandelt wird und nicht als Textdatei.

Textdateien und binäre Dateien

Unter einer Textdatei hat man sich eine Folge von Zeilen vorzustellen, von denen jede aus einer Anzahl von (0 bis n) Zeichen besteht und mit einem speziellen Endezeichen - dem *Line-Feed*- oder Zeilenvorschubzeichen '\n' - abgeschlossen ist. Eine Binärdatei dagegen stellt einfach eine Folge von Bytes dar, die irgendwelche Daten repräsentieren. Die C-Standardbibliothek berücksichtigt (mit der bereits erwähnten Modus-Spezifikation) diese Differenzierung zwischen Text- und Binärdateien bzw. zwischen dem Öffnen einer Datei im sog. Textmodus einerseits und Binärmodus andererseits für Betriebssysteme, die explizit zwischen Text- und Binärdateien unterscheiden.

Bei anderen Betriebssystemen (wie z. B. UNIX) ist diese Unterscheidung praktisch überflüssig, da es dort nur eine Art von Dateien gibt (nämliche binäre), unabhängig davon, ob sie nun Text (ASCII-Zeichen) enthalten oder Programmcode in Maschinensprache. Selbstverständlich unterscheidet man auch auf diesen Systemen auf logischer Ebene zwischen Dateien, deren Inhalt aus lesbarem Text besteht, und beispielsweise ausführbaren Dateien (mit der Endung *.com* bzw. *.exe*) mit Maschinencode. Nichtsdestotrotz existiert auf der physikalischen Ebene nur eine Dateispezies, insbesondere sind Dateien mit Text als solche nicht etwa durch irgendwelche nur für Textdateien reservierte Zeichen oder Zeichenkombinationen gekennzeichnet, die in anderen Dateien nicht vorhanden sind.

Manche Betriebssysteme (wie z. B. DOS) unterscheiden jedoch nicht nur logisch, sondern auch physikalisch zwischen Text- und Binärdateien bzw. zwischen Textmodus und Binärmodus beim Öffnen einer Datei. Davon betroffen ist das bereits erwähnte Zeilenendezeichen '\n', das bei der Übertragung von Daten aus dem Puffer in eine Datei, die im Textmodus geöffnet ist, in eine Kombination aus dem Line-Feed-Zeichen und dem Carriage-Return-Zeichen '\r' (Wagenrücklauf) umgewandelt wird, so daß sich in der Datei als Markierung des Zeilenendes zwei Zeichen befinden, während im Dateipuffer lediglich das Line-Feed-Zeichen steht. Umgekehrt wird in einem solchen Fall beim Lesen aus einer Datei im Textmodus die Line-Feed/Carriage-Return-Kombination am Ende einer Zeile wieder in ein einzelnes Line-Feed-Zeichen rückübersetzt.

Diese unterschiedlichen Repräsentationen des Zeilenendezeichens in Puffer und Datei haben zur Folge, daß sich an einer bestimmten Position x im Puffer ein anderes Zeichen befindet als an der gleichen Position x in der betreffenden Datei. Dies führt zu Komplikationen, wenn auf die Textdatei nicht *sequentiell*, sondern *direkt* zugegriffen wird, die Datei also nicht fortlaufend gelesen oder beschrieben wird, sondern an beliebigen Stellen in beliebiger Reihenfolge (vgl. dazu das Kapitel 11.2.5 "Direktzugriff"). Man vermeidet diese Probleme, wenn man die betreffende Textdatei nicht im Textmodus, sondern im Binärmodus öffnet, weil in diesem Fall die oben beschriebenen Umwandlungen des Zeilenendezeichens nicht durchgeführt werden. Der Inhalt einer Datei im Textmodus unterscheidet sich auf diesen Systemen also physikalisch von ihrem Inhalt bei einer Interpretation als Binärdatei.

Ähnlich wie das Zeilenendezeichen kann auch das von manchen Systemen, die (physikalisch) zwischen Text- und Binärdateien unterscheiden, für Textdateien verwendete Dateiendezeichen Probleme bereiten. Würde beispielsweise ein Kopierprogramm eine ausführbare Datei, die kopiert werden soll, im Textmodus öffnen, so würde der Kopiervorgang (vorzeitig) abgebrochen, sobald das Kopierprogramm mit seiner Lesefunktion in der Datei das Zeichen liest, das auf dem jeweiligen System das Dateiende in einer Textdatei darstellt, nicht jedoch in einer binären Programmdatei, für die es kein solches Endezeichen gibt. Das ausführbare Programm enthält das betreffende Zeichen aber möglicherweise (und auch mehrfach) in seiner "normalen" Bedeutung. Um in diesem Fall zu vermeiden, daß die Datei aufgrund einer Fehlinterpretation dieses Zeichens nur unvollständig kopiert wird, öffnet man auch hier die zu bearbeitende Datei im Binärmodus, in dem das Dateiendezeichen des Textmodus als Zeichen wie jedes andere betrachtet wird und demzufolge auch kein vorzeitiges Ende des Kopiervorgangs hervorruft. (Das Dateiende wird im Binärmodus aus der Größe der Datei ermittelt.)

Man vereinbart den Binärmodus beim Öffnen einer Datei, indem man an die Zeichenkette, die den Zugriffsmodus angibt, den Buchstaben *b* anfügt. So würde etwa "rb" bedeuten, daß die betreffende Datei binär zum Lesen geöffnet werden soll. Enthält der String für den Zugriffsmodus ein +-Zeichen, kann man den Zusatz *b* vor oder nach dem +-Zeichen plazieren. Die Angabe "rb+" für den Zugriffsmodus bedeutet also dasselbe wie "r+b". Auf Systemen, die explizit zwischen Text- und Binärdateien unterscheiden, existiert im übrigen gewöhnlich eine Systemvariable, von deren Inhalt es abhängt, in welchem Modus Dateien standardmäßig geöffnet werden.

11.1.2 Schließen von Dateien

Wenn eine Datei nicht weiter bearbeitet wird, kann sie geschlossen werden. Dabei wird ihre Verknüpfung mit dem zugehörigen FILE-Zeiger gelöst, so daß sie über diesen Zeiger nicht länger erreicht werden kann. (Der betreffende Zeiger kann nun mit einer anderen Datei verbunden werden.) Die entsprechende Funktion der High-Level-Dateiverarbeitung, mit der man eine Datei schließt, ist *fclose*. Theoretisch könnte man darauf verzichten, *fclose* explizit im Programm aufzurufen, denn bei einem normalen, fehlerfreien Programmverlauf wird *fclose* am Programmende automatisch aufgerufen und schließt jede noch geöffnete Datei.

Dennoch ist es ratsam, Dateien immer schon dann zu schließen, wenn feststeht, daß ihre Bearbeitung beendet ist. Dies hat im wesentlichen zwei Gründe. Zum einen ist die Zahl der Dateien, die in einem Programm gleichzeitig geöffnet sein dürfen, gewöhnlich begrenzt. Wenn ein Programm mit einer großen Anzahl von Dateien operiert, könnte es daher sein, daß freie FILE-Zeiger benötigt werden. Zum anderen wird beim Schreiben in eine Datei der Inhalt des zugehörigen Dateipuffers stets erst dann in die Datei übertragen - der Puffer also geleert - wenn er voll ist. Ist nach der Verarbeitung einer Datei der Puffer nur teilweise gefüllt, würden die darin enthaltenen Daten daher verlorengehen, wenn das Programm nicht regulär beendet wird und es nicht zu den erwähnten automatischen Aufrufen von *fclose* kommt, denn *fclose* sorgt u. a. auch dafür, daß der noch im Dateipuffer befindliche Rest der Daten in die betreffende Datei übertragen wird.

Die Bibliotheksfunktion *fclose* hat den Prototyp

```
int fclose(FILE *dateizeiger);
```

und besitzt als Parameter einen Zeiger auf den Datentyp FILE. *fclose* gibt den Wert *0* zurück, wenn die mit *dateizeiger* verbundene Datei geschlossen werden konnte. Der Rückgabewert EOF zeigt einen Fehler an. Ist also etwa *fz* ein Zeiger auf FILE, der die Adresse einer FILE-Struktur enthält und auf diese Weise mit einer Datei verknüpft ist, so schließt

```
fclose(fz);
```

die betreffende Datei. Das folgende Demonstrationsprogramm versucht, eine Datei zu öffnen, deren Name als Kommandoparameter übergeben wird. Gelingt dies, wird die Datei mit Hilfe von *fclose* wieder geschlossen.

▶ **opnclose.c:**

```
 1  /*   opnclose demonstriert Öffnen und Schließen einer Datei,
 2       deren Name in der Befehlszeile übergeben wird. */
 3
 4  #include <stdio.h>                        /*   printf, fopen, fclose   */
 5  #include <stdlib.h>                                       /*   exit */
 6
 7      #define READ "r"
 8
 9
10      main(int argc, char *argv[])
11      {
12        FILE *fz;
13
14
15        if (argc != 2)                      /*   nur 1 Parameter erlaubt */
16          {
17            printf("\n\nSyntax: opnclose datei[.ext]");
18            exit(0);
19          }
20
21        if ((fz = fopen(argv[1], READ)) == NULL) /*   Datei zum Lesen öffnen   */
22          printf("\n\nFEHLER: Datei %s konnte nicht geöffnet werden.", argv[1]);
23        else
24          {
25            fclose(fz);                       /*   Datei schließen       */
26            printf("\n\nDatei %s wurde geschlossen.", argv[1]);
27          }
28  }
```

Neben *fclose* gibt es noch die Funktion *fcloseall*, welche alle in einem Programm geöffneten Dateien schließt:

```
int fcloseall(void);    /*   Prototyp fcloseall */
```

fcloseall gibt als Resultatwert die Anzahl der geschlossenen Dateien zurück. Tritt ein Fehler auf, ist der Rückgabewert auch hier EOF.

11.1.3 Lese- und Schreiboperationen mit Dateien

Um Daten aus einer Datei zu lesen bzw. in eine Datei zu schreiben, stehen ähnliche Funktionen zur Verfügung wie für das Lesen von Eingabedaten von der Tastatur und das Schreiben von Ausgabedaten auf den Bildschirm. Neben dem zeichenweisen, zeilenweisen und formatierten Lesen und Schreiben ist aber zusätzlich auch noch die Übertragung von ganzen Datenblöcken in eine Datei oder aus einer Datei möglich.

An welcher Stelle in eine Datei geschrieben bzw. aus ihr gelesen wird, gibt ein spezieller Positionszeiger (seek pointer) für Schreib- und Leseoperationen an, der vom Betriebssystem verwaltet wird und die jeweils aktuelle Bearbeitungsposition in einer Datei - d. h. die Position des Bytes, bei dem die Bearbeitung der Datei fortgesetzt wird - markiert. Nach jeder Schreib- oder Leseoperation wird dieser Zeiger entsprechend versetzt, was bei sequentiellem Zugriff auf eine Datei vom System durchgeführt wird. Sind beispielsweise bei einer Leseoperation die ersten drei Zeichen (in der nachstehenden Abbildung: 'A', 'B' und 'C') aus einer Datei *x* gelesen worden, steht danach der Dateipositionszeiger unmittelbar hinter dem Byte mit dem dritten Zeichen:

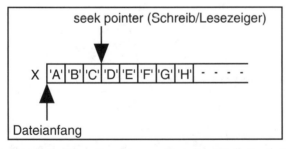

Abb. 178: Der seek pointer markiert die aktuelle Bearbeitungsposition in der Datei x, nachdem drei Zeichen gelesen worden sind

Eine nun folgende Leseoperation, die drei weitere Zeichen aus der Datei lesen soll, beginnt dementsprechend beim vierten Byte der Datei und liest die Zeichen 'D', 'E' und 'F'. Der Positionszeiger wird dabei um drei Bytes vorgerückt und markiert jetzt das Byte mit dem Zeichen 'G', das als nächstes bearbeitet würde:

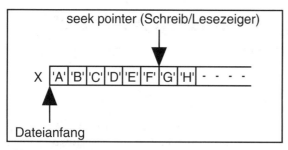

Abb. 179: *Der seek pointer wurde nach einer erneuten Leseoperation um weitere drei Bytes vorgerückt*

Die Bytes einer Datei müssen aber nicht - wie oben angedeutet - unbedingt sequentiell, d. h. unmittelbar aufeinanderfolgend, bearbeitet werden. Es ist ebenso möglich, an beliebigen Stellen einer Datei in beliebiger Reihenfolge zu operieren. Wie man zu diesem Zweck den Dateipositionierungszeiger und damit die aktuelle Bearbeitungsposition explizit manipuliert, zeigt Kapitel 11.2.5 "Direktzugriff".

11.1.3.1 Zeichenweises Lesen und Schreiben

Mit den Funktionen *putc* und *fgetc* kann man einzelne Zeichen in eine Datei schreiben bzw. aus ihr lesen.

Zeichen in eine Datei schreiben mit fputc

Die Ausgabefunktion *fputc* hat den Prototyp

```
int fputc(int zeichen, FILE *dateizeiger);
```

und überträgt ein Zeichen, das als erster Parameter übergeben wird, in die durch *dateizeiger* repäsentierte Datei. Der Datentyp des Zeichens wird dabei von *int* in *unsigned char* konvertiert. Als Rückgabewert liefert *fputc* das geschriebene Zeichen, im Falle eines Fehlers EOF. Ist beispielsweise *fz* ein mit einer bestimmten Datei verbundener Zeiger, der die Adresse der zugehörigen FILE-Strukturvariablen enthält, so schreibt die Anweisung

```
fputc('A', fz);    /*  Ein Zeichen in eine Datei schreiben. */
```

das Zeichen 'A' in die mit *fz* verknüpfte Datei an die aktuelle Bearbeitungsposition.

Zeichen aus einer Datei lesen mit fgetc

Das Pendant zu *fputc* ist die Eingabefunktion *fgetc*, die ein einzelnes Zeichen aus einer Datei liest:

```
int fgetc(FILE *dateizeiger);    /*  Prototyp von fgetc */
```

Die Funktion *fgetc* gibt das gelesene Zeichen als *int*-Wert zurück. Der Rückgabewert EOF zeigt das Dateiende oder einen Fehler an. Der Resultatwert EOF (als -1 in stdio.h definiert) ist der Grund dafür, warum das gelesene Zeichen als *int*- und nicht als *char*-Wert zurückgegeben wird. Der Wert *-1* wäre sonst auf Systemen, auf denen der Datentyp *char* kein Vorzeichen besitzt (also *unsigned char* entspricht) als *char*-Wert nicht darstellbar und könnte daher auch nicht als Rückgabewert verwendet werden. Ist nun etwa eine Variable

```
int c;
```

gegeben, sowie ein mit einer Datei verknüpfter FILE-Zeiger *fz*, so liest die Anweisung

```
c = fgetc(fz);/*  Ein Zeichen aus einer Datei lesen. */
```

mit *fgetc* ein Zeichen aus der betreffenden Datei und speichert es in der Variablen *c*.

Mit der Schleife

```
while ((c = fgetc(fz)) != EOF)    /*  Dateiinhalt ausgeben */
          putchar(c);
```

kann der gesamte Inhalt der Datei ausgegeben werden, sofern nicht (vorher) EOF zurückgegeben wurde, weil ein Fehler auftrat (und nicht, weil das Dateiende erreicht war).

Wurde das Dateiende erreicht?

Um die Mehrdeutigkeit des Rückgabewerts EOF zu vermeiden, kann man mit der Routine *feof*, die als Funktion oder als Makro implementiert sein kann, explizit prüfen, ob man tatsächlich am Ende der Datei angelangt ist. *feof* hat den Prototyp

```
int feof(FILE *dateizeiger);
```

und liefert einen von Null verschiedenen Wert, wenn das Dateiende erreicht wurde, andernfalls Null (was bedeutet, daß ein Fehler auftrat). Man kann die obige E/A-Schleife daher wie folgt ergänzen, um sich Klarheit über den Grund ihrer Beendigung (Dateiende oder Fehler) zu verschaffen:

```
while ((c = fgetc(fz)) != EOF)          /*  Dateiinhalt ausgeben    */
        putchar(c);
if (feof(fz))                                   /*  Dateiende?    */
        printf("Dateiende\n");
else                                                    /*  Nein */
        printf("Fehler beim Dateizugriff\n");
```

Für *feof* ist wie für alle anderen High-Level-Routinen die Include-Datei *stdio.h* mit einzuschließen.

Die Makros getc und putc

Statt der Funktionen *fgetc* und *fputc* kann man auch die Makros *getc* und *putc* verwenden, die dasselbe bewirken wie *fgetc* und *fputc*:

```
int getc(FILE *dateizeiger);                   /*   Prototyp von getc  */
int putc(int zeichen, FILE *dateizeiger);      /*   Prototyp von putc  */
```

Tastaturtext in einer Datei speichern

Das folgende Programm keytofil.c zeigt eine elementare Anwendung von *fgetc* und *fputc*. Es speichert einen über die Tastatur eingegebenen Text in einer Datei, deren Namen der Benutzer im Dialog angibt. Auf Wunsch wird der Inhalt der Datei (seitenweise) angezeigt.

▶ *keytofil.c:*

```
 1  /*   keytofil schreibt einen über die Tastatur eingegebenen Text beliebiger
 2  Länge in eine Datei und zeigt deren Inhalt auf Wunsch an. Für die Datei-Ein-
 3  und Ausgabeoperationen werden die Funktionen fgetc und fputc verwendet.    */
 4
 5  #include <stdio.h>                    /*   fgetc, fputc, getchar, printf    */
 6  #include <conio.h>                               /*   getche, getch */
 7  #include <ctype.h>                               /*   toupper    */
 8  #include <stdlib.h>                              /*   exit */
 9  #define END 64
10  /*   das Zeichen @ */
11
12    main()
13    {
14      FILE *fz;                        /*   Zeiger auf FILE-Struktur    */
15      char filename[81];                           /*   Dateiname */
16      int i, rep1, rep2;                       /*   Kontrollvariablen  */
17      int c;                                   /*   Zeichenpuffer */
18
19      printf("\033[2J");
20      printf("Text zum Speichern eingeben. In welche Datei soll
21          geschrieben werden?");
22      do
23        {
24          printf("\n\nDateiname (mit Pfad): ");
25          gets(filename);
26          if ((fz = fopen(filename, "r")) != NULL)
```

11

```
27                    {
28                        printf("\n\nDatei existiert bereits. Überschreiben? (j/n)");
29                            rep1 = toupper(getche());
30                            if (rep1 != 'J')
31                                fclose(fz);
32                    }
33            else                              /*   Datei existiert noch nicht   */
34                break;                        /*   Eingabeschleife verlassen    */
35        } while (rep1 != 'J');
36
37    if (fz != NULL)                           /*   Datei soll überschrieben werden   */
38        fclose(fz);                   /*   daher: schließen und zum Schreiben öffnen: */
39    if ((fz = fopen(filename, "w")) == NULL)
40        {
41            printf("\n\nDatei kann nicht beschrieben werden.");
42            exit(1);
43        }
44
45        printf("\n\nEingabetext (Ende mit <@> + <Enter>):\n\n");
46        while ((c = getchar()) != END)               /*   Text in Datei schreiben */
47            fputc(c, fz);
48
49        fclose(fz);
50
51 /*** Dateiinhalt anzeigen   *************/
52
53        printf("\n\nDatei anzeigen? (j/n)");
54        rep2 = toupper(getche());
55        if (rep2 == 'J')
56          {
57            if ((fz = fopen(filename, "r")) == NULL)
58              {
59                printf("\n\nFehler beim Öffnen der Datei.");
60                exit(2);
61              }
62
63            printf("\033[2J");
64            printf("Inhalt der Datei %s:\n\n", filename);
65            i = 0;
66            while ((c = fgetc(fz)) != EOF)        /*   Zeichen aus Datei lesen */
67              {
68                putchar(c);                                /*   und ausgeben   */
69                if (c == '\n')/*   Zeilen zählen */
70                    i++;
71                if (i == 20)                     /*   Alle 20 Zeilen neue Seite   */
72                  {
73                    printf("\n\nNächste Seite mit <Enter>.");
74                    getch();
75                    printf("\033[2J");
76                    i = 0;
77                  }
78              }                                          /*   Ende while   */
79            fclose(fz);
80        }   /*   Ende if rep2 == 'J' */
81 }
```

Analyse

Das Programm keytofil.c prüft zunächst, ob die zum Schreiben angegebene Datei schon vorhanden ist, indem es versucht, diese zum Lesen zu öffnen. Existiert die Datei bereits, gibt *fopen* einen Zeiger auf die zugehörige FILE-Struktur zurück, andernfalls NULL. Soll eine bestehende Datei nicht überschrieben werden, wird sie wieder geschlossen, und der Anwender kann einen anderen Dateinamen angeben. Soll die Datei überschrieben werden, wird die *do while*-Schleife verlassen (ebenso, wenn die angegebene Datei noch nicht existiert) und die Datei, die zum Lesen geöffnet war, geschlossen. Anschließend öffnet das Programm sie zum Schreiben und speichert mit *fputc* den von der Tastatur eingegebenen Text darin. Danach wird die Datei erneut geschlossen und - falls ihr Inhalt angezeigt werden soll - wieder, diesmal zum Lesen (mit *fgetc*), geöffnet. Jedes Öffnen einer Datei im Modus "r" oder "w" setzt den Dateipositionszeiger (seek pointer) an den Anfang der betreffenden Datei, so daß diese immer von Beginn an (sequentiell) gelesen oder beschrieben wird. (Beim Öffnungsmodus "a" - zum Erweitern einer Datei - wird der Positionszeiger stets an das Ende der Datei gesetzt.)

Für das Einlesen der Daten von der Tastatur wurde in keytofil.c das Makro *getchar* verwendet. Für die Eingabe von Zeichen über die Tastatur kann aber auch die "Datei"-Funktion *fgetc* (bzw. das Makro *getc*) benutzt werden. Der Grund dafür ist, daß das Eingabegerät Tastatur als eine spezielle Art von Datei - als sog. Gerätedatei - betrachtet wird, aus der, wie aus einer normalen Datei, Daten gelesen werden können, beispielsweise auch mit *fgetc*. Analog stellt auch der Bildschirm eine solche Gerätedatei dar, in die man Daten schreiben kann, statt mit dem bekannten *putchar* etwa mit *fputc* bzw. *putc*. Neben Tastatur und Bildschirm gibt es noch drei weitere Gerätedateien, die standardmäßig mit einem C-Programm verbunden sind.

Standardgerätedateien und vordefinierte FILE-Zeiger

Zu Beginn eines C-Programms werden gewöhnlich die fünf folgenden Gerätedateien *automatisch* geöffnet:

- Standardeingabe
- Standardausgabe
- Standardfehler(ausgabe)
- Standardzusatz
- Standarddruck

Die Standardeingabe ist üblicherweise die Tastatur, die Standardausgabe der Bildschirm. Auch die Standardfehlerausgabe erfolgt normalerweise auf den

Bildschirm. Standardzusatz ist für Ein- und Ausgabeoperationen mit einem zusätzlichen Gerät an der seriellen Schnittstelle des Systems vorgesehen, und mit Standarddruck können Daten auf einen Drucker ausgegeben werden. Die Zuordnungen der Standarddateien zu den genannten Geräten lassen sich verändern, beispielsweise mit einer Ein- oder Ausgabeumlenkung (s. u.) oder mit der Bibliotheksfunktion *freopen*. So kann man etwa für Standardeingabe und Standardausgabe statt Tastatur bzw. Bildschirm auch normale Festplattendateien vereinbaren.

Für jede der fünf Spezialdateien ist in *stdio.h* ein FILE-Zeiger vordefiniert, der auf eine entsprechende FILE-Struktur verweist und so mit der jeweiligen Gerätedatei verknüpft ist. Als Namen dieser FILE-Zeiger sind *stdin*, *stdout*, *stderr*, *stdaux* und *stdprn* vereinbart. Im Gegensatz zu den FILE-Zeigern, die wir bisher verwendet haben, handelt es sich bei *stdin*, *stdout*, *stderr*, *stdaux* und *stdprn* aber nicht um Zeigervariablen, sondern um Zeigerkonstanten vom Typ FILE. Wie alle Konstanten sind auch die FILE-Zeigerkonstanten keine L-Werte, und man kann ihnen daher auch keine anderen Adressen als neue Inhalte zuweisen. Die nachstehende Übersicht zeigt, welcher der vordefinierten FILE-Zeiger welcher Gerätedatei zugeordnet ist:

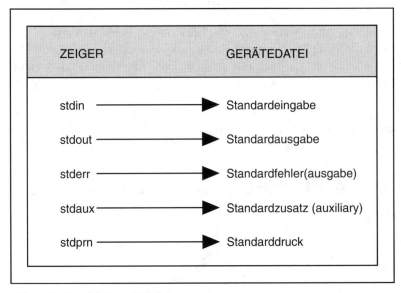

Abb. 180: Vordefinierte FILE-Zeiger

Übergibt man nun etwa der Funktion *fgetc* statt eines gewöhnlichen FILE-Zeigers die Zeigerkonstante *stdin* als Parameter, so kann mit *fgetc* auch von der Tastatur gelesen werden. Mit

```
while ((c = fgetc(stdin)) != END)
    . . .
```

bzw.

```
while ((c = getc(stdin)) != END)
        . . .
```

hätte in keytofil.c die Eingabe von der Tastatur ebenso entgegengenommen werden können wie mit dem tatsächlich verwendeten

```
while ((c = getchar()) != END)
        . . .
```

Zwischen den beiden Makros *getc* und *getchar* besteht außerdem eine Äquivalenzbeziehung dergestalt, daß die Anweisung

```
getc(stdin);       /*  Ein Zeichen von Standardeingabe lesen.   */
```

gleichbedeutend ist mit

```
getchar();       /*  Ein Zeichen von Standardeingabe lesen.   */
```

was einfach daher rührt, daß *getchar* (in der Include-Datei *stdio.h*) mit

```
#define getchar()  getc(stdin)
```

definiert ist. Analog ist das Ausgabemakro *putchar* gewöhnlich mit

```
#define putchar(c)  putc((c), stdout)
```

vereinbart, so daß beispielsweise

```
putchar('A');      /*  Zeichen 'A' auf die Standardausgabe schreiben. */
```

äquivalent ist zu

```
putc('A', stdout); /*  Zeichen 'A' auf die Standardausgabe schreiben. */
```

bzw. wirkungsgleich zu

```
fputc('A', stdout);    /*  Zeichen 'A' auf die Standardausgabe schreiben. */
```

Ein spezieller Kanal für die Fehlerausgabe

11

Mit der Standardfehlerausgabe steht eine weitere spezielle Ausgabedatei zur Verfügung, die (vorzugsweise) für die Aufnahme von Fehlermeldungen gedacht ist. Im allgemeinen bezieht sich die Standardfehlerausgabe auf den Bildschirm, so daß also zusätzlich zur Standardausgabe über einen zweiten Kanal Daten auf den Monitor ausgegeben werden können. Sind beispielsweise die Variablen

```
FILE *fz;
int i = 0;
char errormessage[] = "Fehler beim Öffnen der Datei.";
```

gegeben, so könnte man die Anweisung zum Öffnen einer Datei *xyz.dat* statt mit

```
if ((fz = fopen("xyz.dat", "r")) == NULL)
    printf("%s", errormessage);
```

oder

```
if ((fz = fopen("xyz.dat", "r")) == NULL)
    while (errormessage[i])
        fputc(errormessage[i++], stdout);
```

auch mit

```
if ((fz = fopen("xyz.dat", "r")) == NULL)
    while (errormessage[i])
        fputc(errormessage[i++], stderr);
```

codieren, wobei die Fehlermeldung im letzteren Fall eben nicht über *stdout*, sondern über *stderr* auf den Bildschirm geschrieben wird. (Die zeichenweise Ausgabe der Fehlermeldung mit *fputc* mag etwas umständlich erscheinen. Zur Beruhigung des Lesers sei hiermit angekündigt, daß im folgenden die zu *puts* und *printf* analogen Datei- Ausgabefunktionen *fputs* und *fprintf* vorgestellt werden, mit denen Strings wie der obige auch bequemer über *stderr* ausgegeben werden können.)

Ein- und Ausgabeumleitung

Man fragt sich vielleicht, ob der zusätzliche Ausgabekanal für Fehlermeldungen eigentlich notwendig ist. In der Tat ist dies der Fall, nämlich dann, wenn die Ein- und Ausgaben eines Programms umgeleitet werden. Eine solche Umleitung findet statt, wenn Standardeingabe oder Standardausgabe nicht mehr durch Tastatur und Bildschirm repräsentiert werden, sondern beispielsweise durch gewöhnliche Dateien. Sollen etwa die Eingabedaten für ein Programm nicht interaktiv über die Tastatur eingegeben, sondern aus einer Datei gelesen werden, spricht man von einer Eingabeumleitung und analog von einer Ausgabeumleitung, wenn Daten, die über die Standardausgabe geschrieben werden, nicht auf dem Bildschirm angezeigt, sondern in eine Datei ausgegeben werden. Wir betrachten dazu das folgende einfache Programm.

▶ *finout.c:*

```
 1  /*   finout kopiert die Standardeingabe auf die Standardausgabe.   */
 2
 3
 4  #include <stdio.h>                              /*  fgetc, fputc, feof */
 5
 6  main()
 7  {
 8      char message[] = "\n\nFehler beim Lesen.";
 9      int i = 0;
10      int c;
11
12      while ((c = fgetc(stdin)) != EOF)
13          fputc(c, stdout);
14
15      if (!feof(stdin))                          /*  Fehler beim Lesen  */
16      while (message[i])
17          fputc(message[i++], stdout);
18  }
```

Startet man das Programm, indem man auf der Betriebssystemebene

```
finout
```

eingibt, so nimmt *finout* die Eingabe von der Tastatur entgegen und zeigt die eingegebenen Zeichen auf dem Bildschirm an. Soll das Programm seine Eingabe jedoch nicht von der Tastatur lesen, sondern aus einer (Text-) Datei - etwa aus einer Datei namens *input*, die den Satz "Diese Eingabe kommt aus einer Datei." enthält -, so kann dies auf vielen Systemen mit dem Kommando

```
finout < input
```

erreicht werden, das man statt des weiter oben angegebenen Startkommandos am Betriebssystemprompt eingibt. Das Symbol "<" in Verbindung mit dem Namen der Eingabedatei bewirkt, daß *finout* seine Eingabe nun nicht mehr von der Tastatur erhält, sondern aus der Datei *input*, die für diesen speziellen Programmlauf von *finout* zur Standardeingabe wird. (Man beachte im übrigen, daß eine Angabe wie < input kein Befehlszeilenparameter ist und dementsprechend auch nicht irgendwie mit dem Zeiger *argv* in Verbindung zu bringen ist.)

Da mit dem obigen Kommando nur die Eingabe umgeleitet wurde, erfolgt die Ausgabe des Textes "Diese Eingabe kommt aus einer Datei." nach wie vor auf den Bildschirm. Mit dem Programmaufruf

```
finout > output
```

11

wird die Ausgabe von *finout* durch das Symbol ">" vom Bildschirm in eine Datei *output* umgeleitet, die erzeugt wird, wenn sie nicht existiert (und andernfalls überschrieben).

Startet man das Programm *finout* mit

```
finout < input > output
```

findet sowohl eine Umlenkung der Eingabe als auch der Ausgabe statt: Die Datei *input* wird zur Standardeingabe, die das Programm mit Eingabedaten versorgt, und die Datei *output* zur Standardausgabe, in die *finout* seine Ausgabedaten schreibt. Zu diesen Ausgabedaten gehört aber auch eine Fehlermeldung für den Fall, daß die Eingabeoperationen nicht korrekt ablaufen. Die für den Anwender gedachte Information würde also wegen der Umleitung von *stdout* in einer Datei verschwinden, statt auf dem Bildschirm zu erscheinen. Um dies zu verhindern, kann man sich der Standardfehlerausgabe bedienen, da eine Ausgabe über *stderr* auch bei einer Umleitung von *stdout* auf den Bildschirm erfolgt. Ersetzt man also die Anweisung

```
fputc(message[i++], stdout);
```

durch

```
fputc(message[i++], stderr);
```

so wird im Falle eines Eingabefehlers die entsprechende Meldung trotz Ausgabeumleitung auf den Bildschirm geschrieben (es sei denn, die Standardfehlerausgabe selbst wäre ebenfalls umgeleitet worden).

Ausgabe auf den Drucker

Neben Standardausgabe und Standardfehlerausgabe zählt auch *Standarddruck* zu den speziellen Ausgabedateien. Standarddruck wird gewöhnlich durch einen Drucker repräsentiert. Will man Daten darauf ausgeben, übergibt man der betreffenden Schreibfunktion den FILE-Zeiger *stdprn* als Parameter. Ist *c* eine Integervariable, so würde beispielsweise mit der Schleife

```
while ((c = fgetc(stdin)) != EOF)
        fputc(c, stdprn);
```

ein von der Tastatur eingegebener Text auf den Drucker ausgegeben. Das folgende Programm printfl.c nutzt *Standarddruck*, um eine Datei auszudrucken. Der Name der Datei wird dabei als Kommandoparameter in der Befehlszeile übergeben.

▶ **printfl.c:**

```
 1   /* printfl druckt eine Datei, deren Name als Kommandoparameter übergeben wird. */
 2
 3   #include <stdio.h>                        /*   printf, fopen, fgetc, fputc */
 4   #include <stdlib.h>                                           /*   exit */
 5
 6       main(int argc, char **argv)
 7       {
 8           FILE *fz;
 9           int c;
10
11           printf("\033[2J");
12
13           if (argc != 2)                     /*   Nur ein Parameter erlaubt.   */
14               {
15                   printf("\nSyntax: printfl dateiname");
16                   exit(1);
17               }
18
19           if ((fz = fopen(argv[1], "r")) == NULL)
20               {
21                   printf("\nDatei %s konnte nicht geöffnet werden.", argv[1]);
22                   exit(2);
23               }
24
25           while ((c = fgetc(fz)) != EOF)                 /*   Datei drucken */
26               fputc(c, stdprn);
27       }
```

Um etwa eine Datei namens *xy.z* zu drucken, wird *printfl* am Betriebssystemprompt mit

```
printfl  xy.z
```

aufgerufen. (Der Dateiname darf dabei auch Pfadangaben enthalten.) Gibt man eine falsche Anzahl von Parametern ein, oder kann die Datei nicht geöffnet werden, werden entsprechende Fehlermeldungen ausgegeben, in der obigen Programmversion mit *printf* über *stdout*, obwohl eine Ausgabe über *stderr* wegen einer eventuellen Ausgabeumleitung vielleicht sicherer wäre.

11.1.3.2 Lesen und Schreiben von Zeichenketten

Die analogen Datei-Ein- und -Ausgaberoutinen zu den bereits bekannten Funktionen *gets* und *puts*, die eine Zeichenkette von der Standardeingabe lesen bzw. auf die Standardausgabe schreiben, sind die Funktionen *fgets* bzw. *fputs*. Die Funktion *fgets* liest eine Zeichenkette aus einer Datei und speichert sie in einem Puffer, den man selbst im Programm einzurichten hat. *fgets* hat den Prototyp:

```
char *fgets(char *pufferzeiger, int anzahl, FILE *dateizeiger);
```

worin *pufferzeiger* auf den Puffer für die gelesene Zeichenkette verweist, *anzahl* die Anzahl der im Puffer zu speichernden Zeichen ist und *dateizeiger* der FILE-Zeiger für die Datei, aus der gelesen werden soll. Die Funktion *fgets* gibt einen Zeiger auf den Anfang des Puffers mit der gelesenen Zeichenkette zurück und den Nullzeiger, wenn das Dateiende erreicht wurde oder ein Fehler auftrat. (Was den Rückgabewert NULL betrifft, verhält sich *fgets* also ähnlich wie *fgetc* bei EOF, und man kann auch hier mit *feof* feststellen, ob der Rückgabewert einen Fehler oder tatsächlich das Dateiende signalisiert.)

Zeichenketten lesen mit fgets

Die Funktion *fgets* liest aus einer Datei ab der aktuellen Bearbeitungsposition so lange (höchstens aber *anzahl-1*) Zeichen in den durch *pufferzeiger* adressierten Speicherbereich ein, bis eines der folgenden Ereignisse eintritt:

Das Zeilenvorschubzeichen '\n' wurde gelesen.

Trifft *fgets* auf das new-line-Zeichen, endet die Funktion, weshalb sich *fgets* gut zum Einlesen von *Zeilen* aus einer Datei eignet. Das Zeichen '\n' wird mitgelesen, ist also in der gespeicherten Zeichenkette enthalten. (Im Unterschied dazu ersetzt die Funktion *gets* das '\n'-Zeichen durch '\0'.)

Es wurden bereits anzahl-1 Zeichen gelesen.

fgets liest höchstens *anzahl-1* Zeichen aus der betreffenden Datei. Der Grund dafür ist, daß *fgets* nach Abschluß der Leseoperationen noch das Nullzeichen '\0' an den eingelesenen String anhängt, was insgesamt *anzahl* gespeicherte Zeichen ergibt.

Das Dateiende wurde erreicht.

Trifft *fgets* auf das Dateiende - ohne daß also ein Zeilenvorschubzeichen oder *anzahl-1* Zeichen gelesen wurden -, endet die Funktion ebenfalls.

In allen Fällen schließt *fgets* die eingelesene Zeichenkette mit dem Zeichen '\0' ab. Sind nun etwa die Variablen

```
FILE *fz;
char stringbuf[81];
```

definiert, so würden nach

```
fz = fopen("data.fil", "r");
```

mit der Anweisung

```
fgets(stringbuf, 81, fz);
```

maximal 80 Zeichen aus der Datei *data.fil* gelesen und mit einem abschließenden Nullzeichen versehen in *stringbuf* gespeichert, sofern die Datei *data.fil* zum Lesen geöffnet werden konnte.

Zeichenketten schreiben mit fputs

Die Ausgabefunktion *fputs* schreibt eine Zeichenkette an die aktuelle Bearbeitungsposition in einer Datei, wobei das abschließende Nullzeichen nicht mit übertragen wird. *fputs* gibt einen nicht negativen Wert zurück (z. B. *0* oder den ASCII-Code des zuletzt geschriebenen Zeichens), wenn die Schreiboperation fehlerfrei verlief. Der Rückgabewert EOF zeigt einen Fehler an. *fputs* hat den Prototyp

```
int fputs(char *pufferzeiger, FILE *dateizeiger);
```

worin *pufferzeiger* die Adresse des Speicherbereichs angibt, der die zu schreibende Zeichenkette enthält, und *dateizeiger* auf die FILE-Struktur der Datei verweist, in welche die Zeichenkette geschrieben werden soll. Hat man beispielsweise einen FILE-Zeiger *fz*, der mit einer zum Schreiben geöffneten Datei verknüpft ist, und ferner einen Puffer

```
char stringbuf[] = "Dies ist ein Ausgabebeispiel.";
```

in dem eine Zeichenkette gespeichert ist, so schreibt die Anweisung

```
fputs(stringbuf, fz);
```

die Zeichenkette "Dies ist ein Ausgabebeispiel." (ohne das abschließende Nullzeichen) in die mit *fz* verbundene Datei. Die Anweisung

```
fputs("Dies ist ein Ausgabebeispiel.", fz);
```

hätte den gleichen Effekt, und mit

```
fputs("Dies ist ein Ausgabebeispiel.", stdout);
```

oder

```
fputs(stringbuf, stdout);
```

würde der Satz "Dies ist ein Ausgabebeispiel." auf den Bildschirm ausgegeben (sofern dieser die Standardausgabe ist).

Dateien kopieren mit fgets und fputs

Das folgende Programm tcopy.c verwendet die Funktionen *fgets* und *fputs* zum Kopieren von Textdateien. Der Name der Datei, die kopiert werden soll, wird als Kommandoparameter übergeben, ebenso der Name, den die Kopie erhalten soll. Ein Aufruf von *tcopy* erfolgt nach der üblichen Syntax für Kopierprogramme:

```
tcopy quelle ziel
```

Wird als Quelle *con* (für Konsole) angegeben, kopiert das Programm die Tastatureingabe in die Zieldatei. Wird *con* als Ziel angegeben, zeigt *tcopy* die betreffende Datei auf dem Bildschirm an.

 tcopy.c:

```
 1  /* tcopy kopiert eine Textdatei mit Hilfe der Funktionen fgets und fputs. tcopy
 2  wird mit der Syntax tcopy quelle ziel aufgerufen. Das Programm überprüft in dieser
 3  Version nicht, ob eine bestehende Datei beim Kopieren überschrieben wird.     */
 4
 5  /**************** INCLUDES *********************************/
 6
 7  #include <stdio.h>                    /*   fopen, fcloseall, fgets, fputs   */
 8  #include <stdlib.h>                              /*   exit, toupper */
 9  #include <string.h>                              /*   strcmp     */
10
11  /**************** KONSTANTEN *******************************/
12
13  #define   SYNTAX    "\nSyntax: tcopy quelle ziel\n"\
14                      "tcopy CON ziel\n"\
15                      "tcopy quelle CON"
16  #define   NOREAD    "\nQuelldatei konnte nicht geöffnet werden."
17  #define   NOWRITE   "\nZieldatei konnte nicht geöffnet werden."
18  #define   NOCOPY    "\nQuelldatei kann nicht auf sich selbst kopiert werden."
19
20  /*******************************************************************/
21
22  main(int argc, char *argv[])
23  {
24
25      void upstr(char *s);            /* wandelt die Zeichen eines
26                                         Strings in Großbuchstaben um.     */
27      FILE *infile = stdin;           /* Zeiger auf Quelldatei. Initiali
28                                         siert mit stdin, für den Fall, daß
29                                         von der Tastatur gelesen wird.    */
30      FILE *outfile = stdout;         /* Zeiger auf Zieldatei. Initialisiert
31                                         mit stdout, für den Fall, daß auf
32                                         den Bildschirm geschrieben wird.  */
33      char sbuf[512];                 /* Schreib-Lese-Puffer              */
34      int i;
35
36      if (argc != 3)          /*   Quelle und Ziel müssen angegeben werden.   */
37          {
```

```
38                      fputs(SYNTAX, stderr);
39                      exit(1);
40              }
41
42      for (i = 1; i < 3; i++)             /*    Befehlszeilenparameter in
43              upstr(argv[i]);                    Großbuchstaben umwandeln.    */
44
45      if (! strcmp(argv[1], argv[2]))   /*   Eingabedatei gleich Ausgabedatei */
46              {
47                      fputs(NOCOPY, stderr);
48                      exit(2);
49              }
50
51      if (strcmp(argv[1], "CON"))             /*   Eingabedatei nicht Tastatur */
52              {
53                      if ((infile = fopen(argv[1], "r")) == NULL)
54                              {
55                                      fputs(NOREAD, stderr);
56                                      exit(3);
57                              }
58              }
59
60      if (strcmp(argv[2], "CON"))        /*   Ausgabedatei nicht Bildschirm    */
61              {
62                      if ((outfile = fopen(argv[2], "w")) == NULL)
63                              {
64                                      fputs(NOWRITE, stderr);
65                                      exit(4);
66                              }
67              }
68
69                                                          /*   Kopieren: */
70
71      while (fgets(sbuf, 512, infile) != NULL)
72              fputs(sbuf, outfile);
73
74      fcloseall();                                /*   Dateien schließen   */
75  }
76
77  /*********************/
78
79  void upstr(char *s)                     /*   Zeichen eines Strings in    */
80  {                                       /*   Großbuchstaben umwandeln.   */
81      int i = 0;
82
83      while (s[i])
84              {
85                      s[i] = toupper(s[i]);
86                      i++;
87              }
88  }
```

11

11.1.3.3 Formatiertes Lesen und Schreiben

Mit den Funktionen *fprintf* und *fscanf* lassen sich Daten formatiert in eine Datei schreiben bzw. daraus lesen. Beide Funktionen arbeiten praktisch genauso wie die entsprechenden Terminalfunktionen *printf* und *scanf* und verwenden insbesondere auch die gleichen Formate. Der Unterschied in der Anwendung besteht darin, daß man neben dem Formatstring und eventuellen weiteren aktuellen Parametern auch noch einen FILE-Zeiger zu übergeben hat.

Daten formatiert in eine Datei schreiben: fprintf

Die Funktion *fprintf* schreibt Daten formatiert in eine Datei. Sie hat den Prototyp

```
int fprintf(FILE *dateizeiger, char *formatstring, ...);
```

und ist, wie *printf* auch, eine Funktion mit einer variablen Anzahl von Parametern. *fprintf* - und *printf* - geben als Resultatwert die Anzahl der geschriebenen Zeichen zurück. Ein negativer Rückgabewert (z. B. EOF) zeigt einen Fehler an. Ist beispielsweise die Struktur

```
struct kunde
    {
        long nr;                              /*   Kundennummer   */
        char name[31];              /*  Name des Kunden   */
        long plz;                       /*   Postleitzahl   */
        char ort[31];                      /*   Wohnsitz   */
        float ums;                          /*   Umsatz   */
    };
```

gegeben sowie das Strukturarray

```
struct kunde k[5] = {      {501, "A_Kunde", 11111, "A_Stadt", 10000.00},
                           {502, "B_Kunde", 22222, "B_Stadt", 20000.00},
                           {503, "C_Kunde", 33333, "C_Stadt", 30000.00},
                           {504, "D_Kunde", 44444, "D_Stadt", 40000.00},
                           {505, "E_Kunde", 55555, "E_Stadt", 50000.00}    };
```

ferner die Variablen

```
FILE *fz;
int i;
```

so können mit der Anweisung

```
if ((fz = fopen("kunden.dat", "w")) == NULL)
    fputs("\nDatei konnte nicht geöffnet werden.", stderr);
else
    for(i = 0; i < 5; i++)
        fprintf(fz, "%ld %s %ld %s %.2f\n",
                k[i].nr, k[i].name, k[i].plz, k[i].ort, k[i].ums);
```

die in *k* gespeicherten Datensätze in die Datei *kunden.dat* geschrieben werden, die danach folgendes Aussehen hat:

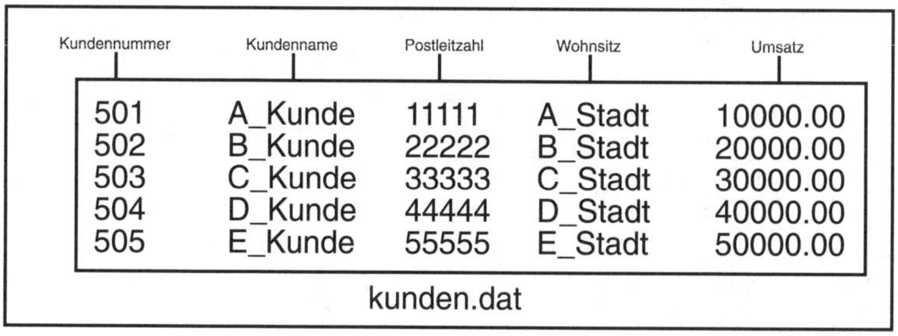

Kundennummer	Kundenname	Postleitzahl	Wohnsitz	Umsatz
501	A_Kunde	11111	A_Stadt	10000.00
502	B_Kunde	22222	B_Stadt	20000.00
503	C_Kunde	33333	C_Stadt	30000.00
504	D_Kunde	44444	D_Stadt	40000.00
505	E_Kunde	55555	E_Stadt	50000.00

kunden.dat

Abb. 181: Eine Datei mit Kunden-Stammdaten

Mit

```
for (i = 0; i < 5; i++)
    fprintf(stdout, "%ld %s %ld %s %.2f\n",
            k[i].nr, k[i].name, k[i].plz, k[i].ort, k[i].ums);
```

hätte man die Daten statt in die Datei *kunden.dat* auch auf den Bildschirm schreiben können, ebenso wie mit der Anweisung

```
for (i = 0; i < 5; i++)
    printf("%ld %s %ld %s %.2f\n",
            k[i].nr, k[i].name, k[i].plz, k[i].ort, k[i].ums);
```

woraus man entnehmen darf, daß

```
printf( ... );
```

und

```
fprintf(stdout, ... );
```

äquivalent sind.

Daten formatiert aus einer Datei lesen: fscanf

Die Funktion *fscanf* liest Daten formatiert aus einer Datei und hat den Prototyp

```
int fscanf(FILE *dateizeiger, char *formatstring, ...);
```

fscanf - und *scanf* - geben als Resultatwert die Anzahl der korrekt eingelesenen Datenobjekte zurück. Der Rückgabewert EOF signalisiert das Dateiende oder einen Fehler. Hat man im Programm die Variablen

```
long nr;            /*   Kundennummer     */
char name[31];      /*   Name des Kunden */
long plz;           /*   Postleitzahl     */
char ort[31];       /*   Wohnsitz         */
float ums;          /*   Umsatz           */
```

so können mit der Anweisung

```
if ((fz = fopen("kunden.dat", "r")) == NULL)
    fputs("\nDatei konnte nicht geöffnet werden.", stderr);
else
    while (fscanf(fz, "%ld %30s %ld %30s %f", &nr, name, &plz, ort, &ums) == 5)
        printf("%ld %s %ld %s %.2f\n\n", nr, name, plz, ort, ums);
```

so lange Datensätze aus der Datei *kunden.dat* gelesen und ausgegeben werden, bis ein Fehler auftritt - d. h. nicht alle der fünf Felder eines Datensatzes in die dafür vorgesehenen Variablen eingelesen werden konnten - oder das Dateiende erreicht wird (in welchem Fall *fscanf* -1 zurückgibt, wonach die obige E/A-Schleife ebenfalls abbricht). Mit

```
fscanf(stdin, "%ld %30s %ld %30s %f", &nr, name, &plz, ort, &ums);
```

kann man einen Kunden-Datensatz von der Tastatur ebenso einlesen wie mit

```
scanf("%ld %30s %ld %30s %f", &nr, name, &plz, ort, &ums);
```

Zwischen *fscanf* und *scanf* besteht also eine ähnliche Beziehung wie zwischen *fprintf* und *printf*. In der Tat ist

```
fscanf(stdin, ... );
```

äquivalent zu

```
scanf( ... );
```

11.1.3.4 Blockweises Lesen und Schreiben

Die bisher vorgestellten Datei-Ein- und -Ausgabefunktionen sind der Verarbeitung von Datenobjekten unterschiedlichen Typs angepaßt, sei es, daß Einzelzeichen, Zeichenketten (bzw. Zeilen) oder numerische Werte in eine Datei geschrieben oder daraus gelesen werden sollen. Darüber hinaus gibt es mit *fread* und *fwrite* zwei Funktionen, die nicht auf den Transfer von Objekten irgendeines Typs zugeschnitten sind, sondern lediglich eine bestimmte Anzahl von Bytes in eine Datei oder aus einer Datei übertragen, unabhängig davon, welcher Art die transferierten Datenobjekte sind.

Daten blockweise in eine Datei schreiben: fwrite

Die Funktion *fwrite* hat den Prototyp

```
size_t fwrite(void *pufferzeiger, size_t groesse, size_t anzahl, FILE
*dateizeiger);
```

und schreibt einen Block von *groesse* * *anzahl* Bytes, der an der durch *pufferzeiger* gegebenen Adresse gespeichert ist, in die mit *dateizeiger* verknüpfte Datei. Der Datenblock setzt sich dabei aus *anzahl* Objekten der Größe *groesse* zusammen. Der Rückgabewert von *fwrite* ist die Anzahl der vollständig in die Datei übertragenen Datenobjekte. Im Falle eines Fehlers gibt *fwrite* einen Wert zurück, der kleiner ist als *anzahl*. Der Datentyp *size_t* ist als vorzeichenloser, ganzzahliger Typ in *stdio.h* und einigen anderen Include-Dateien definiert (häufig als *unsigned int*). Der Zeiger *pufferzeiger* ist vom Typ *void* * und kann daher die Adresse eines Datenblocks mit Objekten eines beliebigen Typs speichern.

Das Lesen und Schreiben ganzer Datenblöcke ist ein recht vorteilhaftes Verfahren, wenn die dabei manipulierten Objekte, aus denen der Block besteht, von zusammengesetztem Datentyp sind, wie etwa Arrays oder Strukturen. Statt beispielsweise den Inhalt des Strukturarrays *k* aus dem vorangegangenen Abschnitt, bestehend aus Variablen des durch

```
struct kunde
    {
        long nr;
        char name[31];
        long plz;
        char ort[31];
        float ums;
    };
```

11

deklarierten Datentyps mit

```
FILE *fz;
int i;

if ((fz = fopen("kunden.dat", "w")) == NULL)
    fputs("\nDatei konnte nicht geöffnet werden.", stderr);
else
    for(i = 0; i < 5; i++)
        fprintf(fz, "%ld %s %ld %s %.2f\n",
                k[i].nr, k[i].name, k[i].plz, k[i].ort, k[i].ums);
```

in der Datei *kunden.dat* zu speichern - was immerhin fünf Aufrufe von *fprintf* benötigt -, kann man etwas unkomplizierter auch die Funktion *fwrite* verwenden. Die Anweisung

```
if ((fz = fopen("kunden.dat", "w")) == NULL)
    fputs("\nDatei konnte nicht geöffnet werden.", stderr);
else
    fwrite(k, sizeof(struct kunde), 5, fz);
```

schreibt den kompletten Inhalt des Arrays *k* - nämlich fünf Strukturvariablen vom Typ *struct kunde* - mit nur einem Aufruf von *fwrite* in die Datei *kunden.dat*. Der Arrayname *k* liefert dabei die Adresse des zu speichernden Datenblocks.

Daten blockweise aus einer Datei lesen: fread

Will man mit *fwrite* gespeicherte Daten wieder in ein Programm einlesen, verwendet man die zu *fwrite* komplementäre Eingabefunktion *fread*. *fread* besitzt den Prototyp

```
size_t fread(void *pufferzeiger, size_t groesse, size_t anzahl, FILE
*dateizeiger);
```

und liest einen Block von *groesse* * *anzahl* Bytes aus der mit *dateizeiger* verknüpften Datei in den durch *pufferzeiger* adressierten Speicherbereich ein. Der gelesene Block enthält somit *anzahl* Objekte von der Größe *groesse*. *fread* gibt die Anzahl der vollständig eingelesenen Datenobjekte zurück. Ist dieser Wert kleiner als *anzahl*, trat ein Fehler auf, oder das Dateiende wurde erreicht, bevor *anzahl* Objekte gelesen werden konnten. (Was tatsächlich der Fall ist, kann man mit *feof* - oder auch mit der Fehlerroutine *ferror* - überprüfen.)

Anwendungsbeispiele

Sind die Variablen

```
FILE *fz;
struct kunde k_leer[5];
```

gegeben, so kann mit

```
if ((fz = fopen("kunden.dat", "r")) == NULL)
    fputs("\nDatei konnte nicht geöffnet werden.", stderr);
else
    fread(k_leer, sizeof(struct kunde), 5, fz);
```

der gesamte Inhalt der Datei *kunden.dat* - in unserem Beispiel: fünf Datensätze - mit nur einem Aufruf von *fread* in das Strukturarray *k_leer* übertragen werden. Selbstverständlich müssen mit *fread* und *fwrite* nicht immer alle Elemente eines Arrays oder alle Datensätze einer Datei verarbeitet werden. Mit

```
fwrite(&k[2], sizeof(struct kunde), 2, fz);
```

würden nur zwei der fünf Datensätze, nämlich jene im dritten und vierten Element von *k*, in die Datei *kunden.dat* geschrieben. Analog läse

```
fread(k_leer, sizeof(struct kunde), 1, fz);
```

nur den ersten Datensatz aus der Kundendatei in das Array *k_leer* ein, wenn diese anschließend zum Lesen geöffnet würde.

Das Programm dice.c verwendet die Funktionen *fwrite* und *fread*, um eine größere Anzahl numerischer Werte in einer Datei zu speichern bzw. daraus zu lesen. dice.c simuliert mit der in den Aufgaben zu Kapitel 11 entwickelten Zufallszahlengenerator-Funktion *brand* eine Serie von 1.000 Würfen mit 3 Würfeln und speichert für jeden Wurf die Augenzahlen jedes Würfels sowie die Summe der geworfenen Augen. Sämtliche Resultate können auf Wunsch in eine Datei geschrieben werden, die ihrerseits auf den Bildschirm oder auf den Drucker ausgegeben werden kann.

▶ **dice.c:**

```
1  /* dice simuliert mit einer Zufallszahlenfunktion 1.000 Würfe mit drei Würfeln
2  und speichert die erzielten Augenzahlen in einem Strukturarray, dessen Inhalt mit
3  der Funktion fwrite in eine Datei geschrieben werden kann. Die Ergebnisdatei
4  kann auf den Bildschirm oder den Drucker ausgegeben werden. Zum Lesen der Da
5  tei wird die Funktion fread verwendet. */
6
7
8  /*** INCLUDES *****************/
9
```

11

```
10  #include <stdio.h>      /*  fread, fwrite, printf, fprintf, fopen, fclose  */
11  #include <stdlib.h>                            /*  rand, srand, exit  */
12  #include <time.h>                                     /*  time     */
13  #include <conio.h>                                /*  getch, getche  */
14
15  /********* MAKROS **************/
16
17  #define SCREENHEADER()  for (i = 0; i < 4; i++)printf("D1 D2 D3 SUM | ");\
18                              printf("D1 D2 D3 SUM\n");\
19                              for (i = 0; i < 4; i++)\
20                              printf("-------------+-");\
21                              printf("------------\n")
22  #define PRINTHEADER()   for (i = 0; i < 4; i++)\
23                              fprintf(stdprn, "D1 D2 D3 SUM | ");\
24                              fprintf(stdprn, "D1 D2 D3 SUM\n");\
25                              for (i = 0; i < 4; i++)\
26                              fprintf(stdprn, "------------- + -");\
27                              fprintf(stdprn, "------------\n")
28  #define CLS()           printf("\033[2J")
29  /***************** GLOBALE DEKLARATIONEN ******************/
30  struct dice
31    {
32      int die[3];                       /*  Augenzahlen der 3 Würfel    */
33      int sum;                          /*  Augensumme pro Wurf        */
34    };
35
36  void restoscreen(struct dice *d, int *f);  /* Datei auf Bildschirm ausgeben.*/
37  void restoprn(struct dice *d, int *f);     /* Datei auf Drucker ausgeben.   */
38
39  void freqtoscreen(int *f);                 /*  Häufigkeiten Augensummen
40                                                 auf Bildschirm ausgeben.  */
41  void freqtoprint(int *f);                  /*  Häufigkeiten Augensummen
42                                                 auf Drucker ausgeben.     */
43  int brand(int p, int q);                   /*  Zufallszahlen zwischen
44                                                 p und q erzeugen.         */
45
46  main()
47  {
48      FILE *fz;
49      struct dice res[1000];               /*   Würfelresultate           */
50      struct dice zero = {0};              /* Zum Initialisieren von res   */
51      int i,k,rep1,rep2,rep3,rep4;         /*   Kontrollvariablen          */
52      int h;                               /*   Puffer für Summenwerte     */
53      int freq[19];                        /*   Summen-Häufigkeiten        */
54      long sec;                            /*   Zeit in Sekunden           */
55      char filename[81];                   /*   Name der Speicherdatei     */
56
57      do
58        {
59          CLS();
60          printf("Das Programm simuliert 1.000 Würfe mit drei Würfeln.");
61          time(&sec);                      /*   Zeit in Sekunden holen  */
62          srand((unsigned) sec);           /*   rand initialisieren     */
63
64          for (i = 0; i < 1000; i++)  /*  Resultatsarray initialisieren    */
```

```
65                      res[i] = zero;
66
67              for (i = 0; i < 19; i++)      /*   Häufigkeitsarray initialisieren  */
68                  freq[i] = 0;
69
70              for (i = 0; i < 1000; i++)   /*   Resultatsarray mit Werte füllen  */
71                  {
72                    for (k = 0; k < 3; k++)
73                       res[i].die[k] = brand(1,6);      /*   Zufallszahl zwischen
74                                                             1 und 6 erzeugen.  */
75                    h = res[i].sum = res[i].die[0] + res[i].die[1] + res[i].die[2];
76                    freq[h] = freq[h] + 1;          /*   Häufigkeiten zählen.    */
77                  }
78
79              printf("\n\nFertig.Resultate in Datei speichern? (j/n)");
80              rep1 = getche();
81              if (rep1 == 'j')
82                  {
83                      printf("\n\nDateiname: ");
84                      gets(filename);
85                      if ((fz = fopen(filename, "w")) == NULL)
86                        {
87                            fprintf(stderr, "\nFehler beim Schreiben in Datei %s",
88                                           filename);
89                            exit(1);
90                        }
91
92                                              /*   Arrayinhalt in Datei speichern.  */
93                      fwrite(res, sizeof(struct dice), 1000, fz);
94
95                      fclose(fz);
96
97                      printf("\n\nResultate wurden in Datei %s gespeichert.",
98                        filename);
99                      printf("\nDateiinhalt anzeigen? "
100                             "(b = Bildschirm   d = Drucker   n = Keine Anzeige)");
101
102                     switch (rep2 = getche())
103                       {
104                       case 'b':
105                       case 'd':
106
107                       if ((fz = fopen(filename, "r")) == NULL)
108                         {
109                             fprintf(stderr, "\nFehler beim Öffnen der Datei %s",
110                                       filename);
111                             exit(2);
112                         }
113                                              /*   Dateiinhalt einlesen.  */
114
115                       fread(res, sizeof(struct dice), 1000, fz);
116
117                       if (rep2 == 'b')          /*   Ausgabe auf Bildschirm */
118                           restoscreen(res, freq);
119                       else                      /*   Ausgabe auf Drucker    */
```

11

```
120                        restoprn(res, freq);
121                   fclose(fz);
122                   break;
123
124
125                   default: ;                          /*   nichts tun    */
126              }                                         /*   Ende switch   */
127          }                                         /*   Ende if rep1 == 'j'   */
128
129      else                              /*   Es wurde keine Datei angelegt.   */
130         {
131             printf("\n\nErgebnisse anzeigen? (j/n)");
132             rep3 = getche();
133             if (rep3 == 'j')
134                 restoscreen(res, freq);
135         }
136
137      printf("\n\nWeitere 1000 Würfe? (j/n)");
138      rep4 = getche();
139
140    } while (rep4 == 'j');
141 }
142
143
144 /***************** ENDE HAUPTPROGRAMM  *******************/
145
146 /******************** FUNKTIONEN  ************************/
147
148
149 void restoscreen(struct dice *d, int *f)   /* Daten auf Bildschirm ausgeben.*/
150 {
151     int i;                                /*   für SCREENHEADER() */
152     int n, linecount = 0;
153
154     CLS();
155     SCREENHEADER();
156     for (n = 0; n < 1000; n++)
157        {
158         printf(" %d  %d  %d  %2d Ã ",
159                 d[n].die[0], d[n].die[1], d[n].die[2], d[n].sum);
160
161         if (((n+1)%5) == 0)                    /*   5 Resultate pro Zeile   */
162            {
163             printf("\b\b \n");
164             linecount++;
165            }
166
167         if ((((linecount+1)%21) == 0) && n != 999)
168            {
169             printf("\n\nNächste Seite mit <Enter>.");
170             getch();
171             CLS();
172             SCREENHEADER();
173             linecount = 0;
174            }
```

```
175          }
176      freqtoscreen(f);                    /*  Häufigkeitsverteilung ausgeben.  */
177  }
178
179
180  /**********************/
181
182  void freqtoscreen(int *f) /* Häufigkeitsverteilung auf Bildschirm ausgeben. */
183  {
184      int i;
185
186      printf("\n\nDie Summen der Augenzahlen hatten folgende Häufigkeiten:");
187      printf("\n\nSumme:     ");
188
189      for (i = 3; i < 19; i++)
190          printf("%4d", i);
191
192      printf("\n\nHäufigkeit:");
193
194      for (i = 3; i < 19; i++)
195          printf("%4d", f[i]);
196  }
197
198  void restoprn(struct dice *d, int *f)        /*   Daten auf Drucker ausgeben. */
199  {
200      int i;                                   /*   für PRINTHEADER()  */
201      int n, columns = 0,linecount = 0, pagecount = 0;
202
203      printf("\n\nDATEI WIRD GEDRUCKT ...");
204      PRINTHEADER();
205      for (n = 0; n < 1000; n++)
206        {
207          ++columns;
208          fprintf(stdprn, " %d  %d  %d  %2d Ã ",
209                        d[n].die[0], d[n].die[1], d[n].die[2], d[n].sum);
210
211          if (columns == 4)
212            {
213              n++;
214              fprintf(stdprn, " %d  %d  %d  %2d\n",
215                  d[n].die[0], d[n].die[1], d[n].die[2], d[n].sum);
216              linecount++;
217              columns = 0;
218            }
219
220          if ((((linecount+1)%61) == 0) && n != 999)
221            {
222              fprintf(stdprn, "\n\n\t\t\t      - Seite %d - ", ++pagecount);
223              fprintf(stdprn, "\n\n\n\f");               /*   Seitenvorschub*/
224              PRINTHEADER();
225              linecount = 0;
226            }
227        }
228      freqtoprint(f);                    /*   Häufigkeitsverteilung ausgeben.  */
229  }
```

11

```
230
231  /********************/
232
233
234  void freqtoprint(int *f) /* Häufigkeitsverteilung auf Drucker ausgeben.    */
235  {
236      int i;
237
238      fprintf("stdprn, \n\nDie Summen der Augenzahlen hatten folgende
239                               Häufigkeiten:");
240      fprintf("stdprn, \n\nSumme:    ");
241      for (i = 3; i < 19; i++)
242          fprintf(stdprn, "%4d", i);
243      fprintf(stdprn, "\n\nHäufigkeit:");
244      for (i = 3; i < 19; i++)
245          fprintf(stdprn, "%4d", f[i]);
246  }
247
248  /********************/
249
250  int brand(int p, int q)      /*   Zufallszahlen zwischen p und q erzeugen.   */
251  {
252      return (p + (rand() % (q-p+1)));
253  }
```

Das Programm dice.c erzeugt typischerweise eine Ausgabe wie die folgende, wobei die äußeren Begrenzungslinien den Bildschirmrand darstellen und man sich anstelle der Auslassungszeichen natürlich den Rest der Ausgabezeilen zu denken hat:

D1	D2	D3	SUM		D1	D2	D3	SUM		D1	D2	D3	SUM		D1	D2	D3	SUM		D1	D2	D3	SUM
5	3	6	14		4	6	2	12		1	6	6	13		4	2	4	10		6	4	2	12
3	3	5	13		1	4	3	8		5	2	2	9		4	2	1	7		2	6	2	10
1	6	4	11		1	3	2	6		3	4	6	13		2	4	1	7		2	2	6	10
3	5	1	9		1	6	3	10		5	3	6	14		5	6	3	14		3	1	4	8
1	6	2	9		3	6	5	14		2	2	5	9		1	4	2	7		6	6	1	13
1	6	4	11		5	3	6	14		1	2	1	4		3	2	1	6		1	3	4	8
5	4	5	14		4	1	4	9		3	4	2	9		2	6	1	9		2	6	6	14
5	4	1	10		2	1	2	5		3	5	3	11		1	2	1	4		1	2	4	7
1	6	6	13		5	6	4	15		1	5	5	11		1	1	1	3		6	1	1	8
4	5	3	12		1	5	6	12		3	1	2	6		1	3	3	7		2	3	2	7
6	3	1	10		5	2	3	10		3	1	1	5		2	3	3	8		2	5	5	12
3	4	3	10		5	6	3	14		2	6	6	14		6	1	6	13		1	2	6	9
4	2	5	11		2	6	1	9		3	4	5	9		5	4	1	11		4	2	2	8
2	6	4	12		5	1	4	10		4	2	6	12		5	5	3	13		2	2	1	5

Die Summe der Augenzahlen hatten folgende Häufigkeiten:

Summe :	3	4	5	6	7	8	9	10	11	12	13	14	15	16	17	18
Häufigkeit:	6	16	26	40	71	99	129	116	123	118	92	70	44	33	9	8

Abb. 182: Eine typische Ausgabe des Programms dice

11.1.4 Direktzugriff (random access)

Die Art des Dateizugriffs, mit der wir bisher operierten, bezeichnet man als *sequentiell*. Bei dieser Zugriffsweise erfolgt eine Leseoperation (bzw. eine Schreiboperation) stets an jener Position in der Datei, die sich aus der vorhergehenden Leseoperation (bzw. Schreiboperation) ergeben hat. Werden beispielsweise aus einer Datei, für die wir der Einfachheit halber als Inhalt einheitlich Zeilen von n Bytes Länge annehmen - was im übrigen nicht unbedingt sein muß, denn die Zeilen in einer Datei (z. B. Strings) können sehr wohl unterschiedliche Längen aufweisen -, werden aus dieser Datei, also ab der Byte-Position 0, d. h. ab dem Dateianfang, pro Operation n Bytes gelesen (eine Zeile), so beginnt die auf die erste Leseoperation folgende Leseoperation an der Byte-Position n. Da mit dieser zweiten Leseoperation wiederum n Bytes (die zweite Zeile) gelesen werden, beginnt eine eventuelle dritte Leseoperation an der Position $2*n$ usw. Mit jedem gelesenen Datenobjekt verschiebt sich also die aktuelle Bearbeitungsposition in der Datei - d. h. der Dateipositionszeiger (seek pointer) - um die Anzahl Bytes "nach vorn" in Richtung Dateiende, die der Länge des gelesenen Objekts in Bytes entspricht:

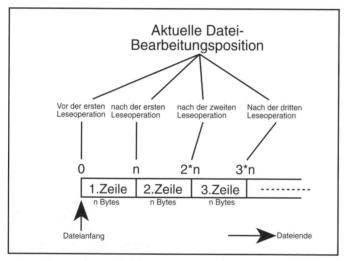

Abb. 183: Sequentielles Lesen einer Datei mit Zeilen einheitlicher Länge

Man erkennt leicht, welchen Nachteil dieses Verfahren unter Umständen besitzt: Was tut man beispielsweise, wenn man nicht die ersten zehn Zeilen einer Datei lesen will, sondern nur die zehnte Zeile. Öffnet man eine Datei zum Lesen oder Schreiben, befindet man sich entweder am Dateianfang oder (beim Öffnungsmodus "a") am Dateiende. Befindet man sich nach dem Öffnen am Dateiende, hat man die gesuchte Zeile in jedem Fall schon passiert, und es wäre mit den bisher beschriebenen Dateioperationen nicht möglich, quasi rückwärts lesend dorthin zu gelangen. Öffnet man die betreffende Datei jedoch so, daß man sich an ihrem Anfang befindet (etwa im Modus "r"), erreicht man im Rahmen der bis dato zur Verfügung stehenden Operationsmöglichkeiten die zehnte Zeile nur dann, wenn man zunächst die davor befindlichen neun Zeilen liest. Ein "Überspringen" dieser neun Zeilen ist bei rein sequentiellem Zugriff nicht möglich.

Allgemein kann man sich bei einer ausschließlich sequentiellen Bearbeitung in einer Datei nur in einer Richtung bewegen - nämlich auf das Dateiende zu - und dies auch nur, indem man entweder liest oder schreibt. Ferner hat man, um ein Datenobjekt an einer beliebigen Position in der Datei bearbeiten zu können, die Datei stets von Anfang an zu lesen. Der Zugriff auf ein solches Datenobjekt könnte natürlich wesentlich schneller erfolgen, wenn man direkt auf das betreffende Objekt zugreifen würde, d. h. ohne dabei zuvor Lese- oder Schreiboperationen ausführen zu müssen. Um dies zu ermöglichen, muß man sich allerdings einer anderen Art des Dateizugriffs bedienen, die als *Direktzugriff* (random access) oder auch als *wahlfreier Zugriff* bezeichnet wird. Der Direktzugriff auf eine Datei läßt sich in zwei Phasen unterteilen, deren erste in einer Verschiebung des Dateipositionszeigers (und damit der aktuellen Bearbeitungsposition) auf die Position des ersten Bytes besteht, das verarbeitet werden soll. Im Anschluß daran kann als zweiter Schritt die gewünschte Lese- oder Schreiboperation durchgeführt werden.

Dateiposition wählen: fseek

Die High-Level-Routine, die den Dateipositionszeiger an eine beliebige Byte-Position in der Datei versetzt, ist die Funktion *fseek*.

fseek hat den Prototyp

```
int fseek(FILE *dateizeiger, long offset, int basis);
```

Der Parameter *offset* gibt dabei die Anzahl Bytes an, um die der Dateipositionszeiger relativ zu *basis* versetzt werden soll. Ist *offset* positiv, bewegt man sich auf das Dateiende zu, ist *offset* negativ, entsprechend in Richtung auf den Dateianfang. Der Parameter *basis* dient dabei als Bezugspunkt in der Datei und kann die Werte *0, 1* oder *2* annehmen. Der Wert *0* ist gleichbedeutend mit dem Dateianfang, der Wert *2* mit dem Dateiende. Der Wert *1* bezieht sich auf die aktuelle Position in der Datei. Statt der numerischen Konstanten kann man auch die symbolischen Konstanten SEEK_SET, SEEK_CUR und SEEK_END verwenden, die in der Include-Datei *stdio.h* definiert sind. Die folgende Übersicht veranschaulicht die Zusammenhänge.

Wert von basis	Symbolische Konstante	Bedeutung
0	SEEK_SET	Dateianfang
1	SEEK_CUR	Aktuelle Position in der Datei
2	SEEK_END	Dateiende

Der Wertebereich des fseek-Parameters basis

Die Funktion *fseek* gibt den Wert *0* zurück, wenn die gewünschte Positionierung durchgeführt werden konnte, im Fehlerfall einen Wert ungleich Null. Für Dateien, die im Textmodus geöffnet wurden, ist *fseek* wegen eventueller Probleme, die sich aus der unterschiedlichen Repräsentierung des Zeilenendes im Dateipuffer (Zeilenvorschubzeichen) und in der Datei selbst (Kombination aus Wagenrücklauf- und Zeilenvorschubzeichen) bzw. den daraus resultierenden Hin - und Rückübersetzungen des Zeilenbegrenzungszeichens ergeben (siehe auch Kapitel 11.1.1 "Öffnen von Dateien"), nur eingeschränkt verwendbar. Korrekte Ergebnisse sind im Textmodus nur garantiert, wenn *offset* den Wert *0* hat oder einen Wert, der von *ftell*, einer anderen Positionierungsfunktion, geliefert wurde (s. u.). Im letzteren Fall muß *basis* außerdem den Wert 0 bzw. SEEK_SET besitzen.

Um diesen Schwierigkeiten aus dem Weg zu gehen, empfiehlt es sich, Dateien nicht im Text-, sondern im Binärmodus zu öffnen, wenn *fseek* verwendet werden soll. In dem folgenden Beispiel wird nach

```
#include <stdio.h>                    /*  fopen, fgetc, fputc, fseek */
FILE *fz;
int c;
```

und

```
fz = fopen("data.fil", "wb+"); /*Datei zum Lesen  u n d  Schreiben öffnen. */
```

mit

```
while ((c = fgetc(stdin)) != '\n')
    fputc(c, fz);
```

eine Zeile von der Tastatur eingelesen und in *data.fil* gespeichert. Nach dieser Schreiboperation befindet sich der Dateipositionszeiger am Ende der Datei. Mit den Anweisungen

```
fseek(fz, 0L, SEEK_SET);
```

bzw.

```
fseek(fz, 0L, 0);
```

wird er auf die Byte-Position 0 relativ zum Anfang der Datei gesetzt, also auf den Dateianfang selbst. Nun kann die Datei mit

```
while ((c = fgetc(fz)) != EOF)
    fputc(c, stdout);
```

gelesen und auf dem Bildschirm angezeigt werden.

An den Dateianfang mit rewind

Für die Positionierung auf den Dateianfang hätte man statt der Funktion *fseek* auch die Funktion *rewind* benutzen können, die den Prototyp

```
void rewind(FILE *dateizeiger);
```

besitzt und den Positionszeiger in einer Datei auf den Dateianfang versetzt. Tatsächlich hätte der Aufruf

```
rewind(fz);
```

die gleiche Wirkung wie

```
(void) fseek(fz, 0L, 0);
```

Im Unterschied zu *fseek* gibt *rewind* jedoch keinen Resultatwert zurück, so daß *rewind* selbst keinen Hinweis darauf liefert, ob eine Positionierungsoperation fehlerfrei verlaufen ist.

Negative Offsets

Angenommen, man interessiert sich nicht für den gesamten Inhalt der Datei *data.fil*, sondern nur für die letzten drei der gespeicherten Zeichen. Um diese Zeichen zu lesen (und auszugeben), positioniert man - nachdem die Zeichen in die Datei geschrieben worden sind - mit der Anweisung

```
fseek(fz, -3L, 2);
```

bzw. mit

```
fseek(fz, -3L, SEEK_END);
```

den Dateipositionszeiger mit einem Offset von -3 relativ zum Dateiende, also auf das drittletzte Byte in der Datei, und kann nun mit

```
while ((c = fgetc(fz)) != EOF)
    fputc(c, stdout);
```

die betreffenden Zeichen lesen und ausgeben.

Dateiposition feststellen: ftell

An welcher Byte-Position man sich in einer Datei befindet, kann übrigens mit der Funktion *ftell* festgestellt werden. *ftell* hat den Prototyp

```
long ftell(FILE *dateizeiger);
```

und liefert als *long*-Wert die aktuelle Position des Dateipositionszeigers relativ zum Dateianfang zurück. Tritt ein Fehler auf, gibt *ftell* den Wert -1L zurück. Aus den gleichen Gründen wie bei *fseek* (die unterschiedlichen Repräsentierungen des Zeilenendezeichens, siehe oben) ist es auch bei *ftell* empfehlenswert, die betreffende Datei nicht im Text-, sondern im Binärmodus zu öffnen. In unserer Beispieldatei *data.fil* läßt sich nach

```
FILE *fz;
int c;
long pos;

fz = fopen("data.fil", "wb+");
while ((c = fgetc(fz)) != EOF)
    fputc(c, stdout);
```

mit

```
pos = ftell(fz);
```

die aktuelle Bearbeitungsposition nach der letzten E/A-Operation feststellen (bzw. die Anzahl der in die Datei geschriebenen Zeichen) und in der Variablen *pos* speichern.

Beispielprogramm: Operationen mit den Zeilen einer Textdatei

Das folgende Programm flines.c zeigt eine Anwendung von *fseek* und *ftell*. *flines* ermittelt die Anzahl der Zeichen und Zeilen einer Textdatei und gibt eine vom Anwender zu bestimmende Anzahl zusammenhängender Zeilen aus.

▶ **flines.c:**

```
 1  /*  flines zählt die Zeichen und Zeilen einer Textdatei, deren
 2      Name als Kommandoparameter zu übergeben ist. Auf Wunsch
 3      wird eine beliebige Auswahl zusammenhängender Zeilen angezeigt.
 4      Die Offsets der einzelnen Zeilen werden dazu in einem
 5      d y n a m i s c h e n  long-Array gespeichert, das bei Bedarf
 6      vergrößert wird. */
 7
 8
 9  #include <stdio.h>                  /*  Dateifunktionen        */
10  #include <stdlib.h>                 /*  exit, realloc, free    */
```

```
11  #include <conio.h>                                    /*   getche, getch */
12
13  #define POS(x,y)   printf("\033[%d;%dH", x, y)
14  #define BLANKLINE()    for(k = 0; k < 80; k++)printf(" ")
15
16  main(int argc, char *argv[])
17  {
18      FILE *fz;
19      int c;                                       /*   Zeichenpuffer        */
20      int k, n = 1, rep;                           /*   Kontrollvariablen    */
21      int flag;                                    /*   Fehlerflag           */
22      long *offset;                                /*   Zeiger auf dynamisches
23                                                   long-Array für Zeilenoffsets */
24      long lines = 1;                              /*   Anzahl Zeilen in Datei */
25      long characters;                             /*   Anzahl Zeichen in Datei */
26      long startln, endln;                      /*  1. und letzte Ausgabezeile  */
27
28      if (argc != 2)                       /*   Falsche Anzahl Kommandoparameter */
29         {
30          fprintf(stderr, "\nSyntax: flines dateiname");
31          exit(1);
32         }
33
34                              /*   Speicher für dynamisches Array allokieren: */
35
36      if ((offset = (long*) realloc(offset, n*500*sizeof(long))) == NULL)
37         {
38          fprintf(stderr, "\nZu wenig Speicher.");
39          exit(2);
40         }
41
42                                          /*   Datei binär öffnen:    */
43
44      if ((fz = fopen(argv[1], "rb")) == NULL)
45         {
46          fprintf(stderr, "\nFehler beim Öffnen der Datei %s.", argv[1]);
47          exit(3);
48         }
49
50      offset[1] = 0;                             /*   Offset 1. Zeile ist 0   */
51      while ((c = fgetc(fz)) != EOF)                      /*   Datei lesen    */
52         {
53          if (c == '\n')
54              offset[++lines] = ftell(fz);       /*   Offset jeder weiteren
55                                                   Zeile speichern.          */
56
57          if (lines % 500 == 0)                   /*   zu wenig Platz         */
58             {
59                  n++;
60                                                  /*   Platz für weitere 500
61                                                  Zeilenoffsets schaffen: */
62
63                  if ((offset = (long*) realloc(offset, n*500*sizeof(long)))
64                          == NULL)
65                     {
```

```
66                              fprintf(stderr, "\nZu wenig Speicher.");
67                              exit(2);
68                           }
69                        }
70                     }
71
72          characters = ftell(fz);              /*   Position nach dem Lesen:
73                                                     Dateiende. ftell
73                                                     ermittelt Größe Zeichen-
74                                                     zahl bzw. der Datei.    */
75          printf("\033[2J");
76          POS(5,0);
77          if (!characters)                     /*   Datei ist leer          */
78             {
79                  printf("\nDatei ist leer.");
80                  exit(4);
81             }
82          else
83              printf("Die Datei %s hat %ld Zeichen und %ld Zeile(n).",
84                          argv[1], characters, lines);
85
86          POS(7,0);
87          printf("Zeilen anzeigen? (j/n)");
88          if ((rep = getche()) == 'j')
89             {
90                  do
91                     {
92                          flag = 0;
93                          POS(11,0); BLANKLINE();
94                          POS(9,0); BLANKLINE(); POS(9,0);
95                          printf("Von Zeile (min: 1):");
96                          POS(9,40);
97                          printf("Bis Zeile (max: %ld):", lines);
98                          POS(9,21);
99                          scanf("%ld", &startln);
100
101                          if (startln == 0)
102                              exit(5);
103                          else if (startln < 0 || startln > lines)
104                             {
105                                  flag = 1;
106                                  POS(11,0); BLANKLINE(); POS(11,0);
107                                  printf("Unzulässiger Wert für Startzeile.
108                                      Weiter mit <Enter>.");
109                                  getch();
110                                  continue;
111                             }
112
113                          POS(9,60);
114                          scanf("%ld", &endln);
115                          if (endln < startln || endln > lines)
116                             {
117                                  flag = 1;
118                                  POS(11,0); BLANKLINE(); POS(11,0);
119                                  printf("Unzulässiger Wert für Endzeile.
```

```
120                                         Weiter mit <Enter>.");
121                                 getch();
122                                 continue;
123                         }
124                 } while (flag);
125
126             fseek(fz, offset[startln], 0); /*Position der 1.
127                                             Ausgabezeile ermitteln. */
128
129             printf("\033[2J");
130             printf("%05ld  ", startln); /*Zeilen 5stellig numerieren */
131             while ((c = fgetc(fz) != EOF) /* Ausgewählte Zeilen lesen*/
132                 {                           /* und                   */
133                 fputc(c, stdout);    /* ausgeben.             */
134                 if (c == '\n')
135                     {
136                     if (startln < endln)
137                         printf("%05ld   ", ++startln);
138                     else
139                         break;
140                     }
141                 }
142             }                               /*    Ende if rep == 'j' */
143         fclose(fz);
144         free(offset);
145     }
```

11.2 Elementare Dateioperationen

Die relativ komplexen Funktionen für die Dateioperationen der oberen Ebene (High Level) basieren auf elementareren Funktionen der unteren Ebene der Dateiverarbeitung, den Low-Level-Funktionen, mit deren Hilfe sie konzipiert sind. Die Low-Level-Funktionen wiederum greifen direkt auf spezielle Routinen des Betriebssystems zu, die mit Dateizugriffen befaßt sind und zu den sog. *Systemaufrufen* (system calls) gehören. Aufgrund dieser im Verhältnis zu den High-Level-Funktionen größeren "Nähe" zum Betriebssystem, ermöglichen die Dateifunktionen der unteren Ebene einerseits eine unmittelbarere und damit schnellere Abwicklung von Dateizugriffen. Andererseits gehören die Low-Level-Funktionen, gerade weil sie praktisch mit Systemaufrufen identisch und damit abhängig vom jeweiligen Betriebssystem sind, nicht zum C-Standard, was die Portabilität der mit ihnen erstellten Programme einschränkt.

Deskriptoren

Im Unterschied zu den Funktionen der oberen Ebene unterhalten die Low-Level-Funktionen weder Dateipuffer noch führen sie irgendwelche Formatierungen mit den verarbeiteten Daten durch. Für den Zugriff auf geöffnete Dateien wird wie bei den High-Level-Funktionen eine spezielle Variable verwendet, diesmal jedoch kein Zeiger mit der Adresse einer FILE-Struktur, sondern eine positive ganze Zahl vom Typ *int*, ein sog. *Deskriptor*. (Wie man sich vielleicht erinnert, enthält auch die FILE-Struktur einen solchen Deskriptor als Komponente, über den die betreffende Datei intern identifiziert wird. Vgl. dazu auch den Anfang des Kapitels 11.1 "Nichtelementare Dateioperationen". Man kann sich den Deskriptor einer mit einem FILE-Zeiger verknüpften Datei übrigens mit dem Makro *fileno* anzeigen lassen.)

Analog zu den FILE-Zeigern sind auch einige Deskriptoren vordefiniert, die den fünf zu Programmbeginn automatisch geöffneten Gerätedateien in der folgenden Weise zugeordnet sind:

Datei	Diskriptor
Standardeingabe	0
Standardausgabe	1
Standardfehler	2
Standardzusatz	3
Standarddruck	4

Vordefinierte Datei-Deskriptoren

Man beachte noch, daß in einem Programm für Operationen mit ein und derselben Datei die Verwendung von Funktionen sowohl der unteren als auch der oberen Ebene aufgrund ihrer unterschiedlichen Arbeitsweisen (Datenpufferung bzw. keine Datenpufferung) problematisch ist, da beide Funktionsgruppen grundsätzlich nicht kompatibel sind. Um Fehler bzw. Datenverluste zu vermeiden, empfiehlt es sich daher, für den Zugriff auf eine Datei entweder nur Low-Level-Funktionen oder nur High-Level-Funktionen einzusetzen.

11.2.1 Erzeugen von Dateien

Anders als bei den Dateioperationen der oberen Ebene verfügt man bei der elementaren Dateiverarbeitung mit der Funktion *creat* über ein Instrument zum expliziten Erzeugen einer Datei. *creat* hat den Prototyp

```
int creat(char *dateiname, int zugriffsrechte);
```

11

und legt eine Datei neu an oder überschreibt eine bereits bestehende Datei. In beiden Fällen ist die betreffende Datei anschließend zum Schreiben geöffnet. Die Funktion *creat* liefert einen Dateideskriptor (in Form eines *int*-Werts) zurück und im Falle eines Fehlers -1. Der Parameter *zugriffsrechte* gibt durch seine ersten neun Bits an, welche Zugriffsoperationen mit der betreffenden Datei erlaubt sind: Lesen (read), Schreiben (write), Ausführen (execute) oder eine Kombination dieser Operationen. Zusätzlich wird dabei auch noch zwischen dem Besitzer (*owner*) einer Datei, der Gruppe (*group*) von Benutzern, zu der er gehört, und allen anderen Systembenutzern (*others*) unterschieden:

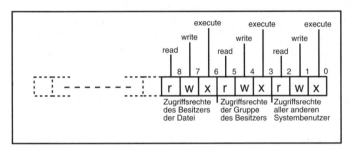

Abb. 184: Der int-Parameter zugriffsrechte der Funktion create legt mit seinen ersten neun Bits die Dateizugriffsrechte für den Besitzer der Datei (Bits 6 - 8), seine Gruppe (Bits 3 - 5) und alle anderen Systembenutzer (Bits 0 - 2) fest

Für jedes der Bits auf den Positionen 0 bis 8 in der Variablen *zugriffsrechte* gilt, daß das betreffende Dateizugriffsrecht erteilt ist, wenn das Bit gesetzt ist, also den Wert 1 hat. So würde z. B. die Bitkonstellation

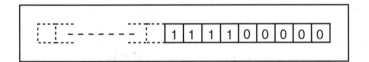

bedeuten, daß der Besitzer der Datei Lese-, Schreib- und Ausführungsrecht besitzt, seine Gruppe nur Leserecht und alle anderen keinerlei Zugriffsrechte.

Man setzt die Bits für die Zugriffsrechte entweder, indem man als aktuellen Parameter für *zugriffsrechte* eine der symbolischen Konstanten angibt, die in der Include-Datei *stat.h* (im Unterverzeichnis *sys* des Standardverzeichnisses *include*) gespeichert sind, oder, indem man den Parameter als dreistellige oktale Zahl formuliert, was recht bequem ist, da bei oktalen Zahlen (von rechts her) jeweils 3 Bits der binären Darstellung einer Ziffer entsprechen. So ergibt der Wert der ersten drei Bits von rechts die erste Ziffer von rechts, der Wert der zweiten drei Bits von rechts die zweite Ziffer von rechts etc. Nach

```
#include <io.h>    /*  enthält die Prototypen der Low-Level-Funktionen.    */
int fd;                                    /*  Datei-Deskriptor    */
```

würde beispielweise die Anweisung

```
fd = creat("xy.dat", 0666);
```

eine Datei *xy.dat* erzeugen (sofern sie nicht schon existiert) und den zugehörigen Deskriptor für alle weiteren Dateizugriffe der *int*-Variablen *fd* zuweisen. Allen drei Benutzerkategorien wird durch den Aktualparameter *0666* Lese- und Schreibrecht für die Datei eingeräumt, wie man anhand der nachstehenden Abbildung leicht nachvollzieht:

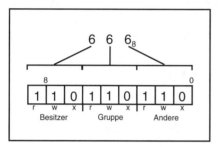

Abb. 185: Bei einer oktalen Zahl ergeben (von rechts beginnend) je drei Bits ihrer binären Darstellung eine Ziffer der Zahl

Existiert die Datei *xy.dat* bereits (und ist der Schreibzugriff darauf gestattet), wird ihre Länge auf 0 reduziert, wodurch der bisherige Dateiinhalt verlorengeht. Im Gegensatz dazu bleiben die alten Zugriffsrechte jedoch bestehen. Berücksichtigt man ferner den Fall, daß es *creat* nicht gelingt, die angegebene Datei zu erzeugen bzw. zu öffnen (etwa weil die Datei schon vorhanden ist und nur gelesen werden darf), so läßt sich die obige *creat*-Anweisung wie folgt komplettieren:

```
if ((fd = creat("xy.dat", 0666)) == -1)
    fprintf(stderr, "Datei konnte nicht erzeugt werden.");
else
    /*   Alternative Anweisungen */
```

Beachtenswert ist noch, daß der Parameter *zugriffsrechte* nicht bei allen Betriebssystemen gleichermaßen Beachtung findet. Für manche Systeme sind nur bestimmte der Dateizugriffsbits von Belang, wieder andere Systeme ignorieren den Parameter schlichtweg.

11.2.2 Öffnen von Dateien

Das elementare Pendant zu der High-Level-Funktion *fopen* ist die Funktion *open*. *open* öffnet eine Datei und liefert als Resultatwert einen Deskriptor in Form eines *int*-Werts zurück, über den man im weiteren auf die Datei zugreifen kann. Mißlingt die Öffnungsoperation, gibt *open* den Wert *-1* zurück. Die Funktion *open* hat den Prototyp

```
int open(char *dateiname, int zugriffsmodus, [int zugriffsrechte]);
```

wobei *zugriffsmodus* ähnlich wie bei *fopen* angibt, wie man auf die betreffende Datei zuzugreifen gedenkt. Statt eines *char*-Zeigers ist *zugriffsmodus* bei *open* allerdings eine *int*-Variable, durch deren Wert die jeweilige Zugriffsweise bestimmt wird. In der Include-Datei *fcntl.h* sind die zulässigen Werte für *zugriffsmodus* als symbolische Konstanten definiert, die man üblicherweise anstelle von expliziten numerischen Angaben verwendet. Die folgende Übersicht zeigt die wichtigsten dieser Konstanten, zu denen je nach Betriebssystem noch weitere hinzukommen können:

Konstante	Bedeutung
O_RDONLY	Existierende Datei ausschließlich zum Lesen öffnen.
O_WRONLY	Existierende Datei ausschließlich zum Schreiben öffnen.
O_RDWR	Existierende Datei zum Lesen und Schreiben öffnen.
O_APPEND	Existierende Datei zum Schreiben am Dateiende öffnen.
O_CREAT	Falls Datei noch nicht existiert, Datei erzeugen und zum Schreiben öffnen. Existiert die Datei bereits, bleibt O_CREAT ohne Wirkung, d.h., anders als bei creat geht der Inhalt der Datei nicht verloren. Anschließende Schreiboperationen haben keine Wirkung, wenn nicht auch O_WRONLY oder O_RDWR angegeben wurde.
O_EXCL	Nur zusammen mit O_CREAT verwendbar, open gibt einen Fehlercode zurück, wenn die Datei bereits existiert.
O_TRUNC	Existierende Datei zum Schreiben öffnen und deren Länge auf 0 Bytes reduzieren, wenn Schreiberlaubnis für die Datei besteht. Der ursprüngliche Inhalt der Datei geht dabei verloren Anschließende Schreib-operationen haben keine Wirkung, wenn nicht auch O_WRONLY oder O_RDWR angegeben wurde.

Symbolische Konstanten für den Dateiöffnungsmodus bei der Funktion open

Der dritte Parameter *zugriffsrechte* hat die gleiche Bedeutung wie bei *creat* und ist optional. Er ist nur erforderlich (und sinnvoll), wenn O_CREAT angegeben wird, also gegebenenfalls eine neue Datei erzeugt werden soll, für die Zugriffsrechte zu vereinbaren sind.

Kombinationen für den Zugriffsmodus

Die symbolischen Konstanten für den Zugriffsmodus können einzeln oder auch miteinander kombiniert angegeben werden, in jedem Fall aber ist eine -

und nur eine - der Konstanten O_RDONLY, O_WRONLY oder O_RDWR obligatorisch. Nach

```
#include <fcntl.h>      /*  Symbolische Konstanten für open  */
#include <io.h>                             /*   open */

int fd;                                /*  Deskriptor   */
```

würde beispielsweise

```
fd = open("xy.dat", O_WRONLY);
```

die Datei *xy.dat* zum Schreiben öffnen, sofern sie existiert. Existiert *xy.dat* nicht, wird die Datei von *open* nicht erzeugt. Soll *xy.dat* im obigen Fall jedoch erzeugt werden, falls sie nicht vorhanden ist, so hat man zusätzlich die Konstante O_CREAT anzugeben. Zur Kombination (besser: Verknüpfung) mehrerer symbolischer Konstanten verwendet man den bitweisen ODER-Operator "|". Demnach würde die Anweisung

```
fd = open("xy.dat", O_WRONLY | O_CREAT, 0666);
```

die Datei *xy.dat* zum Schreiben öffnen, wenn sie existiert, und sie andernfalls mit Lese- und Schreibrecht für alle Benutzerkategorien erzeugen. Würde man ausschließlich O_CREAT angeben, würde die Datei *xy.dat* zwar erzeugt und zum Schreiben geöffnet, anschließende Schreiboperationen hätten jedoch keinerlei Wirkung und würden keine Daten in die Datei übertragen. Wird eine Datei mit O_WRONLY oder O_RDWR (ohne Angaben zusätzlicher Konstanten) zum Schreiben geöffnet, so geht im übrigen - anders als bei *fopen* im Modus "w" - der ursprüngliche Dateiinhalt nicht verloren. Ist man jedoch gerade daran interessiert, den Inhalt einer Datei loszuwerden, kann man dazu die Konstante O_TRUNC benutzen. So würde etwa die Anweisung

```
if ((fd = open("xy.dat", O_WRONLY | O_TRUNC)) == -1)
    fprintf(stderr, "Fehler beim Öffnen der Datei.");
else /*   Alternative Anweisungen */
```

eine (existierende) Datei *xy.dat* zum Schreiben öffnen und ihre Länge auf 0 Byte kürzen und eine entsprechende Fehlermeldung ausgeben, falls die Öffnungsoperation nicht gelingt. Gäbe man lediglich die Konstante O_TRUNC an, würde die Datei zwar auf die Länge 0 reduziert, eine anschließende Schreiboperation hätte, wie im analogen Fall bei O_CREAT, keinerlei Effekt.

Ergänzt man die obige Anweisung zu

```
if ((fd = open("xy.dat", O_WRONLY | O_TRUNC | O_CREAT, 0744)) == -1)
    fprintf(stderr, "Fehler beim Öffnen der Datei.");
else /*       Alternative Anweisungen */
```

11

indem man noch die Konstante O_CREAT hinzufügt, würde die Datei *xy.dat* außerdem erzeugt, falls sie nicht existiert (im obigen Fall mit allen Zugriffsrechten für den Besitzer der Datei und nur Leserecht für die übrigen Systembenutzer).

11.2.3 Schließen von Dateien

Die Low-Level-Funktion zum Schließen einer Datei ist *close*. *close* wird ähnlich wie *fclose* aufgerufen, nur daß kein FILE-Zeiger, sondern ein Deskriptor an die Funktion übergeben wird:

```
int close(int deskriptor);   /*  Prototyp von close */
```

Die Funktion *close* gibt den Wert *0* zurück, wenn die betreffende Datei geschlossen werden konnte. Der Rückgabewert bei einem Fehler ist *-1*. Das folgende Demonstrationsprogramm versucht, eine Datei, deren Name als Befehlszeilenparameter übergeben wird, mit *open* zum Lesen zu öffnen. Gelingt dies, wird die Datei mit *close* wieder geschlossen.

▶ **opcl.c:**

```
 1  /*   opcl demonstriert eine einfache Anwendung der Funktionen open und close.
 2       Das Programm versucht, eine Datei, deren Name als Kommandoparameter
 3       übergeben wird, mit open zum Lesen zu öffnen. Gelingt dies, wird die
 4       Datei mit close wieder geschlossen. */
 5
 6  #include <stdio.h>                                      /*   printf    */
 7  #include <io.h>                                         /*  open, close  */
 8  #include <fcntl.h>                      /*  Symbolische Konstanten für open  */
 9  #include <stdlib.h>                                     /*  exit */
10
11      main(int argc, char *argv[])
12      {
13          int fd;
14
15          if (argc != 2)                       /*   nur 1 Parameter erlaubt */
16              {
17                  printf("\n\nSyntax: opcl datei[.ext]");
18                  exit(1);
19              }
20
21  /*   Datei zum Lesen öffnen: */
22
23          if ((fd = open(argv[1], O_RDONLY)) == -1)
24              fprintf(stderr, "\nFEHLER: Datei %s konnte nicht geöffnet werden.",
25                      argv[1]);
26          else
27              {
28                  close(fd);                          /*   Datei schließen    */
29                  printf("\n\nDatei %s wurde zum Lesen geöffnet und wieder
```

```
30                                     geschlossen.",
31                      argv[1]);
32              }
33      }
```

11.2.4 Lese- und Schreiboperationen

Ein- und Ausgabeoperationen werden bei der elementaren Dateiverarbeitung lediglich über die Funktionen *read* und *write* abgewickelt. Die Ausgabe-Funktion *write* hat den Prototyp

```
int write(int deskriptor, char *pufferzeiger, int bytes);
```

und schreibt *bytes* Bytes aus einem Puffer, den man selbst einzurichten hat und auf den *pufferzeiger* verweist, an die aktuelle Bearbeitungsposition in der mit *deskriptor* verknüpften Datei. *write* gibt die Anzahl der in die Datei geschriebenen Bytes zurück und im Fehlerfall *-1*. Ist der Rückgabewert positiv, aber kleiner als *bytes*, war auf dem Datenträger nicht mehr genügend Platz zur Speicherung von *bytes* Bytes vorhanden. Wenn der Parameter *bytes* wie oben mit dem Datentyp *int* vereinbart wird, können maximal 32.767 Bytes (der größte von *int* darstellbare Wert) mit einer Schreiboperation übertragen werden. (Vereinbart man *bytes* als *unsigned int*, lassen sich theoretisch 65.535 Bytes in einer Operation transferieren, jedoch muß in diesem Fall der Rückgabewert nicht als *int*, sondern als *unsigned int* behandelt werden. Ferner ist es ratsam, dabei nicht 65.535, sondern maximal 65.534 Bytes mit einer Operation in eine Datei zu schreiben, denn das Bitmuster des Werts 65.535 ist nicht von dem des Werts *-1* unterscheidbar. Als Folge davon wäre bei einem Wert von 65.535 für *bytes* *-1* nicht mehr als Fehlerwert erkennbar.)

Die entsprechende Eingabefunktion zu *write* ist *read*. *read* hat mit

```
int read(int deskriptor, char *pufferzeiger, int bytes);
```

einen ähnlichen Prototyp wie *write* und liest *bytes* Bytes ab der aktuellen Bearbeitungsposition aus der mit *deskriptor* verknüpften Datei in einen Puffer ein, dessen Adresse in dem Parameter *pufferzeiger* an die Funktion übergeben wird. Was die Maximalzahl von Bytes angeht, die mit einer Operation gelesen werden können, gilt für *read* analog das, was diesbezüglich schon im Zusammenhang mit *write* gesagt wurde.

Die Funktion *read* gibt als Resultatwert die Anzahl der gelesenen Bytes zurück. Ist dieser Wert kleiner als der von *bytes* und positiv, wurde das Dateiende erreicht, bevor *bytes* Bytes gelesen werden konnten. Mit dem Rückgabewert *0* signalisiert *read* einen Leseversuch über das Dateiende hinaus. Bei einem Fehler wird der Wert *-1* zurückgegeben.

Beliebige Dateien kopieren

Wir demonstrieren an einem einfachen Beispiel, wie die Funktionen *read* und *write* arbeiten. Das Programm *fcpy* ist eine Variante des bereits früher in diesem Kapitel entwickelten Programms *tcopy*, welches Textdateien mit Hilfe der Funktionen *fgets* und *fputs* kopiert. *fcpy* verwendet statt dessen *read* und *write* und kopiert nicht nur Texte, sondern beliebige Dateien. Eventuelle Fehlermeldungen werden mit *write* über die Standardfehlerausgabe angezeigt.

 fcpy.c:

```
 1   /*   fcpy kopiert beliebige Dateien mit Hilfe der Funktionen read und write.
 2        fcpy wird mit der Syntax fcpy quelle ziel aufgerufen, wobei quelle oder
 3        ziel auch die Konsole (= CON) sein dürfen. Das Programm überprüft in
 4        dieser Version nicht, ob eine bestehende Datei beim Kopieren überschrie
 5        ben wird. Fehlermeldungen werden mit write über Standardfehler
 6        (Deskriptor: 2) ausgegeben. */
 7
 8   #include <io.h                      /*   open, close, read, write        */
 9   #include <fcntl.h>                   /*   Symbolische Konstanten für open */
10   #include <stdlib.h>                  /*   exit, toupper                   */
11   #include <string.h>                  /*   strcmp, strlen                  */
12
13     main(int argc, char *argv[])
14     {
15        void upstr(char *s);            /*   wandelt die Zeichen eines
16                                             Strings in Großbuchstaben um.   */
17
18        char *syntax =     "\nSyntax: fcpy quelle ziel\n"\
19                           "         fcpy CON ziel\n"\
20                           "         fcpy quelle CON";
21
22        char *noread ="\nQuelldatei konnte nicht geöffnet werden.";
23        char *nowrite =   "\nZieldatei konnte nicht geöffnet werden.";
24        char *nocopy ="\nQuelldatei kann nicht auf sich selbst kopiert werden.";
25
26        int infile = 0;      /*   Deskriptor für Quelldatei. Initialisiert mit
27                                  Deskriptorwert für Standardeingabe, falls
28                                  von der Tastatur gelesen wird.             */
29
30        int outfile = 1;     /*   Deskriptor für Zieldatei. Initialisiert mit
31                                  Deskriptorwert für Standardausgabe, falls
32                                  auf den Bildschirm geschrieben wird.       */
33        char rwbuf[1024];    /*   Schreib-Lese-Puffer                        */
34        int nbytes;          /*   Anzahl der gelesenen Bytes                 */
35        int i;
36
37        if (argc != 3)       /*   Quelle und Ziel müssen angegeben werden.   */
38            {
```

```
39              write(2, syntax, strlen(syntax));
40              exit(1);
41          }
42
43      for (i = 1; i < 3; i++)              /*   Befehlszeilenparameter in
44          upstr(argv[i]);                       Großbuchstaben umwandeln.     */
45
46      if (! strcmp(argv[1], argv[2]))     /*  Eingabedatei gleich Ausgabedatei */
47          {
48              write(2, nocopy, strlen(nocopy));
49              exit(2);
50          }
51
52      if (strcmp(argv[1], "CON"))          /*   Eingabedatei nicht Tastatur  */
53          {
54              if ((infile = open(argv[1], O_RDONLY)) == -1)
55                  {
56                      write(2, noread, strlen(noread));
57                      exit(3);
58                  }
59          }
60
61      if (strcmp(argv[2], "CON"))       /*   Ausgabedatei nicht Bildschirm     */
62          {
63              if ((outfile = open(argv[2], O_WRONLY | O_CREAT | O_TRUNC, 0777))
64                  == -1)
65                  {
66                      write(2, nowrite, strlen(nowrite));
67                      exit(4);
68                  }
69          }
70                                                      /*    Kopieren: */
71
72      while ((nbytes = read(infile, rwbuf, 1024)) > 0)
73          write(outfile, rwbuf, nbytes);
74
75                                              /*   Dateien schließen: */
76      close(infile);
77      close(outfile);
78  }
79
80  void upstr(char *s)                  /*   Zeichen eines Strings in     */
81  {                                    /*   Großbuchstaben umwandeln.    */
82      int i = 0;
83
84      while (s[i])
85          {
86              s[i] = toupper(s[i]);
87              i++;
88          }
90  }
```

Bezüglich der Datei-Öffnungsmodalitäten ist beim obigen Programm (und auch ganz allgemein) zu beachten, daß jene Betriebssysteme, die ausdrücklich zwischen einem Textmodus und einem Binärmodus unterscheiden, gewöhnlich eine spezielle Konstante für den Binärmodus definiert haben. Beispielsweise verwendet das Betriebssystem DOS dazu die symbolische Konstante O_BINARY. Sie entspricht dem Suffix "b" bei der High-Level-Funktion *fopen*. Auf den erwähnten Systemen muß eine solche Konstante angegeben werden, wenn eine Datei binär verarbeitet werden soll. Für das Betriebssystem DOS müßte die Ausgabedatei im obigen Programm daher mit

```
outfile = open(argv[2], O_WRONLY | O_CREAT | O_TRUNC | O_BINARY, 0777);
```

geöffnet werden, etwa um zu vermeiden, daß beim Kopieren einer Programmdatei der Kopiervorgang beim ersten Auftreten des Zeichens [Strg]+[Z] (ASCII-Code: 26) vorzeitig abgebrochen würde, was der Fall wäre, wenn die Datei im Textmodus geöffnet würde, in dem das Zeichen mit dem ASCII-Code 26 das Dateiendezeichen ist (nicht jedoch in einer Binärdatei).

Den eigentlichen Kopiervorgang in *fcpy* führt die *while*-Schleife am Ende des Programms durch. Sie füllt zunächst mit *read* den Ein-/Ausgabe-Puffer *rwbuf* und speichert die Anzahl der gelesenen Zeichen in der Variablen *nbytes*. Anschließend schreibt *write* diese Anzahl Bytes aus dem Puffer in die Ausgabedatei. Die Schleife endet, wenn *read* den Wert 0 (Dateiende) oder -1 (Fehler) zurückgibt.

Komplexere Funktionen erzeugen mit read und write

Andere typische Anwendungsmöglichkeiten der Elementarfunktionen *read* und *write* ergeben sich bei der Entwicklung komplexerer Ein- und Ausgabefunktionen. Beispielsweise läßt sich mit Hilfe von *read* eine einfache, im Verhältnis zu *read* jedoch "höhere" Eingabefunktion nach dem Muster von *getchar* schreiben, die ein einzelnes Zeichen von der Standardeingabe liest:

```
#include <stdio.h>                              /*   EOF, BUFSIZ   */
#include <io.h>                                 /*   read */

int getchr(void)            /* Liest ein Zeichen von der Standardeingabe.
                               Gepufferte Version.*/
   {
      static char buffer[BUFSIZ];                /*   Eingabepuffer */
      static char *zbuffer;            /*  Zeiger auf Eingabepuffer    */
      static int contents;             /*  Anzahl Zeichen im Puffer    */

      if (contents == 0)               /*  Eingabepuffer ist leer.     */
         {
             contents = read(0, buffer, BUFSIZ);
                                  /* BUFSIZ Bytes in Puffer lesen. */
             zbuffer = buffer; /*  Zeiger auf Pufferanfang setzen.  */
         }
```

```
    if (--contents >= 0)                    /*  Zeichen aus Puffer */
        return ((unsigned char) *zbuffer++); /*  zurückgeben       */

    return (EOF); /*  Kein Zeichen mehr im Puffer */
}
```

Die Funktion *getchr* arbeitet wie *getchar* und verwaltet mit Hilfe dreier lokaler *static*-Variablen (die ihren Wert von Funktionsaufruf zu Funktionsaufruf behalten) einen Puffer, in den mit *read* Zeichen eingelesen und dann an die aufrufende Funktion weitergegeben werden. Der Eingabepuffer ist ein *char*-Array mit BUFSIZ Elementen, wobei es sich bei BUFSIZ um eine symbolische Konstante handelt, die in *stdio.h* definiert ist (z. B. mit dem Wert 512). Ist der Puffer leer, liest *read* BUFSIZ Bytes von der Standardeingabe in den Puffer ein und speichert die Anzahl der gelesenen Zeichen in der Variablen *contents*. Ferner wird der Pufferzeiger *zbuffer* mit

```
zbuffer = buffer;
```

auf den Anfang des Puffers gesetzt. Enthält der Puffer noch Zeichen, gibt die *return*-Anweisung

```
return ((unsigned char) *zbuffer++);
```

das Zeichen, auf das der Pufferzeiger gerade verweist, an die aufrufende Funktion zurück und setzt den Zeiger dann auf das nächste Zeichen im Puffer. *getchr* liefert EOF, wenn kein Eingabezeichen mehr vorhanden ist oder ein Fehler vorliegt, d. h., wenn

```
--contents
```

einen Wert kleiner Null ergibt. Die Konvertierung des Rückgabewerts in den Typ *unsigned char* verhindert, daß negative Werte zurückgeliefert werden. (Da der Rückgabewert von *getchr* den Typ *int* hat, wird der *char*-Wert aus dem Puffer (implizit) in den größeren Typ *int* konvertiert. Je nach Maschine wird dabei eine Vorzeichenerweiterung durchgeführt - d. h., das höchstwertige Bit des *char*-Objekts wird als Vorzeichen in das aus der Konvertierung hervorgegangene *int*-Objekt "übernommen" -, oder aber das höherwertige Byte wird mit Nullbits gefüllt. Findet eine Vorzeichenerweiterung statt, und hat das Vorzeichenbit den Wert 1, würde der entstehende *int*-Wert als negative Zahl interpretiert, die kein Zeichen repräsentiert.) Statt der Konvertierung in den Typ *unsigned char*, könnte man das obere Byte des *int*-Rückgabewerts auch mit der Bitoperation

```
*zbuffer++ & 0xFF
```

auf Null setzen und *getchr* mit

```
        return (*zbuffer++ & 0xFF);
```

ebenfalls einen (nicht negativen) Zeichencode zurückliefern lassen.

Schließlich ließen sich noch die *return*-Anweisungen durch das kompaktere

```
        return ((--contents >= 0) ? (unsigned char) *zbuffer++ : EOF);
```

ersetzen. Eine zu *getchr* komplementäre Ausgabefunktion, die ein Zeichen auf die Standardausgabe schreibt, kann man entsprechend mit Hilfe von *write* entwerfen:

```
        #include <stdio.h>                                    /*   EOF   */
        #include <io.h>                                  /*   write   */

        int putchr(int zeichen)                    /*   Ein Zeichen auf die   */
            {                                 /*   Standardausgabe schreiben.   */

                if (write(1, (char *)&zeichen, 1) == 1)
                    return ((unsigned char) zeichen);

                return (EOF);
            }
```

putchr arbeitet wie *putchar*. Die Adresse des Parameters *zeichen* wird in der *write*-Anweisung in einen *char*-Zeiger konvertiert, da der zweite Parameter von *write* ein Zeiger auf *char* sein muß. *putchr* gibt EOF zurück, wenn ein Fehler auftrat.

11.2.5 Direktzugriff

Für den Direktzugriff auf eine Datei verwendet man bei der elementaren Dateiverarbeitung die Funktionen *tell* und *lseek*. Analog zu den Funktionen der oberen Ebene *ftell* und *fseek* aus der Standardbibliothek dienen auch *tell* und *lseek* der Bestimmung bzw. der Veränderung der aktuellen Bearbeitungsposition in einer Datei. Die Funktion *tell* ermittelt den aktuellen Standort des Dateipositionszeigers (seek pointer) in einer Datei und hat den Prototyp

```
        long tell(int deskriptor);
```

tell gibt die aktuelle Bearbeitungsposition in der betreffenden Datei als *long*-Wert zurück. Der Rückgabewert *-1L* zeigt einen Fehler an. Ist etwa *fd* ein Datei-Deskriptor, der mit einer Datei verknüpft ist, so bestimmt daher

```
        tell(fd);
```

jene Stelle (Byteposition), an der man sich in der Datei gerade befindet.

Die Funktion *lseek* hat den Prototyp

```
long lseek(int deskriptor, long offset, int basis);
```

und verändert die Bearbeitungsposition in der über *deskriptor* erreichbaren Datei um *offset* Bytes relativ zu *basis*, so daß eine darauffolgende E/A-Operation an dieser neuen Position beginnen würde. Der Parameter *basis* legt dabei wie bei *fseek* den Ausgangspunkt für die Positionierungsoperation fest und kann die Werte *0* (Dateianfang), *1* (aktuelle Bearbeitungsposition in der Datei) und *2* (Dateiende) annehmen. (Man kann natürlich auch hier - analog zu *fseek*, siehe dort - die symbolischen Konstanten SEEK_SET, SEEK_CUR und SEEK_END verwenden.) *lseek* liefert die geänderte aktuelle Bearbeitungsposition zurück, d. h. die Byte-Position, an der sich der Dateipositionszeiger nach der Positionierungsoperation befindet. Der Rückgabewert *-1L* zeigt einen Fehler an. Syntaktisch wird *lseek* wie *fseek* verwendet, nur daß an der Parameterposition des FILE-Zeigers ein Deskriptor steht. So würde beispielsweise

```
lseek(fd, 0L, 0);
```

den Dateipositionszeiger auf den Anfang der zu dem Deskriptor *fd* gehörenden Datei setzen und entsprechend

```
lseek(fd, 0L, 2);
```

auf das Dateiende.

Beispielprogramm: Datensatzoperationen mit Hilfe von lseek und tell

Das Programm seerec.c simuliert Such- und Anzeigeoperationen mit Datensätzen mit Hilfe von *tell* und *lseek*. *seerec* erzeugt 500 zufällige Buchstabenfolgen (Strings), sortiert sie alphabetisch und speichert sie als "Datensätze" in einer Datei. Auf Wunsch werden entweder alle gespeicherten Strings, jene, die mit einem bestimmten Buchstaben beginnen, oder ein einzelner String, dessen Nummer (1 - 500) anzugeben ist, angezeigt.

▶ seerec.c:

```
1  /*   seerec demonstriert eine Anwendung von tell und lseek. Es werden 500
2  Zufallszeichenketten aus Großbuchstaben à 10 Zeichen erzeugt und als
3  "Datensätze" alphabetisch geordnet in einer Datei gespeichert. Der Anwender
4  Buchstaben beginnen, oder einen String mit einer bestimmten Nummer (1 - 500)
5  kann sich alle Strings, nur jene, die mit einem bestimmten anzeigen lassen. */
6
7  #include <stdio.h>                           /*   printf, scanf */
8  #include <io.h>                    /*   open, close, read, write, tell, lseek */
```

11

```
 9  #include <fcntl.h>                    /*   Symbolische Konstanten für open   */
10  #include <stdlib.h>                              /*    exit, qsort    */
11  #include <string.h>                              /*    strcpy, strcmp*/
12  #include <conio.h>                               /*    getch, getche  */
13
14   main()
15   {
16      int brand(int p, int q);                     /*   Zufallszahlengenerator  */
17      int scomp(char s1[], char s2[]); *   Vergleichsfunktion für Strings    */
18
19      char data[500][11];                /*   Zweidim-Array für 500 Strings    */
20      char buffer[11];                           /*    Puffer für einen String */
21
22      struct location
23        {
24          long offset;                   /*   Offset des ersten Strings jeder
25                                         Gruppe von Strings, die den glei-
26                                         chen Anfangsbuchstaben besitzen. */
27            char letter;                 /*   Anfangsbuchstabe eines Strings    */
28        } reloc[27];                     /*   Strukturarray zur Speicherung von
29                                         Offset und Anfangsbuchstabe für
30                                         jede der 26 Stringgruppen
31                                         (A - Z). reloc[0] bleibt frei.   */
32
33      char firstletter, currentfirst;  /*   Puffer für 1. String-Buchstaben   */
34      int fd;                                     /*    Deskriptor      */
35      int bytes;                                  /*    Gelesene Zeichen    */
36      long recnum;                                /*    Nummer des Strings */
37      int i, k, count;                            /*    Kontrollvariablen  */
38      int rep1, rep2;                             /*    Kontrollvariablen  */
39
40      char *noopen   = "\nFehler beim Öffnen der Datendatei.";
41      char *norecord = "\nKein Datensatz mit diesem Anfangsbuchstaben vorhanden.";
42      char *intro = "Das Programm erzeugt 500 Zufallsstrings aus Großbuchstaben,"\
43              " sortiert sie\nalphabetisch und speichert sie in einer Datei.";
44
45      printf("\033[2J");
46      printf("%s", intro);
47
48  /****  Zufalls-Buchstabenfolgen erzeugen   ***/
49
50  for (i = 0; i < 500; i++)                            /*    500 String     */
51    {
52      for (k = 0; k < 10; k++)                          /*    mit 10    */
53          buffer[k] = (char) brand(65,90);             /*    Großbuchstaben*/
54      buffer[k] = '\0';
55      strcpy(data[i], buffer);
56    }
57
58  /***  Strings sortieren   ******************/
59
60  qsort((void*)data, 500, sizeof(char[11]), scomp);
61
62  /*************  Datei öffnen/erzeugen und Strings speichern  *************/
63
```

```
 64  if ((fd = open("data.fil", O_RDWR | O_CREAT | O_TRUNC, 0644)) == -1)
 65    {
 66       write(2, noopen, strlen(noopen));
 67       exit(1);
 68    }
 69
 70  for (i = 0; i < 27; i++)                    /*   Strukturarray initialisieren */
 71    {
 72       reloc[i].offset = 0;
 73       reloc[i].letter = '\0';
 74    }
 75
 76  firstletter = reloc[1].letter = data[0][0];    /*   Anfangsbuchstaben des 1.
 77                                                      Strings speichern.     */
 78
 79  k = 1;
 80  for (i = 0; i < 500; i++)
 81    {
 82       strcpy(buffer, data[i]);
 83       write(fd, buffer, strlen(buffer));    /*   Strings in Datei speichern   */
 84       currentfirst = data[i][0];         /*   1. Buchstabe d. aktuell. Strings */
 85       if (firstletter != currentfirst)            /*   neuer Anfangsbuchstabe  */
 86         {
 87            firstletter = currentfirst;
 88            k++;
 89            reloc[k].letter = firstletter; /*neuen Anfangsbuchstaben speichern*/
 90            reloc[k].offset = tell(fd) - 10;  /* Offset des 1. Strings mit neuem
 91                                                 Anfangsbuchstaben speichern.   */
 92         }
 93    }
 94
 95  /*** Ausgabe   ***************************/
 96  .
 97  printf("\nFertig. Strings anzeigen? (j/n)");
 98  if ((rep1 = getche())== 'j')
 99    {
100       do
101         {
102            printf("\033[2J");
103            printf("\n\n\nGESPEICHERTE STRINGS ANZEIGEN:\n\n");
104            printf("Alle              (a)\n\n");
105            printf("Buchstabe         (b)\n\n");
106            printf("Nummer            (n)\n\n");
107            printf("Keine             (k)\n\n\n");
108            printf("Ihre Wahl: ");
109
110            switch(rep2 = getche())
111              {
112                 case 'a':                           /*   Alles anzeigen */
113
114                    printf("\033[2J");
115                    count = 0;
116
117                    lseek (fd, 0L, 0);                /*   zum Dateianfang   */
118
```

```
119              while ((bytes = read(fd, buffer, strlen(buffer))) > 0)
120                 {
121                    write(1, buffer, bytes);
122                    printf("\n");
123                    count++;
124                    if (count == 20)
125                       {
126                          printf("\n\nNächste Seite mit <Enter>.");
127                          getch();
128                          printf("\033[2J");
129                          count = 0;
130                       }
131                 }
132              break;

134                                        /***/

136          case 'b':                    /*   Alle Strings mit dem
137                                             gleichen Anfangsbuchstaben   */

139          do
140             {
141                count = 0;
142                printf("\n\nAnfangsbuchstabe: ");
143                firstletter = getche();
144                i = 1;
145                                            /*   nicht passende
146                                                 Buchstaben überlesen:   */
147                while (firstletter != reloc[i].letter && i < 27)
148                   i++;
149                if (i > 26)                 /*   Angegebener Buchstabe   */
150                   {                        /*   nicht vorhanden.        */
151                      printf("%s", norecord);
152                      printf("\nWeiter mit <Enter>.");
153                      getch();
154                   }
155             } while (i > 26);

157          printf("\033[2J");
158          lseek(fd, reloc[i].offset, 0);   /* Zum 1. String mit dem
159                                              gewählten Anfangsbuchstaben.   */
160          while ((bytes = read(fd, buffer, strlen(buffer))) > 0
161                 && buffer[0] == firstletter)
162             {
163                write(1, buffer, bytes);
164                printf("\n");
165                count++;
166                if (count == 20)
167                   {
168                      printf("\n\nNächste Seite mit <Enter>.");
169                      getch();
170                      printf("\033[2J");
171                         count = 0;
172                   }
173             }
```

```
174                  break;
175                               /***/
176              case 'n':
177
178              do
179                {
180                    printf("\n\nString-Nr. (1-500): ");
181                    scanf("%ld", &recnum);
182                } while (recnum < 1 || recnum > 500);
183
184          lseek(fd, (recnum-1)*10, 0); /* zum Datensatz mit der Nummer recnum */
185          bytes = read(fd, buffer, strlen(buffer));
186          printf("\n");
187          write(1, buffer, bytes);
188          break;
189
190          default:                                /*   nichts tun   */
191        }                                         /*   Ende switch  */
192
193      if (rep2 == 'a'  ||  rep2 == 'b'  ||  rep2 == 'n')
194        {
195          printf("\n\nZurück zum Menü mit <Enter>.");
196          getch();
197        }
198    } while (rep2 != 'k');
199
200    }                                        /*   Ende if rep1 == 'j'   */
201 }
202
203 /***  Funktionen  ****************/
204
205 int brand(int p, int q)            /*   liefert Zufallszahl zwischen p und q  */
206 {
207      return (p +(rand() % (q-p+1)));
208 }
209
210 int scomp(char s1[], char s2[])  /*   Stringvergleichsfunktion für qsort     */
211 {
212      return (strcmp(s1, s2));
213 }
```

Analyse

Nachdem *seerec* mit der Funktion *brand* 500 * 10 Zahlenwerte im Bereich der ASCII-Codes der Großbuchstaben (65 - 90) erzeugt und in dem zweidimensionalen *char*-Array *data* gespeichert hat, sortiert die Bibliotheksfunktion *qsort* nach dem Qick-Sort-Algorithmus das Array aufsteigend. *qsort* hat den Prototyp

```
void qsort(void *anfang, size_t anzahl, size_t groesse, int
(*vergleich)(void*, void*));
```

wobei *anfang* ein Zeiger auf den Anfang des zu sortierenden Arrays bzw. Arraybereichs ist, *anzahl* die Anzahl der zu sortierenden Arrayelemente, *groesse* die Größe eines Arrayelements in Bytes und *vergleich* ein Zeiger auf eine Vergleichsfunktion, die je zwei Arrayelemente vergleicht und vom Programmierer selbst zu codieren ist.

Da im Falle des zweidimensionalen Arrays *data* Strings (die Zeilen des Arrays) verglichen werden sollen, interpretieren wir *data* für die Sortieroperation als *eindimensionales* Array mit Elementen des Typs *char[11]* (also 11elementigen *char*-Arrays). Die betreffende Vergleichsfunktion - in seerec.c die Funktion *scomp* - hat somit jeweils zwei Zeichenketten zu vergleichen, deren Adressen ihr von *qsort* als Parameter übergeben werden. (Man erinnere sich in diesem Zusammenhang daran, daß der Name einer Funktion ein Zeiger auf die betreffende Funktion ist.) Das Array *data* kann also mit *qsort* folgendermaßen sortiert werden:

```
qsort((void *)data, 500, sizeof(char[11]), scomp);
```

Das Strukturarray *reloc* speichert in den Komponenten *offset* die Offsets der jeweils ersten Zeilen einer Gruppe von Strings mit gleichem Anfangsbuchstaben und den betreffenden Anfangsbuchstaben selbst in den Komponenten *letter*. Diese Werte werden später verwendet, um eine beliebige Gruppe von Strings mit gleichem Anfangsbuchstaben in der Datendatei *data.fil* zu lokalisieren und auszugeben. Der Offset jedes ersten Strings einer Gruppe mit gleichem ersten Buchstaben wird mit der Funktion *tell* ermittelt, wenn der Anfangsbuchstabe des aktuell gespeicherten Strings (*currentfirst*) nicht mehr mit dem bisherigen Gruppenbuchstaben (in der Variablen *firstletter*) übereinstimmt und dieser also gewechselt werden muß. Der Offset muß mit

```
tell(fd) - 10
```

um 10 vermindert werden, weil der Dateipositionszeiger nach der Speicherung bereits um 10 Bytes weitergerückt ist.

Ein einfaches Menü gestattet die Auswahl der Anzeigeoperation. Die Positionierungen in der Datei führt danach die Funktion *lseek* durch. Sollen alle gespeicherten Strings angezeigt werden, setzt

```
lseek(fd, 0L, 0);
```

den Dateipositionszeiger auf den Anfang der Datei. Soll eine Gruppe von Strings mit dem gleichen Anfangsbuchstaben ausgegeben werden, verschiebt

```
lseek(fd, reloc[i].offset, 0);
```

den Positionszeiger auf den Anfang der betreffenden Stringgruppe (relativ zum Dateianfang). Die Position eines einzelnen Strings schließlich wird anhand seiner laufenden Nummer (1 bis 500) mit

```
lseek(fd, (recnum-1) * 10, 0);
```

ermittelt, wobei der Wert von *recnum* um 1 vermindert wird, weil die Strings von 1 bis 500 numeriert werden, die Offsets in der Datei jedoch von 0 bis 499. Der Offset des zehnten Strings etwa berechnet sich mit

```
(recnum-1) * 10 = 9 * 10
```

als 90 (relativ zum Dateianfang), was man leicht nachvollzieht.

11.3 Fragen zur Wiederholung

Die Antworten auf die Wiederholungsfragen dieses Kapitels finden Sie im Anhang ab Seite 926.

1 Ein Hauptunterschied zwischen der Dateiverarbeitung der oberen und der unteren Ebene ist die Pufferung bzw. Nichtpufferung der Daten. Was ist in diesem Zusammenhang unter "Datenpufferung" zu verstehen?

2 In der Literatur zur Dateiverarbeitung (bei C) werden des öfteren die Begriffe "Dateizeiger" oder "FILE-Zeiger" (file = Datei) gebraucht. Verweist ein solcher Zeiger tatsächlich auf eine Datei?

3 Nach

```
FILE *fz;
```

versuchen die Anweisungen

```
fz = fopen("data.fil", "r+");
```

bzw.

```
fz = fopen("data.fil", "w+");
```

beide, eine Datei *data.fil* sowohl zum Lesen als auch zum Schreiben zu öffnen. Worin liegt der Unterschied zwischen beiden Anweisungen?

4 Was ist unter der "aktuellen Bearbeitungsposition" in einer Datei zu verstehen?

11

5 Erläutern Sie den Unterschied zwischen sequentiellem und direktem Dateizugriff.

6 Die Anweisungen

```
printf("Fehler");
```

und

```
fprintf(stderr, "Fehler");
```

bewirken gewöhnlich beide, daß der Ausgabetext "Fehler" auf den Bildschirm geschrieben wird. Sind die Anweisungen in jedem Fall gleichwertig?

7 Eine Textdatei *t.xyz* enthalte Textzeilen *unterschiedlicher* Länge. Die Offsets der einzelnen Zeilen seien nicht bekannt. Nur die letzte Zeile soll gelesen und ausgegeben werden. Muß die Datei dazu als erstes sequentiell von Anfang an bis zur n-ten Zeile gelesen werden?

8 Was ist ein Deskriptor?

9 Eine Datei *numb.ers* enthalte die Zeichen

```
1234567890
```

Mit

```
int fd;
fd = creat("numb.ers", 0777);
```

bzw.

```
fd = open("numb.ers", O_WRONLY);
```

bzw.

```
fd = open("numb.ers", O_WRONLY | O_TRUNC);
```

wird versucht, die Datei zu öffnen und danach die Anweisung

```
write(fd, "ABCD", 4);
```

auszuführen. Wie sieht der Dateiinhalt anschließend in jedem der drei Fälle aus?

10 In einer Textdatei *abc.dat*, welche die 24 Zeichen

```
LZAXSUTIQSUSEASLTKIMOONO
```

enthält, sollen nur die Zeichen auf den geraden Byte-Positionen (beginnend bei 0) ausgegeben werden. Die Zeichen auf den ungeraden Positionen sollen durch Leerzeichen ersetzt werden.

11.4 Aufgaben

Die Lösungen der Aufgaben dieses Kapitels finden Sie im Anhang ab Seite 919.

1 Die meisten Betriebssysteme verfügen neben einem Befehl zum Kopieren von Dateien auch über ein Kommando, mit dem eine Datei *verschoben* werden kann, womit gemeint ist, daß die betreffende Datei zunächst kopiert und das Original anschließend gelöscht wird. Man kann mit einem solchen *move*-Befehl beispielsweise eine Datei von einem Verzeichnis in ein anderes transferieren, ohne daß die Datei - wie beim Kopieren - im Ursprungsverzeichnis bestehen bleibt. Schreiben Sie ein entsprechendes C-Programm fmove.c, das eine beliebige Datei verschiebt. Zum Löschen einer Datei verwende man die Bibliotheks-Funktion *remove*, die den Prototyp

```
int remove(const char *dateiname);
```

besitzt. *remove* gibt bei Erfolg den Wert *0* zurück, und sonst einen Wert ungleich 0. Nach der Definition

```
int retval;
```

würde z. B. die Anweisung

```
if ((retval = remove("xy.dat")) != 0)
    fputs("Datei konnte nicht gelöscht werden.", stderr);
else
    puts("Datei gelöscht.");
```

falls möglich, die Datei *xy.dat* löschen. *remove* gibt einen Fehlercode zurück, wenn die betreffende Datei nicht existiert oder schreibgeschützt ist (d. h. nicht gelöscht werden kann).

2 Strukturieren Sie nun das Programm seerec.c aus dem letzten Abschnitt ein wenig besser, indem man für die Anzeigeoperationen spezielle Funktionen entwickelt. Hauptprogramm und Funktionen speichern wir in separaten Modulen.

3 Als nächstes soll der Anwender bei *seerec* die Möglichkeit haben, sich

- aufeinanderfolgende Strings von einer Nummer n1 bis zu einer Nummer n2 anzeigen zu lassen. Eingabesyntax:

  ```
  n1-n2
  ```

- maximal 20 Strings mit beliebigen Nummern anzeigen zu lassen.

Eingabesyntax:

```
n1+n2+n3 ...
```

Entwickeln Sie nun entsprechende Funktionen.

4 *seerec* soll nun auch über die Operationen *Löschen* und *Ändern* eines "Datensatzes" verfügen. Beim Löschen soll der betreffende String in der Datei durch Leerzeichen überschrieben werden. Entwickeln Sie einen Algorithmus, der die durch Löschoperationen entstehenden Lücken aus der Datei entfernt. Außerdem soll bei der Änderung eines Strings dieser an die alphabetisch richtige Position gebracht werden.

5 Als letztes erweitern wir *seerec* um die Möglichkeit, neue Strings (aus zehn Großbuchstaben) an der alphabetisch richtigen Stelle in die Datei einzufügen.

Anhang

A: Wie man komplexe Vereinbarungen auflöst

Gelegentlich stößt man in C auf Definitionen oder Deklarationen von recht kompliziert anmutendem Aufbau, bei denen nicht unbedingt bereits auf den ersten Blick ersichtlich ist, welche Art von Objekt damit definiert bzw. deklariert wird. Vereinbarungen wie

```
int a;
```

oder

```
int b(void);
```

identifiziert man leicht als Definition einer Variablen *a* mit dem Datentyp *int* bzw. als Deklaration einer Funktion *b*, die einen Wert vom Typ *int* zurückgibt und keine Parameter besitzt. Im Vergleich dazu gelangt man, was die unmittelbare Verständlichkeit angeht, bei der folgenden Vereinbarung vermutlich zu einer anderen Einschätzung:

```
int (* (*a[10]) ()) [];
```

Eine Vereinbarung wie die obige wird als *komplex* bezeichnet, weil sie mehr als einen der Operatoren "[]", "()" und "*" enthält. Sprachlich sind diese Operatoren in Definitionen oder Deklarationen wie folgt zu interpretieren:

Operator	Interpretation	Position
[]	Array aus	rechts vom Bezeichner
()	Funktion mit Rückgabewert vom Typ	rechts vom Bezeichner
*	Zeiger auf	links vom Bezeichner

Operatoren in Vereinbarungen

Die Operatoren können miteinander kombiniert werden, wobei man aber darauf zu achten hat, daß

A

a) die Elemente eines Arrays keine Funktionen sein dürfen (wohl aber Zeiger auf Funktionen),

b) der Rückgabewert einer Funktion weder ein Array noch eine Funktion sein darf (wohl aber ein Zeiger auf ein Array oder eine Funktion).

Ferner ist zu berücksichtigen, daß auch in Vereinbarungen die Auswertungsreihenfolge der Operatoren durch ihre Priorität bestimmt wird. Eckige und runde Klammern besitzen eine höhere Priorität (15) als der "*"-Operator (14). Operatoren mit gleicher Priorität werden von links nach rechts ausgewertet. Man kann die Auswertungsreihenfolge beeinflussen, indem man - wie in Ausdrücken - runde Klammern setzt (was die Übersichtlichkeit einer komplexen Vereinbarung nicht unbedingt erhöht).

Im folgenden wird ein einfaches Verfahren zur Auflösung komplexer Vereinbarungen beschrieben. Man ermittelt damit also, welche Art von Objekt mit einer solchen Vereinbarung definiert bzw. deklariert wird. Das Verfahren läßt sich in drei Teile untergliedern:

1. Man beginnt mit der Interpretation der Vereinbarung stets beim Bezeichner.

2. Als nächstes prüft man, ob sich *rechts* vom Bezeichner die Klammern "()" oder "[]" befinden, wobei zwischen der öffnenden und schließenden Klammer noch weitere Angaben stehen dürfen. (a)

   Ist ein solches Klammerpaar vorhanden, wird es interpretiert. (b)

   Ist kein solches Klammerpaar vorhanden oder nur eine schließende runde Klammer, prüft man, ob sich *links* vom Bezeichner ein "*" befindet. (c)

   Ist dies der Fall, wird er interpretiert. (d)

   Man wiederholt die Schritte (a) bis (d) so lange, bis man sämtliche Operatoren "()", "[]" und "*" interpretiert hat.

3. Als letzten Schritt bezieht man die Datentypangabe in die Interpretation mit ein.

   Wir betrachten dazu einige Beispiele. Die Reihenfolge der Interpretationsschritte wird in diesen Beispielen durch eine Numerierung verdeutlicht. Wir beginnen mit der relativ unkomplizierten Vereinbarung

   ❹   ❸ ❶   ❷
   ```
   int   *  a   [10];  /*  Beispiel 1  */
   ```

   die man nach dem oben beschriebenen Verfahren wie folgt übersetzt:

❶　a ist

❷　ein Array aus zehn Elementen vom Typ

❸　Zeiger auf

❹　int.

Wie eine zusätzliche Klammerung die Bedeutung der Vereinbarung aus Beispiel 1 verändert, zeigt Beispiel 2:

```
❹       ❷ ❶      ❸
int   ( *   a )   [10];   /*  Beispiel 2 */
```

Die Klammerung um Bezeichner und Stern bewirkt, daß *a* nun nicht mehr als Array, sondern als Zeiger interpretiert wird:

❶　a ist

❷　ein Zeiger auf

❸　Arrays aus zehn Elementen

❹　vom Typ int.

Wir fügen nun in die Definition aus Beispiel 2 innerhalb der runden Klammern ein Paar Funktionsklammern ein:

```
❺       ❸ ❶ ❷      ❹
int   ( *   a ( ) )   [10];   /*  Beispiel 3 */
```

Die zugehörige Interpretation lautet jetzt:

❶　a ist

❷　eine Funktion mit Rückgabewert vom Typ

❸　Zeiger auf

❹　Arrays aus zehn Elementen

❺　vom Typ int.

Würde man in dieser Deklaration mit

```
❺      ❹ ❶ ❷    ❸
int   *   a ( )   [10];   /*  Beispiel 4 */
```

auf die äußeren runden Klammern verzichten, erhielte man aufgrund der Operatorprioritäten eine unzulässige Vereinbarung, wie man aus der Interpretation

❶　a ist

❷　eine Funktion mit Rückgabewert vom Typ

❸   Array aus zehn Elementen vom Typ

❹   Zeiger auf

❺   int.

entnehmen kann, denn eine Funktion darf kein Array als Resultatwert zurückgeben.

Vertauscht man in Beispiel 4 die Positionen der Funktionsklammern und der eckigen Arrayklammern miteinander, entstünde mit

❺   ❹ ❶ ❷   ❸
```
int   *   a   [10]   ();   /*   Beispiel 5 */
```

oder auch

❺   ❹ ❶ ❷   ❸
```
int   *   ( a   [10] )   ();   /*   Beispiel 5 */
```

wiederum eine unzulässige Vereinbarung:

❶   a ist

❷   ein Array aus

❸   Funktionen mit Rückgabewert vom Typ

❹   Zeiger auf

❺   int.

diesmal, weil ein Array keine Funktionen als Elemente enthalten darf. Klammert man dagegen das Beispiel 5 wie folgt

❺   ❸ ❶ ❷   ❹
```
int   ( *   a   [10] )   ();   /*   Beispiel 6 */
```

so entsteht eine korrekte Vereinbarung:

❶   a ist

❷   ein Array aus zehn

❸   Zeigern auf

❹   Funktionen mit Rückgabewert vom Typ

❺   int.

Ergänzt man schließlich in Beispiel 6 links einen Stern und rechts ein Paar eckige Klammern, gelangt man zu der eingangs präsentierten Vereinbarung

```
int   ( * ( *  a  [10] ) ( ) ) []; /*  Beispiel 7 */
```

die man nunmehr zu

❶ a ist
❷ ein Array aus zehn
❸ Zeigern auf
❹ Funktionen mit Rückgabewert vom Typ
❺ Zeiger auf
❻ Arrays aus Elementen vom Typ
❼ int

auflöst. Würden in Beispiel 7 die äußeren runden Klammern fehlen, wäre die Definition inkorrekt, da die Funktionen dann als Rückgabewerte Arrays (aus Zeigern auf *int*) besäßen, was unzulässig ist.

Wünscht man umgekehrt selbst, komplexe Vereinbarungen zu erzeugen, kann man folgendermaßen vorgehen:

1. Man formuliert zunächst eine gegliederte, umgangssprachliche Beschreibung des Datenobjekts, das definiert oder deklariert werden soll, d. h., man beginnt - im Unterschied zur Auflösung einer vorgegebenen komplexen Vereinbarung - mit dessen sprachlicher Interpretation. Will man etwa eine Funktion *a* deklarieren, die einen Zeiger auf Arrays aus Zeigern auf Funktionen zurückgibt, die ihrerseits *int*-Werte zurückliefern, so läßt sich die betreffende Objektbeschreibung in der folgenden, schon bekannten Weise abfassen:

❶ a ist
❷ eine Funktion mit Rückgabewert vom Typ
❸ Zeiger auf
❹ Arrays aus
❺ Zeigern auf
❻ Funktionen mit Rückgabewert vom Typ
❼ int.

2. Danach übersetzt man die sprachlichen Vorgaben mit Hilfe der Operatoren "[]", "()" und "*" der Reihe nach in C-Syntax. Man beginnt mit dem Bezeichner. Die Klammern "[]" bzw. "()" werden stets *rechts* vom Bezeichner, Sterne stets *links* davon angefügt.

3. Nach jedem Stern klammert man den bis dahin schon erzeugten Ausdruck, sofern man noch nicht alle Teilelemente der Vereinbarung in C-

A

Syntax übertragen hat.

4.   Sind alle Operatoren integriert, stellt man als letzten Schritt die Datentypangabe dem Ausdruck auf der linken Seite voran.

Für das unter 1. angeführte Beispiel entwickelt man die Deklaration in C-
Syntax daher in den folgenden Schritten:

```
❶   a                            /*  a                          */
❷   a ()                         /*  a ist eine Funktion mit
                                      Rückgabewert vom Typ      */
❸   (*a ())                      /*  a ist eine Funktion mit
                                      Rückgabewert vom Typ auf
                                      Zeiger                    */
❹   (*a ()) []                   /*  a ist eine Funktion mit
                                      Rückgabewert vom Typ Zeiger
                                      auf Arrays aus            */
❺   (* (*a ()) [] )              /*  a ist eine Funktion
                                      mit Rückgabewert vom Typ
                                      Zeiger auf Arrays aus
                                      Zeigern auf               */
❻   (* (*a ()) [] ) ()           /*  a ist eine Funktion
                                      mit Rückgabewert vom Typ
                                      Zeiger auf Arrays aus Zei-
                                      gern auf Funktionen mit
                                      Rückgabewertvom Typ       */
❼   int (* (*a ()) [] ) ()       /*  a ist eine Funktion mit
                                      Rückgabewert vom Typ
                                      Zeiger auf Arrays aus Zei-
                                      gern auf Funktionen mit
                                      Rückgabewert vom Typ int  */
```

B: Antworten auf die Wiederholungsfragen

B

Im folgenden finden Sie die Anworten auf die Wiederholungsfragen aus den einzelnen Kapiteln.

Antworten auf die Wiederholungsfragen aus Kapitel 1

Nein. Ein C-Programm kann nur Zeichen des sogenannten C-Zeichensatzes enthalten.

Ein Grundsymbol ("C-Wort") ist eine Folge aus einem oder mehreren Zeichen des C-Zeichensatzes, die nicht weiter zerlegt werden kann, ohne daß das Grundsymbol seine Bedeutung verliert. Insbesondere dürfen in ein Grundsymbol aus mehreren Zeichen keine Zwischenraumzeichen eingefügt werden. *Namen*, *Schlüsselwörter*, *Konstanten*, *Operatoren* und *Interpunktionszeichen* sind Grundsymbole.

Eine Funktion ist ein (unabhängiger) Programmteil mit Anweisungen zur Erledigung einer bestimmten Aufgabe (zu ausführlichen Informationen vgl. das Kapitel 10 "Funktionen"). Die Funktion *main* ist die *Hauptfunktion* jeden C-Programms. Mit ihr beginnt die Programmausführung. *main* kann andere Funktionen aufrufen, die ihrerseits selbst wieder weitere Funktionen aufrufen können. Da *main* die oberste Ebene der Funktionshierarchie bildet, wird durch *main* auch die Struktur des Programms bzw. der Programmablauf weitgehend festgelegt. Im Unterschied zur Funktion *main*, die der Programmierer in jedem Programm selbst schreiben muß, ist *printf* eine vorgefertigte Funktion des Compilersystems, die aus einer *Bibliothek* in das Programm mit eingebunden werden kann (-> *Linker*).

Die *Quelldatei* eines Programms enthält den in der Programmiersprache C formulierten Quelltext (source code), der vom Compiler in die Maschinensprache (Objektcode) übersetzt wird. Die so entstandene *Objektdatei* des Programms wird nach Hinzufügen von Funktionscodes aus Bibliotheken durch den Linker zur ausführbaren Datei. Auf ein Programm mit dem Namen beispiel angewandt hätte man also folgende Dateien:

```
beispiel.c      (Quelldatei)
beispiel.obj    (Objektdatei)
beispiel.exe    (ausführbare Datei)
```

Die meisten C-Programme enthalten Ein- und Ausgabeoperationen, für die bestimmte Funktionen aus der Bibliothek benötigt werden. Um den Compiler frühzeitig über diese Funktionen zu informieren, fügt man mit der Präprozessoranweisung #*include* die Include-Datei (Header-Datei) *stdio.h* in das Programm ein. Die Datei *stdio.h* enthält u. a. die Deklarationen der Standardein- und -ausgabefunktionen, mit denen diese Funktionen dem Compiler bekanntgemacht werden.

Ja. Der Kommentar /* *Ausgabefunktion* */ steht zwischen zwei Grundsymbolen, nämlich dem Funktionsnamen *printf* und der öffnenden runden Funktionsklammer. Anstelle des Kommentars könnten z. B. auch Leerzeichen eingefügt werden, ohne daß die Anweisung dadurch inkorrekt würde:

```
printf    ("Wo darf ein Kommentar stehen?");
```

Falsch wäre dagegen folgende Plazierung des Kommentars:

```
pri/* Ausgabefunktion */ntf("Wo darf ein Kommentar stehen?");
```

weil dadurch ein nicht weiter zerlegbares Grundsymbol auseinandergetrennt würde.

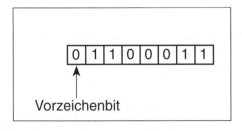

Ganzzahlige Datentypen (Integral-Typen: char, short, int, long) dienen zur Speicherung ganzer Zahlen mit und ohne Vorzeichen. Sie bilden das entsprechende Datenobjekt als binäre Zahl im Speicher ab, wobei das äußerst linke Bit zur Verschlüsselung des Vorzeichens verwendet werden kann.

Gleitkommatypen dienen zur Speicherung von reellen Zahlen (mit Nachkommastellen) und bilden das Datenobjekt mittels einer Mantisse und eines Exponenten ab. Auch hier ist das äußerst linke Bit das Vorzeichenbit. Zur Darstellung des Zeichens 'c' mit Vorzeichen eignet sich der Datentyp *char*. Das Zeichen 'c' mit dem ASCII-Code 99 sähe im Speicher folgendermaßen aus:

Das Zeichen 'c' als Datentyp ohne Vorzeichen stellt man als *unsigned char* dar.
Speicherbild:

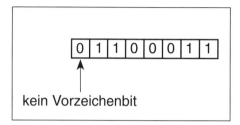

Das *Zwei-Komplement* einer binären Zahl ist jene Zahl, die sich ergibt, wenn
man jede 1 der Ausgangszahl durch eine 0 und jede 0 durch eine 1 ersetzt und
anschließend 1 addiert. Das Zwei-Komplement wird zur Darstellung von
ganzen Zahlen mit Vorzeichen verwendet. Man erhält zur binären Darstellung einer ganzen Zahl x die binäre Darstellung von $-x$, wenn man das
Zwei-Komplement von x bildet. So wird z. B. das Zwei-Komplement von 5
benutzt, um den Wert -5 im Speicher darzustellen:

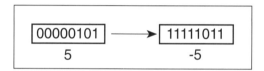

Das Objekt 8 ist eine Integerzahl und wird dementsprechend als binärer Wert
von 8 gespeichert:

Das Objekt '8' ist eine Zeichenkonstante vom Typ *char* und wird unter ihrer
ASCII-Codierung (56) gespeichert:

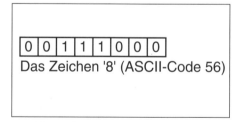

Die binäre Zahl 10000100 ist als vorzeichenloser Datentyp - etwa *unsigned
char* - der dezimalen Zahl 132 äquivalent, was der ASCII-Codierung des Zeichens *'ä'* entspricht.

Im *Zwei-Komplement* mit Vorzeichen - z. B. als Datentyp *char* - entspricht
10000100 der negativen dezimalen Zahl -124.

Nein. Gleitkommawerte sind nur in dem Maße genau, wie es die Anzahl der Nachkommastellen zuläßt. Gleitkommawerte sind also grundsätzlich *Näherungen*, exakte Werte sind dann möglich, wenn die Anzahl der Nachkommastellen der Zahl kleiner ist als die Anzahl der darstellbaren Nachkommastellen des Datentyps. So ist die Zahl 1/2 exakt als 0.500000 im Gleitkommaformat darstellbar. Die Zahl 2/3 dagegen ist ein unendlicher, periodischer Dezimalbruch und kann nicht exakt als Gleitkommazahl dargestellt werden:

```
2/3 = 0.666666...
```

was *gerundet 0.666667* ergibt.

9

Eine Konstante ist ein Datenobjekt mit unveränderlichem Wert. Dieses Objekt kann eine Zahl, ein Zeichen oder eine Zeichenkette sein. Man unterscheidet ganzzahlige Konstanten, Gleitkommakonstanten, Zeichenkonstanten und Zeichenkettenkonstanten.

10

5' ist eine *Zeichenkonstante* mit dem Wert 53 (der ASCII-Code des Zeichens '5').

5   ist eine *Zahl* mit dem Wert 5.

'E' ist eine *Zeichenkonstante* mit dem Wert 69 (der ASCII-Code des Zeichens 'E'). Im Speicher:

"E" ist eine Zeichenkettenkonstante, im Speicher:

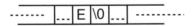

Die Zeichenkettenkonstante "E" besteht eigentlich aus *zwei* Zeichen, nämlich dem Zeichen 'E', und dem Nullzeichen '\0', mit dem das Ende von Zeichenketten markiert wird. Insofern ist kein Einzelwert im Sinne der anderen oben aufgeführten Datenobjekte vorhanden.

11

Escape-Sequenzen sind Zeichenfolgen, die mit einem umgekehrten Schrägstrich beginnen, auf den ein oder mehrere Zeichen folgen. Obwohl Escape-Sequenzen aus mehreren Symbolen zusammengesetzt sind, gelten sie als *ein* Zeichen und können demzufolge auch Zeichenkonstanten sein. Escape-Sequenzen werden zur Erzeugung grafisch nicht darstellbarer Zeichen verwendet, etwa um einen Zeilenvorschub durchzuführen: '\n' stellt das *new line*-Zeichen dar und setzt den Cursor an den Anfang der nächsten Zeile.

12

Eine Variable ist ein Datenobjekt mit veränderlichem Wert, das Namen und Datentyp besitzt und ab einer bestimmten Adresse im Speicher Platz belegt.

Ein Schlüsselwort ist ein *vordefinierter* Name, der für das System reserviert ist. Schlüsselwörter dürfen nicht zur Bezeichnung *eigener* Datenobjekte verwendet werden. Eine *lokale* Variable gilt nur innerhalb des Blocks, in dem sie definiert wurde.

Eine *globale* Variable wird *außerhalb* aller Blöcke bzw. Funktionen definiert und gilt ab der Definition im gesamten Programm.

Unter der *Initialisierung* einer Variablen versteht man die Zuweisung eines Anfangswerts an die Variable (normalerweise bei ihrer Definition).

Die Definition

```
int i, j = 10;
```

initialisiert *nur* die Variable *j*, deren Wert danach *10* ist. Die Variable *i* wird durch die obige Definition *nicht* initialisiert und ist in ihrem Wert unbestimmt. Will man *beide* Variablen mit dem Wert *10* initialisieren, müßte man

```
int i = 10, j = 10;
```

schreiben.

B

Antworten auf die Wiederholungsfragen aus Kapitel 2

Bei der *formatierten* Ein- und Ausgabe - etwa mit *printf* und *scanf* - werden die zu verarbeitenden Werte vor der Speicherung (*scanf*) bzw. vor der Ausgabe (*printf*) durch Formatangaben in einer bestimmten Weise interpretiert (z. B. als ganze Zahl, Gleitkommazahl, Zeichen etc.), d. h. in eine bestimmte Form umgewandelt. Die *unformatierte* Ein- und Ausgabe verzichtet auf Umwandlungen dieser Art.

Ein Formatstring ist eine Zeichenkette, die Formatangaben (und auch gewöhnlichen Text) enthalten kann und damit die Formatierung der zu verarbeitenden Werte steuert.

a) `-5`   `-32768`

Die Formatangabe *%d* ist für Werte des Typs *int* geeignet, die im Bereich von *-32768* bis *32767* liegen. Daher wird der Wert -5 problemlos ausgegeben. Der Wert *32768* ist allerdings zu groß für den Typ *int*. Weil der Rechner bei ganzen Zahlen mit Vorzeichen die Zwei-Komplement-Darstellung verwendet, wird die Bitkombination, die dem Dezimalwert *32768* entspricht, als *negative* Zahl gedeutet (vgl. die Ausführungen zum Zwei-Komplement im Kapitel "Programmaufbau"). Wir können das leicht mit dem (dritten) Verfahren aus den Erläuterungen zur Frage 2 überprüfen: 32768 hat als vorzeichenlose Zahl die Bitkombination (16 Bit wegen *int*)`1000 0000 0000 0000`

Diese Binärzahl hat in ihrem ersten Bit links eine 1, wodurch der Rechner - der wegen der Formatangabe *%d* eine Zahl *mit Vorzeichen* annimmt und die Zwei-Komplement-Darstellung verwendet - die Binärzahl als Darstellung einer negativen Zahl deutet. Wir erhalten die dezimale Darstellung von 32768 als *Zwei-Komplement-Zahl*, indem wir von 32768 die Zahl 2^{16} (= 65536) subtrahieren:

```
32768 - 65536 = -32768
```

Der Wert *-32768* stellt die Interpretation des Rechners von 32768 als Zwei-Komplement-Zahl des Typs *int* (16 Bit) dar.

b)   `65351`   `32768`

Aufgrund der Formatangabe *%u* wird die Binärzahl, die -5 entspricht, als *vorzeichenlos* interpretiert. Wir errechnen diese vorzeichenlose Zahl wie in den Erläuterungen zur Aufgabe 2 beschrieben: -5 ist negativ, also muß 2^n (n = 16 wegen *int*) *addiert* werden, um die entsprechende vorzeichenlose Zahl zu erhalten:

$$-5 + 2^{16} = -5 + 65536 = 65531$$

Der Wert *32768* wird problemlos dargestellt, da der Datentyp *unsigned int* Objekte im Wertebereich von 0 bis 65536 aufnehmen kann.

Eine Formatangabe bei *printf* bewirkt, daß ein Argument in einer bestimmten Weise interpretiert - z. B. als Gleitkommawert, Zeichen etc. - und in das entsprechende Format umgewandelt wird. Eine Formatangabe steuert auch Merkmale wie die Breite des Ausgabefelds, Stellenzahl, Art der Füllzeichen etc.

Formatangaben und Argumente sollten sich Anzahl und Typ entsprechen.

Die *Mindestbreite* gibt die Anzahl der Stellen an, die ein Wert bei der Ausgabe *mindestens* einnehmen soll. Benötigt ein Ausgabewert *mehr* Stellen als die Mindestbreite angibt, wird der zusätzliche Platz automatisch von *printf* belegt.

Die *Genauigkeit* gibt bei Gleitkommawerten die Anzahl der auszugebenden *Nachkommastellen* an, bei ganzen Zahlen die Anzahl der mindestens auszugebenden *Ziffern*, bei Zeichenketten die Anzahl der *maximal* auszugebenden Zeichen.

Die Argumente der Funktion *printf* sind in der Regel *Kopien* der *Werte* von Datenobjekten, die Funktion *scanf* benötigt als Argumente die *Adressen* von Datenobjekten.

Die Adresse eines Datenobjekts ist die Nummer der Speicherstelle, ab der das Objekt Platz im Speicher belegt. Ein präziserer Ausdruck für "Adresse eines Objekts" wäre daher "Anfangsadresse eines Objekts". Adressen im Speicher sind durchnumeriert und werden als ganzzahlige Objekte gewöhnlich in hexadezimaler Notation dargestellt.

Normalerweise haben Adressen in einem System ein einheitliches Format, d. h., die Adresse eines Datenobjekts vom Typ *float* hat die gleiche Struktur wie die Adresse eines Objekts vom Typ *int*. Der Datentyp hat also keine Auswirkungen auf das Adressenformat.

7

Anders als die Funktion *printf* verändert die Funktion *scanf* durch die Speicherung der Eingabewerte in den Argumenten den Inhalt dieser Datenobjekte. Um ein Objekt zu ändern, muß es *im Original* geändert werden. Daher benötigt *scanf* eine Information über den Aufbewahrungsort dieser Objekte, d. h. ihre *Adressen*. *printf* dagegen läßt die Datenobjekte unverändert und arbeitet mit Kopien davon. *printf* benötigt daher keine Adressen.

8

Es müssen Zwischenraumzeichen als Trennzeichen zwischen den einzelnen Eingabewerten stehen. Anzahl und Typ der Eingabewerte sollte Anzahl und Typ der Formatangaben und Argumente entsprechen.

9

Der Formatstring von *scanf* verlangt als erste Eingabe einen *Integerwert*, eingegeben wird aber ein *Gleitkommawert*. *scanf* interpretiert aufgrund der Formatangabe den *Vorkommateil* des Gleitkommawerts als *int*-Wert für das *int*-Argument *i1* und den Punkt samt Nachkommateil als Gleitkommawert für das zweite (*float*-)Argument. Die Zahl 64 wird dem *int*-Argument *i2* zugewiesen. Der dritte Eingabewert, die Zahl 65, wird überhaupt nicht verarbeitet.

10

Zeichen gelangen bei gepufferter Eingabe zunächst in einen Eingabepuffer, einen Zwischenspeicher. Das Makro *getchar* liest ein Eingabezeichen aus diesem Puffer. Dieses Zeichen steht *getchar* aber erst dann zur Verfügung, wenn der Anwender seine Eingabe mit Enter (= '\n') abgeschlossen hat. Dieses Eingabeende-Zeichen bleibt unverarbeitet im Puffer zurück. Der nächste Aufruf von *getchar*, der ein weiteres Eingabezeichen des Anwenders lesen soll, liest statt dessen dieses überzählige Enter der vorangegangenen Eingabe. Die Folge ist ein Programmfehler.

Antworten auf die Wiederholungsfragen aus Kapitel 3

Mit Integerarithmetik bezeichnet man eine Rechenweise, bei der nur *ganzzahlige* Werte, berücksichtigt werden. Ein Ausdruck wie 5/4 hat in Integerarithmetik den Wert *1* und nicht etwa *1.25*. Ergeben sich bei Integer-Rechenoperationen Werte mit Nachkommastellen, werden diese Stellen abgeschnitten.

2

a)   9

	(1)	3 * 4	=	12
⇒	(2)	12 / 2	=	6
	(3)	6 + 3	=	9

b)   7

	(1)	3 / 2	=	1 (Integerarithmetik)
⇒	(2)	1 * 4	=	4
	(3)	4 + 3	=	7

c)   7

	(1)	3 % 2	=	1
⇒	(2)	1 * 4	=	4
	(3)	4 + 3	=	7

d)   3

	(1)	3 * 4	=	12
⇒	(2)	12 % 2	=	0
	(3)	0 + 3	=	3

e)   0

	(1)	(3 + 3)	=	6
⇒	(2)	6 % 2	=	0
	(3)	0 * 4	=	0

f)   6

	(1)	(3 + 3)	=	6
⇒	(2)	(2 * 4)	=	8
	(3)	6 % 8	=	6

B

Der Ausdruck

```
(10 + 1) / (4 % 2)
```

enthält eine mathematisch nicht zulässige Division durch 0, da der Ausdruck 4 % 2 den Wert 0 besitzt.

Die Anweisung

```
printf("%c%c%c%c%c", 'Z'-25, '√'%84, '┌'/3, 2*'$'+1, '5'+20);
```

gibt das Wort "ASCII" aus, da folgende Beziehungen gelten:

'Z' -25	=	90	- 25	=	65 (A)
'√' %84	=	251	% 84	=	83 (S)
'┌' /3	=	201	/ 3	=	67 (C)
2*'$'+1	=	2	* 36 +1	=	73 (I)
'5' + 20	=	53	+ 20	=	73 (I)

Zeichenkonstanten werden intern als *numerische* Werte verwaltet. Ihr Wert ist der Zahlenwert, unter dem sie in der vom Rechner verwendeten Code-Tabelle (z. B. ASCII) verschlüsselt sind. Daher können sie ohne weiteres in arithmetischen Ausdrücken verwendet werden.

Implizite Typumwandlungen sind Umwandlungen von einem Datentyp in einen anderen, die der Compiler selbständig vornimmt. Beispielsweise konvertiert der Compiler in einem arithmetischen Ausdruck, der einen Operanden vom Typ *int* und einen vom Typ *double* enthält, den *int*-Operanden automatisch in den Typ *double*, da Berechnungen intern Operanden mit gleichem Datentyp erfordern und der Datentyp *double* Vorrang vor dem Datentyp *int* hat.

Umwandlungen in einen anderen Datentyp kann der Programmierer mit dem *Cast*-Operator *explizit* erzwingen. Nach der Definition

```
double d;
```

ist in der Anweisung

```
d = (double) 5/3;
```

die Umwandlung des Ergebnisses des Ausdrucks 5/3 sinnvoll, damit die Nachkommastellen des Werts *1.666...* nicht verlorengehen.

6

	Rechte Seite	*Linke Seite*
a)	**i + c** Wert: 3 Typ: int	**c** Wert: 3 Typ: char
b)	**i + l** Wert: 5 Typ: long	**d** Wert: 5.0 Typ: double
c)	**i + d** Wert: 5.0 Typ: double	**f** Wert: 5.0 Typ: float
d)	**i / d** Wert: 0.666... Typ: double	**i** Wert: 0 Typ: int
e)	**i / l** Wert: 0 Typ: long	**l** Wert 0 Typ: long
f)	**i / l** Wert: 0 Typ: long	**d** Wert: 0.0 Typ: double
g)	**(double) i / l** Wert: 0.666... Typ: double	**d** Wert: 0.666... Typ: double
h)	**(double)(i / l)** Wert: 0.0 Typ: double	**d** Wert: 0.0 Typ: double

7

Die Begriffe TRUE und FALSE bezeichnen Wahrheitswerte. Eine Aussage ist TRUE, wenn sie wahr, FALSE, wenn sie logisch falsch ist. In C gilt jeder Ausdruck als TRUE, der einen von Null verschiedenen Wert hat. Jeder Ausdruck mit dem Wert Null gilt als FALSE.

8

a)	5	⇒	Wert: 5 TRUE
b)	-5	⇒	Wert: -5 TRUE
c)	0	⇒	Wert: 0 FALSE

d)	x	⇒	Wert: 1	TRUE
e)	y	⇒	Wert: 0	FALSE
f)	x > y	⇒	Wert: 1	TRUE
g)	y - x	⇒	Wert: -1	TRUE
h)	y == z	⇒	Wert: 0	FALSE
i)	x * (z>=y)	⇒	Wert: 1	TRUE
j)	5 != 5	⇒	Wert: 0	FALSE
k)	x-(y==0)	⇒	Wert: 0	FALSE
l)	x-(x=0)	⇒	Wert: 1	TRUE

9

a)	x && y	FALSE	
b)	x ‖ y	TRUE	
c)	!(x && y)	TRUE	
d)	!x && y	FALSE (weil !x FALSE ist)	
e)	x > y && y == 0	TRUE	
f)	x < y ‖ !y	TRUE	
g)	x == 0 && ++x	FALSE	Wert von x: 1
h)	++x && x == 0	FALSE	Wert von x: 2
i)	x == 1 ‖ ++x	TRUE	Wert von x: 1
j)	++x ‖ x == 1	TRUE	Wert von x: 2

In den Ausdrücken g) und i) werden die Nebeneffekte nicht mehr ausgeführt, da der Wahrheitswert des Gesamtausdrucks nach Auswertung des ersten (linken) Teilausdrucks bereits feststeht.

10

Die Variable x hat den Wert 255 und damit das Bitmuster

```
0000 0000 1111 1111
```

Die bitlogische UND-Verknüpfung

```
  0000 0000 1111 1111
& 0000 0000 0111 1110    /* Bitmaske: dezimal 126 */
  ───────────────────
  0000 0000 0111 1110
```

löscht das erste und achte Bit der Ausgangszahl. Die entsprechende Anweisung lautet:

```
x = x & 126;
```

Die Variable y hat den Wert 231 und das Bitmuster

```
0000 0000 1110 0111
```

Die Anweisung

```
y = y & 219 | 24;
```

löscht zunächst das dritte und sechste Bit von *y* und setzt anschließend das
vierte und fünfte Bit. Auf Bitebene:

```
    0000 0000 1110 0111    /* y */
&   0000 0000 1101 1011    /* Bitmaske: 219 */

    0000 0000 1100 0011    /* y & 219 */
|   0000 0000 0001 1000    /* Bitmaske: 24 */

    0000 0000 1101 1011    /* y & 219 | 24 */
```

y hat anschließend den Wert *219*.

Gilt für die Variable *x* die Definition

```
unsigned x = 0;
```

so beinhaltet der Ausdruck

```
~x >> 8
```

auf Bitebene die Operationen

```
0000 0000 0000 0000          /*   x      */
1111 1111 1111 1111          /*   ~x     */
0000 0000 1111 1111          /*   ~x >> 8  */
```

Bei der letzten Operation wird wegen des Datentyps *unsigned int* von links
her mit Nullen aufgefüllt. Der Wert des Ausdrucks ist damit *255*.

Hat man jedoch eine Variable

```
int x = 0;
```

so haben die Bitoperationen folgendes Resultat:

```
0000 0000 0000 0000          /*   x      */
1111 1111 1111 1111          /*   ~x     */
1111 1111 1111 1111          /*   ~x >> 8  */
```

B

Bei der Schieboperation wird jetzt wegen des Datentyps *int* (mit Vorzeichen) von links her mit *Kopien des Vorzeichenbits* aufgefüllt. Der Ausdruck hat daher den Wert *-1* (-> Zwei-Komplement).

Ein *Nebeneffekt* ist die Veränderung einer Variablen während der Auswertung bzw. durch die Auswertung eines Ausdrucks. Alle Zuweisungsoperationen beinhalten daher Nebeneffekte. Problematisch sind Nebeneffekte, wenn das Ergebnis einer Operation davon abhängt, in welcher Reihenfolge die Nebeneffekte ausgeführt werden. Hat eine Variable *x* den Wert *1*, so läßt sich bei der Anweisung

```
y = (x = 1000) * --x;
```

nicht vorhersagen, welchen Wert *y* hat. Wertet der Compiler zuerst den Ausdruck

```
(x = 1000)
```

aus, und erst dann den Ausdruck

```
--x
```

so erhält *y* wegen

```
1000 * 999
```

den Wert *999000*. Wertet der Compiler jedoch zuerst den Teilausdruck

```
--x
```

aus, so wird *y* der Wert

```
0 * 1000
```

also *0* zugewiesen.

Die entsprechende Anweisung mit dem Bedingungsoperator lautet:

```
printf("%f", x < (y - z) ? x : 10 * (y - z));
```

Die Anweisung

```
printf("%d", sizeof(s+1+d));
```

gibt den Wert *8* aus. Der Ausdruck

```
(s + 1 + d)
```

wird in den Typ *double* konvertiert, der 8 Bytes Speicherplatz beansprucht.

Antworten auf die Wiederholungsfragen aus Kapitel 4

Die Formulierung

```
if (x + y)
```

ist gleichbedeutend mit

```
if (x + y != 0)
```

da in beiden Fällen die Bedingung der *if*-Anweisung *stets* die gleichen Wahrheitswerte hat. Ist nämlich $x + y$ gleich 0, so ist sowohl in

```
if (x + y)
```

als auch in

```
if (x + y != 0)
```

die Bedingung FALSE (d. h. ihr Wert gleich 0). Ist $x + y$ ungleich 0, ist die Bedingung in beiden Fällen TRUE, da ihre Auswertung sowohl für *(x + y)* als auch für *(x + y != 0)* einen Wert ungleich 0 liefert. Analog dazu sind

```
if (!(x + y))
```

und

```
if (x + y == 0)
```

äquivalent, da auch hier beide Bedingungen stets zusammen TRUE oder FALSE sind: Ist der Wert von $x + y$ gleich 0, so hat der Ausdruck *!(x + y)* den Wert *1*, ebenso der Ausdruck *(x + y == 0)*. Die Bedingung der *if*-Anweisung ist damit TRUE. Umgekehrt ergibt die Auswertung der Bedingung für $x + y$ ungleich 0 in beiden Fällen den Wert *0*, d. h., die Bedingung ist beide Male FALSE.

Der Unterschied zwischen

```
if (!(x + y))
```

und

```
if (!x + y)
```

B

kommt durch die Priorität des Negationsoperators "!" zustande. Im ersten Fall wirkt er auf den geklammerten Ausdruck $(x + y)$, im zweiten nur auf die Variable x, da der Operator "!" eine höhere Priorität besitzt als der Operator "+". Hätte etwa die Variable x den Wert 0 und die Variable y den Wert 1, so hat die Bewertung im Fall von

```
if (!(x + y))
```

wegen

```
!(0 + 1) = !(1)
```

das Ergebnis 0, und die Bedingung wäre FALSE. Im anderen Fall ist der Wert des Ausdrucks $(!x + y)$ wegen

```
!0 + 1 = 1 + 1
```

jedoch ungleich 0, d. h., die Bedingung ist TRUE.

Die Syntax der Kontrollstrukturen erlaubt formal nur eine abhängige Anweisung. Will man mehrere Anweisungen von einer Bedingung abhängig machen, muß man sie in Blockklammern einschließen, da eine solche zusammengesetzte Anweisung syntaktisch als eine Anweisung gilt. Auf diese Weise lassen sich beliebig viele Anweisungen in Abhängigkeit von einer Bedingung ausführen.

Nein. Mit

```
if (x > 0)
    printf("x ist größer als 0.")
printf("x ist nicht größer als 0.");
```

wird unabhängig von der *if*-Anweisung in *jedem* Fall - insbesondere auch wenn x größer als 0 ist - die Meldung "x ist nicht größer als 0" ausgegeben (zusätzlich zur Ausgabe von "x ist größer als 0"). Mit

```
if (x > 0)
    printf("x ist größer als 0.");
else
    printf("x ist nicht größer als 0.");
```

wird dagegen eine echte Auswahl getroffen: Entweder die Ausgabe von "x ist größer als 0" (für x größer 0) oder "x ist nicht größer 0" (für x kleiner oder gleich 0), aber niemals beide Meldungen wie im ersten Fall. Beide Programmteile erzeugen die gleiche Ausgabe nur dann, wenn x nicht größer als 0 ist.

Nein. Der Compiler verbindet den *else*-Zweig in der Anweisung

```
if (x % 2 == 0)
        if(x > 10)
            printf("%d", x);
    else
        printf("Ungerade Zahl");
```

mit dem direkt davor befindlichen *if*-Zweig. Dies hat zur Folge, daß auf die Eingabe einer *geraden* Zahl *unterhalb* von 11 die Meldung "Ungerade Zahl" ausgegeben wird. Bei Eingabe einer ungeraden Zahl erfolgt aus dem gleichen Grund überhaupt keine Ausgabe.

Man löst das Problem, indem man die "innere" *if*-Anweisung klammert:

```
if (x % 2 == 0)
    {
        if(x > 10)
            printf("%d", x);
    }
else
    printf("Ungerade Zahl");
```

Die *break*-Anweisung in einer *switch*-Anweisung bewirkt, daß nur die Anweisungen des *case*-Zweigs ausgeführt werden, dessen Konstante mit dem überprüften Auswahlwert übereinstimmt. Danach wird die *switch*-Anweisung verlassen. Ohne die *break*-Anweisung werden nicht nur die Anweisungen der übereinstimmenden *case*-Konstanten, sondern ab diesem Punkt auch alle weiteren Anweisungen bis zum Ende der *switch*-Anweisung ausgeführt. Das folgende Beispiel zeigt eine Anwendung, bei der trotz mehrerer *case*-Zweige keine *break*-Anweisung enthalten ist. Das Programm countdig.c zählt die Ziffern in einer Eingabe. Bei jeder Ziffer werden ab der entsprechenden *case*-Konstanten auch alle weiteren *case*-Zweige durchlaufen - die bis auf den letzten keine Anweisungen aufweisen -, bis schließlich im letzten *case*-Zweig die Anzahl der Ziffern registriert wird. Auf diese Weise erspart man sich eine Zählanweisung hinter jeder einzelnen Konstanten (die dann natürlich auch jedesmal eine *break*-Anweisung erfordert hätte).

▶ ***countdig.c:***

```
1  /*   countdig zählt die Ziffern in einer Eingabe.    */
2       #include <stdio.h>
3
4  main()
5  {
6       int digits = 0;            /*   zählt Ziffern */
```

B

```
 7       int c;
 8
 9       printf("Geben Sie Zeichen ein. Ende mit <Strg>+<Z>.");
10       while ((c = getchar()) != EOF)
11           switch (c)
12           {
13               case '0':
14               case '1':
15               case '2':
16               case '3':
17               case '4':
18               case '5':
19               case '6':
20               case '7':
21               case '8':
22               case '9':digits++;
23           }
24
25       printf("\n\nIhre Eingabe enthielt %d Ziffern", digits);
26   }
```

Schleifen lassen sich hinsichtlich ihres Ablaufs wie folgt unterteilen:

Schleifen (*for, while*), die ihre Bedingung *vor* der Ausführung der Anweisungen im Schleifenrumpf überprüfen. Die Anweisungen werden ausgeführt, wenn die Bedingung TRUE (ungleich 0) ist. Ist die Bedingung bereits bei der ersten Überprüfung FALSE (gleich 0), wird die Schleife keinmal ausgeführt.

Schleifen (*do while*), die ihre Bedingung *nach* der Ausführung der Anweisungen überprüfen. Die Folge ist, daß dieser Schleifentyp die Anweisungen im Schleifenrumpf in jedem Fall mindestens einmal ausführt, unabhängig davon, ob die Bedingung TRUE ist oder nicht.

Schleifenkontrollvariablen steuern den Ablauf einer Schleife. Von ihnen bzw. ihrem Wert hängt es ab, wie oft die Anweisungen im Schleifenrumpf ausgeführt werden. Um logische Programmfehler (Fehler, die der Compiler nicht entdeckt) zu vermeiden, müssen Kontrollvariablen in den meisten Fällen initialisiert werden (Ausnahme: *do while*).

Geschachtelte Schleifen sind angebracht, wenn nicht nur eine einfache Aktion wiederholt werden soll, sondern die wiederholte Aktion selbst wieder aus Wiederholungen einer weiteren Aktion besteht. Beispielsweise muß für die Ausgabe des folgenden Musters

```
1
2 2
3 3 3
4 4 4 4
5 5 5 5 5
6 6 6 6 6 6
7 7 7 7 7 7 7
8 8 8 8 8 8 8 8
9 9 9 9 9 9 9 9 9
```

neunmal eine Zeile ausgegeben und pro Zeile jeweils ihrer Nummer entsprechend oft eine bestimmte Ziffer wiederholt werden:

```
for (zeile = 1; zeile < 10; zeile++)
    {
     for (zeichen = 1; zeichen <= zeile; zeichen++)
         printf("%d ", zeile);
     printf("\n");
    }
```

Eine Endlosschleife entsteht, wenn die Bedingung einer Schleife *ständig* erfüllt, also TRUE ist. Dies ist beispielsweise der Fall, wenn die Bedingung aus einem logisch wahren, nicht veränderbaren Konstantenausdruck besteht:

```
while (2 > 1) /*  Endlosschleife*/
    {
     .
     .
     .
    }
```

Da die Konstante *2* immer größer als die Konstante *1* ist, wird die obige Schleife unendlich oft ausgeführt.

Eine Leeranweisung besteht aus einem einzelnen Semikolon. Sie bewirkt nichts, wird aber häufig dort verwendet, wo aus *syntaktischen* Gründen eine Anweisung stehen muß, auch wenn *inhaltlich*, d. h. von der Programmlogik her, keine Anweisung erforderlich ist. Die Schleife

```
for (i = 0; (c = getchar()) != '\n'; i++)
    ;
```

stellt die Länge einer Eingabezeile fest, d. h., sie zählt die eingegebenen Zeichen pro Zeile und speichert diese Anzahl in der Variablen *i*. Dazu ist von der Logik her keine Anweisung im Schleifenrumpf nötig, jedoch muß in diesem Fall die Leeranweisung aus den o. g. formalen Gründen vorhanden sein.

B

Antworten auf die Wiederholungsfragen aus Kapitel 5

Mit einer Initialisierung. Nach

```
float x[1000] = {0};
```

wird das erste Element $x[0]$ mit 0 initialisiert und - da weniger Initialisierungswerte vorhanden sind als Arrayelemente - der Rest der Arrayelemente ebenfalls.

Nein. Alle $p[i]$ sind nicht initialisiert und haben daher einen undefinierten Wert. Erforderlich für die Potenzierungsoperation

```
p[i] = p[i] * 2;
```

ist aber ein Anfangswert für das jeweilige $p[i]$ von 1. Man initialisiert also am besten zuvor das gesamte Array p mit dem Wert 1:

```
for (i = 0; i < 11; i++)
    p[i] = 1;
```

Mehrdimensionalität von Arrays wird in C durch die Ineinanderschachtelung von Arrays nachgebildet. So ist ein zweidimensionales Array eigentlich ein eindimensionales Array, dessen Elemente selbst wieder eindimensionale Arrays sind. Ein dreidimensionales Array kann entsprechend als Schachtelung von drei Arrays aufgefaßt werden: die Elemente der 1. Dimension sind selbst wieder Arrays, deren Elemente (2. Dimension) ihrerseits Arrays sind, deren Elemente keine Arrays sind (3. Dimension). Analoge Überlegungen lassen sich für n-dimensionale Arrays anstellen. Zwei- und dreidimensionale Arrays kann man auch räumlich als Matrizen oder als Rechtecke bzw. Quader veranschaulichen (obwohl diese Strukturen nicht die Anordnung der Arrayelemente im Speicher abbilden).

Die entsprechende Arraydefinition lautet:

```
int block [9] [6] [3] [3];
```

Der Block hat $9 * 6 * 3 * 3 = 486$ Zimmer.

Das zweite Zimmer der ersten Wohnung im obersten Stockwerk des siebten Hauses erreicht man mit:

```
block [6][5][0][1] = 40;
```

Die Schleife zur Eingabe sämtlicher Zimmer-m²-Zahlen kann so aussehen:

```
for (h = 0; h < 9; h++)
    for (e = 0; e < 6; e++)
        for (w = 0; w < 3; w++)
            for (z = 0; z < 3; z++)
                {
                    printf("%d. Haus %d. Etage %d. Wohnung %d. Zimmer: ",
                        h+1, e+1, w+1, z+1);
                    scanf("%d", &block[h][e][w][z]);
                }
```

Verändern Sie zur Übung die obige Schleifenkonstruktion so, daß die Schleife jederzeit - und nicht erst nach Eingabe aller 486 Werte - verlassen werden kann.

Nein. Strings werden mit einem Nullzeichen abgeschlossen, das ebenfalls in einem Arrayelement gespeichert wird. Um den String "ARRAY" zu speichern, benötigt man daher sechs (und nicht fünf) Arrayelemente:

```
char a [6];
```

Mit

```
scanf("%s", &a[0]);
```

wird ein String in das *char*-Array *a* eingelesen, mit

```
scanf("%c", &a[0]);
```

dagegen ein einzelnes Zeichen in das erste Arrayelement. Der Ausdruck

```
&a[0]
```

gibt beide Male die Anfangsadresse des Arrays an, die gleich der Adresse des ersten Arrayelements ist. Statt

```
&a[0]
```

kann auch der Arrayname *a* verwendet werden:

```
scanf("%s", a);
```

In jedem der drei Fälle werden *alle* Arrayelemente mit dem Wert *0* initialisiert. (Vgl. dazu auch die Antwort auf die erste Wiederholungsfrage.) Ob der Wert *0* durch 0 oder \0 ausgedrückt wird, ist belanglos, da der numerische Wert in beiden Fällen *0* ist. Probleme könnten dann entstehen, wenn das Nullzeichen '\0' in der Code-Tabelle nicht mit dem Codewert *0* geführt würde.

8

scanf erhält mit *&a[3]* als Anfangsadresse die Adresse des vierten Elements. Also sieht das Array nach der Speicheroperation so aus:

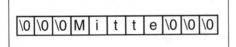

9

Der Arrayname ist für den Compiler gleichbedeutend mit der Anfangsadresse des Arrays. Trifft der Compiler auf eine Zeichenkettenkonstante, wird dafür ein *char*-Array angelegt, die Stringkonstante darin gespeichert und die Anfangsadresse des namenlosen Arrays an die verarbeitende Funktion übergeben, wie z. B. bei

```
printf("String");
```

Die Funktion *printf* erhält nach der Speicherung des Strings "String" durch den Compiler die Anfangsadresse des zugehörigen *char*-Arrays und kann nun die Zeichenkette ausgeben.

10

Weil die Arrayzeilen alle die *gleiche* Länge besitzen, die gespeicherten Strings in der Regel jedoch *unterschiedlich* lang sind. Daraus resultiert ein gewisser "Verschnitt" an Speicherplatz, da eine Arrayzeile stets mindestens so lang sein muß wie der längste String.

11

Alle, außer den Typ von Struktur, in dem sie Komponenten sind.

12

Nein. *coordinate* ist der Name des *Strukturtyps*, nicht der Name einer Strukturvariablen. Die korrekte Zuweisung lautet:

```
c.x = 10;
```

Ein dreidimensionales Strukturarray mit Namen *einwohner* und 2.000 Elementen, von denen jedes eine Struktur vom Typ *landkreisstadt* ist. Man könnte darin Personaldaten von 2.000 Einwohnern aus 4 Ländern à 10 Kreisen à 50 Städten speichern, wobei aus den Indizes hervorgeht, zu welchem Land, Kreis und welcher Stadt ein Einwohner gehört.

14

Nein. Die Zuweisung kompletter Strukturvariablen bzw. Unionvariablen ist nach dem ANSI-Standard zwar möglich, nicht aber der Vergleich zweier kompletter Strukturen. Man muß komponentenweise vergleichen:

```
if (strcmp(d1.alpha, d2.alpha) != 0)
    d1 = d2;
```

Antworten auf die Wiederholungsfragen aus Kapitel 7

Die *Lebensdauer* eines Datenobjekts ist die Zeitspanne, für die das Objekt während der Laufzeit des Programms existiert.

Der *Gültigkeitsbereich* eines Datenobjekts ist der Programmbereich, in dem das Objekt bekannt und verwendbar ist.

Die *Lebensdauer* hängt nicht vom Gültigkeitsbereich eines Datenobjekts ab, sondern von dessen Speicherklasse.

Eine Variable ist *lokal*, wenn sie innerhalb einer Funktion bzw. innerhalb eines Blocks definiert wird. Ihre Gültigkeit erstreckt sich auf die betreffende Funktion bzw. den betreffenden Block.

Eine Variable ist *global*, wenn sie außerhalb jeder Funktion definiert wird. Ihre Gültigkeit erstreckt sich ab der Definitionsstelle auf den gesamten Rest der Datei bzw. bei entsprechender Deklarierung auch auf eventuelle andere Module des Programms.

Ja, wenn ihre Gültigkeitsbereiche unterschiedlich sind. Der Datentyp spielt dabei keine Rolle.

Nein. Die Definition einer Variablen muß *vor* der ersten Anweisung in einem Block erfolgen. Die Definition der Variablen *d* müßte also vor der ersten *printf*-Anweisung stehen.

Der Wert der "innersten" Variable *x* (also: 4), die die Variablen gleichen Namens in den äußeren Blöcken überdeckt. Der Block um die *printf*-Anweisung ist dafür ohne Bedeutung.

Die *auto*-Variable *summe* ist nur innerhalb des Schleifenblocks gültig. Sie wird bei jeder Ausführung des Schleifenblocks neu angelegt und mit 0 initialisiert. Ihr Wert *nach* der Schleife ist *undefiniert* bzw. geht verloren. Während der Schleife wird stets der aktuelle Wert der *static*-Variablen *x*, die ihren Wert von

Schleifendurchgang zu Schleifendurchgang behält, zum Anfangswert 0 von *summe* addiert. Dies ergibt für *summe* am Ende des zehnten und letzten Durchgangs zwar den Wert 9, dieser Wert geht jedoch verloren, da die Variable *summe* - im Gegensatz zur Variablen *x* - nach Beendigung der Schleife aus dem Speicher gelöscht wird.

Fehlerhaft sind die Definitionen

```
int e[4] = {a, b, c, d};
```

und

```
static int g = f;
```

Sowohl Arrays (auch von der Speicherklasse *auto*) als auch *static*-Variablen dürfen nur mit *Konstanten* initialisiert werden.

Nein. Das Schlüsselwort *extern* kann allerdings beim lokalen Import (siehe nächste Antwort) einer globalen *extern*-Variablen auftauchen - also bei deren Deklaration innerhalb einer Funktion in einem Programm-Modul, das nicht die Definition der externen Variablen enthält. Dies ändert aber nichts daran, daß die Variable *global* ist (auch wenn die importierte Variable dann nur in der betreffenden Funktion bekannt ist).

Ein *lokaler* Import einer Variablen liegt vor, wenn eine externe Variable in einem Programm mit mehreren Modulen durch eine Deklaration *innerhalb einer Funktion* (also lokal) in einem Modul bekanntgemacht wird, das nicht die Definition der externen Variablen enthält. Die importierte Variable ist dann nur innerhalb der Funktion bzw. innerhalb des Blocks gültig, der die Deklaration enthält. Ein *globaler* Import liegt vor, wenn die Deklaration im betreffenden Modul außerhalb jeder Funktion erfolgt. Die Variable ist dann ab der Deklaration im gesamten Rest des Moduls gültig.

Für die Variablen *a* und *c* werden die Werte 0 ausgegeben, da Variablen der Speicherklasse *static* und *extern* automatisch mit 0 initialisiert werden. Der Wert der *auto*-Variablen *b* ist dagegen *undefiniert* - also rein zufällig - da Variablen dieser Speicherklasse nicht automatisch initialisiert werden.

Antworten auf die Wiederholungsfragen aus Kapitel 8

Der C-Präprozessor ist ein Programm, das einen Quelltext vor der eigentlichen Kompilierung nach Art eines Textverarbeitungsprogramms bearbeitet. Der Präprozessor ersetzt symbolische Konstanten und Makros durch einen Ertsatztext (*#define*), fügt Include-Dateien in den Quelltext ein (*#include*), steuert die bedingte Kompilierung (*#if, #ifdef, #ifndef* etc.), beeinflußt die Zeilennumerierung im Quelltext (*#line*), gibt Fehlermeldungen aus (*#error*) und nimmt Compilerinstruktionen entgegen (*#pragma*).

Keine. Zwischen dem #-Zeichen und *"include"* darf sich Zwischenraum befinden. Eine Datei namens *std.io* kann sehr wohl als benutzereigene Include-Datei existieren. Falls der Compiler sie findet, was der Fall ist, wenn sie sich z. B. im Verzeichnis der zugehörigen Quelldatei befindet, meldet er keinen Fehler.

Eine symbolische Konstante ist eine Konstante, die einen Namen besitzt. Ein Makro ist eine Folge von Anweisungen oder Ausdrücken, die unter einem Namen zusammengefaßt sind. Der Name eines Makros oder einer symbolischen Konstanten wird vom Präprozessor durch einen vereinbarten Ersatztext ersetzt.

Nach den Präprozessoranweisungen

```
#define   UP       1
#define   DOWN     2
#define   LEFT     3
#define   RIGHT    4
```

und der Variablendefinition

```
int which_way;
```

kann man die *if*-Anweisung so formulieren:

```
if (which_way == UP)
        printf("UP");
else if (which_way == DOWN)
        printf("DOWN");
```

```
else if (which_way == LEFT)
        printf("LEFT");
else if (which_way == RIGHT)
        printf("RIGHT");
else
        printf("NO DIRECTION");
```

Ja. Wird kein Ersatztext angegeben, wird die betreffende symbolische Konstante durch "nichts" ersetzt, d. h. an allen Stellen aus der Quelldatei entfernt. Die Konstante gilt aber trotzdem als definiert. Keinen Ersatztext anzugeben, kann durchaus sinnvoll sein, nämlich dann, wenn es darauf ankommt, daß die Konstante definiert ist (siehe die *#ifdef-* bzw. *#if defined*-Anweisung), nicht, mit welchem Wert.

Die Definitionen für Makros, die Klein- in Großbuchstaben umwandeln und umgekehrt, sehen von ihrer Struktur her gewöhnlich folgendermaßen aus:

```
/*   Klein -> Groß */
#define UPPER(c)   ((c >= 'a' && c <= 'z') ? (c - 'a' + 'A') : (c))
/*   Groß -> Klein */
#define LOWER(c)   ((c >= 'A' && c <= 'Z') ? (c - 'A' + 'a') : (c))
```

Nein. Es empfiehlt sich außerdem, den Parameter *n* und das Makro insgesamt zu klammern, also

```
#define ADDFIRSTN(n)        ((n) * (n+1) / 2)
```

Unterläßt man die Klammerung des Parameters *n*, kann der folgende Fehler auftreten:

Für

```
int a = 2;
```

ergibt

```
ADDFIRSTN(a+1)
```

nicht den korrekten Wert

```
(a+1) * (a+2) / 2 = 3 * 4 / 2 = 6
```

sondern

```
a + 1 * (a + 2) / 2 = a + (a + 2) / 2 = 2 + (2+2) / 2 = 2 + 4/2 = 2+2 = 4
```

Ein ähnlicher Fehler kann aus der fehlenden Gesamtklammerung resultieren. Für *a* gleich 2 ergibt der Ausdruck:

```
2 / ADDFIRSTN(a)
```

bei fehlender Gesamtklammerung des Makros das falsche Ergebnis

```
2 / (2) * (2+1) / 2 = 1 * 3 / 2 = 3/2 = 1  (integer-Arithmetik !)
```

statt des korrekten

```
2 / ((2) * (3) / 2) = 1 / 3 = 0
```

Aber auch bei Gesamtklammerung können durch Nebeneffekte noch Fehler auftreten. Für *a gleich 1* ergibt

```
ADDFIRSTN(++a)
```

nicht etwa den Wert von ADDFIRSTN(2), also 3, was vermutlich beabsichtigt ist, sondern

```
((++a) (++a +1) / 2 = 2 * (3 + 1) / 2 = 8 / 2 = 4
```

Schließlich: Was passiert, wenn der Parameter keine natürliche, sondern eine reelle Zahl ist, also ein Gleitkommawert? Für Gleitkommawerte gibt es keine "ersten n"-Werte. Um unsinnige Ergebnisse auszuschließen, muß man also vermeiden, daß das Makro für reelle Zahlen benutzt wird.

Die Include-Datei könnte folgendermaßen aussehen:

 transcod.h:

```
1  #include <stdio.h>
2  #define HAUPTPROGRAMM      main()
3  #define ANFANG                  {
4  #define ENDE                    }
5  #define MIT_K              int k;
6  #define ZAEHLE_BIS_10      for (k = 1; k < 11; k++) printf("%d ", k);
```

Das entsprechende Programm dazu:

```
#include "transcod.h"

HAUPTPROGRAMM
    ANFANG
        MIT_K
        ZAEHLE_BIS_10
    ENDE
```

wobei man transcod.h am einfachsten im gleichen Verzeichnis wie das zugehörige Quellprogramm speichert.

Da die Konstante WERT nicht definiert ist, werden die Anweisungen im #*else*-Zweig der #*if*-Anweisung kompiliert. Alle übrigen abhängigen Anweisungen werden vom Präprozessor entfernt, so daß das Programm in der Form main()

```
{
    printf("#else-Zweig");
}
```

kompiliert wird.

Gar nicht. Von der *ifndef*-Anweisung ist eine *normale* C-Anweisung abhängig, die sich aber (unzulässigerweise) *außerhalb* jeder Funktion befindet, falls sie kompiliert wird, was der Fall ist, wenn die Konstante DOS nicht definiert ist (andernfalls wird die *printf*-Anweisung ignoriert). Der Compiler meldet dann einen Syntaxfehler.

Antworten auf die Wiederholungsfragen aus Kapitel 9

Wenn eine (Zeiger-)Variable z auf eine Variable a zeigt, so enthält sie deren Adresse und verweist damit auf sie. In praktischer Konsequenz bedeutet dies, daß man über die Variable z auf die Variable a zugreifen kann.

Der "*"-Operator hat zwei zeigerspezifische Anwendungen. In der Definition einer Zeigervariablen ist er Teil des Datentyps der Variablen und bedeutet soviel wie "ist Zeiger auf". Vor einer Zeigervariablen in einem Ausdruck im Anweisungsteil bedeutet er soviel wie "Inhalt von" und bezeichnet zusammen mit der Zeigervariablen den Inhalt (Wert) des Datenobjekts, auf das die Zeigervariable verweist. Ein Zeiger der Form

```
*zeiger
```

ist ein sog. dereferenzierter Zeiger, dessen Wert nicht die Adresse, sondern der Wert des Objekts ist, auf das er zeigt. Da mit einem solchen Zeigerausdruck also nicht die Adresse des betreffenden Datenobjekts gemeint ist, "referenziert" er das betreffende Objekt nicht. Wenn eine "Referenz" eine Adresse ist, eine "Referenzierung" der Verweis auf ein Objekt über dessen Adresse, so ist die "Dereferenzierung" eines Zeigers die Transformation dieses Adreßverweises durch den "*"-Operator in einen Ausdruck, der den Wert des referenzierten Objekts bezeichnet.

Die Anweisung

```
z1 = z2;
```

weist die in $z2$ enthaltene Adresse der Zeigervariablen $z1$ zu. Sind die beiden Zeiger nicht vom gleichen Typ (Ausnahme: einer der Zeiger ist vom Typ *void *), so ist die Zuweisung ohne explizite Konvertierung nicht regelgerecht. Die Anweisung

```
*z1 = *z2;
```

speichert den Wert des Objekts, auf das $z2$ zeigt, in der Speicherstelle, auf die $z1$ verweist. Zeigt $z1$ auf eine *int*-Variable und $z2$ auf eine Variable vom Typ *double*, so gehen bei der obigen Zuweisung die Nachkommastellen des *double*-Werts verloren, was eventuelle Datenverluste zur Folge hat.

Da *zl* zunächst auf den Anfang des Arrays *l* zeigt, bewirkt die Anweisung

```
zl += 6;
```

bzw.

```
zl = zl + 6;
```

daß *zl* danach nicht mehr auf das erste, sondern das siebte Arrayelement zeigt. Der Summand 6 wird vor der Addition zu der in *zl* befindlichen Adresse skaliert, was bedeutet, daß er mit dem Wert *4* - der Größe des Datentyps *long* in Bytes - multipliziert wird. Hat *l[0]* beispielsweise die Adresse 1000, so enthält *zl* nach der obigen Operation die Adresse von *l[6]*, die man mit

```
1000 + (6*4) = 1024
```

errechnet. Der Ausdruck

```
*l
```

stellt einen dereferenzierten Zeiger dar und bezeichnet das Anfangselement *l[0]* des Arrays *l*. Die Anweisung

```
printf("%ld", *l);
```

würde demzufolge den Wert *1* ausgeben.

```
z++;              /*  inkrementiert z                                    */
*z++;             /*  inkrementiert ebenfalls z, da sich ++
                      auf das Objekt unmittelbar links davon bezieht.    */
++*z;             /*  inkrementiert *z (also das Objekt, auf das z zeigt),
                      da wegen der Priorität des "*"-Operators ++*z als
                      ++(*z) gedeutet wird.                              */
(*z)++;           /*  inkrementiert *z                                   */
```

Der Ausdruck

```
x - y
```

berechnet die Anzahl der Arrayelemente, die zwischen dem ersten und vierten Element liegen (inklusive des 1., exklusive des 4. Elements). Daher hat der obige Ausdruck den Wert *3*.

Der Ausdruck

```
x + y
```

ist unzulässig, da Zeiger nicht addiert werden dürfen.

Mit der Formulierung

```
if ("abc" == "abc")
```

werden die Stringkonstanten *nicht* etwa alphabetisch auf Zeichengleichheit verglichen. Dies könnte man mit der Funktion *strcmp* in der bekannten Weise tun. Vielmehr werden - nachdem der Compiler die beiden Konstanten als *char*-Arrays im Speicher abgelegt hat - deren *Anfangsadressen* für die Weiterverarbeitung an das Programm geliefert und, im obigen Fall, (numerisch) verglichen. Es handelt sich also um *zwei* Stringkonstanten, die zwar aus identischen Zeichenfolgen bestehen, aber natürlich unterschiedliche Adressen im Speicher besitzen. Daher ist die Bedingung der *if*-Anweisung logisch falsch (FALSE), d. h. 0, und der *else*-Zweig wird ausgeführt.

Da die Anweisung

```
if ((d = (double *) malloc(sizeof(double))) == NULL)
...
```

die an *d* zugewiesene Adresse mit dem Wert *0* vergleicht, könnte man dies auch mit

```
if (!(d = (double *) malloc(sizeof(double))))
...
```

erreichen.

```
f->emps++;        /* inkrementiert emps, da wegen der hohen Priorität
                     des "->"-Operators f->emps++ als (f->emps)++
                     gedeutet wird. emps hat danach den Wert 50001.    */

++f->emps;        /* inkrementiert emps aus den gleichen Gründen.     */

f++->emps;        /* inkrementiert den Zeiger f, der danach auf
                     die zweite Strukturvariable fms[1] zeigt.        */

(++f)->emps;      /* inkrementiert den Zeiger f aus den gleichen Gründen.*/
```

```
*f->name++;              /*   inkrementiert den Zeiger name, der danach auf
                              das zweite Zeichen von "ABC" zeigt.           */

(*f->name)++;            /*   inkrementiert das Zeichen, auf das name zeigt,
                              in diesem Fall das erste Zeichen von "ABC",
                              so daß nun "BBC" gespeichert ist.            */

*f++->name;              /*   inkrementiert den Zeiger f, der danach
                              auf die zweite Strukturvariable zeigt.       */
```

Der Ausdruck *f->name++* inkrementiert den Zeiger *name*. Der Ausdruck **f->emps* ist unsinnig, da *emps* kein Zeiger ist, der dereferenziert werden könnte.

Setzen Sie die Definitionen

```
char *z = "Gut";
char **zz = &z;
```

voraus. Dann gibt es die folgenden Lösungen:

```
printf("%c", **zz);          /*   Ausgabe: 'G', 1. Zeichen von "Gut"    */

printf("%c", ++**zz);        /*   Ausgabe: 'H', inkrementiertes
                                  1.Zeichen von "Gut"                    */

printf("%c", ++*zz[0]);      /*   Ausgabe: 'H', s.o.                    */

printf("%c", zz[0][1]);      /*   Ausgabe: 'u', 2. Zeichen von "Gut"    */
```

Mit *zz[0]* greift man auf die Variable *z* wie auf das erste Element eines Zeigerarrays mit nur einem Element zu. Der zweite Index in *zz[0][1]* bezieht sich dann auf die Elemente des *char*-Arrays "Gut".

B

Antworten auf die Wiederholungsfragen aus Kapitel 10

Nein. *printf* ist der Name einer Funktion, die zusätzlich zum Sprachumfang von C existiert bzw. geschrieben werden muß. *return* dagegen ist ein direkt in der Sprache C enthaltenes Kommando.

Funktionen können nicht innerhalb von anderen Funktionen definiert werden.

Eine Funktionsdeklaration macht wie eine Funktionsdefinition Angaben über Namen, Typ, Speicherklasse und Parameter einer Funktion, erzeugt jedoch im Gegensatz zu einer Funktionsdefinition kein neues Objekt, sondern informiert lediglich den Compiler über ein bereits bestehendes Objekt. Ein Funktionsprototyp ist eine (vollständige) Funktionsdeklaration mit expliziter Angabe der Parameterliste. Die Funktionsdeklaration älteren Stils erlaubt eine leere Parameterliste, aus der jedoch nicht hervorgeht, ob die Funktion Parameter besitzt oder nicht. Der Compiler kann in diesem Fall auch keine Syntaxüberprüfung der Parameterliste vornehmen.

Nein. Es handelt sich um eine Funktionsdeklaration älteren Stils. Hat eine Funktion keine Parameter, sollte man dies mit dem Schlüsselwort *void* anzeigen und ansonsten auf einen Prototyp verwenden.

Der Stack eines C-Programms ist ein Speicherbereich, in dem Funktionsaufrufe und automatische Variablen verwaltet werden. Er arbeitet nach dem LIFO-Prinzip (Last In First Out). Jede Funktion erhält bei ihrem Aufruf einen Bereich des Stacks zugewiesen, der ihre Rücksprungadresse zur aufrufenden Funktion bzw. zum Betriebssystem sowie die Funktionsparameter und automatischen Variablen der Funktion enthält. Nach Beendigung der Ausführung einer Funktion wird dieser Stackbereich wieder freigegeben.

Einen Funktionsaufruf, bei dem die aufgerufene Funktion Kopien der *Werte* ihrer aktuellen Parameter erhält, heißt *call by value* (Wertübergabe). Erhält die aufgerufene Funktion die *Adresse* eines Datenobjekts als aktuellen Parameter, bezeichnet man dies als *call by reference* (Adreßübergabe).

Nein. Der Formalparameter *a* speichert lediglich die Adresse eines Arrays und ist demzufolge eine lokale *Zeigervariable*, die auf den Arrayanfang verweist.

Der entsprechende Formalparameter kann mit

```
int a[][3][4]
```

oder auch mit

```
int (*a)[3][4]
```

vereinbart werden. In beiden Fällen wird ein Zeiger auf Arrays mit Elementen vom Typ *int [3][4]* vereinbart.

Ein gewöhnlicher Zeiger auf das Array *x* kann mit

```
int (*px)[3][4] = x;
```

definiert werden.

Die Vereinbarung

```
double *(*alpha[10])(double*, int);
```

definiert ein Array *alpha* aus Zeigern auf Funktionen, die einen Rückgabewert vom Typ "Zeiger auf *double*" und zwei Parameter vom Typ "Zeiger auf *double*" bzw. *int* besitzen. Die Anweisung

```
(*alpha[0])(&x, 10);
```

ruft die Funktion auf, deren Adresse im ersten Element des Funktionszeigerarrays *alpha* gespeichert ist (mit den Parametern *&x* und *10*).

Die Deklaration

```
void lookfor(char *s, int numchars, ...);
```

macht eine Funktion mit zwei festen Parametern und einer variablen Anzahl optionaler Parameter bekannt. Der erste Parameter gibt die Adresse des

Strings an, der durchsucht werden soll, der zweite die Anzahl der zu suchenden Zeichen. Als optionale Parameter werden die Suchzeichen übergeben.

Funktionsaufrufe werden auf einem Stack verwaltet, der nur eine begrenzte Größe hat. Daher kann es vorkommen, daß bei einer großen Anzahl rekursiver Aufrufe der Speicherplatz auf dem Stack nicht ausreicht, um alle Aufrufe zu verwalten. Die Folge ist ein *Überlauf* des Stacks (Overflow), der zu einem Laufzeitfehler führt.

Das Programm gibt seine Befehlszeilenparameter (ohne den Programmnamen) in umgekehrter Reihenfolge aus.

Antworten auf die Wiederholungsfragen aus Kapitel 11

Werden Daten in C gepuffert verarbeitet, so werden sie in einem Dateipuffer im Hauptspeicher, den das System verwaltet, zwischengespeichert bzw. gesammelt, bevor sie weiterverarbeitet werden. Dies hat den Vorteil, daß auch größere Datenmengen mit *einer* Operation übertragen werden können. Bei Schreiboperationen wird der Puffer geleert, wenn er voll ist, und die enthaltenen Daten dabei in die betreffende Datei geschrieben. Beim Lesen werden umgekehrt Daten aus einer Datei in den Puffer gebracht und vom Programm wieder daraus ausgelesen. Wenn der Puffer leer ist, wird ein weiterer Datenblock aus der Datei in den Puffer transferiert.

Nur indirekt. Tatsächlich verweist ein FILE-Zeiger auf eine Strukturvariable vom Datentyp FILE, in der alle Informationen für einen Zugriff auf die betreffende Datei gespeichert sind (u. a. auch ein Deskriptor für die Datei). Eine (High-Level-)Funktion greift also über die "Zwischenstationen" FILE-Zeiger und FILE-Struktur auf eine Datei zu.

Existiert die Datei, wird sie bei "w+" geöffnet und überschrieben (d. h. auf die Länge 0 Bytes reduziert). Bei "r+" wird sie geöffnet, jedoch *nicht* überschrieben. Existiert die Datei nicht, wird sie mit "w+" erzeugt, bei "r+" dagegen liefert *fopen* den Nullzeiger zurück.

Die aktuelle Bearbeitungsposition in einer Datei ist jene Byte-Position, die durch den Dateipositionszeiger (seek pointer) markiert wird. An dieser Stelle wird die nächste Schreib- oder Leseoperation in der Datei durchgeführt.

Ein Direktzugriff auf eine Datei erlaubt, sich in der Datei an eine beliebige Position zu bewegen, *ohne dabei Lese- oder Schreiboperationen auszuführen*. Ist die gewünschte Position eingenommen, kann mit der eigentlichen Bearbeitung (Lesen oder Schreiben) begonnen werden. Bei einem sequentiellen Zugriff bewegt man sich nur vorwärts in der Datei und erreicht Byte-Positionen hinter dem Dateianfang nur dann, wenn man zunächst die davorliegenden Daten liest oder überschreibt.

B

6

Nein. Bei einer Umleitung der Standardausgabe würde die Meldung von *printf* nicht mehr auf den Bildschirm geschrieben, von der Funktion *fprintf*, die hier auf die Standardfehlerausgabe schreibt und nicht auf *stdout*, jedoch sehr wohl. Beispielsweise erscheint die gesamte Ausgabe des Programms

▶ *errout1.c:*

```
1  #include <stdio.h>
2
3  main()
4  {
5       printf("\nDies ist eine Fehlermeldung.\n");
6       printf("Programmende.");
7  }
```

nach dem Umleitungsbefehl

errout1 > output

nicht auf dem Bildschirm, sondern wird in der Datei *output* gespeichert. Dagegen wird bei

▶ *errout2.c:*

```
1  #include <stdio.h>
2
3  main()
4  {
5       fprintf(stderr, "\nDies ist eine Fehlermeldung.\n");
6       printf("Programmende.");
7  }
```

nach der Ausgabeumleitung

```
    errout2 > output
```

die Fehlermeldung nach wie vor auf den Bildschirm geschrieben, während die zweite Meldung "Programmende" in die Datei *output* geschrieben wird.

7

Nein. Wir betrachten dazu das folgende Programm:

▶ *showlast.c:*

```
1  #include <stdio.h>
2
3  main()
4  {
```

```
 5      FILE *fz;
 6      int c;
 7      long p;
 8
 9      if ((fz = fopen("t.xyz", "rb")) == NULL)
10          printf("\nFehler beim Öffnen der Datei.");
11      else
12          {
13          fseek(fz, -2L, 2); /*   auf das 1. Zeichen vor dem letzten
14                                     linefeed-Zeichen positionieren.    */
15          p = ftell(fz);                  /*   und Offset merken  */
16          fseek(fz, p, 0); /*auf dasselbe Zeichen vom Anfang aus gesehen*/
17
18          while ((c = fgetc(fz)) != '\n')
19              if (p != 0)
20                  fseek(fz, --p, 0);      /*   rückwärts positionieren */
21              else /*   falls nur 1 Zeile vorhanden */
22                  {
23                  fseek(fz, p, 0);
24              break;
25                  }
26          while ((c = fgetc(fz)) != '\n')      /*   vorwärts letzten
27                                                 String ausgeben     */
28          printf("%c", c);
29
30          fclose(fz);
31          }
32  }
```

showlast öffnet die Datei *t.xyz* binär (wegen *fseek* und *ftell*) zum Lesen und setzt den Dateipositionszeiger mit

```
fseek(fz, -2L, 2);
```

auf das Zeichen vor dem linefeed-Zeichen, das die letzte Zeile abschließt. Nachdem *ftell* den Offset dieses Zeichens relativ zum Dateianfang festgestellt hat, verlegt *fseek* für die weiteren Operationen die aktuelle Bearbeitungsposition erneut auf das Zeichen, diesmal jedoch vom Dateianfang aus gesehen. Die *while*-Schleife verschiebt nun den Dateipositionszeiger mit jedem Schleifendurchgang um ein Zeichen zurück, bis das linefeed-Zeichen der vorletzten Zeile gelesen oder - falls nur eine Zeile vorhanden ist - der Dateianfang erreicht ist. In beiden Fällen steht der Dateipositionszeiger danach auf dem ersten Zeichen der letzten Zeile und diese wird nun "vorwärts" gelesen und ausgegeben.

8

Ein Deskriptor ist eine (kleine) positive, ganze Kennzahl für eine Datei, die der Datei beim Öffnen zugeordnet wird. Bei der elementaren Dateiverabeitung erfolgen dann alle weiteren Zugriffe auf die betreffende Datei über diesen Deskriptor (analog dem FILE-Zeiger bei der Dateiverarbeitung der oberen Ebene).

Die *creat*-Anweisung öffnet die Datei *numb.ers* zum Schreiben (da sie bereits existiert) und überschreibt ihren alten Inhalt bzw. reduziert ihre Länge auf 0 Bytes. Daher ist der Dateiinhalt nach der Schreiboperation ABCD

Die erste *open*-Anweisung öffnet die Datei *numb.ers* zum Schreiben, *ohne den alten Inhalt zu zerstören* (wegen O_WRONLY). Daher ist der Dateiinhalt nach der Schreiboperation

```
ABCD567890
```

Die zweite *open*-Anweisung öffnet die Datei numb.ers zum Schreiben und reduziert ihre Länge wegen O_TRUNC auf 0 Bytes, hat also den gleichen Effekt wie die *creat*-Anweisung. Der Dateiinhalt nach der Schreiboperation ist:

```
ABCD
```

Nach

```
FILE *fz;
int c;
fz = fopen("abc.dat", "r+b");    /*  Datei zum Lesen und Schreiben öffnen.
*/
```

bewirkt die Schleife

```
while ((c = fgetc(fz)) != EOF)
    {
        fputc(c, stdout);
        fputc(' ', fz);
    }
```

zwar, daß die Zeichen auf den geraden Byte-Positionen gelesen und ausgegeben werden, leider jedoch nicht, daß die Zeichen auf den ungeraden Byte-Positionen mit einem Leerzeichen überschrieben werden. Die Erklärung für dieses Programmverhalten ist folgende: Wechselt man (im Modus "r+" bzw. "w+") zwischen Lese- und Schreiboperationen, *so muß dazwischen jeweils eine Positionierungsoperation erfolgen* (etwa mit *fseek* oder *rewind*), und obwohl diese Positionierungsoperationen in der obigen Schleife - rein von der Logik her - gar nicht notwendig wären, muß die Schleife daher entsprechend modifiziert werden:

```
while ((c = fgetc(fz)) != EOF)   /*  Zeichen auf gerader Position lesen   */
    {
        fputc(c, stdout);            /*  Zeichen ausgeben.                    */
        fseek(fz, 0L, SEEK_CUR);     /*  vor der nächsten Schreiboperation in
                                         der Datei "auf der Stelle treten".   */
        fputc(' ', fz);             /*  Zeichen auf ungerader Position
                                         überschreiben.                       */
        fseek(fz, 0L, SEEK_CUR);/*  vor der nächsten Leseoperation "auf
                                         der Stelle treten"                   */
    }
```

Die *fseek*-Anweisungen erfüllen die Forderung nach einer Positionierungsoperation zwischen den Lese- und Schreiboperationen, sind aber gleichzeitig
so abgefaßt, daß sie den status quo, sprich die aktuelle Dateiposition, vor jeder Lese- oder Schreiboperation nicht verändern.

B

C: Lösungen der Aufgaben

Lösungen zu den Aufgaben aus Kapitel 2

▶ *exerc1.c.*

```
 1  /*  exerc1 gibt zwei Strings aus.  */
 2
 3  #include <stdio.h>                                /*    für printf    */
 4
 5  main()
 6  {
 7    printf("Dies ist ein Übungsprogramm.\n\n\n\n");   /*  Vier Zeilenvorschübe
 8                                                         für drei Leerzeilen    */
 9    printf("*** PROGRAMMENDE ***");
10  }
```

Um bei jedem Programmlauf mit einem leeren Bildschirm für die Ausgabe des Programms zu starten, fügt man vor die erste Ausgabeanweisung eine Anweisung zum Löschen des Bildschirms ein. Verwendet man zum Bildschirmlöschen die Escape-Sequenz

    \033[2J

die man mit einer *printf*-Anweisung ausgibt.

▶ *exerc2.c.*

```
 1  /*  exerc2 gibt zwei Strings aus. exerc2 löscht zuvor den Bildschirm.  */
 2
 3  #include <stdio.h>                                /*    für printf    */
 4
 5  main()
 6  {
 7
 8    printf("\033[2J");                 /*  Escape-Sequenz zum Bildschirmlöschen  */
 9
10    printf("Dies ist ein Übungsprogramm.\n\n\n\n");   /*  Vier Zeilenvorschübe
11                                                         für drei Leerzeilen    */
12    printf("*** PROGRAMMENDE ***");
13  }
```

▶ *cross.c:*

```
 1  /*  cross gibt ein Kreuz aus Pluszeichen aus.  */
 2
 3  #include <stdio.h> /*  für printf  */
 4  main()
 5  {
```

```
 6      printf("              +\n");
 7      printf("              +\n");
 8      printf("              +\n");
 9      printf("    + + + + + +\n");
10      printf("              +\n");
11      printf("              +\n");
12      printf("              +");
13  }
```

Selbstverständlich hätte man dies auch mit einer *printf*-Anweisung erledigen
können:

 cross2.c:

```
 1  /*  cross2 gibt ein Kreuz aus Pluszeichen mit einer printf-Anweisung aus.  */
 2
 3  #include <stdio.h> /*  für printf  */
 4
 5  main()
 6  {
 7      printf("              +\n"
 8             "              +\n"
 9             "              +\n"
10             "    + + + + + +\n"
11             "              +\n"
12             "              +\n"
13             "              +");
14  }
```

3

 tab.c:

```
 1  /*tab gibt eine Tabelle mit dezimalen, oktalen und hexadezimalen Werten aus. */
 2
 3  #include <stdio.h> /*  für printf  */
 4
 5  main()
 6  {
 7  printf("\tDezimal\t\tOktal\t\tHexadezimal\n\n");  /*   Überschrift        */
 8  printf("\t%5d\t\t%4o\t\t%6X\n", 200, 200, 200);   /*   Tabulatoren        /*
 9  printf("\t%5d\t\t%4o\t\t%6X\n", 201, 201, 201);   /*   und Mindestbreiten /*
10  printf("\t%5d\t\t%4o\t\t%6X\n", 202, 202, 202);   /*   justieren          /*
11  printf("\t%5d\t\t%4o\t\t%6X\n", 203, 203, 203);   /*   Werte passend      /*
12  printf("\t%5d\t\t%4o\t\t%6X\n", 204, 204, 204);   /*   zur Überschrift    */
13  }
```

▶ valform.c:

```
1  /*  valform gibt Werte unterschiedlich formatiert aus.  */
2
3  #include <stdio.h>                                        /*  für printf    */
4
5  main()
6  {
7    int i = 98;
8    int num;                /*  nimmt Anzahl der geschriebenen Zeichen auf.  */
9    double d = 765.4321;
10
11   printf("Ausgabe der int-Variablen i:\n");
12   printf("%05d\n%c\n%5d%n", i, i, i, &num);
13
14 /*Gibt i mit drei führenden Nullen, als Zeichen und  mit führenden Leerzeichen
15    aus. Die Variable num speichert die von %n gezählten Ausgabezeichen.     */
16
17   printf("\nEs wurden %d Zeichen ausgegeben.\n\n\n", num);
18                          /*  13 Zeichen: 11 für die Variablen und 2 Returns */
19
20   printf("Ausgabe der double-Variablen d:\n");
21   printf("%f\n", d);                             /*    Normalformat          */
22   printf("%.4f\n", d);                           /*    4 Nachkommastellen   */
23   printf("%.2f\n", d);                           /*    2 Nachkommastellen   */
24   printf("%#.0f\n", d); /* ohne Nachkommastellen und wegen # mit Dezimalpunkt */
25   printf("%.f\n", d);   /*  ohne Nachkommastellen und ohne Dezimalpunkt      */
26   printf("%.2E\n", d);        /*  Exponentialformat mit 2 Nachkommastellen   */
27   printf("%e\n", d);                          /*  Exponentialformat Standard */
28
29   printf("\nAusgabe des Strings:\n");
30   printf("%.1s\n", "C_IS_FUN");  /*   Ausgabe nur des ersten Buchstabens     */
31   printf("%5.4s\n", "C_IS_FUN");     /*   die ersten vier Zeichen mit
32                                         einem führenden Leerzeichen          */
33   printf("%10s\n", "C_IS_FUN");              /*  alle Zeichen mit zwei
34                                                 führenden Leerzeichen        */
35   printf("%7.4s\n", "C_IS_FUN");     /*   die ersten vier Zeichen
36                                         mit drei führenden Leerzeichen       */
37   printf("%5.1s\n", "C_IS_FUN");     /*   erster Buchstabe mit
38                                         vier führenden Leerzeichen           */
39 }
```

▶ insum.c:

```
1  /*  insum liest drei ganze Zahlen als unausgerechnete Summe ein
2      und gibt die ausgerechnete Summe aus. insum zählt außerdem die
3      eingegebenen Zeichen.  */
4
5  #include <stdio.h>                                  /*  für scanf, printf  */
6
```

```
 7  main()
 8  {
 9    long x, y, z;      /*   Datentyp long, falls große Zahlen eingegeben werden.*/
10    int num;                        /*   für die Anzahl der eingegebenen Zeichen.   */
11
12    printf("\033[2J");                           /*   Bildschirm von eventuellen
13                                            Ausgaben früherer Programme löschen.  */
14
15    printf("Geben Sie drei ganze Zahlen in der Form\n");
16    printf("          a+b+c\n");
17    printf("und bestätigen Sie die Eingabe mit <Enter>:\n");
18
19    scanf("%ld+%ld+%ld%n", &x, &y, &z, &num);     /*   Einlesen der drei Werte
20                                            und Speichern der Anzahl
21                                            der eingelesenen Zeichen
22                                            in der Variablen num.   */
23
24    printf("\nDie Summe Ihrer Zahlen ist: %ld\n", x+y+z);
25    printf("Sie haben %d Zeichen eingegeben.", num);
26  }
```

Überlegen Sie sich, wie man nicht die Zahl der eingegebenen *Zeichen*, sondern der eingegebenen *Ziffern* ausgeben könnte.

▶ *telefon.c:*

```
 1  /*  telefon liest eine 4stellige Vorwahl und eine 6stellige
 2  Telefonnummer in einem bestimmten Format ein und gibt sie in einem
 3  anderen Format wieder aus.  */
 4
 5  #include <stdio.h>                              /*   für printf, scanf  */
 6
 7  main()
 8  {
 9    int vor;                              /*   für die Vorwahl    */
10    long num;                  /*   long, weil die Telefonnummer 6stellig ist. */
11
12    printf("\033[2J");            /*   löscht Bildschirm vor Programmbeginn. */
13
14    printf("Geben Sie eine 6stellige Telefonnummer "
15       "mit 4stelliger Vorwahl\n"
16       "nach folgendem Muster ein:   0vvv/nnnnnn\n");
17
18    scanf("%d/%ld", &vor, &num);                /*   erlaubt die Eingabe mit
19                                            dem Zusatzzeichen "/".  */
20
21    printf("\nDie eingegebene Nummer war: (%04d) %ld", vor, num);
22                       /*   falls die erste Ziffer der Vorwahl 0 ist,
23                            sorgt %04d dafür, daß sie auch ausgegeben wird.   */
24  }
```

quersum.c:

```
 1  /* quersum liest eine ganze vierstellige Zahl des Anwenders so ein,
 2  daß jede einzelne Ziffer einer Variablen zugewiesen wird. Die Quersumme
 3  der Zahl wird berechnet und ausgegeben.  */
 4
 5  #include <stdio.h>                                  /*   für scanf, printf  */
 6
 7  main()
 8  {
 9    short a, b, c, d;                    /*   Variablen zur Aufnahme der
10                                              Ziffern der eingegebenen Zahl.   */
11
12    printf("\033[2J");                   /*   Bildschirm löschen, um Ausgaben
13                                              früherer Programme zu entfernen. */
14    printf("Geben Sie eine 4stellige ganze Zahl ein: ");
15    scanf("%1hd %1hd %1hd %1hd", &a, &b, &c, &d); /* Einlesen jeweils einer Zif-
16                                              fer der eingegebenen Zahl in
17                                              eine gesonderte Variable.    */
18
19    printf("\nDie Quersumme Ihrer Zahl ist: %hd", a+b+c+d);
20                                              /*   Ausgabe der Quersumme.  */
21  }
```

Lösungen zu den Aufgaben aus Kapitel 3

 minimum.c:

```
 1  /*   minimum ermittelt die kleinere von zwei eingegebenen Zahlen. */
 2  #include <stdio.h>                           /*   für printf, scanf  */
 3
 4  main()
 5  {
 6      long x, y;                           /*   für evtl. größere Zahlen      */
 7
 8      printf("\033[2J");                       /*   Bildschirm löschen */
 9      printf("Geben Sie zwei ganze Zahlen ein.\n");
10          printf("Bestätigen Sie jede Eingabe mit <Enter>:\n");
11          scanf("%ld %ld", &x, &y);
12          printf("\nDie kleinere der beiden Zahlen ist: %ld", x <y ? x:y);
13  }
```

Analog dazu kann man natürlich auch die größere von zwei Zahlen bestimmen:

 maximum.c:

```
 1  /*   maximum ermittelt die größere von zwei eingegebenen Zahlen.   */
 2  #include <stdio.h>                           /*   für printf, scanf  */
 3
 4  main()
 5  {
 6      long x, y;                           /*   für evtl. größere Zahlen      */
 7
 8      printf("\033[2J");                       /*   Bildschirm löschen */
 9      printf("Geben Sie zwei ganze Zahlen ein.\n");
10      printf("Bestätigen Sie jede Eingabe mit <Enter>:\n");
11      scanf("%ld %ld", &x, &y);
12      printf("\nDie größere der beiden Zahlen ist: %ld", x >y ? x:y);
13  }
```

Das folgende Programm citonr.c verwendet zur Umwandlung einer alphanumerischen Ziffer in die entsprechende Zahl das gleiche Verfahren, das wir schon zur Umwandlung von Klein- in Großbuchstaben angewandt haben. Die Zeichen '0' bis '9' haben in der Code-Tabelle nicht die numerischen Codierungen 0 bis 9. Sie belegen aber *direkt aufeinanderfolgende* Plätze in der Tabelle. So haben die Zeichen '0' bis '9' z. B. in der ASCII-Tabelle die dezimalen Codewerte 48 bis 57. Diese Anordnung erlaubt es, die folgende Beziehung auszunutzen:

```
'0' - '0' =   48 - 48  =   0
```

C

```
'1' - '0' =    49 - 48  =    1
'2' - '0' =    50 - 48  =    2
.
.
.
'9' - '0' =    57 - 48  =    9
```

Die Differenz des ASCII-Codes einer Ziffer und des ASCII-Codes der *ersten* Ziffer gibt also gerade den numerischen Wert an, der der *alphanumerischen* Darstellung der Ziffer entspricht.

 citonr.c:

```
1  /*  citonr wandelt als Zeichen eingegebene Ziffern in die
2  ntsprechenden Zahlen um.    */
3
4  #include <stdio.h>                      /*  für printf, scanf, getchar  */
5  main()
6      {
7          char z1, z2;            /*  speichert die eingegebenen Ziffern.  */
8
9      printf("\033[2J");                          /*  Bildschirm löschen */
10     printf("Ziffer 1: ");
11         scanf("%c", &z1);
12
13         getchar();              /*  Eingabepuffer leeren: <Enter> der
14                                     vorhergehenden Eingabe entfernen.*/
15
16         printf("Ziffer 2: ");
17         scanf("%c", &z2);
18     printf("%d\n", z1 + z2);     /*  "Summe" der Zeichen, d. h.
19                                     Summe der ASCII-Werte der Ziffern*/
20     printf("%d\n", z1-'0' + z2-'0');          /*  Summe der Zahlen   */
21         }
```

In dem Programm enthalten die Variablen *z1* und *z2* die ASCII-Codes der beiden eingegebenen *Zeichen*. Würden man die Summe

```
z1 + z2
```

bilden, erhielte man lediglich die Summe der ASCII-Codes. Gibt der Anwender etwa die Zeichen '3' und '4' ein, gibt die Anweisung

```
printf("%d\n", z1 + z2);
```

den Wert *103* aus, statt wie gewünscht den Wert *7*. Die Anweisung

```
printf("%d\n", z1-'0' + z2-'0');
```

liefert jedoch die Summe der mit

```
        z1 - '0'
```

und

```
        z2 - '0'
```

ermittelten numerischen Werte für die Eingaben '3' und '4', nämlich 7.

Man erinnere sich daran (vgl. das Kapitel 2.3.3 "Fehlerbeseitigung"), daß bestimmte Funktionen - wie *scanf* - eine Bestätigung der Eingabe mit [Enter] erfordern, dieses [Enter] jedoch nicht aus dem Eingabepuffer entfernen. Daher
die Anweisung

```
        getchar();
```

die das [Enter] der ersten *scanf*-Anweisung aus dem Puffer entfernt, das sonst
von der zweiten *scanf*-Anweisung - wegen des Eingabeformats %c - als *Zeichen* statt einer Anwendereingabe verarbeitet würde. Das Programm nähme
dadurch einen fehlerhaften Verlauf.

3

▶ *revnum.c:*

```
1  /*   revnum liest eine vierstellige ganze Zahl ein, berechnet
2  den Wert, der sich ergibt, wenn man ihre Ziffern umkehrt, und gibt
3  die Summe beider Zahlen aus. */
4
5  #include <stdio.h>                              /*   für printf, scanf  */
6
7  main()
8      {
9          int x, xreverse;                    /*   Zahl und Umkehrzahl    */
10         int e, z, h, t;/* Einer, Zehner, Hunderter, Tausender der Zahl x  */
11
12     printf("\033[2J");
13     printf("Vierstellige Zahl eingeben: ");
14         scanf("%d", &x);
15
16         t = x / 1000;                 /*   Tausender von x ermitteln   */
17         h = x % 1000 / 100;                /*   Hunderter von x      */
18         z = x % 100 / 10;                    /*   Zehner von x  */
19         e = x % 10;                          /*   Einer von x   */
20                                    /*   Umkehrzahl von x bilden:    */
21
22         xreverse = t + (10 * h) + (100 * z) + (1000 * e);
23         printf("\nDie Umkehrzahl von %d ist %d.\n", x, xreverse);
24         printf("Die Summe beider Zahlen ist: %d", x + xreverse);
25     }
```

flitime.c:

```
 1  /*   flitime berechnet aus den Eingabewerten:
 2              Flugstrecke,
 3              Fluggeschwindigkeit
 4              Windgeschwindigkeit
 5              die Flugzeit und gibt sie im Format HH:MM aus. */
 6
 7  #include <stdio.h>                                  /*   für printf, scanf   */
 8
 9  main()
10      {
11          long s_km;                                          /*   Strecke in km */
12          long s_m;                                          /*   Strecke in Metern */
13          long v_km;                              /*   Fluggeschwindigkeit in km/h */
14          long v_ms;                              /*   Fluggeschwindigkeit in m/sec*/
15          long wv_km;                             /*   Windgeschwindigkeit in km/h */
16          long wv_ms;                             /*   Windgeschwindigkeit in m/sec*/
17          long t_sec;                                /*   Flugzeit in Sekunden    */
18          long t_hour;                               /*   Flugzeit: Stundenanteil */
19          long t_min;                                /*   Flugzeit: Minutenanteil */
20
21      printf("\033[2J");
22
23      printf("Flugstrecke in km: ");
24      scanf("%ld", &s_km);
25      printf("Fluggeschwindigkeit in km/h: ");
26      scanf("%ld", &v_km);
27      printf("Windgeschwindigkeit in km/h (Minuszeichen für Rückenwind): ");
28      scanf("%ld", &wv_km);
29
30      s_m     = s_km * 1000;                   /*   Flugstrecke in Metern   */
31      v_ms = 1000 * v_km / 3600;              /*   Fluggeschwindigkeit in m/sec*/
32      wv_ms    = 1000 * wv_km /3600;          /*   Windgeschwindigkeit in m/sec*/
33
34      t_sec    = s_m / (v_ms - wv_ms);        /*   Flugzeit in Sekunden    */
35
36      t_min    = t_sec / 60;                    /*   Flugzeit in Minuten    */
37      t_hour   = t_min / 60;                  /*   Stundenanteil der Flugzeit   */
38      t_min    = t_min % 60;                  /*   Minutenanteil der Flugzeit   */
39      printf("\n\nFlugzeit: %ld:%ld", t_hour, t_min);
40  }
```

intmax.c:

```
 1  /*   intmax ermittelt die größte Ziffer einer fünfstelligen Zahl.  */
 2
 3  #include <stdio.h>                                  /*   für printf, scanf   */
 4
 5  main()
```

```
 6      {
 7
 8      short z1, z2, z3, z4, z5;                        /*   für die Ziffern      */
 9          short maxint;                        /*   für die größte Ziffer  */
10
11      printf("\033[2J");
12      printf("Eine fünfstellige ganze Zahl eingeben: ");
13
14      /*   Ziffern trennen:   */
15      scanf("%1hd %1hd %1hd %1hd %1hd", &z1, &z2, &z3, &z4, &z5);
16
17      /*   größte Ziffer bestimmen:      */
18
19      maxint = z1 > z2 ? z1 : z2;                /*   1. Ziffer größer als 2.?    */
20      /*   restliche Ziffern mit maxint vergleichen: */
21      maxint = ((maxint > z3 ? maxint : z3) > z4 ? maxint : z4) > z5 ? maxint : z5;
22
23      printf("\nMaximum: %ld", maxint);                /*   Maximum ausgeben    */
24      }
```

Das Programm bestimmt mit Hilfe des Bedingungsoperators zunächst, welche der beiden ersten Ziffern größer ist, und speichert das Ergebnis in der Variablen *maxint*. Danach werden in drei *geschachtelten* Bedingungsoperatoren die restlichen Ziffern mit *maxint* verglichen und *maxint* entsprechend verändert, wenn eine der restlichen Ziffern größer als der aktuelle Wert von *maxint* ist. Die Klammerung sorgt dafür, daß die Bedingungsoperatoren von links nach rechts (normalerweise von rechts nach links) ausgewertet werden: von der innersten Klammer nach außen.

5 b)

▶ *evenmax.c:*

```
 1  /*   evenmax liest eine fünfstellige ganze Zahl ein und bestimmt
 2  die größte gerade Ziffer der Zahl.      */
 3
 4  #include <stdio.h>                                /*   für printf, scanf  */
 5
 6  main()
 7      {
 8      short z1, z2, z3, z4, z5;                        /*   für die Ziffern      */
 9          short maxeven;                        /*   für die größte gerade Ziffer */
10
11      printf("\033[2J");
12      printf("Eine fünfstellige ganze Zahl eingeben: ");
13
14      /*   Ziffern trennen:*/
15      scanf("%1hd %1hd %1hd %1hd %1hd", &z1, &z2, &z3, &z4, &z5);
16
17      /*   größte gerade Ziffer bestimmen:   */
18      maxeven = !(z1 % 2) ? z1 : 0;      /*   wenn 1. Ziffer gerade: speichern */
19
20      /*   wenn 2. Ziffer gerade und größer als 1. Ziffer: in maxeven speichern:*/
```

C

```
21      maxeven = !(z2 % 2) && z2 > maxeven ? z2 : maxeven;
22      /*   wenn 3. Ziffer gerade...      */
23      maxeven = !(z3 % 2) && z3 > maxeven ? z3 : maxeven;
24      /*   wenn 4. Ziffer gerade...      */
25      maxeven = !(z4 % 2) && z4 > maxeven ? z4 : maxeven;
26      /*   wenn letzte Ziffer gerade... */
27      maxeven = !(z5 % 2) && z5 > maxeven ? z5 : maxeven;
28
29      printf("\nGrößte gerade Ziffer: %hd", maxeven);
30      }
```

Das Programm prüft zunächst mit der Anweisung

```
maxeven = !(z1 % 2) ? z1 : 0;
```

ob die 1. Ziffer gerade ist und speichert sie in diesem Fall in der Variablen *maxeven* (ansonsten den Wert 0 als kleinste "gerade" Ziffer). Die Ziffer ist gerade, wenn sie bei der Teilung durch 2 den Rest 0 läßt, d. h., wenn der Ausdruck

```
(z1 % 2)
```

gleich 0 ist. Die Bedingungsausdruck könnte also lauten:

```
(z1 % 2) == 0 ? z1 : 0
```

und hätte umgangssprachlich die Bedeutung: Falls die Division der 1. Ziffer durch 2 den Rest 0 hat, nimmt der Bedingungsausdruck den Wert der 1. Ziffer an.

Die Schreibweise mit dem Negationsoperator ist dazu gleichwertig, da die Ausdrücke

```
!(z1 % 2) und  (z1 % 2) == 0
```

äquivalent sind, d. h. stets den gleichen Wahrheitswert haben: Wenn *(z1 % 2) == 0* TRUE ist, ist auch *!(z1 %2) TRUE* (vgl. dazu Kapitel 3.2.3"Logische Operatoren"). Sie ist außerdem kürzer.

Die Anweisung

```
maxeven = !(z2 % 2) && z2 > maxeven ? z2 : maxeven
```

prüft dann in gleicher Weise, ob die 2. Ziffer gerade ist, und außerdem, ob sie größer als die bisher größte gerade Ziffer (*maxeven*) ist. Nur wenn *beide* Teilbedingungen TRUE sind, wird *maxeven* verändert und durch die 2. Ziffer ersetzt, denn anderfalls ist die 2. Ziffer entweder nicht gerade, oder sie ist zwar gerade aber nicht größer als die erste. Analog wird für die restlichen Ziffern verfahren und abschließend die größte gerade Ziffer der Zahl ausgegeben.

Gibt man die Celsiuswerte in 5er-Schritten vor, so muß 21mal der entsprechende Fahrenheit-Wert nach der Formel

```
Fahrenheit = (Celsius * 9) / 5 + 32
```

ermittelt werden:

Celsius	Fahrenheit
0	32
5	41
10	50
.	.
.	.
.	.
100	212

Man kann das natürlich in 21 Einzelanweisungen durchführen:

```
celsius = 0;
printf("%d\t%d\n", celsius, (celsius*9)/5+32);
celsius += 5;
printf("%d\t%d\n", celsius, (celsius*9)/5+32);
celsius += 5;
    .
    .
    .
```

Das ist jedoch sehr mühsam. Besser wäre es, wenn man eine Anweisung hätte, die den *immer gleichen* Verarbeitungsschritt

```
printf("%d\t%d\n", celsius, (celsius*9)/5+32);
celsius += 5;
```

so oft wie nötig wiederholt. Zur Erzeugung der Temperaturtabelle könnte man die hypothetische Anweisung in Pseudocode etwa so formulieren:

Führe die Anweisung

```
printf("%d\t%d\n", celsius, (celsius*9)/5+32)
celsius += 5;
```

so oft aus, wie der Wert von celsius nicht größer als 100 ist.

Lösungen zu den Aufgaben aus Kapitel 4

Eine von mehreren Lösungsmöglichkeiten besteht in der Verwendung einer geschachtelten *if else*-Konstruktion.

 checkdat.c:

```
 1  /*   checkdat liest ein Datum ein und überprüft es auf seine Korrektheit.    */
 2
 3  #include <stdio.h> /*   für printf, scanf  */
 4  #include <conio.h> /*   für getche     */
 5
 6  main()
 7    {
 8       int day, mon, year;                        /*   Tag, Monat, Jahr    */
 9       char reply;                                /*   Kontrollvariable    */
10
11       do
12         {
13            printf("\033[2J");
14            printf("Datumsüberprüfung:\n\n");
15            printf("Geben Sie ein Datum in der Form TT.MM.JJJJ ein: ");
16            scanf("%d.%d.%d", &day, &mon, &year);
17
18
19            if (day < 1 || day > 31)     /* Tag zu klein oder zu groß */
20              {
21                  printf("\n\nFalsche Tageseingabe. Weiter mit <Enter>.");
22                  getche();
23                  }
24
25  /*   Tag zu groß bei 30-Tage-Monaten   */
26
27            else if ((mon == 4 || mon == 6 || mon == 9 || mon == 11) && day > 30)
28                {
29                    printf("\n\nFalsche Tageseingabe. Weiter mit <Enter>.");
30                    getche();
31                }
32
33            else if (mon < 1 || mon > 12)     /*   Monat zu klein oder zu groß  */
34                {
35                    printf("\n\nFalsche Monatseingabe. Weiter mit <Enter>.");
36                    getche();
37                }
38  /*   Tag zu groß bei Februar (kein Schaltjahr)  */
39
40            else if (year % 4 != 0)
41              {
42                  if (mon == 2 && day > 28)
43                    {
44                        printf("\n\nFebruar hat nur 28 Tage.
45                            Weiter mit <Enter>.");
46                        getche();
```

```
47                                  }
48                          else
49                              {
50                                      printf("\n\nGültiges Datum.\n");
51                                      printf("Ein weiteres Datum überprüfen? (j/n)");
52                                      reply = getche();
53                              }
54                      }
55 /*   Tag zu groß bei Februar im Schaltjahr */
56
57          else if ((year % 4 == 0 && year % 100 != 0) || year % 400 == 0)
58              {
59                  if (mon == 2 && day > 29)
60                      {
61                              printf("\n\nSchaltjahr. Februar hat 29 Tage.
62                                  Weiter mit <Enter>.");
63                              getche();
64                      }
65                  else                                /*   korrektes Datum    */
66                      {
67                              printf("\n\nGültiges Datum.\n");
68                              printf("Ein weiteres Datum überprüfen? (j/n)");
69                              reply = getche();
70                      }
71              }
72          } while (reply == 'j');                     /*   Ende do while */
73      }   /*   Ende main */
```

2

▶ *shovowel.c:*

```
1  /*   shovowel zählt die Häufigkeiten von Vokalen in einer Eingabe
2       und gibt sie als waagerechte Balken aus.   */
3
4  #include <stdio.h>                          /*   für printf, getchar, EOF   */
5
6  main()
7  {
8      int c;
9      int k;                                  /*   Kontrollvariable   */
10     int a = 0,   /*   */
11         e = 0,   /*   */
12         i = 0,                                       /*   Vokale zählen */
13         o = 0,   /*   */
14         u = 0;   /*   */
15
16     printf("\033[2J");
17     printf("Geben Sie Zeichen ein. Ende mit <Strg>+<Z>.\n");
18
19 /*   Vokale zählen: */
20
21     while ((c = getchar()) != EOF)
22         switch (c)
```

C

```
23              {
24                  case 'a':
25                  case 'A': a++;
26                      break;
27
28                  case 'e':
29                  case 'E': e++;
30                      break;
31
32                  case 'i':
33                  case 'I': i++;
34                      break;
35
36                  case 'o':
37                  case 'O': o++;
38                      break;
39
40                  case 'u':
41                  case 'U': u++;
42              }
43 /*   Häufigkeiten ausgeben: */
44
45     printf("\n\nA ");                    /*   Anzahl a/A ausgeben   */
46     for (k = 1; k <= a; k++)
47         printf("█");
48     printf(" %d", a);
49
50     printf("\n\nE ");                    /*   Anzahl e/E ausgeben   */
51     for (k = 1; k <= e; k++)
52         printf("█");
53     printf(" %d", e);
54
55     printf("\n\nI ");                    /*   Anzahl i/I ausgeben   */
56     for (k = 1; k <= i; k++)
57         printf("█ ");
58     printf(" %d", i);
59
60     printf("\n\nO ");                    /*   Anzahl o/O ausgeben   */
61     for (k = 1; k <= o; k++)
62         printf("█ ");
63     printf(" %d", o);
64
65     printf("\n\nU ");                    /*   Anzahl u/U ausgeben   */
66     for (k = 1; k <= u; k++)
67         printf("█ ");
68     printf(" %d", u);
69 }
```

Beim Ausgabeteil des Programms fragt man sich wegen der Ähnlichkeit der Ausgabeanweisungen für die einzelnen Häufigkeiten vielleicht, ob es nicht möglich ist, auch diese in einer Schleife und nicht einzeln auszugeben. Dies wird jedoch durch die Speicherung der Werte in unterschiedlichen Variablen verhindert. Es wäre von Vorteil, wenn die einzelnen Häufigkeiten nacheinander in *einer einzigen* Variablen gespeichert werden könnten und man auf die Werte der Reihe nach über den *gleichen* Variablennamen und einen *Index*, der die Position der einzelnen Werte angibt, zugreifen könnte. Tatsächlich ist in C eine solche Datenstruktur vorhanden. Es handelt sich dabei um sog. *Arrays* oder *Datenfelder*. Sie sind das Thema des nächsten Hauptkapitels. (Eine andere Möglichkeit wäre die Verwendung eines *Unterprogramms*, das jedesmal gestartet würde, wenn eine der obigen Ausgabeoperationen ansteht. Vgl. dazu das Kapitel 10 "Funktionen".)

3

▶ *statvals.c:*

```
 1  /*   statvals berechnet einige statistische Werte.   */
 2
 3  #include <stdio.h>                              /*   für scanf, printf  */
 4  #include <conio.h>                              /*   für getche         */
 5
 6
 7  main()
 8    {
 9      long val;                                 /*   Eingabewert    */
10      long max;                                 /*   größte Zahl    */
11      long maxeven;                            /*   größte gerade Zahl */
12      int even_ok = 0;   /*  flag: ist überhaupt eine gerade Zahl vorhanden?*/
13      long min;                                 /*   kleinste Zahl */
14      long minodd;                            /*  kleinste ungerade Zahl  */
15      int odd_ok = 0; /* flag: ist überhaupt eine ungerade Zahl vorhanden?  */
16      long s = 0;                              /*   Summe der Zahlen    */
17      int n = 0;                             /*   Anzahl der eingebenen Zahlen */
18
19      printf("\033[2J");
20      do
21        {
22          do                       /*   Falsche Eingabe abfangen    */
23            {
24              if (!n)               /*   1. Eingabe (n gleich 0) */
25                {
26                  printf("\033[2J");
27                  printf("Maximum, Minimum, Summe und Mittelwert von"
28                         " positiven ganzen Zahlen.\n");
29                  printf("Geben Sie positive Werte ein.
30                         Ende mit -1.\n\n");
31                }
32              printf("%d. Zahl: ", n+1);
33              scanf("%ld", &val);
34            }
35          while (val < -1);          /*   nur positive Zahlen
36                                      und das Endzeichen -1 erlaubt.   */
37
38  /*   Maximum bestimmen   */
39
40              if (!n)               /*   1. Eingabewert (bei n gleich 0)  */
```

C

```
41                     max = val;     /* zur Initialisierung von max verwenden. */
42                else
43                     if (max < val)           /*   jeweils größten Eingabewert. */
44                         max = val;                     /*   in max speichern.   */
45
46  /*   Minimum bestimmen  */
47                if (!n)                                      /*  1. Eingabewert*/
48                    min = val;     /* zur Initialisierung von min verwenden. */
49                else
50                     if (min > val && val >= 0)       /*   kleinsten Eingabe-
51                                                     wert (aber nicht -1)    */
52                         min = val;                  /*   in min speichern    */
53
54  /*   Größte gerade Zahl bestimmen */
55
56                if (! even_ok)          /*   falls noch keine gerade Zahl */
57                  {
58                    if (val % 2 == 0)                /*   falls gerade Zahl   */
59                     {
60                        maxeven = val;      /*   maxeven damit initialisieren */
61                        even_ok = 1;        /*   es gibt eine gerade Zahl     */
62                     }
63                  }
64                else               /*   falls bereits gerade Zahl vorhanden   */
65                    if (maxeven < val && (val % 2 == 0))
66                        maxeven = val; /*   größte davon in maxeven speichern*/
67
68  /*   Kleinste ungerade Zahl bestimmen */
69
70                if (! odd_ok)          /*   falls noch keine ungerade Zahl    */
71                  {
72                    if (val % 2 && val >= 0)    /*   mit 1. ungerader Zahl    */
73                     {
74                        minodd = val;           /*   minodd initialisieren    */
75                        odd_ok = 1;       /*   es gibt eine ungerade Zahl     */
76                     }
77                  }
78                else               /*   falls bereits ungerade Zahl vorhanden */
79                    if (val >= 0 && minodd > val && (val % 2))
80                        minodd = val;           /*   kleinste davon (aber
81                                                nicht -1) in minodd speichern     */
82
83  /*   Summe für Mittelwert bilden und Eingabewerte zählen.*/
84                if (val >= 0)        /*   Endezeichen -1 nicht mitverabeiten    */
85                  {
86                    s += val;                            /*   Summieren */
87                    n++;                         /*   Eingabewerte zählen    */
88
89                  } while (val != -1);             /*   Ende oberstes do while  */
90      /*   Werte ausgeben*/
91
92
93      printf("\033[2J");                        /*   frischer Bildschirm     */
94      printf("Anzahl der eingegebenen Zahlen: %d\n\n", n);
95
```

```
 96
 97              if (n > 0)          /*   falls überhaupt Werte eingegeben wurden.   */
 98                  {
 99                      printf("Größter eingegebener Wert: %ld\n\n", max);
100                      if(even_ok)                   /*   gab es gerade Werte?   */
101                          printf("Größter gerader eingegebener Wert:
102                              %ld\n\n", maxeven);
103                      else
104                          printf("Es wurde keine gerade Zahl eingegeben.\n\n");
105                      printf("Kleinster eingegebener Wert: %ld\n\n", min);
106                      if(odd_ok)                   /*   gab es ungerade Zahlen? */
107                          printf("Kleinster ungerader eingegebener Wert:
108                              %ld\n\n", minodd);
109                      else
110                          printf("Es wurde keine ungerade Zahl eingegeben.\n\n");
111                      printf("Summe der eingegebenen Werte: %ld\n\n", s);
112
113
114                      printf("Mittelwert: %f", (double) s/n); /* Konvertieren   */
115                  }
116              else
117                  printf("Es wurden keine Werte eingegeben.");
118
119      }                                                        /*   Ende main */
```

Die zweite *do while*-Anweisung am Anfang des Programms verhindert, daß negative Zahlen in die Berechnungen eingehen (das Endezeichen -1 wird gesondert behandelt). Die Schleife wird so lange fortgeführt, bis eine gültige Zahl eingegeben wird. Wir beachten, daß die Schleife bei jedem Durchgang der äußeren *do while*-Anweisung mindestens einmal ausgeführt und daher auch nach Eingabe einer *korrekten* Zahl beim nächsten Durchgang der äußeren Schleife wieder betreten wird, um die nächste (gültige) Eingabe zu ermöglichen.

Für die größte gerade und die kleinste ungerade Zahl wird jeweils ein *flag* verwendet, das anzeigt, ob überhaupt ein gerader bzw. ungerader Wert eingegeben wurde. Alle Minimal- und Maximalwerte werden mit der ersten entsprechenden Eingabe des Anwenders initialisiert. Gibt es keine geraden oder ungeraden Werte bzw. findet überhaupt keine Eingabe statt, wird dies mit einer Meldung angezeigt.

Bei der Ausgabe des Mittelwerts wird der Ausdruck *s/n* wegen der zu erwartenden gebrochenen Zahlen in den Typ *double* konvertiert.

C

4

Um die Chancen für 3, 4, 5 oder 6 richtige Zahlen bestimmen zu können, benötigt man die Anzahl *aller* möglichen 6-Zahlen-Tips und die Anzahl der Möglichkeiten, genau 3, 4, 5 oder 6 richtige Zahlen zu haben. Die Anzahl aller möglichen 6-Zahlen-Tips ist durch den Ausdruck

$$\binom{49}{6}$$

(sprich: 49 über 6) bestimmt, den man nach der Formel

$$\binom{n}{k} = \frac{n!}{k! * (n-k)!}$$

wie folgt auflöst:

$$\binom{49}{6} = \frac{49!}{6!*(49-6)!} = \frac{49!}{6! * 43!}$$

$$= \frac{49*48*47*...*2*1}{1*2*...*6*1*2*...*42*43}$$

$$= \frac{49*48*47*46*45*44}{2*3*4*5*6}$$

$$= 13983816$$

Die Anzahl der Möglichkeiten beispielsweise 3 von 6 Zahlen richtig zu haben, ergibt sich so: 3 der eigenen 6 Zahlen sollen sich unter den Gewinnzahlen befinden. Dafür gibt es

$$\binom{6}{3} = 20$$

Möglichkeiten. (Dies ist die Anzahl der 3-Zahlen-Kombinationen aus 6 verschiedenen Zahlen.) Die anderen 3 Zahlen des Tips sind *falsch* und befinden sich daher unter den 43 *nicht* gezogenen Zahlen. Die Anzahl der Möglichkeiten, aus 43 Zahlen drei auszuwählen, ist

$$\binom{43}{3} = 12341$$

Die Anzahl der Möglichkeiten, 3 richtige *und* 3 falsche Zahlen zu haben, gibt das folgende Produkt an:

$$\binom{6}{3} * \binom{43}{3} = 246820$$

Um die Gewinnchance für drei richtige Zahlen zu ermitteln, muß die Anzahl der Tips mit drei richtigen und 3 falschen Zahlen durch die Anzahl *aller* möglichen 6-Zahlen-Tips geteilt werden:

$$\frac{246820}{13983816} \approx \frac{1}{57}$$

Analog berechnet man die Chancen für 4, 5 und 6 richtige Zahlen.

▶ *chances1.c:*

```
 1   /*   chances1 berechnet die Gewinnquoten in einem Lotteriespiel.   */
 2
 3   #include <stdio.h>                                   /*   für printf   */
 4
 5   main()
 6     {
 7       double f0 = 1.0, f1, f2, f3, f4, f5, f6;   /*   Fakultäten. Typ double */
 8       double f40, f41, f42, f43, f49;     /*   wegen der Größe der Zahlen. */
 9       double three6, four6, five6, six6;     /*   Auswahlmöglichkeiten aus
10                                                 den 6 richtigen Zahlen. */
11       double zero43, one43, two43, three43; /*   Auswahlmöglichkeiten aus
12                                                 den 43 falschen Zahlen. */
13       double six49;     /*   Anzahl aller möglichen 6-Zahlen-Kombinationen. */
14       int i;                                     /*   Kontrollvariable   */
15
16       printf("\033[2J");
17       printf("LOTTERIEGEWINNCHANCEN (6 aus 49):\n\n");
18
19   /*   Fakultäten berechnen     */
20       for (i = 1, f49 = 1.0; i < 50; i++)
21             {
22                 f49 = f49 * i;
23                 switch (i)
24                     {
25                         case 1:        f1 = f49;
26                                         break;
27                         case 2:       f2 = f49;
28                                         break;
29                         case 3:       f3 = f49;
30                                         break;
31                         case 4:       f4 = f49;
32                                         break;
33                         case 5:       f5 = f49;
34                                         break;
35                         case 6:       f6 = f49;
36                                         break;
37                         case 40: f40 = f49;
```

```
38                                              break;
39                      case 41:  f41 = f49;
40                                              break;
41                      case 42:  f42 = f49;
42                                              break;
43                      case 43:  f43 = f49;
44              }
45      }
46
47 /*   Chancen berechnen und ausgeben.   */
48          six49 = f49/(f6 * f43);
49
50          /*   Dreier   */
51          three6 = f6/(f3 * f3);              /*   3 richtige Zahlen aus 6 */
52          three43 = f43/(f3 * f40);           /*   3 falsche Zahlen aus 43 */
53          printf("\nDie  Chance, 3 richtige Zahlen auszuwählen, beträgt\n");
54          printf("\t%.f zu %.f oder 1 zu %.f\n\n", three6 * three43,
55              six49, six49/(three6*three43));
56
57          /*   Vierer   */
58          four6 = f6/(f4 * f2);               /*   4 richtige Zahlen aus 6 */
59          two43 = f43/(f2 * f41);             /*   2 falsche Zahlen aus 43 */
60          printf("\nDie  Chance, 4 richtige Zahlen auszuwählen, beträgt\n");
61          printf("\t%.f zu %.f oder 1 zu %.f\n\n", four6 * two43,
62              six49, six49/(four6*two43));
63
64          /*   Fünfer   */
65          five6 = f6/(f5 * f1);               /*   5 richtige Zahlen aus 6 */
66          one43 = f43/(f1 * f42);             /*   1 falsche Zahl aus 43    */
67          printf("\nDie  Chance, 5 richtige Zahlen auszuwählen, beträgt\n");
68          printf("\t%.f zu %.f oder 1 zu %.f\n\n", five6 * one43,
69              six49, six49/(five6*one43));
70
71          /*   Sechser   */
72          six6 = f6/(f6 * f0);                /*   6 richtige Zahlen aus 6 */
73          zero43 = f43/(f0 * f43);            /*   0 falsche Zahlen aus 43 */
74          printf("\nDie  Chance, 6 richtige Zahlen auszuwählen, beträgt\n");
75          printf("\t1 zu %.f\n\n", six49/(six6*zero43));
76      }                                              /*   Ende main */
```

Man kann die obigen Berechnungen auch in knapperer Form durchführen. Das folgende Programm chances2.c zeigt eine Version mit der Hälfte der Variablen von chances1.c und einer weiteren Schleifenkonstruktion.

chances2.c:

```
1  /*   chances2 berechnet die Gewinnquoten in einem Lotteriespiel.   */
2
3  #include <stdio.h>                                   /*   für printf    */
4
5  main()
6      {
7          double f2, f4, f6, f39, f43, f49;            /*   Fakultäten    */
8          double six49;              /*   Anzahl aller 6er-Kombinationen aus 49 */
```

```
 9          double n6;              /*  Anzahl der Kombinationen von
10                                  3, 4, 5 oder 6 richtigen Zahlen aus 6 */
11          double n43;             /*  Anzahl der Kombinationen von
12                                  3, 2, 1 oder 0 falschen Zahlen aus 43 */
13          int i;                              /*   Kontrollvariable   */
14          int k;                              /*   Hilfsvariable  */
15
16          printf("\033[2J");
17          printf("LOTTERIEGEWINNCHANCEN (6 aus 49):\n\n");
18  /*   Fakultäten berechnen    */
19
20          for (i = 1, f49 = 1.0; i < 50; i++)
21              {
22                  f49 = f49 * i;
23                  switch (i)
24                      {
25                          case 2:       f2 = f49;
26                                        break;
27
28                          case 4:       f4 = f49;
29                                        break;
30
31                          case 6:       f6 = f49;
32                                        break;
33
34                          case 39: f39 = f49;
35                                        break;
36
37                          case 43: f43 = f49;
38                      }
39              }
40  /*   Chancen berechnen und ausgeben.   */
41          six49 = f49/(f6 * f43);      /* Anzahl aller 6-Zahlen-Kombinationen */
42
43          for (i = 40, k = 0; i < 44; i++, k++)
44              {
45              n43 = f43/((f4 / (4-k)) * (f39 * i)); /* Anzahl der Kombinationen
46                              von 3, 2, 1 oder 0 falschen Zahlen aus 43 */
47              n6 = f6/((f2 * (k+3)) * (f4 / (4-k))); /* Anzahl der Kombinationen
48                              von 3, 4, 5 oder 6 richtigen Zahlen aus 6 */
49              if (k < 3)                   /*   3, 4, oder 5 richtige Zahlen */
50                  {
51                      printf("\nDie Chance, %d richtige Zahlen
52                          auszuwählen, beträgt\n", k+3);
53                      printf("\t%.f zu %.f oder 1 zu %.f\n\n", n6*n43,
54                          six49, six49/(n6*n43));
55                  }
56              else                                 /*   6 richtige Zahlen   */
57                  {
58                      printf("\nDie  Chance, %d richtige Zahlen
59                          auszuwählen, beträgt\n", k+3);
60                      printf("\t%.f zu %.f", n6*n43, six49);
61                  }
62              f2 = f2 * (k+3);   /*   nächsthöhere Fakultät für
63                                  nächsten Schleifendurchgang erzeugen. */
```

```
64                    f39 = f39 * i;                        /*   siehe oben    */
65                    f4 = f4/(4-k);     /*   nächstniedrigere Fakultät für
66                                            nächsten Schleifendurchgang erzeugen. */
67            }    /*  Ende for  */
68        }                                                  /*   Ende main */
```

Statt wie in chances1.c die Chancen für 3, 4, 5 und 6 richtige Zahlen einzeln zu ermitteln, benutzt chances2.c die beiden Variablen *i* und *k*, um mittels einer Schleife die Fakultäten sowie die zur Berechnung der Chancen benötigten Werte *n6* und *n43* für die unterschiedlichen Trefferzahlen (3 bis 6) zu bestimmen. Der Ausdruck

```
f4 / (4-k)
```

hat im ersten Schleifendurchgang wegen

```
f4 / (4-k) = 4! / 4 = 3!
```

den Wert von f3 (= 3!), durch die Anweisung

```
f4 = f4 / (4-k)
```

die *f4* den Wert von *f3* zuweist, im nächsten Durchgang den Wert von *f2* (= *2!*), dann von *f1* (= 1!) und schließlich im letzten Durchgang den Wert von *f0* (= 0! = 1). Analog verändern sich die anderen Werte: *f39 * i* wird nacheinander zu *f40* (= 40!), *f41* (= 41!), *f42* (= 42!) und *f43* (= 43!). Der Ausdruck *f2 * (k+3)* nimmt die Werte von *f3* (= 3!), *f4* (= 4!), *f5* (= 5!) und *f6* (= 6!) an.

5

 upprlet2.c:

```
1  /*   upprlet2 wandelt alle Kleinbuchstaben einer Eingabe in Großbuchstaben um. */
2
3  #include <stdio.h>                      /*   getchar, printf, putchar     */
4
5  main()
6      {
7          int c;
8
9          printf("\033[2J");
10         printf("Kleinbuchstaben in Großbuchstaben umwandeln.\n");
11         printf("Geben Sie Text ein. Ende mit <Strg>+<Z>.\n\n");
12
13         while ((c = getchar()) != EOF)
14             {
15                 if (c >= 'a' && c <= 'z')    /*   Falls Kleinbuchstabe   */
16                     putchar(c - 'a' + 'A'); /*   Großbuchstaben ausgeben */
17                 else if ( c == 'ä')              /*   Falls Umlaut   */
18                     putchar('Ä');
19                 else if ( c == 'ö')
```

```
20                          putchar('Ö');
21                  else if ( c == 'ü')
22                          putchar('Ü');
23                  else                                    /*   sonst    */
24                          putchar(c);            /*  Zeichen normal ausgeben */
25              }
26      }
```

▶ **lowrlet2.c:**

```
1  /* lowrlet2 wandelt alle Großbuchstaben einer Eingabe in Kleinbuchstaben um. */
2
3  #include <stdio.h>                        /*   getchar, printf, putchar    */
4
5  main()
6      {
7          int c;
8
9          printf("\033[2J");
10         printf("Großbuchstaben in Kleinbuchstaben umwandeln.\n");
11         printf("Geben Sie Text ein. Ende mit <Strg>+<Z>.\n\n");
12         while ((c = getchar()) != EOF)
13             {
14                 if (c >= 'A'  &&  c <= 'Z') /*   Falls Großbuchstabe    */
15                     putchar(c + 'a' - 'A'); /*   Kleinbuchstaben ausgeben*/
16                 else if ( c == 'Ä')            /*   Falls Umlaut   */
17                     putchar('ä');
18                 else if ( c == 'Ö')
19                     putchar('ö');
20                 else if ( c == 'Ü')
21                     putchar('ü');
22                 else                                    /*   sonst    */
23                     putchar(c);            /*  Zeichen normal ausgeben */
24             }
25     }
```

6

▶ **showbin.c:**

```
1  /*   showbin gibt eine ganze Zahl binär aus.    */
2
3  #include <stdio.h>                                /*   printf, scanf */
4
5  main()
6      {
7          long entry;
8          int p;                          /*   Zähler für Bitpositionen    */
9
10         printf("\033[2J");
11         printf("Geben Sie eine ganze Zahl ein: ");
12         scanf("%ld", &entry);
13         for(p = 31; p >= 0; p--)                    /*   für jedes Bit */
14             {
```

C

```
15                printf("%d", (entry >> p) & 1);          /*   Bit ausgeben   */
16                if (p % 8 == 0)                           /*   Alle 8 Bit     */
17                printf(" ");          /*   Leerzeichen als Trenner einfügen */
18          }
19      }
```

Die *for*-Schleife prüft nacheinander von links beginnend alle 32 Bits des eingegebenen Werts. Das Ausgabeverfahren besteht darin, zunächst das äußerst
linke Bit der Variablen *entry* durch die Schiebeoperation

```
entry >> p
```

mit der alle Bits von *entry* um *p* Positionen nach rechts verschoben werden,
um 31 Positionen nach rechts, also auf die *erste* Position rechts, zu bringen.
Wurde etwa der Wert *65* (dezimal) eingegeben, wird auf diese Weise daraus
der Wert *0*:

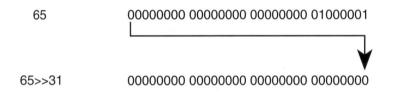

65   00000000 00000000 00000000 01000001

65>>31   00000000 00000000 00000000 00000000

Die bitweise UND-Verknüpfung des neuen Werts mit dem Wert 1

```
        00000000 00000000 00000000 00000000
&       00000000 00000000 00000000 00000001
```

ergibt den binären Wert

```
        00000000 00000000 00000000 00000000
```

also dezimal *0*. Dieser Wert entspricht dem Wert des verschobenen äußerst
linken Bits des Eingabewerts, denn die UND-Verknüpfung mit der Bitmaske
1 bildet nur das äußerst rechte Bit des verschobenen Eingabewerts ab, da in
der Bitmaske nur das äußerst rechte Bit gesetzt ist. Alle anderen Bits der Maske sind 0 und ergeben in der UND-Verknüpfung ebenfalls stets den Wert *0*,
unabhängig davon, welche Werte die entsprechenden Bits des Eingabewerts
haben. Daher nimmt das Verknüpfungsergebnis den Wert *0* an, wenn das Bit
im Eingabewert 0 ist, und 1, wenn das Bit im Eingabewert 1 ist. Auf diesem
"Umweg" kann der Wert des Bits als *dezimaler* Wert von *printf* ausgegeben
werden.

Der nächste Schleifendurchgang verschiebt das *zweite* Bit von links um 30 Positionen nach rechts auf die letzte Position rechts und gibt es nach dem oben
beschriebenen Verfahren aus, der übernächste Schleifendurchgang verschiebt
das dritte Bit von links um 29 Positionen nach rechts etc. Auf diese Weise

können alle Bits des Eingabewerts einzeln als *dezimaler* Wert von *printf* ausgegeben werden.

Das folgende Programm bitpos.c bestimmt die Anzahl und die Positionen der *gesetzten* Bits in einer ganzen Zahl.

▶ **bitpos.c:**

```
 1  /* bitpos bestimmt Anzahl und Positionen der gesetzten Bits einer ganzen Zahl. */
 2
 3  #include <stdio.h>                                      /*   printf, scanf */
 4
 5  main()
 6      {
 7          long entry;
 8          unsigned long m = 1;    /*  Bitmaske vom Datentyp unsigned.
 9                                      Soll keine negativen Werte bei
10                                      Schiebeoperationen (insbesondere
11                                      nach rechts) annehmen, da bei negativen
12                                      Zahlen - mit dem Vorzeichenbit 1 - von
13                                      links nicht mit Nullen, sondern (evtl.
14                                      unerwünschterweise) mit Kopien des
15                                      Vorzeichenbits aufgefüllt wird        */
16          int pos = 0;                      /*  Zähler für Bitpositionen   */
17          int b = 0;                               /*   Bitzähler */
18
19          printf("\033[2J");
20          printf("Geben Sie eine ganze Zahl ein: ");
21          scanf("%ld", &entry);
22          printf("\n\n");
23
24          while (m)                         /*  solange m ungleich 0    */
25              {
26                  pos++;                          /*   Position merken    */
27                  if (entry & m)          /*  falls Bit in entry gesetzt  */
28                      {
29                          b++;                        /*  Bits zählen   */
30                          printf("Bit gesetzt in Position %d\t", pos);
31                          if (b % 2 == 0)    /*  zweispaltig ausgeben    */
32                          printf("\n");
33                      }
34                  m <<= 1;                /*  Bits der Maske um eine Position
35                                             nach links schieben, um nächstes
36                                             Bit von entry zu prüfen.        */
37              }
38          printf("\n\nAnzahl der gesetzten Bits: %d", b);
39      }   /*  Ende main */
```

Position und Anzahl von gesetzten Bits werden festgestellt, indem das *einzige* gesetzte Bit einer Bitmaske mit dem Anfangswert 1 durch die Anweisung

```
m <<= 1;  /*  äquivalent zu: m = m << 1;   */
```

schrittweise (um jeweils ein Bit) von rechts nach links über die Bits des Eingabewerts *entry* geführt wird. Dabei wird mit der bitweisen UND-Verknüpfung geprüft, ob das entsprechende Bit des Eingabewerts gesetzt ist.

Wir bezeichnen die zehn Teilnehmer mit den Buchstaben A-J. Es ist klar, daß jeder Spieler neunmal antreten muß. Der Spieler A beispielsweise spielt gegen die Teilnehmer B bis J. Dies ergibt neun Spiele. Der Spieler B, dessen Spiel gegen A damit schon erledigt ist, muß dann noch gegen die acht restlichen Konkurrenten spielen, also gegen C bis J. Der Spieler C, dessen Begegnungen gegen A und B wir schon bei A und B gezählt haben, muß darüber hinaus noch gegen D bis J spielen (sieben Spiele). Analog dazu verfahren Sie für die restlichen Spieler D bis J, wobei für J am Schluß kein Gegner mehr übrigbleibt. Man hat also insgesamt

$$9 + 8 + 7 + 6 + 5 + 4 + 3 + 2 + 1 + 0 = 45$$

Spiele. Für die Ausgabe sämtlicher Spielpaarungen muß man also zunächst alle Spiele von A ausgeben, danach die Spiele von B, ohne das Spiel gegen A, danach die Spiele von C, ohne die bereits absolvierten gegen A und B, danach die Spiele von D usw. Im Pseudocode kann man formulieren

```
Für jeden Spieler
        Für jeden Gegner   (ohne Duplikate)
                        Gib die Spielpaarung aus.
```

"Ohne Duplikate" bedeutet, daß Begegnungen, die im Zusammenhang mit einem Spieler bereits gezählt und ausgegeben wurden, nicht beim nächsten Spieler erneut mitgezählt und ausgegeben werden sollen (A gegen B wird bei A gezählt und ausgegeben und *nicht* nochmals bei B gegen A). Aus dem Pseudocode läßt sich das folgende Programm entwickeln:

▶ *pairs.c:*

```
 1   /*  pairs gibt alle möglichen Spielpaarungen für zehn Spieler aus.    */
 2
 3   #include <stdio.h>                                    /*  für printf    */
 4
 5   main()
 6      {
 7           int p, q;                                /*  Kontrollvariablen  */
 8           int z = 0;                          /*  zählt die Paarungen     */
 9
10           printf("\033[2J");
11           printf("Spielpaarungen für zehn Spieler A - J\n\n");
12           for (p = 'A'; p < 'K'; p++)            /*  Für jeden Spieler    */
13              {
14                for (q = p + 1; q < 'K'; q++)   /*  Für jeden Gegner, der in
15                                    der Namensfolge nach dem Spieler kommt  */
```

```
16                      {
17                           printf("%c:%c\t", p, q);  /* Spielpaarung ausgeben  */
18                           z++;                      /*  Spielpaarung zählen   */
19                      }
20              printf("\n\n");
21          }
22      printf("Es werden %d Begegnungen ausgetragen.", z);
23  }
```

8

▶ shownext.c:

```
1  /*   shownext zeigt die nächste gültige (freie) Nummer an,
2       die für ein Produkt zu vergeben ist.  */
3
4  #include <stdio.h>                                              /*   printf   */
5  #include <conio.h>                                              /*   getche   */
6
7  main()
8      {
9          char group;                               /*   Produktgruppe */
10         int numA = 1, numB = 1, numC = 1;         /*   Produktnummern*/
11         char rep1;                                /*   Nummer vergeben ? */
12         char rep2 = 'j';                          /*   Gruppe wechseln ? */
13         int i;                                    /*   Kontrollvariable  */
14
15     printf("\033[2J");
16  /*  Eingabe der Produktnummern   */
17
18         do
19           {
20             if (rep2 == 'j')        /*   falls Gruppe neu zu wählen   */
21               {
22                 printf("\033[2J");
23                 printf("\n\nProduktgruppe (A-C) eingeben. Ende mit 0.\n");
24                 group = getche();
25               }
26
27             switch (group)
28               {
29                 case 'A': printf("\nNächste freie Nummer: %c%d",
30                                   group, numA);
31                           rep1 = 'x';   /*   damit die folgende
32                                            Abfrage ausgeführt wird.    */
33                           break;
34                 case 'B': printf("\nNächste freie Nummer: %c%d",
35                                   group, numB);
36                           rep1 = 'x';              /*   siehe oben    */
37                           break;
38                 case 'C': printf("\nNächste freie Nummer: %c%d",
39                                   group, numC);
40                           rep1 = 'x';              /*   siehe oben    */
41                           break;
```

C

```
42                          case '0': rep1 = 'n';    /*  Alle folgenden Anweisungen
43                                                        bis zum Schleifenende
44                                                        überspringen.
45                                                        Ende der Schleife.      */
46                          default:      rep1 = 'n';   /*  Bei falscher Eingabe alle
47                                                          folgenden Anweisungen bis
48                                                          zum Schleifenende über-
49                                                          springen. Neueingabe    */
50              }
51         while (rep1 != 'j' && rep1 != 'n')
52              {
53                      printf("\nNummer vergeben? (j/n)");
54                      rep1 = getche();
55              }
56
57         if (rep1 == 'j')
58              {
59                      printf("\nNummer wurde vergeben.");
60
61                      if (group == 'A')
62                          numA++;
63                      else if (group == 'B')
64                          numB++;
65                      else
66                          numC++;
67
68                      printf("\nGruppe wechseln? (j/n)");
69                      rep2 = getche();
70              }
71         else
72              rep2 = 'j';                /*  falls rep1 gleich 'n' und
73                                              rep2 gleich 'n', d. h., falls
74                                              die Gruppe vorher nicht gewechselt
75                                              und die Nummer nicht vergeben
76                                              wurde,soll n e u gewählt werden. */
77
78     } while (group != '0');                                   /*  Ende do while */
79 /*  Ausgabe der Produktnummern   */
80     printf("\n\n");                                    /*  Ausgabe separieren */
81     if(numA-1 || numB-1 || numC-1)            /*  Falls mindestens eine Nummer */
82        {                                             /*  vergeben wurde.      */
83           printf("Folgende Produktnummern wurden vergeben:\n\n");
84           for ( group = 'A'; group < 'D'; group++)
85              {
86                  for (i = 1; i < numA; i++)
87                      {
88                          printf("%c%d\t", group, i);
89                          if (i % 4 == 0)
90                          printf("\n");
91                      }
92                  if (group == 'A')
93                      numA = numB; /*  für die Produktgruppe B:
94                                          Anzahl der Produkte in die
95                                          Kontrollvariable numA übertragen.*/
96                  else if (group == 'B')
```

```
 97                              numA = numC; /* wie oben für die Produktgruppe C.*/
 98                            printf("\n\n"); /* Ausgaben voneinander trennen.    */
 99                     }                               /*  Ende äußeres for   */
100           .        }                                /*   Ende oberes if*/
101     }                                              /*   Ende main */
```

Das Programm shownext simuliert nur die Vergabe von Produktnummern. So werden diese Nummern nicht wirklich einem Produkt zugeordnet und sind auch nicht über das Programmende hinaus verfügbar. Um sie für einen weiteren Programmlauf wieder verwenden zu können, müßten sie in einer *Datei* gespeichert werden. (Vgl. dazu das Kapitel 11 "Dateiverwaltung".) Die einzelnen Nummern sind nicht einmal innerhalb desselben Programms gespeichert und direkt verfügbar, man kann lediglich anhand der größten Nummer die vergebenen Nummern auflisten. Selbstverständlich könnte man jede Nummer in einer eigenen Variablen speichern. Dies brächte aber erhebliche praktische Schwierigkeiten mit sich: Man stelle sich vor, man hätte tausend oder mehr Nummern zu verwalten und sollte entsprechend viele Variablen anlegen. Ebenso umständlich wäre eine Ausgabe der Nummern, da man die unterschiedlichen Variablennamen nicht als Kontrollvariable in einer Schleife verwenden kann, die inkrementiert oder dekrementiert wird. Auch der Umweg über die größte Nummer steht nicht immer zur Verfügung, denn es gibt Fälle, in denen diese Nummer nicht bekannt ist. Wie bereits in der Lösung zur Aufgabe 5.2 angedeutet, wäre es daher sehr nützlich, wenn man eine benannte Datenstruktur hätte, in der zusammengehörige Datenelemente wie z. B. Artikelnummern nacheinander *durchnumeriert* (mit einem *Index* also) gespeichert werden könnten. Über den Namen dieser Datenstruktur und den *variablen* Index könnte dann auf jedes Datenelement jederzeit (besonders auch in Schleifen) problemlos zugegriffen werden. Mehr dazu in Kapitel 5 "Zusammengesetzte Datentypen: Arrays und Strukturen".

9

▶ put20.c:

```
 1   /*   put20 gibt eine Eingabe in Zeilen von mindestens 20 Zeichen aus,
 2   darüber hinaus jede Zeile aber höchstens bis zum nächsten Wortende, d. h.,
 3   nach 20 Zeichen erfolgt nach dem nächsten Wortende ein Zeilenvorschub.
 4   Es werden Zeilennummern ausgegeben. Die Tastenkombination für das Endezeichen
 5   EOF ist entsprechend dem verwendeten Betriebssystem zu wählen. put20 benutzt
 6   die Tastenkombination <Strg>+<Z> für das Betriebssystem DOS. */
 7
 8   #include <stdio.h>                      /*   getchar, putchar, printf     */
 9
10   main()
11      {
12         int n = 0;                                /*   Zeichenzähler */
13         int line = 1;                             /*   Zeilenzähler  */
14         int c;
15
16         printf("\033[2J");
```

```
17                printf("Geben Sie Text ein. Ende mit <Strg>+<Z>:\n");
18
19           while((c = getchar()) != EOF)
20              {
21                n++;
22
23                if (n == 1)
24                    printf("%d\t", line)     /*   Zeilennummer ausgeben    */
25                if (n < 21)
26                   {
27                     putchar(c);
28                     if ( c == '\n') /* Zeilenpufferung von getchar beachten.
29                                       Falls das gerade gelesene Zeichen
30                                       das <Enter> war, wurde die letzte
31                                       Ausgabezeile v o r dem 20.
32                                       Zeichen durch <Enter> beendet.       */
33                        {
34                           line++;       /*   Zeilennummer erhöhen        */
35                           n = 0;        /*   von vorne zählen:
36                                              neue Ausgabezeile beginnt    */
37                        }
38                   }
39                else if (c == ' ')        /*   Falls Wortende nach
40                                               20. Zeichen oder später     */
41                   {
42                     printf("\n");                    /*   Neue Zeile      */
43                     line++;                    /*   Zeilennummer erhöhen  */
44                     n = 0;                        /*   von vorne zählen   */
45                   }
46                else           /*   Zeichen zwischen Position 20 und
47                                    nächstem Leerzeichen (Wortende) ausgeben. */
48                   putchar(c);
49              }                                     /*   Ende while        */
50        }                                           /*   Ende main         */
```

prime1.c:

```
1 /*   prime1 gibt die Primzahlen bis zu einer Obergrenze von maximal
2 1.000.000 aus.*/
3
4 #include <stdio.h>                                  /*   für printf, scanf */
5 #include <conio.h>                                  /*   für getche        */
6
7 main()
8    {
9        long i, k                          /*   Kontrollvariablen */
10       long limit;                                  /*   Obergrenze        */
11       long pcount;       /*   Primzahlenzähler für seitenweise Ausgabe    */
12       char reply = 'j';
13
14       while (reply == 'j')
15          {
```

```
16                          printf("\033[2J");
17                          printf("Ausgabe der Primzahlen zwischen 2\n");
18                          printf("und einer Obergrenze (<= 1000000).\n");
19                          printf("Obergrenze: ");
20                          scanf("%ld", &limit);
21
22                          if (limit >= 2 && limit <= 1000000)
23                            {
24                              pcount = 0;
25                              printf("\n2\t"); /* Einzige gerade Primzahl ausgeben.*/
26                              for (i = 3; i <= limit; i+=2) /* Für alle ungeraden
27                                                               Zahlen >1 bis
28                                                               (inklusive) limit. */
29                                {
30                                  for (k = 3; k < i; k+=2)    /*   Für ungerade
31                                                                  Zahlen < i    */
32                                     if (i % k == 0) /* Falls Teiler gefunden   */
33                                        break;       /*   Schleife abbrechen */
34
35                                  if (i == k)    /*   Falls kein Teiler gefunden  */
36                                    {
37                                      printf("%ld\t", i); /* Primzahl ausgeben */
38                                      pcount++;           /*   Primzahl zählen    */
39                                      if (pcount % 150 == 0)
40                                                     /*   alle 150 Primzahlen     */
41                                        {
42                                          printf("\n\nEnter für nächste
43                                                      Seite.");
44                                          getche();
45                                          printf("\033[2J\n");
46                                                     /*   neue Bildschirmseite     */
47                                        }
48                                    }                     /*   Ende if(i==k   */
49                                }                     /*   Ende äußeres for     */
50                              printf("\n\nNoch eine Primzahlausgabe? (j/n)");
51                              reply = getche();
52                            }                         /* Ende oberstes if */
53                  else
54                            {
55                              printf("\nFalsche Obergrenze. Weiter mit <Enter>.");
56                              getche();
57                            }
58              }                               /*   Ende while     */
59        }   /*   Ende main */
```

Das obige Programm erzeugt auf elementare Weise alle Primzahlen zwischen 2 und einer Zahl <= 1000000. Mit der geschachtelten *for*-Schleife wird geprüft, ob eine der in Frage kommenden ungeraden Zahlen zwischen 3 und der gewählten Obergrenze einen Teiler ungleich 1 oder sich selbst hat. Trifft dies zu, ist die untersuchte Zahl also *keine* Primzahl, wird die innere *for*-Schleife abgebrochen und die nächste ungerade Zahl untersucht. Da in diesem Fall die Werte von *k* und *i* verschieden sind (wegen *k* < *i*), wird aufgrund der Bedingung

C

```
if (k == i)
```

die betreffende Zahl auch *nicht* ausgegeben. Für den Fall, daß sowohl *i* als auch *k* den Wert 3 besitzen, ist die Bedingung der inneren *for*-Schleife *nicht* erfüllt, und die Schleife wird nicht ausgeführt. Da aber *i* gleich *k* ist, wird die Primzahl 3 dennoch ausgegeben. Wird *kein* Teiler für die überprüfte Zahl gefunden, ist die überprüfte Zahl also prim, endet die innere *for*-Schleife, wenn *k* den Wert von *i* angenommen hat. Daher ist die Bedingung

```
(k == i)
```

TRUE, und die Primzahl wird ausgegeben.

Wenn man prime1.c testet, wird man feststellen, daß das Programm mit wachsender Zahlengröße langsamer wird, da die Anzahl der auszuführenden Rechenoperationen ständig zunimmt. Eine etwas ökonomischere (und daher schnellere) Methode, die Aufgabe zu lösen, zeigt das folgende Programm prime2.c. Es benutzt dabei folgenden Zusammenhang:

Ist eine ungerade Zahl *u1* kein Teiler einer anderen ungeraden Zahl *u2*, und gibt es keine ungerade Zahl kleiner als *u1*, die Teiler von *u2* ist, und ist ferner das Quadrat von *u1* größer als *u2*, dann ist *u2* eine Primzahl. In der praktischen Anwendung heißt dies: Man sucht die kleinste ungerade Zahl *u1*, deren Quadrat größer als die auf ihre Eigenschaft als Primzahl hin zu untersuchende Zahl *u2* ist, und prüft dann nur noch, ob die ungeraden Zahlen, die kleiner oder gleich *u1* sind, Teiler von *u2* sind (statt *alle* ungeraden Zahlen, die kleiner als *u2* sind).

▶ *prime2.c:*

```
 1   /* prime2 gibt die Primzahlen bis zu einer Obergrenze von maximal 1.000.000 aus.*/
 2
 3   #include <stdio.h>                               /*    für printf, scanf  */
 4   #include <conio.h>                               /*    für getche         */
 5
 6   main()
 7        {
 8            long i, k;                          /*    Kontrollvariablen  */
 9            long limit;                         /*    Obergrenze         */
10            long pcount;        /*    Primzahlenzähler für seitenweise Ausgabe   */
11            char reply = 'j';
12
13
14            while (reply == 'j')
15                {
16                    printf("\033[2J");
17                    printf("Ausgabe der Primzahlen zwischen 2\n");
18                    printf("und einer Obergrenze (<= 1000000).\n");
19                    printf("Obergrenze: ");
20                    scanf("%ld", &limit);
```

```
21
22                      if (limit >= 2 && limit <= 1000000)
23                        {
24                          pcount = 0;
25                          printf("\n2\t");    /*  Einzige gerade Primzahl ausgeben.*/
26
27                          for (i = 3; i <= limit; i+=2)    /*  Für alle ungeraden
28                                                               Zahlen >1 bis
29                                                               (inklusive) limit. */
30                            {
31                              for (k = 3; (i % k != 0) && (k * k <= i); k+=2)
32                                                  ;        /*  Leeranweisung */
33                              if (k * k > i)/*        Falls das Quadrat von k
34                                                      größer als i, aber k und
35                                                      alle ungeraden Zahlen kleiner
36                                                      als  k keine Teiler von i.   */
37                                {
38                                  printf("%ld\t", i);    /* Primzahl ausgeben   */
39                                  pcount++;              /*  Primzahl zählen    */
40                                  if (pcount % 150 == 0)
41                                                      /* alle 150 Primzahlen    */
42                                    {
43                                      printf("\n\nEnter für nächste
44                                                  Seite.");
45                                      getche();
46                                      printf("\033[2J\n");
47                                                      /*  neue Bildschirmseite   */
48                                    }
49                                }                        /*  Ende if(k*k>i)*/
50                            }                            /*  Ende äußeres for    */
51                          printf("\n\nNoch eine Primzahlausgabe? (j/n)");
52                          reply = getche();
53
54                        }                                /*  Ende oberstes if     */
55              else
56                        {
57                          printf("\nFalsche Obergrenze. Weiter mit <Enter>.");
58                          getche();
59                        }
60          }                                             /*  Ende while      */
61  }                                                     /*  Ende main */
```

Die innere *for*-Schleife läuft so lange, wie die untersuchte potentielle Primzahl keinen echten Teiler hat *(i % k != 0) und* das Quadrat des potentiellen Teilers *k* nicht größer als die untersuchte Zahl *i* ist *(k * k <= i)*. Da die Prüfoperationen im Kopf der Schleife untergebracht sind, benötigt der Schleifenrumpf keine Anweisungen außer der in solchen Fällen aus formalen Gründen notwendigen Leeranweisung. Wird ein zulässiger Teiler gefunden, so endet die innere *for*-Schleife, weil die erste Teilbedingung *(i % k != 0)* und damit die Gesamtbedingung FALSE ist. In diesem Fall ist jedoch das Quadrat des gefundenen Teilers nicht größer als die überprüfte Zahl, die keine Primzahl ist und daher auch nicht ausgegeben wird.

C

Lösungen zu den Aufgaben aus Kapitel 5

Es gibt eine ganze Reihe von Verfahren zur Sortierung von Arrays, auf die wir zu einem späteren Zeitpunkt noch eingehen werden. Eine elementare Methode, die zur Lösung der ersten Aufgabe verwendet werden kann, ist das *Austauschverfahren*, für gewöhnlich als *Bubblesort* bezeichnet. Es besteht darin, das Array mehrfach vom Anfang bis zum Ende des unsortierten Teils zu durchlaufen und dabei pro Durchlauf das jeweils größte (bei aufsteigender Sortierfolge) bzw. kleinste (bei absteigender Sortierfolge) Element des unsortierten Teils an das Ende dieses Teils zu bringen. Dazu werden - immer vom Anfang des Arrays an - jeweils zwei Arrayelemente miteinander verglichen und ihre Positionen gegebenenfalls vertauscht, nämlich dann, wenn das Element mit dem kleineren Index größer (kleiner) ist als das Element mit dem größeren Index. Auf diese Weise wandert das jeweils größte (kleinste) Element nach einer Reihe von Tauschoperationen an das Ende des unsortierten Teils. (Man hat diese Bewegung mit dem Aufsteigen einer Luftblase in Wasser verglichen, daher der Name "Bubblesort".) Hat man z. B. das folgende Array:

```
9   3   5   1   7
```

so wird im ersten Durchlauf der Wert 9 an das Ende des Arrays gebracht, wenn das Array aufsteigend sortiert werden soll. Dazu wird in einem ersten Schritt der Wert 9 mit dem Wert 3 vertauscht.

```
3   9   5   1   7
```

Im zweiten Schritt tauschen 9 und 5 die Plätze:

```
3   5   9   1   7
```

Im dritten Schritt 9 und 1:

```
3   5   1   9   7
```

Im letzten Schritt schließlich 9 und 7:

```
3   5   1   7   9
```

Damit ist das größte Element auf der gewünschten Position am Ende des Arrays. Im zweiten Durchlauf wird nun das größte Element des verbliebenen unsortierten Teils an das Ende dieses Teils gebracht. Dies wäre im obigen Beispiel die 7. Da sie zufällig schon richtig steht, sind keine Operationen notwendig. Der dritte Duchlauf bringt das größte Element des noch verbliebenen unsortierten Teils an dessen Ende: Die Werte 3 und 5 müssen nicht getauscht werden, da der Wert 5 größer als 3 ist und schon richtig steht. 5 und 1 dagegen werden getauscht:

    3   1   5   7   9

Im vierten Durchlauf müssen nur noch die Elemente 3 und 1 getauscht werden, und das Array ist aufsteigend sortiert:

    1   3   5   7   9

Bei diesem Sortierverfahren wird der unsortierte Teil des Arrays mit jedem Durchlauf kleiner, und die Anzahl der Durchläufe ist um 1 kleiner als die Anzahl der Arrayelemente. (Dabei werden auch die Durchläufe mitgezählt, bei denen zwar Vergleichs- aber keine Tauschoperationen nötig sind.) Die Vertauschung zweier Elemente geschieht mit Hilfe einer Variablen, die als Zwischenspeicher dient und den ursprünglichen Inhalt des bei der Tauschoperation zuerst überschriebenen Elements sichert. Die Tauschoperation zerfällt in drei Teile, die wir am Beispiel des Arrays

```
int x [100];
```

aus dem folgenden Programm bubblint.c erläutern. Die Variable *temp* fungiert dabei als Zwischenablage:

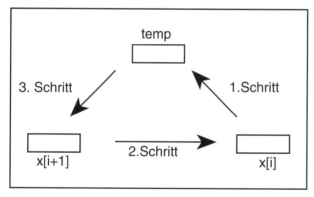

Abb. 186: Vertauschung zweier Arrayelemente

1. Schritt: Der alte Inhalt von x[i] wird in der Variablen temp gesichert.

```
temp = x[i];
```

2. Schritt: Der Wert von x[i+1] wird an x[i] zugewiesen.

Der alte Inhalt von *x[i]* wird überschrieben.

```
x[i] = x[i+1];
```

3. Schritt: x[i+1] erhält den alten Wert von x[i] aus temp.

Die Werte sind damit vertauscht.

```
x[i+1] = temp;
```

In jedem Durchlauf müssen vom Anfang bis zum Ende des unsortierten Teils jeweils zwei Elemente verglichen und bei Bedarf vertauscht werden. Daher braucht man zur Durchführung dieser Aktion eine geschachtelte Schleife: eine äußere Schleife, die die Anzahl der Durchläufe steuert, und eine innere für die Vergleichs- und Tauschoperationen in jedem Durchlauf:

```
for (d = last; d != 0; d--)
    for (i = 0; i < d; i++)
        if (x[i] > x[i+1])
            {
                temp = x[i];
                x[i] = x[i+1];
                x[i+1] = temp;
            }
```

Die Variablen *d* und *i* sind dabei gewöhnliche Schleifenkontrollvariablen, die Variable *last* enthält den Index des zuletzt in das Array eingegebenen Werts, mit Hilfe derer verhindert wird, daß auch die nicht genutzten Arrayelemente mitsortiert werden. Die äußere Schleife läuft einmal weniger als Arraywerte vorhanden sind, was einleuchtet: wenn von *n* Werten *n-1* richtig positioniert sind, muß auch der n-te richtig stehen. Die Bedingung

```
i < d
```

in der inneren Schleife berücksichtigt, daß der zu bearbeitende unsortierte Teil des Arrays von Durchlauf zu Durchlauf um ein Element kürzer wird. Das Programm bubblint.c gestattet eine auf- oder absteigende Sortierung des Arrays.

▶ *bubblint.c:*

```
1   /*  bubblint liest Werte in ein int-Array ein und sortiert
2       anschließend die Arraywerte aufsteigend oder absteigend.
3       Die Sortierung erfolgt nach dem Bubblesort-Verfahren
4       (Austauschverfahren), bei dem jeweils vom Anfang des
5       Arrays an zwei Arrayelemente verglichen werden und die
6       Position des größeren mit der des kleineren vertauscht
7       wird, wenn es einen niedrigeren Index hat als das kleinere Element.   */
8
9   #include <stdio.h>                        /*  printf, scanf, getche  */
10
11  main()
12      {
13          int x[100];                             /*  integer-Array  */
14          int i = 0;                              /*  Kontrollvariable  */
```

```
15          int last;                  /*   Index des letzten eingegebenen Werts  */
16          int d;                            /*   Anzahl der Sortierdurchgänge */
17          int temp;                  /*  Zwischenspeicher bei Austauschvorgang */
18          char reply;                            /*   Kontrollvariable   */
19
20          printf("\033[2J");
21          printf("Das Programm liest bis zu 100 positive Integerwerte im Be
22                  reich\n" "von 0 bis 30000 ein und sortiert sie wahlweise
23                  aufsteigend oder\n" "absteigend. Ende mit -1.\n\n");
24          printf("Geben Sie positive Zahlen ein:\n\n");
25
26          do                                      /*   Werte einlesen*/
27              {
28                  scanf("%d", &x[i]);
29                  i++;
30              } while (x[i-1] != -1  &&  i < 100);
31
32          if (i == 100)      /*   Schleife wurde nicht vom Benutzer beendet. */
33              last = i-1;    /*   Index des zuletzt eingegebenen Werts merken. */
34          else               /*   Schleife durch Endezeichen terminiert.    */
35              last = i-2;                          /*   siehe oben    */
36
37 /*   Array unsortiert ausgeben    */
38
39          if (i == 2)             /*   falls nur ein Wert eingegeben wurde.  */
40              printf("\n\nDas Array enthält nur den Wert: %d\n\n", x[i-2]);
41
42          else if (i > 2)                        /*   mindestens zwei    */
43              {                                  /*   Werte eingegeben.  */
44                  printf("\033[2J");
45                  printf("\n\nDas Array enthält die Werte:\n\n");
46                  for (i = 0; i <= last; i++)
47                      {
48                          printf("%d\t", x[i]);
49                          if (i && (!(i % 8)))   /*   acht Spalten pro Zeile */
50                              printf("\n");
51                      }
52
53                  /*   Array sortieren    */
54
55                  printf("\n\nArray sortieren?\n"
56                          "Aufsteigend = a   Absteigend = d  nein = n:  ");
57                  reply = getche();
58                  switch (reply)
59                      {
60                      case 'a': for (d = last; d != 0; d--)
61                              for (i = 0; i < d; i++)
62                              if (x[i] > x[i+1])
63                                          /*   1. Wert > 2. Wert  */
64                                  {                /*   Vertauschen   */
65                                      temp = x[i];
66                                      x[i] = x[i+1];
67                                      x[i+1] = temp;
68                                  }
69
```

```
70                        printf("\n\nDas Array wurde
71                                aufsteigend sortiert:\n\n");
72                        for (i = 0; i <= last; i++)
73                           {
74                           printf("%d\t", x[i]);
75                           if (i && (!(i % 8)))
76                                        /*  acht Spalten pro Zeile  */
77                              printf("\n");
78                           }
79                        break;
80
81             case 'd': for (d = last; d != 0; d--)
82                        for (i = 0; i < d; i++)
83                          if (x[i] < x[i+1])
84                                        /*  1.Wert < 2.Wert    */
85                            {           /*   Vertauschen      */
86                               temp = x[i];
87                               x[i] = x[i+1];
88                               x[i+1] = temp;
89                            }
90
91                        printf("\n\nDas Array wurde
92                                absteigend sortiert:\n\n");
93                        for (i = 0; i <= last; i++)
94                           {
95                           printf("%d\t", x[i]);
96                           if (i && (!(i % 8)))
97                                        /*  acht Spalten pro Zeile  */
98                              printf("\n");
99                           }
100                     }                     /*   Ende switch    */
101               }                           /*   Ende else */
102     }                                     /*   Ende main */
```

2

▶ *zodiac.c:*

```
1  /*  zodiac gibt auf die Eingabe eines Geburtstags das entsprechende
2  Tierkreiszeichen aus.   */
3
4  #include <stdio.h> /*   printf, scanf */
5  #include <conio.h>     /*   getche    */
6
7      main()
8        {
9  /*  Sternzeichentabelle:    */
10
11        char zodiac [12] [11] = { "STEINBOCK" , "WASSERMANN", "FISCHE",
12                        "WIDDER", "STIER", "ZWILLINGE", "KREBS", "LÖWE",
13                        "JUNGFRAU", "WAAGE", "SKORPION", "SCHÜTZE"};
14
15  /*  Tabelle der Tage, die bis zu einem bestimmten Monat vergangen sind:    */
16
```

```
17          int monsum [13] = { 0, 0, 31, 59, 90, 120, 151, 181, 212, 243, 273,
18                              304, 334 };
19
20  /   *   Nummer des Anfangstags (im Intervall 1 - 365) eines Sternzeichens:*/
21
22      int start [12] = { 1, 31, 62, 90, 121, 151, 183, 214, 246, 277, 307, 337 };
23
24      /*   Nummer des Endtags (im Intervall 1 - 365) eines Sternzeichens:    */
25
26      int end [12] = { 30, 61, 89, 120, 150, 182, 213, 245, 276, 306, 336, 365 };
27
28      int day;                                        /*   Geburtstag     */
29      int mon;                                        /*   Geburtsmonat   */
30      int tnum;                           /*   Geburtstag und Geburtsmonat
31                                          umgerechnet in den entsprechenden
32                                          Tag des Tierkreisjahrs (1-365)    */
33      int i;                                      /*   Kontrollvariable   */
34      int reply = 'j';                            /*   Kontrollvariable   */
35
36      while ( reply == 'j')
37        {
38          printf("\033[2J");
39          printf("Das Programm gibt für ein Datum das Sternzeichen aus.\n");
40          printf("\n\nTag und Monat des Geburtsdatums eingeben (tt.mm.): ");
41          scanf("%d.%d.", &day, &mon);
42
43          if (monsum[mon] + day + 10 > 365)          /*   Datum umrechnen in */
44              tnum = monsum[mon] + day + 10 - 365;
45                                          /*   Anzahl der vergangenen  */
46          else                            /*   Tage seit dem 22.12.,   */
47              tnum = monsum[mon] + day + 10;  /*   dem ersten Zeichen im    */
48                                          /*   Turnus: STEINBOCK      */
49
50
51          for (i = 0; i < 12; i++)           /*   zugehöriges Sternzeichen  */
52                                             /*   heraussuchen    */
53              if (tnum >= start[i]  &&  tnum <= end[i])
54                  {
55                      printf("\n\nIhr Sternzeichen ist %s", zodiac[i]);
56                      break;                  /*   Schleife abbrechen */
57                  }                           /*   wenn Zeichen gefunden  */
58
59          printf("\n\nEin weiteres Datum eingeben? (j/n)");
60          reply = getche();
61        }
62  }                                              /*   Ende while    */
                                                   /*   Ende main */
```

Das Programm zodiac.c operiert mit mehreren Tabellen (Arrays), um die gestellte Aufgabe zu lösen. Das Array *zodiac* enthält eine Liste der Sternzeichen, beginnend mit der Periode vom 22.12. bis zum 20.1 (STEINBOCK).

Das Array *monsum* enthält die Summen der Tage der Monate vor jedem Monat. Beispielsweise ist die Summe der Tage der Monate vor Januar gleich 0, da Januar eben der erste Monat im Jahr ist. Die Summe der Tage der Monate vor

Februar ist 31, eben die Tage des Januars. Die Summe der Tage vor März ist entsprechend 59 (Januar + Februar) etc. Das erste Arrayelement von *monsum* wird nicht benutzt, um die Monatsnummer (1 = Januar, 2 = Februar usw.) in der gewohnten Weise verwenden zu können.

Die Arrays *start* und *end* enthalten den ersten bzw. letzten Tag des Zeitraums, den jedes Sternzeichen einnimmt, beginnend mit STEINBOCK. Dieses Sternzeichen beginnt am 22.12. und endet am 20.1., erstreckt sich also insgesamt über 30 Tage. Teilt man das Jahr (beginnend mit STEINBOCK) nach der Dauer der einzelnen Sternzeichen ein, ergibt sich folgende Liste:

22.12.	-	20.1.	STEINBOCK	Tage:	1	-	30
21.1.	-	19.2.	WASSERMANN	Tage:	31	-	61
20.2.	-	20.3.	FISCHE	Tage:	62	-	89
21.3.	-	20.4.	WIDDER	Tage:	90	-	120
21.4.	-	20.5.	STIER	Tage:	121	-	150
21.5.	-	21.6.	ZWILLINGE	Tage:	151	-	182
22.6.	-	22.7.	KREBS	Tage:	183	-	213
23.7.	-	23.8.	LÖWE	Tage:	214	-	245
24.8.	-	23.9.	JUNGFRAU	Tage:	246	-	276
24.9.	-	23.10.	WAAGE	Tage:	277	-	306
24.10.	-	22.11.	SKORPION	Tage:	307	-	336
23.11.	-	21.12.	SCHÜTZE	Tage:	337	-	365

deren Anfangs- und Endtage man in den erwähnten Arrays wiederfindet.

Mit Hilfe des Arrays *monsum* wird ein eingegebenes Datum nach der Formel

```
monsum[mon] + day + 10
```

bzw.- falls der Geburtstag zwischen den 22.12. und 31.12 liegt - nach der Formel

```
monsum[mon] + day + 10 - 365
```

in eine ganze Zahl umgewandelt, welche die Nummer des Tags innerhalb der obigen Liste angibt (die Zahl 10 wird addiert, weil der Berechnungszeitraum bereits am 22.12, also zehn Tage vor Beginn des Kalenderjahrs anfängt. Aus dem gleichen Grund muß bei der gewählten Berechnungsmethode 365 abgezogen werden, wenn der Geburtstag zwischen dem 22. und 31. Dezember inklusive liegt). Beispielsweise ergibt das Datum 10.3. die Zahl

```
59 + 10 + 10 = 79
```

Der 79. Tag fällt in das Intervall 62 - 89, also ist das zugehörige Sternzeichen FISCHE. Mit

```
if (tnum >= start[i]  && tnum <= end[i])
```

etc. schließlich wird die errechnete Tageszahl dem passenden Sternzeichen aus der Liste des Arrays *zodiac* zugeordnet, da die Tabellen so angelegt sind, daß dem i-ten Intervall gerade das i-te Sternzeichen entspricht.

▶ **digcat.c:**

```
 1  /*  digcat liest eine Reihe (maxm. 100) von 7stelligen Personalnummern ein und
 2      hängt eine zusätzliche Ziffer als Prüfziffer an, die nach einem der üblichen
 3      Verfahren (Quersummen der Ziffern bilden, Modulo-Operationen) aus den sieben
 4      Ziffern der Nummer erzeugt wird. */
 5
 6  #include <stdio.h>                                    /*  printf, scanf */
 7  #include <conio.h>                                    /*   getch    */
 8
 9  main()
10      {
11          long pnr[100];                        /*  Personalnummern    */
12          long dupnr;                        /*  Duplikat Personalnummer */
13          short digits [7];            /*  Ziffern 1-7 der Personalnummer  */
14          short qsum [7];                  /*  Quersummen der Ziffern  */
15          short sqsum = 0;                 /*  Summe der Quersummen   */
16          short pdigit;                            /*  Prüfziffer     */
17
18          int i = 0, k;                            /*  Kontrollvariablen  */
19          int last;                 /*  Index der letzen eingeg. Nummer  */
20
21          printf("\033[2J");
22          printf("\n\nDas Programm erzeugt 8stellige Personalnummern mit"
23                      "Prüfziffer.\n");
24          printf("7stellige Personalnummern (max 100) eingeben. Ende mit 0:\n\n");
25          do                           /*  Personalnummern einlesen   */
26              scanf("%ld", &pnr[i++]);
27          while (i < 100  &&  pnr[i-1] != 0);
28          if (i > 1)            /*  mindestens eine Nummer eingegeben.   */
29              {
30              if (i == 100)
31                  {
32                  last = i-1;    /*  kein Endezeichen eingegeben. */
33                  printf("\n\n100 Personalnummern eingegeben. Kapazität"
34                              "erschöpft.\n");
35                  printf("Weiter mit <Enter>.");
36                  getch();
37                  }
38              else
39                  last = i - 2;                  /*  Endezeichen eingegeben */
40  /*  Nummern bearbeiten */
41              for ( i = 0; i <= last; i++)
42                  {
43                  dupnr = pnr[i]; /* Arbeitskopie von P-Nummer erzeugen.  */
44                  for (k = 6; k >= 0; k--)        /*  Nummer in Ziffern */
45                      {                              /*  splitten */
46                      digits[k] = (short) (dupnr % 10);
```

```
47                                        /*   letzte Ziffer speichern */
48                    dupnr = dupnr / 10; /* letzte Ziffer abschneiden */
49                }
50            for (k = 1; k < 7; k += 2)       /*   Ziffern gewichten   */
51                digits[k] = digits[k] * 3;  /*   mit 1 3 1 3 etc.     */
52            for ( k = 0, sqsum = 0; k < 7; k++)
53                                        /*   Quersummen bilden und   */
54                {                           /*   aufaddieren     */
55                qsum[k] = (digits[k] % 10) + ((digits[k]
56                                / 10) % 10);
57                sqsum = sqsum + qsum[k];
58                }
59            pdigit = 10 - (sqsum % 10); /*  Prüfziffer speichern   */
60            pnr[i] = pnr[i] * 10 + pdigit; /*Prüfziffer anhängen    */
61        }                                /*   Ende oberes for     */
62 /* Komplette Nummern ausgeben    */
63        printf("\n\n\nDie Personalnummern mit Prüfziffer lauten:\n\n");
64        for (i = 0; i <= last; i++)
65            {
66            printf("%ld\t", pnr[i]);
67            if ( !((i+1) % 4))            /*   Anzeige vierspaltig   */
68                printf("\n");
69            }
70        }                                  /*   Ende if (i > 1)     */
71    }                                      /*   Ende main */
```

digcat.c liest eine siebenstellige Personalnummer ein, trennt die einzelnen Ziffern voneinander und speichert diese in einem Array. Dabei wird mit einem Duplikat der jeweiligen Nummer gearbeitet, da die komplette Nummer für spätere Operationen noch benötigt wird. Nach der Gewichtung der Einzelziffern werden die Quersummen der gewichteten Ziffern gebildet sowie die Summe der Quersummen. Ist die Prüfziffer mit

```
pdigit = 10 - (sqsum % 10);
```

berechnet, wird sie mit

```
pnr[i] = pnr[i] * 10 + pdigit;
```

an die eingegebene Nummer angehängt.

 digcheck.c:

```
1 /*   digcheck kontrolliert anhand einer Prüfziffer, die nach dem in
2 digcat.c benutzten Verfahren erzeugt wurde, ob eine 8stellige Personalnummer
3 gültig ist.    */
4
5 #include <stdio.h>                              /*   printf, scanf */
6 #include <conio.h>                              /*   getch     */
7
8   main()
9   {
10    long pnr;                                   /*   Personalnummer*/
```

```
11      short digits [7];                /*   Ziffern 1-7 der Personalnummer   */
12      short qsum [7];                        /*   Quersummen der Ziffern   */
13      short sqsum;                           /*   Summe der Quersummen      */
14      short lastdigit;                 /*   Letzte Ziffer der Personalnummer */
15
16      int k;                                 /*   Kontrollvariable    */
17      char reply = 'j';                      /*   Kontrollvariable    */
18
19
20
21      while (reply == 'j')
22        {
23          printf("\033[2J");
24          printf("\n\nDas Programm prüft Personalnummern auf Gültigkeit.\n");
25          printf("8stellige Personalnummer eingeben: ");
26          scanf("%ld", &pnr);
27      /*  Nummer bearbeiten  */
28
29          lastdigit = (short) (pnr % 10);  /*   Letzte Ziffer isolieren */
30          pnr = pnr / 10;                  /*   Nummer auf 7 Ziffern reduzieren  */
31
32          for (k = 6; k >= 0; k--)          /*   restliche Ziffern splitten   */
33          {
34              digits[k] = (short) (pnr % 10);
35              pnr = pnr / 10;
36          }
37
38
39          for (k = 1; k < 7; k += 2)            /*   Ziffern gewichten */
40              digits[k] = digits[k] * 3;       /*   mit 1 3 1 3 etc.   */
41
42
43          for ( k = 0, sqsum = 0; k < 7; k++)   /*   Quersummen bilden */
44              {                                 /*   und aufaddieren    */
45                  qsum[k] = (digits[k] % 10) + ((digits[k] / 10) % 10);
46                  sqsum = sqsum + qsum[k];
47              }
48
49
50          if ( 10 - (sqsum % 10) == lastdigit) /* Prüfziffer vergleichen */
51            printf("\n\nDie eingegebene Personalnummer ist gültig.\n\n");
52          else
53            printf("\n\nDie eingegebene Personalnummer ist ungültig.\n\n");
54
55          printf("Eine weitere Nummer prüfen? (j/n)");
56          reply = getche();
57
58        }                                         /*   Ende while    */
59      }                                           /*   Ende main */
```

digcheck.c überprüft eine mit digcat.c erzeugte Nummer auf Gültigkeit. Dazu wird mit

```
pnr = pnr / 10;
```

die Prüfziffer isoliert und für die restliche Nummer nach dem in digcat.c vorgestellten Verfahren eine Prüfziffer erzeugt. Diese wird mit der isolierten
Prüfziffer verglichen. Stimmen die beiden Ziffern überein, ist die Personalnummer gültig.

findchar.c:

```
1  /*  findchar sucht einen String nach einem Zeichen ab, das der Benutzer
2  vorgibt. Falls das Zeichen enthalten ist, kann es auf Wunsch an allen Stellen
3  durch ein anderes ersetzt werden. Die ursprüngliche Fassung des Textes wird
4  als Kopie gesichert. Die Tastenkombination <Strg>+<Z> für das Endezeichen EOF
5  gilt für Rechner mit dem Betriebssystem DOS. Für andere Betriebssysteme muß
6  sie entsprechend angepaßt werden (z. B. <Strg>+ <D> für UNIX-Systeme). */
7
8  #include <stdio.h>                        /*  printf, scanf, puts, getchar */
9  #include <conio.h>                                      /*  getche    */
10 #include <string.h>                                     /*  strcpy    */
11
12 main()
13    {
14        char buffer [2001];                         /*  Textpuffer    */
15        char backup [2001];                     /*  Sicherheitskopie  */
16        char c;                                 /*  gesuchtes Zeichen */
17        char replace;                               /*  Ersatzzeichen */
18        int i = 0;                              /*  Kontrollvariable  */
19        int count = 0;                          /*  Zeichenzähler */
20        char rep1, rep2, rep3;                  /*  Kontrollvariablen */
21
22
23
24        printf("\033[2J");
25        printf("\n\nText eingeben (max. 2000 Zeichen). Ende mit Strg+Z:\n\n");
26
27
28        while ((buffer[i] = getchar()) != EOF)          /*  Text einlesen */
29          {
30            if (i > 1999)
31              {
32                printf("\n\nZu viele Zeichen. Die ersten 2000 werden
33                        gespeichert.");
34                break;
35              }
36            i++;
37          }
38        buffer[i] = '\0';                               /*  Endezeichen setzen */
39
40
41        printf("\n\nWelches Zeichen soll gesucht werden? ");
42        c = getche();
43
44        count = 0;                      /*  Zeichenzähler initialisieren    */
45        i = 0;
```

```
46
47          while (buffer[i] != '\0')                    /*   Zeichen suchen*/
48            {
49             if (buffer[i] == c)                        /*   Häufigkeit zählen  */
50                 count++;
51             i++;
52            }
53          if (count)                                    /*   falls Zeichen vorhanden */
54            {
55             printf("\n\nDas Zeichen %c ist %d Mal enthalten\n", c, count);
56             printf("Soll es ersetzt werden? (j/n) ");
57             rep1 = getche();
58
59             if (rep1 == 'j')
60               {
61                 printf("\n\nErsatzzeichen angeben: ");
62                 replace = getche();
63
64                 strcpy(backup, buffer);               /*   Sicherheitskopie   */
65
66                 i = 0;
67                 while (buffer[i] != '\0')             /*   Zeichen ersetzen   */
68                   {
69                     if (buffer[i] == c)
70                         buffer[i] = replace;
71                     i++;
72                   }
73
74                 printf("\n\nDer geänderte Text:\n\n");
75                 puts(buffer);
76
77                 printf("\n\nSoll der ursprüngliche Text wiederhergestellt
78                         werden? (j/n) ");
79                 rep2 = getche();
80
81                 if (rep2 == 'j')
82                   {
83                     strcpy(buffer, backup);
84                     printf("\n\nText wiederhergestellt. Anzeigen? (j/n) ");
85                     rep3 = getche();
86                     if (rep3 == 'j')
87                       {
88                         puts("\n\n");
89                         puts(buffer);
90                       }
91                   }                                    /*   Ende if rep2   */
92               }                                        /*   Ende if rep1   */
93            }                                           /*   Ende if count  */
94          else
95             printf("\n\nDas Zeichen %c ist nicht im Text enthalten.", c);
96
97        }                                               /*   Ende main */
```

Das Programm speichert einen eingegebenen Text in einem *char*-Array, durchsucht ihn nach einem bestimmten Zeichen und stellt fest, wie oft es vorkommt. Ist es mindestens einmal vorhanden, kann es auf Wunsch an allen Stellen durch ein anderes ersetzt werden. Vom ursprünglichen Text wird eine Sicherheitskopie angelegt, mit deren Hilfe der Originaltext wiederhergestellt werden kann. Selbstverständlich muß der überprüfte Text nicht unbedingt von der Tastatur eingegeben werden, sondern könnte beispielsweise auch aus einer Datei in den Textpuffer eingelesen werden. (Siehe dazu das Kapitel 11 "Dateiverwaltung".)

 atonum.c:

```
 1  /*   atonum wandelt eine Ziffernfolge, die in einem String enthalten ist, in
 2  den entsprechenden numerischen Wert um. Enthält der String mehrere Ziffern-
 3  folgen wird nur die erste umgewandelt.
 4  Ein Dezimalpunkt wird nur dann als solcher erkannt, wenn er sich
 5  i n n e r h a l b der Ziffernkette befindet, also nicht erstes oder letztes
 6  Zeichen der Ziffernkette ist.     */
 7
 8  #include <stdio.h>                                   /*  gets, printf  */
 9  #include <conio.h>                                   /*     getche     */
10  #include <stdlib.h>                                  /*  atol, atof    */
11  #include <string.h>                                  /*    strlen      */
12
13  main()
14      {
15          char s [81];                                 /*    Puffer      */
16          char snum [81];                    /*  extrahierte Ziffernkette */
17
18          union values              /*   speichert den umgewandelten Wert */
19            {
20              double d;                          /*  als Gleitkommazahl */
21              long l;                            /*   oder Integer    */
22            } val;
23
24          int i;                                     /*  Kontrollvariable  */
25          char reply = 'j';                          /*  Kontrollvariable  */
26          int fit;                              /*  Index der ersten Ziffer */
27          int floatflag;                        /*  zeigt Gleitkommawert an */
28
29          while ( reply == 'j')
30            {
31              printf("\033[2J");
32              printf("\n\nDas Programm wandelt eine Ziffernfolge in
33                          einem String."
34                          "in einen numerischen Wert um.");
35              printf("\nGeben Sie einen String ein, der eine Zifferfolge enthält"
36                          "(max. 80 Zeichen):\n\n");
37              gets(s);
38
39
```

```
40                 /*   Führende Nichtziffern überlesen   */
41
42             i = 0;
43             while ((s[i] < 48  ||  s[i] > 57) && s[i] != '\0')
44                 i++;
45
46             if (s[i])    /*   falls überhaupt eine Ziffer vorhanden.    */
47                 {
48                     fit = i;     /*   Index der ersten Ziffer für
49                                     die folgenden Operationen merken.*/
50                     floatflag = 0;/*  Gleitkommaflag initialisieren,
51                                     Ziffern sämtlich oder bis
52                                     zum Dezimalpunkt speichern.      */
53
54                     while ((s[i] > 47  &&  s[i] < 58)  &&  s[i] != '\0')
55                         {
56                         snum[i-fit] = s[i]; /* i-fit: Speichern von*/
57                                     /*   Arrayanfang snum an      */
58                         i++;
59                         }
60
61                     if (s[i] == '.')                /*   falls Dezimalpunkt */
62                         {
63                         floatflag = 1;
64                         snum[i-fit] = s[i++]; /* Dezimalpunkt speichern. */
65                         while ((s[i] > 47 && s[i] < 58) && s[i] != '\0')
66                             {
67                             snum[i-fit] = s[i]; /* restliche Ziffern
68                                         speichern        */
69                             i++;
70                             }
71                         }
72                 snum[i-fit]   =   '\0'; /* Ziffernstring mit
73                                     Nullzeichen abschließen.      */
74
75
76                 if (floatflag)            /*    falls Gleitkommawert    */
77                     {
78                         val.d = atof(snum);
79                         printf("\n\nDer umgewandelte Wert ist: %f", val.d);
80                     }
81                 else if (strlen(snum) > 9)
82                     {
83                         printf("\n\nZiffernkette hat zu viele Stellen
84                                     und wird nicht als\n"
85                                     "Integer sondern als Gleitkommawert
86                                     gespeichert.\n");
87                         val.d = atof(snum);
88                         printf("\nDer umgewandelte Wert ist: %.0f", val.d);
89                     }
90                 else
91                     {
92                         val.l = atol(snum);
93                         printf("\n\nDer umgewandelte Wert ist: %ld", val.l);
94                     }
```

```
95                        }                               /*   Ende if (s[i])*/
96              else
97                  printf("\n\nDer eingegebene String enthält keine Ziffern.");
98
99              printf("\n\nEine weitere Ziffernkette extrahieren? (j/n) ");
100             reply = getche();
101         }                               /*   Ende while (reply == 'j')   */
102     }
```

Bei der Prüfung, ob ein Zeichen eine Ziffer oder ein anderes Zeichen ist, kann statt

```
while (s[i] > 47  &&  s[i] < 58)
```

auch das Makro *isdigit* verwendet werden, das in der Header-Datei *ctype.h* deklariert ist (=> #include <ctype.h>):

```
while (isdigit(s[i]))
```

leistet dasselbe wie der obere Anweisungsteil.

Die Abfrage

```
if (s[i])
```

prüft, ob sich überhaupt eine Ziffer in der Zeichenkette befand, andernfalls *s[i]* zu diesem Zeitpunkt das Nullzeichen, also den Wert *0* enthielte, die Bedingung der *if*-Anweisung also FALSE wäre. Die Variable *fit*, die den Index der ersten Ziffer festhält, ermöglicht es, mit der Speicherung der Ziffernkette am Anfang des Arrays *snum* zu beginnen, da der Indexausdruck

```
i - fit
```

die Indizes 0, 1, 2 etc. erzeugt und die Ziffern in *snum[0]*, *snum[1]*, *snum[2]* etc. speichert.

▶ *litoco1.c:*

```
1  /*   litocol gibt Zeilen und Spalten eines zweidimensionalen Arrays
2  vertauscht aus.     */
3
4  #include <stdio.h>                              /*   printf, puts   */
5
6  main()
7      {
8          char message [4] [5] = {"RATE", "YOUR", "MIND", "PAL!"};
9          int i, k;
10
11         printf("\033[2J");
12         printf("\n\nStrings horizontal:\n\n");
13         for (i = 0; i < 4; i++)
14             {
```

```
15                        for (k = 0; k < 4; k++)
16                                printf("%c ", message[i][k]);
17                        printf("\n");
18                }
19            printf("\n\nStrings vertikal:\n\n");
20            for (i = 0; i < 4; i++)
21                {
22                        for (k = 0; k < 4; k++)
23                                printf("%c ", message[k][i]);
24                        printf("\n");
25                }
26        }
```

Das obige Programm gibt die Zeilen und Spalten des Arrays nur vertauscht aus, es ändert nicht den Inhalt der Arrayelemente. Selbstverständlich kann man aber auch die Arrayelemente selbst vertauschen. Eine einfache Methode ist, das Array in einen Puffer zu kopieren und dabei die Indizes zu vertauschen.

▶ litoco2.c:

```
1    /*    litoco2 vertauscht Zeilen und Spalten eines zweidimensionalen Arrays.    */
2
3        #include <stdio.h>                              /*    printf, puts    */
4
5        main()
6        {
7            char horizontal [4] [5] = {"RATE", "YOUR", "MIND", "PAL!"};
8            char vertikal [4] [5] = {'\0'};
9            int i, k;
10
11            printf("\033[2J");
12            printf("\n\nStrings horizontal:\n\n");
13            for (i = 0; i < 4; i++)
14                puts(horizontal[i]);
15
16            for (i = 0; i < 4; i++)
17                for (k = 0; k < 4; k++)
18                    vertikal[k][i] = horizontal[i][k];
19
20            printf("\n\nStrings vertikal:\n\n");
21            for (i = 0; i < 4; i++)
22                puts(vertikal[i]);
23        }
```

Falls man nicht über einen Compiler verfügt, der nach der ANSI-Norm arbeitet und die Initialisierung von Arrays in der obigen Form akzeptiert, kann man die Strings natürlich auch anders einlesen, z. B. mit einer Schleife:

```
for (i = 0; i < 4; i++)
    gets(horizontal[i]);
```

C

checktex.c:

```
1  /*   checktex stellt die Anzahl der Zeichen, Worte und Sätze eines eingegebe-
2       nen Textes fest, außerdem die durchschnittliche Satzlänge in Zeichen und
3       Worten. Je nach Betriebssystem ersetze man <Strg>+<Z> zum Beenden der
4       Eingabe durch die jeweils gültige Tastenkombination.*/
5
6  #include <stdio.h>                                /*   printf, getchar, EOF    */
7
8  main()
9  {
10      char buffer [2001];                          /*    Textpuffer       */
11      int i = 0;
12
13      struct text
14          {
15              int characters;
16              int words;
17              int sentences;
18              float slenc;                     /*   Satzlänge in Zeichen   */
19              float slenw;                     /*   Satzlänge in Worten    */
20          } t = {0};                           /*   Alle Komponenten von t */
21                                               /*   mit 0 initialisiert.   */
22
23      printf("\033[2J");
24      printf("\n\nDas Programm zählt Zeichen, Worte und Sätze des von Ihnen\n"
25                  "eingegebenen Textes (max. 2000 Zeichen).\n");
26      printf("Ihr Text (Ende mit <Strg>+<Z>):\n\n");
27
28      while ((buffer[i] = getchar()) != EOF)       /*   Text einlesen */
29          {
30              if (i > 1999)
31                  {
32                      printf("\n\nZu viele Zeichen. Die ersten 2000
33                          werden gespeichert.");
34                      break;
35                  }
36              i++;
37          }
38      buffer[i] = '\0';                        /*   Endezeichen anfügen    */
39      /*   Auswerten    */
40
41      i = 0;
42      while (buffer[i] != 0)
43          {
44              if (buffer[i] == ' ')
45                  t.words++;                                /*   Worte zählen   */
46
47              if ((buffer[i] == '.' || buffer[i] == '!' || buffer[i] == '?')
48                          && buffer[i+1] == ' ')
49                  t.sentences++;                       /*   Sätze zählen   */
50
51
```

```
52                    t.characters++;                       /*    Zeichen zählen*/
53                    i++;
54               }
55
56      /*   Ergebnisse ausgeben     */
57
58      printf("\n\nDer eingegebene Text hat %d Zeichen, %d Worte und %d Sätze.",
59                    t.characters, t.words+1, t.sentences+1);
60
61      t.slenc = (float) t.characters / (t.sentences+1);   /*   Anzahl der
62                                                     Zeichen pro Satz    */
63      t.slenw = (float) t.words / (t.sentences+1);        /*   Anzahl der
64                                                     Worte pro Satz      */
65      printf("\n\nEin Satz hat durchschnittlich %.1f Zeichen und %.1f Worte.",
66                    t.slenc, t.slenw);
67 }
```

In den Anweisungen

```
    t.slenc = (float) t.characters / (t.sentences+1);
```

und

```
    t.slenw = (float) t.words / (t.sentences+1);
```

werden die Ergebnisse der Divisionen nach *float* konvertiert, um die Nachkommastellen zu sichern. Ferner ist zu beachten, daß man die in der Schleife
gezählten Anzahlen der Worte und Sätze um 1 erhöhen muß, wenn man die
letzteren anhand der auf sie folgenden Leerzeichen identifiziert, weil auf das
letzte Wort und den letzten Satz des Textes gewöhnlich kein Leerzeichen
mehr folgt.

salesman.c:

```
1  /* salesman speichert Personaldaten in einem Strukturarray und gibt außerdem
2  eine Personalliste aus, die nach einem der Merkmale (Umsatzhöhe) geordnet ist. */
3
4  #include <stdio.h>                          /*   getchar, scanf, printf, gets */
5  #include <string.h>                                         /*    strcpy     */
6  #include <conio.h>                                          /*   getche, getch */
7
8  main()
9  {
10         int i = 0, k;                            /*    Kontrollvariablen   */
11         int last;                           /*    Index letzter Datensatz */
12         int nextorstop;                          /*    Kontrollvariable   */
13         char reply;                              /*    Kontrollvariable   */
14         int page = 0;                                 /*    Seitenzähler   */
15         char temp1 [20];                     /*    Puffer bei Tauschoperationen */
16         char temp2 [7];                      /*    Puffer bei Tauschoperationen */
```

```
17              float temp3;                      /*   Puffer bei Tauschoperationen */
18
19          struct date
20              {
21                  short tag;
22                  short mon;
23                  short jahr;
24              };
25
26          struct salesman
27              {
28                  char name [20];
29                  char vorname [15];
30                  struct date gdatum;                       /*   Geburtsdatum   */
31                  char pnr [7];                             /*   Personalnummer
32                                                     6stellig, alphanumerisch   */
33                  short bezu;          /*  Betriebszugehörigkeit in Jahren  */
34                  float umsatz;
35                  char mit [5];                    /*   Mitteilung ("ja"/"nein")    */
36                  char grat [5];                   /*   Gratifikation ("ja"/"nein")  */
37              };
38
39          struct listenelement
40              {
41                  char name [20];
42                  char pnr [7];
43                  float umsatz;
44              };
45
46          struct salesman smen [100];
47          struct listenelement ulist [100];
48          /******************    Anweisungsteil ****************/
49
50          do
51              {
52                  printf("\033[2J");
53                  printf("\n\nVertreter-Datensätze (max. 100) einlesen.
54                      Ende mit 0:\n\n");
55
56
57          /********************   Datensätze einlesen      *************/
58
59                  printf("\n\nDatensatz Nr. %d", i+1);
60                  printf("\n\nName: ");
61                  gets(smen[i].name);
62
63                  if( smen[i].name[0] != '0')
64                      {
65                          printf("\nVorname: ");
66                          gets(smen[i].vorname);
67
68                          printf("\nGeburtsdatum (tt.mm.jjjj): ");
69                          scanf("%hd.%hd.%hd", &smen[i].gdatum.tag,
70                                              &smen[i].gdatum.mon,
71                                              &smen[i].gdatum.jahr);
```

```
72
73                              while (getchar() != '\n')/* Eingabepuffer leeren*/
74                                      ;                    /*   <Enter> von    */
75                                                           /*   scanf entfernen */
76
77                              printf("\n6stellige Personalnummer: ");
78                              gets(smen[i].pnr);
79
80                              printf("\nBetriebszugehörigkeit (in Jahren): ");
81                              scanf("%hd", &smen[i].bezu);
82
83                              printf("\nJahresumsatz: ");
84                              scanf("%f", &smen[i].umsatz);
85
86                              while (getchar() != '\n') /* Eingabepuffer leeren*/
87                                      ;
88
89                              if( smen[i].umsatz >= 100000)
90                                  {
91                                      strcpy(smen[i].mit, "nein");
92                                      strcpy(smen[i].grat, "ja");
93                                      printf("\n\nPersonalnummer %s für
94                                          Gratifikation vorgemerkt.",
95                                                  smen[i].pnr);
96                                      printf("\nWeiter mit <Enter>.");
97                                      getch();
98                                  }
99                              else if (smen[i].umsatz < 100000 && smen[i].bezu > 1)
100                                 {
101                                     strcpy(smen[i].mit, "ja");
102                                     strcpy(smen[i].grat, "nein");
103                                     printf("\n\nPersonalnummer %s für
104                                         Mitteilung vorgemerkt.",
105                                                 smen[i].pnr);
106                                     printf("\nWeiter mit <Enter>.");
107                                     getch();
108                                 }
109                             else
110                                 {
111                                     strcpy(smen[i].mit, "nein");
112                                     strcpy(smen[i].grat, "nein");
113                                 }
114                     }               /*   Ende if (smen[i].name != '0')    */
115             i++;
116         } while (i < 100  &&  smen[i-1].name[0] != '0');
117
118
119 /******************   Ausgabe   ********************/
120
121     if (i > 1)                /*   mindestens ein Datensatz eingegeben.  */
122         {
123             if (i == 100)                    /*   kein Endezeichen    */
124                 {
125                     printf("\n\n100 Datensätze gespeichert.
126                         Keine weitere Eingabe möglich.");
```

```
127                                   printf("\nWeiter mit <Enter>.");
128                                   getch();
129                                   last = i - 1;        /*   Index letzter Datensatz */
130                               }
131                     else                              /*   Endezeichen eingegeben  */
132                           last = i - 2;                     /*   siehe oben         */
133
134
135
136                 do
137                   {
138                     do
139                       {
140                         printf("\033[2J");
141                         printf("\n\n\n\t\tWEITERVERARBEITUNG:\n");
142                         printf("\t\t_____\n\n");
143                         printf("\t\tDatensätze ausgeben\t[a]\n\n");
144                         printf("\t\tUmsatzliste\t\t[u]\n\n");
145                         printf("\t\tProgrammende\t\t[e]\n\n");
146                         printf("\n\t\tIhre Wahl: ");
147                         reply = getche();
148                       } while (reply != 'a'  &&  reply !=
149                         'u'  &&  reply != 'e');
150
151                     switch (reply)
152                       {
153                         case 'a': printf("\033[2J");
154                             for (i = 0; i <= last; i++)
155                               {
156                                     printf("\n\nDatensatz Nr. %d\n\n",
157                                           i+1);
158                                     printf("Name: %s, %s\n",
159                                           smen[i].name,
160                                       smen[i].vorname);
161                                     printf("Geburtsdatum:"
162                                       " %hd.%hd.%hd \n",
163                                           smen[i].gdatum.tag,
164                                           smen[i].gdatum.mon,
165                                           smen[i].gdatum.jahr);
166                                     printf("Personalnummer: %s\n",
167                                           smen[i].pnr);
168                                     printf("Betriebszugehörigkeit:"
169                                       "% hd Jahre\n",
170                                           smen[i].bezu);
171                                     printf("Jahresumsatz: %.2f\n",
172                                           smen[i].umsatz);
173                                     printf("Mitteilung: %s\n",
174                                           smen[i].mit);
175                                     printf("Gratifikation: %s",
176                                           smen[i].grat);
177
178                                     if (!((i+1) % 2) && (i != last))
179                                       {
180                                         printf("\n\nNächste Seite"
181                                               "mit <Enter>. "
```

```
182                                           "Zurück zum Menü"
183                                           "mit <Esc>.");
184
185                             if ((nextorstop = getch())
186                                  == 27)
187                                     i = last +1;
188                             else
189                                 printf("\033[2J");
190                         }
191                     }                        /*   Ende for */
192                 if (nextorstop != 27)
193                     {
194                         printf("\n\nZurück zum Menü"
195                                 "mit <Enter>.");
196                         getch();
197                     }
198                 break;
199
200         case 'u': printf("\033[2J");
201                 for (i = 0; i <= last; i++)
202                 {   /*   Daten in Sortierliste
203                                 übertragen     */
204                     strcpy(ulist[i].name,
205                         smen[i].name);
206                     strcpy(ulist[i].pnr, smen[i].pnr);
207                     ulist[i].umsatz = smen[i].umsatz;
208                 }
209
210                 for (k = last; k != 0; k--)
211                             /*  Liste sortieren    */
212                 for (i = 0; i < k; i++)
213                     if (ulist[i].umsatz
214                         < ulist[i+1].umsatz)
215                         {
216                             strcpy(temp1,
217                             ulist[i].name);
218                             strcpy(temp2,
219                             ulist[i].pnr);
220                             temp3 = ulist[i].umsatz;
221
222                             strcpy(ulist[i].name,
223                             ulist[i+1].name);
224                             strcpy(ulist[i].pnr,
225                             ulist[i+1].pnr);
226                             ulist[i].umsatz =
227                             ulist[i+1].umsatz;
228
229                             strcpy(ulist[i+1].name,
230                                 temp1);
231                             strcpy(ulist[i+1].pnr,
232                                 temp2);
233                             ulist[i+1].umsatz = temp3;
234                         }
235             /**********   Liste ausgeben***********/
236
```

C

```
237                                            printf("UMSATZLISTE\t\t\t\tSeite"
238                                                      " %d\n\n\n", ++page);
239                                            printf("Name\t\tPersonalnummer\t\t"
240                                                           "Umsatz\n\n");
241                                            for (i = 0; i <= last; i++)
242                                               {
243                                                  printf("%s\t\t%s\t\t%.2f\n",
244                                                         ulist[i].name,
245                                                            ulist[i].pnr,
246                                                               ulist[i].umsatz);
247                                                  if ((((i+1) % 15) == 0)
248                                                      && (i != last))
249                                                     {
250                                                        printf("\n\nNächste Seite"
251                                                               "mit <Enter>.");
252                                                        getch();
253                                                           printf("\033[2J");
254                                                        printf("UMSATZLISTE\t\t\t\t"
255                                                               "Seite %d\n\n\n",
256                                                               ++page);
257                                                     printf("Name\t\t"
258                                                            "Personalnummer"
259                                                            "\t\tUmsatz\n\n");
260                                                     }
261                                               }
262                                            printf("\n\nZurück zum Menü"
263                                                   "mit <Enter>.");
264                                            getch();
265                                            page = 0;
266                                            break;
267                               case 'e': printf("\n\n\n\t\t***\t"
268                                               "Programmende\t***");
269                        }                                           /*   Ende switch    */
270
271               }   while (reply != 'e');                           /*   Ende do while  */
272        }                                                          /*   Ende if (i > 1)   */
273    else
274        printf("\n\nEs wurden keine Datensätze eingegeben.");
275
276 }
```

Das Programm salesman.c bringt nach Beendigung der Eingabe ein kleines Menü auf den Bildschirm, bei dem zwischen der Ausgabe der Datensätze, der Ausgabe einer sortierten Umsatzliste und dem Programmende gewählt werden kann. Die Sortierung der Liste erfolgt nach dem bereits in Aufgabe 1 vorgestellten Bubblesort-Verfahren, diesmal mit den Elementen eines Strukturarrays. Für die Liste wurde der Einfachheit halber ein eigenes Strukturarray angelegt.

flosplit.c:

```
1   /*   flosplit liest eine Reihe (max. 100) von Gleitkommawerten
2        ein, trennt Vor- und Nachkommateile und addiert diese separat.   */
3
4
5
6   #include <stdio.h>                                      /*   printf   */
7   #include <conio.h>                                      /*   getch    */
8   #include <stdlib.h>                                     /*   atof     */
9
10
11      main()
12      {
13          struct floatwert
14              {
15                  double vorkomma;
16                  double nachkomma;
17              };
18
19          struct floatwert f [100];
20          char albuf [81];                    /*   alphanumerischer Puffer */
21          char alvor [81];                /*   Vorkommateil alphanumerisch */
22          char alnach [81];               /*   Nachkommateil alphanumerisch*/
23          int i, k = 0;                       /*    Kontrollvariablen   */
24          double vorsum = 0;              /*    Summe Vorkommateile    */
25          double nachsum = 0;             /*    Summe Nachkommateile   */
26          double controlsum = 0;              /*    Kontrollsumme  */
27          int pos;                        /*   Index Ende Vorkommateil */
28          int last;                           /*   Index letzter Wert */
29
30          printf("\033[2J");
31          printf("Gleitkommazahlen eingeben. (Ende mit \'e\'):\n\n");
32          gets(albuf);                            /*   1.Wert einlesen    */
33
34          while (albuf[0] != 'e'  &&  k < 100)
35              {
36                  i = 0;
37                  while (albuf[i] != '.')     /*   Vorkommateil übertragen */
38                      {
39                          alvor[i] = albuf[i];
40                          i++;
41                      }
42                  alvor[i] = '\0';                    /*   Nullzeichen   */
43
44                  pos = i;                        /*    Index merken   */
45
46                  while (albuf[i] != '\0') /* Nachkommateil übertragen    */
47                      {
48                          alnach[i-pos] = albuf[i];
49                          i++;
50                      }
51                  alnach[i-pos] = '\0';
```

C

```
52                      /************* Umwandeln und speichern  ***********/
53
54                      f[k].vorkomma = atof(alvor);
55                      f[k].nachkomma = atof(alnach);
56
57                      controlsum = controlsum + atof(albuf);
58                      vorsum = vorsum + f[k].vorkomma;
59                      nachsum = nachsum + f[k].nachkomma;
60
61                      k++;
62
63                      if (k < 100)
64                        gets(albuf);
65                      else
66                        {
67                          printf("\n\n100 Werte eingegeben. Eingabeende.\n");
68                          printf("Weiter mit <Enter>.");
69                          getch();
70                        }
71              }                                       /*   Ende while    */
72          /******************** Ausgabe  *******************/
73      if (k > 0)                                      /*    mindestens ein*/
74          {                                   /*   Datensatz eingegeben   */
75
76          last = k - 1;                       /*    Index letzter Datensatz */
77
78          printf("\033[2J");
79          printf("\n\nEs wurden folgende Werte eingegeben:\n\n");
80          for (i = 0; i <= last; i++)
81            {
82              printf("%f\t", f[i].vorkomma + f[i].nachkomma);
83
84              if (!((i+1) %4) &&  i != last)   /*    vierspaltig    */
85                printf("\n\n");
86
87              if (!((i+1) % 40) && i !=last) /* zehn Zeilen pro Seite */
88                {
89                  printf("\n\nNächste Seite mit <Enter>.");
90                  getch();
91                  printf("\033[2J");
92                }
93            }
94
95      printf("\n\nSumme der Vorkommateile: %.0f", vorsum);
96      printf("\n\nSumme der Nachkommateile: %f", nachsum);
97      printf("\n\nSumme der Vor- und Nachkommateile: %f",
98                vorsum + nachsum);
99      printf("\n\nSumme der ungetrennten Eingabewerte: %f", controlsum);
100         }                                       /*   Ende if (k > 0)    */
101     else
102         printf("\n\nEs wurden keine Werte eingegeben.");
103
104 }
```

Lösungen zu den Aufgaben aus Kapitel 9

▶ scat.c:

```
1   /*   scat verknüpft zwei eingegebene Zeichenketten dergestalt,
2        daß die zweite Zeichenkette an die erste angehängt wird. */
3
4   #include <stdio.h>                              /*   printf, getchar   */
5   #include <conio.h>                              /*       getche        */
6
7   main()
8       {
9           char first [161];                       /*   erste Zeichenkette */
10          char second [81];                       /*  zweite Zeichenkette   */
11          int rep = 'j', i, k, ok;                /*   Kontrollvariablen  */
12          int c;         /*   Puffer    */
13
14          while (rep == 'j')
15                {
16                    printf("\033[2J");
17                    printf("STRINGS VERKETTEN. Zeichenkette 2 wird "
18                                   "an Zeichenkette 1 angehängt.\n\n");
19                    printf("Maximale Länge jeder Zeichenkette: 80 Zeichen.");
20
21
22      /***   Zeichenketten einlesen   ***********/
23
24                do
25                    {
26                        i = 0;
27                        ok = 1;
28                        printf("\n\nZeichenkette 1: ");
29                        while ((c = getchar()) != '\n')
30                                {
31                                    *(first + i) = c;
32                                    if (i > 79)
33                                        {
34                                            printf("\n\nZu viele Zeichen.");
35                                            ok = 0;
36                                            while (getchar() != '\n')
37                                                ;      /*   Eingabepuffer säubern   */
38                                            break;
39                                        }
40                                    i++;
41                                }
42                    } while (!ok);
43                *(first + i) = '\0';                 /*   Nullzeichen anfügen    */
44                do
45                    {
46                        k = 0;
47                        ok = 1;
48                        printf("\n\nZeichenkette 2: ");
49                        while ((c = getchar()) != '\n')
```

```
50                                {
51                                     *(second + k) = c;
52                                     if (k > 79)
53                                          {
54                                               printf("\n\nZu viele Zeichen.");
55                                               ok = 0;
56                                               while (getchar() != '\n')
57                                     ;           /*   Eingabepuffer säubern   */
58                                               break;
59                                          }
60                                     k++;
61                                }
62                           } while (!ok);
63                      *(second + k) = '\0';           /*   Nullzeichen anfügen   */
64  /***   Zeichenketten verknüpfen   *******/
65                i = k = 0;
66                while ( *(first + i))                /*   Ende von first suchen   */
67                     i++;
68                while ( *(first + i++) = *(second + k++))
69                          ;
70                printf("\n\nDie verknüpften Strings ergeben die Zeichenkette:"
71                          "\n\n%s", first);
72                printf("\n\nWeitere Strings verketten (j/n)");
73                rep = getche();
74           }                                   /*   Ende oberstes while   */
75      }                                        /*   Ende main */
```

findpatt.c:

```
1  /*   findpatt durchsucht eine Eingabezeile aus maximal 128 Zeichen nach einer
2  als Suchmuster angegebenen Zeichenfolge. Es wird angezeigt, wie oft das Textmuster
3  in der Eingabe enthalten ist sowie die Position seines ersten Auftretens.
4  Die Eingabezeile wird in einem dynamischen Speicherblock von zunächst 32 Byte
5  verwaltet, der bei Bedarf um weitere 32-Byte-Einheiten vergrößert werden kann.*/
6
7  #include <stdio.h>                              /*   printf, getchar    */
8  #include <stdlib.h>                             /*   realloc, free, exit   */
9  #include <string.h>                             /*   strlen    */
10
11  main()
12      {
13      char *buffer = NULL;                        /*   Zeiger auf einen dynamischen
14                                      Speicherblock für die Eingabzeile.   */
15          char pattern [17];                          /*   Suchmuster   */
16          unsigned b = 1, i, m, p;                    /*   Kontrollvariablen   */
17          unsigned first_occ = 0; /* Flag für 1. Auftreten des Suchmusters.   */
18          int c;                                 /*   Puffer für Einzelzeichen   */
19          int occs = 0;                          /*   Häufigkeit des Suchmusters   */
20          int ok;              /*   Flag für korrekte Eingabe des Suchmusters.   */
21
22  /***   Speicher für Eingabe allokieren   ***/
23      if ((buffer = (char *) realloc(buffer, b * 32)) == NULL)
```

```
24                     {
25                          printf("\n\nSpeicherfehler.");
26                          exit(1);
27                     }
28         printf("\033[2J");
29             printf("Das Programm prüft, ob eine Eingabezeile (max. 128 Zeichen)\n"
30                         "eine bestimmte Zeichenfolge enthält.");
31
32         i = 0;
33             printf("\n\nEingabe:\n\n");
34             while ((c = getchar()) != '\n')                    /*   Zeile einlesen*/
35                  {
36                      buffer[i] = c;
37                      if (i >= (b*32)-1) /*   falls Speicherblock zu klein.    */
38                       {
39                          b++;
40                          if ((buffer = (char *) realloc(buffer, b*32)) == NULL)
41                            {
42                                printf("\n\nSpeicherfehler.");
43                                exit(1);
44                            }
45                       }
46
47         i++;
48             }                                       /*   Ende while    */
49             buffer[i] = '\0';                       /*   Eingabe abschließen    */
50
51
52         if (strlen(buffer))                   /*   mindestens 1 Zeichen eingegeben. */
53             {
54                  do
55                    {
56                          printf("\n\nSuchmuster (max. 16 Zeichen):\n\n");
57                          m = 0;
58                          ok = 1;
59                          while (m < 16  &&  (c = getchar()) != '\n')
60                           {
61                              pattern[m] = c;
62                              if (m > strlen(buffer)-1)
63                                {
64                                    printf("\n\nMuster darf nicht größer sein
65                                        als Eingabetext.");
66                                    ok = 0;
67                                    while (getchar() != '\n')
68                                             ;
69                                    break;
70                                }
71                          else if (m > 15)
72                                {
73                                    printf("\n\nMuster zu groß.");
74                                    ok = 0;
75                                    while (getchar() != '\n')
76                                             ;
77                                }
78                          m++;
```

```
79                                 }
80                        }    while (!ok);
81
82            pattern[m] = '\0';              /*   Korrektes Suchmuster abschließen.*/
83        /********************** Muster suchen  **************************/
84
85   if (strlen(pattern))                                    /*   Muster hat     */
86                {                                       /*   mindestens 1 Zeichen   */
87                for (p = 0; p + strlen(pattern) <= strlen(buffer); p++)
88                        {
89                        for (i = p, m = 0; pattern[m] != '\0' &&
90                                    buffer[i] == pattern[m]; i++, m++)
91                                        ;
92                        if (pattern[m] == '\0') /*   Muster gefunden     */
93                            {
94                            if (!first_occ)
95                                first_occ = p;
96                                    /*   Index 1. Auftret. merken    */
97                            occs++;
98                            }
99                        }
100
101           if (first_occ)                   /*   falls Muster gefunden. */
102                    {
103                    printf("\n\nDas Suchmuster ist"
104                        "insgesamt %d-mal enthalten.", occs);
105                    printf("\n\n1. Auftreten: %d."
106                        "Zeichen der Eingabe:\n", first_occ+1);
107
108                    for (i = 0; i < first_occ; i++)
109                                     /*   Text bis z. 1. Auftreten    */
110                    printf("%c", buffer[i]);
111                                     /*   des Musters ausgeben    */
112
113                    for (i = first_occ; i < first_occ + strlen(pattern);
114                            i++)
115                    printf("\033[7m%c", buffer[i]);
116                                     /*   1. Auftreten des Musters
117                                          mit Escape-Sequenz hell
118                                          (reverse) unterlegen.    */
119
120                    printf("\033[0m%s", buffer + i);
121                                     /*   Rest der Ausgabe wieder
122                                          in Normaldarstellung.    */
123                    }
124            else
125                printf("\n\nDas Suchmuster ist nicht enthalten.");
126            }                                /*   Ende if (strlen(pattern))    */
127            }                                /*   Ende if (strlen(buffer))    */
128
129    free(buffer);
130 }                                          /*   Ende main */
```

Das Programm demonstriert an einer Eingabezeile, wie eine Zeichenkombination in einem Text gefunden werden kann. Für die vom System festgelegte maximale Länge einer Eingabezeile (also die Größe des Eingabepuffers) wurden dabei 128 Byte angenommen. Da das System unter dieser Annahme verhindert, daß mehr als 128 Zeichen eingegeben werden, erübrigt sich eine diesbezügliche Eingabekontrolle durch das Programm.

Einige der Kontrollvariablen wurden als *unsigned int* vereinbart, einerseits, weil für diese Variablen keine negativen Werte zu erwarten sind, andererseits, um bei Vergleichen mit dem Resultatwert von *strlen*, der vom Typ *unsigned int* ist, undefinierte Ergebnisse zu vermeiden, die bei Vergleichen von Objekten mit und ohne Vorzeichen möglich sind.

Nach der Eingabe von Textzeile und Suchmuster überprüft eine geschachtelte *for*-Schleife, wie oft das Muster im Text enthalten ist bzw. wo es zuerst auftritt. Die äußere Schleife durchläuft dabei *zeichenweise* den Eingabetext, allerdings nicht bis zu dessen Ende - was im übrigen durch die Schleifenbedingung

```
buffer[p] != '\0'
```

erreicht werden könnte - sondern aufgrund der Bedingung

```
p + strlen(pattern) <= strlen(buffer)
```

nur so weit, bis feststeht, daß das Suchmuster von seiner Größe her nicht mehr in dem noch nicht durchsuchten Teil enthalten sein kann. Die innere *for*-Schleife prüft von dem jeweiligen Zeichen des Textes aus, das die äußere *for*-Schleife als Startpunkt vorgibt, ob die Zeichen von Muster und Text übereinstimmen. Stimmen sie bis zum abschließenden Nullzeichen des Musters überein, was sich dadurch ausdrückt, daß *pattern[m]* gleich '\0' wird, so ist das Muster enthalten. Der Index des Zeichens im Eingabetext, ab dem das Muster zum ersten Mal auftritt, wird mit

```
first_occ = p;
```

in der Variablen *first_occ* gespeichert. Falls das Muster gefunden wurde, gibt

```
for (i = 0; i < first_occ; i++)
    printf("%c", buffer[i]);
```

die Zeichen des Textes bis zum ersten Auftreten des Suchmusters aus. Danach bewirkt die Escape-Sequenz

```
\033[7m
```

daß das Muster in *reverser* Darstellung (Vorder-und Hintergrund des Bildschirms vertauscht) angezeigt wird. Anschließend stellt die Escape-Sequenz

```
\033[0m
```

die Standardeinstellung für Vorder- und Hintergrund des Bildschirms wieder her. Eine Liste der ANSI-Escape-Sequenzen mit ihren Bedeutungen findet man im Anhang G des Buchs.

▶ *strblock.c:*

```
 1  /*   strblock speichert Zeichenketten unmittelbar aufeinanderfolgend in einem
 2  statischen Array. Ist das Array so weit gefüllt, daß der nächste eingegebene
 3  String keinen Platz mehr darin findet, können vorher eingegebene Strings
 4  "gelöscht", d. h. der von ihnen belegte Speicher für den neuen String verwendet
 5  werden. Dabei werden entsprechend viele Strings vom Anfang des Arrays über-
 6  schrieben, indem der restliche Stringblock an den Arrayanfang verlegt wird. Der
 7  neue String wird dann stets an das Ende des bestehenden Textblocks angehängt.*/
 8
 9  #include <stdio.h>                                 /*   printf, getchar   */
10  #include <conio.h>                                 /*   getche   */
11  #include <string.h>                                /*   strcpy, strlen*/
12
13  main()
14    {
15      char ibuf [81];                      /*   Eingabepuffer des Programms */
16      char sbuf [256] = {'\0'};                        /*   Stringarray   */
17      char *z;                                         /*   Kontrollvariable */
18      unsigned pos = 0;        /*   Position des nächsten freien Arrayelements */
19      unsigned freebytes = 255;                        /*   freier Speicher   */
20      unsigned delbytes;                    /*   Anzahl Bytes, die ab Arrayanfang
21                                              überschrieben werden können.   */
22      unsigned i, j, k;                      /*   Kontrollvariablen   */
23      unsigned shiftbytes;                    /*   Anzahl der Bytes, die an den
24                                              Arrayanfang verschoben werden.   */
25      int c;                                 /*   Zeichenpuffer   */
26      int ok;                                /*   Flag für korrekte Eingabe   */
27      int rep;                               /*   Kontrollvariable   */
28      int cnt;                               /*   Stringzähler   */
29
30  printf("\033[2J");
31      printf("STATISCHES ARRAY MIT STRINGS FÜLLEN.\n\n");
32      printf("Maximale Stringlänge: 80 Zeichen.\n");
33      printf("HINWEIS: Jeder String wird vom Programm mit einer Endemarkierung\n"
34                      "abgeschlossen und ist daher intern um 1 Zeichen länger"
35                      "als eingegeben.");
36      cnt = 0;
37        do
38          {
39            do
40              {
```

```
41                  ok = 1;
42                  i = 0;
43                  if (freebytes)                        /*   falls Platz frei   */
44                      {
45                          printf("\n\n");
46                          if (cnt)
47                              printf("Nächste");
48                          printf("Zeichenkette eingeben (%u Byte frei. "
49                                  "Ende mit <Enter>:\n", freebytes);
50                      }
51                  else
52                      printf("\n\nNächste Zeichenkette eingeben."
53                                  "(Ende mit <Enter>):\n");
54
55                  while ((c = getchar()) != '\n')
56                      {
57                          ibuf[i] = c;
58                          if (i > 79)
59                              {
60                                  printf("\n\nString zu lang.");
61                                  ok = 0;
62                                  while (getchar() != '\n')
63  ;  /*   Systemeingabepuffer säubern   */
64                                  break;
65                              }
66                          i++;
67                      }
68                  } while (!ok);
69              ibuf[i] = '\0';                        /*   Eingabe abschließen   */
70
71
72          if (strlen(ibuf))                        /*   falls String mindestens */
73              {                                     /*   1 Zeichen hat.*/
74                  if (freebytes + 1 >= strlen(ibuf) + 1)
75                                                    /*   falls genügend Platz   */
76                      {
77                          strcpy(sbuf+pos, ibuf);
78                                                    /* String in Array speichern */
79                          cnt++;
80
81                          if (sbuf[254] != '\0')   /*   Array voll   */
82                              freebytes = 0;
83                          else
84                          freebytes = freebytes - (strlen(ibuf) + 1);
85
86                      if (!freebytes)
87                          {
88                              printf("\n\nArray gefüllt.\n"
89                                  "Zur Speicherung von weiteren Strings"
90                                  "alte Strings "
91                                  "am Anfang\ndes Arrays überschreiben?"
92                                  "(j/n)");
93                              rep = getche();
94                          if (rep == 'j')
95                              continue;
```

```
96                                          /*   nächster Schleifendurchgang */
97                          else                        /*   sonst      */
98                            break;              /*   Eingabe abbrechen */
99                      }                    /*   Ende if(!freebytes)   */
100
101              pos = pos + strlen(ibuf) + 1;
102                                          /*   nächste freie Position */
103
104                  }                        /*   Ende if(freebytes+1 ... */
105
106          else                            /*   falls nicht genügend  */
107              {                               /*   Platz im Array*/
108
109              if (freebytes)                      /*   Array nicht   */
110                  {                        /*   vollständig gefüllt    */
111
112                      printf("\n\nNicht genügend Speicher.\n"
113                          "Zur Speicherung des aktuellen Strings"
114                          "alte "
115                          "Strings vom Anfang des Arrays"
116                          "löschen?"
117                          "(j/n)");
118                      rep = getche();
119                  }
120
121              if (rep == 'j')
122                  {
123                      z = sbuf; /*Zeiger auf Arrayanfang setzen.*/
124
125 /****  feststellen, wie viele Bytes zu überschreiben sind.  ****/
126
127                      delbytes = strlen(z) + 1;
128                      while (delbytes < strlen(ibuf) + 1)
129                          {
130                          z = z + strlen(z) + 1;
131                          delbytes = delbytes + strlen(z) + 1;
132                          }
133 /****  feststellen, wie viele Bytes verschoben werden.  ****/
134                      if (sbuf[254] != '\0')        /*   Array voll     */
135                          shiftbytes = 256 - delbytes - freebytes;
136                      else              /*   Array nicht ganz voll  */
137                          shiftbytes = 256 - delbytes -
138                          (freebytes+1);
139
140 /****  Stringblock an Arrayanfang verschieben.  ****/
141
142                      for (j = 0, k = delbytes; k < delbytes +
143                          shiftbytes; j++, k++)
144                          sbuf[j] = sbuf[k];
145                      strcpy(sbuf + j, ibuf);
146                                          /*   neuen String speichern */
147
148 /**  freien Platz am Arrayende mit Nullzeichen auffüllen **/
149
150                      for (i = j+strlen(ibuf)+1; i < 256; i++)
```

```
151                                    sbuf[i] = '\0';
152
153                        pos = j + strlen(ibuf) + 1;
154                                        /*  nächste freie Position  */
155                        if (sbuf[254] != '\0'; /*  Array voll      */
156                            freebytes = 0;
157                        else
158                            freebytes = 255 - (j + strlen(ibuf) + 1);
159
160                        if (!freebytes)
161                            {
162                            printf("\n\nArray gefüllt.\n"
163                            "Zur Speicherung von weiteren Strings"
164                            "alte Strings "
165                            "am Anfang\ndes Arrays überschreiben?"
166                            "(j/n)");
167                            rep = getche();
168
169                            if (rep == 'j')
170                                continue;
171                                /*  nächster Schleifendurchgang  */
172                            else                    /*  sonst      */
173                                break;    /*  Eingabe abbrechen  */
174                            }
175                        }                       /*  Ende if(rep=='j')  */
176                else                            /*  wenn rep != 'j'    */
177                    strcpy(ibuf, "\0");/*  alte Strings nicht
178                                    überschreiben, sondern
179                                    äußeres do while beenden.    */
180            }                           /*  Ende oberstes else */
181        }                               /*  Ende if(strlen(ibuf))  */
182    } while (strlen(ibuf));             /*  Ende äußeres do while */
183 /**************** Strings ausgeben  ****************************/
184 if (strlen(sbuf)) /*   mind. 1 String im Array */
185        {
186            printf("\n\nEs wurden folgende Strings gespeichert:\n\n");
187            for (i = 0, z = sbuf; strlen(z) && i < 256; i = strlen(z)+1,
188                z = z + strlen(z)+1)
189                printf("%s\n", z);
190        }
191    }
```

4

shonumer.c:

```
1 /*   shonumer gibt für eine eingegebene ganze Zahl zwischen 0 und 999
2 das entsprechende Zahlwort aus.   */
3 #include <stdio.h>                          /*  printf, getchar   */
4 #include <stdlib.h>                              /*   atoi */
5 #include <ctype.h>                              /*  isdigit  */
6 #include <string.h>                            /*  strcpy   */
7 main()
8 {
```

C

```
 9  /*** Zahlwörtertabellen ***/
10  char *low [20] = {        "null", "eins", "zwei", "drei", "vier", "fünf",
11                            "sechs", "sieben", "acht", "neun", "zehn", "elf",
12                            "zwölf","dreizehn", "vierzehn","fünfzehn", "sechzehn",
13                            "siebzehn","achtzehn", "neunzehn"};
14  char *ten [10] = {        "", "", "zwanzig", "dreißig", "vierzig", "fünfzig",
15                            "sechzig", "siebzig", "achtzig", "neunzig" };
16  char *hun [10] = {        "", "einhundert", "zweihundert", "dreihundert",
17                            "vierhundert", "fünfhundert", "sechshundert",
18                            "siebenhundert", "achthundert", "neunhundert"  };
19  /************************/
20  char a0 [4];                                    /*   Zahl alphanumerisch     */
21  char a [4];                        /*   Zahl alphanumerisch ohne führende Nullen  */
22  int c;                                                  /*     Ziffer      */
23  int num;                                    /*   eingegebene Zahl numerisch   */
24  int i, k;                                        /*   Kontrollvariablen   */
25  int cnt;                                        /*   Zähler Eingabezeichen   */
26  int ok;                                    /*   Flag zur Eingabekontrolle    */
27
28  printf("\033[2J");
29  printf("ZAHLWÖRTER FÜR GANZE ZAHLEN ZWISCHEN "
30         "0 UND 999 AUSGEBEN.\n");
31  do
32   {
33    cnt = 0;
34    ok = 1;
35    printf("\n\nZahl: ");
36    while ((c = getchar()) != '\n')
37          {
38           if (!isdigit(c))                         /*   falls keine Ziffer */
39             {
40              printf("\n\nKeine gültige Zahl.");
41              ok = 0;
42              while (getchar() != '\n')
43               ;
44              break;
45             }
46           else if (cnt > 2)
47                  {
48                   printf("\n\nZu viele Ziffern.");
49                   ok = 0;
50                   while (getchar() != '\n')
51                    ;
52                   break;
53                  }
54              else
55               a0[cnt++] = c;                          /*   Zeichen einlesen    */
56             }
57    } while (!ok);
58
59   a0[cnt] = '\0';                                  /*   Nullzeichen anfügen    */
60
61  /*** Zahlwort bestimmen und ausgeben ****/
62   if ((num = atoi(a0)) < 20)                            /*   Zahl unter 20 */
63     printf("\n\n%s", low[num]);
```

```
64   else      /*    Zahl über 20   */
65   {
66
67   /*** Führende Nullen entfernen **********/
68
69     if (cnt > 1 && atoi(a0) != 0)                  /*   mindestens 2 Ziffern    */
70       {                                            /*   und nicht nur Nullen    */
71       k = i = 0;
72       while (a0[i] == '0')                         /*   führende Nullen überlesen   */
73         i++;
74       while (a0[i] != '\0')
75         {
76         a[k] = a0[i];
77         i++;
78         k++;
79         }
80       a[k] = '\0';
81       }
82     switch(strlen(a))                              /*   Stellenzahl feststellen */
83       {
84       case 2:  if ((atoi(a) % 10) == 0)            /*   Keine Einer   */
85                  printf("\n\n%s", ten[atoi(a)/10]);
86                else if ((atoi[a] % 10) == 1)       /*   Einerziffer 1 */
87                    printf("\n\neinund%s", ten[atoi(a)/10]);
88                else                                /*   andere Einerziffer */
89                  printf("\n\n%sund%s", low[atoi(a)%10], ten[atoi(a)/10]);
90                break;
91       case 3:  if ((atoi(a)%100) == 0)             /*   keine 1er, keine 10er */
92                  printf("\n\n%s", hun[atoi(a)/100]);
93                else if ((atoi(a)%100) < 20)        /*   h01 bis h19   */
94                  printf("\n\n%s%s", hun[atoi(a)/100], low[atoi(a)%100]);
95                else if ((atoi(a)%10) == 0)         /*   letzte Ziffer 0   */
96                  printf("\n\n%s%s", hun[atoi(a)/100], ten[(atoi(a)%100)/10]);
97                else if ((atoi(a)%10) == 1)         /*   letzte Ziffer 1   */
98                  printf("\n\n%seinund%s", hun[atoi(a)/100],
99                      ten[(atoi(a)%100)/10]);
100               else                                /*   übrige Zahlen */
101                 printf("\n\n%s%sund%s",
102                 hun[atoi(a)/100], low[atoi(a)%10], ten[(atoi(a)%100)/10]);
103
104                                                    /*   Ende switch   */
105     }                                             /*   Ende oberstes else */
106 }                                                 /*   Ende main */
```

shonumer.c verwendet drei Zeigerarrays, um eine Liste von Zahlwörtern zu speichern, auf die das Programm zurückgreifen soll. Diese Liste ließe sich noch verkleinern, beispielsweise hätte man auf das Array *hun* verzichten können, und die Hunderter-Zahlwörter aus den Zahlwörtern von *low* und der Zeichenkette "hundert" zusammensetzen können. Es ist jedoch fraglich, ob dieser Aufwand wegen der entsprechend umständlicheren Codierung lohnt.

Die Anfangselemente der Zeigerarrays *ten* und *hun* bleiben frei, um in einfacher Weise aus der eingegebenen Zahl die Indizes der Zeiger ermitteln zu

C

können, die auf die betreffenden Zahlwörter verweisen. Wurde etwa die Zahl 124 eingegeben und in *a* gespeichert, so wird der Ausdruck

```
hun[atoi(a)/100]
```

aufgelöst zu

```
hun[124/100]
```

was gleichbedeutend mit

```
hun[1]
```

ist, wodurch auf das Wort "einhundert" zugegriffen wird. Analog ergibt

```
ten[(atoi(a)%100)/10]
```

nach

```
ten[(124%100)/10]
```

wegen

```
124 % 100 / 10 = 24 / 10 = 2
```

den Ausdruck

```
ten[2]
```

der das Wort "zwanzig" liefert, und für

```
low[atoi(a)%10]
```

erhält man entsprechend

```
low[4]
```

partlst3.c:

```
1  /*   partlst3 speichert eine beliebige Anzahl von Strings in ihrer
2       tatsächlichen Länge als doppelt verkettete Liste.   */
3
4  #include <stdio.h>                              /*   printf, gets   */
5      #include <string.h>                         /*   strcmp, strcpy */
6      #include <stdlib.h>                      /*  malloc, free, exit */
7      #include <conio.h>                          /*  getche, getch */
8
```

```
 9  #define HEADER(s)  printf("TEILNEHMERLISTE\t\t\t\t\tSeite %d\n", s);\
10  for (j = 0; j < 57; j++) printf("_"); printf("\n")
11
12  main()
13      {
14          typedef struct zeichenkette
15              {
16                      char *s;
17                      struct zeichenkette *pre;
18                      struct zeichenkette *next;
19              } string;
20
21      string *basis;                      /*   Zeiger auf den Anfang der Liste  */
22          string *end;                    /*   Zeiger auf das Ende der Liste    */
23          string *new;                    /*   Zeiger auf neues Listenelement   */
24          string *lastin;    /*  Zeiger auf zuletzt einsortiertes Element  */
25          string *a;                                  /*   Kontrollvariable    */
26
27      char buffer [128];                          /*  Eingabepuffer des Programms */
28          int i;                                      /*    Stringzähler    */
29          int s = 1;                                  /*    Seitenzähler    */
30          int j, k, rep;                          /*   Kontrollvariablen   */
31
32  /*************** Platz für erstes Listenelement allokieren ***********/
33
34          if ((basis = (string *) malloc(sizeof(string))) == NULL)
35              {
36                  printf("\n\nKein Speicherplatz verfügbar.");
37                  exit(1);                /*   Programmabbruch wenn keine  */
38              }                           /*    Allokation möglich.        */
39          i = 0;                          /*   Datensatzzähler initialisieren  */
40          end = new = lastin = basis;     /*   Vor dem Einlesen des ersten  */
41          basis->pre = basis->next = NULL; /*Elements: Zeiger initialisieren. */
42          printf("\033[2J");
43          printf("SORTIERTE TEILNEHMERLISTE ERSTELLEN\n");
44          printf("\nEingabeformat:\tName, Vorname (Land)\n\n");
45  do
46          {
47              printf("\n\nTeilnehmer %d (Ende mit <Enter>): ", i+1);
48              gets(buffer);
49
50              if (strlen(buffer))                 /*   falls nicht Eingabeende */
51                  {
52          /************ Platz für String allokieren ********************/
53
54          if ((new->s = (char *) malloc(strlen(buffer) + 1)) == NULL)
55              {
56                  printf("\n\nSpeicherfehler. Letzte Eingabe wurde"
57                      "nicht gespeichert.");
58                  if (i > 0)          /*   mindestens 1 String eingegeben.  */
59                      {
60                          printf("\n\nBisherige Teilnehmerliste ausgeben?"
61                              "(j/n)");
62                          rep = getche();
63                          if (rep == 'j')
```

C

```
64                          break;              /*   Schleife beenden   */
65                      }
66              exit(1);                        /*  sonst Programm beenden  */
67          }
68
69
70      strcpy(new->s, buffer);         /*   String in neuem
71                                          Listenelement speichern   */
72  /********* Neues Element einsortieren *************/
73      if (strcmp(new->s, basis->s) <= 0)
74          {                               /*   neues Element kleiner
75                                               oder gleich erstes   */
76          if (new != basis)       /*   nur wenn mindestens   */
77              {                   /*   1 Element vorhanden.   */
78                  new->pre = NULL;            /*   neues   */
79                  new->next = basis;          /*   erstes  */
80                  basis->pre = new;           /*   Element */
81                  basis = new;            /*  einsortieren. */
82              }
83          }
84      else if (strcmp(new->s, end->s) >= 0)
85          {                               /*   neues Element größer
86                                               oder gleich letztes   */
87          if (new != basis)       /*   nur wenn mindestens   */
88              {                   /*   1 Element vorhanden.   */
89                  new->pre = end;             /*   neues   */
90                  new->next = NULL;           /*   letztes */
91                  end->next = new;            /*   Element */
92                  end = new;              /*  einsortieren. */
93              }
94          }
95      else if (strcmp(new->s, lastin->s) >= 0)
96          {                           /*   neues Element größer/
97                                          gleich zuletzt eingefügtes */
98          if (new != basis)       /*   nur wenn mindestens   */
99              {                   /*   1 Element vorhanden.   */
100                 /*  Position für neues Element bestimmen. */
101                 for (a = lastin; strcmp(a->next->s,
102                     new->s) < 0;
103                     a = a->next)
104                     ;
105                 new->pre = a;           /*   neues   */
106                 new->next = a->next;    /*   Element */
107                 a->next->pre = new;         /*   ein-   */
108                 a->next = new;      /*   sortieren.   */
109             }
110         }
111         else                    /*   neues Element kleiner   */
112             {                   /*   als zuletzt eingefügtes */
113             /*** Position für neues Element bestimmen. ****/
114             for (a = lastin; strcmp(new->s, a->pre->s) < 0;
115                 a = a->pre)
116                 ;
117             new->pre = a->pre;              /*   neues   */
118             new->next = a;                  /*   Element */
```

```
119                         a->pre->next = new;                    /*   ein- */
120                         a->pre = new;                  /*   sortieren.     */
121                       }
122               lastin = new;                  /*   Zeiger auf letztes
123                                               Element aktualisieren. */
124               /***** Platz für nächstes Listenelement allokieren. *****/
125               if ((new = (string *) malloc(sizeof(string))) == NULL)
126                  {
127                    printf("\n\nKein weiterer Speicherplatz verfügbar."
128                           " Weiter mit <Enter>.");
129                    getch();
130                    i++;            /*   Datensatzzähler aktualisieren    */
131                    break;                     /*   Schleife verlassen */
132                  }
133               i++;
134             }                                /*   Ende if(strlen(buffer)   */
135       } while (strlen(buffer));
136   /************* Datensätze ausgeben ****************************/
137       if (i > 0)                 /*   Mindestens 1 Datensatz eingegeben.    */
138          {
139            printf("\033[2J");
140            printf("\n\nAnzahl der eingegebenen Datensätze: %d", i);
141            printf("\n\nDATENSÄTZE AUSGEBEN:\n\n");
142            printf("Aufsteigend sortiert\t\t(a)\n");
143            printf("Absteigend sortiert\t\t(d)\n");
144            printf("\nEnde mit beliebiger anderer Taste\n\n");
145            printf("Ihre Wahl: ");
146            rep = getche();
147
148            switch (rep)
149               {
150                 case 'a': printf("\033[2J");
151                      HEADER(s);                  /*   Kopfzeile */
152
153                      for (a = basis, k = 1; a != NULL;
154                         a = a->next, k++)
155                         {
156                            printf("\n\n%d\t%-s", k, a->s);
157                            if ((k%9) == 0 && k != i)
158                              {
159                                printf("\n\nNächste Seite"
160                                       "mit <Enter>.");
161                                getch();
162                                printf("\033[2J");
163                                s++;
164                                /*   Seitenzähler erhöhen */
165                                HEADER(s);
166                              }
167                         }
168                      break;
169
170                 case 'd': printf("\033[2J");
171                      HEADER(s);                  /* Kopfzeile */
172
173                      for (a = end, k = 1; a != NULL; a = a
```

```
174                              ->pre, k++)
175                         {
176                              printf("\n\n%d\t%-s", k, a->s);
177                              if ((k%9) == 0 && k != i)
178                                  {
179                                  printf("\n\nNächste Seite"
180                                              "mit <Enter>.");
181                                  getch();
182                                  printf("\033[2J");
183                                  s++;
184                                  /* Seitenzähler erhöhen */
185                                  HEADER(s);
186                                  }
187                              }
188                          break;
189
190                      default:      ;
191                  }
192      /******************* Speicher freigeben ********************/
193
194              for (a = basis; a != NULL; a = new)
195                  {
196                  new = a->next; /* nächste Adresse  v o r  der
197                                    Freigabe des aktuellen
198                                    Listenelements sichern, das
199                                    diese Adresse enthält.
200                                    Ohne diese Sicherung wäre
201                                    diese Adresse verloren und der
202                                    Zugriff auf die Liste nicht
203                                    mehr möglich.            */
204                  free(a);
205                  }
206          }                                   /*  Ende if i > 0 */
207      }                                       /*  Ende main */
```

partlst3.c arbeitet ähnlich wie artlist3.c, das wir früher im Kapitel entwickelt haben. Zur Speicherung der Zeichenketten werden Strukturvariablen vom Typ *string* mit Vorgänger- und Nachfolgerzeiger verwendet und einem Zeiger *s*, der die Adresse der gespeicherten Zeichenkette enthält. Da die Zeichenketten in partlst3.c in ihrer tatsächlichen Länge zu speichern sind, wird zunächst mit

```
if ((new->s = (char *) malloc(strlen(buffer) + 1)) == NULL)
...
```

Speicherplatz in der benötigten Menge allokiert und die Adresse dieses Speicherblocks der Komponente *s* der jeweils aktuellen Strukturvariablen zugewiesen, bevor der eingegebene String mit

```
strcpy(new->s, buffer);
```

in den allokierten Block hineinkopiert wird.

6

▶ *morse.c:*

```c
1  /* morse liest eine Anzahl von Morsezeichen ein und gibt den zugehörigen Klartext
2  aus. Der Klartext wird in einem dynamischen Puffer gespeichert. Ein entschlüs
3  seltes Klartextwort wird an das Ende des schon vorhandenen Textes angehängt. */
4
5  #include <stdio.h>                                     /*   printf, gets   */
6  #include <string.h>                                    /*   strcmp, strcat */
7  #include <stdlib.h>                              /*   realloc, free, exit      */
8
9  main()
10     {
11          struct alphabet
12             {
13
14                 char *morse;                 /*   Zeichen in Morsecode    */
15                 char symbol;                     /*   Klartextzeichen      */
16
17             } list [46] = {          /*   Tabelle Morse/Klarschriftzeichen */
18
19      /*   1elementige   */   ".", 'e', "-", 't',
20
21      /*   2elementige   */   "..", 'i', ".-", 'a', "-.", 'n', "--", 'm',
22
23      /*   3elementige   */   "...", 's', "..-", 'u', ".-.", 'r', ".-",
24                     'w',"-..", 'd', "--.", 'g', "-.-", 'k', "---", 'o',
25
26  /*   4elementige   */   "....", 'h', "...-", 'v', "..-.", 'f', ".-..",
27                     'l',".-.-", 'ä', ".--.", 'p', "..---", 'ü', ".---
28                     ", 'j', "-...", 'b', "-.-.", 'c', "-..-", 'x',
29                     "--..", 'z',"---.", 'ö', "--.-", 'q', "-.--", 'y',
30
31  /*   5elementige   */   ".----", '1', "..---", '2', "...--", '3', "....-",
32                     '4',".....", '5', "-....", '6', "--...", '7', "---..",
33                     '8',"----.", '9', "-----", '0',
34
35  /*   6elementige   */   ".-.-.-", '.', "--..--", ',', "---...", ':',
36                     "-....-", '-', "..--..", '?', "...-.-", '\0',
37
38  NULL, '\0'
39
40                                     };
41      struct alphabet *z [7];          /*   Array mit Zeigern auf den Anfang der
42                                            1-, 2-, 3-, 4-, 5- und 6elementigen
43                                            Morsezeichen in der Tabelle      */
44          struct alphabet *start;            /*   Kontrollvariable    */
45          char *text = NULL;          /*   Zeiger auf dynamisches Textarray */
46          char letter [20];                       /*   Buchstabenpuffer    */
```

C

```
47          char cword [129];                    /*   Puffer für Morsewort    */
48          char decword [130];          /*   Puffer für Klartextwort.
49                                           1 zusätzliches Zeichen
50                                           für Leerzeichen als Worttrenner  */
51          int i, j, k, m, n;                   /*   Kontrollvariablen   */
52          unsigned bloc = 0;              /*   Größe des Speicherblocks    */
53          int ok;                              /*   Flag für Eingabe    */
54
55          printf("\033[2J");
56          printf("MORSEZEICHEN DECODIEREN.\n\n");
57          printf("Trennzeichen zwischen Buchstaben: <Leer>\n");
58          printf("Trennzeichen zwischen Wörtern: <Enter>\n");
59          printf("Ende mit \"...-.-\" in separater Zeile.\n\n");
60          printf("Morsecode:\n\n");
61          z[1] = &list[0];
62          z[2] = &list[2];
63          z[3] = &list[6];
64          z[4] = &list[14];
65          z[5] = &list[29];
66          z[6] = &list[39];
67
68          do
69              {
70                  ok = 1;
71                  n = 0;
72                  gets(cword);
73
74                  for (i = 0; cword[i] != '\0'; i++)/* Eingabekontrolle   */
75                  if (cword[i] !=' ' &&  cword[i] != '.'  && cword[i] != '-')
76                              {
77                                  printf("\n\nEingabe enthält unzulässige
78                                          Zeichen.\n\n");
79                                  ok = 0;
80                                  break;
81                              }
82
83                  if (!ok)                     /*  bei falscher Eingabe    */
84                          continue;            /*   neuer Versuch */
85          /******************  Morsewort lesen     ******************/
86
87          for (i = 0; cword[i] != '\0'; (cword[j] != '\0') ? (i = j+1) :
88                  (i = j))
89                      {
90
91              /*************  Buchstaben decodieren   ***********/
92
93                  for (j = i, k = 0; cword[j] != ' ' &&  cword[j] !=
94                          '\0'; k++, j++)
95                          letter[k] = cword[j];
96
97                          letter[k] = '\0';
98
99          start = z[strlen(letter)];   /*   Zeiger auf Anfang des
100                                          Tabellenteils setzen, der
101                                          Zeichenzahl des Buchstabens
```

```
102                                    entspricht.                    */
103
104           /***************  Morsezeichen in Tabelle suchen.  *********/
105
106                while (strcmp(letter, start->morse)
107                    && start->morse != NULL)
108                  start++;
109           if (start->morse)                    /*   Zeichen enthalten  */
110                decword[n] = start->symbol;
111             else                               /*  Zeichen nicht enthalten */
112                decword[n] = '*';  /*  Symbol für falsches Zeichen */
113             n++;
114           }                                    /*  Ende äußeres for   */
115           decword[n] = ' ';                    /*  Trennsymbol zum nächsten
116                                                    Wort anfügen.     */
117           decword[n+1] = '\0';    /* decodiertes Wort abschließen. */
118       /***********  Speicher für decodierten Text allokieren.  *********/
119
120           if ((text = (char *) realloc(text, bloc + strlen(decword) + 1))
121                   == NULL)
122                  {
123                     printf("\n\nSpeicherfehler");
124                     exit(1);
125                  }
126           if (bloc == 0)
127                  strcpy(text, decword);
128             else
129                  strcat(text, decword);        /*  neues Wort anfügen */
130           bloc = bloc + strlen(decword) + 1;
131                                       /*  Blockgröße aktualisieren   */
132       } while (strcmp(cword, "...-.-"));
133   if (strlen(text))                            /*  Array nicht leer   */
134       {
135           printf("\n\nDer entschlüsselte Text lautet:\n\n");
136             printf("%s", text);
137       }
138   free(text);
139   }
```

morse.c definiert (in Form des Strukturarrays *list*) eine Tabelle mit Morsezeichen und den zugehörigen Klartextzeichen. Das Endezeichen "...-.-" entspricht dabei im Klartext dem Zeichen '\0' und wird folglich nicht mitangezeigt. Die Tabelle wird mit Hilfe des Zeigers *start* durchsucht und enthält als Endemarkierung den Nullzeiger. Die Tabelle ist aufsteigend nach der Anzahl der Symbole geordnet, aus denen ein Morsezeichen besteht. Dies beschleunigt Suchoperationen, denn mit Hilfe der Zeiger des Zeigerarrays *z*, die auf den Beginn der einzelnen Zeichengruppen innerhalb der Tabelle verweisen, wird die Tabelle nicht jedesmal von Anfang an durchsucht, sondern erst ab der Zeichengruppe, zu der das betreffende Morsezeichen aufgrund der Anzahl seiner Symbole gehört.

Wird ein Morsewort eingegeben, decodiert das Programm dessen Buchstaben (bzw. Ziffern oder Satzzeichen), indem es den zugehörigen Code nebst Klartextzeichen in der Tabelle sucht. Ist das Morsezeichen enthalten, wird das entsprechende Klartextzeichen in den Wort-Klartextpuffer *decword* geschrieben. Ist das Morsezeichen nicht enthalten, wird ein "*" als Ersatz-Klartextzeichen gewählt. Wenn das Morsewort komplett decodiert ist, wird es in dem dynamischen *char*-Array, das über den Zeiger *text* zugänglich ist, gespeichert bzw. an eventuell schon vorhandenen Text angefügt.

Die maximale Anzahl der Symbole eines Morsezeichens ist 6, der Buchstabenpuffer *letter* wurde jedoch mit 20 Byte Kapazität vereinbart, um auch Zeichencodierungen speichern zu können, die zu lang sind (beispielsweise, weil ein Trennsymbol vergessen wurde). Solche Zeichen werden als nicht in der Tabelle enthalten betrachtet und mit einem "*" angezeigt. Auch Mehrfach-Leerzeichen werden so gedeutet. Ein Zeichen befindet sich im übrigen nicht in der Tabelle, wenn der Ausdruck

```
start->morse
```

den Wert NULL hat.

Insofern ist die Bedingung

```
if (start->morse)
```

natürlich gleichbedeutend mit

```
if (start->morse != NULL)
```

Mit der Re-Initialisierung

```
(cword[j] != '\0') ? (i = j+1) : (i = j)
```

wird der Zähler *i* der äußeren *for*-Schleife entsprechend der Länge des gelesenen Morsezeichens "vorgestellt", so daß der nächste Buchstabe des Morseworts decodiert werden kann. Dabei wird mit der ersten Alternative

```
i = j + 1
```

des Bedingungsoperators für den Wert von *i* das Trennzeichen '.' zum nächsten Buchstaben berücksichtigt und mit der zweiten Alternative

```
i = j
```

der Umstand, daß das Wortende erreicht ist und daher kein Leerzeichen mehr folgt.

Nachdem schließlich mit *realloc* ein Speicherblock in passender Größe bereitgestellt wurde, wird das decodierte Wort darin gespeichert. Ist das dynamische Array noch leer, kopiert

```
strcpy(text, decword);
```

das entschlüsselte Wort in das Array, anderfalls hängt

```
strcat(text, decword);
```

das Wort an den schon vorhandenen Text an. Anschließend aktualisiert die Anweisung

```
bloc = bloc + strlen(decword) + 1;
```

die Größe des Speicherblocks in der Variablen *bloc*.

C

Lösungen zu den Aufgaben aus Kapitel 10

Stringfunktionen:

```
 1  void getstr(char *s)      /*   String einlesen. Version mit Zugriff über Index */
 2      {
 3          int i = 0, c;
 4
 5          do
 6              {
 7                  c = getchar();
 8                  s[i++] = c;
 9              } while (c != '\n');
10
11          s[--i] = '\0';
12      }
13
14
15      void getstr(char *s)              /*   Version mit Zugriff über Zeiger   */
16      {
17          do
18              {
19                  *s = getchar();
20              } while (*s++ != '\n');
21
22          *--s = '\0';
23      }
24
25
26                              /*****************/
27
28
29      void putstr(char *s)                        /*   String ausgeben    */
30      {
31          while (*s)
32              {
33                  putchar(*s);
34                  s++;
35              }
36      }
37
38                              /*****************/
39
40
41      char *strcopy(char to[], char from[]) /* String kopieren. Version mit Index */
42      {
43          int i = 0;
44
45          while (from[i] != '\0')
46              {
47                  to[i] = from[i];
48                  i++;
49              }
```

```
50
51              to[i] = '\0';
52              return(to);
53          }
54      void strcopy(char *to, char *from)/*   String kopieren. Kurze Version    */
55          {                                   /*   Kein Rückgabewert   */
56              while (*to++ = *from++)
57                      ;
58          }
59
60
61
62                          /******************/
63
64
65
66      int strlen(char *s)                     /*   Stringlänge feststellen */
67          {
68              int n = 0;
69
70              while (s[n])
71                  n++;
72              return (n);
73          }
74
75
76                          /******************/
77
78
79
80      char *strct(char first[], char second[])   /* Hängt second an first an. */
81          {
82              int i = 0, k = 0;
83
84              while (first[i])                    /*   ans Ende von first gehen    */
85                  i++;
86
87              while (first[i++] = second[k++])   /*   zweiten String anhängen.    */
88                      ;
89              return (first);
90          }
91
92
93                          /******************/
94
95
96      int strcomp(char *first, char *second) /* Strings vergleichen. Indexversion */
97          {
98              int i;
99
100             for (i = 0; first[i] == second[i]; i++)
101                 if (first[i] == '\0')                   /*   Strings sind gleich    */
102                     return (0);
103             return (first[i] - second[i]);   /*   liefert Differenz der Werte
104                                                      der beiden Zeichen, bei denen
```

```
105                                               sich first und second zum
106                                               1. Mal unterscheiden:
107                                               < 0 für first < second
108                                               > 0 für first > second        */
109          }
110      int strcomp(char *first, char *second) /*Strings vergleichen. Zeigerversion*/
111          {
112              while (*first == *second)
113                  {
114                      if (!*first)                /*   Strings sind gleich     */
115                          return (0);
116                      first++;
117                      second++;
118                  }
119              return (*first - *second);
120          }
```

Der Ausdruck

```
    p + (rand() % (q-p+1)))
```

liefert eine Zufallszahl aus dem Bereich zwischen zwei Zahlen p und q inklusive p und q selbst. Die entsprechende Funktion kann so aussehen:

```
    int brand(int p, int q)
        {
            return (p + (rand() % (q-p+1)));
    }
```

Das Testprogramm:

▶ tstbrand.c:

```
 1  /*   tstbrand testet Zufallszahlengenerator brand, der Zahlen zwischen zwei
 2       Zahlen p und q erzeugt. */
 3
 4
 5      #include <stdio.h>
 6      #include <stdlib.h>                                    /*   srand, rand   */
 7      #include <time.h>                                      /*   time */
 8
 9  main()
10      {
11          int brand(int p, int q);
12          long sec;
13          int i, h;
14          int freq[10] = {0};                               /*   Häufigkeiten   */
15
16          time(&sec);                                /*   Zeit in Sekunden   */
17          srand((unsigned) sec);                     /*   rand initialisieren   */
18          for (i = 0; i < 10000; i++)
```

```
19              {
20                  h = brand(90, 99) % 10; /* Zahlen lassen Reste zwischen 0 und 9 */
21                  freq[h] = freq[h] + 1;      /*   Häufigkeit jeder Zahl zählen */
22              }
23
24          printf("\n\nHäufigkeitsverteilung:\n\n");
25          for (i = 0; i < 10; i++)
26              printf("%6d", 90+i);
27          printf("\n\n");
28          for (i = 0; i < 10; i++)
29              printf("%6d", freq[i]);
30      }
31
32      int brand(int p, int q)      /*   erzeugt Zufallszahl zwischen p und q  */
33      {
34          return (p + (rand() % (q-p+1)));
35      }
```

3

```
 1  void lookfor(char *s, int numchars, ...)   /*   überprüft einen String auf   */
 2  {                                  /*   das Vorhandensein bestimmter Zeichen. */
 3
 4          va_list pz;
 5          int c;
 6
 7          va_start(pz, numchars); /* pz auf 1. optionalen Parameter setzen.  */
 8
 9          while (numchars > 0)
10            {
11              c = va_arg(pz, int); /* nächstes optionales Argument liefern.
12                              Typ int wegen char - Erweiterung        */
13              if (strchr(s, c) != NULL)              /*   Zeichen suchen    */
14                  printf("\nDas Zeichen %c ist enthalten.", c);
15              else
16                  printf("\nDas Zeichen %c ist NICHT enthalten.", c);
17
18              numchars--;
19            }
20          va_end(pz);
21      }
```

lookfor verwendet die Bibliotheksfunktion *strchr*, um zu prüfen, ob das aktuell bearbeitete Zeichen enthalten ist. *strchr* übernimmt als Parameter die Anfangsadresse des Strings, in dem sich der Prüftext befindet, sowie das Suchzeichen. Wenn man *lookfor* verwendet, ist für *strchr* die Include-Datei *string.h* miteinzuschließen. Für die *va*-Makros wird *stdarg.h* benötigt. Wir beachten, daß bei *va_arg* für Parameter des Typs *char* wegen der internen Datentyperweiterungen der Typ *int* anzugeben ist (für Parameter vom Typ *float* entsprechend *double*). Mit dem folgenden Funktionsaufruf

```
lookfor(s, 6, 'a', 'b', 'c', 'd', 'o', 'x');
```

C

wird in einem String *s* nach den sechs Zeichen *a, b, c, d, o* und *x* gesucht. Für jedes der angegebenen Zeichen wird gemeldet, ob es vorhanden ist oder nicht. Eine erweiterte Version der Funktion könnte zusätzlich die Positionen der gefundenen Zeichen liefern.

4

```
 1  unsigned long quadsum(unsigned long n)      /*  berechnet Summe der ersten  */
 2  {                                           /*  n Quadratzahlen iterativ    */
 3
 4          unsigned long sum;
 5
 6          for (sum = 0; n > 0; n--)
 7              sum = sum + (n * n);
 8          return (sum);
 9  }
10
11  unsigned long quadsum(unsigned n)            /*  berechnet Summe der ersten  */
12  {                                           /*  n Quadratzahlen rekursiv.   */
13          if (n < 1)                          /*  Ende der Rekursion          */
14              return (0);
15          else
16              return ((n * n) + quadsum(n-1));
17  }
```

Bei den obigen Funktionsversionen wird mit dem Datentyp *unsigned long* operiert. Gibt man für *n* größere Werte ein - etwa 5.000 -, können die entstehenden Summen von *unsigned long* nicht mehr dargestellt werden. In diesen Fällen kann man auf die Datentypen *double* oder *long double* ausweichen. Ferner ist bei der rekursiven Funktionsversion zu beachten, daß bei größerem *n* die Anzahl der Funktionsaufrufe eventuell nicht mehr auf dem Stack verwaltet werden kann und es daher zu einem Überlauf kommt. (Gewöhnlich hat man die Möglichkeit, die Stackgröße über eine Compileroption entsprechend zu verändern.) Ein Aufruf der rekursiven Funktion wie

```
quadsum(3);
```

führt über *3 * 3 + quadsum(2)* auf den nächstfolgenden Aufrufebenen zu *2 * 2 + quadsum(1)* und *1 * 1 + quadsum(0)*, wonach die Rekursion endet. Die Funktionsaufrufe liefern dann vom Rekursionsendpunkt her gesehen der Reihe nach die Werte *0, 0+1*1, 1+2*2* und *5+3*3* zurück, wobei der letzte Wert *(14)* das Endergebnis darstellt.

5

Die Anzahl der Umsetzoperationen, die nötig sind, um den Turm von S1 nach S3 zu bringen, ist unabhängig von der Anzahl der Scheiben und beträgt stets

$$2^n - 1$$

wobei n die Anzahl der Scheiben ist. So läßt sich 1 Scheibe mit $2^1 - 1$ (=1) Operation umsetzen, 2 Scheiben lassen sich mit $2^2 - 1$ (=3) Operationen umsetzen, 3 Scheiben mit $2^3 - 1$ (=7) Operationen, 4 Scheiben mit $2^4 - 1$ (=15) Operationen etc. Will man das Problem - welche Umsetzoperationen im einzelnen erforderlich sind - rekursiv lösen, kann man sich folgendes überlegen: Ist n gleich 1, wird einfach eine Scheibe von S1 nach S3 umgesetzt. Sind 2 Scheiben von S1 nach S3 zu bringen, wird zunächst eine Scheibe von S1 nach S2 gesetzt, dann eine Scheibe von S1 nach S3 und schließlich eine Scheibe von S2 nach S3. Allgemein kann man die unterste Scheibe von S1 also dann nach S3 bringen, wenn zuvor die darüber liegenden Scheiben in das Zwischenlager S2 umgesetzt wurden. Auf einen Stapel von 3 Scheiben angewandt, bedeutet dies, daß man zunächst 2 Scheiben nach S2 bringt, dann die unterste Scheibe von S1 nach S3 und anschließend den Stapel von S2 nach S3. Bei einem Stapel von n Scheiben setzt man also zunächst die $n-1$ oberen Scheiben nach S2 um, dann die unterste nach S3 und danach den $n-1$-Stapel von S2 nach S3.

Um einen $n-1$-Stapel von S2 nach S3 zu bringen, muß man zuerst einen $n-2$-Stapel von S2 nach S1 bringen. Dann kann man die unterste Scheibe des $n-1$-Stapels von S2 nach S3 auf ihren endgültigen Platz setzen. Anschließend hat man nun den $n-2$-Stapel auf S1 nach S3 umzusetzen. Dazu muß man zunächst einen $n-3$-Stapel von S1 nach S2 setzen, bevor man die unterste Scheibe des $n-2$-Stapels auf ihren endgültigen Platz nach S3 bringen kann. Danach bleibt ein $n-3$-Stapel von S2 nach S3 umzusetzen. Dies ist möglich, wenn man einen $n-4$-Stapel von S2 nach S1 umsetzt etc. Bei jeder dieser Stapelumsetzungen reduziert sich die Scheibenzahl des Stapels um eine Scheibe, und die jeweils unterste Scheibe jedes $n-k$-Stapels kommt am Ende jeder Stapel-Umsetzoperation auf ihren endgültigen Platz, als letztes die "unterste" Scheibe eines Stapels, der nur noch aus einer einzigen Scheibe besteht.

Man kann das Problem, n Scheiben von einem Stab auf einen zweiten umzusetzen, also lösen, wenn es gelingt, $n-1$ Scheiben auf einen dritten Stab umzusetzen. (Danach kann man eine Scheibe - die unterste - endgültig plazieren.) Das Problem, $n-1$ Scheiben auf einen bestimmten Stab umzusetzen, kann man lösen, wenn es gelingt, $n-2$ Scheiben auf einen Zwischenlager-Stab umzusetzen. Das Problem, $n-2$ Scheiben auf einen bestimmten Stab umzusetzen, kann man lösen, wenn es gelingt, $n-3$ Scheiben auf einen Zwischenlager-Stab umzusetzen etc. So reduziert man das Problem schrittweise schließlich darauf, einen Stapel von nur einer Scheibe umzusetzen, was gelingt, indem man diese Scheibe auf den Stab für den 1er-Stapel setzt. Diese letzte Scheibe war die oberste Scheibe eines 2er-Stapels. Daher kann man jetzt den 2er-Stapel auf den gewünschten Stab bringen, indem man seine nunmehr freiliegende untere Scheibe auf diesen Stab bringt und danach die zuvor bewegte Scheibe des 1er-Stapels obenauf legt. Nun da man den 2er-Stapel richtig umgesetzt hat, kann man den 3er-Stapel, aus dem der 2er-Stapel hervorging, umsetzen, indem man die nun freie unterste Scheibe des 3er-Stapels auf den dafür vorgesehenen Stab bringt und dann den 2er-Stapel darübersetzt - nach dem soeben beschriebenen Verfahren für 2er-Stapel: 1. Scheibe in Zwischenlager, 2. Scheibe auf Stab, 1. Scheibe aus Zwischenlager auf Stab. Entsprechend läßt sich nun der 4er-Stapel, aus dem der 3er-Stapel hervorging, umsetzen, indem man die nach der Umsetzung des 3er-Stapels freie untere Scheibe des 4er-Stapels auf den dafür bestimmten Stab bringt und danach den 3er-Stapel aus dem Zwischenlager nach der gerade gezeigten Methode für 3er-Stapel daraufsetzt. Nach dem 4er-Stapel kann man auf diese Weise einen 5er-Stapel umsetzen, nach dem 5er-Stapel dann einen 6er-Stapel etc. Allgemein lassen sich so Stapel mit Scheibenzahlen von 1 bis n umsetzen. Jeder der drei Stäbe S1, S2 und S3 dient dabei irgendwann als Zwischenlager.

Die Funktion *movedisk* in dem folgenden Programm hantower.c arbeitet nach dem oben beschriebenen Verfahren. Ihre erste rekursive Aufrufkette - bewirkt durch die erste Anweisung im *else*-Zweig der *if*-Anweisung im Funktionsrumpf - setzt die obersten n-1 Scheiben von S1 in das Zwischenlager S2 um. Danach wird die unterste Scheibe des Stapels auf S1 auf ihren endgültigen Platz nach S3 gebracht. Anschließend wird durch die letzte Anweisung im *else*-Zweig eine zweite Rekursion in Gang gesetzt, die den *n-1*-Stapel von S2 nach S3 auf die dort befindliche unterste Scheibe umsetzt. Wie weiter oben beschrieben, enthalten die Umsetzoperationen für den *n-1*-Stapel dabei selbst wieder rekursive Umsetzoperationen für kleinere Stapel.

▶ **hantower.c:**

```
 1   /*   hantower simuliert das Turm-von-Hanoi-Spiel. Mit Hilfe einer
 2        rekursiven Funktion wird ein Stapel von Scheiben von einem
 3        Platz auf einen anderen umgesetzt. */
 4
 5        #include <stdio.h>
 6        #include <conio.h>                                  /*   getch    */
 7        #include <stdlib.h>                                 /*   exit     */
 8
 9
10        int count = 0;                           /*   zählt Umsetzoperationen */
11
12        main()
13        {
14            void movedisk(short disks, short from, short to, short via);
15
16            short d, one = 1, two = 2, three = 3;
17
18
19            printf("\033[2J");
20
21            printf("\nTURM VON HANOI: Wie viele Scheiben sollen umgesetzt werden"
22                              " (min: 1)? ");
23            scanf("%hd", &d);
24
25            if (d < 1)
26                exit(1);
27            else
```

```
28              movedisk(d, one, three, two);
29          }

30
31      void movedisk(short disks, short from, short to, short via)
32      {
33          if (disks == 1)                 /*   1 Scheibe: Ende der Rekursion     */
34              {
35                      printf("\n%d.\tScheibe von Stab %hd nach Stab %hd",
36                              count+1, from, to);
37                      count++;
38                      if (count % 21 == 0)     /*   Stop nach 21 Operationen      */
39                          {
40                              printf("\n\nWeiter mit <Enter>.\n");
41                              getch();
42                          }
43              }
44          else
45              {
46                      movedisk(disks-1, from, via, to);     /*   n-1-Stapel auf
47                                                      Zwischenlager setzen.   */
48
49                      printf("\n%d.\tScheibe von Stab %hd nach Stab %hd",
50                              count+1, from, to);
51                      count++;
52                      if (count % 21 == 0)
53                          {
54                              printf("\n\nWeiter mit <Enter>.\n");
55                              getch();
56                          }
57
58                      movedisk(disks-1, via, to, from);     /*   n-1-Stapel auf
59                                                      Endposition bringen.   */
60              }
61      }
```

6

▶ *showtime.c:*

```
 1  /*    showtime erzeugt eine laufende Zeitausgabe an beliebiger
 2        Bildschirmposition. Die Position wird über zwei Kommandoparameter
 3        (Zeilennummer, Spaltennummer) festgelegt. */
 4
 5  #include <stdio.h>
 6  #include <time.h>                              /*   time, localtime    */
 7  #include <conio.h>                                  /*   kbhit    */
 8  #include <stdlib.h>                                 /*   atoi     */
 9
10  #define POS(x,y)  printf("\033[%d;%dH", x,y)
11
12
13  main(int argc, char **argv)
14  {
15      void postime(int row, int col);
```

C

```
16      int row, col;
17
18      row = atoi(argv[1]);
19      col = atoi(argv[2]);
20      postime(row, col);
21 }
22
23 void postime(int row, int col)              /*   laufende Uhr zeigen     */
24 {
25      long start, current;          /*   Startzeit, laufende Zeit      */
26      struct tm *z;                 /*   Zeiger auf Struktur tm.
27                                         Deklariert in time.h.
28                                         Für localtime.Komponenten
29                                         enthalten u. a. Zeit in
30                                         Sekunden, Minuten, Stunden etc.  */
31
32
33      printf("\033[2J");
34      time(&start);                 /*   Zeit in Sekunden holen.        */
35
36      while (!kbhit())              /*   Uhr läuft, bis Taste gedrückt.  */
37          {
38              do                                    /*   1 Sekunde abmessen */
39                  {
40                      time(&current);
41                  } while ((current - start) < 1);
42
43              z = localtime(&current);    /*   Sekundenzeit umwandeln in
44                                              Stunden, Minuten, Sekunden  */
45
46              POS(row,col);                   /*   Uhr positionieren  */
47              printf("\033[7m");              /*   reverse video      */
48
49              /*   Zeit ausgeben: Formatelement 0 sorgt für führende Null. */
50              /*   statt Leerzeichen, Formatelement 2 sorgt für Feldbreite 2.*/
51              /*   Würde man diese Formatierungen weglassen, würden       */
52              /*   vorherige Ausgaben nicht vollständig überschrieben, bzw.*/
53              /*   die Feldbreiten für 1- und 2stellige Zahlen wären      */
54              /*   unterschiedlich groß:                                  */
55
56              printf("%02d:%02d:%02d", z->tm_hour, z->tm_min, z->tm_sec);
57
58              start = current;        /*   Anfangspunkt für nächstes
59                                          Zeitintervall setzen       */
60          }
61
62      printf("\033[40m");          /*   normale Hintergrundfarbe setzen  */
63      printf("\033[37m");          /*   normale Vordergrundfarbe setzen  */
64 }
```

Die in der Befehlszeile angegebenen Werte für Zeilen- und Spaltennummer werden in numerische Werte konvertiert, bevor sie an die Funktion *postime* weitergegeben werden. *postime* selbst benutzt die schon bekannte Funktion *time*, um die aktuelle Zeit in Sekunden zu ermitteln, und die Funktion *localti-*

me, um die Sekundenzeit in Stunden, Minuten und Sekunden umzuwandeln. Nach jeweils einer Sekunde - abgemessen mit einer *do while*-Schleife - wird die Zeit an der gewünschten Bildschirmposition in diesem Format angezeigt. Dabei wird die bisherige Zeitanzeige jedes Mal vollständig überschrieben. Die *while*-Schleife (und damit die Zeitanzeige) endet, wenn eine Taste gedrückt wird. Überprüft wird dies mit der Funktion *kbhit*. Vor Programmende werden Vorder- und Hintergrundfarbe des Bildschirms wieder auf die Standardwerte gesetzt. Das Programm enthält in dieser Version keine Fehlerbehandlung.

7

▶ *chsys.c:*

```
 1  /*   chsys gibt für eine als Kommandoparameter eingebene positive ganze dezimale
 2       Zahl wahlweise ihr binäres, oktales oder hexadezimales Äquivalent aus.
 3       Programmaufruf-Beispiel:    chsys 100 hex */
 4
 5
 6  #include <stdio.h>
 7  #include <string.h>                                       /*   strcmp    */
 8  #include <stdlib.h>                                    /*   atol, exit   */
 9
10  main(int argc, char *argv[])
11  {
12      int i;
13      long num;
14
15      if (argc != 3)                         /*   Falsche Parameterzahl   */
16          {
17              printf("\n\nSyntax: chsys zahl system");
18                  exit(1);
19          }
20      else
21          {
22              num = atol(argv[1]);                    /*   Konvertieren   */
23              if (!strcmp("bin", argv[2]))            /*   binär          */
24                {
25                  if (num > 65535)                    /*   4 Bytes   */
26                    {
27                        printf("\n\nDie Eingabezahl lautet binär:\n\n\t");
28                        for (i = 31; i >= 0; i--)
29                        {
30                            printf("%d", (num >> i) & 1);
31                            if (!(i%8))
32                                printf(" ");
33                        }
34                    }
35                  else                              /*   2 Bytes   */
36                    {
37                        printf("\n\nDie Eingabezahl lautet binär:\n\n\t");
38                        for (i = 15; i >= 0; i--)
39                            {
40                                printf("%d", (num >> i) & 1);
```

C

```
41                                       if (!(i%8))
42                                           printf(" ");
43                                  }
44                          }
45                  }
46          else if (!strcmp("okt", argv[2]))              /*   oktal    */
47              printf("\n\nDie Eingabezahl lautet oktal: %lo", num);
48          else if (!strcmp("hex", argv[2]))             /*   hexadezimal    */
49              printf("\n\nDie Eingabezahl lautet hexadezimal: %lx", num);
50          else
51              printf("\n\nFalsches Zahlensystem.");
52
53      }                                          /*   Ende oberstes else */
54  }
```

Lösungen zu den Aufgaben aus Kapitel 11

▶ *fmove.c:*

```
1  /*   fmove "verschiebt" eine Datei: Die betreffende Datei
2       wird kopiert und anschließend im Original gelöscht. */
3
4  #include <stdio.h>              /*   fopen, fclose, fgetc, fputc, ftell, remove */
5  #include <string.h>                                      /*   strcmp    */
6  #include <stdlib.h>                                      /*   exit */
7
8  /*************** KONSTANTEN ********************************/
9
10 #define   SYNTAX            "\nSyntax: fmove quelle ziel\n".
11 #define   NOREAD            "\nQuelldatei konnte nicht geöffnet werden."
12 #define   NOWRITE           "\nZieldatei konnte nicht geöffnet werden."
13 #define   NOMOVE            "\nQuelle und Ziel dürfen nicht identisch sein."
14 #define   MOVERR            "\nFehler. Datei wurde nicht verschoben."
15 /****************************************************************/
16
17
18
19 main(int argc, char *argv[])
20 {
21     FILE *infile;                           /*   Zeiger auf Quelldatei   */
22     FILE *outfile;                          /*   Zeiger auf Zieldatei.    */
23     int c;
24
25
26
27     if (argc != 3)          /*   Quelle und Ziel müssen angegeben werden.   */
28         {
29             fputs(SYNTAX, stderr);
30             exit(1);
31         }
32
33     if (! strcmp(argv[1], argv[2]))  /*   Eingabedatei gleich Ausgabedatei */
34         {
35             fputs(NOMOVE, stderr);
36             exit(2);
37         }
38
39                                         /*   Eingabedatei binär öffnen   */
40     if ((infile = fopen(argv[1], "rb")) == NULL)
41         {
42             fputs(NOREAD, stderr);
43             exit(3);
44         }
45
46                                         /*   Ausgabedatei binär öffnen   */
47     if ((outfile = fopen(argv[2], "wb")) == NULL)
48         {
49             fputs(NOWRITE, stderr);
```

C

```
50          exit(4);
51      }
52                                              /*   Kopieren: */
53 while ((c = fgetc(infile)) != EOF)
54     fputc(c, outfile);
55
56 if (ftell(infile) != ftell(outfile)) /* Ein- und Ausgabedatei ungleich lang?*/
57     {
58         fputs(MOVERR, stderr);
59         fclose(outfile);
60         remove(argv[2]);                    /*   Ausgabedatei löschen    */
61         exit(5);
62     }
63
64 fcloseall();
65 remove(argv[1]);                            /*   Kein Fehler beim Kopieren:
66                                                  Eingabedatei löschen       */
67 }
```

2

Die geänderte Version von *seerec* erhält den Namen *seerec2*. Die beiden Module erhalten die Namen seerec2.c (Hauptprogramm) und funcsr2.c (Funktionen). *seerec2* führt nicht nur - wie in der Aufgabenstellung gefordert - die
Anzeigeoperationen mit Hilfe spezieller Funktionen durch, sondern zusätzlich auch noch andere Teilaufgaben des Programms. Insgesamt enthält der
Funktions-Modul die folgenden Routinen:

```
brand       /*  erzeugt Zufallszahlen                           */
randlet     /*  erzeugt und speichert Zufallsbuchstaben         */
menu        /*  blendet Auswahlmenü ein                         */
initialize  /*  initialisiert Strukturarray                     */
scomp       /*  vergleicht Strings                              */
writrec     /*  speichert Strings in Datei                      */
showa       /*  zeigt alle gespeicherten Strings an             */
showb       /*  zeigt Strings mit gleichem Anfangsbuchstaben an */
shown       /*  zeigt String mit bestimmter Nummer an           */
nextpage    /*  kündigt nächste Ausgabeseite an                 */
```

Ferner könnte man - anders als in *seerec2* - die Include-Anweisungen und die
Deklarationen der externen bzw. globalen Variablen und Funktionen sowie
des Datentyps *struct location* in einer eigenen Include-Datei, etwa *seerec.h*,
sammeln, und diese dann in beiden Modulen mit

```
#include "seerec.h"
```

einschließen. Kompiliert wird *seerec2* bei menügesteuerten Compilern über
den entsprechenden Menüpunkt für die Übersetzung von Mehr-Modul-Pro-
grammen, oder am Betriebssystemprompt durch die Angabe eines expliziten
Compilerbefehls in der Kommandozeile. Für das Betriebssystem UNIX etwa
würde der Befehl

```
cc seerec2.c funcsr2.c
```

aus den beiden Modulen *seerec2.c* und *funcsr2.c* ein ausführbares Programm
erzeugen.

seerec2.c:

```
1       /*    seerec2 demonstriert eine Anwendung von tell und lseek.
2             Es werden 500 Zufallszeichenketten aus Großbuchstaben à
3             Zeichen erzeugt und als "Datensätze" alphabetisch
4             geordnet in einer Datei gespeichert. Der Anwender kann
5             sich alle Strings, nur jene, die mit einem bestimmten
6             Buchstaben beginnen, oder einen String mit einer
7             bestimmten Nummer (1 - 500) anzeigen lassen. Das
8             Programm besteht aus den Modulen seerec2.c und funcsr2.c. */
9
10
11      /**************    INCLUDES    ************************************/
12
13      #include <stdio.h>           /*   printf, scanf                      */
14      #include <io.h>              /*   open, close, read, write, tell, lseek */
15      #include <fcntl.h>           /*   Symbolische Konstanten für open    */
16      #include <stdlib.h>          /*   exit, qsort                        */
17      #include <string.h>          /*   strcpy, strcmp                     */
18      #include <conio.h>           /*   getch, getche                      */
19
20
21      /********  GLOBALE DEFINITIONEN UND DEKLARATIONEN  ********/
22
23      char buffer[11];
24      int fd;
25      struct location
26          {
27              long offset;         /*   Offset des ersten Strings jeder Gruppe
28                                        von Strings, die den gleichen
29                                        Anfangsbuchstaben besitzen.          */
30              char letter;         /*   Anfangsbuchstabe eines Strings     */
31          };
32
33      char noopen[]  ="\nFehler beim Öffnen der Datendatei.";
34      char norecord[]="\nKein Datensatz mit diesem Anfangsbuchstaben vorhanden.";
35      char intro[] ="Das Programm erzeugt 500 Zufallsstrings aus Großbuchstaben,"\
36                     sortiert sie\nalphabetisch und speichert sie in einer Datei.";
37
38
39
40      /*****************    FUNKTIONSDEKLARATIONEN    ****************/
41
42      extern int brand(int p, int q);
43      extern void randlet(char d[][11]);
44      extern void menu (void);
45      extern void initialize(struct location *r);
46      extern int scomp(char s1[], char s2[]);
47      extern    void writrec(char d[][11], char first, struct location *r);
```

```
48        extern void showa(void);
49        extern void showb(struct location *r);
50        extern void shown(void);
51        extern int nextpage(void);
52
53  /****************************************************************/
54      main()
55        {
56            char data[500][11];
57            struct location reloc[27];
58            char firstletter;
59            int rep1, rep2;
60
61
62
63            printf("\033[2J");
64            printf("%s", intro);
65            randlet(data);                          /*   Zufallsbuchstaben erzeugen   */
66                                                    /*      Sortieren:      */
67            qsort((void*)data, 500, sizeof(char[11]), scomp);
68                                                    /*   Datei öffnen/erzeugen:  */
69            if ((fd = open("data.fil", O_RDWR | O_CREAT | O_TRUNC, 0644)) == -1)
70              {
71                   write(2, noopen, strlen(noopen));
72                   exit(1);
73              }
74            initialize(reloc);                      /*   Strukturarray initialisieren */
75            firstletter = reloc[1].letter = data[0][0]; /* Anfangsbuchstaben
76                                                    des 1. Strings speichern.   */
77            writrec(data, firstletter, reloc); /* Strings in Datei speichern   */
78            printf("\nFertig. Strings anzeigen? (j/n)");
79            if ((rep1 = getche())== 'j')
80                {
81                    do
82                      {
83                          menu();                   /*   Menü einblenden   */
84                          switch(rep2 = getche())
85                            {
86                                 case 'a':   /*   Alles anzeigen   */
87                                 showa();
88                                 break;
89
90                                 case 'b': /*   Alle Strings mit dem
91                                          gleichen Anfangsbuchstaben   */
92                                 showb(reloc);
93                                 break;
94
95                                 case 'n': /* Datensatz Nr. xxx anzeigen*/
96                                 shown();
97                                 break;
98
99                                 default:     ;   /*   nichts tun   */
100                           }                       /*   Ende switch   */
101
102                          if (rep2 == 'a'  || rep2 == 'b' || rep2 == 'n')
```

```
103                                          {
104                                          printf("\n\nZurück zum Menü mit <Enter>.");
105                                          getch();
106                                      }
107                              } while (rep2 != 'k');
108                      }                                  /*   Ende if rep1 == 'j'    */
109          }
```

Der Funktionsmodul:

▶ **funcsr2.c:**

```
 1  /*   funcsr2 enthält die in seerec2 verwendeten eigenen Funktionen. */
 2
 3  #include <stdio.h>
 4  #include <io.h>
 5  #include <stdlib.h>
 6  #include <string.h>
 7  #include <conio.h>
 8
 9  #define STRLEN 10
10
11  struct location
12      {
13          long offset;
14          char letter;
15      };
16
17  extern char buffer [11];
18  extern int fd;
19  extern char norecord[];
20
21              .
22
23  int brand(int p, int q)                    /*   erzeugt Zufallszahlen    */
24  {                                          /*   zwischen p und q         */
25      return (p +(rand() % (q-p+1)));
26  }
27
28
29  void randlet(char d[][11])                  /*   erzeugt Zufallsstrings  */
30  {                                          /*   und speichert sie.      */
31      int i, k;
32
33      for (i = 0; i < 500; i++)                       /*   500 Strings    */
34          {
35              for (k = 0; k < 10; k++)                      /*   mit 10   */
36                  buffer[k] = (char) brand(65,90);   /*   Großbuchstaben*/
37              buffer[k] = '\0';
38              strcpy(d[i], buffer);
39          }
40  }
41
42
```

C

```
43  void menu (void)                               /*   Auswahlmenü einblenden  */
44  {
45      printf("\033[2J");
46      printf("\n\n\nGESPEICHERTE STRINGS ANZEIGEN:\n\n");
47      printf("Alle                (a)\n\n");
48      printf("Buchstabe           (b)\n\n");
49      printf("Nummer              (n)\n\n");
50      printf("Keine               (k)\n\n\n");
51      printf("Ihre Wahl: ");
52  }
53  void initialize(struct location *r)        /*   initialisiert Strukturarray */
54  {
55      int i;
56
57      for (i = 0; i < 27; i++)
58          {
59              r[i].offset = 0;
60              r[i].letter = '\0';
61          }
62  }
63
64
65
66  int scomp(char s1[], char s2[])            /*   Vergleichsfunktion für qsort */
67  {
68      return (strcmp(s1, s2));
69  }
70
71
72
73  int nextpage(void)                               /*   Nächste-Seite-Meldung  */
74  {
75      printf("\n\nNächste Seite mit <Enter>.");
76      getch();
77      printf("\033[2J");
78      return (0);
79  }
80
81                              /*   Zufallsstrings in Datei speichern      */
82  void writrec(char d[][11], char first, struct location *r)
83  {
84      int i, k;
85      char currentfirst;
86
87      k = 1;
88      for (i = 0; i < 500; i++)
89          {
90              strcpy(buffer, d[i]);
91              write(fd, buffer, strlen(buffer)); /* Strings in Datei speichern */
92              currentfirst = d[i][0]; /*   1. Buchstabe d. aktuell. Strings */
93
94              if (first != currentfirst)       /*   neuer Anfangsbuchstabe  */
95                  {
96                      first = currentfirst;
97                      k++;
```

```
98                         r[k].letter = letter;        /*   neuen Anfangsbuch-
99                                                        staben speichern.      */
100                        r[k].offset = tell(fd) - 10; /* Offset des 1. Strings
101                                                        mit neuem Anfangsbuch-
102                                                        staben speichern.      */
103                   }
104             }
105 }
106 void showa(void)                               /*   Alle Strings anzeigen. */
107 {
108     int count, bytes;
109
110     printf("\033[2J");
111     count = 0;
112
113     lseek (fd, 0L, 0);                            /*   zum Dateianfang     */
114
115     while ((bytes = read(fd, buffer, STRLEN)) > 0)
116         {
117             write(1, buffer, bytes);
118             printf("\n");
119             count++;
120             if (count == 20)
121                 count = nextpage();
122         }
123 }
124
125
126 void showb(struct location *r)                 /*   Strings mit bestimmtem */
127 {                                              /*   Anfangsbuchstaben anzeigen */
128     int count, i, bytes;
129     char first;
130
131     count = 0;
132     do
133         {
134             printf("\n\nAnfangsbuchstabe: ");
135             first = getche();
136         } while (first < 65 || first > 90);
137
138     i = 1;
139                                                /*   nicht passende
140                                                     Buchstaben überlesen:  */
141     while (first != r[i].letter && i < 27)
142         i++;
143
144     if (i > 26)                                /*   Angegebener Buchstabe  */
145         {                                      /*   nicht vorhanden        */
146             printf("%s", norecord);
147             return;
148         }
149
150     printf("\033[2J");
151     lseek(fd, r[i].offset, 0);                 /*   Zum 1. String mit dem
152                                                     gewählten Anfangsbuchstaben. */
```

```
153        while ((bytes = read(fd, buffer, STRLEN)) > 0
154                        && buffer[0] == first)
155            {
156                write(1, buffer, bytes);
157                printf("\n");
158                count++;
159                if (count == 20)
160                    count = nextpage();
161            }
162    }
163    void shown(void)                        /*   String mit Nummer xxx anzeigen.   */
164    {
165        long recnum;
166        int bytes;
167
168        do
169            {
170                printf("\n\nString-Nr. (1-500): ");
171                scanf("%ld", &recnum);
172            } while (recnum < 1 || recnum > 500);
173
174        lseek(fd, (recnum-1)*10, 0);              /*   zum Datensatz mit
175                                                      der Nummer recnum      */
176        bytes = read(fd, buffer, STRLEN);
177        printf("\n");
178        write(1, buffer, bytes);
179    }
```

3

Für die Programmversion seerec3 werden dem Funktionsmodul die Funktionen *showns* und *show20* hinzugefügt, wobei *show20* als weitere neue Funktion noch *check_entry* verwendet. Die Funktion *showns* ersetzt die Funktion *shown* aus seerec2.

▶ **showns.c:**

```
1    void showns(void)                        /*   zeigt Strings Nr. x bis Nr. y an */
2    {
3        long startno, endno;                              /*   Start-/Endnummer   */
4        int bytes, result, count;
5
6        do
7            {
8                count = 0;
9                printf("\n\nStringnummern (Eingabeformat: Startnr-Endnr): ");
10               result = scanf("%ld-%ld", &startno, &endno);
11           } while ((startno < 1 || startno > 500)  ||
12                       (end < startno || endno > 500)  ||
13                       (result != 2));
14
15       lseek(fd, (startno-1)*10, 0);
16       while (startno <= endno)
17           {
```

```
18                  bytes = read(fd, buffer, STRLEN);
19                  printf("\n");
20                  write(1, buffer, bytes);
21                  startno++;
22                  count++;
23                  if (count == 20)
24                      count = nextpage();
25              }
26  }
```

Die Funktion *show20* ist für die Anzeige von bis zu 20 nicht aufeinanderfolgenden Strings gedacht. Für das von *show20* benutzte Makro *isdigit* ist ctype.h im Funktionsmodul miteinzuschließen. *show20* verwendet zur Eingabekontrolle die (eigene) Funktion *check_entry*. Zur Entfernung etwaiger Datenrückstände im Eingabepuffer des Systems wird vor der Eingabe mit *gets* zu Beginn der *do while*-Schleife die Bibliotheksfunktion *fflush* aufgerufen. *fflush* hat den Prototyp

```
int fflush(FILE *dateizeiger);
```

und löscht den Inhalt des zu einer für die Eingabe geöffneten Datei gehörigen Dateipuffers (bzw. schreibt bei einer zur Ausgabe geöffneten Datei den Inhalt des Puffers in die Datei). Mit

```
fflush(stdin);
```

wird demzufolge der Puffer für die Standardeingabe geleert. Mit *fflush* verfügt man also über eine weitere Möglichkeit, unerwünschte Pufferrückstände zu entfernen.

▶ *show20.c:*

```
1  void show20(void)          /*   zeigt 20 Strings mit beliebiger Nummer an. */
2  {
3  int check_entry(char *s);                           /*   Eingabekontrolle   */
4  char inbuf[512];                                    /*     Eingabepuffer */
5  char abuf[11];                  /*   alphanumerischer Zahlenpuffer    */
6  long nums[20];                                     /*    Stringnummern */
7  int i, k, n, ok;                              /*   Kontrollvariablen    */
8  int bytes;                                    /*   Gelesene Zeichen    */
9  int result;                     /*   Resultat der Eingabekontrolle    */
10
11
12  do
13      {
14      ok = 1;
15      fflush(stdin);              /*   Prophylaxe: Eingabepuffer säubern*/
16      printf("\n\nStringnummern (Maximal 20 Nummern. "
17              "Eingabeformat: nr1+nr2+nr3+...):\n\n");
18      gets(inbuf);
19                                              /*   Eingabekontrolle:  */
```

```
20              if ((result = check_entry(inbuf)) < 0)
21                 {
22                     fprintf(stderr, "\nUnzulässige Eingabe.");
23                     ok = 0;
24                     continue;
25                 }
26
27          i = n = 0;
28          while (inbuf[i])
29              {
30                  k = 0;
31                                                  /*   Stringnr. extrahieren:  */
32                  while (inbuf[i] != '+'  &&  inbuf[i] != '\0')
33                      abuf[k++] = inbuf[i++];
34                  abuf[k] = '\0';
35                  if ((nums[n] = atol(abuf)) < 1  ||  nums[n] > 500)
36                      {
37                          fprintf(stderr, "\nNur Nummern von 1 bis 500
38                              zulässig.");
39                          ok = 0;
40                          break;
41                      }
42
43                  if (inbuf[i])
44                      {
45                          i++;
46                          n++;
47                      }
48              }
49  } while (! ok);
50
51  for (i = 0; i < n; i++)                          /*   Strings anzeigen    */
52      {
53          lseek(fd, (nums[i]-1)*10, 0);
54          bytes = read(fd, buffer, STRLEN);
55          printf("\n");
56          write(1, buffer, bytes);
57      }
58  }
59
60
61
62  int check_entry(char *s)     /*   Kontrolliert String auf zulässige Zeichen. */
63  {
64      int count, i;
65
66      if (! isdigit(s[0]))
67          return (-1);
68
69      count = i = 0;
70      while (s[i])
71          {
72              if (s[i] != '+'  &&  !isdigit(s[i]))
73                  return (-1);
74              else if (s[i] == '+')
```

```
75                    {
76                         if (!isdigit(s[i+1]))
77                             return (-1);
78                         else
79                             {
80                                 count++;
81                                 if (count > 19)
82                                     return (-1);
83                             }
84                    }
85              i++;
86        }
87     return(count);
88 }
```

Ferner muß noch die Menüfunktion entsprechend geändert werden:

```
void menu (void)              /*   Auswahlmenü einblenden, erweiterte Version */
        {
            printf("\033[2J");
            printf("\n\n\nGESPEICHERTE STRINGS ANZEIGEN:\n\n");
            printf("Alle                (a)\n\n");
            printf("Buchstabe           (b)\n\n");
            printf("Nummern (Folge)     (n)\n\n"); /*   Funktion showns    */
            printf("Nummern (beliebig) (v)\n\n"); /*   Funktion show20    */
            printf("Keine               (k)\n\n\n");
            printf("Ihre Wahl: ");
        }
```

Schließlich muß das Hauptprogramm angepaßt werden: Die Deklarationen der zusätzlichen Funktionen werden aufgenommen und die *switch*-Anweisung entsprechend ergänzt:

 seerec3.c:

```
1  /*    seerec3 erweitert mit den Funktionen showns und show20 die
2        Programmversion seerec2 um die Möglichkeit, sich beliebige
3        (aufeinanderfolgende oder nicht aufeinanderfolgende) Strings
4        anzeigen zu lassen. */
5
6
7  /***************  INCLUDES  ***********************************/
8
9  #include <stdio.h>           /*   printf, scanf                      */
10 #include <io.h>              /*   open, close, read, write, tell, lseek */
11 #include <fcntl.h>           /*   Symbolische Konstanten für open    */
12 #include <stdlib.h>          /*   atol, exit, qsort                  */
13 #include <string.h>          /*   strcpy, strcmp                     */
14 #include <conio.h>           /*   getch, getche                      */
15
16
17 /********  GLOBALE DEFINITIONEN UND DEKLARATIONEN  ********/
18
```

```
19  char buffer[11];
20  int fd;
21  struct location
22      {
23          long offset;                /*   Offset des ersten Strings jeder
24                                           Gruppe von Strings, die den
25                                           gleichen Anfangsbuchstaben besitzen  */
26          char letter;                /*   Anfangsbuchstabe eines Strings       */
27      };
28
29  char noopen[]  = "\nFehler beim Öffnen der Datendatei.";
30  char norecord[]= "\nKein Datensatz mit diesem Anfangsbuchstaben vorhanden.";
31  char intro[]   = "Das Programm erzeugt 500 Zufallsstrings aus
32                  Großbuchstaben,"\" sortiert sie\nalphabetisch und speichert
33                  sie in einer Datei.";
34  /****************** FUNKTIONSDEKLARATIONEN  *****************/
35
36  extern int brand(int p, int q);
37  extern void randlet(char d[][11]);
38  extern void menu (void);
39  extern void initialize(struct location *r);
40  extern int scomp(char s1[], char s2[]);
41  extern   void writrec(char d[][11], char first, struct location *r);
42  extern void showa(void);
43  extern void showb(struct location *r);
44  extern void showns(void);                                     /*   neu   */
45  extern void show20(void);                                     /*   neu   */
46  extern int nextpage(void);
47
48  *****************************************************************/
49
50
51  main()
52  {
53      char data[500][11], firstletter;
54      struct location reloc[27];
55      int rep1, rep2, flag;
56
57
58      printf("\033[2J");
59      printf("%s", intro);
60      randlet(data);                        /*   Zufallsbuchstaben erzeugen   */
61                                                     /*   Sortieren:   */
62      qsort((void*)data, 500, sizeof(char[11]), scomp);
63                                             /*   Datei öffnen/erzeugen:   */
64      if ((fd = open("data.fil", O_RDWR | O_CREAT | O_TRUNC, 0644)) == -1)
65          {
66              write(2, noopen, strlen(noopen));
67              exit(1);
68          }
69
70      initialize(reloc);                    /*   Strukturarray initialisieren */
71      firstletter = reloc[1].letter = data[0][0]; /* Anfangsbuchstaben des
72                                                  1. Strings speichern.   */
73      writrec(data, firstletter, reloc);    /*   Strings in Datei speichern   */
```

```
74         printf("\nFertig. Strings anzeigen? (j/n)");
75         if ((rep1 = getche())== 'j')
76            {
77                 do
78                    {
79                        flag = 0;
80                        menu();                          /*   Menü einblenden    */
81                        switch(rep2 = getche())
82                           {
83                                case 'a':          /*    Alles anzeigen*/
84                                showa();
85                                flag = 1;
86                                break;
87                                case 'b':      /*    Alle Strings mit dem
88                                            gleichen Anfangsbuchstaben. */
89                                showb(reloc);
90                                flag = 1;
91                                break;
92
93
94                                case 'n':      /*    Strings mit Nummern
95                                              x - y anzeigen       */
96                                showns();
97                                flag = 1;
98                                break;
99
100
101                                case 'v': /*   nichtaufeinanderfolgende
102                                              Strings anzeigen.       */
103                                show20();
104                                flag = 1;
105                                break;
106
107
108                                default:            /*    nichts tun     */
109                           }                        /*    Ende switch   */
110
111                        if (flag)
112                           {
113                                printf("\n\nZurück zum Menü mit <Enter>.");
114                                getch();
115                           }
116                    } while (rep2 != 'k');
117            }                              /*    Ende if rep1 == 'j'    */
118        }
```

seerec4 bringt im Vergleich zur Vorgängerversion seerec3 einiges an Änderungen. Die *switch*-Anweisung wurde den beiden neu hinzugekommenen
Funktionen *udstr* und *destr* entsprechend erweitert und die Benutzerführung
geringfügig verändert. Zwei globale Variablen für die Anzahl der gespeicher-

ten Strings bzw. für die Anzahl der vorhandenen unterschiedlichen Anfangsbuchstaben wurden zusätzlich definiert.

Die wesentlichste Neuerung ist jedoch, daß nun nicht mehr nur die Datendatei *data.fil*, sondern noch zwei weitere Dateien (*data.new* und *data.off*) verwendet werden, dies, um Änderungen in den Datenbeständen erstens dauerhaft durchzuführen, und zweitens so, daß keine Lücken in der Datendatei
entstehen und ein geänderter String stets an der alphabetisch richtigen Position in der Datendatei gespeichert wird. Die Datei *data.off* speichert dabei über
das Programmende hinaus die zuletzt gültigen Offsets der unterschiedlichen
Anfangsbuchstaben aus dem Strukturarray *reloc*. Die Datei *data.new* dient als
Puffer, um nach Änderungen eine aktuelle Version der Datendatei herzustellen. Die erforderlichen Aktualisierungsoperationen werden von den Funktionen *udstr* bzw. *destr* übernommen (s. u.). Sind Datendatei und Offsetdatei
nicht vorhanden, werden sie erzeugt.

In diesem Zusammenhang sind als weitere neue Funktionen *initfile*, *initzero*
und *writoffset* dazugekommen. *initfile* und *initzero* ersetzen *initialize*. *initzero*
initialisiert das Strukturarray *reloc* mit 0, was stets zu geschehen hat, wenn
Datendatei und Offsetdatei modifiziert wurden, um zu vermeiden, daß alte
Offsets und Anfangsbuchstaben in *reloc* beim Überschreiben mit den neuen
Offsets und Anfangsbuchstaben erhalten bleiben, etwa dann, wenn nach einer
Änderung der Datenbestände weniger Anfangsbuchstaben und Offsets vor-
handen sind als vorher. *initfile* initialisiert *reloc* mit dem Inhalt der Offsetdatei,
wenn diese beim Programmstart bereits existiert, also mit den aktuellen
Offsets und Anfangsbuchstaben, mit denen der letzte Programmlauf endete.
Die Funktion *writoffset* überträgt die aktualisierten Offsets und Anfangs-
buchstaben aus *reloc* in die Offsetdatei. Hier zunächst das Hauptprogramm.

▶ *seerec4.c:*

```
 1  /*    seerec4 erweitert mit den Funktionen udstr und destr die Programmversion
 2        seerec3 um die Operationen "Ändern" und "Löschen von Datensätzen". */
 3
 4  /*** INCLUDES  ************************/
 5
 6  #include <stdio.h>      /*   printf, scanf, Dateifunktionen      */
 7  #include <io.h>         /*   open, close, read, write, tell, lseek */
 8  #include <fcntl.h>      /*   Symbolische Konstanten für open      */
 9  #include <stdlib.h>     /*   atol, exit, qsort                   */
10  #include <string.h>     /*   strcpy, strcmp                      */
11  #include <conio.h>      /*   getch, getche                      */
12
13  /*** GLOBALE DEFINITIONEN UND DEKLARATIONEN  **/
14
15      struct location
16         {
17             long offset;                      /*  Offset des ersten Strings
18                                                   jeder Gruppe von Strings,
19                                                   die den gleichen Anfangs-
```

```
20                                                          buchstaben besitzen.   */
21              char letter;    /*   Anfangsbuchstabe eines Strings */
22           };
23
24      char buffer[11];    /*   E/A-Puffer */
25      char blanks[] = "          ";               /*   Leerstring: 10 blanks   */
26      int datafile, newfile;                      /*   Datendatei, Pufferdatei */
27      FILE *offile;                                     /*   Offsetdatei   */
28
29          int noffs;                              /*   Anzahl der Buchstabenoffsets */
30          long nstrings;                      /*   Anzahl der gespeicherten Strings */
31
32      char noopen[]      =    "\nFehler beim Öffnen der Datendatei.";
33      char norecord[]    =    "\nKein Datensatz mit diesem Anfangsbuchstaben"
34                                "vorhanden.";
35 /*** FUNKTIONSDEKLARATIONEN   **************/
36
37      extern int brand(int p, int q);
38      extern void randlet(char d[][11]);
39      extern void menu (void);
40      extern void initzero(struct location *r);        /*   Strukturarray mit 0
41                                                       initialisieren.   */
42      extern int initfile(struct location *r);   /*   Strukturarray aus Offset-
43                                                       datei initialisieren.   */
44      extern int scomp(char s1[], char s2[]);
45      extern   void writrec(char d[][11], char first, struct location *r);
46      extern void showa(void);
47      extern void showb(struct location *r);
48      extern void showns(void);
49      extern void show20(void);
50      extern int nextpage(void);
51      extern void udstr(struct location *r);               /*   String ändern */
52      extern void destr(struct location *r);               /*   String löschen*/
53      extern void writoffset(struct location *r);
54                                               /*   Offsets in Datei speichern.   */
55
56 /*****************************************/
57
58      main()
59      {
60          char data[500][11], firstletter;
61          struct location reloc[27];
62          int rep, flag;
63
64          initzero(reloc);                    /*   Strukturarray initialisieren */
65                                          /*   prüfen, ob Datendatei existiert: */
66          if ((datafile = open("data.fil", O_RDWR)) == -1)
67              {                                           /*   falls nicht:   */
68                  randlet(data);            /*   Zufallsbuchstaben erzeugen   */
69 /*   Sortieren: */
70                  qsort((void*)data, 500, sizeof(char[11]), scomp);
71 /*   Datei öffnen/erzeugen: */
72                  if ((datafile = open("data.fil", O_RDWR | O_CREAT, 0666)) == -1)
73                      {
74                          fprintf(stderr, noopen);
```

```
75                        exit(1);
76                    }
77
78                    /*  Anfangsbuchstaben des 1. Strings speichern:    */
79              firstletter = reloc[1].letter = data[0][0];
80
81                                        /*  Strings in Datei speichern: */
82              noffs = writrec(data, firstletter, reloc);
83
84              writoffset(reloc);     /*  Offsets der Anfangsbuchstaben
85                                          in Datei speichern.          */
86          }
87      else                            /*  Datendatei existiert bereits.    */
88          noffs = initfile(reloc);         /*  Strukturarray aus Offset-
89                                              datei initialisieren.    */
90      lseek(datafile, 0L, 2);
91      nstrings = tell(datafile) / 10;  /*  Anzahl Strings feststellen.  */
92      lseek(datafile, 0L, 0);
93
94      do
95          {
96          flag = 0;
97          menu();                          /*  Menü einblenden     */
98          switch(rep = getche())
99              {
100                 case 'a':                     /*  Alles anzeigen*/
101                 showa();
102                 flag = 1;
103                 break;
104
105                 case 'b':          /*  Alle Strings mit dem
106                                        gleichen Anfangsbuchstaben    */
107                 showb(reloc);
108                 flag = 1;
109                 break;
110
111                 case 'n': /*  Strings mit Nummern x - y anzeigen.    */
112                 showns();
113                 flag = 1;
114                 break;
115
116                 case 'v': /* nichtaufeinanderfolgende Strings anzeigen*/
117                 show20();
118                 flag = 1;
119                 break;
120
121                 case 'u':                         /*  String ändern */
122                 udstr(reloc);
123                 flag = 1;
124                 break;
125
126                 case 'd':                         /*  String löschen*/
127                 destr(reloc);
128                 flag = 1;
129                     break;
```

```
130
131                        default:      :                  /*  nichts tun    */
132                   }    /*  Ende switch */
133
134
135               if (flag)
136                  {
137                        printf("\nZurück zum Menü mit <Enter>.");
138                        getch();
139                  }
140            } while (rep != 'e');
141
142      close(datafile);
143      fclose(offile);
144    }
```

Das Funktionsmodul schließt zunächst als weitere Include-Datei *fcntl.h* ein
(wegen der symbolischen Konstanten für *open*), ferner werden die Deklarationen

```
extern int noffs;
extern long nstrings;
```

eingefügt. Die Menüfunktion wird wie folgt angepaßt:

```
void menu (void)    /*   Auswahlmenü einblenden, erweiterte Version */
{
    printf("\033[2J");
    printf("\n\n\nGESPEICHERTE STRINGS ANZEIGEN:\n\n");
    printf("Alle              (a)\n\n");
    printf("Buchstabe         (b)\n\n");
    printf("Nummern (Folge)   (n)\n\n");
    printf("Nummern (beliebig) (v)\n\n");
    prinlf("Ändern            (u)\n\n");
    printf("Löschen           (d)\n\n");
    printf("Ende              (e)\n\n\n");
    printf("Ihre Wahl: ");
}
```

Für die Funktion *initialize* kommen die Routinen *initzero* und *initfile* in das
Programm:

```
 1  void initzero(struct location *r)/* initialisiert Strukturarray reloc mit 0. */
 2  {
 3      int i;
 4
 5      for (i = 0; i < 27; i++)
 6          {
 7              r[i].offset = 0;
 8              r[i].letter = '\0';
 9          }
10  }
11
12
13  int initfile(struct location *r)              /*   initialisiert Strukturarray
```

C

```
14                                        reloc aus Offsetdatei.        */
15  {
16       int bytes, k, first, currentfirst;
17
18  /* falls Offsetdatei nicht existiert: */
19       if ((offile = fopen("data.off", "rb+")) == NULL)
20           {   /*   Anlegen: */
21               if (( offile = fopen("data.off", "wb+")) == NULL)
22                   {
23                        fprintf(stderr, "\nFehler beim Öffnen der Offsetdatei.");
24                        exit (2);
25                   }
26               k = 1;
27  /*   Datendatei lesen und Offsets der Anfangsbuchstaben in Strukturarray
28       speichern: */
29               bytes = read(datafile, buffer, STRLEN);
30               r[1].letter = first = buffer[0];
31               r[1].offset = 0L;
32               while (bytes > 0)
33                   {
34                        currentfirst = buffer[0];
35                        if (first != currentfirst)
36                            {
37                                 first = currentfirst;
38                                 k++;
39                                 r[k].letter = first;
40                                 r[k].offset = tell(datafile) - 10;
41                            }
42                        bytes = read(datafile, buffer, STRLEN);
43                   }
44  /*   Offsets in Datei speichern. */
45               fseek(offile, 0L, 0);
46               fwrite(r, sizeof(struct location), 27, offile);
47               fseek(offile, 0L, 0);
48               return (k);
49           }
50       else /*   Offsetdatei existiert */
51           {   /*   Strukturarray daraus initialisieren. */
52               fseek(offile, 0L, 0);
53               fread(r, sizeof(struct location), 27, offile);
54               fseek(offile, 0L, 0);
55  /*   Unterschiedliche Anfangsbuchstaben zählen: */
56               for (k = 1; isupper(r[k].letter); k++)
57                   ;
58               return (k-1);
59           }
60  }
```

initfile gibt als Resultatwert die Anzahl der Anfangsbuchstaben(offsets) zurück. Die Funktion *writoffset* schreibt den Inhalt des Strukturarrays *reloc* in eine Datei, für den Fall, daß Datendatei und Offsetdatei zu Programmbeginn noch nicht existierten.

```
      void writoffset(struct location *r)
          {
              if ((offile = fopen("data.off", "wb+")) == NULL)
                  {
                      fprintf(stderr, "\nFehler beim Öffnen der Offsetdatei.");
                      exit(2);
                  }
              fwrite(r, sizeof(struct location), 27, offile);
          }
```

Die Funktion *writrec* ist jetzt nicht mehr vom Typ *void*, sondern liefert ebenfalls die Anzahl der Anfangsbuchstaben(offsets) zurück. In den Funktionen
showns und *show20* wurde die Konstante 500 für die bisher feste Anzahl der
gespeicherten Strings durch die Variable *nstrings* ersetzt (siehe dazu die letzte
Fassung des Funktionsmoduls in Aufgabe 5).

Die Funktion zur Änderung eines gespeicherten Strings ist *udstr*. *udstr* fügt
den geänderten String an der alphabetisch richtigen Position in die Datendatei ein. Außerdem werden Strukturarray und Offsetdatei aktualisiert. Um
einen String zu ändern, wird dieser mit Leerzeichen überschrieben. Damit
keine Lücken (aus überschriebenen Strings) in der Datendatei entstehen, wird
der Inhalt der Datei ohne den Leerstring, jedoch mit dem geänderten String
an der korrekten Position in eine Pufferdatei (*data.new*) übertragen und mit
dieser anschließend die alte Fassung der Datendatei überschrieben. *udstr* (und
auch *destr*) verwenden zum Einlesen eines Strings die Funktion *getupper*, die
einen String aus zehn Großbuchstaben - und nichts anderes - als Eingabe akzeptiert.

```
 1  void udstr(struct location *r)              /*    String in Datei ändern. */
 2  {
 3      void getupper(char *buffer, int len); /*  liest genau len Groß-
 4                                              buchstaben in buffer ein.    */
 5      char oldstr[11], newstr[11]; /*   alte und neue Fassung eines Strings   */
 6      int i, k, rep1, rep2;
 7      int bytes, first, currentfirst;
 8      int notfound;                                           /*   Flag */
 9      long p;                                        /*    Dateiposition */
10      long offnew;                        /*   Offset, an dem der geänderte
11                                            String einzusortieren ist.   */
12      int append;             /*   Flag für das Anhängen an das Dateiende.   */
13
14      do
15          {
16              printf("\n\nWelcher String soll geändert werden? "
17                          "(Eingabe in Großbuchstaben):\n\n");
18              getupper(oldstr, STRLEN);
19
20              i = 1;
21
22  /*  Anfangsbuchstaben suchen */
23              while (oldstr[0] != r[i].letter && i < 27)
24                  i++;
```

```
25
26                 if (i < 27)                      /*   Buchstabe vorhanden    */
27                    {
28  /*   Auf 1. String mit Anfangsbuchstaben positionieren: */
29                        lseek(datafile, r[i].offset, 0);
30
31  /*   String suchen: */
32                        bytes = read(datafile, buffer, STRLEN);
33                        while ((notfound = strcmp(oldstr, buffer) &&
34                               (oldstr[0] == buffer[0]) &&
35                               bytes > 0)
36                           bytes = read(datafile, buffer, STRLEN);
37                        if (notfound)         /*   String nicht vorhanden */
38                           {
39                               fprintf(stderr, "\n\nString nicht vorhanden. "
40                               "Weiteren String zum Ändern suchen? (j/n)");
41                               if ((rep1 = getche()) == 'j'  ||  rep1 == 'J')
42                                  {
43                                  rep2 = 'j'; /* Bedingung für den nächsten
44                                              Schleifendurchgang muß erfüllt
45                                              sein.                         */
46                                     continue;
47                                  }
48                               else
49                                  return;
50                           }
51
52                 else                               /*   String vorhanden    */
53                    {
54                        printf("\n\nGeänderter String: ");
55                        getupper(newstr, STRLEN);
56
57                        if (strcmp(oldstr, newstr) == 0)
58                           {
59                               printf("\n\nStrings sind gleich."
60                               "Weiter mit <Enter>.");
61                               getch();
62                               rep2 = 'j';    /*   siehe oben */
63                               continue;
64                           }
65
66  /*   Pufferdatei öffnen: */
67                        if ((newfile=open("data.new",O_RDWR|O_CREAT |
68                                        O_TRUNC,
69                                        0666)) == -1)
70                           {
71                               fprintf(stderr, "\n\nFehler beim"
72                                       "Datentransfer.");
73                               exit(3);
74                           }
75
76  /*   alten String überschreiben: */
77  /*   10 Bytes zurück */
78                        lseek(datafile, -10L, 1);
79  /*   und überschreiben: */
```

```
80                              write(datafile, blanks, STRLEN);
81
82 /*  Dateiposition bestimmen, an der der geänderte String einsortiert
83      werden muß: */
84
85                                  lseek(datafile, 0L, 0);
86
87                              bytes = read(datafile, buffer, STRLEN);
88                              while (strcmp(newstr, buffer) > 0 && bytes > 0)
89                                  bytes = read(datafile, buffer, STRLEN);
90
91                              if (bytes > 0)
92                                  offnew = tell(datafile) - 10;
93                              else                 /*  Dateiende       */
94                                  offnew = tell(datafile);
95 /*  Aktualisierte Datendatei mit Hilfe von Pufferdatei erzeugen: */
96
97                              lseek(datafile, 0L, 0); /* zum Dateianfang */
98                              p = 0L;
99                              append = 1;
100                             while ((bytes = read(datafile, buffer, STRLEN)) > 0)
101                                 {
102 /*  Überschriebenen String nicht mitkopieren: */
103                                 if (strcmp(buffer, blanks) == 0)
104                                     {
105                                         p+=10L;
106                                         continue;
107                                     }
108
109                                 if (p == offnew)/* Neuen String einfügen.  */
110                                     {
111                                         write(newfile, newstr, STRLEN);
112                                 append = 0;    /*  Neuer String nicht am
113                                                     Dateiende angefügt.     */
114                                     }
115
116                                 write(newfile, buffer, bytes);
117                                 p+=10L;
118                                 }
119
120                             if (append)    /*  falls geänderter String als */
121                                 write(newfile, newstr, STRLEN);
122
123 /*  neuer letzter anzufügen ist, was die obige Schleife nicht berücksichtigt: */
124
125 /*  Datendatei mit Pufferdatei aktualisieren und Offsets der
126      Anfangsbuchstaben merken. */
127
128                                 lseek(datafile, 0L, 0);
129                                 lseek(newfile, 0L, 0);
130                         k = 1;
131                         initzero(r); /* Strukturarray vor dem Aktualisieren
132                                         neu initialisieren, um alte Daten zu
133                                         entfernen, die evtl. nicht komplett
134                                         durch die neuen überschrieben werden. */
```

C

```
135                              bytes = read(newfile, buffer, STRLEN);
136                              r[k].letter = first = buffer[0];
137                              while (bytes > 0)
138                                  {
139                                  write (datafile, buffer, bytes);
140                                  currentfirst = buffer[0];
141                                  if (first != currentfirst)
142                                      {
143                                      first = currentfirst;
144                                      k++;
145                                      r[k].letter = first;
146                                      r[k].offset = tell(datafile) - 10;
147                                      }
148                                  bytes = read(newfile, buffer, STRLEN);
149                                  }
150                              noffs = k;    /* Anzahl Anfangs-
151                                              buchstaben aktualisieren */
152  /*   Offsetdatei aktualisieren: */
153
154                              fseek(offile, 0L, 0);
155                              fwrite(r, sizeof(struct location), 27, offile);
156                              fseek(offile, 0L, 0);
157
158                              close(newfile);
159
160                  }                          /*   Ende else-Zweig von if(notfound) */
161      }                                          /*   Ende if (i < 27)   */
162  else                                       /*   String mit dem angegebenen  */
163      {                              /*   Anfangsbuchstaben existiert nicht.   */
164      fprintf(stderr, "\n\nString nicht vorhanden. "
165              "Weiteren String zum Ändern suchen? (j/n)");
166      if ((rep1 = getche()) == 'j'  ||  rep1 == 'J')
167                  {
168                  rep2 = 'j';   /*   siehe oben */
169                  continue;
170                  }
171      else
172                  return;
173          }
174
175      printf("\n\nWeiteren String ändern? (j/n)");
176      rep2 = getche();
177
178      } while (rep2 == 'j'  ||  rep2 == 'J');
179  }
```

Die Funktion zum Löschen eines Strings ist *destr*. Im Unterschied zu *udstr* muß *destr* keine Einfügeoperationen durchführen, dafür aber die alte Fassung der Datendatei vor dem Überschreiben auf 0 Byte Länge reduzieren, da die neue Version der Datei wegen der Löschoperationen kürzer ist und sonst unerwünschterweise Reste der alten Fassung am Ende der neuen Datei erhalten bleiben. *destr* aktualisiert außerdem die Anzahl der vorhandenen Strings, was für Operationen mit den anderen Funktionen von Bedeutung ist.

```
 1  void destr(struct location *r)              /*   String in Datei löschen.   */
 2  {
 3      void getupper(char *buffer, int len);    /*   liest genau len Großbuch-
 4                                                    staben in buffer ein.   */
 5      char delstr[11];                         /*   zu löschender String    */
 6      int i, k, rep1, rep2;
 7      int bytes, first, currentfirst;
 8      int notfound;                                           /*   Flag */
 9
10      do
11          {
12              printf("\n\nWelcher String soll gelöscht werden? "
13                          "(Eingabe in Großbuchstaben):\n\n");
14              getupper(delstr, STRLEN);
15
16              i = 1;
17
18  /*   Anfangsbuchstaben suchen */
19              while (delstr[0] != r[i].letter && i < 27)
20                  i++;
21
22              if (i < 27)                      /*   Buchstabe vorhanden    */
23                  {
24  /*   Auf 1. String mit Anfangsbuchstaben positionieren: */
25                      lseek(datafile, r[i].offset, 0);
26
27  /*   String suchen: */
28                      bytes = read(datafile, buffer, STRLEN);
29                      while ((notfound = strcmp(delstr, buffer) &&
30                              (delstr[0] == buffer[0]) &&
31                              bytes > 0)
32                          bytes = read(datafile, buffer, STRLEN);
33
34
35                      if (notfound)            /*   String nicht vorhanden */
36                          {
37                            fprintf(stderr, "\n\nString nicht vorhanden. "
38                            "Weiteren String zum Löschen suchen? (j/n)");
39                            if ((rep1 = getche()) == 'j' || rep1 == 'J')
40                                {
41                            rep2 = 'j';         /*   damit Bedingung für den
42                                                     nächsten Schleifen-
43                                                     durchgang erfüllt ist. */
44                            continue;
45                                }
46                              else
47                                  return;
48                          }
49
50                      else                         /*   String vorhanden */
51                          {
52  /*   Pufferdatei öffnen: */
53                          if ((newfile = open("data.new", O_RDWR |
54                          O_CREAT | O_TRUNC,
55                              0666)) == -1)
```

```
56                                      {
57                                          fprintf(stderr, "\n\nFehler beim"
58                                              "Datentransfer.");
59                                          exit(3);
60                                      }
61
62  /*   alten String überschreiben: */
63  /*   10 Bytes zurück */
64                      lseek(datafile, -10L, 1);
65  /*   und überschreiben: */
66                      write(datafile, blanks, STRLEN); /*   Aktualisierte
67                                                           Datendatei mit
68                                                           Hilfe von Puffer-
69                                                           datei erzeugen:   */
70
71                      lseek(datafile, 0L, 0);             /*   zum Dateianfang    */
72
73                      while ((bytes = read(datafile, buffer, STRLEN)) > 0)
74                          {
75  /*   Überschriebenen String nicht mitkopieren: */
76                          if (strcmp(buffer, blanks) == 0)
77                              continue;
78
79                          write(newfile, buffer, bytes);
80                          }
81
82  /*   Datendatei mit Pufferdatei aktualisieren und Offsets der Anfangsbuchstaben
83  merken. Alte Datendatei wird dabei zunächst auf 0 Bytes reduziert, damit am Ende
84  der kürzeren neuen Version nach dem Überschreiben keine Datenreste aus der alten
85  Version erhalten bleiben. */
86
87                      close (datafile);             /*   Datei schließen    */
88  /*   und wieder öffnen: */
89                      datafile = open("data.fil", O_RDWR | O_TRUNC);
90                      lseek(newfile, 0L, 0);
91                      k = 1;
92                      initzero(r); /*Strukturarray vor dem Aktualisieren
93                                       neu initialisieren, um alte Daten zu
94                                       entfernen, die evtl. nicht komplett
95                                       durch die neuen überschrieben werden. */
96                      bytes = read(newfile, buffer, STRLEN);
97                      r[k].letter = first = buffer[0];
98                      while (bytes > 0)
99                          {
100                             write (datafile, buffer, bytes);
101                             currentfirst = buffer[0];
102                             if (first != currentfirst)
103                                 {
104                                     first = currentfirst;
105                                 k++;
106                                 r[k].letter = first;
107                                 r[k].offset = tell(datafile) - 10;
108                                 }
109                                 bytes=read(newfile,buffer,STRLEN);
110                             }
```

```
111
112                             noffs = k;                  /*  Anzahl Anfangs-
113                                          buchstaben aktualisieren.    */
114
115  /*   Offsetdatei aktualisieren: */
116                             fseek(offile, 0L, 0);
117                             fwrite(r, sizeof(struct location), 27, offile);
118                             fseek(offile, 0L, 0);
119  /*   Stringzahl aktualisieren */
120                             lseek(datafile, 0L, 2);
121                             nstrings = tell(datafile) / 10;
122                             lseek(datafile, 0L, 0);
123
124                             close(newfile);
125
126                    }              /*   Ende else-Zweig von if(notfound) */
127                 }                          /*   Ende if (i < 27)    */
128
129           else                         /*   String mit dem angegebenen   */
130             {                    /*   Anfangsbuchstaben existiert nicht*/
131                 fprintf(stderr, "\n\nString nicht vorhanden. "
132                     "Weiteren String zum Löschen suchen? (j/n)");
133                 if ((rep1 = getche()) == 'j'  ||  rep1 == 'J')
134                     {
135                         rep2 = 'j';   /*   siehe oben */
136                         continue;
137                     }
138                 else
139                     return;
140             }
141
142         printf("\n\nString gelöscht. Weiteren String löschen? (j/n)");
143         rep2 = getche();
144     } while (rcp2 -- 'j'  ||  rep2 == 'J');
145  }
```

Sowohl *udstr* auch *destr* benutzen für die Eingabe der Datenstrings die Funktion getupper, die so konstruiert ist, daß nur Strings aus zehn Großbuchstaben akzeptiert werden.

```
1  void getupper(char *buffer, int len)  /* liest genau den Großbuchstaben ein  */
2  {
3      int i = 0;
4      int c;
5      int func_or_cursorkey = 0;   /* Flag für Funktions- oder Cursortaste    */
6
7      while (i <= len)
8          {
9              c = getch();
10
11             if (i == len  &&  c == '\r')
12                 break;
13
14             if (func_or_cursorkey) /* falls vorherige Eingabe Funktions- */
```

```
15                       {                        /*   oder Cursortaste.  */
16                           func_or_cursorkey = 0;
17                           continue; /*   Eingabe (= Scancode der Taste) ignorieren */
18                       }
19                   if (c == 0)                      /*   Funktions- oder Cursortaste */
20                       {
21                           func_or_cursorkey = 1;              /*   Flag setzen   */
22                       }
23                   else if (c == 8)                          /*   <Rück>-Taste   */
24                       {
25                       if(i > 0)           /*   mindestens 1 Zeichen eingegeben. */
26                           {               /*   Cursor darf außerdem nicht hinter
27                                                 die 1. Eingabeposition zurück.   */
28                               printf("\b \b"); /* Zeichen links vom Cursor mit
29                                                 Blank überschreiben und dann
30                                                 Cursor 1 Zeichen zurücksetzen. */
31                               i--; /*   damit das gelöschte Zeichen auch
32                                                 im Puffer überschrieben wird.   */
33                           }
34                       }
35                   else if (i < len  && isupper(c))        /*   zulässiges Zeichen */
36                       {
37                           buffer[i++] = c;            /*   Zeichen speichern  */
38                           putchar(c);                 /*   Zeichen ausgeben   */
39                       }
40                   else
41                       putchar(7);         /*   Signalton für falsche Eingabe   */
42           }
43       buffer[i] = '\0';                        /*   Eingabe abschließen   */
44 }
```

5

Die Funktion zum "Neuanlegen eines Datensatzes" - was in den *seerec*-Programmen lediglich die Aufnahme eines neuen Strings zusätzlich zu den bereits vorhandenen bedeutet - ist *crstr. crstr* fügt den eingegebenen String an der passenden Position in die Datendatei ein und aktualisiert wie *destr* die Anzahl der gespeicherten Strings und die Offsets der Anfangsbuchstaben.

```
 1 void crstr(struct location *r)          /*   String neu in Datei aufnehmen.   */
 2 {
 3     void getupper(char *buffer, int len); /*  liest genau len Großbuch-
 4                                               staben in buffer ein.    */
 5     char newstr[11];                      /*   neu aufgenommener String   */
 6     int i, k, rep1, rep2;
 7     int bytes, first, currentfirst;
 8     long p;                                          /*   Dateiposition  */
 9     long offnew;  /* Offset, an dem der geänderte String einzusortieren ist. */
10     int append;              /*   Flag für das Anhängen an das Dateiende   */
11
12     do
13         {
14             printf("\n\nNeuer String (Eingabe in Großbuchstaben): ");
```

```
15                    getupper(newstr, STRLEN);
16
17  /*   Pufferdatei öffnen: */
18            if ((newfile = open("data.new", O_RDWR | O_CREAT | O_TRUNC,
19                    0666)) == -1)
20                    {
21                            fprintf(stderr, "\n\nFehler beim Datentransfer.");
22                            exit(3);
23                    }
24
25
26  /*   Dateiposition bestimmen, an der der neue String einsortiert werden muß: */
27
28            lseek(datafile, 0L, 0);
29
30            bytes = read(datafile, buffer, STRLEN);
31            while (strcmp(newstr, buffer) > 0 && bytes > 0)
32                    bytes = read(datafile, buffer, STRLEN);
33
34            if (bytes > 0)
35                    offnew = tell(datafile) - 10;
36            else /*   Dateiende */
37                    offnew = tell(datafile);
38
39
40  /*   Aktualisierte Datendatei mit Hilfe von Pufferdatei erzeugen: */
41
42            lseek(datafile, 0L, 0);                  /*   zum Dateianfang    */
43            p = 0L;
44            append = 1;
45            while ((bytes = read(datafile, buffer, STRLEN)) > 0)
46                    {
47                            if (p == offnew)          /*   Neuen String einfügen    */
48                                    {
49                                            write(newfile, newstr, STRLEN);
50                                            append = 0;   /*   Neuer String nicht am
51                                                          Dateiende angefügt.    */
52                                    }
53
54                            write(newfile, buffer, bytes);
55                            p+=10L;
56                    }
57
58            if (append)    /*   falls neuer String als */
59                    write(newfile, newstr, STRLEN);
60  /*   neuer letzter anzufügen ist, was die obige Schleife nicht berücksichtigt. */
61  /*   Datendatei mit Pufferdatei aktualisieren und Offsets der Anfangsbuchstaben
62       merken. */
63
64        lseek(datafile, 0L, 0);
65        lseek(newfile, 0L, 0);
66        k = 1;
67        bytes = read(newfile, buffer, STRLEN);
68        r[k].letter = first = buffer[0];
69        while (bytes > 0)
```

```
 70                  {
 71                        write (datafile, buffer, bytes);
 72                        currentfirst = buffer[0];
 73                        if (first != currentfirst)
 74                            {
 75                                first = currentfirst;
 76                                k++;
 77                                r[k].letter = first;
 78                                r[k].offset = tell(datafile) - 10;
 79                            }
 80                        bytes = read(newfile, buffer, STRLEN);
 81                    }
 82
 83         noffs = k;    /*   Anzahl Anfangsbuchstaben aktualisieren     */
 84
 85  /*   Offsetdatei aktualisieren: */
 86         fseek(offile, 0L, 0);
 87         fwrite(r, sizeof(struct location), 27, offile);
 88         fseek(offile, 0L, 0);
 89
 90
 91  /*   Stringzahl aktualisieren */
 92         lseek(datafile, 0L, 2);
 93         nstrings = tell(datafile) / 10;
 94         lseek(datafile, 0L, 0);
 95
 96         close(newfile);
 97
 98         printf("\n\nString gespeichert. Weiterer String aufnehmen? (j/n)");
 99         rep2 = getche();
100     } while (rep2 == 'j'  ||  rep2 == 'J');
101  }
```

Abschließend die komplette letzte Version des seerec-Programms mit dem
Hauptprogramm-Modul *seerec5.c* und dem Funktionsmodul *funcsr5.c*. Die
Änderungen (im Vergleich zu seerec4) beschränken sich im Hauptprogramm
auf die Deklaration der Funktion *crstr* und die entsprechende Erweiterung
der *switch*-Anweisung. Im Funktionsmodul kommt *crstr* hinzu, ferner wird
die Menüfunktion angepaßt.

 seerec5.c:

```
 1  /*   seerec5 erweitert die Programmversion seerec4 um die Funktion crstr
 2  ("Neuanlegen von Datensätzen") */
 3
 4  /*** INCLUDES  ************************/
 5
 6  #include <stdio.h>          /*   printf, scanf, Dateifunktionen         */
 7  #include <io.h>             /*   open, close, read, write, tell, lseek  */
 8  #include <fcntl.h>          /*   Symbolische Konstanten für open        */
 9  #include <stdlib.h>         /*   atol, exit, qsort                      */
10  #include <string.h>         /*   strcpy, strcmp                         */
11  #include <conio.h>          /*   getch, getche                         */
```

```
12
13   /*** GLOBALE DEFINITIONEN UND DEKLARATIONEN ***/
14
15   struct location
16              {
17                    long offset;    /*  Offset des ersten Strings jeder Gruppe
18                                        von Strings, die den gleichen Anfangs-
19                                        buchstaben besitzen.                 */
20               char letter;       /*  Anfangsbuchstabe eines Strings       */
21          };
22
23      char buffer[11];                              /*    E/A-Puffer     */
24      char blanks[] = "          ";      /*   Leerstring: 10 blanks   */
25      int datafile, newfile;             /*   Datendatei, Pufferdatei */
26      FILE *offile;                              /*   Offsetdatei      */
27
28         int noffs;                      /*  Anzahl der Buchstabenoffsets */
29         long nstrings;                  /*  Anzahl der gespeicherten Strings */
30
31      char noopen[]     =    "\nFehler beim Öffnen der Datendatei.";
32      char norecord[]   =    "\nKein Datensatz mit diesem Anfangsbuchstaben
33                                vorhanden.";
34
35   /***  FUNKTIONSDEKLARATIONEN  ***********/
36
37      extern int brand(int p, int q);
38      extern void randlet(char d[][11]);
39      extern void menu (void);
40      extern void initzero(struct location *r);     /*  Strukturarray mit 0
41                                                        initialisieren.    */
42      extern int initfile(struct location *r);  /*  Strukturarray aus Offset-
43                                                    datei initialisieren.  */
44      extern int scomp(char s1[], char s2[]);
45      extern  void writrec(char d[][11], char first, struct location *r);
46      extern void showa(void);
47      extern void showb(struct location *r);
48      extern void showns(void);
49      extern void show20(void);
50      extern int nextpage(void);
51      extern void udstr(struct location *r);        /*  String ändern     */
52      extern void destr(struct location *r);        /*  String löschen    */
53      extern void crstr(struct location *r);    /*  String neu aufnehmen   */
54      extern void writoffset(struct location *r);/* Offsets in Datei speichern.*/
55
56   /*****************************************/
57      main()
58      {
59          char data[500][11], firstletter;
60          struct location reloc[27];
61          int rep, flag;
62
63          initzero(reloc);                /*  Strukturarray initialisieren */
64   /*   prüfen, ob Datendatei existiert: */
65          if ((datafile = open("data.fil", O_RDWR)) == -1)
66              {                                        /*   falls nicht:  */
```

```
67                    randlet(data);           /*   Zufallsbuchstaben erzeugen   */
68                                                   /*   Sortieren:   */
69                    qsort((void*)data, 500, sizeof(char[11]), scomp);
70   /*  Datei öffnen/erzeugen: */
71                    if ((datafile = open("data.fil", O_RDWR | O_CREAT, 0666)) == -1)
72                        {
73                            fprintf(stderr, noopen);
74                            exit(1);
75                        }
76
77   /*  Anfangsbuchstaben des 1. Strings speichern: */
78                    firstletter = reloc[1].letter = data[0][0];
79
80   /*  Strings in Datei speichern: */
81                    noffs = writrec(data, firstletter, reloc);
82
83                    writoffset(reloc); /*  Offsets der Anfangs-
84                                            buchstaben in Datei speichern   */
85                }
86        else                               /*  Datendatei existiert bereits.   */
87            noffs = initfile(reloc);   /*  Strukturarray aus Offset-
88                                            datei initialisieren.   */
89
90        lseek(datafile, 0L, 2);
91        nstrings = tell(datafile) / 10; /*  Anzahl Strings feststellen   */
92        lseek(datafile, 0L, 0);
93
94        do
95            {
96                flag = 0;
97                menu(); /*  Menü einblenden */
98                switch(rep = getche())
99                    {
100                        case 'a':                       /*   Alles anzeigen*/
101                        showa();
102                        flag = 1;
103                        break;
104
105                        case 'b':   /*  Alle Strings mit dem
106                                        gleichen Anfangsbuchstaben. */
107                        showb(reloc);
108                        flag = 1;
109                        break;
110                        case 'n': /* Strings mit Nummern x - y anzeigen. */
111                        showns();
112                        flag = 1;
113                        break;
114
115                    case 'v': /* nicht aufeinanderfolgende Strings anzeigen. */
116                    show20();
117                    flag = 1;
118                    break;
119
120                    case 'u':                               /*   String ändern */
121                    udstr(reloc);
```

```
122                      flag = 1;
123                      break;
124
125                      case 'd':                           /*   String löschen*/
126                      destr(reloc);
127                      flag = 1;
128                      break;
129
130                      case 'c':                   /*   String neu aufnehmen    */
131                      crstr(reloc);
132                      flag = 1;
133                      break;
134
135                      default:                            /*   nichts tun    */
136            }   /*   Ende switch */
137
138
139          if (flag)
140             {
141                      printf("\nZurück zum Menü mit <Enter>.");
142                      getch();
143             }
144        } while (rep != 'e');
145
146      close(datafile);
147      fclose(offile);
148  }
```

▶ funcsr5.c:

```
1       /*   funcsr5 enthält die in seerec5 verwendeten eigenen Funktionen. */
2
3       #include <stdio.h>
4       #include <io.h>
5       #include <fcntl.h>
6       #include <stdlib.h>
7       #include <string.h>
8       #include <conio.h>
9       #include <ctype.h>
10
11      #define STRLEN 10
12
13      struct location
14          {
15              long offset                 char letter              }
16      extern char buffer [11] extern char blanks[]    extern char norecord[]
17      extern int datafile     extern int newfile      extern FILE * offile
18      extern long nstrings    extern int noffs
19
20      int brand(int p, int q)                     /*   erzeugt Zufallszahlen    */
21      {   /*   zwischen p und q */
22          return (p +(rand() % (q-p+1)))          }
23
24      void randlet(char d[][11])                  /*   erzeugt Zufallsstrings   */
25      {   /*   und speichert sie */
```

```
26            int i, k
27            for (i = 0i < 500i++)                        /*   500 Strings   */
28                {
29                    for (k = 0k < 10k++)                 /*   mit 10   */
30                        buffer[k] = (char) brand(65,90)  /*  Großbuchstaben*/
31                    buffer[k] = '\0'        strcpy(d[i], buffer)        }
32        }
33    void menu (void)   /*   Auswahlmenü einblenden */
34        {
35            printf("\033[2J")
36            printf("\n\n\nGESPEICHERTE STRINGS ANZEIGEN:\n\n")
37            printf("Alle                 (a)\n\n")
38            printf("Buchstabe            (b)\n\n")
39            printf("Nummern (Folge)      (n)\n\n")
40            printf("Nummern (beliebig)   (v)\n\n")
41            printf("Ändern               (u)\n\n");
42            printf("Löschen              (d)\n\n");
43            printf("Neu Anlegen          (c)\n\n");
44            printf("Ende                 (e)\n\n\n");
45            printf("Ihre Wahl: ");
46        }
47 void initzero(struct location *r)/* initialisiert Strukturarray reloc mit 0. */
48 {
49     int i;
50
51     for (i = 0; i < 27; i++)
52         {
53             r[i].offset = 0;
54             r[i].letter = '\0';
55         }
56 }
57 int initfile(struct location *r)             /*   initialisiert Strukturarray
58                                                  reloc aus Offsetdatei.      */
59 {
60     int bytes, k, first, currentfirst;
61
62
63                             /*   falls Offsetdatei nicht existiert:   */
64     if ((offile = fopen("data.off", "rb+")) == NULL)
65         {                                       /*   Anlegen: */
66             if (( offile = fopen("data.off", "wb+")) == NULL)
67                 {
68                     fprintf(stderr, "\nFehler beim Öffnen der Offsetdatei.");
69                     exit (2);
70                 }
71
72             k = 1;
73 /*   Datendatei lesen und Offsets der Anfangsbuchstaben in Strukturarray
74     speichern: */
75                 bytes = read(datafile, buffer, STRLEN);
76                 r[1].letter = first = buffer[0];
77                 r[1].offset = 0L;
78                 while (bytes > 0)
79                     {
80                         currentfirst = buffer[0];
```

```
81                        if (first != currentfirst)
82                            {
83                                first = currentfirst;
84                                k++;
85                                r[k].letter = first;
86                                r[k].offset = tell(datafile) - 10;
87                            }
88                        bytes = read(datafile, buffer, STRLEN);
89                    }
90                                            /*   Offsets in Datei speichern. */
91            fseek(offile, 0L, 0);
92            fwrite(r, sizeof(struct location), 27, offile);
93            fseek(offile, 0L, 0);
94            return (k);
95        }
96    else                                    /*   Offsetdatei existiert  */
97        {                         /*   Strukturarray daraus initialisieren.  */
98            fseek(offile, 0L, 0);
99            fread(r, sizeof(struct location), 27, offile);
100           fseek(offile, 0L, 0);
101 /*   Unterschiedliche Anfangsbuchstaben zählen: */
102           for (k = 1; isupper(r[k].letter); k++)
103               ;
104           return (k-1);
105       }
106 }
107   int scomp(char s1[], char s2[])      /*   Vergleichsfunktion für qsort */
108   {
109       return (strcmp(s1, s2));
110   }
111
112   int nextpage(void)                        /*   Nächste-Seite-Meldung   */
113   {
114       printf("\n\nNächste Seite mit <Enter>.");
115       getch();
116       printf("\033[2J");
117       return (0);
118   }
119   void showa(void)                          /*   Alle Strings anzeigen   */
120   {
121       int count, bytes;
122
123       printf("\033[2J");
124       count = 0;
125
126       lseek (datafile, 0L, 0);              /*   zum Dateianfang    */
127
128       while ((bytes = read(datafile, buffer, STRLEN)) > 0)
129           {
130               write(1, buffer, bytes);
131               printf("\n");
132               count++;
133               if (count == 20)
134                   count = nextpage();
135           }
```

```
136         }
137
138
139     void showb(struct location *r)              /*   Strings mit bestimmtem  */
140     {                                           /*  Anfangsbuchstaben anzeigen. */
141         int count, i, bytes;
142         char first;
143
144         count = 0;
145         do
146             {
147                 printf("\n\nAnfangsbuchstabe: ");
148                 first = getche();
149             } while (first < 65 || first > 90);
150
151         i = 1;
152 /*   nicht passende Buchstaben überlesen: */
153         while (first != r[i].letter && i < 27)
154             i++;
155
156         if (i > 26)   /*   Angegebener Buchstabe */
157             {   /*   nicht vorhanden. */
158                 printf("%s", norecord);
159                 return;
160             }
161
162         printf("\033[2J");
163         lseek(datafile, r[i].offset, 0); /*   Zum 1. String mit dem */
164                                     /*    gewählten Anfangsbuchstaben */
165         while ((bytes = read(datafile, buffer, STRLEN)) > 0
166                         && buffer[0] == first)
167             {
168                 write(1, buffer, bytes);
169                 printf("\n");
170                 count++;
171                 if (count == 20)
172                     count = nextpage();
173             }
174     }
175 void showns(void)                       /*   zeigt Strings Nr. x bis Nr. y an */
176     {
177         long startno, endno;                    /*   Start-/Endnummer  */
178         int bytes, result, count;
179
180         do
181             {
182                 count = 0;
183                 printf("\n\nStringnummern
184                     (1- %ld. Eingabeformat: Startnr-Endnr): ",
185                             nstrings);
186                 result = scanf("%ld-%ld", &startno, &endno);
187             } while ((startno < 1 || startno > nstrings)  ||
188                         (end < startno || endno > nstrings)  ||
189                         (result != 2));
190
```

```
191                 lseek(datafile, (startno-1)*10, 0);
192
193           while (startno <= endno)
194                 {
195                       bytes = read(datafile, buffer, STRLEN);
196                       printf("\n");
197                       write(1, buffer, bytes);
198                       startno++;
199                       count++;
200                       if (count == 20)
201                             count = nextpage();
202                 }
203       }
204  void show20(void)              /*   zeigt 20 Strings mit beliebiger Nummer an. */
205       {
206           int check_entry(char *s);                   /*   Eingabekontrolle   */
207           char inbuf[512];                            /*   Eingabepuffer  */
208           char abuf[11];                 /*   alphanumerischer Zahlenpuffer    */
209           long nums[20];                             /*   Stringnummern  */
210           int i, k, n, ok;                       /*   Kontrollvariablen   */
211           int bytes;                             /*   Gelesene Zeichen   */
212           int result;                    /*   Resultat der Eingabekontrolle    */
213
214
215           do
216                 {
217                       ok = 1;
218                       fflush(stdin);    /*   Prophylaxe: Eingabepuffer säubern*/
219                       printf("\n\nStringnummern (Maximal 20 Nummern. "
220                               "Eingabeformat: nr1+nr2+nr3+...):\n\n");
221                       gets(inbuf);
222                                                     /*   Eingabekontrolle: */
223                       if ((result = check_entry(inbuf)) < 0)
224                             {
225                                   fprintf(stderr, "\nUnzulässige Eingabe.");
226                                   ok = 0;
227                                   continue;
228                             }
229                       i = n = 0;
230                       while (inbuf[i])
231                             {
232                             k = 0;
233                                               /*   Stringnr. extrahieren: */
234                             while (inbuf[i] != '+'  && inbuf[i] != '\0')
235                                   abuf[k++] = inbuf[i++];
236
237                             abuf[k] = '\0';
238
239                             if ((nums[n] = atol(abuf)) < 1 || nums[n] > nstrings)
240                                   {
241                                         fprintf(stderr, "\nNur Nummern von"
242                                               "1 bis %ld zulässig.", nstrings);
243                                         ok = 0;
244                                         break;
245                                   }
```

```
246
247                               if (inbuf[i])
248                                   {
249                                       i++;
250                                       n++;
251                                   }
252                               }
253                       } while (! ok);
254
255           for (i = 0; i < n; i++)                    /*   Strings anzeigen   */
256               {
257                   lseek(datafile, (nums[i]-1)*10, 0);
258                   bytes = read(datafile, buffer, STRLEN);
259                   printf("\n");
260                   write(1, buffer, bytes);
261               }
262       }
263       int check_entry(char *s) /* Kontrolliert String auf zulässige Zeichen. */
264       {
265           int count, i;
266
267           if (! isdigit(s[0]))
268               return (-1);
269
270           count = i = 0;
271           while (s[i])
272               {
273                   if (s[i] != '+' && !isdigit(s[i]))
274                       return (-1);
275                   else if (s[i] == '+')
276                       {
277                           if (!isdigit(s[i+1]))
278                               return (-1);
279                           else
280                               {
281                                   count++;
282                                   if (count > 19)
283                                       return (-1);
284                               }
285                       }
286                   i++;
287               }
288           return(count);
289       }
290
291  /*   Zufallsstrings in Datei speichern. */
292       void writrec(char d[][11], char first, struct location *r)
293       {
294           int i, k;
295           char currentfirst;
296
297           k = 1;
298           for (i = 0; i < 500; i++)
299               {
300                   strcpy(buffer, d[i]);
```

```
301                                            /*   Strings in Datei speichern. */
302                write(datafile, buffer, strlen(buffer));
303                currentfirst = d[i][0];     /* 1. Buchstabe d. aktuell. Strings */
304
305                if (first != currentfirst)       /*   neuer Anfangsbuchstabe  */
306                  {
307                    first = currentfirst;
308                    k++;
309                    r[k].letter = letter;      /*   neuen Anfangs-
310                                                   buchstaben speichern.   */
311                    r[k].offset = tell(fd) - 10; /*  Offset des 1. Strings mit
312                                                   neuem Anfangsbuchstaben
313                                                   speichern.              */
314                  }
315              }
316         return (k);
317     }
318
319 void writoffset(struct location *r)              /*    speichert Array mit
320                                                       Offset in Datei.    */
321 {
322     if ((offile = fopen("data.off", "wb+")) == NULL)
323           {
324               fprintf(stderr, "\nFehler beim Öffnen der Offsetdatei.");
325               exit(2);
326           }
327     fwrite(r, sizeof(struct location), 27, offile);
328 }
329 void udstr(struct location *r)                  /*   String in Datei ändern. */
330 {
331     void getupper(char *buffer, int len);       /*   liest genau len Großbuch-
332                                                     staben in buffer ein.   */
333     char oldstr[11], newstr[11]; /*   alte und neue Fassung eines Strings   */
334     int i, k, rep1, rep2;
335     int bytes, first, currentfirst;
336     int notfound;                                      /*   Flag */
337     long p;                                      /*   Dateiposition */
338     long offnew;   /* Offset, an dem der geänderte String einzusortieren ist. */
339     int append;              /*   Flag für das Anhängen an das Dateiende     */
340
341     do
342         {
343               printf("\n\nWelcher String soll geändert werden? "
344                       "(Eingabe in Großbuchstaben):\n\n");
345               getupper(oldstr, STRLEN);
346
347               i = 1;
348
349 /*  Anfangsbuchstaben suchen */
350               while (oldstr[0] != r[i].letter && i < 27)
351                   i++;
352
353               if (i < 27)                        /*   Buchstabe vorhanden     */
354                   {
355 /*  Auf 1. String mit Anfangsbuchstaben positionieren: */
```

C

```
356
357                             lseek(datafile, r[i].offset, 0);
358
359  /*   String suchen: */
360                             bytes = read(datafile, buffer, STRLEN);
361                             while ((notfound = strcmp(oldstr, buffer) &&
362                                         (oldstr[0] == buffer[0]) &&
363                                         bytes > 0)
364                                 bytes = read(datafile, buffer, STRLEN);
365                             if (notfound) /*   String nicht vorhanden. */
366                                 {
367                                     fprintf(stderr, "\n\nString nicht vorhanden. "
368                                     "Weiteren String zum Ändern suchen? (j/n)");
369                                     if ((rep1 = getche()) == 'j'  ||  rep1 == 'J')
370                                         {
371                                             rep2 = 'j';   /*  Bedingung für den
372                                                 nächsten Schleifendurchgang muß
373                                                 erfüllt sein.                */
374                                             continue;
375                                         }
376                                     else
377                                         return;
378                                 }
379
380                             else                            /*  String vorhanden    */
381                                 {
382                                     printf("\n\nGeänderter String: ");
383                                     getupper(newstr, STRLEN);
384
385                                     if (strcmp(oldstr, newstr) == 0)
386                                         {
387                                             printf("\n\nStrings sind gleich."
388                                                 "Weiter mit <Enter>.");
389                                             getch();
390                                             rep2 = 'j';   /*   siehe oben */
391                                             continue;
392                                         }
393
394  /*   Pufferdatei öffnen: */
395                                     if ((newfile = open("data.new",
396                                         O_RDWR | O_CREAT | O_TRUNC,
397                                         0666)) == -1)
398                                         {
399                                 fprintf(stderr, "\n\nFehler beim Datentransfer.");
400                                             exit(3);
401                                         }
402
403  /*    alten String überschreiben: */
404  /*    10 Bytes zurück */
405                                     lseek(datafile, -10L, 1);
406  /*    und überschreiben: */
407                                     write(datafile, blanks, STRLEN);
408
409  /*   Dateiposition bestimmen, an der der geänderte String einsortiert
410       werden muß: */
```

```
411
412                    lseek(datafile, 0L, 0);
413
414                    bytes = read(datafile, buffer, STRLEN);
415                    while (strcmp(newstr, buffer) > 0 && bytes > 0)
416                        bytes = read(datafile, buffer, STRLEN);
417
418                    if (bytes > 0)
419                        offnew = tell(datafile) - 10;
420                    else                                      /*   Dateiende */
421                        offnew = tell(datafile);
422  /*   Aktualisierte Datendatei mit Hilfe von Pufferdatei erzeugen: */
423
424                    lseek(datafile, 0L, 0);       /*   zum Dateianfang    */
425                    p = 0L;
426                    append = 1;
427                    while ((bytes = read(datafile, buffer, STRLEN)) > 0)
428                        {
429  /*   Überschriebenen String nicht mitkopieren: */
430                            if (strcmp(buffer, blanks) == 0)
431                                {
432                                    p+=10L;
433                                    continue;
434                                }
435
436                            if (p == offnew)   /*Neuen String einfügen */
437                                {
438                                    write(newfile, newstr, STRLEN);
439                                    append = 0; /*Neuer String nicht am
440                                                    Dateiende angefügt.     */
441                                }
442
443                            write(newfile, buffer, bytes);
444                            p+=10L;
445                        }
446
447                    if (append)        /*   falls geänderter String als */
448                        write(newfile, newstr, STRLEN);
449  /*   neuer letzter anzufügen ist, was die obige Schleife nicht berücksichtigt: */
450
451  /*   Datendatei mit Pufferdatei aktualisieren und Offsets der Anfangsbuchstaben
452       merken. */
453
454                    lseek(datafile, 0L, 0);
455                    lseek(newfile, 0L, 0);
456                    k = 1;
457                    initzero(r); /* Strukturarray vor dem Aktualisieren
458                                        neu initialisieren, um alte Daten zu
459                                        entfernen, die evtl. nicht komplett
460                                        durch die neuen überschrieben werden.*/
461                    bytes = read(newfile, buffer, STRLEN);
462                    r[k].letter = first = buffer[0];
463                    while (bytes > 0)
464                        {
465                            write (datafile, buffer, bytes);
```

```
466                                  currentfirst = buffer[0];
467                                  if (first != currentfirst)
468                                      {
469                                      first = currentfirst;
470                                      k++;
471                                      r[k].letter = first;
472                                      r[k].offset = tell(datafile) - 10;
473                                      }
474                                  bytes = read(newfile, buffer, STRLEN);
475                                  }
476                      noffs = k;          /*   Anzahl Anfangsbuch-
477                                               staben aktualisieren.        */
478
479  /*   Offsetdatei aktualisieren: */
480
481                      fseek(offile, 0L, 0);
482                      fwrite(r, sizeof(struct location), 27, offile);
483                      fseek(offile, 0L, 0);
484
485                      close(newfile);
486
487  /*   Ende else-Zweig von if(notfound) */
488                      }                                /*   Ende if (i < 27)   */
489              else                         /*   String mit dem angegebenen   */
490                  {                    /*   Anfangsbuchstaben existiert nicht.   */
491                  fprintf(stderr, "\n\nString nicht vorhanden. "
492                          "Weiteren String zum Ändern suchen? (j/n)");
493                  if ((rep1 = getche()) == 'j'  ||  rep1 == 'J')
494                      {
495                      rep2 = 'j';   /*  siehe oben */
496                      continue;
497                      }
498                  else
499                      return;
500                  }
501
502          printf("\n\nWeiteren String ändern? (j/n)");
503          rep2 = getche();
504
505      } while (rep2 == 'j'  ||  rep2 == 'J');
506  }
507
508  void destr(struct location *r)          /*   String in Datei löschen.   */
509  {
510      void getupper(char *buffer, int len); /*   liest genau len Großbuch-
511                                               staben in buffer ein.        */
512      char delstr[11];                    /*   zu löschender String        */
513      int i, k, rep1, rep2;
514      int bytes, first, currentfirst;
515      int notfound; /*   Flag */
516      do
517          {
518          printf("\n\nWelcher String soll gelöscht werden? "
519                  "(Eingabe in Großbuchstaben):\n\n");
520          getupper(delstr, STRLEN);
```

```
521
522                  i = 1;
523
524  /*   Anfangsbuchstaben suchen */
525                  while (delstr[0] != r[i].letter && i < 27)
526                      i++;
527
528              if (i < 27)                       /*   Buchstabe vorhanden     */
529                  {
530  /*   Auf 1. String mit Anfangsbuchstaben positionieren: */
531                      lseek(datafile, r[i].offset, 0);
532
533  /*   String suchen: */
534                      bytes = read(datafile, buffer, STRLEN);
535                      while ((notfound = strcmp(delstr, buffer) &&
536                              (delstr[0] == buffer[0]) &&
537                              bytes > 0)
538                      bytes = read(datafile, buffer, STRLEN);
539
540                  if (notfound)              /*   String nicht vorhanden  */
541                      {
542                          fprintf(stderr, "\n\nString nicht vorhanden. "
543                          "Weiteren String zum Löschen suchen? (j/n)");
544                          if ((rep1 = getche()) == 'j'  ||  rep1 == 'J')
545                              {
546                                  rep2 = 'j';/*damit Bedingung für den nächsten
547                                          Schleifendurchgang erfüllt ist. */
548                                  continue;
549                              }
550                      else
551                          return;
552                  }
553
554                  else /*                              String vorhanden */
555                      {
556  /*   Pufferdatei öffnen: */
557                          if ((newfile = open("data.new",
558                          O_RDWR | O_CREAT | O_TRUNC,
559                          0666)) == -1)
560                          {
561                              fprintf(stderr, "\n\nFehler beim Datentransfer.");
562                                  exit(3);
563                          }
564
565  /*   alten String überschreiben: */
566                                                  /*   10 Bytes zurück    */
567                          lseek(datafile, -10L, 1);
568                                                  /*   und überschreiben: */
569                          write(datafile, blanks, STRLEN);
570  /*   Aktualisierte Datendatei mit Hilfe von Pufferdatei erzeugen: */
571
572                          lseek(datafile, 0L, 0); /*   zum Dateianfang    */
573
574                          while ((bytes = read(datafile, buffer, STRLEN)) > 0)
575                              {
```

C

```
576   /*    Überschriebenen String nicht mitkopieren: */
577                                    if (strcmp(buffer, blanks) == 0)
578                                        continuè;
579
580                                    write(newfile, buffer, bytes);
581                                }
582
583   /*    Datendatei mit Pufferdatei aktualisieren und Offsets der Anfangsbuchstaben
584         merken. Alte Datendatei wird dabei zunächst auf 0 Bytes reduziert, damit am
585         Ende der kürzeren neuen Version nach dem Überschreiben keine Datenreste aus
586         der alten Version erhalten bleiben. */
587
588                        close (datafile);              /*   Datei schließen    */
589                                                       /*   und wieder öffnen: */
590                        datafile = open("data.fil", O_RDWR | O_TRUNC);
591                        lseek(newfile, 0L, 0);
592                        k = 1;
593                        initzero(r);   /*   Strukturarray vor dem Aktualisieren
594                                             neu initialisieren, um alte Daten zu
595                                             entfernen, die evtl. nicht komplett
596                                        d    urch die neuen überschrieben werden.   */
597                        bytes = read(newfile, buffer, STRLEN);
598                        r[k].letter = first = buffer[0];
599                        while (bytes > 0)
600                            {
601                                write (datafile, buffer, bytes);
602                                currentfirst = buffer[0];
603                                if (first != currentfirst)
604                                  {
605                                    first = currentfirst;
606                                    k++;
607                                    r[k].letter = first;
608                                    r[k].offset = tell(datafile) - 10;
609                                  }
610                                bytes = read(newfile, buffer, STRLEN);
611                            }
612
613                        noffs = k; /* Anzahl Anfangsbuchstaben aktualisieren */
614
615   /*    Offsetdatei aktualisieren: */
616                        fseek(offile, 0L, 0);
617                        fwrite(r, sizeof(struct location), 27, offile);
618                        fseek(offile, 0L, 0);
619   /*    Stringzahl aktualisieren */
620                        lseek(datafile, 0L, 2);
621                        nstrings = tell(datafile) / 10;
622                        lseek(datafile, 0L, 0);
623
624                        close(newfile);
625
626                    }                  /*   Ende else-Zweig von if(notfound) */
627                }                        /*   Ende if (i < 27)      */
628        else                            /*   String mit dem angegebenen. */
629            {                      /*   Anfangsbuchstaben existiert nicht.   */
630                fprintf(stderr, "\n\nString nicht vorhanden. "
```

```
631                                 "Weiteren String zum Löschen suchen? (j/n)");
632                         if ((rep1 = getche()) == 'j' || rep1 == 'J')
633                             {
634                                 rep2 = 'j';   /*   siehe oben */
635                                 continue;
636                             }
637                         else
638                             return;
639                     }
640
641             printf("\n\nString gelöscht. Weiteren String löschen? (j/n)");
642             rep2 = getche();
643         } while (rep2 == 'j' || rep2 == 'J');
644 }
645
646 void crstr(struct location *r)          /*   String neu in Datei aufnehmen.   */
647 {
648     void getupper(char *buffer, int len); /*   liest genau len Groß-
649                                               buchstaben in buffer ein.   */
650     char newstr[11];                      /*   neu aufgenommener String    */
651     int i, k, rep1, rep2;
652     int bytes, first, currentfirst;
653     long p;   /*   Dateiposition */
654     long offnew;   /* Offset, an dem der geänderte String einzusortieren ist.*/
655     int append;               /*   Flag für das Anhängen an das Dateiende    */
656     do
657         {
658             printf("\n\nNeuer String (Eingabe in Großbuchstaben): ");
659             getupper(newstr, STRLEN);
660
661 /*   Pufferdatei öffnen: */
662             if ((newfile = open("data.new", O_RDWR | O_CREAT | O_TRUNC,
663                 0666)) == -1)
664                 {
665                     fprintf(stderr, "\n\nFehler beim Datentransfer.");
666                     exit(3);
667                 }
668
669 /*   Dateiposition bestimmen, an der der neue String einsortiert werden muß: */
670
671             lseek(datafile, 0L, 0);
672
673             bytes = read(datafile, buffer, STRLEN);
674             while (strcmp(newstr, buffer) > 0 && bytes > 0)
675                 bytes = read(datafile, buffer, STRLEN);
676             if (bytes > 0)
677                 offnew = tell(datafile) - 10;
678             else /*   Dateiende */
679                 offnew = tell(datafile);
680
681 /*   Aktualisierte Datendatei mit Hilfe von Pufferdatei erzeugen: */
682             lseek(datafile, 0L, 0);                    /*   zum Dateianfang    */
683             p = 0L;
684             append = 1;
685             while ((bytes = read(datafile, buffer, STRLEN)) > 0)
```

C

```
686                        {
687                            if (p == offnew)           /*   Neuen String einfügen.  */
688                                {
689                                    write(newfile, newstr, STRLEN);
690                                    append = 0;   /*  Neuer String nicht am
691                                                     Dateiende angefügt.       */
692                                }
693
694                            write(newfile, buffer, bytes);
695                            p+=10L;
696                        }
697
698             if (append)                            /*   falls neuer String als  */
699                 write(newfile, newstr, STRLEN);
700  /*  neuer letzter anzufügen ist, was die obige Schleife nicht berücksichtigt.*/
701
702  /*  Datendatei mit Pufferdatei aktualisieren und Offsets der Anfangsbuchstaben
703      merken. */
704
705         lseek(datafile, 0L, 0);
706             lseek(newfile, 0L, 0);
707             k = 1;
708             bytes = read(newfile, buffer, STRLEN);
709             r[k].letter = first = buffer[0];
710             while (bytes > 0)
711                 {
712                     write (datafile, buffer, bytes);
713                     currentfirst = buffer[0];
714                     if (first != currentfirst)
715                     {
716                             first = currentfirst;
717                             k++;
718                             r[k].letter = first;
719                             r[k].offset = tell(datafile) - 10;
720                     }
721                     bytes = read(newfile, buffer, STRLEN);
722                 }
723
724         noffs = k;    /*   Anzahl Anfangsbuchstaben aktualisieren      */
725
726  /*  Offsetdatei aktualisieren: */
727             fseek(offile, 0L, 0);
728             fwrite(r, sizeof(struct location), 27, offile);
729             fseek(offile, 0L, 0);
730
731  /*  Stringzahl aktualisieren */
732                     lseek(datafile, 0L, 2);
733         nstrings = tell(datafile) / 10;
734         lseek(datafile, 0L, 0);
735
736         close(newfile);
737
738         printf("\n\nString gespeichert. Weiteren String aufnehmen? (j/n)");
739         rep2 = getche();
740     } while (rep2 == 'j'  ||  rep2 == 'J');
```

```
741  }
742
743  void getupper(char *buffer, int len)    /* liest genau len Großbuchstaben ein. */
744  {
745      int i = 0;
746      int c;
747      int func_or_cursorkey = 0;    /*   Flag für Funktions- oder Cursortaste   */
748
749
750      while (i <= len)
751          {
752              c = getch();
753
754              if (i == len  &&  c == '\r')
755                break;
756              if (func_or_cursorkey) /* falls vorherige Eingabe Funktions- */
757                  {                           /*   oder Cursortaste   */
758                    func_or_cursorkey = 0;
759                    continue; /*   Eingabe (= Scancode der Taste) ignorieren */
760                  }
761
762              if (c == 0)                      /*   Funktions- oder Cursortaste */
763                  {
764                      func_or_cursorkey = 1;            /*   Flag setzen   */
765                  }
766              else if (c == 8)                        /*   <Rück>-Taste   */
767                  {
768                      if(i > 0)    /*   mindestens 1 Zeichen eingegeben. */
769                        {      /*   Cursor darf außerdem nicht hinter die
770                                      1. Eingabeposition zurück.           */
771                            printf("\b \b"); /* Zeichen links vom Cursor mit
772                                              Blank überschreiben und dann
773                                              Cursor 1 Zeichen zurücksetzen    */
774                            i--;    /*   damit das gelöschte Zeichen
775                                          auch im Puffer überschrieben wird. */
776                        }
777                  }
778              else if (i < len  && isupper(c))      /*   zulässiges Zeichen */
779                  {
780                      buffer[i++] = c;            /*   Zeichen speichern   */
781                      putchar(c);                 /*   Zeichen ausgeben   */
782                  }
783              else
784                  putchar(7);           /*  Signalton für falsche Eingabe   */
785          }
786      buffer[i] = '\0';                       /*   Eingabe abschließen   */
787  }
```

D: ASCII-Tabelle

Dez.	Hex.	Zeichen	Dez.	Hex.	Zeichen	Dez.	Hex.	Zeichen	Dez.	Hex.	Zeichen
0	00		32	20		64	40	@	96	60	
1	01	☺	33	21	!	65	41	A	97	61	a
2	02	☻	34	22	"	66	42	B	98	62	b
3	03	♥	35	23	#	67	43	C	99	63	c
4	04	♦	36	24	$	68	44	D	100	64	d
5	05	♣	37	25	%	69	45	E	101	65	e
6	06	♠	38	26	&	70	46	F	102	66	f
7	07	•	39	27	'	71	47	G	103	67	g
8	08	◘	40	28	(	72	48	H	104	68	h
9	09	○	41	29	)	73	49	I	105	69	i
10	0A	◙	42	2A	*	74	4A	J	106	6A	j
11	0B	♂	43	2B	+	75	4B	K	107	6B	k
12	0C	♀	44	2C	,	76	4C	L	108	6C	l
13	0D	♪	45	2D	-	77	4D	M	109	6D	m
14	0E	♫	46	2E	.	78	4E	N	110	6E	n
15	0F	☼	47	2F	/	79	4F	O	111	6F	o
16	10	►	48	30	0	80	50	P	112	70	p
17	11	◄	49	31	1	81	51	Q	113	71	q
18	12	↕	50	32	2	82	52	R	114	72	r
19	13	‼	51	33	3	83	53	S	115	73	s
20	14	¶	52	34	4	84	54	T	116	74	t
21	15	§	53	35	5	85	55	U	117	75	u
22	16	▬	54	36	6	86	56	V	118	76	v
23	17	↨	55	37	7	87	57	W	119	77	w
24	18	↑	56	38	8	88	58	X	120	78	x
25	19	↓	57	39	9	89	59	Y	121	79	y
26	1A	→	58	3A	:	90	5A	Z	122	7A	z
27	1B	←	59	3B	;	91	5B	[	123	7B	{
28	1C	∟	60	3C	<	92	5C	\	124	7C	¦
29	1D	↔	61	3D	=	93	5D	]	125	7D	}
30	1E	▲	62	3E	>	94	5E	^	126	7E	~
31	1F	▼	63	3F	?	95	5F	_	127	7F	▒

Dez.	Hex.	Zeichen		Dez.	Hex.	Zeichen		Dez.	Hex.	Zeichen		Dez.	Hex.	Zeichen
128	80	Ç		160	A0	á		192	C0	└		224	E0	α
129	81	ü		161	A1	í		193	C1	┴		225	E1	ß
130	82	é		162	A2	ó		194	C2	┬		226	E2	Γ
131	83	â		163	A3	ú		195	C3	├		227	E3	π
132	84	ä		164	A4	ñ		196	C4	─		228	E4	Σ
133	85	à		165	A5	Ñ		197	C5	┼		229	E5	σ
134	86	å		166	A6	ª		198	C6	╞		230	E6	μ
135	87	ç		167	A7	º		199	C7	╟		231	E7	τ
136	88	ê		168	A8	¿		200	C8	╚		232	E8	Φ
137	89	ë		169	A9	⌐		201	C9	╔		233	E9	Θ
138	8A	è		170	AA	¬		202	CA	╩		234	EA	Ω
139	8B	ï		171	AB	½		203	CB	╦		235	EB	δ
140	8C	î		172	AC	¼		204	CC	╠		236	EC	∞
141	8D	ì		173	AD	¡		205	CD	═		237	ED	φ
142	8E	Ä		174	AE	«		206	CE	╬		238	EE	ε
143	8F	Å		175	AF	»		207	CF	╧		239	EF	∩
144	90	É		176	B0	░		208	D0	╨		240	F0	≡
145	91	æ		177	B1	▒		209	D1	╤		241	F1	±
146	92	Æ		178	B2	▓		210	D2	╥		242	F2	≥
147	93	ô		179	B3	│		211	D3	╙		243	F3	≤
148	94	ö		180	B4	┤		212	D4	╘		244	F4	⌠
149	95	ò		181	B5	╡		213	D5	╒		245	F5	⌡
150	96	û		182	B6	╢		214	D6	╓		246	F6	÷
151	97	ù		183	B7	╖		215	D7	╫		247	F7	≈
152	98	ÿ		184	B8	╕		216	D8	╪		248	F8	°
153	99	Ö		185	B9	╣		217	D9	┘		249	F9	•
154	9A	Ü		186	BA	║		218	DA	┌		250	FA	·
155	9B	¢		187	BB	╗		219	DB	█		251	FB	√
156	9C	£		188	BC	╝		220	DC	▄		252	FC	η
157	9D	¥		189	BD	╜		221	DD	▌		253	FD	²
158	9E	₧		190	BE	╛		222	DE	▐		254	FE	■
159	9F	ƒ		191	BF	┐		223	DF	▀		255	FF	

E: Tastatur-Scancodes

Taste	Scancode dez	Scancode hex	Taste	Scancode dez	Scancode hex
Esc	1	01	[.] [:]	52	34
[1] [!]	2	02	[-] [_]	53	35
[3] [§]	4	04	[÷] (2)	53	35
[4] [$]	5	05	Druck	55	37
[5] [%]	6	06	[x] (2)	55	37
[6] [&]	7	07	Alt [←]	56	38
[7] [/]	8	08	Alt [→] (1)	56	38
[8] [(]	9	09	Leertaste	57	39
[9] [)]	10	0a	Groß	58	3a
[0] [=]	11	0b	F1	59	3b
[ß] [?]	12	0c	F2	60	3c
['] [-]	13	0d	F3	61	3d
Rück	14	0e	F4	62	3e
Tab	15	0f	F5	63	3f
Q	16	10	F6	64	40
W	17	11	F7	65	41
E	18	12	F8	66	42
R	19	13	F9	67	43
T	20	14	F10	68	44
Z	21	15	Num	69	45
U	22	16	Num (4)	69	45
[I]	23	17	Pause (5)	69	45
[O]	24	18	Rollen (4)	70	46
P	25	19	Pos 1	71	47
Ü	26	1a	Pos 1 (3)	71	47
[+] [*]	27	1b	[↑]	72	48
Enter	28	1b	[↑] (3)	72	48
Enter (2)	28	1c	Bild ↑	73	49
Strg [←]	29	1d	Bild ↑ (3)	73	49
Strg [→] (1)	29	1d	[-] (6)	74	4a
A	30	1e	[←]	75	4b

Taste	Scancode dez	Scancode hex	Taste	Scancode dez	Scancode hex
S	31	1f	← (3)	75	4b
D	32	20	5 (6)	76	4c
F	33	21	→	77	4d
G	34	22	→ (3)	77	4d
H	35	23	+ (8)	78	4e
J	36	24	Ende	79	4f
K	37	25	Ende (3)	79	4f
L	38	26	Cursor ↓	80	50
Ö	39	27	Cursor ↓ (3)	80	50
Ä	40	28	Bild ↓	81	51
^ °	41	29	Bild ↓ (3)	81	51
Umschalt ←	42	2a	Einfg (3)	82	52
# '	43	2b	Einfg	82	52
Y	44	2c	Entf (3)	83	53
X	45	2d	Entf	83	53
C	46	2e	<> (1)	86	56
V	47	2f	F11	87	57
B	48	30	F12	88	58
N	49	31			
M	49	32			
. :	50	33			

(1) alphanumerischer Block

(2) numerischer Block

(3) im abgesetzten Steuerblock bei MF II

(4) MF II mit Vorsatzbyte e0h

(5) nur MF II mit Vorsatzbyte e1h

(6) numerischer Block

F: Include-Dateien

Name	Programmierbereich	Standard
assert.h	Fehlersuche	ja
conio.h	Konsolen-Ein-und -Ausgabe	nein
ctype.h	Zeichenklassifizierung	ja
errno.h	Fehlernummern	ja
fcntl.h	Elementare Dateiverarbeitung	nein
float.h	Gleitkommaarithmetik	ja
graph.h	Grafikfunktionen	nein
io.h	Elementare Dateiverarbeitung	nein
limits.h	Intergerarithmetik	ja
locale.h	Lokale Einstellungen	ja
math.h	Mathematische Operationen	ja
setjmp.h	Globale Sprünge	ja
signal.h	Signalbehandlung	ja
stdarg.h	Parameterlisten variabler Länge	ja
stddef.h	Allgemeines	ja
stdio.h	Ein- und Ausgabe	ja
stdlib.h	Speicherverwaltung, Konvertierungen, Programmabbruch, Suchen, Sortieren u. a.	ja
string.h	Zeichenkettenmanipulation	ja
time.h	Datum und Uhrzeit	ja

Die obige Liste enthält die Include-Dateien, die zum Standard gehören, sowie einige andere, die recht häufig auf Compilersystemen anzutreffen sind. Daneben existieren auf jedem Compiler gewöhnlich noch weitere spezifische Include-Dateien.

G: Die Escape-Sequenzen

Funktion	Erklärung
Esc[*Zeilen*A	Bewegt den Cursor um die durch den Zeilen-Wert angegebenen Bereich nach unten. Bindet sich der Cursor am unteren Bildschirmrand, wird die Escape-Sequenz ignoriert.
Esc[*Spalten*C	Bewegt den Cursor um die Anzahl *Spalten* nach rechts.
Esc[*Spalten*D	Bewegt den Cursor um die Anzahl *Spalten* nach links.
Esc[*Zeile;Spalte*H	Bewegt den Cursor in die Zeile/Spalte, die durch *Zeile* und *Spalte* festgelegt wurde.
Esc[s	Speichert die aktuelle Cursorposition. Um den Cursor auf die gespeicherte Position zu setzen, verwendet man die Escape-Seqenz Esc[u. Diese Sequenz benötigt keine benutzerdefinierten Parameter.
Esc[2J	Löscht den Bildschirm.
Esc[K	Löscht die aktuelle Zeile von der Cursorposition bis zum Ende.
Esc[=*Bildschirmmodus*h	Legt den Bildschirm auf den Modus fest, der durch Bildschirmmodus festgelegt wurde. Die Bildschirm-modi können Sie in der nachfolgenden Tabelle nachlesen
Esc[=*Bildschirmmodus*1	Entspricht dem vorherigen Befehl, wobei der Modus 7 ausgeschaltet wird.
Esc[=*Grafikfunktion;...Grafikfunktion*m	Legt über die Parameter Grafikfunktion die Bild-schirmfarbe und die Textattribute fest. Eine Ein-stellung durch diese Esc-Sequenz bleibt solange erhalten, bis Sie diese ändern. Für die normale Bildschirm Darstellung benutzen Sie den Para-meter >>0<<.
Esc[Tastaturcode;Zeichenkette;...p	Weist einer Taste oder Tastenkombination, die durch *Tastaturcode* festgelegt wurde, eine *Zeichenkette* zu. Die Werte für *Tastaturcode* lesen Sie bitte in der Scancode-Tabelle in Anhang E nach.

G

Modus	Bedeutung
0	40 Spalten/25 Zeilen, Text monochrom
1	40 Spalten/25 Zeilen, Text farbig
2	80 Spalten/25 Zeilen, Text monochrom
3	80 Spalten/25 Zeilen, Text farbig
4	Auflösung 320*200 Pixel, Vierfarb-Grafik
5	Auflösung 320*200 Pixel, Monochrom-Grafik
6	Auflösung 640*200 Pixel, Monochrom-Grafik
7	Zeichen nach Zeilenende werden in nächste Zeile übernommen
13	Auflösung 320*200 Pixel, Farb-Grafik
14	Auflösung 640*200 Pixel, 16-Farben-Grafik
15	Auflösung 640*350 Pixel, Monochrom-Grafik (2 Farben)
16	Auflösung 640*350 Pixel, 16-Farben-Grafik
17	Auflösung 640*480 Pixel, Monochrom-Grafik (2 Farben)
18	Auflösung 640*480 Pixel, 16-Farben-Grafik
19	Auflösung 320*200 Pixel, 256-Farben-Grafik

	Funktion	Bedeutung
Textattribute	0	Schaltet alle Attribute aus
	1	Fett
	4	Unterstrichen (nur bei Monochrom-Adapter)
	5	Blink-Attribut
	7	Bildschirmdarstellung invers (Schwarz auf Weiß)
	8	Zeichen am Bildschirm nicht sichtbar.
Vordergrundfarben	30	Schwarz
	31	Rot
	32	Grün
	33	Gelb
	34	Blau
	35	Magenta
	36	Zyan
	37	Weiß
Hintergrundfarben	40	Schwarz
	41	Rot
	42	Grün
	43	Gelb
	44	Blau
	45	Magenta
	46	Zyan
	47	Weiß

H: Die Funktionen der Standardbibliothek

Name	Prototyp	Beschreibung	Include-Datei	
abort	void abort(void);	Programm abbrechen	stdlib.h	
abs	int abs(int a);	Absolutwert von a berechnen	stdlib.h	
acos	double acos(double x);	Arcuscosinus von x berechnen	math.h	
asctime	char *asctime (struct tm *zeit);	Zeitangabe in String umwandeln	time.h	
asin	double asin(double x);	Arcussinus von x berechnen	math.h	
assert	void assert(int expression);	Prüfausdruck in ein Programm einfügen	assert.h	
atan	double atan(double x);	Arcustangens von x berechnen	math.h	
atan2	double atan2 (double y, double x);	Arcustangens von y/x berechnen	math.h	
atexit	int atexit(void (*funczeiger) (void));	Funktionen festlegen, die bei Programmende aufzurufen sind	stdlib.h	
atof	double atof(const char *s);	Als String gespeicherte Zahl in Wert vom Typ double umwandeln	stdlib.h	Kap.5
atoi	int atoi(const char *s);	Als String gespeicherte ganze Zahl in Wert vom Typ int umwandeln	stdlib.h	Kap.5
atol	long atol(const char *s);	Als String gespeicherte ganze Zahl in Wert vom Typ long umwandeln	stdlib.h	Kap.5
bsearch	void *bsearch , (const void *key), const void *array, size_t elementezahl, size_t elementezahl, int (*comp)(const void *emt1, const void *emt2));	Array binär nach einem Wert gleich * key durchsuchen	stdlib.h	
calloc	void *calloc (size_t n, size_t groesse);	n*groesse Bytes Speicherplatz reservieren	stdlib.h	Kap.9
ceil	double ceil(double a);	Kleinste ganze Zahl größer oder gleich a	math.h	
clearerr	void clearerr; (FILE *dateizeiger)	Fehler- und Dateiende-Anzeigen für eine Datei löschen	stdio.h	

H

Name	Prototyp	Beschreibung	Include-Datei	
clock	clock_t clock(void);	Prozessorzeit ermitteln, die das aufrufende Programm verbraucht hat	time.h	
cos	double cos(double x);	Cosinus von x berechnen	math.h	Kap.10
cosh	double cosh(double x);	Cosinus Hyperbolicus von x berechnen	math.h	
ctime	char * ctime (const time_t *zeit);	Zeitangabe in String umwandeln	time.h	
difftime	double difftime (time_t zeit2, time_t zeit1);	Zeitdifferenz zeit2 - zeit1 berechnen (Einheit: Sekunden)	time.h	
div	div_t div(int a, int b);	a durch b dividieren Quotient und Rest separat speichern	stdlib.h	
exit	void exit(int status);	Programm beenden	stdlib.h	Kap.4
exp	double exp(double x);	e^x berechnen	math.h	
fabs	double fabs(double a);	Absolutwert eines Gleitkomma-werts a berechnen	math.h	
fclose	int fclose (FILE *dateizeiger);	Datei schließen	stdio.h	Kap.11
fcloseall	int fcloseall(void);	Alle Dateien schließen	stdio.h	Kap.11
feof	int feof (FILE *dateizeiger);	Prüfen, ob das Ende der mit dateizeiger verbundenen Datei erreicht wurde	stdio.h	Kap.11
ferror	int ferror (FILE *dateizeiger);	Prüfen, ob Fehler beim Lesen oder Schreiben einer Datei aufgetreten sind	stdio.h	
fflush	int fflush (FILE *dateizeiger);	Dateipuffer leeren	stdio.h	Kap.11, Lösungen
fgetc	int fgetc(FILE *dateizeiger);	Zeichen aus Datei lesen	stdio.h	Kap.11
fgetpos	int fgetpos (FILE *dateizeiger, fpos_t *pos);	Dateiposition feststellen	stdio.h	
fgets	char *fgets(char *str, int n, FILE *dateizeiger);	Zeichenkette aus Datei lesen	stdio.h	Kap.11
floor	double floor(double a);	Größte ganze Zahl kleiner oder gleich a	math.h	
fmod	double fmod (double a, double b);	Divisionsrest von a/b berechnen	math.h	
fopen	FILE *fopen(const char *dateiname, const char *zugr_modus);	Datei öffnen	stdio.h	Kap.11

Name	Prototyp	Beschreibung	Include-Datei	
fprintf	int fprintf(FILE *dateizeiger, const char *format, ...);	Formatiert in Datei schreiben	stdio.h	Kap.11
fputc	int fputc(int zeichen, FILE *dateizeiger);	Zeichen in Datei schreiben	stdio.h	Kap.11
fputs	int fputs(const char *s, FILE* dateizeiger);	Zeichenkette in Datei schreiben	stdio.h	Kap.11
fread	size_t fread(void *buffer, size_t groesse, size_t n, FILE *dateizeiger);	Block von n*groesse Bytes aus Datei lesen	stdio.h	Kap.11
free	void free(void *blockzeiger);	Allokierten Speicherbereich freigeben	stdlib.h	Kap.9
freopen	FILE *freopen (const char *dateiname, const char *zugr_modus, FILE *dateizeiger);	Datei schließen und neue Datei (dateiname) mit Dateizeiger verbinden	stdio.h	
frexp	double frexp(double x, int *expozeiger);	Gleitkommawert x in Mantisse und Exponenten zerlegen	math.h	
fscanf	int fscanf(FILE *dateizeiger, const char *format, ...);	Formatiert aus Datei lesen	stdio.h	Kap.11
fseek	int fseek(FILE *dateizeiger, long offset, int base);	Dateipositionszeiger verschieben	stdio.h	Kap.11
fsetpos	int fsetpos(FILE *dateizeiger, const fpos_t *pos);	Dateipositionszeiger verschieben	stdio.h	
ftell	long ftell(FILE *dateizeiger);	Dateiposition ermitteln	stdio.h	Kap.11
fwrite	size_t fwrite(void *buffer, size_t groesse, size_t n, FILE *dateizeiger);	Block von n*groesse Bytes in Datei schreiben	stdio.h	Kap.11
getc	int getc(FILE *dateizeiger);	Zeichen aus Datei lesen	stdio.h	Kap.11
getchar	int getchar(void);	Zeichen von Standardeingabe lesen	stdio.h	Kap.3, Kap.11
getenv	char *getenv (const char *vname);	Liste der Umgebungs-Variablen nach Eintrag absuchen, auf den vname verweist	stdlib.h	
gets	char *gets(char *buffer);	Zeichenkette von der Standardeingabe lesen	stdio.h	Kap.5
gmtime	struct tm *gmtime (const time_t *seczeit) ;	Sekundenzeit in Datum und Uhrzeit umwandeln	time.h	
isalnum	int isalnum(int z);	Prüfen, ob z alphanumerisch ist	ctype.h	Kap.9
isalpha	int isalpha(int z);	Prüfen, ob z ein Buchstabe ist	ctype.h	Kap.9
iscntrl	int iscntrl(int z);	Prüfen, ob z ein Steuerzeichen ist	ctype.h	

Name	Prototyp	Beschreibung	Include-Datei	
isdigit	int isdigit(int z);	Prüfen, ob z eine Ziffer ist	ctype.h	Kap.9
isgraph	int isgraph(int z);	Prüfen, ob z ein Grafikzeichen ist	ctype.h	
islower	int islower(int z);	Prüfen, ob z ein Kleinbuchstabe ist	ctype.h	
isprint	int isprint(int z);	Prüfen, ob z druckbar ist	ctype.h	
ispunct	int ispunct(int z);	Prüfen, ob z ein Interpunktions-zeichen ist	ctype.h	
isspace	int isspace(int z);	Prüfen, ob z ein Zwischenraum-zeichen ist	ctype.h	
isupper	int isupper(int z);	Prüfen, ob z ein Großbuchstabe ist	ctype.h	
isxdigit	int isxdigit(int z);	Prüfen, ob z eine Hexadezimal-ziffer ist	ctype.h	
labs	long labs(long a);	Absolutwert eines long-Werts a berechnen	math.h	
ldexp	double ldexp(double m, int exp);	$m * 2^{exp}$ berechnen	math.h	
ldiv	ldiv_t ldiv(long a, long b);	a durch b dividieren Quotient und Rest separat speichern,	math.h	
localtime	struct tm *localtime (const time_t seczeit);	Sekundenzeit in Datum und Uhrzeit umwandeln	time.h	
log	double log(double a);	Natürlichen Logarithmus von a berechnen	math.h	
log10	double log10(double a);	Zehnerlogarithmus von a berechnen	math.h	
longjmp	void longjmp (jmp_buf umgebung, int value);	Stackumgebung wiederherstellen Nichtlokale Sprünge	setjmp.h	
malloc	void *malloc(size_t anzahl);	Speicherbereich von anzahl Bytes Größe allokieren	stdlib.h	Kap.9
memchr	void *memchr(const void *buffer, int c, size_t n);	Die ersten n Bytes von dem nach in c enthaltenen Zeichen durchsuchen	string.h	
memcmp	int memcmp(const void *buffer1, const void *buffer2, size_t n);	Die ersten n Bytes von buffer1 mit den ersten n Bytes in buffer2 vergleichen	string.h	
memcpy	void *memcpy(void *ziel, const void *quelle, size_t n);	n Bytes aus der Pufferquelle in den Pufferziel kopieren	string.h	

Name	Prototyp	Beschreibung	Include-Datei	
memmove	void *memmove(void *ziel,const void *quelle)	n Bytes aus der Pufferquelle in den Pufferziel kopieren	string.h	
memset	void memset(void *buffer, int c, size_t n);	Die ersten n Bytes von buffer mit dem Zeichen füllen	string.h	
mktime	time_t mktime (struct tm *zzgr);	Ortszeit in Kalenderzeit umwandeln	time.h	
modf	double modf (double f, double ganz);	Gleitkommawert f in Vor- und Nach- kommateil zerlegen	math.h	
perror	void perror (const char *message);	Fehlermeldung auf Standard- fehler- ausgabe schreiben	stdio.h	
pow	double pow (double x, double y);	x^y berechnen	math.h	
printf	int printf(const char *format, ...);	Formatiert auf die Standard- ausgabe schreiben	stdio.h	Kap.3
putc	int putc(int c, FILE *dateizeiger);	Zeichen in Datei schreiben	stdio.h	Kap.11
putchar	int putchar(int c);	Zeichen auf die Standardaus- gabe schreiben	stdio.h	Kap.3
puts	int puts(const char *s);	Zeichenkette auf die Standard- ausgabe schreiben	stdio.h	Kap.5
qsort	void qsort(void *array, size_t n, size_t groesse, int (*comp)(const void *emt1, const void *emt2));	Array sortieren	stdlib.h	Kap.10
raise	int raise(int signal);	Signal an das ausführende Programm senden	signal.h	
rand	int rand(void);	Pseudozufallszahl erzeugen	stdlib.h	Kap.10
realloc	void *realloc(void *buffer, size_t groesse);	Größe eines Speicherblocks auf den buffer zeigt, auf groesse Bytes ändern,	stdlib.h	Kap.9
remove	int remove(const char *filename);	Datei löschen	stdio.h	Kap.11
rename	int rename(const char *oldname, const char *newname);	Datei umbenennen	stdio.h	
rewind	void rewind(FILE *dateizeiger);	Dateipositionszeiger an Datei- anfang setzen	stdio.h	Kap.11
scanf	int scanf(const char *format, ...);	Formatiert von der Standard- eingabe lesen	stdio.h	Kap.3

Name	Prototyp	Beschreibung	Include-Datei	
setbuf	void setbuf(FILE *dateizeiger, char *buffer);	Dateipuffer anlegen	stdio.h	
setjmp	int setjmp(jmp_buf umgebung);	Stackumgebung sichern	stdio.h	
setvbuf	int setvbuf(FILE *dateizeiger, char *buffer, int modus, size_t groesse);	Größe des Dateipuffers und Art der Pufferung steuern	stdio.h	
signal	void (*signal(int sig, void (*shandler)(int))(int);	Signalbehandlung	signal.h	
sin	double sin(double x);	Sinus von x berechnen	math.h	Kap.10
sinh	double sinh(double x);	Sinus hyperbolicus von x berechnen	math.h	
sprintf	int sprintf(char *buffer, const char *format ...);	Formatiert in Puffer schreiben	stdio.h	
sqrt	double sqrt(double a);	Quadratwurzel von a berechnen	math.h	
srand	void srand(unsigned seed);	Zufallszahlenfunktion initialisieren	stdlib.h	Kap.10
sscanf	int sscanf(const char *buffer, const char *format, ...);	Formatiert aus Zeichen-Puffer lesen	stdio.h	
strcat	char *strcat(char *string1, char *string2);	Zeichenketten verknüpfen	string.h	Kap.5
strchr	char *strchr(const char *string, int c);	Erstes Auftreten des Zeichens c in string suchen	string.h	
strcmp	int strcmp(const char *string1, const char *string2);	Zeichenketten vergleichen	string.h	Kap.5
strcpy	char *strcpy(char string1, const char *string2);	Zeichenketten kopieren	string.h	Kap.5
strcspn	int strcspn(const char *string1, const char *string2);	Teilstring in string1 finden, der keines der Zeichen aus string2 enthält	string.h	
strerror	char *strerror(int fehlernr);	Zeiger auf die zu fehlernr gehörende Fehlermeldung liefern	string.h	
strlen	size_t strlen(const char *string);	Stringlänge feststellen	string.h	Kap.5
strncat	char *strncat(char *string1, const char *string2, size_t n);	Die ersten n Zeichen von string2 an string1 anhängen	string.h	
strncmp	int strncmp(const char *string1,	Die ersten n Zeichen von string1 und string2 vergleichen	string.h	
strncpy	char *strncpy(char *string1, const char *string2, size_t n);	Die ersten n Zeichen von string2 in string1 kopieren	string.h	

Name	Prototyp	Beschreibung	Include-Datei	
strpbrk	char *strpbrk (const char *string1, const char *string2);	string1 nach Zeichen absuchen, das in string2 enthalten ist	string.h	
strrchr	char *strrchr(const char *string, int c);	Letztes Auftreten des Zeichens c in string suchen	string.h	
strspn	int strspn(const char *string1, const char *string2);	Länge des Teilsstrings von string1 ermitteln, der nur Zeichen von string2 enthält	string.h	
strstr	char *strstr(const char *string1, const char *string2);	Prüfen, ob string2 in string2 enthalten ist	string.h	
strtod	double strtod(const char *string, char **end);	Zahl in Zeichenkette in Wert vom Typ double umwandeln	stdlib.h	
strtok	char *strtok(char *string1, const char *string2);	Zeichenkette string1 in Grundsymbole (token) zerlegen, die durch Zeichen aus string2 begrenzt werden	string.h	
strtol	long strtol(const char *string, char **end, int basis);	Zahl in string in long-Wert umwandeln	stdlib.h	
strtoul	unsigned long strtoul (const char *string, char **end, int basis);	Zahl in string in unsigned long-Wert umwandeln	stdlib.h	
system	int system (const char *command);	Befehl zur Ausführung an das Betriebssystem übergeben	stdlib.h	
tan	double tan(double x);	Tangens von x berechnen	math.h	Kap.10
tanh	double tanh(double x);	Tangens hyperbolicus von x berechnen	math.h	
time	time_t time(time_t *zzgr);	Aktuelle Zeit in Sekunden ermitteln	time.h	Kap.10
tmpfile	FILE *tempfile(void);	Temporäre Datei erzeugen	stdio.h	
tmpnam	char *tmpnam(char *name);	Namen für temporäre Datei erzeugen	stdio.h	
tolower	int tolower(int c);	Großbuchstaben in Kleinbuchstaben umwandeln	ctype.h	
toupper	int toupper(int c);	Kleinbuchstaben in Großbuchstaben umwandeln	ctype.h	Kap.11
ungetc	int ungetc(int c, FILE *dateizeiger);	Zeichen in Eingabedatei zurückschreiben	stdio.h	
va_arg	datentyp va_arg (va_list argzgr, datentyp);	Nächsten Funktionsparameter liefern	stdarg.h	Kap.10
va_end	void va_end(va_list argzgr);	Argumentzeiger auf NULL setzen	stdarg.h	Kap.10

H

Name	Prototyp	Beschreibung	Include-Datei	
va_start	void va_start(va_list argzgr, name_last_fixparameter);	Argumentzeiger initialisieren	stdarg.h	Kap.10
vfprintf	int vfprintf(FILE *dateizeiger, const char *format, va_list argzgr);	Wie fprintf, statt Parameterliste Zeiger auf Parameterliste	stdio.h	
vprintf	int vprintf(const char *format, va_list argzgr);	Wie printf, statt Parameterliste Zeiger auf Parameterliste	stdio.h stdarg.h	
vsprintf	int vsprintf(char *buffer, const char *format, va_list argzgr);	Wie sprintf, statt Parameterliste Zeiger auf Parameterliste	stdio.h stdarg.h	

Die folgenden Eingabefunktionen gehören nicht zum ANSI-Standard, sind aber sehr nützlich und auf den meisten Compilersystemen vorhanden:

Name	Prototyp	Beschreibung	Include-Datei	
getch	int getch(void);	Ein Zeichen direkt von der Tastatur lesen (ohne Bildschirmanzeige)	conio.h	Kap.2
getche	int getche(void);	Ein Zeichen direkt von der Tastatur lesen (mit Bildschirmanzeige)	conio.h	Kap.2
kbhit	int kbhit(void);	Prüfen, ob eine Taste gedrückt wurde	conio.h	Kap.10

I: Funktionen zur elementaren Dateiverarbeitung

Name	Prototyp	Beschreibung	Include-Datei	
close	int close(int deskriptor);	Datei schließen	io.h	Kap.11
creat	int creat(char *dateiname, int zugriffsrechte);	Datei erzeugen	sys\stat.h io.h	Kap.11
lseek	long lseek(int deskriptor, long offset, int base);	Dateipositionszeiger verschieben	io.h	Kap.11
open	int open(char *dateiname, int zugriffsmodus, [int zugriffsrechte]);	Datei öffnen	io.h cntl.h sys\stat.h	Kap.11
read	int read(int deskriptor, char *pufferzeiger, int bytes);	Aus Datei lesen	io.h	Kap.11
tell	long tell(int deskriptor);	Dateiposition bestimmen	io.h	Kap.11
write	int write(int deskriptor, char *pufferzeiger, int bytes);	In Datei schreiben	io.h	Kap.11

I

J: Liste der im Buch enthaltenen Programme

Name	Thematischer Bezug	Kapitel
eins.c	Elementares C-Programm	Kap.1
komment.c	Kommentare	Kap.1
falscomm.c	Syntaktisch falscher Kommentar	Kap.1
newline.c	Escape-Sequenzen (Zeilenvorschub)	Kap.1
backspac.c	Escape-Sequenzen (Cursor zurücksetzen)	Kap.1
tab.c	Escape-Sequenzen (Tabulatoren)	Kap.1
carriage.c	Escape-Sequenzen (Wagenrücklauf)	Kap.1
seiten.c	Escape-Sequenzen (Seitenvorschub)	Kap.1
hexokt.c	Escape-Sequenzen (Zeichendarstellung)	Kap.1
sound.c	Escape-Sequenzen (Signalton)	Kap.1
variable.c	Variablen	Kap.1
intout.c	Formatierte Ausgabe (Ganze Dezimalzahlen)	Kap.2
intout2.c	Formatierte Ausgabe (Ganze Dezimalzahlen)	Kap.2
intout3.c	Formatierte Ausgabe (Ganze Dezimalzahlen)	Kap.2
intout4.c	Formatierte Ausgabe (Ganze Dezimalzahlen)	Kap.2
intout5.c	Formatierte Ausgabe (Ganze Dezimalzahlen)	Kap.2
intout6.c	Formatierte Ausgabe (Ganze Dezimalzahlen)	Kap.2
intout7.c	Formatierte Ausgabe (Ganze Dezimalzahlen)	Kap.2
intout8.c	Formatierte Ausgabe (Ganze Dezimalzahlen)	Kap.2
intout9.c	Formatierte Ausgabe (Oktale/Hexadez.Zahlen)	Kap.2
intout10.c	Formatierte Ausgabe (Oktale/Hexadez.Zahlen)	Kap.2
intout11.c	Formatierte Ausgabe (Zeichen)	Kap.2
intout12.c	Formatierte Ausgabe (Zeichen)	Kap.2
intout13.c	Formatierte Ausgabe (Zeichen)	Kap.2
nomatch.c	Formatierte Ausgabe (Formatfehler)	Kap.2
eformat.c	Formatierte Ausgabe (Gleitk. exponential)	Kap.2
floout.c	Formatierte Ausgabe (Gleitkommawerte)	Kap.2
gformat.c	Formatierte Ausgabe (Gleitkommawerte)	Kap.2
strout.c	Formatierte Ausgabe (Stringkonstante)	Kap.2
strout2.c	Formatierte Ausgabe (Stringkonstanten)	Kap.2

Name	Thematischer Bezug	Kapitel
prefix.c	Formatierte Ausgabe (Präfixe)	Kap.2
wide.c	Formatierte Ausgabe (Mindestbreiten)	Kap.2
zero.c	Formatierte Ausgabe (Füllzeichen)	Kap.2
accuracy.c	Formatierte Ausgabe (Genauigkeit)	Kap.2
justify.c	Formatierte Ausgabe (Ausrichtung)	Kap.2
signout.c	Formatierte Ausgabe (Vorzeichen)	Kap.2
address.c	Formatierte Ausgabe (Adressen)	Kap.2
iscan.c	Formatierte Eingabe (Ganze Dezimalzahlen)	Kap.2
ohscan.c	Formatierte Eingabe (Oktal/Hexadez. Zahlen)	Kap.2
fscan.c	Formatierte Eingabe (Gleitkommawerte)	Kap.2
dscan.c	Formatierte Eingabe (Gleitkommawerte)	Kap.2
cscan.c	Formatierte Eingabe (Zeichen)	Kap.2
prinscan.c	Formatierte Eingabe (Zeichenzahl)	Kap.2
scandigt.c	Formatierte Eingabe (Breitenangabe)	Kap.2
scanskip.c	Formatierte Eingabe (Eingabewert überspringen)	Kap.2
timedate.c	Formatierte Eingabe (Zusatzzeichen)	Kap.2
getachar.c	Unformatierte Eingabe (Zeichen)	Kap.2
getput.c	Unformatierte Ausgabe (Zeichen)	Kap.2
geterror.c	Unformatierte Eingabe (Zeichen)	Kap.2
getokay.c	Unformatierte Eingabe (Zeichen)	Kap.2
getcheok.c	Unformatierte Eingabe (Zeichen)	Kap.2
exerc1.c	Formatierte Ausgabe (Stringkonstanten)	Kap.2, Lösungen
erxerc2.c	Formatierte Ausgabe (Stringkonstanten)	Kap.2, Lösungen
cross.c	Formatierte Ausgabe (Stringkonstanten)	Kap.2, Lösungen
cross2.c	Formatierte Ausgabe (Stringkonstanten)	Kap.2, Lösungen
tabl.c	Formatierte Ausgabe (Tabellenwerte)	Kap.2, Lösungen
valform.c	Formatierte Ausgabe (Variablenwerte)	Kap.2, Lösungen
insum.c	Formatierte Ein-/Ausgabe (Summenbildung)	Kap.2, Lösungen
telefon.c	Formatierte Ein-/Ausgabe (Zusatzzeichen)	Kap.2, Lösungen
quersum.c	Formatierte Ein-/Ausgabe (Breitenangaben)	Kap.2, Lösungen
showexpr.c	Ausdrücke	Kap.3
arops1.c	Arithmetische Ausdrücke	Kap.3
arops2.c	Arithmetische Ausdrücke	Kap.3
arops3.c	Arithmetische Ausdrücke	Kap.3
arops4.c	Arithmetische Ausdrücke	Kap.3

J

Name	Thematischer Bezug	Kapitel
upperlet.c	Arith. Ausdrücke (Buchstabenumwandlung)	Kap.3
lowerlet.c	Arith. Ausdrücke (Buchstabenumwandlung)	Kap.3
divmod.c	Arith. Ausdrücke (Divisionsreste)	Kap.3
compvals.c	Vergleichsausdrücke	Kap.3
logops.c	Logische UND-Verknüpfung	Kap.3
whichkey.c	Bitoperatoren (Tastatur-Scancodes)	Kap.3
minimum.c	Vergleichsoperationen (Minimum zweier Zahlen)	Kap.3, Lösungen
maximum.c	Vergleichsoperationen (Maximum zweier Zahlen)	Kap.3, Lösungen
citonr.c	Arith. Operationen (Ziffernoperationen)	Kap.3, Lösungen
revnum.c	Arith. Operationen (Umkehrzahlberechnung)	Kap.3, Lösungen
flitime.c	Arith. Operationen (Flugzeitberechnung)	Kap.3, Lösungen
intmax.c	Bedingungsoperator (Größte Ziffer bestimmen)	Kap.3, Lösungen
evenmax.c	Bedingungsoperator (Größte gerade Ziffer)	Kap.3, Lösungen
recip1.c	Bedingte Anweisung (Kehrwertberechnung)	Kap.4
recip2.c	Bedingte Anweisung (Kehrwertberechnung)	Kap.4
recip3.c	Bedingte Anweisung (Kehrwertberechnung)	Kap.4
badmonth.c	Geschachtelte Bedingte Anweisung	Kap.4
okmonth.c	Geschachtelte Bedingte Anweisung	Kap.4
calcul.c	Gesch. Bed. Anweisung (Rechenoperationen)	Kap.4
swtchnr1.c	Mehrfachauswahl	Kap.4
swtchnr2.c	Mehrfachauswahl	Kap.4
swtchcal.c	Mehrfachauswahl (Rechenoperationen)	Kap.4
whiblock.c	Wiederholungsanweisung	Kap.4
noinit.c	Wiederholungsanweisung (Initialisierungsfehler)	Kap.4
numeater.c	Wiederholungsanweisung (Initialisierung)	Kap.4
threeout.c	Wiederholungsanw. (Kubikzahlenberechnung)	Kap.4
ioloop1.c	Wiederholungsanweisung (Zeichen-E/A)	Kap.4
ioloop2.c	Wiederholungsanweisung (Zeichen-E/A)	Kap.4
odd1.c	Wiederholungsanw.(Summe ungerader Zahlen)	Kap.4
odd2.c	Wiederholungsanw.(Summe ungerader Zahlen)	Kap.4
odd3.c	Wiederholungsanw.(Summe ungerader Zahlen)	Kap.4
menusim.c	Wiederholungsanweisung (Auswahlmenü)	Kap.4
frame.c	Geschachtelte Iteration (Rahmen zeichnen)	Kap.4
sales.c	Geschachtelte Iteration (Umsatzberechnung)	Kap.4
forever1.c	Wiederholungsanweisung (Endlosschleife)	Kap.4

Name	Thematischer Bezug	Kapitel
forever2.c	Wiederholungsanweisung (Endlosschleife)	Kap.4
buferror.c	Unformatierte Eingabe (Zeichen)	Kap.4
bufokay.c	Unform. Eingabe (Schleife mit Leeranweisung)	Kap.4
recip4.c	Kontrolltransfer-Anweisung (break)	Kap.4
ipower.c	Kontrolltransfer-Anweisung (Potenzierung)	Kap.4
recip5.c	Kontrolltransfer-Anweisung (continue)	Kap.4
checkdat.c	Bedingte Anweisung (Datumsüberprüfung)	Kap.4, Lösungen
shovowel.c	Mehrfachauswahl (Häufigkeiten zählen)	Kap.4, Lösungen
statvals.c	Bedingte Anweisung (Statistische Werte)	Kap.4, Lösungen
chances1.c	Kontrollstrukturen (Lotteriechancen)	Kap.4, Lösungen
chances2.c	Kontrollstrukturen (Lotteriechancen)	Kap.4, Lösungen
upprlet2.c	Bedingte Anweisung (Buchstabenumwandlung)	Kap.4, Lösungen
lowrlet2.c	Bedingte Anweisung (Buchstabenumwandlung)	Kap.4, Lösungen
showbin.c	Kontrollstrukturen (Zahl binär ausgeben)	Kap.4, Lösungen
bitpos.c	Kontrollstrukturen (Gesetzte Bits bestimmen)	Kap.4, Lösungen
pairs.c	Kontrollstrukturen (Spielpaarungen ermitteln)	Kap.4, Lösungen
shownext.c	Kontrollstrukturen (Produktnummern erzeugen)	Kap.4, Lösungen
put20.c	Kontrollstrukturen (Ausgabezeilen aufbereiten)	Kap.4, Lösungen
prime1.c	Kontrollstrukturen (Primzahlen berechnen)	Kap.4, Lösungen
prime2.c	Kontrollstrukturen (Primzahlen berechnen)	Kap.4, Lösungen
showsize.c	Arrays (Größe)	Kap.5
vowerror.c	Arrays (Initialisierungsfehler)	Kap.5
vowels1.c	Arrays (Häufigkeiten von Vokalen ermitteln)	Kap.5
vowels2.c	Arrays (Häufigkeiten von Vokalen ermitteln)	Kap.5
vowels3.c	Arrays (Häufigkeiten von Vokalen ermitteln)	Kap.5
samples.c	Arrays (Ein-/Ausgabeoperationen)	Kap.5
konzern.c	Arrays (zweidimensional)	Kap.5
name.c	Arrays (String einlesen)	Kap.5
name2.c	Arrays (String einlesen)	Kap.5
name3.c	Arrays (String einlesen)	Kap.5
name4.c	Arrays (String einlesen)	Kap.5
namelist.c	Arrays (Ein-/Ausgabe von Strings)	Kap.5
strngrel.c	Arrays (Stringvergleich)	Kap.5
password.c	Arrays (Paßworteingabe)	Kap.5
readrec1.c	Strukturen (Eingabe)	Kap.5

J

Name	Thematischer Bezug	Kapitel
readrec2.c	Strukturarrays (Datensätze einlesen)	Kap.5
typechek.c	Unions (Eingabe auf Datentyp überprüfen)	Kap.5
bubblint.c	Arrays (Sortierung)	Kap.5, Lösungen
zodiac.c	Arrays (Datum in Sternzeichen umwandeln)	Kap.5, Lösungen
digcat.c	Arrays (Personalnummer mit Prüfziffer versehen)	Kap.5, Lösungen
digcheck.c	Arrays (Personalnummer kontrollieren)	Kap.5, Lösungen
findchar.c	Arrays (Zeichen in String suchen und ersetzen)	Kap.5, Lösungen
atonum.c	Arrays (Ziffern in String in Zahl umwandeln)	Kap.5, Lösungen
litoco1.c	2D-Arrays (Zeilen/Spalten vertauscht ausgeben)	Kap.5, Lösungen
litoco2.c	2D-Arrays (Zeilen und Spalten vertauschen)	Kap.5, Lösungen
checktex.c	Strings/Strukturen (Zeichen/Worte/Sätze zählen)	Kap.5, Lösungen
salesman.c	Strukturen (Personaldaten speichern/ausgeben)	Kap.5, Lösungen
flosplit.c	Strukturen (Gleitkommawerte splitten)	Kap.5, Lösungen
scope1.c	Globale/Lokale Variablen	Kap.7
scope3.c	Globale/Lokale Variablen	Kap.7
scope4.c	Lokale Variablen (gleichen Namens)	Kap.7
scope5a.c	Lokale und globale Variablen (gleichen Namens)	Kap.7
scope5b.c	Lokale und globale Variablen (gleichen Namens)	Kap.7
auto.c	Speicherklassen (auto-Variablen)	Kap.7
static.c	Speicherklassen (static-Variablen)	Kap.7
offstat.c	Speicherklassen (auto-Variablen)	Kap.7
onstat.c	Speicherklassen (static-Variablen)	Kap.7
comptime.c	Speicherklassen (register-Variablen)	Kap.7
extern1.c	Speicherklassen (externe Variablen)	Kap.7
extern2.c	Speicherklassen (externe Variablen)	Kap.7
extern3.c	Speicherklassen (Ein-/Mehrmodulprogramme)	Kap.7
extern1a.c	Speicherklassen (externe Variablen)	Kap.7
calc.c	Symbolische Konstanten (Kalkulation)	Kap.8
circle.c	Symbolische Konstanten (Kreisberechnung)	Kap.8
undeferr.c	Symbolische Konstanten (löschen)	Kap.8
recip6.c	Makros (Kehrwertberechnung)	Kap.8
delay.c	Bedingte Kompilierung (Pausenlänge testen)	Kap.8
binomco1.c	Bed. Komp. (Binomialkoeffizient berechnen)	Kap.8
binomco2.c	Bed. Komp. (Binomialkoeffizient berechnen)	Kap.8
pragmess.c	Pragmas	Kap.8

Name	Thematischer Bezug	Kapitel
prepcons.c	Präprozessorkonstanten	Kap.8
sep.c	Zeiger (Zahl mit Trennzeichen versehen)	Kap.9
chekhex.c	Zeiger (Zahl auf Hexadezimalität prüfen)	Kap.9
numstor1.c	Zeiger (Statische Speicherung von Werten)	Kap.9
numstor2.c	Zeiger (Dynamische Speicherung von Werten)	Kap.9
articles.c	Zeiger (Dynamisches Strukturarray)	Kap.9
artlist1.c	Zeiger (Einfach verkettete Liste)	Kap.9
artlist2.c	Zeiger (Einfach verkettete Liste sortiert)	Kap.9
artlist3.c	Zeiger (Doppelt verkettete Liste sortiert)	Kap.9
show2pow.c	Statische Zeigerarrays (2er-Potenzen-Zahlwörter)	Kap.9
partlst.c	Statische Zeigerarrays (Sortierte Namenliste)	Kap.9
partlst2.c	Zeiger auf Zeiger (Dynamisches Zeigerarray)	Kap.9
scat.c	Zeiger (Zeichenketten verknüpfen)	Kap.9, Lösungen
findpatt.c	Zeiger (Textmuster in String suchen)	Kap.9, Lösungen
strblock.c	Zeiger (Strings in stat. Array verwalten)	Kap.9, Lösungen
shonumer.c	Zeigerarrays (Zahlwörter erzeugen)	Kap.9, Lösungen
partlst3.c	Zeiger (Doppelt verkette Liste)	Kap.9, Lösungen
morse.c	Zeiger (Morsezeichen dekodieren)	Kap.9, Lösungen
cube.c	Funktionen (Berechnung des Würfelvolumens)	Kap.10
cube2.c	Funktionen (Berechnung des Quadervolumens)	Kap.10
cube3.c	Funktionen (Berechnung Würfelvolumen)	Kap.10
showmax1.c	Funktionen (Maximum zweier Werte bestimmen)	Kap.10
showmax2.c	Funktionen (Maximum zweier Werte bestimmen)	Kap.10
cube4.c	Funktionen (Berechnung Würfelvolumen)	Kap.10
typerr.c	Funktionen (Typfehler bei Funktionsparametern)	Kap.10
cube5err.c	Funktionen (Fehlerhafte Funktionsdeklaration)	Kap.10
cube5ok.c	Funktionen (Lokale Funktionsdeklaration)	Kap.10
cube6.c	Funktionen (Globale Funktionsdeklaration)	Kap.10
cube7.c	Funktionen (Funktionsdeklaration/Mehrmodul)	Kap.10
cube8.c	Funktionen (Funktionsdeklaration/Mehrmodul)	Kap.10
cube9.c	Funktionen (Funktionsdeklaration/Mehrmodul)	Kap.10
add34.c	Funktionen (Addition)	Kap.10
show35.c	Funktionen (call by value)	Kap.10
show46.c	Funktionen (call by value)	Kap.10
swaperr.c	Funktionen (Fehlerhafte Tauschoperation)	Kap.10

Name	Thematischer Bezug	Kapitel
swapok.c	Funktionen (Tauschoperation, call by reference)	Kap.10
swapglob.c	Funktionen (Tauschoperation, globale Variablen)	Kap.10
sortrnd1.c	Funktionen (Array mit Zufallszahlen sortieren)	Kap.10
sortrnd2.c	Funktionen (Array mit Zufallszahlen sortieren)	Kap.10
chrows.c	Funktionen (2D-Array als Parameter)	Kap.10
bibgraph.c	Funktionen (Strukturen als Parameter)	Kap.10
trigon.c	Funktionszeiger (Trigonometr. Berechnungen)	Kap.10
seearray.c	Funktionszeiger (Verwendung von Subroutinen)	Kap.10
bprtest.c	Funktionen mit variabler Parameterliste	Kap.10
video.c	Befehlszeilenparameter (Videomodus wählen)	Kap.10
triangle.c	Befehlszeilenpar. (Dreiecksfläche berechnen)	Kap.10
tstbrand.c	Funktionen (Zufallszahlengenerator)	Kap.10, Lösungen
hantower.c	Rekursive Funktionen ("Turm von Hanoi")	Kap.10, Lösungen
showtime.c	Befehlzeilenparameter (Laufende Uhr einblenden)	Kap.10, Lösungen
chsys.c	Befehlszeilenparameter (Zahlensystem wechseln)	Kap.10, Lösungen
openxyz.c	Dateiverarbeitung (Datei öffnen)	Kap.11
opnclose.c	Dateiverarbeitung (Datei schließen)	Kap.11
keytofil.c	Dateiverarbeitung (Zeichenweise Ein-/Ausgabe)	Kap.11
finout.c	Dateiverar. (Stdeing. auf Stdausg. kopieren)	Kap.11
printfl.c	Dateiverarbeitung (Datei drucken)	Kap.11
tcopy.c	Dateiverarbeitung (Textdateien kopieren)	Kap.11
dice.c	Dateiverarbeitung (Würfelergebnisse simulieren)	Kap.11
flines.c	Dateiverarbeitung (Beliebige Dateizeilen anzeigen)	Kap.11
opcl.c	Elementare Dateiverarb. (Datei öffnen/schließen)	Kap.11
fcpy.c	Element. Dateiverarb. (Belieb. Dateien kopieren)	Kap.11
seerec.c	Element. Dateiverarb. (Datensatzoperationen)	Kap.11
fmove.c	Dateiverarbeitung (Datei verschieben)	Kap.11, Lösungen
seerec2.c	Dateiverarbeitung (Datensatzoperationen)	Kap.11, Lösungen
seerec3.c	Dateiverarbeitung (Datensatzoperationen)	Kap.11, Lösungen
seerec4.c	Dateiverarbeitung (Datensatzoperationen)	Kap.11, Lösungen
seerec5.c	Dateiverarbeitung (Datensatzoperationen)	Kap.11, Lösungen

Liste der Beispielfunktionen

Funktions- name	Beschreibung	Kapitel
add	Summe zweier Zahlen bilden	Kap.10
box	Rahmen zeichnen	Kap.10
bprint	Ganzzahlige Werte binär ausgeben	Kap.10
brand	Zufallszahlen erzeugen	Kap.10
bsort	short-Arrays sortieren (Bubble Sort)	Kap.10
change_row	Arrayzeilen markieren	Kap.10
check_entry	Strings mit Eingabekontrolle einlesen	Kap.11, Lösungen
check_input	Kontrollierte Eingabe	Kap.10
cleanup	Alte Bildschirmausgaben löschen	Kap.10
cosinus	Cosinus berechnen	Kap.10
cotangens	Cotangens berechnen	Kap.10
crstr	Datensatz (String) in Datei anlegen	Kap.11, Lösungen
destr	Datensatz (String) in Datei löschen	Kap.11, Lösungen
display_array	Array ausgeben	Kap.10
donothing	Dummy-Funktion	Kap.10
fill	Array mit Zufallswerten füllen	Kap.10
fill_array	Array mit Zufallswerten füllen	Kap.10
fillchar	char-Array mit Zufallswerten füllen	Kap.10
filldouble	double-Array mit Zufallswerten füllen	Kap.10
fillfloat	float-Array mit Zufallswerten füllen	Kap.10
fillong	long-Array mit Zufallswerten füllen	Kap.10
fillshort	short-Array mit Zufallswerten füllen	Kap.10
freqtoprn	Daten auf Drucker ausgeben	Kap.11
freqtoscreen	Daten auf Bildschirm ausgeben	Kap.11
getangle	Winkel einlesen	Kap.10
getchr	Zeichen einlesen	Kap.11
getstr	String einlesen	Kap.10, Lösungen
getupper	Genau n Großbuchstaben einlesen	Kap.11, Lösungen
getvalue	Testwerte liefern	Kap.10
handle_error	Fehlerbehandlungsroutine	Kap.10
initfile	Strukturarray aus Datei initialisieren	Kap.11, Lösungen
initialize	Strukturarray initialisieren	Kap.11, Lösungen

Funktions-name	Beschreibung	Kapitel
initzero	Strukturarray initialisieren	Kap.11, Lösungen
kubus	3. Potenz einer Zahl berechnen	Kap.10
kubus2	3. Potenz einer Zahl berechnen	Kap.10
lcomp	Größere von zwei Zahlen bestimmen	Kap.10
lookfor	Zeichen in String suchen	Kap.10, Lösungen
menu	Menü ausgeben	Kap.10 Kap.11, Lösungen
movedisk	Scheiben im Spiel "Turm von Hanoi" umsetzen	Kap.10, Lösungen
nextpage	Nächste-Seite-Meldung ausgeben	Kap.11, Lösungen
postime	Laufende Uhr einblenden	Kap.10, Lösungen
printchar	char-Array ausgeben	Kap.10
rintdouble	double-Array ausgeben	Kap.10
printfloat	float-Array ausgeben	Kap.10
printlong	long-Array ausgeben	Kap.10
printshort	short-Array ausgeben	Kap.10
putchr	Zeichen ausgeben	Kap.11
putstr	String ausgeben	Kap.10, Lösungen
qintsort	int-Array mit Quicksort sortieren	Kap.10
quader	Quadervolumen berechnen	Kap.10
quadsum	Summe der ersten n Quadratzahlen	Kap.10, Lösungen
randlet	Zufallsstrings erzeugen	Kap.11, Lösungen
readstruc	Strukturvariable einlesen	Kap.10
restoprn	Daten auf Drucker ausgeben	Kap.11
restoscreen	Daten auf Bildschirm ausgeben	Kap.11
revstr	String umgekehrt ausgeben	Kap.10
scomp	Strings vergleichen	Kap.11
select_option	Menüpunkte auswählen	Kap.10
shostr	String ausgeben	Kap.10
show20	Strings ausgeben	Kap.11, Lösungen
showa	Strings ausgeben	Kap.11, Lösungen
showall	Gesamten Arrayinhalt anzeigen	Kap.10
showb	Strings ausgeben	Kap.11, Lösungen
showchars	Arrayspalten als Zeichen anzeigen	Kap.10
showinv	Arrayinhalt in inverser Darstellung anzeigen	Kap.10

Funktions-name	Beschreibung	Kapitel
showmatrix	Arrayinhalt in Matrixform anzeigen	Kap.10
shown	Stringausgeben	Kap.11, Lösungen
shownorm	Arrayinhalt in normaler Darstellung anzeigen	Kap.10
showns	Strings ausgeben	Kap.11, Lösungen
shownums	Arrayspalten als numerische Werte anzeigen	Kap.10
sinus	Sinus berechnen	Kap.10
strcomp	Strings vergleichen	Kap.10, Lösungen
strcopy	String kopieren	Kap.10, Lösungen
strct	Strings verknüpfen	Kap.10, Lösungen
swap	int-Werte vertauschen	Kap.10
swapshort	short-Werte vertauschen	Kap.10
tangens	Tangens berechnen	Kap.10
trigmenu	Auswahlmenü anzeigen	Kap.10
udstr	Datensatz (String) in Datei ändern	Kap.11, Lösungen
ups	Kleinbuchstaben in String in Großbuchstaben umwandeln	Kap.10
wait	Pause erzeugen	Kap.10
writoffset	Zeilenoffsets in Datei speichern	Kap.11, Lösungen
writerec	Zufallsstrings in Datei speichern	Kap.11, Lösungen
writestruc	Strukturvariable ausgeben	Kap.10

J

K: Der GNU-Compiler

Auf der dem Buch beiliegenden CD befindet sich eine vollständige Version des GNU-C-Compilers von FSF. Neben allen notwendigen *Librarys*, *Executables* und *Include-Files* ist der Source-Code der Librarys und der EXE-Dateien enthalten. Mit diesem umfangreichen Entwicklungspaket können Sie sich in die Programmiersprache C nicht nur theoretisch mit diesem Buch einarbeiten, sondern die Lernübungen in der Praxis umsetzen und somit Ihr Wissen vertiefen.

Innerhalb dieses Kapitels wird Ihnen der Lieferumfang der CD und der hier enthaltenen Dateien vorgestellt. Neben grundlegenden Fragen zu Einsatz und Installation wird Ihnen die Arbeitsweise und Bedienung des GNU C-Compilers vorgestellt, so daß Sie die Beispiellistings des Buchs übersetzen können.

Lieferumfang der CD

Auf der vorliegenden CD finden Sie folgende Struktur vor:

```
[h:\] 0:dir

    Volume in drive H is C_COMPILER
    Directory of   h:\*.*

    CDEXECPG     <DIR>        1-20-94  14:34
    CDSOURCE     <DIR>        1-20-94  14:33
    COMPILER     <DIR>        1-20-94  14:36
    DOCUMENT     <DIR>        1-20-94  14:36
    START_UP     <DIR>        1-20-94  14:35
    cd_start.bat        1164  1-18-94  15:26
    copying            17982  2-11-93   5:28
    copying.dj          2648  3-11-92  20:46
    install.bat         1276  1-18-94  15:27
    liesmich.txt         668  1-18-94  15:06
    set_envm.bat         919 12-07-93  12:17
         24,657 bytes in 11 file(s)              30,720 bytes allocated
                0 bytes free

[h:\] 0:
```

Abb. 187: Die Hauptstruktur der CD

Die CD unterteilt sich hierbei in die Directories START_UP, COMPILER, CDEXECPG, CDSOURCE und DOCUMENT. Innerhalb des START_UP-Verzeichnisses befindet sich die Installationsversion des GNU-Compilers, welche auf Ihrer Festplatte eingerichtet werden kann. Für diese Installation, die die notwendigen Dateien überträgt bzw. Ihr System für den Compiler einrichtet, liegt eine entsprechende Installationsdatei vor.

Neben einer Portierung des Compilers lokal auf Ihre Festplatte bestehen noch andere Möglichkeiten zur Bedienung.

Dazu gehört ein direkter Zugriff auf die Compiler-spezifischen Daten von CD, wobei auf Ihrer Festplatte keine Installation, mit Ausnahme von einem entsprechenden Anpassen der Environment-Strings mit Pfandangaben etc., erfolgen muß.

Innerhalb des COMPILER-Verzeichnisses befindet sich das gesamte Paket des DJ-GNU-C-Compilers, inklusive aller Utilities und Sourcen.

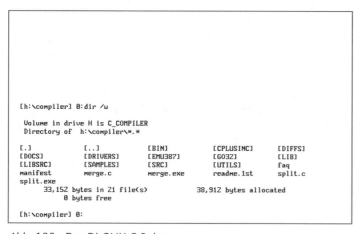

```
[h:\compiler] 0:dir /w

Volume in drive H is C_COMPILER
Directory of  h:\compiler\*.*

[.]             [..]            [BIN]           [CPLUSINC]      [DIFFS]
[DOCS]          [DRIVERS]       [EMU387]        [G032]          [LIB]
[LIBSRC]        [SAMPLES]       [SRC]           [UTILS]         faq
manifest        merge.c         merge.exe       readme.1st      split.c
split.exe
        33,152 bytes in 21 file(s)          38,912 bytes allocated
             0 bytes free

[h:\compiler] 0:
```

Abb. 188: Das DJ-GNU C-Paket

Durch die Mitlieferung dieses kompletten Pakets können Sie die Arbeitsweise des Compilers oder Linkes nachverfolgen und entsprechend Ihren Bedürfnissen innerhalb des Sources anpassen. Eine Neugenerierung von Libraries für spezifische Speichermodelle oder eine Anpassung der Compilerswitches kann von Ihnen dadurch vorgenommen werden.

Da der GNU-Compiler in einer spezifizierten Art und Weise vertrieben wird, müssen Sie hierfür allerdings die rechtlichen Bestimmungen beachten. Näheres dazu finden Sie innerhalb des Abschnitts über die Lizenzvereinbarungen.

Innerhalb des CDSOURCE-Directories befinden sich die Beispiellistings des Buchs.

```
[h:\cdsource] 0:dir

 Volume in drive H is C_COMPILER
 Directory of  h:\cdsource\*.*
 .            <DIR>      1-20-94  14:33
 ..           <DIR>      1-20-94  14:32
 KAP1         <DIR>      1-20-94  14:33
 KAP2         <DIR>      1-20-94  14:33
 KAP3         <DIR>      1-20-94  14:33
 KAP4         <DIR>      1-20-94  14:33
 KAP5         <DIR>      1-20-94  14:33
 KAP7         <DIR>      1-20-94  14:33
 KAP8         <DIR>      1-20-94  14:34
 KAP9         <DIR>      1-20-94  14:34
 KAP10        <DIR>      1-20-94  14:33
 KAP11        <DIR>      1-20-94  14:33
         0 bytes in 12 file(s)            0 bytes allocated
         0 bytes free

[h:\cdsource] 0:
```

Abb. 189: Die Verzeichnisstruktur innerhalb von CDSOURCE

Das letzte Hauptverzeichnis der CD, DOCUMENT, enthält alle relevanten Text-Dateien, die Informationen zum Compiler, dessen Lizenzbestimmungen, FAQs ("Frequently asked Questions" = "Oft gestellte Fragen" ... und Antworten) etc. betreffen.

Installation des Compilers

Innerhalb des START_UP-Verzeichnisses befinden sich zwei Unterverzeichnisse, von denen Sie mit dem DJ GNU-Compiler arbeiten können. Dabei sind im C_INSTAL-Directory mehrere gepackte Dateien enthalten, die über eine Installationsroutine, die sich im Hauptverzeichnis der CD befindet, auf Ihre Festplatte kopiert und dort eingerichtet werden können.

Dieses Installationsprogramm legt automatisch die erforderliche Compiler-Verzeichnisstruktur an. Natürlich haben Sie die Möglichkeit anzugeben, auf welchem Laufwerk der C-Compiler installiert werden soll.

Um den Compiler auf Ihre Festplatte einzurichten, gehen Sie bitte wie folgt vor:

1.   Wechseln Sie auf die CD.

2.   Starten Sie die Installationsroutine unter der Angabe des Laufwerks, auf dem der Compiler eingerichtet werden soll, mit dem Aufruf:

```
INSTALL <Laufwerk> + Enter
```

3.   Auf dem Bildschirm sehen Sie nun etwa folgende Ausgabe.

```
#      DJ GNU C - INSTALLATION
#      fuer das C-Grundlagenbuch
#
#      Einrichtung auf Laufwerk C:
#
Kopiere Dateien... Bitte warten.
h:\start_up\c_instal\cpp_bin.exe => c:\djgnu\cpp_bin.exe
     1 file(s) copied
h:\start_up\c_instal\cpp_cpi.exe => c:\djgnu\cpp_cpi.exe
     1 file(s) copied
h:\start_up\c_instal\cpp_drv.exe => c:\djgnu\cpp_drv.exe
     1 file(s) copied
h:\start_up\c_instal\cpp_inc.exe => c:\djgnu\cpp_inc.exe
     1 file(s) copied
h:\start_up\c_instal\cpp_lib.exe => c:\djgnu\cpp_lib.exe
     1 file(s) copied
h:\set_envm.bat => c:\set_envm.bat
     1 file(s) copied
#
Entpacke Daten ...
LHarc's SFX 1.13L (c) Yoshi, 1989

BIN\AOUTZEXE
```

4. Nach dem Einrichten der Dateien wird eine spezielle Batch-Datei kopiert, die Sie vor Aufruf des Compilers starten müssen. Diese Datei enthält eine Abfrage der Pfadangaben, in denen der Compiler installiert wurde, und die Settings für den Compilerlauf. Starten Sie die Datei *Set-envm.bat* mit Übergabe des Laufwerks, auf dem der Compiler von Ihnen auf Festplatte installiert worden ist. Nach Generierung der Umgebungsvariablen sind die Verzeichnisse des Compilers und seiner Directories im DOS-System angemeldet.

5. Die Installation ist nun beendet, und der Compiler kann von Ihnen auf Ihrem System benutzt werden.

Aufruf des Compilers von der CD

Der GNU-C-Compiler kann ebenfalls von der CD gestartet werden, so daß Sie keinen Installationsplatz auf Ihrer Festplatte benötigen. Es ist nur notwendig, Ihrem Computersystem mitzuteilen, in welchen Verzeichnissen die compiler-spezifischen Daten zu finden sind. Zu diesem Zweck können Sie die Datei *Cd_start.bat* aufrufen, die Ihre Umgebungsvariablen an die CD anpaßt.

Der Compiler-Sourcecode

Innerhalb des Compiler-Verzeichnisses befinden sich die Excutables der C-Programmiersprache sowie alle dem Projekt zugehörigen Sourcecodes. Der Programmierer DJ Delare hat dabei die Portierung des auf fast allen Systemen anzutreffenden GNU-Projekt auf die Intel-Umgebung vorgenommen. Sie finden innerhalb des *Compiler/Libsrc*-Verzeichnisses alle Sourcen zu den Libraries. Zu den unterschiedlichen Bibliotheksmodellen finden Sie im *Compiler/ Docs/Djgpp*-Directory *.doc*-Textdateien, die nähere Informationen zu deren Umfang liefern.

Eine Beschreibung des GNU-Projekt bzw. die Erklärung der Sourcen und notwendige Anpassungen an unterschiedliche Systeme würde leider den Rahmen des Buchs sprengen. Die relevanten Informationen befinden sich aber als Sourcecodes bzw. Dokumentationsdateien auf der CD.

Arbeit mit dem Compiler

Innerhalb dieses Abschnitts erfahren Sie, welchen Leistungsumfang der Compiler aufzeigt, welche Einstellungen vorzunehmen sind und wie letztendlich Sie Ihre Sourcen compilieren können. Zunächst eine Kurzübersicht:

Der Compiler arbeitet nur auf 386er Prozessoren aufwärts. Diese Einschränkung liegt im Handling der Speicherbereitstellung und Compilierung der Sourcen begründet, da diese Prozessoren den sogenannten *Protected Mode* enthalten, der für die Arbeit des 32-Bit-Compilers notwendig ist.

Ein 387er Coprozessor ist für Fließkommaberechnungen sinnvoll, jedoch nicht zwingend notwendig. Ein entsprechender Software-Emulator ist innerhalb des DJ-GNU-Compiler-Verzeichnisses enthalten. Mitgeliefert wird ein Debugger, der die Fehlersuche in Programmen vereinfacht.

Das Compiler-Paket enthält einen DOS-Extender, der die Compilierung und den Start der übersetzen Programme auch unter DOS ermöglicht. Der Compiler unterstützt bis zu:

- 128 MByte Extended Memory, Expanded Memory unter VCPI
- 128 MByte virtuellen Speicher über Diskswapping
- SuperVGA-Auflösungen bis zu 1024 x 768 mit 256 Farben
- 80387er Coprozessor
- XMS/VDISK Speicherallozierungsstrategien
- Virtuelle Speichercontroller (VCPI-Programme) wie QEMM, DESQView, 386MAX

In der vorliegenden Version besteht allerdings keine Unterstützung für DPMI, MS-Windows oder Multiprocessing.

Nach der Installation des Compilers verfügen Sie über eine effiziente Entwicklungsumgebung für C-Programme, die ebenfalls zukunftsorientiert als 32-Bit-Applikationen erstellt werden. Ein reines 32-Bit-Programm ist allerdings unter DOS nicht direkt ablauffähig, da dieses Betriebssystem eine 16-Bit-Struktur aufweist. Um dieses Problem zu lösen, wurde ein sogenannter

DOS-Extender entwickelt, der den Prozessor in einen erweiterten Modus schaltet, in dem die Programme unabhängig von DOS-Beschränkungen ablaufen. Nach einer Compilierung Ihrer Sourcen muß daher immer ein Aufruf des Programms *Aout2exe.exe* bzw. *Go32.exe* erfolgen, da hier die notwendige Umschaltung erfolgt.

Compilerschalter des GNU C

Diese Informationen können nicht die offiziellen FSF-Handbücher ersetzen, die Auflistung dient nur der Übersicht.

[Argumentezum GCC-Aufruf]	
df	= default(ing)
fn	= function
xxxx	= beliebiger Text
nnnn	= beliebige Zahl
var	= Variable

<Generelle Schalter>	
xxxx.cc	präprozessiert, kompiliert, assembliert and linkt diese Datei
xxxx.c	präprozessiert, kompiliert, assembliert and linkt diese Datei
xxxx.i	kompiliert, assembliert and linkt diese Datei
xxxx.S	präprozessiert, assembliert and linkt diese Datei
xxxx.s	assembliert and linkt diese Datei
xxxx.o	linkt diese Datei
-v	druckt Befehle und Version-Nummern bei der Ausführung aus
-pipe	Compilerstadien kommunizieren durch Pipes und nicht durch Temp-Dateien
	(-pipe arbeitet nicht unter DOS)
-B*xxxx*	sucht zuerst nach *cpp* & *cc1* & *as* & *ld* mit Präfix *xxxx*
-b*xxxx*	erst als -B*xxxx*, bevor der Compiler das Präfix der PATH-Umgebungsvariablen nutzt

<Präprozessor-Phase>	
-E -o*xxxx*	sendet präprozessiertes C an die Datei *xxxx* und bricht ab
-E	sendet präprozessiertes C an die Standardausgabe (= screen) und bricht ab
-C	gibt Kommandos weiter, ohne sie zu löschen

K

<Präprozessor-Phase>	
-D xxxx=yyyy	befolgt das Makro: #define xxxx yyyy
-D xxxx	befolgt das Makro: #define xxxx 1
-d	gibt Liste der #define's aus
-I xxxx	für #include-Dateien, sucht erst im Verzeichnis xxxx:- (folgend oder ohne -I-) für alle #include-Dateien (for -I-) nur für #include-Dateien, nicht für #include<Datei> (folgend oder vor -I-) sucht nicht zuerst im aktuellen Verzeichnis
-I-	siehe unter -I xxxx
-i xxxx	präprozessiert Datei xxxx, behält Makros, die darin definiert sind, weist den Rest zurück
-MM	schreibt eine MAKE-Anweisung, wie das Programm zusammengesetzt werden soll. Impliziert -E
-M	wie -MM, einschließlich aller #include-Dateien, impliziert -E
-nostdinc	sucht nicht nach den Standardbibliotheken für #include-Dateien
-P	generiert keine #Zeilen mit Zeilennummer
-trigraphs	verarbeitet ANSI-Trigraphs (??/ für \), impliziert bei -ansi
-U xxxx	Makro xxxx wird nicht vordefiniert, nicht mit -D
-undef	Makros werden nicht vordefiniert, impliziert bei -ansi <Compiler-Phase> (konvertiert C-Code in Assembler-Code)
-S -oxxxx	kompiliert in Assembler-Code auf Datei xxxx und bricht ab
-S	wie oben, wobei xxxx = Name der Quell-Datei ohne Suffix
-ansi	ignoriert die Schlüsselworte asm, inline, typeof, and und vordefiniert keine Makros wie unix, vax usw., die auf das System hinweisen; aber definiert sie mit __ angefügt an jedem Ende
-traditional	verschiedene Features älterer C-Compiler, siehe unten
-O	optimieren
-g	Debug-Information
-gg	Debug-Information in veraltetem Format erstellen
-w	unterdrückt Warnhinweise
-W	warnt bei: (die ersten beiden nur bei Optimierung) nutzt eine Auto-Variable, bevor sie initialisiert wurde deklariert Auto-Variable nicht als unbeständig bei longjmp ermöglicht wert & wertfreie Funktionsübergabe Aussage ist Ausdruck ohne Seiteneffekte
-Wimplicit	warnt, sobald die Funktion als implizit deklariert ist

\<Präprozessor-Phase\>	
-Wreturn-type	warnt, wenn die Funktion *int* als Voreinstellung hat und bei Rückgabe ohne Argument, wenn die Funktion nicht als *void* definiert ist
-Wunused	warnt bei ungenutzten Variablen, Static-Funktionen und Ergebnissen
-Wswitch	warnt bei fehlenden und zu großen Programmteilen mit Switch(enum value)
-Wcomment	warnt bei /* im Kommentar
-Wtrigraphs	warnt bei Trigraphs
-Wall	wie -W und alle sechs o. g. -Wxxxx-Argumente
-Wshadow	warnt, wenn die lokale Variable denselben Namen wie eine andere hat
-Wid-clash-nnnn	warnt, wenn 2 Namen die ersten nnnn Zeichen gleich haben
-Wpointer-arith	warnt, wenn sizeof(function or void): diese werden als 1 behandelt
-Wcast-qual	warnt, wenn ein Cast den Qualifier (z. B. const*int to *int) entfernt
-Wwrite-strings	gibt Strings den Typ *const char[]*
-p	fügt Code, der das Profil für 'prof' erstellt, ein
-pg	fügt Code, der das Profil für 'gprof' erstellt, ein
-a	fügt Code, der das Profil für 'basic blocks' erstellt, ein
-mshort	*int* (eher als *long int* oder *short int*) wird 16 Bits groß
-mnobitfield	keine Bitfelder, impliziert bei -m68000
-mbitfield	Bitfelder. Voreinstellung, impliziert bei -m68020
-mrtd	nutzt einen anderen Weg, um Funktionen aufzurufen
-fxxxx:	setzt oder entfernt 'no-' nach '-f', um die Wirkung umzukehren. In jedem -fxxxx und -fno-xxxx Paar ist die unterlassene Form Voreinstellung
-fpcc-struct-return	liefert Struct- and Einheitswerte wie im normalen C
-ffloat-store	speichert keine Fließkommawerte in Registern
-fno-asm	erkennt nicht die Schlüsselworte *asm, inline* und *typeof*
-fno-defer-pop	Funktionsargumente werden auf einmal nach jeder Funktionsübergabe angegeben
-fstrength-reduce	Schleifenoptimierung
-fcombine-regs	kombiniert Register-zu-Register Kopier-Anweisungen
-fforce-mem	kopiert Speicherwerte in Register vor Rechenoperationen
-fforce-addr	kopiert Adreß-Werte in Register vor Rechenoperationen
-fomit-frame-pointer	Frame-Zeiger wird nicht im Register beibehalten, wenn er nicht gebraucht wird
-finline-functions	alle 'einfachen' Funktionen werden inline kompiliert. Der Compiler entscheidet, ob die jeweilige Funktion einfach genug ist

K

<Präprozessor-Phase>	
-fcaller-saves	alloziert Werte in Register, die von function calls überschrieben würden
-fkeep-inline-functions	Ausgabe von seperaten Versionen aller Inline Functions
-fwritable-strings	sichert Strings in Writable Data Strings
-found-mismatch	erlaubt x?y:z mit y & z mismatched types. Das Ergebnis ist void
-fno-function-cse	keine Übergabe von function addresses in Register erlaubt
-fvolatile	alle Memory-Referenzieren durch Pointer werden gleich behandelt
-fshared-data	data und Nichtkonstante Variabeln werden global angelegt
-funsigned-char	char = unsigned char
-fsigned-char	char = signed char (Voreinstellung)
-fdelayed-branch	keine wasting instructions spaces nach Programmsprüngen
-ffixed-xxxx	Generierung von Code ohne Einfluß auf Register xxxx
-fcall-used-xxxx	Funktionsaufrufe dürfen Register xxxx überschreiben
-fcall-saved-xxxx	Funktionsaufrufe dürfen nicht Register xxxx überschreiben
-pedantic	strikte Compilierung nach ANSI-Definition
-Q	Ausgabe von function names etc.

<Assemblierungs-Phase> (Umwandlung des assembler codes in object code)	
-c -oxxxx	compiliert in Objectcode auf File xxxx
-c	dito, wobei xxxx = Quellcodename ohne Dateiendung

<Linking-Phase> (Umsetzung der object code files in eine ausführbare Datei)	
-lxxxx	schaut im Systemverzeichnis nach der Bibliothek xxx
-Lxxxx	auch im Verzeichnis xxxx nach Biblotheken suchen
-nostdlib	Suche nach Bibliotheken im Standardverzeichnis ausschließen

Wirkungen des Compiler-Schalters

- Alle externen Deklarationen sind global, auch wenn sie innerhalb einer Funktion aufgeführt sind.
- typeof, inline, signed, const, volatile werden nicht erkannt (außer asm).
- Zeiger können mit Integern verglichen werden.
- unsigned short und unsigned char unterstützen unsigned int.
- Bereichsübertretungen bei Gleitkommazahlen ruft kein Fehler hervor.

- Strings werden getrennt gespeichert.
- longjmp bewahrt alle eigenständigen Variablen (anders als bei Register-Variablen).
- Präprozessor konvertiert Kommentare heraus, nicht zu Leerzeichen.
- Sucht nach Makro-Argumenten innerhalb von Strings in der Makro-Definition.
- Neue Zeile bei Strings (echte Neuzeile, nicht \n) beendet den String.
- __STDC__ ist nicht vordefiniert.

Zusatzfunktionen des neuen ANSI-Standards für C

- in String- und Char- Konstanten bedeutet vertikale Tabulation ($\boxed{\text{Strg}}$+$\boxed{\text{K}}$)
- in String and Char Konstanten bedeutet Piepston bei ($\boxed{\text{Strg}}$+$\boxed{\text{G}}$)

Wenn Sie zwei Fragezeichen zusammen in einem String haben möchten, schreiben Sie sie als ?\?, um Probleme mit einem Trigraph zu vermeiden, wenn Sie im Trigraph-Modus kompilieren.

Neue Standard-Makros: __DATE__ __TIME__ __FILE__ __LINE__ __STDC__

Neue Deklarations-Qualifizierer:

const   in diese Variable darf nicht geschrieben werden

volatile   das System darf diese Variable ohne Warnung verändern

signed Gegenteil zu unsigned

U oder u an Konstanten gehängt bedeutet 'unsigned'.

Andere neue Schlüsselwörter:

enum   z. B. enum Farbe {red, blue, green, yellow} um einen an aufzählbaren Typ - wie in Pascal- zu deklarieren

void   (1) in Funktions-Deklaration: gibt keinen Typ zurück
(2) bei *cast (void)* ignoriert den Wert
(3) bei Funktions-Deklaration, z. B. int *calc(void)*,
übernimmt die Funktion keine Parameter
(4) *type void** genereller Zeiger auf jeden Wert

Old =- ... ist nicht länger ein Operator, aber wird behandelt als =
und -&x ist jetzt legal, sogar wenn x ein Array oder eine Funktion ist
Unary + ist legal

K

Zwei neue Operatoren sind nur in Makro-Definitionen erlaubt:

\#   bevor das Makro-Argument genutzt wird, fügt es eine Kopie des Aufruf-Arguments im Stringformat ein

\#\#   der Teil vor und nach \#\# wird zusammengefügt

- Der Zeiger void* kann auf jeden Zeigertyp verweisen und umgekehrt.
- Keine implizierte Umwandlung zwischen unterschiedlichen Zeigertypen; Sie müssen cast benutzen. (Zeiger auf Funktionen mit unterschiedlichen Parametern sind unterschiedliche Typen.)
- Funktions-Zeiger können nicht nach/von Nicht-Funktionszeiger konvertiert werden.
- Keine Makro->Substitution innerhalb von Strings.

Strings mit Leerzeichen/Neuzeilen/Kommentaren werden verknüpft.

(NB: z. B. "miau""miau" wird zu "miaumiau"; das interne "" ist <nicht> ein Anführungszeichen - image wie in Algol68; C 'quote image' ist \"   )

(Hexadezimale Zeichen (z. B. \xff)) stehen nicht über der Verknüpfung.)

- Das Schreiben in String-Konstanten ist nicht erlaubt, außer Sie setzen '-traditional'.
- Funktionen sollten als Prototypen deklariert werden.
- Funktions-Parameter werden wiedergegeben, sobald sie deklariert sind.
- 'long float' ist nicht erlaubt. Nutzen Sie 'double'.
- Der Ausdruck im Schalter ( ) kann jeder beliebige Integral-Typ sein und nicht nur Integer.
- Structures und Unions können ohne Einschränkung als Funktions-Result-Typen genutzt werden.
- Funktionen können als Initialisierer genutzt werden.
- Der Aufruf einer Zeigers auf eine Funktion ist erlaubt.
- (*x) Diese Notation ist erlaubt, wobei (*x) die Zeigerzuweisung auf die Funktion darstellt.

Kurzübersicht über die Bibliotheken

<library>	<declares>
<assert.h>	setzt(xxxx) /* das Programm wird abgebrochen, wenn die Kondition xxxx falsch
ist */	
<ctype.h>	Zeichentest- und Verwandlungs- Funktionen
	isascii(), obwohl dies jetzt nicht Standard-C ist
<errno.h>	Fehlerroutinen
<float.h>	Informationen über die Typen: float, double, long double
<limits.h>	Informationen über Integral-Typen usw.
<locale.h>	kontrolliert Dezimalpunkt bei Zeichen, aktuellem Zeichen, Vergleichsanweisung (noch nicht präsent)
<math.h>	mathematische Funktionen, die Double-Werte liefern und annehmen Sie müssen mit -lm kompilieren, um die Mathematik-Bibliothek zu bekommen
<setjmp.h>	Typ jmp_buf, macro setjmp, function longjmp
<signal.h>	Makros and Typen mit Signal-Verarbeitung
<stdarg.h>	Makros, um in den Funktions-Parametern vorzurücken. Beispiel:- void calc(int nargs,...) { va_list xx; /* sie müssen eine lokale Variable dieses Typs deklarieren */ va_start(xx,nargs) /* xx zeigt nun auf den Parameter nargs */ va_arg(xx,yyy) /* bewegt xx, um auf den nächsten Parameter zu zeigen, der vom Typ yyy sein muß (wobei yyy ein Typ ist) (oder der Effekt ist unvorhersehbar). Liefert den Wert dieses Parameters */ va_end(xx) /* hierdurch erhält der Parameter ein ordentliches Aussehen */
<stddef.h>	verschiedene Standardtypen und Makros wie NULL offsetof() /* findet offset eines Members mit seiner Struktur */
<stdio.h>	Typ FILE und viele Eingabe/Ausgabe Makros, Typen und Funktionen
<stdlib.h>	verschiedene Systemfunktionen
<string.h>	String-Verarbeitung and Speicherzugriffs-Funktionen
<time.h>	Typen und Funktionen die die Zeit betreffen

Unterschiede zwischen Gnu C- und vielen Nicht-ANSI-C-Compilern:

- Die meisten dieser Unterschiede werden aufgehoben, wenn Sie mit '-traditional' kompilieren.
- String-Konstanten sind im Lese-Modus. Behandelt identische Strings als ein und dasselbe String.
- String-Konstanten können nicht als Argument von *mktemp, scanf, fscanf* und *sscanf* dienen, sobald sie ihr Format-Argument als Scratch-Paper benutzen.

- Makro-Argumente werden nicht durch Inside-Strings ersetzt.
- Automatische Allozierung von Variablen zu Registern.
- Nichtterminierte Zeichenkonstanten verursachen Fehler im Text. Setzen Sie immer /* */, um die Kommandos einzurahmen!
- Bei Funktionen, die Gleitkommazahlen liefern, wird die Gleitkommazahl nicht in Double konvertiert.

  Dieser Unterschied kann durch Kompilieren mit *-fpcc-struct-return:-* beseitigt werden.

- 'long', 'short', usw. kann kein Typ folgen, der deklariert ist durch *typedef*.
- Ein Typname, der durch *typedef* deklariert ist, kann nicht als Functions-Parameter dienen.
- Die Operatoren += -= *= usw. können kein Leerzeichen beinhalten.

GNU-C's Extra-Funktionen, die nicht in ANSI-C definiert sind:

<expression> ::= *({ <statements and declarations> })*
   gehorcht der eingeschlossenen Anweisung und behält den Wert seiner letzten Anweisungskomponente;
   dies ist nicht erlaubt, wo ein Ausdruck konstant sein muß;

<declaration> ::= *typedef <name> = <expression>*;
   deklariert den Namen als einen Typnamen für jeden Typ des Ausdrucks;

<type_definition> ::= *typeof (<expression>)*
   der Typ wird in expression geschrieben und bestimmt;

<type_definition> ::= *typeof (<type_definition>)*
   bestimmt den Typ der inneren Typendefinition;

<lvalue> ::= *<compound expression>*
   wenn seine letzte Komponente ein lvalue ist, z. B. (a,b,c) = 4;

<lvalue> ::= *<conditional expression>*
   wenn alle Alternativen lvalues sind. z. B. (a?b:c) = 5;

<lvalue> ::= *<cast>*
   wenn der Ausdruck im cast ein lvalue ist, wird er folgendermaßen angewiesen:
   nach &, z. B. & (int *) x
   Wert = Addresse von x, Typ Integer *
   bevor = z. B. (int) x = 5.5;
   konvertiert 5.5 nach Integer, dann als Typ von x, dann wird es in x kopiert
   bevor += -= *= usw, z. B. (int) x += 5.5;

konvertiert den Wert von x als Integer; konvertiert 5.5 nach Integer; weist += mit diesen Werten an; konvertiert das Ergebnis als Typ von x; kopiert es nach x.

<expression> ::= <expression> ? : <expression>
z. B. x ? : z bedeutet x ? x : z , außer daß x nicht wiederberechnet wird; das Zeichen '$' kann in Namen verwendet werden;

__alignof__(<type>)
= Anordnung dieses Typs
inline als Qualifizierer zur Funktions-Deklaration
bedeutet, daß diese Funktion bei Aufruf voll kopiert;

asm( )
Assembler Anweisungen im C-Programm
Hilfe zur Fehlerfindung in C-Programmen - Debug32;

Kaum ein Programm läuft auf Anhieb fehlerfrei; viele Funktionen können unerwünschte Seiteneffekte hervorrufen, oft liegt ein Adressierungsfehler o. ä. vor, der durch einen Einsatz von z. B. Pointern hervorgerufen wird. Eine Untersuchung des Quellcodes liefert dann auch kaum verwertbare Resultate, da die Stackablage bzw. Wertzuweisungen bei Variablen erst innerhalb der Laufzeit eines Programms unerwünschte Resultate liefert.

Die Lösung liegt nahe: Das Programm und seine Daten müßten während des Ablaufs getestet werden, so daß eine Kontrolle über die Register- bzw. Speicherinhalte erfolgen kann. Hierfür benötigt der Programmierer einen Debugger der das Programm und sein Speicherverhalten fortlaufend überprüft; der Debugger sollte ebenfalls ermöglichen, bestimmte Teile des zu untersuchenden Programms anzuspringen etc.

Auf der CD wird der 32-Bit-Debugger von DJ GNU mitgeliefert, so daß Sie nun die Möglichkeit haben, Ihre Programme fehlerfrei zu bekommen.

Basiskonzept des Debuggers:

Debug32; ist aus dem gleichen Quell-Text erstellt wie *go32;*, der DOS-Extender. Darüberhinaus sind einige Programmteile für die Funktionen des symbolischen Debuggers hinzugekommen. Nach Aufruf lädt *debug32;* wenn möglich die Programm-Symbole und setzt sie an den Anfang des ausführbaren Teils des Programms.

Der Debugger bietet folgende Möglichkeiten:
* schrittweise durch den Code gehen
* Funktionsaufrufe an- oder überspringen
* drei unabhängige Breakpoints setzen

K

- zu einer bestimmten Adresse springen
- Register ansehen und wechseln
- Speicher ansehen und wechseln
- Programm-Code deassemblieren
- Statusanzeige des 80387-Prozessors
- Die Stack-Abarbeitung anzeigen
- Symbole auflisten

Der Debugger erlaubt nicht, den Code zu wechseln, das Programm neu zu starten oder den 387er Coprozessor-Mode zu wechseln.

Wo auch immer das Programm eine Adresse aufruft, können Sie jede der folgenden Parameter oder Kombinationen daraus (mit '+'und '-') setzen:

- Konstanten (1024, 0x4F)
- Symbole (_main, _valid_mem_used)
- Datei/Zeile (control#47)
- Register (%edx)
- Kombinationen: (_data2+%edx-4, traps#4+0x17)

Adressen und Variablen werden, falls möglich, in der symbolischen Schreibweise dargestellt. Programm-Listings beinhalten Funktions-, Datei- und Zeilennummern, wenn vorhanden.

Sobald ein Prompt dargestellt wird, wird auch ein voreingestelltes Kommando angezeigt. Sobald Sie die Eingabe bestätigen, werden Prompt und Voreinstellung 'gelöscht'und das vorhergehende Kommando wiederholt.

Haben Sie in der GO32-Umgebungsvariablen die "ansi"-Parameter mit eingeschlossen, werden ANSI-Steuerzeichen genutzt, um die Debug-Ausgabe farbig zu gestalten.

Die GO32-Variabel kontrolliert dabei die Ausgabemöglichkeiten, welche in DEBUG32 bzw. dem Programmstarter GO32.EXE zur Verfügung stehen. Die Übergabezeile lautet dabei:

```
SET GO32=[parm [value]] [parm [value]]...
```

Folgende Parameter stehen zur Verfügung:

ansi	benutzt ANSI-Kommandos, um Farbdarstellung in DEBUG32 anzusteuern
mono	Nutzung eines zweiten, monochromen Monitors für Debugging
1rm	Umlenkung von stdout (File #1) auf Monochrom-Monitor
2rm	Umlenkung von stdout (File #2) auf Monochrom-Monitor
1r2	Umlenkung von File #1 stdout auf File #2 stdout
2r1	Umlenkung von File #2 stdout auf File #1 stdout
glob	globbing aktivieren
noglob	Ausschalten des globbing
emu	[*path*] Benutzung eines anderen Files für die 80387er-Emulation
driver	[*path*] Angabe eines Grafik-Treibers
gw	[*width*] Standard-Grafik-Weite übergeben
gh	[*height*] Standard-Grafik-Höhe übergeben
tw	[*width*] Standard-Text-Weite
th	[*width*] Standard-Text-Höhe
nc	[*colors*] Anzahl der Farben, abhängig vom Grafiktreiber

Um DEBUG32 bzw. den Programmstarter GO32 mit den Treiber Ihrer Grafikkarte zu konfigurieren, müssen Sie den Namen des Treibers z. B. wie folgt übergeben:

```
SET GO32=ansi driver c:\DJCPP\COMPILER\DRIVERS\TSENG4K.GRD .....
```

Folgende vorhandenen Grafiktreiber finden Sie im Verzeichnis *Compiler\ Drivers*.grd*:

aheada.grd aheadb.grd	Treiber für VGA-Karten mit AHEAD-Chip
ati.grd	ATI-Grafiktreiber
chips.grd	Chips&Technologies
everex.grd	EVEREX-SVGA-Treiber
genoa.grd	GENOA
oak.grd	OAK
paradise.grd	VGA-Karte mit Paradise-Chip
trident.grd tridnt89.grd	Trident
tseng3k.grd	TSENG 3000
tseng4k.grd	TSENG 4000
vga.grd	Standard VGA-Treiber
video7.grd	Video7-Treiber

Die Kommandos des Debuggers:

```
go [v]
g [v]
cont [v]
c [v]
```

Sie starten die Ausführung von laufenden Programmen, -gleiches gilt auch für die Fortsetzung- und fahren bis zum nächsten Breakpoint fort. Ist eine Addresse *v;* nach *go;* spezifiziert, wird die Breakpoint-Nummer 3 zwischenzeitlich auf diese Addresse gesetzt und aktiviert.

step [count] bzw.s [count]

Ist genauso wie *step*, geht jedoch nicht in Funktionsaufrufe. Benutzt auch Breakpoint-Nummer 3.

list [address] [count] l [address] [count] u [address] [count]

Listet, wenn möglich, die Ebene des Maschinen-Codes auf, startet an vorgegebener Addresse oder *%eip*, falls keine Addresse gegeben ist.

Wird ein *count;*-Wert übergegeben, werden entsprechend viele Zeilen aufgelistet. Liegen die Quelltexte vor, werden die Zeilennummern und die Informationen des Debuggers aufgelistet.

dump [address] [count] bzw. d

Speicherauszug in 32-bit-word-Notation

da [address]

Speicherauszug als ASCII (null-terminiert)

where

Listet die Funktionen auf, die gerade aktiv sind, vorausgesetzt, der Stack ist nicht ungültig.

whereis <wildcard>

Die Symbole, die zu <wildcard> passen, werden mit ihren Hexadezimalwerten aufgelistet. Kann auch genutzt werden, um Ausdrücke zu evaluieren.

Break <which> <address> b <which> <address>

Setzt den Breakpoint <which> an die Adresse <address>. Es gibt 4 Break-points (0-3), wobei 3 von *go* und *next* genutzt wird. Um einen Breakpoint frei-zugeben, setzen Sie seine Addresse auf 0.

status

Gibt eine Liste der aktiven Breakpoints aus.

regs bzw. r

Zeigt die Register und Flags des 80386-Prozessors an.

set <what> <value>

Ändert den Inhalt des Speichers bzw. des Registers auf *value;*.

npx

Zeigt die Registerinhalte des 80387-Coprozessors an.

cls

Löscht den Bildschirm.

help bzw. h und ?

Gibt die Hilfe aus.

quit bzw. q

Beendet den Debugger.

Der Compilerlauf

Wenn die Umgebungsvariablen des Compilers richtig gesetzt worden sind, können Sie durch Aufruf von

CPP datei.cc

den Compilierungsvorgang starten. Der Compiler wird nun in unterschiedli-chen Durchläufen (Präprozessorphase, Compilierung, Linking etc.) eine Datei *A.out* erzeugen. Dieses File ist nicht direkt startfähig, da es standardmäßig als 32-Bit-Programm compiliert wurde. Um die compilierte Datei zu starten, ge-ben Sie bitte

K

GO32 a.out

ein. Ebenso können Sie über

DEBUG32 a.out

die compilierte Datei in der Laufzeit testen und ggf. Fehler erkennen und beseitigen.

Start eines Programms

Um eine Datei in ein ausführbares File zu übersetzen, muß der DOS-Extender mit Ihrem compilierten Programm a.out verknüpft werden. Hierfür können Sie durch

AOUT2EXE.EXE A.OUT

aus dem Compilat eine Executable-Datei erzeugen. Die erzeugte Datei *A.exe* können Sie nun in einen sigfinikanten Namen umnennen.

REN A.EXE MYPROG.EXE

Durch Aufruf von *Myprog.exe* starten Sie nun die vom DJGNU-Compiler erzeugte Datei.

Lizenzvereinbarungen

Der DJ GNU-C-Compiler und die mitgelieferten Sourcecodes der Libraries bzw. die auf der CD enthaltenen Beispielprogramme GNU Chess etc. fallen unter die *Lizenzbestimmungen;* der *GNU GENERAL PUBLIC LICENSE;*, also der allgemeinen öffentlichen GNU-Lizenz.

Der Lizenzträger, die Free Software Foundation in Cambridge, MA 02139, USA, vergibt hierdurch das Recht an jeden Anwender, die Software frei zu kopieren und zu benutzen.

Die Sourcen der Libraries dürfen modifiziert und erweitert werden, allerdings muß der Anwender dann seine Modifikationen bzw. Ergänzungen ebenfalls als "frei" deklarieren und anderen Anwendern zur Verfügung stellen.

Dadurch wird das Hauptanliegen der FSF erfüllt, nämlich jedem Programmierer bzw. Nutzer der unter dieser Lizenz stehenden Software zu ermöglichen, durch diese Programme zu lernen und möglicherweise notwendige Änderungen (z. B. durch Portierung auf ein anderes Rechnersystem) vornehmen zu können.

Der genaue Umfang und die Voraussetzungen der Lizenz können Sie auf der CD im Verzeichnis *Compiler\docs\djgpp* auffinden.

Hier finden Sie die beiden Dokumente copying und copying.dj, welche umfassend die Bestimmungen der Lizenzvereinbarung auflisten. Bitte lesen Sie diese Dokumente genau durch, bevor Sie Eigenentwicklungen, die z. B. mit Libraries aus dem GNU-CD-Paket ausgeliefert werden sollen, weitergeben.

Übersicht über die Programmbeispiele

Die CD enthält die Musterlösungen zu den Übungsaufgaben.

Diese befinden sich auf der CD im Verzeichnis *Cdsource*. Hier finden Sie für die jeweiligen Kapitel Unterverzeichnisse. Möchten Sie sich die bereits compilierten ausführbaren Programmlistings anschauen, so finden sich diese im Verzeichnis *Cdexecpg*.

L: SYMANTEC C-Compiler 6.11

Auf den folgenden Seiten finden Sie eine Betriebsanleitung für den auf CD mitgelieferten C-Compiler von Symantec (Systemvoraussetzungen: 386-Prozessor oder höher). Dieser Anleitung können Sie Informationen über die folgenden Punkte entnehmen:

- die Dateien des Compilersystems
- die Installation des Compilers
- die Pfade für die Programmierumgebung
- die Programmerzeugung (Kompilieren/Linken)
- die Compiler-Optionen

Weitergehende Informationen über den Compiler befinden sich auf der beiliegenden CD im Verzeichnis *Symantec\Doc*.

I. Dateien des Compilersystems

Die zum Compilersystem gehörigen Dateien lassen sich in drei Gruppen einteilen:

- Ausführbare Dateien (Verzeichnis *Bin*)
- Bibliotheksdateien (Verzeichnis *Lib*)
- Include-Dateien (Verzeichnis *Inc*)

Die Dateien liegen mit der zugehörigen Verzeichnisstruktur auf der CD vor und werden bei der Installation auf die Festplatte kopiert (siehe dort).

Ausführbare Dateien

Die ausführbaren Dateien des Compilers stehen im Verzeichnis *Symantec\Bin*. Hierbei handelt es sich um folgende Dateien:

Dateiname	Inhalt/Funktion
Bcc.exe	Konvertiert Borland-C++-Befehlszeile in Symantec-C++-Befehlszeile.
Cl.exe	Konvertiert Microsoft-C-Befehlszeile in Symantec-C++-Befehlszeile.
Cvpack.exe	Zum Packen von Debug-Informationen.
Dosxtest.exe	Systemtestprogramm für DOS-Extender.

Dateiname	Inhalt/Funktion
Dump.com	Gibt Dateiinhalt sowohl hexadezimal als auch im ASCII-Format aus.
Dumpexe.exe	Gibt exe-Header aus.
Dateiname	Inhalt/Funktion
Dumpobj.com	Gibt obj-Datei aus.
Exe2bin.com	Konvertiert exe-Dateien zu com-Dateien.
Grep.exe	Sucht Textmuster in (Text-)Dateien.
Lib.exe	Bibiliotheksverwalter.
Libunres.exe	Analysiert Bibliotheks- und Objekt-Dateien.
Link.exe	Linker.
Lnkr.exe	Linker (Optlink) für Windows.
Make.exe	Hilfsprogramm zur automatisierten Programmentwicklung und -pflege.
Makedep.com	Erzeugt dependency lists für Make-Dateien.
Obj2asm.exe	Disassembliert Objekt-Dateien.
Patchobj.com	Modifiziert Objekt-Dateien.
Sc.exe	Compiler-Steuerprogramm (Treiber).
Sccx.exe	C-Compiler für 386-Prozessor und höher.
Scppx.exe	C++-Compiler für 386-Prozessor und höher.
Spp.exe	Präprozessor.
Touch.com	Setzt eine Datei auf die aktuelle Zeit und das aktuelle Datum.
Winstub.exe	Gibt die Meldung "This program requires Microsoft Windows." aus, wenn versucht wird, ein Windows-Programm unter DOS zu starten.

Bibliotheksdateien

Die Bibliotheksdateien stehen im Verzeichnis *Symantec\Lib*. Die Bibliotheken-liste umfaßt die folgenden Einträge:

Dateiname	Inhalt
Sdc.lib	Für das Speichermodell Compact.
Sdl.lib	Für das Speichermodell Large.
Sdm.lib	Für das Speichermodell Medium.
Sds.lib	Für das Speichermodell Small.
Sdv.lib	Für das Speichermodell Virtual.
Sdx.lib	Für das Speichermodell DOSX 32-Bit Extended.

L

Include-Dateien

Die Include-Dateien (auch Header-Files genannt) befinden sich im Verzeichnis *Include* bzw. im Unterverzeichnis *Symantec\Include\Sys*. Es sind dies die folgenden Dateien:

Dateiname	Inhalt
2comp.h	Definiert die 2COMP-Klasse für die IO-Stream-Klassenbibliothek. Include-Datei für C++.
alloc.h	Definiert Variablen und Prototypen für die Speicherverwaltungsfunktionen
stdlib.h.	für Kompatibilität mit Borland C++. Für ANSI-Kompatibilität:
assert.h	Definiert das ASSERT-Makro. Die Definition von ASSERT ist abhängig davon, ob der Bezeichner NDEBUG definiert ist oder nicht. Falls ja, ist das Makro ASSERT als Leertext definiert.
bios.h	Struktur- und Funktionsdeklarationen für das BIOS-Schnittstellenpaket.
cerror.h	Funktionsprototypen für die Routinen zur Behandlung kritischer Fehler, außerdem der Zeiger für benutzerdefinierte Fehlerroutinen: int (* _far _cdecl _cerror_handler) (int *ax, int *di);
Colordlg.h	Für Microsoft-Windows-Dialoge.
Complex.h	Deklariert die Klasse COMPLEX, eine Anzahl von (Überladungs-)Operatoren und Funktionen für die komplexe Mathematik. Include-Datei für C++.
conio.h	Funktionsprototypen für Konsolen- und Port-E/A-Routinen.
controlc.h	Funktionsprototypen für die Routinen zur Behandlung von ⌊Strg⌋+⌊C⌋. Enthält auch den Zeiger für benutzerdefinierte ⌊Strg⌋+⌊C⌋-Routinen: void (* _far _cdecl _controlc_handler) (void);
ctype.h	Definiert Makros für die Zeichenklassifizierung.
direct.h	Funktionsprototypen für die Verzeichnisverwaltung.
disp.h	Deklarationen von globalen Variablen und Funktionen aus dem Display-Paket.
dos.h	Deklarationen globaler Variablen, Typ- und Makrodefinitionen und Funktionsdeklarationen für die MS-DOS-Schnittstellenfunktionen (inkl. DOS-Paket). Enthält außerdem Inline-Versionen von *inp*, *inpw*, *outp* und *outpw*. Ferner werden die Makros FP_SEG, FP_OFF und MK_FP definiert.
dpmi.h	Deklariert Strukturen und Funktionsprototypen für den Zugriff (von DOSX oder Windows aus) auf das **D**OS **P**rotected **M**ode **I**nterface (DPMI).
emm.h	Struktur- und Funktionsdeklarationen für das *emm*-Paket.
errno.h	Deklaration und vordefinierte Werte für die globale Variable *errno*.
exitstat.h	Deklarationen für die *exitstate*-Funktionen (*exit* und *atexit*). Nützlich für Programme unter Windows und bei der Umwandlung eines Programms in ein Unterprogramm.

Dateiname	Inhalt
fcntl.h	Definitionen der Microsoft-kompatiblen read/write-Modi für die *open*-Funktion.
float.h	Definitionen von Konstanten für implementierungsbedingte Grenzwerte von Gleitkommatypen.
fltenv.h	Makrodefinitionen und Funktionsprototypen für die Gleitkomma-Umgebung.
fltpnt.h	Makrodefinitionen und Funktionsprototypen für NCEG-Gleitkomma.
fstream.h	Stream-Deklarationen für die Dateieingabe und -ausgabe. Include-Datei für C++.
generic.h	Zur Simulation generischer Klassendeklarationen.
handle.h	Funktionsprototypen und Makros für die Implementierung von *handle*-Zeigern.
hugeptr.h	Funktionsprototypen und Makros für die *hugeptr_*-Routinen.
int.h	Funktionsdeklarationen für das Interrupt-Paket, ferner die Strukturdeklaration für die Informationsübergabe an die Interruptroutine (INT_DATA).
io.h	Funktionsdeklarationen für die meisten Low-Level-Dateioperationen.
iomanip.h	Klassendefinitionen. Verwendet für Stream-I/O in der IO-Stream-Klassenbibliothek.
iomdefs.h	Definitionen für die IO-Stream-Klassenbibliothek.
ios.h	Definiert Klassen, Konstanten, Makros und Funktionen für die *ios*-Klasse. Include-Datei für C++. Für Kompatibilität mit Microsoft-IO-Stream-Klassenbibliothekheadern. Neue Programme sollten *iostream.h* verwenden.
iostream.h	Deklarationen für meisten IO-Stream-Klassen und Funktionen. Streams für die Datei-E/A sind in *fstream.h* und Streams für die String-E/A in *sstream.h* deklariert. Include-Datei für C++.
istream.h	Wie *ios.h*.
limits.h	Definitionen von Konstanten für implemetierungsbedingte Grenzwerte von Integraltypen.
locale.h	Länderspezifische Informationen. Definiert die Struktur *lconv*.
malloc.h	Für Kompatibilität mit Microsoft und Borland. Variablendefinitionen und Prototypen für die Speicherverwaltungsfunktionen. Neuere Programme sollten *stdlib.h* verwenden.
math.h	Funktionsdeklarationen für mathematische Funktionen und Definitionen von Konstanten. Definition der Struktur *exception* für die Funktion *matherr*.
mem.h	Für Kompatibilität mit Microsoft und Borland. Größtenteils identisch mit *malloc.h*.
memory.h	wie *mem.h*
msmouse.h	Funktionsdeklarationen für das Mauspaket.

L

Dateiname	Inhalt
new.h	Für den Zugriff auf den *new*-Operator.
Ostream.h	wie *istream.h*, nur für die *ostream*-Klasse. Include-Datei für C++.
page.h	Makrodefinitionen und Funktionsdeklarationen für das Page-Speicherallokationspaket.
Process.h	Prototypen der Funktionen für die Prozeßsteuerung.
Search.h	Definitionen für Suchfunktionen.
Setjmp.h	Definiert den Typ *jmp_buf*, der von den Funktionen *setjmp* und *longjmp* als Puffer verwendet wird. Enthält auch die Prototypen dieser Funktionen.
share.h	Konstanten für Dateiöffnung im *shared*-Modus (wie bei *sopen*).
Shellapi.h	Funktionstypen und Definitionen für *Shell.dll*. Include-Datei für Microsoft-Windows-Applikationen.
signal.h	Deklarationen der Funktionen zur Signalbehandlung und damit verbundener Konstanten. Ferner wird der Typ *sig_atomic_t* definiert.
sound.h	Funktionsdeklarationen für das Sound-Paket.
stdarg.h	Definiert den Typ *va_list* und eine Reihe von Makros für den Zugriff auf die Parameter von Funktionen mit einer variablen Anzahl von Parametern, wie z. B. *vprintf*. Definiert werden die Makros *va_start*, *va_arg* und *va_end*.
stddef.h	Definitionen eines Makros und einer Reihe häufig verwendeter Datentypen. Definiert werden die Typen: *ptrdiff_t*, *size_t*, *wchar_t*. Das Makro ist *offsetof*. Die globale Variable *errno* wird deklariert.
stdio.h	Definitionen von Konstanten, Makros, Datentypen sowie Deklarationen für Funktionen der gepufferten E/A. Der Strukturtyp FILE wird definiert, ebenso wie *size_t* und *fpos_t*.
stdiostr.h	Definitionen und Deklarationen für *stdiobuf* und *stdiostream*. Include-Datei für C++.
stdlib.h	Definitionen einer Reihe von Datentypen. Prototypen für häufig verwendete Bibliotheksfunktionen. Definiert werden die Typen: *size_t*, *wchar_t*, *div_t*, *ldiv_t*.
streamb.h	Definitionen und Deklarationen für die *streambuf*-Klasse. Include-Datei für C++. Für Kompatibilität mit der Microsoft-IO-Stream-Klassenbibliothek. Neuere Programme sollten *iostream.h* verwenden.
string.h	Prototypen für String- und Speicherverwaltungsfunktionen.
strstrea.h	Definitionen und Deklarationen für *strstream.buf* und *strstream* aus der IO-Stream-Klassenbibliothek.
swap.h	Funktionsprototypen und Makros für das Swap-Paket.
sys\dir.h	Für UNIX-Kompatibilität. Definiert die Konstante *dirsize* und den Strukturtyp *direct*.
sys\locking.h	Modusdefinitionen für die *locking*-Funktion.
sys\signal.h	Für UNIX-Kompatibilität.

Dateiname	Inhalt
sys\stat.h	Definiert den Strukturtyp *stat*. Deklariert die Funktionen *stat* und *fstat* (Dateistatus-Informationen).
sys\termio.h	Für UNIX-Kompatibilität. Definiert die *termio*-Struktur.
sys\times.h	Für UNIX-Kompatibilität.
sys\types.h	Für UNIX-Kompatibilität.
tabsize.h	Definitionen für die *tab_size*-Funktionen.
termio.h	Für UNIX-Kompatibilität.
time.h	Definiert die Makros *difftime* und *gmtime*. Definitionen von Datentypen für das Time-Paket. Prototypen für die Zeitfunktionen.
tsr.h	Funktionsdeklarationen für das TSR-Paket.
varargs.h	Makros für variable Parameterlisten im UNIX-C-Stil. Die Makros *va_dcl*, *va_start*, *va_arg* und *va_end* (ebenso wie der Typ *va_list*) sind nicht kompatibel mit dem ANSI-Standard, für den man *stdarg.h* benötigt.

II. Installation des Compilers

1. Starten Sie Ihr Rechnersystem.

2. Legen Sie die Compiler-CD in das CD-ROM-Laufwerk ein.

3. Machen Sie das CD-ROM-Laufwerk zum aktuellen Laufwerk, geben Sie also beispielsweise

```
D: Enter
```

am Betriebssystemprompt ein, wenn Ihr CD-ROM-Laufwerk mit dem Buchstaben D: bezeichnet ist.

4. Wechseln Sie mit

```
CD D:\SYMANTEC Enter
```

in das Verzeichnis *Symantec*.

5. Starten Sie mit

```
INSTALL + <Installationslaufwerk> Enter
```

die Installation des Compilers. Übergeben Sie beim Aufruf Ihren Laufwerksbuchstaben, auf dem Sie den Compiler installieren wollen. Der Compiler wird nun im Verzeichnis *Sc* auf Ihrer Festplatte eingerichtet. Er benötigt dort ca. 3,5 MByte Speicherplatz.

III. Pfade für die Programmierumgebung

Bevor Sie mit dem Compiler arbeiten können, müssen Sie einige Pfade für die Programmierumgebung setzen. Haben Sie den Compiler beispielsweise auf dem Festplattenlaufwerk C: im Verzeichnis *C:\Sc* installiert, setzen Sie den Pfad zum *Include*-Verzeichnis wie folgt:

```
set INCLUDE=c:\sc\include
```

Analog legen Sie den Pfad zum *lib*-Verzeichnis mit

```
set LIB=c:\sc\lib
```

fest. Sie können diese beiden Befehle am Betriebssystemprompt eingeben. Sie sind dann so lange gültig, bis Sie sie ändern bzw. bis der Rechner ausgeschaltet wird.

Verwenden Sie ausschließlich den Symantec-Compiler, dann fügen Sie die beiden Befehle in Ihre *Autoexec.bat*-Datei ein. Sie werden dort bei jedem Rechnerstart automatisch ausgeführt.

Verwenden Sie mehrere Compiler, die die Umgebungsvariablen *include* und *lib* abfragen, so schreiben Sie die Befehle in eine Batch-Datei und starten diese vor der Sitzung mit dem betreffenden Compiler.

Für den Symantec-Compiler können Sie eine Datei *Set_Sym.bat* mit dem Inhalt

```
@echo off
set INCLUDE=c:\sc\include
set LIB=c:\sc\lib
```

schreiben, die Sie vor der Arbeit mit dem Compiler starten.

Wenn Sie außerdem den Compiler von jedem beliebigen Verzeichnis aus starten möchten, sollten Sie den entsprechenden Pfad zum *bin*-Verzeichnis in die *Path*-Anweisung in Ihrer *Autoexec.bat*-Datei aufnehmen, also beispielsweise eine *Path*-Anweisung wie

```
PATH=C:\;C:\DOS;C:\MSC\BIN
```

ergänzen zu

```
PATH=C:\;C:\DOS;C:\MSC\BIN;C:\SC\BIN
```

Beachten Sie dabei, daß die *Path*-Anweisung insgesamt 128 Zeichen (die Länge einer DOS-Befehlszeile) nicht übersteigen darf.

Auf der CD finden Sie im Verzeichnis *Symantec* die Datei *Set_sym.bat*, die bereits während der Installation des Compilers ins Hauptverzeichnis kopiert wird. Ändern Sie diese Datei gegebenenfalls, um die Pfadanweisungen auf Ihr Laufwerk anzupassen.

IV. Ausführbare Programme erzeugen

Nachdem die Programmierumgebung eingerichtet ist, kann der Compiler nun benutzt werden. Der Symantec-Compiler 6.11 ist ein Befehlszeilenorientierter Compiler, d. h., der Aufruf des Compilers erfolgt von der Kommandozeile auf der Betriebssystemebene und nicht aus einer integrierten Entwicklungsumgebung heraus. Das Compilersystem enthält keinen eigenen Editor, mit dem Sie Ihre Quellprogramme schreiben könnten. Vielmehr benötigen Sie zusätzlich einen Editor Ihrer Wahl, mit dem Sie Ihr Programm abfassen und speichern. Anschließend übersetzen Sie es dann mit dem Compiler.

Kompilieren und Linken

Der Symantec-Compiler besteht eigentlich aus zwei separaten Compilern, nämlich einem Compiler für C (*sccx.exe*) und einem Compiler für C++ (*scppx.exe*), die aber gewöhnlich nicht direkt aufgerufen werden - was selbstverständlich auch möglich wäre - sondern über den Compiler-Treiber *sc.exe*. Dies hat große Vorteile, denn *sc* ist ein sog. One-Step-Programm, das Ihnen ermöglicht, (Quell-)Dateien unterschiedlicher Art mit einem einzigen Befehl zu kompilieren und zu linken. Die Quelldateien können dabei sowohl C-Dateien (Endung: *.c*), C++-Dateien (Endung: *.cpp*) als auch Assembler-Dateien (Endung: *.asm*) sein, wobei im Falle eines Assembler-Quelltextes ein separater Assembler zusätzlich verfügbar sein muß. Ferner bearbeitet *sc* auch Objekt-Dateien (Endung: *.obj*) und Objekt-Bibliotheken.

Ein Aufruf von *sc* besitzt die Syntax

```
sc dateien [optionen] [@datei]
```

wobei *dateien* die Namen einer oder mehrerer Dateien darstellt, die kompiliert und/oder gelinkt werden sollen. Der Parameter *optionen* ist selbst optional, d. h., es können sowohl keine als auch mehrere Optionen angegeben werden. Der Parameter @*datei* bezeichnet eine Datei (oder Umgebungsvariable) mit weiteren Argumenten (Optionen und Dateinamen) für den Compiler. Haben Sie beispielsweise einen C-Quelltext mit Namen *test.c*, so wird mit

```
sc test.c
```

durch den C-Compiler (bzw. den Linker) die ausführbare Datei *test.exe* erzeugt (außerdem auch die Objektdatei *test.obj*). Ein C++-Quelltext *cplus.cpp* würde analog mit

```
sc cplus.cpp
```

in die ausführbare Datei *cplus.exe* umgewandelt, dieses Mal mit Hilfe eines Aufrufs des C++-Compilers (inkl. Linker). Sollen nicht nur einer, sondern mehrere Quelltexte (Module) zu einem Programm verarbeitet werden, etwa die Dateien *one.c*, *two.c* und *three.c*, so würde nach

```
sc one.c two.c three.c
```

aus den angegebenen Modulen die ausführbare Datei *one.exe* entstehen, da als Default die *exe*-Datei den Namen des erstgenannten Moduls erhält.

Compiler-Optionen

Es gibt eine Reihe von Optionen für den Symantec-Compiler, von denen die wichtigsten im folgenden beschrieben werden.

Option	Bedeutung
-a[1|2|4|8]	Strukturkomponenten auf 1-, 2-, 4- oder 8-Byte-Grenze ausrichten.
-A	Für strikte ANSI-Kompatibilität.
-br	C/C++-Compilerversion für 80286 benutzen.
-bx	C/C++-Compilerversion für 80386/80486 benutzen.
-c	Nur Kompilieren.
-C	Kein Inline-Code für Funktionen.
-cpp	(C-)Quelldatei als C++-Datei kompilieren.
-cod	.cod-Datei (Assembler-Version) der kompilierten Datei erzeugen.
-D[macro[=text]]	Makro definieren.
-e	Präprozessor-Ausgabe anzeigen.
-f	Schnellen 8087-inline-Code erzeugen (kompatibel mit IEEE-Standard 754).
-ff	Schnellen 8087-inline-Code erzeugen (ohne Kompatibilitäts-Check).
-g	Komplette Debug-Information in obj-Datei erzeugen.
-gf	Debug-Info-Optimierung ausschalten.
-gg	Statische Funktionen global machen.
-H	Vorkompilierte Include-Dateien (Endung: .sym) aus dem aktuellen Verzeichnis verwenden.
-HDdirectory	Wie -H. Compiler sucht vorkomp. Include-Dateien, nun aber in directory.

Option	Bedeutung
-HF[*filename*]	Include-Datei vorkompilieren.
-HI*headerfile*	Include-Datei einschließen.
-HO	Include-Datei nur einmal einschließen.
-I*path*	Suchpfad für Include-Dateien setzen.
-Jm	Non-ANSI-Typ-Checks.
-J	Datentyp *char* wird als *unsigned* behandelt.
-l[*listfile*]	Source Listing erzeugen.
-L	MS-Link verwenden.
-L*linker*	Linker spezifizieren.
-L/*option*	Option /*option* an Linker übergeben.
-Masm	Assembler spezifizieren.
-M/*option*-	Option /*option* an Assembler übergeben.
m[tsmclvfnrpxz][do] [w][u]	Speichermodell festlegen.
s	Speichermodell SMALL
m	Speichermodell MEDIUM
c	Speichermodell COMPACT
l	Speichermodell LARGE
v	VCM
r	16 Bit DOS Extender
p	Pharlap 32 Bit DOS Extender
x	DOSX 32 Bit DOS Extender
z	ZPM 16 Bit Dos Extender
f	OS/2 2.0 32 Bit
t	Speichermodell TINY (COM-Datei)
n	Windows NT 32 Bit
d	DOS 16 Bit (Default)
o	OS/2 16 Bit
w	Stacksegment (SS) ungleich Datensegment (DS)
u	Datensegment neu laden
-NS	Neues Codesegment für *far*-Funktion erzeugen.
-NT*name*	Namen für Codesegment bestimmen.
-NV	Virtual Function Tables in *far*-Datensegment ablegen.
-o[+-*flag*]	Code optimieren.
-o*filename*	Ausgabedatei (exe/*obj*-Datei) spezifizieren.

L

Option	Bedeutung
-r	Funktionen müssen vor Verwendung deklariert werden.
-s	Stackauf auf Überlauf prüfen.
-S	Stack Frame für jede Funktion.
-v[0|1|2]	Informationserzeugung beim Kompilieren
	0 = keine 1 = default 2 = max.
-w[n]	Warnungen unterdrücken (n ist Nummer der Warnmeldung).
-W	Für Microsoft-Windows-Anwendungen kompilieren.
-r	Weiter kompilieren beim Überschreiten des Fehlermaximums.
=nnnn	Stackgröße bestimmen (in Bytes).
-[0|2|3|4|5]	88/286/386/486/586-Code erzeugen.

Beispiele für den Einsatz von Compiler-Optionen:

(1)   sc -c source1.c

Die obige Anweisung wandelt den Quelltext *source1.c* in die Objektdatei *source1.obj* um, ohne eine *exe*-Datei zu erstellen.

(2)   sc source2.c source3.c -ml -osource4.exe

Das zweite Beispiel kompiliert die Dateien *source2.c* und *source3.c* im Speichermodell LARGE und erzeugt aus den beiden Modulen die Ausgabedatei *source4.exe*.

(3)   sc source5.c source6.cpp =10000

Im dritten Beispiel werden *source5.c* mit dem C-Compiler (zu *source5.obj*) und *source6.c* mit dem C++-Compiler (zu *source6.obj*) kompiliert und zu der Datei *source5.exe* gelinkt. Die Stackgröße für das Programm wird auf 10.000 Bytes festgesetzt.

Literaturverzeichnis

- **C-Werkzeuge für Naturwissenschaftler**
  Louis Baker
  McGraw-Hill

- **Formelsammlung zur numerischen Mathematik mit C-Programmen**
  G. Engeln-Müllges, F. Reutter
  B I Wissenschaftsverlag

- **Grundlagen von Datenstrukturen in C**
  E. Horowitz, S. Sahni, S. Anderson-Freed
  International Thomson

- **Grafikprogrammierung mit Microsoft C**
  Kris Jamsa
  Vieweg

- **Programmieren in C**
  B. W. Kernighan, D. M. Ritchie
  Hanser

- **The Art of Computer Programming**
  Donald Knuth
  Addison-Wesley

- **Code complete**
  Steve McConnell
  Microsoft Press

- **Programmieren unter Microsoft Windows**
  Charles Petzold
  Microsoft Press

- **Algorithmen in C**
  R. Sedgewick
  Addison-Wesley

- **Das C-Lösungsbuch**
  zu: Kernighan/Ritchie, „Programmieren in C"
  C. L. Tondo, S. E. Gimpel
  Hanser

L

Stichwortverzeichnis

A

C

E

F

H

I

K

P

T

U

V

W

Z

Lizenzvertrag *und weitere Informationen zum Symantec C 6.1-Compiler des C-Grundlagenbuches*

License Agreement

This is a legal agreement between you, the end user, and Symantec Corporation ("Symantec"). The enclosed Symantec software program (the "Software") is licensed by Symantec to the original customer and any subsequent transferee of the product for use only on the terms set forth there. Please read this license agreement. Opening the CD-ROM package indicates that you accept these terms. If you do not agree to these terms, return the product with proof of purchase to your dealer.

GRANT OF LICENSE. Symantec grants to you the right to use one copy of the enclosed Software on a single terminal connected to a single computer (i.e. single CPU) or to a network server. If you install the Software on a network server, you must purchase a separate copy of the Software for each computer terminal that will be used to operate the Software.

COPYRIGHT. The Software is owned by Symantec or its suppliers and is protected by United States copyright laws and international treaty provisions. You may either (a) make two copies of the Software solely for backup or archival purposes provided that you reproduce all copyright and other proprietary notices that are on the original copy of the Software provided to you, or (b) transfer the Software to a single hard disk provided you keep the original solely for backup or archival purposes.

OTHER RESTRICTIONS. You may not rent or lease the Software, but you may transfer the Software on a permanent basis provided you retain no copies and the recipient agrees to the terms of its agreement. You may not reverse engineer, decompile, disassemble, or create derivative works from the Software.

LANGUAGE SOFTWARE. This license is good only for the restricted Symantec C++ development environment as bundled with the programming-course book. The use of the Software is meant only to complete the exercises described in the programming-course book the Software is bundled with. For distributing the object code derived from the libraries in this Software you will need a full version of Symantec C++ for DOS and/or Windows. Purchase of a full version will allow you a royalty-free right to include object code derived from the libraries in programs that you develop using the Software and you also have the right to use, distribute, and license such programs to third parties without payment of any further license fees, so long as copyright notice sufficient to protect your copyright in the program in the United States and any other country to which the program is distributed is included in the graphic display of your program and on the labels affixed to the media on which your program is distributed.

EXPORT LAW ASSURANCES. You acknowledge and agree that the Software is subject to restrictions and controls imposed by the United States Export Administration Act (the "act") and the regulations thereunder. You agree and certify that neither the Software nor any direct product thereof is being or will be acquired, shipped, transferred or reexported, directly or indirectly, into any country prohibited by the Act and the regulations thereunder or will be used for any purpose prohibited by the same.

GENERAL. This Agreement will be governed by the laws of the State of California, except for that body of law dealing with conflicts of law.

Should you have any questions concerning this Agreement, or if you desire to contact Symantec for any reason, please write, Symantec Customer Sales and Services, 10201 Torre Avenue, Cupertino, CA 95014, United States of America. In Germany please contact: Symantec GmbH, Grafenbergerallee 136, 40237 Düsseldorf.

SOFTWARE LIMITED WARRANTY

In no event will Symantec be liable to you for any special, consequential, indirect or similar damages, including any lost profits or lost data arising out of the use or inability to us e the Software or any data supplied therewith, even if Symantec or anyone else has been advised of the possibility of such damages, or for any claim by any other party.

Some states do not allow the limitation or exclusion of liability for incidental or consequential damages so the above limitation or exclusion may not apply to you.

In no case shall Symantec's liability exceed the purchase price for the software.

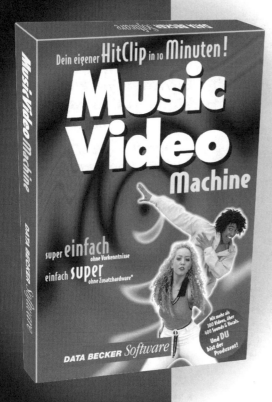

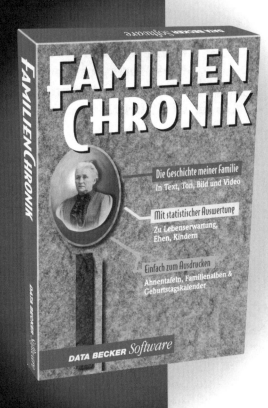

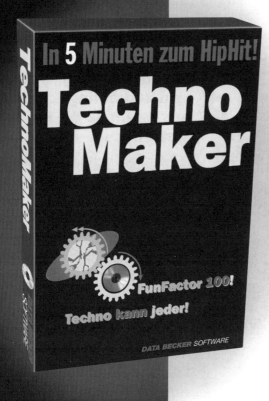